KB240373

유 형 + 내 신

고쟁이

수학 개념과 원리를 꿰뚫는
내신 대비 집중 훈련서

유형 ＋ 내신
고쟁이

유병철 성북미래탐구
유봉영 류선생 수학 교습소
유상빈 서초TOT학원
유석원 서초TOT학원
유승빈 서울예술고등학교
유승우 중계탑클래스은행사거리학원
유재영 뉴파인 압구정관
유재현 일신학원
유지훈 뉴파인 압구정관
유철운 유철운 수학교습소
유형기 유형기 수학교습소
유혜리 상위권수학 반포자이점
윤상문 청어람수학원
윤수현 조이학원
윤여균 전문과외
윤여훈 위례광장엠베스트해법영어학원
윤영숙 윤영숙수학학원
윤오상 윤오상수학학원
윤원기 세종과학고등학교
윤인환 대치 미래탐구
윤정욱 대치 파인만
윤형중 씨알학당
윤혜영 수수배학원
윤희영 해넘수학학원
은현 목동 CMS 입시센터
이건우 송파이지엠 수학학원
이경용 열공학원
이경주 이지수학학원
이규만 수퍼수학학원
이다혜 강한영수학원
이동훈 PGA전문가집단학원
이루마 김샘학원 성북캠퍼스
이무송 황혜영수학과학원
이문희 이문희수학
이민수 씨알학당
이민아 정수학
이민지 대원고등학교
이민호 강안교육
이병근 2C나라수학학원
이보롬 다원교육
이산 다원교육
이상문 P&S 학원
이상현 1타수학 전문학원
이상훈 골든벨수학학원
이선우 전문과외
이선혜 쎈수학러닝센터 북아현수학교습소
이선호 서울바음수학
이성용 이성용수학
이성재 지앤정 학원
이세복 일타수학학원
이송주 더쌤 수학 전문학원
이수지 GMA개념원리국제수학교육원 은평역촌제1교육원
이수호 수학의미래
이승재 대원여자고등학교
이승현 CMS서초영재관
이승호 동작 미래탐구
이예림 대원여자고등학교
이완규 TOPIA ACADEMY
이용우 올림피아드학원 강동고덕캠퍼스
이용준 수학의비밀로고스학원
이원용 필과수학학원

이원제 삼성 대성 다수인 학원
이원희 수학공작소
이유예 스카이플러스학원
이유진 마포고등학교
이윤구 최강수학학원
이윤주 와이제이 수학
이은선 대치올림피아드2관
이은숙 포르테 수학교습소
이은영 은수학교습소
이재명 수라벨강동본원제1관수학학원
이재복 동작미래탐구학원
이재서 최상위수학학원
이재용 이재용 수학학원
이재홍 라임영어수학원
이재환 조재필 수학학원
이정석 CMS서초영재관
이정아 제이에이학원
이정호 정샘수학교습소
이정호 수참수학
이정리 이쌤수학
이종국 미래탐구학원
이주경 생각의숲수학교습소
이주연 하이씨앤씨
이주하 TOP고려학원
이주희 고덕엠수학
이준철 강동구주이배
이지연 단디수학학원
이지연 필탑학원
이지우 제이앤수학원
이지혜 세레나영어수학학원
이지혜 대치 파인만
이진 수박에듀학원
이진덕 카이스트수학학원
이진명 메가에스디학원
이진용 청어람수학원
이진희 서준학원
이채민 개념폴리아학원 대치본관
이충안 채움수학
이충훈 대광고등학교
이학송 뷰티풀마인드 수학학원
이혁 강동메르센수학학원
이현우 뉴파인 반포고등관
이현주 방배 스카이에듀
이현환 백상영수학원
이혜림 다오른수학교습소
이혜림 대동세무고등학교
이혜수 슈리샘 수학교실
이혜영 미림여자고등학교
이혜인 대치 미래탐구 학원
이호재 성북메가스터디학원
이효준 꿈선생
이희제 PGA오목관
임갑봉 중계학림학원
임계연 미래지도자학원
임규철 원수학
임다혜 시대인재 수학스쿨
임민정 전문과외
임민호 마이티마우스학원
임민희 셈수학교습소
임성국 전문과외
임소연 오주중학교
임소영 123수학
임수진 열공학원

임은희 세종학원
임지우 수학싸부
임현우 선덕고등학교
임현정 전문과외
장석진 이덕재수학이미선국어
장성우 파인만 영재고센터
장성훈 미독수학학원
장세영 스펀지 영어수학 학원
장영신 위례솔중학교
장우진 짱쌤의공감수학교습소
장우혁 목동깡수학2호관학원
장지식 피큐브아카데미
장진구 CMS 서초영재관
장현진 장현진수학보습학원
장혜윤 수리원교육수학학원
장효진 블랙백수학학원
전병훈 전병훈수학학원
전성식 맥스360전성식수학학원
전성환 깊은생각
전수정 개념폴리아
전은경 제이매쓰 수학발전소
전은나 상상수학학원
전정현 강동 청어람 수학원
전종현 강안교육
전지수 전문과외
전지영 탑클래스영수학원
전진남 지니어스논술교습소
전현실 전현실 수학공부방
전형주 메이저수학학원
전혜인 성북메가스터디
정다운 올림수학
정다운 해내다수학교습소
정다운 정다운수학교습소
정대교 피큐브 아카데미
정대영 대치 파인만
정무웅 강동드림보습학원
정민경 바른마테마티카
정민준 성북메가스터디
정민환 뉴파인 서초고등관
정보람 (주)베스티안학원
정봉석 산책학원
정선미 선미쌤 수학과외교실
정소영 목동깡수학2호관학원
정영아 정이수학교습소
정원길 제일보습학원
정원선 전문과외
정유미 휴브레인 학원
정유진 전문과외
정은경 꼼꼼수학
정장현 나다어 학원
정재윤 성덕고등학교
정준 서울 동대문구 장안동
정지연 제이수학 교습소
정지윤 대치 파인만
정진아 정선생 수학
정찬민 목동매쓰원수학학원
정태섭 강북세일학원
정하윤 랑수학교습소
정현광 광성고등학교
정혜영 최상위권수학학원
정혜진 브레인매쓰
정화진 진화수학학원
정환동 CNC 0.1%의대수학

정효석 수심달 수학학원
조명선 대치 파인만
조병훈 꿈을담는수학
조성환 파스칼수학교습소
조성환 파스칼수학교습소
조수진 다원교육
조아람 로드맵수학
조원해 연세YT어학원
조은경 아이파크해법수학
조은우 한솔플러스수학학원
조재묵 잉글리시무무 차수학
조햇봄 조햇봄 수학 학습실
조현탁 전문가집단
조희정 T&S STUDY
주병준 남다른 이해
주선미 1001의행복한학원
주용호 아찬수학교습소
주은재 강동청산학원
주재우 미래탐구성북학원
주정미 수학의 꽃, JUDY MATH
주정식 최강수학학원
주종대 강북세일학원
주진교 월계셈스터디학원
주한나 남강고등학교
지명훈 선덕고등학교
지민경 고래수학교습소
진주현 전문과외
진충완 더블유수학학원
차민준 프리미엄이투스수학학원
차용우 서울외국어고등학교
차일훈 엠솔교육
채미진 이안학원
채성진 수학에빠진학원
채정하 해봄수학교습소
채종원 분석수학강서1관
최광섭 엔콕학원
최동욱 숭의여자고등학교
최문석 압구정 파인만
최미진 압구정 파인만
최병옥 최코치수학학원
최병진 현진학원
최병호 니엘리더스스쿨(기독교대안학교)
최보솜 파인만 영재고센터
최서훈 피큐브 아카데미
최성재 수학공감학원
최성희 최쌤수학학원
최연진 세화여자고등학교
최영준 문일고등학교
최용희 알파별학원
최우정 두드림 에듀
최윤아 대원여자고등학교
최종석 강북수재학원
최지선 함영원 수학학원
최찬희 CMS서초영재관
최철우 탑수학학원
최현수 메이드학원
최형준 더하이스트수학학원
최희서 최상위권수학교습소
탁승환 파인만 영재고센터(잠원)
편순창 알면쉽다연세수학학원
하상연 강동구주이배 카이관
하태성 은평G1230
하현엽 청어람수학원(강동)

한나희 우리해법수학
한동용 이투스앤써
한명석 아드폰테스
한민희 목동한수학학원
한병욱 깊은생각
한선아 공감수학학원
한승우 씨앗매쓰
한송환 짱솔학원 반포점
한인숙 제이엘학원
한지우 홀론학원
한진광 퍼팩트수학보습학원
한태인 러셀 강남
한현주 PMG학원
함정훈 압구정함수학
허민 뷰티풀마인드 수학학원
허윤정 미래탐구 대치
허지숙 아특학원
허지은 진실한 애플트리 학원
형민우 대원여자고등학교
홍상민 수학도서관
홍설 백인대장 훈련소
홍성주 굿매쓰수학교습소
홍성진 대치 김&홍 수학전문학원
홍성현 서초TOT학원
홍슬기 깐깐한슬기수학
홍재화 티다른수학교습소
홍준기 CMS 서초영재관
황남상 수학의 황제 학원, 레인메이커 학원, 세일학원, 강안학원, 하이스트학원
황병남 대원고등학교
황유진 가재울중학교
황의숙 The나은학원
황정미 카이스트수학학원

부산

고경희 대연고등학교
권병국 케이스학원
권영리 과사람학원
김경희 해운대 영수전문 와이스터디
김대현 연제고등학교
김명선 김쌤 수학
김민규 다비드수학교습소
김수현 베스트스쿨학원
김유상 끝장수학
김은경 전문과외
김은진 수딴's 수학전문학원
김점화 온영수학원
김정선 해법단과학원
김정은 한수연하이매쓰수학학원
김지연 김지연수학교습소
김지연 한수연하이매쓰수학학원
김지훈 블랙박스수학전문학원
김진호 해운대 에듀플렉스
김태경 Be수학학원
김태진 한빛단과학원
김학진 학림학원
김현경 민샘수학
김효소 코스터디학원
김훈 매쓰힐수학학원
나기열 프로매스수학교습소
노하영 확실한수학학원

류형수	연제한샘학원	황성필	대치명인학원
모란	매씨아영수학학원	황인재	마스터 플랜 수학학원
문서현	명품수학	황진영	전문과외
문은진	우리들학원	황하남	수학의봄날학원

류형수 연제한샘학원
모란 매씨아영수학학원
문서현 명품수학
문은진 우리들학원
박대성 키움수학교습소
박서현 선재학원
박성찬 프라임학원
박연주 연주수학
박재용 해운대 영수전문 와이스터디
배철우 하단종로학원
서평승 신의학원
손희옥 손선생사고력수학학원
송민정 송샘수학
송유림 하이매쓰수학
심정영 서문단과학원
심혜정 명품수학
안찬종 더에듀기장학원
여지윤 수딴's 수학학원
오인혜 하단초등학교 방과후 수학교실
오창희 폴인수학학원
우화영 명지국제해법수학과외 (공부방)
원옥영 괴정스타삼성영수학원
유소영 파플수학
윤서현 이제스트
윤희정 하이매쓰수학
이경덕 수딴's 수학학원
이경수 경:수학
이연희 오른수학
이영웅 전문과외
이은련 더플러스수학교습소
이정동 국제수학원
이정화 가야 수학의 힘
이종민 전문과외
이지연 확실한수학학원
이지영 렛츠스터디공부방
이지은 한수연하이매쓰
이하영 뉴런학습코칭센터
이현광 현광수학학원
이효정 이효정 고등/입시/대학수학
임소정 폴인수학원
장인숙 더베스트학원
장정화 하이원수학
장혜선 자하연학원
전경훈 이츠매쓰
전완재 강앤전 수학학원
전우성 이안단과학원
정원미 효림학원
정은주 전문과외
정의진 남천다수인
정희정 정쌤수학
조민지 삼환공부방고등부
조우영 위드유수학학원
조은영 MIT수학아카데미
조훈 캔필학원
채송화 채송화수학
최수정 이루다 수학
최웅경 Be수학학원
최정현 더쎈수학학원
최준승 남천다수인학원
한주환 과사람학원(해운센터)
허윤정 올림수학전문학원
허재화 프리메수학
황보미 전문과외

황성필 대치명인학원
황인재 마스터 플랜 수학학원
황진영 전문과외
황하남 수학의봄날학원

인천

강옥수 수학의 온도
강원우 수학을탐하다
고준호 유베스트학원
곽경은 쭌에듀학원
구서영 시크릿아카데미학원
기미나 기쌤수학
기혜선 체리온탑수학영어학원
김교희 홍수학최영어학원
김국련 용현G1230학원
김남신 S수학과학학원
김도영 태풍학원
김미회 희수학
김보경 오아수학 공부방
김세윤 강화펜타스학원
김유미 꼼꼼수학교습소
김윤호 종로학원하늘교육 동춘방
김응수 케이엠수학교습소
김재웅 감성수학 송도점
김재현 예스에이블
김준 쭌에듀학원
김진완 성일올림학원
김현정 무결수학학원
김현호 온풀이 수학 1관 학원
김혜영 전문과외
김혜지 중앙에이플러스학원
김효선 코다에듀
나원균 공부방
남덕우 Fun수학클리닉
노기성 노기성개인과외교습
문성진 청라페르마
문초롱 인천자유자재학원
박소이 다빈치창의수학교습소
박용석 절대학원
박은주 NGU math
박재섭 구월SKY수학과학전문학원
박정아 인천자유자재학원
박정우 이지앤강영어수학학원
박찬수 뉴파인
박창수 온풀이 1관 수학 학원
박치문 제일고등학교
박한민 감탄교육
박해석 비상영수학원
박효성 지코스수학학원
변은경 델타수학
서대원 구름주전자
서미란 파이데이아학원
석동방 송도GLA학원
석호열 인천 숭덕여자고등학교
손선진 송도일품수학과학전문학원
손영훈 개리함수학
송대익 청라 ATOZ수학과학학원
송세진 부평페르마수학학원
신진수 강화펜타스학원
신현준 전문과외
안예원 에엄수학
안혜림 U2M 올림피아드 교육

엄진웅 서인천고등학교
오상원 불로종로엠학원
오선아 시나브로수학
오정민 갈루아수학
오지연 오지연수학학원
오현석 삼산고등학교
왕건일 토모수학학원
유미선 전문과외
유상현 프라임 수학학원
유석규 현수학전문학원
유연준 두드림클래스
유진희 지니수학
이경희 드림수학
이달주 문일자유고등학교
이미선 전문과외
이선미 이수수학
이승주 명신여자고등학교
이애회 부평해법수학교실
이영수 위니드수학학원 부개캠퍼스
이원재 이루다 교육학원
이은영 캠퍼스수학
이재섭 903 ACADEMY
이충열 루원로드맵수학학원
이필규 신현엠베스트
이혜경 이혜경고등수학학원
이혜선 (씨크릿)우리공부
이호자 전문과외
임지원 전문과외
장혜림 와풀수학
장효근 유레카수학학원
전우진 인사이트수학학원
정대웅 와이드수학
정운휘 연수김샘수학
정윤교 온풀이 수학 1관 학원
정은영 밀턴학원
조민관 서이학원
조민기 더배움보습학원 조쓰매쓰
조윤주 동암수학놀이터
조준호 인명여자고등학교
조현숙 부일클래스
지경일 팁탑학원
진샘 시크릿아카데미
채선영 전문과외
채수현 밀턴수학
최경수 코다에듀학원
최덕호 엠스퀘어 수학교습소
최문경 영웅아카데미
최민환 PTM영어수학전문학원
최수현 수학의길수학교습소
최정운 강화펜타스학원
최지인 이공고등영수전문학원
최진 절대학원
최진아 엘리트학원
추승형 무결학원
한영진 라야스케이브
한예술 웅진스마트 중등센터
허진선 공부방 (수학나무)
현미선 써니수학
현진명 에임학원
홍미영 연세 영어 수학
홍은영 홍이수학교습소
홍종우 인명여자고등학교
홍창우 인성여자고등학교

황면식 늘품과학수학학원

대구

강민영 선재수학
고민정 전문과외
곽미선 좀다른수학
곽병우 다원MDS학원
구정모 대구여자상업고등학교
구현태 나인쌤 수학전문학원
권기헌 이렇게좋은수학교습소
권보경 수%수학
김갑철 계성고등학교
김동영 통쾌한수학
김득현 차수학 사월보성점
김미소 에스엠과학수학학원
김미정 일등수학
김수영 봉덕김쌤수학학원
김수진 지니수학
김영진 더퍼스트 김진학원
김용운 조성애세움영어수학
김재홍 경일여자중학교
김종희 킨수학학원
김지연 찐수학공부방
김지연 전문과외
김지은 성화여자고등학교
김진욱 정화여자고등학교
김창섭 섭수학과학학원
김채영 믿음수학학원
김태진 구정남수학전문학원
김태환 로고스 수학학원(침산원)
김해은 한상철수학과학학원
김혜빈 정직한 선생님들
김혜빈 학남고등학교
류지혜 도이엔수학학원
문소연 장선생수학학원
문윤정 능인고등학교
문철희 송원학원
민병문 엠플수학 학원
박경득 파란수학
박도희 샤인수학
박민정 빡쎈수학교습소
박산성 Venn 수학
박선희 전문과외
박옥기 매쓰플랜수학학원
박원철 경원고등학교
박정욱 연세스카이(SKY)수학학원
박준 전문과외
박준현 Pnk수학교습소
박태호 프라임수학교습소
박현주 Math 플래너
방소연 나인쌤수학학원
백상민 매천필즈수학학원
백태민 수% 수학
백현식 바른입시학원
서경도 보승수학study
성웅경 더빡쎈수학학원
신수진 폴리아수학학원
신현영 수학신 수학교습소
양강일 양쌤수학과학학원
양은실 제니스클래스
오세욱 IP수학과학
오지은 엠프로수학

유화진 진수학
윤기호 샤인수학학원
윤서영 대구 대륜고등학교
윤선하 윤쌤수학
윤준희 전문과외
이규철 좋은수학
이나경 대구 지성학원
이남희 이남희수학
이명희 잇츠생각수학
이상범 전문과외
이우승 이우승수학전문학원
이은주 전문과외
이인호 본투비수학교습소
이일균 수학의달인수학교습소
이지교 이쌤수학
이지민 아이플러스 수학
이진욱 시지이룸수학학원
이태형 가토수학과학학원
이한조 닥터엠에스 수학과학학원
임신옥 KS수학학원
임유진 박진수학
장두영 가토수학과학학원
장세완 장선생수학학원
장현정 전문과외
전수민 전문과외
전지영 전지영수학
정동근 빡쎈수학학원
정민호 스테디입시학원
정은숙 페르마학원
정재학 율사학원
조필재 샤인수학학원
주기철 경원고등학교
진국령 업앤탑수학과학학원
최대진 엠프로수학학원
최시연 이룸수학교습소
최재영 셰르파수학교습소
최현정 MQ멘토수학
최현희 다온스터디
하태호 하이퍼수학학원
황가영 루나수학
황지현 위드제스트수학학원

광주

강민결 전문과외
강승완 첨단시매쓰수학학원
고민정 레벨업 수학공부방
공민지 전문과외
기유식 기유식수학학원
김국진 김국진짜학원
김국철 필즈수학학원
김귀순 광명1203수학과외교실
김대균 김대균수학학원
김미경 임팩트수학학원
김미라 막강수학영어전문학원
김성문 창평고등학교
김수홍 김수홍수학학원
김원진 메이블수학전문학원
김은서 만문제수학전문학원
김지광 디투엠영수전문보습학원
김종민 하이퍼수학
김태성 일곡 손수진 과학&수학 전문학원
나혜경 고수학학원

류창암 멘토영수학원
문여림 열림수학전문학원
문정연 전문과외
박상현 EZ수학
박충현 본수학과학전문학원
변석주 153유클리드수학전문학원
빈선욱 빈선욱수학전문학원
손광일 송원고등학교
손영준 페르마 수학학원
송광혜 두란노학원
송슬기 538수학 학원
송승용 송승용수학학원
신서영 신샘수학전문학원
신예준 JS영수영재학원
안기운 이지수학학원
양귀제 광주 양선생수학전문학원
양동식 A+수리수학원
오지영 광주수학날개
윤정숙 R=V+D(알브이디학원)
윤현미 더조은영어수학학원
이강우 대치공감학원
이상혁 류영종시그마유수학전문학원
이승열 루트원수학학원
이요한 제일수학학원
이윤희 공부방
이주헌 리얼매쓰수학전문학원
이창현 알파수학학원
이채연 알파수학학원
이채원 고수학 학원
이헌기 보문고등학교
임태관 매쓰멘토수학전문학원
장민경 장민경플랜수학학원
장성태 장성태수학학원
장영진 새움수학전문학원
정다원 광주인성고등학교
정다희 다희쌤수학
정미연 차수학더큰영어학원
정원섭 수리수학학원
정태규 가우스수학전문학원
정형진 BMA영수학원
정희현 현수학
조용남 조선생수학전문학원
조은주 조은수학교습소
조일양 서안수학
조현진 조현진수학학원
조형서 전문과외
천소현 SDL영수학원
천지선 한수위 수학 전문 학원
최선미 혜다학원
최성호 광주동신여자고등학교
최승원 최승원수학학원
최지웅 매쓰피아
최호영 본수학과학전문학원

대전
강유식 연세제일학원
강은욱 쎈수학영어공부방
강홍규 최강학원
강희규 종로학원 하늘교육
고지훈 지적공감학원
고현석 고구려학원
김근아 닥터매쓰205

김기범 경일학원
김기평 둔산필즈학원
김복응 더브레인코어 학원
김상진 일인주의 입시학원
김수현 생각하는황소
김승환 청운학원
김옥자 대전구봉중학교
김지혜 파스칼 대덕학원
김진 발상의전환 수학전문학원
김태형 청명대입학원
김하은 고려바움수학학원
김한빛 한빛수학
김홍철 토브수학교습소
나효명 열린아카데미
류재원 대전 양영학원
박병휘 양영학원
박세훈 생각의 힘 수학학원
박연실 빅마마수학
배용제 엘엔케이한울학원
배지후 해마특목학원
서동원 수학의 중심학원
서영준 힐탑학원
선진규 로하스학원
손일형 손일형수학
송규성 하이클래스학원
송정 바른수학전문교실
양상규 생각의힘수학학원
우현석 EBS수학우수학원
유준호 더브레인코어학원
윤석주 윤석주수학전문학원
이규영 쉐마수학학원
이선희 매쓰인메이 학원
이수진 대전관저중학교
이일녕 양영학원
이지훈 이지훈 수학과학
인승열 리드인수학나무수학교습소
임병수 모티브에듀학원
장용훈 프라임수학
장현상 진명학원
전하윤 전문과외
정서인 안녕,수학
조민건 브레인뱅크
조용호 오르고 수학학원
조충현 로하스학원
조태제 대전티제이(TJ)수학전문학원
차영진 연세언더우드수학
최지영 둔산마스터학원
홍진국 와이즈만 대덕테크노센터
황성필 일인주의학원
황은실 대전 모티브에듀학원

울산
강규리 퍼스트클래스수학전문학원
고영준 비엠더블유수학전문학원
공경민 삼산영재영수학원
권상수 호크마수학전문학원
권희선 국과수단과학원
김경문 와이즈만 영재교육
김민정 전문과외
김봉조 퍼스트클래스 수학영어전문학원
김성현 전문과외
김수영 학명수학학원

김영배 김쌤수학과학학원
김용선 FX수학전문학원
김제독 퍼스트클래스수학전문학원
김현조 김은생각수학
나순현 물푸레수학교습소
문준호 파워수학학원
문호영 울산 pmp영어수학전문학원
박민식 위더스수학전문학원
박원기 에듀프레소종합학원
박정임 에임하이학원
박혜민 강한수학전문학원
배성문 더프라임수학학원
서예원 해법멘토영어수학학원
성수경 위룰수학영어전문학원
안지환 에스티에스교육학원
오종민 수학공작소학원
유지대 유지대수학학원
이명섭 퍼센트수학 전문학원
이한나 꿈꾸는 고래 학원
정운용 울산오동멘토수학영어학원
최규종 울산 뉴토모수학전문학원
최영희 재미진최쌤수학
최이영 한양수학학원
한창회 한선생&최선생studyclass
허다민 김쌤수학과학학원

세종
강태원 원수학
권현수 권현수 수학전문학원
김수경 김수경 수학교실
김양수 도담고등학교
김영웅 새롬고등학교
김재현 세종국제고등학교
김혜림 너희가 꽃이다
김홍주 도담고등학교
박지연 리얼매쓰
송조아 프롬수학
오현지 오쌤수학
윤여민 전문과외
이경미 매쓰 히어로
이민호 세종과학예술영재학교
이정환 세종과학예술영재학교
이지희 보람고등학교
이태호 상상이상학원
임희석 최선수학학원
장은지 비앤피공부방
장준영 백년대계입시학원
허욱 전문과외

경기
강덕호 김샘학원
강민석 연세나로학원
강민정 한진홈스쿨
강민지 필당단과전문학원
강상욱 교일학원
강서연 수학의 아침
강성천 이강학원
강수정 노마드 수학학원
강영미 쌤과통하는학원
강예슬 수학의품격
강유정 참좋은 보습학원

강정희 쓱싹쌤 과외
강춘기 마테마타 수학학원 후곡캠퍼스
강태희 파주 한민고등학교
강현우 11페이지수학전문학원
강혜경 메릭스해법수학교습소
경지현 화서탑s이지수학전문학원
고동국 고동국수학학원
고명지 고쌤수학
고민지 최강영수학원
고상준 엠제이준수학학원
고안나 기찬에듀기친수학
고은우 다원교육
고정림 고수학 학원
고지윤 고수학전문학원
고효정 최고다학원
곽도영 퇴계원고등학교
구태우 여주비상에듀기숙학원
권민선 이든샘학원
권민희 이든샘학원
권세욱 하피수학학원
권소연 한빛에듀
권소영 이자경고등수학학원
권은주 나만수학
권정현 LMPS수학학원
권지우 수학앤마루
금상원 광명 리케이온
김건우 전문과외
김경래 수학공장
김경민 평촌 바른길수학학원
김경진 경진수학학원
김경호 호수학
김경훈 전문과외
김경희 유레카수학 교습소
김규철 콕수학오드리영어보습학원
김기영 NK 인피니트 영수 전문 학원
김남진 산본파스칼학원
김도완 프라매쓰 수학 학원
김도윤 유투엠 풍무본원
김동수 낙생고등학교
김동수 김동수 학원
김동은 전문과외
김동현 JK영어수학전문학원
김동현 수학의 아침 수내 특목자사관
김명길 엔터스카이입시학원
김명철 팽생참좋은보습학원
김미경 최상위권수학교습소
김미미 수학놀이터
김미선 예일영수학원
김미옥 알프 수학교실
김민경 더원수학
김민경 경화여자중학교
김민정 김민정 입시연구소
김민정 어울림수학
김민정 독한수학학원
김바른 판다교육
김병욱 청평 한샘 학원
김보경 필수학학원
김복순 금빛영수전문학원
김복현 시온고등학교
김상오 리더포스학원
김상윤 막강한수학학원
김새로미 입실론수학학원
김서영 다인수학교습소

김석원 김석원수학학원
김선옥 수학n진쌤
김선정 수공감학원
김선혜 수학의 아침 영재관
김성미 아라매쓰학원
김성은 블랙박스수학과학전문학원
김성진 수학의아침
김성현 제일학원
김세준 SMC수학
김소영 예스셈올림피아드
김소희 멘토해법수학
김수지 독한수학학원
김수진 동탄2대림수학
김순모 더원매쓰수학학원
김승현 대치매쓰포유 동탄캠퍼스
김신행 꿈의발걸음영수학원
김영남 갓매쓰학원
김영빈 이든학원
김영식 수학대가
김영아 브레인캐슬 수학공부방
김영옥 서원고등학교
김영준 청솔수학
김옥기 더(the) 바른수학학원
김용대 입시코드학원
김용덕 매쓰토리수학제2관학원
김용환 마타수학 수지
김용희 솔로몬 학원
김원철 수학의 아침 중등영재관
김유성 SG청운학원
김유진 씨드학원
김윤경 구리국빈학원
김윤재 이투스신영통학원
김은선 오길수학전문학원
김은영 칸영수학원
김은정 플레이매쓰
김은지 탑브레인수학과학학원
김은향 최강엠베스트
김이철 이칠수학학원
김재영 공부방
김정현 수학의아침
김정환 필립스아카데미-Math센터
김정호 센텀수학학원
김종균 케이수학학원
김종남 제너스학원
김종대 김앤연세학원
김종찬 김종찬입시전문학원
김종화 퍼스널개별지도학원
김주용 스타수학
김준 제이엠학원
김준형 석필학원
김지명 정상수학학원
김지선 전문과외
김지영 엠베스트se쌍령본관
김지원 대치명인학원
김지윤 광교오드수학
김지현 엠코드학원
김지효 수담학원
김지훈 오산 G1230학원
김지훈 안양외국어고등학교
김진국 스터디엠케이
김진민 에듀스템수학전문학원
김진성 아우리수학교육
김창영 에듀포스학원

김초록 메가스터디러셀
김태우 연세나로학원 (수원점)
김태익 여주자영농업고등학교
김태진 프라임리만수학학원
김태학 평택드림에듀(공부방)
김태형 에이플수학학원
김하현 전문과외
김학림 수만휘기숙학원
김학준 수담수학학원
김해청 에듀엠 수학학원
김현경 소사스카이보습학원
김현숙 일산대진고등학교
김현우 최강영수학원
김현자 생각하는수학공간학원
김현정 더클레버수학학원
김현정 생각하는Y.와이수학
김현정 정원학원
김현주 서부세종학원
김현지 이투스수학(수지 신봉점)
김현지 수리샘홈스쿨
김형수 생각의 수학
김형수 마이멘토수학학원
김혜리 에이블학원
김혜정 수학을 말하다
김호숙 호수학원
김호원 원수학전문학원
김후권 LMS학원
김희성 멘토수학교습소
김희외 신의수학원
김희주 생각하는 수학공간학원
나상오 향동대세학원
나영우 평촌에듀플렉스
나혜림 마녀수학
나혜원 청북고등학교
남상보 청평 한샘 학원
남선규 윌러스영수학원
남세희 영수공부방
남현미 해법수학원동초점
노예리 더바른수학전문학원
노희정 마테마타학원
류용수 메가스터디 러셀 분당
문근호 더오름수학
문벼라 그로우매쓰학원
문성환 정자영통서울학원
문승민 더바른수학전문학원
문영인 M2수학학원
문의열 MIT 학원
문장원 에스원 영수학원
문지현 문쌤수학
문태현 한올입시학원
문혜연 입실론수학전문학원
민동건 전문과외
민병옥 동수원 김샘교육
민윤기 알파수학
박가을 SMC수학
박경 수학의 아침
박다희 부천범박한솔플러스수학학원
박도솔 도솔샘수학
박민주 카리Math
박병호 에듀스카이수학학원
박상근 뉴스터디 학원
박상일 수학의아침 수내캠퍼스
박상준 대입몬스터

박성찬 수원 정자 이강학원
박소연 이투스247용인기숙학원
박수현 씨앗학원
박수현 리더가되는수학교습소
박소옥 아이퍼스트학원
박시현 수학의아침
박여진 플로우교육 수학의아침
박연지 상승에듀
박영주 일산 후곡 쉬운수학
박용범 용인수학
박우희 푸른보습학원
박원용 동탄트리즈나루수학학원
박윤호 이름학원
박은주 탑이지수학/이지수학과학
박은진 지오수학학원
박의순 Why수학전문학원
박인영 성사중학교
박인영 평촌 종로학원
박장우 기찬에듀기찬수학
박재철 12월의 영광
박재홍 열린학원
박정길 엠코드학원
박정아 안산 세꿈영·수 전문학원
박정현 서울삼육고등학교
박종모 화성고등학교
박종선 채원영수학원
박종순 명품학원
박종필 정석수학학원
박종현 하이탑 수학교습소
박주리 수학에반하다
박준석 오산G1230학원
박준오 SLB입시학원
박준영 닉고등입시학원
박지은 전문과외
박지현 수학의아침
박지원 디파인수학교습소
박진 수학의아침
박진한 엡실론학원
박찬규 박종호수학교습소
박하늘 일산 후곡 쉬운수학
박한솔 SnP수학학원
박현정 빡꼼수학학원
박혜림 다산미래학원
박희애 수학의아침 광교캠퍼스
방미영 JMI수학학원
방상을 성지학원
배건태 데카르트수학학원
배문한 양명고등학교
배재준 연세영어고려수학학원
배호영 수이학원
백경주 파인만학원
백미라 신흥유투엠 수학학원
백윤희 유클리드 수학
백흥룡 성공학원
변은정 파라곤 스카이수학
봉우리 하이클래스 수학학원
봉현수 청솔 김장훈 수학학원
서가영 누리수학교습소
서두진 홍성문수학2학원
서재화 올탑학원
서정환 아이디수학학원
서지은 JMI 수학학원

서한울 수학의품격
서한주 공부방
서희원 함께하는수학 학원
선정연 광주비상에듀
설성환 설샘수학학원
설인호 토비공부방
성인영 정석공부방
성지희 snt수학학원
손동학 청어람수학학원
손승태 와부고등학교
손종규 수학의 아침
손지영 엠베스트에스이프라임학원
손해철 강의하는 아이들 광교캠퍼스
손흥주 아람입시학원
송숙희 평택소마수학
송승은 구리고등학교
송용선 수학의아침
송치호 대치명인학원(미금캠퍼스)
송태원 맑은숲수학학원
송혜빈 나무학원
송효은 에듀플렉스
신경성 한수학전문학원
신동형 청어람 학원
신동휘 김덕환 수리연구소
신선아 이즈원 영어수학 전문학원
신수연 김샘학원 동탄캠퍼스
신승윤 연세스피드학원
신정화 SnP수학학원
신준호 열정과의지 수학보습학원
신현민 김샘학원 동수원캠퍼스
신혜선 유투엠구리인창
안계원 탑솔루션수학학원
안명근 의정부 맨투맨학원
안영균 생각하는 수학공간
안영임 안쌤공부방
안영주 포스텍 수학학원
안주홍 전문과외
안효진 진수학
양은진 수플러스수학
양진철 영복여자고등학교
양태모 분당영덕여자고등학교
양학선 YHS에듀
어성룡 위너수학학원
어성용 어쌤수학학원
어완수 대세학원
어재성 수학의아침
염민식 일로드수학학원
염승호 전문과외
염철호 하비투스
오경미 쎈수학
오수진 오름학원
오지혜 수톡수학학원
용다혜 용인동백에듀플렉스
우선혜 엠코드수학
우수종 우수학원
원종혁 제이멘톡학원
유광준 능력학원(본원)
유금숙 수학발전소
유금표 탑브레인수학과학학원
유남기 의치한학원
유리 수학의 아침 영재관
유승진 E&T 수학학원
유연재 유연재수학

유영준 S&T입시전문학원
유진성 마테마티카 수학학원
유채린 한수경에듀보드
유현종 에스엔티 수학전문학원
유호애 J & Y MATH
유호영 전문과외
육동조 HSP 수학학원
윤덕환 여주비상에듀
윤도형 PST 캠프입시학원
윤명호 MH에듀
윤문성 평촌수학의봄날입시학원
윤미영 상원고등학교
윤상완 강의하는아이들 로드수학학원
윤여태 103 수학
윤정민 필탑학원
윤정윤 수학의 아침
윤지혜 천개의바람영수학원
윤지훈 고수학
윤지훈 탑클래스
윤채린 전문과외
윤현웅 수학을 수학하다
윤희 희쌤의수학교습소
이강우 광명대성N스쿨
이건도 대치아론수학
이결재 고수학학원
이경미 고잔고등학교
이경민 차수학앤국풍2000학원
　　1관, 2관, 3관
이경수 수학의 아침 광교캠퍼스
이경희 플랜비공부방
이광후 수학의아침
이규상 유클리드수학
이규진 교일학원
이규태 이규태수학학원
이나래 토리스터디
이나현 엠브릿지수학
이대순 여주비상에듀
이대훈 현수학영어학원
이도일 Ola수학학원
이명환 다산 더원 수학학원
이미영 수학의아침
이민정 전문과외
이봉주 분당성지수학
이상윤 엘에스수학전문학원
이상일 캔디학원
이상준 E&T수학전문학원
이상호 양명고등학교
이상호 다영국어수학
이서령 더바른수학전문학원
이선영 이선영어
이설기 영설수학학원
이설빈 진성고등학교
이성용 카이수학학원
이성일 IL학원
이성환 메티우스 수학학원
이성희 피타고라스 셀파수학교실
이세연 수학의아침 중등입시센터
　　이매프리미엄관
이세현 2H수학학원
이소진 수학의 아침 광교 중등입시센터
이수동 부천 E&T 수학전문학원
이수민 으뜸창의영재교육연구소
이수정 매쓰투미

이순희 리더스에듀학원
이슬 라온학원
이승만 에릭수학교실
이승진 안중 Q.E.D수학
이승철 대치명인학원 후고캠퍼스
이승현 sn독학기숙학원
이아현 전문과외
이영현 대치명인학원
이영훈 펜타수학학원
이용희 필탑학원
이우선 효성고등학교
이원녕 이퓨스터디학원
이윤희 전문과외
이은 명품M수학전문학원
이은지 TRCE알씨수학학원
이인선 후곡분석수학
이인성 장안여자중학교
이장훈 북부 세일학원, 개인 교습
이재민 제이엠학원
이재민 원탑학원
이재욱 태화국제학교
이재희 꿈으로가는길학원
이정빈 폴라리스학원
이정은 쎈수학러닝센터 평택비전학원
이정찬 하길중학교
이정현 필탑학원
이정훈 한샘학원 덕계
이정희 JH영어수학학원
이종문 전문과외
이종익 분당 파인만 고등부
이종훈 빨리강해지는학원
이주혁 수학의 아침
이지연 브레인리그
이지예 뿌리깊은나무학원
이지인 신한고등학교
이지혜 이야기로여는생명수학
　　정자다니엘학원
이진국 김수영보습학원
이진아 공감수학학원
이진주 원수학학원
이진택 고려유에스학원
이창수 일산화정와이즈만
이창용 A1에듀
이창훈 나인에듀학원
이채널 하제입시학원
이철호 펜타수학학원
이태희 펜타수학학원
이한빈 뉴스터디수학학원
이한솔 더바른수학전문학원
이현 함께하는수학
이현희 폴리아에듀
이형강 HK수학
이혜령 프로젝트매쓰
이혜민 대감수학영어
이혜수 송산고등학교
이호형 고수학학원
이화원 탑수학학원
이화진 쌤통학원
인병철 시스템학원
임맑은 이지매쓰수학학원
임선아 이화수학학원
임영주 쎈수학 다산학원
임우빈 리얼수학학원

손나래 이든샘영수학원
손주희 이루다수학과학
신승규 영남삼육고등학교
신은경 스터디멘토학원
신은경 스타매쓰사고력
신지현 문영수 학원
염성군 근화여자고등학교
오예운 전문과외
윤장영 윤쌤아카데미
이경하 풍산고등학교
이경후 바이블수학(율곡동)
이기훈 필즈수학영어학원(주)
이다례 문매쓰 달쌤수학
이명숙 전문과외
이민선 공감수학학원
이상원 전문가집단 영수학원
이상현 인투학원
이서정 전문과외
이성국 포스카이학원
이성민 대성 초이스 학원
이승민 김천고등학교
이영성 영주여자고등학교
이완오 제일다비수
이인영 이상렬입시학원
이재억 안동고등학교
이형우 전문과외
이혜은 안동풍산고등학교
장금석 아름수학
장아름 아름수학
장창원 문명고등학교
전동형 필즈수학영어학원
전정현 YB일등급수학학원
정은주 전문과외
정주용 문일학원
조진우 늘품수학학원
조현정 올댓수학교습소
지한울 올쌤수학교습소
최선미 채움수학교습소
최수영 수학만영어도학원
최용규 한뜻입시학원
최이광 혜움학원
표현석 안동풍산고등학교
하홍민 홍수학
홍순복 정석수학에듀
홍영준 하이맵수학학원
홍현기 비상아이비츠학원

전남
강성현 에토스학원
고호섭 벌교고등학교
김광현 한수위수학학원
김영은 나주금천중학교
김영충 이지수학학원
김은경 목포덕인고등학교
박미옥 목포폴리아학원
박진성 해남한가람학원
백지하 엠앤엠
성준우 광양제철고등학교
이강화 강승학원
이유선 하이탑학원
이태헌 하이탑학원
임동묵 문향고등학교

임정원 순천매산고등학교
정운화 정운수학
조두희 예 수학교습소
조예은 한솔수학학원
진양수 목포덕인고등학교
한지선 전문과외
한화형 한수학 학원

전북
권정욱 전문과외
김광현 마리학원
김민하 송앤박 영수학원
김석진 영스타트학원
김성혁 S수학전문학원
김재순 김재순수학
김학용 로드맵수학 과학 학원
민연화 YMS입시전문학원
박광수 박선생해법수학
박미화 엄쌤수학전문학원
박선미 박선생해법수학
박세진 부안고등학교
박세희 멘토이젠수학
박소영 전주 혁신 최상위 수학
박영진 필즈수학학원
박은경 더해봄수학학원
박은미 박은미수학교습소
박지유 박지유수학전문학원
박지은 리더스영수전문학원
박철우 청운학원
서지연 전문과외
성영재 성영재수학학원
송시영 블루오션수학학원
신영진 유나이츠 학원
심우성 오늘은수학학원
안형진 혁신 청람수학전문학원
양서진 오늘도신이나학원
양은지 군산중앙고등학교
양재호 양재호카이스트학원
양형준 대들보 수학
오유하 오늘도 신이나
원동한 하이업 수학전문학원
유현수 수학당
유혜정 수학당
윤병오 이투스247익산
이송심 와이엠에스입시전문학원
이정현 로드맵수학학원
이태임 해냄공부방
이하은 성영재수학전문학원
이혜상 S수학전문학원
임미수 마스터수학학원
임송진 이터널수학영어학원
장재은 와이엠에스
정광호 이카루스학원
정미현 전주 이투스 수학학원 평화점
정용재 성영재수학전문학원
정혜승 샤인학원
정환희 릿지수학학원
조세진 수학의길
최명희 MH수학클리닉학원
최성훈 최성훈수학학원
최윤 엠투엠(MtoM)수학학원
현수지 S&P 영수 전문학원

충남
곽선예 올팍수학학원
권덕한 서령고등학교
권순필 에이커리어학원
권오운 G.O.A.T 수학학원
권효정 전문과외
김근하 김샘수학
김나영 에듀플러스 학원
김민석 공문수학학원
김정연 전문과외
김정화 도도수학논술
김태윤 라온수학학원
김태하 김태하수학학원
김현영 마루공부방
남구현 강의하는 아이들 내포캠퍼스
남기현 부여여자고등학교
박유진 제이홈스쿨
박재혁 명성학원
서승우 천안담다수학
서정기 시너지S클래스
성유림 Jns오름학원
송명준 JNS오름학원
송은선 전문과외
송화정 북일고등학교
신경미 Honeytip(전문과외)
신유미 무한수학학원
신태천 수학영재학원
옥정화 수학나무&독해숲
원동진 서일고등학교
유정수 천안고등학교
유창호 시그마학원
윤도경 고트수학학원
윤보희 충남삼성고등학교
윤재웅 베테랑수학전문학원
윤지훈 대성n학원
이근영 천북중학교
이봉이 봉쌤수학
이승훈 탑씨크리트교육
이아람 퍼펙트브레인학원
이영우 수학의아침
이예솔 헬로미스터에듀
이은아 한다수학학원
이재장 깊은수학학원
이종아 개념폴리아
이종혁 안면도 이투스 기숙학원
이주휘 공부방
임재남 매쓰티지수학학원
장정수 GOAT수학학원
전성호 시너지S클래스학원
전혜영 타임수학학원
정광수 혜움국영수단과학원
정은실 복자여자고등학교
조미선 전문과외
조현정 J.J수학전문학원
채영미 미매쓰
최문근 천안중앙고등학교
최소영 빛나는수학
최원석 명사특강
한상훈 신불당 한일학원
한진규 한뜻학원
한호선 두드림 영어수학학원
허영재 와이즈만 영재센터

충북
강지은 전문과외
구강서 상류수학전문학원
권기윤 스카이학원
권용운 권용운수학학원
김가희 매쓰프라임수학학원
김경희 점프업수학공부방
김대호 온수학전문학원
김동영 이룸수학학원
김미선 선쌤수학
김미화 참수학공간학원
김병욱 수학하는 사람들 학원
김윤주 타임수학
김재광 노블가온수학학원
김정호 생생수학
김주희 매쓰프라임수학학원
김현주 루트수학학원
남가겸 키움수학원장
노희경 용암드림탑학원
류동균 탐N수 수학학원
류재혜 카이스트학원
문지혁 수학의 문
민정욱 훈민수학
박연경 전문과외
박준범 충주고등학교
서호철 충주대원고등학교
설세령 페르마학원
신병욱 패러다임학원
양세경 세경수학교습소
오금지 라온수학
윤성길 엑스클래스 수학학원
윤성희 윤성수학
이경미 행복한수학
이예찬 입실론수학학원
이지수 일신여자고등학교
전병호 충주시
정수연 정수학
조병교 필립올림푸스학원 에르매쓰학원
조선경 혜움수학
조수현 에이치 영어 수학 학원
조영수 수학의문
조윤화 전문과외
조형우 와이파이수학학원
최민주 가경루트수학학원
한상호 한매쓰 수학전문학원(주)

강원
강장섭 강장섭수학전문학원
길종현 강원대학교사범대부설 고등학교
김선희 MDA교육
김성영 빨리강해지는 수학과학 학원
김성준 김성준 수학학원
김윤 잇올스파르타
김은경 세모가꿈꾸는수학당학원
김현성 단관김현성수학전문학원
김홍기 더 쉬운수학
김희중 공부에반하다학원
노명숙 노명훈쌤의 알수학학원
모지흥 XYZ수학학원
민보라 사유에듀학원

박교식 삼육어학원
박도은 뉴메트학원
박미경 수올림수학전문학원
박상윤 박상윤수학교습소
박세령 간동고등학교
박준규 홍인학원
배형진 화천학습관
백경수 수학의 부활 이코수학
송현욱 반전팩토리학원
신인선 진광고등학교
신현정 Hj 스터디
안현지 전문과외
오준환 수학다움학원
오현주 오선생수학
온성진 ASK수학학원
이경복 전문과외
이두환 키움수학학원
이보람 이보람 수학과학 학원
이상록 입시전문유승학원
이승우 이쌤수학전문학원
정문영 초석학원
정복훈 하이탑수학학원
정인혁 수학과통하다
최문호 춘천고등학교
최수남 강릉 영.수배움교실
최재현 고대수학과학학원
최정현 최강수학전문학원
한효관 수학의부활이코수학

제주
고민호 알파수학 교습소
김대환 The원 수학
김연희 whyplus 수학교습소
김정미 제이매쓰
김지영 생각키움수학교실
김태근 전문과외
김홍남 셀파우등생학원
류혜린 RnK영어수학학원
박승우 남녕고등학교
박찬 찬수학학원
오동조 에임하이학원
오재일 재동학원
유지훈 신제주 뉴스터디
이상민 서이현아카데미학원
이수정 온새미로수학학원
이승환 예일분석수학
이현우 루트원플러스입시학원
장영환 제로링수학교실
편미경 편쌤수학
현수진 학고제 입시학원

유형 ＋ 내신
고쟁이

미적분

STAFF

발행인 | 정선욱
퍼블리싱 총괄 | 남형주
기획 · 개발 | 김태원 이유미
디자인 | 김정인 한명희
유통 · 마케팅 | 서준성 김지희
제작 | 김한길 김경수

유형+내신 고쟁이 미적분 | 202304 제2판 1쇄   202507 제2판 6쇄

펴낸곳 이투스에듀㈜ 서울시 서초구 남부순환로 2547

고객센터 1599-3225   **등록번호** 제2007-000035호   **ISBN** 979-11-389-1119-5 [53410]

Structure 구성

개념 정리

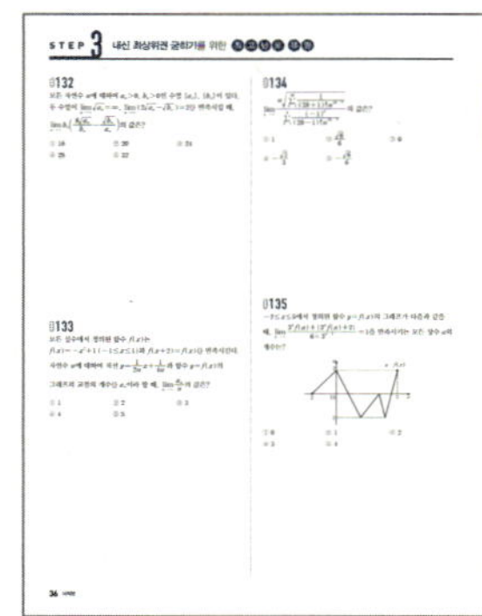

- 새로 학습하는 내용과 연결되는 이전 학습 내용을 함께 정리했습니다.

STEP 3
내신 최상위권 굳히기를 위한 최고난도 유형

- 종합적 사고력이 요구되는 최고난도 문항들을 제공하였습니다.
- 배점이 높게 출제되는 **단답형 및 서술형 문항**에 대한 대비를 할 수 있도록 하였습니다.

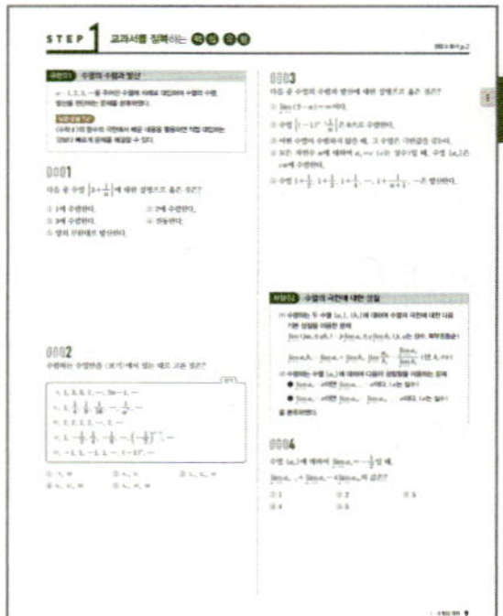

STEP 1
교과서를 정복하는 핵심 유형

- 개념을 적용하는 기본 훈련을 할 수 있는 중하 난이도의 문항들을 단원별 핵심 유형으로 분류하여 제공하였습니다.
- 유형별 문제 해결 방법을 알려주는 유형해결 TIP 을 제공합니다.

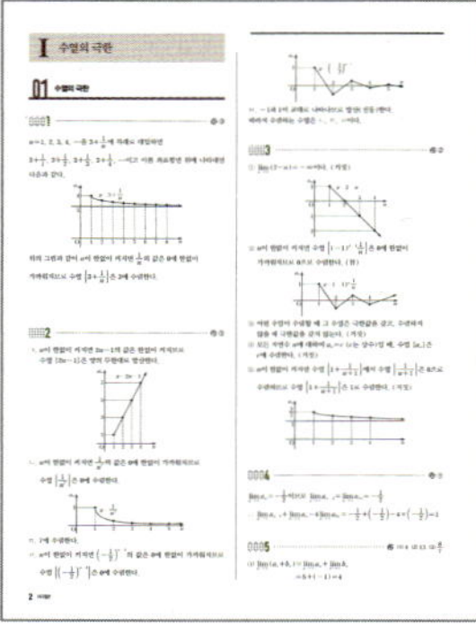

정답과 풀이

- 본풀이와 함께 다양한 아이디어 학습을 위한 다른 풀이 를 수록하였습니다.
- 좀 더 나이스한 풀이를 위한 추가 설명은 TIP 으로, 부가적이거나 심층적인 설명이 필요한 경우 참고 로 제공하여 풍부한 해설을 담았습니다.

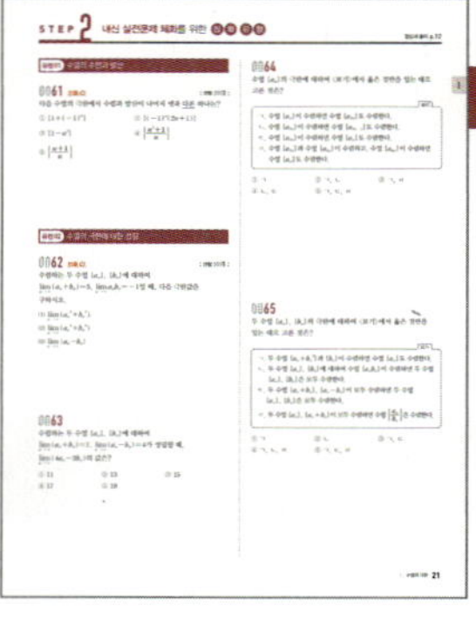

STEP 2
내신 실전문제 체화를 위한 심화 유형

- 학교 내신 시험에서 변별력 있는 문제로 자주 출제되는 중상 난이도의 문항들을 유형별로 분류하여 제공하였습니다.
- 배점이 높게 출제되는 **단답형 및 서술형 문항**에 대한 대비를 할 수 있도록 하였습니다.
- 대표문항 스키마(schema)를 제공합니다.

■ 아이콘 활용하기

0801 빈출 서술형 | 선행 **0705** |

$x \geq 0$인 임의의 실수 x에 대하여 $e^x \geq \frac{1}{2}x^2 + x + k$가 성립하도록 하는 실수 k의 최댓값을 구하고, 그 과정을 서술하시오.

0824 선생님 Pick! 교육청기출

열린 구간 $(0, 2\pi)$에서 정의된 함수 $f(x) = \dfrac{\sin x}{e^{2x}}$가 $x = a$에서 극솟값을 가질 때, $\cos a$의 값은? (단, a는 상수이다.)

① $-\dfrac{2\sqrt{5}}{5}$ ② $-\dfrac{\sqrt{5}}{5}$ ③ 0

④ $\dfrac{\sqrt{5}}{5}$ ⑤ $\dfrac{2\sqrt{5}}{5}$

빈출 ♔
반드시 눈여겨보아야 하는 출제율이 높은 문항을 나타냅니다.

서술형 ✎
서술형 문제로 자주 출제되는 문항을 나타냅니다.
문제를 풀면서 스스로 서술형 답안지를 작성하는 훈련을 할 수 있습니다.

| 선행 0705 |
비슷한 아이디어를 사용하는 좀 더 쉬운 문항을 안내합니다. 풀이의 접근법을 생각하기 어려울 때 안내된 선행문제를 먼저 풀어보면 심화 문제에 대한 접근에 도움이 됩니다.

평가원기출 **평가원변형** **교육청기출** **교육청변형**
평가원, 교육청 기출문제 또는 그 기출문제가 변형된 문항을 나타냅니다.

선생님 Pick!
현장에 계신 선생님들이 Pick한, 내신에 출제되는 평가원·교육청 모의고사 기출(변형) 문제를 나타냅니다.

Contents

I

수열의 극한

|이전 학습 내용|

• $x \to \infty$, $x \to -\infty$일 때의 함수의 수렴과 발산

[수학 Ⅱ] Ⅰ. 함수의 극한과 연속

(1) 함수 $f(x)$에서 x의 값이 한없이 커질 때, $f(x)$의 값이 일정한 값 L에 한없이 가까워지면 함수 $f(x)$는 L에 수렴한다고 한다.

'$\lim\limits_{x \to \infty} f(x) = L$' 또는

'$x \to \infty$일 때 $f(x) \to L$'

(2) 함수 $f(x)$에서 x의 값이 음수이면서 그 절댓값이 한없이 커질 때, $f(x)$의 값이 일정한 값 M에 한없이 가까워지면 함수 $f(x)$는 M에 수렴한다고 한다.

'$\lim\limits_{x \to -\infty} f(x) = M$' 또는

'$x \to -\infty$일 때 $f(x) \to M$'

(3) 함수 $f(x)$에서 $x \to \infty$ 또는 $x \to -\infty$일 때, $f(x)$의 값이 양의 무한대 또는 음의 무한대로 발산하는 것을 기호로 다음과 같이 나타낸다.

$$\lim_{x \to \infty} f(x) = \infty, \ \lim_{x \to \infty} f(x) = -\infty$$

$$\lim_{x \to -\infty} f(x) = \infty, \ \lim_{x \to -\infty} f(x) = -\infty$$

• 함수의 극한에 대한 성질

[수학 Ⅱ] Ⅰ. 함수의 극한과 연속

함수 $f(x)$, $g(x)$에 대하여 $\lim\limits_{x \to a} f(x) = \alpha$, $\lim\limits_{x \to a} g(x) = \beta$ (α, β는 실수)일 때

(1) $\lim\limits_{x \to a} cf(x) = c \lim\limits_{x \to a} f(x) = c\alpha$

(단, c는 상수)

(2) $\lim\limits_{x \to a} \{f(x) + g(x)\}$
$= \lim\limits_{x \to a} f(x) + \lim\limits_{x \to a} g(x)$
$= \alpha + \beta$

(3) $\lim\limits_{x \to a} \{f(x) - g(x)\}$
$= \lim\limits_{x \to a} f(x) - \lim\limits_{x \to a} g(x)$
$= \alpha - \beta$

(4) $\lim\limits_{x \to a} f(x)g(x) = \lim\limits_{x \to a} f(x) \times \lim\limits_{x \to a} g(x)$
$= \alpha\beta$

(5) $\lim\limits_{x \to a} \dfrac{f(x)}{g(x)} = \dfrac{\lim\limits_{x \to a} f(x)}{\lim\limits_{x \to a} g(x)} = \dfrac{\alpha}{\beta}$

(단, $g(x) \neq 0$, $\beta \neq 0$)

현재 학습 내용

• 수열의 수렴과 발산 — 유형01 수열의 수렴과 발산

1. $n \to \infty$일 때의 수열의 수렴

수열 $\{a_n\}$에서 n이 한없이 커질 때, 일반항 a_n의 값이 일정한 값 α에 한없이 가까워지면 수열 $\{a_n\}$은 α에 수렴한다고 하고, α를 수열 $\{a_n\}$의 **극한값** 또는 극한이라고 한다.

$$\text{'}\lim_{n \to \infty} a_n = \alpha\text{'} \ \text{또는} \ \text{'}n \to \infty\text{일 때 } a_n \to \alpha\text{'}$$

특히, 수열 $\{a_n\}$에서 모든 자연수 n에 대하여 $a_n = c$ (c는 상수)인 경우에 수열 $\{a_n\}$은 c에 수렴한다고 하고, 기호로 나타내면 다음과 같다.

$$\lim_{n \to \infty} a_n = \lim_{n \to \infty} c = c$$

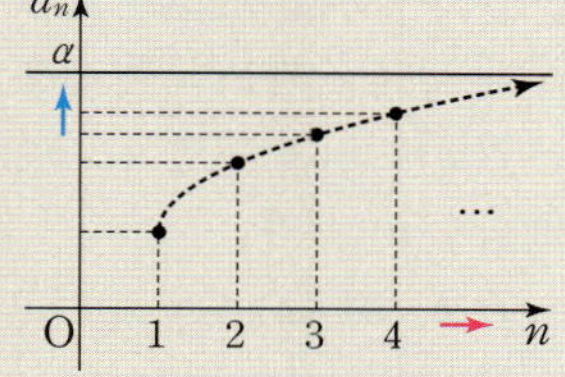

2. $n \to \infty$일 때의 수열의 발산

수열 $\{a_n\}$에서 n이 한없이 커질 때

(1) 수열 $\{a_n\}$의 값도 한없이 커지면 수열 $\{a_n\}$은 양의 무한대로 발산한다고 한다.

$$\text{'}\lim_{n \to \infty} a_n = \infty\text{'} \ \text{또는} \ \text{'}n \to \infty\text{일 때 } a_n \to \infty\text{'}$$

(2) 수열 $\{a_n\}$의 값이 음수이면서 그 절댓값이 한없이 커지면 수열 $\{a_n\}$은 음의 무한대로 발산한다고 한다.

$$\text{'}\lim_{n \to \infty} a_n = -\infty\text{'} \ \text{또는} \ \text{'}n \to \infty\text{일 때 } a_n \to -\infty\text{'}$$

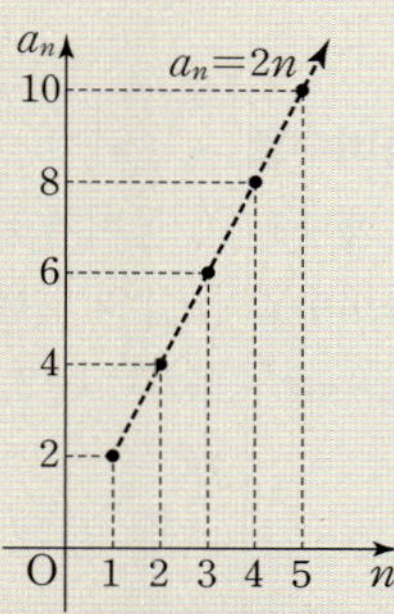

∞는 '수'가 아니라 '한없이 커지는 상태'를 의미한다. 따라서 극한값이 ∞, $-\infty$라는 뜻이 아니라 $n \to \infty$일 때 극한값이 존재하지 않는 것이다.

(3) 수열 $\{a_n\}$이 수렴하지도 않고 양의 무한대나 음의 무한대로 발산하지도 않으면 그 수열은 진동한다고 한다.

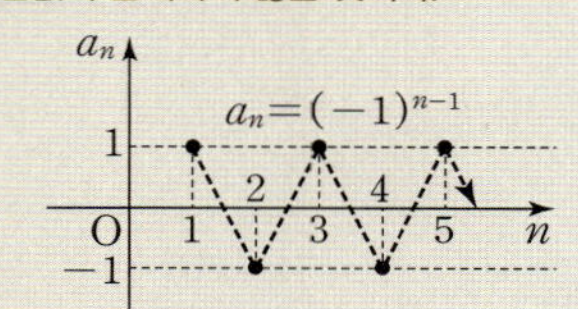

• 수열의 극한에 대한 성질 — 유형02 수열의 극한에 대한 성질

수렴하는 두 수열 $\{a_n\}$, $\{b_n\}$에 대하여 $\lim\limits_{n \to \infty} a_n = \alpha$, $\lim\limits_{n \to \infty} b_n = \beta$ (α, β는 실수)일 때

(1) $\lim\limits_{n \to \infty} c a_n = c \lim\limits_{n \to \infty} a_n = c\alpha$ (단, c는 상수)

(2) $\lim\limits_{n \to \infty} (a_n + b_n) = \lim\limits_{n \to \infty} a_n + \lim\limits_{n \to \infty} b_n = \alpha + \beta$

(3) $\lim\limits_{n \to \infty} (a_n - b_n) = \lim\limits_{n \to \infty} a_n - \lim\limits_{n \to \infty} b_n = \alpha - \beta$

(4) $\lim\limits_{n \to \infty} a_n b_n = \lim\limits_{n \to \infty} a_n \times \lim\limits_{n \to \infty} b_n = \alpha\beta$

(5) $\lim\limits_{n \to \infty} \dfrac{a_n}{b_n} = \dfrac{\lim\limits_{n \to \infty} a_n}{\lim\limits_{n \to \infty} b_n} = \dfrac{\alpha}{\beta}$ (단, $b_n \neq 0$, $\beta \neq 0$)

유형03 수열의 극한값의 계산

유형04 수열의 극한을 이용한 미정계수의 결정

| 이전 학습 내용 |

・**함수의 극한의 대소 관계** [수학Ⅱ / Ⅰ. 함수의 극한과 연속]

함수 $f(x)$, $g(x)$에 대하여

$\lim\limits_{x \to a} f(x) = \alpha$, $\lim\limits_{x \to a} g(x) = \beta$ (α, β는 실수)

일 때, a에 가까운 모든 실수 x에서

(1) $f(x) \le g(x)$이면 $\alpha \le \beta$이다.

(2) 함수 $h(x)$가

$f(x) \le h(x) \le g(x)$이고 $\alpha = \beta$이면

$\lim\limits_{x \to a} h(x) = \alpha$이다.

・**등비수열** [수학Ⅰ / Ⅲ. 수열]

첫째항이 a, 공비가 r $(r \ne 0)$인

등비수열 $\{a_n\}$의 일반항은

$a_n = ar^{n-1}$ $(n = 1, 2, 3, \cdots)$

・S_n**과** a_n **사이의 관계** [수학Ⅰ / Ⅲ. 수열]

수열 $\{a_n\}$의 첫째항부터 제 n항까지의 합을

S_n이라고 하면

$\begin{cases} a_1 = S_1 \\ a_n = S_n - S_{n-1} \ (n \ge 2) \end{cases}$

・**수열의 귀납적 정의** [수학Ⅰ / Ⅲ. 수열]

일반적인 수열 $\{a_n\}$의 귀납적 정의

(ⅰ) 첫째항 a_1의 값

(ⅱ) 이웃하는 항들 a_n, a_{n+1}, $\cdots$ 사이의

관계식

현재 학습 내용

・**수열의 극한의 대소 관계** ──────── 유형05 수열의 극한의 대소 관계

수렴하는 두 수열 $\{a_n\}$, $\{b_n\}$에 대하여 $\lim\limits_{n \to \infty} a_n = \alpha$, $\lim\limits_{n \to \infty} b_n = \beta$ (α, β는 실수)일 때

(1) 모든 자연수 n에 대하여 $a_n \le b_n$이면 $\alpha \le \beta$이다.

(2) 수열 $\{c_n\}$이 모든 자연수 n에 대하여 $a_n \le c_n \le b_n$이고 $\alpha = \beta$이면 $\lim\limits_{n \to \infty} c_n = \alpha$이다.

이는 수열의 대소에 등호가 없을 때에도 성립한다. 즉,

(1) 모든 자연수 n에 대하여 $a_n < b_n$이면 $\alpha \le \beta$이다.

(2) 수열 $\{c_n\}$이 모든 자연수 n에 대하여 $a_n < c_n < b_n$

이고 $\alpha = \beta$이면 $\lim\limits_{n \to \infty} c_n = \alpha$이다.

예 일반항이 $a_n = \dfrac{1}{n}$, $b_n = \dfrac{2}{n}$인 두 수열

$\{a_n\}$, $\{b_n\}$은 모든 자연수 n에 대하여

$a_n < b_n$이지만 $\lim\limits_{n \to \infty} a_n = \lim\limits_{n \to \infty} b_n = 0$이다.

・**등비수열** $\{r^n\}$**의 수렴과 발산** ──── 유형06 등비수열의 극한값의 계산

　　　　　　　　　　　　　　　　　　　　　 유형07 등비수열의 수렴 조건

① $r > 1$일 때, $\lim\limits_{n \to \infty} r^n = \infty$ (발산)

② $r = 1$일 때, $\lim\limits_{n \to \infty} r^n = 1$ (수렴) 등비수열 $\{r^n\}$의 수렴 조건은 $-1 < r \le 1$이다.

③ $-1 < r < 1$일 때, $\lim\limits_{n \to \infty} r^n = 0$ (수렴) ──── 유형09 x^n을 포함한 극한으로 정의된 함수

④ $r \le -1$일 때, 수열 $\{r^n\}$은 진동한다. (발산)

첫째항이 a, 공비가 r인 등비수열 $\{ar^{n-1}\}$의

수렴 조건은 $a = 0$ 또는 $-1 < r \le 1$이다.

유형08 S_n과 a_n 사이의 관계를 이용하는 수열의 극한값의 계산

유형10 수열의 극한의 활용

유형11 귀납적으로 정의된 수열의 극한

유형12 확률과 통계 통합 유형

유형 01 수열의 수렴과 발산

$n=1, 2, 3, \cdots$을 주어진 수열에 차례로 대입하여 수열의 수렴, 발산을 판단하는 문제를 분류하였다.

유형 해결 TIP

〈수학Ⅱ〉의 함수의 극한에서 배운 내용을 활용하면 직접 대입하는 것보다 빠르게 문제를 해결할 수 있다.

0001

다음 중 수열 $\left\{3+\dfrac{1}{n}\right\}$에 대한 설명으로 옳은 것은?

① 1에 수렴한다.   ② 2에 수렴한다.

③ 3에 수렴한다.   ④ 진동한다.

⑤ 양의 무한대로 발산한다.

0002

수렴하는 수열만을 〈보기〉에서 있는 대로 고른 것은?

보기

ㄱ. $1, 3, 5, 7, \cdots, 2n-1, \cdots$

ㄴ. $1, \dfrac{1}{4}, \dfrac{1}{9}, \dfrac{1}{16}, \cdots, \dfrac{1}{n^2}, \cdots$

ㄷ. $7, 7, 7, 7, \cdots, 7, \cdots$

ㄹ. $1, -\dfrac{1}{2}, \dfrac{1}{4}, -\dfrac{1}{8}, \cdots, \left(-\dfrac{1}{2}\right)^{n-1}, \cdots$

ㅁ. $-1, 1, -1, 1, \cdots, (-1)^n, \cdots$

① ㄱ, ㅁ   ② ㄴ, ㄷ   ③ ㄴ, ㄷ, ㄹ

④ ㄴ, ㄷ, ㅁ   ⑤ ㄴ, ㄹ, ㅁ

0003

다음 중 수열의 수렴과 발산에 대한 설명으로 옳은 것은?

① $\displaystyle\lim_{n\to\infty}(2-n)=\infty$이다.

② 수열 $\left\{(-1)^{n-1}\dfrac{1}{n}\right\}$은 0으로 수렴한다.

③ 어떤 수열이 수렴하지 않을 때, 그 수열은 극한값을 갖는다.

④ 모든 자연수 n에 대하여 $a_n=c$ (c는 상수)일 때, 수열 $\{a_n\}$은 cn에 수렴한다.

⑤ 수열 $1+\dfrac{1}{2}, 1+\dfrac{1}{3}, 1+\dfrac{1}{4}, \cdots, 1+\dfrac{1}{n+1}, \cdots$은 발산한다.

유형 02 수열의 극한에 대한 성질

(1) 수렴하는 두 수열 $\{a_n\}$, $\{b_n\}$에 대하여 수열의 극한에 대한 다음 기본 성질을 이용한 문제

$$\lim_{n\to\infty}(pa_n\pm qb_n)=p\lim_{n\to\infty}a_n\pm q\lim_{n\to\infty}b_n \ (p, q는 상수, 복부호동순)$$

$$\lim_{n\to\infty}a_nb_n=\lim_{n\to\infty}a_n\times\lim_{n\to\infty}b_n$$

$$\lim_{n\to\infty}\frac{a_n}{b_n}=\frac{\lim\limits_{n\to\infty}a_n}{\lim\limits_{n\to\infty}b_n} \ (단, b_n\neq 0, \lim_{n\to\infty}b_n\neq 0)$$

(2) 수렴하는 수열 $\{a_n\}$에 대하여 다음이 성립함을 이용하는 문제

❶ $\displaystyle\lim_{n\to\infty}a_n=\alpha$이면 $\displaystyle\lim_{n\to\infty}a_{n+1}=\alpha$이다. ($\alpha$는 실수)

❷ $\displaystyle\lim_{n\to\infty}a_n=\alpha$이면 $\displaystyle\lim_{n\to\infty}a_{2n}=\lim_{n\to\infty}a_{2n-1}=\alpha$이다. ($\alpha$는 실수)

를 분류하였다.

0004

수열 $\{a_n\}$에 대하여 $\displaystyle\lim_{n\to\infty}a_n=-\dfrac{1}{2}$일 때,

$\displaystyle\lim_{n\to\infty}a_{n-1}+\lim_{n\to\infty}a_n-4\lim_{n\to\infty}a_{2n}$의 값은?

① 1   ② 2   ③ 3

④ 4   ⑤ 5

0005 빈출 👑

두 수열 $\{a_n\}$, $\{b_n\}$에 대하여 $\lim\limits_{n\to\infty} a_n=5$, $\lim\limits_{n\to\infty} b_n=-1$일 때, 다음 극한값을 구하시오.

(1) $\lim\limits_{n\to\infty}(a_n+b_n)$

(2) $\lim\limits_{n\to\infty}(2a_n-3b_n)$

(3) $\lim\limits_{n\to\infty}\dfrac{a_n-3b_n}{2-a_nb_n}$

0006

두 수열 $\{a_n\}$, $\{b_n\}$에 대하여 $\lim\limits_{n\to\infty} a_n=2$, $\lim\limits_{n\to\infty} b_n=3$일 때, $\lim\limits_{n\to\infty}(a_n+b_n)^2=a$, $\lim\limits_{n\to\infty}\dfrac{a_nb_n}{a_n+b_n}=b$라 하자. $10(a+b)$의 값은?

① 260   ② 262   ③ 264
④ 266   ⑤ 268

0007

수렴하는 수열 $\{a_n\}$에 대하여 $\lim\limits_{n\to\infty}(5a_n-1)=4$일 때, $\lim\limits_{n\to\infty} a_n(a_n+1)$의 값은?

① 1   ② 2   ③ 3
④ 4   ⑤ 5

0008 빈출 👑

수렴하는 수열 $\{a_n\}$에 대하여 $\lim\limits_{n\to\infty}\dfrac{3a_n+1}{a_n+2}=2$일 때, $\lim\limits_{n\to\infty} a_n$의 값은?

① 3   ② 6   ③ 9
④ 12   ⑤ 15

0009

수렴하는 두 수열 $\{a_n\}$, $\{b_n\}$이 $\lim\limits_{n\to\infty}\dfrac{a_n}{3}=5$, $\lim\limits_{n\to\infty}\dfrac{a_n+1}{3b_n}=4$를 만족시킬 때, $\lim\limits_{n\to\infty} b_n$의 값은?

① $\dfrac{1}{3}$ ② $\dfrac{2}{3}$ ③ 1
④ $\dfrac{4}{3}$ ⑤ $\dfrac{5}{3}$

0010

두 수열 $\{a_n\}$, $\{b_n\}$의 극한에 대하여 〈보기〉에서 옳은 것만을 있는 대로 고른 것은? (단, α는 상수이다.)

> 보기
>
> ㄱ. $\lim\limits_{n\to\infty} a_n=\alpha$, $\lim\limits_{n\to\infty} b_n=-\alpha$이면 $\lim\limits_{n\to\infty} a_n^2=\lim\limits_{n\to\infty} b_n^2$이다.
>
> ㄴ. $\lim\limits_{n\to\infty} a_n=\alpha$, $\lim\limits_{n\to\infty} b_n=\infty$이면 $\lim\limits_{n\to\infty}\dfrac{a_n}{b_n}=0$이다.
>
> ㄷ. $\lim\limits_{n\to\infty} a_n=\infty$, $\lim\limits_{n\to\infty} b_n=\infty$이면 $\lim\limits_{n\to\infty}(a_n-b_n)=0$이다.

① ㄱ   ② ㄴ   ③ ㄱ, ㄴ
④ ㄴ, ㄷ   ⑤ ㄱ, ㄴ, ㄷ

유형 03 수열의 극한값의 계산 $\left(\dfrac{(상수)}{\infty},\ \dfrac{\infty}{\infty},\ \infty-\infty\right)$

$n\to\infty$일 때, $\dfrac{(상수)}{\infty}$, $\dfrac{\infty}{\infty}$, $\infty-\infty$ 꼴인 경우의 극한값을 계산하는 문제를 분류하였다.

유형 해결 TIP

극한값은 다음을 이용하여 계산하자.

(1) $\dfrac{(상수)}{\infty}$ 꼴 : 극한값은 0이다.

(2) $\dfrac{\infty}{\infty}$ 꼴 : 분모의 최고차항으로 분모, 분자를 나눈 후 다음을 이용한다.

  ❶ (분자의 차수)$=$(분모의 차수)
    : 최고차항의 계수의 비에 수렴
  ❷ (분자의 차수)$<$(분모의 차수)
    : 0에 수렴
  ❸ (분자의 차수)$>$(분모의 차수)
    : $\pm\infty$로 발산

(3) $\infty-\infty$ 꼴 : 근호가 있는 경우 분자 또는 분모를 유리화하여 $\dfrac{\infty}{\infty}$ 꼴로 변형한 후 (2)를 이용한다.

0011

다음 수열의 극한값은?

$$10-\dfrac{1}{2},\ 10-\dfrac{1}{4},\ 10-\dfrac{1}{6},\ \cdots,\ 10-\dfrac{1}{2n},\ \cdots$$

① 8 ② $\dfrac{17}{2}$ ③ 9

④ $\dfrac{19}{2}$ ⑤ 10

0012 빈출 👑

다음 극한값을 구하시오.

(1) $\displaystyle\lim_{n\to\infty}\left(7-\dfrac{3}{n}\right)\left(\dfrac{3}{n^2}+2\right)$

(2) $\displaystyle\lim_{n\to\infty}\dfrac{\dfrac{2}{n}+5}{2-\dfrac{5}{n}}$

0013 빈출 👑

다음 극한값을 구하시오.

(1) $\displaystyle\lim_{n\to\infty}\dfrac{3n+1}{2n-5}$

(2) $\displaystyle\lim_{n\to\infty}\dfrac{(2n+1)^2}{-4n^2-1}$

(3) $\displaystyle\lim_{n\to\infty}\dfrac{8n^3-4n-1}{4n^3+2n+1}$

0014

$\displaystyle\lim_{n\to\infty}\dfrac{4n+1}{2n^2+3}+\lim_{n\to\infty}\dfrac{(2n-1)(n+2)}{n^2-2n}$의 값은?

① 5 ② 4 ③ 3
④ 2 ⑤ 1

0015

수열 $\left\{\dfrac{2n+(-1)^n}{6n}\right\}$의 극한값은?

① 0 ② $\dfrac{1}{3}$ ③ $\dfrac{2}{3}$

④ 1 ⑤ $\dfrac{4}{3}$

0016

다음 극한값을 구하시오.

(1) $\displaystyle\lim_{n\to\infty}\dfrac{\sqrt{6n^2+4n+1}}{\sqrt{2n^2-n+1}}$

(2) $\displaystyle\lim_{n\to\infty}\dfrac{n+3}{\sqrt{4n^2-1}}$

(3) $\displaystyle\lim_{n\to\infty}\dfrac{2n-1}{\sqrt{4n^2-1}+\sqrt{9n^2+1}}$

0017

다음 중 옳은 것은?

① $\displaystyle\lim_{n\to\infty}\dfrac{1}{n}=\infty$

② $\displaystyle\lim_{n\to\infty}\dfrac{3-2n}{4n^2+2}=-\dfrac{1}{2}$

③ $\displaystyle\lim_{n\to\infty}\dfrac{2n^2}{\sqrt{2n^2+1}}=\sqrt{2}$

④ $\displaystyle\lim_{n\to\infty}\dfrac{\sqrt{n+3}+\sqrt{n-3}}{\sqrt{n}}=\infty$

⑤ $\displaystyle\lim_{n\to\infty}\dfrac{6n+3}{2n-5}=3$

0018

다음 극한값을 구하시오.

(1) $\displaystyle\lim_{n\to\infty}(\sqrt{n^2+n}-n)$

(2) $\displaystyle\lim_{n\to\infty}\dfrac{1}{\sqrt{4n^2+n}-2n}$

(3) $\displaystyle\lim_{n\to\infty}(\sqrt{n^2-3n}-\sqrt{n^2+1})$

0019

다음 극한값을 구하시오.

(1) $\displaystyle\lim_{n\to\infty}\dfrac{\sqrt{n^2-4}-n}{n-\sqrt{n^2-3}}$

(2) $\displaystyle\lim_{n\to\infty}\dfrac{\sqrt{n+3}-\sqrt{n+2}}{\sqrt{n+2}-\sqrt{n+1}}$

0020

다음 극한값을 구하시오.

(1) $\displaystyle\lim_{n\to\infty}\sqrt{n}(\sqrt{4n+2}-\sqrt{4n-2})$

(2) $\displaystyle\lim_{n\to\infty}\dfrac{2}{n(\sqrt{n^2+2n}-\sqrt{n^2+2n-2})}$

0021

다음 중 옳지 <u>않은</u> 것은?

① $\displaystyle\lim_{n\to\infty}\left(2+\dfrac{3}{n^2}\right)=2$

② $\displaystyle\lim_{n\to\infty}\dfrac{5n^3+1}{n^3+3}=5$

③ $\displaystyle\lim_{n\to\infty}\dfrac{4n^2+3n}{1+2+3+\cdots+n}=8$

④ $\displaystyle\lim_{n\to\infty}\dfrac{1}{\sqrt{n^2+n}-n}=1$

⑤ $\displaystyle\lim_{n\to\infty}\dfrac{(-1)^{n+1}}{n^2}=0$

0022

등차수열 $\{a_n\}$에 대하여 $a_1=2$, $a_3=8$일 때, $\displaystyle\lim_{n\to\infty}\frac{a_n}{3n}$의 값은?

① 1　　　　② 2　　　　③ 3

④ 4　　　　⑤ 5

0023

수열 $\{a_n\}$이 $\displaystyle\lim_{n\to\infty}na_n=\frac{1}{3}$을 만족시킬 때, $\displaystyle\lim_{n\to\infty}\frac{6n+3}{n^2a_n}$의 값은?

① 6　　　　② 12　　　　③ 18

④ 24　　　　⑤ 30

0024

두 수열 $\{a_n\}$, $\{b_n\}$에 대하여

$$a_n=\frac{2}{n}-4,\quad b_n=5-\frac{2}{n(n-1)}$$

일 때, $\displaystyle\lim_{n\to\infty}a_n(a_n+2b_n)$의 값은?

① -24　　　　② -12　　　　③ -6

④ 0　　　　⑤ 6

유형04　수열의 극한을 이용한 미정계수의 결정

$\dfrac{\infty}{\infty}$ 꼴 또는 $\infty-\infty$ 꼴의 수열에 미정계수가 포함되어 있을 경우 수열의 극한에 대한 성질을 이용하여 미정계수를 구하는 문제를 분류하였다.

유형 해결 TIP

다음과 같은 순서로 미정계수를 구할 수 있다.

❶ $\infty-\infty$ 꼴이 무리식인 경우 유리화하여 $\dfrac{\infty}{\infty}$ 꼴로 변형한다.

❷ $\dfrac{\infty}{\infty}$ 꼴인 경우 분모의 최고차항으로 분모, 분자를 각각 나눈다.

❸ $\displaystyle\lim_{n\to\infty}\frac{1}{n}=0$임을 이용하여 극한값을 구한다.

0025

$\displaystyle\lim_{n\to\infty}\frac{an-3}{\sqrt{9n^2+6n}+3n}=2$일 때, 상수 a의 값은?

① 6　　　　② 9　　　　③ 12

④ 15　　　　⑤ 18

0026 빈출 👑

$\displaystyle\lim_{n\to\infty}\frac{an^2+bn-5}{2n-1}=4$일 때, 두 상수 a, b에 대하여 $a+b$의 값은?

① 2　　　　② 4　　　　③ 6

④ 8　　　　⑤ 10

0027

$\lim\limits_{n\to\infty}(\sqrt{4n^2+an}-\sqrt{4n^2-an})=2$일 때, 상수 a의 값은?

① 2   ② 4   ③ 6

④ 8   ⑤ 10

유형 05   수열의 극한의 대소 관계

수열의 극한의 대소 관계를 이용하여 주어진 수열의 극한값을 구하는 문제를 분류하였다.

유형해결 TIP

(1) 두 수열 $\{a_n\}$, $\{b_n\}$에 대하여 $\lim\limits_{n\to\infty}a_n=\alpha$, $\lim\limits_{n\to\infty}b_n=\beta$일 때,

 ❶ 모든 자연수 n에 대하여 $a_n\leq b_n$이면 $\alpha\leq\beta$

 ❷ 모든 자연수 n에 대하여 $a_n<b_n$이면 $\alpha\leq\beta$

(2) 두 수열 $\{a_n\}$, $\{b_n\}$이 발산할 때,

 ❶ $a_n\leq b_n$이고 $\lim\limits_{n\to\infty}a_n=\infty$이면 $\lim\limits_{n\to\infty}b_n=\infty$

 ❷ $a_n\leq b_n$이고 $\lim\limits_{n\to\infty}b_n=-\infty$이면 $\lim\limits_{n\to\infty}a_n=-\infty$

특히, 식을 변형하기 위해 부등식의 각 변에 다른 식을 곱하거나 다른 식으로 나누는 경우 부호에 주의하자.

0028   빈출 ♔

수열 $\{a_n\}$이 모든 자연수 n에 대하여 다음 부등식을 만족시킬 때, $\lim\limits_{n\to\infty}a_n$의 값을 구하시오.

(1) $1-\dfrac{1}{n}<a_n<1+\dfrac{1}{n}$

(2) $\dfrac{10n-5}{5n-1}<a_n<\dfrac{10n+10}{5n-2}$

(3) $\dfrac{3n^2-n-1}{n^2+5}<a_n<\dfrac{3n^2+2n+1}{n^2-1}$

0029

수열 $\{a_n\}$이 모든 자연수 n에 대하여 다음 부등식을 만족시킬 때, $\lim\limits_{n\to\infty}a_n$의 값을 구하시오.

(1) $2n-1<3na_n<2n+4$

(2) $\sqrt{9n^2+n}<(n+1)a_n<\sqrt{9n^2+4n}$

0030   빈출 ♔

수열 $\{a_n\}$이 모든 자연수 n에 대하여 다음 부등식을 만족시킬 때, $\lim\limits_{n\to\infty}a_n$의 값을 구하시오.

(1) $\dfrac{2n-1}{n^2+1}<\dfrac{a_n}{n}<\dfrac{2n+1}{n^2+2}$

(2) $\dfrac{1}{n+5}<\dfrac{a_n-1}{7n+1}<\dfrac{1}{n+2}$

0031

수열 $\{a_n\}$이 모든 자연수 n에 대하여

$n(n+1)<a_n<(n+1)^2$을 만족시킬 때, $\lim\limits_{n\to\infty}\dfrac{a_{3n}}{a_n}$의 값은?

① 3   ② 6   ③ 9

④ 12   ⑤ 15

0032 빈출

수열 $\{a_n\}$이 모든 자연수 n에 대하여

$$2n-1 < na_n < \sqrt{4n^2+3n}$$

을 만족시킬 때, $\lim\limits_{n\to\infty}\dfrac{(5n^2+1)a_n}{2n^2-1}$ 의 값은?

① 1   ② 2   ③ 3

④ 4   ⑤ 5

유형 06   등비수열의 극한값의 계산

$|r|<1$이면 $\lim\limits_{n\to\infty}r^n=0$임을 이용하여 r^n이 포함된 수열의 극한값을 계산하는 문제를 분류하였다.

유형 해결 TIP

다음과 같은 순서로 계산하자.
❶ 분모의 밑의 절댓값이 가장 큰 항으로 분모, 분자를 각각 나눈다.
❷ $|r|<1$이면 $\lim\limits_{n\to\infty}r^n=0$임을 이용하여 주어진 등비수열의 극한값을 구한다.

0033

$\lim\limits_{n\to\infty}\dfrac{r^{n+2}+1}{r^n-1}$ 의 값은? (단, $|r|<1$)

① -2 ② -1 ③ 0

④ 1   ⑤ 2

0034

다음 극한값을 구하시오.

(1) $\lim\limits_{n\to\infty}\dfrac{3^n+5^n}{5^n}$

(2) $\lim\limits_{n\to\infty}\dfrac{1-2^n}{2^{n-1}}$

(3) $\lim\limits_{n\to\infty}\dfrac{7\times 3^{n+2}+5}{3^n+2^n}$

(4) $\lim\limits_{n\to\infty}\dfrac{2^n+3^{n+1}}{3^n+2^{2n}}$

(5) $\lim\limits_{n\to\infty}\dfrac{3^{2n}+4^n}{9^{n+1}}$

0035

〈보기〉의 극한값을 큰 것부터 순서대로 나열한 것은?

보기

ㄱ. $\lim\limits_{n\to\infty}\dfrac{3n^2-2n}{2n^2-1}$ ㄴ. $\lim\limits_{n\to\infty}\left\{2+\left(\dfrac{3}{4}\right)^n\right\}$

ㄷ. $\lim\limits_{n\to\infty}\dfrac{4^n+5}{4^n+1}$ ㄹ. $\lim\limits_{n\to\infty}\dfrac{3^{n+1}-2^n}{3^n-2^{n+1}}$

① ㄷ, ㄱ, ㄴ, ㄹ   ② ㄷ, ㄱ, ㄹ, ㄴ

③ ㄹ, ㄴ, ㄱ, ㄷ   ④ ㄹ, ㄴ, ㄷ, ㄱ

⑤ ㄹ, ㄷ, ㄱ, ㄴ

0036

$\lim\limits_{n\to\infty}\dfrac{9\times 2^{2n-1}+4\times 3^{2n+1}}{2\times 2^{2n+1}+9\times 3^{2n-1}}$ 의 값은?

① 1   ② 4   ③ 7

④ 10   ⑤ 13

0037

첫째항이 5이고 공비가 3인 등비수열 $\{a_n\}$에 대하여
$\lim\limits_{n\to\infty}\dfrac{3a_{n+1}}{1+a_n}$의 값은?

① 1   ② 3   ③ 5
④ 7   ⑤ 9

0038

$\lim\limits_{n\to\infty}\dfrac{1-2r^n}{1+r^n}$에 대한 설명 중 〈보기〉에서 옳은 것만을 있는 대로 고른 것은? (단, $r\neq-1$)

보기

ㄱ. $r>1$이면 극한값은 2이다.
ㄴ. $r=1$이면 극한값은 $-\dfrac{1}{2}$이다.
ㄷ. $-1<r<1$이면 극한값은 1이다.
ㄹ. $r<-1$이면 극한값은 존재하지 않는다.

① ㄱ   ② ㄴ   ③ ㄴ, ㄷ
④ ㄷ, ㄹ   ⑤ ㄴ, ㄷ, ㄹ

0039

자연수 a, b에 대하여 연산 $\odot$를
$a\odot b=\lim\limits_{n\to\infty}\dfrac{ba^n+ab^n}{a^n+b^n}$으로 정의할 때, $(2\odot3)\odot4$의 값은?

① 2   ② 3   ③ 4
④ 5   ⑤ 6

유형 07 등비수열의 수렴 조건

등비수열의 수렴 조건을 이용하여 주어진 수열이 수렴하도록 하는 미지수를 구하는 문제를 분류하였다.

유형해결 TIP

등비수열의 수렴 조건은 다음과 같다.
(1) 등비수열 $\{r^n\}$의 수렴 조건
  ➡ $-1<r\leq1$
(2) 등비수열 $\{ar^{n-1}\}$의 수렴 조건
  ➡ $a=0$ 또는 $-1<r\leq1$

0040 빈출 ♛

등비수열 $\left\{\left(\dfrac{4x-5}{3}\right)^n\right\}$이 수렴하기 위한 모든 정수 x의 값의 합은?

① 0   ② 1   ③ 2
④ 3   ⑤ 4

0041 빈출 ♛

등비수열 $\{(2x^2-4x+1)^n\}$이 수렴하도록 하는 정수 x의 최솟값과 최댓값의 합은?

① 0   ② 2   ③ 4
④ 6   ⑤ 8

0042

수열 $\left\{\dfrac{a^{2n}+4^n}{5^n+7^n}\right\}$이 수렴하도록 하는 정수 a의 개수는?

① 1   ② 3   ③ 5
④ 7   ⑤ 9

 S_n과 a_n 사이의 관계를 이용하는 수열의 극한값의 계산

수열 $\{a_n\}$의 첫째항부터 제n항까지의 합 S_n이 주어진 경우
$a_1=S_1$, $a_n=S_n-S_{n-1}$ $(n\geq2)$임을 이용하여 주어진 수열의
극한값을 구하는 문제를 분류하였다.

0043

수열 $\{a_n\}$의 첫째항부터 제n항까지의 합 S_n이 $S_n=4n^2$일 때,

$\displaystyle\lim_{n\to\infty}\dfrac{na_n}{S_n}$의 값은?

① 2   ② 4   ③ 6

④ 8   ⑤ 10

0044

수열 $\{a_n\}$에 대하여 $\displaystyle\sum_{k=1}^{n} a_k=n^2+n$일 때, $\displaystyle\lim_{n\to\infty}\dfrac{a_1\times n^2}{(a_n)^2}$의 값은?

① $\dfrac{1}{4}$ ② $\dfrac{1}{2}$ ③ $\dfrac{3}{4}$

④ 1   ⑤ $\dfrac{5}{4}$

0045

수열 $\{a_n\}$에 대하여 $\displaystyle\sum_{k=1}^{n} k^2 a_k=\dfrac{n(n+4)}{3}$일 때, $\displaystyle\lim_{n\to\infty}na_n$의 값은?

① $\dfrac{5}{3}$ ② $\dfrac{4}{3}$ ③ 1

④ $\dfrac{2}{3}$ ⑤ $\dfrac{1}{3}$

0046

수열 $\{a_n\}$에 대하여 $\displaystyle\sum_{k=1}^{n} a_k=n\times3^n$일 때,

$\displaystyle\lim_{n\to\infty}\dfrac{a_1+a_2+a_3+\cdots+a_n}{a_n}$의 값은?

① $\dfrac{1}{2}$ ② 1   ③ $\dfrac{3}{2}$

④ 2   ⑤ $\dfrac{5}{2}$

 x^n을 포함한 극한으로 정의된 함수

x^n을 포함한 극한으로 정의된 함수에는 x의 값의 범위에 따라 각각의
극한값을 계산하여 함수식을 구한 뒤 해결하는 문제를 분류하였다.

유형 해결 TIP

x^n (n은 자연수)을 포함한 극한으로 표현된 함수에서 $n\to\infty$일
때에는 다음과 같이 네 경우로 나누어 각각의 함수를 구한다.
$$|x|<1, \ |x|>1, \ x=1, \ x=-1$$

0047 빈출♛

함수 $f(x)=\displaystyle\lim_{n\to\infty}\dfrac{x^{2n+1}+3x-2}{x^{2n}+1}$에 대하여

$f\left(-\dfrac{1}{2}\right)+f(1)+f(3)$의 값을 구하시오.

0048 서술형✎

n이 자연수일 때, 함수 $f(x)=\displaystyle\lim_{n\to\infty}\dfrac{x^{n+1}+3x}{x^n+2}$에 대하여 x의

값의 범위에 따른 함수 $f(x)$를 구하고, 그 과정을 서술하시오.

(단, $x\neq-1$)

0049 빈출 👑 서술형 ✏️

함수 $f(x)=\lim\limits_{n\to\infty}\dfrac{x^{2n}-1}{x^{2n}+1}$의 그래프를 그리고, 연속성을 조사하시오.

0050 빈출 👑

함수 $f(x)=\lim\limits_{n\to\infty}\dfrac{x^{2n+1}-1}{x^{2n}+1}$은 $x=a$에서 불연속일 때, 상수 a의 값은?

① -1 ② 0 ③ 1
④ 2 ⑤ 3

0051

함수 $f(x)=\lim\limits_{n\to\infty}\dfrac{ax^{2n}+2x+1}{x^{2n}-x^{n}+1}$에 대하여 $\lim\limits_{x\to-1}f(x)$의 값이 존재할 때, 상수 a의 값은?

① -3 ② -2 ③ -1
④ 0 ⑤ 1

0052 빈출 👑

함수 $f(x)=\lim\limits_{n\to\infty}\dfrac{2ax^{n+1}+ax-3}{x^{n}+1}$이 $x=1$에서 연속이 되도록 하는 상수 a의 값은?

① -3 ② -2 ③ -1
④ 0 ⑤ 1

0053 빈출

다음 중 함수 $f(x)=\lim\limits_{n\to\infty}\dfrac{x(1-x^{2n+1})}{1+x^{2n}}$ 에 대한 설명으로 옳지 않은 것은?

① $x>1$일 때 $f(x)=-x^2$이다.
② $f(1)=0$이다.
③ $x<-1$일 때 $f(x)=x^2$이다.
④ 함수 $f(x)$가 불연속인 점은 1개이다.
⑤ 함수 $f(x)$는 $-1<x<1$에서 연속이다.

유형 10 수열의 극한의 활용

이차방정식의 근과 계수의 관계, 나머지정리, 그래프의 교점, 실생활 등 문제의 조건을 가지고 일반항 a_n을 찾아 극한값을 구하는 문제를 분류하였다.

0054

이차방정식 $x^2-3x+1=0$의 두 근을 α, β라 할 때, 수렴하는 두 수열 $\{a_n\}$, $\{b_n\}$에 대하여
$\lim\limits_{n\to\infty}(a_n+b_n)=\alpha+\beta$, $\lim\limits_{n\to\infty}a_nb_n=\alpha\beta$이다.
$\lim\limits_{n\to\infty}(a_n{}^3+b_n{}^3)$의 값은?

① 6   ② 12   ③ 18
④ 24   ⑤ 30

0055

A도시에서는 반려견의 목줄에 인공센서를 삽입해 반려견과 주인 사이의 거리에 따라 경보음이 울리도록 하려고 한다. 반려견과 주인 사이의 거리가 a일 때, 경보음의 볼륨 $f(a)$는

$$f(a)=\lim_{n\to\infty}\frac{20}{a^{-2n}+1}$$

이다. 경보음의 볼륨이 변하는 경계가 되는 지점의 a의 값은?

① 0.4   ② 0.6   ③ 0.8
④ 1   ⑤ 1.2

유형 11 귀납적으로 정의된 수열의 극한

$a_{n+1}=pa_n+q$ 꼴의 수열 $\{a_n\}$을
$a_{n+1}-\alpha=p(a_n-\alpha)$ 꼴로 변형하여 수열 $\{a_n-\alpha\}$의 공비가 p인 등비수열임을 이용하는 문제를 분류하였다.

0056

수열 $\{a_n\}$이 $a_1=11$, $a_{n+1}=\dfrac{1}{2}a_n+5$로 정의될 때, $\lim\limits_{n\to\infty}a_n$의 값은?

① 8   ② 9   ③ 10
④ 11   ⑤ 12

0057

수렴하는 수열 $\{a_n\}$에 대하여 $a_{n+1}=\dfrac{2}{3}a_n+4$일 때,
$\displaystyle\lim_{n\to\infty}(6a_n-4)$의 값은?

① 68   ② 66   ③ 64
④ 62   ⑤ 60

유형12   확률과 통계 통합 유형

〈확률과 통계〉에서 학습한 내용을 이용하여 수열의 극한을 구하는 문제를 분류하였다. 만약 〈확률과 통계〉를 학습하지 않았다면 이 유형은 풀지 않아도 된다.

유형해결 TIP

특히, 전개식 $(a+b)^n=\displaystyle\sum_{r=0}^{n}{}_n\mathrm{C}_r a^{n-r}b^r$ (n은 자연수)과 확률에 대한 내용이 종종 출제되니 해당 내용을 복습하자.

0058

다항식 $\left(1+\dfrac{3x}{n}\right)^n$의 전개식에서 x^3의 계수를 a_n이라 하자. 이때,
$\displaystyle\lim_{n\to\infty}a_n$의 값은?

① $\dfrac{1}{2}$ ② $\dfrac{3}{2}$ ③ $\dfrac{5}{2}$
④ $\dfrac{7}{2}$ ⑤ $\dfrac{9}{2}$

0059

$10n$개의 제비 중에 당첨 제비가 $2n$개 있다. 이 제비에서 5개를 뽑을 때, 그중에서 한 개만이 당첨 제비가 될 확률을 P_n이라 하자. 이때, $\displaystyle\lim_{n\to\infty}\mathrm{P}_n$의 값은? (단, n은 자연수이다.)

① $\left(\dfrac{1}{5}\right)^4$ ② $\left(\dfrac{2}{5}\right)^4$ ③ $\left(\dfrac{3}{5}\right)^4$
④ $\left(\dfrac{4}{5}\right)^4$ ⑤ 1

0060

흰 구슬 $4n$개와 검은 구슬 $3n$개가 들어 있는 주머니에서 2개의 구슬을 동시에 꺼낼 때, 같은 색의 구슬이 나올 확률을 P_n이라 하자. $\displaystyle\lim_{n\to\infty}\mathrm{P}_n$의 값은? (단, n은 자연수이다.)

① $\dfrac{1}{49}$ ② $\dfrac{4}{59}$ ③ $\dfrac{9}{49}$
④ $\dfrac{16}{49}$ ⑤ $\dfrac{25}{49}$

STEP 2 내신 실전문제 체화를 위한 심 화 유 형

유형01 수열의 수렴과 발산

0061 빈출 👑
| 선행 0002 |

다음 수열의 수렴과 발산이 나머지 넷과 <u>다른</u> 하나는?

① $\{1+(-1)^n\}$

② $\{(-1)^n(2n+1)\}$

③ $\{1-n^2\}$

④ $\left\{\dfrac{n^2+1}{n}\right\}$

⑤ $\left\{\dfrac{n+1}{n}\right\}$

유형02 수열의 극한에 대한 성질

0062 빈출 👑
| 선행 0005 |

수렴하는 두 수열 $\{a_n\}$, $\{b_n\}$에 대하여
$\lim\limits_{n\to\infty}(a_n+b_n)=5$, $\lim\limits_{n\to\infty}a_nb_n=-1$일 때, 다음 극한값을
구하시오.

(1) $\lim\limits_{n\to\infty}(a_n{}^2+b_n{}^2)$

(2) $\lim\limits_{n\to\infty}(a_n{}^3+b_n{}^3)$

(3) $\lim\limits_{n\to\infty}|a_n-b_n|$

0063

수렴하는 두 수열 $\{a_n\}$, $\{b_n\}$에 대하여
$\lim\limits_{n\to\infty}(a_n+b_n)=7$, $\lim\limits_{n\to\infty}(a_n-b_n)=4$가 성립할 때,
$\lim\limits_{n\to\infty}(4a_n-2b_n)$의 값은?

① 11　　　　② 13　　　　③ 15

④ 17　　　　⑤ 19

0064

수열 $\{a_n\}$에 대하여 〈보기〉에서 옳은 것만을 있는 대로 고른
것은?

> 〈보기〉
> ㄱ. 수열 $\{a_n\}$이 수렴하면 수열 $\{a_{2n}\}$도 수렴한다.
> ㄴ. 수열 $\{a_{2n}\}$이 수렴하면 수열 $\{a_{2n-1}\}$도 수렴한다.
> ㄷ. 수열 $\{a_{2n}\}$이 수렴하면 수열 $\{a_n\}$도 수렴한다.
> ㄹ. 수열 $\{a_{2n}\}$과 수열 $\{a_{3n}\}$이 수렴하고, 수열 $\{a_{6n}\}$이 수렴하면
> 　　수열 $\{a_n\}$도 수렴한다.

① ㄱ　　　　② ㄱ, ㄴ　　　　③ ㄱ, ㄹ

④ ㄴ, ㄷ　　　　⑤ ㄱ, ㄷ, ㄹ

0065

두 수열 $\{a_n\}$, $\{b_n\}$에 대하여 〈보기〉에서 옳은 것만을 있는 대로
고른 것은?

> 〈보기〉
> ㄱ. 두 수열 $\{a_n+b_n{}^2\}$과 $\{b_n\}$이 수렴하면 수열 $\{a_n\}$도 수렴한다.
> ㄴ. 두 수열 $\{a_n\}$, $\{b_n\}$에 대하여 수열 $\{a_nb_n\}$이 수렴하면 두 수열
> 　　$\{a_n\}$, $\{b_n\}$은 모두 수렴한다.
> ㄷ. 두 수열 $\{a_n+b_n\}$, $\{a_n-b_n\}$이 모두 수렴하면 두 수열
> 　　$\{a_n\}$, $\{b_n\}$은 모두 수렴한다.
> ㄹ. 두 수열 $\{a_n\}$, $\{a_n+b_n\}$이 모두 수렴하면 수열 $\left\{\dfrac{a_n}{b_n}\right\}$은 수렴한다.

① ㄱ　　　　② ㄴ　　　　③ ㄱ, ㄷ

④ ㄱ, ㄴ, ㄹ　　　　⑤ ㄱ, ㄷ, ㄹ

유형 03 수열의 극한값의 계산 $\left(\dfrac{(상수)}{\infty},\ \dfrac{\infty}{\infty},\ \infty-\infty\right)$

0066

$\displaystyle\lim_{n\to\infty}\left[\left\{\left(1+\frac{1}{2}\right)\left(1+\frac{1}{3}\right)\cdots\left(1+\frac{1}{n-1}\right)\right\}^2\times\frac{1}{1+2+\cdots+n}\right]$의 값은?

① $\dfrac{1}{6}$ ② $\dfrac{1}{5}$ ③ $\dfrac{1}{4}$

④ $\dfrac{1}{3}$ ⑤ $\dfrac{1}{2}$

0067 빈출 ♕

다음 극한값을 구하시오.

(1) $\displaystyle\lim_{n\to\infty}\dfrac{1+3+5+\cdots+(2n-1)}{2+4+6+\cdots+2n}$

(2) $\displaystyle\lim_{n\to\infty}\dfrac{1^2+2^2+3^2+\cdots+(n-1)^2}{n\{1+4+7+\cdots+(3n-2)\}}$

0068

$\displaystyle\lim_{n\to\infty}\left\{\sqrt{1+2+3+\cdots+(n-1)}-\sqrt{1+2+3+\cdots+n}\right\}$의 값은?

① $-\dfrac{\sqrt{2}}{2}$ ② $-\dfrac{\sqrt{2}}{4}$ ③ 0

④ $\dfrac{\sqrt{2}}{4}$ ⑤ $\dfrac{\sqrt{2}}{2}$

0069

| 선행 0018 |

$\displaystyle\lim_{n\to\infty}\sum_{k=1}^{10}\left(\sqrt{n^2+5kn+k}-n\right)$의 값은?

① 130 ② $\dfrac{265}{2}$ ③ 135

④ $\dfrac{275}{2}$ ⑤ 140

0070

수열 $\{a_n\}$에서 $a_n=\log\dfrac{(n+2)^2}{(n+1)(n+3)}$일 때, $\displaystyle\lim_{n\to\infty}10^{a_1+a_2+a_3+\cdots+a_n}$의 값은?

① 1 ② $\dfrac{3}{2}$ ③ 2

④ $\dfrac{5}{2}$ ⑤ 3

0071

수렴하는 수열 $\{a_n\}$에 대하여 다음 식이 성립할 때, $\displaystyle\lim_{n\to\infty}a_n$의 값을 구하시오.

(1) $\dfrac{2a_n+1}{3a_n-2}=\dfrac{1+2+3+\cdots+n}{n^2+4}$

(2) $\dfrac{a_n-3}{2a_n+5}=\dfrac{1\times2+2\times3+3\times4+\cdots+n(n+1)}{1^2+2^2+3^2+\cdots+n^2}$

0072

첫째항이 -2이고 공차가 7인 등차수열 $\{a_n\}$에서 $\sum_{k=1}^{n} a_k = S_n$이라 할 때, $\lim_{n \to \infty} (\sqrt{S_{n+1}} - \sqrt{S_n})$의 값은?

① $\dfrac{\sqrt{11}}{2}$ ② $\sqrt{3}$ ③ $\dfrac{\sqrt{13}}{2}$

④ $\dfrac{\sqrt{14}}{2}$ ⑤ $\dfrac{\sqrt{15}}{2}$

0073

수열 $\{a_n\}$에 대하여 $S_n = \sum_{k=1}^{n} a_k$라 하자.

$\lim_{n \to \infty} \dfrac{S_n}{n^4} = \dfrac{1}{2}$일 때, $\lim_{n \to \infty} \dfrac{\sum\limits_{k=1}^{n} (2k + a_k)}{\sum\limits_{k=1}^{n} (4k^3 + 5a_k)}$의 값은?

① $\dfrac{1}{3}$ ② $\dfrac{1}{4}$ ③ $\dfrac{1}{5}$

④ $\dfrac{1}{6}$ ⑤ $\dfrac{1}{7}$

0074

수열 $\{a_n\}$에 대하여 $\lim_{n \to \infty} (n+3)a_n = 2$일 때, $\lim_{n \to \infty} \dfrac{1}{(n-3)a_n}$의 값은?

① $\dfrac{1}{2}$ ② 1 ③ $\dfrac{3}{2}$

④ 2 ⑤ $\dfrac{5}{2}$

0075 빈출 ♕

두 수열 $\{a_n\}$, $\{b_n\}$에 대하여 $\lim_{n \to \infty} (3n+2)a_n = 3$, $\lim_{n \to \infty} (n^3 - 3)b_n = 6$일 때, $\lim_{n \to \infty} \dfrac{(3n-1)^2 b_n}{2a_n}$의 값은?

① 15 ② 18 ③ 21

④ 24 ⑤ 27

0076 빈출 ♕

두 수열 $\{a_n\}$, $\{b_n\}$에 대하여 $\lim_{n \to \infty} a_n = \infty$, $\lim_{n \to \infty} (a_n + b_n) = 4$일 때, $\lim_{n \to \infty} \dfrac{2a_n - 3b_n}{a_n + 4b_n}$의 값은?

① -3 ② $-\dfrac{5}{3}$ ③ 0

④ $\dfrac{5}{3}$ ⑤ 3

0077

두 수열 $\{a_n\}$, $\{b_n\}$에 대하여 $\lim_{n \to \infty} a_n = \infty$, $\lim_{n \to \infty} (b_n - a_n) = 2$일 때, $\lim_{n \to \infty} \left(\dfrac{b_n^2}{a_n} - \dfrac{a_n^2}{b_n} \right)$의 값은?

$\left(단,\ a_n b_n \neq 0 \right)$

① -6 ② -3 ③ 0

④ 3 ⑤ 6

0078

두 수열 $\{a_n\}$, $\{b_n\}$에 대하여 〈보기〉에서 옳은 것만을 있는 대로 고른 것은?

〈보기〉

ㄱ. $\lim\limits_{n\to\infty} a_n=\infty$, $\lim\limits_{n\to\infty} b_n=0$이면 $\lim\limits_{n\to\infty} a_n b_n=0$이다.

ㄴ. $\lim\limits_{n\to\infty} a_n=\infty$, $\lim\limits_{n\to\infty}(a_n-b_n)=3$이면 $\lim\limits_{n\to\infty}\dfrac{b_n}{a_n}=1$이다.

(단, $a_n\neq0$)

ㄷ. $\lim\limits_{n\to\infty}(a_n-b_n)=0$이면 $\lim\limits_{n\to\infty}\dfrac{b_n}{a_n}=1$이다. (단, $a_n\neq0$)

① ㄱ 　　　② ㄴ 　　　③ ㄷ

④ ㄱ, ㄷ 　　　⑤ ㄴ, ㄷ

유형 04 수열의 극한을 이용한 미정계수의 결정

0079

| 선행 0026 |

$\lim\limits_{n\to\infty}\dfrac{(a-1)n^2-6bn}{(b^2+9)n+2}=1$을 만족시키는 두 실수 a, b에 대하여 $a+b$의 값은?

① 4 　　　② 2 　　　③ 0

④ -2 　　　⑤ -4

0080 빈출 👑

| 선행 0027 |

다음 등식을 만족시키는 두 상수 a, b에 대하여 $a+b$의 값을 구하시오.

(1) $\lim\limits_{n\to\infty}\left(\sqrt{n^2+an}-\sqrt{n^2-bn-1}\,\right)=7$

(2) $\lim\limits_{n\to\infty}\left(\sqrt{4n^2+9n}+an\right)=b$

0081

$\lim\limits_{n\to\infty}\dfrac{an^{k+1}+bn^k+3}{5n^2-3n+1}=-3$일 때, $a+b+k$의 값은?

(단, $k>1$인 자연수이고, a, b는 실수이다.)

① -13 　　　② -11 　　　③ -9

④ -7 　　　⑤ -5

유형 05 수열의 극한의 대소 관계

0082

두 수열 $\{a_n\}$, $\{b_n\}$에 대하여 〈보기〉에서 옳은 것만을 있는 대로 고른 것은?

〈보기〉

ㄱ. 두 수열 $\{a_n\}$, $\{b_n\}$이 모두 수렴하고, 모든 자연수 n에 대하여 $a_n<b_n$이면 $\lim\limits_{n\to\infty} a_n\leq\lim\limits_{n\to\infty} b_n$이다.

ㄴ. 모든 자연수 n에 대하여 $a_n<b_n$이고 수열 $\{b_n\}$이 수렴하면 수열 $\{a_n\}$도 수렴한다.

ㄷ. 모든 자연수 n에 대하여 $a_n<b_n$이고 수열 $\{a_n\}$이 ∞로 발산하면 수열 $\{b_n\}$도 ∞로 발산한다.

ㄹ. 모든 자연수 n에 대하여 $a_n<x_n<b_n$이고 $\lim\limits_{n\to\infty}|a_n-b_n|=0$이면 수열 $\{x_n\}$은 수렴한다.

① ㄴ 　　　② ㄱ, ㄴ 　　　③ ㄱ, ㄷ

④ ㄱ, ㄴ, ㄹ 　　　⑤ ㄱ, ㄷ, ㄹ

0083

수열 $\{a_n\}$이 모든 자연수 n에 대하여 $n < a_n < n+1$을

만족시킬 때, $\displaystyle\lim_{n\to\infty}\dfrac{1+3+5+\cdots+(2n-1)}{a_1+a_2+a_3+\cdots+a_n}$의 값은?

① $\dfrac{1}{2}$ ② 1 ③ $\dfrac{3}{2}$

④ 2 ⑤ $\dfrac{5}{2}$

0084

[교육청기출]

수열 $\{a_n\}$이 모든 자연수 n에 대하여

$$a_n^2 < 4na_n + n - 4n^2$$

을 만족시킬 때, $\displaystyle\lim_{n\to\infty}\dfrac{a_n+3n}{2n+4}$의 값은?

① $\dfrac{5}{2}$ ② 3 ③ $\dfrac{7}{2}$

④ 4 ⑤ $\dfrac{9}{2}$

0085

두 수열 $\{a_n\}$, $\{b_n\}$이 다음 조건을 만족시킬 때, $\displaystyle\lim_{n\to\infty}b_n$의 값은?

> (가) $\displaystyle\lim_{n\to\infty}\dfrac{a_n}{7n-1}=2$
>
> (나) 모든 자연수 n에 대하여 $3n+1 \le a_n + nb_n \le 3n+4$

① -14 ② -11 ③ -8

④ -5 ⑤ -2

유형 06 등비수열의 극한값의 계산

0086

서술형 ✎

$\displaystyle\lim_{n\to\infty}\dfrac{2^{n+2}+3^{n-1}}{1+3+3^2+\cdots+3^n}$의 값을 구하고 그 과정을 서술하시오.

0087

첫째항이 1이고, 공비가 $\dfrac{1}{3}$인 등비수열 $\{a_n\}$에 대하여 첫째항부터

제n항까지의 합을 S_n이라 할 때, $\displaystyle\lim_{n\to\infty}\dfrac{3a_n+2S_n}{2a_n-3S_{n-1}}$의 값은?

① $-\dfrac{2}{3}$ ② $-\dfrac{1}{3}$ ③ 0

④ $\dfrac{1}{3}$ ⑤ $\dfrac{2}{3}$

0088

공비가 1보다 큰 등비수열 $\{a_n\}$의 첫째항부터 제n항까지의 합을

S_n이라 할 때, $\displaystyle\lim_{n\to\infty}\dfrac{a_n}{S_n}=\dfrac{3}{4}$이 성립한다. 등비수열 $\{a_n\}$의 공비는?

① 1 ② 2 ③ 3

④ 4 ⑤ 5

0089

수열 $\{a_n\}$이 모든 자연수 n에 대하여 부등식

$9^n-3<a_n<9^n+2$를 만족시킬 때, $\displaystyle\lim_{n\to\infty}\dfrac{a_n+a_{n+1}}{9^n}$의 값은?

① 9   ② 10   ③ 11

④ 12   ⑤ 13

0090

수열 $\left\{\dfrac{r^n}{2+r^{2n}}\right\}$의 극한에 대하여 〈보기〉에서 옳은 것만을 있는

대로 고른 것은?

보기

ㄱ. $|r|>1$일 때, 극한값은 1이다.

ㄴ. $r=1$일 때, 극한값은 $\dfrac{1}{3}$이다.

ㄷ. $|r|<1$일 때, 극한값은 0이다.

ㄹ. $r=-1$일 때, 극한값은 $-\dfrac{4}{3}$이다.

① ㄱ   ② ㄴ   ③ ㄴ, ㄷ

④ ㄷ, ㄹ   ⑤ ㄴ, ㄷ, ㄹ

0091

수열 $\left\{\dfrac{1+2r^{n+1}}{1+r^n}\right\}$이 수렴할 때, 다음 중 이 수열의 극한값이 될 수

없는 것은? (단, $r\neq-1$)

① -3 ② $-\dfrac{1}{2}$ ③ 1

④ $\dfrac{3}{2}$ ⑤ 4

0092

$r>-1$일 때, $\displaystyle\lim_{n\to\infty}\dfrac{3r^{n+1}-3r+1}{r^n+2}=\dfrac{1}{3}$을 만족시키는

모든 실수 r의 값의 합은?

① $\dfrac{1}{9}$ ② $\dfrac{5}{9}$ ③ $\dfrac{10}{9}$

④ $\dfrac{5}{3}$ ⑤ $\dfrac{20}{9}$

0093   서술형 ✎

수열 $\left\{\dfrac{r^{2n+1}-4^n}{r^{2n}+4^n}\right\}$의 수렴, 발산을 r의 값의 범위에 따라 조사하고

수렴하는 경우 극한값을 구하고 그 과정을 서술하시오.

0094

양수 k에 대하여 $a_n=\dfrac{(k+5)^{n+1}+k^{n+1}}{(k+5)^n+k^n}$일 때, $\displaystyle\lim_{n\to\infty}a_n=30$이다.

이를 만족시키는 k의 값은?

① 21   ② 22   ③ 23

④ 24   ⑤ 25

0095   *선생님 Pick!* | 평가원기출 |

수열 $\{a_n\}$에 대하여 $\lim\limits_{n\to\infty}\dfrac{5^n a_n}{3^n+1}$이 0이 아닌 상수일 때,

$\lim\limits_{n\to\infty}\dfrac{a_n}{a_{n+1}}$의 값은?

① $\dfrac{2}{3}$ ② $\dfrac{4}{5}$ ③ $\dfrac{5}{3}$

④ $\dfrac{9}{5}$ ⑤ $\dfrac{8}{3}$

0096

수렴하는 수열 $\{a_n\}$에 대하여

$$\dfrac{4a_{n+1}-5}{2a_n+a_{n+1}}=1-\left(\dfrac{1023}{1024}\right)^n \ (n=1,\ 2,\ 3,\ \cdots)$$

이 성립할 때, $\lim\limits_{n\to\infty}a_n$의 값은?

① 5 ② $\dfrac{9}{2}$ ③ 4

④ $\dfrac{7}{2}$ ⑤ 3

0097   서술형 ✎

모든 항이 양수인 두 수열 $\{a_n\}$, $\{b_n\}$이

$\lim\limits_{n\to\infty}(4^n+1)a_n=2$, $\lim\limits_{n\to\infty}(2^n+3)b_n=8$을 만족시킬 때,

$\lim\limits_{n\to\infty}\dfrac{b_n}{(2^{n+1}-3)a_n}$의 값을 구하고 그 과정을 서술하시오.

0098

수열 $\{a_n\}$이 모든 자연수 n에 대하여 $a_n>0$이고, $a_{n+1}\le\dfrac{15}{16}a_n$을

만족시킬 때, $\lim\limits_{n\to\infty}\dfrac{a_n+2n+2}{3a_n+4n+8}$의 값은?

① 0 ② $\dfrac{1}{4}$ ③ $\dfrac{1}{3}$

④ $\dfrac{1}{2}$ ⑤ 1

유형 07 등비수열의 수렴 조건

0099   빈출 ♛ | 선행 0040, 0041 |

다음 등비수열이 수렴하기 위한 정수 x의 개수를 구하시오.

(1) $\left\{x\left(\dfrac{x+3}{2}\right)^n\right\}$

(2) $\{(x+2)(x^2-x-1)^{n-1}\}$

0100

등비수열 $\{r^n\}$이 수렴할 때, 다음 중 항상 수렴하는 수열이 <u>아닌</u> 것은?

① $\{r^{2n}\}$ ② $\left\{\left(\dfrac{r}{2}\right)^2\right\}$ ③ $\{(r-1)^n\}$

④ $\left\{\left(\dfrac{r-1}{3}\right)^n\right\}$ ⑤ $\left\{\left(\dfrac{1-r}{2}\right)^n\right\}$

0101

수열 $\{(x-3)^n\}$이 수렴할 때, 이차함수 $y=x^2-2x+a$의 최댓값은 5이다. 상수 a의 값은?

① -3　　　② -1　　　③ 0
④ 1　　　⑤ 3

0102

수열 $\{(4\sin x-3)^{n-1}\}$이 수렴하기 위한 필요충분조건은 $\alpha<x<\beta$이다. 이때, $\tan(\beta-\alpha)$의 값은?

(단, $0\leq x<2\pi$이고, α, β는 상수이다.)

① $-\sqrt{3}$　　　② $-\dfrac{1}{\sqrt{3}}$　　　③ 1
④ $\dfrac{1}{\sqrt{3}}$　　　⑤ $\sqrt{3}$

유형 08 S_n과 a_n 사이의 관계를 이용하는 수열의 극한값의 계산

0103

두 수열 $\{a_n\}$, $\{b_n\}$이 다음 조건을 만족시킨다. ｜교육청기출｜

> (가) $\displaystyle\sum_{k=1}^{n}(a_k+b_k)=\dfrac{1}{n+1}$ $(n\geq 1)$
>
> (나) $\displaystyle\lim_{n\to\infty}n^2 b_n=2$

$\displaystyle\lim_{n\to\infty}n^2 a_n$의 값은?

① -3　　　② -2　　　③ -1
④ 0　　　⑤ 1

0104

수열 $\{a_n\}$의 첫째항부터 제n항까지의 합 S_n이 $S_n=2n^2+n$이고, 수열 $\{b_n\}$이 $\displaystyle\lim_{n\to\infty}a_n b_n=5$를 만족시킬 때, $\displaystyle\lim_{n\to\infty}(8n-3)b_n$의 값은?

① 2　　　② 4　　　③ 6
④ 8　　　⑤ 10

0105

첫째항이 1이고 모든 항이 양수인 수열 $\{a_n\}$의 첫째항부터 제n항까지의 합을 S_n이라 할 때, 자연수 n에 대하여 $a_{n+1}S_{n+1}=4S_n^{\,2}+S_n a_{n+1}$이 성립한다.

$\displaystyle\lim_{n\to\infty}\dfrac{S_n+n}{a_n}$의 값은?

① $\dfrac{3}{2}$　　　② 2　　　③ $\dfrac{5}{2}$
④ 3　　　⑤ $\dfrac{7}{2}$

유형09 x^n을 포함한 극한으로 정의된 함수

0106

다음 중 $x>0$에서 정의된 함수 $f(x)=\lim\limits_{n\to\infty}\dfrac{(2x)^{2n+1}-1}{(2x)^{2n}+1}$의 그래프의 개형으로 가장 적당한 것은?

① 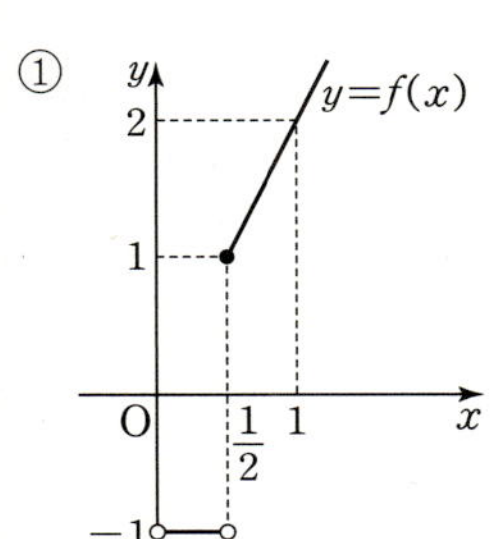

② 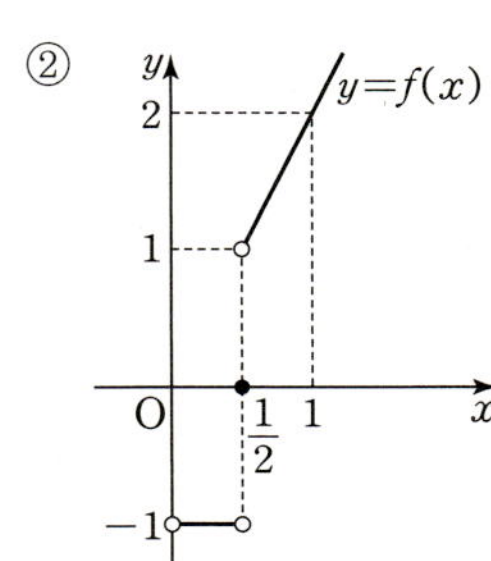

③ 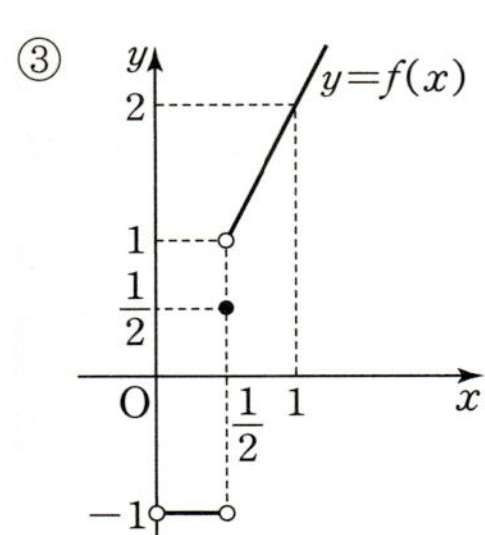

④ 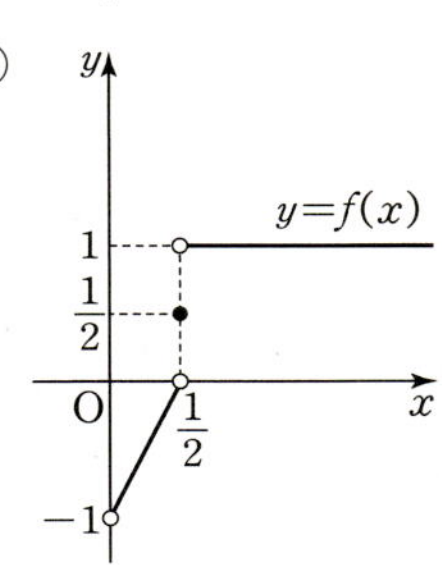

⑤ 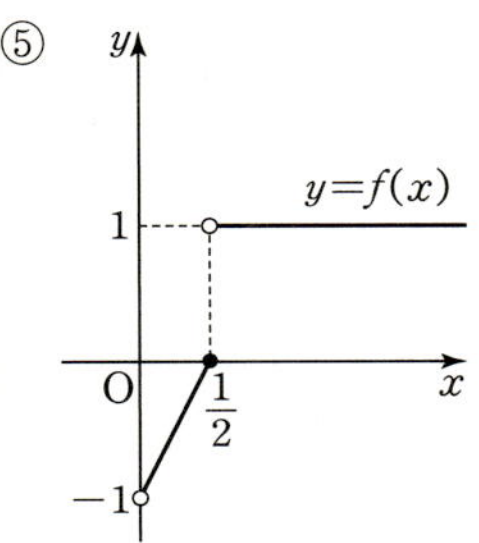

0107

$f(x)=\lim\limits_{n\to\infty}\dfrac{x^n+3^{n+1}}{x^n+3^n}$으로 정의할 때, $\sum\limits_{k=1}^{10}f(k)$의 값은?

① 30　　　　② 25　　　　③ 20
④ 15　　　　⑤ 10

0108 빈출

$x>0$에서 정의된 함수 $f(x)=\lim\limits_{n\to\infty}\dfrac{3x^{n+2}+ax^2+bx}{x^n+1}$가 $x=1$에서 미분가능할 때, 상수 a, b에 대하여 a^2+b^2의 값은?

① 1　　　　② 4　　　　③ 9
④ 16　　　　⑤ 25

0109 빈출

| 선행 0049 |

함수 $f(x)=\lim\limits_{n\to\infty}\dfrac{x^{2n}+ax+b}{x^{2n-1}+3}$가 실수 전체의 집합에서 연속일 때, 상수 a, b에 대하여 $a+2b$의 값은?

① 1　　　　② 2　　　　③ 3
④ 4　　　　⑤ 5

0110

함수 $f(x)=x^2+3x+1$에 대하여 함수 $g(x)$를 $g(x)=\lim\limits_{n\to\infty}\dfrac{1}{\{f(x)\}^{2n}+1}$로 정의하자. 함수 $g(x)$가 불연속이 되는 x의 개수는? (단, n은 자연수이다.)

① 0　　　　② 1　　　　③ 2
④ 3　　　　⑤ 4

0111

두 함수 $f(x)$, $g(x)$가

$$f(x)=\lim_{n\to\infty}\frac{x^{2n+1}+1}{x^{2n}+1},\ g(x)=-x^2+25$$

이다. 함수 $f(x)g(x-a)$가 모든 실수 x에서 연속이 되도록 하는 모든 상수 a의 값의 곱은?

① -26 ② -24 ③ -22

④ -20 ⑤ -18

0112

선생님 Pick! 평가원기출

최고차항의 계수가 1인 이차함수 $f(x)$와 두 함수

$$g(x)=\lim_{n\to\infty}\frac{x^{2n-1}-1}{x^{2n}+1},\ h(x)=\begin{cases}\dfrac{|x|}{x} & (x\neq0)\\ 0 & (x=0)\end{cases}$$

에 대하여 함수 $f(x)g(x)$와 함수 $f(x)h(x)$가 모두 연속함수일 때, $f(10)$의 값을 구하시오.

0113

함수 $f(x)=\lim_{n\to\infty}\dfrac{x^{2n+2}+1}{x^{2n}+1}$에 대하여 〈보기〉에서 옳은 것만을 있는 대로 고른 것은?

보기

ㄱ. 함수 $f(x)$는 $x=-1$에서만 불연속이다.
ㄴ. 함수 $f(x)$에서 미분가능하지 않은 x의 값은 2개이다.
ㄷ. 방정식 $f(x)=\dfrac{1}{2}(x+1)$은 서로 다른 두 개의 실근을 갖는다.

① ㄱ   ② ㄴ   ③ ㄷ

④ ㄴ, ㄷ   ⑤ ㄱ, ㄴ, ㄷ

유형 10 수열의 극한의 활용

0114

서술형 | 선행 0054 |

이차방정식 $x^2-(n^2+2)x+n^2=0$의 두 근을 α_n, β_n이라 할 때, $\lim_{n\to\infty}\left(\dfrac{1}{\alpha_n}+\dfrac{1}{\beta_n}\right)$의 값을 구하고 그 과정을 서술하시오.

0115

두 수열 $\{a_n\}$, $\{b_n\}$이 다음 조건을 만족시킬 때, $\lim_{n\to\infty}na_n$의 값은?

(가) $a_n+b_n=2n$
(나) $a_n\times b_n=-3$
(다) $a_n<b_n$

① $-\dfrac{3}{2}$ ② -1 ③ $-\dfrac{1}{2}$

④ 0 ⑤ $\dfrac{1}{2}$

0116

함수 $f(x)=7-x^2$의 그래프 위의 두 점 $A(0,\ 7)$과 $P_n\left(\dfrac{3}{n},\ f\left(\dfrac{3}{n}\right)\right)$ $(n=1,\ 2,\ 3,\ \cdots)$에 대하여 점 P_n을 지나고 직선 AP_n에 수직인 직선의 y절편을 a_n이라 할 때, $\lim_{n\to\infty}a_n$의 값은?

① 2 ② 4 ③ 6

④ 8 ⑤ 10

0117

자연수 n에 대하여 두 곡선 $y=-x^2+4n$, $y=x^2-4x$가 만나서
생기는 두 점 사이의 거리를 l_n이라 할 때, $\lim\limits_{n\to\infty}\dfrac{l_n^2}{n}$의 값은?

① 20   ② 25   ③ 30

④ 35   ⑤ 40

0118

자연수 n에 대하여 좌표평면 위의 제1사분면에서 직선 $y=kx$와
직선 $y=n-kx$, y축으로 둘러싸인 도형의 넓이를 a_n,
수열 $\{a_n\}$의 첫째항부터 제n항까지의 합을 S_n이라 하자.
$\lim\limits_{n\to\infty}\dfrac{48kS_n}{n^3-3n}$의 값은? (단, k는 0보다 큰 상수이다.)

① 1   ② 2   ③ 3

④ 4   ⑤ 5

0119

그림과 같이 한 변의 길이가 1인 정사각형을 이어 붙여서 가로의
길이가 1씩 커지는 직사각형 모양을 만든다고 하자. n번째 만든
모양에서 모든 점의 개수를 a_n, 길이가 1인 모든 선분의 개수를
b_n이라 할 때, $\lim\limits_{n\to\infty}\dfrac{a_nb_n}{n^2+1}$의 값은?

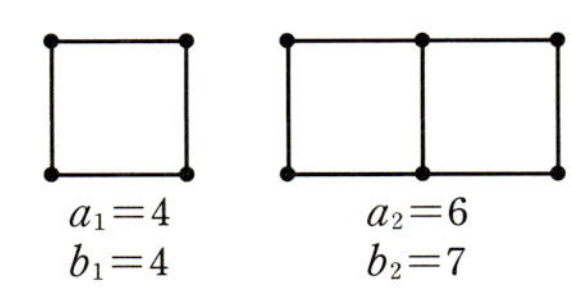
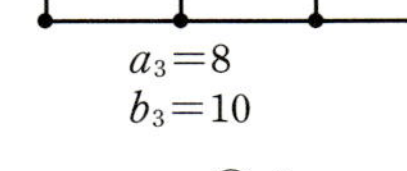

① 4   ② 6   ③ 8

④ 10   ⑤ 12

0120

수열 $\{a_n\}$에 대하여 곡선 $y=4x^2-2(n-1)x+a_n$은 x축과
만나지 않고, 곡선 $y=x^2-2nx+4a_n$은 x축과 만난다.
$\lim\limits_{n\to\infty}\dfrac{a_n+n^2}{\sqrt{n^4+1}}$의 값은?

① $\dfrac{5}{4}$ ② 1   ③ $\dfrac{3}{4}$

④ $\dfrac{1}{2}$ ⑤ $\dfrac{1}{4}$

0121

자연수 n에 대하여 $\sqrt{16n^2+7n-1}$의 정수 부분을 a_n이라 할 때,
$\lim\limits_{n\to\infty}(\sqrt{16n^2+7n-1}-a_n)$의 값은?

① 1   ② $\dfrac{7}{8}$ ③ $\dfrac{3}{4}$

④ $\dfrac{5}{8}$ ⑤ $\dfrac{1}{2}$

0122

자연수 n에 대하여 $\sqrt{4n^2-4n+3}$의 정수 부분을 a_n, 소수 부분을
b_n이라 할 때, $\lim\limits_{n\to\infty}a_nb_n$의 값은?

① $-\dfrac{1}{2}$ ② $-\dfrac{1}{4}$ ③ 1

④ $\dfrac{1}{4}$ ⑤ $\dfrac{1}{2}$

0123

이차방정식 $x^2-(3+4^{n+1})x+(2+4^{n-1})=0$의 두 근을 $a_n,\ \beta_n$ 이라 할 때, $\lim\limits_{n\to\infty}\left(\dfrac{1}{a_n}+\dfrac{1}{\beta_n}\right)$의 값은?

① 0 ② $\dfrac{1}{16}$ ③ 1

④ 8 ⑤ 16

0124

자연수 n에 대하여 x에 대한 다항식 $3x^{n+1}+2x$를 일차식 $x-2$로 나눈 나머지를 a_n이라 할 때, $\lim\limits_{n\to\infty}\dfrac{a_n}{2^n+3}$의 값은?

① 2 ② 4 ③ 6

④ 8 ⑤ 10

0125

다항식 $x^{n+2}+x^{n+1}$을 x^2-5x+6으로 나눈 나머지를 $a_n x+b_n$이라 할 때, $\lim\limits_{n\to\infty}\dfrac{a_n}{b_n}$의 값은? (단, n은 자연수이다.)

① -1 ② $-\dfrac{1}{2}$ ③ $-\dfrac{1}{3}$

④ $-\dfrac{1}{4}$ ⑤ $-\dfrac{1}{5}$

0126

$a>3$인 상수 a에 대하여 두 곡선 $y=a^{x-1}$과 $y=3^x$이 점 P에서 만난다.

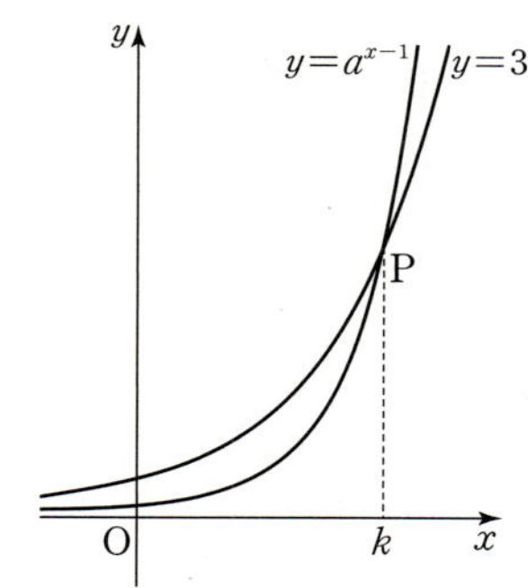

점 P의 x좌표를 k라 할 때, $\lim\limits_{n\to\infty}\dfrac{\left(\dfrac{a}{3}\right)^{n+k}}{\left(\dfrac{a}{3}\right)^{n+1}+1}$의 값은?

① 1 ② 2 ③ 3

④ 4 ⑤ 5

0127

A빵집과 B빵집은 소보로빵과 단팥빵을 판매하고, 두 빵집 모두 소보로빵과 단팥빵을 구입하는 방문객의 수가 매일 전날에 비해 각각 2 %, 6 %씩 증가한다. A빵집은 오늘 하루 동안 소보로빵을 구입한 방문객의 수가 20명, 단팥빵을 구입한 방문객의 수가 50명이었고, B빵집은 오늘 하루 동안 소보로빵을 구입한 방문객의 수가 30명, 단팥빵을 구입한 방문객의 수가 40명이었다. 소보로빵과 단팥빵을 구입한 방문객의 수의 증가율이 계속 유지된다고 할 때, n일 후 A빵집의 소보로빵과 단팥빵을 구입한 방문객의 수의 합을 a_n, B빵집의 소보로빵과 단팥빵을 구입한 방문객의 수의 합을 b_n이라 하자.

이때, $\lim\limits_{n\to\infty}\dfrac{a_n}{b_n}$의 값은?

① $\dfrac{3}{4}$ ② 1 ③ $\dfrac{5}{4}$

④ $\dfrac{3}{2}$ ⑤ $\dfrac{7}{4}$

유형 11 귀납적으로 정의된 수열의 극한

0128

물 $3000\ \text{mL}$가 두 비커 A, B에 나뉘어 담겨 있다. 비커 A에 담긴 물의 $\dfrac{1}{2}$을 비커 B에 넣은 후, 비커 B에 들어 있는 물의 $\dfrac{1}{2}$을 비커 A에 넣는다. 이와 같은 과정을 n번 반복하였을 때, 비커 A에 남아 있는 물의 양을 a_n이라 하자. $\displaystyle\lim_{n\to\infty} a_n$의 값은?

① $1000\ \text{mL}$ ② $1500\ \text{mL}$ ③ $2000\ \text{mL}$
④ $2500\ \text{mL}$ ⑤ $3000\ \text{mL}$

0129

전체 수확한 쌀의 양이 $2900\ \text{kg}$이고 이 쌀을 A, B 두 창고에 적절히 나누어 보관하였다. 매일 밤 먼저 A창고의 쌀 중 $30\ \%$를 B창고로 옮기고 난 후에 B창고의 전체 쌀 중 $40\ \%$를 A창고로 다시 옮긴다고 하자. n일 밤 동안 이런 일이 반복된다고 할 때, A창고의 쌀의 양은 a_n이다. $\displaystyle\lim_{n\to\infty} a_n$의 값은?

(단, 수확한 전체 쌀의 양은 줄지 않는다.)

① $1200\ \text{kg}$ ② $1400\ \text{kg}$ ③ $1600\ \text{kg}$
④ $1800\ \text{kg}$ ⑤ $2000\ \text{kg}$

유형 12 확률과 통계 통합 유형

0130

어느 지역에서 비가 온 날의 다음 날에 비가 올 확률은 $\dfrac{1}{4}$이고, 비가 오지 않은 날의 다음 날에 비가 오지 않을 확률은 $\dfrac{2}{5}$이다. n번째 날에 비가 올 확률을 P_n이라 할 때, 〈보기〉에서 옳은 것만을 있는 대로 고른 것은? (단, $P_1=\dfrac{3}{5}$이다.)

> **보기**
>
> ㄱ. 비가 오지 않은 날의 다음 날 비가 올 확률은 $\dfrac{3}{5}$이다.
>
> ㄴ. $P_2=\dfrac{39}{100}$
>
> ㄷ. $0<p<1$인 상수 p에 대하여 $\displaystyle\lim_{n\to\infty} P_n=p$라 할 때, $p=\dfrac{5}{9}$이다.

① ㄱ   ② ㄱ, ㄴ   ③ ㄱ, ㄷ
④ ㄴ, ㄷ   ⑤ ㄱ, ㄴ, ㄷ

0131

두 상자 A, B에 파란 공과 노란 공이 각각 한 개씩 총 2개의 공이 각각 들어 있다. 두 상자 A, B에서 임의로 공을 1개씩 꺼내어 바꾸어 넣는 시행을 n번 반복하였을 때, 처음과 같이 각 상자에 파란 공과 노란 공이 각각 한 개씩 들어 있을 확률을 p_n이라 하자. 이때, $\displaystyle\lim_{n\to\infty} p_n$의 값은?

① $\dfrac{2}{3}$ ② $\dfrac{1}{2}$ ③ $\dfrac{2}{5}$
④ $\dfrac{1}{3}$ ⑤ $\dfrac{2}{7}$

스키마로 풀이 흐름 알아보기

두 수열 $\{a_n\}$, $\{b_n\}$에 대하여 $\underbrace{\lim_{n \to \infty}(3n+2)a_n=3}_{\text{조건①}}$, $\underbrace{\lim_{n \to \infty}(n^3-3)b_n=6}_{\text{조건②}}$일 때, $\underbrace{\lim_{n \to \infty}\dfrac{(3n-1)^2 b_n}{2a_n}}_{\text{답}}$의 값은?

① 15   ② 18   ③ 21   ④ 24   ⑤ 27

유형03 수열의 극한값의 계산 0075

스키마 schema   ≫ 주어진 조건은 무엇인지? 구하는 답은 무엇인지? 이 둘을 어떻게 연결할지?

1단계

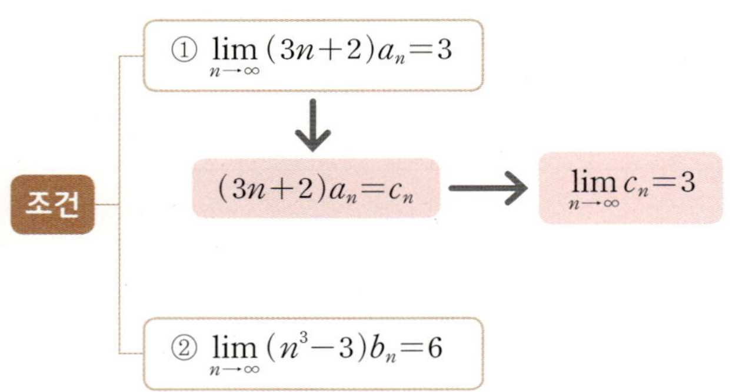

주어진 식이 복잡하므로 간단하게 치환하여 정리하면 다음과 같다.
$(3n+2)a_n=c_n$으로 놓으면
$$a_n=\frac{c_n}{3n+2}$$
이고, $\lim_{n \to \infty} c_n=3$이다.

2단계

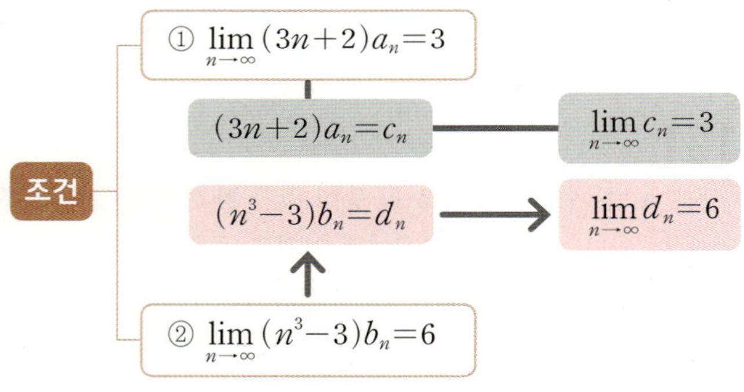

$(n^3-3)b_n=d_n$으로 놓으면
$$b_n=\frac{d_n}{n^3-3}$$
이고, $\lim_{n \to \infty} d_n=6$이다.

3단계

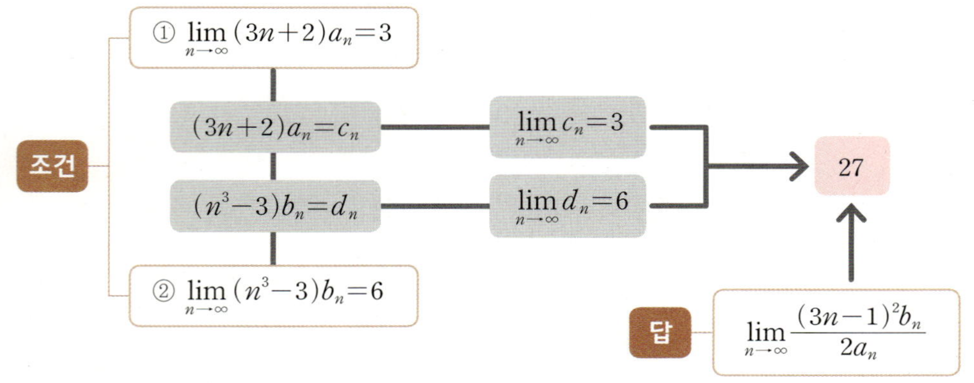

$$\lim_{n \to \infty}\frac{(3n-1)^2 b_n}{2a_n}$$
$$=\lim_{n \to \infty}\frac{(3n-1)^2 \times \dfrac{d_n}{n^3-3}}{2 \times \dfrac{c_n}{3n+2}}$$
$$=\lim_{n \to \infty}\left\{\frac{(3n-1)^2(3n+2)}{2(n^3-3)} \times \frac{d_n}{c_n}\right\}$$
$$=\frac{27}{2} \times \frac{6}{3}=27$$

답 ⑤

스키마로 풀이 흐름 알아보기

자연수 n에 대하여 $\underbrace{\sqrt{16n^2+7n-1}}_{\text{조건②}}$의 정수 부분을 a_n이라 할 때, $\underbrace{\lim_{n\to\infty}(\sqrt{16n^2+7n-1}-a_n)}_{\text{답}}$의 값은? (조건①: 자연수 n)

① 1 ② $\dfrac{7}{8}$ ③ $\dfrac{3}{4}$ ④ $\dfrac{5}{8}$ ⑤ $\dfrac{1}{2}$

스키마 schema

>> 주어진 조건 은 무엇인지? 구하는 답 은 무엇인지? 이 둘을 어떻게 연결할지?

1 단계

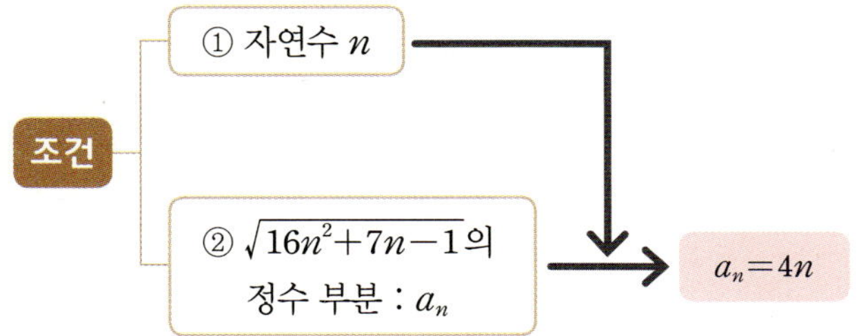

자연수 n에 대하여
$$\sqrt{(4n)^2}<\sqrt{16n^2+7n-1}<\sqrt{(4n+1)^2}$$
에서
$$4n<\sqrt{16n^2+7n-1}<4n+1$$
이므로
정수 부분은 $a_n=4n$이다.

2 단계

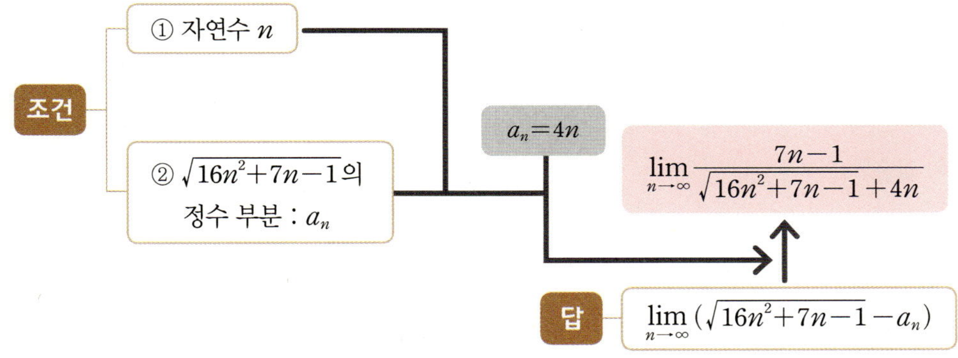

$\lim\limits_{n\to\infty}(\sqrt{16n^2+7n-1}-4n)$에서 괄호 안의 식을 유리화하면 다음과 같다.
$$\frac{(\sqrt{16n^2+7n-1}-4n)(\sqrt{16n^2+7n-1}+4n)}{\sqrt{16n^2+7n-1}+4n}$$
$$=\frac{(16n^2+7n-1)-16n^2}{\sqrt{16n^2+7n-1}+4n}$$
$$=\frac{7n-1}{\sqrt{16n^2+7n-1}+4n}$$

3 단계

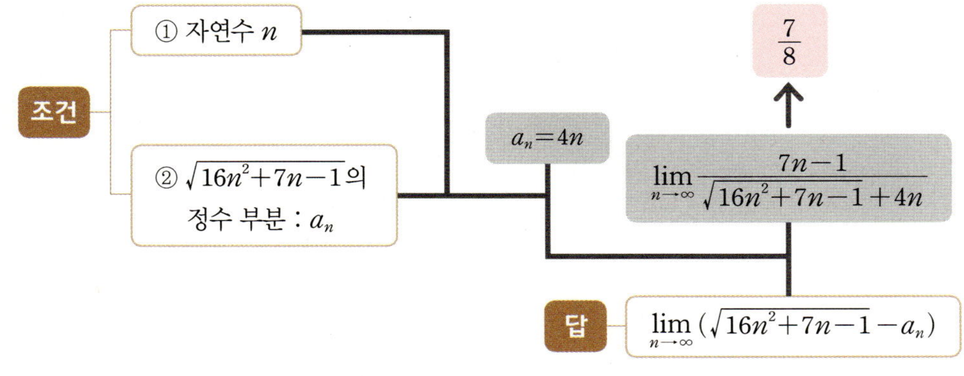

$$\therefore \lim_{n\to\infty}(\sqrt{16n^2+7n-1}-4n)$$
$$=\lim_{n\to\infty}\frac{7n-1}{\sqrt{16n^2+7n-1}+4n}$$
$$=\lim_{n\to\infty}\frac{7-\dfrac{1}{n}}{\sqrt{16+\dfrac{7}{n}-\dfrac{1}{n^2}}+4}$$
$$=\frac{7}{\sqrt{16}+4}=\frac{7}{8}$$

답 ②

0132

모든 자연수 n에 대하여 $a_n>0$, $b_n>0$인 수열 $\{a_n\}$, $\{b_n\}$이 있다.
두 수열이 $\lim\limits_{n\to\infty}\sqrt{a_n}=\infty$, $\lim\limits_{n\to\infty}(2\sqrt{a_n}-\sqrt{b_n})=2$를 만족시킬 때,

$\lim\limits_{n\to\infty}b_n\left(\dfrac{8\sqrt{a_n}}{b_n}-\dfrac{\sqrt{b_n}}{a_n}\right)$의 값은?

① 16   ② 20   ③ 24

④ 28   ⑤ 32

0133

모든 실수에서 정의된 함수 $f(x)$는
$f(x)=-x^2+1\ (-1\le x\le1)$과 $f(x+2)=f(x)$를 만족시킨다.

자연수 n에 대하여 직선 $y=\dfrac{1}{2n}x+\dfrac{1}{4n}$과 함수 $y=f(x)$의

그래프의 교점의 개수를 a_n이라 할 때, $\lim\limits_{n\to\infty}\dfrac{a_n}{n}$의 값은?

① 1   ② 2   ③ 3

④ 4   ⑤ 5

0134

$\lim\limits_{n\to\infty}\dfrac{n\sqrt{\displaystyle\sum_{k=1}^{10}\dfrac{1}{(2k+1)!\,n^{4k-2}}}}{\displaystyle\sum_{k=1}^{9}\dfrac{(-1)^k}{(2k-1)!\,n^{2k-2}}}$의 값은?

① 1   ② $\dfrac{\sqrt{6}}{6}$ ③ 0

④ $-\dfrac{\sqrt{3}}{3}$ ⑤ $-\dfrac{\sqrt{6}}{6}$

0135

$-2\le x\le5$에서 정의된 함수 $y=f(x)$의 그래프가 다음과 같을

때, $\lim\limits_{n\to\infty}\dfrac{3^n f(a)+|3^n f(a)+2|}{6\times3^{n-1}}=1$을 만족시키는 모든 상수 a의

개수는?

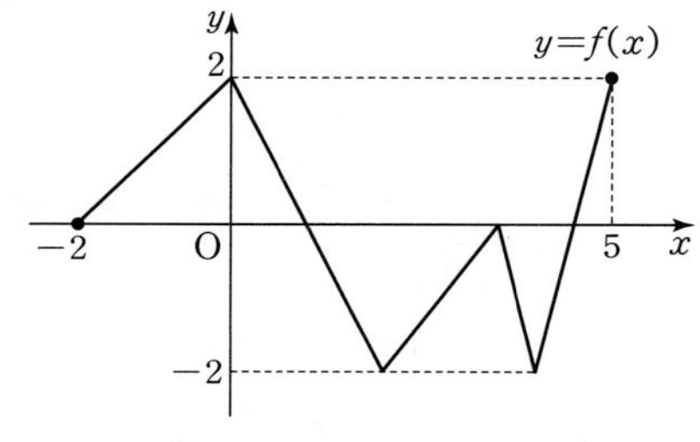

① 0   ② 1   ③ 2

④ 3   ⑤ 4

0136

자연수 n에 대하여
$$a_n=[\sqrt{9n^2+9n+3}]-\sqrt{9n^2+9n+3}$$
이라 할 때, $\displaystyle\lim_{n\to\infty}a_n$의 값은?

(단, $[x]$는 x보다 크지 않은 최대의 정수이다.)

① $-\dfrac{3}{2}$ ② $-\dfrac{1}{2}$ ③ $\dfrac{1}{2}$

④ $\dfrac{3}{2}$ ⑤ $\dfrac{5}{2}$

0137

두 수열 $\{a_n\}$, $\{b_n\}$이 모든 자연수 n에 대하여 다음 조건을 만족시킨다.

> (가) $\dfrac{2^{2n}+2^{n-1}}{2}<a_n<\displaystyle\sum_{k=1}^{2^n}k$
>
> (나) $\dfrac{1}{2}(1+3+3^2+\cdots+3^{2n-1})<b_n<\left(\dfrac{3^n+1}{2}\right)^2$

$\displaystyle\lim_{n\to\infty}\dfrac{3^{2n-1}a_n+2^{n+1}b_n}{6^na_n+2^{2n}b_n}$의 값은?

① $\dfrac{1}{3}$ ② $\dfrac{2}{3}$ ③ 1

④ $\dfrac{4}{3}$ ⑤ $\dfrac{5}{3}$

0138

정의역이 $\{x\,|-1<x<2\}$인 함수 $f(x)=\displaystyle\lim_{n\to\infty}\dfrac{x^n+ax+b}{x^n+1}$가 있다. 함수 $y=f(x)$의 치역이 $\{y\,|-3<y<9\}$일 때, $f\left(-\dfrac{1}{2}\right)+f(1)$의 값을 구하시오.

(단, $a<0$이고 a와 b는 상수이다.)

0139

함수 $f(x)=\displaystyle\lim_{n\to\infty}\dfrac{(x-3)^{2n+1}}{2+(x-5)^{2n}+(x-3)^{2n}}$은 $x=a$에서 불연속일 때, 상수 a의 값은?

① 2 ② 3 ③ 4

④ 5 ⑤ 6

0140

실수 전체의 집합에서 연속인 함수 $f(x)$가 다음 조건을 만족시킨다.

> ㈎ 모든 실수 x에 대하여 $f(x+6)=f(x)$이다.
> ㈏ $0 \leq x \leq 6$일 때, 함수 $f(x)=|x-3|$이다.

자연수 m, n에 대하여 함수 $g(x)=\lim\limits_{n \to \infty} \dfrac{\{f(x)\}^n}{\{f(x)\}^n+1}$일 때, $\sum\limits_{m=1}^{52} g(m)$의 값은?

① 30   ② 31   ③ 32
④ 33   ⑤ 34

0141

두 함수 $f(x)=\dfrac{3x+8}{x+1}$, $y=x$의 그래프가 그림과 같다.

$a_1=1$, $a_{n+1}=f(a_n)\ (n=1, 2, 3, \cdots)$을 만족시킬 때, $\lim\limits_{n \to \infty} a_n$의 값은?

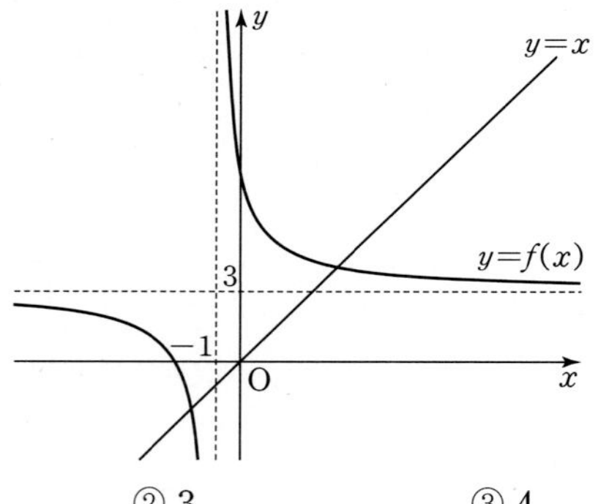

① 2   ② 3   ③ 4
④ 5   ⑤ 6

0142

수열 $\{a_n\}$에 대하여 $\lim\limits_{n \to \infty} \dfrac{\left(\dfrac{8}{k}\right)^n a_n}{\left(\dfrac{3}{k}\right)^n+2}$이 0이 아닌 상수일 때,

$b_k = \lim\limits_{n \to \infty} \dfrac{a_{n+1}}{a_n}$이라 하자. $\sum\limits_{k=1}^{5} b_k$의 값은? (단, $k \neq 0$인 상수이다.)

① $\dfrac{5}{4}$ ② $\dfrac{3}{2}$ ③ $\dfrac{7}{4}$
④ 2   ⑤ $\dfrac{9}{4}$

0143

두 집합 $A=\{2l \,|\, l$은 자연수$\}$, $B=\{2^m \,|\, m$은 자연수$\}$가 있다. 집합 A의 원소 a에 대하여 집합 B의 원소 중 a의 약수의 최댓값을 $M(a)$라 하자. 예를 들어 $M(2)=2$, $M(12)=4$이다. 수열 $\{a_n\}$을

$$a_n = \sum_{k=1}^{2^{n-1}} M(2k)\ (n=1, 2, 3, \cdots)$$

라 할 때, $\lim\limits_{n \to \infty} \dfrac{120a_n}{(6n-1) \times 2^n}$의 값은?

① 10   ② 15   ③ 20
④ 25   ⑤ 30

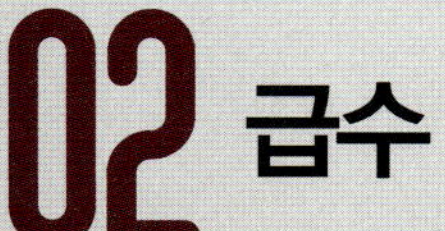

|이전 학습 내용|

현재 학습 내용

이전 학습 내용

• **∑의 뜻** _{수학 Ⅰ Ⅲ. 수열}

수열 $\{a_n\}$의 첫째항부터 제n항까지의 합을 기호 $\sum$를 사용하여

$$a_1+a_2+a_3+\cdots+a_n=\sum_{k=1}^{n} a_k$$

와 같이 나타낸다.

현재 학습 내용

• **급수의 수렴과 발산** ········· **유형01** 급수의 합의 계산

1. 급수와 부분합

수열 $\{a_n\}$의 각 항을 차례대로 덧셈 기호 $+$로 연결한 식

$$a_1+a_2+a_3+\cdots+a_n+\cdots$$

을 **급수**라 하고, 이것을 $\sum$를 사용하여 $\displaystyle\sum_{n=1}^{\infty} a_n$과 같이 나타낸다. 즉,

$$a_1+a_2+a_3+\cdots=\sum_{n=1}^{\infty} a_n \quad \sum_{k=1}^{\infty} a_k, \ \sum_{m=1}^{\infty} a_m \ \text{등으로 나타낼 수 있다.}$$

급수 $\displaystyle\sum_{n=1}^{\infty} a_n$에서 첫째항부터 제$n$항까지의 합 S_n, 즉

$$S_n=a_1+a_2+a_3+\cdots+a_n=\sum_{k=1}^{n} a_k$$

를 이 급수의 제n항까지의 **부분합**이라 한다.

2. 급수의 수렴과 발산 ········· **유형03** 급수의 수렴과 발산

급수 $\displaystyle\sum_{n=1}^{\infty} a_n$의 부분합으로 이루어진 수열 $\{S_n\}$이 일정한 값 S에 수렴할 때, 즉

$$\lim_{n\to\infty} S_n=\lim_{n\to\infty}\sum_{k=1}^{n} a_k=S$$

일 때, 급수 $\displaystyle\sum_{n=1}^{\infty} a_n$은 S에 수렴한다고 하고 S를 **급수의 합**이라 한다.

이를 식으로 나타내면 다음과 같다.

$$\text{`}a_1+a_2+a_3+\cdots+a_n+\cdots=S\text{'} \quad \text{또는} \quad \text{`}\sum_{n=1}^{\infty} a_n=S\text{'}$$

한편, 급수 $\displaystyle\sum_{n=1}^{\infty} a_n$의 부분합으로 이루어진 수열 $\{S_n\}$이 발산할 때, 이 급수는 **발산**한다고 한다. 이 경우에 그 합은 생각하지 않는다.

• **급수와 수열의 극한 사이의 관계** ········· **유형02** 급수와 수열의 극한 사이의 관계

(1) 급수 $\displaystyle\sum_{n=1}^{\infty} a_n$이 수렴하면 $\displaystyle\lim_{n\to\infty} a_n=0$이다.

> 급수 $\displaystyle\sum_{n=1}^{\infty} a_n$이 S에 수렴할 때, 제n항까지의 부분합을 S_n이라 하면
> $$\lim_{n\to\infty} S_n=S, \ \lim_{n\to\infty} S_{n-1}=S$$
> 이다. 이때 $a_n=S_n-S_{n-1}\ (n\geq 2)$이므로
> $$\lim_{n\to\infty} a_n=\lim_{n\to\infty}(S_n-S_{n-1})=\lim_{n\to\infty} S_n-\lim_{n\to\infty} S_{n-1}=0$$

(2) $\displaystyle\lim_{n\to\infty} a_n\neq 0$이면 급수 $\displaystyle\sum_{n=1}^{\infty} a_n$은 발산한다. ((1)의 대우)

> 역은 성립하지 않는다.
> 즉, $\displaystyle\lim_{n\to\infty} a_n=0$이라고 해서 $\displaystyle\sum_{n=1}^{\infty} a_n$이 반드시 수렴하는 것은 아니다.

• 수열의 극한에 대한 기본 성질 [1. 수열의 극한]

수렴하는 두 수열 $\{a_n\}$, $\{b_n\}$에 대하여

$\displaystyle\lim_{n\to\infty}a_n=\alpha$, $\displaystyle\lim_{n\to\infty}b_n=\beta$ (α, β는 실수)일 때

(1) $\displaystyle\lim_{n\to\infty}ca_n=c\lim_{n\to\infty}a_n=c\alpha$ (단, c는 상수)

(2) $\displaystyle\lim_{n\to\infty}(a_n+b_n)=\lim_{n\to\infty}a_n+\lim_{n\to\infty}b_n$
$\phantom{(2)\ \lim_{n\to\infty}(a_n+b_n)}=\alpha+\beta$

(3) $\displaystyle\lim_{n\to\infty}(a_n-b_n)=\lim_{n\to\infty}a_n-\lim_{n\to\infty}b_n$
$\phantom{(3)\ \lim_{n\to\infty}(a_n-b_n)}=\alpha-\beta$

(4) $\displaystyle\lim_{n\to\infty}a_nb_n=\lim_{n\to\infty}a_n\times\lim_{n\to\infty}b_n=\alpha\beta$

(5) $\displaystyle\lim_{n\to\infty}\frac{a_n}{b_n}=\frac{\lim\limits_{n\to\infty}a_n}{\lim\limits_{n\to\infty}b_n}=\frac{\alpha}{\beta}$ (단, $b_n\neq0$, $\beta\neq0$)

• 급수의 성질   [유형 04] 급수의 성질

두 급수 $\displaystyle\sum_{n=1}^{\infty}a_n$, $\displaystyle\sum_{n=1}^{\infty}b_n$이 수렴하고, 그 합을 각각 S, T라 할 때

(1) $\displaystyle\sum_{n=1}^{\infty}ca_n=c\sum_{n=1}^{\infty}a_n=cS$ (단, c는 상수)

(2) $\displaystyle\sum_{n=1}^{\infty}(a_n+b_n)=\sum_{n=1}^{\infty}a_n+\sum_{n=1}^{\infty}b_n=S+T$

(3) $\displaystyle\sum_{n=1}^{\infty}(a_n-b_n)=\sum_{n=1}^{\infty}a_n-\sum_{n=1}^{\infty}b_n=S-T$

• 등비급수의 수렴과 발산   [유형 06] 등비급수의 합의 계산

1. 등비급수

첫째항이 a $(a\neq0)$, 공비가 r인 등비수열 $\{ar^{n-1}\}$의 각 항을 덧셈 기호 $+$로 연결하여 얻은 급수

$$\sum_{n=1}^{\infty}ar^{n-1}=a+ar+ar^2+\cdots+ar^{n-1}+\cdots$$

을 첫째항이 a, 공비가 r인 **등비급수**라 한다.

• 등비수열의 합 [수학 Ⅰ / Ⅲ. 수열]

첫째항이 a, 공비가 r인 등비수열의 첫째항부터 제n항까지의 합을 S_n이라 하면

(1) $r\neq1$일 때,

$$S_n=\frac{a(1-r^n)}{1-r}=\frac{a(r^n-1)}{r-1}$$

(2) $r=1$일 때, $S_n=na$

2. 등비급수의 수렴과 발산   [유형 05] 등비급수의 수렴 조건

등비급수 $\displaystyle\sum_{n=1}^{\infty}ar^{n-1}=a+ar+ar^2+\cdots+ar^{n-1}+\cdots$ $(a\neq0)$은

(1) $|r|<1$일 때 수렴하고, 그 합은 $\dfrac{a}{1-r}$이다.

(2) $|r|\geq1$일 때 발산한다. $\displaystyle\sum_{n=1}^{\infty}ar^{n-1}=\lim_{n\to\infty}\frac{a(1-r^n)}{1-r}$

• 등비수열 $\{r^n\}$의 수렴과 발산 [1. 수열의 극한]

(1) $r>1$일 때, $\displaystyle\lim_{n\to\infty}r^n=\infty$ (발산)

(2) $r=1$일 때, $\displaystyle\lim_{n\to\infty}r^n=1$ (수렴)

(3) $-1<r<1$일 때, $\displaystyle\lim_{n\to\infty}r^n=0$ (수렴)

(4) $r\leq-1$일 때, 수열 $\{r^n\}$은 진동한다. (발산)

즉, $-1<r\leq1$일 때 수열 $\{r^n\}$은 수렴한다.

[유형 07] S_n과 a_n 사이의 관계를 이용하는 급수의 합의 계산

[유형 08] 급수의 활용

[유형 09] 등비급수와 도형(길이)

[유형 10] 등비급수와 도형(넓이)

[유형 11] 등비급수와 순환소수

[유형 12] 확률과 통계 통합 유형

STEP 1 교과서를 정복하는 핵 심 유 형

유형01 급수의 합의 계산

급수의 합을 구하는 문제를 분류하였다.

유형해결 TIP

급수 $\sum\limits_{n=1}^{\infty} a_n$의 값은 다음과 같은 순서로 계산하자.

수열 $\{a_n\}$의 첫째항부터 제n항까지의 합을 S_n이라 할 때,

❶ 제n항까지의 부분합 S_n을 구한다.

❷ 부분합 S_n의 극한값 $\lim\limits_{n\to\infty} S_n$을 구한다.

　수열 $\{S_n\}$이 수렴하면 급수 $\sum\limits_{n=1}^{\infty} a_n$도 수렴하고, 수열 $\{S_n\}$이

발산하면 급수 $\sum\limits_{n=1}^{\infty} a_n$도 발산한다.

0144

수열 $\{a_n\}$의 첫째항부터 제n항까지의 합 S_n이 다음과 같을 때,
$\sum\limits_{n=1}^{\infty} a_n$의 값을 구하시오.

(1) $S_n = \dfrac{4n-1}{n+2}$

(2) $S_n = \dfrac{2n^2+3n}{(n+1)(n+3)}$

(3) $S_n = \dfrac{3n+1}{\sqrt{n^2+1}+n}$

0145

수열 $\{a_n\}$의 첫째항부터 제n항까지의 합을 S_n이라 하자.
$S_n = \dfrac{7n+3}{2n+1}$일 때, $\sum\limits_{n=3}^{\infty} a_n$의 값은?

① $\dfrac{1}{2}$　　　② $\dfrac{1}{4}$　　　③ $\dfrac{1}{6}$

④ $\dfrac{1}{8}$　　　⑤ $\dfrac{1}{10}$

0146 빈출

급수 $\sum\limits_{n=1}^{\infty} \left(\dfrac{1}{\sqrt{n}} - \dfrac{1}{\sqrt{n+1}} \right)$의 합을 구하시오.

0147

$\sum\limits_{n=1}^{\infty} \left(\dfrac{n+1}{n+2} - \dfrac{n+2}{n+3} \right)$의 값은?

① $-\dfrac{2}{3}$　　　② $-\dfrac{1}{3}$　　　③ 0

④ $\dfrac{1}{3}$　　　⑤ $\dfrac{2}{3}$

0148 빈출

$\sum\limits_{n=1}^{\infty} \dfrac{8}{(4n-3)(4n+1)}$의 값은?

① $\dfrac{5}{4}$　　　② $\dfrac{3}{2}$　　　③ $\dfrac{7}{4}$

④ 2　　　⑤ $\dfrac{9}{4}$

0149 빈출 👑

다음 급수의 합을 구하시오.

(1) $\displaystyle\sum_{n=1}^{\infty} \frac{1}{n(n+1)}$

(2) $\displaystyle\sum_{n=1}^{\infty} \frac{2}{9n^2+3n-2}$

0150 서술형 ✏️

첫째항이 3이고 공차가 2인 등차수열 $\{a_n\}$에 대하여 급수 $\displaystyle\sum_{n=1}^{\infty} \frac{1}{a_n a_{n+1}}$의 합을 구하고 그 과정을 서술하시오.

0151 빈출 👑

다음 급수의 합을 구하시오.

(1) $\dfrac{1}{2^2+2} + \dfrac{1}{3^2+3} + \dfrac{1}{4^2+4} + \cdots$

(2) $\dfrac{1}{2^2-1} + \dfrac{1}{3^2-1} + \dfrac{1}{4^2-1} + \cdots$

(3) $\dfrac{1}{3} + \dfrac{1}{15} + \dfrac{1}{35} + \dfrac{1}{63} + \dfrac{1}{99} + \cdots$

0152 빈출 👑

다음 급수의 합을 구하시오.

(1) $\dfrac{1}{1+2} + \dfrac{1}{1+2+3} + \dfrac{1}{1+2+3+4} + \dfrac{1}{1+2+3+4+5} + \cdots$

(2) $\dfrac{1}{3} + \dfrac{1}{3+5} + \dfrac{1}{3+5+7} + \dfrac{1}{3+5+7+9} + \cdots$

유형02 급수와 수열의 극한 사이의 관계

급수와 일반항의 극한값 사이의 관계, 즉 '급수 $\displaystyle\sum_{n=1}^{\infty} a_n$이 수렴하면 $\displaystyle\lim_{n\to\infty} a_n = 0$'임을 이용하는 문제를 분류하였다.

유형해결 TIP

역은 성립하지 않고, 대우인 '$\displaystyle\lim_{n\to\infty} a_n \neq 0$이면 급수 $\displaystyle\sum_{n=1}^{\infty} a_n$은 발산한다.'가 성립한다.

특히 급수 $\displaystyle\sum_{n=1}^{\infty} (a_n - k)$가 수렴하면 $\displaystyle\lim_{n\to\infty} (a_n - k) = 0$이므로 $\displaystyle\lim_{n\to\infty} a_n = k$임을 이용하자.

0153

수열 $\{a_n\}$에 대하여 $\displaystyle\sum_{n=1}^{\infty} a_n = 10$일 때, $\displaystyle\lim_{n\to\infty} a_n$의 값은?

① 0   ② 1   ③ 2

④ 3   ⑤ 4

0154

수열 $\{a_n\}$에 대하여 $\displaystyle\sum_{n=1}^{\infty} a_n=3$일 때, $\displaystyle\lim_{n\to\infty}\frac{4a_n+3n^2-1}{2a_n+n^2+2}$의 값은?

① 2   ② 3   ③ 4
④ 5   ⑤ 6

0155 빈출

수열 $\{a_n\}$에 대하여 $\displaystyle\sum_{n=1}^{\infty} a_n=5$이고 이 급수의 제$n$항까지의 부분합을 S_n이라 할 때, $\displaystyle\lim_{n\to\infty}\frac{5a_n+10S_n^2}{4a_n+5S_n}$의 값은?

① 10   ② 15   ③ 20
④ 25   ⑤ 30

0156

급수 $\displaystyle\sum_{n=1}^{\infty}\frac{an^2+1}{n^2+2n}$이 수렴할 때, 이 급수의 합은?

(단, a는 상수이다.)

① $\dfrac{1}{2}$ ② $\dfrac{3}{4}$ ③ 1
④ $\dfrac{5}{4}$ ⑤ $\dfrac{3}{2}$

0157 빈출

수열 $\{a_n\}$에 대하여 다음 급수가 수렴할 때, $\displaystyle\lim_{n\to\infty} a_n$의 값을 구하시오.

(1) $\displaystyle\sum_{n=1}^{\infty}(a_n-4)$

(2) $\displaystyle\sum_{n=1}^{\infty}\left(a_n-\frac{3^{n+1}+2^{2n+1}}{4^n+3^n}\right)$

0158 빈출

수열 $\{a_n\}$에 대하여 급수 $\displaystyle\sum_{n=1}^{\infty}\left(\frac{a_n}{n}-3\right)$이 수렴할 때, $\displaystyle\lim_{n\to\infty}\frac{5n^2-2n}{(n+1)a_n}$의 값은?

① $\dfrac{1}{3}$ ② $\dfrac{2}{3}$ ③ 1
④ $\dfrac{4}{3}$ ⑤ $\dfrac{5}{3}$

0159

수열 $\{a_n\}$에 대하여 $\displaystyle\lim_{n\to\infty}\frac{4n}{2a_n-5}=8$이고 $\displaystyle\sum_{n=1}^{\infty}\left(\frac{a_n}{n}-\alpha\right)=16$일 때, 상수 α의 값은?

① $\dfrac{1}{4}$ ② $\dfrac{3}{8}$ ③ $\dfrac{1}{2}$
④ $\dfrac{5}{8}$ ⑤ $\dfrac{3}{4}$

0160

수열 $\{a_n\}$에 대하여 급수 $\displaystyle\sum_{n=1}^{\infty}\left(3^n a_n - \dfrac{n+3}{3n-1}\right)$이 수렴할 때,

$\displaystyle\lim_{n\to\infty}\dfrac{6a_n+3\times 4^{-n}}{a_n+3^{-n}}$의 값은?

① $-\dfrac{1}{2}$ ② 0 ③ $\dfrac{1}{2}$

④ 1 ⑤ $\dfrac{3}{2}$

0161

수열 $\{a_n\}$에 대하여 급수 $\displaystyle\sum_{n=1}^{\infty}\dfrac{1}{7^n}(a_n+3^n-7^{n+1})$이 수렴할 때,

$\displaystyle\lim_{n\to\infty}\dfrac{3^{n+1}+a_n}{4^n+7^n}$의 값은?

① 6 ② 7 ③ 8
④ 9 ⑤ 10

0162

두 급수 $\displaystyle\sum_{n=1}^{\infty}(3a_n+b_n)$과 $\displaystyle\sum_{n=1}^{\infty}(5a_n-2b_n)$이 모두 수렴할 때,
두 수열 $\{a_n\}$, $\{b_n\}$의 수렴과 발산을 조사하시오.

0163 빈출 👑

두 수열 $\{a_n\}$, $\{b_n\}$에 대하여

$\displaystyle\sum_{n=1}^{\infty}(5a_n-b_n)=2$, $\displaystyle\sum_{n=1}^{\infty}(b_n-5)=1$일 때,

$\displaystyle\lim_{n\to\infty}(3a_n+2b_n)$의 값은?

① 7 ② 9 ③ 11
④ 13 ⑤ 15

0164

두 수열 $\{a_n\}$, $\{b_n\}$이 다음 조건을 만족시킨다.

> (가) $\displaystyle\lim_{n\to\infty}a_n=\infty$
>
> (나) $\displaystyle\sum_{n=1}^{\infty}(a_n-2b_n)=3$

이때 $\displaystyle\lim_{n\to\infty}\dfrac{3a_n+4b_n+2}{a_n-4b_n-1}$의 값은?

① -5 ② -3 ③ 0
④ 3 ⑤ 5

유형 03 급수의 수렴과 발산

유형 01, 유형 02에서 학습한 개념을 이용하여 주어진 급수의 수렴과 발산을 판단하는 문제를 분류하였다.

유형 해결 TIP

❶ $\lim\limits_{n\to\infty} a_n \neq 0$이면 급수 $\sum\limits_{n=1}^{\infty} a_n$은 발산한다.

❷ $\lim\limits_{n\to\infty} a_n = 0$이면 부분합 S_n을 구한 다음 $\lim\limits_{n\to\infty} S_n$의 수렴, 발산을 조사한다.

0165

다음 급수 중 수렴하는 것은?

① $\sum\limits_{n=1}^{\infty} \dfrac{3n-1}{n+1}$

② $\sum\limits_{n=1}^{\infty} (n^2-1)$

③ $\sum\limits_{n=1}^{\infty} (\sqrt{n^2+n}-n)$

④ $\sum\limits_{n=1}^{\infty} \dfrac{2}{(n+1)(n+2)}$

⑤ $\sum\limits_{n=1}^{\infty} \dfrac{n^2+1}{n(n+1)}$

0166

다음은 급수 $1+\dfrac{3}{7}+\dfrac{4}{12}+\dfrac{5}{17}+\dfrac{6}{22}+\cdots$가 발산함을 보이는 과정이다.

> 주어진 급수의 일반항을 a_n이라 하면
>
> $a_n = \boxed{\text{(가)}}$
>
> 이므로 $\lim\limits_{n\to\infty} a_n = \lim\limits_{n\to\infty} \boxed{\text{(가)}} = \boxed{\text{(나)}}$
>
> 따라서 $\lim\limits_{n\to\infty} a_n \neq \boxed{\text{(다)}}$이므로 주어진 급수는 발산한다.

위의 과정에서 (가)에 알맞은 식을 $f(n)$이라 하고, (나), (다)에 알맞은 값을 α, β라 할 때, $f(10)+5\alpha+\beta$의 값은?

① $\dfrac{54}{47}$

② $\dfrac{56}{47}$

③ $\dfrac{58}{47}$

④ $\dfrac{60}{47}$

⑤ $\dfrac{62}{47}$

유형 04 급수의 성질

급수의 성질을 이용하는 문제를 분류하였다.

급수 $\sum\limits_{n=1}^{\infty} a_n$, $\sum\limits_{n=1}^{\infty} b_n$이 수렴할 때,

❶ $\sum\limits_{n=1}^{\infty} ca_n = c\sum\limits_{n=1}^{\infty} a_n$ (단, c는 상수)

❷ $\sum\limits_{n=1}^{\infty} (a_n \pm b_n) = \sum\limits_{n=1}^{\infty} a_n \pm \sum\limits_{n=1}^{\infty} b_n$ (복부호동순)

❸ $a_n < b_n$이면 $\sum\limits_{n=1}^{\infty} a_n < \sum\limits_{n=1}^{\infty} b_n$

유형 해결 TIP

앞에서 배운 수열의 극한의 성질과 헷갈리기 쉬우니 주의하자.

수열 $\{a_n\}$, $\{b_n\}$이 수렴할 때,

$$\lim\limits_{n\to\infty} a_n b_n = \lim\limits_{n\to\infty} a_n \times \lim\limits_{n\to\infty} b_n,$$

$$\lim\limits_{n\to\infty} \dfrac{a_n}{b_n} = \dfrac{\lim\limits_{n\to\infty} a_n}{\lim\limits_{n\to\infty} b_n} \ (단, b_n \neq 0, \lim\limits_{n\to\infty} b_n \neq 0)이지만$$

일반적으로 $\sum\limits_{n=1}^{\infty} (a_n b_n) \neq \sum\limits_{n=1}^{\infty} a_n \times \sum\limits_{n=1}^{\infty} b_n$, $\sum\limits_{n=1}^{\infty} \dfrac{a_n}{b_n} \neq \dfrac{\sum\limits_{n=1}^{\infty} a_n}{\sum\limits_{n=1}^{\infty} b_n}$이다.

0167 빈출 👑

$\sum\limits_{n=1}^{\infty} a_n = 2$, $\sum\limits_{n=1}^{\infty} b_n = 5$일 때, 다음 급수의 합을 구하시오.

(1) $\sum\limits_{n=1}^{\infty} (2a_n + b_n)$

(2) $\sum\limits_{n=1}^{\infty} (4a_n - 2b_n)$

(3) $\sum\limits_{n=1}^{\infty} \left(2a_n - \dfrac{b_n}{5}\right)$

0168

$\sum\limits_{n=1}^{\infty} a_n = 2$, $\sum\limits_{n=1}^{\infty} (a_n - b_n) = -2$일 때, $\sum\limits_{n=1}^{\infty} (a_n + b_n)$의 값은?

① 2

② 4

③ 6

④ 8

⑤ 10

유형 05 등비급수의 수렴 조건

등비급수의 수렴, 발산을 판정하거나 등비급수가 수렴하도록 하는
조건을 찾는 문제를 분류하였다.

유형해결 TIP

다음을 비교하여 학습하자.
❶ 등비수열 $\{ar^{n-1}\}$의 수렴 조건
  $a=0$ 또는 $-1<r\leq1$
❷ 등비급수 $\sum\limits_{n=1}^{\infty}ar^{n-1}$의 수렴 조건
  $a=0$ 또는 $-1<r<1$

0169

다음 중 등비급수 $\sum\limits_{n=1}^{\infty}ar^{n-1}$에 대한 설명으로 옳지 <u>않은</u> 것은?

① $r=-1$일 때, $\sum\limits_{n=1}^{\infty}ar^{n-1}\ (a\neq0)$은 발산한다.

② $r=1$일 때, $\sum\limits_{n=1}^{\infty}ar^{n-1}\ (a\neq0)$은 수렴한다.

③ $|r|<1$일 때, $\sum\limits_{n=1}^{\infty}ar^{n-1}\ (a\neq0)$은 수렴한다.

④ $|r|>1$일 때, $\sum\limits_{n=1}^{\infty}ar^{n-1}\ (a\neq0)$은 발산한다.

⑤ $a=0$일 때 $\sum\limits_{n=1}^{\infty}ar^{n-1}$은 수렴한다.

0170 빈출

다음 등비급수가 수렴하도록 하는 정수 x의 개수를 구하시오.

(1) $\sum\limits_{n=1}^{\infty}\left(\dfrac{2x-3}{5}\right)^{n}$

(2) $\sum\limits_{n=1}^{\infty}(x-3)\left(3-\dfrac{x}{4}\right)^{n-1}$

0171 빈출

등비급수

$$(x+3)+\frac{(x+3)(1-x)}{3}+\frac{(x+3)(1-x)^2}{9}$$
$$+\frac{(x+3)(1-x)^3}{27}+\cdots$$

가 0이 아닌 값으로 수렴하도록 하는 실수 x의 값의 범위가
$\alpha<x<\beta$일 때, $\beta-\alpha$의 값은? (단, α, β는 실수이다.)

① 3　　　　② 4　　　　③ 5

④ 6　　　　⑤ 7

0172

두 급수 $\sum\limits_{n=1}^{\infty}\left(\dfrac{x+1}{4}\right)^{n}$과 $\sum\limits_{n=1}^{\infty}\left(\dfrac{x+3}{2}\right)^{n}$이 모두 수렴하도록 하는
정수 x의 개수는?

① 1　　　　② 3　　　　③ 5

④ 7　　　　⑤ 9

0173 빈출

등비수열 $\left\{\left(\dfrac{3x+1}{5}\right)^{n}\right\}$과 등비급수 $\sum\limits_{n=1}^{\infty}\left(\dfrac{2x-4}{3}\right)^{n}$이 모두
수렴하도록 하는 실수 x의 값의 범위는?

① $\dfrac{1}{2}<x<\dfrac{4}{3}$　　　　② $\dfrac{1}{2}<x\leq\dfrac{4}{3}$

③ $-2<x<\dfrac{1}{2}$　　　　④ $\dfrac{4}{3}\leq x<\dfrac{7}{2}$

⑤ $\dfrac{4}{3}<x\leq\dfrac{7}{2}$

0174 빈출 👑

수렴하는 급수를 〈보기〉에서 있는 대로 고른 것은?

보기
ㄱ. $\displaystyle\sum_{n=1}^{\infty} \frac{4^n-2^n}{4^n+2^n}$ ㄴ. $\displaystyle\sum_{n=1}^{\infty} \frac{3}{5^n}$

ㄷ. $\displaystyle\sum_{n=1}^{\infty} \frac{2^n-3}{3^n}$ ㄹ. $\displaystyle\sum_{n=1}^{\infty} \left(-\frac{\sqrt{7}}{3}\right)^n$

① ㄱ   ② ㄴ, ㄷ   ③ ㄴ, ㄹ
④ ㄷ, ㄹ   ⑤ ㄴ, ㄷ, ㄹ

유형 06 등비급수의 합의 계산

$\displaystyle\sum_{n=1}^{\infty} ar^{n-1} = \frac{a}{1-r}$ (단, $a \neq 0$, $-1 < r < 1$)임을 이용하여
등비급수의 합을 계산하는 문제를 분류하였다.

유형 해결 TIP
등비수열의 첫째항 a와 공비 r $(-1 < r < 1)$을 먼저 선택하여
계산하자.

0175

다음 등비급수의 합을 구하시오.

(1) $1 - \dfrac{1}{2} + \dfrac{1}{4} - \dfrac{1}{8} + \dfrac{1}{16} - \cdots$

(2) $3 + 1 + \dfrac{1}{3} + \dfrac{1}{9} + \dfrac{1}{27} + \cdots$

(3) $1 + \dfrac{1}{\sqrt{2}} + \dfrac{1}{2} + \dfrac{1}{2\sqrt{2}} + \dfrac{1}{4} + \cdots$

0176 서술형 ✏️

등비급수 $\displaystyle\sum_{n=1}^{\infty} \left(\frac{3x-7}{2}\right)^{n-1}$이 수렴하도록 하는 정수 x의 값과 이때
등비급수의 합을 구하고 그 과정을 서술하시오.

0177 빈출 👑

다음 등비급수의 합을 구하시오.

(1) $\displaystyle\sum_{n=1}^{\infty} \frac{2^{n+1}-3^n}{4^n}$

(2) $\displaystyle\sum_{n=1}^{\infty} \frac{1+(-1)^{n+1}}{3^n}$

(3) $\displaystyle\sum_{n=1}^{\infty} \frac{(-2)^{2n+1}+5^n}{12^n}$

0178

등비급수 $\displaystyle\sum_{n=1}^{\infty} \frac{1}{2^{n-1}-2^n+2^{n+1}}$의 합은?

① $\dfrac{1}{3}$ ② $\dfrac{2}{3}$ ③ 1

④ $\dfrac{4}{3}$ ⑤ $\dfrac{5}{3}$

0179

다음 등비급수의 합을 구하시오.

(1) $\displaystyle\sum_{n=1}^{\infty} \left(\frac{3}{4}\right)^{2n} \left(\frac{2}{9}\right)^n$

(2) $\displaystyle\sum_{n=1}^{\infty} \left\{\left(\frac{4}{5}\right)^n \times \frac{1+(-1)^n}{4}\right\}$

0180

$a_1=6$, $a_{n+1}=4a_n$ $(n=1,\ 2,\ 3,\ \cdots)$으로 정의된 수열 $\{a_n\}$에 대하여 $\displaystyle\sum_{n=1}^{\infty}\frac{1}{a_n}$의 값은?

① $\dfrac{2}{9}$　　　② $\dfrac{4}{9}$　　　③ $\dfrac{2}{3}$

④ $\dfrac{8}{9}$　　　⑤ $\dfrac{10}{9}$

0181

수열 $\{\log_2 a_n\}$이 첫째항이 2, 공차가 -3인 등차수열일 때, $\displaystyle\sum_{n=1}^{\infty} a_n$의 값은?

① $\dfrac{30}{7}$　　　② $\dfrac{31}{7}$　　　③ $\dfrac{32}{7}$

④ $\dfrac{33}{7}$　　　⑤ $\dfrac{34}{7}$

0182

첫째항이 3, 공비가 4인 등비수열 $\{a_n\}$에 대하여 $\displaystyle\sum_{n=1}^{\infty}\frac{a_1+a_2+a_3+\cdots+a_n}{5^n}$의 값은?

① 3　　　② $\dfrac{13}{4}$　　　③ $\dfrac{7}{2}$

④ $\dfrac{15}{4}$　　　⑤ 4

0183

급수 $\displaystyle\sum_{n=1}^{\infty}\frac{1+2+4+8+\cdots+2^{n-1}}{3^{n-1}}$의 합은?

① $\dfrac{3}{2}$　　　② 2　　　③ $\dfrac{5}{2}$

④ 4　　　⑤ $\dfrac{9}{2}$

0184

실수 a에 대하여 $a-a^2+a^3-a^4+\cdots=-1$일 때, 등비급수 $a+a^2+a^3+a^4+\cdots$의 합은?

① -1　　　② $-\dfrac{1}{3}$　　　③ 0

④ $\dfrac{1}{3}$　　　⑤ 1

0185

등비급수 $1+\dfrac{2-x}{2}+\dfrac{(x-2)^2}{4}+\dfrac{(2-x)^3}{8}+\cdots$의 합이 $\dfrac{10}{3}$일 때, 실수 x의 값은?

① $\dfrac{1}{5}$　　　② $\dfrac{2}{5}$　　　③ $\dfrac{3}{5}$

④ $\dfrac{4}{5}$　　　⑤ 1

유형07 S_n과 a_n 사이의 관계를 이용하는 급수의 합의 계산

수열 $\{a_n\}$의 첫째항부터 제n항까지의 합 S_n이 주어진 경우 $a_1=S_1$, $a_n=S_n-S_{n-1}$ $(n\geq2)$임을 이용하여 급수의 합을 구하는 문제를 분류하였다.

유형해결 TIP

등식 $a_n=S_n-S_{n-1}$은 n이 2 이상의 자연수일 때 성립하므로

$\displaystyle\sum_{n=1}^{\infty}a_n=a_1+\sum_{n=2}^{\infty}a_n$으로 계산하자.

0186

수열 $\{a_n\}$의 첫째항부터 제n항까지의 합 S_n이 $S_n=3^{n+1}-3$일 때,

$\dfrac{1}{a_2}+\dfrac{1}{a_4}+\dfrac{1}{a_6}+\cdots$의 값을 구하시오.

0187

수열 $\{a_n\}$에 대하여 $\displaystyle\sum_{k=1}^{n}\dfrac{a_k}{k+1}=n^2+5n$일 때, 급수 $\displaystyle\sum_{n=1}^{\infty}\dfrac{1}{a_n}$의 값은?

① $\dfrac{1}{4}$ ② $\dfrac{1}{2}$ ③ $\dfrac{3}{4}$

④ 1 ⑤ $\dfrac{5}{4}$

0188 빈출 👑

수열 $\{a_n\}$에 대하여 $\displaystyle\sum_{k=1}^{n}a_k=n^2+2n-1$일 때,

$\displaystyle\sum_{n=1}^{\infty}\dfrac{1}{a_na_{n+1}}$의 값은?

① $\dfrac{1}{10}$ ② $\dfrac{1}{5}$ ③ $\dfrac{3}{10}$

④ $\dfrac{2}{5}$ ⑤ $\dfrac{1}{2}$

유형08 급수의 활용

나머지정리, 방정식, 함수의 그래프, 실생활 문제와 관련된 급수 문제를 분류하였다.

0189

자연수 n에 대하여 다항식 $\left(\dfrac{1}{2}x+\dfrac{7}{2}\right)^n$을 $x-1$로 나누었을 때의 나머지를 a_n, $x+1$로 나누었을 때의 나머지를 b_n이라 할 때,

$\displaystyle\sum_{n=1}^{\infty}\dfrac{b_n}{a_n}$의 값은?

① 1 ② 2 ③ 3

④ 4 ⑤ 5

0190

자연수 n에 대하여 점 $\mathrm{A}(2n,\ 1)$과 직선 $x+y-n=0$ 사이의 거리를 a_n이라 할 때, $\displaystyle\sum_{n=1}^{\infty}\dfrac{3}{a_na_{n+1}}$의 값은?

① 1 ② 2 ③ 3

④ 4 ⑤ 5

0191 빈출 👑

이차방정식 $8x^2-4x-1=0$의 두 근을 α, β라고 할 때,

$\dfrac{1}{\alpha-\beta}\displaystyle\sum_{n=1}^{\infty}(\alpha^n-\beta^n)$의 값은?

① 2 ② $\dfrac{7}{3}$ ③ $\dfrac{8}{3}$

④ 3 ⑤ $\dfrac{10}{3}$

유형09 등비급수와 도형(길이)

선분의 길이, 변의 길이, 호의 길이와 같이 등비수열을 이루는 닮은 도형의 길이로 이루어진 급수의 합을 구하는 문제를 분류하였다.

유형 해결 TIP

다음과 같은 순서로 문제를 해결하자.
❶ 첫째항 a를 구한다.
❷ 이웃한 항 사이의 길이의 비인 공비 r를 구한다.
❸ 등비급수의 합 $S = \dfrac{a}{1-r}$를 계산한다.

0192

한 변의 길이가 2인 정삼각형 $A_1B_1C_1$의 각 변의 중점을 이어 삼각형 $A_2B_2C_2$를 만든다. 이와 같은 방법으로 삼각형 $A_3B_3C_3$, $A_4B_4C_4$, $\cdots$를 만들어 나갈 때, 삼각형 $A_1B_1C_1$, $A_2B_2C_2$, $\cdots$의 둘레의 길이의 합은?

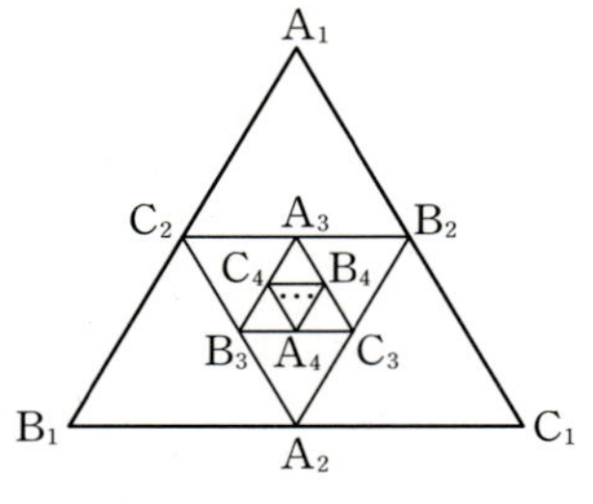

① 8 　　　② 10 　　　③ 12
④ 14 　　　⑤ 16

0193

그림과 같이 점 $P(4, 0)$에서 직선 $y=x$에 내린 수선의 발을 P_1, 점 P_1에서 y축에 내린 수선의 발을 P_2, 점 P_2에서 직선 $y=-x$에 내린 수선의 발을 P_3, 점 P_3에서 x축에 내린 수선의 발을 P_4라고 하자. 이와 같은 방법으로 P_5, P_6, P_7, $\cdots$을 그려 나갈 때, $\overline{P_1P_2}+\overline{P_2P_3}+\overline{P_3P_4}+\cdots$의 값은?

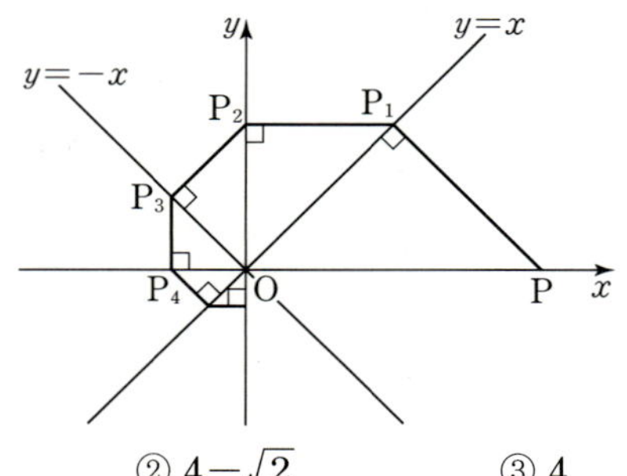

① $4-2\sqrt{2}$ 　　　② $4-\sqrt{2}$ 　　　③ 4
④ $4+\sqrt{2}$ 　　　⑤ $4+2\sqrt{2}$

유형10 등비급수와 도형(넓이)

삼각형, 사각형, 원 등 등비수열을 이루는 닮은 도형의 넓이로 이루어진 급수의 합을 구하는 문제를 분류하였다.

유형 해결 TIP

닮음비가 $m:n \ (m>n)$이면

넓이의 비는 $m^2:n^2$이므로 공비는 $\dfrac{n^2}{m^2}$이다.

특히, 넓이가 일정한 비율로 변할 뿐 아니라 도형의 개수도 일정한 비율 k로 증가하면 공비는 $\dfrac{kn^2}{m^2}$이다.

0194

그림과 같이 한 변의 길이가 2인 정사각형 $A_1B_1C_1D_1$의 각 변의 중점을 연결하여 정사각형 $A_2B_2C_2D_2$를 만들고, 정사각형 $A_2B_2C_2D_2$의 각 변의 중점을 연결하여 정사각형 $A_3B_3C_3D_3$을 만든다. 이와 같은 과정을 한없이 반복하여 정사각형을 만들 때, 모든 정사각형의 넓이의 합은?

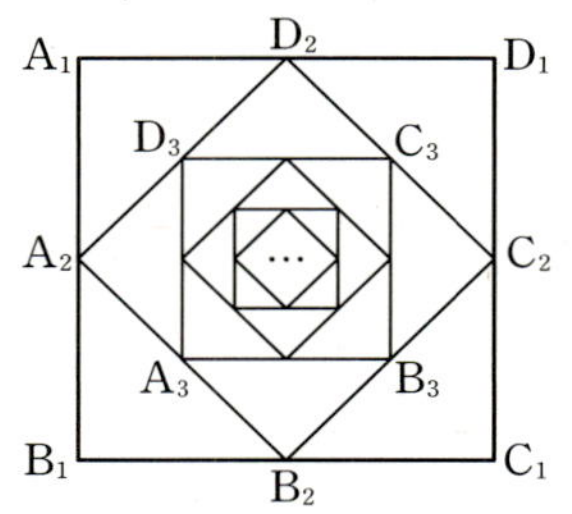

① 6 　　　② 8 　　　③ 10
④ 12 　　　⑤ 14

0195

넓이가 2인 정삼각형을 그림과 같이 4등분하여 가운데 정삼각형을 색칠한다. 또 색칠하지 않은 정삼각형 중 한 정삼각형을 4등분하여 가운데 정삼각형을 색칠한다. 이와 같은 방법으로 색칠하는 과정을 한없이 반복할 때, 색칠한 모든 정삼각형의 넓이의 합은?

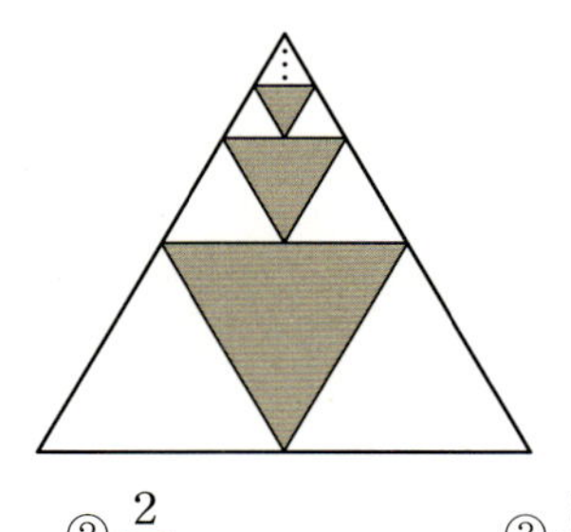

① $\dfrac{7}{12}$ 　　　② $\dfrac{2}{3}$ 　　　③ $\dfrac{3}{4}$
④ $\dfrac{5}{6}$ 　　　⑤ $\dfrac{11}{12}$

0196 빈출

그림과 같이 길이가 4인 선분 AB_1을 지름으로 하는 원 C_1이 있다. 선분 AB_1을 $2:1$로 내분하는 점을 B_2라 하고, 선분 AB_2를 지름으로 하는 원을 C_2라 하자. 이와 같은 과정을 한없이 반복하여 원을 그릴 때, 모든 원의 넓이의 합은?

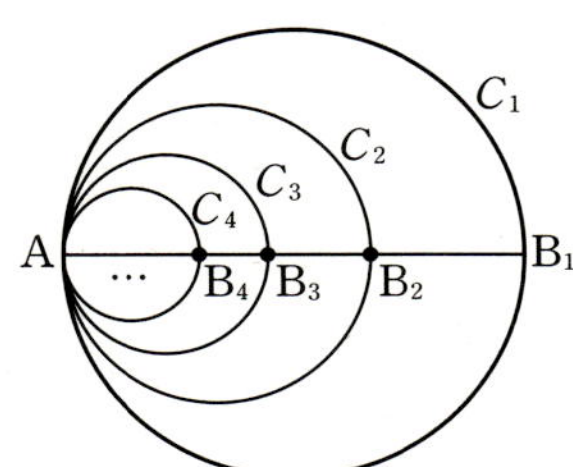

① $\dfrac{34}{5}\pi$

② $\dfrac{36}{5}\pi$

③ $\dfrac{38}{5}\pi$

④ 8π

⑤ $\dfrac{42}{5}\pi$

0197 빈출

$\overline{AC}=\overline{BC}=8$인 직각이등변삼각형 ABC의 내부에 그림과 같이 삼각형 ABC의 빗변 위에 한 점이 놓인 정사각형 S_1, S_2, S_3, … 을 한없이 만들 때, 만들어지는 모든 정사각형의 넓이의 합은?

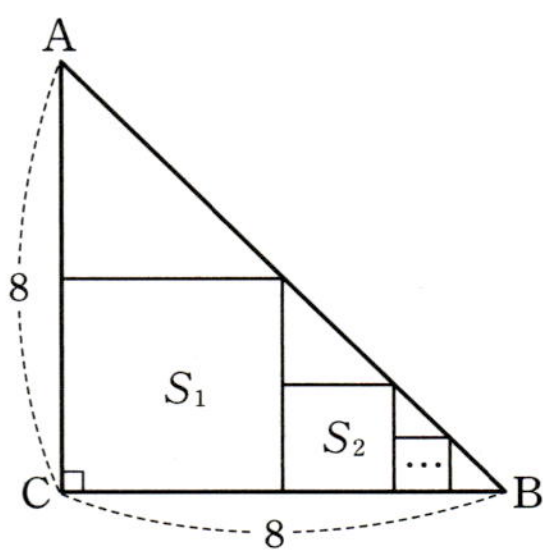

① 20

② $\dfrac{62}{3}$

③ $\dfrac{64}{3}$

④ 22

⑤ $\dfrac{68}{3}$

유형11 등비급수와 순환소수

주어진 순환소수를 등비급수를 이용하여 기약분수로 나타내는 문제를 분류하였다.

유형해결 TIP

❶ $0.\dot{a}=0.aaa\cdots=\dfrac{a}{10}+\dfrac{a}{10^2}+\dfrac{a}{10^3}+\cdots$

❷ $0.\dot{a}\dot{b}=0.ababab\cdots$

$=\dfrac{a}{10}+\dfrac{b}{10^2}+\dfrac{a}{10^3}+\dfrac{b}{10^4}+\cdots$

$=\left(\dfrac{a}{10}+\dfrac{a}{10^3}+\cdots\right)+\left(\dfrac{b}{10^2}+\dfrac{b}{10^4}+\cdots\right)$

0198

다음은 순환소수 $2.6\dot{2}$를 등비급수를 이용하여 분수로 나타내는 과정이다.

$2.6\dot{2}=2.6+$ [(가)] 이므로

[(가)]는 첫째항이 [(나)], 공비가 [(다)]인 등비급수의 합과 같다.

$\therefore 2.6\dot{2}=\dfrac{26}{10}+\dfrac{\boxed{(나)}}{1-\boxed{(다)}}=\dfrac{\boxed{(마)}}{\boxed{(라)}}$

(단, [(라)]와 [(마)]는 서로소인 자연수이다.)

위의 (가)~(마)에 들어갈 내용으로 옳지 <u>않은</u> 것은?

① (가) : $0.0\dot{2}$　　　② (나) : $\dfrac{1}{50}$　　　③ (다) : $\dfrac{1}{10}$

④ (라) : 45　　　⑤ (마) : 131

0199　서술형 ✎

등비급수를 이용하여 다음 순환소수를 기약분수로 나타내고 그 과정을 서술하시오.

(1) $0.\dot{4}$

(2) $0.3\dot{9}$

(3) $0.5\dot{2}$

유형12 확률과 통계 통합 유형

〈확률과 통계〉에서 학습한 내용을 이용하여 급수의 합을 구하는 문제를 분류하였다. 만약 〈확률과 통계〉를 학습하지 않았다면 이 유형은 풀지 않아도 된다.

유형해결 TIP

자주 출제되는 내용은 다음과 같다.

(1) $(a+b)^n=\sum\limits_{r=0}^{n}{}_n\mathrm{C}_r a^{n-r}b^r$ (단, n은 자연수)

(2) 이항계수의 성질

❶ ${}_n\mathrm{C}_0+{}_n\mathrm{C}_1+{}_n\mathrm{C}_2+\cdots+{}_n\mathrm{C}_n=2^n$

❷ ${}_n\mathrm{C}_0-{}_n\mathrm{C}_1+{}_n\mathrm{C}_2-{}_n\mathrm{C}_3+\cdots+(-1)^n{}_n\mathrm{C}_n=0$

❸ ${}_n\mathrm{C}_0+{}_n\mathrm{C}_2+{}_n\mathrm{C}_4+\cdots={}_n\mathrm{C}_1+{}_n\mathrm{C}_3+{}_n\mathrm{C}_5+\cdots=2^{n-1}$

0200

자연수 n에 대하여 $\left(x+\dfrac{1}{x}\right)^n$의 전개식에서 x^{n-2}의 계수를 a_n이라 할 때, $\sum\limits_{n=1}^{\infty}\dfrac{1}{a_n a_{n+1}}$의 값은?

① 1　　　② 2　　　③ 3

④ 4　　　⑤ 5

STEP 2 내신 실전문제 체화를 위한 심화 유형

유형01 급수의 합의 계산

0201

수열 $\{a_n\}$에 대하여 $\sum\limits_{k=1}^{n-1} a_k = \sqrt{n^2+4n}-n$일 때, $\sum\limits_{n=1}^{\infty} a_n$의 값은?

① 2　　　　② 4　　　　③ 6
④ 8　　　　⑤ 10

0202

수열 $\{a_n\}$에 대하여 $a_1=10$이고 $\lim\limits_{n\to\infty} a_n=3$일 때,

$\sum\limits_{n=1}^{\infty}(a_n-a_{n+1})$의 값은?

① 1　　　　② 3　　　　③ 5
④ 7　　　　⑤ 9

0203

급수 $\dfrac{24}{1^2\times 5^2}+\dfrac{40}{3^2\times 7^2}+\dfrac{56}{5^2\times 9^2}+\cdots$의 합은?

① $\dfrac{8}{9}$　　　　② 1　　　　③ $\dfrac{10}{9}$
④ $\dfrac{11}{9}$　　　　⑤ $\dfrac{4}{3}$

0204

첫째항이 2이고 공차가 6인 등차수열 $\{a_n\}$의 첫째항부터 제n항까지의 합을 S_n이라 할 때,

$\sum\limits_{n=2}^{\infty}\dfrac{1}{na_n-S_n}$의 값은?

① 0　　　　② $\dfrac{1}{3}$　　　　③ $\dfrac{1}{2}$
④ $\dfrac{2}{3}$　　　　⑤ 1

0205

수열 $\{a_n\}$에 대하여 $a_1+a_2+a_3+\cdots+a_n=\dfrac{(2k-1)n}{kn+1}$이다.

$\sum\limits_{n=1}^{\infty} a_n=\dfrac{5}{3}$일 때, 상수 k의 값은?

① -3　　　　② -1　　　　③ 0
④ 1　　　　⑤ 3

0206

수열 $\{a_n\}$의 일반항 $a_n=\dfrac{(n+3)^2}{n^2+6n+8}$일 때, $\sum\limits_{n=1}^{\infty}\log_2 a_n$의 값은?

① $\log_2 3$　　　　② $1-\log_2 3$　　　　③ $2-\log_2 3$
④ 1　　　　⑤ 2

0207

다음은 급수 $\displaystyle\sum_{n=1}^{\infty}\dfrac{2}{\sqrt{n+2}+\sqrt{n}}$ 의 수렴, 발산을 조사하는 과정이다. ㈎, ㈏, ㈐에 알맞은 것은?

> 주어진 급수의 제n항까지의 부분합을 S_n이라 하면
> $$S_n=\sum_{k=1}^{n}\dfrac{2}{\sqrt{k+2}+\sqrt{k}}=\boxed{\text{㈎}}$$
> 이므로
> $$\lim_{n\to\infty}S_n=\lim_{n\to\infty}\boxed{\text{㈎}}=\boxed{\text{㈏}}$$
> 따라서 주어진 급수는 $\boxed{\text{㈐}}$ 한다.

	㈎	㈏	㈐
①	$\sqrt{n+2}-\sqrt{n+1}$	∞	발산
②	$\sqrt{n+2}-\sqrt{n+1}$	0	수렴
③	$-\sqrt{n+1}-\sqrt{n+2}+1+\sqrt{2}$	$-\infty$	발산
④	$\sqrt{n+1}+\sqrt{n+2}-1-\sqrt{2}$	∞	발산
⑤	$\sqrt{n+1}+\sqrt{n+2}-1-\sqrt{2}$	$1+\sqrt{2}$	수렴

0208

급수 $\displaystyle\sum_{n=1}^{\infty}\dfrac{1}{n}$ 의 수렴과 발산을 조사하고, 수렴하면 그 합을 구하시오.

0209 서술형 ✎

급수
$$\dfrac{1}{1\times2}+\dfrac{1}{1\times2+2\times3}+\dfrac{1}{1\times2+2\times3+3\times4}+\cdots$$
의 합을 구하고 그 과정을 서술하시오.

0210

급수 $\displaystyle\sum_{n=1}^{\infty}\dfrac{2}{(2n+1)\sqrt{2n-1}+(2n-1)\sqrt{2n+1}}$ 의 값은?

① 0 ② $\dfrac{5-\sqrt{5}}{5}$ ③ $\dfrac{3-\sqrt{3}}{3}$

④ 1 ⑤ $\dfrac{3+\sqrt{3}}{3}$

유형 02 급수와 수열의 극한 사이의 관계

0211

수열 $\{a_n\}$의 첫째항부터 제n항까지의 합을 S_n이라 하자. $\displaystyle\sum_{n=1}^{\infty}\left(S_n-\dfrac{2n-1}{n+1}\right)=3$일 때, $\displaystyle\lim_{n\to\infty}(a_n+S_n)$의 값은?

① 0 ② 2 ③ 4

④ 6 ⑤ 8

0212 빈출 👑

| 선행 0158 |

수열 $\{a_n\}$에 대하여 급수 $\displaystyle\sum_{n=1}^{\infty}\left(na_n-\dfrac{2n^2-n+3}{n+4}\right)$이 수렴할 때, $\displaystyle\lim_{n\to\infty}(a_n^2-a_n+3)$의 값은?

① 3 ② 4 ③ 5

④ 6 ⑤ 7

0213

수열 $\{a_n\}$이 $\sum\limits_{n=1}^{\infty} a_n = 3$, $\lim\limits_{n \to \infty} na_n = 0$을 만족시킬 때,

$\sum\limits_{n=1}^{\infty} n(a_n - a_{n+1})$의 값은?

① 0   ② 1   ③ 3

④ 5   ⑤ 7

0214

모든 자연수 n에 대하여 두 수열 $\{a_n\}$, $\{b_n\}$이 다음 조건을 만족시킬 때, $\lim\limits_{n \to \infty}(a_n + b_n)$의 값은?

> (가) $a_n - \dfrac{1}{3}b_n < 3$
>
> (나) $(2n^2 + n)b_n < 6n^2 - 2$
>
> (다) 급수 $\sum\limits_{n=1}^{\infty}(2a_n - 8)$이 수렴한다.

① 1   ② 3   ③ 5

④ 7   ⑤ 9

0215

x에 대한 다항식 $f(x)$와 공차가 -6인 등차수열 $\{a_n\}$의

첫째항부터 제n항까지의 합 S_n에 대하여 급수 $\sum\limits_{n=1}^{\infty} \dfrac{S_n + f(n)}{n^2}$이

수렴한다. $f(0) = 0$이고 $\sum\limits_{k=1}^{5} f(k) = 195$일 때, $f(2)$의 값은?

① 16   ② 17   ③ 18

④ 19   ⑤ 20

0216 빈출 👑

교육청변형

수열 $\{a_n\}$에 대하여 급수

$$\left(a_1 - \dfrac{1^3}{1^4}\right) + \left(2a_2 - \dfrac{1^3 + 2^3}{2^4}\right) + \left(3a_3 - \dfrac{1^3 + 2^3 + 3^3}{3^4}\right)$$
$$+ \cdots + \left(na_n - \dfrac{1^3 + 2^3 + 3^3 + \cdots + n^3}{n^4}\right) - \cdots$$

이 수렴할 때, $\lim\limits_{n \to \infty} \dfrac{\dfrac{3}{n} + 8a_n}{\dfrac{2}{n} - 4a_n}$의 값은?

① 2   ② 3   ③ 4

④ 5   ⑤ 6

0217

두 수열 $\{a_n\}$, $\{b_n\}$에 대하여 급수 $\sum\limits_{n=1}^{\infty} \dfrac{1}{a_n}$이 수렴하고

$\lim\limits_{n \to \infty}(a_n + b_n) = 3$일 때, $\lim\limits_{n \to \infty} \dfrac{2a_n + 5b_n}{a_n - 2b_n}$의 값은?

① -2 ② -1 ③ 0

④ 1   ⑤ 2

0218 빈출 👑

두 수열 $\{a_n\}$, $\{b_n\}$에 대하여 〈보기〉에서 옳은 것만을 있는 대로 고른 것은?

> 〈보기〉
>
> ㄱ. 두 급수 $\sum\limits_{n=1}^{\infty} a_n$과 $\sum\limits_{n=1}^{\infty} b_n$이 수렴하면 $\lim\limits_{n\to\infty} a_n = \lim\limits_{n\to\infty} b_n$이다.
>
> ㄴ. 상수 α, β에 대하여 급수 $\sum\limits_{n=1}^{\infty} a_n = \alpha$, $\lim\limits_{n\to\infty} b_n = \beta$이면 $\lim\limits_{n\to\infty} a_n b_n = 0$이다.
>
> ㄷ. 두 급수 $\sum\limits_{n=1}^{\infty} a_n = 2$, $\sum\limits_{n=1}^{\infty} b_n = 4$이면 $\lim\limits_{n\to\infty} a_n < \lim\limits_{n\to\infty} b_n$이다.
>
> ㄹ. 급수 $\sum\limits_{n=1}^{\infty} a_n b_n$이 수렴하면 $\lim\limits_{n\to\infty} a_n = 0$ 또는 $\lim\limits_{n\to\infty} b_n = 0$이다.

① ㄱ, ㄴ ② ㄴ, ㄷ ③ ㄱ, ㄴ, ㄹ
④ ㄱ, ㄷ, ㄹ ⑤ ㄱ, ㄴ, ㄷ, ㄹ

0219

두 수열 $\{a_n\}$, $\{b_n\}$에 대하여 〈보기〉에서 옳은 것만을 있는 대로 고른 것은?

> 〈보기〉
>
> ㄱ. 급수 $\sum\limits_{n=1}^{\infty} a_n$이 수렴하고 $\lim\limits_{n\to\infty} b_n = \infty$이면 $\lim\limits_{n\to\infty} a_n b_n = 0$이다.
>
> ㄴ. 급수 $\sum\limits_{n=1}^{\infty} (a_{n+1} - a_n)$이 수렴하면 수열 $\{a_n\}$이 수렴한다.
>
> ㄷ. 급수 $\sum\limits_{n=1}^{\infty} a_n$이 수렴하면 급수 $\sum\limits_{n=1}^{\infty} a_{2n-1}$도 수렴한다.
>
> ㄹ. 수열 $\{a_n\}$이 0이 아닌 값으로 수렴하고 급수 $\sum\limits_{n=1}^{\infty} a_n b_n$이 수렴하면 $\lim\limits_{n\to\infty} b_n = 0$이다.

① ㄷ ② ㄱ, ㄴ ③ ㄱ, ㄷ
④ ㄴ, ㄹ ⑤ ㄴ, ㄷ, ㄹ

0220

수열 $\{a_n\}$에 대하여 〈보기〉에서 옳은 것의 개수는?

> 〈보기〉
>
> ㄱ. 급수 $\sum\limits_{n=1}^{\infty} a_n$이 수렴하면 $\lim\limits_{n\to\infty} a_n = 0$이다.
>
> ㄴ. $\lim\limits_{n\to\infty} a_n = 0$이면 급수 $\sum\limits_{n=1}^{\infty} a_n$은 수렴한다.
>
> ㄷ. $a_n \neq 0$일 때 급수 $\sum\limits_{n=1}^{\infty} a_n$이 수렴하면 급수 $\sum\limits_{n=1}^{\infty} \dfrac{1}{a_n}$은 발산한다.
>
> ㄹ. 급수 $\sum\limits_{n=1}^{\infty} (a_n - 3)$이 수렴하면 급수 $\sum\limits_{n=1}^{\infty} a_n$도 수렴한다.

① 0 ② 1 ③ 2
④ 3 ⑤ 4

유형 03 급수의 수렴과 발산

0221 빈출 👑

〈보기〉에서 수렴하는 급수를 있는 대로 고른 것은?

> 〈보기〉
>
> ㄱ. $1 + \dfrac{6}{5} + \dfrac{9}{7} + \dfrac{12}{9} + \cdots$
>
> ㄴ. $\dfrac{1}{2} + \dfrac{1}{2+4} + \dfrac{1}{2+4+6} + \dfrac{1}{2+4+6+8} + \cdots$
>
> ㄷ. $\dfrac{1}{1+\sqrt{2}} + \dfrac{1}{\sqrt{2}+\sqrt{3}} + \dfrac{1}{\sqrt{3}+\sqrt{4}} + \dfrac{1}{\sqrt{4}+\sqrt{5}} + \cdots$

① ㄱ ② ㄴ ③ ㄷ
④ ㄱ, ㄴ ⑤ ㄴ, ㄷ

0222

〈보기〉에서 수렴하는 급수의 개수는?

$$\text{ㄱ. } \sum_{n=1}^{\infty} \frac{1}{(2n-1)(2n+1)}$$

$$\text{ㄴ. } \sum_{n=1}^{\infty} \left(\sqrt{2n+1}-\sqrt{2n-1}\right)$$

$$\text{ㄷ. } \sum_{n=1}^{\infty} \frac{1}{2n}$$

$$\text{ㄹ. } 1-\frac{1}{2}+\frac{1}{2}-\frac{1}{3}+\frac{1}{3}-\frac{1}{4}+\frac{1}{4}-\cdots$$

$$\text{ㅁ. } \left(1-\frac{1}{2}\right)+\left(\frac{1}{2}-\frac{1}{3}\right)+\left(\frac{1}{3}-\frac{1}{4}\right)+\cdots$$

① 1   ② 2   ③ 3
④ 4   ⑤ 5

유형 04 급수의 성질

0223 빈출 ♛

두 급수 $\sum_{n=1}^{\infty} a_n$, $\sum_{n=1}^{\infty} b_n$이 수렴하고 $\sum_{n=1}^{\infty} (2a_n-3b_n)=19$,

$\sum_{n=1}^{\infty} (a_n+b_n)=7$일 때, 급수 $\sum_{n=1}^{\infty} (a_n-b_n)$의 값은?

① 3   ② 6   ③ 9
④ 12   ⑤ 15

0224

수열 $\{a_n\}$의 첫째항부터 제n항까지의 합 $S_n=\dfrac{7n+6}{3n+2}$일 때,

$\sum_{n=1}^{\infty} (a_n+2a_{n+2})$의 값은?

① 2   ② 4   ③ 6
④ 8   ⑤ 10

0225

수열 $\{a_n\}$에 대하여 $\sum_{n=1}^{\infty} a_n=7$, $\sum_{n=1}^{\infty} na_n=35$일 때,

$\sum_{n=1}^{\infty} n(a_n+a_{n+1})$의 값은?

① 42   ② 49   ③ 56
④ 63   ⑤ 70

0226 빈출 ♛

다음 중 옳지 <u>않은</u> 것은?

① 급수 $\sum_{n=1}^{\infty} a_n$이 수렴하면 $\sum_{n=1}^{\infty} ca_n$(c는 상수)은 수렴한다.

② 두 급수 $\sum_{n=1}^{\infty} a_n$, $\sum_{n=1}^{\infty} a_{2n}$이 수렴하면 $\sum_{n=1}^{\infty} a_{2n-1}$도 수렴한다.

③ 두 급수 $\sum_{n=1}^{\infty} a_n$, $\sum_{n=1}^{\infty} b_n$이 수렴하면 $\sum_{n=1}^{\infty} (a_n+b_n)$도 수렴한다.

④ 두 급수 $\sum_{n=1}^{\infty} a_n$, $\sum_{n=1}^{\infty} b_n$이 발산하면 $\sum_{n=1}^{\infty} (a_n+b_n)$은 발산한다.

⑤ 두 급수 $\sum_{n=1}^{\infty} a_n$, $\sum_{n=1}^{\infty} b_n$이 모두 수렴하고 $a_n>b_n$이면

$\sum_{n=1}^{\infty} a_n > \sum_{n=1}^{\infty} b_n$이다.

0227

두 수열 $\{a_n\}$, $\{b_n\}$에 대하여 〈보기〉에서 옳은 것만을 있는 대로 고른 것은?

보기

ㄱ. $\displaystyle\sum_{n=1}^{\infty}(a_n-b_n)$이 수렴하면 $\displaystyle\sum_{n=1}^{\infty}a_n=\sum_{n=1}^{\infty}b_n$이다.

ㄴ. $\displaystyle\sum_{n=1}^{\infty}(a_n+b_n)$이 수렴하면 $\displaystyle\sum_{n=1}^{\infty}a_n$ 또는 $\displaystyle\sum_{n=1}^{\infty}b_n$이 수렴한다.

ㄷ. $\displaystyle\sum_{n=1}^{\infty}a_n$, $\displaystyle\sum_{n=1}^{\infty}(a_n+b_n)$이 수렴하면 $\displaystyle\sum_{n=1}^{\infty}b_n$도 수렴한다.

ㄹ. $\displaystyle\sum_{n=1}^{\infty}(3a_n-b_n)$, $\displaystyle\sum_{n=1}^{\infty}(a_n+2b_n)$이 수렴하면 $\displaystyle\sum_{n=1}^{\infty}a_n$, $\displaystyle\sum_{n=1}^{\infty}b_n$이 모두 수렴한다.

① ㄷ   ② ㄹ   ③ ㄱ, ㄴ
④ ㄴ, ㄷ   ⑤ ㄷ, ㄹ

0228

| 선행 0170 |

등비급수 $\displaystyle\sum_{n=1}^{\infty}\left(\dfrac{x^2-4x-1}{4}\right)^n$이 수렴하도록 하는 정수 x의 값의 합은?

① 1   ② 2   ③ 3
④ 4   ⑤ 5

0229

$0<x<2\pi$일 때, 등비급수 $\displaystyle\sum_{n=1}^{\infty}(\sqrt{3}\tan x-2)^n$이 수렴하기 위한 필요충분조건은 $\alpha<x<\beta$ 또는 $\gamma<x<\delta$이다.
이때 $\alpha+\beta+\gamma+\delta$의 값은? (단, α, β, γ, δ는 상수이다.)

① π ② $\dfrac{3}{2}\pi$ ③ 2π

④ $\dfrac{5}{2}\pi$ ⑤ 3π

0230

수열 $\left\{\left(\dfrac{x^2}{9}\right)^n\right\}$이 수렴하도록 하는 정수 x의 집합을 A,

급수 $\displaystyle\sum_{n=1}^{\infty}\left(\dfrac{x^2}{9}\right)^n$이 수렴하도록 하는 정수 x의 집합을 B라 할 때, $n(A)+n(B)$의 값은? (단, $n(A)$는 집합 A의 원소의 개수이다.)

① 8   ② 9   ③ 10
④ 11   ⑤ 12

0231 빈출

등비급수 $\displaystyle\sum_{n=1}^{\infty}r^n$ $(r\neq0)$이 수렴할 때, 다음 중 반드시 수렴한다고 할 수 <u>없는</u> 것은?

① $\displaystyle\sum_{n=1}^{\infty}r^{2n}$ ② $\displaystyle\sum_{n=1}^{\infty}(-r)^n$

③ $\displaystyle\sum_{n=1}^{\infty}\left(\dfrac{r-1}{2}\right)^n$ ④ $\displaystyle\sum_{n=1}^{\infty}\left(\dfrac{r+2}{3}\right)^n$

⑤ $\displaystyle\sum_{n=1}^{\infty}\left(\dfrac{r+4}{4}\right)^n$

0232

등비급수 $\sum\limits_{n=1}^{\infty} r^n$이 수렴할 때, 다음 중 이 등비급수의 합이 될 수 없는 것은?

① $-\dfrac{1}{2}$ ② $-\dfrac{1}{4}$ ③ 0

④ $\dfrac{1}{4}$ ⑤ $\dfrac{1}{2}$

0233

두 등비수열 $\{a_n\}$, $\{b_n\}$에 대하여 〈보기〉에서 옳은 것만을 있는 대로 고른 것은?

보기

ㄱ. 급수 $\sum\limits_{n=1}^{\infty} a_n$이 수렴하면 급수 $\sum\limits_{n=1}^{\infty} a_{2n}$도 수렴한다.

ㄴ. 두 급수 $\sum\limits_{n=1}^{\infty} a_n$, $\sum\limits_{n=1}^{\infty} b_n$이 수렴하면 급수 $\sum\limits_{n=1}^{\infty}(a_n{}^3+b_n{}^3)$은 수렴한다.

ㄷ. 급수 $\sum\limits_{n=1}^{\infty} a_n$이 발산하면 급수 $\sum\limits_{n=1}^{\infty} a_{2n}$도 발산한다.

① ㄱ   ② ㄱ, ㄴ   ③ ㄱ, ㄷ

④ ㄴ, ㄷ   ⑤ ㄱ, ㄴ, ㄷ

0234

두 등비수열 $\{a_n\}$, $\{b_n\}$에 대하여 〈보기〉에서 옳은 것만을 있는 대로 고른 것은?

보기

ㄱ. 두 급수 $\sum\limits_{n=1}^{\infty} a_n$, $\sum\limits_{n=1}^{\infty} b_n$이 수렴하면 $\lim\limits_{n \to \infty} a_n b_n = 0$이다.

ㄴ. 두 급수 $\sum\limits_{n=1}^{\infty} a_n$, $\sum\limits_{n=1}^{\infty} b_n$이 수렴하면

$\sum\limits_{n=1}^{\infty} a_n b_n = \sum\limits_{n=1}^{\infty} a_n \times \sum\limits_{n=1}^{\infty} b_n$이다.

ㄷ. 급수 $\sum\limits_{n=1}^{\infty} a_n b_n$이 수렴하면 두 급수 $\sum\limits_{n=1}^{\infty} a_n$, $\sum\limits_{n=1}^{\infty} b_n$ 중에서 적어도 하나는 수렴한다.

① ㄱ   ② ㄷ   ③ ㄱ, ㄴ

④ ㄱ, ㄷ   ⑤ ㄴ, ㄷ

유형 06 등비급수의 합의 계산

0235

급수 $\dfrac{1}{4} - \dfrac{3}{4^2} + \dfrac{1}{4^3} - \dfrac{3}{4^4} + \dfrac{1}{4^5} - \dfrac{3}{4^6} + \cdots$의 합은?

① $\dfrac{1}{15}$ ② $\dfrac{2}{15}$ ③ $\dfrac{1}{5}$

④ $\dfrac{4}{15}$ ⑤ $\dfrac{1}{3}$

0236

수열 $\{a_n\}$에 대하여 $a_n = \dfrac{1}{3^n}\sin\dfrac{n}{2}\pi$ $(n=1,\ 2,\ 3,\ \cdots)$일 때, $\displaystyle\sum_{n=1}^{\infty} a_n$의 값은?

① $\dfrac{1}{10}$ ② $\dfrac{1}{5}$ ③ $\dfrac{3}{10}$

④ $\dfrac{2}{5}$ ⑤ $\dfrac{1}{2}$

0237

수열 $\{a_n\}$이 첫째항이 5, 공비가 $\dfrac{3}{5}$인 등비수열일 때, $\displaystyle\sum_{n=2}^{\infty} a_{2n} = \dfrac{q}{p}$이다. $p+q$의 값은?

(단, p와 q는 서로소인 자연수이다.)

① 39   ② 41   ③ 43

④ 45   ⑤ 47

0238

첫째항이 3인 등비수열 $\{a_n\}$에 대하여 $\displaystyle\sum_{n=1}^{\infty} a_n = 4$일 때, $\displaystyle\sum_{n=1}^{\infty}(a_{3n-2}-a_{3n-1})$의 값은?

① $\dfrac{15}{7}$ ② $\dfrac{16}{7}$ ③ $\dfrac{17}{7}$

④ $\dfrac{18}{7}$ ⑤ $\dfrac{19}{7}$

0239

급수 $8 + 2\times\dfrac{8}{9} + 3\times\dfrac{8}{9^2} + 4\times\dfrac{8}{9^3} + 5\times\dfrac{8}{9^4} + \cdots$의 합은?

① $\dfrac{39}{4}$ ② $\dfrac{79}{8}$ ③ 10

④ $\dfrac{81}{8}$ ⑤ $\dfrac{41}{4}$

0240 빈출 서술형

공비가 양수인 등비수열 $\{a_n\}$에 대하여 $a_1 + a_2 = 36$, $a_3 + a_4 = 4$일 때, $\displaystyle\sum_{n=1}^{\infty} a_n$의 값을 구하고 그 과정을 서술하시오.

0241

공비가 양수이고, $a_1 + a_2 = 30$, $\displaystyle\sum_{n=3}^{\infty} a_n = 2$를 만족시키는 등비수열 $\{a_n\}$에 대하여 a_1의 값은?

① 6   ② 12   ③ 18

④ 24   ⑤ 30

0242

공비가 같은 두 등비수열 $\{a_n\}$, $\{b_n\}$에 대하여 $a_1-b_1=6$, $\sum\limits_{n=1}^{\infty} a_n=21$, $\sum\limits_{n=1}^{\infty} b_n=3$일 때, $\sum\limits_{n=1}^{\infty} a_n b_n{}^2$의 값은?

① $\dfrac{81}{19}$　　　　② $\dfrac{108}{19}$　　　　③ $\dfrac{135}{19}$

④ 9　　　　⑤ $\dfrac{189}{19}$

0243

등비수열 $\{a_n\}$에 대하여 $\sum\limits_{n=1}^{\infty} a_n=4$, $\sum\limits_{n=1}^{\infty} a_{2n}=\dfrac{12}{7}$일 때,

$\sum\limits_{n=1}^{\infty} a_{3n}$의 값은?

① $\dfrac{33}{37}$　　　　② $\dfrac{34}{37}$　　　　③ $\dfrac{35}{37}$

④ $\dfrac{36}{37}$　　　　⑤ 1

0244

등비수열 $\{a_n\}$에 대하여 $\sum\limits_{n=1}^{\infty} a_n=\dfrac{8}{3}$, $\sum\limits_{n=1}^{\infty} a_n{}^2=\dfrac{64}{3}$일 때,
다음 물음에 답하시오.

(1) a_3의 값을 구하시오.

(2) $\sum\limits_{n=1}^{\infty} a_n(a_n+1)$의 값을 구하시오.

(3) $\sum\limits_{n=1}^{\infty} a_n{}^3$의 값을 구하시오.

0245

첫째항이 6, 공비가 $\dfrac{1}{4}$인 등비수열 $\{a_n\}$에 대하여 수열 $\{b_n\}$을

$b_n=\sum\limits_{k=n}^{\infty} a_k$로 정의할 때, $\sum\limits_{n=1}^{\infty} b_n$의 값은?

① $\dfrac{32}{3}$　　　　② 11　　　　③ $\dfrac{34}{3}$

④ $\dfrac{35}{3}$　　　　⑤ 12

0246

등비수열 $\{a_n\}$은 첫째항이 2, 공비가 $\dfrac{1}{2}$이고, 등비수열 $\{b_n\}$은

첫째항이 5, 공비가 $\dfrac{1}{3}$일 때, $\sum\limits_{n=1}^{\infty}\left(\sum\limits_{k=1}^{n} a_k b_{n-k+1}\right)$의 값은?

① 20　　　　② 25　　　　③ 30

④ 35　　　　⑤ 40

0247

등비수열 $\{a_n\}$에 대하여 $\sum\limits_{n=1}^{\infty} a_n=1$, $\sum\limits_{n=1}^{\infty} a_n{}^3=3$일 때, a_2의 값은?

① -1　　　　② $-\dfrac{3}{4}$　　　　③ $\dfrac{1}{4}$

④ $\dfrac{3}{4}$　　　　⑤ 1

0248

모든 항이 양수인 등비수열 $\{a_n\}$이 다음 조건을 만족시킬 때, $2^{12} \times a_{10}$의 값은?

> (가) $\displaystyle\sum_{n=1}^{\infty} a_n = \frac{4}{3}(a_1 + a_2)$
>
> (나) $\displaystyle\sum_{n=1}^{\infty} a_n^2 = \frac{16}{3}(a_1 + a_3)$

① 25   ② 30   ③ 35
④ 40   ⑤ 45

0249 서술형 ✎

실수 전체의 집합에서 정의된 함수 $f(x)$가

$$f(x) = \begin{cases} x^2 + \dfrac{3x^2}{x^2+3} + \dfrac{9x^2}{(x^2+3)^2} + \dfrac{27x^2}{(x^2+3)^3} + \cdots & (x \neq 0) \\ a & (x = 0) \end{cases}$$

로 정의되었을 때, 함수 $f(x)$가 $x=0$에서 연속이 되도록 하는 상수 a의 값을 구하고 그 과정을 서술하시오.

유형 07 S_n과 a_n 사이의 관계를 이용하는 급수의 합의 계산

0250 빈출👑

수열 $\{a_n\}$이 모든 자연수 n에 대하여
$a_1 + 8a_2 + 8^2 a_3 + \cdots + 8^{n-1} a_n = 10 - 2n$을 만족시킬 때, $\displaystyle\sum_{n=1}^{\infty} a_n$의 값은?

① $\dfrac{48}{7}$ ② $\dfrac{51}{7}$ ③ $\dfrac{54}{7}$
④ $\dfrac{57}{7}$ ⑤ $\dfrac{60}{7}$

0251

수열 $\{a_n\}$이

$$7a_1 + 7^2 a_2 + 7^3 a_3 + \cdots + 7^n a_n = 3^n - 1$$

을 만족시킬 때, $\displaystyle\sum_{n=1}^{\infty} \frac{a_n}{3^{n-1}}$의 값은?

① $\dfrac{1}{3}$ ② $\dfrac{4}{9}$ ③ $\dfrac{5}{9}$
④ $\dfrac{2}{3}$ ⑤ $\dfrac{7}{9}$

유형 08 급수의 활용

0252

자연수 n에 대하여 3^{n-1}을 4로 나눈 나머지를 a_n이라 할 때, $\displaystyle\sum_{n=1}^{\infty} \frac{a_n}{6^n}$의 값은?

① $\dfrac{8}{35}$ ② $\dfrac{9}{35}$ ③ $\dfrac{2}{7}$
④ $\dfrac{11}{35}$ ⑤ $\dfrac{12}{35}$

0253

자연수 n에 대하여 3^n의 일의 자리의 수를 a_n이라 할 때, $\displaystyle\sum_{n=1}^{\infty} \frac{a_n}{2^n}$의 값은?

① 1   ② 2   ③ 3
④ 4   ⑤ 5

0254

이차함수 $y=27^n x^2-3^n(3^n+1)x+1$ $(n=1, 2, 3, \cdots)$과 x축이 만나는 두 교점 사이의 거리를 l_n이라 하자. $\displaystyle\sum_{n=1}^{\infty} l_n=\frac{q}{p}$일 때, $p+q$의 값은? (단, p와 q는 서로소인 자연수이다.)

① 8　　　　② 9　　　　③ 10

④ 11　　　　⑤ 12

0255

그림은 자연수 n에 대하여 한 변의 길이가 $2n$인 정사각형의 각 변을 n등분하여 각 변에 평행한 선분을 모두 이어서 나타낸 것이다. 한 변의 길이가 2인 정사각형의 개수를 a_n, 한 변의 길이가 2인 정사각형의 꼭짓점이 되는 점들의 개수를 b_n이라 할 때, $\displaystyle\sum_{n=1}^{\infty} \frac{1}{\sqrt{a_n b_n}}$의 값은?

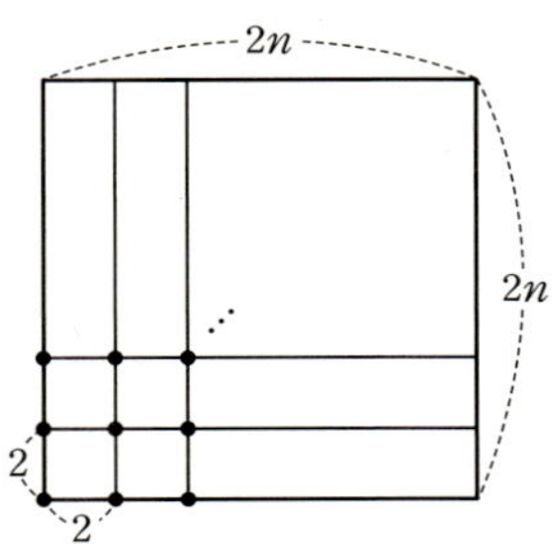

① $\dfrac{1}{4}$　　　　② $\dfrac{1}{3}$　　　　③ $\dfrac{1}{2}$

④ 1　　　　⑤ 2

0256

자연수 n에 대하여 직선 $(2n+1)x+(2n+3)y=1$이 x축, y축과 만나는 점을 각각 P_n, Q_n이라 하자. 삼각형 OP_nQ_n의 넓이를 S_n이라 할 때, $\displaystyle\sum_{n=1}^{\infty} 8S_n$의 값은? (단, O는 원점이다.)

① $\dfrac{1}{3}$　　　　② $\dfrac{2}{3}$　　　　③ 1

④ $\dfrac{4}{3}$　　　　⑤ $\dfrac{5}{3}$

0257

좌표평면에서 자연수 n에 대하여 네 직선 $x=1$, $x=n+3$, $y=x$, $y=2x$로 둘러싸인 사각형의 넓이를 S_n이라 할 때, $\displaystyle\sum_{n=1}^{\infty} \frac{1}{2S_n}$의 값은?

① $\dfrac{1}{24}$　　　　② $\dfrac{1}{8}$　　　　③ $\dfrac{5}{24}$

④ $\dfrac{7}{24}$　　　　⑤ $\dfrac{3}{8}$

0258

자연수 n에 대하여 원 $x^2+y^2=10n$ 위의 점 $(\sqrt{5n}, \sqrt{5n})$에서의 접선을 l_n이라고 하자. 접선 l_n과 x축, y축으로 둘러싸인 도형의 넓이를 S_n이라 할 때, $\displaystyle\sum_{n=1}^{\infty} \frac{100}{S_n S_{n+2}}$의 값은?

① $\dfrac{1}{4}$　　　　② $\dfrac{1}{2}$　　　　③ $\dfrac{3}{4}$

④ 1　　　　⑤ $\dfrac{5}{4}$

0259

그림과 같이 자연수 n에 대하여 곡선 $y=-x^2+3x$와 직선 $y=\dfrac{1}{n(n+1)}x-3$이 두 점 A, B에서 만난다.

두 직선 OA, OB의 기울기를 각각 a_n, b_n이라 할 때, $\displaystyle\sum_{n=1}^{\infty}(a_n+b_n-3)$의 값은? (단, O는 원점이다.)

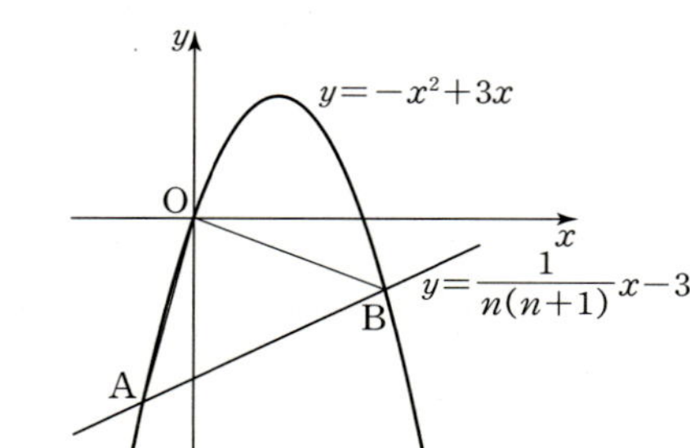

① $\dfrac{1}{3}$　　　② $\dfrac{1}{2}$　　　③ $\dfrac{2}{3}$

④ $\dfrac{5}{6}$　　　⑤ 1

0260

종인이와 재은이는 오렌지주스 3 L를 다음과 같이 나누어 마시기로 하였다.

> 먼저 재은이가 반을 마시고, 다음에 종인이가 그 나머지의 반을 마시고, 다시 그 나머지의 반을 재은이가 마시고, 그 나머지의 반을 종인이가 마신다.

이와 같은 과정을 한없이 반복할 때, 재은이가 마신 오렌지주스의 양은 a L, 종인이가 마신 오렌지주스의 양은 b L이다. ab의 값은?

① $\dfrac{3}{2}$　　　② 2　　　③ $\dfrac{5}{2}$

④ 3　　　⑤ $\dfrac{7}{2}$

0261

어떤 공을 지상 6 m인 곳에서 지면에 수직으로 떨어뜨리면 처음 높이의 $\dfrac{1}{3}$만큼 튀어 오르는 과정을 무한히 반복한다고 한다. 지상 6 m에서 떨어지는 순간부터 이 공이 멈출 때까지 움직인 거리는 총 몇 m인가?

① 12 m　　　② 14 m　　　③ 16 m

④ 18 m　　　⑤ 20 m

0262

교육청기출

자연수 n에 대하여 점 A_n은 직선 $y=n$ 위에 있다. 선분 A_0A_1의 기울기가 $\dfrac{3}{4}$이고, 선분 A_nA_{n+1}의 기울기는 선분 $A_{n-1}A_n$의 기울기의 $\dfrac{4}{3}$배이다. 점 A_n의 x좌표를 x_n이라 할 때, $\displaystyle\lim_{n\to\infty}x_n$의 값은? (단, 점 A_0은 원점 O이다.)

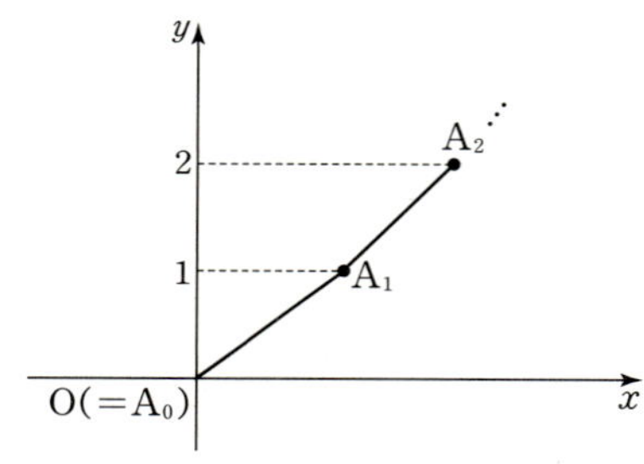

① $\dfrac{16}{3}$　　　② 5　　　③ $\dfrac{14}{3}$

④ $\dfrac{13}{3}$　　　⑤ 4

0263 빈출 👑

그림과 같이 점 P가 원점 O를 출발하여 x축 또는 y축과 평행하게 이동하여 $\overline{OP_1}=1$, $\overline{P_1P_2}=\dfrac{4}{7}\overline{OP_1}$, $\overline{P_2P_3}=\dfrac{4}{7}\overline{P_1P_2}$, $\cdots$을 만족시키는 점 P_1, P_2, P_3, P_4, $\cdots$을 거쳐 움직이고 있다. 이때 점 P가 한없이 가까워지는 점의 좌표는?

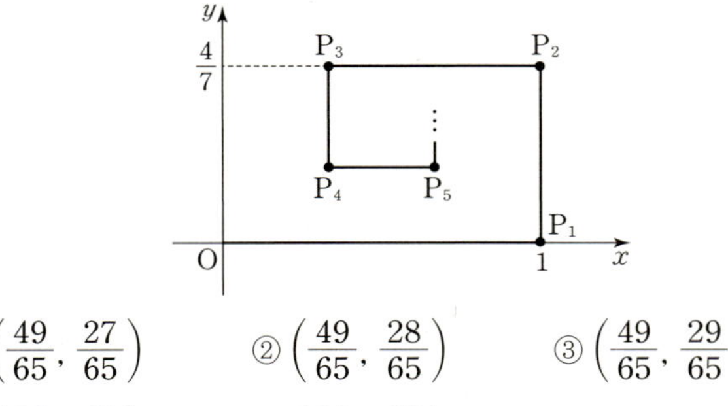

① $\left(\dfrac{49}{65},\ \dfrac{27}{65}\right)$ ② $\left(\dfrac{49}{65},\ \dfrac{28}{65}\right)$ ③ $\left(\dfrac{49}{65},\ \dfrac{29}{65}\right)$

④ $\left(\dfrac{10}{13},\ \dfrac{28}{65}\right)$ ⑤ $\left(\dfrac{10}{13},\ \dfrac{29}{65}\right)$

0264 빈출 👑

그림과 같이 두 반직선 OX, OY가 이루는 각의 크기가 $30°$이고, 반직선 OX 위에 $\overline{OP}=6$인 점 P를 잡고 점 P에서 반직선 OY 위에 내린 수선의 발을 P_1, 점 P_1에서 반직선 OX 위에 내린 수선의 발을 P_2라 하자. 이와 같은 과정을 한없이 반복할 때, 수선의 길이의 합 $\overline{PP_1}+\overline{P_1P_2}+\overline{P_2P_3}+\cdots$의 값은?

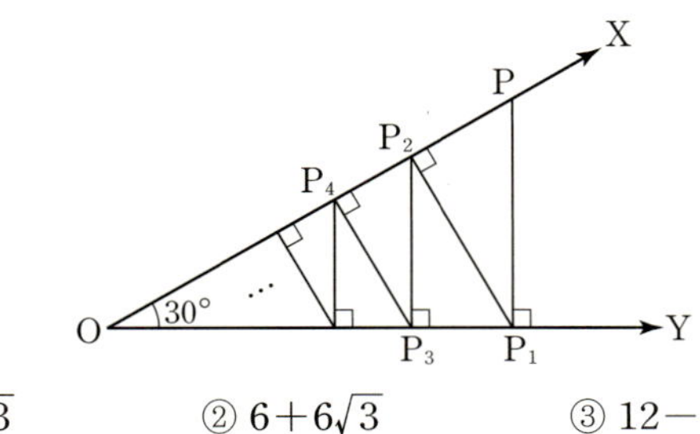

① $6-6\sqrt{3}$ ② $6+6\sqrt{3}$ ③ $12-6\sqrt{3}$

④ $12+6\sqrt{3}$ ⑤ $18-6\sqrt{3}$

0265

그림과 같이 $\overline{AB}=10$, $\overline{BC}=40$인 직각삼각형 ABC에 내접하는 정사각형 $A_1B_1BC_1$을 그리고, 직각삼각형 A_1B_1C에 내접하는 정사각형 $A_2B_2B_1C_2$를 그린다. 이와 같이 직각삼각형에 내접하는 정사각형을 한없이 그려나갈 때, 모든 정사각형의 둘레의 길이의 합은?

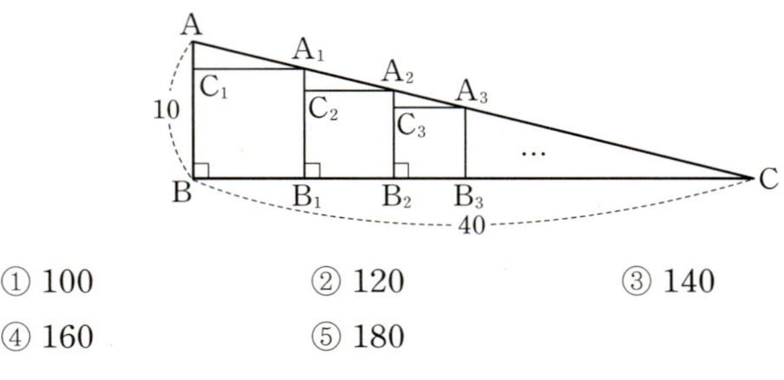

① 100 ② 120 ③ 140

④ 160 ⑤ 180

0266

그림과 같이 한 변의 길이가 8인 정사각형 ABCD의 각 변을 $3:1$로 내분하는 점을 연결하여 정사각형 $A_1B_1C_1D_1$을 만들고, 정사각형 $A_1B_1C_1D_1$의 각 변을 $3:1$로 내분하는 점을 연결하여 정사각형 $A_2B_2C_2D_2$를 만든다. 이와 같은 과정을 한없이 반복하여 n번째 만들어진 정사각형 $A_nB_nC_nD_n$의 둘레의 길이를 l_n이라 할 때, $\displaystyle\sum_{n=1}^{\infty} l_n=a+b\sqrt{10}$이다. 이때 $a+b$의 값은?

(단, a, b는 유리수이다.)

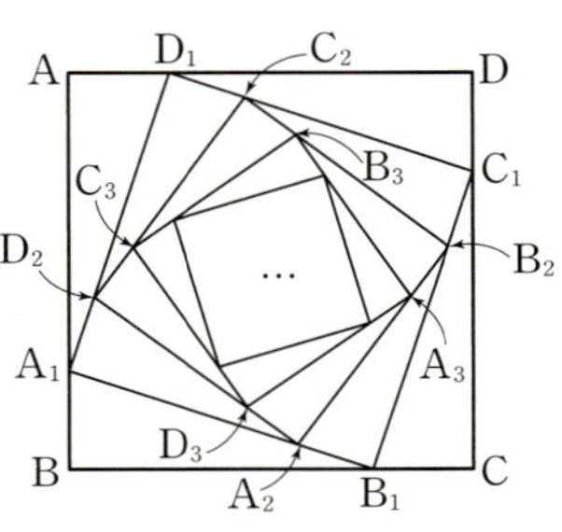

① $\dfrac{224}{3}$ ② 74 ③ $\dfrac{220}{3}$

④ $\dfrac{218}{3}$ ⑤ 72

0267

직사각형 중에서 짧은 변을 한 변으로 하는 정사각형을 잘라내고
남은 직사각형이 처음의 직사각형과 서로 닮음이 되는 것을
황금직사각형이라고 한다. 그림과 같이 긴 변의 길이가 1인
황금직사각형 R_1에서 짧은 변을 한 변으로 하는 정사각형 S_1을
잘라내고 남은 직사각형을 R_2, 직사각형 R_2에서 정사각형 S_2를
잘라내고 남은 직사각형을 R_3이라고 하자. 이와 같은 방법으로
직사각형 R_4, R_5, R_6, $\cdots$을 한없이 만들어 간다. 직사각형
R_n $(n=1, 2, 3, \cdots)$의 둘레의 길이 l_n에 대하여 $\sum\limits_{n=1}^{\infty} l_n = kl_1$일
때, 상수 k의 값은?

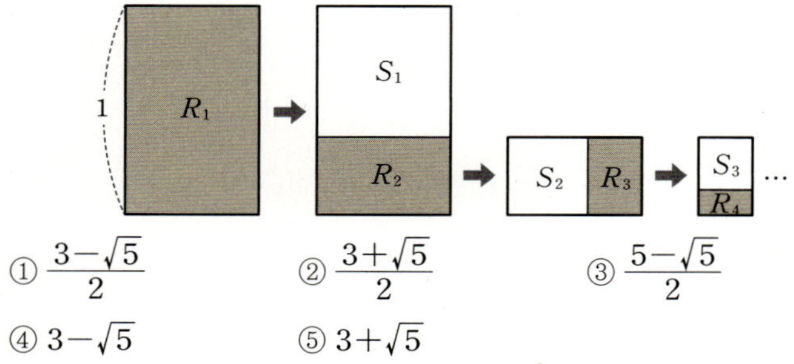

① $\dfrac{3-\sqrt{5}}{2}$ ② $\dfrac{3+\sqrt{5}}{2}$ ③ $\dfrac{5-\sqrt{5}}{2}$

④ $3-\sqrt{5}$ ⑤ $3+\sqrt{5}$

0268

그림과 같이 반지름의 길이가 4이고 중심각의 크기가 $45°$인
부채꼴 $A_0A_1B_1$이 있다. 점 A_1에서 선분 A_0B_1에 내린 수선의
발을 B_2라 하고, 선분 A_0A_1 위의 $\overline{A_1B_2} = \overline{A_1A_2}$인 점 A_2에 대하여
중심각의 크기가 $45°$인 부채꼴 $A_1A_2B_2$를 그린다. 점 A_2에서 선분
A_1B_2에 내린 수선의 발을 B_3이라 하고, 선분 A_1A_2 위의
$\overline{A_2B_3} = \overline{A_2A_3}$인 점 A_3에 대하여 중심각의 크기가 $45°$인 부채꼴
$A_2A_3B_3$을 그린다. 이와 같은 과정을 계속하여 점 A_n에서 선분
$A_{n-1}B_n$에 내린 수선의 발을 B_{n+1}이라 하고, 선분 $A_{n-1}A_n$ 위의
$\overline{A_nB_{n+1}} = \overline{A_nA_{n+1}}$인 점 A_{n+1}에 대하여 중심각의 크기가 $45°$인
부채꼴 $A_nA_{n+1}B_{n+1}$을 그린다. 부채꼴 $A_{n-1}A_nB_n$의 호 A_nB_n의
길이를 l_n이라 할 때, $\sum\limits_{n=1}^{\infty} l_n$의 값은?

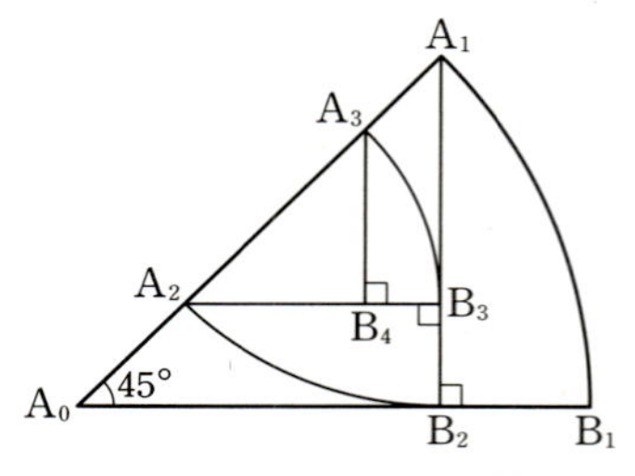

① $(4-\sqrt{2})\pi$ ② $(2+\sqrt{2})\pi$

③ $(2+2\sqrt{2})\pi$ ④ $(4+\sqrt{2})\pi$

⑤ $(4+2\sqrt{2})\pi$

0269

그림과 같이 반지름의 길이가 12인 원에 내접하는 정삼각형에
내접하는 정사각형이 있다. 또 이 정사각형에 내접하는 원을
그리고, 이 원에 내접하는 정삼각형에 내접하는 정사각형을
그린다. 이와 같은 방법으로 도형을 한없이 그릴 때, 모든 원의
반지름의 길이의 합은?

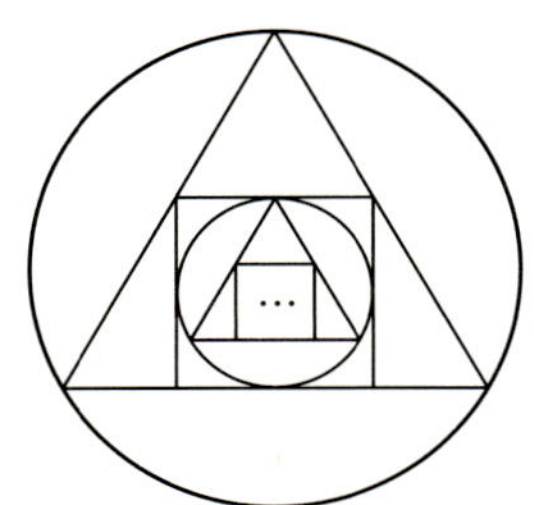

① $\dfrac{6(3\sqrt{3}+4)}{11}$　　② $\dfrac{12(3\sqrt{3}-4)}{11}$

③ $\dfrac{12(3\sqrt{3}+4)}{11}$　　④ $\dfrac{24(3\sqrt{3}-4)}{11}$

⑤ $\dfrac{24(3\sqrt{3}+4)}{11}$

0270

그림과 같이 $\overline{OA}=4$, $\angle AOB=30°$이고 $\angle A=90°$인 직각삼각형
OAB에서 선분 OA를 반지름으로 하는 부채꼴이 선분 OB와
만나는 점을 B_1, 점 B_1에서 선분 OA에 내린 수선의 발을 A_1이라
하고 선분 OA_1을 반지름으로 하는 부채꼴이 선분 OB와 만나는
점을 B_2, 점 B_2에서 선분 OA에 내린 수선의 발을 A_2라 하자.
호 AB_1과 선분 A_1B_1, AA_1으로 둘러싸인 부분의 넓이를 S_1,
호 A_1B_2와 선분 A_2B_2, A_1A_2로 둘러싸인 부분의 넓이를 S_2라
하자. 이와 같은 과정을 반복하여 n번째 얻은 도형의 넓이를

S_n이라 할 때, $\displaystyle\sum_{n=1}^{\infty} S_n$의 값은?

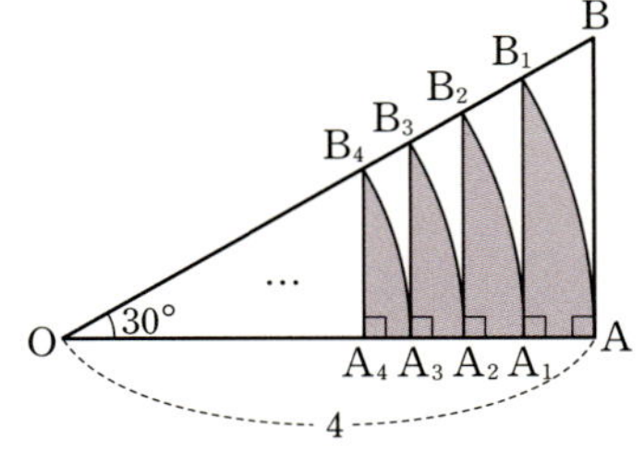

① $\dfrac{4}{3}\pi-2\sqrt{3}$　　② $\dfrac{4}{3}\pi-3\sqrt{3}$

③ $\dfrac{8}{3}\pi-4\sqrt{3}$　　④ $\dfrac{16}{3}\pi-8\sqrt{3}$

⑤ $\dfrac{16}{3}\pi-12\sqrt{3}$

0271

그림과 같이 반지름의 길이가 6인 사분원 A_1OB_1에 대하여 현
A_1B_1에 접하는 사분원 A_2OB_2를 그린다. 또 현 A_2B_2에 접하는
사분원 A_3OB_3을 그린다. 이와 같은 방법으로 계속하여
현 A_nB_n에 접하는 사분원을 $A_{n+1}OB_{n+1}$이라 하자.
현 A_nB_n과 호 $A_{n+1}B_{n+1}$ 및 두 선분 A_nA_{n+1}, B_nB_{n+1}로 둘러싸인
부분의 넓이를 S_n이라 할 때, $\sum_{n=1}^{\infty} S_n$의 값은?

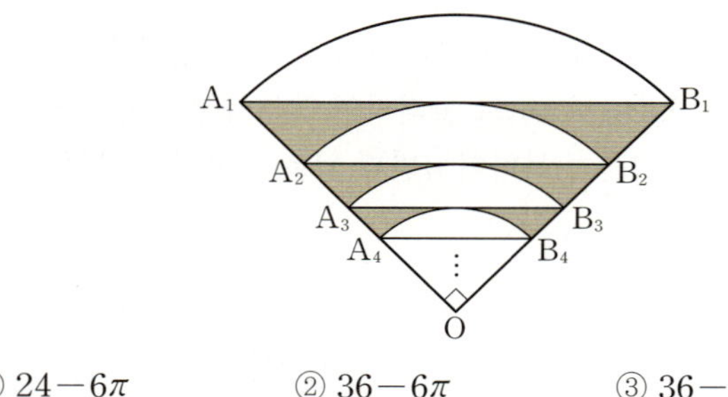

① $24-6\pi$ ② $36-6\pi$ ③ $36-9\pi$

④ $48-8\pi$ ⑤ $48-12\pi$

0272 빈출👑

그림과 같이 한 변의 길이가 2인 정사각형 $A_1OB_1C_1$의 내부에
정사각형의 한 변을 반지름으로 하는 부채꼴 OA_1B_1을 그린 다음
이 부채꼴에 내접하는 정사각형 $A_2OB_2C_2$를 그린다. 정사각형
$A_1OB_1C_1$ 내부에 두 선분 A_2C_2, B_2C_2와 호 A_1B_1으로 둘러싸인
부분의 넓이를 S_1이라 하자. 정사각형 $A_2OB_2C_2$의 내부에
정사각형의 한 변을 반지름으로 하는 부채꼴 OA_2B_2를 그린 다음
이 부채꼴에 내접하는 정사각형 $A_3OB_3C_3$을 그린다. 정사각형
$A_2OB_2C_2$ 내부에 두 선분 A_3C_3, B_3C_3과 호 A_2B_2로 둘러싸인
부분의 넓이를 S_2라 하자. 이와 같은 과정을 계속하여 n번째 얻은
부분의 넓이를 S_n이라 할 때, $\sum_{n=1}^{\infty} S_n$의 값은?

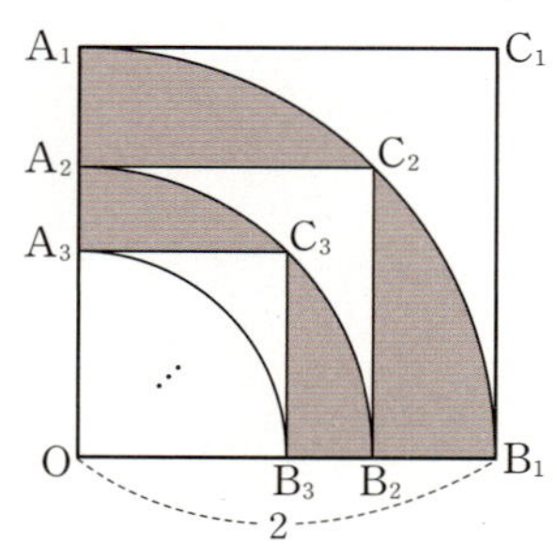

① $\pi-2$ ② $2(\pi-2)$ ③ $2(\pi-1)$

④ $4(\pi-2)$ ⑤ $4(\pi-1)$

0273

 평가원기출

그림과 같이 한 변의 길이가 3인 정사각형을 A_1, 그 넓이를 S_1이라
하자. 정사각형 A_1에 대각선을 그어 만들어진 4개의 삼각형의
무게중심을 연결한 정사각형을 A_2, 그 넓이를 S_2라 하자. 같은
방법으로 정사각형 A_2에 대각선을 그어 만들어진 4개의 삼각형의
무게중심을 연결한 정사각형을 A_3, 그 넓이를 S_3이라 하자.
이와 같은 과정을 계속하여 $(n-1)$번째 얻은 정사각형을 A_n,

그 넓이를 S_n이라 할 때, $\sum_{n=1}^{\infty} S_n$의 값은?

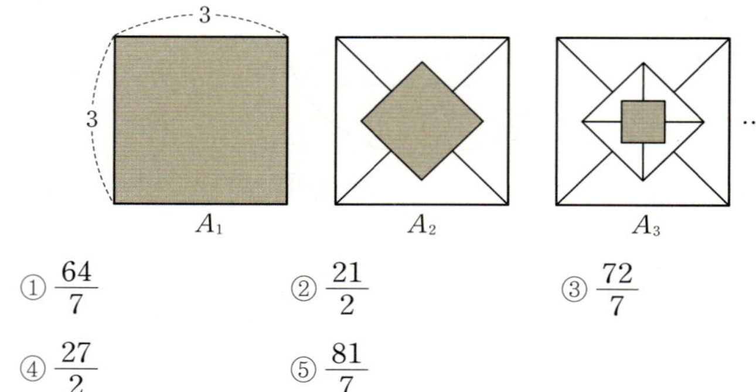

① $\dfrac{64}{7}$ ② $\dfrac{21}{2}$ ③ $\dfrac{72}{7}$

④ $\dfrac{27}{2}$ ⑤ $\dfrac{81}{7}$

0274 빈출👑

그림과 같이 반지름의 길이가 3인 원 C_1에 내접하는 정사각형
R_1을 그리고, 이 정사각형에 내접하는 원 C_2를 그린다. 다시
원 C_2에 내접하는 정사각형 R_2를 그리고, 이 정사각형에 내접하는
원 C_3을 그린다. 이와 같은 방법으로 원과 정사각형을 계속하여
그려 나갈 때, 원 C_n의 넓이를 a_n이라 하고, 정사각형 R_n의
넓이를 b_n이라 하자. 이때 $\sum_{n=1}^{\infty} (a_n+b_n)$의 값은?

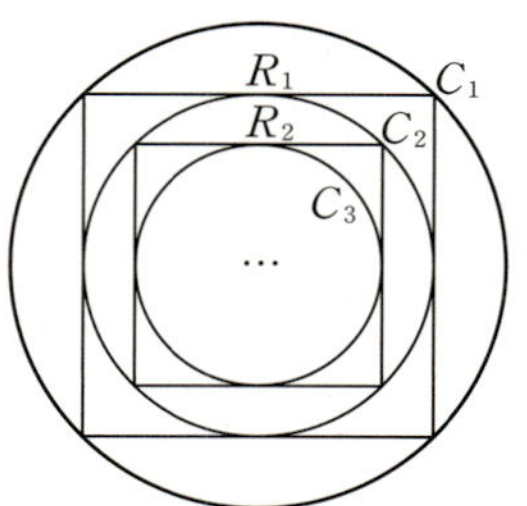

① $9\pi+18$ ② $9\pi+36$ ③ $18\pi+18$

④ $18\pi+36$ ⑤ $18\pi+48$

0275 빈출 👑

그림과 같이 반지름의 길이가 4인 원 O_1에 내접하는 정삼각형을 T_1이라 하고, T_1의 내접원 O_2에 내접하는 정삼각형을 T_2라 하자. 이와 같은 과정을 한없이 반복하여 만들어나갈 때 정삼각형 T_n의 넓이를 S_n, 원 O_n의 넓이를 P_n이라 하자.

$\displaystyle\sum_{n=1}^{\infty}(S_n-P_n)=\dfrac{16}{3}(a\sqrt{3}-b\pi)$일 때, 유리수 a, b에 대하여 $a+b$의 값은?

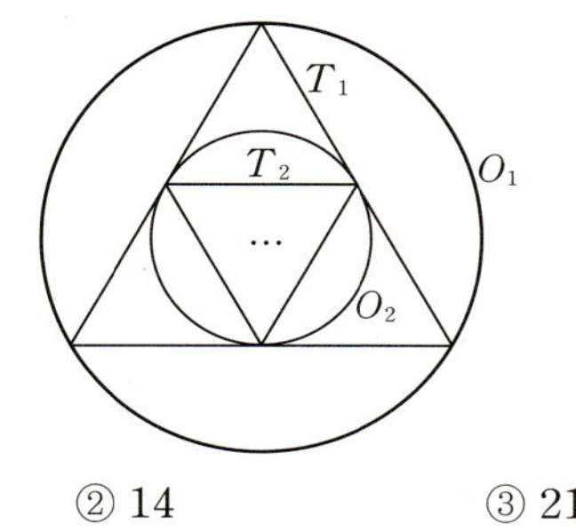

① 7   ② 14   ③ 21

④ 28   ⑤ 35

0276

그림과 같이 한 변의 길이가 3인 정삼각형 모양의 종이에서 각 변의 중점을 연결하여 만든 네 개의 삼각형 중 가운데 삼각형을 오려낸다. 또 남아 있는 삼각형에 대하여도 이와 같은 방법으로 가운데 삼각형을 오려내는 과정을 한없이 반복할 때 오려낸 삼각형의 넓이의 합은?

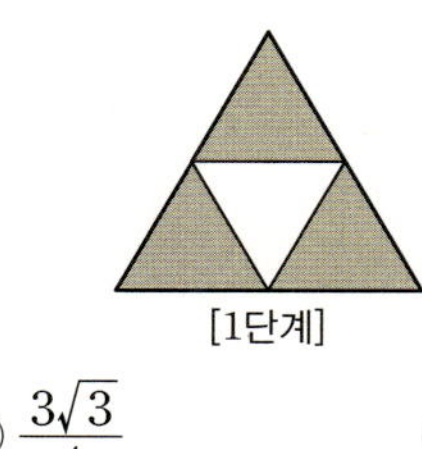
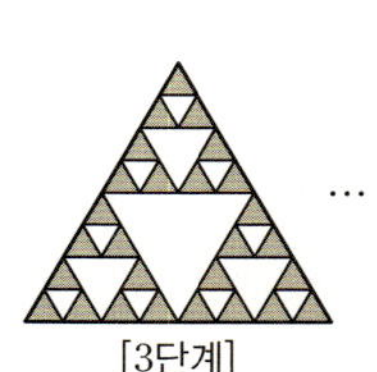

① $\dfrac{3\sqrt{3}}{4}$ ② $\dfrac{3\sqrt{3}}{2}$ ③ $\dfrac{9\sqrt{3}}{4}$

④ $3\sqrt{3}$ ⑤ $\dfrac{9\sqrt{3}}{2}$

0277

아래와 같이 직각을 낀 두 변의 길이가 1인 직각이등변삼각형이 있다. 이 직각이등변삼각형의 빗변에 2개의 꼭짓점이 있고, 직각을 낀 두 변에 나머지 2개의 꼭짓점이 있는 정사각형에 색칠하여 얻은 그림을 R_1이라 하자. 그림 R_1에서 합동인 2개의 직각이등변삼각형의 각 빗변에 2개의 꼭짓점이 있고, 직각을 낀 두 변에 나머지 2개의 꼭짓점이 있는 2개의 정사각형에 색칠하여 얻은 그림을 R_2라 하자. 그림 R_2에서 합동인 4개의 직각이등변삼각형의 각 빗변에 2개의 꼭짓점이 있고, 직각을 낀 두 변에 나머지 2개의 꼭짓점이 있는 4개의 정사각형에 색칠하여 얻은 그림을 R_3이라 하자. 이와 같은 과정을 계속하여 n번째 얻은 그림 R_n에 색칠되어 있는 모든 정사각형의 넓이의 합을 S_n이라 할 때, $\displaystyle\lim_{n\to\infty}S_n$의 값은?

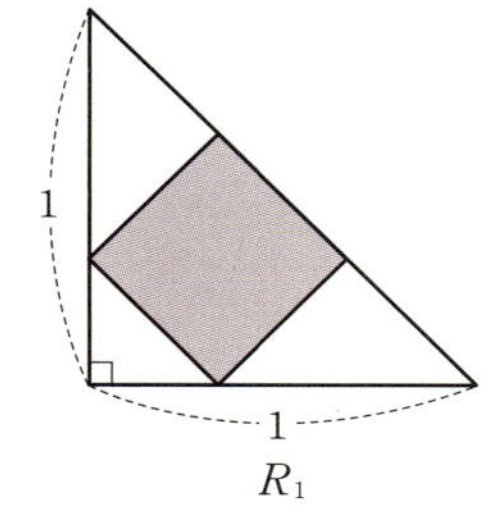
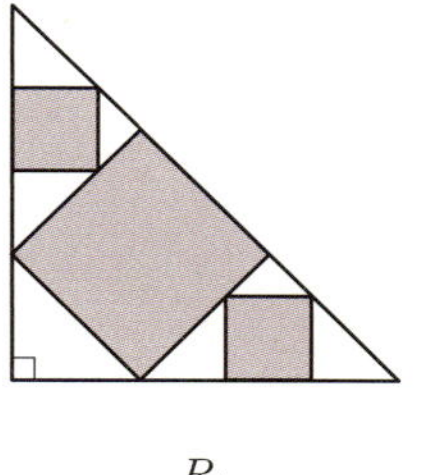

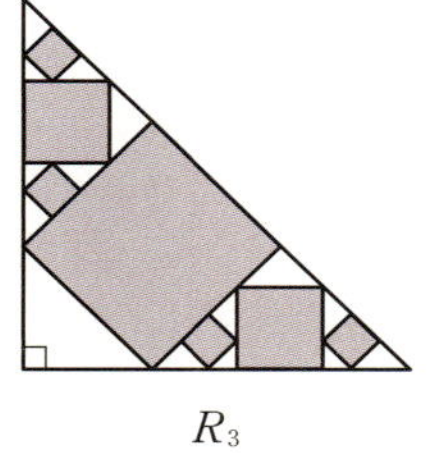
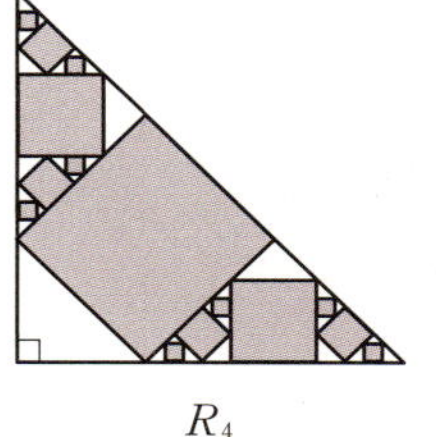

① $\dfrac{3\sqrt{2}}{20}$ ② $\dfrac{\sqrt{2}}{5}$ ③ $\dfrac{3}{10}$

④ $\dfrac{\sqrt{3}}{5}$ ⑤ $\dfrac{2}{5}$

0278

그림과 같이 한 변의 길이가 4인 정삼각형에 내접하는 원 C_1을 그리고 이 원과 정삼각형의 두 변에 접하는 세 개의 원을 그린다. 이와 같은 방법을 한없이 반복하여 원을 그려 나갈 때, 그려진 모든 원의 넓이의 합이 $\dfrac{b}{a}\pi$이다. 이때 $a+b$의 값은?

(단, a와 b는 서로소인 자연수이다.)

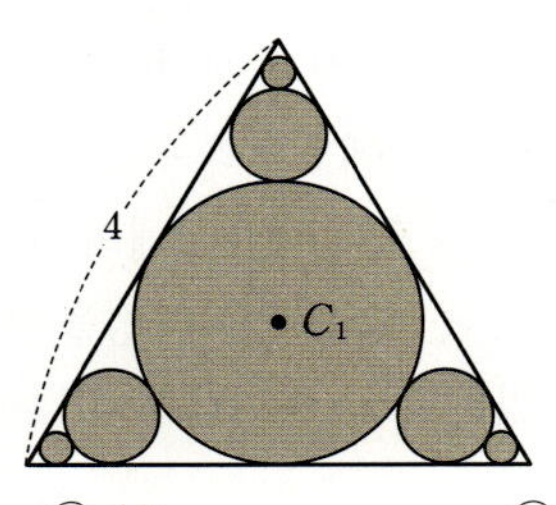

① 13 ② 15 ③ 17
④ 19 ⑤ 21

0279

첫째항이 $0.3\dot{1}$, 제3항이 $0.0\dot{7}$이고 각 항이 모두 양수인 등비수열 $\{a_n\}$에 대하여 $\displaystyle\sum_{n=1}^{\infty} a_n$의 값은?

① $0.6\dot{1}$ ② $0.6\dot{2}$ ③ $0.6\dot{3}$
④ $0.6\dot{4}$ ⑤ $0.6\dot{5}$

0280 빈출

순환소수 $\dfrac{4}{33}$를 소수로 나타낼 때, 소수점 아래 n번째 자리 숫자를 a_n이라 하자. 이때 $\displaystyle\sum_{n=1}^{\infty} \dfrac{a_n}{3^n}$의 값은?

① $\dfrac{1}{2}$ ② $\dfrac{5}{8}$ ③ $\dfrac{3}{4}$
④ $\dfrac{7}{8}$ ⑤ 1

0281 평가원기출

순환소수로 이루어진 수열 $\{a_n\}$의 각 항이

$$a_1 = 0.\dot{1}$$
$$a_2 = 0.\dot{1}\dot{0}$$
$$a_3 = 0.\dot{1}0\dot{0}$$
$$\vdots$$
$$a_n = 0.\dot{1}\underbrace{00\cdots0\dot{0}}_{0은\ (n-1)개}$$
$$\vdots$$

일 때, $\displaystyle\sum_{n=1}^{\infty}\left(\dfrac{1}{a_{n+1}}-\dfrac{1}{a_n}\right)$의 값은?

① $\dfrac{2}{3}$ ② 1 ③ $\dfrac{4}{3}$

④ $\dfrac{5}{3}$ ⑤ 2

유형 12 **확률과 통계 통합 유형**

0282

자연수 n에 대하여 수열 $\{a_n\}$이

$$a_n = {}_n\mathrm{C}_0 + \dfrac{{}_n\mathrm{C}_1}{5} + \dfrac{{}_n\mathrm{C}_2}{5^2} + \cdots + \dfrac{{}_n\mathrm{C}_n}{5^n}$$

일 때, $\displaystyle\sum_{n=1}^{\infty}\dfrac{1}{a_n}$의 값은?

① 3 ② 4 ③ 5

④ 6 ⑤ 7

0283

자연수 n에 대하여 $a_n = \displaystyle\sum_{r=0}^{2n}{}_{2n}\mathrm{C}_r$라 할 때, $\displaystyle\sum_{n=1}^{\infty}\dfrac{1}{a_n}$의 값은?

① $\dfrac{2}{3}$ ② $\dfrac{1}{2}$ ③ $\dfrac{2}{5}$

④ $\dfrac{1}{3}$ ⑤ $\dfrac{1}{7}$

0284

2 이상의 자연수 n에 대하여 수열 $\{a_n\}$이

$$a_n = {}_2\mathrm{C}_2 + {}_3\mathrm{C}_2 + {}_4\mathrm{C}_2 + \cdots + {}_n\mathrm{C}_2$$

일 때, $\displaystyle\sum_{n=2}^{\infty}\dfrac{4n}{a_n}$의 값은?

① 16 ② 18 ③ 20

④ 22 ⑤ 24

0285

자연수 n에 대하여 $(x+1)^{2n}$의 전개식에서
$x^k\ (k=0,\ 1,\ 2,\ \cdots,\ 2n)$의 계수를 a_k라 하고, $(x+1)^{4n}$의
전개식에서 $x^m\ (m=0,\ 1,\ 2,\ 3,\ \cdots,\ 4n)$의 계수를 b_m이라 하자.
$f(n) = \displaystyle\sum_{k=1}^{n} a_{2k}$, $g(n) = \displaystyle\sum_{m=0}^{4n} b_m$이라 할 때,
$\displaystyle\sum_{n=1}^{\infty}\dfrac{f(n)}{g(n)} = \dfrac{q}{p}$이다. $p+q$의 값은?

(단, p와 q는 서로소인 자연수이다.)

① 11 ② 13 ③ 15

④ 17 ⑤ 19

스키마로 풀이 흐름 알아보기

수열 $\{a_n\}$이 모든 자연수 n에 대하여 $\underbrace{a_1+8a_2+8^2a_3+\cdots+8^{n-1}a_n=10-2n}_{\text{조건}}$을 만족시킬 때, $\underbrace{\sum_{n=1}^{\infty} a_n}_{\text{답}}$의 값은?

① $\dfrac{48}{7}$ ② $\dfrac{51}{7}$ ③ $\dfrac{54}{7}$ ④ $\dfrac{57}{7}$ ⑤ $\dfrac{60}{7}$

유형 07 S_n과 a_n 사이의 관계를 이용하는 급수의 합의 계산 0250

스키마 schema

≫ 주어진 **조건**은 무엇인지? 구하는 **답**은 무엇인지? 이 둘을 어떻게 연결할지?

1 단계

조건 $a_1+8a_2+8^2a_3+\cdots+8^{n-1}a_n=10-2n$ → $a_n=-\dfrac{2}{8^{n-1}}\ (n\geq2)$

주어진 수열 $\{8^{n-1}a_n\}$의 첫째항부터 제n항까지의 합을 S_n이라 하자.
$10-2n=S_n$에서
S_n-S_{n-1}
$=(10-2n)-\{10-2(n-1)\}$
$=-2\ (n\geq2)$
$a_1+8a_2+8^2a_3+\cdots+8^{n-1}a_n=S_n$에서
$S_n-S_{n-1}=8^{n-1}a_n\ (n\geq2)$이므로
$8^{n-1}a_n=-2\ (n\geq2)$
$\therefore a_n=-\dfrac{2}{8^{n-1}}\ (n\geq2)$

2 단계

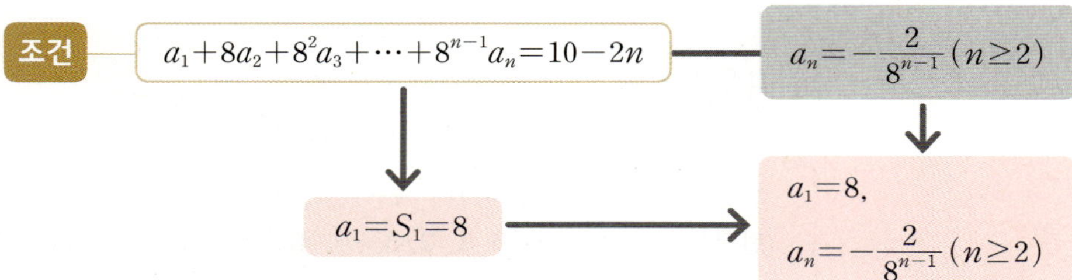

$a_1=S_1=10-2=8$
따라서 수열 $\{a_n\}$은
$a_1=8,\ a_n=-\dfrac{2}{8^{n-1}}\ (n\geq2)$

3 단계

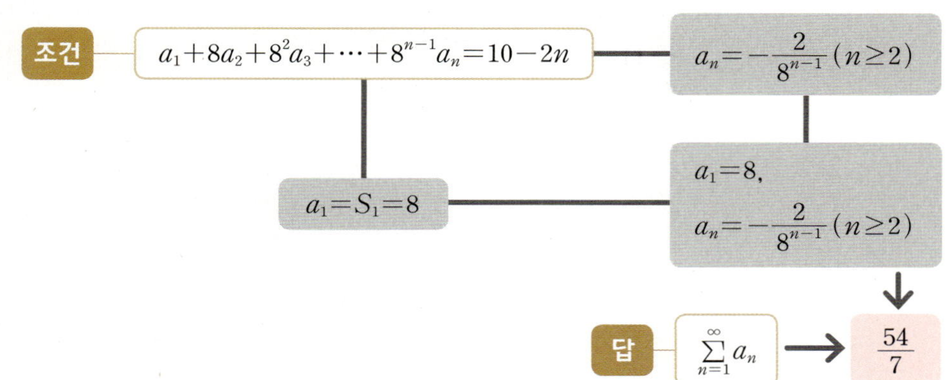

$\therefore \sum_{n=1}^{\infty} a_n=8+\sum_{n=2}^{\infty}\left\{(-2)\times\left(\dfrac{1}{8}\right)^{n-1}\right\}$

$=8+\dfrac{-\dfrac{1}{4}}{1-\dfrac{1}{8}}=\dfrac{54}{7}$

답 ③

그림과 같이 점 P가 원점 O를 출발하여 x축 또는 y축과 평행하게 이동하여 $\overline{OP_1}=1$,

$\overline{P_1P_2}=\dfrac{4}{7}\,\overline{OP_1}$, $\overline{P_2P_3}=\dfrac{4}{7}\,\overline{P_1P_2}$, $\cdots$를 만족시키는 점 P_1, P_2, P_3, P_4, $\cdots$를 거쳐 움직이고 있다.

조건

이때 점 P가 한없이 가까워지는 점의 좌표는?

답

① $\left(\dfrac{49}{65},\ \dfrac{27}{65}\right)$　② $\left(\dfrac{49}{65},\ \dfrac{28}{65}\right)$　③ $\left(\dfrac{49}{65},\ \dfrac{29}{65}\right)$　④ $\left(\dfrac{10}{13},\ \dfrac{28}{65}\right)$　⑤ $\left(\dfrac{10}{13},\ \dfrac{29}{65}\right)$

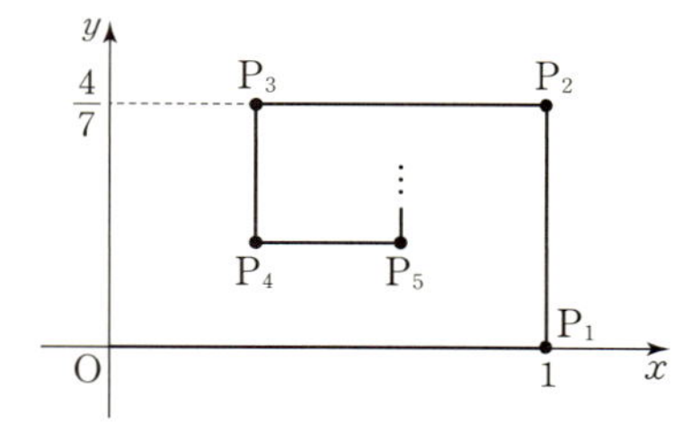

유형 09 등비급수와 도형(길이) 0263

스키마 schema

>>> 주어진 **조건**은 무엇인지? 구하는 **답**은 무엇인지? 이 둘을 어떻게 연결할지?

1 단계

조건 $\overline{OP_1}=1$, $\overline{P_1P_2}=\dfrac{4}{7}\,\overline{OP_1}$, $\overline{P_2P_3}=\dfrac{4}{7}\,\overline{P_1P_2}$, $\cdots$

점 P의 x좌표

$$x=1-\left(\dfrac{4}{7}\right)^2+\left(\dfrac{4}{7}\right)^4-\cdots=\dfrac{49}{65}$$

점 P가 점 $(x,\ y)$에 한없이 가까워진다고 하면
$$x=\overline{OP_1}-\overline{P_2P_3}+\overline{P_4P_5}-\cdots$$
$$=1-\left(\dfrac{4}{7}\right)^2+\left(\dfrac{4}{7}\right)^4-\cdots$$
$$=\dfrac{1}{1-\left\{-\left(\dfrac{4}{7}\right)^2\right\}}=\dfrac{49}{65}$$

2 단계

조건 $\overline{OP_1}=1$, $\overline{P_1P_2}=\dfrac{4}{7}\,\overline{OP_1}$, $\overline{P_2P_3}=\dfrac{4}{7}\,\overline{P_1P_2}$, $\cdots$

점 P의 y좌표

$$x=1-\left(\dfrac{4}{7}\right)^2+\left(\dfrac{4}{7}\right)^4-\cdots=\dfrac{49}{65}$$

$$y=\dfrac{4}{7}-\left(\dfrac{4}{7}\right)^3+\left(\dfrac{4}{7}\right)^5-\cdots=\dfrac{28}{65}$$

$$y=\overline{P_1P_2}-\overline{P_3P_4}+\overline{P_5P_6}-\cdots$$
$$=\dfrac{4}{7}-\left(\dfrac{4}{7}\right)^3+\left(\dfrac{4}{7}\right)^5-\cdots$$
$$=\dfrac{\dfrac{4}{7}}{1-\left\{-\left(\dfrac{4}{7}\right)^2\right\}}=\dfrac{28}{65}$$

3 단계

조건 $\overline{OP_1}=1$, $\overline{P_1P_2}=\dfrac{4}{7}\,\overline{OP_1}$, $\overline{P_2P_3}=\dfrac{4}{7}\,\overline{P_1P_2}$, $\cdots$

$$x=1-\left(\dfrac{4}{7}\right)^2+\left(\dfrac{4}{7}\right)^4-\cdots=\dfrac{49}{65}$$

$$y=\dfrac{4}{7}-\left(\dfrac{4}{7}\right)^3+\left(\dfrac{4}{7}\right)^5-\cdots=\dfrac{28}{65}$$

$$\left(\dfrac{49}{65},\ \dfrac{28}{65}\right)$$

따라서 점 P가 한없이 가까워지는 점의 좌표는 $\left(\dfrac{49}{65},\ \dfrac{28}{65}\right)$이다.

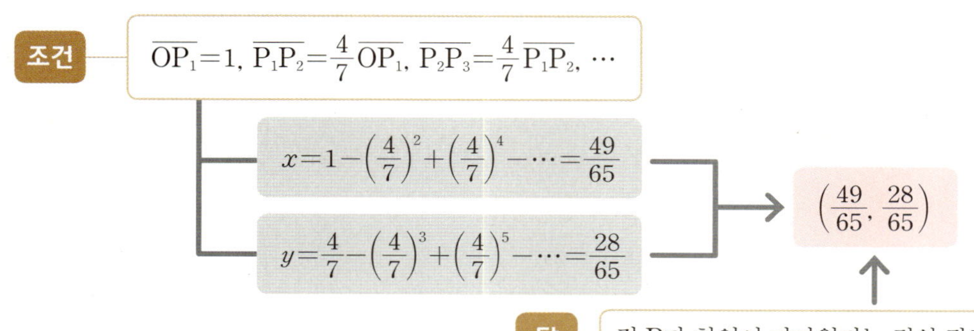

답 점 P가 한없이 가까워지는 점의 좌표

답 ②

0286

급수 $\displaystyle\sum_{n=1}^{\infty}\left\{\dfrac{1}{(n+1)(n^2+3n)}+\dfrac{1}{(n^2+2n)(n+3)}\right\}$의 합을 구하시오.

0287

| 선행 0252 |

수열 $\{a_n\}$이 $a_n=\displaystyle\sum_{k=1}^{n}10^{k-1}$ $(n=1, 2, 3, \cdots)$으로 정의될 때, a_n을 3으로 나눈 나머지를 b_n이라 하자. $\displaystyle\sum_{n=1}^{\infty}\dfrac{b_n}{7^n}=\dfrac{q}{p}$일 때, $p+q$의 값은? (단, p와 q는 서로소인 자연수이다.)

① 45 ② 46 ③ 47
④ 48 ⑤ 49

0288

실수 전체의 집합에서 정의된 함수 $f(x)$가 다음 조건을 만족시킨다.

㈎ $f(x)=\begin{cases} x^3 & (0\le x<1) \\ -(x-1)^2+1 & (1\le x<2) \end{cases}$

㈏ 모든 실수 x에 대하여 $f(x+2)=f(x)$이다.

자연수 n에 대하여 직선 $y=\dfrac{1}{n}x$와 함수 $y=f(x)$의 그래프가 만나는 점의 개수를 a_n이라 할 때, $\displaystyle\sum_{n=1}^{\infty}\dfrac{2}{a_na_{n+2}}$의 값은?

① $\dfrac{1}{2}$ ② $\dfrac{5}{6}$ ③ $\dfrac{7}{6}$

④ $\dfrac{3}{2}$ ⑤ $\dfrac{11}{6}$

0289

$\displaystyle\sum_{n=1}^{\infty}a\left(\dfrac{1}{b}\right)^{n-1}=20$을 만족시키는 두 정수 a, b에 대하여 $a+b$로 가능한 값의 개수는? (단, $b\ne0$)

① 4 ② 6 ③ 8
④ 10 ⑤ 12

0290

고대 그리스 철학자 제논은 반박하기 어려운 역설을 주장하여 많은 사람을 당황하게 하였다. 다음은 제논의 역설 중 하나인 '아킬레스와 거북의 경주'이다.

> 아킬레스가 1000 m 가는 동안 거북은 100 m를 간다고 가정하고 거북이 아킬레스보다 1000 m 앞에 있다고 가정하자. 이때 아킬레스가 거북이 출발한 위치까지 오면 그 동안 거북은 아킬레스보다 100 m 앞으로 나아가 있을 것이다. 이 100 m를 아킬레스가 따라잡으면 그동안 거북은 아킬레스보다 10 m 앞으로 나아가 있을 것이다. 또 이 10 m를 아킬레스가 따라잡으면 그 동안 거북은 아킬레스보다 1 m 앞으로 나아가 있을 것이다. 이처럼 아킬레스가 앞서가는 거북의 위치를 따라잡는 순간 거북은 항상 앞서 나가 있으므로 아킬레스는 영원히 거북을 따라잡을 수 없다.

그러나 급수의 합을 이용하여 제논의 주장이 틀렸음을 밝힐 수 있다. 예를 들어 아킬레스가 거북보다 5배 빠르고, 거북이 아킬레스보다 200 m 앞에서 출발한다. 아킬레스와 거북이 동시에 출발할 때, 아킬레스가 거북을 따라잡을 때까지 움직인 거리는?

① 200 m   ② 250 m   ③ 300 m
④ 350 m   ⑤ 400 m

0291

| 선행 0249 |

실수 전체의 집합에서 정의된 함수

$f(x) = \sum_{n=1}^{\infty} \dfrac{x^k}{(1+x^4)^{n-1}}$ 이 $x=0$에서 연속이기 위한 자연수 k의

최솟값을 m이라 하자. 함수 $g(x) = \sum_{n=1}^{\infty} \dfrac{x^m}{(1+x^4)^{n-1}}$ 이라 할 때,

$g'(3)$의 값은?

① 400   ② 402   ③ 404
④ 406   ⑤ 408

0292

자연수 n에 대하여 1 이상 2^n 이하의 모든 홀수를 더한 합을 $f(n)$이라 하자. 예를 들어 $f(2)=1+3$, $f(3)=1+3+5+7$ 이다. 이때 $\displaystyle\sum_{n=1}^{\infty}\frac{1}{f(n)}$의 값은?

① $\dfrac{5}{3}$ ② $\dfrac{4}{3}$ ③ 1

④ $\dfrac{2}{3}$ ⑤ $\dfrac{1}{3}$

0293

첫째항이 2, 공비가 $\dfrac{1}{3}$인 등비수열 $\{a_n\}$에 대하여 T_n을

$$T_n=\sum_{k=1}^{\infty}a_k+\sum_{k=2}^{\infty}a_k+\sum_{k=3}^{\infty}a_k+\cdots+\sum_{k=n}^{\infty}a_k$$

로 정의할 때, $\displaystyle\lim_{n\to\infty}T_n$의 값은?

① $\dfrac{9}{2}$ ② 5   ③ $\dfrac{11}{2}$

④ 6   ⑤ $\dfrac{13}{2}$

0294

수열 $\{a_n\}$의 첫째항부터 제n항까지의 합을 S_n이라 할 때, 모든 자연수 n에 대하여 $S_{2n-1}=\dfrac{2}{n+4}$, $S_{2n}=\dfrac{2}{n+3}$가 성립한다. 이때 $\displaystyle\sum_{n=1}^{\infty}a_{2n-1}$의 값은?

① $\dfrac{1}{2}$ ② $\dfrac{1}{4}$ ③ 0

④ $-\dfrac{1}{4}$ ⑤ $-\dfrac{1}{2}$

0295

$x>0$에서 정의된 함수 $f(x)=[x][x-1]$이 불연속이 되는 x의 값을 작은 것부터 차례로 a_1, a_2, a_3, $\cdots$이라 할 때, $\displaystyle\sum_{n=1}^{\infty}\frac{1}{f(a_n)}$의 값은? (단, $[x]$는 x보다 크지 않은 최대의 정수이다.)

① 9   ② 7   ③ 5

④ 3   ⑤ 1

0296 교육청기출

그림과 같이 직각이등변삼각형 ABC에서 꼭짓점 A를 중심, 선분 AB를 반지름으로 하는 원을 그렸을 때, 선분 AC와 만나는 점을 A_1, 두 직선 AC와 A_1B_1이 서로 수직이면서 선분 BC 위에 있는 점을 B_1, 다시 꼭짓점 B_1을 중심, 선분 A_1B_1을 반지름으로 하는 원을 그렸을 때, 선분 CB_1과 만나는 점을 B_2, 두 직선 CB_1과 A_2B_2가 서로 수직이면서 선분 A_1C 위에 있는 점을 A_2라 정하기로 한다.

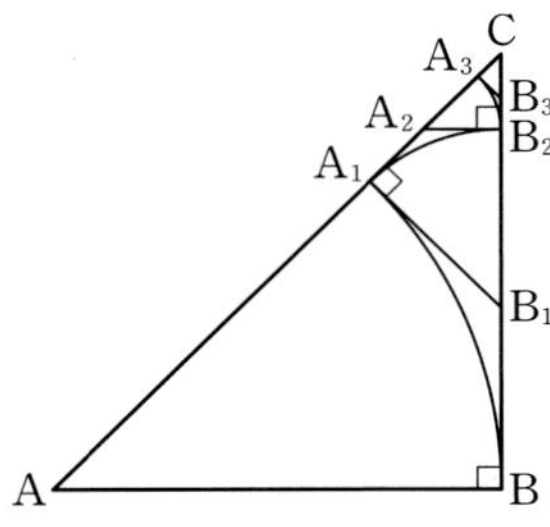

이와 같은 과정을 계속할 때,
$\overline{AB}+\overline{A_1B_1}+\overline{A_2B_2}+\cdots$의 값은? (단, $\overline{AB}=2$)

① $2+\dfrac{\sqrt{2}}{2}$　　② $4-\sqrt{2}$　　③ $2\sqrt{2}$

④ $2+\sqrt{2}$　　⑤ $2+2\sqrt{2}$

0297

그림과 같이 한 변의 길이가 6인 정사각형 $A_1B_1C_1D_1$에서 중심을 B_1, 선분 B_1C_1을 반지름으로 하고 중심각의 크기가 $90°$인 부채꼴 $B_1C_1A_1$을 그린다. 부채꼴 $B_1C_1A_1$의 호 C_1A_1을 삼등분하는 두 점을 각각 E_1, F_1이라 하고 선분 B_1E_1을 그린다. 점 F_1을 한 꼭짓점으로 하고 부채꼴 $B_1E_1A_1$에 내접하는 정삼각형에 색칠하여 얻은 그림을 R_1이라 하자. 그림 R_1에 점 D_1과 부채꼴 $B_1C_1A_1$의 호 C_1A_1을 이등분하는 점 B_2를 대각선의 양 끝점으로 하는 정사각형 $A_2B_2C_2D_1$을 그리고, 정사각형 $A_2B_2C_2D_1$에 그림 R_1을 얻은 것과 같은 방법으로 만들어지는 정삼각형에 색칠하여 얻은 그림을 R_2라 하자. 이와 같은 과정을 계속하여 n번째 얻은 그림 R_n에 색칠되어 있는 정삼각형의 둘레의 길이를 l_n이라 할 때, $\displaystyle\lim_{n\to\infty} l_n$의 값은?

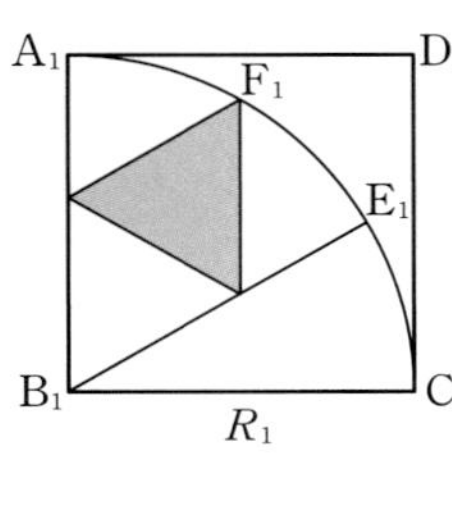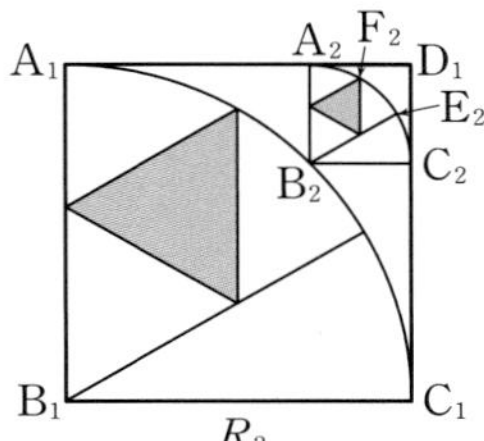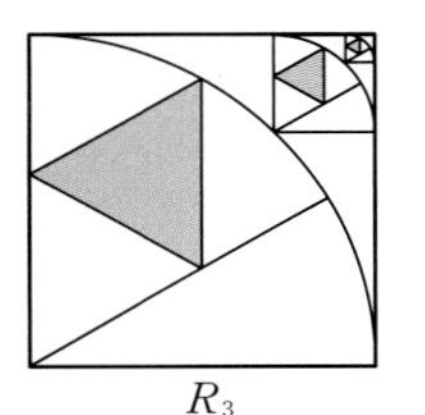

① $2\sqrt{6}$　　② $3\sqrt{6}$　　③ $4\sqrt{6}$

④ $5\sqrt{6}$　　⑤ $6\sqrt{6}$

0298

그림과 같이 한 변의 길이가 6인 정사각형 $A_1B_1C_1D_1$의 두 대각선의 교점 O를 잡아 두 삼각형 A_1OB_1, C_1OD_1에 각각 내접하는 원을 그리고, 두 원의 내부에 색칠하여 얻은 그림을 R_1이라 하자. 그림 R_1에서 두 삼각형 A_1OD_1, B_1OC_1에 내접하는 두 정사각형 $A_2B_2C_2D_2$, $A_2'B_2'C_2'D_2'$을 그리고, 두 정사각형 $A_2B_2C_2D_2$, $A_2'B_2'C_2'D_2'$에서 그림 R_1을 얻은 것과 같은 방법으로 만들어지는 네 원의 내부에 색칠하여 얻은 그림을 R_2라 하자. 이와 같은 과정을 계속하여 n번째 얻은 그림 R_n에 색칠되어 있는 부분의 넓이를 S_n이라 할 때, $\lim_{n \to \infty} S_n$의 값은?

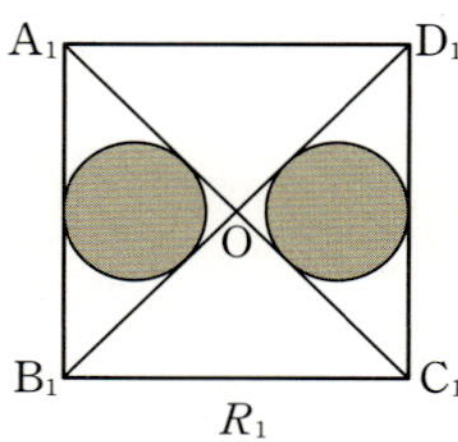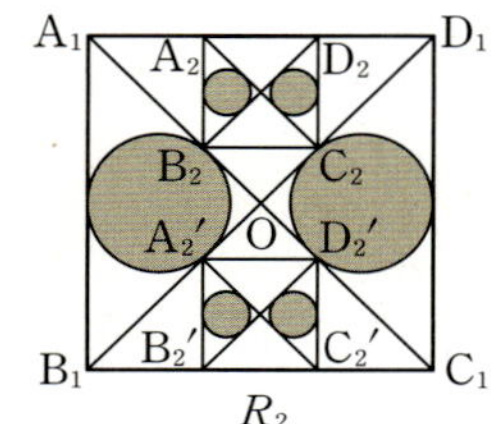

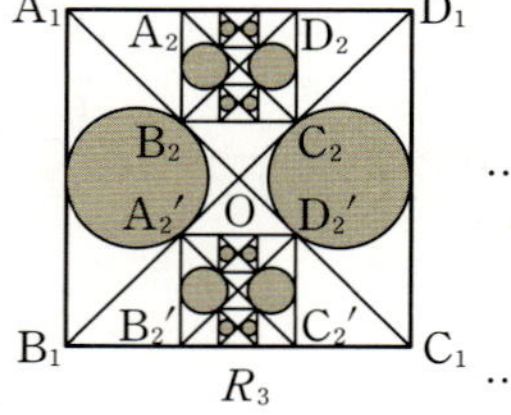

① $\dfrac{54(\sqrt{2}-1)^2\pi}{7}$ ② $\dfrac{81(\sqrt{2}-1)^2\pi}{7}$

③ $\dfrac{162(\sqrt{2}-1)^2\pi}{7}$ ④ $\dfrac{81(\sqrt{2}+1)^2\pi}{7}$

⑤ $\dfrac{162(\sqrt{2}+1)^2\pi}{7}$

0299

선생님 Pick! 평가원기출

그림과 같이 $\overline{A_1B_1}=4$, $\overline{A_1D_1}=1$인 직사각형 $A_1B_1C_1D_1$에서 두 대각선의 교점을 E_1이라 하자.

$\overline{A_2D_1}=\overline{D_1E_1}$, $\angle A_2D_1E_1=\dfrac{\pi}{2}$이고 선분 D_1C_1과 선분 A_2E_1이 만나도록 점 A_2를 잡고, $\overline{B_2C_1}=\overline{C_1E_1}$, $\angle B_2C_1E_1=\dfrac{\pi}{2}$이고 선분 D_1C_1과 선분 B_2E_1이 만나도록 점 B_2를 잡는다. 두 삼각형 $A_2D_1E_1$, $B_2C_1E_1$을 그린 후 △◁ 모양의 도형에 색칠하여 얻은 그림을 R_1이라 하자.

그림 R_1에서 $\overline{A_2B_2} : \overline{A_2D_2}=4 : 1$이고 선분 D_2C_2가 두 선분 A_2E_1, B_2E_1과 만나지 않도록 직사각형 $A_2B_2C_2D_2$를 그린다. 그림 R_1을 얻은 것과 같은 방법으로 세 점 E_2, A_3, B_3을 잡고 두 삼각형 $A_3D_2E_2$, $B_3C_2E_2$를 그린 후 △◁ 모양의 도형에 색칠하여 얻은 그림을 R_2라 하자.

이와 같은 과정을 계속하여 n번째 얻은 그림 R_n에 색칠되어 있는 부분의 넓이를 S_n이라 할 때, $\lim_{n \to \infty} S_n$의 값은?

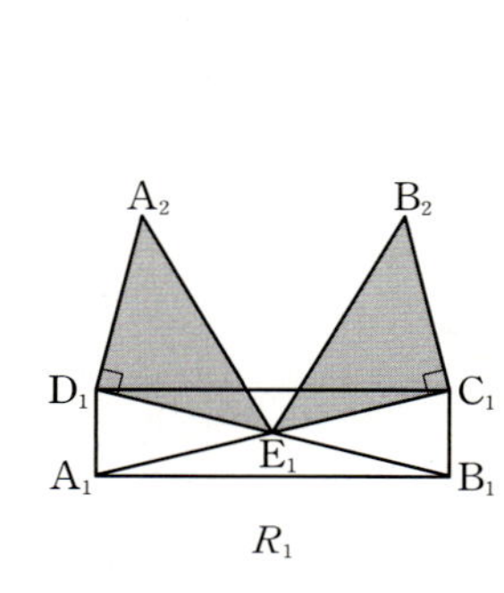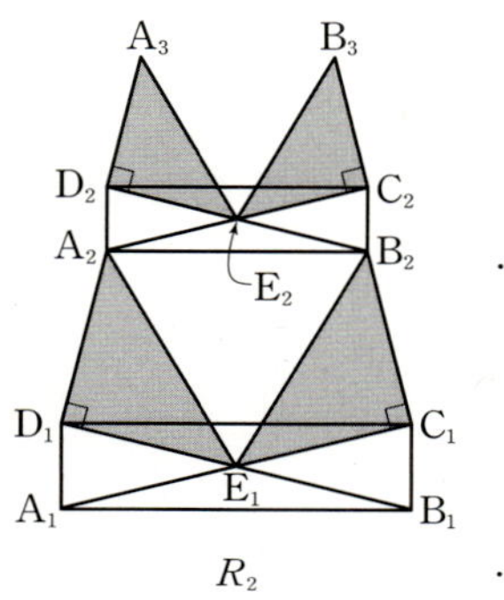

① $\dfrac{68}{5}$ ② $\dfrac{34}{3}$ ③ $\dfrac{68}{7}$

④ $\dfrac{17}{2}$ ⑤ $\dfrac{68}{9}$

0300

직사각형 $A_1B_1C_1D_1$에서 $\overline{A_1B_1}=1$, $\overline{A_1D_1}=2$이다. 그림과 같이 선분 A_1D_1과 선분 B_1C_1의 중점을 각각 M_1, N_1이라 하자. 중심이 N_1, 반지름의 길이가 $\overline{B_1N_1}$이고 중심각의 크기가 $\dfrac{\pi}{2}$인 부채꼴 $N_1M_1B_1$을 그리고, 중심이 D_1, 반지름의 길이가 $\overline{C_1D_1}$이고 중심각의 크기가 $\dfrac{\pi}{2}$인 부채꼴 $D_1M_1C_1$을 그린다. 부채꼴 $N_1M_1B_1$의 호 M_1B_1과 선분 M_1B_1로 둘러싸인 부분과 부채꼴 $D_1M_1C_1$의 호 M_1C_1과 선분 M_1C_1로 둘러싸인 부분인 모양에 색칠하여 얻은 그림을 R_1이라 하자. 그림 R_1에 선분 M_1B_1 위의 점 A_2, 호 M_1C_1 위의 점 D_2와 변 B_1C_1 위의 두 점 B_2, C_2를 꼭짓점으로 하고 $\overline{A_2B_2}:\overline{A_2D_2}=1:2$인 직사각형 $A_2B_2C_2D_2$를 그리고, 직사각형 $A_2B_2C_2D_2$에서 그림 R_1을 얻는 것과 같은 방법으로 만들어지는 모양에 색칠하여 얻은 그림을 R_2라 하자. 이와 같은 과정을 계속하여 n번째 얻은 그림 R_n에 색칠되어 있는 부분의 넓이를 S_n이라 할 때, $\displaystyle\lim_{n\to\infty}S_n$의 값은?

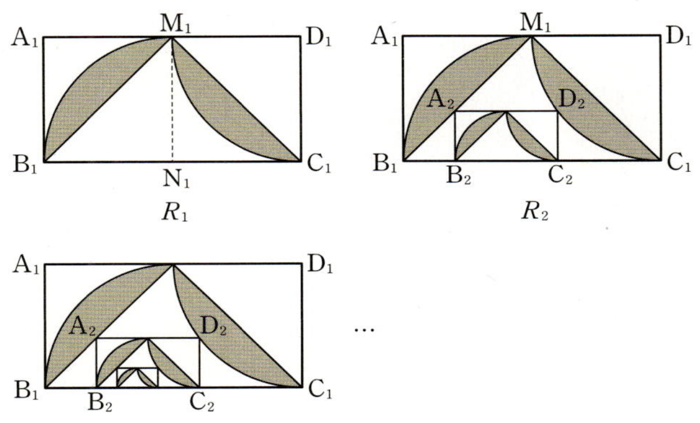

① $\dfrac{25}{19}\left(\dfrac{\pi}{2}-1\right)$ ② $\dfrac{5}{4}\left(\dfrac{\pi}{2}-1\right)$ ③ $\dfrac{25}{21}\left(\dfrac{\pi}{2}-1\right)$

④ $\dfrac{25}{22}\left(\dfrac{\pi}{2}-1\right)$ ⑤ $\dfrac{25}{23}\left(\dfrac{\pi}{2}-1\right)$

0301

그림은 코흐의 눈송이라 불리는 프랙탈 도형을 만드는 방법이다. 한 변의 길이가 1인 정삼각형 A_1의 각 변을 3등분하여 3등분한 길이를 한 변으로 하는 정삼각형을 A_1의 외부에 그려 도형 A_2를 만든다. 같은 방법으로 도형 A_n의 각 변을 3등분한 길이를 한 변으로 하는 정삼각형을 도형 A_n의 외부에 그려 도형 A_{n+1}을 만든다. 이와 같은 과정을 계속하여 얻은 도형 A_n의 넓이를 S_n이라 할 때, $\displaystyle\lim_{n\to\infty}S_n$의 값은?

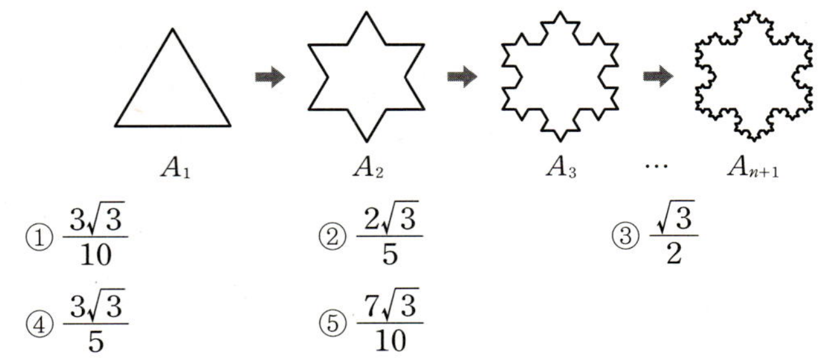

① $\dfrac{3\sqrt{3}}{10}$ ② $\dfrac{2\sqrt{3}}{5}$ ③ $\dfrac{\sqrt{3}}{2}$

④ $\dfrac{3\sqrt{3}}{5}$ ⑤ $\dfrac{7\sqrt{3}}{10}$

II

미분법

|이전 학습 내용|

현재 학습 내용

· 지수함수 [수학 I / I. 지수함수와 로그함수]

$y=a^x$ $(a>0,\ a\neq 1)$에 대하여

① 정의역은 실수 전체의 집합, 치역은 양의 실수 전체의 집합이다.

② 일대일대응이다.

③ 그래프는 두 점 $(0,\ 1)$, $(1,\ a)$를 지난다.

④ 그래프의 점근선은 x축이다.

⑤ $a>1$일 때, x의 값이 커지면 y의 값도 커진다.

$0<a<1$일 때, x의 값이 커지면 y의 값은 작아진다.

· 로그함수 [수학 I / I. 지수함수와 로그함수]

$y=\log_a x$ $(a>0,\ a\neq 1)$에 대하여

① 정의역은 양의 실수 전체의 집합, 치역은 실수 전체의 집합이다.

② 일대일대응이다.

③ 그래프는 두 점 $(1,\ 0)$, $(a,\ 1)$을 지난다.

④ 그래프의 점근선은 y축이다.

⑤ $a>1$일 때, x의 값이 커지면 y의 값도 커진다.

$0<a<1$일 때, x의 값이 커지면 y의 값은 작아진다.

· 로그의 기본 성질 [수학 I / I. 지수함수와 로그함수]

$a>0,\ a\neq 1,\ M>0,\ N>0$이고 k가 임의의 실수일 때

① $\log_a 1=0,\ \log_a a=1$

② $\log_a MN=\log_a M+\log_a N$

③ $\log_a \dfrac{M}{N}=\log_a M-\log_a N$

④ $\log_a M^k=k\log_a M$

· 지수함수와 로그함수의 극한 · · · · · · · · · · [유형01] 지수함수, 로그함수의 극한

1. 지수함수의 극한

지수함수 $y=a^x$ $(a>0,\ a\neq 1)$은 연속이므로 임의의 실수 c에 대하여 다음이 성립한다.

$$\lim_{x\to c} a^x=a^c$$

한편, $x\to\infty$ 또는 $x\to -\infty$일 때 지수함수 $y=a^x$의 극한은 a의 값에 따라 다음과 같다.

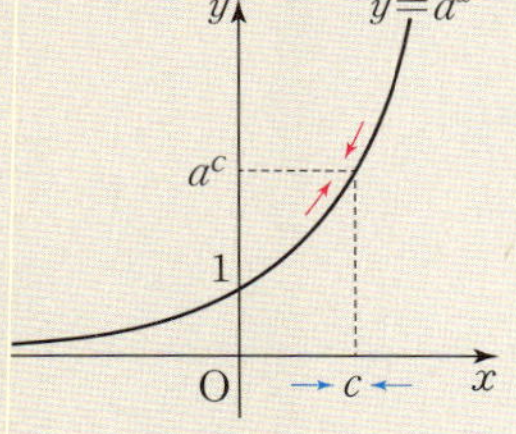

$a>1$

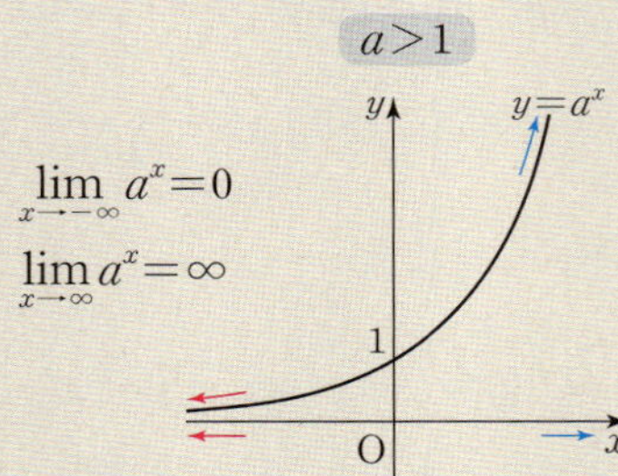

$$\lim_{x\to -\infty} a^x=0$$
$$\lim_{x\to \infty} a^x=\infty$$

$0<a<1$

$$\lim_{x\to -\infty} a^x=\infty$$
$$\lim_{x\to \infty} a^x=0$$

2. 로그함수의 극한

로그함수 $y=\log_a x$ $(a>0,\ a\neq 1)$는 연속이므로 임의의 양의 실수 c에 대하여 다음이 성립한다.

$$\lim_{x\to c} \log_a x=\log_a c$$

한편, $x\to\infty$ 또는 $x\to 0+$일 때 로그함수 $y=\log_a x$의 극한은 a의 값에 따라 다음과 같다.

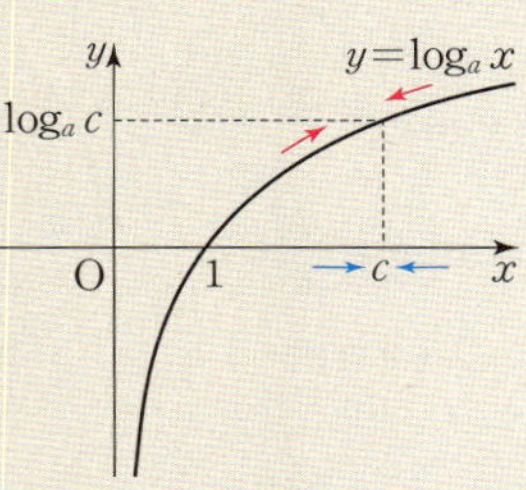

$a>1$

$$\lim_{x\to \infty} \log_a x=\infty$$
$$\lim_{x\to 0+} \log_a x=-\infty$$

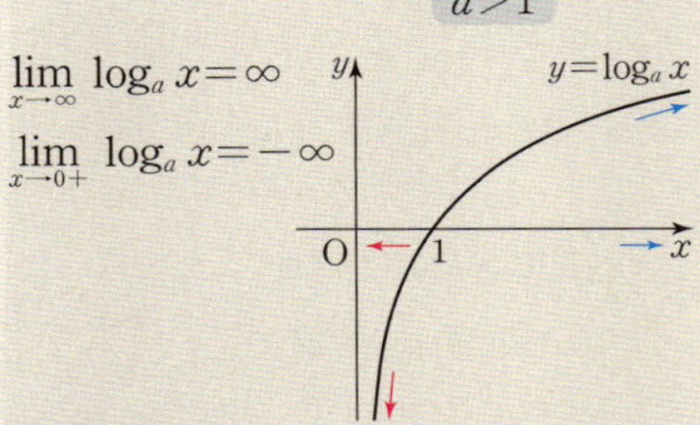

$0<a<1$

$$\lim_{x\to \infty} \log_a x=-\infty$$
$$\lim_{x\to 0+} \log_a x=\infty$$

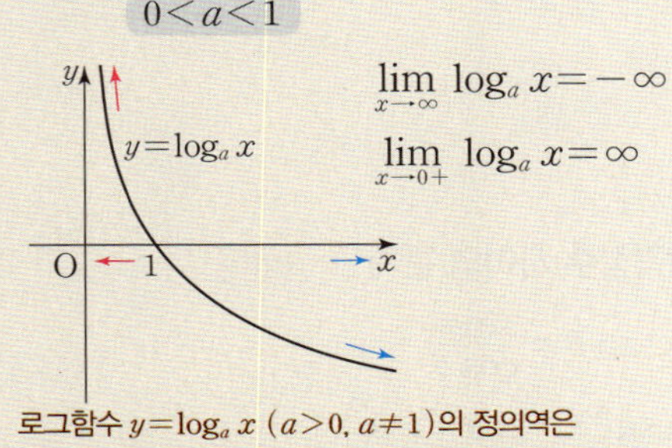

로그함수 $y=\log_a x$ $(a>0,\ a\neq 1)$의 정의역은 $\{x\,|\,x>0$인 실수$\}$이므로 $x=0$에서 우극한만을 가진다.

· 무리수 e와 자연로그 · · · · · · · · · · · · · · · · · [유형02] 무리수 e

1. 무리수 e의 정의

$$e=\lim_{x\to 0}(1+x)^{\frac{1}{x}}=\lim_{x\to \infty}\left(1+\frac{1}{x}\right)^x\ (e=2.7182818284\cdots)$$

2. 자연로그 $\ln x$

무리수 e를 밑으로 하는 로그를 자연로그라 하고, 이를 간단히 $\ln x$와 같이 나타낸다. 특히, 로그의 성질에 의해 $\ln 1=\log_e 1=0$, $\ln e=\log_e e=1$이 성립한다.

3. e의 정의를 이용한 지수함수, 로그함수의 극한 · · · [유형03] $\displaystyle\lim_{x\to 0}\dfrac{\ln(1+x)}{x},\ \lim_{x\to 0}\dfrac{e^x-1}{x}$ 꼴 극한

① $\displaystyle\lim_{x\to 0}\dfrac{\ln(1+x)}{x}=1$

② $\displaystyle\lim_{x\to 0}\dfrac{\log_a (1+x)}{x}=\dfrac{1}{\ln a}\ (a>0,\ a\neq 1)$

③ $\displaystyle\lim_{x\to 0}\dfrac{e^x-1}{x}=1$

④ $\displaystyle\lim_{x\to 0}\dfrac{a^x-1}{x}=\ln a\ (a>0,\ a\neq 1)$

[유형04] 지수함수, 로그함수의 극한 활용

• 지수함수와 로그함수의 미분　　　　　　　유형05 지수함수, 로그함수의 미분

1. 지수함수의 도함수

(1) $y=e^x$이면 $y'=e^x$

(2) $y=a^x$이면 $y'=a^x \ln a \ (a>0, \ a\neq 1)$

2. 로그함수의 도함수

(1) $y=\ln x$이면 $y'=\dfrac{1}{x} \ (x>0)$

(2) $y=\log_a x$이면 $y'=\dfrac{1}{x\ln a} \ (x>0, \ a>0, \ a\neq 1)$

• 삼각함수의 정의 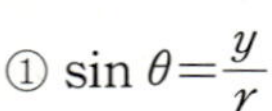

① $\sin\theta=\dfrac{y}{r}$

② $\cos\theta=\dfrac{x}{r}$

③ $\tan\theta=\dfrac{y}{x}$

$(x\neq 0)$

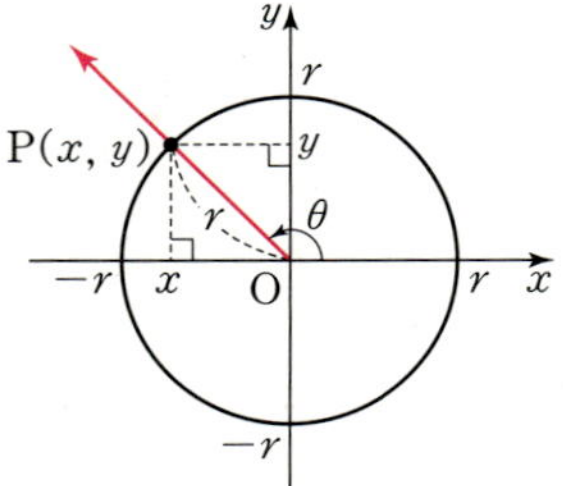

• 삼각함수 $\csc x$, $\sec x$, $\cot x$　　　　유형06 $\csc x$, $\sec x$, $\cot x$

1. $\csc x$, $\sec x$, $\cot x$의 정의

오른쪽 그림과 같이 $\overline{\mathrm{OP}}=r$인 점 $\mathrm{P}(x, y)$에 대하여
동경 OP가 x축의 양의 방향과 이루는 각의 크기를
θ(라디안)라 할 때

① $\csc\theta=\dfrac{1}{\sin\theta}=\dfrac{r}{y} \ (y\neq 0)$

② $\sec\theta=\dfrac{1}{\cos\theta}=\dfrac{r}{x} \ (x\neq 0)$

③ $\cot\theta=\dfrac{1}{\tan\theta}=\dfrac{x}{y} \ (y\neq 0) \quad \cot\theta=\dfrac{\cos\theta}{\sin\theta}$

θ에 대한 이 함수를 차례로 코시컨트함수, 시컨트함수, 코탄젠트함수라고 한다.

• 삼각함수 사이의 관계 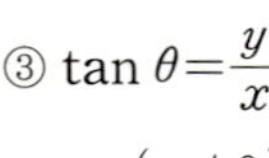

① $\tan\theta=\dfrac{\sin\theta}{\cos\theta}$

② $\sin^2\theta+\cos^2\theta=1$

2. 삼각함수 사이의 관계

① $1+\tan^2\theta=\sec^2\theta$
② $1+\cot^2\theta=\csc^2\theta$

$\sin^2\theta+\cos^2\theta=1$에서
양변을 $\cos^2\theta$로 나누면 $1+\tan^2\theta=\sec^2\theta$
양변을 $\sin^2\theta$로 나누면 $1+\cot^2\theta=\csc^2\theta$

• 여러 가지 각에 대한 삼각함수의 성질 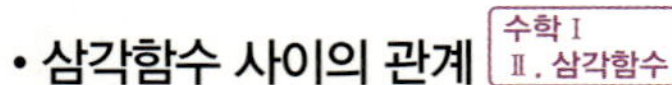

(1) $\dfrac{\pi}{2}\pm\theta$의 삼각함수

① $\sin\left(\dfrac{\pi}{2}\pm\theta\right)=\cos\theta$

② $\cos\left(\dfrac{\pi}{2}\pm\theta\right)=\mp\sin\theta$

③ $\tan\left(\dfrac{\pi}{2}\pm\theta\right)=\mp\dfrac{1}{\tan\theta}$

(2) $\pi\pm\theta$의 삼각함수

① $\sin(\pi\pm\theta)=\mp\sin\theta$

② $\cos(\pi\pm\theta)=-\cos\theta$

③ $\tan(\pi\pm\theta)=\pm\tan\theta$

• 삼각함수의 덧셈정리　　　　　　　　유형07 삼각함수의 덧셈정리

1. 삼각함수의 덧셈정리

① $\sin(\alpha+\beta)=\sin\alpha\cos\beta+\cos\alpha\sin\beta$

② $\sin(\alpha-\beta)=\sin\alpha\cos\beta-\cos\alpha\sin\beta$

③ $\cos(\alpha+\beta)=\cos\alpha\cos\beta-\sin\alpha\sin\beta$

④ $\cos(\alpha-\beta)=\cos\alpha\cos\beta+\sin\alpha\sin\beta$

⑤ $\tan(\alpha+\beta)=\dfrac{\tan\alpha+\tan\beta}{1-\tan\alpha\tan\beta}$

⑥ $\tan(\alpha-\beta)=\dfrac{\tan\alpha-\tan\beta}{1+\tan\alpha\tan\beta}$

유형08 두 직선이 이루는 각의 크기

유형09 반각공식 (교육과정 외)

유형10 삼각함수의 합성 (교육과정 외)

유형11 삼각함수의 덧셈정리 활용

II

| 이전 학습 내용 |

• **삼각함수의 그래프** [수학 I / II. 삼각함수]

(1) $y = \sin x$

정의역: 실수 전체의 집합

치역: $\{y \mid -1 \leq y \leq 1\}$

주기: 2π

대칭성: 원점에 대하여 대칭

(2) $y = \cos x$

정의역: 실수 전체의 집합

치역: $\{y \mid -1 \leq y \leq 1\}$

주기: 2π

대칭성: y축에 대하여 대칭

(3) $y = \tan x$

정의역: $x \neq n\pi + \dfrac{\pi}{2}$ (n은 정수)인 실수

전체의 집합

치역: 실수 전체의 집합

주기: π

대칭성: 원점에 대하여 대칭

점근선: $x = n\pi + \dfrac{\pi}{2}$ (n은 정수)

현재 학습 내용

• **삼각함수의 극한**

1. 삼각함수의 극한   **유형 12** 삼각함수의 극한

삼각함수 $y = \sin x$, $y = \cos x$는 연속이므로 모든 실수 a에 대하여

$$\lim_{x \to a} \sin x = \sin a, \quad \lim_{x \to a} \cos x = \cos a$$

이고, $\displaystyle\lim_{x \to \infty} \sin x$, $\displaystyle\lim_{x \to \infty} \cos x$는 발산하므로 극한값이 존재하지 않는다.

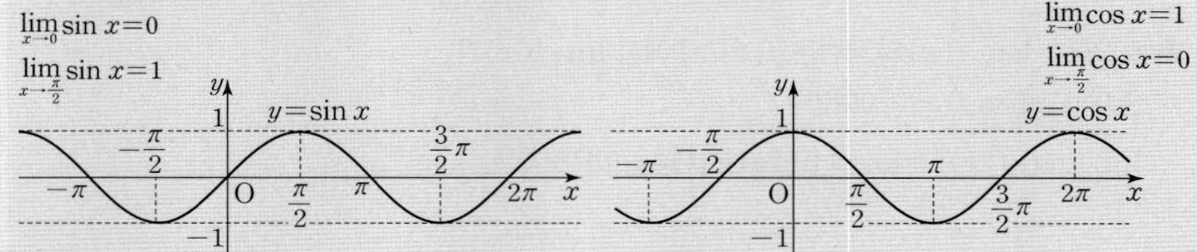

삼각함수 $y = \tan x$는 $x \neq n\pi + \dfrac{\pi}{2}$ (n은 정수)에서 연속이므로

$a \neq n\pi + \dfrac{\pi}{2}$ (n은 정수)인 모든 실수 a에 대하여

$$\lim_{x \to a} \tan x = \tan a$$

이고, $\displaystyle\lim_{x \to n\pi + \frac{\pi}{2}} \tan x$는 발산하므로 극한값이 존재하지 않는다.

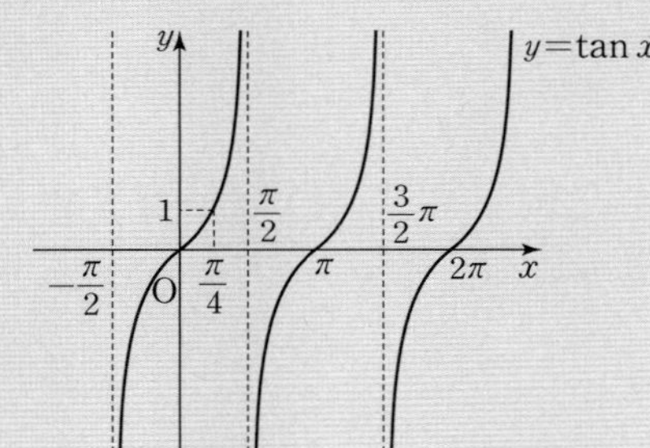

2. $\displaystyle\lim_{x \to 0} \dfrac{\sin x}{x}$의 값

x의 단위가 라디안일 때

(1) $\displaystyle\lim_{x \to 0} \dfrac{\sin x}{x} = 1$

(2) $\displaystyle\lim_{x \to 0} \dfrac{\tan x}{x} = 1$

$\displaystyle\lim_{x \to 0} \dfrac{\tan x}{x} = \lim_{x \to 0} \left(\dfrac{\sin x}{\cos x} \times \dfrac{1}{x} \right)$

$\qquad\qquad = \displaystyle\lim_{x \to 0} \left(\dfrac{\sin x}{x} \times \dfrac{1}{\cos x} \right) = 1$

유형 13 삼각함수의 극한 활용

유형 14 $\sin x$, $\cos x$의 미분

• **사인함수와 코사인함수의 도함수**

(1) $y = \sin x$이면 $y' = \cos x$

(2) $y = \cos x$이면 $y' = -\sin x$

유형 01 지수함수, 로그함수의 극한

지수함수와 로그함수의 그래프의 특성을 이해하고 이를 이용하여 극한값을 구하는 문제를 분류하였다.

유형해결 TIP

❶ 지수함수의 $\dfrac{\infty}{\infty}$ 꼴 극한은 등비수열의 $\dfrac{\infty}{\infty}$ 꼴 극한과 같은 방식으로 풀 수 있다. 즉, 분모에서 밑이 가장 큰 항으로 분모, 분자를 나누어 $0<a<1$일 때 $\lim\limits_{x\to\infty}a^x=0$임을 이용하여 극한값을 구한다.

❷ 로그함수 $\log_a f(x)$의 극한은 $f(x)>0$에서 $\lim\limits_{x\to c}f(x)$가 존재하고 $\lim\limits_{x\to c}f(x)>0$이면
$\lim\limits_{x\to c}\{\log_a f(x)\}=\log_a\left\{\lim\limits_{x\to c}f(x)\right\}$임을 이용하자.

0302

다음 극한값을 구하시오.

(1) $\lim\limits_{x\to -2}2^x$

(2) $\lim\limits_{x\to 0}\left(\dfrac{1}{3}\right)^x$

(3) $\lim\limits_{x\to 9}\log_3 x$

(4) $\lim\limits_{x\to\infty}\log_2\dfrac{x^2+1}{8x^2+3x}$

0303

$\lim\limits_{x\to\infty}\{\log_2(2x-1)-\log_2(x^2-2x+3)+\log_2(4x+1)\}$의 값은?

① 1 ② 2 ③ 3
④ 4 ⑤ 8

0304

다음 극한값을 구하시오.

(1) $\lim\limits_{x\to\infty}\dfrac{5^x+2\times 3^x}{4\times 5^x-2^x}$

(2) $\lim\limits_{x\to\infty}\dfrac{3^{x+1}+2^x}{3^{x-1}+2^x}$

유형 02 무리수 e

무리수 e의 정의를 알고 이를 응용하여 극한값을 구하는 문제를 분류하였다.

유형해결 TIP

무리수 e의 정의 $e=\lim\limits_{x\to\infty}\left(1+\dfrac{1}{x}\right)^x=\lim\limits_{x\to 0}(1+x)^{\frac{1}{x}}$을 이용하기 위해 $\lim\limits_{\vcenter{}\to\infty}\left(1+\dfrac{1}{\star}\right)^{\star}$ 또는 $\lim\limits_{\star\to 0}(1+\star)^{\frac{1}{\star}}$과 같이 ☆의 형태를 일치시키는 꼴로 변형하여 극한값을 구한다.

0305

무리수 e의 정의로 알맞은 것은?

① $\left(1+\dfrac{1}{x}\right)^x$ ② $\lim\limits_{x\to 0}\left(1+\dfrac{1}{x}\right)^x$

③ $\lim\limits_{x\to\infty}\left(1+\dfrac{1}{x}\right)^x$ ④ $\lim\limits_{x\to\infty}\left(1+\dfrac{1}{x}\right)^{\frac{1}{x}}$

⑤ $\lim\limits_{x\to\infty}(1+x)^{\frac{1}{x}}$

0306 빈출 👑

다음 극한값을 구하시오.

(1) $\lim\limits_{x \to 0} (1+5x)^{\frac{1}{x}}$

(2) $\lim\limits_{x \to 0} (1-x)^{\frac{2}{x}}$

(3) $\lim\limits_{x \to \infty} \left(1+\dfrac{3}{x}\right)^{x}$

(4) $\lim\limits_{x \to \infty} \left(1-\dfrac{1}{2x}\right)^{x}$

(5) $\lim\limits_{x \to 0} (1-2x)^{\frac{1}{3x}}$

0307 빈출 👑

$\lim\limits_{x \to \infty} \left\{\left(1+\dfrac{1}{2x}\right)\left(1+\dfrac{1}{3x}\right)\right\}^{6x}$ 의 값은?

① 1 ② e ③ e^2

④ e^5 ⑤ e^6

0308

다음을 간단히 하시오.

(1) $\ln e^e$

(2) $\ln \dfrac{1}{\sqrt{e}}$

(3) $\log_e \sqrt{e} \times \ln e^{\sqrt{2}}$

유형 03 $\lim\limits_{x \to 0} \dfrac{\ln(1+x)}{x}$, $\lim\limits_{x \to 0} \dfrac{e^x-1}{x}$ 꼴 극한

$\lim\limits_{x \to 0} \dfrac{\ln(1+x)}{x} = 1$, $\lim\limits_{x \to 0} \dfrac{e^x-1}{x} = 1$임을 이용하여 극한값을 계산하는 문제를 분류하였다.

유형 해결 TIP

$\lim\limits_{☆ \to 0} \dfrac{\ln(1+☆)}{☆}$, $\lim\limits_{☆ \to 0} \dfrac{e^☆-1}{☆}$ 에서 ☆ 부분의 형태가 일치해야 한다.

다음 결과를 이용하여 극한값을 빠르게 구하자.

❶ $\lim\limits_{x \to 0} \dfrac{\ln(1+bx)}{ax} = \lim\limits_{x \to 0} \left\{\dfrac{\ln(1+bx)}{bx}\right\} \times \dfrac{b}{a} = \dfrac{b}{a}$

❷ $\lim\limits_{x \to 0} \dfrac{e^{bx}-1}{ax} = \lim\limits_{x \to 0} \left(\dfrac{e^{bx}-1}{bx} \times \dfrac{b}{a}\right) = \dfrac{b}{a}$

0309 서술형 ✏️

$\lim\limits_{x \to 0} (1+x)^{\frac{1}{x}} = e$임을 이용하여 $\lim\limits_{x \to 0} \dfrac{e^x-1}{x}$의 값을 구하고,

그 과정을 서술하시오.

0310 빈출 👑

다음 극한값을 구하시오.

(1) $\lim\limits_{x \to 0} \dfrac{\ln(1+2x)}{x}$

(2) $\lim\limits_{x \to 0} \dfrac{e^{4x}-1}{x}$

(3) $\lim\limits_{x \to 0} \dfrac{\ln(1-3x)}{x} + \lim\limits_{x \to 0} \dfrac{e^x-1}{3x}$

0311 빈출

다음 극한값을 구하시오.

(1) $\displaystyle\lim_{x\to 0}\frac{\log_2(1+4x)}{x}$

(2) $\displaystyle\lim_{x\to 0}\frac{\log_3(1+x)^2}{x}$

(3) $\displaystyle\lim_{x\to 0}\frac{a^{2x}-1}{x}$ (단, $a>0$, $a\neq 1$)

(4) $\displaystyle\lim_{x\to 0}\frac{3^x-1}{2x}$

0312

다음 중 극한값을 바르게 구한 것은?

① $\displaystyle\lim_{x\to 0}\frac{3^x-1}{x}=\frac{1}{\ln 3}$

② $\displaystyle\lim_{x\to 0}\frac{e^{2x}-1}{x^2+4x}=\frac{1}{4}$

③ $\displaystyle\lim_{x\to 0}\frac{\ln(1+3x)}{x}=\frac{1}{3}$

④ $\displaystyle\lim_{x\to 0}\frac{\log_2(1+5x)}{x}=\frac{5}{\ln 2}$

⑤ $\displaystyle\lim_{x\to 0}\left\{\frac{\log_2(1-x)}{x}\right\}^{-1}=-\log_2 e$

0313

$\displaystyle\lim_{x\to 0}\frac{4^x-2^x}{x}$ 의 값은?

① 0   ② $\ln 2$ ③ 1

④ $2\ln 2$ ⑤ 2

0314 빈출

다음 극한값을 구하시오.

(1) $\displaystyle\lim_{x\to 0}\frac{\ln(1+2x)}{e^{3x}-1}$

(2) $\displaystyle\lim_{x\to 0}\frac{1-2^x}{e^{-x}-1}$

(3) $\displaystyle\lim_{x\to 0}\frac{5^x-1}{\log_3(1+x)}$

유형 04   **지수함수, 로그함수의 극한 활용**

주어진 도형에서 길이 또는 넓이를 식으로 나타낸 다음 지수함수, 로그함수의 극한을 이용하여 극한값을 구하는 문제를 분류하였다.

유형 해결 TIP

유형 02, 유형 03에서 다양한 꼴의 지수함수, 로그함수의 극한 계산을 연습한 후 이 유형에 적용하도록 하자.

0315
| 선행 0313 |

그림과 같이 x축 위의 한 점 $\mathrm{P}(a,\,0)$에서 y축과 평행하게 그은 직선이 두 함수 $y=3^x$, $y=6^x$의 그래프와 만나는 점을 각각 Q, R라고 할 때, 극한값 $\displaystyle\lim_{a\to 0+}\frac{\overline{\mathrm{QR}}}{\overline{\mathrm{OP}}}$의 값은? (단, O는 원점이다.)

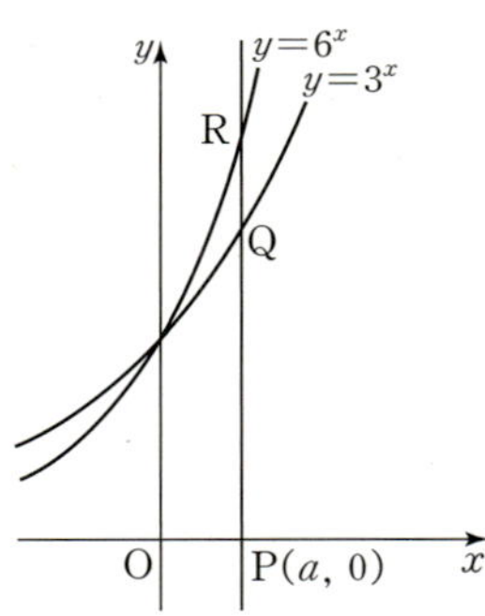

① $\ln 2$ ② $\log_3 e$ ③ $\ln 3$

④ $\log_2 e$ ⑤ $\ln 6$

유형 05 지수함수, 로그함수의 미분

지수함수와 로그함수의 도함수와 미분계수를 구하는 문제를 분류하였다.

유형 해결 TIP

이때, $\ln(ax)$, e^{x+a}, e^{ax+b}은 다음과 같이 변형한 후 도함수를 구하자.

❶ $\ln(ax) = \ln x + \ln a$

❷ $e^{x+a} = e^a \times e^x$

❸ $e^{ax+b} = (e^a)^x \times e^b$

0316 서술형✎

로그함수 $y = \ln x$의 도함수를 도함수의 정의를 이용하여 구하고, 그 과정을 서술하시오.

0317

다음 함수를 미분하시오.

(1) $y = 5e^x$

(2) $y = 2^x$

(3) $y = e^{x-2}$

(4) $y = 3^{x+1}$

(5) $y = e^{3x+1}$

0318

다음 함수를 미분하시오.

(1) $y = \ln x + 3x$

(2) $y = \ln(2x)$

(3) $y = \log_3 x$

(4) $y = \log_2(2x)$

0319

다음 중 옳지 <u>않은</u> 것은?

① $(e^{x-3})' = e^{x-3}$

② $(x^3 e^x)' = (x^3 + 3x^2)e^x$

③ $(\ln(3x))' = \dfrac{1}{3x}$

④ $(\log_2(5x))' = \dfrac{1}{x\ln 2}$

⑤ $(x\log x)' = \log x + \dfrac{1}{\ln 10}$

0320 빈출👑

함수 $f(x) = x\ln x + x^2$에 대하여 $\lim\limits_{h \to 0} \dfrac{f(1+h) - f(1-2h)}{h}$의 값은?

① 3   ② 6   ③ 9

④ 12   ⑤ 15

0321

다음 함수에 대하여 주어진 미분계수 및 극한값을 구하시오.

(1) $f(x) = (e^x + 2x)\ln x$, $f'(1)$

(2) $f(x) = 2^x \log_3 x$, $f'(1)$

(3) $f(x) = 2^x(x^2 - 3x)$, $\lim\limits_{h \to 0} \dfrac{f(2+h) - f(2-2h)}{4h}$

유형 06 $\csc x$, $\sec x$, $\cot x$

삼각함수 $\csc x$, $\sec x$, $\cot x$의 정의, 성질을 이용하는 문제를 분류하였다.

유형해결 TIP

삼각함수 $\csc x$, $\sec x$, $\cot x$는 각각 $\sin x$, $\cos x$, $\tan x$의 역수이므로 부호는 각각 서로 같다. 이때, 삼각함수 $\sin x$, $\cos x$, $\tan x$의 성질에서 배운 내용을 토대로 값을 계산하거나 식을 정리할 수 있다.

0322

다음 값을 구하시오.

(1) $\csc \dfrac{\pi}{4}$

(2) $\sec \dfrac{\pi}{3}$

(3) $\cot \dfrac{\pi}{6}$

(4) $\cos\left(-\dfrac{7}{6}\pi\right) + \csc \dfrac{2}{3}\pi$

0323 빈출 👑

원점 O와 점 $P(2, -1)$을 지나는 동경 OP가 나타내는 각의 크기를 θ라고 할 때, 다음을 구하시오.

(1) $\sec \theta$

(2) $\cos \theta + \csc \theta$

(3) $5\sec(\pi+\theta)\cos\left(\dfrac{\pi}{2}+\theta\right)$

0324 빈출 👑

다음 물음에 답하시오.

(1) θ가 제 2 사분면의 각이고 $\sin\theta = \dfrac{3}{5}$일 때, $\tan\theta + \sec\theta$의 값을 구하시오.

(2) $\tan\theta = -2$일 때, $\sec\theta$의 값을 구하시오. (단, $\dfrac{\pi}{2} < \theta < \pi$)

0325

다음 중 $\sec\theta\tan\theta < 0$을 만족시키는 θ의 값이 될 수 있는 것은?

① $-1665°$ ② $480°$ ③ $-\dfrac{11}{6}\pi$

④ $\dfrac{49}{16}\pi$ ⑤ $\dfrac{25}{4}\pi$

유형 07 삼각함수의 덧셈정리

삼각함수의 덧셈정리를 이용하여 삼각함수의 값을 구하는 문제를 분류하였다.

유형해결 TIP

다음 내용을 이용하는 문제가 종종 출제되니 익혀두자.

❶ $\sin(2\alpha) = 2\sin\alpha\cos\alpha$

❷ $\cos(2\alpha) = \cos^2\alpha - \sin^2\alpha = 2\cos^2\alpha - 1 = 1 - 2\sin^2\alpha$

❸ $\tan(2\alpha) = \dfrac{2\tan\alpha}{1 - \tan^2\alpha}$

0326

다음 값을 구하시오.

(1) $\sin 75°$

(2) $\cos 105°$

(3) $\tan 15°$

(4) $\sin \dfrac{\pi}{12}$

0327

$\sin \alpha = \dfrac{4}{5}$ 일 때, $\sin \left(\dfrac{\pi}{3} + \alpha \right)$ 의 값은? (단, $0 < \alpha < \dfrac{\pi}{2}$)

① $\dfrac{1+3\sqrt{3}}{10}$ 　② $\dfrac{2+3\sqrt{3}}{10}$ 　③ $\dfrac{3+3\sqrt{3}}{10}$

④ $\dfrac{4+3\sqrt{3}}{10}$ 　⑤ $\dfrac{5+3\sqrt{3}}{10}$

0328 빈출 ♛

$\sin \alpha = \dfrac{4}{5}$ $\left(\dfrac{\pi}{2} < \alpha < \pi \right)$, $\sin \beta = \dfrac{5}{13}$ $\left(0 < \beta < \dfrac{\pi}{2} \right)$ 일 때, $\sin (\alpha - \beta)$의 값은?

① $\dfrac{23}{65}$ 　② $\dfrac{33}{65}$ 　③ $\dfrac{43}{65}$

④ $\dfrac{53}{65}$ 　⑤ $\dfrac{63}{65}$

0329

$\dfrac{\pi}{2} < \alpha < \pi$ 이고 $\sin \alpha = \dfrac{2\sqrt{5}}{5}$ 일 때, 다음을 구하시오.

(1) $\sin (2\alpha)$

(2) $\cos (2\alpha)$

(3) $\tan (2\alpha)$

유형 08 두 직선이 이루는 각의 크기

두 직선이 이루는 각에 대하여 각의 크기를 구하거나 그 각에 대한 $\tan$ 값을 다루는 문제를 분류하였다.

유형해결 TIP

직선이 x축의 양의 방향과 이루는 각의 크기가 α일 때, 이 직선의 기울기는 $\tan \alpha$로 표현된다. 기울기가 각각 m, n인 두 직선이 x축의 양의 방향과 이루는 각의 크기를 각각 α, β라 하면 두 직선이 이루는 예각의 크기 θ에 대하여

$$\tan \theta = |\tan (\alpha - \beta)| = \left| \dfrac{\tan \alpha - \tan \beta}{1 + \tan \alpha \tan \beta} \right| = \left| \dfrac{m-n}{1+mn} \right|$$

임을 이용하자. (단, $mn \neq -1$)

0330 빈출 ♛

두 직선 $y = x$, $y = -3x + 1$이 이루는 예각의 크기를 θ라고 할 때, $\tan \theta$의 값은?

① $\dfrac{1}{3}$ 　② $\dfrac{1}{2}$ 　③ 1

④ 2 　⑤ 3

0331 빈출 ♛

두 직선 $x - 3y - 2 = 0$, $2x - y + 3 = 0$이 이루는 예각의 크기는?

① $\dfrac{\pi}{12}$ 　② $\dfrac{\pi}{6}$ 　③ $\dfrac{\pi}{4}$

④ $\dfrac{\pi}{3}$ 　⑤ $\dfrac{5}{12}\pi$

0332 서술형 ✎

두 직선 $2x-3y+1=0$, $3x-2y+1=0$이 이루는 예각의 크기를 θ라고 할 때, $\cos\theta$의 값을 구하고 그 과정을 서술하시오.

유형 09 반각공식 (교육과정 외)

반각공식, 즉 $\dfrac{\theta}{2}$의 삼각함수를 θ의 삼각함수로 표현하는 것을 다루는 문제를 분류하였다. 반각공식은 교육과정에서 삭제된 내용이지만, 일부학교에서 출제되기도 한다. 학교에서 이 내용을 배울 경우 학습하도록 한다.

유형 해결 TIP

$$\begin{aligned}\cos(2\theta)&=\cos(\theta+\theta)\\&=\cos^2\theta-\sin^2\theta\\&=2\cos^2\theta-1 \quad \cdots \text{㉠}\\&=1-2\sin^2\theta \quad \cdots \text{㉡}\end{aligned}$$

㉠, ㉡에 각각 θ 대신 $\dfrac{\theta}{2}$를 대입하여 정리하면

❶ $\cos^2\dfrac{\theta}{2}=\dfrac{1+\cos\theta}{2}$, ❷ $\sin^2\dfrac{\theta}{2}=\dfrac{1-\cos\theta}{2}$이고,

❸ $\tan^2\dfrac{\theta}{2}=\dfrac{\sin^2\dfrac{\theta}{2}}{\cos^2\dfrac{\theta}{2}}=\dfrac{1-\cos\theta}{1+\cos\theta}$이다.

0333

θ가 제1사분면의 각이고 $\sin\theta=\dfrac{2\sqrt{2}}{3}$일 때, 다음을 구하시오.

(1) $\sin^2\dfrac{\theta}{2}$

(2) $\cos^2\dfrac{\theta}{2}$

(3) $\tan^2\dfrac{\theta}{2}$

유형 10 삼각함수의 합성 (교육과정 외)

삼각함수의 합성, 즉 $a\sin\theta+b\cos\theta$꼴을 $\sin$ 또는 $\cos$의 식으로 표현하는 것을 다루는 문제를 분류하였다. 삼각함수의 합성은 교육과정에서 삭제된 내용이지만, 일부학교에서 출제되기도 한다. 학교에서 이 내용을 배울 경우 학습하도록 한다.

유형 해결 TIP

$$\begin{aligned}&a\sin\theta+b\cos\theta\\&=\sqrt{a^2+b^2}\left(\dfrac{a}{\sqrt{a^2+b^2}}\sin\theta+\dfrac{b}{\sqrt{a^2+b^2}}\cos\theta\right)\\&=\sqrt{a^2+b^2}\sin(\theta+\alpha) \ \left(\text{단, }\cos\alpha=\dfrac{a}{\sqrt{a^2+b^2}},\ \sin\alpha=\dfrac{b}{\sqrt{a^2+b^2}}\right)\\&=\sqrt{a^2+b^2}\cos(\theta-\beta) \ \left(\text{단, }\cos\beta=\dfrac{b}{\sqrt{a^2+b^2}},\ \sin\beta=\dfrac{a}{\sqrt{a^2+b^2}}\right)\end{aligned}$$

이때, α와 β를 특수각 $\left(\dfrac{\pi}{6},\dfrac{\pi}{4},\dfrac{\pi}{3}\right)$으로 생각할 수 있는 경우는 내신에서 자주 출제되므로 삼각함수의 덧셈정리로 표현하여 **유형 10**이 아닌 각 문제에 해당하는 유형에 분류하였다. 예 **0426**번

0334

함수 $f(\theta)=4\sin\theta+3\cos\theta$에 대하여 다음 물음에 답하시오.

(1) $f(\theta)$를 $r\sin(\theta+\alpha)$꼴로 나타내시오. (단, $r>0$, $0\le\alpha<2\pi$)

(2) $f(\theta)$를 $r\cos(\theta-\beta)$꼴로 나타내시오. (단, $r>0$, $0\le\beta<2\pi$)

0335 빈출 ♔

함수 $f(x)=2\sin x+\sqrt{5}\cos x+1$의 최댓값을 M, 최솟값을 m이라 할 때, M^2+m^2의 값은?

① 10　　　　② 15　　　　③ 20
④ 25　　　　⑤ 30

유형11 삼각함수의 덧셈정리 활용

주어진 도형에서 길이 또는 넓이를 식으로 나타낸 다음 삼각함수의
덧셈정리를 이용하여 값을 구하는 문제를 분류하였다.

유형해결 TIP

(1) 다각형이 주어질 경우, 삼각함수는 직각삼각형과 관계가 깊으므로
   주어진 다각형에 보조선을 그어 직각삼각형을 중심으로 풀이한다.
(2) 원이 주어질 경우, 원과 직선이 접할 때 원의 중심과 접점을 이어
   직각삼각형을 이용하여 문제를 풀이한다. … ㉠
   또한 반지름을 보조선으로 활용하여 원주각과 중심각의 관계를
   이용하여 문제를 풀이한다. … ㉡

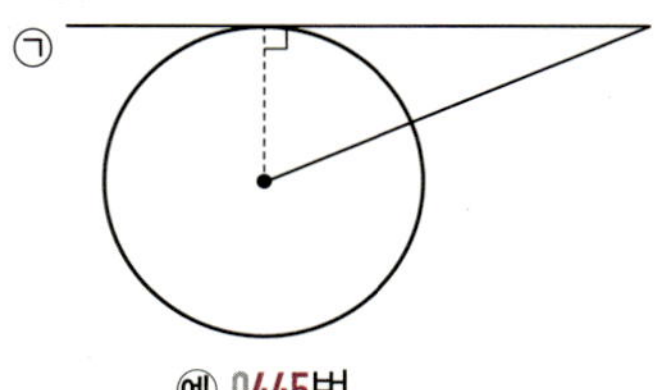
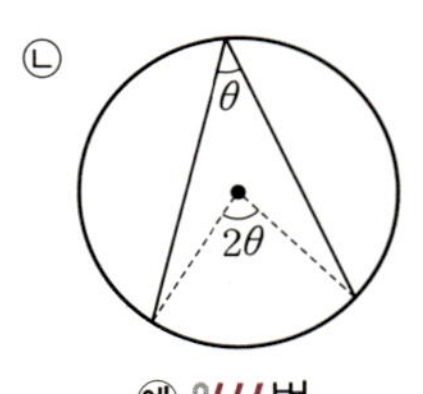

㉠ 0445번 | ㉡ 0444번

0336

그림과 같이 직사각형 ABCD는 두 선분 EF, GH에 의하여
세 개의 정사각형으로 나누어진다. $\angle GBC=\alpha$, $\angle DBC=\beta$라
할 때, $\sin(\alpha+\beta)$의 값은?

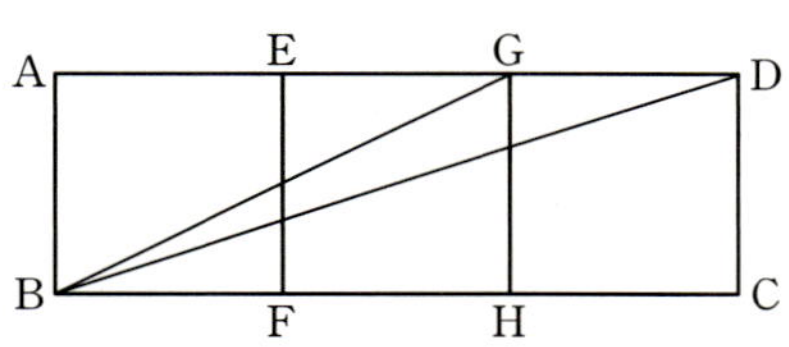

① $\dfrac{\sqrt{2}}{3}$ ② $\dfrac{2\sqrt{3}}{5}$ ③ $\dfrac{\sqrt{2}}{2}$

④ $\dfrac{\sqrt{3}}{2}$ ⑤ $\dfrac{2\sqrt{2}}{3}$

0337

그림과 같이 높이가 6 m인 나무가 지면에 수직으로 서 있고,
나무로부터 6 m 떨어진 지점에 눈의 높이가 1.5 m인 사람이
나무를 바라보고 서 있다. 이 사람이 나무의 위쪽 끝과 아래쪽
끝을 바라보는 시선이 이루는 각의 크기를 θ라 할 때, $\tan\theta$의
값은? (단, 나무의 굵기는 무시한다.)

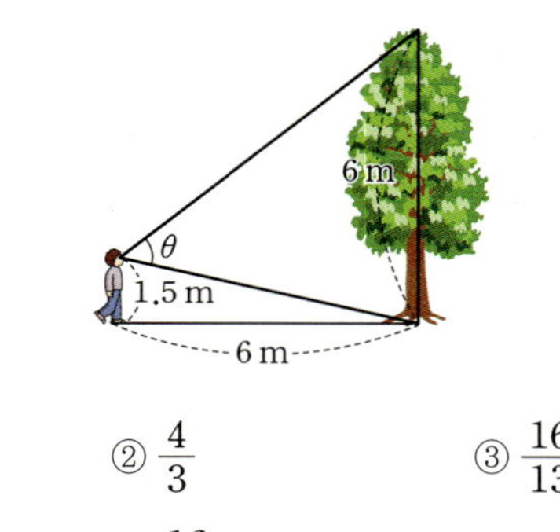

① $\dfrac{16}{11}$ ② $\dfrac{4}{3}$ ③ $\dfrac{16}{13}$

④ $\dfrac{8}{7}$ ⑤ $\dfrac{16}{15}$

0338

그림과 같이 $\angle A=90°$인 직각삼각형 ABC에서
$\angle CBA=\angle BCD$를 만족시키는 점 D를 변 AB 위에 잡는다.
$\overline{AB}:\overline{AC}=3:2$일 때, $\sin(\angle ADC)$의 값은?

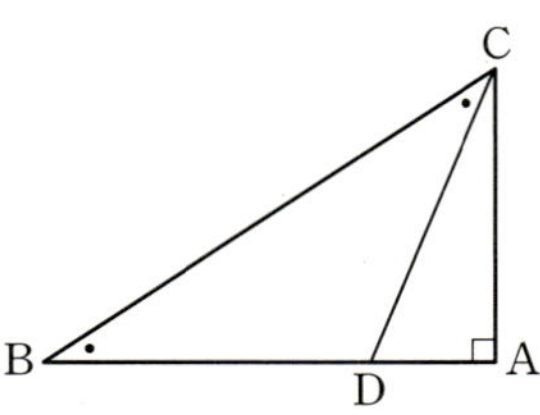

① $\dfrac{8}{13}$ ② $\dfrac{9}{13}$ ③ $\dfrac{10}{13}$

④ $\dfrac{11}{13}$ ⑤ $\dfrac{12}{13}$

유형 12 삼각함수의 극한

삼각함수의 극한에서는

(1) 삼각함수의 그래프의 특성을 이해하고 이를 이용하여 극한값을 구하는 문제

(2) $\lim\limits_{x\to 0}\dfrac{\sin x}{x}=1$ 또는 $\lim\limits_{x\to 0}\dfrac{\tan x}{x}=1$을 이용하는 문제

(3) $\lim\limits_{x\to 0}\dfrac{1-\cos x}{x^2}=\dfrac{1}{2}$을 이용하는 문제

를 분류하였다.

유형해결 TIP

$\lim\limits_{\stackrel{\wedge}{\to}0}\dfrac{\sin \stackrel{\wedge}{}}{\stackrel{\wedge}{}}$, $\lim\limits_{\stackrel{\wedge}{\to}0}\dfrac{\tan \stackrel{\wedge}{}}{\stackrel{\wedge}{}}$, $\lim\limits_{\stackrel{\wedge}{\to}0}\dfrac{1-\cos \stackrel{\wedge}{}}{\stackrel{\wedge}{}^2}$에서 ☆ 부분의 형태가 일치해야 한다. 다음 결과를 이용하여 빠르게 극한값을 구하자.

❶ $\lim\limits_{x\to 0}\dfrac{\sin (bx)}{ax}=\lim\limits_{x\to 0}\left\{\dfrac{\sin (bx)}{bx}\times\dfrac{b}{a}\right\}=\dfrac{b}{a}$

❷ $\lim\limits_{x\to 0}\dfrac{\tan (bx)}{ax}=\lim\limits_{x\to 0}\left\{\dfrac{\tan (bx)}{bx}\times\dfrac{b}{a}\right\}=\dfrac{b}{a}$

❸ $\lim\limits_{x\to 0}\dfrac{1-\cos (bx)}{ax^2}=\lim\limits_{x\to 0}\left\{\dfrac{1-\cos (bx)}{(bx)^2}\times\dfrac{b^2}{a}\right\}=\dfrac{b^2}{2a}$

0339

다음 극한값을 구하시오.

(1) $\lim\limits_{x\to \frac{\pi}{2}}(2x\sin x-3\cos x)$

(2) $\lim\limits_{x\to 0}\dfrac{3+\tan x}{\cos x}$

(3) $\lim\limits_{\theta\to 0}\dfrac{\sin^2 \theta}{1-\cos \theta}$

0340

다음 극한값을 구하시오.

(1) $\lim\limits_{x\to 0}\dfrac{\sin (4x)}{x}$

(2) $\lim\limits_{x\to 0}\dfrac{\tan (3x)}{2x}$

(3) $\lim\limits_{x\to 0}\dfrac{2\sin x+x^2}{x}$

(4) $\lim\limits_{x\to 0}\dfrac{\sin (3x)+\tan x}{x}$

0341 빈출 ♔

다음 극한값을 구하시오.

(1) $\lim\limits_{x\to 0}\dfrac{\sin (5x)}{\sin (2x)}$

(2) $\lim\limits_{x\to 0}\dfrac{\sin (2x)}{\tan (3x)}$

(3) $\lim\limits_{x\to 0}\dfrac{5xe^x}{\tan (2x)}$

0342 빈출 ♔

다음 극한값을 구하시오.

(1) $\lim\limits_{\theta\to 0}\dfrac{1-\cos \theta}{\theta^2}$

(2) $\lim\limits_{x\to 0}\dfrac{1-\cos x}{x\sin x}$

유형 13 삼각함수의 극한 활용

주어진 도형에서 길이 또는 넓이를 식으로 나타낸 다음 삼각함수의 극한을 이용하여 극한값을 구하는 문제를 분류하였다.

유형해결 TIP

유형 11의 설명에 있는 내용과 같이 도형의 성질을 적절히 이용하고, **유형 12**에서 다양한 꼴의 삼각함수의 극한 계산을 연습한 후 이 유형에 적용하도록 하자.

0343

그림과 같이 $\angle A=\dfrac{\pi}{2}$, $\overline{AB}=4$인 직각삼각형 ABC가 있다.

꼭짓점 A에서 빗변 BC에 내린 수선의 발을 H라 하고, $\angle B=\theta$라 할 때, $\lim\limits_{\theta\to 0+}\dfrac{\overline{CH}}{\theta^2}$의 값을 구하시오.

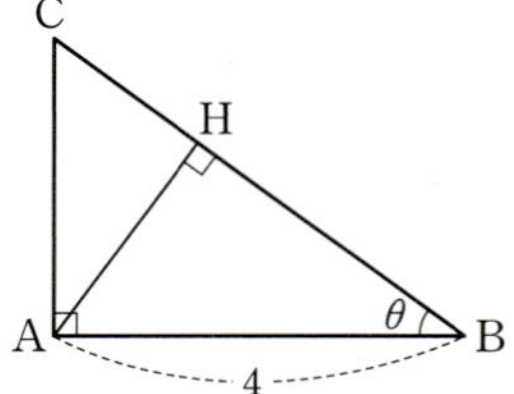

0344

그림과 같이 $\angle ABC = \theta$, $\angle ACB = 2\theta$인 삼각형 ABC가 있다.
꼭짓점 A에서 변 BC에 내린 수선의 발을 H라 할 때,

$\displaystyle\lim_{\theta \to 0+} \dfrac{2\overline{AB}}{\overline{AC}}$의 값은?

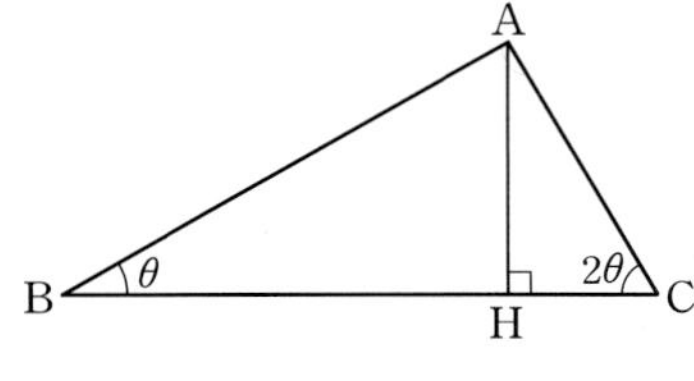

① $\dfrac{1}{2}$　　　② 1　　　③ 2

④ 4　　　⑤ 8

0345

그림과 같이 $\angle B = 90°$, $\overline{BC} = 1$인 직각삼각형 ABC가 있다.
$\angle A = \theta$라 할 때, $\displaystyle\lim_{\theta \to 0+} \dfrac{\overline{AC} - \overline{AB}}{\theta}$의 값을 구하시오.

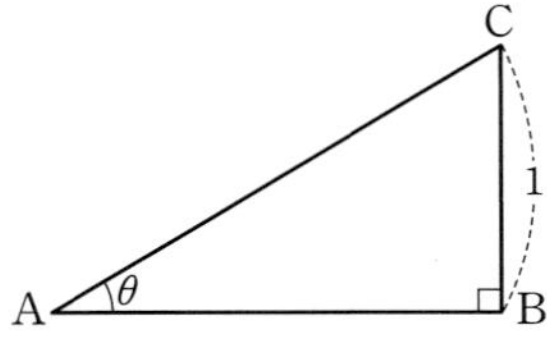

0346 　서술형 ✎

그림과 같이 제 1 사분면에서 단위원 위를 움직이는 점 P가 있다.
점 P에서 x축에 내린 수선의 발을 H, $\angle POH = \theta$라고 할 때,
$\angle PQH = \dfrac{\theta}{2}$를 만족시키는 x축 위의 점을 Q라고 하자. 이때,
다음 물음에 답하시오. (단, O는 원점이고, $0 < \theta < \dfrac{\pi}{2}$이다.)

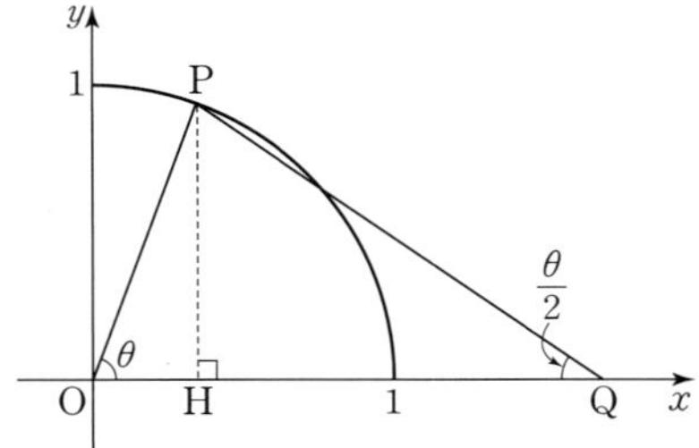

(1) 삼각형 OPH에서 $\overline{PH}$, $\overline{OH}$를 θ에 대한 식으로 나타내시오.

(2) 삼각형 PHQ에서 $\overline{QH}$를 θ에 대한 식으로 나타내시오.

(3) $\displaystyle\lim_{\theta \to 0+} \overline{OQ}$의 값을 구하고, 그 과정을 서술하시오.

유형 14 $\sin x$, $\cos x$의 미분

$\sin x$, $\cos x$가 포함된 함수의 도함수와 미분계수를 구하는 문제를
분류하였다.

0347 　서술형 ✎

함수 $y = \cos x$의 도함수를 구하는 과정을 서술하시오.

0348

다음 함수를 미분하시오.

(1) $y=2x+\sin x$

(2) $y=5\cos x-4\sin x$

(3) $y=x\cos x$

0349 빈출

다음 함수에 대하여 주어진 미분계수 및 극한값을 구하시오.

(1) $f(x)=x^2\sin x$, $f'\left(\dfrac{\pi}{2}\right)$

(2) $f(x)=e^x\cos x$, $f'(\pi)$

(3) $f(x)=\sin x\cos x$, $\displaystyle\lim_{h\to0}\dfrac{f\left(\dfrac{\pi}{6}+2h\right)-f\left(\dfrac{\pi}{6}-2h\right)}{h}$

0350

함수 $y=e^x(\sin x+\cos x)$의 그래프 위의 점 $(\pi,\ -e^\pi)$에서의 접선의 기울기는?

① $-2e^\pi$ ② $-e^\pi$ ③ -1

④ e^π ⑤ $2e^\pi$

0351

함수 $f(x)=\begin{cases} a\sin x & (0\le x<\pi) \\ -x+b & (\pi\le x\le2\pi) \end{cases}$ 가 $x=\pi$에서 미분가능하도록 하는 상수 a, b에 대하여 ab의 값은?

① -2π ② $-\pi$ ③ -1

④ 1 ⑤ π

유형 01 지수함수, 로그함수의 극한

0352
| 선행 0304 |

$\lim\limits_{x \to \infty} \dfrac{3^{x+2}}{a \times 3^x - 2^{x+1}} = 3$일 때, 상수 a의 값은?

① 0   ② 1   ③ 2

④ 3   ⑤ 4

0353
| 선행 0302, 0303 |

다음 중 극한값을 바르게 구한 것은?

① $\lim\limits_{x \to \infty} 2^x = 0$

② $\lim\limits_{x \to 0} \dfrac{3^x + 3^{-x}}{3^x - 3^{-x}} = -1$

③ $\lim\limits_{x \to 1+} \dfrac{\log_3 (x-1)}{\log_2 x} = 0$

④ $\lim\limits_{x \to \infty} \{\log_2 (x-2) - \log_2 x\} = 1$

⑤ $\lim\limits_{x \to \frac{1}{2}+} \{\log_2 (4x^2 - 1) - \log_2 (2x-1)\} = 1$

0354

$\lim\limits_{x \to \infty} (4^x + 3^x)^{\frac{1}{x}}$의 값은?

① 0   ② 1   ③ 2

④ 3   ⑤ 4

유형 02 무리수 e

0355
| 선행 0306 |

상수 a, b에 대하여 $\lim\limits_{x \to \infty} \left(1 + \dfrac{a}{x}\right)^{bx} = 2$일 때,

$\lim\limits_{x \to -\infty} \left(1 - \dfrac{b}{x}\right)^{ax}$의 값은? (단, $ab \neq 0$)

① $\dfrac{1}{4}$ ② $\dfrac{1}{2}$ ③ $\ln 2$

④ $\dfrac{1}{\ln 2}$ ⑤ 2

0356 빈출

$\lim\limits_{x \to \infty} \left(\dfrac{x+2}{x-1}\right)^x$의 값은?

① $e^{\frac{1}{3}}$ ② $e^{\frac{1}{2}}$ ③ e

④ e^2 ⑤ e^3

0357 빈출

다음 극한값을 구하시오.

(1) $\lim\limits_{x \to \infty} x\{\ln (2x+5) - \ln (2x)\}$

(2) $\lim\limits_{x \to \infty} x\{\ln (x-2) - \ln (x+4)\}$

0358 빈출

$\lim\limits_{n\to\infty}\left\{\dfrac{1}{2}\left(1+\dfrac{1}{n}\right)\left(1+\dfrac{1}{n+1}\right)\left(1+\dfrac{1}{n+2}\right)\cdots\left(1+\dfrac{1}{2n}\right)\right\}^{\frac{n}{2}}$ 의

값은?

① $\sqrt[4]{e}$ ② $\sqrt{e}$ ③ e

④ e^2 ⑤ e^4

0359 빈출

자연수 n에 대하여 $f(n)=\lim\limits_{x\to 0}\left(1+\dfrac{x}{n^2+n}\right)^{\frac{1}{x}}$ 일 때,

$\sum\limits_{n=1}^{10}\ln f(n)=\dfrac{q}{p}$ 이다. $p+q$의 값은?

(단, p, q는 서로소인 자연수이다.)

① 11   ② 16   ③ 21

④ 26   ⑤ 31

0360

| 선행 0307 |

다음 물음에 답하시오.

(1) $\lim\limits_{x\to\infty}\left\{\left(1+\dfrac{1}{x}\right)\left(1+\dfrac{3}{x}\right)\left(1+\dfrac{5}{x}\right)\cdots\left(1+\dfrac{15}{x}\right)\right\}^{x}$ 의 값을

구하시오.

(2) 자연수 n에 대하여

$f(n)=\lim\limits_{x\to 0}\ln\left\{(1-x)(1-2x)(1-3x)\cdots(1-nx)\right\}^{\frac{1}{x}}$

일 때, $\sum\limits_{n=1}^{\infty}\dfrac{1}{f(n)}$ 의 값을 구하시오.

0361

다음 〈보기〉의 극한값을 크기가 작은 순서대로 나열한 것은?

보기

ㄱ. $\lim\limits_{x\to\infty}\left(\dfrac{2x}{2x+1}\right)^{-6x}$ ㄴ. $\lim\limits_{x\to 1}x^{\frac{1}{2-2x}}$

ㄷ. $\lim\limits_{x\to 2}\left(\dfrac{x}{2}\right)^{\frac{1}{x-2}}$ ㄹ. $\lim\limits_{x\to 1}(2-x)^{\frac{2}{x-1}}$

① ㄴ, ㄷ, ㄹ, ㄱ   ② ㄷ, ㄹ, ㄴ, ㄱ

③ ㄹ, ㄱ, ㄴ, ㄷ   ④ ㄹ, ㄴ, ㄱ, ㄷ

⑤ ㄹ, ㄴ, ㄷ, ㄱ

0362 빈출

수열 $\{a_n\}$에 대하여 $\left(1+\dfrac{2}{n}\right)^{a_n}=e^4$이 성립할 때,

$\lim\limits_{n\to\infty}\dfrac{a_n}{n}$ 의 값은?

① $\dfrac{1}{2}$ ② 2   ③ 4

④ 8   ⑤ 16

0363 빈출

다음 물음에 답하시오.

(1) 함수 $f(x)$에 대하여 $\lim\limits_{x\to\infty}xf(x)=6$일 때,

$\lim\limits_{x\to\infty}x\ln\{1+2f(x)\}$ 의 값을 구하시오.

(2) 함수 $f(x)$에 대하여 $\lim\limits_{x\to\infty}f(x)\log_2\left(1+\dfrac{1}{x}\right)=5$일 때,

$\lim\limits_{x\to\infty}\dfrac{f(x)}{x}$ 의 값을 구하시오.

0364

함수 $f(x)$가

$$f(x)=\begin{cases} e^x & (x\le 0,\ x\ge 2) \\ \ln(x+1) & (0<x<2) \end{cases}$$

이고, 함수 $y=g(x)$의 그래프가 그림과 같다.

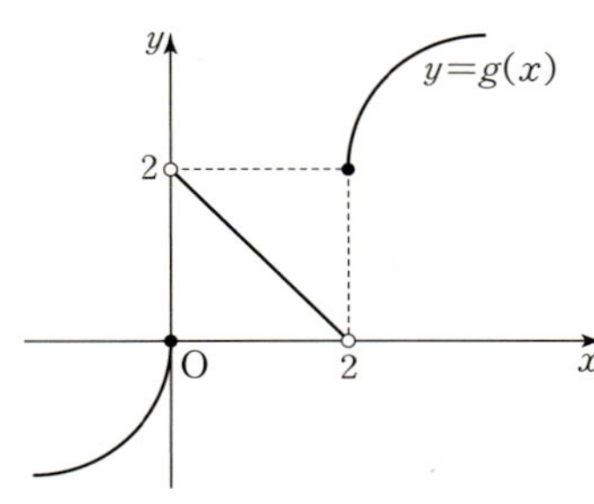

$\displaystyle\lim_{x\to 2+} f(g(x))+\lim_{x\to 0+} g(f(x))$의 값은?

① e ② $e+1$ ③ $e+2$
④ e^2+1 ⑤ e^2+2

0365

$0\le x\le 2$일 때, 함수 $y=e^{-x^2+2x}$의 최댓값과 최솟값은?

① 최댓값 e^2, 최솟값 e ② 최댓값 e^2, 최솟값 1

③ 최댓값 e, 최솟값 1 ④ 최댓값 e, 최솟값 $\dfrac{1}{e}$

⑤ 최댓값 1, 최솟값 $\dfrac{1}{e}$

0366

뉴턴의 냉각 법칙에 의하면 물체의 처음 온도를 $T_0\ ℃$, 주위의 온도를 $T_1\ ℃$, t분 후 물체의 온도를 $T(t)\ ℃$라 하면

$$T(t)=T_1+(T_0-T_1)e^{-kt}\ (k는\ 상수)$$

이 성립한다고 한다. 실내 온도가 $20\ ℃$인 방 안에 $100\ ℃$인 물을 놔두었더니 10분 후 물의 온도가 $60\ ℃$이었을 때, 상수 k의 값은?

① $-\dfrac{\ln 2}{10}$ ② $-\dfrac{\ln 2}{20}$ ③ $\dfrac{\ln 2}{20}$
④ $\dfrac{\ln 2}{10}$ ⑤ $\ln 2$

 $\displaystyle\lim_{x\to 0}\dfrac{\ln(1+x)}{x}$, $\displaystyle\lim_{x\to 0}\dfrac{e^x-1}{x}$ 꼴 극한

0367

다음 극한값을 구하시오.

(1) $\displaystyle\lim_{x\to 0}\dfrac{\ln(1-x)(1+3x)}{x}$

(2) $\displaystyle\lim_{x\to 0}\dfrac{\log_3(1+3x)+\log_3(1-3x)}{x^2}$

0368

양수 a가 $\displaystyle\lim_{x\to 0}\dfrac{(a+12)^x-a^x}{x}=\ln 3$을 만족시킬 때, a의 값은?

① 2 ② 3 ③ 4
④ 5 ⑤ 6

0369

〈보기〉에서 극한값을 바르게 구한 것만을 있는 대로 고른 것은?

보기

ㄱ. $\displaystyle\lim_{x\to 0}\dfrac{-3x}{\ln(1-3x)}=\dfrac{1}{e}$

ㄴ. $\displaystyle\lim_{x\to 0}\dfrac{\log_2(1-x)}{x}=-\dfrac{1}{\ln 2}$

ㄷ. $\displaystyle\lim_{x\to 0}\dfrac{\ln\sqrt{2x+1}-x}{x}=1$

ㄹ. $\displaystyle\lim_{x\to 0}\dfrac{4^x}{4^x-1}=1$

① ㄴ ② ㄱ, ㄴ ③ ㄱ, ㄹ
④ ㄴ, ㄷ ⑤ ㄴ, ㄹ

0370

| 선행 0314 |

다음 극한값 중 가장 큰 것은?

① $\lim_{x \to 0}(1+x^2)^{\frac{6}{x}}$

② $\lim_{x \to 1}\dfrac{\ln x}{1-x}$

③ $\lim_{x \to 1}\dfrac{x^3-1}{2\ln x}$

④ $\lim_{x \to 0+}\dfrac{2^x+\log_4 x}{4^x+\log_2 x}$

⑤ $\lim_{x \to 0}\dfrac{e^{4x}-e^x}{\ln(4x+1)}$

0371 빈출

$\lim_{x \to 0}\dfrac{\sqrt{ax+b}-2}{e^x-1}=5$를 만족시키는 실수 a, b에 대하여 $a+b$의 값은?

① 12 　　② 16 　　③ 20

④ 24 　　⑤ 28

0372 빈출

| 선행 0311, 0312 |

다음을 만족시키는 상수 a, b에 대하여 $a+b$의 값을 구하시오.

(1) $\lim_{x \to 0}\dfrac{\ln(a+2x)}{x^2+x}=b$

(2) $\lim_{x \to 0}\dfrac{e^{4x}-1}{\ln(1+ax)+b}=2$

(3) $\lim_{x \to 0}\dfrac{(e^x-1)\ln(a-2x)}{bx^2}=4$

(4) $\lim_{x \to 0}\dfrac{\ln(1+ax)}{e^{2x+b}-1}=5$

0373

다음 물음에 답하시오. (단, a, b는 상수이다.)

(1) $\lim_{x \to 1}\dfrac{b(e^{x-1}-1)}{a(x^2-1)}=\dfrac{1}{8}$일 때, $\dfrac{a}{b}$의 값을 구하시오.

(2) $\lim_{x \to 1}\dfrac{e^{\frac{x-1}{a}}-x^2}{x+b}=-\dfrac{5}{3}$일 때, $a+b$의 값을 구하시오.

0374 빈출 　서술형

상수 k에 대하여 $k=\lim_{x \to 0}\dfrac{2^x+2^{2x}+2^{3x}+2^{4x}-4}{x}$일 때, e^k의 값을 구하고 그 과정을 서술하시오.

0375 빈출

자연수 n에 대하여

$$f(n)=\lim_{x \to 0}\dfrac{x}{e^x+e^{2x}+e^{3x}+\cdots+e^{nx}-n}$$

라 할 때, $\sum_{n=1}^{15} f(n)$의 값은?

① $\dfrac{3}{2}$ 　　② $\dfrac{27}{16}$ 　　③ $\dfrac{15}{8}$

④ $\dfrac{33}{16}$ 　　⑤ $\dfrac{9}{4}$

0376

함수 $f(x)$에 대하여 $\lim\limits_{x \to 0} \dfrac{f(x)}{\ln(1+2x)} = 4$일 때,

$\lim\limits_{x \to 0} \dfrac{f(x)}{e^{-2x}-1}$의 값을 구하시오.

0377

| 선행 0359 |

다음 물음에 답하시오.

(1) 함수 $f(x) = \lim\limits_{n \to \infty} \left(1 - \dfrac{x-1}{n}\right)^{n}$일 때, $\lim\limits_{x \to 0} \dfrac{f(x)-e}{x}$의 값을 구하시오.

(2) 함수 $f(x) = \lim\limits_{n \to \infty} \left(1 + \dfrac{2x}{n}\right)^{n}$일 때, $\lim\limits_{x \to 0} \dfrac{f(x^2)-f(x)}{2x}$의 값을 구하시오.

0378

선생님 Pick! 교육청기출

연속함수 $f(x)$에 대하여

$$\lim\limits_{x \to 0} \dfrac{\ln\{1+f(2x)\}}{x} = 10$$

일 때, $\lim\limits_{x \to 0} \dfrac{f(x)}{x}$의 값은?

① 1 ② 2 ③ 3
④ 4 ⑤ 5

0379

다항함수 $f(x)$에 대하여 $f(0)=0$이고

$\lim\limits_{x \to \infty} f(x) \ln\left(1 - \dfrac{1}{x}\right) = 3$일 때, $\lim\limits_{x \to 0} \dfrac{f(x)}{e^{2x}-1}$의 값을 구하시오.

0380

다음 물음에 답하시오.

(1) 함수 $f(x) = e^{x}$의 역함수를 $g(x)$라 할 때,

$$\lim\limits_{x \to 0} \dfrac{f(x^3) + g(x^3+1) - f(g(1))}{x^3}$$의 값을 구하시오.

(2) 함수 $f(x) = \dfrac{1}{2} \ln(x+1)$의 역함수를 $g(x)$라 할 때,

$\lim\limits_{x \to 0} \dfrac{g(x)}{x}$의 값을 구하시오.

0381

함수 $f(x) = \begin{cases} \dfrac{\ln(x-a)}{x-1} & (x \neq 1) \\ \ln(bx) & (x=1) \end{cases}$가 $x=1$에서 연속이 되도록

하는 상수 a, b의 값을 구하시오.

0382 빈출 서술형

연속함수 $f(x)$가 $(x-1)f(x)=3^{2x-2}-1$을 만족시킬 때, $f(1)$의 값을 구하고 그 과정을 서술하시오.

0383

임의의 두 실수 x, y에 대하여
$f(x+y)=f(x)+f(y)+e^{x+y}-e^x-e^y+1$을 만족시키는 함수 $f(x)$가 모든 실수 x에 대하여 미분가능하고 $f'(0)=4$일 때, $f'(\ln 3)$의 값을 구하시오.

0384 평가원기출

함수 $f(x)$에 대하여 〈보기〉에서 옳은 것만을 있는 대로 고른 것은?

> 보기
>
> ㄱ. $f(x)=x^2$이면 $\lim\limits_{x\to 0}\dfrac{e^{f(x)}-1}{x}=0$이다.
>
> ㄴ. $\lim\limits_{x\to 0}\dfrac{e^x-1}{f(x)}=1$이면 $\lim\limits_{x\to 0}\dfrac{3^x-1}{f(x)}=\ln 3$이다.
>
> ㄷ. $\lim\limits_{x\to 0}f(x)=0$이면 $\lim\limits_{x\to 0}\dfrac{e^{f(x)}-1}{x}$이 존재한다.

① ㄱ ② ㄷ ③ ㄱ, ㄴ
④ ㄴ, ㄷ ⑤ ㄱ, ㄴ, ㄷ

0385 평가원기출

함수 $f(x)$가 $x>-1$인 모든 실수 x에 대하여 부등식

$$\ln(1+x)\le f(x)\le \frac{1}{2}(e^{2x}-1)$$

을 만족시킬 때, $\lim\limits_{x\to 0}\dfrac{f(3x)}{x}$의 값은?

① 1 ② e ③ 3
④ 4 ⑤ $2e$

0386

삼차함수 $f(x)$가 모든 실수 x에 대하여 $f(x)=-f(-x)$이고 다음 조건을 만족시킬 때, $f(1)$의 값은?

> (가) $\lim\limits_{x\to 0}\dfrac{f(x)}{e^x-1}=4$
>
> (나) $\lim\limits_{x\to\infty}f(x)\ln\left(1+\dfrac{3}{x^3}\right)=-6$

① 1 ② 2 ③ 3
④ 4 ⑤ 5

0387

함수 $y=\ln(3x+1)$의 그래프 위를 움직이는 점 $\mathrm{P}(a, b)$와 원점 O에 대하여 선분 OP가 x축의 양의 방향과 이루는 각의 크기를 θ라 할 때, $\lim\limits_{a\to 0}\tan\theta$의 값은?

① $\dfrac{1}{3}$ ② $\dfrac{1}{\ln 3}$ ③ 1
④ $\ln 3$ ⑤ 3

0388

미분가능한 함수 $f(x)$가 $f(1)=2$, $f'(1)=5$를 만족시킬 때, 다음 극한값을 구하시오.

(1) $\displaystyle\lim_{x \to 1}\frac{f(x)-x^2 f(1)}{\ln x}$

(2) $\displaystyle\lim_{x \to 1}\frac{f(x)+e^{x-1}-3}{x-1}$

유형 04 지수함수, 로그함수의 극한 활용

0389

두 곡선 $f(x)=\log_2(x+1)$, $g(x)=2^{-x}-1$이 직선 $x=t\ (t>0)$와 만나는 점을 각각 A, B라 하자. 점 A에서 y축에 내린 수선의 발을 H라 할 때, $\displaystyle\lim_{t \to 0+}\frac{\overline{AB}}{\overline{AH}}$의 값을 구하시오.

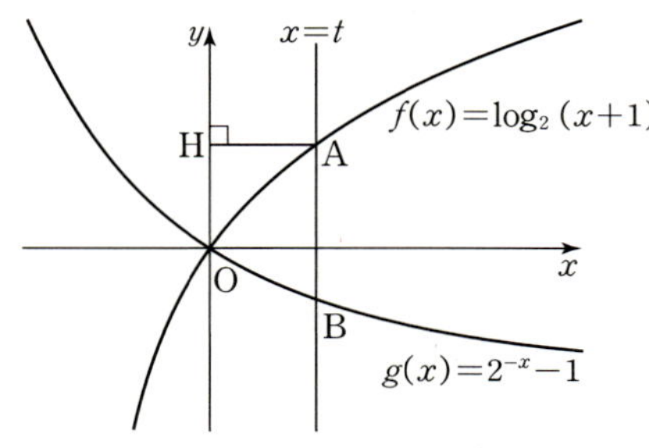

0390 빈출

곡선 $y=e^x$ 위를 움직이는 점 P와 세 점 A$(0,\ e)$, B$(0,\ 1)$, C$(2,\ 1)$에 대하여 두 삼각형 PAB, PBC의 넓이를 각각 S_1, S_2라고 하자. 점 P가 점 B에 한없이 가까워질 때, $\dfrac{S_1}{S_2}$의 극한값은? (단, 점 P는 제1사분면 위에 있다.)

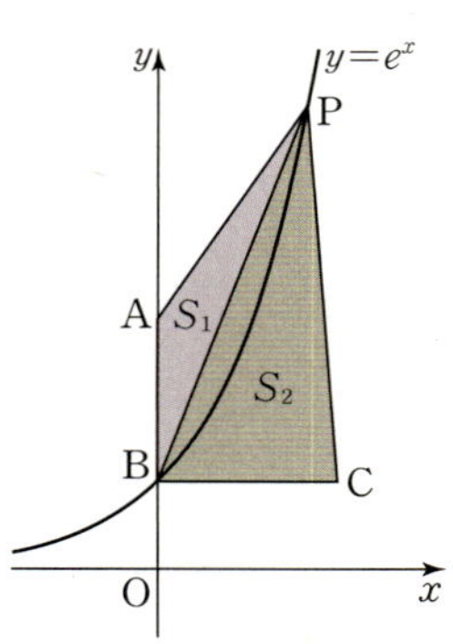

① $\dfrac{e-1}{4}$ ② $\dfrac{e-1}{2}$ ③ $e-1$

④ 1 ⑤ $\dfrac{1}{e-1}$

0391

두 곡선 $y=\log_4 x$, $y=\log_8 x$가 직선 $x=t\ (t>0)$와 만나는 점을 각각 P, Q라 하자. $\displaystyle\lim_{t \to 1}\frac{\overline{PQ}}{|t-1|}$의 값은?

① $\dfrac{1}{6\ln 2}$ ② $\dfrac{1}{3\ln 2}$ ③ $\dfrac{1}{2\ln 2}$

④ $\dfrac{1}{\ln 2}$ ⑤ $\ln 2$

0392

두 함수 $f(x)=e^{2x}-1$, $g(x)=-\ln(x+1)$의 그래프가 직선 $y=t$ $(t>0)$와 만나는 점을 각각 P, Q라 하고, 직선 $y=t$가 y축과 만나는 점을 R라 할 때, $\lim\limits_{t\to 0+}\dfrac{\overline{\mathrm{PR}}}{\overline{\mathrm{QR}}}$의 값은?

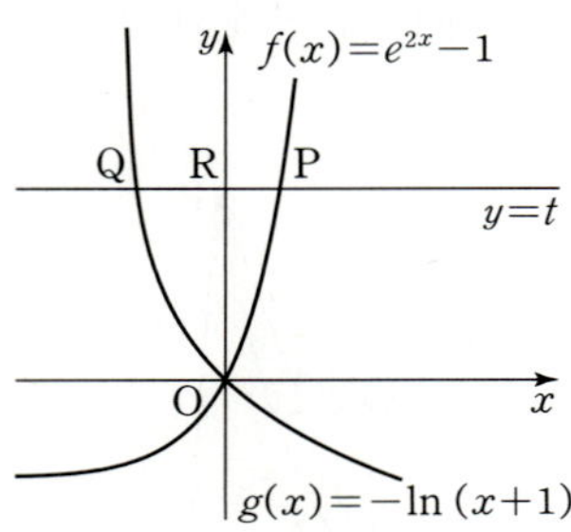

① $\dfrac{1}{4}$　　② $\dfrac{1}{2}$　　③ 1

④ $\dfrac{3}{2}$　　⑤ 2

0393

곡선 $y=\ln(x+1)$의 제1사분면 위의 점 P에서 x축에 내린 수선의 발을 Q라 하고, $\overline{\mathrm{OP}}=\overline{\mathrm{OR}}$를 만족시키는 y축 위의 점을 R라 하자. 점 P가 원점 O에 한없이 가까워질 때, $\dfrac{(\text{삼각형 OPR의 넓이})}{(\text{삼각형 OQP의 넓이})}$의 극한값을 구하시오.

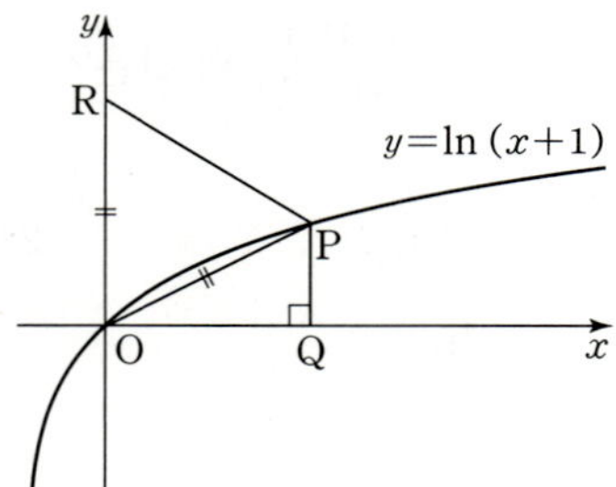

0394

자연수 n에 대하여 직선 $x=n$이 곡선 $y=\ln(1+x)-\ln x$와 만나는 점을 A_n, x축과 만나는 점을 B_n이라 하자. 선분 $\mathrm{A}_n\mathrm{B}_n$의 길이를 $f(n)$이라 할 때, $\lim\limits_{n\to\infty}n\left(\sum\limits_{k=n}^{4n}f(k)-2\ln 2\right)$의 값은?

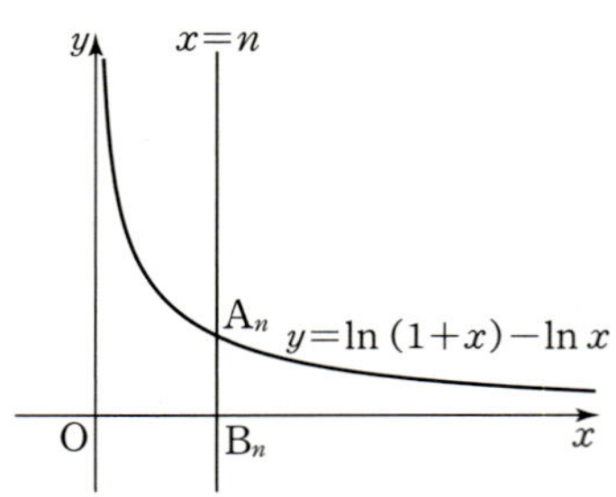

① $\dfrac{1}{4}$　　② $\dfrac{1}{2}$　　③ 2

④ 4　　⑤ 8

유형 05 **지수함수, 로그함수의 미분**

0395

곡선 $y=\ln\sqrt{x}$ 위에 서로 다른 두 점 P, Q가 있다. 점 P의 x좌표는 2이고, 점 Q가 점 P에 한없이 가까워질 때, 직선 PQ의 기울기의 극한값은?

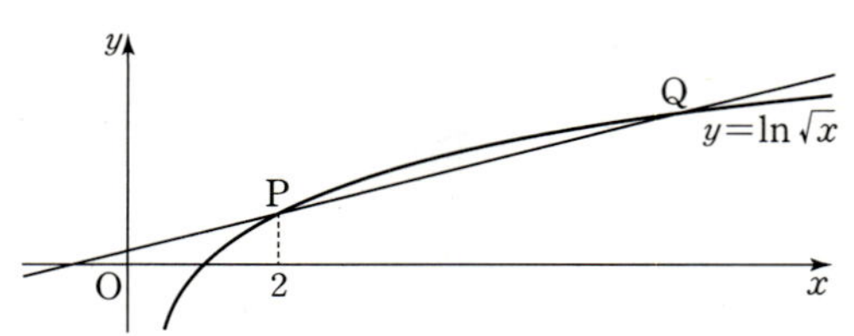

① $\dfrac{1}{4}$　　② $\dfrac{1}{2\sqrt{2}}$　　③ $\dfrac{1}{2}$

④ $\dfrac{1}{\sqrt{2}}$　　⑤ 1

0396

다음 중 함수 $f(x)=\ln x$에 대하여 구간 $[2,\ 4]$에서 평균값 정리를 만족시키는 상수 c의 값은?

① $\ln 2$ ② $2\ln 2$ ③ $\dfrac{1}{\ln 2}$

④ $\dfrac{2}{\ln 2}$ ⑤ $\dfrac{4}{\ln 2}$

0397

다음 극한값을 구하시오.

(1) $\displaystyle\lim_{h\to 0}\dfrac{\log_2(8+h)-3}{h}$

(2) $\displaystyle\lim_{x\to 1}\dfrac{e^{4x}-e^4}{x-1}$

0398 빈출 👑

| 선행 0320, 0321 |

다음 함수에 대하여 주어진 극한값을 구하시오.

(1) $f(x)=\log_2(4x)-5x+3,\ \displaystyle\lim_{x\to 1}\dfrac{f(x)}{x-1}$

(2) $f(x)=4e^x\ln\dfrac{x}{2},\ \displaystyle\lim_{x\to 1}\dfrac{f(x^3)-f(1)}{x-1}$

(3) $f(x)=x\ln(5x),\ \displaystyle\lim_{x\to 1}\dfrac{f(x^2)-x^2\ln 5}{x-1}$

0399

다음 물음에 답하시오.

(1) 함수 $f(x)=(x^2+2x-7)e^x$일 때, $f'(a)=0$을 만족시키는 모든 실수 a에 대하여 $f(a)$의 값의 곱을 구하시오.

(2) 함수 $f(x)=ae^x\ln(bx)$에 대하여 $f(1)=2e^2,\ f'(1)=e^2$일 때, ab의 값을 구하시오. (단, a, b는 상수이다.)

0400 빈출 👑

다음 물음에 답하시오.

(1) 함수 $f(x)=\begin{cases} ax^2+1 & (x\leq 1) \\ \ln(bx) & (x>1) \end{cases}$ 가 $x=1$에서 미분가능할 때, 상수 a, b에 대하여 $2ab$의 값을 구하시오.

(2) 함수 $f(x)=\begin{cases} ae^{-x} & (x\leq 1) \\ x^2+bx+1 & (x>1) \end{cases}$ 이 모든 실수 x에 대하여 미분가능할 때, 상수 a, b의 값을 구하시오.

0401 빈출 👑

함수 $f(x)=e^x(3\ln x+ax)$에 대하여 $\displaystyle\lim_{x\to 1}\dfrac{f(x)-e}{x^3-1}=b$일 때, ab의 값을 구하시오. (단, a, b는 상수이다.)

0402 빈출 서술형

함수 $f(x)=x\log_2{(ax^2)}\ (x>0)$에 대하여

$\lim\limits_{x\to1}\dfrac{f(x)-\log_2 a}{x-1}=2$일 때, 상수 a의 값을 구하고 그 과정을

서술하시오.

0403 빈출

미분가능한 함수 $f(x)$에 대하여 $\lim\limits_{x\to2}\dfrac{3e^x f(x)-5}{x-2}=2e$일 때,

$f(2)+f'(2)$의 값을 구하시오.

유형 06 $\csc x,\ \sec x,\ \cot x$

0404

| 선행 0325 |

다음 물음에 답하시오.

(1) $\sin\theta\sec\theta>0$, $\csc\theta\tan\theta<0$을 만족시키는 각 θ는 몇 사분면의 각인지 구하시오.

(2) $\dfrac{\sqrt{\cos\theta}}{\sqrt{\sin\theta}}=-\sqrt{\cot\theta}$를 만족시키는 θ에 대하여

$\tan\theta=-\dfrac{4}{3}$일 때, $\csc\theta$의 값을 구하시오.

(3) $\dfrac{\sin\theta}{\tan\theta}<0$, $\dfrac{\csc\theta}{\sec\theta}>0$일 때,

$\sqrt{\cos^2\theta}-|\cos\theta+\sin\theta|+\dfrac{\sin\theta}{\cos\theta}+\sqrt{(\tan\theta-\sin\theta)^2}$을

간단히 하시오.

0405

다음 식을 간단히 한 것으로 알맞은 것을 〈보기〉에서 고르시오.

	보기
ㄱ. $\sin\theta$ ㄴ. $\cos\theta$ ㄷ. $\sec\theta$	
ㄹ. $2\csc\theta$ ㅁ. $2\tan\theta$ ㅂ. $2\cot\theta$	
ㅅ. 0 ㅇ. 1 ㅈ. 2	

(1) $\dfrac{\sin\theta}{1-\cos\theta}+\dfrac{1-\cos\theta}{\sin\theta}$

(2) $\dfrac{\cos\theta}{1+\sin\theta}+\tan\theta$

(3) $\dfrac{1-2\sin\theta\cos\theta}{\sin\theta-\cos\theta}+\dfrac{\cot\theta}{\csc\theta}$

(4) $(1+\sec\theta+\tan\theta)(1-\csc\theta+\cot\theta)$

0406

다음 중 옳지 <u>않은</u> 것은?

① $\cos^4\theta-\sin^4\theta=2\cos^2\theta-1$

② $(1-\sin^2\theta)(1-\cos^2\theta)(1+\tan^2\theta)(1+\cot^2\theta)=1$

③ $\dfrac{\sin\theta}{1+\cos\theta}+\dfrac{\sin\theta}{1-\cos\theta}=2\csc\theta$

④ $\dfrac{\csc\theta}{\sec\theta-\tan\theta}+\dfrac{\csc\theta}{\sec\theta+\tan\theta}=2\sec\theta$

⑤ $\tan\theta\sec\theta+\dfrac{1}{\cos^2\theta}=\dfrac{1}{1-\sin\theta}$

0407

다음 물음에 답하시오.

(1) $\tan\theta+\cot\theta=\dfrac{5}{2}$일 때, $\csc^2\theta+\sec^2\theta$의 값을 구하시오.

(2) $\dfrac{\tan^2\theta-1}{\sec^2\theta+1}=\dfrac{1}{2}$일 때, $\csc^2\theta$의 값을 구하시오.

0408

$\sin\theta+\cos\theta=\dfrac{1}{2}$일 때, 다음 식의 값을 구하시오.

(1) $\tan\theta+\cot\theta$

(2) $\sec\theta+\csc\theta$

(3) $\sec\theta-\csc\theta$ (단, θ는 제4사분면의 각이다.)

0409

x에 대한 이차방정식 $a^2x^2+5ax-6a-10=0$의 두 근이 $\sin\theta$, $\cos\theta$일 때, $\csc\theta+\sec\theta$의 값은? (단, $a>0$)

① $\dfrac{1}{2}$ 　　② $\dfrac{2}{3}$ 　　③ $\dfrac{3}{4}$

④ $\dfrac{4}{5}$ 　　⑤ $\dfrac{5}{6}$

0410

$0\le x<2\pi$일 때, 다음 방정식의 해를 구하시오.

(1) $2\tan x=\sqrt{3}\,\sec x$

(2) $\csc x-\cot x=\dfrac{2}{3}\sin x$

0411

θ의 동경과 5θ의 동경이 직선 $y=x$에 대하여 대칭일 때,

$\sec(\pi+\theta)+\csc(3\pi+\theta)+\cot\left(\dfrac{\pi}{2}-\theta\right)$의 값을 구하시오.

$\left(\text{단, }\dfrac{\pi}{2}<\theta<\pi\right)$

유형 07 　삼각함수의 덧셈정리

0412

다음 식의 값을 구하시오.

(1) $\cos^2\dfrac{\pi}{12}-\sin^2\dfrac{\pi}{12}$

(2) $\sin 10°\sin 70°+\sin 80°\sin 160°$

0413

이차방정식 $2x^2-3x-4=0$의 두 근이 $\tan\alpha$, $\tan\beta$일 때, $\cot(\alpha+\beta)$의 값은?

① 1 　　② 2 　　③ 3

④ 4 　　⑤ 5

0414

$0 \le x < 2\pi$일 때, 부등식

$\sin\left(x+\dfrac{\pi}{3}\right)-\cos\left(x+\dfrac{\pi}{6}\right)>\dfrac{1}{2}$의 해가 $a<x<b$이다.

$b-a$의 값은? (단, a, b는 상수이다.)

① $\dfrac{\pi}{3}$ ② $\dfrac{2}{3}\pi$ ③ π

④ $\dfrac{4}{3}\pi$ ⑤ $\dfrac{3}{2}\pi$

0415

다음 물음에 답하시오.

(1) $\alpha-\beta=\dfrac{\pi}{4}$일 때, $(1+\tan\alpha)(1-\tan\beta)$의 값을 구하시오.

(2) $\dfrac{\tan\alpha-\tan\beta}{\tan\alpha+\tan\beta}=\dfrac{3}{4}$일 때, $\dfrac{\sin(\alpha+\beta)}{\sin(\alpha-\beta)}$의 값을 구하시오.

(3) $\tan\alpha=1$, $\tan\beta=3$일 때, $\theta=\alpha+\beta$에 대하여

$\dfrac{\sin\theta+\sin(2\theta)}{1+\cos\theta+\cos(2\theta)}$의 값을 구하시오. $\left(\text{단, }\cos\theta\ne-\dfrac{1}{2}\right)$

0416   서술형 ✐

$(\tan x+\sqrt{2})(\tan y-\sqrt{2})=-3$이 성립할 때, $\cos(x-y)$의

값을 구하고 그 과정을 서술하시오. $\left(\text{단, }0<x<\dfrac{\pi}{2},\ 0<y<\dfrac{\pi}{2}\right)$

0417

θ의 동경과 5θ의 동경이 일직선 위에 있고 방향이 반대일 때,

$\sin\left(\theta-\dfrac{\pi}{12}\right)$의 값을 구하시오. $\left(\text{단, }\dfrac{\pi}{2}<\theta<\pi\right)$

0418   빈출 ♛   평가원기출

두 실수 x, y에 대하여

$$\sin x+\sin y=1,\ \cos x+\cos y=\dfrac{1}{2}$$

일 때, $\cos(x-y)$의 값은?

① $\dfrac{5}{8}$ ② $\dfrac{3}{8}$ ③ $\dfrac{1}{8}$

④ $-\dfrac{3}{8}$ ⑤ $-\dfrac{5}{8}$

0419

$\sin x+\cos y=a$, $\cos x+\sin y=b$, $\sin(x+y)=\dfrac{1}{2}$일 때,

좌표평면 위의 점 $(a,\ b)$의 자취의 길이를 구하시오.

0420

교육청기출

$\sin \alpha + \cos \beta + \sin \gamma = 0$, $\cos \alpha + \sin \beta + \cos \gamma = 0$을 만족할 때, $\sin (\alpha + \beta)$의 값은?

① -1　　　　② $-\dfrac{1}{2}$　　　　③ 0

④ $\dfrac{1}{2}$　　　　⑤ 1

0421

다음 물음에 답하시오.

(1) 이차방정식 $x^2 + kx - 4 = 0$의 두 근이 1, $\tan \theta$일 때, $\sec^2 \left(\dfrac{\pi}{4} - \theta \right)$의 값을 구하시오. (단, k는 상수이다.)

(2) 이차방정식 $9x^2 + 11x + a = 0$의 두 근이 $2\sin \theta$, $\cos (2\theta)$일 때, 상수 a의 값을 구하시오.

0422 빈출

$0 < \theta < \dfrac{\pi}{2}$이고 $\sin (2\theta) = \dfrac{2}{7}$일 때, $\sec \theta + \csc \theta$의 값은?

① $\sqrt{7}$　　　　② $2\sqrt{7}$　　　　③ $3\sqrt{7}$

④ $4\sqrt{7}$　　　　⑤ $5\sqrt{7}$

0423

평가원기출

$0 \le x \le 2\pi$일 때, 방정식
$$\sin (2x) - \sin x = 4\cos x - 2$$
의 모든 해의 합은?

① π　　　　② $\dfrac{3}{2}\pi$　　　　③ 2π

④ $\dfrac{5}{2}\pi$　　　　⑤ 3π

0424

다음 물음에 답하시오.

(1) $0 \le x < 2\pi$일 때, 방정식 $\cos x + \cos (2x) = 0$의 모든 실근의 합을 구하시오.

(2) $0 \le x < \pi$일 때, 방정식 $\sin (2x) = \cos (4x)$의 모든 실근의 합을 구하시오.

0425 서술형

부등식 $\dfrac{\cos (2x) - 1}{\sin (2x)} < 1 - \sec^2 x$의 해를 구하고, 그 과정을 서술하시오. (단, $0 < x < \dfrac{\pi}{2}$)

0426

$0 \leq x < 2\pi$에서 함수 $y = \sin x + \cos x$가 $x = a$일 때 최댓값 b를 갖는다. 상수 a, b의 값을 구하시오.

0427 빈출 👑

방정식 $\sin x + \sqrt{3} \cos x = 1$의 모든 근의 합은? (단, $0 \leq x < 2\pi$)

① $\dfrac{4}{3}\pi$ ② $\dfrac{5}{3}\pi$ ③ 2π

④ $\dfrac{7}{3}\pi$ ⑤ $\dfrac{8}{3}\pi$

0428

함수 $y = 3\cos\left(6x + \dfrac{\pi}{3}\right) + \sqrt{3}\sin\left(6x + \dfrac{\pi}{3}\right)$의 최댓값이 a, 최솟값이 b, 주기가 $c\pi$일 때, abc의 값은?

① -12 ② -6 ③ -4

④ -3 ⑤ -2

0429

| 선행 0330

점 $(1, 3)$에서 곡선 $y = -x^2 + x - 1$에 그은 두 접선이 이루는 예각의 크기를 θ라 할 때, $\tan \theta$의 값은?

① $\dfrac{1}{4}$ ② $\dfrac{2}{5}$ ③ $\dfrac{1}{2}$

④ $\dfrac{4}{7}$ ⑤ $\dfrac{5}{8}$

0430 빈출 👑

| 선행 0331

두 직선 $3x - 5y + 1 = 0$, $kx - y + 3 = 0$이 이루는 예각의 크기가 $\dfrac{\pi}{4}$가 되도록 하는 양수 k의 값은?

① 1 ② 2 ③ 3

④ 4 ⑤ 5

0431

두 직선 $y = 2x$, $y = 3x$가 이루는 예각의 크기를 θ라 할 때, 두 직선 $y = 2x$, $y = mx$가 이루는 예각의 크기가 $\dfrac{\pi}{4} - \theta$가 되도록 하는 상수 m의 값은? (단, $0 < m < 2$)

① 1 ② $\dfrac{1}{2}$ ③ $\dfrac{1}{3}$

④ $\dfrac{1}{4}$ ⑤ $\dfrac{1}{5}$

0432

직선 $y=kx$가 x축과 이루는 예각의 크기를 직선 $y=\dfrac{1}{3}x$가 이등분할 때, 상수 k의 값을 구하시오.

0433

그림과 같이 직선 $y=3x$ 위의 점 A, 직선 $x-3y+5=0$ 위의 점 B, 두 직선의 교점 P를 세 꼭짓점으로 하는 삼각형 APB가 있다. $\angle A=90°$, $\overline{PA}=5$일 때, $\overline{PB}$의 값은?

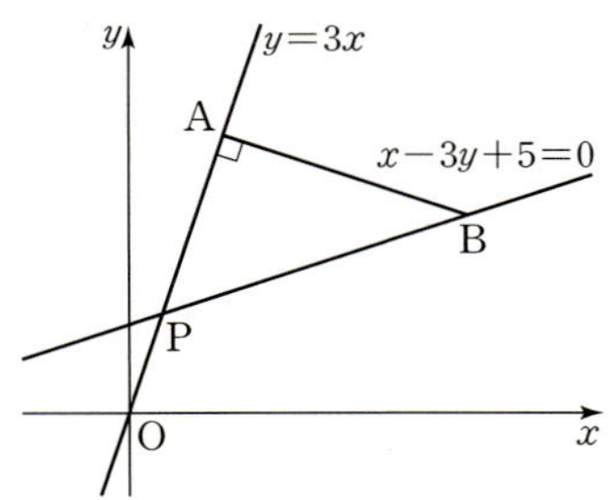

① 8   ② $\dfrac{25}{3}$ ③ $\dfrac{28}{3}$

④ 10   ⑤ $\dfrac{32}{3}$

0434

교육청기출 | 선행 0333

$\sin \alpha=\dfrac{3}{5}$, $\sin \beta=\dfrac{5}{13}$일 때, $\tan \dfrac{\alpha+\beta}{2}=\dfrac{q}{p}$라 하자. 이때, $p+q$의 값을 구하시오.

（단, $0\le\alpha\le\dfrac{\pi}{2}$, $0\le\beta\le\dfrac{\pi}{2}$이고, p, q는 서로소인 자연수이다.）

0435

다음 물음에 답하시오.

⑴ $\dfrac{\pi}{2}<\theta<\pi$이고 $\tan \theta=-2\sqrt{2}$일 때, $\sin \dfrac{\theta}{2}+\cos \dfrac{\theta}{2}$의 값을 구하시오.

⑵ θ가 제1사분면의 각이고 $\sec \theta=3$일 때, $\tan \dfrac{\theta}{2}\sin 2\theta$의 값을 구하시오.

0436

$\sin \theta=-\dfrac{1}{3}$일 때, $\dfrac{1-\cot \dfrac{\theta}{2}}{1+\tan \dfrac{\theta}{2}}+\dfrac{1+\cot \dfrac{\theta}{2}}{1-\tan \dfrac{\theta}{2}}$의 값은?

（단, $\pi<\theta<\dfrac{3}{2}\pi$）

① $\dfrac{2-3\sqrt{2}}{2}$ ② $1-\sqrt{2}$ ③ $\dfrac{4-3\sqrt{2}}{2}$

④ $2-\sqrt{2}$ ⑤ $\dfrac{6-3\sqrt{2}}{2}$

0437

$0\le x<2\pi$일 때, 방정식 $\sqrt{3}\sin (2x)-2\cos^2 x=1$의 모든 해의 합은 α이다. $\tan \alpha$의 값을 구하시오.

0438

직선 $y=mx$가 직선 $5x-12y=0$과 y축이 이루는 예각의 크기를 이등분할 때, 상수 m의 값을 구하시오.

0439

함수 $f(x)=2\cos^2\left(\dfrac{\pi}{6}x+\dfrac{\pi}{4}\right)$에 대하여 〈보기〉에서 옳은 것만을 있는 대로 고른 것은?

보기

ㄱ. 함수 $f(x)$의 주기는 6이다.

ㄴ. $\displaystyle\sum_{n=1}^{60} f(n)=60$

ㄷ. $0<x<6$에서 방정식 $f(x)=\cos\left(\dfrac{2\pi}{3}x\right)$의 모든 실근의 합은 6이다.

① ㄴ ② ㄱ, ㄴ ③ ㄱ, ㄷ

④ ㄴ, ㄷ ⑤ ㄱ, ㄴ, ㄷ

유형 10 삼각함수의 합성 (교육과정 외)

0440

| 선행 0335 |

함수 $f(x)=a\sin x+b\cos x$가 다음 조건을 만족시킬 때, 상수 a, b에 대하여 ab의 값은?

(가) $f\left(\dfrac{\pi}{4}\right)=\sqrt{2}$

(나) $f(x)$의 최댓값은 $\sqrt{5}$이다.

① $-\dfrac{3}{2}$ ② $-\dfrac{1}{2}$ ③ $\dfrac{1}{2}$

④ $\dfrac{3}{2}$ ⑤ $\dfrac{5}{2}$

0441

평가원기출

좌표평면에서 직선 $y=mx$ $(0<m<\sqrt{3})$가 x축과 이루는 예각의 크기를 θ_1, 직선 $y=mx$가 직선 $y=\sqrt{3}x$와 이루는 예각의 크기를 θ_2라 하자. $3\sin\theta_1+4\sin\theta_2$의 값이 최대가 되도록 하는 m의 값은?

① $\dfrac{\sqrt{3}}{6}$ ② $\dfrac{\sqrt{3}}{7}$ ③ $\dfrac{\sqrt{3}}{8}$

④ $\dfrac{\sqrt{3}}{9}$ ⑤ $\dfrac{\sqrt{3}}{10}$

0442

그림과 같이 길이가 2인 선분 AB를 지름으로 하는 반원의 호 AB 위의 점 P에 대하여 $\angle PAB=\theta$라 하자. $2\,\overline{AP}+3\,\overline{BP}=k\cos(\theta-\alpha)$일 때, $\sin\alpha$의 값은? (단, $k>0$)

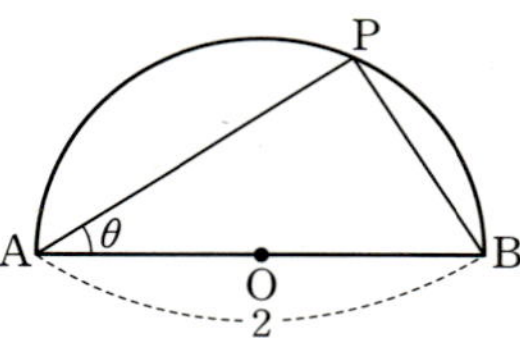

① $\dfrac{1}{\sqrt{13}}$ ② $\dfrac{2}{\sqrt{13}}$ ③ $\dfrac{3}{\sqrt{13}}$

④ $\dfrac{4}{\sqrt{13}}$ ⑤ $\dfrac{5}{\sqrt{13}}$

유형 11 삼각함수의 덧셈정리 활용

0443

그림과 같이 선분 AB가 지름이고 중심이 O인 원 위를 움직이는
점 P에 대하여 $\angle \mathrm{PAO} = \alpha$, $\angle \mathrm{POB} = \beta$라 하자. $\sin\alpha + \cos\beta$의
값이 최대가 되도록 하는 α, β에 대하여 $\cos\beta$의 값은?

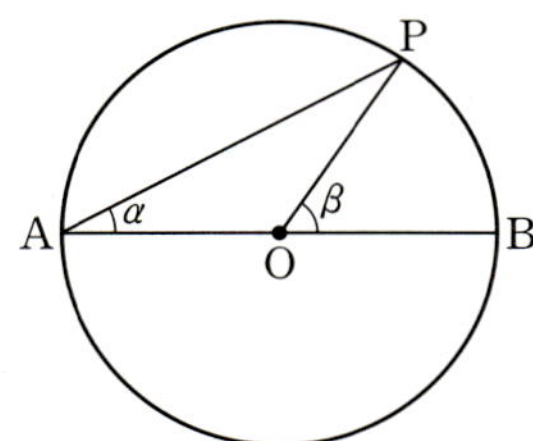

① $\dfrac{3}{4}$ ② $\dfrac{4}{5}$ ③ $\dfrac{5}{6}$

④ $\dfrac{6}{7}$ ⑤ $\dfrac{7}{8}$

0444

평가원기출

그림과 같이 중심이 O인 원 위에 세 점 A, B, C가 있다. $\overline{\mathrm{AC}} = 4$,
$\overline{\mathrm{BC}} = 3$이고 삼각형 ABC의 넓이가 2이다. $\angle \mathrm{AOB} = \theta$일 때,
$\sin\theta$의 값은? (단, $0 < \theta < \pi$)

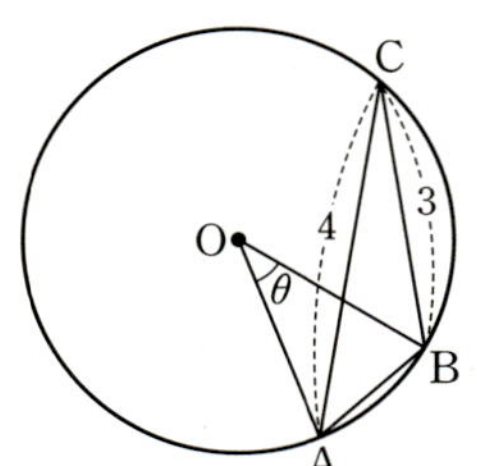

① $\dfrac{2\sqrt{2}}{9}$ ② $\dfrac{5\sqrt{2}}{18}$ ③ $\dfrac{\sqrt{2}}{3}$

④ $\dfrac{7\sqrt{2}}{18}$ ⑤ $\dfrac{4\sqrt{2}}{9}$

0445

서술형

직선 $3x + y + 3 = 0$ 위를 움직이는 점 P에서 원
$(x-1)^2 + (y-1)^2 = 1$에 그은 두 접선이 이루는 예각의 크기를
θ라 하자. 원의 중심을 C, $\overline{\mathrm{CP}} = l$이라 할 때, 다음 물음에 답하고
그 과정을 서술하시오.

(1) $\sin\dfrac{\theta}{2}$, $\cos\dfrac{\theta}{2}$를 l에 대한 식으로 나타내시오.

(2) $\cos\theta$를 l에 대한 식으로 나타내시오.

(3) $\cos\theta$의 최솟값을 구하시오.

0446

교육청기출

그림과 같이 두 직선 $y = x + a$, $y = \dfrac{1}{3}x + b$가 원 $x^2 + y^2 = r^2$에
접하는 점을 각각 P_1, P_2라 하고 $\angle \mathrm{P}_1\mathrm{OP}_2 = \alpha\ \left(0 < \alpha < \dfrac{\pi}{2}\right)$라 할
때, $\tan\alpha$의 값은? (단, $a < 0$, $b < 0$이고 O는 원점이다.)

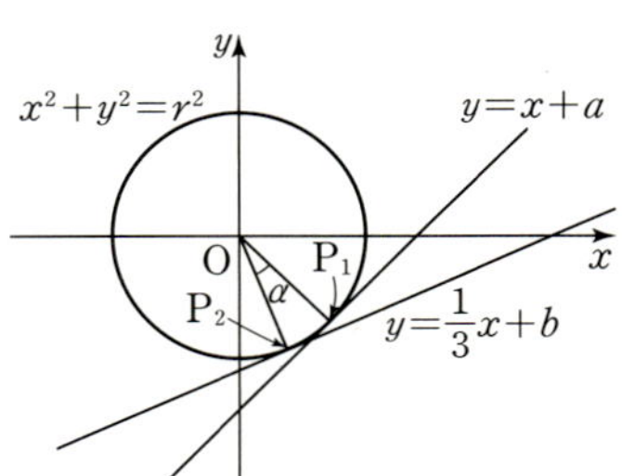

① $\dfrac{1}{4}$ ② $\dfrac{1}{2}$ ③ $\dfrac{3}{4}$

④ 1 ⑤ $\dfrac{5}{4}$

0447

그림과 같이 중심이 O이고 길이가 2인 선분 AB를 지름으로 하는 원 위의 두 점 P, Q가 $\angle POB = 2\angle BOQ$, $3\overline{AP} = 7\overline{BQ}$를 만족시킨다. $\angle BOQ = \theta$라 할 때, $90\cos\theta$의 값을 구하시오.

$$\left(\text{단, } 0 < \theta < \frac{\pi}{2}\right)$$

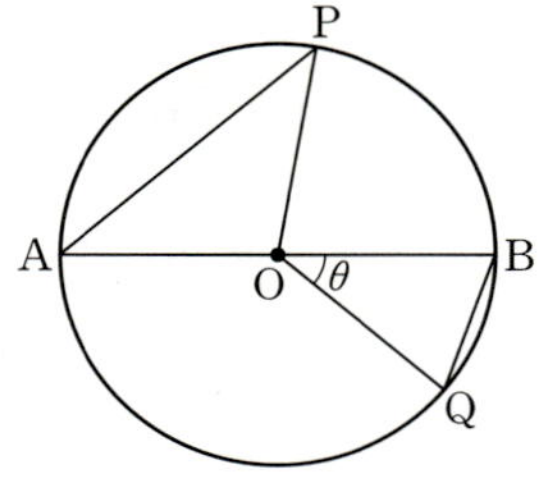

0448

그림과 같이 중심이 O이고 길이가 2인 선분 AB를 지름으로 하는 반원에서 호 AB 위의 점 C에 대하여 호 AC의 삼등분점 중 점 A에 가까운 점을 P라 하자. $\angle CAB = \theta$라 하면 $\sin\dfrac{\theta}{3} = \dfrac{1}{5}$일 때, 선분 AP의 길이를 구하시오.

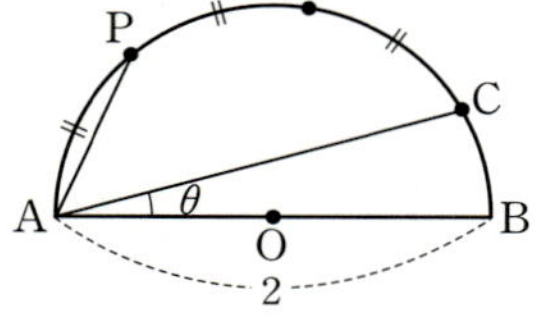

0449

그림과 같이 좌표평면에서 원점 O를 중심으로 하고 반지름의 길이가 각각 1, $\sqrt{2}$인 두 원 C_1, C_2가 있다. 직선 $y = \dfrac{1}{2}$이 원 C_1, C_2와 제1사분면에서 만나는 점을 각각 P, Q라 하자. 점 $A(\sqrt{2},\ 0)$에 대하여 $\angle QOP = \alpha$, $\angle AOQ = \beta$라고 할 때, $\sin(\alpha - \beta)$의 값은?

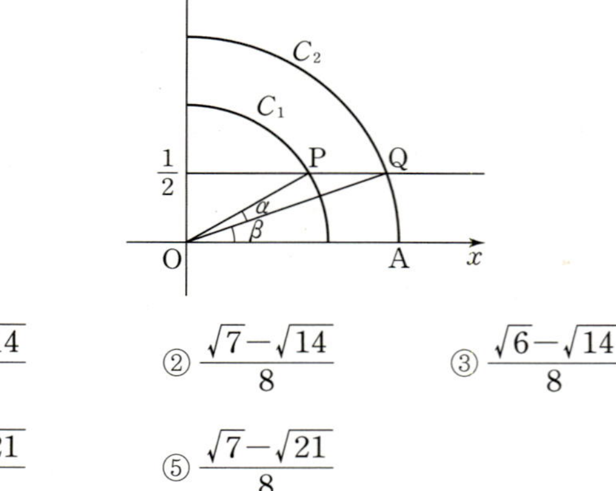

① $\dfrac{3 - \sqrt{14}}{8}$ ② $\dfrac{\sqrt{7} - \sqrt{14}}{8}$ ③ $\dfrac{\sqrt{6} - \sqrt{14}}{8}$

④ $\dfrac{3 - \sqrt{21}}{8}$ ⑤ $\dfrac{\sqrt{7} - \sqrt{21}}{8}$

0450

직선 $3x - \sqrt{5}y = 0$ 위를 움직이는 점 중 제1사분면 위에 있는 점 P에서 x축에 내린 수선의 발을 H라 하고, 선분 PH의 삼등분점을 점 H에 가까운 순서대로 A, B라 할 때, $\tan(\angle POH - \angle BOA)$의 값을 구하시오. (단, O는 원점이다.)

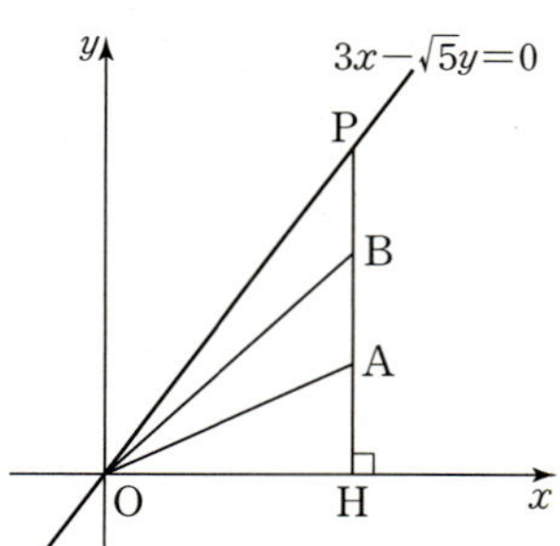

0451 빈출 👑
| 선행 0337 |

그림과 같이 높이가 4 m인 받침대 위에 높이가 12 m인 동상이 세워져 있다. 지면에 조명을 설치하여 야간에도 동상을 볼 수 있게 하려고 한다. 조명이 동상을 비추는 각 θ가 최대가 되는 지점에 조명을 설치할 때, 조명과 받침대 사이의 거리는?

(단, 폭은 무시한다.)

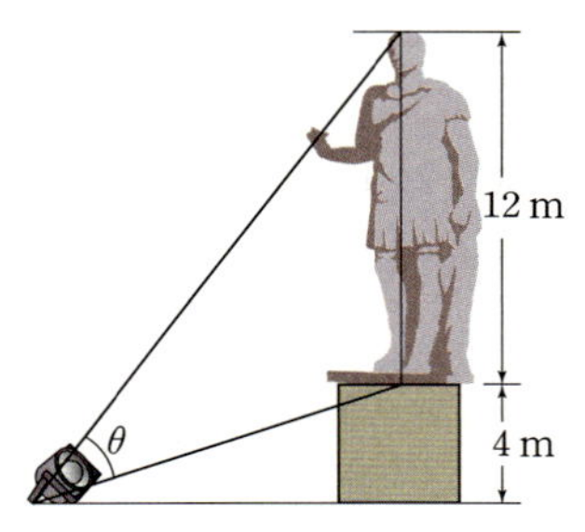

① 4 m   ② 5 m   ③ 6 m
④ 7 m   ⑤ 8 m

유형 12   삼각함수의 극한

0452

함수 $f(x)=\lim\limits_{n\to\infty}\dfrac{\sin(ax)-x^{2n+1}}{x^{2n}+1}$이 모든 실수 x에 대하여 연속이 되도록 하는 양수 a의 최솟값을 구하시오.

0453

다음 극한값을 모두 더한 값은?

> ㄱ. $\lim\limits_{x\to 0}\dfrac{\tan(4x)-\tan(3x)}{2x}$
> ㄴ. $\lim\limits_{x\to 0}\dfrac{\sin(4x)}{\tan x+x}$
> ㄷ. $\lim\limits_{x\to 0}\dfrac{3\sin(4x)\tan(2x)}{x\sin(3x)}$

① $\dfrac{15}{2}$ ② $\dfrac{17}{2}$ ③ $\dfrac{19}{2}$

④ $\dfrac{21}{2}$ ⑤ $\dfrac{23}{2}$

0454
| 선행 0342 |

함수 $f(k)=k\lim\limits_{x\to 0}\dfrac{1-\cos(kx)}{x^2}$에 대하여 $\sum\limits_{k=1}^{8}f(k)$의 값은?

① 612   ② 624   ③ 636
④ 648   ⑤ 660

0455

다음 극한값을 구하시오.

(1) $\lim\limits_{x\to 0}\dfrac{1-\cos(2x)}{x\tan x}$

(2) $\lim\limits_{x\to 0}\dfrac{\sin^2(2x)}{1-\cos x}$

0456 빈출

다음 극한값을 구하시오.

(1) $\displaystyle\lim_{x\to 0}\frac{e^{2x}-1}{\sin 3x}$

(2) $\displaystyle\lim_{x\to 0}\frac{x\ln(1+3x)}{1-\cos(3x)}$

0457

다음 중 옳은 것은?

① $\displaystyle\lim_{x\to 0}\frac{1-\cos x}{\sin x}=\frac{1}{2}$

② $\displaystyle\lim_{x\to \pi}\frac{\sin x}{x-\pi}=1$

③ $\displaystyle\lim_{x\to 0}\sin x\sin\frac{1}{x^2}=1$

④ $\displaystyle\lim_{x\to 0}\frac{\sin(4x^3+3x^2+2x)}{x^3-x^2-x}=4$

⑤ $\displaystyle\lim_{x\to \pi}\frac{(x-\pi)\sin 2x}{1+\cos x}=4$

0458 빈출

다음 극한값을 구하시오.

(1) $\displaystyle\lim_{x\to \frac{\pi}{2}}\frac{\cos x}{x-\dfrac{\pi}{2}}$

(2) $\displaystyle\lim_{x\to \frac{\pi}{2}}(2x-\pi)\tan x$

(3) $\displaystyle\lim_{x\to 2}\frac{\cos\dfrac{\pi}{4}x}{4-x^2}$

0459

다음 극한값을 계산하시오.

(1) $\displaystyle\lim_{x\to 0}\frac{\sin x-\tan x}{x^3}$

(2) $\displaystyle\lim_{x\to 0}\frac{\sin^2 x-\cos x+1}{3x\tan x}$

(3) $\displaystyle\lim_{x\to \frac{\pi}{2}}\frac{\sin(3x)+\sin x}{\left(x-\dfrac{\pi}{2}\right)^2}$

(4) $\displaystyle\lim_{x\to \frac{\pi}{2}}\frac{(\sin x-1)\cot^2(2x)}{\left(x-\dfrac{\pi}{2}\right)\sec x}$

0460 빈출

다음을 만족시키는 상수 a, b의 값을 구하시오.

(1) $\displaystyle\lim_{x\to 0}\frac{\ln(ax^2+1)}{\tan(3x)\sin(2x)}=2$

(2) $\displaystyle\lim_{x\to 0}\frac{\sin x}{\tan(ax+b)}=\frac{1}{2}$ $\left(단,\ -\dfrac{\pi}{2}<b<\dfrac{\pi}{2}\right)$

(3) $\displaystyle\lim_{x\to 0}\frac{\sin(3x)}{\sqrt{ax+b}-1}=3$

(4) $\displaystyle\lim_{x\to 0}\frac{\cos(ax)+b}{x\sin x}=-8$ $(단,\ a>0)$

0461 빈출

자연수 n에 대하여

$$f(n)=\lim_{x\to 0}\frac{x}{\tan x+\tan(2x)+\tan(3x)+\cdots+\tan(nx)}일$$

때, $\displaystyle\sum_{n=1}^{\infty}f(n)$의 값은?

① 1   ② 2   ③ 3

④ 4   ⑤ 5

0462 빈출

다음 물음에 답하시오.

(1) 자연수 n에 대하여

$$f(n)=\lim_{x\to0}\frac{\sin x+\sin(4x)+\sin(9x)+\cdots+\sin(n^2x)}{x}$$

일 때, $\displaystyle\lim_{n\to\infty}\frac{n^3}{f(n)}$의 값을 구하시오.

(2) 자연수 n에 대하여

$$f(n)=\lim_{x\to0}\frac{x}{\tan x+\tan(2x)+\tan(2^2x)+\cdots+\tan(2^{n-1}x)}$$

일 때, $\displaystyle\sum_{n=1}^{8}\left\{\frac{1}{f(n)}+1\right\}$의 값을 구하시오.

0463

함수 $\displaystyle f(k)=\lim_{x\to0}\frac{1-\sec(kx)}{x^2}$에 대하여 $\displaystyle\sum_{k=1}^{7}f(k)$의 값은?

① -85 ② -80 ③ -75

④ -70 ⑤ -65

0464 빈출

$f(x)=\cos x+\cos^2 x+\cos^3 x+\cdots$에 대하여

$\displaystyle\lim_{x\to0}(ax^2+b)f(x)=8$일 때, $a+b$의 값은?

(단, a, b는 상수이다.)

① 1 ② 2 ③ 3

④ 4 ⑤ 5

0465

구간 $\left(-\dfrac{\pi}{2},\ \dfrac{\pi}{2}\right)$에서 연속인 함수 $f(x)$가

$(1-\cos x)f(x)=\tan x(e^{2x}-1)$을 만족시킬 때, $f(0)$의 값을 구하시오.

0466 빈출

함수 $f(x)=\begin{cases}\dfrac{5^{3x}+\sin(2x)+a}{x} & (x\neq0)\\ b & (x=0)\end{cases}$가 $x=0$에서 연속이

되도록 하는 상수 a, b에 대하여 $a+b$의 값은?

① $\dfrac{\ln5}{3}-1$ ② $\dfrac{\ln5}{3}+1$ ③ $3\ln5-1$

④ $3\ln5+1$ ⑤ $3\ln5+2$

0467

다음 물음에 답하시오.

(1) 일차함수 $f(x)$가 $\displaystyle\lim_{x\to\frac{1}{2}}\frac{\cos(\pi x)}{f(x)}=3$을 만족시킬 때, $f(1)$의 값을 구하시오.

(2) 삼차함수 $f(x)$가 $\displaystyle\lim_{x\to0}\frac{f(x)}{1-\cos x}=6$, $\displaystyle\lim_{x\to\infty}\frac{f(x)}{x^3}=2$를 만족시킬 때, $f(1)$의 값을 구하시오.

0468 [평가원기출]

연속함수 $f(x)$가 $\lim\limits_{x \to 0} \dfrac{f(x)}{1-\cos x^2}=2$를 만족시킬 때,

$\lim\limits_{x \to 0} \dfrac{f(x)}{x^p}=q$이다. $p+q$의 값은? (단, $p>0$, $q>0$)

① 4   ② 5   ③ 6

④ 7   ⑤ 8

0469 빈출 서술형

다음 과정에 따라 $\lim\limits_{x \to 0} \dfrac{\sin x}{x}=1$을 증명하시오.

(1) $0<x<\dfrac{\pi}{2}$일 때, 다음과 같이 주어진 그림을 이용하여

$$\lim\limits_{x \to 0+} \dfrac{\sin x}{x}=1$$을 증명하시오.

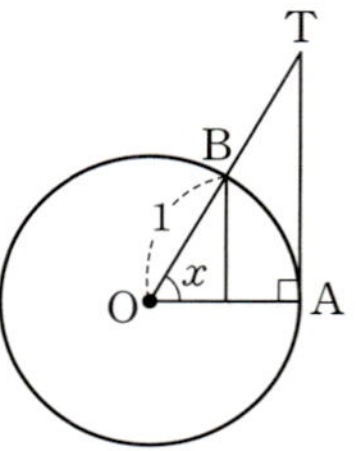

그림과 같이 중심이 O이고, 반지름의 길이가 1인 원에서 원 위의 점 A, B에 대하여 각 AOB의 크기를 x라디안이라 하고, 점 A에서의 접선과 선분 OB의 연장선의 교점을 T라 하자.

(2) $\lim\limits_{x \to 0-} \dfrac{\sin x}{x}=1$을 증명하시오.

0470 서술형

$\lim\limits_{x \to 0} \tan x \sin \dfrac{1}{x}=0$임을 증명하시오.

0471 [평가원기출]

$\lim\limits_{x \to 0} \dfrac{e^{1-\sin x}-e^{1-\tan x}}{\tan x - \sin x}$의 값은?

① $\dfrac{1}{e}$ ② $\dfrac{2}{e}$ ③ 1

④ e ⑤ $2e$

0472

〈보기〉에서 옳은 것만을 있는 대로 고른 것은?

보기

ㄱ. $\lim\limits_{x \to 0} \dfrac{1}{x} \sin x = 1$ ㄴ. $\lim\limits_{x \to 0} \dfrac{1}{x} \cos x = 1$

ㄷ. $\lim\limits_{x \to \infty} x \sin \dfrac{1}{x} = \infty$ ㄹ. $\lim\limits_{x \to \infty} \dfrac{1}{x} \cos x = 0$

① ㄱ   ② ㄱ, ㄹ   ③ ㄴ, ㄷ

④ ㄱ, ㄷ, ㄹ   ⑤ ㄴ, ㄷ, ㄹ

유형 13 삼각함수의 극한 활용

0473

그림과 같이 길이가 6인 선분 AB를 지름으로 하는 원 위의 한 점 P를 지나고 선분 AB에 수직인 직선이 원과 만나는 점 중 P가 아닌 점을 Q라 하자. $\angle PAB=\theta$라 하고, 삼각형 BPQ의 넓이를 $S(\theta)$라 할 때, $\lim\limits_{\theta \to 0+} \dfrac{S(\theta)}{\theta^3}$의 값을 구하시오.

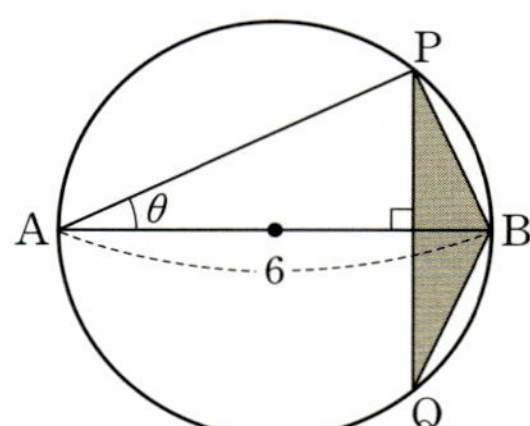

0474 서술형 ✏️

그림과 같이 반지름의 길이가 1인 원 O에서 부채꼴 QOP의 넓이에서 부채꼴 BOA의 넓이를 뺀 값을 $S(\theta)$라고 할 때, $\displaystyle\lim_{\theta \to 0+} \frac{S(\theta)}{\tan^3 \theta}$의 값을 구하고 그 과정을 서술하시오.

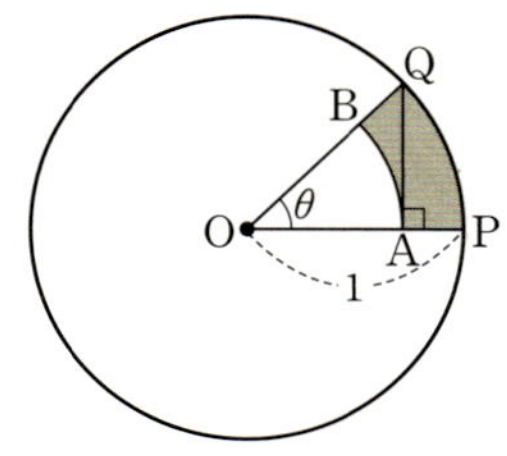

0475

그림과 같이 한 변의 길이가 1인 정삼각형 ABC의 변 BC 위를 움직이는 점 P에 대하여 $\angle BAP = \theta$라 하자. $\displaystyle\lim_{\theta \to 0+} \frac{\overline{AB} - \overline{AP}}{\theta}$의 값을 구하시오.

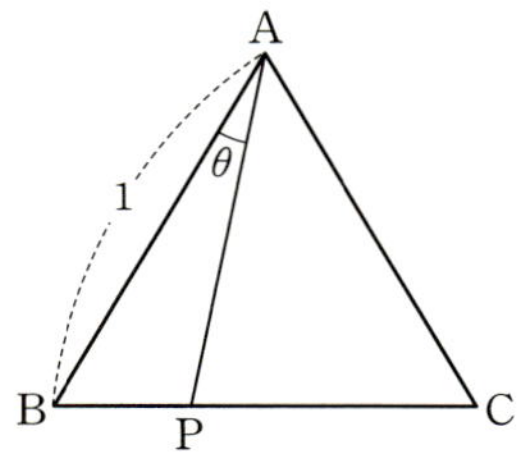

0476

그림과 같이 양수 θ에 대하여 $\angle AOB = \theta$, $\angle OAB = \dfrac{\pi}{2}$, $\overline{OA} = 10$인 직각삼각형 OAB가 있다. 변 OB 위에 있는 $\overline{OC} = 10$인 점 C에 대하여 삼각형 ABC의 둘레의 길이를 $f(\theta)$라 하자. $\displaystyle\lim_{\theta \to 0+} \frac{f(\theta)}{\theta}$의 값을 구하시오.

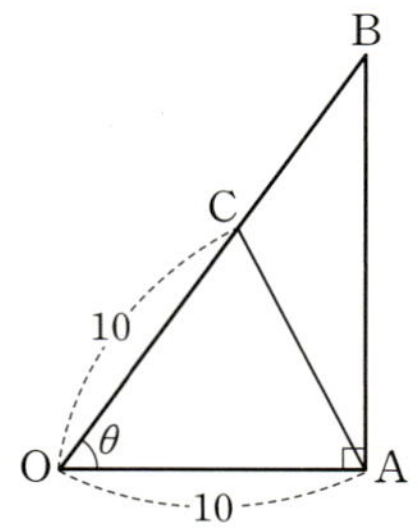

0477

그림과 같이 반지름의 길이가 1이고 중심각의 크기가 $\dfrac{\pi}{2}$인 부채꼴 BOA가 있다. 호 AB 위를 움직이는 점 P에 대하여 $\angle POA = \theta$라 하자. 삼각형 POA에 내접하는 원의 넓이를 $S(\theta)$라 할 때, $\displaystyle\lim_{\theta \to 0+} \frac{S(\theta)}{\theta^2}$의 값은? (단, $0 < \theta < \dfrac{\pi}{2}$)

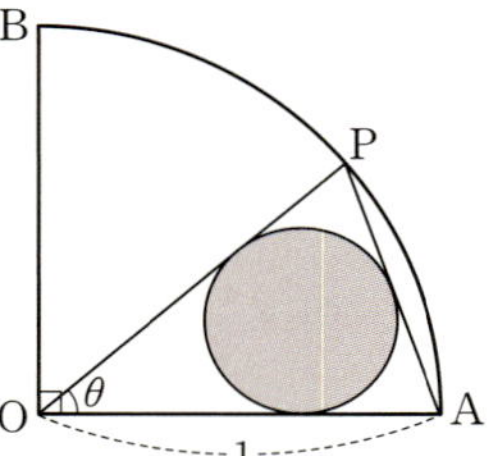

① $\dfrac{\pi}{8}$　　　② $\dfrac{\pi}{6}$　　　③ $\dfrac{\pi}{4}$

④ $\dfrac{\pi}{3}$　　　⑤ $\dfrac{\pi}{2}$

0478

그림과 같이 $\angle B = 90°$, $\overline{AC} = 4$인 직각삼각형 ABC가 있다. 점 B에서 변 AC에 내린 수선의 발을 D라 하고, 선분 BD를 지름으로 하는 원과 두 변 AB, BC의 교점을 각각 P, Q라 하자. $\angle A = \theta$, 삼각형 BPQ의 넓이를 $S(\theta)$라 할 때, $\lim\limits_{\theta \to 0+} \dfrac{S(\theta)}{\theta^3}$의 값은?

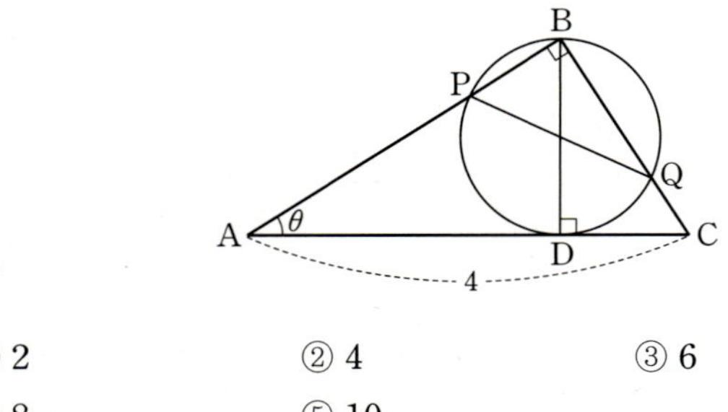

① 2   ② 4   ③ 6

④ 8   ⑤ 10

0479

중심이 O이고, 두 점 A, B를 지름의 양 끝으로 하며 반지름의 길이가 1인 원 C가 있다. 그림과 같이 원 C 위의 점 P에 대하여 점 O를 지나고 직선 AP와 평행한 직선이 선분 PB와 만나는 점을 Q, 호 PB와 만나는 점을 R라 하자. $\angle PAB = \theta \left(0 < \theta < \dfrac{\pi}{2}\right)$라 하고, 점 Q와 점 R를 지름의 양 끝으로 하는 원의 넓이를 $S(\theta)$라 할 때, $\lim\limits_{\theta \to 0+} \dfrac{S(\theta)}{\theta^4} = \dfrac{q}{p}\pi$이다. $p+q$의 값을 구하시오.

(단, $\overline{QR} < 1$이고, p와 q는 서로소인 자연수이다.)

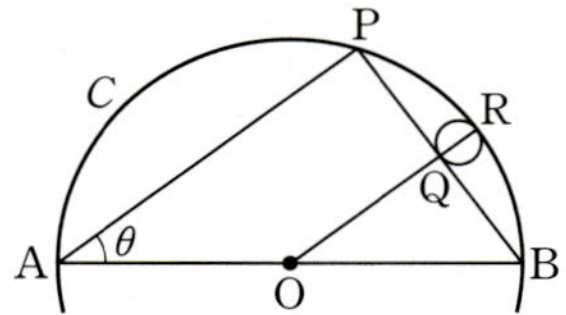

0480 빈출 👑

그림과 같이 원 $x^2 + y^2 = 1$ 위의 점 P에서의 접선이 x축과 만나는 점을 Q라 하자. 점 A$(-1, 0)$과 원점 O에 대하여 $\angle PAO = \theta$라 할 때, $\lim\limits_{\theta \to \frac{\pi}{4}-} \dfrac{\overline{PQ} - \overline{OQ}}{\theta - \dfrac{\pi}{4}}$의 값은?

(단, 점 P는 제1사분면 위의 점이다.)

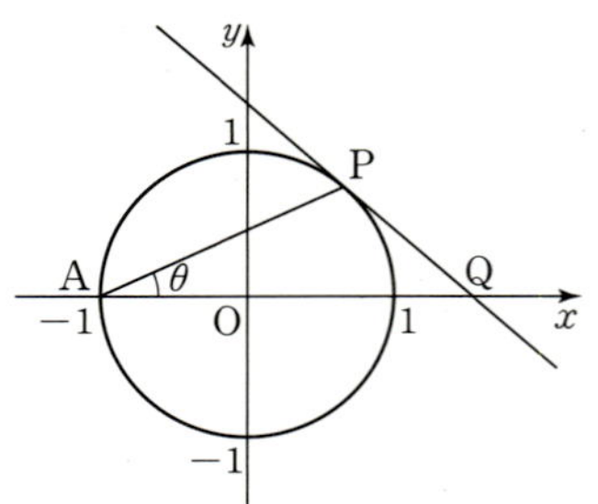

① 2   ② $\sqrt{3}$ ③ $\dfrac{3}{2}$

④ 1   ⑤ $\dfrac{\sqrt{2}}{2}$

0481

그림과 같이 양수 θ에 대하여 $\angle ABC = \angle ACB = \theta$이고 $\overline{BC} = 2$인 이등변삼각형 ABC가 있다. 삼각형 ABC의 내접원의 중심을 O, 선분 AB와 내접원이 만나는 점을 D, 선분 AC와 내접원이 만나는 점을 E라 하자. 삼각형 OED의 넓이를 $S(\theta)$라 할 때, $\lim\limits_{\theta \to 0+} \dfrac{S(\theta)}{\theta^3}$의 값은?

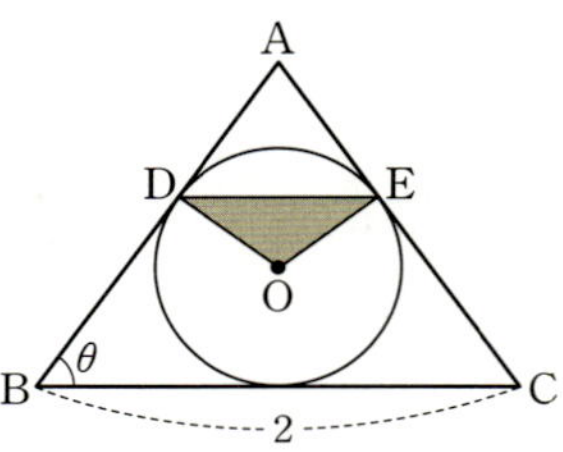

① $\dfrac{1}{8}$ ② $\dfrac{1}{4}$ ③ $\dfrac{3}{8}$

④ $\dfrac{1}{2}$ ⑤ $\dfrac{5}{8}$

0482　〔평가원기출〕

그림과 같이 $\overline{AB}=2$, $\angle B=\dfrac{\pi}{2}$인 직각삼각형 ABC에서 중심이 A, 반지름의 길이가 1인 원이 두 선분 AB, AC와 만나는 점을 각각 D, E라 하자.

호 DE의 삼등분점 중 점 D에 가까운 점을 F라 하고, 직선 AF가 선분 BC와 만나는 점을 G라 하자.

$\angle BAG=\theta$라 할 때, 삼각형 ABG의 내부와 부채꼴 ADF의 외부의 공통부분의 넓이를 $f(\theta)$, 부채꼴 AFE의 넓이를 $g(\theta)$라 하자. $40\times\lim\limits_{\theta\to0+}\dfrac{f(\theta)}{g(\theta)}$의 값을 구하시오. (단, $0<\theta<\dfrac{\pi}{6}$)

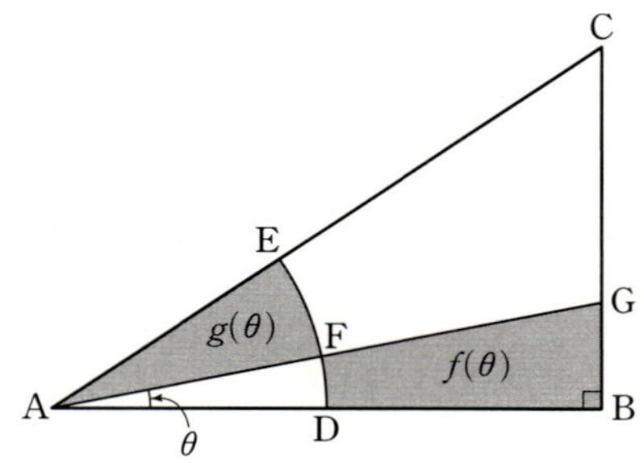

유형 14　$\sin x$, $\cos x$의 미분

0483　서술형

도함수의 정의를 이용하여 다음 함수의 도함수를 구하고, 그 과정을 서술하시오.

(1) $f(x)=\sin(2x)$

(2) $f(x)=\cos^2 x$

0484　서술형

다음 물음에 답하고, 그 과정을 서술하시오.

(1) $\cos(\alpha-\beta)=\cos\alpha\cos\beta+\sin\alpha\sin\beta$임을 이용하여 $\sin(\alpha+\beta)=\sin\alpha\cos\beta+\cos\alpha\sin\beta$임을 보이시오.

(2) (1)을 이용하여 함수 $y=\sin 2x$의 도함수를 구하고, 그 도함수를 $y=a\cos bx$의 꼴로 나타내시오. (단, a, b는 실수이다.)

0485

$\lim\limits_{x \to a} \dfrac{\sin x - \sin a}{\cos x - \cos a}$ 의 값은?

① $-\tan a$ ② $-\cot a$ ③ 1

④ $\tan a$ ⑤ $\cot a$

0486 빈출

함수 $f(x) = \sin x - \sqrt{3}\cos x - x$에 대하여 $f'(a) = \sqrt{3} - 1$을 만족시키는 a의 값은? (단, $0 \leq a < \dfrac{\pi}{2}$)

① $\dfrac{\pi}{12}$ ② $\dfrac{\pi}{6}$ ③ $\dfrac{\pi}{4}$

④ $\dfrac{\pi}{3}$ ⑤ $\dfrac{5}{12}\pi$

0487

| 선행 0349 |

다음 함수에 대하여 주어진 극한값을 구하시오.

(1) $f(x) = x^2(\cos x + 1)$, $\lim\limits_{x \to \pi} \dfrac{f(x)}{x - \pi}$

(2) $f(x) = e^x \sin x - \cos x$, $\lim\limits_{h \to 0} \dfrac{f(\pi - h) - 1}{h}$

(3) $f(x) = 2\sin x - 3\cos x$, $\lim\limits_{n \to \infty} n\left\{ f\left(\dfrac{2}{n}\right) - f(0) \right\}$

0488 빈출

다음 물음에 답하시오.

(1) 함수 $f(x) = \lim\limits_{h \to 0} \dfrac{x\sin(x+h) - x\sin x}{h}$에 대하여 $f'\left(\dfrac{\pi}{2}\right)$의 값을 구하시오.

(2) 함수 $f(x) = \lim\limits_{h \to 0} \dfrac{(x-h)\cos(x+h) - x\sin\left(\dfrac{\pi}{2} - x\right)}{h}$에 대하여 $f'(\pi)$의 값을 구하시오.

0489

미분가능한 두 함수 $f(x)$, $g(x)$가

$f(x)-g(x)=\cos x+\dfrac{1}{20}x^2$을 만족시킨다. 방정식

$\dfrac{g'(x)}{f'(x)}+\dfrac{f'(x)}{g'(x)}=2$의 모든 실근의 개수는?

$$(\text{단, } f'(x)g'(x)\neq 0)$$

① 6   ② 7   ③ 8

④ 9   ⑤ 10

0490 빈출 서술형

함수 $f(x)=\sin x-\cos x$에 대하여 $\displaystyle\lim_{x\to 0}\dfrac{f(\sin x)+1}{x}$의 값을 구하고, 그 과정을 서술하시오.

0491

$\displaystyle\lim_{x\to 0}\dfrac{e-e^{\cos x}}{2x^2}$의 값은?

① $\dfrac{e}{4}$ ② $\dfrac{e}{2}$ ③ e

④ $2e$ ⑤ $4e$

0492

그림과 같이 좌표평면 위의 네 점 $O(0, 0)$, $A(1, 0)$, $B(1, 2)$, $C(0, 2)$를 꼭짓점으로 하는 직사각형 OABC가 있다.

이 직사각형을 꼭짓점 A를 중심으로 하여 시계방향으로 θ만큼 회전시킬 때, 점 B가 이동한 점을 B′이라 하고 $f(\theta)=\overline{OB'}^2$이라 하자. 이때, $f'(\pi)$의 값을 구하시오.

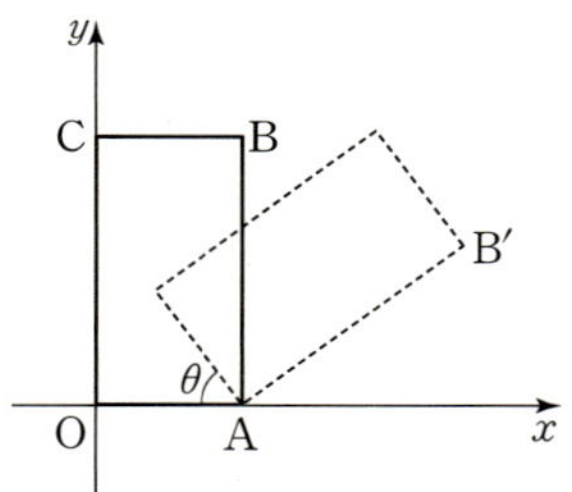

스키마로 풀이 흐름 알아보기

자연수 n에 대하여 $f(n) = \lim\limits_{x \to 0} \dfrac{x}{\underbrace{e^x + e^{2x} + e^{3x} + \cdots + e^{nx} - n}_{\text{조건}}}$ 라 할 때, $\underbrace{\sum\limits_{n=1}^{15} f(n)}_{\text{답}}$ 의 값은?

① $\dfrac{3}{2}$　　　② $\dfrac{27}{16}$　　　③ $\dfrac{15}{8}$　　　④ $\dfrac{33}{16}$　　　⑤ $\dfrac{9}{4}$

유형03 $\lim\limits_{x \to 0} \dfrac{\ln(1+x)}{x}$, $\lim\limits_{x \to 0} \dfrac{e^x - 1}{x}$ 꼴 극한 **0375**

스키마 schema

》》 주어진 조건 은 무엇인지? 구하는 답 은 무엇인지? 이 둘을 어떻게 연결할지?

1단계

조건
$$f(n) = \lim_{x \to 0} \frac{x}{e^x + e^{2x} + e^{3x} + \cdots + e^{nx} - n}$$

$$f(n) = \lim_{x \to 0} \frac{x}{(e^x - 1) + (e^{2x} - 1) + (e^{3x} - 1) + \cdots + (e^{nx} - 1)}$$
$$= \lim_{x \to 0} \frac{1}{\dfrac{e^x - 1}{x} + \dfrac{e^{2x} - 1}{2x} \times 2 + \dfrac{e^{3x} - 1}{3x} \times 3 + \cdots + \dfrac{e^{nx} - 1}{nx} \times n}$$

$f(n)$의 극한은 $\dfrac{0}{0}$ 꼴이고, 이때 분모의 식으로부터 $\lim\limits_{x \to 0} \dfrac{e^x - 1}{x}$ 을 이용하도록 식을 변형해야 함을 유추할 수 있다. 분모의 e^x, e^{2x}, $\cdots$, e^{nx}에 각각 -1을 더하여 식을 정리하고, 분모, 분자를 x로 나누어 $\lim\limits_{\star \to 0} \dfrac{e^\star - 1}{\star}$ 에서 ☆ 부분의 형태가 같도록 식을 변형한다.

2단계

조건
$$f(n) = \lim_{x \to 0} \frac{x}{e^x + e^{2x} + e^{3x} + \cdots + e^{nx} - n}$$

$$f(n) = \lim_{x \to 0} \frac{1}{\dfrac{e^x - 1}{x} + \dfrac{e^{2x} - 1}{2x} \times 2 + \dfrac{e^{3x} - 1}{3x} \times 3 + \cdots + \dfrac{e^{nx} - 1}{nx} \times n}$$

$$f(n) = \frac{1}{1 + 2 + 3 + \cdots + n} = \frac{2}{n(n+1)}$$

$\lim\limits_{\star \to 0} \dfrac{e^\star - 1}{\star} = 1$이므로
$$f(n) = \frac{1}{1 + 2 + 3 + \cdots + n}$$
$$= \frac{2}{n(n+1)}$$

3단계

조건
$$f(n) = \lim_{x \to 0} \frac{x}{e^x + e^{2x} + e^{3x} + \cdots + e^{nx} - n}$$

$$f(n) = \lim_{x \to 0} \frac{1}{\dfrac{e^x - 1}{x} + \dfrac{e^{2x} - 1}{2x} \times 2 + \dfrac{e^{3x} - 1}{3x} \times 3 + \cdots + \dfrac{e^{nx} - 1}{nx} \times n}$$

$$f(n) = \frac{2}{n(n+1)} \longrightarrow \frac{15}{8}$$

답 $\sum\limits_{n=1}^{15} f(n)$ 의 값

$$\therefore \sum_{n=1}^{15} f(n) = \sum_{n=1}^{15} \frac{2}{n(n+1)}$$
$$= 2 \sum_{n=1}^{15} \left(\frac{1}{n} - \frac{1}{n+1} \right)$$
$$= 2 \left(1 - \frac{1}{16} \right) = \frac{15}{8}$$

답 ③

그림과 같이 반지름의 길이가 1이고 중심각의 크기가 $\dfrac{\pi}{2}$인 부채꼴 BOA가 있다.

호 AB 위를 움직이는 점 P에 대하여 $\angle POA = \theta$라 하자. 삼각형 POA에 내접하는
조건②

원의 넓이를 $S(\theta)$라 할 때, $\displaystyle\lim_{\theta \to 0+} \dfrac{S(\theta)}{\theta^2}$의 값을 구하시오. $\left(\text{단, } 0 < \theta < \dfrac{\pi}{2}\right)$
답

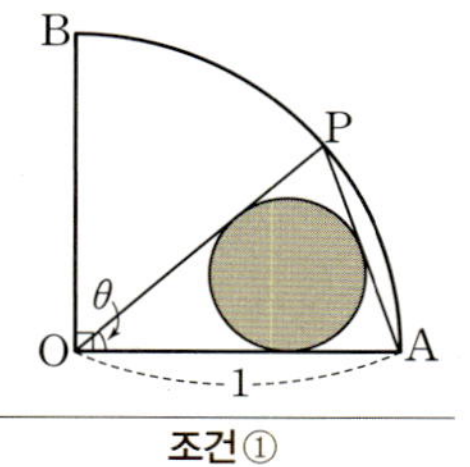

유형 13 삼각함수의 극한 활용 0477

II

스키마 schema 　　　≫ 주어진 조건은 무엇인지? 구하는 답은 무엇인지? 이 둘을 어떻게 연결할지?

1단계

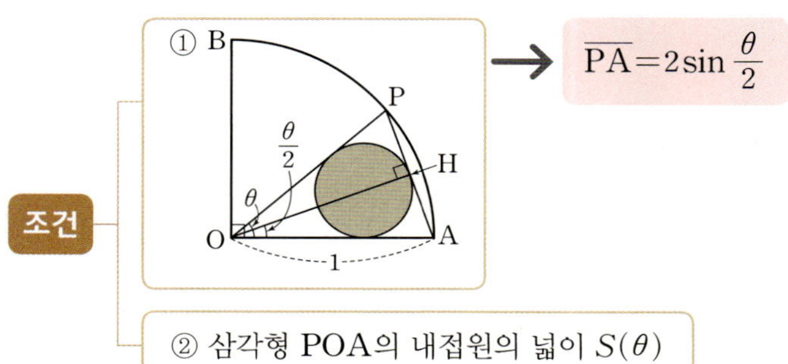

조건 → $\overline{PA} = 2\sin\dfrac{\theta}{2}$

② 삼각형 POA의 내접원의 넓이 $S(\theta)$

점 O에서 선분 AP에 내린 수선의
발을 H라 하면
직각삼각형 OHA에서
$\overline{AH} = \sin\dfrac{\theta}{2}$이므로
$\overline{AP} = 2\overline{AH} = 2\sin\dfrac{\theta}{2}$

2단계

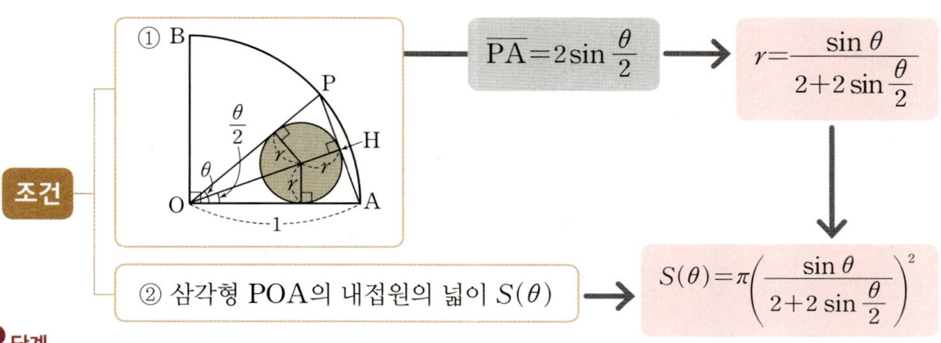

조건 → $\overline{PA} = 2\sin\dfrac{\theta}{2}$ → $r = \dfrac{\sin\theta}{2 + 2\sin\dfrac{\theta}{2}}$

② 삼각형 POA의 내접원의 넓이 $S(\theta)$ → $S(\theta) = \pi\left(\dfrac{\sin\theta}{2 + 2\sin\dfrac{\theta}{2}}\right)^2$

삼각형 OAP에 내접하는
원의 반지름의 길이를 r라 하면
$\triangle OAP = \dfrac{1}{2} \times \left(1 + 1 + 2\sin\dfrac{\theta}{2}\right) \times r$
$= \dfrac{1}{2} \times 1 \times 1 \times \sin\theta$
에서 $S(\theta) = \pi\left(\dfrac{\sin\theta}{2 + 2\sin\dfrac{\theta}{2}}\right)^2$

3단계

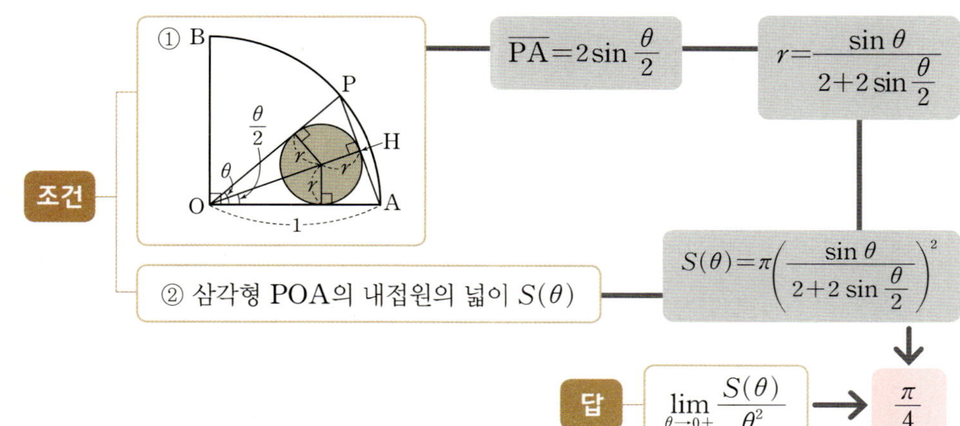

조건 → $\overline{PA} = 2\sin\dfrac{\theta}{2}$ ── $r = \dfrac{\sin\theta}{2 + 2\sin\dfrac{\theta}{2}}$

② 삼각형 POA의 내접원의 넓이 $S(\theta)$ ── $S(\theta) = \pi\left(\dfrac{\sin\theta}{2 + 2\sin\dfrac{\theta}{2}}\right)^2$

답 → $\displaystyle\lim_{\theta \to 0+} \dfrac{S(\theta)}{\theta^2}$ → $\dfrac{\pi}{4}$

$\therefore \displaystyle\lim_{\theta \to 0+} \dfrac{S(\theta)}{\theta^2}$
$= \displaystyle\lim_{\theta \to 0+} \left\{ \pi\left(\dfrac{\sin\theta}{2 + 2\sin\dfrac{\theta}{2}}\right)^2 \times \dfrac{1}{\theta^2} \right\}$
$= \displaystyle\lim_{\theta \to 0+} \left\{ \dfrac{\sin^2\theta}{\theta^2} \times \dfrac{\pi}{\left(2 + 2\sin\dfrac{\theta}{2}\right)^2} \right\}$
$= \dfrac{\pi}{4}$

답 $\dfrac{\pi}{4}$

0493

$\lim\limits_{x\to 0}\dfrac{2^{\frac{1}{x}}+8}{2^{\frac{1}{x}}+2^{a}}=b$가 성립하도록 하는 상수 a, b에 대하여 $a+b$의 값은?

① 2 ② 3 ③ 4
④ 5 ⑤ 6

0494

평가원기출

$a>0$, $b>0$, $a\neq 1$, $b\neq 1$일 때, 함수

$$f(x)=\frac{b^{x}+\log_{a}x}{a^{x}+\log_{b}x}$$

에 대하여 〈보기〉에서 옳은 것만을 있는 대로 고른 것은?

보기

ㄱ. $1<a<b$이면 $x>1$인 모든 x에 대하여 $f(x)>1$이다.
ㄴ. $b<a<1$이면 $\lim\limits_{x\to\infty}f(x)=0$이다.
ㄷ. $\lim\limits_{x\to 0+}f(x)=\log_{a}b$

① ㄱ ② ㄴ ③ ㄱ, ㄷ
④ ㄴ, ㄷ ⑤ ㄱ, ㄴ, ㄷ

0495

선행 0358

다음 극한값을 구하시오.

(1) $\lim\limits_{n\to\infty}\left[\left(1-\dfrac{1}{n^{2}}\right)\left\{1-\dfrac{1}{(n+1)^{2}}\right\}\left\{1-\dfrac{1}{(n+2)^{2}}\right\}\times\cdots\right.$
$\left.\times\left\{1-\dfrac{1}{(3n-1)^{2}}\right\}\right]^{3n}$

(2) $\lim\limits_{n\to\infty}n\left\{\sum\limits_{k=2}^{n}\ln\left(1-\dfrac{1}{k^{2}}\right)+\ln 2\right\}$

0496

선행 0360

자연수 n에 대하여

$$f(n)=\lim\limits_{x\to 0}\frac{1}{x}\ln\frac{(1+2x)(2+3x)(3+4x)\cdots\{n+(n+1)x\}}{1\times 2\times 3\times\cdots\times n}$$

일 때, $f(20)-\sum\limits_{n=1}^{19}\dfrac{1}{n}$의 값은?

① $\dfrac{401}{19}$ ② $\dfrac{401}{20}$ ③ $\dfrac{501}{19}$
④ $\dfrac{501}{20}$ ⑤ $\dfrac{601}{19}$

0497

$\displaystyle\lim_{x\to0}\frac{10^x-5^x-2^x+a}{x^2}=b\ln5$를 만족시키는 상수 a, b에 대하여
e^{ab}의 값을 구하시오.

0498

다음 물음에 답하시오.

(1) $f(x)=\displaystyle\lim_{n\to\infty}n(\sqrt[n]{x^2+1}-1)$에 대하여 $\displaystyle\lim_{x\to0}\frac{f(x)}{x^2}$의 값을
구하시오.

(2) $f(x)=\displaystyle\lim_{n\to\infty}n\left\{(\log x)^{\frac{1}{n}}-1\right\}$에 대하여 $f(x^4)-f(\sqrt{x})$의 값을
구하시오. (단, $x>1$, $x\neq10$)

0499

이차항의 계수가 1인 이차함수 $f(x)$와 함수

$$g(x)=\begin{cases}\dfrac{1}{\ln(x+1)} & (x\neq0)\\ 8 & (x=0)\end{cases}$$

에 대하여 함수 $f(x)g(x)$가 구간 $(-1,\ \infty)$에서 연속일 때,
$f(3)$의 값은?

① 6 　　　　② 9 　　　　③ 12

④ 15 　　　　⑤ 18

0500

$\displaystyle\lim_{x\to\infty}\frac{(x^3+3x)\ln(x^2+1)-(x^3+3x)\ln(x^2+3)}{\ln(8^x-2^x)}$의 값을
구하시오.

0501 서술형 ✐

함수 $f(x)=\cos x$에 대하여

$$g(x)=\lim_{h\to 0}\frac{f(x+2h)+f(x-2h)-2f(x)}{h^2}$$ 일 때,

$\displaystyle\sum_{k=1}^{8}g'\left(\frac{k}{4}\pi\right)$의 값을 구하고 그 과정을 서술하시오.

0502 평가원기출

양수 t에 대하여 다음 조건을 만족시키는 실수 k의 값을 $f(t)$라 하자.

> 직선 $x=k$와 두 곡선 $y=e^{\frac{x}{2}}$, $y=e^{\frac{x}{2}+3t}$이 만나는 점을 각각 P, Q라 하고, 점 Q를 지나고 y축에 수직인 직선이 곡선 $y=e^{\frac{x}{2}}$과 만나는 점을 R라 할 때, $\overline{PQ}=\overline{QR}$이다.

함수 $f(t)$에 대하여 $\displaystyle\lim_{t\to 0+}f(t)$의 값은?

① $\ln 2$ ② $\ln 3$ ③ $\ln 4$
④ $\ln 5$ ⑤ $\ln 6$

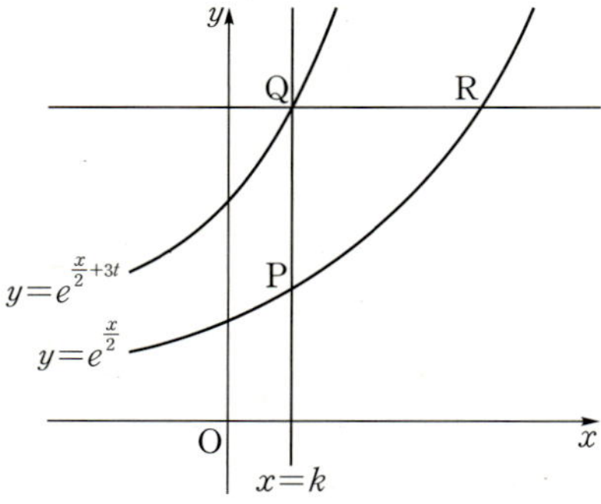

0503

직선 $y=k$가 두 곡선 $y=\log_2(8x+12)$, $y=\log_2(2x+3)$과 만나는 점을 각각 A, B라 할 때, 점 A를 지나고 y축에 평행한 직선이 곡선 $y=\log_2(2x+3)$과 만나는 점을 C라 하고, 점 B를 지나고 y축에 평행한 직선이 곡선 $y=\log_2(8x+12)$와 만나는 점을 D라 하자. 두 곡선 $y=\log_2(8x+12)$, $y=\log_2(2x+3)$과 두 선분 AC, BD로 둘러싸인 부분의 넓이를 $S(k)$라 할 때,

$\displaystyle\lim_{k\to 0}\frac{4S(k)-3}{\ln(2k+1)}$의 값을 구하시오.

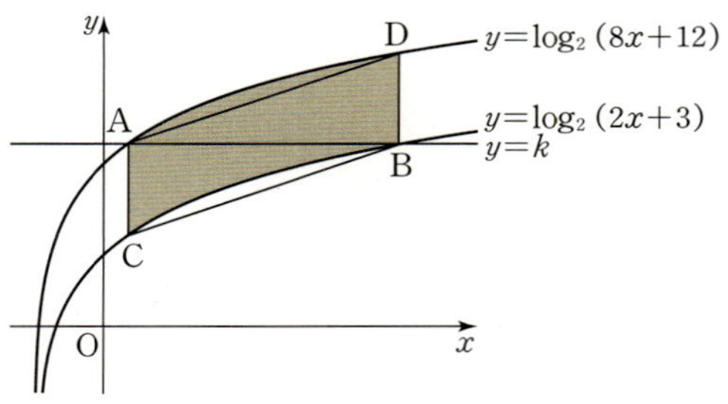

0504

두 수열 $\{a_n\}$, $\{b_n\}$에 대하여 함수

$$f_n(x)=e^x(a_n x+b_n)\ (n=1,\ 2,\ 3,\ \cdots)$$

이 모든 실수 x에 대하여 다음 조건을 만족시킨다.

> (가) $f_1(x)=xe^x$
> (나) $f_{n+1}(x)=f_n(x)+f_n{}'(x)$

$\log_2\dfrac{a_{20}}{b_6-16}$의 값을 구하시오.

0505

함수

$$f(x)=\sin x \cos x \cos (2x) \cos (4x) \cos (8x) \cdots \cos (2^{28}x)$$

에 대하여 $\log_2 f\left(\dfrac{\pi}{2^{30}}\right)$ 의 값은?

① -30 ② -29 ③ 0

④ 29 ⑤ 30

0507

방정식 $3\sin^2 x-\cos (2x)=2\cos x+k$가 실근을 갖도록 하는
실수 k의 값의 범위가 $a\leq k\leq b$일 때, $a+b$의 값을 구하시오.

(단, a, b는 상수이다.)

0506

$0\leq x<\pi$일 때, 방정식 $\cos\left(\dfrac{5}{6}\pi-x\right)=-\sin\left(2x+\dfrac{\pi}{3}\right)$의 해의
최댓값은 M, 최솟값은 m이다. $\cos (M-m)$의 값은?

① $-\dfrac{\sqrt{3}}{2}$ ② $-\dfrac{1}{2}$ ③ $\dfrac{1}{2}$

④ $\dfrac{\sqrt{2}}{2}$ ⑤ $\dfrac{\sqrt{3}}{2}$

0508

삼각형 ABC에 대하여

$$1+\tan (A-\pi)+\tan (\pi+B)=\tan A \tan B$$

가 성립할 때, $\sin (11C)$의 값을 구하시오.

0509

$0 \le x \le \pi$에서 함수 $f(x) = \sin x + \cos x + \sin x \cos x$의 최댓값과 최솟값의 합을 구하시오.

0510

교육청기출

그림과 같이 $\overline{AB}=3$, $\overline{BC}=1$이고 $\angle ABC = \dfrac{\pi}{2}$인 직각삼각형 ABC가 있다. 선분 AB를 지름으로 하는 반원 위의 점 P에서의 접선이 선분 AC의 연장선과 만나는 점을 Q라 하자. $\angle PQA = \dfrac{\pi}{4}$이고 $\angle PAB = \theta$라 할 때, $60 \tan (2\theta)$의 값을 구하시오.

$$\left(단, \ 0 < \theta < \frac{\pi}{6} \right)$$

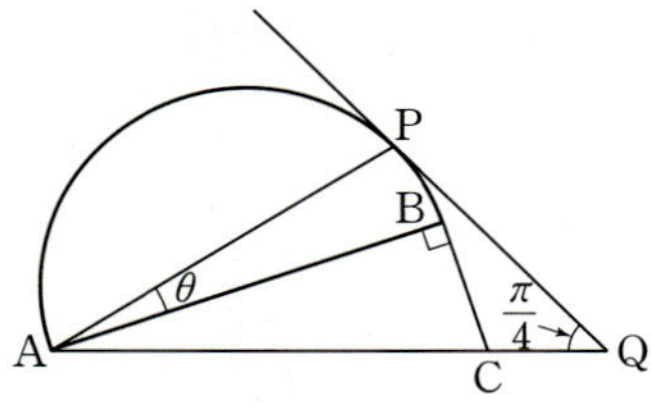

0511

평가원기출

그림에서 선분 AB는 원 O의 지름이고 $\angle AOC = \dfrac{\pi}{4}$이며 선분 OC와 선분 AD는 수직이다. $\angle ABD = \theta$일 때, $\sin (2\theta)$의 값은?

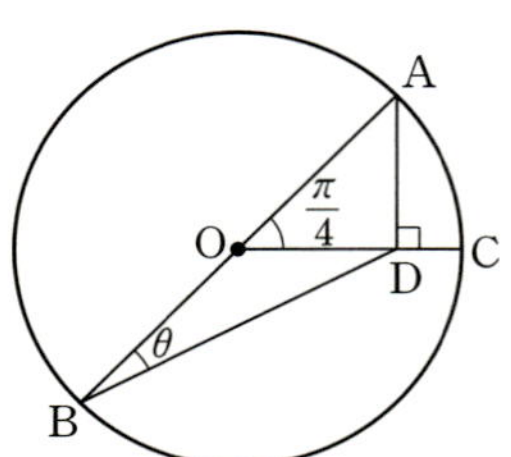

① $\dfrac{1}{3}$ ② $\dfrac{2}{3}$ ③ $\dfrac{3}{4}$

④ $\dfrac{3}{5}$ ⑤ $\dfrac{4}{5}$

0512 빈출

다음 극한값을 구하시오.

(1) $\displaystyle \lim_{x \to \frac{\pi}{4}} \frac{1 - \tan^2 x}{\sin x - \cos x}$

(2) $\displaystyle \lim_{x \to \frac{\pi}{4}} \frac{\sin x - \cos x}{\sin x - \dfrac{\sqrt{2}}{2}}$

0513

$\displaystyle\lim_{x \to 0}\dfrac{\sqrt{1+\sin x+\sin^2 x}-(a\sin x+b)}{\sin^2 x}=c$ 일 때, $a+b+c$의 값을 구하시오. (단, a, b, c는 상수이다.)

0514

$f(x)=\displaystyle\lim_{n \to \infty}\dfrac{nx\tan\left(\sqrt{n+x}-\sqrt{n-x}\right)}{\sqrt{nx^2-1}}$ 일 때, $f(-1)+f(5)$의 값을 구하시오.

0515

다항함수 $g(x)$에 대하여 함수 $f(x)=e^{-x}\sin x+g(x)$가

$$\lim_{x \to 0}\frac{f(x)}{x}=1,\quad \lim_{x \to \infty}\frac{f(x)}{x^2}=1$$

을 만족시킬 때, 〈보기〉에서 옳은 것만을 있는 대로 고른 것은?

보기

ㄱ. $g(0)=0$

ㄴ. $\displaystyle\lim_{x \to \infty}\dfrac{g(x)}{x^2}=1$

ㄷ. $\displaystyle\lim_{x \to 0}\dfrac{f(x)}{g(x)}=1$

① ㄱ ② ㄴ ③ ㄱ, ㄴ

④ ㄴ, ㄷ ⑤ ㄱ, ㄴ, ㄷ

0516

다음 〈보기〉에서 옳은 것만을 있는 대로 고른 것은?

보기

ㄱ. $\displaystyle\lim_{x \to 0}\ln(1+\tan x)^{\cot x}=1$

ㄴ. 자연수 n에 대하여 $\displaystyle\lim_{x \to 0}\ln(1+\tan^{n+1} x)^{\csc^n x}=0$이다.

ㄷ. 3 이상의 자연수 n에 대하여 $\displaystyle\lim_{x \to 0}\dfrac{e^{\cos^n x}-e}{\sin^n x}$는 존재하지 않는다.

① ㄴ ② ㄱ, ㄴ ③ ㄱ, ㄷ

④ ㄴ, ㄷ ⑤ ㄱ, ㄴ, ㄷ

0517

교육청기출

그림과 같이 정삼각형 ABC의 한 변 CB 위에 점 D를 $\angle DAB = \dfrac{\pi}{12}$가 되도록 정하고, 선분 CD를 지름으로 하는 원을 평면 ABC 위에 그린다. 이 원 위를 움직이는 점 P에 대하여 $\angle CDP = \theta \left(0 \leq \theta \leq \dfrac{\pi}{2}\right)$라 하자. 삼각형 ADP의 넓이가 최대가 되도록 하는 θ에 대하여 $\sin\theta\cos\theta$의 값은?

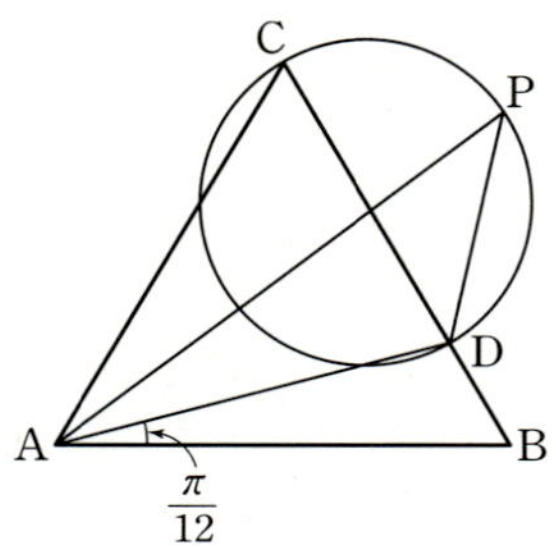

① $\dfrac{1}{8}$

② $\dfrac{\sqrt{6}-\sqrt{2}}{8}$

③ $\dfrac{1}{4}$

④ $\dfrac{\sqrt{6}-\sqrt{2}}{4}$

⑤ $\dfrac{\sqrt{6}+\sqrt{2}}{4}$

0518

평가원기출

좌표평면에서 중심이 원점 O이고, 반지름의 길이가 1인 원 위의 점 P에서의 접선이 x축과 만나는 점을 Q, 점 A$(0, 1)$과 점 P를 지나는 직선이 x축과 만나는 점을 R라 하자. $\angle QOP = \theta$라 하고 삼각형 PQR의 넓이를 $S(\theta)$라고 하자. $\displaystyle\lim_{\theta \to 0+} \dfrac{S(\theta)}{\theta^2} = \alpha$일 때, 100α의 값을 구하시오. (단, 점 P는 제1사분면 위의 점이다.)

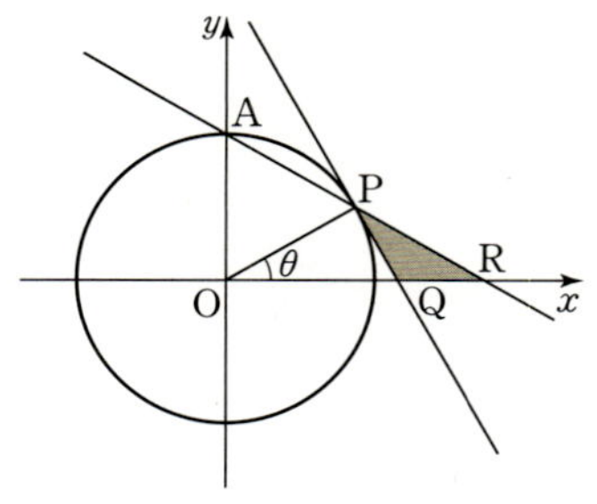

0519

평가원기출

그림과 같이 좌표평면에서 원 $x^2+y^2=1$과 곡선 $y=\ln(x+1)$이 제1사분면에서 만나는 점을 A라 하자. 점 B$(1, 0)$에 대하여 호 AB 위의 점 P에서 y축에 내린 수선의 발을 H, 선분 PH와 곡선 $y=\ln(x+1)$이 만나는 점을 Q라 하자. $\angle \mathrm{POB}=\theta$라 할 때, 삼각형 OPQ의 넓이를 $S(\theta)$, 선분 HQ의 길이를 $L(\theta)$라 하자.

$\displaystyle\lim_{\theta\to0+}\frac{S(\theta)}{L(\theta)}=k$일 때, $60k$의 값을 구하시오.

$$\left(\text{단, } 0<\theta<\frac{\pi}{6}\text{이고, O는 원점이다.}\right)$$

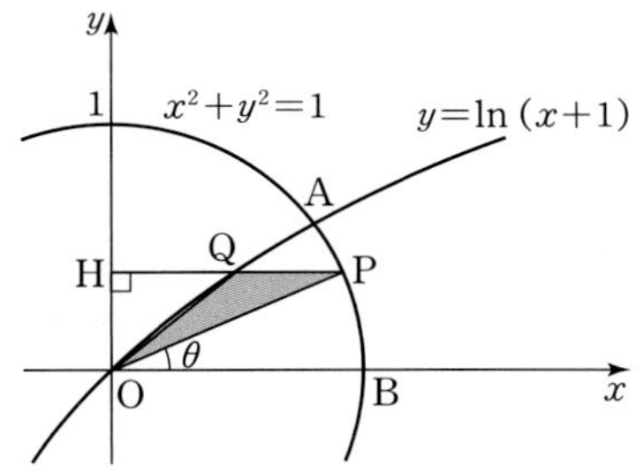

0520

선생님 Pick!　평가원기출

그림과 같이 중심이 O이고 길이가 2인 선분 AB를 지름으로 하는 반원 위에 $\angle \mathrm{AOC}=\dfrac{\pi}{2}$인 점 C가 있다.

호 BC 위에 점 P와 호 CA 위에 점 Q를 $\overline{\mathrm{PB}}=\overline{\mathrm{QC}}$가 되도록 잡고, 선분 AP 위에 점 R를 $\angle \mathrm{CQR}=\dfrac{\pi}{2}$가 되도록 잡는다. 선분 AP와 선분 CO의 교점을 S라 하자. $\angle \mathrm{PAB}=\theta$일 때, 삼각형 POB의 넓이를 $f(\theta)$, 사각형 CQRS의 넓이를 $g(\theta)$라 하자.

$\displaystyle\lim_{\theta\to0+}\frac{3f(\theta)-2g(\theta)}{\theta^2}$의 값은? (단, $0<\theta<\dfrac{\pi}{4}$)

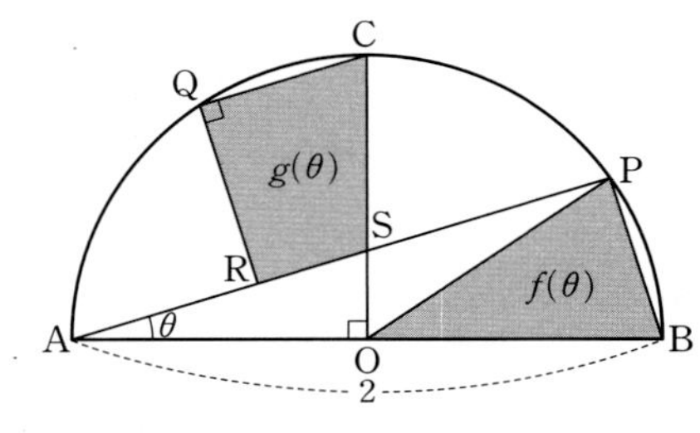

① 1 　　② 2 　　③ 3
④ 4 　　⑤ 5

|이전 학습 내용|

현재 학습 내용

• 함수의 실수배, 합, 차, 곱의 미분법 [수학Ⅱ Ⅱ. 미분]

함수 $f(x)$, $g(x)$가 미분가능할 때,
① $\{cf(x)\}'=cf'(x)$ (단, c는 상수)
② $\{f(x)+g(x)\}'=f'(x)+g'(x)$
③ $\{f(x)-g(x)\}'=f'(x)-g'(x)$
④ $\{f(x)g(x)\}'=f'(x)g(x)+f(x)g'(x)$

• 함수 $f(x)=x^n$ (n은 양의 정수)과 상수함수의 도함수 [수학Ⅱ Ⅱ. 미분]

① $f(x)=x^n$ (n은 자연수)이면
  $f'(x)=nx^{n-1}$
② $f(x)=c$ (c는 상수)이면 $f'(x)=0$

• 로그함수의 도함수 [Ⅰ. 여러 가지 함수의 미분]

① $y=\ln x$이면 $y'=\dfrac{1}{x}$ ($x>0$)

② $y=\log_a x$이면 $y'=\dfrac{1}{x\ln a}$
  ($x>0$, $a>0$, $a\neq1$)

• 함수의 몫의 미분법   유형01 몫의 미분법

1. 함수의 몫의 미분법

두 함수 $f(x)$, $g(x)$가 미분가능하고 $g(x)\neq0$일 때

(1) $y=\dfrac{f(x)}{g(x)}$이면 $y'=\dfrac{f'(x)g(x)-f(x)g'(x)}{\{g(x)\}^2}$

(2) $y=\dfrac{1}{g(x)}$이면 $y'=-\dfrac{g'(x)}{\{g(x)\}^2}$

2. 함수 $y=x^n$ (n은 정수)의 도함수

n이 정수일 때 $y=x^n$이면 $y'=nx^{n-1}$

3. 삼각함수의 도함수

(1) $y=\sin x$이면 $y'=\cos x$ (2) $y=\cos x$이면 $y'=-\sin x$

(3) $y=\tan x$이면 $y'=\sec^2 x$ (4) $y=\sec x$이면 $y'=\sec x\tan x$

(5) $y=\csc x$이면 $y'=-\csc x\cot x$ (6) $y=\cot x$이면 $y'=-\csc^2 x$

• 합성함수의 미분법   유형02 합성함수의 미분법

1. 합성함수의 미분법

두 함수 $y=f(u)$, $u=g(x)$가 미분가능할 때, 합성함수 $y=f(g(x))$의 도함수는

$$\frac{dy}{dx}=\frac{dy}{du}\times\frac{du}{dx} \ \text{또는} \ \{f(g(x))\}'=f'(g(x))g'(x)$$

$\dfrac{dy}{dx}$는 y를 x에 대하여 미분한다는 뜻이다.

2. 절댓값 기호가 포함된 로그함수 $y=\ln|x|$의 도함수

함수 $f(x)$가 미분가능하며 $f(x)\neq0$일 때

(1) $y=\ln|x|$이면 $y'=\dfrac{1}{x}$

(2) $y=\log_a|x|$이면 $y'=\dfrac{1}{x\ln a}$ (단, $a>0$, $a\neq1$)

(3) $y=\ln|f(x)|$이면 $y'=\dfrac{f'(x)}{f(x)}$

(4) $y=\log_a|f(x)|$이면 $y'=\dfrac{f'(x)}{f(x)\ln a}$ (단, $a>0$, $a\neq1$)

3. 함수 $y=x^\alpha$ ($x>0$, α는 실수)의 도함수

α가 실수일 때
$y=x^\alpha$이면 $y'=\alpha x^{\alpha-1}$

$y=x^\alpha$의 양변의 절댓값에 자연로그를 취하면
$\ln|y|=\ln|x^\alpha|=\alpha\ln|x|$
$f(y)=\ln|y|$, $g(x)=\alpha\ln|x|$라 하면
$\dfrac{df(y)}{dx}=\dfrac{df(y)}{dy}\times\dfrac{dy}{dx}=\dfrac{1}{y}\times\dfrac{dy}{dx}$,
$\dfrac{dg(x)}{dx}=\dfrac{\alpha}{x}$이므로 $\dfrac{1}{y}\times\dfrac{dy}{dx}=\dfrac{\alpha}{x}$
$\therefore \dfrac{dy}{dx}=\dfrac{\alpha y}{x}=\dfrac{\alpha x^\alpha}{x}=\alpha x^{\alpha-1}$

II

• **매개변수로 나타낸 함수의 미분법** ──────── 유형03 매개변수로 나타낸 함수의 미분법

1. 매개변수로 나타낸 함수

두 변수 x, y 사이의 관계가 변수 t를 매개로 하여

$$x=f(t),\ y=g(t)$$

와 같이 나타내어질 때, 변수 t를 x, y의 **매개변수**라 하고

두 함수 $x=f(t)$, $y=g(t)$를 매개변수로 나타낸 함수라고 한다.

2. 매개변수로 나타낸 함수의 미분법

두 함수 $x=f(t)$, $y=g(t)$가 미분가능하고 $f'(t)\neq 0$일 때

$$\frac{dy}{dx}=\frac{\dfrac{dy}{dt}}{\dfrac{dx}{dt}}=\frac{g'(t)}{f'(t)}$$

• **음함수의 미분법** ──────── 유형04 음함수의 미분법

1. 음함수

방정식 $f(x,\ y)=0$에서 x와 y의 값의 범위를 적당히 정하면

y는 x의 함수가 된다. 이와 같이 x의 함수 y가 방정식

$$f(x,\ y)=0$$

꼴로 주어졌을 때, y를 x의 **음함수** 표현이라고 한다.

예 $x^2+y^2-1=0$, $xy-1=0$은 음함수 표현이다.

2. 음함수의 미분법

음함수 $f(x,\ y)=0$에서 y를 x의 함수로 보고, 양변의 각 항을 x에 대하여

미분하여 $\dfrac{dy}{dx}$를 구한다.　음함수의 미분법은 $f(x,y)=0$을 $y=f(x)$ 꼴로 고치기 어려운 함수를 미분할 때 유용하다.

• **역함수의 미분법** ──────── 유형05 역함수의 미분법

미분가능한 함수 $f(x)$의 역함수 $y=f^{-1}(x)$가 존재하고 이 역함수가 미분가능할 때,

$y=f^{-1}(x)$의 도함수는 다음과 같다.

$$(f^{-1})'(x)=\frac{1}{f'(y)}\ \text{또는}\ \frac{dy}{dx}=\frac{1}{\dfrac{dx}{dy}}\ \left(\text{단},\ f'(y)\neq 0,\ \frac{dy}{dx}\neq 0\right)$$

미분가능한 함수 $y=f(x)$의 역함수 $y=f^{-1}(x)$가 존재하고 이 역함수가 미분가능할 때,

$f(a)=b$이고 $f'(a)\neq 0$이면 다음이 성립한다.

$$(f^{-1})'(b)=\frac{1}{f'(a)}$$

• **이계도함수**　도함수의 도함수이다. ──────── 유형06 이계도함수

함수 $y=f(x)$의 도함수 $f'(x)$가 미분가능할 때, 함수 $f'(x)$의 도함수

$$\lim_{\varDelta x\to 0}\frac{f'(x+\varDelta x)-f'(x)}{\varDelta x}$$

를 함수 $f(x)$의 **이계도함수**라 한다.

<$f''(a)$의 의미>
① 함수 $f''(x)$의 $x=a$에서의 함숫값
② 함수 $f'(x)$의 $x=a$에서의 미분계수

이를 기호로 $f''(x)$, y'', $\dfrac{d^2y}{dx^2}$, $\dfrac{d^2}{dx^2}f(x)$와 같이 나타낸다.

• **역함수**　수학 Ⅴ. 함수와 그래프

함수 $f:X\longrightarrow Y$가 일대일대응일 때, Y의

각 원소 y에 $f(x)=y$인 X의 원소 x를

대응시키는 함수를 f의 역함수라 하고,

기호로

$$f^{-1}:Y\longrightarrow X,\ f^{-1}(y)=x$$

와 같이 나타낸다.

(1) $f(a)=b\Longleftrightarrow f^{-1}(b)=a$

(2) $(f^{-1}\circ f)(x)=x\ (x\in X)$

　　$(f\circ f^{-1})(y)=y\ (y\in Y)$

(3) 함수 $y=f(x)$의 그래프와 그 역함수

　　$y=f^{-1}(x)$의 그래프는 직선 $y=x$에

　　대하여 대칭이다.

• **도함수**　수학Ⅱ Ⅱ. 미분

함수 $y=f(x)$가 정의역에 속하는 모든

x에서 미분가능할 때, 정의역에 속하는 각

x에 미분계수 $f'(x)$를 대응시킨 새로운

함수를 함수 $y=f(x)$의 도함수라고 한다.

즉,

$$f'(x)=\lim_{\varDelta x\to 0}\frac{f(x+\varDelta x)-f(x)}{\varDelta x}$$

이를 기호로 $f'(x)$, y', $\dfrac{dy}{dx}$, $\dfrac{d}{dx}f(x)$와

같이 나타낸다.

유형 01　몫의 미분법

미분가능한 두 함수를 나누어 만든 분수꼴 함수, x^n (n은 음의 정수), $\tan x$, $\cot x$, $\sec x$, $\csc x$의 도함수와 미분계수를 구하는 문제를 분류하였다.

유형해결 TIP

미분가능한 두 함수 $f(x)$, $g(x)$에 대하여
$$\left\{\frac{f(x)}{g(x)}\right\}' = \frac{f'(x)g(x)-f(x)g'(x)}{\{g(x)\}^2} \text{이다.}$$
특히 $\left\{\dfrac{1}{f(x)}\right\}' = -\dfrac{f'(x)}{\{f(x)\}^2}$임을 이용하여 문제를 해결하자.

0521

다음 함수의 도함수를 구하시오.

(1) $y = \dfrac{1}{x+3}$

(2) $y = \dfrac{2x-1}{x+2}$

(3) $y = \dfrac{1}{x}$

0522

다음 함수에 대하여 주어진 미분계수를 구하시오.

(1) $f(x) = 5x - \dfrac{2}{x}$, $f'(1)$

(2) $f(x) = \dfrac{1}{x^4}$, $f'(2)$

(3) $f(x) = \dfrac{e^x}{3x+2}$, $f'(0)$

0523　빈출 ♕

다음 함수에 대하여 주어진 극한값을 구하시오.

(1) $f(x) = \dfrac{2x}{x+1}$, $\displaystyle\lim_{h\to 0}\frac{f(1+h)-f(1)}{h}$

(2) $f(x) = \dfrac{x-1}{x^2+2}$, $\displaystyle\lim_{h\to 0}\frac{f(1+2h)-f(1-h)}{h}$

(3) $f(x) = \dfrac{\ln x}{x}$, $\displaystyle\lim_{x\to e}\frac{f(x)-f(e)}{x-e}$

0524　빈출 ♕

다음 물음에 답하시오.

(1) 함수 $f(x) = \dfrac{x-2}{x^3}$에 대하여 $f'(1)$의 값을 구하시오.

(2) 함수 $f(x) = \dfrac{2x^3+5x-3}{x^2}$에 대하여

$\displaystyle\lim_{h\to 0}\frac{f(-1+2h)-f(-1-h)}{h}$의 값을 구하시오.

0525　서술형 ✎

몫의 미분법을 이용하여 다음이 성립함을 보이시오.

(1) $(\tan x)' = \sec^2 x$

(2) $(\sec x)' = \sec x \tan x$

0526 빈출

다음 물음에 답하시오.

(1) $\csc x + \cot x$를 x에 대하여 미분하시오.

(2) 함수 $f(x) = \tan x + 2\sec x$에 대하여 $f'\left(\dfrac{\pi}{6}\right)$의 값을 구하시오.

0527

함수 $f(x) = \tan x$에 대하여 $f(a) = 3$일 때, $f'(a)$의 값을 구하시오.

0528

미분가능한 함수 $f(x)$에 대하여 $f(0) = -1$이고,

함수 $g(x) = \dfrac{x^2 - 2x}{2 + f(x)}$일 때, $g'(0)$의 값은?

① -2 ② -1 ③ 0

④ 1 ⑤ 2

유형02 합성함수의 미분법

합성함수의 미분법을 이용하여 합성함수의 도함수와 미분계수를 구하는 문제를 분류하였다.

유형해결 TIP

(1) 미분가능한 두 함수 $f(x)$, $g(x)$에 대하여 합성함수 $f(g(x))$가 정의되면 미분가능하며 $\{f(g(x))\}' = f'(g(x))g'(x)$이다.

또한 $(x^a)' = ax^{a-1}$ (a는 실수)이고, $(\ln|x|)' = \dfrac{1}{x}$이다.

이를 이용하여 다음과 같이 계산할 수 있다.

❶ $y = \{f(x)\}^n \Rightarrow y' = n\{f(x)\}^{n-1}f'(x)$ (n은 실수)

❷ $y = e^{f(x)} \Rightarrow y' = e^{f(x)}f'(x)$

❸ $y = a^{f(x)} \Rightarrow y' = a^{f(x)}\ln a \times f'(x)$ (단, $a > 0$, $a \neq 1$)

❹ $y = \ln f(x)$, $y = \ln|f(x)| \Rightarrow y' = \dfrac{f'(x)}{f(x)}$ (단, $f(x) > 0$)

❺ $y = \log_a f(x)$, $y = \log_a|f(x)| \Rightarrow y' = \dfrac{f'(x)}{f(x)\ln a}$
   (단, $f(x) > 0$, $a > 0$, $a \neq 1$)

❻ $y = \sin f(x) \Rightarrow y' = \{\cos f(x)\} \times f'(x)$

❼ $y = \cos f(x) \Rightarrow y' = \{-\sin f(x)\} \times f'(x)$

❽ $y = \tan f(x) \Rightarrow y' = \{\sec^2 f(x)\} \times f'(x)$

(2) 다음과 같은 꼴의 함수
   $y = f(x)^{g(x)}$ (단, $f(x) > 0$)
   $y = $ (다항함수의 거듭제곱을 여러 개 곱하거나 나눈 꼴)
   의 도함수를 구할 때에는 이 식의 양변의 절댓값에 자연로그 $\ln$을 취한 후, 합성함수의 미분법을 이용하여 양변을 x에 대하여 미분하여 $\dfrac{dy}{dx}$를 구할 수 있다.

0529 빈출

다음 물음에 답하시오.

(1) 함수 $f(x) = (x^2 + 1)^5$의 도함수를 구하시오.

(2) 함수 $f(x) = (2x^3 - 3)^4$에 대하여 $f'(1)$의 값을 구하시오.

0530 빈출

다음 물음에 답하시오.

(1) 함수 $y = 2e^{3x-1}$의 $x = 1$에서의 미분계수를 구하시오.

(2) 함수 $y = e^{x^2 + 5x}$의 $x = -1$에서의 미분계수를 구하시오.

(3) 함수 $y = 2e^{\sin x}$의 $x = \dfrac{\pi}{6}$에서의 미분계수를 구하시오.

0531

다음 함수에 대하여 주어진 미분계수를 구하시오.

(1) $f(x) = \cos(2x+1)$, $f'(1)$

(2) $f(x) = \sin\left(\dfrac{\pi}{4} + 2\tan x\right)$, $f'(0)$

(3) $f(x) = \cos^2 x$, $f'\left(\dfrac{2}{3}\pi\right)$

(4) $f(x) = \tan^2 x + \cot x$, $f'\left(\dfrac{\pi}{4}\right)$

0532 빈출 👑

다음 물음에 답하시오.

(1) 함수 $y = \ln(3x^2+2)$의 $x=2$에서의 미분계수를 구하시오.

(2) 함수 $y = \ln|x^3 - 2x^2|$의 $x=3$에서의 미분계수를 구하시오.

0533

함수 $f(x) = x^2 + x\ln(2x-1)$에 대하여

$\displaystyle\lim_{h\to 0}\dfrac{f(1+3h)-f(1)}{h}$의 값은?

① 3   ② 6   ③ 9

④ 12   ⑤ 15

0534

함수 $f(x) = \sin(x^2 + 2ax)$에 대하여 $f'(0) = 3$일 때, 상수 a의 값은?

① 1   ② $\dfrac{3}{2}$ ③ 2

④ $\dfrac{5}{2}$ ⑤ 3

0535

다음 물음에 답하시오.

(1) 함수 $y = x\sqrt{x}$의 $x=1$에서의 미분계수를 구하시오.

(2) 함수 $y = \sqrt[3]{x^4}$의 $x=8$에서의 미분계수를 구하시오.

(3) 함수 $y = \sqrt{(2x^2+1)^3}$의 $x=-1$에서의 미분계수를 구하시오.

0536

다음 중 바르게 미분한 것은?

① $(e^x)' = e^{x-1}$

② $\left(\dfrac{1}{x^3}\right)' = \dfrac{3}{x^4}$

③ $(\sqrt{x})' = \dfrac{1}{2\sqrt{x}}$

④ $\left\{\dfrac{f(x)}{g(x)}\right\}' = \dfrac{f'(x)g(x) + f(x)g'(x)}{\{g(x)\}^2}$

⑤ $(\tan^2 x)' = 2\sec^2 x$

0537

미분가능한 두 함수 $f(x)$, $g(x)$가 $\lim\limits_{x \to 3} \dfrac{f(x)-3}{x-3}=2$,

$\lim\limits_{x \to 2} \dfrac{g(x)-3}{x-2}=5$를 만족시킬 때, 함수 $y=(f \circ g)(x)$의

$x=2$에서의 미분계수는?

① 5   ② 10   ③ 15

④ 20   ⑤ 25

0538

실수 전체의 집합에서 미분가능한 함수 $f(x)$에 대하여 $f(3)=2$,

$f'(3)=3$일 때, 함수 $y=\dfrac{1}{1+f(3x)}$의 $x=1$에서의 미분계수를

구하시오.

0539

다음 물음에 답하시오.

(1) 두 함수 $f(x)=4x^2-3x$, $g(x)=x^3-5x+1$에 대하여

함수 $(g \circ f)(x)$의 $x=1$에서의 미분계수를 구하시오.

(2) 두 함수 $f(x)=\sin x$, $g(x)=x^2+1$에 대하여

함수 $h(x)=(g \circ f)(x)$라고 할 때, $h'\left(\dfrac{\pi}{3}\right)$의 값을 구하시오.

0540

다음 물음에 답하시오.

(1) 두 함수 $f(x)=\dfrac{x-1}{x^2+1}$, $g(x)=x^2+2x-1$의 합성함수

$h(x)=(f \circ g)(x)$에 대하여 $h'(-2)$의 값을 구하시오.

(2) 두 함수 $f(x)=\dfrac{3x^2+2}{x+1}$, $g(x)=\log_2 x$의 합성함수

$h(x)=(f \circ g)(x)$에 대하여 $h'\left(\dfrac{1}{4}\right)$의 값을 구하시오.

유형 03   매개변수로 나타낸 함수의 미분법

매개변수로 나타낸 함수 $\begin{cases} x=f(t) \\ y=g(t) \end{cases}$에 대하여 $\dfrac{dy}{dx}$의 값을 구하는

문제를 분류하였다.

유형 해결 TIP

$\dfrac{dy}{dx}=\dfrac{g'(t)}{f'(t)}$는 t에 대한 식이므로 매개변수로 나타낸 곡선 위의

점의 좌표가 주어진 경우 t의 값을 구하여 대입하도록 하자.

0541

매개변수로 나타내어진 곡선 $\begin{cases} x=t^2-1 \\ y=2t^3+3 \end{cases}$에 대하여 $t=1$일 때,

$\dfrac{dy}{dx}$의 값은?

① 2   ② 3   ③ 4

④ 5   ⑤ 6

0542

매개변수 t로 나타내어진 곡선 $x=(t-3)^2$, $y=3+2t-t^2$에 대하여 $t=2$에서의 접선의 기울기는?

① 1 ② 2 ③ 3
④ 4 ⑤ 5

0543

매개변수 t로 나타내어진 함수 $x=e^{t-1}$, $y=e^{3t+2}$에 대하여 $\dfrac{dy}{dx}=ae^{bt+c}$일 때, $a+b+c$의 값은? (단, a, b, c는 유리수이다.)

① 5 ② 6 ③ 7
④ 8 ⑤ 9

0544

매개변수 t로 나타내어진 함수 $x=3t-1$, $y=1-2t^2$에서 t를 소거하여 $y=f(x)$로 나타내었을 때, $\displaystyle\lim_{h\to0}\dfrac{f(3h-2)-f(5h-2)}{h}$의 값은?

① $-\dfrac{8}{9}$ ② $-\dfrac{2}{3}$ ③ $-\dfrac{4}{9}$
④ $-\dfrac{2}{9}$ ⑤ 0

유형 04 음함수의 미분법

x의 함수 y가 음함수 $f(x,y)=0$의 꼴로 주어졌을 때, $\dfrac{dy}{dx}$의 값을 구하는 문제를 분류하였다.

유형 해결 TIP

음함수 $f(x,y)=0$의 각 항을 x에 대하여 미분할 때, y는 x에 대한 함수로 보고 합성함수의 미분법을 이용하여 $\dfrac{dy}{dx}$를 구하자.

⑩ 음함수 $x-y^2+1=0$에서 $\dfrac{dy}{dx}$ 구하기

$$\frac{d}{dx}(x)-\frac{d}{dx}(y^2)+\frac{d}{dx}(1)=0$$
$$1-2y\frac{dy}{dx}=0 \qquad \therefore\ \frac{dy}{dx}=\frac{1}{2y}$$

0545 빈출 👑

다음 물음에 답하시오.

(1) 음함수 $xy+x-4y=0$에서 $x=2$, $y=1$일 때 $\dfrac{dy}{dx}$의 값을 구하시오.

(2) 곡선 $x^2y-2y^2+2y=1$ 위의 점 $(1,\ 1)$에서의 접선의 기울기를 구하시오.

0546

$x\neq2y$일 때, 음함수 $\dfrac{x}{y}-\dfrac{y}{x}=-1$에 대하여 $\dfrac{dy}{dx}$는?

① $\dfrac{2x+y}{2y-x}$ ② $\dfrac{2x-y}{2y-x}$ ③ $\dfrac{2x+y}{x-2y}$
④ $\dfrac{x-2y}{y+2x}$ ⑤ $\dfrac{x+2y}{y-2x}$

유형 05 역함수의 미분법

역함수의 미분법을 이용하여 주어진 함수의 역함수의 미분계수 또는 도함수를 구하는 문제를 분류하였다.

유형 해결 TIP

함수 $f(x)$의 역함수가 $g(x)$일 때, $g'(x) = \dfrac{1}{f'(g(x))}$이다.

즉, $f(a) = b$이면 $g'(b) = \dfrac{1}{f'(a)}$이므로

$g'(\triangle)$의 값을 묻는 문제에서는 다음과 같은 순서로 해결하자.

❶ $f(\square) = \triangle$를 만족시키는 $\square$의 값을 찾는다.

❷ $f'(\square)$의 값을 구한다.

❸ $g'(\triangle) = \dfrac{1}{f'(\square)}$

0547

다음 물음에 답하시오.

(1) 곡선 $x = \dfrac{3y}{y^2 - 2}$에 대하여 $y = 1$에서의 $\dfrac{dy}{dx}$의 값을 구하시오.

(2) 곡선 $x = \dfrac{1}{\sqrt{y}} + \ln y$에 대하여 $y = 1$에서의 $\dfrac{dy}{dx}$의 값을 구하시오.

0548

함수 $f(x)$가 $f(1) = 3$, $f'(1) = \dfrac{1}{5}$을 만족시키고, 그 역함수 $f^{-1}(x)$가 미분가능할 때, $(f^{-1})'(3)$의 값은?

① 1　　　　② 2　　　　③ 3

④ 4　　　　⑤ 5

0549 빈출 ♛

미분가능한 함수 $f(x)$가 $\displaystyle\lim_{x \to 4}\dfrac{f(x) - 2}{x - 4} = \dfrac{1}{5}$을 만족시키고 역함수 $g(x)$를 가질 때, $g(2) + g'(2)$의 값은?

① 6　　　　② 7　　　　③ 8

④ 9　　　　⑤ 10

0550 빈출 ♛

미분가능한 함수 $f(x)$의 역함수 $g(x)$가 $\displaystyle\lim_{x \to 1}\dfrac{g(x) - 3}{x - 1} = 4$를 만족시킬 때, $f'(3)$의 값은?

① $\dfrac{1}{6}$　　　　② $\dfrac{1}{5}$　　　　③ $\dfrac{1}{4}$

④ $\dfrac{1}{3}$　　　　⑤ $\dfrac{1}{2}$

0551 서술형 ✎

실수 전체의 집합에서 증가하는 함수 $f(x)$의 역함수를 $g(x)$라 하자. 두 함수 $f(x)$, $g(x)$가 미분가능하고, $f(a) = b$일 때, $g'(b) = \dfrac{1}{f'(a)}$이 성립함을 증명하시오. (단, $f'(a) \neq 0$)

0552

함수 $f(x)=(x-1)e^x\ (x>0)$의 역함수를 $g(x)$라 할 때, 곡선 $y=g(x)$ 위의 점 $(e^2,\ 2)$에서의 접선의 기울기는?

① $\dfrac{1}{2e^2}$ ② $\dfrac{1}{2e}$ ③ 1

④ $2e$ ⑤ $2e^2$

0553 빈출

함수 $f(x)=x^2+x\ (x>0)$의 역함수를 $g(x)$라고 할 때, $g'(2)$의 값은?

① $\dfrac{1}{6}$ ② $\dfrac{1}{5}$ ③ $\dfrac{1}{4}$

④ $\dfrac{1}{3}$ ⑤ $\dfrac{1}{2}$

0554 빈출

함수 $f(x)=x^3+2x+4$의 역함수를 $f^{-1}(x)$라고 할 때, $(f^{-1})'(1)$의 값은?

① $\dfrac{1}{7}$ ② $\dfrac{1}{6}$ ③ $\dfrac{1}{5}$

④ $\dfrac{1}{4}$ ⑤ $\dfrac{1}{3}$

0555

함수 $f(x)=\sqrt[3]{x-1}$의 역함수를 $g(x)$라 할 때, 곡선 $y=g(x)$ 위의 $x=2$인 점에서의 접선의 기울기는?

① 3 ② 6 ③ 9

④ 12 ⑤ 15

0556

함수 $f(x)=(x+3)\sqrt{x}$의 역함수를 $g(x)$라 할 때, $g'(4)$의 값은?

① $\dfrac{1}{9}$ ② $\dfrac{1}{7}$ ③ $\dfrac{1}{5}$

④ $\dfrac{1}{3}$ ⑤ 1

0557 빈출

함수 $f(x)=\sin x\ \left(-\dfrac{\pi}{2}<x<\dfrac{\pi}{2}\right)$의 역함수를 $g(x)$라 할 때, $g'\left(\dfrac{1}{2}\right)$의 값은?

① $\dfrac{2}{3}$ ② $\dfrac{2\sqrt{2}}{3}$ ③ $\dfrac{2\sqrt{3}}{3}$

④ $\dfrac{4}{3}$ ⑤ $\dfrac{4\sqrt{2}}{3}$

0558

다음 함수 $f(x)$의 역함수 $g(x)$에 대하여 주어진 미분계수를 구하시오.

(1) $f(x)=e^x-e^{-x}$, $g'(0)$

(2) $f(x)=2x+\ln x$, $g'(2)$

(3) $f(x)=x\ln x$ $(x>\dfrac{1}{e})$, $g'(0)$

0559 서술형 ✎

역함수의 미분법을 이용하여 $y=\sqrt[5]{3x-2}$를 미분하시오.

유형 06 **이계도함수**

이계도함수를 구하여 해결하는 문제를 분류하였다.

유형 해결 TIP

(1) 이계도함수가 존재하는 함수 $f(x)$에 대하여 $f''(a)$의 값은 다음과 같이 구한다.

❶ 함수 $f(x)$의 도함수 $f'(x)$를 구한다.

❷ 함수 $f'(x)$의 도함수 $f''(x)$를 구한다.

❸ 이계도함수 $f''(x)$의 $x=a$에서의 함숫값 $f''(a)$의 값을 구한다.

(2) 이계도함수 $f''(x)$는 도함수 $f'(x)$의 도함수이다.

따라서 $\lim\limits_{h\to0}\dfrac{f'(a+h)-f'(a)}{h}=\lim\limits_{x\to a}\dfrac{f'(x)-f'(a)}{x-a}$ 는

함수 $f'(x)$의 $x=a$에서의 미분계수이므로 $f''(a)$와 같다.

0560

함수 $f(x)=x^3-6x^2$에 대하여 $f''(a)=0$을 만족시키는 a의 값은?

① 1 　　　② 2 　　　③ 3

④ 4 　　　⑤ 5

0561

다음 함수의 이계도함수를 구하시오.

(1) $y=(2x^2+3)^2$

(2) $y=(2x-1)^3$

(3) $y=\cos(2x)$

(4) $y=x\ln(2x)$

0562

다음 함수에 대하여 주어진 미분계수를 구하시오.

(1) $f(x)=\sqrt{3x+1}$, $f''(0)$

(2) $f(x)=x^2\ln x$, $f''(1)$

(3) $f(x)=e^x\cos x$, $f''\left(\dfrac{\pi}{2}\right)$

0563

함수 $f(x)=e^{2x}\ln x$에 대하여 $\lim\limits_{h\to0}\dfrac{f'(1+h)-f'(1)}{h}$의 값은?

① e^2 　　　② $2e^2$ 　　　③ $3e^2$

④ $4e^2$ 　　　⑤ $5e^2$

0564

함수 $f(x)=ae^{2x}+be^{-2x}$일 때, $4f(x)-f''(x)$와 같은 것은?

(단, a, b는 상수이다.)

① $4a$ ② $4b$ ③ $2a$

④ $2b$ ⑤ 0

0565 빈출 👑

함수 $f(x)=xe^{ax+1}$에 대하여 $f''(0)=8e$가 되도록 하는 상수 a의 값은?

① 1 ② 2 ③ 3

④ 4 ⑤ 5

0566

함수 $y=3\cos(2x+3)$에 대하여 등식 $y''+ky=0$이 x의 값에 관계없이 항상 성립할 때, 상수 k의 값은?

① -4 ② -2 ③ 2

④ 4 ⑤ 6

0567 빈출 👑

함수 $y=e^{2x}\sin x$에 대하여 등식 $y''+ay'+by=0$이 임의의 실수 x에 대하여 항상 성립할 때, $a+b$의 값은?

(단, a, b는 상수이다.)

① 1 ② 2 ③ 3

④ 4 ⑤ 5

유형01 몫의 미분법

0568

| 선행 0523 |

다음 함수에 대하여 주어진 극한값을 구하시오.

(1) $f(x)=\dfrac{x^2-2x+3}{x+1}$, $\displaystyle\lim_{x\to1}\dfrac{f(x^3)-1}{x-1}$

(2) $f(x)=\dfrac{x^2+x+1}{(x-2)^2}$, $\displaystyle\lim_{x\to1}\dfrac{3f(x)-9}{x^3-1}$

0569 빈출

함수 $f(x)=\dfrac{1}{x}+\dfrac{2}{x^2}+\dfrac{3}{x^3}+\cdots+\dfrac{10}{x^{10}}$에 대하여 $f'(1)$의 값을 구하시오.

0570

다음 함수에 대하여 주어진 미분계수를 구하시오.

(1) $f(x)=\dfrac{\sin x+\cos x}{\sin x-\cos x}$, $f'\!\left(\dfrac{\pi}{3}\right)$

(2) $f(x)=\dfrac{1-\sec x}{\tan x}$, $f'\!\left(\dfrac{\pi}{4}\right)$

0571

함수 $f(x)=\dfrac{ax}{2x-1}$에 대하여 $\displaystyle\lim_{x\to1}\dfrac{f(x)-f(1)}{x^2-x}=1$일 때, 상수 a의 값은?

① -2 ② -1 ③ 1

④ 2 ⑤ 3

0572

함수 $f(x)=\dfrac{x^2+a}{x+1}$에 대하여 방정식 $f'(x)=0$의 한 근이 2일 때, 상수 a의 값은?

① 2 ② 4 ③ 6

④ 8 ⑤ 10

0573 빈출

함수 $f(x)=\dfrac{2x+3}{x^2+4}$에 대하여 부등식 $f'(x)>0$을 만족시키는 정수 x의 개수는?

① 1 ② 2 ③ 3

④ 4 ⑤ 5

0574

함수 $f(x)=\tan x$의 도함수 $f'(x)$에 대하여
세 실수 a, b, c $(0<a<b<c<4\pi)$가
$$f'(a)+f'(b)+f'(c)=3$$
을 만족시킬 때, $a+b+c$의 값은?

① 4π ② 5π ③ 6π
④ 7π ⑤ 8π

0575

다음은 함수 $f(x)=1+2x+3x^2+\cdots+10x^9$에 대하여 $f(2)$의 값을 구하는 과정이다.

$g(x)=x+x^2+x^3+\cdots+x^{10}$이라 하면
$g'(x)=1+2x+3x^2+\cdots+10x^9$이다.

이때, $g(x)=\dfrac{x-\boxed{(가)}}{1-x}$ $(x\neq1)$이므로

$g'(x)=\dfrac{1+(\boxed{(나)})}{(1-x)^2}$ (단, $x\neq1$)

$\therefore f(2)=\boxed{(다)}$

(가), (나)에 들어갈 알맞은 식을 각각 $i(x)$, $j(x)$라 하고, (다)에
들어갈 알맞은 수를 k라 할 때, $i(-1)+j(-1)+k$의 값은?

① 9190   ② 9195   ③ 9200
④ 9205   ⑤ 9210

0576

어떤 환자에게 일정량의 주사액 A를 투여한 지 t $(t\geq0)$시간이
경과하였을 때, 이 환자의 혈류 속의 주사액 A의 농도 $y\,\%$는
$y=\dfrac{3t}{19+t^3}$로 나타내어진다고 한다. 이 환자에게 주사액 A를
투여한 지 2시간 후 이 환자의 혈류 속의 주사액 A의 농도의
순간변화율은?

① $\dfrac{1}{128}$ ② $\dfrac{1}{81}$ ③ $\dfrac{1}{27}$
④ $\dfrac{1}{16}$ ⑤ $\dfrac{1}{8}$

0577

그림과 같이 중심이 O이고, 선분 AB를 지름으로 하는 반지름의
길이가 1인 반원 위를 움직이는 점 P에 대하여 선분 AP의 중점을
M이라 하고, 직선 OM과 점 P에서의 접선이 만나는 점을 Q라
하자. $\angle \mathrm{PAO}=\theta$이고, $f(\theta)=\overline{\mathrm{QM}}$이라 할 때, $f'\left(\dfrac{\pi}{4}\right)$의 값은?

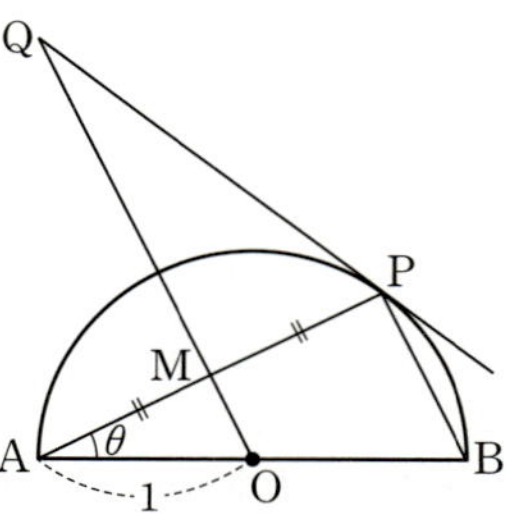

① $-\dfrac{5\sqrt{2}}{2}$ ② $-2\sqrt{2}$ ③ $-\dfrac{3\sqrt{2}}{2}$
④ $-\sqrt{2}$ ⑤ $-\dfrac{\sqrt{2}}{2}$

유형 02 합성함수의 미분법

0578

함수 $f(x)=(\sin x-\cos x)^2$에 대하여 $\displaystyle\lim_{x\to\pi}\frac{f(x)-1}{x-\pi}$의 값은?

① -2 ② $-\sqrt{3}$ ③ $-\dfrac{\sqrt{2}}{2}$

④ $\sqrt{2}$ ⑤ 2

0579

함수 $f(x)=x\sqrt{x}+\dfrac{1}{\sqrt{x}}$에 대하여 $\displaystyle\lim_{h\to0}\frac{f(1+3h)-2}{4h}$의 값은?

① 0 ② $\dfrac{3}{4}$ ③ 1

④ $\dfrac{4}{3}$ ⑤ 2

0580 빈출

함수 $f(x)=\begin{cases} ae^x & (x\le0) \\ b\sin\left(\dfrac{\pi}{2}x\right)+3x+2 & (x>0) \end{cases}$ 가 $x=0$에서

미분가능하도록 하는 상수 a, b에 대하여 ab의 값은?

① $-\dfrac{\pi}{3}$ ② $-\dfrac{4}{3}\pi$ ③ $-\dfrac{2}{\pi}$

④ $-\dfrac{4}{\pi}$ ⑤ $-\dfrac{8}{\pi}$

0581 빈출

함수 $f(x)=\begin{cases} ae^{-x}+2 & \left(x\le\dfrac{\pi}{2}\right) \\ \cos x+b\sin^2 x & \left(x>\dfrac{\pi}{2}\right) \end{cases}$ 가 $x=\dfrac{\pi}{2}$에서

미분가능할 때, 상수 a, b의 값을 구하시오.

0582 서술형

실수 전체의 집합에서 정의된 함수

$f(x)=\begin{cases} x^2\sin\dfrac{1}{x} & (x\ne0) \\ 0 & (x=0) \end{cases}$ 에 대하여 $x=0$에서의 미분가능성을

조사하고, 미분가능하면 미분계수를 구하고, 그 과정을
서술하시오.

0583

함수 $f(x)=\ln 2x$에 대하여 구간 $[e^{-1}, 1]$에서 평균값 정리를
만족시키는 값은?

① $\dfrac{e-2}{e-1}$ ② $\dfrac{e-1}{e}$ ③ $\dfrac{e}{e+1}$

④ $\dfrac{e+1}{e+2}$ ⑤ $\dfrac{e+2}{e+3}$

0584

실수 전체의 집합에서 미분가능한 함수 $f(x)$와 $g(x)=\dfrac{x^2}{x^3+2}$에 대하여 합성함수 $h(x)=(f\circ g)(x)$가 $h'(1)=3$을 만족시킬 때, $f'\left(\dfrac{1}{3}\right)$의 값은?

① $\dfrac{1}{9}$ ② $\dfrac{1}{6}$ ③ $\dfrac{1}{3}$

④ 6 ⑤ 9

0585

함수 $f(x)=\sqrt{(4x-3)^3}$과 실수 전체의 집합에서 미분가능한 함수 $g(x)$에 대하여 $x\geq\dfrac{3}{4}$에서 정의되는 합성함수 $h(x)=(g\circ f)(x)$라고 하자. $h'(1)=3$일 때, $g'(1)$의 값은?

① $\dfrac{1}{2}$ ② 1 ③ $\dfrac{3}{2}$

④ 2 ⑤ $\dfrac{5}{2}$

0586 빈출 👑

| 선행 0539 |

다음 물음에 답하시오.

(1) 미분가능한 함수 $f(x)$가 모든 실수 x에 대하여 $f(2x+1)=-2x^2+5x-3$을 만족시킨다. $f'(3)$의 값을 구하시오.

(2) 미분가능한 함수 $f(x)$가 모든 양의 실수 x에 대하여 $f(x+2\ln x)=x^2+2x$를 만족시킨다. $f'(1)$의 값을 구하시오.

0587

실수 전체의 집합에서 미분가능한 함수 $f(x)$와 함수 $g(x)=x^3+2x$에 대하여 합성함수 $(f\circ g)(x)=x^3+3x^2$이다. 함수 $f(x)$의 $x=-3$에서의 미분계수는?

① $-\dfrac{11}{5}$ ② -2 ③ $-\dfrac{6}{5}$

④ $-\dfrac{3}{5}$ ⑤ $\dfrac{1}{5}$

0588

모든 실수 x에 대하여 $f(x)>0$이고 미분가능한 함수 $f(x)$가 $e^{-x}\ln f(x)=2$를 만족시킬 때, $f'(0)$의 값은?

① e ② $2e$ ③ e^2

④ $2e^2$ ⑤ $4e^2$

0589

두 함수 $f(x)=\cos\left(\dfrac{\pi}{2}x\right)$, $g(x)=\dfrac{x+2}{2x^2+1}$에 대하여 $\displaystyle\lim_{x\to 1}\dfrac{g(f(x))+a}{x-1}=b$일 때, 상수 a, b의 곱 ab의 값을 구하시오.

0590

실수 전체의 집합에서 미분가능한 함수 $f(x)$가

$\lim\limits_{x \to 2} \dfrac{2^{f(x)}-1}{x-2} = 3\ln 2$를 만족시킬 때, $f'(2)$의 값은?

① 2　　　　　　② 3　　　　　　③ 4

④ 5　　　　　　⑤ 6

0591

다음 물음에 답하시오.

(1) 미분가능한 함수 $f(x)$에 대하여 $f'(1)=4$일 때,

$\lim\limits_{x \to 0} \dfrac{f(3^x)-f(1)}{x}$의 값을 구하시오.

(2) 미분가능한 함수 $f(x)$가 $f(2^x)=4^x+2^{-x}+x^3$을 만족시킬 때, $f'(1)$의 값을 구하시오.

0592

함수 $f(x)=\sin(2x)-2\cos\left(x+\dfrac{\pi}{4}\right)+3x$에 대하여

$\lim\limits_{x \to 0} \dfrac{f(\sin(2x))+\sqrt{2}}{e^x-1}$의 값을 구하시오.

0593

함수 $f(x)=\sin x+\tan x$에 대하여

$\lim\limits_{x \to 0} \dfrac{f(\sin(3x))-f(\tan(2x))}{x}$의 값은?

① 1　　　　　　② 2　　　　　　③ 3

④ 4　　　　　　⑤ 5

0594

구간 $(0, 1)$에서 정의된 함수 $f(x)$의 역함수를 $g(x)$라 하자.

$0<t<\dfrac{\pi}{2}$인 모든 실수 t에 대하여 $f(\sin t)=\tan t$일 때, $g'(1)$의 값은?

① $\dfrac{1}{4}$　　　　　② $\dfrac{\sqrt{2}}{4}$　　　　　③ $\dfrac{\sqrt{3}}{4}$

④ $\dfrac{1}{2}$　　　　　⑤ $\dfrac{\sqrt{2}}{2}$

0595 서술형

함수 $f(x)=e^{3(x-1)}$에 대하여 함수 $g(x)=\sum\limits_{k=1}^{10} x^k f(x)$라고 정의하자. $g'(1)$의 값을 구하고 그 과정을 서술하시오.

0596

함수 $f(x)=\ln(e^x+1)$에 대하여 $\displaystyle\sum_{n=1}^{\infty}\left\{\dfrac{1}{f'(n)}-1\right\}^2$의 값을 구하시오.

0597

함수 $f(x)=\ln(x^2+x)\ (x>0)$에 대하여 $\displaystyle\sum_{n=1}^{10}\dfrac{f'(n)}{2n+1}=\dfrac{q}{p}$이다. $p+q$의 값을 구하시오. (단, p, q는 서로소인 자연수이다.)

0598

다음은 도함수의 정의를 이용하여 함수 $f(x)=\ln(-x)\ (x<0)$의 도함수 $f'(x)$를 구하는 과정이다.

$f(x)=\ln(-x)$에서 도함수의 정의에 의하여
$$f'(x)=\lim_{h\to 0}\dfrac{\ln(\boxed{\ (\text{가})\ })-\ln(-x)}{h}$$
$$=\lim_{h\to 0}\dfrac{\ln(1+\boxed{\ (\text{나})\ })}{h}$$
$$=\boxed{\ (\text{다})\ }$$

위의 (가), (나), (다)에 알맞은 식을 바르게 구한 것은?

	(가)	(나)	(다)
①	$-x+h$	$-\dfrac{h}{x}$	$-\dfrac{1}{x}$
②	$-x+h$	$-\dfrac{h}{x}$	$\dfrac{1}{x}$
③	$-x+h$	$-\dfrac{x}{h}$	$-\dfrac{1}{x}$
④	$-x-h$	$\dfrac{h}{x}$	$-\dfrac{1}{x}$
⑤	$-x-h$	$\dfrac{h}{x}$	$\dfrac{1}{x}$

0599

다음 물음에 답하시오.

(1) 함수 $f(x)=\ln|\tan x|$에 대하여 $f'\left(\dfrac{\pi}{4}\right)$의 값을 구하시오.

(2) $0<x<\dfrac{\pi}{2}$에서 정의되는 함수 $f(x)=\ln(2\sin x)$에 대하여 $f(a)=0$일 때, $f'(a)$의 값을 구하시오.

0600 빈출

로그함수의 미분법을 이용하여 다음 물음에 답하시오.

(1) 함수 $f(x)=\dfrac{x^2(x-3)}{(x+2)^3}$에 대하여 $x=1$에서의 미분계수를 구하시오.

(2) 함수 $f(x)=\dfrac{(x-1)^2(x+2)}{\sqrt[3]{x+1}}$에 대하여 $f'(-2)$의 값을 구하시오.

0601

함수 $f(x)=x^{\ln x}\ (x>0)$에 대하여 $f'(e^2)$의 값은?

① $-4e^2$ ② $-2e$ ③ 4
④ $2e^2$ ⑤ $4e^2$

0602 빈출

함수 $f(x)=x^{\cos x}\ (x>0)$에 대하여

$\displaystyle\lim_{x \to \pi}\frac{x^2 f(\pi)-\pi^2 f(x)}{x-\pi}$의 값은?

① -3 ② -1 ③ 1

④ 3 ⑤ 5

0603

다음은 함수 $y=\sec^2 x$의 $x=\dfrac{\pi}{6}$에서의 미분계수를 구하는 과정이다.

$y=\sec^2 x$에서 $t=\sec x$라고 하면

$y=\boxed{\text{(가)}}$이다.

$\dfrac{dy}{dx}=\boxed{\text{(나)}}\times\dfrac{dt}{dx}$이므로

$\dfrac{dy}{dx}=2t\times\boxed{\text{(다)}}=\boxed{\text{(라)}}$이다.

따라서 함수 $y=\sec^2 x$의 $x=\dfrac{\pi}{6}$에서의 미분계수를 구하면

$\boxed{\text{(마)}}$이다

다음 중 빈칸을 알맞게 채운 것은?

① (가) : $\sec^2 t$ ② (나) : $\dfrac{dx}{dt}$

③ (다) : $\tan^2 x$ ④ (라) : $2\sec^3 x \sin x$

⑤ (마) : $8\sqrt{3}$

0604

열린구간 $\left(0, \dfrac{\pi}{2}\right)$에서 정의된 미분가능한 함수 $f(x)$는 다음 조건을 만족시킨다.

(가) $f'(x)=1+\{f(x)\}^2$

(나) $f\left(\dfrac{\pi}{4}\right)=1$

함수 $g(x)=\ln f'(x)$에 대하여 $g'\left(\dfrac{\pi}{4}\right)$의 값은?

① 1 ② $\dfrac{3}{2}$ ③ 2

④ $\dfrac{5}{2}$ ⑤ 3

0605

두 함수 $y=f(x)$, $y=g(x)$의 그래프가 그림과 같다. 함수 $h(x)=\{(f \circ g)(x)\}^2$에 대하여 $h'(1)$의 값을 구하시오.

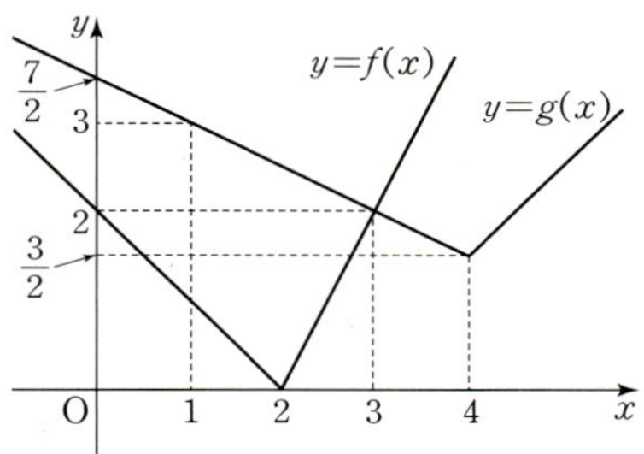

0606

어떤 화학 반응 실험에서 화학 반응이 시작되고 t초가 지난 후에 관찰되는 특정 물질의 양을 $f(t)$라고 하면

$$f(t)=100e^{-\frac{\ln 2}{25}t}$$

인 관계가 성립한다고 한다. 화학 반응이 시작된 지 100초 후 $f(t)$의 시간에 대한 순간변화율은?

① $-\dfrac{1}{8}\ln 2$ ② $-\dfrac{1}{4}\ln 2$ ③ $-\dfrac{1}{2}\ln 2$

④ $-\ln 2$ ⑤ $-2\ln 2$

0607

해수면의 높이는 달과 지구 사이의 인력과 원심력의 차이에 의하여 주기적으로 높아지고 낮아져 삼각함수로 나타낼 수 있다고 한다. 어느 지역의 해수면의 높이 $y(\text{m})$와 시각 $x(\text{시})$ 사이에는 $y=3\cos\left\{\dfrac{\pi}{6}(x-3)\right\}+4$인 관계가 성립한다고 한다. 시각이 10시일 때, 해수면의 높이의 순간변화율(m/시)은?

① $-\dfrac{\pi}{2}$ 　　② $-\dfrac{\pi}{4}$ 　　③ $\dfrac{\pi}{4}$

④ $\dfrac{\pi}{2}$ 　　⑤ $\dfrac{3}{4}\pi$

0608

〔평가원기출〕

점 $A(1,\ 0)$을 지나고 기울기가 양수인 직선 l이 곡선 $y=2\sqrt{x}$와 만나는 점을 B, 점 B에서 x축에 내린 수선의 발을 C라 하자.

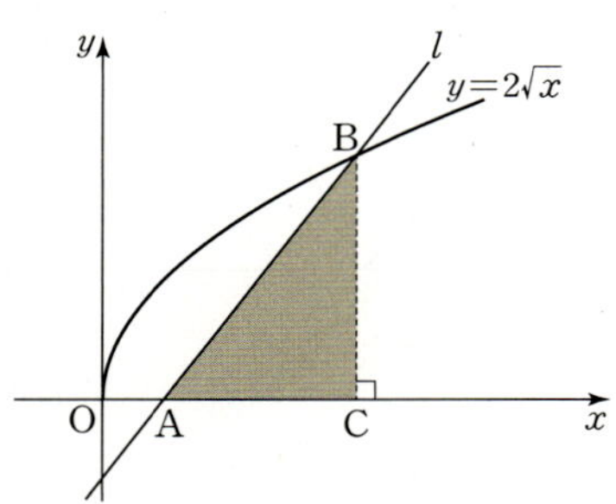

점 $B(t,\ 2\sqrt{t})$에 대하여 삼각형 BAC의 넓이를 $f(t)$라 할 때, $f'(9)$의 값은?

① 3 　　② $\dfrac{10}{3}$ 　　③ $\dfrac{11}{3}$

④ 4 　　⑤ $\dfrac{13}{3}$

0609

길이가 2인 선분 AB를 지름으로 하고, 중심이 O인 반원이 있다. 호 AB 위의 한 점 P에 대하여 $\angle APO=\angle OPQ$가 되도록 선분 AB 위에 점 Q를 잡는다. $\angle PAB=\theta$라 하고, $f(\theta)=\overline{OQ}$라 할 때, $f'\left(\dfrac{\pi}{6}\right)$의 값은? (단, $0<\theta<\dfrac{\pi}{4}$)

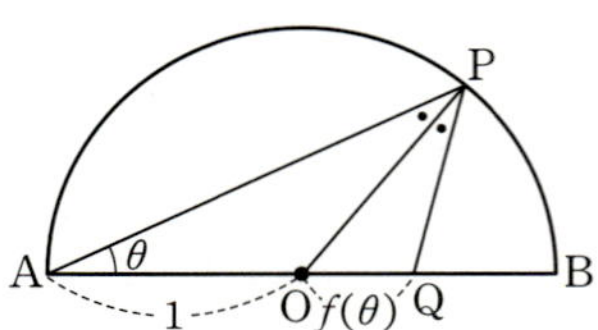

① $\dfrac{1}{4}$ 　　② $\dfrac{\sqrt{3}}{4}$ 　　③ $\dfrac{1}{2}$

④ $\dfrac{3}{4}$ 　　⑤ $\dfrac{\sqrt{3}}{2}$

유형 03 매개변수로 나타낸 함수의 미분법

0610 서술형 ✏

매개변수 $t\ (t>0)$로 나타내어진 함수 $x=t^2$, $y=t-\dfrac{2}{t}$에 대하여 다음 물음에 답하고 그 과정을 서술하시오.

(1) t를 소거하여 x와 y의 관계식을 구하고, 이를 이용하여 $x=4$일 때 $\dfrac{dy}{dx}$의 값을 구하시오.

(2) 매개변수의 미분법을 이용하여 $x=9$일 때, $\dfrac{dy}{dx}$의 값을 구하시오.

0611

매개변수로 나타낸 곡선 $\begin{cases} x=8\sin^3(2\theta) \\ y=2\cos\theta \end{cases}$ $(0\le\theta<2\pi)$에 대하여

곡선 위의 점 $(3\sqrt{3},\ 1)$에서의 접선의 기울기는?

① $\dfrac{\sqrt{3}}{18}$ ② $\dfrac{\sqrt{3}}{15}$ ③ $\dfrac{\sqrt{3}}{12}$

④ $\dfrac{\sqrt{3}}{9}$ ⑤ $\dfrac{\sqrt{3}}{6}$

0612

좌표평면 위를 움직이는 점 P의 좌표 $(x,\ y)$가 t를 매개변수로
하여 $x=t-\sin t$, $y=1+\cos t$로 나타내어질 때, 점 P가
나타내는 곡선에서 접선의 기울기가 1인 점의 y좌표는?

(단, $0<t<2\pi$)

① 0 ② $\dfrac{1}{2}$ ③ 1

④ $\dfrac{3}{2}$ ⑤ 2

0613

[교육청기출]

곡선 $y=x^{\frac{3}{2}}$ 위의 점 P가 시간이 지남에 따라 원점으로부터
멀어지고 있다. $x=3$이 되는 순간 선분 OP의 시간에 대한 길이의
변화율이 11일 때, 점 P의 x좌표의 시간에 대한 변화율은?

(단, O는 원점이다.)

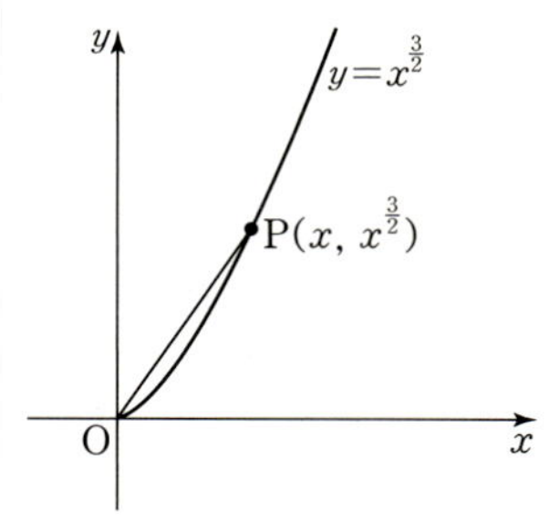

① 8 ② 7 ③ 6

④ 5 ⑤ 4

0614

서술형 ✏

[평가원변형]

좌표평면 위에 그림과 같이 중심각의 크기가 90°이고 반지름의
길이가 10인 부채꼴 AOB가 있다. 점 P가 점 A에서 출발하여 호
AB를 따라 매초 2의 일정한 속력으로 움직일 때,
∠AOP=30°가 되는 순간 점 P의 y좌표의 시간(초)에 대한
변화율을 구하고, 그 과정을 서술하시오.

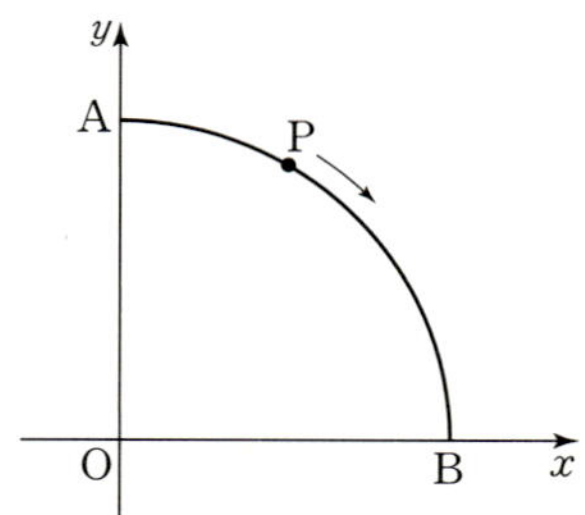

유형 04 음함수의 미분법

0615

| 선행 0545 |

곡선 $x^2-xy+ay^2+b=0$ 위의 점 $(1,\ 1)$에서의 접선의 기울기가
-1일 때, 상수 a, b에 대하여 ab의 값은?

① -25 ② -16 ③ -9

④ -4 ⑤ -1

0616

곡선 $ax^3+x\sqrt{y}=b$ 위의 점 $(1,\ 4)$에서의 접선의 기울기가 -8일
때, $a+b$의 값은? (단, a, b는 상수이다.)

① -2 ② -1 ③ 0

④ 1 ⑤ 2

0617

곡선 $\cos(x+y)-\cos(x-y)=-\dfrac{3}{2}$ 에 대하여 $x=\dfrac{\pi}{3}$, $y=\dfrac{\pi}{3}$

일 때 $\dfrac{dy}{dx}$ 의 값은?

① -3 ② -2 ③ -1

④ 1 ⑤ 2

0618

그림과 같이 반지름의 길이가 2π cm, 높이가 10 cm인 원뿔 모양의 유리잔이 있다. 이 유리잔에 물을 $t\ (0 \le t \le \pi)$초에 $50(1-\cos t)\ \mathrm{cm}^3$의 양이 되도록 따른다고 하자. 수면의 반지름의 길이가 3 cm일 때, 반지름의 시간(초)에 대한 변화율을 구하시오. (단, 유리잔의 두께는 생각하지 않는다.)

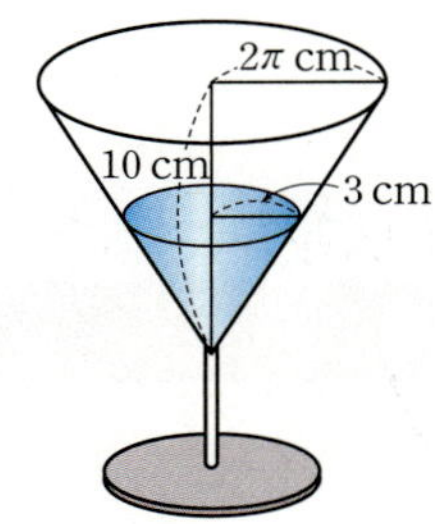

0619

그림과 같이 높이가 16 m인 건물 정면에 세로의 길이가 12 m인 대형스크린이 건물 상단부터 설치되어 있다. 건물의 16 m 전방에서부터 건물 정면을 향해 일정한 속도로 걸어갈 때, 스크린의 윗부분과 아랫부분을 올려다 본 각의 차를 θ라 하자. 시간에 대한 θ의 순간변화율이 0일 때, $\tan\theta$의 값은?

(단, 스크린을 바라보는 위치의 높이는 0으로 한다.)

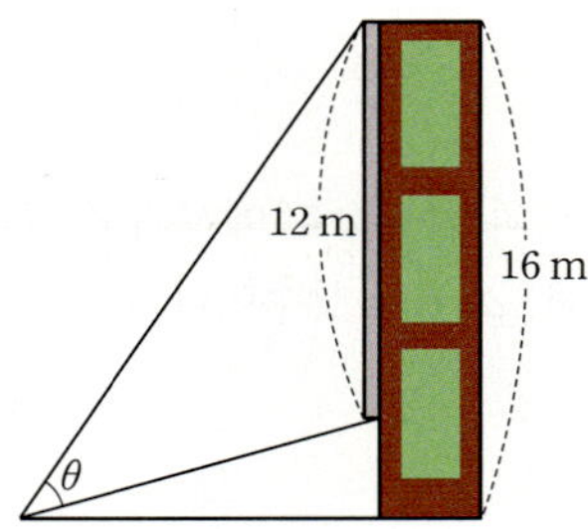

① $\dfrac{3}{4}$ ② $\dfrac{5}{6}$ ③ 1

④ $\dfrac{4}{3}$ ⑤ 2

유형 05 역함수의 미분법

0620

함수 $f(x)=\ln\sqrt{\dfrac{2-x}{2+x}}\ (|x|<2)$의 역함수를 $g(x)$라 할 때,

$\displaystyle\lim_{x\to 0}\dfrac{g(x)-g(0)}{x}$ 의 값은?

① $-\dfrac{1}{4}$ ② $-\dfrac{1}{2}$ ③ -1

④ -2 ⑤ -4

0621

교육청기출

함수 $f(x)=x^3+3x^2+4x+5$의 역함수 $g(x)$에 대하여

$$\lim_{n\to\infty}n\left\{g\left(1+\dfrac{1}{n}\right)-g\left(1-\dfrac{2}{n}\right)\right\}$$

의 값을 p라 할 때, $4p$의 값을 구하시오.

0622

다음 물음에 답하시오.

(1) 함수 $f(x)=\cos(2x)\ \left(0<x<\dfrac{\pi}{2}\right)$의 역함수를 $g(x)$라 할 때, $g'\left(\dfrac{1}{2}\right)$의 값을 구하시오.

(2) 함수 $f(x)=\cos^2 x\ \left(0<x<\dfrac{\pi}{2}\right)$의 역함수를 $g(x)$라 할 때,

$$\lim_{h\to 0}\dfrac{g\left(\dfrac{1}{2}+2h\right)-g\left(\dfrac{1}{2}-h\right)}{h}$$의 값을 구하시오.

0623

실수 전체의 집합에서 미분가능하고 역함수가 존재하는 함수
$f(x)$가 $f(3)=2$, $f(4)=3$, $f'(3)=1$, $f'(4)=2$를 만족시킨다.
함수 $f(x)$의 역함수 $g(x)$에 대하여 $h(x)=(g \circ g)(x)$라 할 때,
$h'(2)$의 값을 구하시오.

0624

두 함수 $f(x)=\sqrt{2x^3-5}$, $g(x)=x^2+5x+1$에 대하여
$x>0$에서 정의된 함수 $(f^{-1} \circ g)(x)$의 $x=1$에서의 미분계수는?

① $\dfrac{43}{27}$ ② $\dfrac{5}{3}$ ③ $\dfrac{47}{27}$

④ $\dfrac{49}{27}$ ⑤ $\dfrac{17}{9}$

0625 빈출👑

함수 $f(x)=x^3+3x-12$의 역함수를 $g(x)$라 할 때,
$\displaystyle\lim_{x \to 2} \dfrac{f(x)g(x)-4}{x-2}$의 값은?

① 30 ② $\dfrac{451}{15}$ ③ $\dfrac{452}{15}$

④ $\dfrac{151}{5}$ ⑤ $\dfrac{454}{15}$

0626

미분가능한 함수 $f(x)$와 그 역함수 $g(x)$에 대하여
$\dfrac{g'(4)}{f'(1)}=4$이고, $\displaystyle\lim_{x \to 4} \dfrac{g(x)-1}{x-4}=k$일 때, 양수 k의 값은?

① 1 ② 2 ③ 3

④ 4 ⑤ 5

0627 평가원기출

함수 $f(x)=\ln(e^x-1)$의 역함수를 $g(x)$라 할 때, 양수 a에
대하여 $\dfrac{1}{f'(a)}+\dfrac{1}{g'(a)}$의 값은?

① 2 ② 4 ③ 6

④ 8 ⑤ 10

0628

함수 $f(x)=2x\ln x-x\left(x>\dfrac{1}{\sqrt{e}}\right)$의 역함수 $g(x)$에 대하여
곡선 $y=g(x)$ 위의 점 $(0, a)$에서의 접선의 기울기가 b일 때,
ab의 값은?

① $\dfrac{\sqrt{e}}{4}$ ② $\dfrac{\sqrt{e}}{2}$ ③ $\dfrac{2}{\sqrt{e}}$

④ $\sqrt{e}$ ⑤ $\dfrac{4}{\sqrt{e}}$

0629

미분가능한 함수 $y=f(x)$의 그래프가 그림과 같다. 함수 $f(x)$의 역함수를 $g(x)$라 할 때, 이차방정식 $x^2-4x+2=0$의 두 근은 $g'(a)$, $g'(b)$이다. 이때, $f'(c)g'(a)+f'(b)g'(b)$의 값은?

(단, 점선은 x축 또는 y축에 평행하다.)

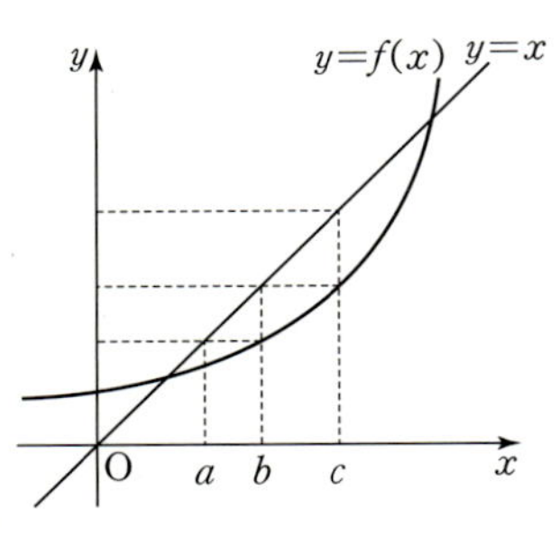

① 6　　　　② 8　　　　③ 10

④ 12　　　⑤ 14

0630 서술형

함수 $f(x)=\tan x\,(-\dfrac{\pi}{2}<x<\dfrac{\pi}{2})$의 역함수를 $y=f^{-1}(x)$라고 할 때, $\dfrac{dy}{dx}$를 x에 관한 식으로 나타내고, 그 과정을 서술하시오.

0631

함수 $f(x)=\sqrt{x^3+x^2+x+1}$에 대하여 함수 $f(3x+1)$의 역함수를 $g(x)$라 할 때, $g(2)+g'(2)$의 값은?

① $\dfrac{2}{9}$　　　② $\dfrac{4}{9}$　　　③ $\dfrac{2}{3}$

④ $\dfrac{8}{9}$　　　⑤ $\dfrac{10}{9}$

0632

미분가능한 함수 $f(x)$에 대하여 $\displaystyle\lim_{x\to 3}\dfrac{f(x)-4}{x^2-9}=2$이고, 함수 $f(-x)$의 역함수를 $g(x)$라 할 때, $\dfrac{1}{g'(4)}$의 값을 구하시오.

0633 빈출 서술형 평가원변형

실수 전체의 집합에서 증가하고 미분가능한 함수 $f(x)$가 있다.

곡선 $y=f(x)$ 위의 점 $(6,\,1)$에서의 접선의 기울기는 $\dfrac{3}{2}$이다.

함수 $f(2x)$의 역함수를 $g(x)$라 할 때, 곡선 $y=g(x)$ 위의 점 $(1,\,a)$에서의 접선의 기울기는 b이다. $a+b$의 값을 구하고, 그 과정을 서술하시오.

0634

실수 전체의 집합에서 증가하고 미분가능한 함수 $f(x)$가 다음 조건을 만족시킨다.

> (가) $\displaystyle\lim_{x\to 2}\dfrac{\{f(x)\}^2-4}{x^2-4}=4$　　　(나) $f(0)=0$

함수 $f(x)$의 역함수를 $g(x)$라 하고, 함수 $h(x)=xf(x)$라 할 때, 함수 $(h\circ g)(x)$의 $x=2$에서의 미분계수는?

① $\dfrac{1}{2}$　　　② $\dfrac{3}{2}$　　　③ $\dfrac{5}{2}$

④ $\dfrac{7}{2}$　　　⑤ $\dfrac{9}{2}$

0635

미분가능한 함수 $f(x)$가 다음 조건을 만족시킨다.

> (가) 모든 실수 x에 대하여 $f(-x)=-f(x)$이다.
> (나) $\lim\limits_{x \to 2} \dfrac{f(x)+1}{x-2}=-2$

함수 $f(x)$의 역함수가 존재하고, 그 역함수를 $g(x)$라고 할 때, $g'(1)$의 값은?

① $-\dfrac{3}{2}$ ② -1 ③ $-\dfrac{1}{2}$

④ $\dfrac{1}{2}$ ⑤ 1

0636

역함수가 존재하는 미분가능한 함수 $f(x)$가 다음 조건을 만족시킨다.

> (가) 모든 실수 x에 대하여 $f(x)+f(-x)=x^2$이다.
> (나) $f(1)=\dfrac{6}{5}$, $f'(1)=\dfrac{11}{5}$

함수 $f(x)$의 역함수를 $g(x)$라 할 때, $g'\left(-\dfrac{1}{5}\right)$의 값은?

① 1 ② 2 ③ 3

④ 4 ⑤ 5

0637 빈출

$x>1$에서 정의된 함수 $f(x)=x^{\ln x^2}$에 대하여 함수 $f(2x)$의 역함수를 $g(x)$라고 할 때, $g'(e^2)$의 값은?

① $\dfrac{1}{10e}$ ② $\dfrac{1}{8e}$ ③ $\dfrac{1}{6e}$

④ $\dfrac{1}{4e}$ ⑤ $\dfrac{1}{2e}$

0638

매개변수로 나타낸 함수 $\begin{cases} x=t-\sin t \\ y=1-\cos t \end{cases}$ $(0 \le t \le \pi)$를 x, y 사이의 관계식으로 나타낸 함수를 $y=f(x)$라고 하자. 함수 $f(x)$의 역함수 $f^{-1}(x)$에 대하여 $(f^{-1})'\left(\dfrac{1}{5}\right)$의 값은?

① 1 ② $\dfrac{1}{3}$ ③ $\dfrac{1}{5}$

④ $\dfrac{1}{7}$ ⑤ $\dfrac{1}{9}$

0639 서술형

눈높이가 1.5 m인 사람이 일정한 속력으로 높이가 6 m인 나무를 향해 걸어가고 있다. 이 사람과 나무 사이의 거리가 $x\text{ m}$일 때, 나무의 끝을 올려다본 각의 크기를 θ라고 하자. 이 사람이 나무로부터 $\dfrac{3\sqrt{3}}{2}\text{ m}$ 떨어져 있는 순간의 $\dfrac{d\theta}{dx}$의 값을 구하고, 그 과정을 서술하시오.

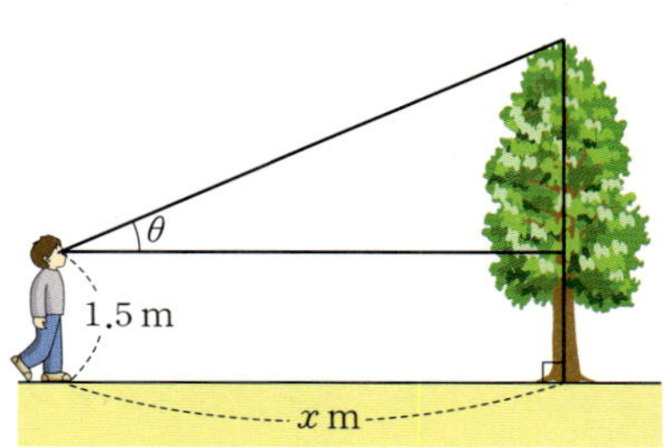

유형06 이계도함수

0640

함수 $f(x)=e^{-x}\sin x$에 대하여 $\lim\limits_{x \to 0} \dfrac{f''(x)}{f'(x)}$의 값은?

① -2 ② -1 ③ $-\dfrac{1}{2}$

④ $\dfrac{1}{2}$ ⑤ 2

0641 빈출

함수 $f(x)=e^{ax+b}\sin x$에 대하여 $f'(0)=1$, $f''(0)=4$일 때, 상수 a, b에 대하여 $a+b$의 값은?

① 1   ② 2   ③ 3
④ 4   ⑤ 5

0642

| 선행 0563 |

다음 함수에 대하여 주어진 극한값을 구하시오.

(1) $f(x)=e^{x+2}$, $\displaystyle\lim_{x\to 0}\frac{f'(x)-e^2}{3x}$

(2) $f(x)=4\cos x-\sqrt{2}\cot x$, $\displaystyle\lim_{x\to\frac{\pi}{4}}\frac{f'(x)}{4x-\pi}$

0643

실수 전체의 집합에서 이계도함수를 갖는 함수 $f(x)$에 대하여 $f(-2)=3$, $f'(-2)=2$이고 $\displaystyle\lim_{x\to -2}\frac{f'(f(x))+1}{x+2}=8$일 때, $f''(3)$의 값은?

① 1   ② 2   ③ 3
④ 4   ⑤ 5

0644

다음 물음에 답하시오.

(1) 함수 $f(x)=e^{-2x}\cos x$에 대하여 방정식 $f''(x)=0$의 해가 $x=\alpha$일 때, $\sin\alpha+\cos\alpha$의 값을 구하시오. (단, $\frac{\pi}{2}<\alpha<\pi$)

(2) 함수 $f(x)=\sin x-\sqrt{3}\cos x$에 대하여 $0\le x\le 2\pi$에서 $f''(x)=1$을 만족시키는 모든 x의 값의 합을 구하시오.

0645 서술형

| 선행 0567 |

함수 $y=e^{ax}\sin(bx)$ $(b\ne 0)$가 모든 실수 x에 대하여 등식 $y''+y'+y=0$을 만족시킬 때, 두 상수 a, b에 대하여 a^2+b^2의 값을 구하고, 그 과정을 서술하시오.

0646

매개변수 θ $(0<\theta<2\pi)$로 나타내어진 함수 $x=2(\theta-\sin\theta)$, $y=2(1-\cos\theta)$의 이계도함수 $\dfrac{d^2y}{dx^2}$에 대하여 $\displaystyle\lim_{\theta\to\pi}\frac{d^2y}{dx^2}$의 값은?

① $-\dfrac{1}{16}$ ② $-\dfrac{1}{8}$ ③ $-\dfrac{1}{4}$
④ $-\dfrac{1}{2}$ ⑤ -1

스키마로 풀이 흐름 알아보기

함수 $f(x)=x^{\cos x}\ (x>0)$에 대하여 $\lim_{x\to\pi}\frac{x^2f(\pi)-\pi^2f(x)}{x-\pi}$의 값은?

조건 / 답

① -3 ② -1 ③ 1 ④ 3 ⑤ 5

유형 02 합성함수의 미분법 0602

스키마 schema

주어진 조건은 무엇인지? 구하는 답은 무엇인지? 이 둘을 어떻게 연결할지?

1단계

조건: $f(x)=x^{\cos x}\ (x>0)$ → $\ln f(x)=\cos x\ln x$ → $\frac{f'(x)}{f(x)}=-\sin x\ln x+\frac{\cos x}{x}$

함수 $f(x)=x^{\cos x}\ (x>0)$의 도함수를 구하기 위해서 양변에 자연로그를 취하자.

$\ln f(x)=\cos x\ln x$

양변을 x에 대하여 미분하면

$\frac{f'(x)}{f(x)}=-\sin x\ln x+\frac{\cos x}{x}$ …… ㉠

2단계

조건: $f(x)=x^{\cos x}\ (x>0)$ — $\ln f(x)=\cos x\ln x$ — $\frac{f'(x)}{f(x)}=-\sin x\ln x+\frac{\cos x}{x}$

답: $\lim_{x\to\pi}\frac{x^2f(\pi)-\pi^2f(x)}{x-\pi}$의 값 → $2\pi f(\pi)-\pi^2f'(\pi)$

구하는 값은

$\lim_{x\to\pi}\frac{x^2f(\pi)-\pi^2f(x)}{x-\pi}$

$=\lim_{x\to\pi}\frac{f(\pi)(x^2-\pi^2)-\pi^2\{f(x)-f(\pi)\}}{x-\pi}$

$=\lim_{x\to\pi}\left\{f(\pi)(x+\pi)-\pi^2\times\frac{f(x)-f(\pi)}{x-\pi}\right\}$

$=2\pi f(\pi)-\pi^2f'(\pi)$ …… ㉡

3단계

조건: $f(x)=x^{\cos x}\ (x>0)$ — $\ln f(x)=\cos x\ln x$ — $\frac{f'(x)}{f(x)}=-\sin x\ln x+\frac{\cos x}{x}$ → $f(\pi)=\frac{1}{\pi},\ f'(\pi)=-\frac{1}{\pi^2}$ → 3

답: $\lim_{x\to\pi}\frac{x^2f(\pi)-\pi^2f(x)}{x-\pi}$ — $2\pi f(\pi)-\pi^2f'(\pi)$ → 3

$f(\pi)=\pi^{-1}=\frac{1}{\pi}$

㉠의 양변에 $x=\pi$를 대입하면

$\frac{f'(\pi)}{f(\pi)}=\frac{\cos\pi}{\pi}=-\frac{1}{\pi}$이므로

$f'(\pi)=-\frac{1}{\pi^2}$

따라서 ㉡에서 구하는 값은

$2\pi\times\frac{1}{\pi}-\pi^2\times\left(-\frac{1}{\pi^2}\right)=3$

답 ④

스키마로 풀이 흐름 알아보기

실수 전체의 집합에서 증가하고 미분가능한 함수 $f(x)$가 있다. 곡선 $y=f(x)$ 위의 점 $(6,\,1)$에서의 접선의 기울기는 ___조건①___

$\dfrac{3}{2}$이다. 함수 $f(2x)$의 역함수를 $g(x)$라 할 때, 곡선 $y=g(x)$ 위의 점 $(1,\,a)$에서의 접선의 기울기는 b이다. ___조건②___ ___조건③___

$a+b$의 값을 구하고, 그 과정을 서술하시오. ___답___

유형06 역함수의 미분법 **0633**

스키마 schema

>> 주어진 [조건]은 무엇인지? 구하는 [답]은 무엇인지? 이 둘을 어떻게 연결할지?

1 단계

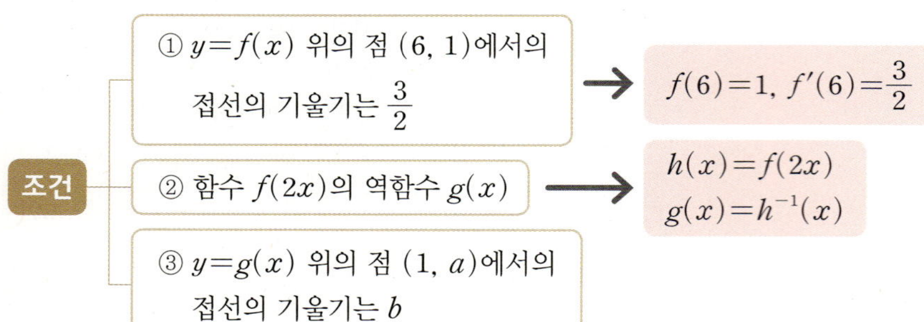

곡선 $y=f(x)$ 위의 점 $(6,\,1)$에서의 접선의 기울기가 $\dfrac{3}{2}$이므로

$f(6)=1,\ f'(6)=\dfrac{3}{2}$이다. …… ㉠

한편 $h(x)=f(2x)$라 하면 두 함수 $g(x),\ h(x)$는 서로 역함수의 관계이다.

2 단계

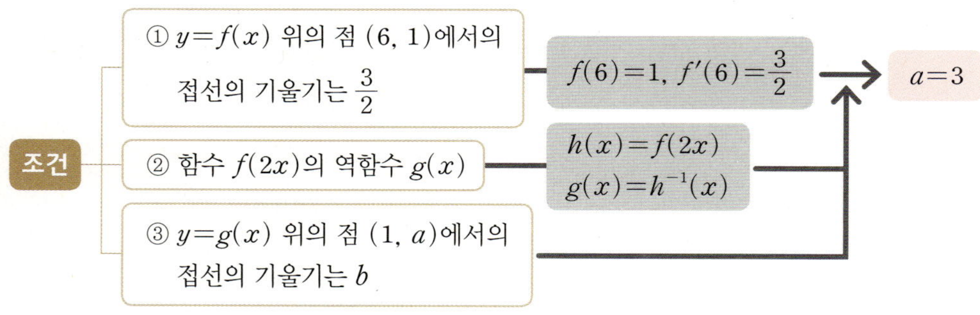

점 $(1,\,a)$가 곡선 $y=g(x)$ 위에 있으므로 $g(1)=a$이다.

이때, a의 값을 구하기 위해 $h(a)=f(2a)=1$인 a의 값을 구하면 된다.

㉠에서 $f(6)=1$이므로 $h(3)=f(6)=1$에서 $a=3$이다.

3 단계

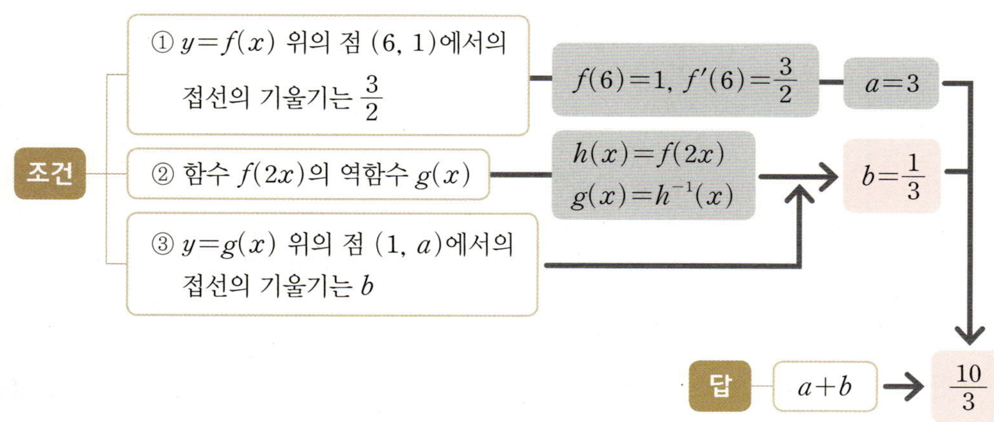

또한 곡선 $y=g(x)$ 위의 점 $(1,\,a)$에서의 접선의 기울기가 b이므로 $b=g'(1)$이다.

$g(1)=3$이므로 역함수의 미분법에 의하여 $b=g'(1)=\dfrac{1}{h'(3)}$이다.

$h'(x)=2f'(2x)$이므로

$h'(3)=2f'(6)=3\ (\because ㉠)$

$\therefore b=\dfrac{1}{3}$ $\therefore a+b=3+\dfrac{1}{3}=\dfrac{10}{3}$

답 $\dfrac{10}{3}$

0647

함수 $f(x)=\dfrac{6x}{x^2+1}\ (x>0)$의 그래프와 직선 $y=k\ (0<k<3)$는 두 점에서 만난다. 이때, 두 점 사이의 거리를 $g(k)$라고 하자. $g'(\sqrt{5}\,)$의 값을 구하시오.

0648

탁자 위에 놓인 밑면이 한 변의 길이가 3 cm인 정사각형이고, 높이가 4 cm인 직육면체 모양의 컵에 물이 가득 차 있다. 그림과 같이 컵의 밑면의 한 모서리를 탁자에 고정시킨 채로 천천히 기울여 물을 컵에서 흘려보낸다고 하자. 컵의 밑면과 탁자가 이루는 각의 크기를 θ, 수면의 넓이를 $S(\theta)$ cm²라고 할 때, $S'\left(\dfrac{\pi}{6}\right)$의 값은? (단, 컵의 두께는 생각하지 않는다.)

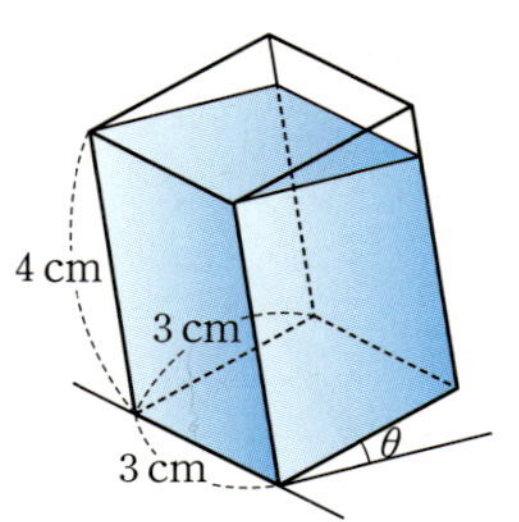

① 2   ② 3   ③ 4
④ 5   ⑤ 6

0649 빈출

$\displaystyle\lim_{x\to 0}\dfrac{1}{x}\ln\dfrac{e^x+e^{2x}+e^{3x}+\cdots+e^{nx}}{n}=50$일 때, 자연수 n의 값은?

① 95   ② 97   ③ 99
④ 101   ⑤ 103

0650 서술형

$x>0$에서 정의된 함수

$$f(x)=\begin{cases} \dfrac{m}{12e}x & (0<x<t) \\[2mm] \dfrac{\ln x}{x^n} & (x\geq t) \end{cases} \quad (\text{단},\ t>0)$$

가 $x>0$에서 미분가능하도록 하는 두 자연수 m, n에 대하여 mn의 최댓값과 최솟값을 구하고, 그 과정을 서술하시오.

0651

열린구간 $\left(-\dfrac{\pi}{2}, \dfrac{\pi}{2}\right)$에서 정의된 함수

$$f(x)=\ln\left(\frac{\sec x+\tan x}{a}\right)$$

의 역함수를 $g(x)$라 하자. $\displaystyle\lim_{x\to-2}\dfrac{g(x)}{x+2}=b$일 때,

두 상수 a, b의 곱 ab의 값은? (단, $a>0$)

① $\dfrac{e^2}{4}$ ② $\dfrac{e^2}{2}$ ③ e^2

④ $2e^2$ ⑤ $4e^2$

0652

$f(x)=\cos\dfrac{x}{2}$를 n $(n=1, 2, 3, \cdots)$번 미분한 함수를 $f^{(n)}(x)$라

할 때, $\displaystyle\sum_{n=1}^{\infty}f^{(n)}(0)$의 값은?

① $-\dfrac{2}{5}$ ② $-\dfrac{1}{5}$ ③ 0

④ $\dfrac{1}{5}$ ⑤ $\dfrac{2}{5}$

0653

$0<x<\dfrac{3}{4}\pi$에서 정의된 함수 $f(x)=\ln(\sin x+\cos x)$에

대하여 $\displaystyle\lim_{x\to\frac{\pi}{2}}\dfrac{f'(x)+1}{f(x)}$의 값을 구하시오.

0654

미분가능한 함수 $f(x)$에 대하여

$$f_1(x)=f(x),$$
$$f_n(x)=(f\circ f_{n-1})(x)\ (n=2, 3, 4, \cdots)$$

로 정의하자. $f(1)=-1$, $f(-1)=1$, $f'(1)=a$,

$f'(-1)=b$라고 할 때, $f_6(1)+f_7'(-1)$의 값을 a, b로

나타내시오.

0655

그림과 같이 어느 회전관람차는 반지름의 길이가 30 m인 원이고

시계 반대 방향으로 일정한 속력으로 한 바퀴 회전하는 데 16분이

소요된다고 한다. 이 관람차의 가장 낮은 지점에서 탑승한 후

탑승한 지점으로부터의 높이가 처음으로 48 m에 도달하는 순간,

높이의 시간에 대한 변화율은? (단, 단위는 m/분이다.)

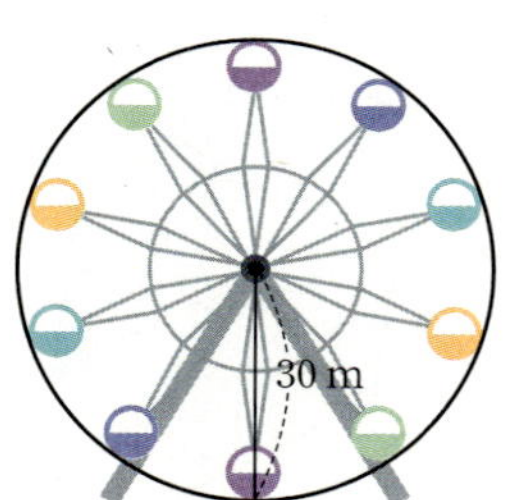

① π ② 2π ③ 3π

④ 4π ⑤ 5π

0656 교육청기출

그림과 같이 좌표평면 위의 반지름의 길이가 1인 사분원 OAB에 대하여 각 AOB를 이등분하는 직선이 사분원과 만나는 점을 C라 하자. 두 점 P, Q는 점 C에서 동시에 출발하여 사분원의 둘레를 따라 각각 시계 방향, 시계 반대 방향으로 매초 $\dfrac{\pi}{36}$의 일정한 속력으로 움직인다. 두 점 P, Q가 점 C에서 출발하여 t초 $(0<t<9)$가 되는 순간, 선분 PQ를 한 변으로 하고 사분원 OAB에 내접하는 직사각형의 넓이를 $S(t)$라 하자. 출발한 지 6초가 되는 순간, 넓이 $S(t)$의 시간(초)에 대한 변화율은?

(단, O는 원점이다.)

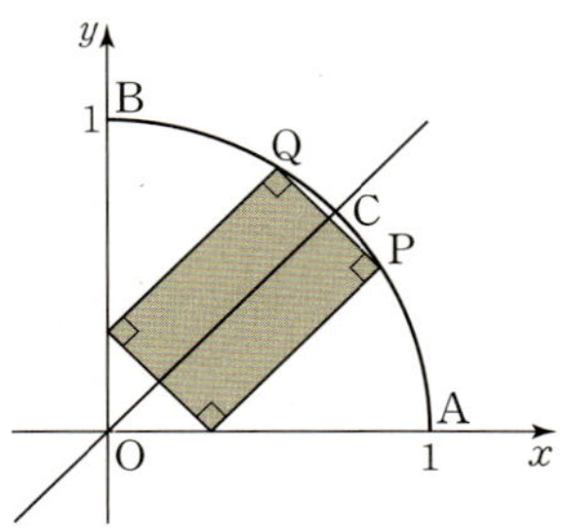

① $\dfrac{1-\sqrt{3}}{36}\pi$ ② $\dfrac{1-\sqrt{3}}{72}\pi$ ③ $\dfrac{\sqrt{3}-1}{72}\pi$

④ $\dfrac{\sqrt{3}-1}{36}\pi$ ⑤ $\dfrac{\sqrt{3}}{36}\pi$

0657 평가원기출

그림과 같이 좌표평면에서 원 $x^2+y^2=1$ 위의 점 P가 점 $(1, 0)$에서 출발하여 원점을 중심으로 매초 $\dfrac{1}{40}$(라디안)의 일정한 속력으로 원 위를 시계 반대 방향으로 움직이고 있다. 점 P에서 x축에 평행한 직선을 그을 때, 원과 직선으로 둘러싸인 어두운 부분의 넓이를 S라 하자. 점 P가 점 $\left(\dfrac{\sqrt{3}}{2}, \dfrac{1}{2}\right)$을 지나는 순간, 넓이 S의 시간(초)에 대한 변화율은 $\dfrac{b}{a}$이다. $a+b$의 값을 구하시오. (단, a와 b는 서로소인 자연수이다.)

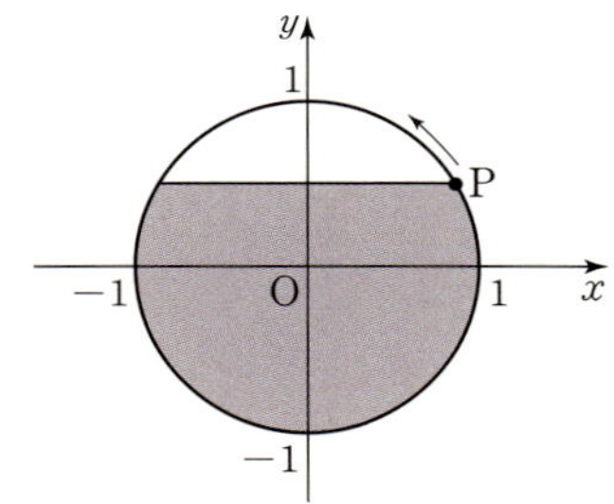

0658 교육청기출

좌표평면 위에 그림과 같이 중심각의 크기가 $\dfrac{\pi}{2}$이고 반지름의 길이가 1인 부채꼴 AOB가 있다. 점 P가 점 A$(1, 0)$에서 출발하여 호 AB 위를 시계 반대 방향으로 매초 1의 일정한 속력으로 움직일 때, x축 위의 점 Q는 $\overline{\text{PQ}}=\sqrt{5}$를 만족시키면서 x축 위를 움직인다.

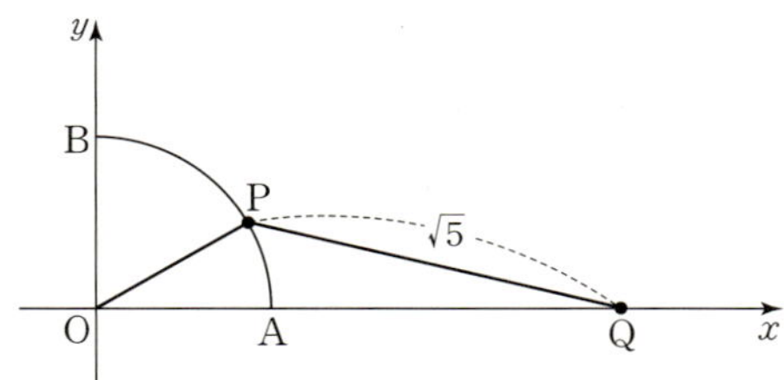

$\angle\text{POA}=\dfrac{\pi}{4}$가 되는 순간, 점 Q의 x좌표의 시간(초)에 대한 변화율을 r라 할 때, $9r^2$의 값을 구하시오.

0659 평가원기출

좌표평면에서 곡선 $y=x^2+x$ 위의 두 점 A, B의 x좌표를 각각 s, t $(0<s<t)$라 하자. 양수 k에 대하여 두 직선 OA, OB와 곡선 $y=x^2+x$로 둘러싸인 부분의 넓이가 k가 되도록 하는 점 (s, t)가 나타내는 곡선을 C라 하자. 곡선 C 위의 점 중에서 점 $(1, 0)$과의 거리가 최소인 점의 x좌표가 $\dfrac{2}{3}$일 때, $k=\dfrac{q}{p}$이다. $p+q$의 값을 구하시오. (단, O는 원점이고, p와 q는 서로소인 자연수이다.)

0660

그림과 같이 $\overline{AB}=2$, $\overline{BC}=6$인 직사각형 ABCD 내부에 두 점 A, B를 지나고 축이 직선 AB에 수직인 포물선이 있다. 이 포물선과 포물선의 꼭짓점에서 접하면서 선분 CD에 접하는 원이 있다. 선분 AB와 포물선으로 둘러싸인 부분의 넓이가 매초 1씩 증가할 때, 선분 AB와 포물선으로 둘러싸인 부분의 넓이가 4가 되는 순간, 원의 넓이의 시간(초)에 대한 변화율은?

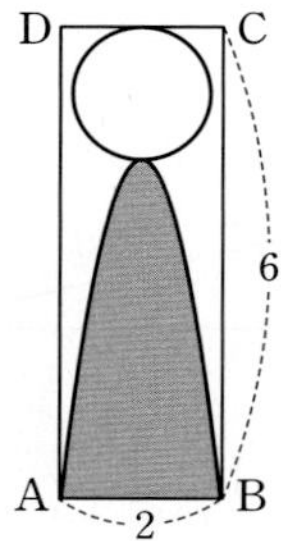

① $-\dfrac{9}{4}\pi$ ② $-\dfrac{9}{8}\pi$ ③ $-\dfrac{9}{16}\pi$

④ $-\dfrac{3}{8}\pi$ ⑤ $-\dfrac{3}{16}\pi$

0661

그림과 같이 좌표평면에서 원 $x^2+y^2=1$ 위의 점 P가 점 A(1, 0)에서 출발하여 원의 둘레를 시계 반대 방향으로 매초 2의 일정한 속력으로 움직이고 있다. 점 P에서의 접선 위에 호 AP의 길이와 선분 PQ의 길이가 같게 되는 점 Q를 정하자. 점 P가 처음으로 점 $\left(-\dfrac{1}{2}, \dfrac{\sqrt{3}}{2}\right)$을 지나는 순간 점 Q의 x좌표, y좌표의 시간(초)에 대한 변화율을 각각 a, b라 할 때, ab의 값은?

(단, 점 Q의 x좌표는 점 P의 x좌표보다 크다.)

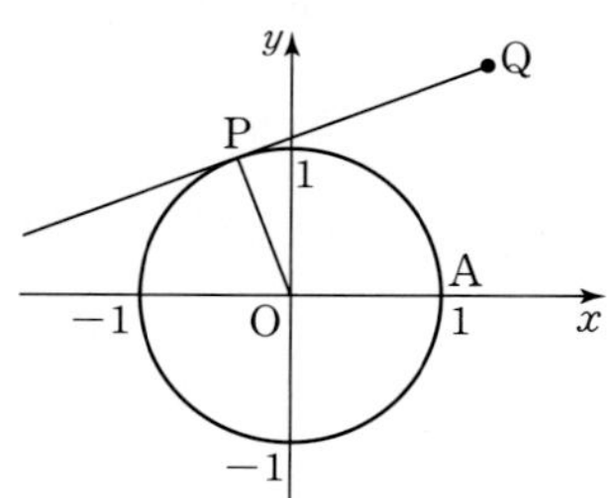

① $-\dfrac{4\sqrt{3}}{3}\pi^2$ ② $-\dfrac{8\sqrt{3}}{9}\pi^2$ ③ $-\dfrac{2\sqrt{3}}{3}\pi^2$

④ $-\dfrac{4\sqrt{3}}{9}\pi^2$ ⑤ $-\dfrac{2\sqrt{3}}{9}\pi^2$

0662

역함수가 존재하고 미분가능한 함수 $f(x)$에 대하여 $f(2)=5$, $f'(2)=4$이다. 함수 $f(x)$의 역함수를 $g(x)$라 하고, 함수 $g(e^{2x}+1)$의 역함수를 $h(x)$라 할 때, $h'(2)$의 값을 구하시오.

0663

최고차항의 계수가 1인 삼차함수 $f(x)$의 역함수 $g(x)$가 실수 전체의 집합에서 미분가능하고, 두 함수 $f(x)$, $g(x)$가 $\displaystyle\lim_{x\to 3}\dfrac{f(x)-g(x)}{(x-3)g(x)}=\dfrac{1}{2}$을 만족시킬 때, $g'(3)$의 값을 구하시오.

|이전 학습 내용|

• 접선의 방정식 [수학II II. 미분]

함수 $f(x)$가 $x=a$에서 미분가능할 때, 곡선 $y=f(x)$ 위의 점 $\mathrm{P}(a,\,f(a))$에서의 접선의 방정식은

$$y-f(a)=f'(a)(x-a)$$

• 함수의 증가와 감소 [수학II II. 미분]

1. 증가와 감소의 정의

함수 $f(x)$가 어떤 구간에 속하는 임의의 두 실수 x_1, x_2에 대하여

① $x_1<x_2$일 때 $f(x_1)<f(x_2)$이면, 함수 $f(x)$는 이 구간에서 증가한다고 한다.

② $x_1<x_2$일 때 $f(x_1)>f(x_2)$이면, 함수 $f(x)$는 이 구간에서 감소한다고 한다.

2. 도함수를 이용한 증가와 감소의 판정

(1) 함수 $f(x)$가 어떤 열린구간에서 미분가능하고, 이 구간에 속하는 모든 x에 대하여

　① $f'(x)>0$이면 함수 $f(x)$는 그 구간에서 증가한다.

　② $f'(x)<0$이면 함수 $f(x)$는 그 구간에서 감소한다.

(2) 함수 $f(x)$가 어떤 열린구간에서 미분가능하고, 이 열린구간에서

　① 함수 $f(x)$가 증가하면 $f'(x)\geq0$이다.

　② 함수 $f(x)$가 감소하면 $f'(x)\leq0$이다.

• 접선의 방정식 ──── 유형01 접선의 방정식

함수 $f(x)$가 $x=a$에서 미분가능할 때, 곡선 $y=f(x)$ 위의 점 $\mathrm{P}(a,\,f(a))$에서의 접선의 방정식은

$$y-f(a)=f'(a)(x-a) \qquad f'(a):\text{접선의 기울기}$$

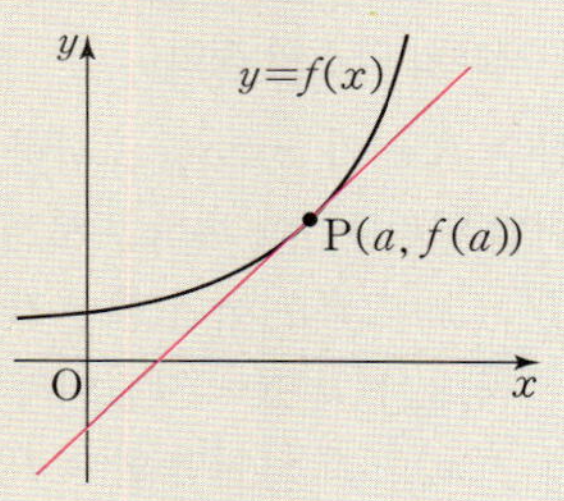

유형02 함수의 증가와 감소

유형03 함수의 극대와 극소

유형04 곡선의 오목과 볼록

1. 아래로 볼록, 위로 볼록

어떤 구간에서 곡선 위의 임의의 서로 다른 두 점 P, Q를 잇는 곡선 부분이 항상 선분 PQ의 아래쪽에 있으면 곡선은 이 구간에서 아래로 볼록(또는 위로 오목)하다고 하고, 위쪽에 있으면 위로 볼록(또는 아래로 오목)하다고 한다.

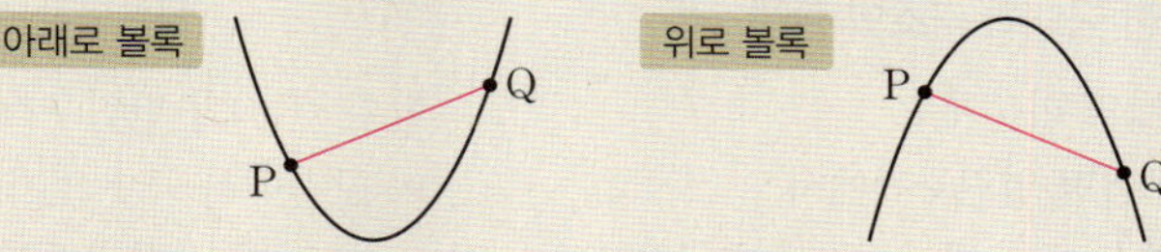

2. 곡선의 오목과 볼록의 판정

함수 $f(x)$가 어떤 구간에서

(1) $f''(x)>0$이면 곡선 $y=f(x)$는 이 구간에서 아래로 볼록하다.

(2) $f''(x)<0$이면 곡선 $y=f(x)$는 이 구간에서 위로 볼록하다.

$f''(x)>0$이면 이 구간에서 $f'(x)$는 증가하므로 곡선 $y=f(x)$의 접선의 기울기는 증가한다.

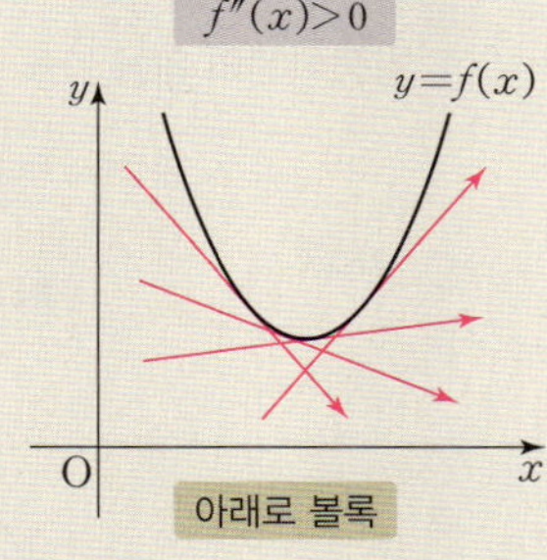

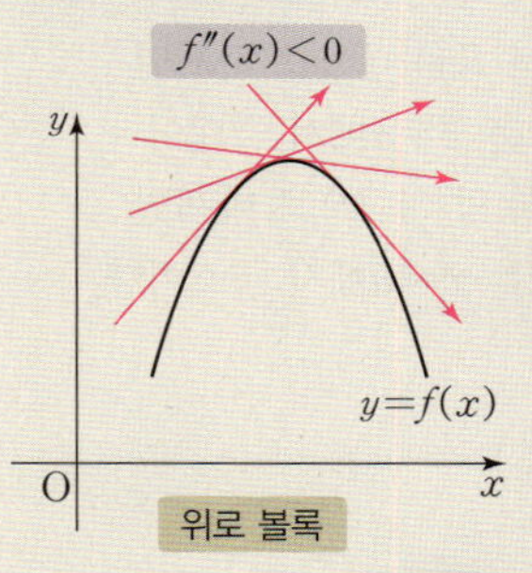

$f''(x)<0$이면 이 구간에서 $f'(x)$는 감소하므로 곡선 $y=f(x)$의 접선의 기울기는 감소한다.

• 변곡점 ──── 유형05 곡선의 변곡점

1. 변곡점

곡선의 모양이 곡선 $y=f(x)$ 위의 점 $(a,\,f(a))$를 경계로 하여 위로 볼록에서 아래로 볼록으로 바뀌거나 아래로 볼록에서 위로 볼록으로 바뀔 때, 점 $(a,\,f(a))$를 곡선 $y=f(x)$의 **변곡점**이라 한다.

즉, $x=a$의 좌우에서 $f''(x)$의 부호가 바뀌는 점 $(a,\,f(a))$이 곡선 $y=f(x)$의 변곡점이고, 이때 $f''(a)$가 존재하면 $f''(a)=0$이다.

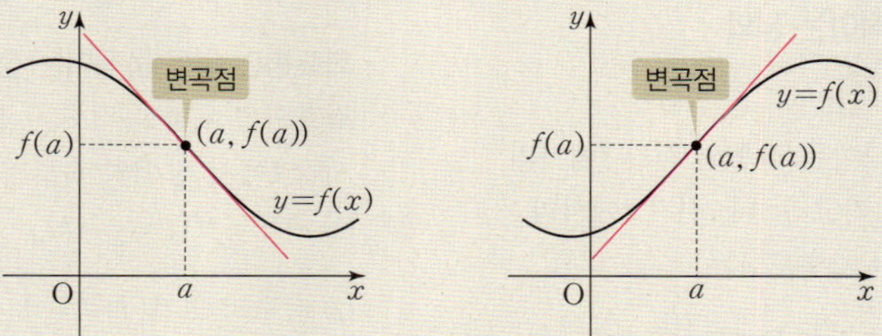

2. 변곡점의 판정

변곡점에서 곡선에 접하는 접선은 일반적인 접선과 달리 접점에서 곡선을 뚫고 지나간다.

함수 $y=f(x)$에서 $f''(a)=0$이고 $x=a$의 좌우에서 $f''(x)$의 부호가 바뀌면 점 $(a,\,f(a))$는 곡선 $y=f(x)$의 변곡점이다.

- **함수의 극대와 극소** [수학Ⅱ Ⅱ. 미분]

1. 극대와 극소의 정의

함수 $f(x)$가 $x=a$를 포함하는 어떤 열린구간에 속하는 모든 x에서

① $f(x) \le f(a)$이면 함수 $f(x)$는 $x=a$에서 극대, $f(a)$를 극댓값이라 한다.

② $f(x) \ge f(a)$이면 함수 $f(x)$는 $x=a$에서 극소, $f(a)$를 극솟값이라 한다.

이때, 극댓값과 극솟값을 통틀어 극값이라 한다.

2. 도함수를 이용한 극대와 극소의 판정

(1) 극값을 가질 때의 미분계수

a를 포함하는 어떤 열린구간에서 미분가능한 함수 $f(x)$가 $x=a$에서 극값을 가지면 $f'(a)=0$이다.

(2) 함수의 극대와 극소의 판정

미분가능한 함수 $f(x)$에서 $f'(a)=0$이고 $x=a$의 좌우에서 $f'(x)$의 부호가

① 양$(+)$에서 음$(-)$으로 바뀌면 함수 $f(x)$는 $x=a$에서 극대이다.

② 음$(-)$에서 양$(+)$으로 바뀌면 함수 $f(x)$는 $x=a$에서 극소이다.

- **수직선 위를 움직이는 점의 속도와 가속도** [수학Ⅱ Ⅱ. 미분]

수직선 위를 움직이는 점 P의 시각 t에서의 위치를 $x=f(t)$라고 할 때, 시각 t에서의 점 P의 속도 v와 가속도 a는

$$v=\frac{dx}{dt}=f'(t), \quad a=\frac{dv}{dt}=f''(t)$$

- **함수의 그래프와 함수의 최대·최소**

1. 함수의 그래프　　　　　　　　유형06 함수의 그래프

미분가능한 함수 $y=f(x)$의 그래프의 개형은 다음을 조사하여 그릴 수 있다.

① 정의역과 치역

② 대칭성과 주기

③ 좌표축과의 교점

④ 증가와 감소, 극대와 극소

⑤ 오목과 볼록, 변곡점

⑥ $\lim\limits_{x \to \infty} f(x)$, $\lim\limits_{x \to -\infty} f(x)$, 점근선

2. 함수의 최대·최소　　유형07 함수의 최대·최소
　　　　　　　　　　　　유형08 함수의 최대·최소의 활용

함수 $f(x)$가 닫힌구간 $[a, b]$에서 연속일 때, 이 구간에서 극댓값, 극솟값, $f(a)$, $f(b)$ 중에서 가장 큰 값이 최댓값, 가장 작은 값이 최솟값이다.

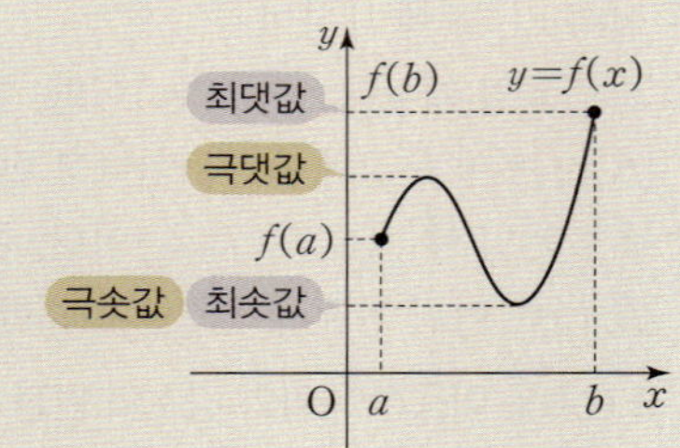

- **방정식과 부등식에의 활용**

1. 방정식에의 활용　　　　　　유형09 방정식에의 활용

	방정식 $f(x)=0$의 서로 다른 실근의 개수	방정식 $f(x)=g(x)$의 서로 다른 실근의 개수
같다	함수 $y=f(x)$의 그래프와 x축의 서로 다른 교점의 개수	두 함수 $y=f(x)$, $y=g(x)$의 그래프의 서로 다른 교점의 개수
그래프	$f(x)=0$의 실근	$f(x)=g(x)$의 실근

2. 부등식에의 활용　　　　　　유형10 부등식에의 활용

	어떤 구간에서 부등식 $f(x) \ge 0$ 증명	어떤 구간에서 부등식 $f(x) \ge g(x)$ 증명
방법	그 구간에서 $(f(x)$의 최솟값$) \ge 0$임을 보인다.	$h(x)=f(x)-g(x)$로 놓고, 그 구간에서 $(h(x)$의 최솟값$) \ge 0$임을 보인다.

- **좌표평면 위를 움직이는 점의 속도, 속력, 가속도, 가속도의 크기**　　유형11 속도와 가속도

좌표평면 위를 움직이는 점 P의 시각 t에서의 위치 (x, y)가 $x=f(t)$, $y=g(t)$일 때, 시각 t에서 점 P의 속도와 가속도는 다음과 같다.

(1) 속도 $(f'(t), g'(t))$

(2) 속도의 크기(속력) $\sqrt{\left(\dfrac{dx}{dt}\right)^2 + \left(\dfrac{dy}{dt}\right)^2} = \sqrt{\{f'(t)\}^2 + \{g'(t)\}^2}$

(3) 가속도 $(f''(t), g''(t))$

(4) 가속도의 크기 $\sqrt{\left(\dfrac{d^2x}{dt^2}\right)^2 + \left(\dfrac{d^2y}{dt^2}\right)^2} = \sqrt{\{f''(t)\}^2 + \{g''(t)\}^2}$

STEP 1 교과서를 정복하는 핵 심 유 형

유형01 접선의 방정식

미분계수의 의미와 여러 가지 함수의 미분법을 이용하여 접선의 방정식을 구하는 문제를 분류하였다.

유형해결 TIP

기울기가 m이고 점 (a, b)를 지나는 직선의 방정식은 $y=m(x-a)+b$이므로 ❶ '접선의 기울기'와 ❷ '접점의 좌표'를 알면 접선의 방정식을 구할 수 있다.

0664 빈출 👑

다음 함수의 그래프 위의 주어진 점에서의 접선의 방정식을 구하시오.

(1) $y=2\ln x$, $(e, 2)$

(2) $y=\tan x$, $\left(\dfrac{\pi}{4}, 1\right)$

(3) $f(x)=e^{x-2}$, $(3, f(3))$

(4) $f(x)=\sqrt{x}-1$, $(4, f(4))$

0665

곡선 $y=\cos^2 x+x+a$ 위의 점 $(0, 4)$에서의 접선의 방정식이 $y=bx+c$일 때, $a+b+c$의 값은? (단, a, b, c는 상수이다.)

① 6   ② 8   ③ 10
④ 12   ⑤ 14

0666

곡선 $y=ax\ln x+b$ 위의 점 $(1, 2)$에서의 접선의 방정식이 $y=4x-2$일 때, $a+b$의 값을 구하시오. (단, a, b는 상수이다.)

0667 빈출 👑

다음 물음에 답하시오.

(1) 곡선 $y=\ln x$에 접하고 기울기가 1인 접선이 점 $(2, a)$를 지날 때, a의 값을 구하시오.

(2) 곡선 $y=\sqrt{x-2}$에 접하고 기울기가 $\dfrac{1}{4}$인 접선의 y절편을 구하시오.

0668

직선 $y=5x+a$가 곡선 $y=x\ln x+2x$에 접할 때, 상수 a의 값은?

① $-e^2$ ② $-2e$ ③ e
④ $2e$ ⑤ e^2

0669 빈출

다음 물음에 답하시오.

(1) 원점에서 곡선 $y=e^x$에 그은 접선의 방정식이 $y=kx$일 때, 상수 k의 값을 구하시오.

(2) 점 $(2, 0)$에서 곡선 $y=\dfrac{1}{x}$에 그은 접선의 y절편을 구하시오.

(3) 점 $(-1, 0)$에서 곡선 $y=\ln(x+1)$에 그은 접선의 방정식을 구하시오.

(4) 점 $(-1, 1)$에서 곡선 $y=\sqrt{x}+1$에 그은 접선의 방정식이 $y=f(x)$일 때, $f(1)$의 값을 구하시오.

0670

곡선 $y=\dfrac{e^x}{x}$에 접하는 직선이 원점을 지나고 점 $(2, k)$를 지날 때, k의 값은?

① $\dfrac{e^2}{8}$　　② $\dfrac{e^2}{4}$　　③ $\dfrac{e^2}{2}$

④ $\dfrac{3}{4}e^2$　　⑤ e^2

0671 빈출

다음 물음에 답하시오.

(1) 매개변수 t로 나타내어지는 곡선 $x=t^2-3t+1$, $y=t^3-t$에 대하여 $t=1$인 점에서 이 곡선에 접하는 접선의 방정식을 구하시오.

(2) 매개변수 t로 나타내어진 곡선 $x=2\cos t$, $y=2\sin t$에 대하여 $t=\dfrac{\pi}{4}$인 점에서 이 곡선에 그은 접선의 방정식을 구하시오.

0672

함수 $f(x)=x^3+2x$의 역함수 $g(x)$에 대하여 곡선 $y=g(x)$ 위의 점 $(-3, g(-3))$에서의 접선의 y절편은?

① -1　　② $-\dfrac{4}{5}$　　③ $-\dfrac{3}{5}$

④ $-\dfrac{2}{5}$　　⑤ $-\dfrac{1}{5}$

유형 02　함수의 증가와 감소

도함수를 통해 원함수의 증가, 감소를 판단하는 문제를 분류하였다.

유형 해결 TIP

미분가능한 함수 $f(x)$의 증가와 감소의 판정은 다음과 같이 $f'(x)$의 부호를 이용하자.

(1) 미분가능한 함수 $f(x)$의 도함수 $f'(x)$에 대하여
　$f'(x)>0$이면 함수 $f(x)$는 그 구간에서 증가하고,
　$f'(x)<0$이면 함수 $f(x)$는 그 구간에서 감소한다.
　이때, 역은 성립하지 않는다.

(2) 미분가능한 함수 $f(x)$가
　어떤 구간에서 증가하면 그 구간에서 $f'(x)\geq0$이고,
　어떤 구간에서 감소하면 그 구간에서 $f'(x)\leq0$이다.

0673

함수 $f(x)=kx-\ln x$가 구간 $(2, 4)$에서 감소하도록 하는 실수 k의 최댓값을 구하시오.

유형 03 함수의 극대와 극소

도함수와 이계도함수의 관계를 파악하고 함수의 극댓값과 극솟값을 찾는 문제를 분류하였다.

유형해결 TIP

극대와 극소의 판정은 다음과 같은 방법으로 할 수 있다.

(1) $f'(x)$의 부호를 이용하는 판정법

미분가능한 함수 $f(x)$에서 $f'(a)=0$이고 $x=a$의 좌우에서 $f'(x)$의 부호가

❶ 양$(+)$에서 음$(-)$으로 바뀌면

함수 $f(x)$는 $x=a$에서 극대이다.

❷ 음$(-)$에서 양$(+)$으로 바뀌면

함수 $f(x)$는 $x=a$에서 극소이다.

(2) $f''(x)$의 부호를 이용하는 판정법

이계도함수가 존재하는 함수 $f(x)$에 대하여 $f'(a)=0$일 때

❶ $f''(a)>0$이면 함수 $f(x)$는 $x=a$에서 극소이다.

❷ $f''(a)<0$이면 함수 $f(x)$는 $x=a$에서 극대이다.

0674 서술형

함수 $f(x)=x^2 e^{-2x}$의 극댓값과 극솟값을 $f'(x)$의 부호를 이용하여 구하고, 그 과정을 서술하시오.

0675 서술형

이계도함수를 이용하여 다음 함수의 극댓값과 극솟값을 구하고, 그 과정을 서술하시오.

(1) $f(x)=\dfrac{1}{x}-\dfrac{1}{3x^3}$

(2) $f(x)=\dfrac{\ln x}{x^2}$

0676

함수 $f(x)=\dfrac{3x}{x^2+3}$의 극댓값을 M, 극솟값을 m이라 할 때, Mm의 값은?

① $-\dfrac{3}{2}$ ② -1 ③ $-\dfrac{3}{4}$

④ $-\dfrac{1}{2}$ ⑤ 0

0677

$0<x<2\pi$에서 함수 $f(x)=x+2\cos x$의 극솟값은?

① $\dfrac{\pi}{6}-\sqrt{3}$ ② $\dfrac{\pi}{6}+\sqrt{3}$ ③ $\dfrac{5}{6}\pi-\sqrt{3}$

④ $\dfrac{5}{6}\pi+\sqrt{3}$ ⑤ $\dfrac{7}{6}\pi-\sqrt{3}$

0678 빈출

구간 $(0,\ 2\pi)$에서 정의된 함수 $f(x)=e^x\cos x$의 극댓값을 M, 극솟값을 m이라 할 때, $\dfrac{m}{M}$의 값은?

① $-e^{\pi}$ ② $-e^{-\pi}$ ③ -1

④ $e^{-\pi}$ ⑤ e^{π}

0679

함수 $f(x)=ax+\cos(3x)$가 극값을 갖지 않도록 하는 양수 a의 최솟값은?

① 1   ② 2   ③ 3

④ 4   ⑤ 5

유형 04   곡선의 오목과 볼록

이계도함수를 이용하여 함수의 그래프의 볼록성을 판단하는 문제를 분류하였다.

유형 해결 TIP

(1) 이계도함수는 '도함수의 도함수'이므로
  ❶ $f''(x)>0$이면 $f'(x)$가 증가하므로 함수 $y=f(x)$의 그래프는 아래로 볼록하고,
  ❷ $f''(x)<0$이면 $f'(x)$가 감소하므로 함수 $y=f(x)$의 그래프는 위로 볼록함을 알 수 있다.

(2) 어떤 구간에 속하는 임의의 두 실수 a, b에 대하여
  ❶ $f\left(\dfrac{a+b}{2}\right)<\dfrac{f(a)+f(b)}{2}$이면 함수 $y=f(x)$의 그래프는 그 구간에서 아래로 볼록하다.
  ❷ $f\left(\dfrac{a+b}{2}\right)>\dfrac{f(a)+f(b)}{2}$이면 함수 $y=f(x)$의 그래프는 그 구간에서 위로 볼록하다.

0680

다음 물음에 답하시오.

(1) 곡선 $y=\ln(1+x^2)$이 아래로 볼록한 x의 값의 범위가 $a<x<b$일 때, $a+b$의 값을 구하시오.

(2) 곡선 $y=(x^2-x)e^x$이 위로 볼록한 구간이 $(a,\ b)$일 때, $a+b$의 값을 구하시오.

0681

곡선 $y=\sin^2 x\ \left(\dfrac{\pi}{2}<x<\pi\right)$가 아래로 볼록한 x의 값의 범위가 $a<x<b$일 때, $a+b$의 값은?

① $\dfrac{3}{4}\pi$ ② π ③ $\dfrac{5}{4}\pi$

④ $\dfrac{3}{2}\pi$ ⑤ $\dfrac{7}{4}\pi$

유형 05   곡선의 변곡점

이계도함수를 이용하여 곡선의 변곡점을 구하는 문제를 분류하였다.

유형 해결 TIP

변곡점은 곡선의 볼록성이 바뀌는 지점이므로 다음과 같은 순서로 구할 수 있다.
❶ 이계도함수 $f''(x)$를 구하여 $f''(a)=0$인 a의 값을 찾는다.
❷ $x=a$의 좌우에서 $f''(x)$의 부호가 '+에서 −' 또는 '−에서 +'로 부호가 바뀌면 $(a,\ f(a))$는 변곡점이다.
  이때, $f''(x)$의 부호가 바뀌지 않으면 변곡점이 아니다.

0682

곡선 $y=x^3+6x^2+3x-2$의 변곡점의 좌표가 $(a,\ b)$일 때, $a+b$의 값은?

① 8   ② 6   ③ 4

④ 2   ⑤ 0

0683 빈출

다음 곡선의 변곡점의 좌표를 구하시오.

(1) $y=\dfrac{1}{x^2+3}$

(2) $y=\dfrac{x}{\ln x}$

(3) $y=e^{\frac{1}{x}}-4x$

0684

다음 함수의 그래프에서 변곡점의 개수를 구하시오.

(1) $f(x)=\dfrac{1}{5}x^5+\dfrac{1}{3}x^4-1$

(2) $f(x)=-\cos x-\dfrac{1}{4}\cos (2x)\ (0<x<2\pi)$

0685

함수 $f(x)=2\sin x\ (0<x<2\pi)$에 대하여 다음 물음에 답하시오.

(1) 곡선 $y=f(x)$의 변곡점의 좌표를 구하시오.

(2) 곡선 $y=f(x)$의 변곡점에서의 접선의 방정식을 구하시오.

0686

곡선 $y=\ln (x^2+k)$의 변곡점의 y좌표가 4일 때, 양수 k의 값을 구하시오.

0687

함수 $f(x)=e^{-\frac{1}{2}x^2}$의 그래프에서 두 변곡점 사이의 거리는?

① 1   ② 2   ③ e

④ 4   ⑤ $2e$

0688

곡선 $y=2x^4+ax^3+3x^2$이 변곡점을 갖지 않도록 하는 정수 a의 최댓값은?

① 1   ② 2   ③ 3

④ 4   ⑤ 5

유형 06 함수의 그래프

함수의 그래프를 그리는 문제와 함수의 그래프의 여러 특성을
종합적으로 묻는 문제를 분류하였다.

유형 해결 TIP

함수의 그래프를 파악할 때 다음을 고려한다.

❶ 정의역과 치역
❷ 대칭성과 주기
❸ 좌표축과의 교점
❹ 증가와 감소, 극대와 극소
❺ 오목과 볼록, 변곡점
❻ $\lim\limits_{x \to \infty} f(x)$, $\lim\limits_{x \to -\infty} f(x)$, 점근선

0689 빈출 서술형

함수 $y=xe^x$의 그래프를 다음 과정에 따라 그리시오.

(가) 증가와 감소, 오목과 볼록을 나타내는 표를 나타내시오.
(나) 극값과 변곡점을 구하시오.
(다) (가), (나)를 나타내어 함수의 그래프를 그리시오.

0690

함수 $f(x)=\ln x-x+2$에 대하여 〈보기〉에서 옳은 것만을 있는
대로 고른 것은?

보기

ㄱ. 극값을 갖는다.
ㄴ. 곡선 $y=f(x)$는 위로 볼록하다.
ㄷ. 변곡점이 존재하지 않는다.

① ㄴ   ② ㄱ, ㄴ   ③ ㄱ, ㄷ
④ ㄴ, ㄷ   ⑤ ㄱ, ㄴ, ㄷ

0691 빈출

함수 $f(x)=\dfrac{x}{x^2+1}$에 대한 설명으로 옳지 <u>않은</u> 것은?

① 정의역은 실수 전체의 집합이다.
② 그래프가 원점에 대하여 대칭이다.
③ 함수 $f(x)$의 극댓값과 극솟값의 곱은 $-\dfrac{1}{4}$이다.
④ 곡선 $y=f(x)$의 변곡점은 2개이다.
⑤ 그래프의 점근선은 x축이다.

0692

함수 $f(x)=e^{-x^2}$의 그래프에 대한 설명으로 〈보기〉에서 옳은
것만을 있는 대로 고른 것은?

보기

ㄱ. y축에 대하여 대칭이다.
ㄴ. $x=0$에서 극솟값을 갖는다.
ㄷ. x축을 점근선으로 가진다.
ㄹ. 변곡점의 좌표는 $\left(-\dfrac{1}{\sqrt{2}},\ \dfrac{1}{\sqrt{e}}\right)$, $\left(\dfrac{1}{\sqrt{2}},\ \dfrac{1}{\sqrt{e}}\right)$이다.

① ㄱ, ㄷ   ② ㄴ, ㄷ   ③ ㄱ, ㄷ, ㄹ
④ ㄴ, ㄷ, ㄹ   ⑤ ㄱ, ㄴ, ㄷ, ㄹ

0693 서술형

다음 함수의 증가, 감소, 극값, 점근선을 나타내어 함수의
그래프의 개형을 그리고, 그 과정을 서술하시오.
        (단, 곡선의 오목과 볼록, 변곡점은 고려하지 않는다.)

(1) $y=(2x-1)e^{-x^2}$

(2) $y=\dfrac{x^2}{\sqrt{x+1}}$

0694

다음 중 함수의 그래프를 바르게 나타낸 것은?

① $y=x-\ln x$

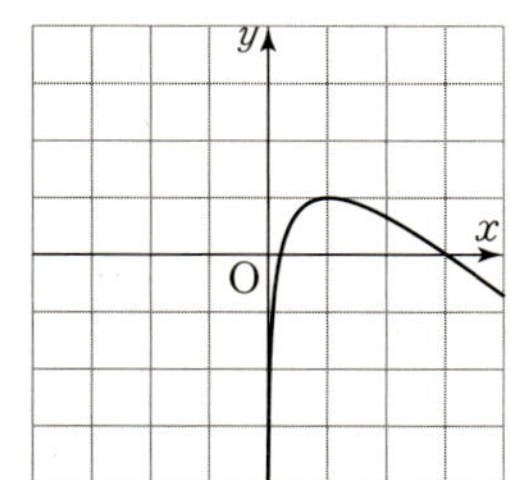

② $y=x\ln x$

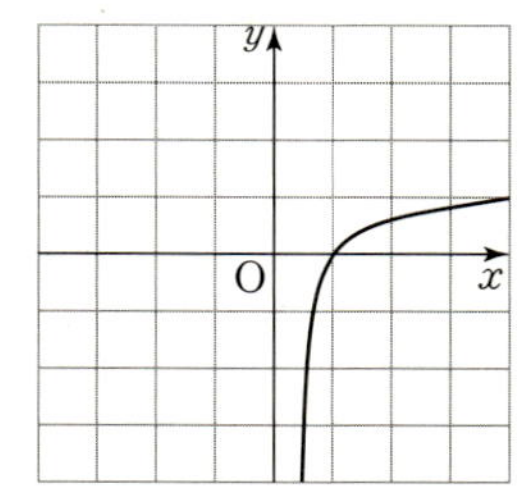

③ $y=x^2 e^x$

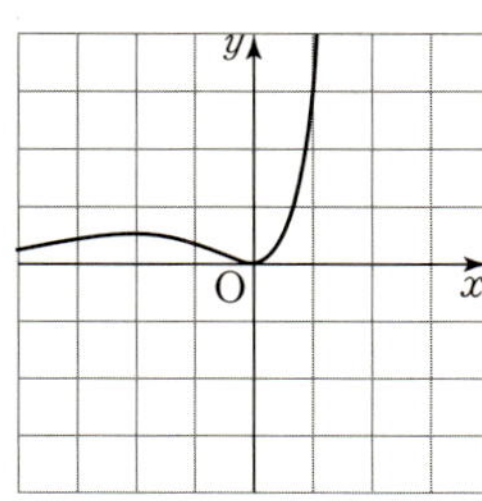

④ $y=x-\sin(2x)$

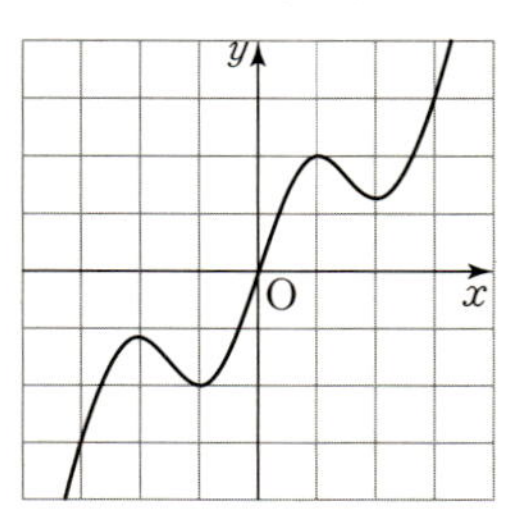

⑤ $y=\ln|\cos x|$

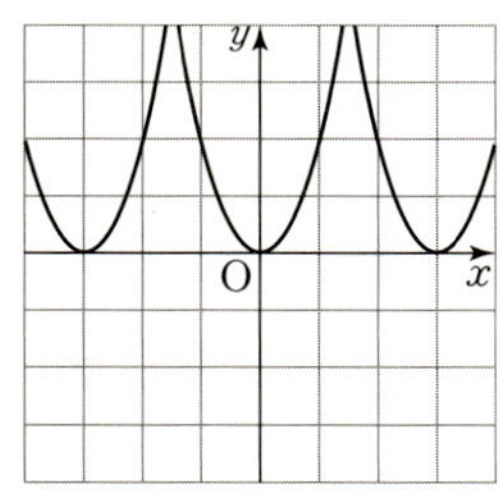

유형 07 함수의 최대·최소

도함수와 이계도함수를 바탕으로 함수의 그래프의 개형을 파악하여 함수의 최댓값 또는 최솟값을 구하는 문제를 분류하였다.

유형해결 TIP

함수의 극대·극소, $\lim_{x\to\infty} f(x)$, $\lim_{x\to-\infty} f(x)$, 함수의 정의역, 곡선의 점근선을 고려하여 함수의 최대·최소를 구한다.

0695

다음 함수의 주어진 구간에서의 최댓값과 최솟값을 구하시오.

(1) $f(x)=x+\dfrac{9}{x}$, $[1, 9]$

(2) $f(x)=\dfrac{x}{2}-\sin x$, $[0, \pi]$

0696

구간 $[-1, 2]$에서 함수 $f(x)=e^x-x$의 최댓값을 M, 최솟값을 m이라 할 때, Mm의 값은?

① $\dfrac{1}{e}+1$

② $e-\dfrac{1}{e}$

③ $e+\dfrac{1}{e}$

④ $e-1$

⑤ e^2-2

0697

함수 $f(x)=\dfrac{2x-1}{x^2+2}$의 최댓값을 M, 최솟값을 m이라 할 때, $M+m$의 값은?

① -1

② $-\dfrac{2}{3}$

③ $-\dfrac{1}{2}$

④ $-\dfrac{1}{3}$

⑤ 0

0698 빈출

함수 $f(x)=x\ln x-2x+k$의 최솟값이 e일 때, 실수 k의 값은?

① 0

② 2

③ e

④ 4

⑤ $2e$

유형 08 함수의 최대·최소의 활용

함수의 최대·최소를 이용하는 실생활 활용, 도형 활용 문제를 분류하였다.

유형해결 TIP

주어진 상황을 식으로 나타낸 후 '**유형 07**'에서 배운 내용을 이용하여 함수의 최대·최소를 구한다.

0699

어떤 음료를 마신 후 t $(t \geq 0)$분이 지났을 때 입 안의 수소 이온의 농도 pH의 값을 $f(t)$라 하면 $f(t) = 8.5 - \dfrac{10t}{t^2 + 16}$가 성립한다. 이 음료를 마셨을 때, 입 안의 pH의 최솟값은?

① 7.5 ② 7.25 ③ 7
④ 6.5 ⑤ 6.25

유형 09 방정식에의 활용

함수의 그래프의 개형으로부터 방정식의 서로 다른 실근의 개수를 구하는 문제 또는 이를 포함하는 합답형 문제를 분류하였다.

유형해결 TIP

이때, 다음과 같은 방법으로 문제를 해결할 수 있다.
(1) 주어진 방정식을 $f(x) = k$ (k는 상수)의 꼴로 나타내어 함수 $y = f(x)$의 그래프와 직선 $y = k$의 교점의 x좌표가 방정식의 실근임을 이용한다.
(2) 주어진 방정식을 $f(x) = ax + b$ (a, b는 상수)의 꼴로 나타내어 함수 $y = f(x)$의 그래프와 직선 $y = ax + b$의 교점의 x좌표가 방정식의 실근임을 이용한다.

0700

방정식 $e^x + e^{-x} - a = 0$이 실근을 갖도록 하는 실수 a의 최솟값은?

① 1 ② 2 ③ 3
④ 4 ⑤ 5

0701 빈출 ♔

방정식 $\ln x - x + 10 - n = 0$이 서로 다른 두 실근을 갖도록 하는 자연수 n의 개수는?

① 7 ② 8 ③ 9
④ 10 ⑤ 11

0702 빈출 ♔

방정식 $x - 2\sqrt{x-3} = a$가 서로 다른 두 실근을 갖기 위한 상수 a의 값의 범위를 구하시오.

0703 빈출 ♔

방정식 $4x^2 + \dfrac{1}{x} = k$가 서로 다른 세 실근을 갖도록 하는 정수 k의 최솟값은?

① 1 ② 2 ③ 3
④ 4 ⑤ 5

0704 빈출

함수 $f(x)=\dfrac{\ln x}{x}$에 대한 설명으로 옳은 것은?

① 정의역은 $\{x \mid x \geq 0\}$이다.

② 극솟값은 $\dfrac{1}{e}$이다.

③ 함수 $y=f(x)$의 그래프는 구간 $(1, \infty)$에서 아래로 볼록하다.

④ $\displaystyle\lim_{x \to 0+} f(x)=\infty$, $\displaystyle\lim_{x \to \infty} f(x)=0$이다.

⑤ 방정식 $f(x)-\dfrac{1}{e^2}=0$은 서로 다른 두 실근을 갖는다.

유형 10 부등식에의 활용

함수의 그래프의 개형으로부터 부등식의 해를 구하는 문제를 분류하였다.

유형 해결 TIP

주어진 구간에서 부등식 $f(x) \geq 0$이 항상 성립하기 위해서는 $(f(x)$의 최솟값$) \geq 0$이어야 한다.
특히 $x>a$에서 부등식 $f(x)>0$을 증명할 때, $f(x)$가 증가함수,
즉 $f'(x)>0$일 경우 $f(a) \geq 0$임을 보인다.

0705 서술형

$x>0$일 때 부등식 $\ln(1+x)+\dfrac{1}{2}x^2-x>0$이 성립함을 증명하시오.

0706 빈출

$x>0$일 때 부등식 $x \ln x - x > k$가 성립하도록 하는 실수 k의 값의 범위는?

① $k \leq -1$ ② $k < -1$ ③ $k > -1$
④ $k \leq 1$ ⑤ $k > 1$

0707 빈출

$x>0$일 때 부등식 $x \geq \ln(ax)$가 항상 성립하도록 하는 양수 a의 값의 범위를 구하시오.

0708

모든 실수 x에 대하여 부등식 $e^x - a \geq x$가 항상 성립하도록 하는 실수 a의 최댓값은?

① -2 ② -1 ③ 0
④ 1 ⑤ 2

0709

$x>0$에서 정의된 함수 $f(x)=kxe^{-x}$이 있다. 함수 $y=f(x)$의 그래프가 직선 $y=1$보다 항상 아래쪽에 있도록 하는 양수 k의 값의 범위를 구하시오.

유형 11　속도와 가속도

평면 위의 운동에서의 속도, 속력, 가속도, 가속도의 크기를 구하는 문제를 분류하였다.

0710 　빈출 👑

좌표평면 위를 움직이는 점 P의 시각 t $(t \geq 0)$에서의 위치 (x, y)가 $x=2t^3$, $y=4t+3$일 때, 다음을 구하시오.

(1) 점 P의 시각 $t=1$에서의 속도와 속력

(2) 점 P의 시각 $t=1$에서의 가속도와 가속도의 크기

0711

좌표평면 위를 움직이는 점 P(x, y)의 시각 t $(t>0)$에서의 위치가 $x=2t-\dfrac{1}{t}$, $y=8\sqrt{t}$이다. 점 P의 시각 $t=1$에서의 속도는 (p, q)이고 속력은 r일 때, $p+q+r$의 값은?

① 10　　　　　② 12　　　　　③ 14

④ 16　　　　　⑤ 18

0712

좌표평면 위를 움직이는 점 P(x, y)의 시각 t $(t \geq 0)$에서의 위치가 $x=t^2-2t$, $y=4t$이다. 점 P의 속력이 $4\sqrt{5}$일 때의 시각은?

① 1　　　　　② 2　　　　　③ 3

④ 4　　　　　⑤ 5

STEP 2 내신 실전문제 체화를 위한 심 화 유 형

유형 01 접선의 방정식

0713
| 선행 0664, 0665 |

다음 물음에 답하시오.

(1) 곡선 $y=xe^{2-x^2}$ 위의 점 $(1, e)$에서의 접선 및 x축, y축으로 둘러싸인 도형의 넓이를 구하시오.

(2) 곡선 $y=\sin(2\ln x)+4$ 위의 점 $(1, 4)$에서의 접선 및 x축, y축으로 둘러싸인 도형의 넓이를 구하시오.

0714

곡선 $y=x^{\ln x}$ 위의 점 (e, e)에서의 접선의 방정식의 x절편은?

① $\dfrac{e}{4}$ ② $\dfrac{e}{2}$ ③ e

④ $\dfrac{1}{e}$ ⑤ $\dfrac{2}{e}$

0715

원점에서 두 곡선 $y=e^x$, $y=\ln x$에 각각 그은 두 접선이 이루는 예각의 크기를 θ라 할 때, $\tan\theta$의 값은?

① $\dfrac{e^2-1}{2e}$ ② $\dfrac{e^2-1}{e}$ ③ $\dfrac{e^2+1}{2e}$

④ $\dfrac{e^2+1}{e}$ ⑤ $\dfrac{e^2+2}{e}$

0716
| 선행 0667 |

곡선 $y=\sin(2x)$ $(0<x<4\pi)$에 접하고 직선 $x+2y=1$에 수직인 모든 접선의 y절편의 합은?

① -4π ② -8π ③ -12π

④ -16π ⑤ -20π

0717

곡선 $y=\sin x+\cos x$ $(0<x<\pi)$의 접선 중 기울기가 최소인 접선이 점 (π, k)를 지날 때, k의 값을 구하시오.

0718 빈출

점 $(2, 0)$에서 곡선 $y=(x-1)e^x$에 그은 두 접선의 기울기를 각각 m_1, m_2라고 할 때, $m_1 m_2$의 값은?

① e^2 ② e^3 ③ e^4

④ $2e^3$ ⑤ $2e^4$

0719 빈출 👑

곡선 $y=\ln x$ 위의 점 $(e,\ 1)$에서의 접선이 곡선 $y=2x^2+k$에 접할 때, 상수 k의 값을 구하시오.

0720 빈출 👑

평가원기출

곡선 $y=e^x$ 위의 점 $(1,\ e)$에서의 접선이 곡선 $y=2\sqrt{x-k}$에 접할 때, 실수 k의 값은?

① $\dfrac{1}{e}$ ② $\dfrac{1}{e^2}$ ③ $\dfrac{1}{e^4}$

④ $\dfrac{1}{1+e}$ ⑤ $\dfrac{1}{1+e^2}$

0721

다음 물음에 답하시오.

(1) 두 곡선 $y=\dfrac{a}{x}$, $y=e^{4x}$의 교점에서 각 곡선에 접하는 직선이 일치하도록 하는 상수 a의 값을 구하시오.

(2) $0<x<\pi$에서 두 곡선 $y=4\cos^2 x-3$, $y=a\cos x-a$가 $x=b$인 점에서 접할 때, 두 상수 a, b의 값을 구하시오.

(단, $a>0$)

0722

곡선 $y=f(x)$는 점 $(1,\ f(1))$에서 직선 $y=-2x+5$에 접하고, 곡선 $y=f(x)$ 위의 점 $(3,\ f(3))$에서의 접선은 원점을 지난다. 함수 $g(x)=(f\circ f)(x)$라 할 때, 곡선 $y=g(x)$ 위의 점 $(1,\ g(1))$에서의 접선이 x축과 만나는 점의 x좌표는?

(단, $f(3)\neq 0$)

① $\dfrac{1}{2}$ ② 1 ③ $\dfrac{3}{2}$

④ 2 ⑤ $\dfrac{5}{2}$

0723

| 선행 0671 |

다음 물음에 답하시오.

(1) 매개변수 t로 나타내어진 곡선 $x=t^2-3t$, $y=2t-6$ 위의 점 $(-2,\ -2)$에서의 접선의 방정식이 $y=ax+b$일 때, $a+b$의 값을 구하시오. (단, a, b는 상수이다.)

(2) 곡선 $x=\sec t$, $y=\tan t$ 위의 점 $(2,\ \sqrt{3})$에서의 접선의 y절편을 구하시오.

0724

곡선 $x=t^3+1$, $y=t^2+at+2a$ 위의 x좌표가 2인 점에서의 접선의 기울기가 2일 때, 이 접선과 x축, y축으로 둘러싸인 부분의 넓이는? (단, a는 상수이다.)

① $\dfrac{1}{4}$ ② $\dfrac{9}{4}$ ③ $\dfrac{25}{4}$

④ $\dfrac{49}{4}$ ⑤ $\dfrac{81}{4}$

0725

점 $(2, k)$에서 곡선 $x = \tan t$, $y = 2\sec t$ $\left(-\dfrac{\pi}{2} < t < \dfrac{\pi}{2}\right)$에

그은 한 접선이 x축의 양의 방향과 이루는 각의 크기가 $\dfrac{\pi}{3}$일 때,

k의 값을 구하시오.

0726

곡선 $e^{2x}\ln y = 1$ 위의 점 $P(0, e)$에서의 접선을 l_1이라 하고, 점 P를 지나고 직선 l_1에 수직인 직선을 l_2라 하자. 두 직선 l_1, l_2 및 x축으로 둘러싸인 부분의 넓이를 구하시오.

0727

곡선 $ax^2 + bxy + y^2 = 12$ 위의 점 $(-1, 2)$에서의 접선이 원 $(x+2)^2 + (y+4)^2 = 9$의 넓이를 이등분할 때, $a+b$의 값은?

(단, a, b는 상수이다.)

① 8 ② 9 ③ 10
④ 11 ⑤ 12

0728

두 곡선 $y = a^{x-1}$ $(a > 2)$, $y = 2^x$이 점 P에서 만나고, 점 P의 x좌표는 k이다. 곡선 $y = a^{x-1}$ 위의 점 P에서의 접선이 x축과 만나는 점을 A, 곡선 $y = 2^x$ 위의 점 P에서의 접선이 x축과 만나는 점을 B라 하고, 점 $C(k, 0)$이라 하자. $3\overline{AC} = \overline{BC}$일 때, a의 값은?

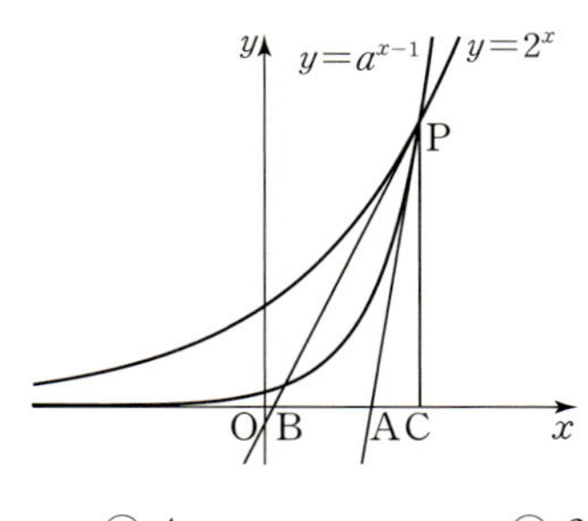

① 3 ② 4 ③ 6
④ 8 ⑤ 16

0729 빈출

원점에서 곡선 $y = (x-a)e^{-x}$에 오직 하나의 접선을 그을 수 있을 때, 상수 a의 값을 구하시오. (단, $a \neq 0$)

0730 빈출 서술형

점 $(a, 0)$에서 곡선 $y = (x-4)e^x$에 서로 다른 두 개의 접선을 그을 수 있도록 하는 실수 a의 값의 범위를 구하고, 그 과정을 서술하시오.

0731

실수 m에 대하여 함수 $y=e^x$의 그래프와 직선 $y=mx$의 교점의 개수를 $f(m)$이라 하자. 이차항의 계수가 1인 이차함수 $g(x)$에 대하여 함수 $f(x)g(x)$가 실수 전체의 집합에서 연속일 때, $g(1)$의 값은?

① $1-e^2$ ② $1-e$ ③ 1
④ $1+e$ ⑤ $1+e^2$

0732

평가원기출

닫힌구간 $[0, 4]$에서 정의된 함수

$$f(x)=2\sqrt{2}\sin\left(\frac{\pi}{4}x\right)$$

의 그래프가 그림과 같고, 직선 $y=g(x)$가 $y=f(x)$의 그래프 위의 점 $A(1, 2)$를 지난다. 일차함수 $g(x)$가 닫힌구간 $[0, 4]$에서 $f(x)\leq g(x)$를 만족시킬 때, $g(3)$의 값은?

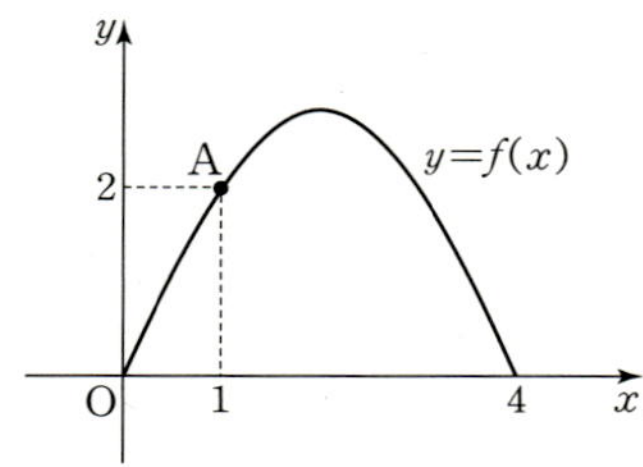

① π ② $\pi+1$ ③ $\pi+2$
④ $\pi+3$ ⑤ $\pi+4$

0733

곡선 $y=\ln x$ 위를 움직이는 점 P와 두 점 $A(-3, 0)$, $B(0, 3)$을 꼭짓점으로 하는 삼각형 ABP의 넓이의 최솟값은?

① 3 ② 4 ③ 6
④ 8 ⑤ 12

0734

함수 $y=k\ln x$의 그래프와 그 역함수의 그래프가 점 P에서 접할 때, 양수 k의 값과 점 P의 좌표를 구하시오.

유형 02 함수의 증가와 감소

0735 빈출 👑

실수 전체의 구간에서 함수 $f(x)=(x^2+ax+3)e^{-x}$이 감소하도록 하는 모든 정수 a의 개수를 구하시오.

0736 빈출 👑 서술형 ✏️

함수 $f(x)=ax+\ln(x^2+9)$가 실수 전체의 집합에서 증가할 때, 상수 a의 값의 범위를 구하고, 그 과정을 서술하시오.

0737

함수 $f(x)=a^2\ln\dfrac{1}{x}-x^2+8x$가 $0<x_1<x_2$인 모든 실수 x_1, x_2에 대하여 $f(x_1)>f(x_2)$를 만족시킬 때, 자연수 a의 최솟값은?

① 2 　　　　　② 3 　　　　　③ 4
④ 5 　　　　　⑤ 6

0738

함수 $f(x)=e^{2x}+ke^x-4x$가 구간 $(0,\ \infty)$에서 증가하도록 하는 실수 k의 최솟값을 구하시오.

0739 빈출👑 　　　　　평가원기출

2 이상의 자연수 n에 대하여 실수 전체의 집합에서 정의된 함수
$$f(x)=e^{x+1}\{x^2+(n-2)x-n+3\}+ax$$
가 역함수를 갖도록 하는 실수 a의 최솟값을 $g(n)$이라 하자. $1\leq g(n)\leq 8$을 만족시키는 모든 n의 값의 합은?

① 43 　　　　　② 46 　　　　　③ 49
④ 52 　　　　　⑤ 55

0740

함수 $f(x)=x^2+ke^{-x}$ $(k>0)$이 $x=a$에서 극값 15를 가질 때, k의 값은?

① $3e^3$ 　　　　　② $6e^3$ 　　　　　③ $9e^3$
④ $5e^5$ 　　　　　⑤ $10e^5$

0741

함수 $f(x)=x+\dfrac{k}{x+1}$ $(k>0)$의 극솟값이 3일 때, 함수 $f(x)$의 극댓값을 구하시오.

0742

함수 $f(x)=e^x(\sin x+\cos x)$ $(x>0)$의 극댓값을 작은 순서대로 a_1, a_2, a_3, $\cdots$이라 할 때, $\ln a_5$의 값을 구하시오.

0743

함수 $f(x)=\dfrac{\cos(\ln x)}{x}$ $(1<x<e^4)$의 극값을 구하시오.

0744

| 선행 0735 |

함수 $f(x)=e^x(x^2+kx+2)$가 극값을 갖지 않도록 하는 실수 k의 값의 범위가 $a\le k\le b$일 때, ab의 값은? (단, a, b는 상수이다.)

① -4　　　② -1　　　③ $-\dfrac{1}{4}$

④ $\dfrac{1}{4}$　　　⑤ 1

0745　빈출 👑

| 선행 0736 |

함수 $f(x)=kx+\ln(x^2+4)$가 극값을 갖지 않도록 하는 양수 k의 최솟값을 구하시오.

0746　빈출 👑　서술형 ✎

함수 $f(x)=\ln x+\dfrac{a}{x}-x$가 극댓값과 극솟값을 모두 가질 때, 실수 a의 값의 범위를 구하고, 그 과정을 서술하시오.

0747

함수 $f(x)=x^2+\dfrac{k}{x}-6\ln x$가 극댓값과 극솟값을 모두 갖도록 하는 정수 k의 개수는?

① 2　　　② 3　　　③ 4

④ 5　　　⑤ 6

0748

함수 $f(x)=kx+4\cos x+\dfrac{1}{2}\sin(2x)$가 극값을 갖도록 하는 모든 정수 k의 개수는?

① 5　　　② 6　　　③ 7

④ 8　　　⑤ 9

유형 04 곡선의 오목과 볼록

0749

곡선 $y=ax^2+\sqrt{3}\sin x+\cos x$가 실수 전체의 집합에서 위로 볼록하도록 하는 실수 a의 값의 범위를 구하시오.

0750

다음 함수 중 정의역에 속하는 임의의 서로 다른 두 실수 a, b에 대하여 $f\left(\dfrac{a+b}{2}\right)\le\dfrac{f(a)+f(b)}{2}$를 만족시키는 것만을 있는 대로 고른 것은?

> **보기**
>
> ㄱ. $f(x)=e^{-x}$
> ㄴ. $f(x)=\sqrt{x-2}$
> ㄷ. $f(x)=-\ln(-x-1)$
> ㄹ. $f(x)=\dfrac{1}{3}x^4+2x^2-x+1$

① ㄱ, ㄷ　　　　② ㄱ, ㄹ　　　　③ ㄴ, ㄷ
④ ㄱ, ㄷ, ㄹ　　⑤ ㄴ, ㄷ, ㄹ

0751

열린구간 $(0, 1)$에 속하는 임의의 두 실수 a, b에 대하여

$$\frac{1}{2}\{f(a)+f(b)\}<f\left(\frac{a+b}{2}\right)$$

를 만족시키는 것만을 〈보기〉에서 있는 대로 고른 것은?

> **보기**
>
> ㄱ. $f(x)=\sin x$　　　　　ㄴ. $f(x)=x\ln x$
> ㄷ. $f(x)=x+\cos x$　　　ㄹ. $f(x)=xe^{-x}$

① ㄱ, ㄷ　　　　② ㄱ, ㄹ　　　　③ ㄴ, ㄷ
④ ㄱ, ㄷ, ㄹ　　⑤ ㄴ, ㄷ, ㄹ

0752

함수 $f(x)=x^2(\ln x-1)$이 구간 (k, ∞)에 속하는 임의의 서로 다른 두 실수 a, b에 대하여 $f\left(\dfrac{a+b}{2}\right)<\dfrac{f(a)+f(b)}{2}$를 만족시킬 때, 실수 k의 최솟값을 구하시오.

0753

함수 $f(x)=x^2+k\sin 2x$가 $0<a<b<c<\dfrac{\pi}{2}$인 모든 실수 a, b, c에 대하여 $\dfrac{f(b)-f(a)}{b-a}<\dfrac{f(c)-f(b)}{c-b}$를 만족시키도록 하는 실수 k의 값의 범위를 구하시오.

0754

이계도함수가 존재하는 함수 $f(x)$가 모든 실수 x에 대하여 $f(x)>0$, $f'(x)>0$, $f''(x)>0$을 만족시킨다. $a<b$인 실수 a, b에 대하여

$$A=\frac{f(a)+f(b)}{2},\ B=f(b),\ C=\frac{1}{b-a}\int_a^b f(x)\,dx$$

라 할 때, A, B, C의 대소 관계를 바르게 나타낸 것은?

① $A<B<C$　　　② $A<C<B$　　　③ $B<A<C$
④ $B<C<A$　　　⑤ $C<A<B$

유형 05 곡선의 변곡점

0755 빈출 서술형

함수 $f(x)=ax^3+bx^2+c$의 $x=-1$에서의 미분계수가 27이고, 점 $(1, 0)$이 곡선 $y=f(x)$의 변곡점일 때, 상수 a, b, c의 값을 구하고, 그 과정을 서술하시오.

0756

최고차항의 계수가 1인 삼차함수 $f(x)$가 $x=1$에서 극솟값을 갖고, 점 $(-1, f(-1))$은 곡선 $y=f(x)$의 변곡점이다. 구간 $[-2, 3]$에서 함수 $f(x)$의 최댓값과 최솟값을 각각 M, m이라 할 때, $M-m$의 값은?

① 27   ② 32   ③ 37

④ 42   ⑤ 47

0757

다음 물음에 답하시오.

(1) 삼차함수 $f(x)$가 $x=a$에서 극대, $x=b$에서 극소일 때, 함수 $y=f(x)$의 변곡점의 x좌표를 a, b를 이용하여 나타내시오.

(2) 최고차항의 계수가 1인 삼차함수 $f(x)$가 극값을 갖고, 함수 $y=f(x)$의 변곡점의 좌표가 $(1, 3)$일 때, 함수 $f(x)$의 극댓값과 극솟값의 합을 구하시오.

0758

5차 다항함수 $y=f(x)$의 그래프가 그림과 같을 때, 〈보기〉에서 옳은 것만을 있는 대로 고른 것은?

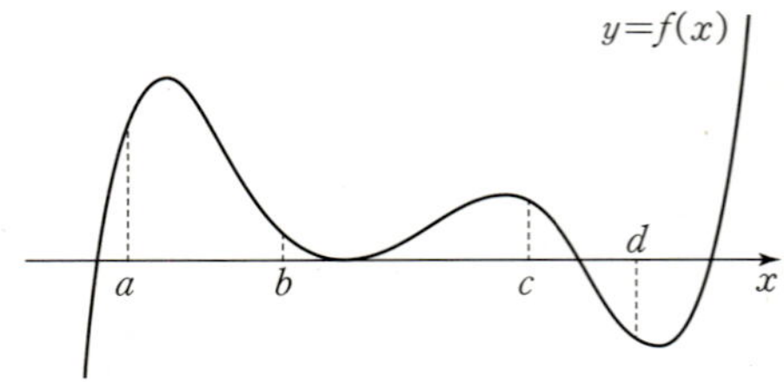

보기

ㄱ. 변곡점의 개수는 3이다.
ㄴ. $f'(a)f''(b)<0$
ㄷ. a, b, c, d 중 $f(x)f'(x)f''(x)>0$을 만족시키는 값은 c, d이다.

① ㄱ   ② ㄴ   ③ ㄱ, ㄴ

④ ㄱ, ㄷ   ⑤ ㄴ, ㄷ

0759

연속함수 $f(x)$의 도함수 $y=f'(x)$의 그래프가 다음과 같을 때, 〈보기〉에서 옳은 것만을 있는 대로 고른 것은?

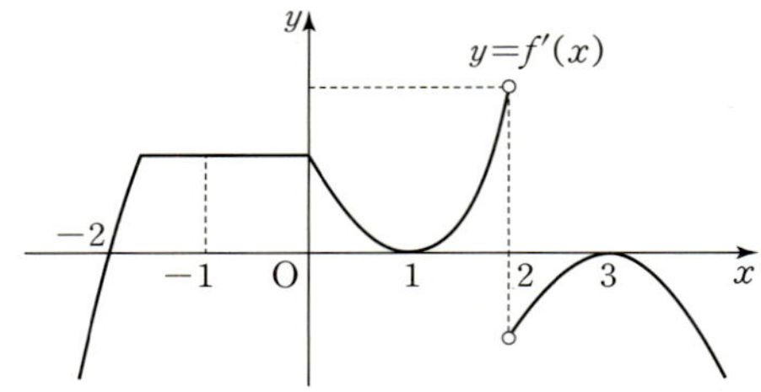

보기

ㄱ. 함수 $y=f(x)$가 극값을 갖는 점은 1개이다.
ㄴ. 함수 $y=f(x)$의 그래프의 변곡점은 2개이다.
ㄷ. 함수 $y=f(x)$의 그래프의 변곡점에서의 접선 중 x축에 평행한 접선이 존재한다.
ㄹ. 구간 $(0, 1)$에서 함수 $y=f(x)$는 증가하고, 그래프가 위로 볼록하다.

① ㄱ, ㄹ   ② ㄴ, ㄷ   ③ ㄱ, ㄷ, ㄹ

④ ㄴ, ㄷ, ㄹ   ⑤ ㄱ, ㄴ, ㄷ, ㄹ

0760 빈출 👑 평가원기출

곡선 $y=\left(\ln\dfrac{1}{ax}\right)^2$의 변곡점이 직선 $y=2x$ 위에 있을 때, 양수 a의 값은?

① e 　　② $\dfrac{5}{4}e$ 　　③ $\dfrac{3}{2}e$

④ $\dfrac{7}{4}e$ 　　⑤ $2e$

0761

함수 $f(x)=\ln(x^2-2x+2)$가 $x=a$에서 극값을 가질 때, 점 $(a,\ f(a))$와 곡선 $y=f(x)$의 모든 변곡점을 꼭짓점으로 하는 다각형의 넓이는?

① $\ln 2$ 　　② 1 　　③ $\ln 4$

④ 2 　　⑤ $\ln 8$

0762 빈출 👑

함수 $f(x)=ax^2+bx+\ln x$는 $x=1$에서 극대이고, 곡선 $y=f(x)$의 변곡점의 x좌표가 4일 때, 함수 $f(x)$의 극솟값은?

(단, a, b는 상수이다.)

① $2\ln 2-7$ 　　② $2\ln 2-9$ 　　③ $4\ln 2-5$

④ $4\ln 2-7$ 　　⑤ $4\ln 2-9$

0763

2 이상의 자연수 n에 대하여 곡선 $y=x^n\ln x$의 변곡점의 x좌표를 a_n이라 할 때, $\lim\limits_{n\to\infty}(a_n)^n$의 값은?

① $\dfrac{1}{e^2}$ 　　② $\dfrac{1}{2e}$ 　　③ $\dfrac{1}{e}$

④ 1 　　⑤ e

0764 빈출 👑

곡선 $y=ax^2+x+2\sin x$가 구간 $(0,\ \pi)$에서 변곡점을 가지기 위한 상수 a의 값의 범위는?

① $-1\leq a\leq 1$ 　　② $-1<a<1$ 　　③ $0<a\leq 1$

④ $0\leq a\leq 1$ 　　⑤ $0<a<1$

유형 06 함수의 그래프

0765

이계도함수를 갖는 함수 $f(x)$가 모든 실수 x에 대하여 $f(-x)=-f(x)$를 만족시킬 때, 〈보기〉에서 옳은 것만을 있는 대로 고른 것은?

보기
ㄱ. $f'(x)=-f'(-x)$
ㄴ. $f''(0)=0$
ㄷ. $f(x)$는 연속함수이다.
ㄹ. $f(x)$의 도함수 $f'(x)$가 $x=k\ (k\neq 0)$에서 극댓값을 가지면 $f'(x)$는 $x=-k$에서 극솟값을 갖는다.

① ㄱ, ㄹ 　　② ㄴ, ㄷ 　　③ ㄴ, ㄷ, ㄹ

④ ㄱ, ㄴ, ㄹ 　　⑤ ㄱ, ㄴ, ㄷ, ㄹ

0766
선생님 Pick! 평가원기출

그림은 5차 다항함수 $f(x)$의 도함수 $f'(x)$의 그래프이다.
〈보기〉에서 옳은 것만을 있는 대로 고른 것은?

(단, $f'(4)=0$이고 $f''(1)=f''(4)=f''(6)=0$이다.)

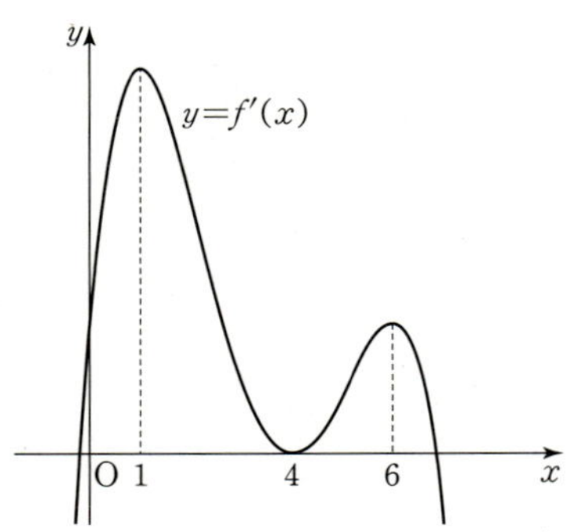

보기

ㄱ. $f(x)$는 서로 다른 세 점에서 극값을 갖는다.

ㄴ. $4<x_1<x_2<6$인 x_1, x_2에 대하여
$f\left(\dfrac{x_1+x_2}{2}\right)<\dfrac{f(x_1)+f(x_2)}{2}$이다.

ㄷ. $f(0)=0$일 때, 양의 실수 a에 대하여 함수 $y=f(x)$의
그래프와 직선 $y=a$가 서로 다른 두 점에서 만나면 $f(x)$의
극댓값은 a이다.

① ㄱ　　　　② ㄴ　　　　③ ㄷ
④ ㄱ, ㄴ　　　⑤ ㄴ, ㄷ

0767

함수 $f(x)=\ln(1+x^2)$에 대하여 〈보기〉에서 옳은 것만을 있는
대로 고른 것은?

보기

ㄱ. 모든 실수 x에 대하여 $f'(x)+f'(-x)=0$이다.

ㄴ. 극솟값이 존재한다.

ㄷ. $-1<a<b<1$일 때, $f\left(\dfrac{a+b}{2}\right)>\dfrac{f(a)+f(b)}{2}$이다.

① ㄷ　　　　② ㄱ, ㄴ　　　③ ㄱ, ㄷ
④ ㄴ, ㄷ　　　⑤ ㄱ, ㄴ, ㄷ

0768

함수 $f(x)=\dfrac{x^2}{x-1}$에 대한 설명으로 〈보기〉에서 옳은 것만을
있는 대로 고른 것은?

보기

ㄱ. 함수 $f(x)$는 $x=2$에서 극솟값을 갖는다.

ㄴ. 곡선 $y=f(x)$의 변곡점은 존재하지 않는다.

ㄷ. 점근선의 방정식은 $x=1$, $y=x+1$이다.

① ㄱ　　　　② ㄴ　　　　③ ㄱ, ㄴ
④ ㄴ, ㄷ　　　⑤ ㄱ, ㄴ, ㄷ

0769

함수 $f(x)=(x^2+kx+k)e^{-x}$에 대하여 〈보기〉에서 옳은 것만을
있는 대로 고른 것은?

보기

ㄱ. $k=1$일 때, 함수 $f(x)$의 극솟값은 1이다.

ㄴ. 어떤 실수 k에 대하여 $f(x)$는 극값을 1개 갖는다.

ㄷ. 곡선 $y=f(x)$가 열린구간 $(-1, 1)$에서 위로 볼록하도록
하는 정수 k의 최솟값은 4이다.

① ㄷ　　　　② ㄱ, ㄴ　　　③ ㄱ, ㄷ
④ ㄴ, ㄷ　　　⑤ ㄱ, ㄴ, ㄷ

0770

함수 $f(x)=x+2\sin x$ $(0\leq x\leq 2\pi)$에 대하여 〈보기〉에서 옳은 것만을 있는 대로 고른 것은?

> [보기]
>
> ㄱ. $x=\dfrac{2}{3}\pi$에서 극댓값을 갖는다.
>
> ㄴ. 극댓값과 극솟값의 합은 2π이다.
>
> ㄷ. $0<a<b<\dfrac{\pi}{2}$일 때, $af(b)<bf(a)$이다.

① ㄴ ② ㄱ, ㄴ ③ ㄱ, ㄷ
④ ㄴ, ㄷ ⑤ ㄱ, ㄴ, ㄷ

0771

[평가원기출]

함수 $f(x)=x+\sin x$에 대하여 함수 $g(x)$를 $g(x)=(f\circ f)(x)$로 정의할 때, 〈보기〉에서 옳은 것만을 있는 대로 고른 것은?

> [보기]
>
> ㄱ. 함수 $f(x)$의 그래프는 열린구간 $(0,\pi)$에서 위로 볼록하다.
>
> ㄴ. 함수 $g(x)$는 열린구간 $(0,\pi)$에서 증가한다.
>
> ㄷ. $g'(x)=1$인 실수 x가 열린구간 $(0,\pi)$에 존재한다.

① ㄱ ② ㄷ ③ ㄱ, ㄴ
④ ㄴ, ㄷ ⑤ ㄱ, ㄴ, ㄷ

0772

열린구간 $\left(-\dfrac{\pi}{2},\dfrac{\pi}{2}\right)$에서 정의된 함수 $f(x)=\sec x$에 대하여 〈보기〉에서 옳은 것만을 있는 대로 고른 것은?

> [보기]
>
> ㄱ. 함수 $f(x)$는 열린구간 $\left(0,\dfrac{\pi}{2}\right)$에서 감소한다.
>
> ㄴ. 함수 $y=f(x)$의 그래프는 구간 $\left(-\dfrac{\pi}{2},\dfrac{\pi}{2}\right)$에서 아래로 볼록하다.
>
> ㄷ. $\dfrac{\pi}{3}<\displaystyle\int_0^{\frac{\pi}{3}} f(x)\,dx<\dfrac{\pi}{2}$

① ㄴ ② ㄱ, ㄴ ③ ㄱ, ㄷ
④ ㄴ, ㄷ ⑤ ㄱ, ㄴ, ㄷ

유형 07 함수의 최대·최소

0773

함수 $f(x)=x^2+2x+2\sqrt{x}$의 그래프 위의 점 $\mathrm{P}(a,f(a))$ $(a>0)$와 원점을 지나는 직선의 기울기의 최솟값을 구하시오.

0774

구간 $\left[-\dfrac{\pi}{4},\dfrac{\pi}{4}\right]$에서 함수 $f(x)=\dfrac{e^x}{\cos x}$의 최댓값을 M, 최솟값을 m이라 할 때, Mm의 값을 구하시오.

0775

두 함수 $f(x)=x-2\ln\dfrac{x}{2}$, $g(x)=xe^{-2x}+k$와 임의의 두 양의 실수 x_1, x_2에 대하여 $f(x_1)>g(x_2)$이기 위한 실수 k의 값의 범위를 구하시오.

0776

선생님 Pick! [교육청기출]

다항함수 $y=f(x)$의 도함수 $y=f'(x)$의 그래프가 그림과 같을 때, 〈보기〉에서 옳은 것만을 있는 대로 고른 것은?

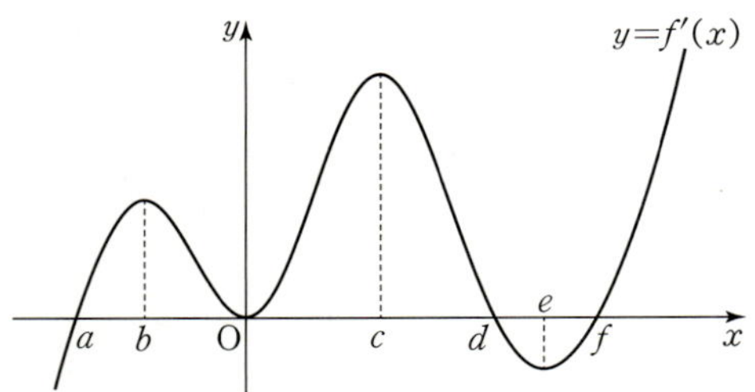

[보기]

ㄱ. 구간 $[a, f]$에서 $f(x)$의 변곡점은 4개이다.
ㄴ. 구간 $[a, e]$에서 $f(x)$의 극대인 점은 1개이다.
ㄷ. 구간 $[a, e]$에서 $f(x)$의 최댓값은 $f(c)$이다.

① ㄱ ② ㄷ ③ ㄱ, ㄴ
④ ㄴ, ㄷ ⑤ ㄱ, ㄴ, ㄷ

0777

[교육청기출]

양의 실수 전체의 집합에서 정의된 함수 $f(x)=e^x+\dfrac{1}{x}$이 $x=\alpha$에서 극값을 가질 때, 〈보기〉에서 옳은 것만을 있는 대로 고른 것은? (단, α는 상수이다.)

[보기]

ㄱ. $e^{\alpha}=\dfrac{1}{\alpha^2}$
ㄴ. 곡선 $y=f(x)$의 변곡점이 존재한다.
ㄷ. 함수 $f(x)$는 $x=\alpha$에서 최솟값을 갖는다.

① ㄱ ② ㄴ ③ ㄱ, ㄴ
④ ㄱ, ㄷ ⑤ ㄱ, ㄴ, ㄷ

0778

어느 회사에서 만든 제품의 가격을 1 kg에 x만 원으로 정할 때 $\sqrt{80-x}$ kg이 팔린다고 한다. 이 제품 1 kg을 만드는 데 5만 원이 들 때, 이 제품을 팔아서 생기는 최대 이익은? (단, $0<x<80$)

① 200만 원 ② 250만 원 ③ 300만 원
④ 350만 원 ⑤ 400만 원

0779

물고기가 v km/h의 속력으로 t시간 동안 헤엄칠 때 소모되는 에너지를 E라 하면 $E=cv^2t$ (c는 양의 상수)라 한다. 3 km/h의 속력으로 흐르는 강물에서 물고기가 v km/h의 속력으로 강물을 거슬러 5 km를 헤엄칠 때, 소모되는 에너지 E가 최소가 되도록 하는 속력 v는?

① 5 km/h ② 6 km/h ③ 7 km/h
④ 8 km/h ⑤ 9 km/h

0780

곡선 $y=xe^x$ 위의 점 (t, te^t) $(t<0)$에서의 접선이 y축과 만나는 점을 P라 할 때, 선분 OP의 길이의 최댓값은?

(단, O는 원점이다.)

① $\dfrac{1}{e^2}$ ② $\dfrac{2}{e^2}$ ③ $\dfrac{4}{e^2}$
④ $\dfrac{2}{e}$ ⑤ $\dfrac{4}{e}$

0781 빈출

곡선 $y=\ln x$ 위의 점 $P(t,\ \ln t)$ $(0<t<1)$에서의 접선이 x축, y축과 만나는 점을 각각 Q, R라 하자. 삼각형 OQR의 넓이의 최댓값은? (단, O는 원점이다.)

① $\dfrac{1}{e}$　　② $\dfrac{2}{e}$　　③ $\dfrac{3}{e}$

④ $\dfrac{4}{e}$　　⑤ $\dfrac{5}{e}$

0782

자연수 k에 대하여 곡선 $y=e^{-\frac{k}{2}x^2}$ 위의 점을 두 꼭짓점으로 하고, 한 변이 x축 위에 있는 직사각형의 넓이의 최댓값을 a_k라 할 때, $\displaystyle\sum_{k=1}^{\infty}(a_k a_{k+1})^2$의 값을 구하시오.

0783

반지름의 길이가 4인 구에 외접하는 원뿔의 부피가 최소일 때, 원뿔의 밑면의 반지름의 길이는?

① $4\sqrt{2}$　　② $\sqrt{34}$　　③ 6

④ $\sqrt{38}$　　⑤ $2\sqrt{10}$

0784 서술형

선행 0778

그림과 같이 섬으로부터 가장 가까운 해안에서 P지점까지의 거리는 4 km이고, P지점과 마을 사이의 거리는 7 km라고 한다. 해안의 한 지점 Q를 정하여 섬과 Q지점을 잇는 다리와 Q지점에서 마을까지 연결하는 도로를 건설하려고 한다. 다리의 건설 비용은 1 km당 5억 원, 도로의 건설 비용은 1 km당 3억 원이 든다고 할 때, 섬에서 마을까지 연결하는 다리와 도로를 건설하는 데 드는 비용의 최솟값을 구하고, 그 과정을 서술하시오.

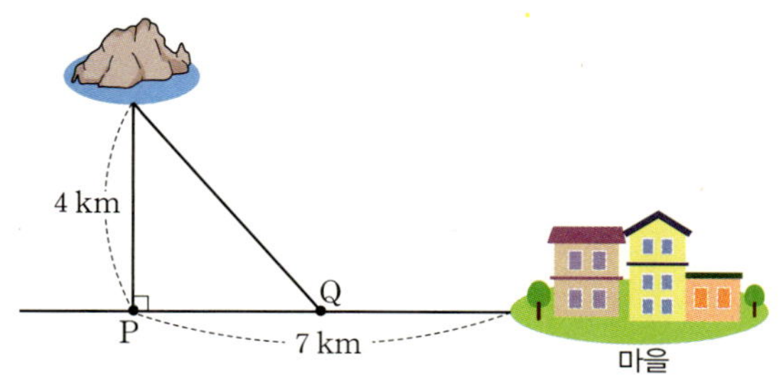

0785 빈출

그림은 반지름의 길이가 1인 반원에서 지름 AB를 한 변으로 하고 반원에 내접하는 사다리꼴 ABCD를 나타낸 것이다. $\angle AOD=\theta$라고 하면 사다리꼴 ABCD의 넓이는 $\theta=a$일 때 최댓값 b를 갖는다. $\dfrac{ab}{\pi}$의 값은?

(단, a, b는 상수이고, $0<\theta<\dfrac{\pi}{2}$이다.)

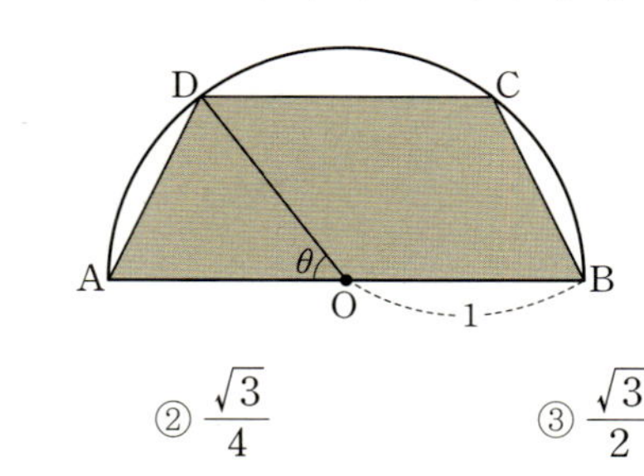

① $\dfrac{\sqrt{3}}{8}$　　② $\dfrac{\sqrt{3}}{4}$　　③ $\dfrac{\sqrt{3}}{2}$

④ $\sqrt{3}$　　⑤ $2\sqrt{3}$

0786 빈출

| 선행 0779 |

그림과 같이 반지름의 길이가 3 m인 반원이 있다. 점 A부터 점 P까지는 직선을 따라 2 m/초의 속력으로 이동하고, 점 P부터 점 B까지는 원주를 따라 3 m/초의 속력으로 이동한다. 점 A를 출발하여 원주 위의 한 점 P를 거쳐 점 B로 이동하는 데 걸리는 시간이 최대가 되게 하는 각 PAB의 크기를 θ라 할 때, $\cos\theta$의 값은? (단, $0<\theta<\dfrac{\pi}{2}$)

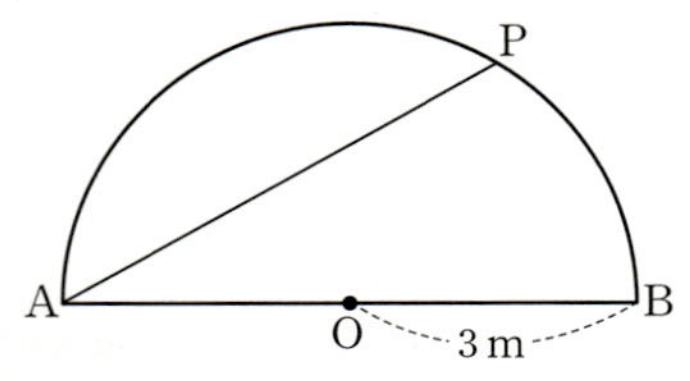

① $\dfrac{\sqrt{2}}{9}$ 　　② $\dfrac{\sqrt{5}}{9}$ 　　③ $\dfrac{\sqrt{2}}{3}$

④ $\dfrac{2\sqrt{2}}{3}$ 　　⑤ $\dfrac{\sqrt{5}}{3}$

0787

$\overline{AB}=2$, $\overline{BC}=5$, $\angle B=90°$인 직각삼각형 ABC의 빗변 AC 위의 한 점 P에서 변 BC에 내린 수선의 발을 Q라 하자. $\overline{AQ}+\overline{PQ}$의 값이 최소가 되는 각 AQP의 크기를 α라 할 때, $\sin\alpha$의 값은?

(단, $0<\alpha<\dfrac{\pi}{2}$)

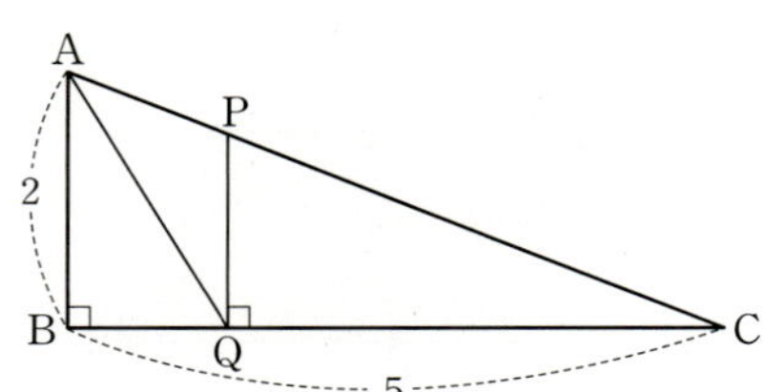

① $\dfrac{1}{5}$ 　　② $\dfrac{1}{4}$ 　　③ $\dfrac{1}{3}$

④ $\dfrac{2}{5}$ 　　⑤ $\dfrac{1}{2}$

0788

방정식 $kx^2=(x+2)^3$의 0보다 큰 실근이 존재하도록 하는 실수 k의 최솟값은?

① $\dfrac{23}{2}$ 　　② 12 　　③ $\dfrac{25}{2}$

④ 13 　　⑤ $\dfrac{27}{2}$

0789 빈출 서술형

방정식 $2x^2=ke^{x-2}$이 서로 다른 세 실근을 갖도록 하는 실수 k의 값의 범위를 구하고, 그 과정을 서술하시오.

0790 빈출

방정식 $\ln x=kx$, $e^x=kx$가 모두 실근을 갖지 않도록 하는 실수 k의 값의 범위를 구하시오.

0791

다음 물음에 답하시오.

(1) 방정식 $\dfrac{e^x}{x}=n-4$의 서로 다른 실근의 개수를 a_n이라 할 때, $\displaystyle\sum_{n=1}^{8} a_n$의 값을 구하시오.

(2) 방정식 $\dfrac{\ln x}{x}=\dfrac{1}{n}$의 실근의 개수를 a_n이라 할 때, $\displaystyle\sum_{n=1}^{10} a_n$의 값을 구하시오.

0792

$-\dfrac{\pi}{2}<x<\dfrac{\pi}{2}$일 때, 방정식 $\cos\left(\dfrac{\pi}{2}-2x\right)=kx$가 서로 다른 세 실근을 갖도록 하는 실수 k의 값의 범위는?

① $0\leq k\leq 2$ ② $0<k<1$ ③ $0\leq k<2$
④ $0<k\leq 1$ ⑤ $0<k<2$

0793

주사를 맞으면 혈액 속 주사약의 농도는 시간에 따라 변하게 된다. 주사약이 투여된 지 $t\ (t\geq 0)$시간 후의 혈액 속 주사약의 농도를 $C(t)$라고 할 때,
$$C(t)=t^2 e^{-\frac{1}{2}t}$$
이 성립한다고 한다. 주사약의 농도가 0.2가 되는 순간은 몇 번인가?

① 0 ② 1 ③ 2
④ 3 ⑤ 4

0794

$-\dfrac{\pi}{2}<x<\dfrac{\pi}{2}$일 때, 실수 k에 대하여 방정식 $-\ln(\cos x)=x+k$의 실근의 개수를 $f(k)$라 하자. 함수 $f(k)$가 구간 $(a,\ \infty)$에서 연속이 되도록 하는 실수 a의 최솟값은?

① $\dfrac{\pi}{4}$ ② $\ln\sqrt{2}$ ③ $-\dfrac{\pi}{4}+\ln\sqrt{2}$
④ $\dfrac{\pi}{4}-\ln\sqrt{2}$ ⑤ $\dfrac{\pi}{4}+\ln\sqrt{2}$

0795

함수 $f(x)=xe^{-x}$에 대하여 〈보기〉에서 옳은 것만을 있는 대로 고른 것은?

보기

ㄱ. $x>1$에서 감소한다.
ㄴ. 곡선 $y=f(x)$는 구간 $(2,\ \infty)$에서 아래로 볼록하다.
ㄷ. 방정식 $f(\ln x)=\dfrac{1}{e}$은 서로 다른 두 실근을 갖는다.

① ㄱ ② ㄴ ③ ㄱ, ㄴ
④ ㄴ, ㄷ ⑤ ㄱ, ㄴ, ㄷ

0796 빈출⭐

함수 $f(x)=\dfrac{2x}{x^2+1}$에 대한 설명으로 〈보기〉에서 옳은 것만을 있는 대로 고른 것은?

〈보기〉

ㄱ. 치역은 $\{y\,|\,-1\leq y\leq 1\}$이다.

ㄴ. $0<a<b$일 때 $f'(a)>\dfrac{f(b)-f(a)}{b-a}$이다.

ㄷ. 방정식 $f(x)=x$는 서로 다른 세 실근을 갖는다.

① ㄱ   ② ㄴ   ③ ㄱ, ㄴ

④ ㄱ, ㄷ   ⑤ ㄴ, ㄷ

0797

함수 $f(x)=\cos x+x^2+k$에 대하여 〈보기〉에서 옳은 것만을 있는 대로 고른 것은? (단, k는 실수이다.)

〈보기〉

ㄱ. 곡선 $y=f(x)$는 아래로 볼록하다.

ㄴ. 임의의 실수 a, b에 대하여 $a<b$이면 $f'(a)<f'(b)$이다.

ㄷ. $k<-1$이면 방정식 $f(x)=0$은 서로 다른 두 실근을 갖는다.

① ㄴ   ② ㄱ, ㄴ   ③ ㄱ, ㄷ

④ ㄴ, ㄷ   ⑤ ㄱ, ㄴ, ㄷ

0798

구간 $[0,\,2\pi]$에서 정의된 함수 $f(x)=e^x\cos x$에 대하여 〈보기〉에서 옳은 것만을 있는 대로 고른 것은?

〈보기〉

ㄱ. $x=\dfrac{5}{4}\pi$에서 극소이다.

ㄴ. 곡선 $y=f(x)$는 2개의 변곡점을 갖는다.

ㄷ. 실수 t에 대하여 방정식 $f(x)=t$의 서로 다른 실근의 개수를 $g(t)$라 할 때, 함수 $y=g(t)$의 불연속인 점의 개수는 3이다.

① ㄱ   ② ㄷ   ③ ㄱ, ㄴ

④ ㄱ, ㄷ   ⑤ ㄴ, ㄷ

0799

함수 $f(x)=\dfrac{x+2}{\sqrt{x^2+4}}$에 대하여 〈보기〉에서 옳은 것만을 있는 대로 고른 것은?

〈보기〉

ㄱ. 함수 $f(x)$의 극댓값은 $\sqrt{2}$이다.

ㄴ. 모든 실수 x에 대하여 $f(x)>-1$이다.

ㄷ. 방정식 $f(x)-f(n)=0$의 서로 다른 실근의 개수를 a_n이라 하면 $\displaystyle\sum_{n=1}^{20}a_n=39$이다.

① ㄴ   ② ㄱ, ㄴ   ③ ㄱ, ㄷ

④ ㄴ, ㄷ   ⑤ ㄱ, ㄴ, ㄷ

0800

함수 $f(x)=3|x-1|e^x$에 대하여 〈보기〉에서 옳은 것만을 있는 대로 고른 것은?

<보기>

ㄱ. 모든 실수 a에 대하여 $\lim\limits_{x\to a}f(x)=f(a)$이다.

ㄴ. 함수 $f(x)$는 $x=1$에서 미분가능하다.

ㄷ. 방정식 $f(x)=n$의 실근의 개수를 a_n이라 할 때, $\sum\limits_{n=1}^{10}a_n=15$이다.

① ㄱ ② ㄷ ③ ㄱ, ㄴ
④ ㄱ, ㄷ ⑤ ㄱ, ㄴ, ㄷ

유형 10 부등식에의 활용

0801 빈출 서술형

| 선행 0705 |

$x\geq0$인 임의의 실수 x에 대하여 $e^x\geq\dfrac{1}{2}x^2+x+k$가 성립하도록 하는 실수 k의 최댓값을 구하고, 그 과정을 서술하시오.

0802 빈출

$x\geq0$일 때 부등식 $\cos x\geq k-x^2$이 성립하도록 하는 실수 k의 최댓값은?

① $\dfrac{1}{2}$ ② 1 ③ $\sqrt{2}$
④ $\sqrt{3}$ ⑤ 2

0803

모든 양수 x에 대하여 부등식 $\sin x+e^x+a\geq0$이 항상 성립하도록 하는 실수 a의 최솟값을 구하시오.

0804

교육청기출

다음은 모든 실수 x에 대하여 $2x-1\geq ke^{x^2}$을 성립시키는 실수 k의 최댓값을 구하는 과정이다.

$f(x)=(2x-1)e^{-x^2}$이라 하자.
$f'(x)=(\boxed{(\text{가})})\times e^{-x^2}$

$f'(x)=0$에서 $x=-\dfrac{1}{2}$ 또는 $x=1$

함수 $f(x)$의 증가와 감소를 조사하면
함수 $f(x)$의 극솟값은 $\boxed{(\text{나})}$이다.
또한 $\lim\limits_{x\to\infty}f(x)=0$, $\lim\limits_{x\to-\infty}f(x)=0$이므로
함수 $y=f(x)$의 그래프의 개형을 그리면
함수 $f(x)$의 최솟값은 $\boxed{(\text{나})}$이다.
따라서 $2x-1\geq ke^{x^2}$을 성립시키는 실수 k의 최댓값은 $\boxed{(\text{나})}$이다.

위의 (가)에 알맞은 식을 $g(x)$, (나)에 알맞은 수를 p라 할 때, $g(2)\times p$의 값은?

① $\dfrac{10}{e}$ ② $\dfrac{15}{e}$ ③ $\dfrac{20}{\sqrt[4]{e}}$
④ $\dfrac{25}{\sqrt[4]{e}}$ ⑤ $\dfrac{30}{\sqrt[4]{e}}$

0805

다음은 $0<x<\dfrac{\pi}{2}$에서 부등식 $\tan x+2\sin x>3x$가 성립함을 증명하는 과정이다.

> $f(x)=\tan x+2\sin x-3x$라 하면
>
> $f'(x)=\dfrac{\boxed{(가)}-3\cos^2 x}{\cos^2 x}$
>
> 이때, $g(x)=\boxed{(가)}-3\cos^2 x$라 하면
>
> $g'(x)=6\sin x\cos x\times(\boxed{(나)})$이다.
>
> $0<x<\dfrac{\pi}{2}$에서 $g'(x)>0$이고,
>
> $g(0)=\boxed{(다)}$이므로 $g(x)>\boxed{(다)}$이다.
>
> 즉, $0<x<\dfrac{\pi}{2}$에서 $f'(x)>0$이고
>
> $f(0)=0$이므로 $f(x)>0$이다.
>
> 따라서 $0<x<\dfrac{\pi}{2}$에서 부등식 $\tan x+2\sin x>3x$가 성립한다.

(가), (나)에 알맞은 식을 각각 $i(x)$, $j(x)$라 하고, (다)에 알맞은 수를 k라 할 때, $i(k)+j\left(\dfrac{\pi}{3}\right)$의 값은?

① $\dfrac{1}{2}$ 　　② $\dfrac{3}{2}$ 　　③ $\dfrac{5}{2}$

④ $\dfrac{7}{2}$ 　　⑤ $\dfrac{9}{2}$

0806 빈출 서술형

두 함수 $f(x)=\ln x^2$, $g(x)=\dfrac{1}{2}kx^2$에 대하여 $x>0$에서 부등식 $f(x)\le g(x)$가 성립하기 위한 양수 k의 최솟값을 구하고, 그 과정을 서술하시오.

0807

$1\le x\le 2$인 모든 실수 x에 대하여 부등식 $ax\le e^x\le bx$가 성립하도록 하는 실수 a, b에 대하여 $b-a$의 최솟값은?

① $\dfrac{e^2}{2}$ 　　② e 　　③ $e\left(\dfrac{e}{2}-1\right)$

④ $e\left(\dfrac{e^2}{2}-1\right)$ 　　⑤ $e\left(\dfrac{e}{2}+1\right)$

0808

$0<x<\pi$에서 부등식 $\sin(3x)<kx$가 성립하도록 하는 실수 k의 최솟값은?

① 1 　　② $\dfrac{3}{2}$ 　　③ 2

④ $\dfrac{5}{2}$ 　　⑤ 3

0809

$0\le x\le\dfrac{\pi}{6}$에서 $k\sin x\le\cos x-k$가 성립하도록 하는 실수 k의 최댓값을 구하시오.

0810

함수 $f(x)=\dfrac{1}{x}-\dfrac{1}{x^2}$에 대하여 〈보기〉에서 옳은 것만을 있는 대로 고른 것은?

〈보기〉

ㄱ. 곡선 $y=f(x)$는 구간 $(3,\ \infty)$에서 위로 볼록하다.
ㄴ. 방정식 $f(x)=0$은 실근을 1개 갖는다.
ㄷ. 0이 아닌 모든 실수 x에 대하여 $f(x)\leq a$를 만족시키는 실수 a의 최솟값은 $\dfrac{1}{4}$이다.

① ㄴ ② ㄷ ③ ㄱ, ㄴ
④ ㄴ, ㄷ ⑤ ㄱ, ㄴ, ㄷ

0811 서술형 ✎

$x>0$인 모든 실수 x에 대하여 부등식 $\sqrt{2x}\geq k\ln x$가 항상 성립하도록 하는 양수 k의 범위를 구하고, 그 과정을 서술하시오.

0812

두 함수 $f(x)=2x^2-5x+\ln x$, $g(x)=m\left(x-\dfrac{1}{2}\right)-\ln 2-2$에 대하여 구간 $\left(0,\ \dfrac{1}{2}\right)$의 모든 실수 x에 대하여 $f(x)\leq g(x)$가 성립하도록 하는 실수 m의 최댓값은?

① -2 ② -1 ③ 0
④ 1 ⑤ 2

유형 11 속도와 가속도

0813 빈출 ♛

좌표평면 위를 움직이는 점 $\mathrm{P}(x,\ y)$의 시각 $t\ (t\geq 0)$에서의 위치가 $x=2-2\cos t$, $y=2t-2\sin t$일 때, 다음을 구하시오.

(1) 시각 $t=\dfrac{\pi}{2}$에서 점 P의 속력

(2) 시각 $t=2\pi$에서 점 P의 가속도의 크기

(3) 점 P가 점 $(4,\ 2\pi)$를 지날 때의 속력

0814 빈출 ♛

좌표평면 위를 움직이는 점 $\mathrm{P}(x,\ y)$의 시각 $t\ (t\geq 0)$에서의 위치가 $x=t-\sin(2t)$, $y=1-\cos(2t)$일 때, 점 P의 속력의 최댓값은?

① 1 ② 2 ③ 3
④ 4 ⑤ 5

0815 빈출 ♛

좌표평면 위를 움직이는 점 P의 시각 $t\ (t\geq 0)$에서의 위치 $(x,\ y)$가 $x=e^{2t}\cos t$, $y=e^{2t}\sin t$일 때, 다음 물음에 답하시오.

(1) 점 P의 속력이 $e\sqrt{5e}$일 때의 시각

(2) $t=2$에서 점 P의 가속도의 크기

0816 서술형 ✎

점 P가 원점 O를 중심으로 하고 반지름의 길이가 1인 원 위의 점 $(0, 1)$을 출발하여 시계 반대 방향으로 매초 3라디안만큼 회전한다고 한다. 다음 물음에 답하고, 그 과정을 서술하시오.

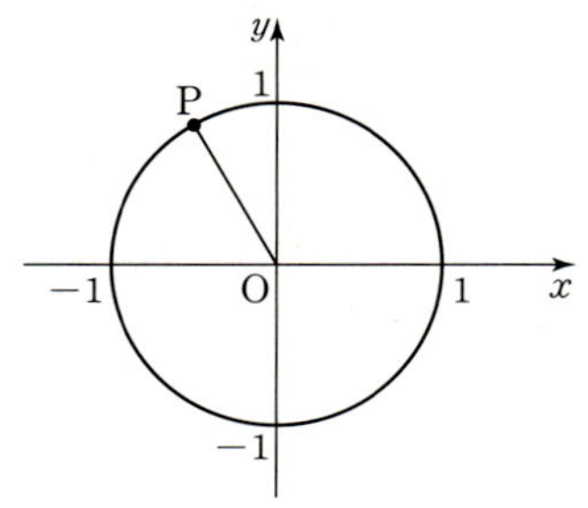

(1) 시각 t(초)에서 점 P의 위치를 구하시오.
(2) 시각 t(초)에서 점 P의 속도와 속력을 구하시오.
(3) 시각 t(초)에서 점 P의 가속도와 가속도의 크기를 구하시오.

0817

좌표평면 위의 점 P가 곡선 $y=e^x$ 위를 매초 1의 일정한 속력으로 움직인다. 점 P에서 y축에 내린 수선의 발을 Q라 할 때, 점 P가 점 $(1, e)$를 지나는 순간의 점 Q의 속력은?

① $\dfrac{1}{2\sqrt{e^2+1}}$ ② $\dfrac{1}{e^2+1}$ ③ $\dfrac{1}{\sqrt{e^2+1}}$

④ $\dfrac{e}{e^2+1}$ ⑤ $\dfrac{e}{\sqrt{e^2+1}}$

0818

그림과 같이 원점을 지나고 x축의 양의 방향과 이루는 각의 크기가 θ인 직선 l이 있다. 제1사분면에서 x축과 직선 l에 동시에 접하고 반지름의 길이가 1인 원의 중심을 C라 하자. $t=0$일 때 $\theta=\dfrac{\pi}{2}$ 이고, 시간 t에 대한 θ의 순간변화율이 $-\dfrac{\pi}{24}$일 때, $\theta=\dfrac{\pi}{3}$가 되는 순간의 점 C의 속력을 구하시오.

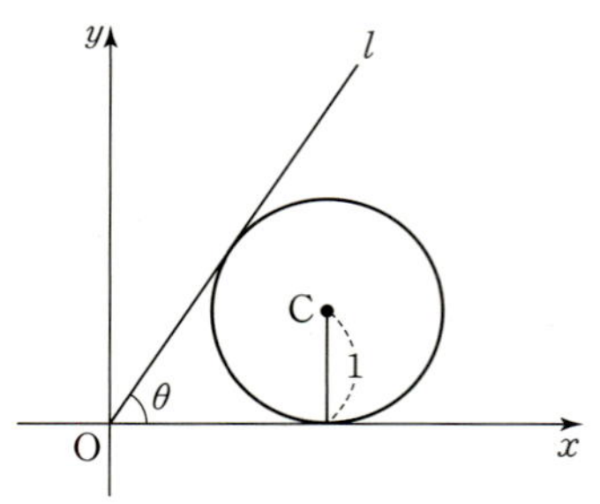

0819

그림과 같이 직선도로 위의 A지점으로부터 도로에 수직으로 800 m 떨어진 P지점에서 도로를 달리는 자동차의 속도를 측정하려고 한다. 초속 100 m의 일정한 속도로 달리는 자동차가 A지점을 지난 후 P지점에서 멀어지는 속력이 60 m/초가 되는 순간은 몇 초 후인지 구하시오.

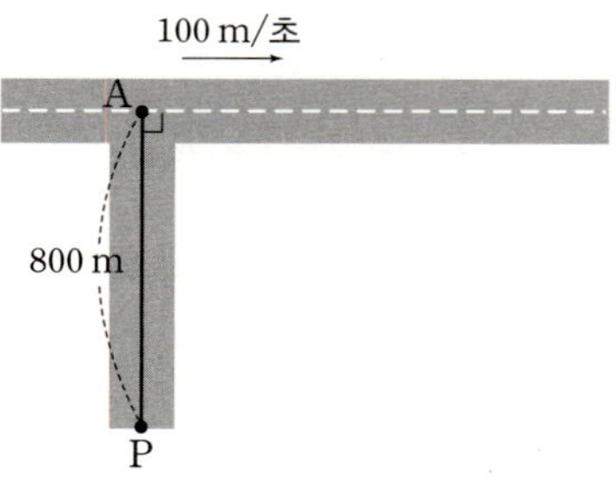

스키마로 풀이 흐름 알아보기

점 $(2, 0)$에서 곡선 $y=(x-1)e^x$에 그은 두 접선의 기울기를 각각 m_1, m_2라고 할 때, $m_1 m_2$의 값은?

조건① · · · 조건② · · · 답

① e^2 ② e^3 ③ e^4 ④ $2e^3$ ⑤ $2e^4$

유형01 접선의 방정식 0718

스키마 schema

▷▷▷ 주어진 조건 은 무엇인지? 구하는 답 은 무엇인지? 이 둘을 어떻게 연결할지?

1단계

조건

① 점 $(2, 0)$에서 곡선 $y=(x-1)e^x$에 그은 두 접선

↓ 접점 $(t, (t-1)e^t)$

$y=te^t(x-t)+(t-1)e^t$

↓ 점 $(2, 0)$

$t^2-3t+1=0$

② 두 접선의 기울기 m_1, m_2

$y=(x-1)e^x$에서 $y'=xe^x$이므로
점 $(2, 0)$에서 곡선 $y=(x-1)e^x$에
그은 접선의 접점의 좌표를
$(t, (t-1)e^t)$이라 하면 접선의
방정식은 $y=te^t(x-t)+(t-1)e^t$,
즉 $y=te^t x+(-t^2+t-1)e^t$
이 직선이 점 $(2, 0)$을 지나므로
$0=2te^t+(-t^2+t-1)e^t$
$(-t^2+3t-1)e^t=0$
$t^2-3t+1=0$ $(\because e^t>0)$

2단계

조건

① 점 $(2, 0)$에서 곡선 $y=(x-1)e^x$에 그은 두 접선

$y=te^t(x-t)+(t-1)e^t$

$t^2-3t+1=0$ → 두 근 α, β → $\alpha+\beta=3$, $\alpha\beta=1$

② 두 접선의 기울기 m_1, m_2 → αe^α, βe^β

이차방정식 $t^2-3t+1=0$의 두 근을 α,
β라 하면
이차방정식의 근과 계수의 관계에
의하여 $\alpha+\beta=3$, $\alpha\beta=1$이고,
두 접점의 x좌표가 α, β이므로
두 접선의 기울기가 각각 αe^α, βe^β이다.

3단계

조건

① 점 $(2, 0)$에서 곡선 $y=(x-1)e^x$에 그은 두 접선

$y=te^t(x-t)+(t-1)e^t$

$t^2-3t+1=0$ — 두 근 α, β — $\alpha+\beta=3$, $\alpha\beta=1$

② 두 접선의 기울기 m_1, m_2 — αe^α, βe^β

→ e^3

답 — $m_1 m_2$

$\therefore m_1 m_2 = \alpha e^\alpha \times \beta e^\beta$
$= \alpha\beta e^{\alpha+\beta}$
$= 1 \times e^3 = e^3$

답 ②

스키마로 풀이 흐름 알아보기

방정식 $2x^2 = ke^{x-2}$이 서로 다른 세 실근을 갖도록 하는 실수 k의 값의 범위를 구하시오.
　　조건① 　　　　　　조건② 　　　　　　　　답

유형 09 　방정식에의 활용 0789

스키마 schema 　　≫ 주어진 조건 은 무엇인지? 구하는 답 은 무엇인지? 이 둘을 어떻게 연결할지?

1단계

조건

① 방정식 $2x^2 = ke^{x-2}$

↓

곡선 $y = 2x^2 e^{2-x}$와 직선 $y = k$

② 서로 다른 세 실근

방정식 $2x^2 = ke^{x-2}$의 우변에 상수 k만 남기기 위해 양변을 e^{x-2}으로 나누면 $2x^2 e^{2-x} = k$이다.
이 방정식의 실근의 개수는 곡선 $y = 2x^2 e^{2-x}$과 직선 $y = k$의 교점의 개수와 같다.
$f(x) = 2x^2 e^{2-x}$이라 놓고 함수 $y = f(x)$의 그래프를 그려 보자.

2단계

조건

① 방정식 $2x^2 = ke^{x-2}$

곡선 $y = 2x^2 e^{2-x}$와 직선 $y = k$

② 서로 다른 세 실근

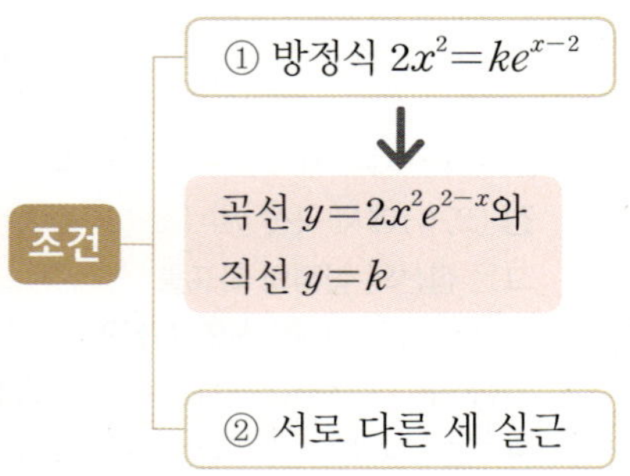

$f'(x) = 4xe^{2-x} - 2x^2 e^{2-x}$
$\qquad = 2x(2-x)e^{2-x}$
$f'(x) = 0$에서 $x = 0$ 또는 $x = 2$
$(\because e^{2-x} > 0)$

x	$\cdots$	0	$\cdots$	2	$\cdots$
$f'(x)$	$-$	0	$+$	0	$-$
$f(x)$	$\searrow$	0	$\nearrow$	8	$\searrow$

함수 $f(x)$는 $x = 0$에서 극솟값 0을 갖고, $x = 2$에서 극댓값 8을 갖는다.
또한 $\lim\limits_{x \to -\infty} 2x^2 e^{2-x} = \infty$,
$\lim\limits_{x \to \infty} 2x^2 e^{2-x} = 0$이므로 함수 $y = f(x)$의 그래프는 그림과 같다.

3단계

조건

① 방정식 $2x^2 = ke^{x-2}$

곡선 $y = 2x^2 e^{2-x}$와 직선 $y = k$

② 서로 다른 세 실근

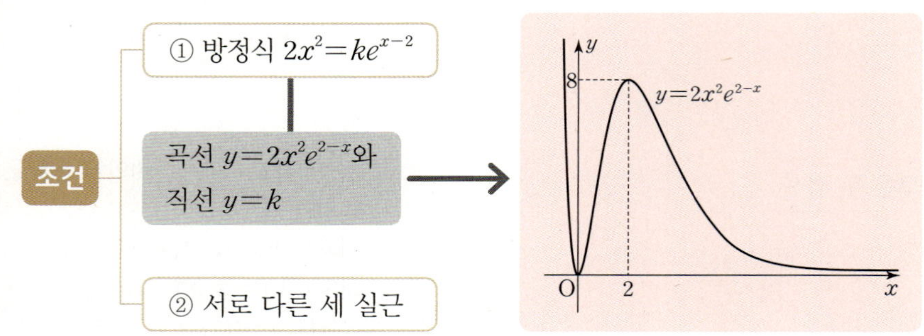

$0 < k < 8$

답　k의 값의 범위

따라서 곡선 $y = f(x)$와 직선 $y = k$가 서로 다른 세 점에서 만나도록 하는 실수 k의 값의 범위는 $0 < k < 8$이다.

답 $0 < k < 8$

0820

함수 $f(x)=\ln\dfrac{x}{k}$ 의 역함수를 $g(x)$ 라 하고, 곡선 $y=f(x)$ 위의 점과 곡선 $y=g(x)$ 위의 점 사이의 거리의 최단 거리를 l_k 라 하자. $l_k\geq 3\sqrt{2}$ 를 만족시키는 자연수 k 의 최솟값을 구하시오.

(단, $e=2.7$ 로 계산한다.)

0821

점 $(3,\,3)$ 에서 곡선 $\sqrt{x}+\sqrt{y}=4$ 에 그은 접선 중 기울기가 -1 보다 큰 접선의 x 절편을 구하시오.

0822 서술형 ✍ 교육청변형

함수 $f(x)=x^{\frac{1}{x}}\ (x>0)$ 을 이용하여 두 수 2004^{2005} 과 2005^{2004} 의 대소를 비교하고, 그 과정을 서술하시오.

0823

$-\dfrac{\pi}{2}<x<\dfrac{\pi}{2}$ 에서 함수 $f(x)=\sin^3 x+a\cos^2 x+a\sin x+a$ 가 극댓값과 극솟값을 모두 갖도록 하는 실수 a 의 값의 범위를 구하시오.

0824

열린구간 $(0, 2\pi)$에서 정의된 함수 $f(x)=\dfrac{\sin x}{e^{2x}}$가 $x=a$에서 극솟값을 가질 때, $\cos a$의 값은? (단, a는 상수이다.)

① $-\dfrac{2\sqrt{5}}{5}$ ② $-\dfrac{\sqrt{5}}{5}$ ③ 0

④ $\dfrac{\sqrt{5}}{5}$ ⑤ $\dfrac{2\sqrt{5}}{5}$

0825

함수 $f(x)=e^{2x}+2ae^{x}+2x$의 극댓값과 극솟값의 합이 -27일 때, 실수 a의 값을 구하시오.

0826

$n\geq 2$인 자연수 n에 대하여 좌표평면에서 곡선 $y=\sin^{n}x\ \left(0<x<\dfrac{\pi}{2}\right)$의 변곡점의 y좌표를 a_n이라 할 때, $\displaystyle\lim_{n\to\infty}a_n$의 값을 구하시오.

0827

미분가능한 함수 $y=f(x)$의 그래프가 그림과 같고, $f'(0)=f'(1)=0$이다. 함수 $g(x)=(f\circ f)(x)$에 대하여 〈보기〉에서 옳은 것만을 있는 대로 고른 것은?

$$\left(\text{단, } \lim_{x\to-\infty}f(x)=\infty,\ \lim_{x\to\infty}f(x)=0\text{이다.}\right)$$

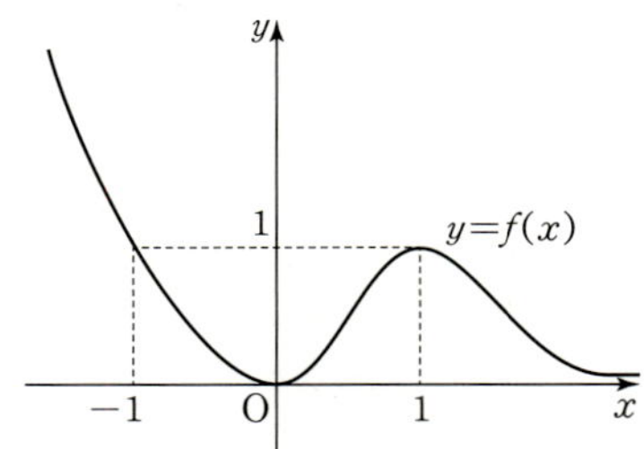

보기

ㄱ. 함수 $g(x)$는 $-1<x<0$에서 증가한다.

ㄴ. 함수 $g(x)$는 최솟값과 최댓값을 갖는다.

ㄷ. $g'(x)=-1$을 만족시키는 x가 존재한다.

① ㄴ ② ㄱ, ㄴ ③ ㄱ, ㄷ

④ ㄴ, ㄷ ⑤ ㄱ, ㄴ, ㄷ

0828 빈출

평가원기출

3 이상의 자연수 n에 대하여 함수 $f(x)$가
$$f(x)=x^n e^{-x}$$
일 때, 〈보기〉에서 옳은 것만을 있는 대로 고른 것은?

보기

ㄱ. $f\left(\dfrac{n}{2}\right)=f'\left(\dfrac{n}{2}\right)$

ㄴ. 함수 $f(x)$는 $x=n$에서 극댓값을 갖는다.

ㄷ. 점 $(0,0)$은 곡선 $y=f(x)$의 변곡점이다.

① ㄴ   ② ㄷ   ③ ㄱ, ㄴ

④ ㄱ, ㄷ   ⑤ ㄱ, ㄴ, ㄷ

0829

평가원기출

함수 $f(x)=4\ln x+\ln(10-x)$에 대하여 〈보기〉에서 옳은 것만을 있는 대로 고른 것은?

보기

ㄱ. 함수 $f(x)$의 최댓값은 $13\ln 2$이다.

ㄴ. 방정식 $f(x)=0$은 서로 다른 두 실근을 갖는다.

ㄷ. 함수 $y=e^{f(x)}$의 그래프는 구간 $(4,8)$에서 위로 볼록하다.

① ㄱ   ② ㄷ   ③ ㄱ, ㄴ

④ ㄴ, ㄷ   ⑤ ㄱ, ㄴ, ㄷ

0830

| 선행 0754 |

$x\geq 0$에서 정의된 함수 $f(x)=(x+1)\ln(x+1)$에 대하여 〈보기〉에서 옳은 것만을 있는 대로 고른 것은?

보기

ㄱ. $x\geq 0$에서 $f(x)\geq x$이다.

ㄴ. $k>0$에 대하여 $\displaystyle\int_0^k f(x)\,dx\geq\dfrac{1}{2}k^2$이다.

ㄷ. 함수 $f(x)$의 역함수 $f^{-1}(x)$에 대하여
$$\dfrac{e(e-1)}{2}<\int_0^e f^{-1}(x)\,dx<\dfrac{1}{2}e^2$$이다.

① ㄴ   ② ㄱ, ㄴ   ③ ㄱ, ㄷ

④ ㄴ, ㄷ   ⑤ ㄱ, ㄴ, ㄷ

0831

평가원기출

양의 실수 전체의 집합을 정의역으로 하는 함수
$$f(x)=\dfrac{1}{27}(x^4-6x^3+12x^2+19x)$$
에 대하여 $f(x)$의 역함수를 $g(x)$라 하자. 〈보기〉에서 옳은 것만을 있는 대로 고른 것은?

보기

ㄱ. 점 $(2,2)$는 곡선 $y=f(x)$의 변곡점이다.

ㄴ. 방정식 $f(x)=x$의 실근 중 양수인 것은 $x=2$ 하나뿐이다.

ㄷ. 함수 $|f(x)-g(x)|$는 $x=2$에서 미분가능하다.

① ㄱ   ② ㄴ   ③ ㄱ, ㄴ

④ ㄱ, ㄷ   ⑤ ㄱ, ㄴ, ㄷ

0832 평가원기출

함수 $f(x)=3\sin kx+4x^3$의 그래프가 오직 하나의 변곡점을 가지도록 하는 실수 k의 최댓값을 구하시오.

0833

실수 k에 대하여 함수 $f(x)=\dfrac{\ln x^2}{x}$의 그래프와 직선 $y=kx$의 교점의 개수를 $g(k)$라 하자.

$g\left(-\dfrac{1}{e}\right)+g(0)+g\left(\dfrac{1}{e^2}\right)+g\left(\dfrac{1}{e}\right)+g\left(\dfrac{2}{e}\right)$의 값을 구하시오.

$$\left(\text{단, } \lim_{x \to \infty} f(x)=0\right)$$

0834 빈출

점 $(0,\ k)$에서 곡선 $y=(x^2+x)e^{4+x}$에 접선을 그을 수 있는 k의 값의 범위는 $k \le a$이고, 그을 수 있는 접선의 최대 개수는 b일 때, $a+b$의 값은? (단, a는 실수이다.)

① 31 　　　　② 32 　　　　③ 33
④ 34 　　　　⑤ 35

0835 평가원기출

이차함수 $f(x)$에 대하여 함수 $g(x)=f(x)e^{-x}$이 다음 조건을 만족시킨다.

> ㈎ 점 $(1,\ g(1))$과 점 $(4,\ g(4))$는 곡선 $y=g(x)$의 변곡점이다.
> ㈏ 점 $(0,\ k)$에서 곡선 $y=g(x)$에 그은 접선의 개수가 3인 k의 값의 범위는 $-1<k<0$이다.

$g(-2)\times g(4)$의 값을 구하시오.

0836

[평가원기출]

함수 $f(x)=kx^2e^{-x}$ $(k>0)$과 실수 t에 대하여 곡선 $y=f(x)$ 위의 점 $(t, f(t))$에서 x축까지의 거리와 y축까지의 거리 중 크지 않은 값을 $g(t)$라 하자. 함수 $g(t)$가 한 점에서만 미분가능하지 않도록 하는 k의 최댓값은?

① $\dfrac{1}{e}$　　　　② $\dfrac{1}{\sqrt{e}}$　　　　③ $\dfrac{e}{2}$

④ $\sqrt{e}$　　　　⑤ e

0837

[평가원기출]

양수 a와 두 실수 b, c에 대하여 함수 $f(x)=(ax^2+bx+c)e^x$은 다음 조건을 만족시킨다.

> (가) $f(x)$는 $x=-\sqrt{3}$과 $x=\sqrt{3}$에서 극값을 갖는다.
> (나) $0\le x_1<x_2$인 임의의 두 실수 x_1, x_2에 대하여
> 　　$f(x_2)-f(x_1)+x_2-x_1\ge0$이다.

세 수 a, b, c의 곱 abc의 최댓값을 $\dfrac{k}{e^3}$라 할 때, $60k$의 값을 구하시오.

0838

실수 전체의 집합에서 정의된 두 함수 $f(x)=\cos x+x\sin x$, $g(x)=\sqrt{3}\pi\sin x+\pi\cos x$에 대하여 합성함수 $(f\circ g)(x)$의 최댓값과 최솟값의 합은?

① $-\pi$　　　　② $-\dfrac{\pi}{2}$　　　　③ 0

④ $\dfrac{\pi}{2}$　　　　⑤ π

0839 빈출

[평가원변형]

양수 a에 대하여 구간 $[-a-1, a]$에서 함수 $f(x)=\dfrac{x}{x^2+16}$의 최댓값을 M, 최솟값을 m이라 할 때, $M+m=0$이 되도록 하는 a의 최솟값은?

① 1　　　　② 2　　　　③ 3

④ 4　　　　⑤ 5

0840

그림과 같이 반지름의 길이가 6 cm인 원 모양의 종이에서
중심각의 크기가 θ인 부채꼴을 잘라내고 남은 부분으로 원뿔
모양의 물컵을 만들려고 한다. 물컵의 부피의 최댓값과 그때의 θ의
값을 구하시오.

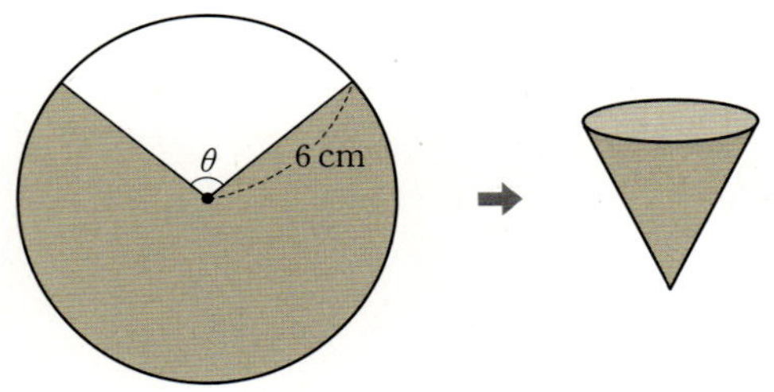

0841

교육청기출

그림과 같이 $\overline{AB}=2$, $\overline{AD}=2\sqrt{3}$인 직사각형 ABCD가 있다.
선분 BC 위의 점 P에 대하여 선분 AP의 수직이등분선이 두 직선
AB, AD와 만나는 점을 각각 Q, R라 하자. 선분 QR의 길이의
최솟값이 k일 때, $4k^2$의 값을 구하시오.

(단, 점 P는 점 B가 아니다.)

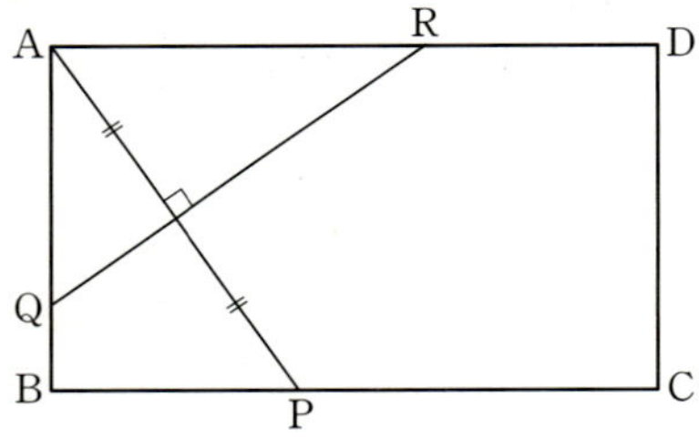

0842

그림과 같이 곡선 $y=\ln x^2$ 위의 두 점 $A(-t, \ln t^2)$,
$B(t, \ln t^2)$에서 접하는 원의 넓이를 $S(t)$라 하자. $1\le t\le 4$에서
$S(t)$의 최댓값을 M, 최솟값을 m이라 할 때, Mm의 값을
구하시오.

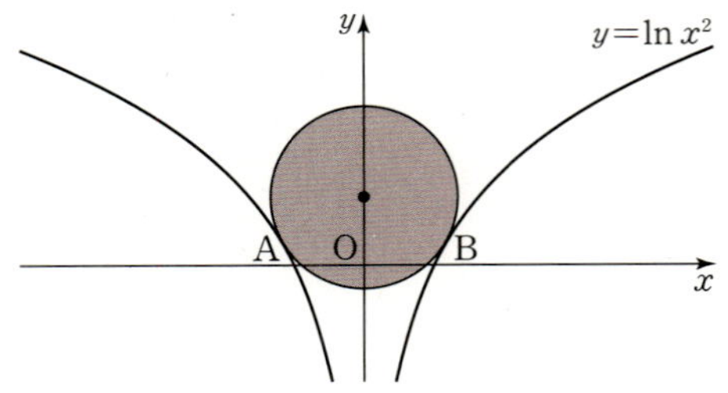

0843

| 선행 0789 |

방정식 $ke^x=a(x^3-2x^2)$이 서로 다른 세 실근을 갖도록 하는
실수 k의 값의 범위가 $0<k<2$일 때, 상수 a의 값은?

① $-2e$　　　　② $-e$　　　　③ e

④ $2e$　　　　⑤ $4e$

0844

$x \geq 0$에서 방정식 $\sin x + \cos x = e^{x+k}$의 서로 다른 실근의 개수가 3이 되도록 하는 실수 k의 값의 범위가 $\alpha < k < \beta$일 때, $\beta - \alpha$의 값은? (단, α, β는 실수이다.)

① π ② $\dfrac{3}{2}\pi$ ③ 2π

④ $\dfrac{5}{2}\pi$ ⑤ 3π

0845

선생님 Pick! 평가원기출

최고차항의 계수가 $\dfrac{1}{2}$인 삼차함수 $f(x)$에 대하여 함수 $g(x)$가

$$g(x) = \begin{cases} \ln |f(x)| & (f(x) \neq 0) \\ 1 & (f(x) = 0) \end{cases}$$

이고 다음 조건을 만족시킬 때, 함수 $g(x)$의 극솟값은?

> (개) 함수 $g(x)$는 $x \neq 1$인 모든 실수 x에서 연속이다.
> (내) 함수 $g(x)$는 $x = 2$에서 극대이고,
> 함수 $|g(x)|$는 $x = 2$에서 극소이다.
> (대) 방정식 $g(x) = 0$의 서로 다른 실근의 개수는 3이다.

① $\ln \dfrac{13}{27}$ ② $\ln \dfrac{16}{27}$ ③ $\ln \dfrac{19}{27}$

④ $\ln \dfrac{22}{27}$ ⑤ $\ln \dfrac{25}{27}$

0846

그림과 같이 반지름의 길이가 $8\,\mathrm{cm}$인 원이 좌표평면에서 x축을 따라 매초 2라디안씩 회전하여 굴러간다. 원 위의 한 점 P가 원점에서 x축과 접한 상태로 출발할 때, $\dfrac{\pi}{3}$초 후 점 P의 속도를 구하시오.

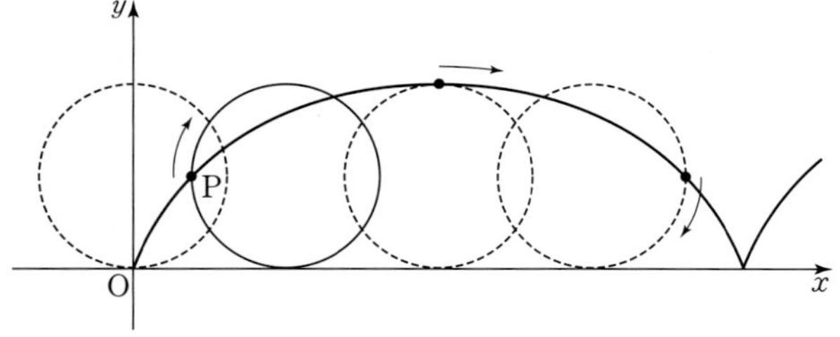

Ⅲ

적분법

| 이전 학습 내용 | 현재 학습 내용 |

이전 학습 내용

- **부정적분** [수학 Ⅱ Ⅲ. 적분]

  함수 $f(x)$의 한 부정적분을 $F(x)$라 하면
  $$\int f(x)\,dx = F(x) + C$$
  $$\text{(단, } C \text{는 적분상수)}$$

- **부정적분의 성질**

  (1) $\int kf(x)\,dx = k\int f(x)\,dx$ (단, k는 실수)

  (2) $\int \{f(x) \pm g(x)\}\,dx$
  $$= \int f(x)\,dx \pm \int g(x)\,dx \text{ (복부호동순)}$$

- **삼각함수의 도함수** [Ⅱ. 미분법_02. 여러 가지 미분법]

  (1) $y = \sin x$이면 $y' = \cos x$
  (2) $y = \cos x$이면 $y' = -\sin x$
  (3) $y = \tan x$이면 $y' = \sec^2 x$
  (4) $y = \csc x$이면 $y' = -\csc x \cot x$
  (5) $y = \sec x$이면 $y' = \sec x \tan x$
  (6) $y = \cot x$이면 $y' = -\csc^2 x$

- **합성함수의 미분법** [Ⅱ. 미분법_02. 여러 가지 미분법]

  두 함수 $y = f(u)$, $u = g(x)$가 미분가능할 때, 합성함수 $y = f(g(x))$의 도함수는
  $$\frac{dy}{dx} = \frac{dy}{du} \times \frac{du}{dx} \text{ 또는}$$
  $$\{f(g(x))\}' = f'(g(x))g'(x)$$

- **곱의 미분법** [수학 Ⅱ Ⅱ. 미분]

  두 함수 $f(x)$, $g(x)$가 미분가능할 때, 함수 $y = f(x)g(x)$의 도함수는
  $$\{f(x)g(x)\}' = f'(x)g(x) + f(x)g'(x)$$

현재 학습 내용

- **여러 가지 함수의 부정적분**　유형01 $y = x^{\alpha}$(α는 실수)의 부정적분

  1. 함수 $y = x^{\alpha}$(α는 실수)의 부정적분 (단, C는 적분상수)

  (1) $\alpha \neq -1$일 때, $\displaystyle\int x^{\alpha}\,dx = \frac{1}{\alpha+1}x^{\alpha+1} + C$

  (2) $\alpha = -1$일 때, $\displaystyle\int x^{-1}\,dx = \int \frac{1}{x}\,dx = \ln|x| + C$

  2. 지수함수의 부정적분 (단, C는 적분상수)　유형02 지수함수의 부정적분

  (1) $\displaystyle\int e^x\,dx = e^x + C$

  (2) $\displaystyle\int a^x\,dx = \frac{a^x}{\ln a} + C$ (단, $a > 0$, $a \neq 1$)

  3. 삼각함수의 부정적분 (단, C는 적분상수)　유형03 삼각함수의 부정적분

  (1) $\displaystyle\int \sin x\,dx = -\cos x + C$　(2) $\displaystyle\int \cos x\,dx = \sin x + C$

  (3) $\displaystyle\int \sec^2 x\,dx = \tan x + C$　(4) $\displaystyle\int \csc^2 x\,dx = -\cot x + C$

  (5) $\displaystyle\int \sec x \tan x\,dx = \sec x + C$　(6) $\displaystyle\int \csc x \cot x\,dx = -\csc x + C$

- **치환적분법**　유형04 치환적분법

  다음과 같이 한 변수를 다른 변수로 치환하여 적분하는 방법을 **치환적분법**이라고 한다.

  (1) 미분가능한 함수 $g(t)$에 대하여 $x = g(t)$로 놓으면
  $$\int f(x)\,dx = \int f(g(t))g'(t)\,dt \quad \longleftarrow \quad x = g(t)\text{에서 } \frac{dx}{dt} = g'(t)\text{이다.}$$

  (2) $\displaystyle\int \frac{f'(x)}{f(x)}\,dx$ 꼴의 부정적분　유형05 $\dfrac{f'(x)}{f(x)}$ 꼴의 치환적분법
  　유형06 분수함수의 부정적분
  $$\int \frac{f'(x)}{f(x)}\,dx = \ln|f(x)| + C \text{ (단, } C\text{는 적분상수)}$$

- **부분적분법**　유형07 부분적분법

  함수의 곱의 미분법을 이용하여 두 함수의 곱의 꼴로 된 함수의 부정적분을 구하는 방법을 **부분적분법**이라고 한다.

  두 함수 $f(x)$, $g(x)$가 미분가능할 때,
  $$\int f(x)g'(x)\,dx = \int \{f(x)g(x)\}'\,dx - \int f'(x)g(x)\,dx$$
  $$= f(x)g(x) - \int f'(x)g(x)\,dx$$

$$\int \underset{\text{적분}}{\overset{\text{그대로}}{f(x)g'(x)}}\,dx = \underset{}{f(x)g(x)} - \int \underset{\text{그대로}}{\overset{\text{미분}}{f'(x)g(x)}}\,dx$$

유형01 $y=x^{\alpha}$ (α는 실수)의 부정적분

$y=x^{\alpha}$ (α는 실수) 꼴의 함수의 부정적분을 구하는 문제를
분류하였다.

유형해결 TIP

$\dfrac{1}{x^n}=x^{-n}$, $\sqrt[n]{x^m}=x^{\frac{m}{n}}$으로 변형하여 부정적분을 구하자.

0847

다음 부정적분을 구하시오.

(1) $\displaystyle\int\left(\dfrac{1}{x}+\dfrac{1}{x^5}\right)dx$

(2) $\displaystyle\int\left(\sqrt{x}+\dfrac{1}{\sqrt{x}}\right)dx$

(3) $\displaystyle\int\left(x^2\sqrt{x}+\sqrt[3]{x}\right)dx$

0848

부정적분 $\displaystyle\int\dfrac{2x^2+1}{x}dx$를 바르게 구한 것은?

(단, C는 적분상수이다.)

① $2-\dfrac{1}{x^2}+C$ ② $x^2-\dfrac{1}{x^2}+C$

③ $2x+\ln|x|+C$ ④ $x^2+\ln x+C$

⑤ $x^2+\ln|x|+C$

0849

부정적분 $\displaystyle\int\dfrac{(x+2\sqrt{x})^2}{x}dx$를 바르게 구한 것은?

(단, C는 적분상수이다.)

① $\dfrac{1}{2}x^2-\dfrac{8}{3}x\sqrt{x}+4x+C$

② $\dfrac{1}{2}x^2-\dfrac{4}{3}x\sqrt{x}+4x+C$

③ $\dfrac{1}{2}x^2+\dfrac{2}{3}x\sqrt{x}+4x+C$

④ $\dfrac{1}{2}x^2+\dfrac{4}{3}x\sqrt{x}+4x+C$

⑤ $\dfrac{1}{2}x^2+\dfrac{8}{3}x\sqrt{x}+4x+C$

0850

$x\neq 0$인 모든 실수에서 정의된 함수 $f(x)$에 대하여

$f'(x)=\dfrac{\sqrt{x}+1}{x}$이고 $f(1)=2$일 때, $f(2)$의 값은?

① $\sqrt{2}-\ln 2$ ② $2\sqrt{2}-\ln 2$ ③ $\ln 2$

④ $\sqrt{2}+\ln 2$ ⑤ $2\sqrt{2}+\ln 2$

0851

함수 $f(x)=\displaystyle\int\dfrac{3x^2-x+4}{x^3}dx$에 대하여 $f(1)=0$일 때, $f(e)$의 값은?

① $4-\dfrac{1}{e}-\dfrac{2}{e^2}$ ② $4-\dfrac{1}{e}+\dfrac{2}{e^2}$ ③ $4-\dfrac{4}{e^2}$

④ $4+\dfrac{2}{e^2}$ ⑤ $4+\dfrac{1}{e}-\dfrac{2}{e^2}$

 지수함수의 부정적분

$y=a^x$ $(a>0,\ a\neq1)$ 꼴의 지수함수의 부정적분을 구하는 문제를 분류하였다.

$a^{x+(상수)}$ 꼴은 $a^x \times a^{(상수)}$ 으로 변형한 후 부정적분을 구하자.

0852

다음 부정적분을 구하시오.

(1) $\displaystyle\int e^{x+1}\,dx$

(2) $\displaystyle\int 2^{x-1}\,dx$

(3) $\displaystyle\int 4^{2x}\,dx$

(4) $\displaystyle\int \dfrac{9^x}{27^x}\,dx$

0853

부정적분 $\displaystyle\int 3^{2-x}\,dx$ 를 바르게 구한 것은?

(단, C는 적분상수이다.)

① $-\dfrac{3^{2-x}}{\ln 3}+C$ 　　　　② $-3^{2-x}\ln 3+C$

③ $-3^{2-x}+C$ 　　　　④ $\dfrac{3^{2-x}}{\ln 3}+C$

⑤ $3^{2-x}\ln 3+C$

0854

부정적분 $\displaystyle\int e^{x+\ln 3}\,dx$ 를 바르게 구한 것은?

(단, C는 적분상수이다.)

① $\dfrac{1}{3}e^x+C$ 　　　　② $\dfrac{1}{\ln 3}e^x+C$ 　　　　③ e^x+C

④ $\ln(3e^x)+C$ 　　　　⑤ $3e^x+C$

0855

등식 $\displaystyle\int (2^x+1)^2\,dx=\dfrac{\alpha^x}{\ln \alpha}+\dfrac{\beta^{x+1}}{\ln \beta}+\gamma x+C$ 를 만족시키는 정수 α, β, γ에 대하여 $\alpha+\beta+\gamma$의 값은? (단, C는 적분상수이다.)

① 1 　　　　② 3 　　　　③ 5
④ 7 　　　　⑤ 9

0856

부정적분 $\displaystyle\int \dfrac{4^x-1}{2^x+1}\,dx$ 를 바르게 구한 것은?

(단, C는 적분상수이다.)

① $\dfrac{2^x}{2\ln 2}-x+C$ 　　　　② $\dfrac{2^x}{\ln 2}-x+C$

③ $\dfrac{4^x}{2\ln 2}-x+C$ 　　　　④ $\dfrac{2^x}{\ln 2}+x+C$

⑤ $\dfrac{4^x}{2\ln 2}+x+C$

0857

함수 $f(x)=\dfrac{1-e^{2x}}{1+e^x}$의 한 부정적분 $F(x)$에 대하여 $F(0)=2$일 때, $F(1)$의 값은?

① $1-e$ ② $2-e$ ③ $3-e$

④ $4-e$ ⑤ $5-e$

유형 03   **삼각함수의 부정적분**

삼각함수의 부정적분을 구하는 문제를 분류하였다.

유형 해결 TIP

다음 공식을 잘 활용하자.

(1) $\cos^2 x+\sin^2 x=1$

(2) $1+\tan^2 x=\sec^2 x$, $1+\cot^2 x=\csc^2 x$

0858

다음 부정적분을 구하시오.

(1) $\displaystyle\int (\sin x-2\cos x)\,dx$

(2) $\displaystyle\int (1+\sec^2 x)\,dx$

(3) $\displaystyle\int (2x+\csc^2 x)\,dx$

(4) $\displaystyle\int (\sec x \tan x-\csc x \cot x)\,dx$

0859

다음 부정적분 중 옳은 것은? (단, C는 적분상수이다.)

① $\displaystyle\int \dfrac{1}{x}\,dx=\ln x+C$

② $\displaystyle\int e^{x-3}\,dx=-\dfrac{1}{2}e^{x-2}+C$

③ $\displaystyle\int (\sin x+\cos x)\,dx=\sin x+\cos x+C$

④ $\displaystyle\int \tan^2 x\,dx=\tan x-x+C$

⑤ $\displaystyle\int \sec x\,dx=\tan x+C$

0860

부정적분 $\displaystyle\int \dfrac{\sin^2 x+1}{\sin^2 x}\,dx$를 바르게 구한 것은?

(단, C는 적분상수이다.)

① $x-\tan x+C$ ② $x+\tan x+C$

③ $x-\cot x+C$ ④ $x+\cot x+C$

⑤ $x-2\cot x+C$

0861

부정적분 $\displaystyle\int \dfrac{1+2\sin x}{\cos^2 x}\,dx$를 바르게 구한 것은?

(단, C는 적분상수이다.)

① $\tan x+2\sec x+C$ ② $\tan x-2\sec x+C$

③ $-\tan x+2\sec x+C$ ④ $\cot x+2\csc x+C$

⑤ $-\cot x-2\csc x+C$

0862

부정적분 $\displaystyle\int \dfrac{\cos^2 x}{1+\sin x}\,dx$를 바르게 구한 것은?

(단, C는 적분상수이다.)

① $x+\sin x+C$ ② $x-\sin x+C$

③ $x-2\cos x+C$ ④ $x-\cos x+C$

⑤ $x+\cos x+C$

0863

부정적분 $\displaystyle\int \frac{1}{1+\cos (2x)}dx$를 바르게 구한 것은?

(단, C는 적분상수이다.)

① $\dfrac{1}{2}\sin x+C$ ② $\dfrac{1}{2}\cos x+C$

③ $\dfrac{1}{2}\tan x+C$ ④ $\dfrac{1}{2}\sec x+C$

⑤ $\dfrac{1}{2}\csc x+C$

0864

실수 전체의 집합에서 정의된 함수 $f(x)$에 대하여

$f'(x)=3\cos x-4\sin x$이고 $f\left(\dfrac{\pi}{2}\right)=1$일 때, $f\left(\dfrac{\pi}{3}\right)$의 값은?

① $\dfrac{-4+3\sqrt{3}}{2}$ ② $\dfrac{-2+3\sqrt{3}}{2}$ ③ $\dfrac{3\sqrt{3}}{2}$

④ $\dfrac{2+3\sqrt{3}}{2}$ ⑤ $\dfrac{4+3\sqrt{3}}{2}$

0865

함수 $f(x)=\displaystyle\int \frac{\sin^2 x}{1+\cos x}dx$에 대하여 $f(0)=0$일 때, $f\left(\dfrac{\pi}{2}\right)$의 값은?

① $\dfrac{\pi}{2}-1$ ② $\dfrac{\pi}{2}-\dfrac{1}{2}$ ③ $\dfrac{\pi}{2}$

④ $\dfrac{\pi}{2}+\dfrac{1}{2}$ ⑤ $\dfrac{\pi}{2}+1$

유형 04 치환적분법

치환적분법을 이용하여 부정적분을 구하는 문제를 분류하였다.

유형 해결 TIP

(1) $\displaystyle\int f'(x)\{f(x)\}^n\,dx$ 꼴 : $f(x)=t$로 치환

(2) $\displaystyle\int f'(x)\sqrt{f(x)}\,dx$ 꼴 : $f(x)=t$로 치환

(3) $\displaystyle\int f'(x)e^{f(x)}\,dx$ 꼴 : $f(x)=t$로 치환

(4) $\displaystyle\int \frac{\ln x}{ax}\,dx$ 꼴 : $\ln x=t$로 치환

(5) $\displaystyle\int \sin x(\cos x+a)^n\,dx$ 꼴 : $\cos x+a=t$로 치환

(6) $\displaystyle\int \cos x(\sin x+a)^n\,dx$ 꼴 : $\sin x+a=t$로 치환

(7) $\displaystyle\int \sin (ax+b)\,dx$ 꼴 : $ax+b=t$로 치환

(8) $\displaystyle\int \cos (ax+b)\,dx$ 꼴 : $ax+b=t$로 치환

특히 치환적분법으로 구한 부정적분은 처음의 변수로 바꾸어 나타내는 것을 잊지 말자.

0866

다음 부정적분을 구하시오.

(1) $\displaystyle\int (3x+2)^5\,dx$

(2) $\displaystyle\int \frac{2}{x+1}\,dx$

(3) $\displaystyle\int 2x\sqrt{x^2+1}\,dx$

(4) $\displaystyle\int \frac{2x}{\sqrt{x^2+3}}\,dx$

0867

다음 부정적분을 구하시오.

(1) $\displaystyle\int 3^{2-x}\,dx$

(2) $\displaystyle\int 2xe^{x^2}\,dx$

(3) $\displaystyle\int \frac{\ln x}{x}\,dx$

(4) $\displaystyle\int \frac{\{\ln (2x)\}^3}{x}\,dx$

0868

다음 부정적분을 구하시오.

(1) $\displaystyle\int \sin(2x)\,dx$

(2) $\displaystyle\int \cos(3x-4)\,dx$

(3) $\displaystyle\int \sin^2 x \cos x\,dx$

(4) $\displaystyle\int \sin^3 x \cos^2 x\,dx$

0869

함수 $f(x)=\displaystyle\int 4x(1+x^2)^5\,dx$에 대하여 $f(0)=0$일 때, $f(-1)$의 값은?

① 19   ② 20   ③ 21
④ 22   ⑤ 23

0870

함수 $f(x)=\displaystyle\int xe^{x^2}\,dx$에 대하여 $f(0)=2$일 때, $f(1)$의 값은?

① $\dfrac{e-1}{2}$ ② $\dfrac{e}{2}$ ③ $\dfrac{e+1}{2}$
④ $\dfrac{e+2}{2}$ ⑤ $\dfrac{e+3}{2}$

0871

함수 $f(x)=\displaystyle\int \dfrac{1}{x\sqrt{3+\ln x}}\,dx$에 대하여 $f(e)=3$일 때, $f(e^6)$의 값은?

① 2   ② 3   ③ 4
④ 5   ⑤ 6

0872

$x>0$에서 정의된 함수 $f(x)$에 대하여

$$f'(x)=\dfrac{\sin(\ln x)}{x},\ f(1)=3$$

일 때, $f(e^\pi)$의 값은?

① 1   ② 2   ③ 3
④ 4   ⑤ 5

0873

함수 $f(x)=\displaystyle\int (1-\cos x)^2 \sin x\,dx$에 대하여 $f\left(\dfrac{\pi}{2}\right)=0$일 때, $f(\pi)$의 값은?

① $\dfrac{5}{3}$ ② 2   ③ $\dfrac{7}{3}$
④ $\dfrac{8}{3}$ ⑤ 3

0874

함수 $f(x)=\displaystyle\int (1+\sin^2 x)\cos x\,dx$에 대하여 $f(\pi)=1$일 때, $f\left(\dfrac{\pi}{2}\right)$의 값은?

① $\dfrac{5}{3}$ ② 2 ③ $\dfrac{7}{3}$

④ $\dfrac{8}{3}$ ⑤ 3

0875

함수 $f(x)=\displaystyle\int \sin^3 x\,dx$에 대하여 $f(0)=0$일 때, $f(\pi)$의 값은?

① $\dfrac{1}{3}$ ② $\dfrac{2}{3}$ ③ 1

④ $\dfrac{4}{3}$ ⑤ $\dfrac{5}{3}$

0876

$-\dfrac{\pi}{2}<x<\dfrac{\pi}{2}$에서 미분가능한 함수 $f(x)$에 대하여 $f'(x)=\tan x+\tan^3 x$이고 $f(0)=0$일 때, $f\left(\dfrac{\pi}{6}\right)$의 값은?

① $\dfrac{1}{6}$ ② $\dfrac{\sqrt{3}}{6}$ ③ $\dfrac{1}{2}$

④ $\dfrac{\sqrt{3}}{2}$ ⑤ $\dfrac{3}{2}$

유형05 $\dfrac{f'(x)}{f(x)}$ 꼴의 치환적분법

피적분함수의 분자가 분모의 도함수인 경우
$$\int \frac{f'(x)}{f(x)}\,dx=\ln|f(x)|+C$$
를 이용하여 적분하는 문제를 분류하였다.

0877

다음 부정적분을 구하시오.

(1) $\displaystyle\int \frac{2x}{x^2+3}\,dx$

(2) $\displaystyle\int \tan x\,dx$

(3) $\displaystyle\int \frac{e^x-e^{-x}}{e^x+e^{-x}}\,dx$

0878

함수 $f(x)=\displaystyle\int \frac{x}{x^2+1}\,dx$에 대하여 $f(3)-f(1)$의 값은?

① $\dfrac{1}{2}\ln\dfrac{5}{2}$ ② $\dfrac{1}{2}\ln 5$ ③ $\ln\dfrac{5}{2}$

④ $\ln 5$ ⑤ $2\ln\dfrac{5}{2}$

0879

함수 $f(x)=\displaystyle\int \frac{e^x}{e^x+1}\,dx$에 대하여 $f(0)=\ln 2$일 때, $f(\ln 3)$의 값은?

① $\dfrac{\ln 2}{8}$ ② $\dfrac{\ln 2}{4}$ ③ $\dfrac{\ln 2}{2}$

④ $\ln 2$ ⑤ $2\ln 2$

0880

$x>1$에서 정의된 함수 $f(x)$에 대하여
$$(e^x-e^{-x})f'(x)=e^x+e^{-x},\ f(\ln 2)=0$$
이 성립할 때, $f(\ln 4)$의 값은?

① $\ln \dfrac{3}{2}$ ② $\ln 2$ ③ $\ln \dfrac{5}{2}$

④ $\ln 3$ ⑤ $\ln \dfrac{7}{2}$

유형 06   분수함수의 부정적분

유형 05에서 학습한 $\displaystyle\int \dfrac{2x}{x^2+1}dx$ 꼴 이외의 $\dfrac{f'(x)}{f(x)}$ 꼴이 아닌 분수함수를 적분하는 문제를 분류하였다.

유형해결 TIP

(1) (분자의 차수) ≥ (분모의 차수)

분자를 분모로 나누어 몫과 나머지의 꼴로 나타낸 후 부정적분을 구한다.

예 $\displaystyle\int \dfrac{x}{x+1}dx=\int \dfrac{(x+1)-1}{x+1}dx$
$$=\int \left(1-\dfrac{1}{x+1}\right)dx$$
$$=x-\ln |x+1|+C$$

(2) (분자의 차수) < (분모의 차수)

피적분함수를 다음과 같이 부분분수로 변형하여 부정적분을 구한다.

❶ $\dfrac{1}{(x+a)(x+b)}=\dfrac{1}{b-a}\left(\dfrac{1}{x+a}-\dfrac{1}{x+b}\right)$로 변형한다.

❷ $\dfrac{cx+d}{(x+a)(x+b)}=\dfrac{A}{x+a}-\dfrac{B}{x+b}$로 변형한다.

이때, x에 대한 항등식임을 이용하여 A, B의 값을 구한다.

0881

다음 부정적분을 구하시오.
$$\int \dfrac{1}{x(x+1)}dx$$

0882

다음을 만족시키는 자연수 a, b, c에 대하여 $a+b+c$의 값은?
(단, C는 적분상수이다.)

$$\int \dfrac{1}{x^2-x-2}dx=\dfrac{1}{a}\ln\left|\dfrac{x-b}{x+c}\right|+C$$

① 5   ② 6   ③ 7

④ 8   ⑤ 9

0883

함수 $f(x)=\displaystyle\int \dfrac{x-1}{x+1}dx$에 대하여 $f(0)=3$일 때, $f(e-1)$의 값은?

① $e-3$ ② $e-1$ ③ e

④ $e+1$ ⑤ $e+3$

0884 서술형 ✎

부정적분 $\displaystyle\int \frac{2x}{x^2-1}dx$를 다음 방법으로 구하시오.

(1) $f(x)=x^2-1$이라 할 때,
$$\int \frac{f'(x)}{f(x)}dx=\ln |f(x)|+C \ (단, C는 적분상수)$$
임을 이용하시오.

(2) $\dfrac{2x}{x^2-1}$를 $\dfrac{a}{x-1}+\dfrac{b}{x+1}$ $(a, b는 상수)$의 꼴로 변형한 후 적분하시오.

0885

등식
$$\int \frac{3x+5}{x^2+3x+2}dx=p \ln |x+1|+q \ln |x+2|+C$$
가 성립할 때, 유리수 p, q에 대하여 $p-q$의 값은?

(단, C는 적분상수이다.)

① -2 ② -1 ③ 0

④ 1 ⑤ 2

0886

$x\ne -2$, $x\ne 2$인 모든 실수에서 정의된 함수 $f(x)$에 대하여
$f'(x)=\dfrac{x+6}{x^2-4}$이고 $f(1)=0$일 때, $f(0)$의 값은?

① $\ln \dfrac{2}{3}$ ② $\ln \dfrac{3}{2}$ ③ $\ln 2$

④ $\ln 3$ ⑤ $\ln 6$

유형 07 부분적분법

부분적분법을 이용하여 부정적분을 구하는 문제를 분류하였다.
$$\int u(x)v'(x)dx=u(x)v(x)-\int u'(x)v(x)dx$$

유형해결 TIP

$u(x)$는 미분하기 쉬운 함수로, $v'(x)$는 적분하기 쉬운 함수로 놓으면 계산하기 편리하다.

← 미분하기 쉬운 함수

| 로그함수 | 다항함수 | 삼각함수 | 지수함수 |

적분하기 쉬운 함수 →

0887

다음 부정적분을 구하시오.

(1) $\displaystyle\int \ln x \, dx$

(2) $\displaystyle\int xe^x \, dx$

(3) $\displaystyle\int x \cos x \, dx$

0888

다음 〈보기〉에서 옳은 것만을 있는 대로 고른 것은?

(단, C는 적분상수이다.)

> 보기
>
> ㄱ. $\int \tan x\,dx = \ln|\cos x| + C$
>
> ㄴ. $\int (x^2+1)e^x\,dx = (x^2-2x+3)e^x + C$
>
> ㄷ. $\int \log_5 x\,dx = x\log_5 x + \dfrac{x}{\ln 5} + C$

① ㄱ   ② ㄴ   ③ ㄷ

④ ㄱ, ㄴ   ⑤ ㄴ, ㄷ

0889

부정적분 $\displaystyle\int e^x \cos x\,dx$를 바르게 구한 것은?

(단, C는 적분상수이다.)

① $\dfrac{1}{2}e^x(\sin x - \cos x) + C$

② $\dfrac{1}{2}e^x(\cos x - \sin x) + C$

③ $\dfrac{1}{2}e^x(\cos x + \sin x) + C$

④ $e^x(\cos x - \sin x) + C$

⑤ $e^x(\cos x + \sin x) + C$

0890

함수

$$f(x) = \int (\sin^2 x + 1)\ln x\,dx + \int (\cos^2 x - 1)\ln x\,dx$$

에 대하여 $f(e)=5$일 때, $f(1)$의 값은?

① 1   ② 2   ③ 3

④ 4   ⑤ 5

0891

$x>0$에서 정의된 함수 $f(x)$에 대하여 $f'(x)=x\ln x$이고 $f(1)=\dfrac{1}{4}$일 때, $f(e)$의 값은?

① $\dfrac{e^2}{4} - \dfrac{1}{2}$ ② $\dfrac{e^2-1}{2}$ ③ $\dfrac{e^2}{2}$

④ $\dfrac{e^2}{4} + \dfrac{1}{2}$ ⑤ $\dfrac{e^2+1}{2}$

0892

$x>-e$에서 정의된 함수 $f(x)$에 대하여 $f'(x)=\ln(x+e)$이고 $f(0)=1$일 때, $f(e)$의 값은?

① $-1+2e\ln 2$ ② $(2e-1)\ln 2$ ③ $2e\ln 2$

④ $(2e+1)\ln 2$ ⑤ $1+2e\ln 2$

0893

함수 $f(x)=\displaystyle\int(\ln x)^2\,dx$에 대하여 $f(1)=7$일 때, $f(e)$의 값은?

① $e-3$ ② $e-1$ ③ $e+1$

④ $e+3$ ⑤ $e+5$

0894

함수 $f(x)=\displaystyle\int\sin\sqrt{x}\,dx$에 대하여 $f(0)=2\pi$일 때, $f\left(\dfrac{\pi^2}{9}\right)$의 값은?

① $\sqrt{3}+\dfrac{\pi}{3}$ ② $\sqrt{3}+\dfrac{2}{3}\pi$ ③ $\sqrt{3}+\pi$

④ $\sqrt{3}+\dfrac{4}{3}\pi$ ⑤ $\sqrt{3}+\dfrac{5}{3}\pi$

유형01 $y=x^{\alpha}$ (α는 실수)의 부정적분

0895

$x \neq 0$인 실수 x에 대하여 곡선 $y=f(x)$ 위의 점 $(x,\ f(x))$에서의 접선의 기울기가 $\dfrac{(\sqrt{x}-1)^2}{x}$이고, 이 곡선이 점 $(1,\ -2)$를 지날 때, $f(4)$의 값은?

① $-3+2\ln 2$　　② $-2+2\ln 2$　　③ $-1+2\ln 2$
④ $2\ln 2$　　⑤ $1+2\ln 2$

0896

양의 실수 전체의 집합에서 미분가능한 함수 $f(x)$에 대하여

$$\lim_{h \to 0} \frac{f(x+h)-f(x)}{h} = \frac{1-x}{1+\sqrt{x}}$$

이고 $f(1)=\dfrac{1}{3}$일 때, $f(9)$의 값은?

① -12　　② -11　　③ -10
④ -9　　⑤ -8

0897

실수 전체의 집합에서 연속인 함수 $f(x)$에 대하여

$$f'(x)=\begin{cases} 2x & (x<1) \\ x\sqrt{x} & (x>1) \end{cases}$$

이고 $f(4)=6$일 때, $f(-3)$의 값은?

① $\dfrac{7}{5}$　　② $\dfrac{8}{5}$　　③ $\dfrac{9}{5}$
④ 2　　⑤ $\dfrac{11}{5}$

0898  빈출

$x>0$에서 미분가능한 함수 $f(x)$의 한 부정적분 $F(x)$에 대하여

$$F(x)=xf(x)-2x+\ln x,\ F(1)=-3$$

일 때, $f\!\left(\dfrac{1}{e}\right)$의 값은?

① $-e-4$　　② $-\dfrac{1}{e}-2$　　③ $e-4$
④ $-\dfrac{1}{e}+2$　　⑤ $e+4$

0899

$x>0$에서 정의된 함수 $f(x)$에 대하여

$$f'(x)=\lim_{n \to \infty} \sum_{k=1}^{n} (x+1)^{1-k}$$

이고 $f(1)=2$일 때, $f(e)$의 값은?

① $e-1$　　② e　　③ $e+1$
④ $e+2$　　⑤ $e+3$

0900

$x>0$에서 정의된 함수 $f(x)$에 대하여 $f'(x)=\dfrac{x-2}{x^2}$이고 함수 $f(x)$의 극솟값이 1일 때, $f(1)$의 값은?

① $1-\ln 2$　　② $1-2\ln 2$　　③ $2-\ln 2$
④ $2-2\ln 2$　　⑤ $3-\ln 2$

0901

양의 실수 전체의 집합에서 정의된 함수

$$f(x)=\int\left(\frac{x}{e}-\frac{1}{x}\right)dx$$

에 대하여 $f(e)=-\dfrac{e}{2}$일 때, 함수 $f(x)$의 최솟값은?

① $2-e$ 　　　② $1-e$ 　　　③ $\dfrac{1}{2}-e$

④ $1+e$ 　　　⑤ $2+e$

유형02 지수함수의 부정적분

0902
| 선행 0895 |

$x\neq0$인 실수 x에 대하여 함수 $y=f(x)$의 그래프 위의 점 $(x,\,y)$

에서 접선의 기울기가 $\dfrac{xe^x-1}{x}$이고, 이 그래프가 점 $(1,\,e)$와

$(2,\,a)$를 지날 때, 상수 a의 값은?

① $\dfrac{e^2}{2}-\ln 2$ 　　② $\dfrac{e^2}{2}+\ln 2$ 　　③ $e^2-2\ln 2$

④ $e^2-\ln 2$ 　　⑤ $e^2+\ln 2$

0903
| 선행 0899 |

함수 $f(x)=\displaystyle\int 5^x \ln 5\, dx$에 대하여 $f(0)=1$일 때,

$\displaystyle\lim_{n\to\infty}\sum_{k=1}^{n}\frac{1}{f(k)}$의 값은?

① 1 　　　② $\dfrac{1}{2}$ 　　　③ $\dfrac{1}{3}$

④ $\dfrac{1}{4}$ 　　　⑤ $\dfrac{1}{5}$

0904 서술형 ✎

다음 조건을 만족시키는 미분가능한 두 함수 $f(x)$, $g(x)$를 구하고, 그 과정을 서술하시오.

> (가) $\dfrac{d}{dx}\{f(x)+g(x)\}=e^x,\ \dfrac{d}{dx}\{f(x)-g(x)\}=e^{-x}$
>
> (나) $f(0)=2,\ g(0)=2$

III

유형03 삼각함수의 부정적분

0905

다음 〈보기〉에서 옳은 것만을 있는 대로 고른 것은?

（단, C는 적분상수이다.）

> 　보기
>
> ㄱ. $\displaystyle\int(\csc x+\sin x)\cot x\,dx=-\csc x+\sin x+C$
>
> ㄴ. $\displaystyle\int\frac{\sin x}{1-\sin^2 x}\,dx=\sec x+C$
>
> ㄷ. $\displaystyle\int(\tan x+\cot x)^2\,dx=\tan x-\cot x+C$

① ㄱ 　　　② ㄷ 　　　③ ㄱ, ㄴ

④ ㄱ, ㄷ 　　　⑤ ㄱ, ㄴ, ㄷ

0906

함수 $f(x)=\displaystyle\int\cos x\tan x\,dx$에 대하여 두 곡선 $y=f(x)$,

$y=\sin x$가 $x=\dfrac{\pi}{6}$에서 만날 때, $f(\pi)$의 값은?

① $\dfrac{-1+\sqrt{3}}{2}$ 　　② $\dfrac{\sqrt{3}}{2}$ 　　③ $\dfrac{1+\sqrt{3}}{2}$

④ $\dfrac{2+\sqrt{3}}{2}$ 　　⑤ $\dfrac{3+\sqrt{3}}{2}$

0907

다음을 만족시키는 함수 $f(x)$는?

$$f'(x)=\frac{1}{1-\cos x},\ f\left(\frac{\pi}{4}\right)=-1$$

① $-\cot x-\csc x+\dfrac{\sqrt{2}}{2}$ ② $-\cot x-\csc x+\sqrt{2}$

③ $-\cot x+\csc x+\sqrt{2}$ ④ $-\tan x+\sec x+\dfrac{\sqrt{2}}{2}$

⑤ $-\tan x+\sec x+\sqrt{2}$

0908

함수 $f(x)=\displaystyle\int\frac{1}{1+\sin x}dx$에 대하여 $f(0)=1$일 때, $f\left(\dfrac{\pi}{4}\right)$의 값은?

① $3-\sqrt{2}$ ② $2-\sqrt{2}$ ③ $1-\sqrt{2}$

④ $-\sqrt{2}$ ⑤ $1+\sqrt{2}$

0909

| 선행 0896 |

실수 전체의 집합에서 이계도함수가 존재하는 함수 $f(x)$에 대하여

$$\lim_{h\to 0}\frac{f'(x+h)-f'(x)}{h}=\sin x,\ \lim_{x\to 0}\frac{f(x)}{x}=5$$

일 때, $f\left(\dfrac{\pi}{2}\right)$의 값은?

① $\pi+1$ ② $2\pi-1$ ③ $2\pi+1$

④ $3\pi-1$ ⑤ $3\pi+1$

0910

함수 $f(x)=\displaystyle\int(\sin x+t\cos x)\,dx$에 대하여

$\displaystyle\lim_{x\to\frac{\pi}{2}}\frac{f(x)}{2x-\pi}=-t$일 때, $f\left(\dfrac{\pi}{6}\right)$의 값은? (단, t는 실수이다.)

① $\dfrac{1-2\sqrt{3}}{4}$ ② $\dfrac{1-\sqrt{3}}{4}$ ③ $\dfrac{1-\sqrt{3}}{2}$

④ $\dfrac{1+\sqrt{3}}{4}$ ⑤ $\dfrac{1+2\sqrt{3}}{4}$

0911

| 선행 0897 |

$x<\dfrac{\pi}{2}$에서 미분가능한 함수 $f(x)$에 대하여

$$f'(x)=\begin{cases} k\sin x+1 & (x\le 0) \\ 1-\tan^2 x & \left(0<x<\dfrac{\pi}{2}\right) \end{cases}$$

이고 $f\left(\dfrac{\pi}{4}\right)=\dfrac{\pi}{2}$, $f(-\pi)=9-\pi$일 때, 상수 k의 값은?

① -4 ② -2 ③ 1

④ 2 ⑤ 4

0912

등식

$$\int x\sqrt{x-1}\,dx=a(x-1)^2\sqrt{x-1}+b(x-1)\sqrt{x-1}+C$$

가 성립할 때, 상수 a, b에 대하여 ab의 값은?

(단, C는 적분상수이다.)

① $\dfrac{1}{15}$ ② $\dfrac{2}{15}$ ③ $\dfrac{1}{5}$

④ $\dfrac{4}{15}$ ⑤ $\dfrac{1}{3}$

0913

| 선행 0902 |

곡선 $y=f(x)$ 위의 점 (x, y)에서의 접선의 기울기가

$\dfrac{x}{\sqrt{1+x^2}}$이고, 이 곡선이 점 $(0, 1)$을 지날 때, $f(\sqrt{3})$의 값은?

① -2 ② -1 ③ 0

④ 1 ⑤ 2

0914

함수 $f(x)=\displaystyle\int \dfrac{1}{1-e^x}dx$에 대하여 $f(2)-f(1)$의 값은?

① $1-\ln(e-1)$ ② $1+\ln(e-1)$ ③ $-\ln(e+1)$

④ $1-\ln(e+1)$ ⑤ $1+\ln(e+1)$

0915

| 선행 0903 |

함수 $f(x)=\displaystyle\int e^{1-4x}dx$에 대하여 $f(0)=-\dfrac{e}{4}$일 때, $\displaystyle\sum_{n=1}^{\infty} f(n)$의 값은?

① $\dfrac{e}{4(1-e^4)}$ ② $\dfrac{e}{2(1-e^2)}$ ③ $\dfrac{e}{1-e}$

④ $\dfrac{2e}{1-e^2}$ ⑤ $\dfrac{4e}{1-e^4}$

0916

함수 $f(x)=\displaystyle\int \dfrac{1}{x}(t+\ln x)\,dx$에 대하여 곡선 $y=f(x)$가

점 $\left(e, \dfrac{t}{2}\right)$를 지날 때, $f(\sqrt{e})$의 값은? (단, t는 상수이다.)

① $\dfrac{3}{8}$ ② $\dfrac{1}{8}$ ③ $-\dfrac{1}{8}$

④ $-\dfrac{3}{8}$ ⑤ $-\dfrac{5}{8}$

0917

함수 $f(x)=\displaystyle\int \dfrac{1}{\sin x}dx$에 대하여 $f\left(\dfrac{\pi}{2}\right)-f\left(\dfrac{\pi}{3}\right)=\ln k$일 때,

상수 k의 값은?

① $\dfrac{1}{3}$ ② $\dfrac{1}{\sqrt{3}}$ ③ 1

④ $\sqrt{3}$ ⑤ 3

0918

| 선행 0911 |

실수 전체의 집합에서 연속인 함수 $f(x)$에 대하여

$$f'(x)=\begin{cases} \cos^3 x & (x<0) \\ 2^{x-1} & (x>0) \end{cases}$$

이다. $f\left(-\dfrac{\pi}{2}\right)=-\dfrac{2}{3}$일 때, $f(1)$의 값은?

① $\dfrac{1}{2\ln 2}$ ② $\dfrac{1}{\ln 2}$ ③ $\dfrac{3}{2\ln 2}$

④ $\dfrac{2}{\ln 2}$ ⑤ $\dfrac{5}{2\ln 2}$

0919

| 선행 0876 |

$0 \le x < \dfrac{\pi}{2}$에서 정의된 함수 $f(x) = \displaystyle\int \sec^6 x \, dx$에 대하여

$f(0) = 0$일 때, $f\left(\dfrac{\pi}{3}\right)$의 값은?

① $\dfrac{22\sqrt{3}}{5}$ ② $\dfrac{23\sqrt{3}}{5}$ ③ $\dfrac{24\sqrt{3}}{5}$

④ $5\sqrt{3}$ ⑤ $\dfrac{26\sqrt{3}}{5}$

0920 서술형 ✎

| 선행 0909 |

실수 전체의 집합에서 미분가능한 함수 $f(x)$가 다음 조건을
만족시킨다.

> (가) $\displaystyle\lim_{h \to 0} \dfrac{f(x+h) - f(x-h)}{h} = 4xe^{x^2}$
>
> (나) $\displaystyle\lim_{x \to 1} f(x) = 2e$

$f(0)$의 값을 구하고, 그 과정을 서술하시오.

0921

함수 $f(x) = \displaystyle\int \dfrac{x}{(x-1)^2} \, dx$에 대하여 $f(2) = -1$일 때, $f(3)$의
값은?

① $-1 + 2\ln 2$ ② $-\dfrac{1}{2} + \ln 2$ ③ $\ln 2$

④ $\dfrac{1}{2} + \ln 2$ ⑤ $1 + 2\ln 2$

0922

$0 \le x \le \ln 8$에서 정의된 함수 $f(x) = \displaystyle\int e^x \sqrt{e^x + 1} \, dx$에 대하여

$f(0) = \dfrac{\sqrt{2}}{3}$일 때, 함수 $f(x)$의 최댓값은?

① $20 - \sqrt{2}$ ② $18 - \sqrt{2}$ ③ $16 - \sqrt{2}$

④ $16 + \sqrt{2}$ ⑤ $18 + \sqrt{2}$

0923

$x > 0$에서 정의된 함수 $f(x) = \displaystyle\int \dfrac{\ln x}{x} \, dx$에 대하여 $f(e^2) = 1$일

때, 〈보기〉에서 옳은 것만을 있는 대로 고른 것은?

> 보기
>
> ㄱ. 함수 $f(x)$는 열린구간 $(0, 1)$에서 증가한다.
> ㄴ. 함수 $f(x)$의 최솟값은 -1이다.
> ㄷ. 점 $\left(e, -\dfrac{1}{2}\right)$은 곡선 $y = f(x)$의 변곡점이다.

① ㄱ ② ㄴ ③ ㄷ

④ ㄱ, ㄴ ⑤ ㄴ, ㄷ

0924

| 선행 0900 |

$0 < x < \pi$에서 정의된 함수 $f(x)$에 대하여
$$f'(x) = \sin(2x) + \sin x$$

이다. 함수 $f(x)$의 극댓값이 1일 때, $f\left(\dfrac{\pi}{2}\right)$의 값은?

① $\dfrac{1}{4}$ ② $\dfrac{1}{2}$ ③ $\dfrac{3}{4}$

④ 1 ⑤ $\dfrac{5}{4}$

0925

실수 전체의 집합에서 정의된 함수 $f(x)$에 대하여

$$f'(x)=\cos x-4\sin x\cos x,\ f(\pi)=1$$

이 성립할 때, 함수 $f(x)$의 최댓값과 최솟값을 각각 M, m이라 하자. Mm의 값은?

① $-\dfrac{9}{2}$ ② $-\dfrac{9}{4}$ ③ $-\dfrac{9}{8}$

④ $\dfrac{9}{4}$ ⑤ $\dfrac{9}{8}$

유형 05 $\dfrac{f'(x)}{f(x)}$ 꼴의 치환적분법

0926

함수 $f(x)$가 모든 실수 x에 대하여 $f(x)>0$이고

$$f(x)=f'(x),\ f(0)=1$$

일 때, $f(1)$의 값은?

① $\dfrac{1}{e^2}$ ② $\dfrac{1}{e}$ ③ 1

④ e ⑤ e^2

0927

실수 전체의 집합에서 미분가능한 함수 $f(x)$에 대하여

$$f'(x)=\frac{4kx}{2x^2+1},\ \lim_{x\to1}\frac{f(x)-1}{x-1}=2$$

일 때, $f(2)$의 값은? (단, k는 상수이다.)

① $\ln 3$ ② $-1+\dfrac{3}{2}\ln 3$ ③ $\dfrac{3}{2}\ln 3$

④ $1+\dfrac{3}{2}\ln 3$ ⑤ $1+3\ln 3$

0928

| 선행 0902 |

$-\dfrac{\pi}{2}<x<\pi$인 실수 x에 대하여 곡선 $y=f(x)$ 위의

점 $(x,\ y)$에서의 접선의 기울기가 $\dfrac{\cos x}{1+\sin x}$이고, 이 곡선이

점 $(0,\ 2)$를 지날 때, $f\!\left(\dfrac{\pi}{2}\right)$의 값은?

① $\ln 2+1$ ② $\ln 2+2$ ③ $2\ln 2-1$

④ $2\ln 2+1$ ⑤ $2\ln 2+2$

0929

$-\dfrac{\pi}{6}<x<\dfrac{\pi}{6}$에서 미분가능한 함수 $f(x)$에 대하여

$f'(x)=k\tan(3x)$이고 $f(0)=0$, $f\!\left(-\dfrac{\pi}{9}\right)=-\ln 2$일 때,

상수 k의 값은?

① -1 ② -2 ③ -3

④ -4 ⑤ -5

0930

$-\dfrac{\pi}{2}<x<\dfrac{\pi}{2}$에서 정의된 함수 $f(x)$에 대하여 $f'(x)=\tan^3 x$

이고 $f(0)=1$일 때, $f\!\left(\dfrac{\pi}{4}\right)=p+q\ln 2$이다. $p-q$의 값은?

(단, p, q는 유리수이다.)

① $\dfrac{1}{2}$ ② 1 ③ $\dfrac{3}{2}$

④ 2 ⑤ $\dfrac{5}{2}$

0931

모든 실수 x에 대하여 $f(x)>0$, $g(x)>0$이고 미분가능한 두 함수 $f(x)$, $g(x)$는 다음 등식을 만족시킨다.

$$\frac{d}{dx}\left\{\frac{f(x)}{g(x)}\right\}=\frac{f(x)}{g(x)}\times\frac{d}{dx}\{e^x-\ln g(x)\}$$

$f(0)=\dfrac{1}{e}$일 때, $f(\ln 5)$의 값은?

① $\dfrac{1}{e}$ ② 1 ③ e

④ e^2 ⑤ e^3

0932

| 선행 0898 |

$x>0$에서 이계도함수가 존재하는 함수 $f(x)$가 다음 조건을 모두 만족시킬 때, $f(2)$의 값은?

> ㈎ 모든 양수 x에 대하여 $3f(x)-f'(x)=2$, $f'(x)\neq 0$이다.
> ㈏ $f(1)=1$

① e^3+1 ② e^3+2 ③ $\dfrac{e^3+1}{3}$

④ $\dfrac{e^3+2}{3}$ ⑤ $\dfrac{e^3+1}{6}$

유형 06   분수함수의 부정적분

0933

다음 〈보기〉에서 옳은 것만을 있는 대로 고른 것은?

(단, C는 적분상수이다.)

> **보기**
> ㄱ. $\displaystyle\int \frac{2x-4}{x^2-4x+5}\,dx=\ln(x^2-4x+5)+C$
> ㄴ. $\displaystyle\int \frac{x^2+x+2}{x+1}\,dx=\frac{1}{2}x^2+\ln(x+1)^2+C$
> ㄷ. $\displaystyle\int \frac{2x}{x^2+3x+2}\,dx=\ln \frac{(x+2)^4}{(x+1)^2}+C$

① ㄱ   ② ㄴ   ③ ㄷ

④ ㄴ, ㄷ   ⑤ ㄱ, ㄴ, ㄷ

0934

| 선행 0885 |

함수 $f(x)=\displaystyle\int \frac{x-1}{x^3+x^2+x+1}\,dx$에 대하여 $f(0)=\dfrac{3}{2}\ln 2$일 때, $f(1)$의 값은?

① $\dfrac{1}{2}\ln 2$ ② $\ln 2$ ③ $\dfrac{3}{2}\ln 2$

④ $2\ln 2$ ⑤ $\dfrac{5}{2}\ln 2$

0935

정의역이 $\{x\,|\,x\neq -1,\ x\neq -3$인 실수$\}$인 함수 $f(x)$가 정의역의 모든 원소 x에 대하여 $f(x)>0$이고

$$f(x)=(x^2+4x+3)f'(x),\ f(0)=e$$

일 때, $f(1)$의 값은?

① $\dfrac{\sqrt{3}e}{2}$ ② e ③ $\dfrac{\sqrt{5}e}{2}$

④ $\dfrac{\sqrt{6}e}{2}$ ⑤ $\dfrac{\sqrt{7}e}{2}$

0936

함수 $f(x)=\displaystyle\int \frac{e^x+1}{e^x-1}\,dx$에 대하여 $f(\ln 2)=-\ln 2$일 때, $f(\ln 3)$의 값은?

① 0 ② $\ln \dfrac{1}{3}$ ③ $\ln \dfrac{2}{3}$

④ $\ln \dfrac{4}{3}$ ⑤ $\ln \dfrac{3}{4}$

유형 07 부분적분법

0937

부정적분 $\displaystyle\int \sqrt{x}\,\sin\sqrt{x}\,dx$를 바르게 구한 것은?

(단, C는 적분상수이다.)

① $-2(x-2)\cos\sqrt{x}+4\sqrt{x}\sin\sqrt{x}+C$
② $2(x+2)\cos\sqrt{x}+4\sqrt{x}\sin\sqrt{x}+C$
③ $(x^2+4)\cos\sqrt{x}+4\sqrt{x}\sin\sqrt{x}+C$
④ $(x-2)(x+2)\cos\sqrt{x}+4\sqrt{x}\sin\sqrt{x}+C$
⑤ $(2-x)(2+x)\cos\sqrt{x}+4\sqrt{x}\sin\sqrt{x}+C$

0938

| 선행 0902, 0928 |

곡선 $y=f(x)$ 위의 점 $(x,\ f(x))$에서의 접선의 기울기가 xe^{x+1}이고, 이 곡선이 점 $(-1,\ -2)$를 지날 때, 방정식 $f(x)=0$의 해는?

① -2 ② -1 ③ 0
④ 1 ⑤ 2

0939

함수 $f(x)=\displaystyle\int (x+a)e^x\,dx$가 $f'(4)=0$, $f(0)=-1$을 만족시킬 때, 상수 a에 대하여 $f(a)$의 값은?

① $4-9e^4$ ② $2-9e^2$ ③ $-\dfrac{9}{e^4}$

④ $2-\dfrac{9}{e^2}$ ⑤ $4-\dfrac{9}{e^4}$

0940

실수 전체의 집합에서 미분가능한 함수 $f(x)$에 대하여

$$\lim_{h\to 0}\frac{f(x+\pi h)-f(x)}{h}=\pi\sin^2 x$$

이 성립한다. $f(0)=\dfrac{\pi}{8}$일 때, $f\!\left(\dfrac{\pi}{4}\right)$의 값은?

① $\dfrac{\pi-2}{8}$ ② $\dfrac{\pi-1}{8}$ ③ $\dfrac{\pi-2}{4}$

④ $\dfrac{\pi-1}{4}$ ⑤ $\dfrac{\pi-2}{2}$

0941

$x>0$에서 정의된 함수 $f(x)$가 다음 조건을 만족시킬 때, $f(2)$의 값은?

> (가) $f'(x)=\dfrac{\ln x}{(x+1)^2}$
>
> (나) $f(1)=\ln\dfrac{3}{2}$

① $\dfrac{\ln 2}{3}$ ② $\dfrac{2\ln 2}{3}$ ③ $\ln 2$

④ $\dfrac{4\ln 2}{3}$ ⑤ $\dfrac{5\ln 2}{3}$

0942

| 선행 0918 |

실수 전체의 집합에서 연속인 함수 $f(x)$에 대하여

$$f'(x)=\begin{cases} 2^x\ln 2 & (x<1)\\ x\ln(x+1) & (x>1)\end{cases}$$

일 때, $f(2)-f(0)$의 값은?

① $\ln 3+3$ ② $\dfrac{3}{2}\ln 3+\dfrac{3}{2}$ ③ $3\ln 3+\dfrac{3}{2}$

④ $\dfrac{3}{4}\ln 3+\dfrac{3}{4}$ ⑤ $\dfrac{3}{2}\ln 3+\dfrac{3}{4}$

0943

함수 $f(x)=\displaystyle\int x\cos x\,dx$에 대하여 함수 $g(x)$를

$$g(x)=\int e^{f(x)}x\cos x\,dx$$

라 하자. $f(0)=g(0)=0$일 때, $g(\pi)$의 값은?

① $\dfrac{1}{e^2}-1$ ② $\dfrac{1}{e^2}$ ③ $\dfrac{1}{e^2}+1$

④ e^2-1 ⑤ e^2

0944

함수 $f(x)$에 대하여 $f'(x)=(x-1)e^x$이고 함수 $f(x)$의 극솟값이 $4e$일 때, $f(2)$의 값은?

① e ② $2e$ ③ $3e$

④ $4e$ ⑤ $5e$

0945

함수 $f(x)$에 대하여 $f'(x)=x^3e^{x^2}$이고, 함수 $f(x)$의 최솟값이 0일 때, $f(-1)$의 값은?

① $\dfrac{1}{2}$ ② $\dfrac{1}{4}$ ③ $\dfrac{1}{8}$

④ $\dfrac{1}{16}$ ⑤ $\dfrac{1}{32}$

0946

$0\le x\le\pi$에서 정의된 연속함수 $f(x)$에 대하여 $f'(x)=(x+1)\cos x$이고, 함수 $f(x)$의 최댓값이 $\pi+2$일 때, $f(0)$의 값은?

① $\dfrac{\pi}{2}-2$ ② $\pi-1$ ③ $\dfrac{\pi}{2}+2$

④ $\pi+1$ ⑤ $\pi+2$

0947

$0 < x \leq 2\pi$에서 정의된 함수 $f(x) = \int e^x \sin x \, dx$에 대하여

$f(0) = -\dfrac{1}{2}$일 때, 방정식 $f(x) = 0$의 모든 실근의 합은?

① $\dfrac{5}{4}\pi$ ② $\dfrac{3}{2}\pi$ ③ $\dfrac{7}{4}\pi$

④ 2π ⑤ $\dfrac{9}{4}\pi$

0948

실수 전체의 집합에서 미분가능한 함수 $f(x)$에 대하여

$$f(x) = \frac{d}{dx}\{xf(x) + x^2 e^{-x}\}$$

이고 $f(0) = 4$일 때, $f(2)$의 값은?

① $2 - \dfrac{1}{e^2}$ ② $3 - \dfrac{1}{e^2}$ ③ $2 + \dfrac{1}{e^2}$

④ $3 + \dfrac{1}{e^2}$ ⑤ $3 + \dfrac{2}{e^2}$

0949

$-\dfrac{\pi}{2} < x < \pi$에서 정의된 미분가능한 함수 $f(x)$에 대하여

$$\frac{d}{dx}\{\log_2 f(x)\} = \frac{x \sin x}{f(x)}$$

이고 $f(0) = \dfrac{2}{3}\pi$일 때, $f\left(\dfrac{\pi}{2}\right)$의 값은?

① $\ln 2 - \dfrac{1}{3}\pi$ ② $\ln 2 + \dfrac{1}{3}\pi$ ③ $\ln 2 - \dfrac{2}{3}\pi$

④ $\ln 2 + \dfrac{2}{3}\pi$ ⑤ $2\ln 2 - \dfrac{2}{3}\pi$

0950

양의 실수 전체의 집합에서 미분가능한 함수 $f(x)$가 다음 조건을 만족시킬 때, $f(e^2)$의 값은?

> (가) $f(x) + xf'(x) = x \ln x$
>
> (나) $f(1) = -\dfrac{1}{4}$

① $\dfrac{e^2}{2}$ ② $\dfrac{3}{4}e^2$ ③ e^2

④ $\dfrac{5}{4}e^2$ ⑤ $\dfrac{3}{2}e^2$

스키마로 풀이 흐름 알아보기

$x>0$에서 미분가능한 함수 $f(x)$의 한 부정적분 $F(x)$에 대하여

$$\underset{\text{조건①}}{\underline{F(x)=xf(x)-2x+\ln x}},\ \underset{\text{조건②}}{\underline{F(1)=-3}}$$

일 때, $\underset{\text{답}}{\underline{f\left(\dfrac{1}{e}\right)}}$의 값은?

① $-e-4$ ② $-\dfrac{1}{e}-2$ ③ $e-4$ ④ $-\dfrac{1}{e}+2$ ⑤ $e+4$

유형 06 $y=x^a$ (a는 실수)의 부정적분 0898

스키마 schema

>>> 주어진 조건 은 무엇인지? 구하는 답 은 무엇인지? 이 둘을 어떻게 연결할지?

1 단계

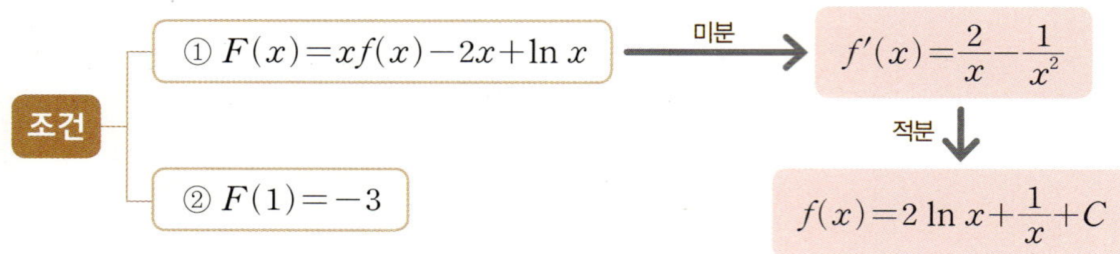

$F(x)=xf(x)-2x+\ln x$의 양변을 x에 대하여 미분하면

$$f(x)=f(x)+xf'(x)-2+\dfrac{1}{x}$$

에서 $f'(x)=\dfrac{2}{x}-\dfrac{1}{x^2}$이므로

$$\begin{aligned} f(x)&=\int f'(x)\,dx \\ &=\int\left(\dfrac{2}{x}-\dfrac{1}{x^2}\right)dx \\ &=2\ln x+\dfrac{1}{x}+C \end{aligned}$$

(단, C는 적분상수)

2 단계

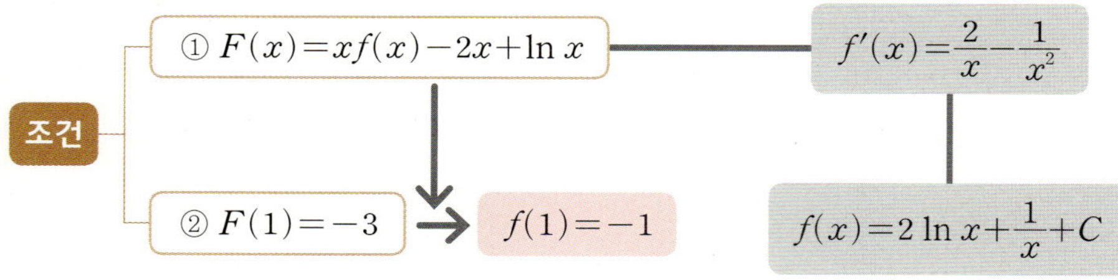

이때, $F(1)=-3$이므로
$F(x)=xf(x)-2x+\ln x$의 양변에 $x=1$을 대입하면
$$-3=f(1)-2+0$$
$$\therefore f(1)=-1$$

3 단계

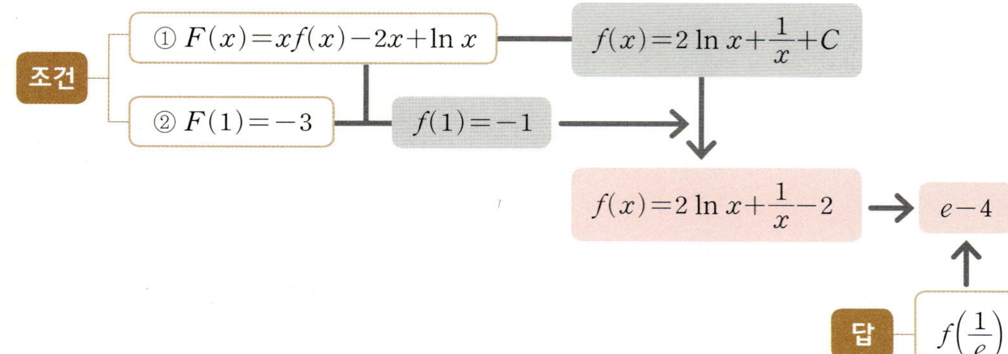

$f(x)=2\ln x+\dfrac{1}{x}+C$의 양변에 $x=1$을 대입하면
$$-1=0+1+C,\ C=-2$$
$$\therefore f(x)=2\ln x+\dfrac{1}{x}-2$$
$$\therefore f\left(\dfrac{1}{e}\right)=(-2)+e-2=e-4$$

답 ③

$0 \le x \le \pi$에서 정의된 연속함수 $f(x)$에 대하여 $\underline{f'(x)=(x+1)\cos x}$이고, 함수 $f(x)$의 $\underline{\text{최댓값이 } \pi+2}$일 때, $\underline{f(0)}$의 값은?

조건①   조건②   답

① $\dfrac{\pi}{2}-2$ ② $\pi-1$ ③ $\dfrac{\pi}{2}+2$ ④ $\pi+1$ ⑤ $\pi+2$

유형 07 부분적분법 0946

스키마 schema

≫ 주어진 조건 은 무엇인지? 구하는 답 은 무엇인지? 이 둘을 어떻게 연결할지?

1단계

조건

① $f'(x)=(x+1)\cos x$

$u(x)=x$
$v'(x)=\cos x$

$$f(x)=\int x\cos x\,dx+\int \cos x\,dx$$
$$=x\sin x+\cos x+\sin x+C$$

② 함수 $f(x)$의 최댓값 : $\pi+2$

$$f(x)=\int f'(x)\,dx$$
$$=\int (x+1)\cos x\,dx$$
$$=\int x\cos x\,dx+\int \cos x\,dx$$
$$=\left(x\sin x-\int \sin x\,dx\right)$$
$$+\int \cos x\,dx$$
$$=x\sin x+\cos x+\sin x+C$$
(단, C는 적분상수)

2단계

조건

① $f'(x)=(x+1)\cos x$ ⟶ $f(x)=x\sin x+\cos x+\sin x+C$

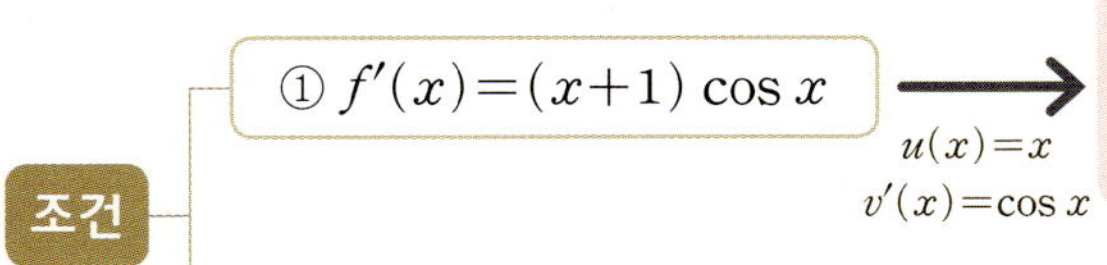

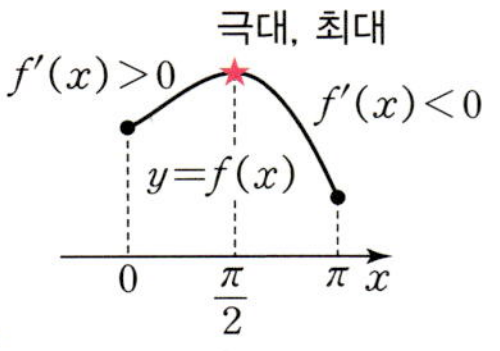

② 함수 $f(x)$의 최댓값 : $\pi+2$

$f'\left(\dfrac{\pi}{2}\right)=0$ ⟶ $f\left(\dfrac{\pi}{2}\right)=\pi+2$

$f'(x)=(x+1)\cos x=0$에서
$x=\dfrac{\pi}{2}$ ($\because 0\le x\le\pi$)

$0\le x\le\pi$에서 함수 $f(x)$의 증가와 감소를 표로 나타내면 다음과 같다.

x	0	$\cdots$	$\dfrac{\pi}{2}$	$\cdots$	π
$f'(x)$		$+$	0	$-$	
$f(x)$		↗	극대	↘	

따라서 함수 $f(x)$는 $x=\dfrac{\pi}{2}$일 때 최댓값 $\pi+2$를 갖는다.

3단계

조건

① $f'(x)=(x+1)\cos x$ ⟶ $f(x)=x\sin x+\cos x+\sin x+C$

$f\left(\dfrac{\pi}{2}\right)=\pi+2$

② 함수 $f(x)$의 최댓값 : $\pi+2$

$$f(x)=x\sin x+\cos x+\sin x+\dfrac{\pi}{2}+1$$

답 $f(0)$ ⟶ $\dfrac{\pi}{2}+2$

$f\left(\dfrac{\pi}{2}\right)=\pi+2$에서
$\dfrac{\pi}{2}+0+1+C=\pi+2$, $C=\dfrac{\pi}{2}+1$
$\therefore f(x)=x\sin x+\cos x+\sin x$
$$+\dfrac{\pi}{2}+1$$
$\therefore f(0)=0+1+0+\dfrac{\pi}{2}+1$
$$=\dfrac{\pi}{2}+2$$

답 ③

0951

| 선행 0873 |

함수

$$f(x)=\int\left(\frac{\sin x}{3}+\frac{\sin^2 x}{4}+\frac{\sin^3 x}{5}+\cdots+\frac{\sin^{98} x}{100}\right)\cos x\,dx$$

에 대하여 $f(\pi)=0$일 때, $f\left(\dfrac{\pi}{2}\right)$의 값은?

① $\dfrac{47}{100}$ ② $\dfrac{12}{25}$ ③ $\dfrac{49}{100}$

④ $\dfrac{1}{2}$ ⑤ $\dfrac{51}{100}$

0952

$x>-1$에서 정의된 함수 $f(x)$에 대하여 $f'(x)=\dfrac{1}{(x^3+1)^4}$이고,

함수 $g(x)=x^2$에 대하여 함수 $h(x)$를

$$h(x)=\int f(x)g'(x)\,dx$$

라 하자. $h(0)=\dfrac{2}{9}$, $h(1)=\dfrac{3}{8}$일 때, $f(1)$의 값은?

① $\dfrac{1}{3}$ ② $\dfrac{1}{4}$ ③ $\dfrac{1}{6}$

④ $\dfrac{1}{8}$ ⑤ $\dfrac{1}{12}$

0953

반지름의 길이가 20(cm)인 원 모양의 자전거의 바퀴가 있다. 그림과 같이 두 바퀴의 중심을 지나는 기준선 위에 점 P를 표시하고, 기준선으로부터 x라디안만큼 회전하였을 때, 지면으로부터 점 P의 높이 $h(x)$(cm)에 대하여 $h'(x)=20\cos x$라고 한다.

점 P가 $\dfrac{11}{6}\pi$만큼 회전하였을 때, 지면으로부터 점 P의 높이는?

① $\dfrac{5}{2}$ cm ② 5 cm ③ $\dfrac{15}{2}$ cm

④ 10 cm ⑤ $\dfrac{25}{2}$ cm

0954 서술형

다음 물음에 답하시오.

(1) $\tan\dfrac{x}{2}=s$라 할 때, $\sin x$, $\cos x$, $\dfrac{ds}{dx}$를 s에 대한 식으로 각각 나타내시오.

(2) $\tan\dfrac{x}{2}=s$로 놓고, 치환적분을 이용하여

$$\int\frac{1}{1+\sin x+\cos x}\,dx$$를 구하시오.

0955

$x<\ln 2\pi$에서 정의된 함수 $f(x)$에 대하여
$$f'(x)=e^{2x}\cos e^x,\ f(\ln \pi)=-1$$
일 때, 곡선 $y=f(x)$와 x축의 교점의 개수는?

① 0   ② 1   ③ 2
④ 3   ⑤ 4

0956

| 선행 0872, 0947 |

함수 $f(x)=\int \dfrac{\sin (\ln x)}{2x}dx$에 대하여 곡선 $y=f(x)$가

점 $(e^\pi,\ 1)$을 지난다. $0<x<1$에서 곡선 $y=f(x)$가 x축과

만나는 점의 x좌표를 큰 수부터 차례로 $a_1,\ a_2,\ a_3,\ \cdots,\ a_n,\ \cdots$이라

할 때, $\displaystyle\sum_{n=1}^{\infty} a_n$의 값은? (단, n은 자연수이다.)

① $\dfrac{1}{e^\pi+1}$ ② $\dfrac{1}{e^\pi-1}$ ③ $\dfrac{1}{e^\pi-2}$

④ $\dfrac{1}{e^{2\pi}+1}$ ⑤ $\dfrac{1}{e^{2\pi}-1}$

0957

| 선행 0923 |

구간 $(-\infty,\ 1)$에서 정의된 함수 $f(x)=\int \dfrac{2x^2-x}{x-1}dx$에 대하여

$f\left(-\dfrac{1}{2}\right)=-\dfrac{3}{4}+\ln \dfrac{3}{2}$일 때, 〈보기〉에서 옳은 것만을 있는 대로

고른 것은?

> | 보기
>
> ㄱ. 함수 $f(x)$는 $x=1-\dfrac{\sqrt{2}}{2}$에서 변곡점을 갖는다.
>
> ㄴ. 함수 $f(x)$의 극솟값은 $-\dfrac{1}{2}$이다.
>
> ㄷ. 방정식 $f(x)=0$은 서로 다른 세 실근을 갖는다.

① ㄱ   ② ㄴ   ③ ㄱ, ㄴ
④ ㄴ, ㄷ   ⑤ ㄱ, ㄴ, ㄷ

0958

자연수 n에 대하여 함수 $f_n(x)$가
$$f_n'(x) = (\ln x)^n, \quad f_n(1) = 0$$
을 만족시킬 때, 〈보기〉에서 옳은 것만을 있는 대로 고른 것은?

> **보기**
>
> ㄱ. $f_1(e) = 1$
>
> ㄴ. $f_2(e) = e - 2f_1(e)$
>
> ㄷ. $\displaystyle\sum_{n=1}^{4} f_n(e) = 8e - 19$

① ㄱ   ② ㄴ   ③ ㄱ, ㄴ

④ ㄴ, ㄷ   ⑤ ㄱ, ㄴ, ㄷ

0959

| 선행 0904 |

미분가능한 두 함수 $f(x)$, $g(x)$가 모든 실수 x에 대하여 다음 조건을 만족시킨다.

> (가) $f(x) > g(x)$
>
> (나) $f'(x) = -g(x)$, $g'(x) = -f(x)$

$f(0) = 2e$, $g(0) = e$일 때, 〈보기〉에서 옳은 것만을 있는 대로 고른 것은?

> **보기**
>
> ㄱ. $f(x) - g(x) = e^{x+1}$
>
> ㄴ. $\{f(x)\}^2 - \{g(x)\}^2 = 3e^2$
>
> ㄷ. $g(1) = \dfrac{1}{2}(3 - e^2)$

① ㄱ   ② ㄴ   ③ ㄱ, ㄴ

④ ㄴ, ㄷ   ⑤ ㄱ, ㄴ, ㄷ

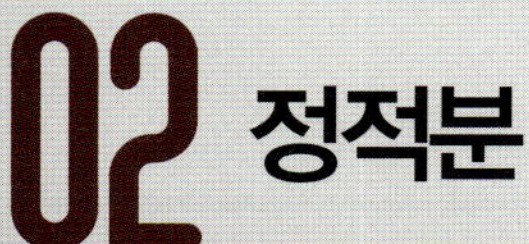

정적분

이전 학습 내용

• 정적분 [수학 Ⅱ Ⅲ. 적분]

두 실수 a, b를 포함하는 구간에서 연속인 함수 $f(x)$의 한 부정적분을 $F(x)$라 할 때, $F(b)-F(a)$를 함수 $f(x)$의 a에서 b까지의 정적분이라 하고, 기호로 다음과 같이 나타낸다.

$$\int_a^b f(x)dx=\Big[F(x)\Big]_a^b$$
$$=F(b)-F(a)$$

• 정적분의 성질 [수학 Ⅱ Ⅲ. 적분]

(1) $\displaystyle\int_a^b kf(x)\,dx=k\int_a^b f(x)\,dx$

(단, k는 실수)

(2) $\displaystyle\int_a^b \{f(x)\pm g(x)\}\,dx$
$\displaystyle=\int_a^b f(x)\,dx\pm\int_a^b g(x)\,dx$

(복부호동순)

(3) $\displaystyle\int_a^b f(x)\,dx$
$\displaystyle=\int_a^c f(x)\,dx+\int_c^b f(x)\,dx$

• 정적분과 미분의 관계 [수학 Ⅱ Ⅲ. 적분]

함수 $f(x)$가 닫힌구간 $[a,\ b]$에서 연속일 때,
$$\frac{d}{dx}\int_a^x f(t)dt=f(x) \quad (\text{단, } a<x<b)$$

현재 학습 내용

• 정적분 유형 01 여러 가지 함수의 정적분

1. 정적분의 치환적분법 유형 02 정적분의 치환적분법 유형 03 삼각치환법

닫힌구간 $[a,\ b]$에서 연속인 함수 $f(x)$에 대하여 미분가능한 함수 $x=g(t)$의 도함수 $g'(t)$가 닫힌구간 $[\alpha,\ \beta]$에서 연속이고, $a=g(\alpha)$, $b=g(\beta)$이면

$$\int_a^b f(x)dx=\int_\alpha^\beta f(g(t))g'(t)dt$$

함수 $x=g(t)$는 구간 $[a,\ b]$에서 항상 증가 또는 감소하는 함수로서 일대일대응이어야 한다.

2. 정적분의 부분적분법 유형 04 정적분의 부분적분법

두 함수 $f(x)$, $g(x)$가 미분가능하고 $f'(x)$, $g'(x)$가 연속일 때,

$$\int_a^b f(x)g'(x)dx=\Big[f(x)g(x)\Big]_a^b-\int_a^b f'(x)g(x)dx$$

• 정적분으로 정의된 함수 유형 05 적분구간이 상수인 정적분을 포함한 함수

1. 정적분으로 정의된 함수의 미분 유형 06 정적분으로 정의된 함수

(1) $\displaystyle\frac{d}{dx}\int_a^x f(t)dt=f(x)$

(2) $\displaystyle\frac{d}{dx}\int_x^{x+a} f(t)dt=f(x+a)-f(x)$

2. 정적분으로 정의된 함수의 극한 유형 07 정적분으로 정의된 함수의 극한

(1) $\displaystyle\lim_{x\to a}\frac{1}{x-a}\int_a^x f(t)dt=f(a)$

(2) $\displaystyle\lim_{h\to 0}\frac{1}{h}\int_a^{a+h} f(t)dt=f(a)$

유형 01 여러 가지 함수의 정적분

닫힌구간 $[a, b]$에서 연속인 함수 $f(x)$에 대하여
$F'(x)=f(x)$일 때,

$$\int_a^b f(x)dx=\Big[F(x)\Big]_a^b=F(b)-F(a)$$

를 이용하여 유리함수, 무리함수, 지수함수, 로그함수, 삼각함수의
정적분의 값을 구하는 문제를 분류하였다.

0960

다음 정적분의 값을 구하시오.

(1) $\displaystyle\int_1^e \left(x+\frac{1}{x}\right) dx$

(2) $\displaystyle\int_3^5 \frac{1}{x-2} dx$

(3) $\displaystyle\int_0^{\frac{\pi}{2}} \sin x \, dx$

(4) $\displaystyle\int_0^1 (3^{x+1}+e^x) \, dx$

0961

정적분 $\displaystyle\int_1^3 \frac{4x^2+2x-1}{x} dx$의 값은?

① $12-\ln 3$ ② $14-\ln 3$ ③ $16-\ln 3$
④ $18-\ln 3$ ⑤ $20-\ln 3$

0962

다음 정적분의 값을 구하시오.

(1) $\displaystyle\int_1^4 \frac{2}{x(x+2)} dx$

(2) $\displaystyle\int_1^2 \frac{1}{x^2+3x+2} dx$

0963

$\displaystyle\int_2^3 \frac{4}{x^2-1} dx=\ln a$일 때, 상수 a의 값은?

① $\dfrac{5}{4}$ ② $\dfrac{3}{2}$ ③ $\dfrac{7}{4}$

④ 2 ⑤ $\dfrac{9}{4}$

0964

정적분 $\displaystyle\int_1^9 \frac{x-1}{\sqrt{x}+1} dx$의 값은?

① $\dfrac{26}{3}$ ② 9 ③ $\dfrac{28}{3}$

④ $\dfrac{29}{3}$ ⑤ 10

0965

정적분 $\displaystyle\int_0^1 \frac{9^x-1}{3^x-1}\,dx$의 값은?

① $\dfrac{2}{\ln 3}-1$ ② $\dfrac{3}{\ln 3}-1$ ③ $\dfrac{1}{\ln 3}$

④ $\dfrac{2}{\ln 3}+1$ ⑤ $\dfrac{3}{\ln 3}+1$

0966

$\displaystyle\int_0^1 (5^x+1)^2\,dx+\int_1^0 (5^x-1)^2\,dx$의 값은?

① $\dfrac{20}{\ln 5}$ ② $\dfrac{16}{\ln 5}$ ③ $\dfrac{12}{\ln 5}$

④ $\dfrac{8}{\ln 5}$ ⑤ $\dfrac{4}{\ln 5}$

0967

다음 정적분의 값을 구하시오.

(1) $\displaystyle\int_0^1 \frac{e^{2x}}{e^x+1}\,dx+\int_1^0 \frac{1}{e^x+1}\,dx$

(2) $\displaystyle\int_0^1 \frac{8^x}{2^x+1}\,dx-\int_1^0 \frac{1}{2^x+1}\,dx$

0968

정적분 $\displaystyle\int_0^{\frac{\pi}{2}} \frac{\cos^2 x}{1+\sin x}\,dx$의 값은?

① $\dfrac{\pi}{2}-1$ ② $\pi-1$ ③ $\dfrac{\pi}{2}+1$

④ π ⑤ $\pi+1$

0969

$\displaystyle\int_0^{\frac{\pi}{4}} \frac{\sin^2 x}{\sin x+\cos x}\,dx+\int_{\frac{\pi}{4}}^0 \frac{\cos^2 x}{\sin x+\cos x}\,dx$의 값은?

① $-1-\sqrt{2}$ ② $1-\sqrt{2}$ ③ $-\sqrt{2}$

④ $-1+\sqrt{2}$ ⑤ $1+\sqrt{2}$

0970

함수 $f(x)=\begin{cases} \sqrt{x} & (0\le x<1) \\ \dfrac{1}{x} & (x\ge 1) \end{cases}$ 에 대하여 정적분 $\displaystyle\int_0^e f(x)\,dx$의 값은?

① $\dfrac{2}{3}$ ② 1 ③ $\dfrac{4}{3}$

④ $\dfrac{5}{3}$ ⑤ 2

0971

정적분 $\displaystyle\int_0^{\frac{3}{2}\pi} |\sin x|\,dx$의 값은?

① 1　　　　　② $\dfrac{3}{2}$　　　　　③ 2

④ $\dfrac{5}{2}$　　　　　⑤ 3

0972

정적분 $\displaystyle\int_0^{\pi} |\sin x - \cos x|\,dx$의 값은?

① $\sqrt{2}-1$　　　　② $\sqrt{2}+1$　　　　③ $2\sqrt{2}-2$

④ $2\sqrt{2}-1$　　　　⑤ $2\sqrt{2}$

0973

정적분 $\displaystyle\int_{-1}^{1} |e^x - 1|\,dx$의 값은?

① $e-\dfrac{1}{e}+1$　　　　② $e-\dfrac{1}{e}+2$　　　　③ $e+\dfrac{1}{e}$

④ $e+\dfrac{1}{e}-2$　　　　⑤ $e+\dfrac{1}{e}-1$

유형 02　정적분의 치환적분법

치환적분법을 이용하여 정적분의 값을 구하는 문제를 분류하였다.

유형 해결 TIP

$g(x)=t$로 치환할 때,

$$\int_a^b f(g(x))g'(x)dx = \int_{g(a)}^{g(b)} f(t)dt$$

와 같이 적분 구간도 바꾸는 것을 잊지 말자.

0974

다음 정적분의 값을 구하시오.

(1) $\displaystyle\int_0^{\sqrt{3}} 4x(x^2+1)^2\,dx$

(2) $\displaystyle\int_0^1 (3x-2)^5\,dx$

(3) $\displaystyle\int_0^1 \sqrt{1-x}\,dx$

0975

다음 정적분의 값을 구하시오.

(1) $\displaystyle\int_0^{\sqrt{3}} \dfrac{2x}{x^2+3}\,dx$

(2) $\displaystyle\int_0^1 \dfrac{x^2}{(1+x^3)^2}\,dx$

(3) $\displaystyle\int_0^1 \dfrac{x}{\sqrt{1+x^2}}\,dx$

0976

다음 정적분의 값을 구하시오.

(1) $\displaystyle\int_0^1 2xe^{x^2}\,dx$

(2) $\displaystyle\int_1^e \frac{(\ln x)^2}{x}\,dx$

(3) $\displaystyle\int_0^\pi \cos(2x)\,dx$

(4) $\displaystyle\int_0^{\frac{\pi}{2}} \cos^2 x \sin x\,dx$

0977

정적분 $\displaystyle\int_{\frac{1}{e}}^e \frac{3}{x(2+\ln x)^2}\,dx$의 값은?

① $\dfrac{3}{2}$ ② 2 ③ $\dfrac{5}{2}$

④ 3 ⑤ $\dfrac{7}{2}$

0978

정적분 $\displaystyle\int_{-\frac{1}{2}}^2 x\sqrt{2x+1}\,dx$의 값은?

① $\sqrt{5}$ ② $\dfrac{4\sqrt{5}}{3}$ ③ $\dfrac{5\sqrt{5}}{3}$

④ $2\sqrt{5}$ ⑤ $\dfrac{7\sqrt{5}}{3}$

0979

정적분 $\displaystyle\int_0^{\ln 3} \frac{e^x}{e^x+e^{-x}}\,dx$의 값은?

① $\dfrac{1}{2}\ln 2$ ② $\dfrac{1}{2}\ln 3$ ③ $\ln 2$

④ $\dfrac{1}{2}\ln 5$ ⑤ $\dfrac{1}{2}\ln 6$

0980

평가원기출

1보다 큰 실수 a에서 정의된 함수 $f(a)=\displaystyle\int_1^a \frac{\sqrt{\ln x}}{x}\,dx$에 대하여 $f(a^4)$과 같은 것은?

① $4f(a)$ ② $8f(a)$ ③ $12f(a)$

④ $16f(a)$ ⑤ $20f(a)$

0981

정적분 $\displaystyle\int_0^\pi |\sin(2x)|\,dx$의 값은?

① 0 ② $\dfrac{1}{2}$ ③ 1

④ $\dfrac{3}{2}$ ⑤ 2

0982

정적분 $\displaystyle\int_0^{\frac{\pi}{2}}(1-\sin^3 x)\sin x \cos x\, dx$의 값은?

① $\dfrac{1}{5}$ ② $\dfrac{3}{10}$ ③ $\dfrac{2}{5}$

④ $\dfrac{1}{2}$ ⑤ $\dfrac{3}{5}$

0983

정적분 $\displaystyle\int_{-\frac{\pi}{4}}^{\frac{\pi}{4}}(1-\tan^2 x)\sec^2 x\, dx$의 값은?

① $\dfrac{1}{3}$ ② $\dfrac{2}{3}$ ③ 1

④ $\dfrac{4}{3}$ ⑤ $\dfrac{5}{3}$

0984

$0 \leq x \leq 5$에서 정의된 함수 $y=f(x)$의 그래프가 그림과 같을 때, 정적분 $\displaystyle\int_0^2 f(2x+1)\, dx$의 값은?

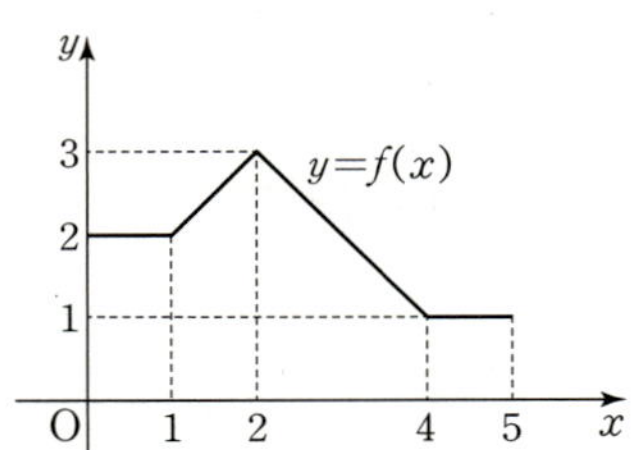

① $\dfrac{15}{4}$ ② 4 ③ $\dfrac{9}{2}$

④ $\dfrac{19}{4}$ ⑤ 5

 삼각치환법

삼각치환법을 이용하여 정적분의 값을 구하는 문제를 분류하였다.

유형 해결 TIP

다음과 같이 정적분의 값을 구하자.

(1) $\displaystyle\int \sqrt{a^2-x^2}\,dx,\ \int \dfrac{1}{\sqrt{a^2-x^2}}\,dx\ (a>0)$ 꼴

❶ $x=a\sin\theta\ \left(-\dfrac{\pi}{2}\leq\theta\leq\dfrac{\pi}{2}\right)$로 치환

❷ $1-\sin^2\theta=\cos^2\theta$ 이용

(2) $\displaystyle\int \sqrt{a^2+x^2}\,dx,\ \int \dfrac{1}{a^2+x^2}\,dx\ (a>0)$ 꼴

❶ $x=a\tan\theta\ \left(-\dfrac{\pi}{2}<\theta<\dfrac{\pi}{2}\right)$로 치환

❷ $1+\tan^2\theta=\sec^2\theta$ 이용

0985

정적분 $\displaystyle\int_0^{\frac{\sqrt{3}}{2}}\dfrac{1}{\sqrt{1-x^2}}\,dx$의 값은?

① 0 ② $\dfrac{\pi}{6}$ ③ $\dfrac{\pi}{4}$

④ $\dfrac{\pi}{3}$ ⑤ $\dfrac{\pi}{2}$

0986 빈출

정적분 $\displaystyle\int_0^{\sqrt{2}}\dfrac{1}{\sqrt{4-x^2}}\,dx$의 값을 a라 할 때, $\sin a$의 값은?

① 0 ② $\dfrac{1}{2}$ ③ $\dfrac{\sqrt{2}}{2}$

④ $\dfrac{\sqrt{3}}{2}$ ⑤ 1

0987 빈출

정적분 $\displaystyle\int_0^3 \dfrac{4}{x^2+9}\,dx$의 값을 a라 할 때, $\cos a$의 값은?

① 0 ② $\dfrac{1}{2}$ ③ $\dfrac{\sqrt{2}}{2}$

④ $\dfrac{\sqrt{3}}{2}$ ⑤ 1

0988

$\displaystyle\int_{-a}^{a} \dfrac{1}{a^2+x^2}\,dx = \dfrac{\pi}{3}$일 때, 양수 a의 값은?

① $\dfrac{1}{2}$ ② 1 ③ $\dfrac{3}{2}$

④ 2 ⑤ $\dfrac{5}{2}$

유형04 정적분의 부분적분법

부분적분법을 이용하여 정적분의 값을 계산하는 문제를 분류하였다.

$$\int_a^b u(x)v'(x)\,dx = \Big[\,u(x)v(x)\,\Big]_a^b - \int_a^b u'(x)v(x)\,dx$$

유형 해결 TIP

$u(x)$는 미분하기 쉬운 함수로, $v'(x)$는 적분하기 쉬운 함수로
놓으면 계산하기 편리하다.

← 미분하기 쉬운 함수

| 로그함수 | 다항함수 | 삼각함수 | 지수함수 |

적분하기 쉬운 함수 →

한편, 정적분 $\displaystyle\int_a^b u(x)v'(x)\,dx$의 값은

$F(x) = \displaystyle\int u(x)v'(x)\,dx$로 부정적분을 먼저 구한 후

$F(b) - F(a)$로 구할 수도 있다.

0989

다음 정적분의 값을 구하시오.

(1) $\displaystyle\int_1^e \ln x\,dx$

(2) $\displaystyle\int_1^4 x \ln x\,dx$

(3) $\displaystyle\int_0^1 xe^x\,dx$

(4) $\displaystyle\int_\pi^{3\pi} x \sin x\,dx$

0990

정적분 $\displaystyle\int_0^1 (x^2+5)e^x\,dx$의 값은?

① $6e-7$ ② $6e-5$ ③ $6e-3$

④ $6e-1$ ⑤ $6e+1$

0991

함수 $f(x)=xe^{-x}$에 대하여

$\displaystyle\int_e^{10} f(x)\,dx - \int_1^{10} f(x)\,dx + \int_0^e f(x)\,dx$의 값은?

① $1-\dfrac{2}{e}$ ② $1-\dfrac{1}{e}$ ③ $1+\dfrac{1}{e}$

④ $1+\dfrac{2}{e}$ ⑤ $2+\dfrac{2}{e}$

0992

정적분 $\displaystyle\int_{-2}^{1} |x|\,e^x\,dx$의 값은?

① $1-\dfrac{3}{e^2}$ ② $1+\dfrac{1}{e^2}$ ③ $2-\dfrac{3}{e^2}$

④ $2-\dfrac{1}{e^2}$ ⑤ $2+\dfrac{1}{e^2}$

0993

정적분 $\displaystyle\int_{-1}^{2} |xe^x - e^x|\,dx$의 값은?

① $2e-\dfrac{1}{e}$ ② $2e-\dfrac{2}{e}$ ③ $2e-\dfrac{3}{e}$

④ $e-\dfrac{1}{e}$ ⑤ $e-\dfrac{2}{e}$

0994

정적분 $\displaystyle\int_0^e \ln(2x+e)\,dx$의 값은?

① $\dfrac{e(5\ln 3+2)}{4}$ ② $\ln 3$ ③ $e\ln 3$

④ $\dfrac{3e\ln 3}{2}$ ⑤ $5e\ln 3$

0995

정적분 $\displaystyle\int_0^{\frac{\pi}{6}} x\cos(6x)\,dx$의 값은?

① $-\dfrac{1}{18}$ ② $-\dfrac{1}{9}$ ③ $-\dfrac{1}{6}$

④ $-\dfrac{2}{9}$ ⑤ $-\dfrac{5}{18}$

0996

정적분 $\displaystyle\int_0^{\sqrt{\pi}} (x^3-x)\sin x^2\,dx$의 값은?

① $\dfrac{1}{2}(\pi-4)$ ② $\dfrac{1}{2}(\pi-2)$ ③ $\dfrac{1}{2}\pi$

④ $\dfrac{1}{2}(\pi+2)$ ⑤ $\dfrac{1}{2}(\pi+4)$

0997

정적분 $\displaystyle\int_0^{\pi^2} \cos\sqrt{x}\,dx$의 값은?

① -4 ② -2 ③ 0

④ 2 ⑤ 4

0998

함수 $f(x)=xe^x-\cos\left(\dfrac{\pi}{2}x\right)$에 대하여 정적분 $\displaystyle\int_0^1 f(1-x)\,dx$ 의 값은?

① $1-\dfrac{4}{\pi}$ ② $1-\dfrac{2}{\pi}$ ③ 1

④ $1+\dfrac{2}{\pi}$ ⑤ $1+\dfrac{4}{\pi}$

0999

정적분 $\displaystyle\int_0^\pi e^x\cos x\,dx$의 값은?

① $-\dfrac{1}{2}(e^\pi+2)$ ② $-\dfrac{1}{2}(e^\pi+1)$ ③ $-\dfrac{1}{2}(e^\pi-1)$

④ $\dfrac{1}{2}(e^\pi-1)$ ⑤ $\dfrac{1}{2}(e^\pi+1)$

유형 05 적분구간이 상수인 정적분을 포함한 함수

적분구간이 상수인 정적분을 포함한 등식

$$f(x)=g(x)+\int_a^b f(x)dx\ (a,\,b\text{는 상수})$$

에서 함수 $f(x)$를 구하여 해결하는 문제를 분류하였다.

유형해결 TIP

함수 $f(x)$는 다음과 같은 순서로 구한다.

❶ $\displaystyle\int_a^b f(x)dx=k\ (k\text{는 상수})$로 놓는다.

❷ $f(x)=g(x)+k$이므로 ❶에 대입하여

k에 대한 방정식 $\displaystyle\int_a^b \{g(x)+k\}\,dx=k$에서 k의 값을 구한다.

1000

함수 $f(x)=e^x+\displaystyle\int_0^2 f(t)dt$에 대하여 $f(0)$의 값은?

① $1-e^2$ ② $2-e^2$ ③ e^2

④ $1+e^2$ ⑤ $2+e^2$

1001

양의 실수 전체의 집합에서 정의된 함수 $f(x)$가

$$f(x)=\ln x+\int_1^e f(t)dt$$

를 만족시킬 때, $f(e)$의 값은?

① $1+\dfrac{1}{2-e}$ ② $1+\dfrac{1}{1-e}$ ③ $\dfrac{1}{e}$

④ $1+\dfrac{1}{2+e}$ ⑤ $1+\dfrac{1}{1+e}$

1002

함수 $f(x) = \dfrac{x}{2x^2+1} - \displaystyle\int_0^2 f(t)dt$에 대하여 $f(1)$의 값은?

① $\dfrac{1-\ln 3}{6}$ ② $\dfrac{2-\ln 3}{6}$ ③ $\dfrac{\ln 3}{6}$

④ $\dfrac{1+\ln 3}{6}$ ⑤ $\dfrac{2+\ln 3}{6}$

1003

함수 $f(x)$가

$$f(x) = \frac{\ln x}{x} + \int_1^e f(t)dt$$

를 만족시킬 때, $f(1)$의 값은?

① $-\dfrac{1}{2(e-2)}$ ② $-\dfrac{1}{(e-2)}$ ③ 0

④ $\dfrac{1}{e-2}$ ⑤ $\dfrac{1}{2(e-2)}$

1004

함수 $f(x)$가

$$f(x) = e^x - \int_0^1 2xf(t)dt$$

를 만족시킬 때, $f(1)$의 값은?

① $-e$ ② $-e+1$ ③ 1

④ $e-1$ ⑤ e

유형 06 정적분으로 정의된 함수

'[수학Ⅱ] 3.적분'에서 학습한 정적분과 미분의 관계인

$\dfrac{d}{dx}\displaystyle\int_a^x f(t)dt = f(x)$를 이용하여 해결하는 문제를 분류하였다.

유형 해결 TIP

문제에서 $\displaystyle\int_a^x f(t)dt$를 포함한 등식이 주어졌을 때

(1) 양변에 $x=a$를 대입하여 $\displaystyle\int_a^a f(t)dt = 0$

(2) 양변을 x에 대하여 미분하여 $\dfrac{d}{dx}\displaystyle\int_a^x f(t)dt = f(x)$

임을 이용하여 문제를 해결하자.

1005

선생님 Pick! 교육청기출

실수 전체의 집합에서 연속인 함수 $f(x)$가

$$\int_a^x f(t)dt = (x+a-4)e^x$$

을 만족시킬 때, $f(a)$의 값은? (단, a는 상수이다.)

① e ② e^2 ③ e^3

④ e^4 ⑤ e^5

1006

양의 실수 전체의 집합에서 정의된 함수 $f(x)=\displaystyle\int_1^x \dfrac{1}{t^3}\,dt$에 대하여 $f(2)+f'(2)+f''(2)$의 값은?

① $\dfrac{1}{4}$ ② $\dfrac{5}{16}$ ③ $\dfrac{3}{8}$

④ $\dfrac{7}{16}$ ⑤ $\dfrac{1}{2}$

1007

실수 전체의 집합에서 미분가능한 함수 $f(x)$에 대하여

$$\int_0^x f(x)\,dx=e^{2x}+x-1$$

이 성립할 때, $\displaystyle\lim_{x\to 0}\dfrac{f'(x)-4}{x}$의 값은?

① 2   ② 4   ③ 6

④ 8   ⑤ 10

유형 07　정적분으로 정의된 함수의 극한

정적분으로 정의된 함수의 극한을 구하는

(1) $\displaystyle\lim_{x\to a}\dfrac{1}{x-a}\int_a^x f(t)\,dt=f(a)$

(2) $\displaystyle\lim_{h\to 0}\dfrac{1}{h}\int_a^{a+h} f(t)\,dt=f(a)$

와 같은 문제를 분류하였다.

유형 해결 TIP

미분계수의 정의를 정확하게 이해하여 문제를 해결하도록 하자.

1008

다음 극한값을 구하시오.

(1) $\displaystyle\lim_{x\to 0}\dfrac{1}{x}\int_0^x (t+\cos t-3)\,dt$

(2) $\displaystyle\lim_{h\to 0}\dfrac{1}{h}\int_1^{1+h} (e^x-\ln x)\,dx$

(3) $\displaystyle\lim_{x\to 1}\dfrac{1}{x^2-1}\int_1^x t^2\sin\dfrac{\pi t}{3}\,dt$

1009

함수 $f(x)=2^x\ln(x^2+3)$에 대하여 $\displaystyle\lim_{x\to 1}\dfrac{1}{x-1}\int_1^{x^2} f(t)\,dt$의 값은?

① $2\ln 2$ ② $4\ln 2$ ③ $6\ln 2$

④ $8\ln 2$ ⑤ $10\ln 2$

유형01 여러 가지 함수의 정적분

1010

비어 있는 물통에 t분 동안 물을 넣었을 때의 수면의 높이를 $h(\text{cm})$라 하면 $\dfrac{dh}{dt}=\dfrac{5}{t+2}$인 관계가 성립한다. 이 물통에 6분 동안 물을 넣었을 때 수면의 높이는? (단, $\ln 2=0.7$로 계산한다.)

① 6 cm   ② 7 cm   ③ 8 cm
④ 9 cm   ⑤ 10 cm

1011

| 선행 0971 |

정적분 $\displaystyle\int_0^\pi \left| 2\sin^2 \dfrac{x}{2}-\cos x \right| dx$의 값은?

① $2\sqrt{3}-\dfrac{\pi}{3}$ ② $\sqrt{3}-\dfrac{\pi}{3}$ ③ $\sqrt{3}$
④ $\sqrt{3}+\dfrac{\pi}{3}$ ⑤ $2\sqrt{3}+\dfrac{\pi}{3}$

1012

$0\le t\le 1$인 실수 t에 대하여 정적분 $\displaystyle\int_0^1 |e^x-e^t|\, dx$의 값을 $f(t)$라 하자. 함수 $f(t)$가 $t=a$에서 최솟값을 가질 때, 상수 a의 값은?

① $\dfrac{1}{6}$ ② $\dfrac{1}{5}$ ③ $\dfrac{1}{4}$
④ $\dfrac{1}{3}$ ⑤ $\dfrac{1}{2}$

1013

자연수 n에 대하여
$$I_n=\int_{2n\pi+\frac{\pi}{6}}^{2(n+1)\pi+\frac{\pi}{6}} |\cos x|\, dx$$
라 할 때, $\displaystyle\sum_{n=1}^{100} I_n$의 값은?

① 100   ② 200   ③ 400
④ 800   ⑤ 1000

1014

연속함수 $f(x)$가 다음 조건을 만족시킬 때, 정적분 $\displaystyle\int_0^{\ln 12} f(x)\, dx$의 값은?

> (개) $0\le x\le \ln 2$에서 $f(x)=e^x$이다.
> (내) 모든 실수 x에 대하여
> $f(\ln 2-x)=f(\ln 2+x),\ f(-x)=f(x)$이다.

① $\dfrac{11}{3}$ ② 4   ③ $\dfrac{13}{3}$
④ $\dfrac{14}{3}$ ⑤ 5

III

유형 02 정적분의 치환적분법

1015

| 선행 1010 |

어떤 효모 4 g을 일정한 온도에서 배양할 때, t시간 후의 효모의 무게를 $W(t)$ g이라 하면

$$W'(t)=2\tan^2\left(\frac{\pi}{4}t\right)\,(0<t<2)$$

가 성립한다고 한다. 이 효모의 1시간 후의 무게는 몇 g인가?

① $-1+\dfrac{4}{\pi}$ ② $1+\dfrac{4}{\pi}$ ③ $-2+\dfrac{8}{\pi}$

④ $2+\dfrac{8}{\pi}$ ⑤ $-4+\dfrac{16}{\pi}$

1016

다음 〈보기〉에서 옳은 것만을 있는 대로 고른 것은?

보기

ㄱ. $\displaystyle\int_e^{e^2}\frac{1}{x\ln x}dx=\ln 2$

ㄴ. $\displaystyle\int_{-\frac{\pi}{2}}^{\frac{\pi}{2}}|\sin x\cos x|\,dx=1$

ㄷ. $\displaystyle\int_1^9\sqrt{\frac{1+\sqrt{x}}{x}}dx=\frac{8(4-\sqrt{2})}{3}$

① ㄱ ② ㄱ, ㄴ ③ ㄱ, ㄷ

④ ㄴ, ㄷ ⑤ ㄱ, ㄴ, ㄷ

1017

| 선행 0982 |

정적분 $\displaystyle\int_0^{\pi}\sin^2 x\,dx$의 값을 a, 정적분 $\displaystyle\int_0^{\frac{\pi}{2}}\cos^3 x\,dx$의 값을 b라 할 때, ab의 값은?

① $\dfrac{\pi}{8}$ ② $\dfrac{\pi}{6}$ ③ $\dfrac{\pi}{4}$

④ $\dfrac{\pi}{3}$ ⑤ $\dfrac{\pi}{2}$

1018

정적분 $\displaystyle\int_{-\frac{\pi}{6}}^{\frac{\pi}{6}}\sec\theta\,d\theta$의 값은?

① $-2\ln 3$ ② $-\ln 3$ ③ $\dfrac{1}{2}\ln 3$

④ $\ln 3$ ⑤ $2\ln 3$

1019

정적분 $\displaystyle\int_0^{\ln 2}\frac{e^{2x}-2}{e^x+1}dx$의 값은?

① $\ln\dfrac{3}{8}$ ② $1+\ln\dfrac{3}{8}$ ③ $1+\ln\dfrac{3}{4}$

④ $\ln\dfrac{8}{3}$ ⑤ $1+\ln\dfrac{8}{3}$

1020

정적분 $\displaystyle\int_0^{\frac{\pi}{4}} \frac{2}{1+\tan x}\,dx$의 값은?

① $\dfrac{\pi}{4}-\ln\sqrt{2}$　　② $\dfrac{\pi}{2}-\ln\sqrt{2}$　　③ $\ln\sqrt{2}$

④ $\dfrac{\pi}{4}+\ln\sqrt{2}$　　⑤ $\dfrac{\pi}{2}+\ln\sqrt{2}$

1021

수열 $\{a_n\}$에 대하여

$$a_n=\int_{n-1}^{n+1} \frac{1}{x+1}\,dx \ (n=1,\,2,\,3,\,\cdots)$$

일 때, $\displaystyle\sum_{n=1}^{10} a_n$의 값은?

① $\ln 33$　　② $\ln 44$　　③ $\ln 55$
④ $\ln 66$　　⑤ $\ln 77$

1022

정적분 $\displaystyle\int_1^2 \left\{ \lim_{x\to 0} \frac{\sin(xy+x)-\sin(xy-x)}{\sin(xy^2+2xy)} \right\} dy$의 값은?

① $\ln 3-\ln 2$　　② $\ln 3+\ln 2$　　③ $\ln 2$
④ $\ln 3$　　⑤ $2\ln 2$

1023

$x>0$에서 정의된 함수 $f(x)$가

$$f(x)=\lim_{n\to\infty} \frac{x^n+x-1}{2x^{n+1}+x^2-1}$$

일 때, 정적분 $\displaystyle\int_0^2 f(x)\,dx$의 값은?

① $\dfrac{\ln 2}{2}$　　② $\ln 2$　　③ $\dfrac{3\ln 2}{2}$

④ $2\ln 2$　　⑤ $\dfrac{5\ln 2}{2}$

1024

함수 $f(x)$에 대하여 $\displaystyle\int_0^1 f(x)\,dx=\ln 4$이고,

$$F(x)=\int_0^x f(k)\,dk \ (0\le x\le 1)$$

일 때, 정적분 $\displaystyle\int_0^1 f(x)e^{F(x)}\,dx$의 값은?

① 1　　② 2　　③ 3
④ 4　　⑤ 5

1025

미분가능한 두 함수 $f(x)$, $g(x)$가 모든 실수 x에 대하여

$f'(x)=\dfrac{1}{2}g(x)$를 만족시킬 때, 다음 중 정적분

$\displaystyle\int_a^b f(x)g(x)\,dx$의 값과 항상 같은 것은?

① $\{f(b)\}^2-\{f(a)\}^2$　　② $\{f(b)\}^2+\{f(a)\}^2$
③ $\{g(b)\}^2-\{g(a)\}^2$　　④ $\{g(b)\}^2+\{g(a)\}^2$
⑤ $\{f(b)\}^2-\{g(a)\}^2$

1026

선행 0984

닫힌구간 $[0,\ 4]$에서 정의된 함수 $f(x)$가

$$f(x)=\begin{cases}1 & (0\le x<1)\\ 2x-1 & (1\le x<2)\\ 3 & (2\le x\le 4)\end{cases}$$

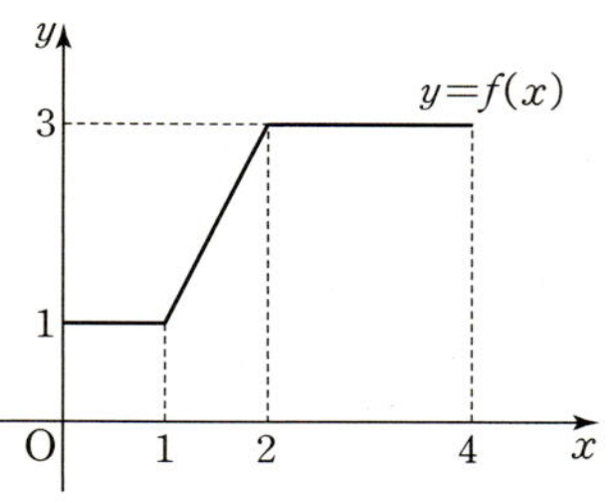

일 때, $\displaystyle\int_0^{\frac{1}{2}}8\sqrt{x}f(4x+1)\,dx=p+q\sqrt{2}$이다. $30(p+q)$의 값은?

(단, $p,\ q$는 유리수이다.)

① 96   ② 100   ③ 104

④ 108   ⑤ 112

1027

상수 a와 연속함수 $f(x)$에 대하여 항상 성립하는 것만을 〈보기〉에서 있는 대로 고른 것은?

보기

ㄱ. $\displaystyle\int_0^a f(x)dx=\int_{9a}^{10a}f(x-9a)\,dx$

ㄴ. $\displaystyle\int_0^{2a}f(x)dx=\frac{1}{2}\int_0^a f(2x)\,dx$

ㄷ. $\displaystyle\int_{-a}^{a}f(x)dx=\int_0^a\{f(x)+f(-x)\}\,dx$

① ㄱ   ② ㄴ   ③ ㄱ, ㄴ

④ ㄱ, ㄷ   ⑤ ㄱ, ㄴ, ㄷ

1028

연속함수 $f(x)$에 대하여 다음 중 정적분

$$\int_0^a\{f(x)+f(2a-x)\}\,dx$$

의 값과 같은 것은? (단, $a\ne 0$인 상수이다.)

① $\displaystyle\int_0^a f(x)\,dx$ ② $\displaystyle\int_0^{2a}f(x)\,dx$ ③ $\displaystyle 2\int_0^a f(x)\,dx$

④ $\displaystyle 2\int_0^{2a}f(x)\,dx$ ⑤ $\displaystyle 3\int_0^a f(x)\,dx$

1029

연속함수 $f(x)$가 모든 실수 x에 대하여

$$f(x)+f(-x)=e^x+e^{-x}+3x^2$$

을 만족시킬 때, 정적분 $\displaystyle\int_{-1}^{1}f(x)\,dx$의 값은?

① $e-\dfrac{1}{e}$ ② $e-\dfrac{1}{e}+1$ ③ $e-\dfrac{1}{e}+2$

④ $2e-\dfrac{2}{e}+1$ ⑤ $2e-\dfrac{2}{e}+2$

1030

연속함수 $f(x)$가 다음 조건을 만족시킬 때, 정적분 $\displaystyle\int_0^1\{f(2x)+f(2-x)\}\,dx$의 값은?

(가) $\displaystyle\int_0^1 f(x)dx=4$

(나) 모든 실수 x에 대하여 $f(1-x)=f(1+x)$이다.

① $\dfrac{1}{2}$ ② 1   ③ 2

④ 4   ⑤ 8

1031

| 선행 1028 |

연속함수 $f(x)$가 모든 실수 x에 대하여

$$f(x)+f\left(\frac{\pi}{2}-x\right)=\sin\left(x+\frac{\pi}{4}\right)$$

를 만족시킬 때, 정적분 $\int_0^{\frac{\pi}{2}} f(x)\,dx$의 값은?

① $-\sqrt{2}$ 　　　　② $-\dfrac{\sqrt{2}}{2}$ 　　　　③ $\dfrac{\sqrt{2}}{2}$

④ $\sqrt{2}$ 　　　　⑤ 2

1032

연속함수 $f(x)$는 다음 조건을 만족시킨다.

> (가) $\int_{a-1}^{a+1} f(a-t)\,dt=16$ (단, a는 상수)
>
> (나) 모든 실수 x에 대하여 $f(-x)=f(x)$, $f(x)=f(x+2)$이다.

정적분 $\int_2^3 xf(x^2)\,dx$의 값은?

① 10 　　　　② 15 　　　　③ 20

④ 25 　　　　⑤ 30

1033

실수 전체의 집합에서 연속인 함수 $f(x)$는 다음 조건을 만족시킨다.

> (가) $-1\le x<1$일 때, $f(x)=\pi\cos\left(\dfrac{\pi}{3}x\right)$이다.
>
> (나) 모든 실수 x에 대하여 $f(x+2)=f(x)$이다.

$\int_{-1}^{6} f(x)\,dx-\int_{-3}^{1} f(x)\,dx$의 값은?

① $\dfrac{5\sqrt{3}}{2}$ 　　　　② $3\sqrt{3}$ 　　　　③ $\dfrac{7\sqrt{3}}{2}$

④ $4\sqrt{3}$ 　　　　⑤ $\dfrac{9\sqrt{3}}{2}$

1034

교육청기출

연속함수 $f(x)$가 다음 조건을 만족시킨다.

> (가) 모든 실수 x에 대하여 $f(x)=f(x+2)$이다.
>
> (나) $\int_1^{\frac{3}{2}} f(2x)\,dx=7$, $\int_1^{\frac{4}{3}} f(3x)\,dx=1$

정적분 $\int_{2001}^{2012} f(x)\,dx$의 값은?

① 65 　　　　② 71 　　　　③ 82

④ 88 　　　　⑤ 99

1035

함수 $f(x)=\dfrac{x^3}{3}-\dfrac{x^2}{2}+x$의 역함수를 $g(x)$라 할 때, 정적분

$\int_0^{\frac{8}{3}} g''(x)\left\{g'(x)-\dfrac{1}{g'(x)}\right\}dx$의 값은?

① $-\dfrac{8}{9}+\ln 3$ 　　② $-\dfrac{4}{9}+\ln 3$ 　　③ $\ln 3$

④ $\dfrac{4}{9}+\ln 3$ 　　　　⑤ $\dfrac{8}{9}+\ln 3$

유형 03 삼각치환법

1036

정적분 $\int_0^2 \sqrt{4x-x^2}\,dx$의 값은?

① π ② 2π ③ 3π

④ 4π ⑤ 5π

1037

| 선행 0985 |

정적분 $\int_0^{\frac{\sqrt{3}}{2}} \dfrac{1}{(1-x^2)\sqrt{1-x^2}}\,dx$의 값은?

① $-\sqrt{3}$ ② $-\dfrac{\sqrt{3}}{3}$ ③ 1

④ $\dfrac{\sqrt{3}}{3}$ ⑤ $\sqrt{3}$

1038 서술형✎

다음 정적분을 계산하고, 그 과정을 서술하시오.

$$\int_{-1}^{\frac{1}{2}} \sqrt{1-x^2}\,dx + \int_1^3 \dfrac{1}{x^2+3}\,dx$$

1039

$\int_{-1}^1 \dfrac{1}{x^4+2x^2+1}\,dx = a+b\pi$일 때 $a+b$의 값은?

(단, a와 b는 유리수이다.)

① $\dfrac{1}{4}$ ② $\dfrac{1}{2}$ ③ $\dfrac{3}{4}$

④ 1 ⑤ $\dfrac{5}{4}$

1040

정적분 $\int_{-\frac{1}{2}}^{\frac{1}{2}} \dfrac{1}{4x^2+4x+5}\,dx$의 값은?

① $\dfrac{\pi}{32}$ ② $\dfrac{\pi}{16}$ ③ $\dfrac{\pi}{8}$

④ $\dfrac{\pi}{4}$ ⑤ $\dfrac{\pi}{2}$

1041

정적분 $\int_0^{\ln 3} \dfrac{1}{3e^{-x}+e^x}\,dx$의 값은?

① $\dfrac{1}{18}\pi$ ② $\dfrac{\sqrt{2}}{18}\pi$ ③ $\dfrac{\sqrt{3}}{18}\pi$

④ $\dfrac{1}{9}\pi$ ⑤ $\dfrac{\sqrt{5}}{18}\pi$

1042

| 선행 **1029** |

연속함수 $f(x)$가 모든 실수 x에 대하여

$$f(x)+f(-x)=\frac{x^4}{1+x^2}+1$$

을 만족시킬 때, $\displaystyle\int_{-1}^{1} f(x)\,dx=p+q\pi$라 하자.

$12(p+q)$의 값은? (단, p, q는 유리수이다.)

① 1   ② 3   ③ 5

④ 7   ⑤ 9

유형 04 정적분의 부분적분법

1043

| 선행 **0999** |

등식 $\displaystyle\int_{0}^{\frac{\pi}{3}} e^{-x}\sin(5x)\,dx=e^{-\frac{\pi}{3}}(p+q\sqrt{3})+r$를 만족시키는

세 유리수 p, q, r에 대하여 $p+q+r$의 값은?

① $\dfrac{1}{13}$ ② $\dfrac{5}{52}$ ③ $\dfrac{3}{26}$

④ $\dfrac{7}{52}$ ⑤ $\dfrac{2}{13}$

1044

실수 전체의 집합에서 미분가능하고, 이계도함수가 연속인 함수 $f(x)$에 대하여

$$\lim_{x\to1}\frac{f(x)-3}{x-1}=2,\ \lim_{x\to3}\frac{f(x)+4}{x-3}=5$$

일 때, 정적분 $\displaystyle\int_{1}^{3} xf''(x)\,dx$의 값은?

① 15   ② 20   ③ 25

④ 30   ⑤ 35

1045

함수 $f(x)=\displaystyle\int_{1}^{e}(x\ln t-t)\,dt$에 대하여 방정식 $f(x)=0$의 실근은?

① $\dfrac{e^2}{2}-1$ ② $\dfrac{e^2-1}{2}$ ③ $\dfrac{e^2}{2}$

④ $\dfrac{e^2+1}{2}$ ⑤ $\dfrac{e^2}{2}+1$

1046

함수 $f(x)=\displaystyle\int_{0}^{1}(xte^t-2x^2t)\,dt$에 대하여 곡선 $y=f(x)$와 x축의 두 교점을 각각 A, B라 할 때, 선분 AB의 길이는?

① $\dfrac{1}{2}$ ② 1   ③ $\dfrac{3}{2}$

④ 2   ⑤ $\dfrac{5}{2}$

1047 빈출

함수 $f(t)=\int_0^1 (e^x-tx)^2\,dx$는 $t=a$일 때 최솟값 b를 갖는다. 두 상수 a, b에 대하여 $a+b$의 값은?

① $\dfrac{1}{2}e^2-\dfrac{5}{2}$ 　　② $\dfrac{1}{2}e^2-\dfrac{3}{2}$ 　　③ $\dfrac{1}{2}e^2-\dfrac{1}{2}$

④ $\dfrac{1}{2}e^2+\dfrac{1}{2}$ 　　⑤ $\dfrac{1}{2}e^2+\dfrac{3}{2}$

1048

실수 전체의 집합에서 연속인 함수

$$f(x)=\begin{cases} e^{ax}-x & (x\le 1) \\ a+\ln x & (x>1) \end{cases} \quad (a\text{는 상수})$$

에 대하여 정적분 $\displaystyle\int_a^2 f(x)\,dx$의 값은?

① $\ln 2$ 　　② $\ln \dfrac{4}{\sqrt{e}}$ 　　③ $\ln 2\sqrt{2}$

④ $\ln 4$ 　　⑤ $\ln 4\sqrt{e}$

1049

평가원기출

정의역이 $\{x\,|\,x>-1\}$인 함수 $f(x)$에 대하여 $f'(x)=\dfrac{1}{(1+x^3)^2}$ 이고, 함수 $g(x)=x^2$일 때, $\displaystyle\int_0^1 f(x)g'(x)\,dx=\dfrac{1}{6}$이다. $f(1)$의 값은?

① $\dfrac{1}{6}$ 　　② $\dfrac{2}{9}$ 　　③ $\dfrac{5}{18}$

④ $\dfrac{1}{3}$ 　　⑤ $\dfrac{7}{18}$

1050 빈출

자연수 n에 대하여 $I_n=\int_0^1 x^n e^x\,dx$라 할 때, 〈보기〉에서 옳은 것만을 있는 대로 고른 것은?

보기
ㄱ. $I_1=1$
ㄴ. $n\ge 2$일 때, $nI_{n-1}+I_n=e$
ㄷ. $\displaystyle\sum_{n=1}^4 I_n=8e-19$

① ㄱ 　　② ㄱ, ㄴ 　　③ ㄱ, ㄷ

④ ㄴ, ㄷ 　　⑤ ㄱ, ㄴ, ㄷ

1051

$n\ge 3$인 자연수 n에 대하여 수열 $\{a_n\}$의 일반항이

$$a_n=\int_0^{\frac{\pi}{2}} \cos^n x\,dx$$

일 때, a_n과 a_{n-2} 사이의 관계식으로 옳은 것은?

① $a_n=\dfrac{n}{n-1}a_{n-2}$ 　　② $a_n=\dfrac{n-1}{n}a_{n-2}$ 　　③ $a_n=\dfrac{n+1}{n}a_{n-2}$

④ $a_n=na_{n-2}$ 　　⑤ $a_n=\dfrac{n-1}{n+1}a_{n-2}$

유형 05 적분구간이 상수인 정적분을 포함한 함수

1052

| 선행 **1000** |

함수 $f(x)$가 모든 실수 x에 대하여 등식

$$f(x)=x-\int_1^e \frac{f(t)}{t}\,dt$$

를 만족시킬 때, $f(1)$의 값은?

① $\dfrac{1-e}{2}$ ② $\dfrac{2-e}{2}$ ③ $\dfrac{3-e}{2}$

④ $\dfrac{4-e}{2}$ ⑤ $\dfrac{5-e}{2}$

1053

함수 $f(x)$에 대하여 등식

$$f(x)=x+\int_0^1 e^t f(t)\,dt$$

가 성립할 때, 정적분 $\displaystyle\int_0^1 e^x f(x)\,dx$의 값은?

① $\dfrac{1}{2-e}$ ② $\dfrac{1}{1-e}$ ③ $\dfrac{1}{e}$

④ $\dfrac{1}{e-1}$ ⑤ $\dfrac{1}{e-2}$

1054 빈출

함수 $f(x)$가 다음 등식을 만족시킬 때, $f\left(\dfrac{\pi}{6}\right)$의 값은?

$$f(x)=\sin x+2\int_0^{\frac{\pi}{2}} f(t)\cos t\,dt$$

① $-\dfrac{\sqrt3}{2}$ ② $-\dfrac{1}{2}$ ③ 0

④ $\dfrac{1}{2}$ ⑤ $\dfrac{\sqrt3}{2}$

1055 서술형 ✐

| 선행 **1004** |

구간 $(0,\ \infty)$에서 연속인 함수 $f(x)$가

$$f(x)=x\ln x-\int_1^e \frac{f(t)}{x}\,dt$$

를 만족시킬 때, 함수 $f(x)$를 구하고, 그 과정을 서술하시오.

1056

함수 $f(x)$가 등식

$$f(x)=x+\int_0^1 f(t)(2+xe^{-t})\,dt$$

를 만족시킬 때, $f(e)$의 값은?

① $e-1$ ② $\dfrac{1}{e+1}$ ③ $\dfrac{e^2-e}{e+1}$

④ e ⑤ $e+1$

1057 빈출

실수 전체의 집합에서 연속인 함수 $f(x)$가 등식

$$f(x)=e^{x^2}+\int_0^1 t f(t)\,dt$$

를 만족시킬 때, 함수 $f(x)$의 최솟값은?

① $e-2$ ② $e-1$ ③ e

④ $e+1$ ⑤ $e+2$

유형06 정적분으로 정의된 함수

1058

실수 전체의 집합에서 미분가능한 함수 $f(x)$에 대하여

$$xf(x)=(x^2-2x+2)e^x+\int_1^x f(t)dt$$

가 성립할 때, $f(0)$의 값은?

① $e-2$　　　　② $e-1$　　　　③ e

④ $e+1$　　　　⑤ $e+2$

1059 빈출 ♔

평가원기출

함수 $f(x)=\int_1^x \dfrac{1}{e^t+1}dt$에 대하여 $f(a)=3$을 만족시킬 때,

정적분 $\displaystyle\int_1^a \dfrac{\ln\{f(x)+1\}}{e^x+1}\,dx$의 값은?

① $-3+8\ln 2$　　　② $-2+8\ln 2$　　　③ $-1+8\ln 2$

④ $-3+4\ln 2$　　　⑤ $-2+4\ln 2$

1060 빈출 ♔

임의의 실수 x에 대하여 $f(x)>0$이고 미분가능한 함수 $f(x)$가

$$\int_0^x f(t)\,dt=3x+\int_0^x (x-t)f(t)dt$$

를 만족시킬 때, 함수 $f(x)$는?

① $e^{-x}+3$　　　　② $3e^{-x}$　　　　③ e^x

④ e^x+3　　　　⑤ $3e^x$

1061

양의 실수 전체의 집합에서 정의된 함수 $f(x)$가

$$\int_1^x (x-t)f(t)dt=x\ln x+a\cos(\pi x)+bx$$

를 만족시킬 때, 정적분 $\displaystyle\int_{\frac{1}{2}}^2 f(x)\,dx$의 값은?

(단, a, b는 상수이다.)

① $-\pi+\ln 4$　　　② $-\pi+\ln 2$　　　③ π

④ $\pi+\ln 2$　　　⑤ $\pi+\ln 4$

1062

$x>0$에서 정의된 미분가능한 함수 $f(x)$에 대하여

$$\int_1^x \dfrac{f(t)}{t}dt=\dfrac{d}{dx}\int_1^x \{\ln t-f(t)\}dt+5\ln x$$

가 성립할 때, $f(2)$의 값은?

① 1　　　　② 2　　　　③ 3

④ 4　　　　⑤ 5

1063 빈출 ♔

평가원기출

연속함수 $y=f(x)$의 그래프가 원점에 대하여 대칭이고,
모든 실수 x에 대하여

$$f(x)=\dfrac{\pi}{2}\int_1^{x+1} f(t)dt$$

이다. $f(1)=1$일 때, 정적분 $\pi^2\displaystyle\int_0^1 xf(x+1)\,dx$의 값은?

① $2(\pi-2)$　　　② $2\pi-3$　　　③ $2(\pi-1)$

④ $2\pi-1$　　　⑤ 2π

1064
평가원변형

함수 $f(x)=\dfrac{1}{1+x}$에 대하여 $F(x)=\displaystyle\int_0^x 2tf(x-t)\,dt\ (x\geq 0)$

일 때, $F'(a)=4$를 만족시키는 상수 a의 값은?

① e^2-2 ② e^2-1 ③ e^2

④ e^2+1 ⑤ e^2+2

1065
평가원기출

실수 전체의 집합에서 연속인 함수 $f(x)$가 모든 실수 t에 대하여

$\displaystyle\int_0^2 xf(tx)\,dx=4t^2$을 만족시킬 때, $f(2)$의 값은?

① 1 ② 2 ③ 3

④ 4 ⑤ 5

1066

모든 실수 x에 대하여 $f(x)=\displaystyle\int_0^x t\sin(x-t)\,dt$인 함수 $f(x)$에

대하여 $\displaystyle\lim_{h\to 0}\dfrac{f(h)-f(-h)}{h}$의 값은?

① 0 ② 1 ③ 2

④ 3 ⑤ 4

1067

함수 $f(x)=\displaystyle\int_0^{x-1}(t-x)e^t\,dt$의 최댓값은?

① $-\ln 2$ ② $1-\ln 2$ ③ $\ln 2$

④ $-1+\ln 2$ ⑤ e^2

1068

$x>0$에서 정의된 함수 $f(x)=\displaystyle\int_1^{\frac{x}{2}}(1-\ln t)\,dt$는 $x=a$에서

극댓값 b를 갖는다. 두 상수 a, b에 대하여 $a+b$의 값은?

① $e-2$ ② e ③ $2e$

④ $2e-2$ ⑤ $3e-2$

1069

$x>0$에서 정의된 함수 $f(x)=\displaystyle\int_x^{x+1}\left(t+\dfrac{2}{t}\right)dt$의 최솟값은?

① $-1+\ln 2$ ② $-\dfrac{1}{2}+\ln 2$ ③ $\dfrac{1}{2}+2\ln 2$

④ $1+2\ln 2$ ⑤ $\dfrac{3}{2}+2\ln 2$

1070

함수 $f(x)=\displaystyle\int_0^x (x-t)\cos(2t)dt$에 대하여 $f(x)$의 최댓값과 최솟값을 각각 M, m이라 할 때, $M+m$의 값은?

① $-\dfrac{1}{2}$ ② $-\dfrac{1}{4}$ ③ $\dfrac{1}{4}$

④ $\dfrac{1}{2}$ ⑤ 1

1071

$x>0$에서 정의된 미분가능한 함수 $f(x)$가 다음 조건을 만족시킬 때, $f(2)$의 값은?

> (가) 모든 양의 실수 x에 대하여 $f(x)>0$이고, 도함수 $f'(x)$는 연속이다.
>
> (나) $f(x)=\displaystyle\int_1^x \left(\dfrac{1}{x}-\dfrac{1}{t}\right)f'(t)dt+\dfrac{1}{x}$이다.

① $\dfrac{2}{e}$ ② $\dfrac{1}{e}$ ③ $\dfrac{\sqrt{e}}{e}$

④ $\sqrt{e}$ ⑤ e^2

1072

교육청기출

그림은 함수 $f(x)=\begin{cases} 1 & (x\le 0) \\ -x+1 & (x>0) \end{cases}$ 의 그래프이다.

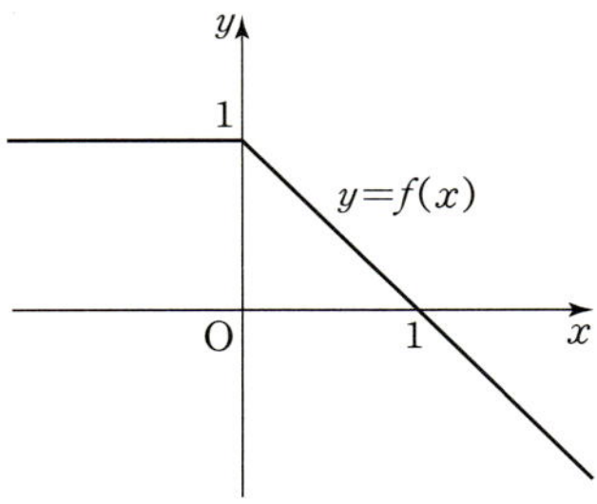

실수 전체의 집합에서 미분가능한 함수 $g(x)$를

$$g(x)=\int_{-1}^x e^t f(t)dt$$

라 할 때, 〈보기〉에서 옳은 것만을 있는 대로 고른 것은?

> **보기**
>
> ㄱ. $g(0)=1-\dfrac{1}{e}$
>
> ㄴ. 함수 $g(x)$는 극댓값 $e-\dfrac{1}{e}$ 을 갖는다.
>
> ㄷ. 방정식 $g(x)=0$의 실근의 개수는 2이다.

① ㄱ   ② ㄴ   ③ ㄱ, ㄷ

④ ㄴ, ㄷ   ⑤ ㄱ, ㄴ, ㄷ

1073

임의의 양수 a에 대하여 함수 $f(x)$가

$$\lim_{t \to a} \frac{1}{t-a} \int_a^t f(x)\,dx = \frac{1}{\sqrt{a}} \ln a$$

를 만족시킬 때, 정적분 $\int_1^e f(x)\,dx$의 값은?

① $-4-2\sqrt{e}$ ② $-4+2\sqrt{e}$ ③ $4-2\sqrt{e}$

④ 2 ⑤ $4+2\sqrt{e}$

1074

함수 $f(x)$에 대하여 $\int_1^x f(t)\,dt = \cos\left(\dfrac{\pi}{2}x\right)$일 때,

$\lim\limits_{x \to 0} \dfrac{1}{x^2-2x} \displaystyle\int_{2-x}^{2+x} f(t)\,dt$의 값은?

① -2 ② -1 ③ 0

④ 1 ⑤ 2

1075

함수 $f(x) = \displaystyle\int_e^x \ln\dfrac{t}{e}\,dt$에 대하여 $\lim\limits_{x \to 1} \dfrac{1}{x-1} \displaystyle\int_1^x f(t)\,dt$의 값은?

① $-2+e$ ② $-1+e$ ③ e

④ $1+e$ ⑤ $2+e$

1076

실수 전체의 집합에서 미분가능한 함수 $f(x)$에 대하여

$\lim\limits_{x \to e} \dfrac{f(x)-1}{x-e} = 4e$일 때, $\lim\limits_{x \to e} \dfrac{1}{x-e} \displaystyle\int_{f(e)}^{f(x)} e^t\,dt$의 값은?

① e ② $2e$ ③ e^2

④ $2e^2$ ⑤ $4e^2$

연속함수 $f(x)$가 모든 실수 x에 대하여 $\underset{\text{조건}}{\underline{f(x)+f(-x)=e^x+e^{-x}+3x^2}}$을 만족시킬 때, 정적분 $\underset{\text{답}}{\underline{\displaystyle\int_{-1}^{1} f(x)dx}}$의 값은?

① $e-\dfrac{1}{e}$　　② $e-\dfrac{1}{e}+1$　　③ $e-\dfrac{1}{e}+2$　　④ $2e-\dfrac{2}{e}+1$　　⑤ $2e-\dfrac{2}{e}+2$

스키마 schema

>>> 주어진 조건 은 무엇인지? 구하는 답 은 무엇인지? 이 둘을 어떻게 연결할지?

1 단계

조건 $\boxed{f(x)+f(-x)}=e^x+e^{-x}+3x^2$

$$\int_{-1}^{1}\{f(x)+f(-x)\}\,dx$$
$$=2\int_{-1}^{1}f(x)\,dx$$

답을 구하기 위해 조건의 좌변을 $x=-1$에서 $x=1$까지 정적분하자.

$-x=t$라 하면 $dx=-dt$이고
$x=-1$일 때 $t=1$,
$x=1$일 때 $t=-1$이므로

$$\int_{-1}^{1}f(-x)dx=\int_{1}^{-1}\{-f(t)\}dt$$
$$=\int_{-1}^{1}f(t)dt=\int_{-1}^{1}f(x)\,dx$$
$$\therefore \int_{-1}^{1}\{f(x)+f(-x)\}\,dx$$
$$=2\int_{-1}^{1}f(x)dx$$

2 단계

조건 $f(x)+f(-x)=\boxed{e^x+e^{-x}+3x^2}$

$$\int_{-1}^{1}\{f(x)+f(-x)\}\,dx$$
$$=2\int_{-1}^{1}f(x)\,dx$$

$$\int_{-1}^{1}(e^x+e^{-x}+3x^2)\,dx$$
$$=2e-\dfrac{2}{e}+2$$

또한 조건의 우변을 $x=-1$에서 $x=1$까지 정적분하면

$$\int_{-1}^{1}(e^x+e^{-x}+3x^2)\,dx$$
$$=\left[e^x-e^{-x}+x^3\right]_{-1}^{1}$$
$$=2e-\dfrac{2}{e}+2$$

3 단계

조건 $f(x)+f(-x)=e^x+e^{-x}+3x^2$

$$\int_{-1}^{1}(e^x+e^{-x}+3x^2)\,dx$$
$$=2e-\dfrac{2}{e}+2$$

$$\int_{-1}^{1}\{f(x)+f(-x)\}\,dx$$
$$=2\int_{-1}^{1}f(x)\,dx$$

따라서

$$2\int_{-1}^{1}f(x)dx=2e-\dfrac{2}{e}+2$$이므로
$$\int_{-1}^{1}f(x)dx=e-\dfrac{1}{e}+1$$

답 $\displaystyle\int_{-1}^{1}f(x)\,dx \rightarrow e-\dfrac{1}{e}+1$

답 ②

스키마로 풀이 흐름 알아보기

함수 $f(t)=\displaystyle\int_0^1 (e^x-tx)^2 dx$ 는 $t=a$ 일 때 최솟값 b 를 갖는다. 두 상수 a, b 에 대하여 $a+b$ 의 값은?

     조건①   조건②   답

① $\dfrac{1}{2}e^2-\dfrac{5}{2}$ ② $\dfrac{1}{2}e^2-\dfrac{3}{2}$ ③ $\dfrac{1}{2}e^2-\dfrac{1}{2}$ ④ $\dfrac{1}{2}e^2+\dfrac{1}{2}$ ⑤ $\dfrac{1}{2}e^2+\dfrac{3}{2}$

유형 06   정적분의 부분적분법 **1047**

스키마 schema   ≫ 주어진 **조건** 은 무엇인지? 구하는 **답** 은 무엇인지? 이 둘을 어떻게 연결할지?

1단계

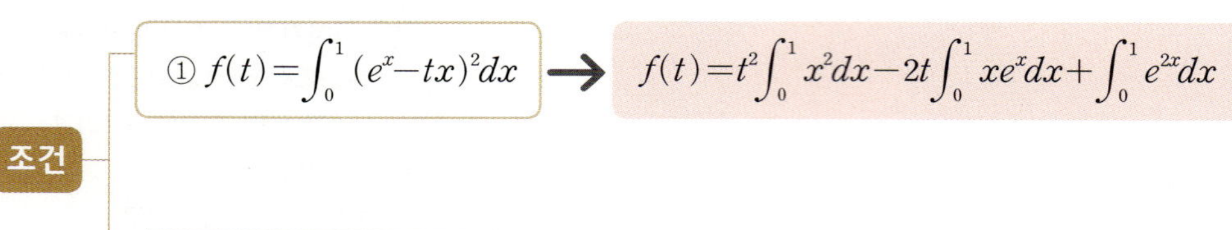

조건
① $f(t)=\displaystyle\int_0^1 (e^x-tx)^2 dx$ → $f(t)=t^2\displaystyle\int_0^1 x^2 dx-2t\int_0^1 xe^x dx+\int_0^1 e^{2x} dx$

② 함수 $f(t)$ 는 $t=a$ 일 때 최솟값 b 를 가짐

함수 $f(t)$ 를 t 에 관하여 내림차순으로 정리하면

$$f(t)=\int_0^1 (e^x-tx)^2 dx$$
$$=\int_0^1 (t^2x^2-2txe^x+e^{2x})\,dx$$
$$=t^2\int_0^1 x^2 dx-2t\int_0^1 xe^x dx+\int_0^1 e^{2x} dx$$

2단계

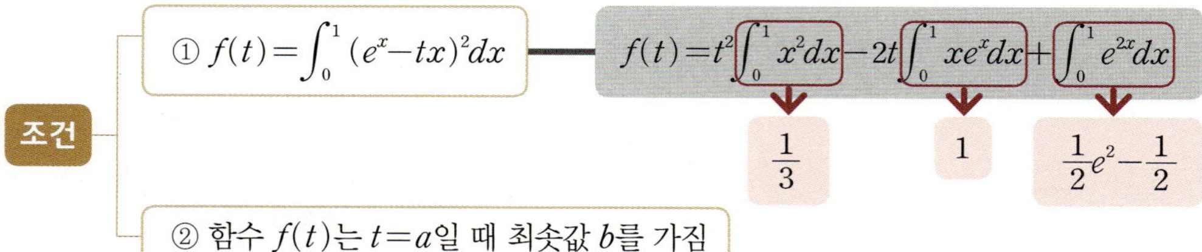

조건
① $f(t)=\displaystyle\int_0^1 (e^x-tx)^2 dx$

$f(t)=t^2\displaystyle\int_0^1 x^2 dx-2t\int_0^1 xe^x dx+\int_0^1 e^{2x} dx$

$\dfrac{1}{3}$ 1 $\dfrac{1}{2}e^2-\dfrac{1}{2}$

② 함수 $f(t)$ 는 $t=a$ 일 때 최솟값 b 를 가짐

각 정적분의 값을 구하면

$$\int_0^1 x^2 dx=\left[\frac{1}{3}x^3\right]_0^1=\frac{1}{3} \quad \cdots\cdots\ \text{㉠}$$

$u(x)=x$, $v'(x)=e^x$ 이라 하면

$$\int_0^1 xe^x dx=\left[xe^x\right]_0^1-\int_0^1 e^x dx$$
$$=e-\left[e^x\right]_0^1=1 \quad \cdots\cdots\ \text{㉡}$$

$$\int_0^1 e^{2x} dx=\left[\frac{1}{2}e^{2x}\right]_0^1=\frac{1}{2}e^2-\frac{1}{2}$$
$$\cdots\cdots\ \text{㉢}$$

3단계

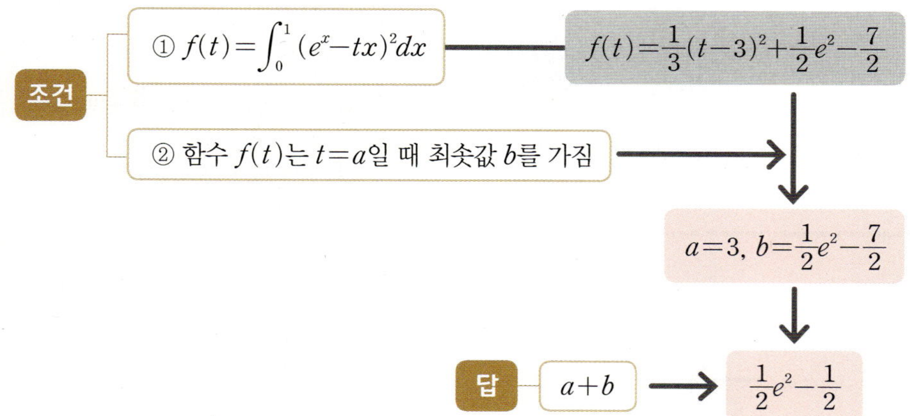

조건
① $f(t)=\displaystyle\int_0^1 (e^x-tx)^2 dx$

$f(t)=\dfrac{1}{3}(t-3)^2+\dfrac{1}{2}e^2-\dfrac{7}{2}$

② 함수 $f(t)$ 는 $t=a$ 일 때 최솟값 b 를 가짐

$a=3$, $b=\dfrac{1}{2}e^2-\dfrac{7}{2}$

답 — $a+b$ → $\dfrac{1}{2}e^2-\dfrac{1}{2}$

㉠, ㉡, ㉢에서

$$f(t)=\frac{1}{3}t^2-2t+\frac{1}{2}e^2-\frac{1}{2}$$
$$=\frac{1}{3}(t-3)^2+\frac{1}{2}e^2-\frac{7}{2}$$

이므로 함수 $f(t)$ 는 $t=3$ 일 때 최솟값 $\dfrac{1}{2}e^2-\dfrac{7}{2}$ 을 갖는다.

$$\therefore a+b=3+\frac{1}{2}e^2-\frac{7}{2}=\frac{1}{2}e^2-\frac{1}{2}$$

답 ③

1077

| 선행 1051 |

$\int_0^{\frac{\pi}{2}} \sin^5 x\, dx + \int_0^{\frac{\pi}{2}} \cos^6 x\, dx = a + b\pi$일 때, ab의 값은?

(단, a, b는 유리수이다.)

① $\dfrac{1}{24}$ ② $\dfrac{1}{12}$ ③ $\dfrac{1}{6}$

④ $\dfrac{1}{3}$ ⑤ $\dfrac{1}{2}$

1078

교육청기출

함수 $f(x) = \dfrac{e^{\cos x}}{1 + e^{\cos x}}$에 대하여

$$a = f(\pi - x) + f(x),\quad b = \int_0^\pi f(x)\, dx$$

일 때, $a + \dfrac{100}{\pi}b$의 값을 구하시오.

1079

평가원변형

함수 $f(x) = 3(x-1)^2 + 5$에 대하여 함수 $F(x)$를

$F(x) = \int_0^x f(t)\, dt$라 하자. 미분가능한 함수 $g(x)$가 모든 실수

x에 대하여 $F(g(x)) = \dfrac{1}{2}F(x)$를 만족시킬 때, $g'(2)$의 값은?

① $\dfrac{1}{5}$ ② $\dfrac{2}{5}$ ③ $\dfrac{3}{5}$

④ $\dfrac{4}{5}$ ⑤ 1

1080

실수 전체의 집합에서 연속인 함수 $f(x)$가 다음 조건을 만족시킨다.

> (가) 모든 실수 x에 대하여 $f(x+2) = f(x) + 1$이다.
> (나) $0 \le x \le 1$일 때, $f(x) = \sin\left(\dfrac{\pi}{2}x\right)$이다.
> (다) $1 < x < 2$일 때, $f'(x) \ge 0$이다.

$\int_0^7 f(x)\, dx = p + \dfrac{q}{\pi}$일 때, $p + q$의 값은?

(단, p, q는 유리수이다.)

① 18   ② 20   ③ 22

④ 24   ⑤ 26

1081

이계도함수가 존재하는 함수 $f(x)$는 다음 조건을 만족시킨다.

> (가) 모든 실수 x에 대하여 $f'(x)>0$, $f''(x)<0$이다.
> (나) $f(0)=1$, $f(4)=7$

〈보기〉에서 옳은 것만을 있는 대로 고른 것은?

> 보기
>
> ㄱ. $\displaystyle\int_0^4 f(x)dx<16$
>
> ㄴ. $\displaystyle\int_0^4 \{f(x)+xf'(x)\}dx=28$
>
> ㄷ. $\displaystyle\int_0^4 f(x)dx>\int_0^4 xf'(x)dx$

① ㄱ   ② ㄴ   ③ ㄱ, ㄴ

④ ㄴ, ㄷ   ⑤ ㄱ, ㄴ, ㄷ

1082

두 연속함수 $f(x)$, $g(x)$가

$$g(\ln x)=\begin{cases} f(x) & (1\le x<2) \\ g\left(\ln \dfrac{x}{2}\right)-3 & (2\le x\le 4)\end{cases}$$

를 만족시키고, $\displaystyle\int_0^{\ln 4} g(x)\,dx=7\ln 2+6$이다.

$\displaystyle\int_0^{\ln 2} f(e^x)\,dx=a\ln 2+b$일 때, $a+b$의 값은?

(단, a, b는 유리수이다.)

① 6   ② 7   ③ 8

④ 9   ⑤ 10

1083

〔평가원기출〕

실수 전체의 집합에서 이계도함수를 갖는 두 함수 $f(x)$와 $g(x)$에 대하여 정적분

$$\int_0^1 \{f'(x)g(1-x)-g'(x)f(1-x)\}\,dx$$

의 값을 k라 하자. 〈보기〉에서 옳은 것만을 있는 대로 고른 것은?

> 보기
>
> ㄱ. $\displaystyle\int_0^1 \{f(x)g'(1-x)-g(x)f'(1-x)\}dx=-k$
>
> ㄴ. $f(0)=f(1)$이고 $g(0)=g(1)$이면 $k=0$이다.
>
> ㄷ. $f(x)=\ln(1+x^4)$이고 $g(x)=\sin \pi x$이면 $k=0$이다.

① ㄴ   ② ㄷ   ③ ㄱ, ㄴ

④ ㄱ, ㄷ   ⑤ ㄱ, ㄴ, ㄷ

1084

〔평가원기출〕

실수 전체의 집합에서 미분가능한 함수 $f(x)$가 있다. 모든 실수 x에 대하여 $f(2x)=2f(x)f'(x)$이고,

$$f(a)=0, \quad \int_{2a}^{4a} \frac{f(x)}{x}\,dx=k \quad (a>0,\ 0<k<1)$$

일 때, 정적분 $\displaystyle\int_a^{2a} \frac{\{f(x)\}^2}{x^2}\,dx$의 값을 k로 나타낸 것은?

① $\dfrac{k^2}{4}$ ② $\dfrac{k^2}{2}$ ③ k^2

④ k ⑤ $2k$

1085

함수 $f(x)$를 $f(x)=\displaystyle\int_a^x \{2+\sin t^2\}dt$라 하자. $f''(a)=\sqrt{3}a$

일 때, $(f^{-1})'(0)$의 값은? (단, a는 $0<a<\sqrt{\dfrac{\pi}{2}}$인 상수이다.)

① $\dfrac{1}{10}$ 　　② $\dfrac{1}{5}$ 　　③ $\dfrac{3}{10}$

④ $\dfrac{2}{5}$ 　　⑤ $\dfrac{1}{2}$

1086

다항함수 $f(x)$가 모든 실수 x에 대하여 $f(-x)=-f(x)$를 만족시킨다. 함수 $g(x)$를

$$g(x)=\frac{d}{dx}\int_{-\frac{\pi}{2}}^{x} \{\cos x \times f(t)\}dt$$

라 할 때, 〈보기〉에서 옳은 것만을 있는 대로 고른 것은?

보기

ㄱ. $g(0)=0$

ㄴ. 모든 실수 x에 대하여 $g(-x)=-g(x)$이다.

ㄷ. $g'(c)=0$인 실수 c가 열린구간 $\left(-\dfrac{\pi}{2},\ \dfrac{\pi}{2}\right)$에서 적어도 두 개 존재한다.

① ㄱ 　　② ㄱ, ㄴ 　　③ ㄱ, ㄷ

④ ㄴ, ㄷ 　　⑤ ㄱ, ㄴ, ㄷ

1087

선생님 *Pick!* 평가원기출

최고차항의 계수가 1인 사차함수 $f(x)$와 구간 $(0, \infty)$에서 $g(x) \geq 0$인 함수 $g(x)$가 다음 조건을 만족시킨다.

> (개) $x \leq -3$인 모든 실수 x에 대하여 $f(x) \geq f(-3)$이다.
> (내) $x > -3$인 모든 실수 x에 대하여
> $\quad g(x+3)\{f(x)-f(0)\}^2 = f'(x)$이다.

$\displaystyle\int_4^5 g(x)\,dx = \dfrac{q}{p}$일 때, $p+q$의 값을 구하시오.

(단, p와 q는 서로소인 자연수이다.)

1088

평가원기출

닫힌구간 $[0, 1]$에서 증가하는 연속함수 $f(x)$가

$$\int_0^1 f(x)\,dx = 2, \quad \int_0^1 |f(x)|\,dx = 2\sqrt{2}$$

를 만족시킨다. 함수 $F(x)$가

$$F(x) = \int_0^x |f(t)|\,dt \ (0 \leq x \leq 1)$$

일 때, 정적분 $\displaystyle\int_0^1 f(x)F(x)\,dx$의 값은?

① $4-\sqrt{2}$ 　　② $2+\sqrt{2}$ 　　③ $5-\sqrt{2}$
④ $1+2\sqrt{2}$ 　　⑤ $2+2\sqrt{2}$

현재 학습 내용

• 구분구적법 — 유형01 구분구적법

어떤 도형의 넓이나 부피를 구할 때, 이 도형을 여러 개의 기본 도형으로 나누어 그 기본 도형의 넓이나 부피의 합을 구하고, 이 값의 극한으로 원래 도형의 넓이나 부피를 구하는 방법을 **구분구적법**이라 한다.

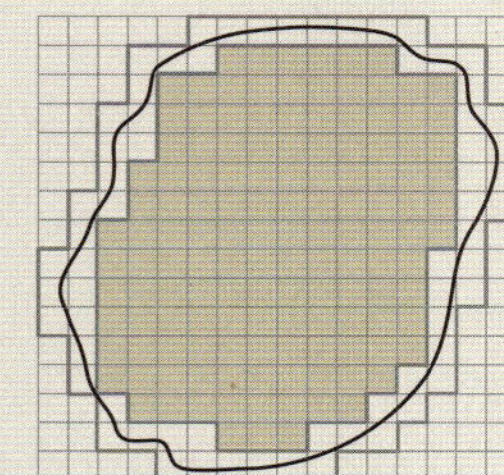

• 정적분과 급수의 합 사이의 관계 — 유형02 정적분과 급수의 합 사이의 관계

함수 $f(x)$가 닫힌구간 $[a, b]$에서 연속일 때,

$$\int_a^b f(x)\,dx=\lim_{n\to\infty}\sum_{k=1}^n f(x_k)\,\varDelta x$$

$$\left(\text{단, } \varDelta x=\frac{b-a}{n},\ x_k=a+k\varDelta x\right)$$

가 성립한다. 위의 식은 x에 따라 다음과 같이 변형할 수 있다.

(1) $\displaystyle\lim_{n\to\infty}\sum_{k=1}^n f\left(a+\frac{pk}{n}\right)\times\frac{q}{n}=q\int_0^1 f(a+px)\,dx$ $\Rightarrow x=\dfrac{k}{n}$인 경우

(2) $\displaystyle\lim_{n\to\infty}\sum_{k=1}^n f\left(a+\frac{pk}{n}\right)\times\frac{p}{n}=\int_0^p f(x+a)\,dx$ $\Rightarrow x=\dfrac{pk}{n}$인 경우

(3) $\displaystyle\lim_{n\to\infty}\sum_{k=1}^n f\left(a+\frac{b-a}{n}k\right)\times\frac{b-a}{n}=\int_a^b f(x)\,dx$ $\Rightarrow x=a+\dfrac{b-a}{n}k$인 경우

• 넓이

1. 곡선과 x축 사이의 넓이 — 유형03 곡선과 x축 사이의 넓이

함수 $f(x)$가 닫힌구간 $[a, b]$에서 연속일 때, 곡선 $y=f(x)$와 x축 및 두 직선 $x=a$, $x=b$로 둘러싸인 도형의 넓이 S는 다음과 같다.

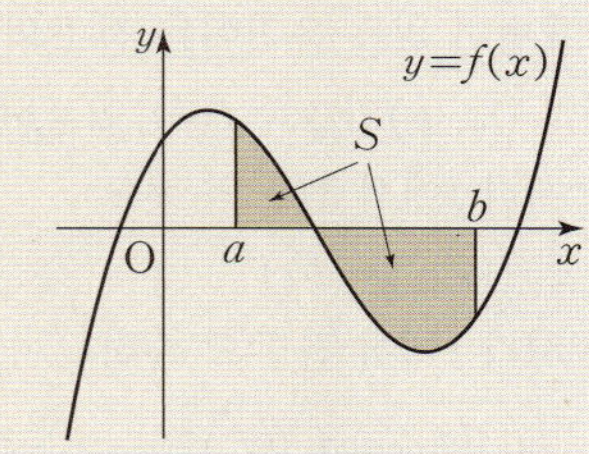

$$S=\int_a^b |f(x)|\,dx$$

2. 곡선과 y축 사이의 넓이 — 유형04 곡선과 y축 사이의 넓이

함수 $g(y)$가 닫힌구간 $[c, d]$에서 연속일 때, 곡선 $x=g(y)$와 y축 및 두 직선 $y=c$, $y=d$로 둘러싸인 도형의 넓이 S는 다음과 같다.

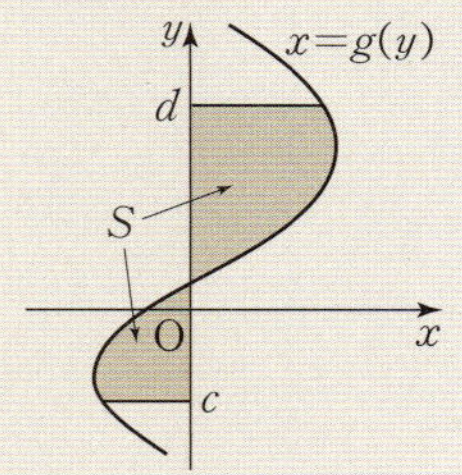

$$S=\int_c^d |g(y)|\,dy$$

• 정적분의 활용 (넓이) [수학 Ⅱ, Ⅲ. 적분]

1. 정적분과 넓이

함수 $f(x)$가 닫힌구간 $[a, b]$에서 연속이고 $f(x)\geq 0$일 때, 곡선 $y=f(x)$와 x축 및 두 직선 $x=a$, $x=b$로 둘러싸인 도형의 넓이 S는

$$S=\int_a^b f(x)\,dx$$

2. 곡선과 x축 사이의 넓이

함수 $f(x)$가 닫힌구간 $[a, b]$에서 연속일 때, 곡선 $y=f(x)$와 x축 및 두 직선 $x=a$, $x=b$로 둘러싸인 도형의 넓이 S는

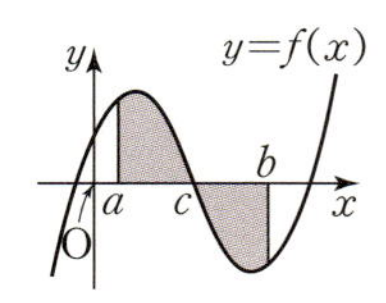

$$S=\int_a^b |f(x)|\,dx$$

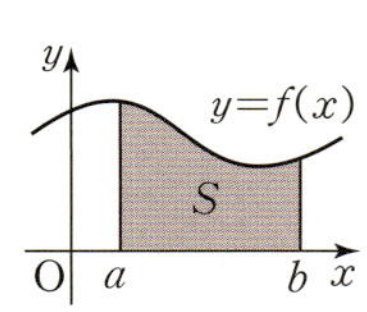

• **수직선 위를 움직이는 점의 위치와 움직인 거리** [수학 Ⅱ Ⅲ. 적분]

수직선 위를 움직이는 점 P의 시각 t에서의 속도를 $v(t)$, 시각 t_0에서의 점 P의 위치를 x_0이라고 할 때,

① 시각 t에서의 점 P의 위치 x는
$$x=x_0+\int_{t_0}^{t} v(t)dt$$

② 시각 $t=a$에서 $t=b$까지 점 P의 위치의 변화량은 $\int_{a}^{b} v(t)dt$

③ 시각 $t=a$에서 $t=b$까지 점 P가 움직인 거리 s는 $s=\int_{a}^{b} |v(t)|dt$

3. 두 곡선 사이의 넓이

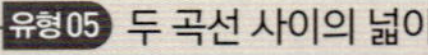
유형 05 두 곡선 사이의 넓이
유형 06 접선으로 둘러싸인 부분의 넓이
유형 07 역함수로 둘러싸인 부분의 넓이

(1) 두 함수 $f(x)$, $g(x)$가 닫힌구간 $[a, b]$에서 연속일 때, 두 곡선 $y=f(x)$, $y=g(x)$와 두 직선 $x=a$, $x=b$로 둘러싸인 도형의 넓이 S는 다음과 같다.
$$S=\int_{a}^{b} |f(x)-g(x)|\, dx$$

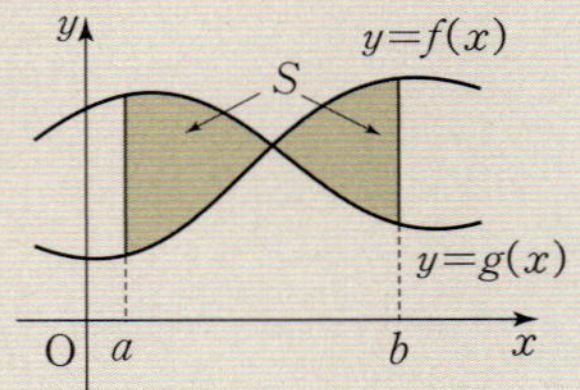

(2) 두 함수 $f(y)$, $g(y)$가 닫힌구간 $[c, d]$에서 연속일 때, 두 곡선 $x=f(y)$, $x=g(y)$ 및 두 직선 $y=c$, $y=d$로 둘러싸인 도형의 넓이 S는 다음과 같다.
$$S=\int_{c}^{d} |f(y)-g(y)|\, dy$$

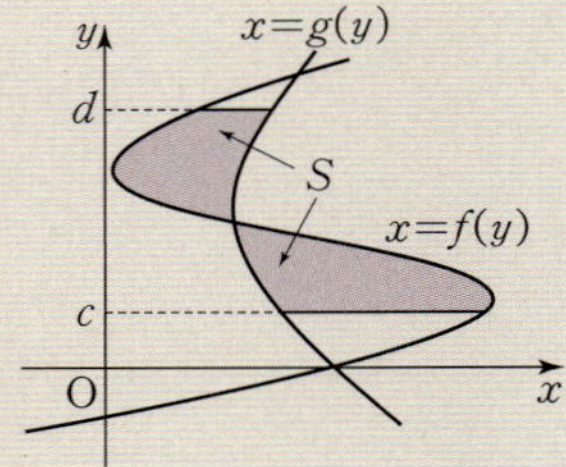

• **부피** ———— 유형 08 입체도형의 부피

구간 $[a, b]$의 임의의 점 x에서 x축에 수직인 평면으로 자른 단면의 넓이가 $S(x)$인 입체도형의 부피 V는 다음과 같다.
$$V=\int_{a}^{b} S(x)\, dx$$

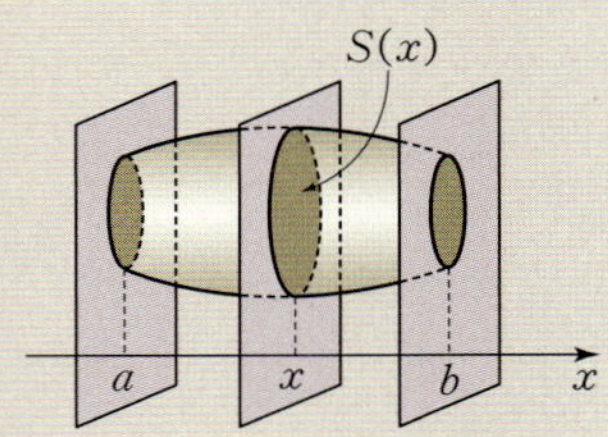

(단, $S(x)$는 구간 $[a, b]$에서 연속)

• **좌표평면 위를 움직이는 점의 속도와 속력** [Ⅱ 미분법_03 도함수의 활용]

좌표평면 위를 움직이는 점 P의 시각 t에서의 위치 (x, y)가 $x=f(t)$, $y=g(t)$일 때,

(1) 시각 t에서 점 P의 속도
$$(f'(t), g'(t))$$

(2) 시각 t에서 점 P의 속력
$$\sqrt{\left(\frac{dx}{dt}\right)^2+\left(\frac{dy}{dt}\right)^2}$$
$$=\sqrt{\{f'(t)\}^2+\{g'(t)\}^2}$$

• **속도와 거리**

1. 평면 위의 점이 움직인 거리 ———— 유형 09 속도와 거리

좌표평면 위를 움직이는 점 P의 시각 t에서의 위치 (x, y)가 $x=f(t)$, $y=g(t)$일 때, $t=a$에서 $t=b$까지 점 P가 움직인 거리 s는
$$s=\int_{a}^{b} \sqrt{\left(\frac{dx}{dt}\right)^2+\left(\frac{dy}{dt}\right)^2}dt=\int_{a}^{b} \sqrt{\{f'(t)\}^2+\{g'(t)\}^2}dt$$

곡선의 길이는 평면 위에서 점이 움직인 거리와 같다.

2. 곡선의 길이 ———— 유형 10 곡선의 길이

(1) 매개변수로 나타낸 곡선 $x=f(t)$, $y=g(t)$ $(a\leq t\leq b)$의 길이 l은 다음과 같다.
$$l=\int_{a}^{b} \sqrt{\left(\frac{dx}{dt}\right)^2+\left(\frac{dy}{dt}\right)^2}dt=\int_{a}^{b} \sqrt{\{f'(t)\}^2+\{g'(t)\}^2}dt$$

(2) 곡선 $y=f(x)$ $(a\leq x\leq b)$의 길이 l은 다음과 같다.
$$l=\int_{a}^{b} \sqrt{1+\{f'(x)\}^2}dx$$

유형01 구분구적법

구분구적법을 이용하여 넓이와 부피를 구하는 문제를 분류하였다.

유형해결 TIP

보통 다음과 같은 순서로 구한다.

(1) 넓이 S

❶ 주어진 도형을 구간으로 n등분하여 직사각형(또는 사다리꼴)으로 분할한다.

❷ 분할된 n개의 직사각형(또는 사다리꼴)의 넓이의 합 S_n을 구한다.

❸ $S=\lim\limits_{n\to\infty} S_n$의 값을 구한다.

(2) 부피 V

❶ 주어진 도형을 구간으로 n등분하여 원기둥(또는 직육면체)으로 분할한다.

❷ 분할된 n개의 원기둥(또는 사다리꼴)의 부피의 합 V_n을 구한다.

❸ $V=\lim\limits_{n\to\infty} V_n$의 값을 구한다.

1089

다음은 곡선 $y=x^2$과 x축 및 직선 $x=1$로 둘러싸인 도형의 넓이 S를 구분구적법을 이용하여 구하는 과정이다.

그림과 같이 닫힌구간 $[0, 1]$을 n등분하면 양 끝점과 각 등분점의 x좌표는 차례로

$$0, \frac{1}{n}, \frac{2}{n}, \cdots, \frac{n}{n}(=1)$$

이고 이에 대응하는 곡선의 y좌표는 각각

$$0, \left(\frac{1}{n}\right)^2, \left(\frac{2}{n}\right)^2, \cdots, \left(\frac{n}{n}\right)^2$$

이다. 그림에서 색칠한 직사각형의 넓이의 합을 S_n이라 하면

$$S_n=\frac{1}{n}\left(\frac{1}{n}\right)^2+\frac{1}{n}\left(\frac{2}{n}\right)^2+\cdots+\frac{1}{n}\left(\frac{n}{n}\right)^2$$

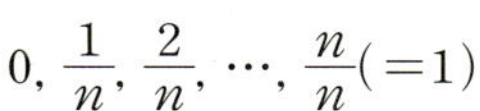

$$=\frac{1}{\boxed{(가)}}\left(1^2+2^2+\cdots+n^2\right)$$

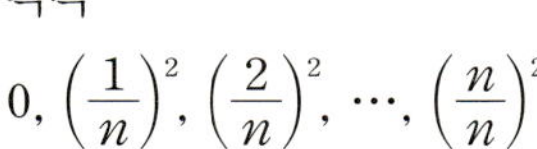

$$=\frac{1}{6}\left(1+\frac{1}{n}\right)\left(\boxed{(나)}\right)$$

따라서 구하는 넓이 S는

$$S=\lim\limits_{n\to\infty} S_n=\boxed{(다)}$$

위의 (가), (나)에 알맞은 식을 각각 $f(n)$, $g(n)$이라 하고, (다)에 알맞은 수를 a라 할 때, $f(6a)g(6a)$의 값은?

① 14 　　② 16 　　③ 18
④ 20 　　⑤ 22

유형02 정적분과 급수의 합 사이의 관계

정적분과 급수의 합 사이의 관계를 이용하여 해결하는 문제를 분류하였다.

유형해결 TIP

(1) $\lim\limits_{n\to\infty}\sum\limits_{k=1}^{n} f\left(\frac{pk}{n}\right)\frac{p}{n}=\int_0^p f(x)\,dx=p\int_0^1 f(px)\,dx$

(2) $\lim\limits_{n\to\infty}\sum\limits_{k=1}^{n} f\left(a+\frac{pk}{n}\right)\frac{p}{n}=\int_a^{a+p} f(x)\,dx=p\int_0^1 f(a+px)\,dx$

이때, $\sum\limits_{k=1}^{n}$ 을 $\sum\limits_{k=1}^{n-1}$ 로 바꾸어도 성립한다.

1090

다음 □ 안에 알맞은 것을 쓰시오.

함수 $f(x)$가 닫힌구간 $[a, b]$에서 연속일 때,

$$\int_a^b f(x)\,dx=\lim\limits_{n\to\infty}\sum\limits_{k=1}^{n} f(x_k)\Delta x$$

$$\left(\text{단}, \Delta x=\frac{b-a}{n}, x_k=\boxed{}+k\Delta x\right)$$

1091 빈출 👑

$\lim\limits_{n\to\infty}\sum\limits_{k=1}^{n}\left(1+\frac{2k}{n}\right)^2\frac{2}{n}=\int_1^a x^2\,dx$일 때, 상수 a의 값은?

① 2 　　② 3 　　③ 4
④ 5 　　⑤ 6

1092

함수 $f(x)=\dfrac{1}{x}$일 때, $\lim\limits_{n\to\infty}\dfrac{2}{n}\sum\limits_{k=1}^{n} f\left(2+\dfrac{3k}{n}\right)$의 값은?

① $\dfrac{1}{3}\ln\dfrac{5}{2}$ 　　② $\dfrac{2}{3}\ln\dfrac{5}{2}$ 　　③ $\ln\dfrac{5}{2}$
④ $2\ln 5$ 　　⑤ $3\ln 5$

1093

정적분을 이용하여 다음 극한값을 구하시오.

(1) $\displaystyle\lim_{n\to\infty}\sum_{k=1}^{n}\left(\frac{-n+2k}{n}\right)^3\frac{2}{n}$

(2) $\displaystyle\lim_{n\to\infty}\sum_{k=1}^{n}\frac{\sqrt{k}}{n\sqrt{n}}$

(3) $\displaystyle\lim_{n\to\infty}\sum_{k=1}^{n}\frac{1}{n+2k}$

1094

다음은 정적분을 이용하여

$\displaystyle\lim_{n\to\infty}\frac{1}{n^5}(1^4+2^4+3^4+\cdots+n^4)$의 값을 구하는 과정이다.

$$\lim_{n\to\infty}\frac{1}{n^5}(1^4+2^4+3^4+\cdots+n^4)$$

$$=\lim_{n\to\infty}\frac{1}{n^5}\sum_{k=1}^{n}\boxed{\text{(가)}}$$

이때, $f(x)=x^4$, $a=0$, $b=1$이라 하고

$$\Delta x=\frac{b-a}{n}=\frac{1}{n},\ x_k=a+k\Delta x=\boxed{\text{(나)}}\text{라 하면}$$

정적분과 급수의 합 사이의 관계에 의하여

$$\lim_{n\to\infty}\frac{1}{n^5}\sum_{k=1}^{n}\boxed{\text{(가)}}=\lim_{n\to\infty}\sum_{k=1}^{n}f(x_k)\Delta x$$

$$=\int_{0}^{1}f(x)\,dx=\boxed{\text{(다)}}$$

위의 과정에서 (가), (나), (다)에 들어갈 것으로 알맞은 것은?

	(가)	(나)	(다)
①	k^4	$\dfrac{k}{n}$	$\dfrac{1}{4}$
②	k^4	$1+\dfrac{k}{n}$	$\dfrac{1}{4}$
③	k^4	$\dfrac{k}{n}$	$\dfrac{1}{5}$
④	k^5	$1+\dfrac{k}{n}$	$\dfrac{1}{4}$
⑤	k^5	$\dfrac{k}{n}$	$\dfrac{1}{5}$

1095

정적분을 이용하여 다음 값을 구하시오.

(1) $\displaystyle\lim_{n\to\infty}\frac{3}{n}\left\{\left(1+\frac{1}{n}\right)^5+\left(1+\frac{2}{n}\right)^5+\left(1+\frac{3}{n}\right)^5+\cdots+\left(1+\frac{n}{n}\right)^5\right\}$

(2) $\displaystyle\lim_{n\to\infty}\frac{1}{n}\left\{\left(\frac{2}{n}\right)^2+\left(\frac{4}{n}\right)^2+\left(\frac{6}{n}\right)^2+\cdots+\left(\frac{2n}{n}\right)^2\right\}$

(3) $\displaystyle\lim_{n\to\infty}\frac{3}{n^5}\left\{(n+2)^4+(n+4)^4+(n+6)^4+\cdots+(3n)^4\right\}$

1096

$\displaystyle\lim_{n\to\infty}\left(\frac{1}{n+1}+\frac{1}{n+2}+\frac{1}{n+3}+\cdots+\frac{1}{2n}\right)$의 값은?

① $\ln 2$ ② $\ln 3$ ③ $2\ln 2$

④ $\ln 5$ ⑤ $\ln 6$

1097

$\displaystyle\lim_{n\to\infty}\left(\frac{1}{n^2+1^2}+\frac{2}{n^2+2^2}+\frac{3}{n^2+3^2}+\cdots+\frac{n}{n^2+n^2}\right)$의 값은?

① $\dfrac{\ln 2}{4}$ ② $\dfrac{\ln 2}{2}$ ③ $\ln 2$

④ $2\ln 2$ ⑤ $3\ln 2$

1098

$\displaystyle\lim_{n\to\infty}\frac{1}{n}\left(\sqrt{1+\frac{2}{n}}+\sqrt{1+\frac{4}{n}}+\cdots+\sqrt{1+\frac{2n}{n}}\right)$의 값은?

① $\sqrt{3}-1$　　　② $\sqrt{3}-\dfrac{2}{3}$　　　③ $\sqrt{3}-\dfrac{1}{3}$

④ $\sqrt{3}$　　　⑤ $\sqrt{3}+\dfrac{1}{3}$

1099

$\displaystyle\lim_{n\to\infty}\frac{1}{n^3}\left\{\sqrt{n^2-1^2}+2\sqrt{n^2-2^2}+\cdots+(n-1)\sqrt{n^2-(n-1)^2}\right\}$의 값은?

① $\dfrac{1}{3}$　　　② $\dfrac{2}{3}$　　　③ 1

④ $\dfrac{4}{3}$　　　⑤ $\dfrac{5}{3}$

1100

정적분을 이용하여 다음 극한값을 구하시오.

(1) $\displaystyle\lim_{n\to\infty}\frac{1}{n}\sum_{k=1}^{n}\ln\left(2+\frac{2k}{n}\right)$

(2) $\displaystyle\lim_{n\to\infty}\frac{2}{n}\sum_{k=1}^{n}\sqrt[2n]{e^k}$

(3) $\displaystyle\lim_{n\to\infty}\frac{8}{n^2}\sum_{k=1}^{n}ke^{\frac{2k}{n}}$

1101

$\displaystyle\lim_{n\to\infty}\frac{1}{n}\left(e^{\frac{1}{n}}+e^{\frac{2}{n}}+e^{\frac{3}{n}}+\cdots+e^{\frac{n}{n}}\right)=\int_0^a e^x\,dx$일 때, 상수 a의 값은?

① 1　　　② 2　　　③ 3

④ 4　　　⑤ 5

1102

등식 $\displaystyle\int_0^3 (e^x+1)\,dx=\lim_{n\to\infty}\sum_{k=1}^{n}\left(e^{\frac{ak}{2n}}+1\right)\frac{a}{2n}$를 만족시키는 상수 a의 값은?

① 2　　　② 3　　　③ 4

④ 5　　　⑤ 6

1103

함수 $f(x)=e^x$일 때,

$\displaystyle\lim_{n\to\infty}\frac{1}{n}\left\{f\left(1-\frac{3}{n}\right)+f\left(1-\frac{6}{n}\right)+f\left(1-\frac{9}{n}\right)+\cdots+f\left(1-\frac{3n}{n}\right)\right\}$

의 값은?

① $\dfrac{1}{2}\left(1-\dfrac{1}{e^2}\right)$　　　② $\dfrac{1}{2}\left(e-\dfrac{1}{e^2}\right)$　　　③ $\dfrac{1}{3}\left(1-\dfrac{1}{e^2}\right)$

④ $\dfrac{1}{3}\left(e-\dfrac{1}{e^2}\right)$　　　⑤ $\dfrac{1}{3}\left(e+\dfrac{1}{e^2}\right)$

1104

$\lim\limits_{n \to \infty} \sum\limits_{k=1}^{n} \dfrac{\ln(n+k) - \ln n}{n}$ 의 값은?

① $\ln 2 - 2$ ② $\ln 2 - 1$ ③ $2\ln 2 - 1$

④ $2\ln 2$ ⑤ $2\ln 2 + 1$

1105

다음 극한값을 구하시오.

(1) $\lim\limits_{n \to \infty} \dfrac{6}{n} \ln \left(\dfrac{n+3}{n} \times \dfrac{n+6}{n} \times \dfrac{n+9}{n} \times \cdots \times \dfrac{4n}{n} \right)$

(2) $\lim\limits_{n \to \infty} \dfrac{1}{n} \ln \dfrac{(n+1)(n+2)(n+3)\cdots(2n-1)2n}{n^n}$

1106

함수 $f(x) = \tan x$에 대하여 $\lim\limits_{n \to \infty} \sum\limits_{k=1}^{n} f\left(\dfrac{\pi}{6} + \dfrac{k\pi}{6n} \right) \dfrac{\pi}{n}$의 값은?

① $-\dfrac{3}{2}\ln 3$ ② $-3\ln 3$ ③ $\dfrac{3}{2}\ln 3$

④ $3\ln 3$ ⑤ $9\ln 3$

1107

다음 극한값을 구하시오.

(1) $\lim\limits_{n \to \infty} \sum\limits_{k=1}^{n} \dfrac{k\pi}{n^2} \sin \dfrac{k\pi}{n}$

(2) $\lim\limits_{n \to \infty} \dfrac{2\pi}{n} \sum\limits_{k=1}^{n} \cos^2 \dfrac{k\pi}{n}$

1108

정적분과 급수의 합 사이의 관계를 이용하여 극한값을 구하는 과정이다. 빈칸에 알맞은 것을 순서대로 쓰시오.

$$\lim_{n \to \infty} \dfrac{\pi}{n} \left(\sin \dfrac{\pi}{n} + \sin \dfrac{2\pi}{n} + \sin \dfrac{3\pi}{n} + \cdots + \sin \dfrac{n\pi}{n} \right)$$

$$= \lim_{n \to \infty} \dfrac{\pi}{n} \sum_{k=1}^{n} \sin \boxed{}$$

$$= \int_{0}^{\boxed{}} \sin x \, dx$$

$$= \boxed{}$$

1109

정적분을 이용하여 다음 극한값을 구하시오.

(1) $\lim\limits_{n \to \infty} \dfrac{1}{n} \left(\cos \dfrac{\pi}{2n} + \cos \dfrac{2\pi}{2n} + \cos \dfrac{3\pi}{2n} + \cdots + \cos \dfrac{n\pi}{2n} \right)$

(2) $\lim\limits_{n \to \infty} \dfrac{\pi^2}{n^2} \left(\sin \dfrac{\pi}{n} + 2\sin \dfrac{2\pi}{n} + 3\sin \dfrac{3\pi}{n} + \cdots + n\sin \dfrac{n\pi}{n} \right)$

1110

$\displaystyle\lim_{n\to\infty}\sum_{k=1}^{n}\frac{1}{\sqrt{4n^2-(n+k)^2}}$의 값은?

① $\dfrac{3\pi}{4}$　　　　② $\dfrac{\pi}{2}$　　　　③ $\dfrac{\pi}{3}$

④ $\dfrac{\pi}{4}$　　　　⑤ $\dfrac{\pi}{5}$

1111

$\displaystyle\lim_{n\to\infty}\sum_{k=1}^{n}\frac{n+2k}{n^2+k^2}$의 값은?

① $\dfrac{\pi}{4}$　　　　② $\dfrac{\pi}{4}+\ln 2$　　　　③ $\dfrac{\pi}{2}$

④ $\dfrac{\pi}{2}+\ln 2$　　　　⑤ π

유형 03　곡선과 x축 사이의 넓이

곡선 $y=f(x)$와 x축 사이의 넓이를 구하는 문제를 분류하였다.

유형 해결 TIP

다음과 같은 순서로 문제를 해결하자.

❶ 방정식 $f(x)=0$의 실근 구하기

❷ $f(x)\geq 0$, $f(x)\leq 0$을 기준으로 각각의 넓이 구하기

구간 $[a,\,b]$에서 $f(x)\geq 0$일 때, $S=\displaystyle\int_{a}^{b}f(x)\,dx$

$f(x)\leq 0$일 때, $S=\displaystyle\int_{a}^{b}\{-f(x)\}\,dx$

1112

다음 곡선과 직선으로 둘러싸인 도형의 넓이를 구하시오.

(1) 곡선 $y=\dfrac{1}{x}$, x축, $x=1$, $x=5$

(2) 곡선 $y=e^{x}$, x축, $x=-1$, $x=1$

(3) 곡선 $y=\cos x$, x축, $x=\dfrac{\pi}{3}$, $x=\pi$

1113

곡선 $y=e^{x}-e$와 x축 및 두 직선 $x=0$, $x=2$로 둘러싸인 도형의 넓이는?

① e^2-2e-2　　　② e^2-2e-1　　　③ e^2-2e

④ e^2-2e+1　　　⑤ e^2+2e

1114

곡선 $y=xe^{x}$과 x축 및 두 직선 $x=-1$, $x=1$로 둘러싸인 도형의 넓이는?

① $1-\dfrac{1}{e}$　　　② $2-\dfrac{2}{e}$　　　③ $1+\dfrac{1}{e}$

④ $2+\dfrac{2}{e}$　　　⑤ $2e+\dfrac{2}{e}$

1115

곡선 $y=\dfrac{1}{x^2+3x+2}$과 x축 및 두 직선 $x=1$, $x=3$으로 둘러싸인 도형의 넓이는?

① $\ln 2$　　　② $\ln\dfrac{8}{5}$　　　③ $\ln\dfrac{6}{5}$

④ $\ln\dfrac{4}{5}$　　　⑤ $\ln\dfrac{2}{5}$

1116

곡선 $y=2x\sqrt{x^2+3}$과 x축 및 두 직선 $x=-1$, $x=1$로 둘러싸인 부분의 넓이는?

① $\dfrac{32}{3}-4\sqrt{3}$ ② $\dfrac{16}{3}-4\sqrt{3}$ ③ $\dfrac{16}{3}+2\sqrt{3}$

④ $\dfrac{16}{3}+4\sqrt{3}$ ⑤ $\dfrac{32}{3}+4\sqrt{3}$

1117

곡선 $y=\dfrac{x}{x^2+1}$와 x축 및 직선 $x=1$로 둘러싸인 도형의 넓이는?

① 1 ② $\dfrac{1}{2}\ln 2$ ③ $\dfrac{1}{2}\ln 3$

④ $\ln 2$ ⑤ $\dfrac{1}{2}\ln 5$

유형04 **곡선과 y축 사이의 넓이**

함수 $f(x)$의 역함수 $f^{-1}(x)$를 이용하여 곡선 $y=f(x)$와 y축으로 둘러싸인 부분의 넓이를 구하는 문제를 분류하였다.

유형해결 TIP

$f(x)$를 적분하는 것보다 그 역함수를 적분하기 더 쉬운 경우 $f^{-1}(x)$의 적분을 이용한다. 예 $f(x)=\ln x$, $f^{-1}(x)=e^x$

1118 빈출 👑

곡선 $y=\ln x$와 y축 및 두 직선 $y=0$, $y=2$로 둘러싸인 도형의 넓이는?

① e^2-2 ② e^2-1 ③ $e+1$

④ e^2+1 ⑤ e^2+2

1119

곡선 $y=\ln (x+1)$과 y축 및 두 직선 $y=-1$, $y=1$로 둘러싸인 도형의 넓이는?

① $\dfrac{1}{e}$ ② e ③ $e+\dfrac{1}{e}-2$

④ $e+\dfrac{1}{e}$ ⑤ $e+\dfrac{1}{e}+2$

1120

곡선 $y=\dfrac{1}{x}(x>0)$과 y축 및 두 직선 $y=1$, $y=a\,(a>1)$로 둘러싸인 도형의 넓이가 1일 때, 상수 a의 값은?

① e^2-1 ② e^2 ③ $e+1$

④ e ⑤ $e-1$

1121

곡선 $y=x\sqrt{x}$와 y축 및 두 직선 $y=1$, $y=k\,(k>1)$로 둘러싸인 도형의 넓이가 $\dfrac{93}{5}$일 때, 상수 k의 값은?

① 2 ② 4 ③ 6

④ 8 ⑤ 10

유형 05 두 곡선 사이의 넓이

두 곡선 $y=f(x)$, $y=g(x)$ 사이의 넓이를 구하는 문제를 분류하였다.

유형 해결 TIP

다음과 같은 순서로 문제를 해결하자.
1. 방정식 $f(x)=g(x)$의 실근 구하기
2. $f(x)\geq g(x)$, $f(x)\leq g(x)$를 기준으로 각각의 넓이 구하기

구간 $[a, b]$에서 $f(x)\geq g(x)$일 때, $S=\displaystyle\int_a^b \{f(x)-g(x)\}\,dx$

$f(x)\leq g(x)$일 때, $S=\displaystyle\int_a^b \{g(x)-f(x)\}\,dx$

1122

곡선 $y=\sqrt{x}$와 x축 및 직선 $y=x-2$로 둘러싸인 부분의 넓이는?

① $\dfrac{4}{3}$

② 2

③ $\dfrac{8}{3}$

④ $\dfrac{10}{3}$

⑤ 4

1123

곡선 $y=a\sqrt{x}$와 직선 $y=x$로 둘러싸인 도형의 넓이가 $\dfrac{8}{3}$일 때, 양수 a의 값은?

① 1

② 2

③ 3

④ 4

⑤ 5

1124

곡선 $y=\dfrac{1}{x}$ $(x>0)$과 두 직선 $y=\dfrac{1}{2}x$, $y=4x$로 둘러싸인 부분의 넓이는?

① $\dfrac{1}{2}\ln 2$

② $\ln 2$

③ $\dfrac{3}{2}\ln 2$

④ $2\ln 2$

⑤ $\dfrac{5}{2}\ln 2$

1125

두 곡선 $y=e^x$, $y=e^{-x}$과 두 직선 $x=-1$, $x=1$로 둘러싸인 도형의 넓이는?

① $e+\dfrac{1}{e}$

② $e+\dfrac{1}{e}-2$

③ $e+\dfrac{1}{e}+2$

④ $2e+\dfrac{2}{e}-4$

⑤ $2e+\dfrac{2}{e}+4$

1126

두 곡선 $y=e^x-4$, $y=5e^{-x}$ 및 y축으로 둘러싸인 도형의 넓이는 $p+q\ln 5$이다. $p+q$의 값은?

(단, $\ln 5$는 무리수이고, p, q는 유리수이다.)

① 1

② 2

③ 3

④ 4

⑤ 5

1127 빈출

구간 $\left[\dfrac{\pi}{4}, \dfrac{9}{4}\pi\right]$에서 두 곡선 $y=\sin x$, $y=\cos x$로 둘러싸인 도형의 넓이는?

① $\sqrt{2}$

② $2\sqrt{2}$

③ $3\sqrt{2}$

④ $4\sqrt{2}$

⑤ $5\sqrt{2}$

1128

두 곡선 $y=\sin x$와 $y=1-\cos x$ 및 두 직선 $x=0$, $x=\pi$로 둘러싸인 도형의 넓이는?

① 1   ② 2   ③ 3

④ 4   ⑤ 5

유형 06 접선으로 둘러싸인 부분의 넓이

곡선 $y=f(x)$와 그 접선 $y=l(x)$로 둘러싸인 부분의 넓이를 구하는 문제를 분류하였다.

유형 해결 TIP

다음과 같은 순서로 문제를 해결하자.
❶ 접선 $y=l(x)$의 방정식 구하기
❷ 방정식 $f(x)=l(x)$의 실근(곡선과 접선의 교점) 구하기
❸ $f(x)\geq l(x)$, $f(x)\leq l(x)$를 기준으로 곡선과 접선으로 둘러싸인 도형의 넓이 구하기

1129

곡선 $y=\sqrt{x}$ 위의 점 $(1, 1)$에서의 접선과 이 곡선 및 y축으로 둘러싸인 도형의 넓이는?

① $\dfrac{1}{12}$ ② $\dfrac{1}{6}$ ③ $\dfrac{1}{4}$

④ $\dfrac{1}{3}$ ⑤ $\dfrac{5}{12}$

1130

곡선 $y=3\sqrt{x-6}$과 이 곡선 위의 점 $(15, 9)$에서의 접선 및 x축으로 둘러싸인 도형의 넓이는?

① 18   ② 21   ③ 24

④ 27   ⑤ 30

1131

곡선 $y=e^x+1$과 이 곡선 위의 점 $(1, e+1)$에서의 접선 및 y축으로 둘러싸인 도형의 넓이는?

① $\dfrac{e-2}{4}$ ② $\dfrac{e-1}{4}$ ③ $\dfrac{e-2}{2}$

④ $\dfrac{e-1}{2}$ ⑤ $e-2$

1132 빈출 ♔

곡선 $y=\ln x$와 이 곡선 위의 점 $(e, 1)$에서의 접선 및 x축으로 둘러싸인 도형의 넓이는?

① $\dfrac{e}{2}-1$ ② $e-1$ ③ $\dfrac{e-1}{2}$

④ $\dfrac{e}{2}$ ⑤ e

1133

원점에서 곡선 $y=e^{2x}$에 그은 접선과 이 곡선 및 y축으로 둘러싸인 도형의 넓이는?

① $\dfrac{e-2}{4}$ ② $\dfrac{e-1}{4}$ ③ $\dfrac{e-2}{2}$

④ $\dfrac{e-1}{2}$ ⑤ $e-2$

1134

곡선 $y=2\ln(x+1)$과 점 $(-1,\ 0)$에서 이 곡선에 그은 접선 및 x축으로 둘러싸인 부분의 넓이는?

① $e-2$ ② $2e-1$ ③ e

④ $2e-2$ ⑤ $3e-3$

 역함수로 둘러싸인 부분의 넓이

역함수를 이용하여 넓이를 구하는 문제를 분류하였다.

유형해결 TIP

(1) $\displaystyle\int_a^b f(x)\,dx+\int_{f(a)}^{f(b)} f^{-1}(y)\,dy$
$=bf(b)-af(a)$

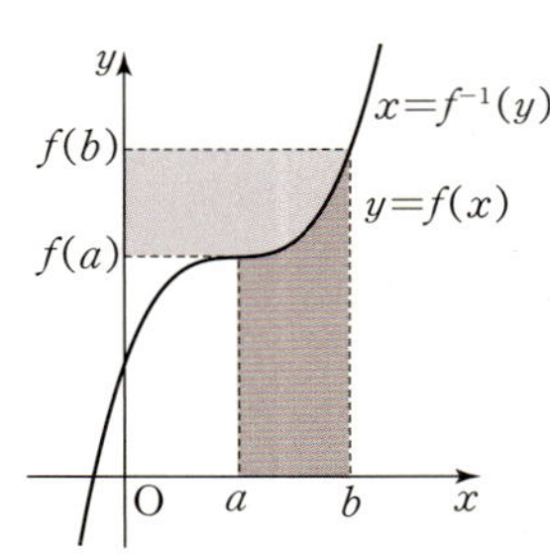

(2) 역함수 관계인 두 함수의 그래프로 둘러싸인 부분의 넓이
두 곡선 $y=f(x)$, $y=f^{-1}(x)$는 직선 $y=x$에 대하여 대칭이므로 구간 $[a,\ b]$에서 두 곡선 $y=f(x)$, $y=f^{-1}(x)$로 둘러싸인 부분의 넓이는 다음과 같다.

$$S=\int_a^b |f(x)-f^{-1}(x)|\,dx=2\int_a^b |f(x)-x|\,dx$$

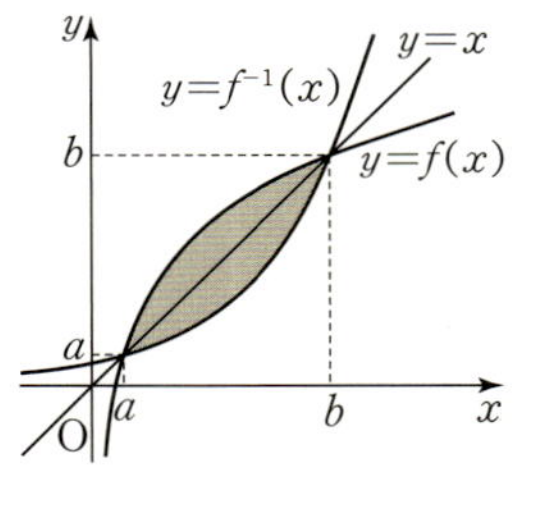

1135

함수 $f(x)=e^x+1$의 역함수를 $g(x)$라고 할 때,
$\displaystyle\int_0^1 f(x)\,dx+\int_2^{e+1} g(x)\,dx$의 값은?

① $e-2$ ② $e-1$ ③ e

④ $e+1$ ⑤ $e+2$

1136

함수 $f(x)=-1+\ln x$에 대하여
$\displaystyle\int_e^{e^2} f(x)\,dx+\int_0^1 f^{-1}(y)\,dy$의 값은?

① e ② e^2 ③ e^2-e

④ e^2+e ⑤ e^2+2e

1137

함수 $f(x)=3\tan x+1\ \left(0\le x<\dfrac{\pi}{2}\right)$의 역함수를 $g(x)$라 할 때,
$\displaystyle\int_{\frac{\pi}{6}}^{\frac{\pi}{4}} f(x)\,dx+\int_{1+\sqrt{3}}^{4} g(x)\,dx$의 값은?

① $\dfrac{3-\sqrt{3}}{6}\pi$ ② $\dfrac{4-\sqrt{3}}{6}\pi$ ③ $\dfrac{5-\sqrt{3}}{6}\pi$

④ $\dfrac{4-\sqrt{3}}{3}\pi$ ⑤ $\dfrac{5-\sqrt{3}}{3}\pi$

1138

그림은 함수 $f(x)=xe^x\ (0\le x\le 1)$의 그래프이다. 함수 $f(x)$의 역함수를 $g(x)$라 할 때, 정적분 $\displaystyle\int_0^e g(x)\,dx$의 값은?

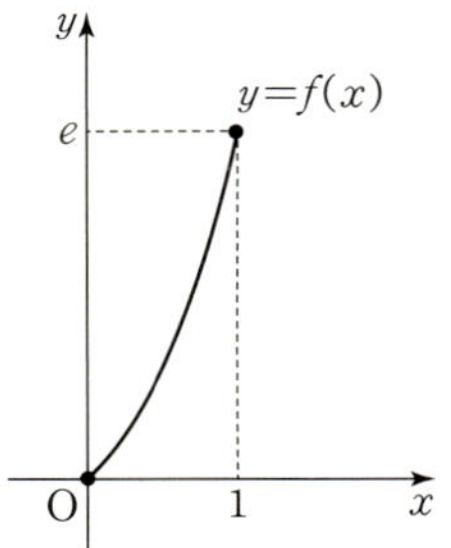

① $e-1$ ② e ③ $e+1$

④ $2e-1$ ⑤ $2e$

유형 08 입체도형의 부피

정적분을 이용하여 입체도형의 부피를 구하는 문제를 분류하였다.

유형해결 TIP

다음과 같은 순서로 구하자.

(1) 밑면과 평행한 평면으로 자른 단면이 주어진 입체도형의 부피
 ❶ 밑면으로부터의 높이가 x인 곳에서 밑면과 평행한 평면으로 자른 단면의 넓이 $S(x)$를 구한다.
 ❷ 밑면으로부터의 높이가 a일 때의 부피 V는
$$V = \int_0^a S(x)\,dx$$

(2) 밑면에 수직인 평면으로 자른 단면이 주어진 입체도형의 부피
 ❶ 밑면을 기준축(x축 또는 y축)과 기준점(원점)을 정하여 좌표평면 위에 놓는다.
 ❷ 구간 $[a, b]$에서 기준점에서 x만큼 떨어진 점에서 기준축에 수직으로 자른 단면의 넓이 $S(x)$를 구한다.
 ❸ 구하는 부피 V는 $V = \int_a^b S(x)\,dx$

1139

어떤 그릇에 물을 부었더니 물의 깊이가 x cm일 때, 수면의 넓이는 $\sin(2x)$ cm²이라 한다. 물의 깊이가 $\dfrac{\pi}{3}$ cm일 때, 이 그릇에 담긴 물의 부피는?

① $\dfrac{1}{4}$ cm³ ② $\dfrac{3}{8}$ cm³ ③ $\dfrac{1}{2}$ cm³

④ $\dfrac{5}{8}$ cm³ ⑤ $\dfrac{3}{4}$ cm³

1140 빈출 👑

그림과 같은 모양의 빈 그릇에 물을 채우려고 한다. 바닥으로부터 물의 높이가 x cm일 때 수면의 넓이는 $4x\sqrt{x^2+9}$ cm²이라 한다. 물의 높이가 4 cm가 될 때까지 물을 채울 때, 채운 물의 부피는?

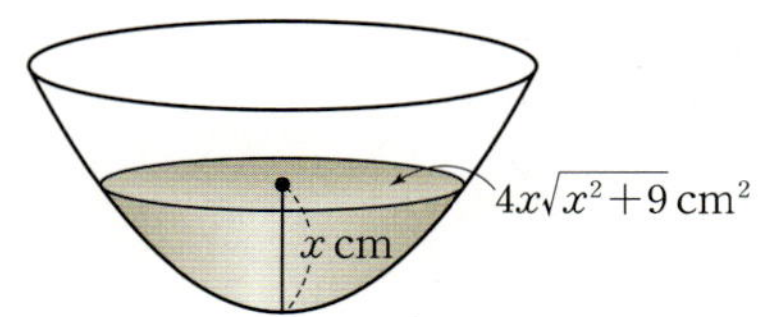

① 130 cm³ ② $\dfrac{391}{3}$ cm³ ③ $\dfrac{392}{3}$ cm³

④ 131 cm³ ⑤ $\dfrac{394}{3}$ cm³

1141

어떤 그릇에 물을 부었더니 물의 깊이가 x cm일 때, 수면의 넓이는 $(e^{4x}-e^{2x})$ cm²이라 한다. 이 그릇에 담긴 물의 부피가 $\dfrac{(e^{12}-1)^2}{4}$ cm³일 때, 이 그릇에 담긴 물의 깊이는?

① 2 cm ② 4 cm ③ 6 cm

④ 8 cm ⑤ 10 cm

1142

그림과 같이 높이가 10 m인 물탱크가 있다. 이 물탱크의 높이가 x m인 지점에서 밑면에 평행하게 자른 단면이 한 변의 길이가 $\sqrt{3x^2+5}$ m인 정사각형이다. 이 물탱크의 부피가 V m³일 때, V의 값은?

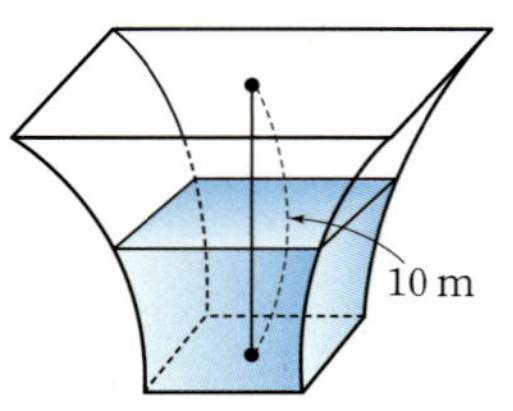

① 1050 ② 1100 ③ 1150

④ 1200 ⑤ 1250

1143

어떤 입체도형을 밑면으로부터 높이가 x인 곳에서 밑면과 평행한 평면으로 자를 때 생기는 단면은 한 변의 길이가 $\sqrt{8-x}$인 정삼각형이다. 이 입체도형의 높이가 2일 때, 이 입체도형의 부피는?

① $\dfrac{5\sqrt{3}}{2}$ ② $3\sqrt{3}$ ③ $\dfrac{7\sqrt{3}}{2}$

④ $4\sqrt{3}$ ⑤ $\dfrac{9\sqrt{3}}{2}$

1144 서술형 ✏️

어떤 물컵에 물을 부으면 물의 깊이가 $x\left(0\le x\le\dfrac{\pi}{3}\right)$일 때,

수면은 반지름의 길이가 $\sqrt{6+\tan x}$인 원이라 한다.

다음 물음에 답하시오.

(1) 물의 깊이가 x일 때, 수면의 넓이를 구하시오.

(2) 물의 깊이가 $\dfrac{\pi}{3}$일 때, 물컵에 담긴 물의 부피를 구하시오.

1145 평가원기출

그림과 같이 곡선 $y=\sqrt{x}+1$과 x축, y축 및 직선 $x=1$로 둘러싸인 도형을 밑면으로 하는 입체도형이 있다. 이 입체도형을 x축에 수직인 평면으로 자른 단면이 모두 정사각형일 때, 이 입체도형의 부피는?

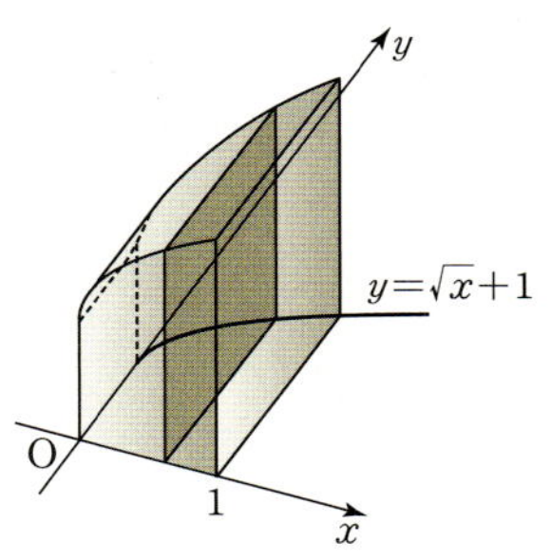

① $\dfrac{7}{3}$ ② $\dfrac{5}{2}$ ③ $\dfrac{8}{3}$

④ $\dfrac{17}{6}$ ⑤ 3

1146 빈출 👑

곡선 $y=\sqrt{x\sin x}\ (-\pi\le x\le\pi)$와 x축으로 둘러싸인 도형을 밑면으로 하는 입체도형이 있다. 이 입체도형을 x축에 수직인 평면으로 자른 단면이 정사각형일 때, 이 입체도형의 부피는?

① π ② 2π ③ 3π

④ 4π ⑤ 5π

1147 빈출 👑

그림과 같이 곡선 $y=2\sqrt{\sin x}\ (0\le x\le\pi)$와 x축으로 둘러싸인 도형을 밑면으로 하는 입체도형이 있다. 이 입체도형을 x축에 수직인 평면으로 자른 단면이 반원일 때, 이 입체도형의 부피는?

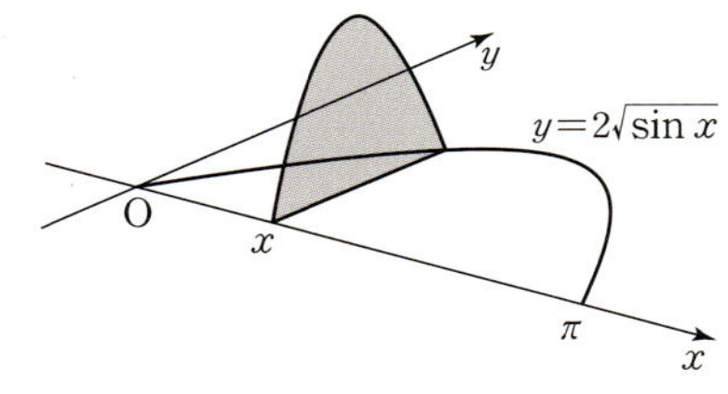

① $\dfrac{\pi}{4}$ ② $\dfrac{\pi}{3}$ ③ $\dfrac{\pi}{2}$

④ π ⑤ 2π

1148

곡선 $y=-x^2+4$와 x축으로 둘러싸인 도형을 밑면으로 하는 입체도형을 x축에 수직으로 자른 단면이 모두 반원일 때, 이 입체도형의 부피는?

① $\dfrac{64\pi}{15}$ ② $\dfrac{13\pi}{3}$ ③ $\dfrac{22\pi}{5}$

④ $\dfrac{67\pi}{15}$ ⑤ $\dfrac{68\pi}{15}$

1149

곡선 $y=\cos x\ \left(0\le x\le\dfrac{\pi}{2}\right)$와 x축 및 y축으로 둘러싸인 도형을 밑면으로 하는 입체도형이 있다. 이 입체도형을 x축에 수직인 평면으로 자른 단면의 모양이 정삼각형일 때, 이 입체도형의 부피는?

① $\dfrac{\sqrt{3}\,\pi}{8}$
② $\dfrac{3\sqrt{3}\,\pi}{8}$
③ $\dfrac{\sqrt{3}\,\pi}{16}$

④ $\dfrac{3\sqrt{3}\,\pi}{16}$
⑤ $\dfrac{5\sqrt{3}\,\pi}{16}$

1150

두 곡선 $y=e^{x}$, $y=-e^{-x}$과 두 직선 $x=-1$, $x=1$로 둘러싸인 도형을 밑면으로 하는 입체도형이 있다. 이 입체도형을 x축과 수직인 평면으로 자른 단면이 정사각형일 때, 이 입체도형의 부피는?

① $e^{2}-\dfrac{1}{e^{2}}-4$
② $e^{2}-\dfrac{1}{e^{2}}-2$
③ $e^{2}-\dfrac{1}{e^{2}}$

④ $e^{2}-\dfrac{1}{e^{2}}+2$
⑤ $e^{2}-\dfrac{1}{e^{2}}+4$

직선 운동, 평면 운동에서의 움직인 거리를 구하는 문제를 분류하였다.

유형 해결 TIP

(1) 직선 운동에서의 움직인 거리

직선 위를 움직이는 점 P의 속도가 $v(t)$일 때 $t=a$에서 $t=b$까지 점 P가 움직인 거리 s는

$$s=\int_{a}^{b}|v(t)|\,dt$$

이때, $v(t)>0$, $v(t)<0$인 적분구간을 나누어 계산하자.

(2) 평면 운동에서의 움직인 거리

좌표평면 위를 움직이는 점 $\mathrm{P}(x,y)$의 시각 t에서의 위치가 $x=f(t)$, $y=g(t)$일 때, $t=a$에서 $t=b$까지 점 P가 움직인 거리 s는 다음과 같은 순서로 구하자.

❶ $\dfrac{dx}{dt}$, $\dfrac{dy}{dt}$ 구하기

❷ $\left(\dfrac{dx}{dt}\right)^{2}+\left(\dfrac{dy}{dt}\right)^{2}$ 간단하게 하기

❸ $s=\displaystyle\int_{a}^{b}\sqrt{\left(\dfrac{dx}{dt}\right)^{2}+\left(\dfrac{dy}{dt}\right)^{2}}\,dt$ 구하기

1151

원점을 출발하여 수직선 위를 움직이는 점 P의 시각 t에서의 속도가 $v(t)=4\sin\dfrac{\pi t}{2}$일 때, 다음을 구하시오.

⑴ $t=3$에서의 점 P의 위치

⑵ $t=1$에서 $t=4$까지 점 P의 위치의 변화량

⑶ $t=1$에서 $t=4$까지 점 P가 움직인 거리

1152

직선 위를 움직이는 어떤 물체의 시각 t에서의 속도 $v(t)$가 $v(t)=2\cos(\pi t)$일 때, 이 물체가 출발 후 두 번째로 운동 방향을 바꿀 때까지 움직인 거리는?

① $\dfrac{1}{\pi}$
② $\dfrac{2}{\pi}$
③ $\dfrac{4}{\pi}$

④ $\dfrac{6}{\pi}$
⑤ $\dfrac{8}{\pi}$

1153

좌표평면 위를 움직이는 점 $P(x, y)$의 시각 t에서의 위치가
$x=3t-5$, $y=-4t+1$일 때, $t=1$에서 $t=2$까지 점 P가 움직인 거리는?

① 3   ② 4   ③ 5
④ 6   ⑤ 7

1154

좌표평면 위를 움직이는 점 $P(x, y)$의 시각 t에서의 위치가
$x=2\cos t$, $y=2\sin t$일 때, $t=0$에서 $t=\dfrac{3\pi}{2}$까지 점 P가
움직인 거리는?

① π ② 2π ③ 3π
④ 4π ⑤ 5π

1155

좌표평면 위를 움직이는 점 $P(x, y)$의 시각 t에서의 위치가
$x=6t^2$, $y=t^3-12t$일 때, 시각 $t=0$에서 $t=1$까지 점 P가
움직인 거리는?

① 13   ② 15   ③ 17
④ 19   ⑤ 21

1156

좌표평면 위를 움직이는 점 $P(x, y)$의 시각 $t(t\geq0)$에서의
위치가
$$x=4\cos^3 t, \quad y=4\sin^3 t$$
일 때, $t=0$에서 $t=2\pi$까지 움직인 거리는?

① 20   ② 22   ③ 24
④ 26   ⑤ 28

1157

좌표평면 위를 움직이는 점 $P(x, y)$의 시각 t에서의 위치가
$x=\ln t$, $y=\dfrac{1}{2}\left(t+\dfrac{1}{t}\right)$일 때, 점 P가 $t=\dfrac{1}{e}$에서 $t=e$까지 움직인
거리는?

① $\dfrac{1}{e}$ ② $e-\dfrac{1}{e}$ ③ e
④ $e+\dfrac{1}{e}$ ⑤ $2e$

유형 10 곡선의 길이

정적분을 이용하여 곡선의 길이를 구하는 문제를 분류하였다.

유형해결 TIP

다음과 같은 순서로 구하자.

(1) 매개변수로 나타내어진 곡선 $x=f(t)$, $y=g(t)$ $(a\leq t\leq b)$의 길이 l

❶ $\dfrac{dx}{dt}$, $\dfrac{dy}{dt}$ 구하기

❷ $\left(\dfrac{dx}{dt}\right)^2+\left(\dfrac{dy}{dt}\right)^2$ 간단하게 하기

❸ $l=\displaystyle\int_a^b\sqrt{\left(\dfrac{dx}{dt}\right)^2+\left(\dfrac{dy}{dt}\right)^2}\,dt$ 구하기

(2) 곡선 $y=f(x)$ $(a\leq x\leq b)$의 길이 l

❶ $f'(x)$ 구하기

❷ $1+\{f'(x)\}^2$ 간단하게 하기

❸ $l=\displaystyle\int_a^b\sqrt{1+\{f'(x)\}^2}\,dx$ 구하기

1158

곡선 $x=t^3-3t$, $y=3t^2$ $(0\leq t\leq 1)$의 길이는?

① 1　　　　　② 2　　　　　③ 3

④ 4　　　　　⑤ 5

1159

$0\leq\theta\leq\dfrac{\pi}{2}$에서 곡선 $x=-\cos\theta-\theta\sin\theta$, $y=\sin\theta-\theta\cos\theta$의 길이는?

① $\dfrac{\pi^2}{8}$　　　　② $\dfrac{\pi^2}{4}$　　　　③ $\dfrac{\pi^2}{2}$

④ π^2　　　　⑤ $2\pi^2$

1160

곡선 $x=2\cos^3 t$, $y=2\sin^3 t$ $\left(0\leq t\leq\dfrac{\pi}{2}\right)$의 길이는?

① 1　　　　　② 2　　　　　③ 3

④ 4　　　　　⑤ 5

1161 빈출 ♔

$0\leq t\leq 2\pi$일 때, 곡선 $x=t-\sin t$, $y=1-\cos t$의 길이는?

① 1　　　　　② 2　　　　　③ 4

④ 6　　　　　⑤ 8

1162

곡선 $y=\dfrac{2}{3}x\sqrt{x}$ $(0\leq x\leq 3)$의 길이는?

① 4　　　　　② $\dfrac{13}{3}$　　　　③ $\dfrac{14}{3}$

④ 5　　　　　⑤ $\dfrac{16}{3}$

1163 평가원기출

$x=0$에서 $x=6$까지 곡선 $y=\dfrac{1}{3}(x^2+2)^{\frac{3}{2}}$의 길이는?

① 72 ② 74 ③ 76

④ 78 ⑤ 80

1164 빈출

$1\leq x\leq e$에서 곡선 $y=\dfrac{1}{4}x^2-\dfrac{1}{2}\ln x$의 길이는?

① $\dfrac{1}{4}(e^2+1)$ ② $\dfrac{1}{2}(e^2+1)$ ③ $\dfrac{3}{4}(e^2+1)$

④ e^2+1 ⑤ $2(e^2+1)$

1165 빈출

곡선 $y=\dfrac{e^x+e^{-x}}{2}$의 $x=-1$에서 $x=1$까지의 길이는?

① $-\dfrac{1}{e}$ ② $e-\dfrac{1}{e}$ ③ e

④ $e+\dfrac{1}{e}$ ⑤ $2e$

1166

곡선 $y=\ln(1-x^2)\left(0\leq x\leq\dfrac{1}{2}\right)$의 길이는?

① $-1+\ln 3$ ② $-\dfrac{1}{2}+\ln 3$ ③ $\ln 3$

④ $\dfrac{1}{2}+\ln 3$ ⑤ $1+\ln 3$

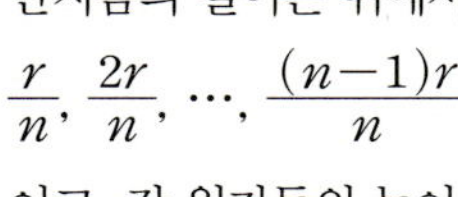
유형01 구분구적법

1167

다음은 밑면의 반지름의 길이가 r이고 높이가 h인 원뿔의 부피 V를 구분구적법을 이용하여 구하는 과정이다.

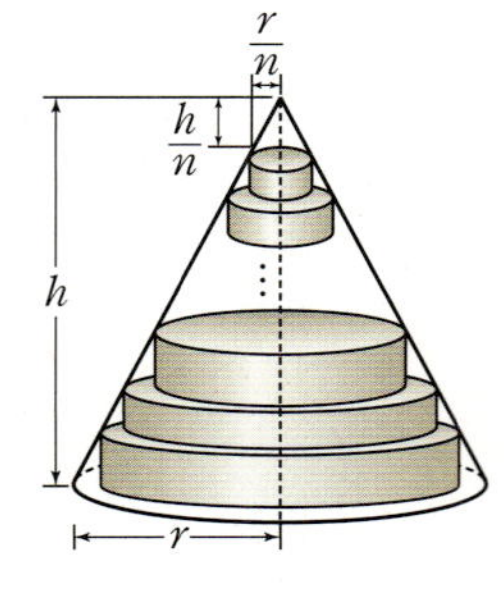

그림과 같이 원뿔의 높이를 n등분하고, 각 분점을 지나고 밑면에 평행한 평면으로 원뿔을 잘랐을 때, 단면의 반지름의 길이는 위에서부터 차례로

$$\frac{r}{n}, \frac{2r}{n}, \cdots, \frac{(n-1)r}{n}$$

이고, 각 원기둥의 높이는 모두 (가) 이다. $(n-1)$개의 원기둥의 부피의 합을 V_n이라 하면

$$V_n=\pi\left(\frac{r}{n}\right)^2\frac{h}{n}+\pi\left(\frac{2r}{n}\right)^2\frac{h}{n}+\cdots+\pi\times\boxed{\text{(나)}}\times\frac{h}{n}$$

$$=\frac{\pi r^2 h}{n^3}\left\{\boxed{\text{(다)}}\right\}$$

$$=\frac{1}{6}\pi r^2 h\left(1-\frac{1}{n}\right)\left(2-\frac{1}{n}\right)$$

따라서 구하는 원뿔의 부피 V는

$$V=\lim_{n\to\infty}V_n=\frac{1}{3}\pi r^2 h$$

위의 과정에서 (가), (나), (다)에 알맞은 것을 차례대로 나열한 것은?

	(가)	(나)	(다)
①	$\dfrac{h}{n-1}$	$\left\{\dfrac{(n-1)r}{n}\right\}^2$	$\dfrac{n(n-1)(2n-1)}{6}$
②	$\dfrac{h}{n-1}$	r^2	$\dfrac{n(n+1)(2n+1)}{6}$
③	$\dfrac{h}{n}$	r^2	$\dfrac{n(n-1)(2n-1)}{6}$
④	$\dfrac{h}{n}$	$\left\{\dfrac{(n-1)r}{n}\right\}^2$	$\dfrac{n(n-1)(2n-1)}{6}$
⑤	$\dfrac{h}{n}$	$\left\{\dfrac{(n-1)r}{n}\right\}^2$	$\dfrac{n(n+1)(2n+1)}{6}$

1168

다음은 밑면의 반지름의 길이가 4, 높이가 4인 원뿔의 부피 V를 구분구적법을 이용하여 구하는 과정이다.

그림과 같이 원뿔의 높이를 n등분하면 높이가 (가) 인 원기둥 $(n-1)$개가 생긴다. 이들 원기둥의 밑면의 반지름의 길이가

$$\frac{4}{n}, \frac{8}{n}, \frac{12}{n}, \cdots, \frac{4(n-1)}{n}$$

이므로 k번째 원기둥의 부피는

$$\boxed{\text{(나)}}\times k^2\pi$$이다.

따라서 그림의 원기둥의 부피의 합을 V_n이라 하면

$$V_n=\sum_{k=1}^{n-1}\boxed{\text{(나)}}\times k^2\pi$$

$$\therefore V=\lim_{n\to\infty}V_n=\boxed{\text{(다)}}$$

위의 과정에서 (가), (나)에 알맞은 식을 각각 $f(n)$, $g(n)$이라 하고, (다)에 알맞은 값을 α라 할 때, $\dfrac{f(8)\times\alpha}{g(4)}$의 값은?

① 16π ② $\dfrac{16}{3}\pi$ ③ 32π

④ $\dfrac{32}{3}\pi$ ⑤ 64π

1169 서술형

반지름의 길이가 r인 구의 부피를 구분구적법으로 구하고, 그 과정을 서술하시오.

1170

다음은 구분구적법을 이용하여 $\int_0^1 x^2\,dx$의 값을 구하는 두 방법에 대한 그림이다.

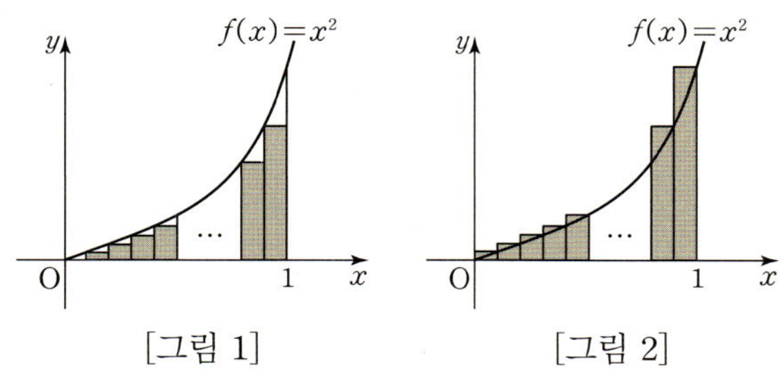

[그림 1]　　　　　[그림 2]

닫힌구간 $[0,\ 1]$에서 정의된 함수 $f(x)=x^2$에 대하여 $[0,\ 1]$을 n등분하여 양 끝점과 각 등분점의 x좌표를 차례대로

$$0=x_0,\ x_1,\ \cdots,\ x_{n-1},\ x_n=1$$

이라 하자. [그림 1], [그림 2]의 색칠한 n개의 직사각형의 넓이의 합을 각각

$$A_n=\frac{1}{n}\sum_{k=0}^{n-1}f(x_k),\ B_n=\frac{1}{n}\sum_{k=1}^{n}f(x_k)$$

라 할 때, 〈보기〉에서 옳은 것만을 있는 대로 고른 것은?

> 보기
>
> ㄱ. $\displaystyle\lim_{n\to\infty}A_n<\lim_{n\to\infty}B_n$
>
> ㄴ. $\displaystyle\lim_{n\to\infty}\frac{A_n+B_n}{2}=\int_0^1 x^2\,dx$
>
> ㄷ. $B_n-A_n\le\dfrac{1}{10}$을 만족시키는 n의 최솟값은 10이다.

① ㄱ　　　　② ㄴ　　　　③ ㄷ

④ ㄴ, ㄷ　　　⑤ ㄱ, ㄴ, ㄷ

1171

$\displaystyle\lim_{n\to\infty}\sum_{k=1}^{n}\left(-1+\frac{3k}{n}\right)^3\frac{2}{n}$를 정적분으로 나타낸 것으로 옳은 것만을 〈보기〉에서 있는 대로 고른 것은?

> 보기
>
> ㄱ. $\dfrac{2}{3}\displaystyle\int_{-1}^{2}x^3\,dx$　　　　ㄴ. $\dfrac{2}{3}\displaystyle\int_{3}^{6}(x-4)^3\,dx$
>
> ㄷ. $\dfrac{1}{3}\displaystyle\int_{0}^{3}(-1+x)^3\,dx$　　　ㄹ. $2\displaystyle\int_{0}^{1}(-1+3x)^3\,dx$
>
> ㅁ. $\displaystyle\int_{0}^{2}\left(-1+\frac{3}{2}x\right)^3\,dx$

① ㄱ, ㄴ, ㄷ　　　② ㄱ, ㄴ, ㄹ　　　③ ㄱ, ㄷ, ㄹ

④ ㄴ, ㄷ, ㅁ　　　⑤ ㄱ, ㄴ, ㄹ, ㅁ

1172

함수 $f(x)=\dfrac{x}{1+x^2}$에 대하여

$$\lim_{n\to\infty}\sum_{k=1}^{n}\left\{f\left(1+\frac{2k}{n}\right)+f\left(1-\frac{2k}{n}\right)\right\}\frac{1}{n}$$

의 값은?

① $\dfrac{\ln 5}{4}$　　　② $\dfrac{\ln 5}{2}$　　　③ $\ln 5$

④ $2\ln 5$　　　⑤ $4\ln 5$

1173

$\displaystyle\lim_{n\to\infty}\frac{1^5+2^5+\cdots+n^5}{n^2\{2^3+4^3+6^3+\cdots+(2n)^3\}}$의 값은?

① $\dfrac{1}{12}$　　　② $\dfrac{1}{6}$　　　③ $\dfrac{1}{4}$

④ $\dfrac{1}{3}$　　　⑤ $\dfrac{5}{12}$

1174

$$\lim_{n\to\infty}\frac{(1^2+2^2+3^2+\cdots+n^2)(1^3+2^3+3^3+\cdots+n^3)}{(1+2+3+\cdots+n)(1^4+2^4+3^4+\cdots+n^4)}$$ 의 값은?

① $\dfrac{1}{6}$ ② $\dfrac{1}{3}$ ③ $\dfrac{1}{2}$

④ $\dfrac{2}{3}$ ⑤ $\dfrac{5}{6}$

1175 서술형

다음 극한값을 구하고 그 과정을 서술하시오.

$$\lim_{n\to\infty}\frac{(n+1)^3+(n+2)^3+\cdots+(n+n)^3}{(1+2+3+\cdots+n)(1+2+3+\cdots+n)}$$

1176 서술형

| 선행 **1105** |

정적분을 이용하여 다음 극한값을 구하고, 그 과정을 서술하시오.

$$\lim_{n\to\infty}\left\{\ln(n+2)^{\frac{1}{n}}+\ln(n+4)^{\frac{1}{n}}+\cdots+\ln(n+2n)^{\frac{1}{n}}-\ln n\right\}$$

1177

$$\lim_{n\to\infty}\frac{1}{n^2}\left(\sqrt[n]{e}+2\sqrt[n]{e^3}+3\sqrt[n]{e^5}+\cdots+n\sqrt[n]{e^{2n-1}}\right)$$ 의 값은?

① $\dfrac{e}{2}-\dfrac{1}{4}$ ② $\dfrac{e}{2}+\dfrac{1}{4}$ ③ $\dfrac{1}{4}e^2+\dfrac{1}{4}$

④ $\dfrac{1}{2}e^2-\dfrac{1}{4}$ ⑤ $\dfrac{1}{2}e^2+\dfrac{1}{4}$

1178

$$\lim_{n\to\infty}\sum_{k=1}^{n}\left(\frac{k}{n}e^{\frac{k}{n}}-\frac{k}{n}e^{\frac{k-1}{n}}\right)$$ 의 값은?

① $-e$ ② -1 ③ 0

④ 1 ⑤ e

1179

| 선행 **1102** |

$$\lim_{n\to\infty}\frac{e^{\frac{1}{n}}+2e^{\frac{2}{n}}+\cdots+(2n-1)e^{\frac{2n-1}{n}}+2ne^2}{n^2}$$ 의 값은?

① $e+1$ ② e^2+1 ③ $2(e-1)$

④ $2(e+1)$ ⑤ $2(e^2+1)$

1180

함수 $f(x)=\sin x+5\displaystyle\int_0^{\frac{\pi}{2}} f(t)\cos t\,dt$에 대하여

$\displaystyle\lim_{n\to\infty}\frac{1}{n}\left\{f\left(\frac{\pi}{2n}\right)+f\left(\frac{2\pi}{2n}\right)+\cdots+f\left(\frac{n\pi}{2n}\right)\right\}=p+\frac{q}{\pi}$ 이다.

두 유리수 p, q에 대하여 pq의 값은?

① $-\dfrac{3}{4}$ ② $-\dfrac{7}{8}$ ③ -1

④ $-\dfrac{9}{8}$ ⑤ $-\dfrac{5}{4}$

1181 서술형

함수 $f(x)=e^x-1$이 있다. 자연수 n에 대하여 닫힌구간 $[0, 1]$을 $2n$등분한 각 분점(양 끝점도 포함)을 차례로

$$0=x_0,\ x_1,\ x_2,\ \cdots,\ x_{2n}=1$$

이라 하자. 구간 $\left[\dfrac{k-1}{2n},\ \dfrac{k}{2n}\right]$를 밑변으로 하고 높이가 $f\left(\dfrac{k}{2n}\right)$인

직사각형의 넓이를 S_k라 할 때, $\displaystyle\lim_{n\to\infty}\sum_{k=1}^{n} S_k+\lim_{n\to\infty}\sum_{k=1}^{n} S_{2k}$의 값을

구하고 그 과정을 서술하시오.

1182

그림과 같이 길이가 $2a$인 선분 AB를 지름으로 하는 반원의
호 AB를 n등분하여 양 끝점과 각 등분점을 차례로 $P_0(=A)$,
P_1, P_2, $\cdots$, $P_n(=B)$라 할 때, $\displaystyle\lim_{n\to\infty}\frac{\overline{AP_1}+\overline{AP_2}+\cdots+\overline{AP_n}}{n}$의

값은? (단, a는 양수이다.)

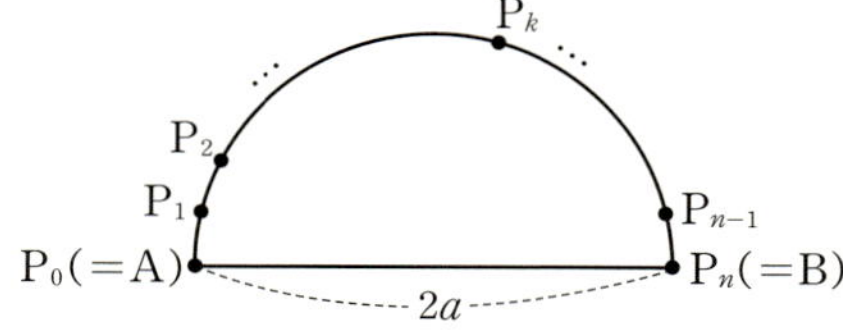

① $\dfrac{a}{\pi}$ ② $\dfrac{2a}{\pi}$ ③ $\dfrac{3a}{\pi}$

④ $\dfrac{4a}{\pi}$ ⑤ $\dfrac{5a}{\pi}$

1183

그림과 같이 길이가 2인 선분 AB를 지름으로 하는 반원의 호 AB
의 n등분점을 차례로 C_1, C_2, C_3, $\cdots$, C_{n-1}이라 하자.
삼각형 ABC_k $(k=1, 2, 3, \cdots, n-1)$의 넓이를 S_k라 할 때,

$\displaystyle\lim_{n\to\infty}\frac{1}{n}\sum_{k=1}^{n-1} S_k$의 값은?

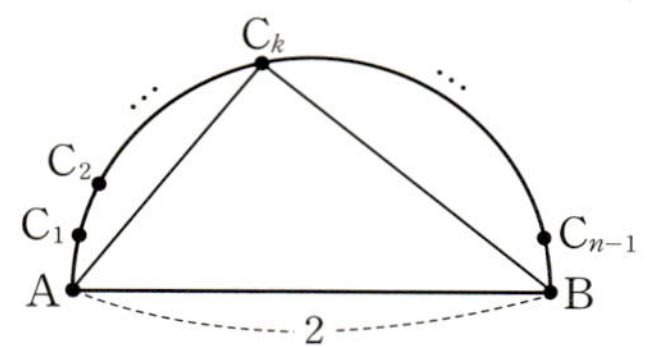

① $\dfrac{1}{\pi}$ ② $\dfrac{2}{\pi}$ ③ $\dfrac{3}{\pi}$

④ $\dfrac{4}{\pi}$ ⑤ $\dfrac{5}{\pi}$

1184 빈출

그림과 같이 반지름의 길이가 1이고 중심각의 크기가 $\dfrac{\pi}{2}$인 부채꼴

AOB에 대하여 호 AB를 n등분한 점을 차례로 P_1, P_2, P_3, $\cdots$,
P_{n-1}이라 하자. 원 위의 점 P_k $(k=1, 2, 3, \cdots, n-1)$에서 선분
OA에 내린 수선의 발을 Q_k라 할 때, 삼각형 P_kQ_kO의 넓이를

S_k라 하자. $\displaystyle\lim_{n\to\infty}\frac{\pi}{n}\sum_{k=1}^{n-1} S_k$의 값은?

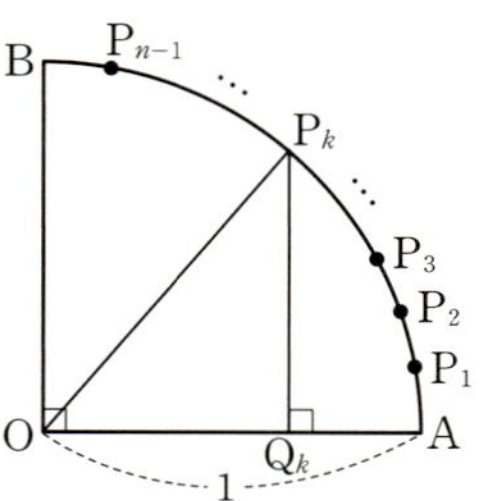

① $\dfrac{1}{8}$ ② $\dfrac{1}{4}$ ③ $\dfrac{3}{8}$

④ $\dfrac{1}{2}$ ⑤ $\dfrac{5}{8}$

유형03 곡선과 x축 사이의 넓이

1185

교육청기출

연속함수 $f(x)$의 그래프가 x축과 만나는 세 점의 x좌표는 0, 3, 4이다. 그림과 같이 곡선 $y=f(x)$와 x축으로 둘러싸인 두 도형 A, B의 넓이가 각각 6, 2일 때, $\displaystyle\int_0^2 f(2x)\,dx$의 값은?

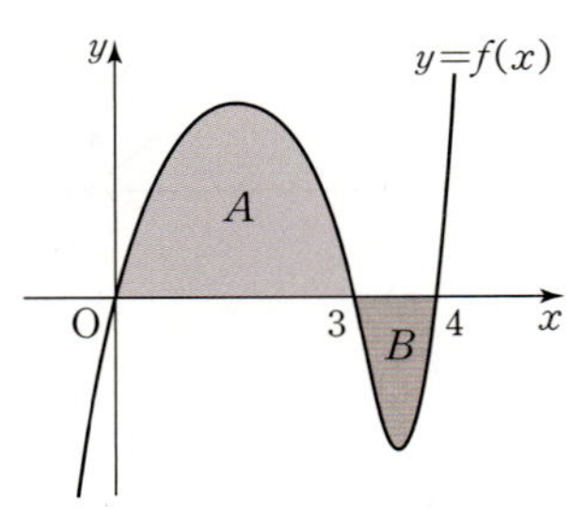

① 2   ② 4   ③ 6

④ 8   ⑤ 10

1186

선생님 Pick!   평가원기출

연속함수 $f(x)$의 그래프는 그림과 같다. 이 곡선과 x축으로 둘러싸인 두 도형 A, B의 넓이가 각각 α, β일 때, 정적분 $\displaystyle\int_0^p xf(2x^2)\,dx$의 값은? (단, $p>\dfrac{1}{2}$)

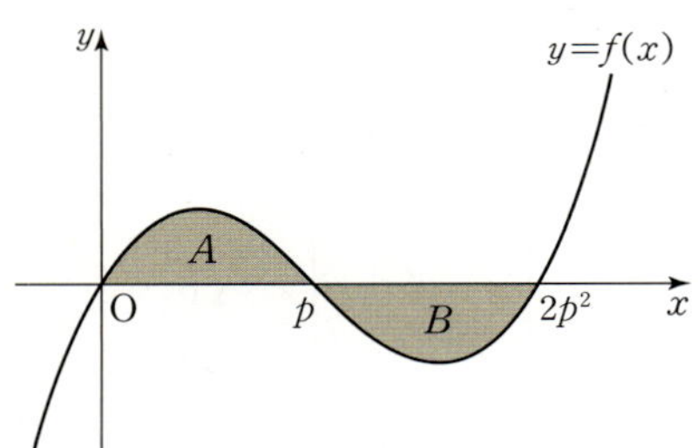

① $\dfrac{1}{2}(\alpha+\beta)$ ② $\dfrac{1}{2}(\alpha-\beta)$ ③ $\alpha+\beta$

④ $\dfrac{1}{4}(\alpha+\beta)$ ⑤ $\dfrac{1}{4}(\alpha-\beta)$

1187

그림과 같이 곡선 $y=f(x)$와 x축으로 둘러싸인 두 도형을 각각 A, B라 하자. A의 넓이가 2, B의 넓이가 5일 때, 정적분 $\displaystyle\int_0^9 \dfrac{f(\sqrt{x})}{\sqrt{x}}\,dx$의 값은?

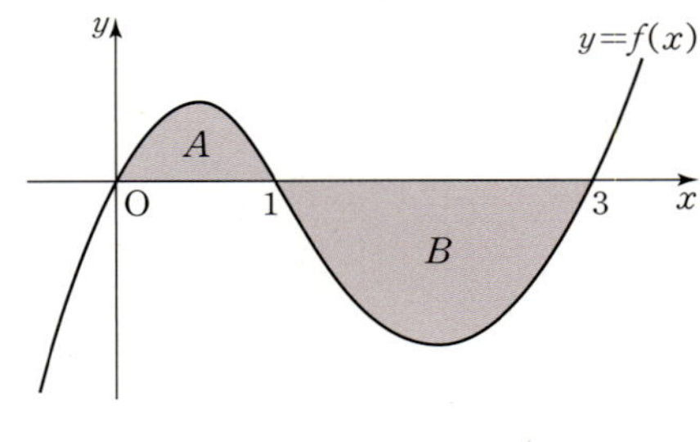

① -4 ② -5 ③ -6

④ -7 ⑤ -8

1188

곡선 $y=\dfrac{a-x}{x+2}$와 x축 및 y축으로 둘러싸인 도형의 넓이가 2일 때, 양수 a의 값은?

① $2e-2$ ② $2e+2$ ③ $2e-3$

④ $2e+3$ ⑤ $2e-4$

1189

곡선 $y=\dfrac{\sin\sqrt{x}}{\sqrt{x}}$와 x축 및 두 직선 $x=\pi^2$, $x=9\pi^2$으로 둘러싸인 도형의 넓이는?

① 2   ② 4   ③ 6

④ 8   ⑤ 10

1190

$x>0$에서 정의된 미분가능한 함수 $f(x)$가 $x>0$에서 증가하고, $f(x)>-1$을 만족시킨다. 곡선 $y=\dfrac{f'(x)}{1+f(x)}$와 x축 및 두 직선 $x=1$, $x=t$ $(t\geq1)$로 둘러싸인 도형의 넓이가 $4\ln t$이다. $f(1)=1$일 때, $f(\sqrt{3})$의 값은?

① 15   ② 17   ③ 19

④ 21   ⑤ 23

1191

곡선 $y=\dfrac{\ln x}{x}$와 x축 및 직선 $x=e^{3\sqrt{2}}$으로 둘러싸인 도형의 넓이를 직선 $x=k$가 이등분할 때, 상수 k의 값은? (단, $1<k<e^{3\sqrt{2}}$)

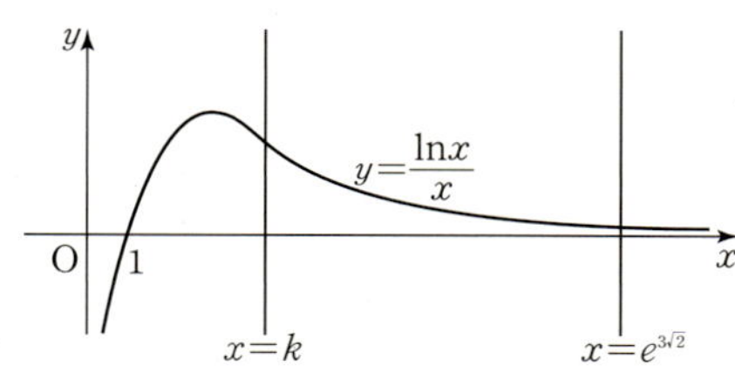

① $e^{\sqrt{2}}$ ② $e^{\frac{3}{2}}$ ③ $e^{\frac{3\sqrt{2}}{2}}$

④ e^{3} ⑤ e^{4}

1192

곡선 $y=\dfrac{e^x}{\sqrt{1+e^x}}$과 x축 및 두 직선 $x=\ln 3$, $x=\ln 15$로 둘러싸인 도형의 넓이를 직선 $y=\dfrac{1}{\ln a}$이 이등분할 때, 양수 a의 값은? (단, $a\neq1$)

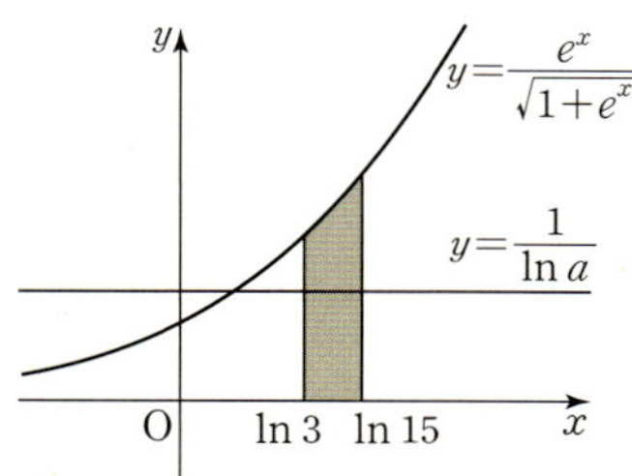

① $\dfrac{\sqrt{5}}{2}$ ② $\sqrt{5}$ ③ $\dfrac{3\sqrt{5}}{2}$

④ $2\sqrt{5}$ ⑤ $\dfrac{5\sqrt{5}}{2}$

1193

그림과 같이 $0\leq x\leq2$에서 곡선 $y=t+\sin\dfrac{\pi x}{2}$에 대하여 이 곡선과 x축, y축으로 둘러싸인 도형 A의 넓이를 S_A, 이 곡선과 x축으로 둘러싸인 도형 B의 넓이를 S_B라 하자. $S_A:S_B=1:2$일 때, 상수 t의 값은? (단, $-1<t<0$)

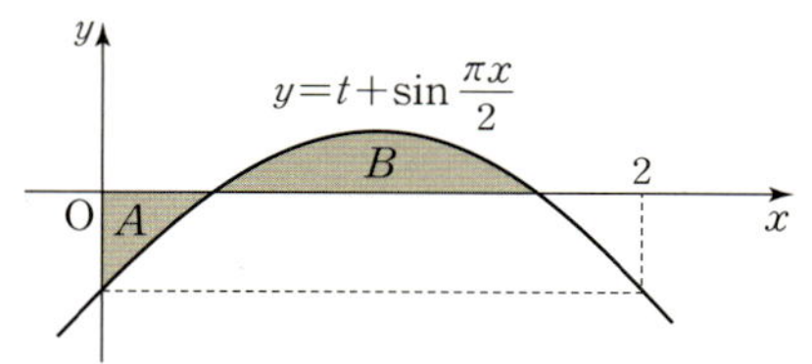

① $-\dfrac{1}{2\pi}$ ② $-\dfrac{1}{\pi}$ ③ $-\dfrac{3}{2\pi}$

④ $-\dfrac{2}{\pi}$ ⑤ $-\dfrac{5}{2\pi}$

1194

실수 전체의 집합에서 이계도함수가 존재하는 함수 $f(x)$는 다음 조건을 만족시킨다.

> ㈎ 모든 실수 x에 대하여 $f(-x)=-f(x)$이다.
> ㈏ $-1<x<1$에서 함수 $f(x)$는 감소한다.
> ㈐ $f(-1)=10$

곡선 $y=f(x)$와 x축 및 두 직선 $x=-1$, $x=1$로 둘러싸인 부분의 넓이가 9일 때, 곡선 $y=2xf'(x)$와 x축 및 두 직선 $x=-1$, $x=1$로 둘러싸인 부분의 넓이는?

① 22   ② 24   ③ 26

④ 28   ⑤ 30

1195

자연수 n에 대하여 곡선 $y=n\cos(2x)$와 x축 및 두 직선 $x=0$, $x=\dfrac{\pi}{2}$로 둘러싸인 도형의 넓이를 S_n이라 할 때,

$\displaystyle\sum_{n=1}^{10}\dfrac{1}{(n+1)S_n}=\dfrac{q}{p}$이다. $p+q$의 값은?

(단, p, q는 서로소인 자연수이다.)

① 17   ② 19   ③ 21
④ 23   ⑤ 25

1196

자연수 n에 대하여 구간 $[n-1,\ n]$에서 곡선 $y=e^{-x}\sin(\pi x)$와 x축으로 둘러싸인 도형의 넓이를 S_n이라 할 때, $\displaystyle\sum_{n=1}^{\infty}S_n$의 값은?

① $\dfrac{e\pi}{(e+1)(\pi^2+1)}$ ② $\dfrac{(e-1)\pi}{(e+1)(\pi^2+1)}$

③ $\dfrac{(e+1)\pi}{(e-1)(\pi^2+1)}$ ④ $\dfrac{e\pi}{(e-1)(\pi^2+1)}$

⑤ $\dfrac{(e+1)\pi}{e(\pi^2+1)}$

1197

두 곡선 $y=\ln x$, $y=-\ln x$ 및 직선 $y=1$로 둘러싸인 도형의 넓이는?

① $e-\dfrac{2}{e}-1$ ② $e-\dfrac{1}{e}-2$ ③ $e+\dfrac{1}{e}-2$

④ $e+\dfrac{1}{e}+2$ ⑤ $e+\dfrac{2}{e}+1$

1198

평가원기출

곡선 $y=e^x$과 x축, y축 및 직선 $x=2$로 둘러싸인 도형의 넓이가 직선 $y=ax\ \left(0<a<\dfrac{e^2}{2}\right)$에 의하여 이등분될 때, 상수 a의 값은?

① $\dfrac{e^2-1}{2}$ ② $\dfrac{e^2-2}{2}$ ③ $\dfrac{e^2-1}{4}$

④ $\dfrac{e^2-2}{4}$ ⑤ $\dfrac{e^2-1}{8}$

1199

곡선 $y=\ln x$와 x축 및 직선 $x=e$로 둘러싸인 도형의 넓이를 직선 $y=m(x-1)$이 이등분할 때, 상수 m의 값은?

(단, $0<m<\dfrac{1}{e-1}$)

① $\dfrac{1}{(e+1)^2}$ ② $\dfrac{1}{e+1}$ ③ $\dfrac{1}{e^2}$

④ $\dfrac{1}{(e-1)^2}$ ⑤ $\dfrac{1}{e}$

1200

자연수 n에 대하여 두 곡선 $y=e^{-x}$, $y=-e^{-x}$과 y축 및 직선 $x=n$으로 둘러싸인 도형의 넓이를 S_n이라 할 때, $\displaystyle\lim_{n\to\infty}S_n$의 값은?

① $\dfrac{1}{e}$ ② 1   ③ 2

④ e ⑤ $2e$

1201

| 선행 1124 |

곡선 $y=\dfrac{1}{x}$ $(x>0)$ 위의 두 점 $\mathrm{P}\left(k,\ \dfrac{1}{k}\right)$,

$\mathrm{Q}\left(k+1,\ \dfrac{1}{k+1}\right)$ $(k>0)$에 대하여 곡선 $y=\dfrac{1}{x}$ $(x>0)$과 두

직선 OP, OQ로 둘러싸인 도형의 넓이를 $S(k)$라 할 때,

$\lim\limits_{k\to\infty} kS(k)$의 값은?

① $\dfrac{1}{2}$ ② 1 ③ $\dfrac{3}{2}$

④ 2 ⑤ $\dfrac{5}{2}$

1202

교육청기출

자연수 n에 대하여 닫힌구간 $[0,\ \pi]$에서 두 곡선 $y=\dfrac{1}{n}\sin x$,

$y=\dfrac{1}{n+1}\sin x$로 둘러싸인 도형의 넓이를 S_n이라 할 때,

$\lim\limits_{n\to\infty}\sum\limits_{k=1}^{n} S_k$의 값은?

① 1 ② $\sqrt{2}$ ③ 2

④ $\dfrac{\pi}{2}$ ⑤ π

1203

자연수 n에 대하여 구간 $\left[0,\ \dfrac{\pi}{2^{n-1}}\right]$에서 곡선 $y=\cos(2^n x)$와

x축으로 둘러싸인 도형의 넓이를 S_n이라 할 때, $\sum\limits_{n=1}^{\infty} S_n$의 값은?

① 2 ② 3 ③ 4

④ 5 ⑤ 6

1204

선생님 Pick!   평가원기출

그림에서 두 곡선 $y=e^x$, $y=xe^x$과 y축으로 둘러싸인 도형 A의

넓이를 a, 두 곡선 $y=e^x$, $y=xe^x$과 직선 $x=2$로 둘러싸인 도형

B의 넓이를 b라 할 때, $b-a$의 값은?

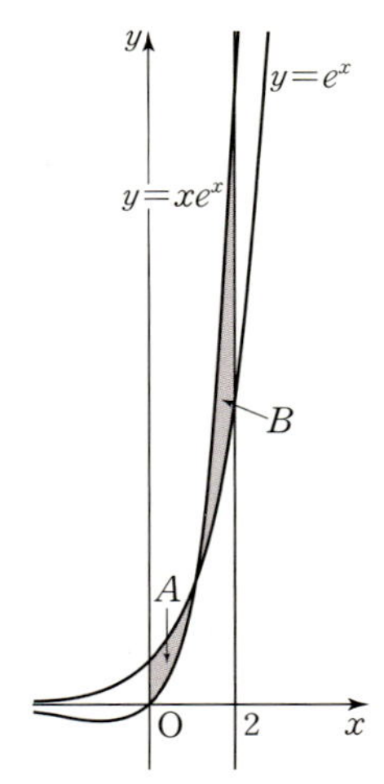

① $\dfrac{3}{2}$ ② $e-1$ ③ 2

④ $\dfrac{5}{2}$ ⑤ e

1205

그림과 같이 곡선 $y=e^{-2x}$과 y축 및 직선 $y=\sqrt{e}$로 둘러싸인

도형을 A, 곡선 $y=e^{-2x}$과 x축, y축 및 직선 $x=k$로 둘러싸인

도형을 B라 하자. A의 넓이와 B의 넓이가 서로 같을 때,

e^{4k+1}의 값은? (단, k는 양수이다.)

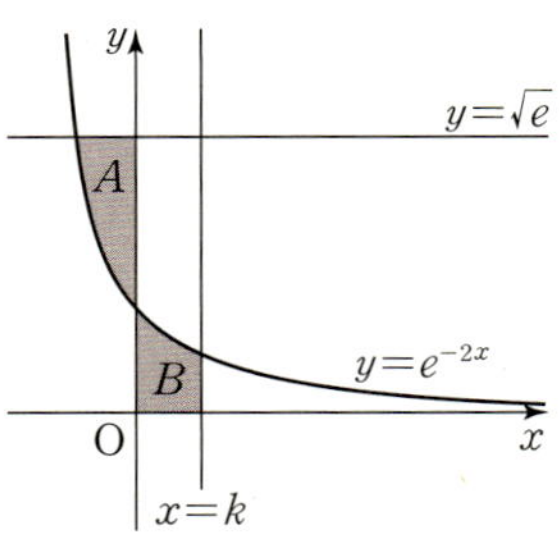

① 1 ② 2 ③ 4

④ 8 ⑤ 16

1206 빈출 서술형

그림과 같이 $0 \le x \le \dfrac{\pi}{2}$에서 두 곡선 $y = \cos x$, $y = \sin x$ 및 y축으로 둘러싸인 도형의 넓이를 S_1, 두 곡선 $y = \cos x$, $y = \sin x$ 및 x축으로 둘러싸인 도형의 넓이를 S_2라 할 때, $\dfrac{S_2}{S_1}$의 값을 구하고 그 과정을 서술하시오.

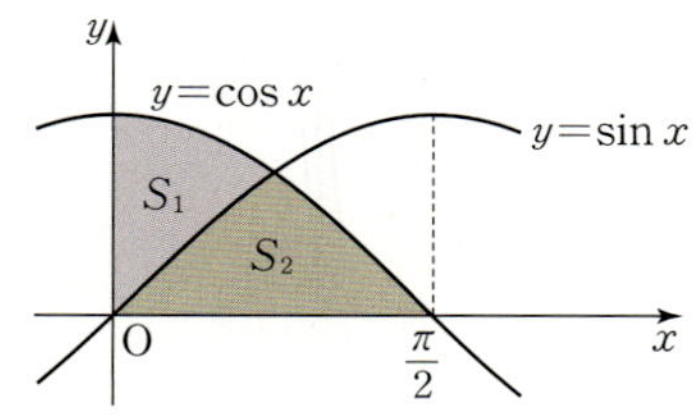

1207

그림과 같이 $0 \le x \le \pi$에서 두 곡선 $y = k \cos x$, $y = e^x - 1$과 y축으로 둘러싸인 도형의 넓이를 S_1, $0 \le x \le \pi$에서 두 곡선 $y = k \cos x$, $y = e^x - 1$과 x축 및 직선 $x = \pi$로 둘러싸인 도형의 넓이를 S_2라 하자. $S_1 = S_2$일 때, 양수 k의 값은?

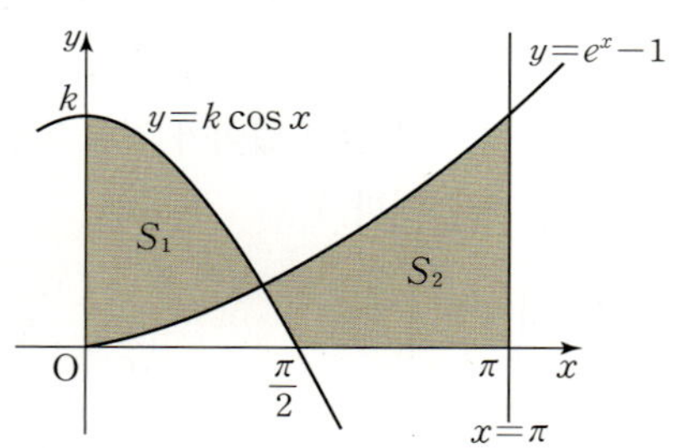

① $e^{\frac{\pi}{2}} - 2\pi - 2$ ② $e^{\frac{\pi}{2}} - \pi - 1$ ③ $e^{\pi} - 2\pi - 2$
④ $e^{\pi} - \pi - 1$ ⑤ $e^{2\pi} - 2\pi - 1$

1208 빈출

곡선 $y = \sin x$ $\left(0 \le x \le \dfrac{\pi}{2}\right)$와 x축 및 직선 $x = \dfrac{\pi}{2}$로 둘러싸인 도형의 넓이를 곡선 $y = a \cos x$가 이등분할 때, 양수 a의 값은?

① $\dfrac{3}{4}$ ② $\dfrac{4}{5}$ ③ 1
④ $\dfrac{5}{4}$ ⑤ $\dfrac{4}{3}$

1209

$0 \le x \le \dfrac{\pi}{2}$에서 곡선 $y = k \cos x$와 x축, y축으로 둘러싸인 도형의 넓이를 곡선 $y = \sin x$가 이등분할 때, 양수 k의 값은?

① $\dfrac{1}{3}$ ② $\dfrac{2}{3}$ ③ 1
④ $\dfrac{4}{3}$ ⑤ $\dfrac{5}{3}$

1210 서술형

그림과 같이 곡선 $y = \sin(2x)$ $\left(0 \le x \le \dfrac{\pi}{2}\right)$와 x축으로 둘러싸인 도형이 곡선 $y = k \cos x$에 의하여 나누어지는 두 도형의 넓이를 각각 S_1, S_2라 하자. $S_1 : S_2 = 4 : 5$가 되도록 하는 상수 k의 값을 구하고, 그 과정을 서술하시오.

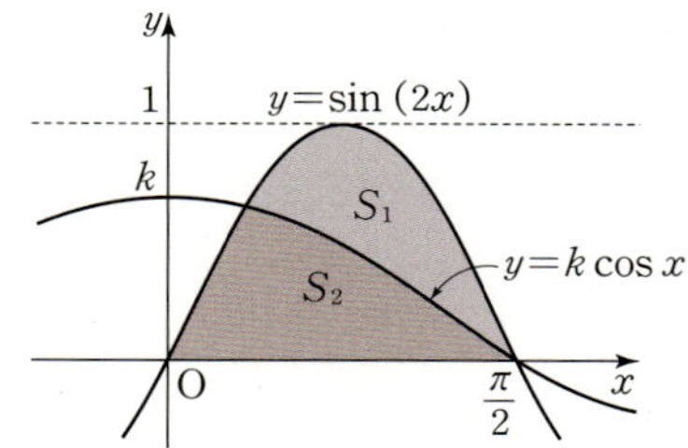

유형 06 접선으로 둘러싸인 부분의 넓이

1211

그림과 같이 함수 $f(x)=e^{nx}$ (n은 자연수)의 그래프 위의
점 $(t, f(t))$에서의 접선이 원점을 지날 때, 곡선 $y=f(x)$와 접선
및 y축으로 둘러싸인 도형의 넓이를 S_n이라 하자.
$\lim\limits_{n\to\infty}(2n-3)S_n$의 값은?

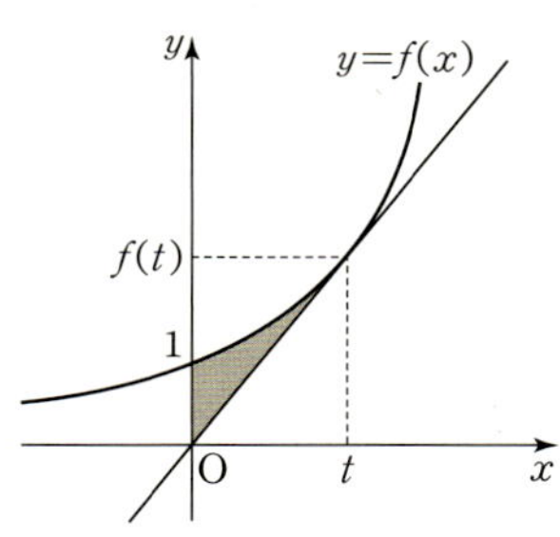

① $\dfrac{e-1}{2}$ 　　② $\dfrac{2e-1}{2}$ 　　③ $e-2$

④ $e-1$ 　　⑤ $2e-2$

1212

두 상수 a, b $(a>b>0)$에 대하여 곡선 $y=\ln(ax)$에 직선
$y=bx$가 접하고, 곡선 $y=\ln(ax)$와 직선 $y=bx$ 및 x축으로
둘러싸인 도형의 넓이가 $\dfrac{1}{e}$일 때, $a+b$의 값은?

① $\dfrac{(e+1)^2}{2}$ 　　　　② $\dfrac{(e-2)^2}{2}$

③ $\dfrac{(e+1)(e-2)}{2}$ 　　④ $(e+1)^2$

⑤ $(e-2)^2$

1213

곡선 $f(x)=\sin\left(\dfrac{\pi}{2}-x\right)$ $\left(0\le x\le\dfrac{\pi}{2}\right)$와 이 곡선 위의
점 $(t, f(t))$에서의 접선 및 x축으로 둘러싸인 도형의 넓이가
$\dfrac{3}{2}$일 때, $\sin t$의 값은?

① $2-\sqrt{3}$ 　　② $\dfrac{3-\sqrt{7}}{2}$ 　　③ $\dfrac{4-\sqrt{13}}{2}$

④ $\dfrac{5-\sqrt{21}}{2}$ 　　⑤ $3-2\sqrt{2}$

1214 서술형

곡선 $y=(x-1)e^x$과 이 곡선의 변곡점에서의 접선 및 x축으로
둘러싸인 부분의 넓이를 구하고, 그 과정을 서술하시오.

유형 07 역함수로 둘러싸인 부분의 넓이

1215

| 선행 1137 |

실수 전체의 집합에서 연속이고 역함수가 존재하는 함수 $y=f(x)$
의 그래프가 두 점 $(2, a)$, $(4, a+6)$을 지난다. 함수 $f(x)$의
역함수를 $g(x)$라 할 때,

$$\lim_{n\to\infty}\frac{2}{n}\sum_{k=1}^{n}f\left(2+\frac{2k}{n}\right)+\lim_{n\to\infty}\frac{6}{n}\sum_{k=1}^{n}g\left(a+\frac{6k}{n}\right)=48$$

을 만족시키는 상수 a의 값은?

① 10 　　② 11 　　③ 12

④ 13 　　⑤ 14

1216

실수 전체의 집합에서 연속이고 역함수가 존재하는 함수 $f(x)$에 대하여 $f(1)=1$, $f(9)=9$일 때,

$\lim\limits_{n\to\infty}\dfrac{1}{n}\sum\limits_{k=1}^{n}\left\{f\left(1+\dfrac{8k}{n}\right)+f^{-1}\left(1+\dfrac{8k}{n}\right)\right\}$의 값은?

(단, $f^{-1}(x)$는 $f(x)$의 역함수이다.)

① 5　　　　　　② 10　　　　　　③ 15

④ 20　　　　　　⑤ 25

1217

함수 $f(x)=x\ln x-\ln x+1$ $(x\geq1)$의 역함수를 $g(x)$라 할 때, 두 곡선 $y=f(x)$, $y=g(x)$로 둘러싸인 부분의 넓이는?

① $\dfrac{1}{2}e^2-2e$　　　　　　② $\dfrac{1}{2}e^2-2e+\dfrac{1}{2}$

③ $\dfrac{1}{2}e^2-2e+\dfrac{3}{2}$　　　　　④ $\dfrac{1}{2}e^2-2e+\dfrac{5}{2}$

⑤ $\dfrac{1}{2}e^2+2e$

1218

실수 전체의 집합에서 정의된 함수 $f(x)=(x^2+a)e^x$의 역함수가 존재하기 위한 상수 a의 최솟값을 m이라 하자.

함수 $g(x)=(x^2+m)e^x$의 역함수를 $h(x)$라 할 때, $\displaystyle\int_{m}^{2e}h(x)\,dx$의 값은?

① 2　　　　　　② 3　　　　　　③ 4

④ 5　　　　　　⑤ 6

1219

자연수 n에 대하여 함수 $f(x)=xe^{x-n}$ $(x\geq0)$의 역함수를 $g(x)$라 할 때, 두 곡선 $y=f(x)$, $y=g(x)$로 둘러싸인 부분의 넓이를 S_n이라 하자. $\lim\limits_{n\to\infty}\dfrac{S_n}{n^2}$의 값은?

① 1　　　　　　② 2　　　　　　③ 3

④ 4　　　　　　⑤ 5

1220

그림과 같은 모양의 높이가 4인 그릇이 있다. 이 그릇에 채워진 물의 높이가 x일 때의 수면은 정사각형 모양이다. 수면의 높이가 매초 1의 속도로 증가하도록 물을 채울 때, t초 후 이 그릇에 채워진 물의 부피는 $V(t)=2t^2+4t$ $(0\leq t\leq4)$이다. $t=2$일 때, 수면의 한 변의 길이는?

(단, 수면은 밑면에 평행하며, 그릇의 두께는 무시한다.)

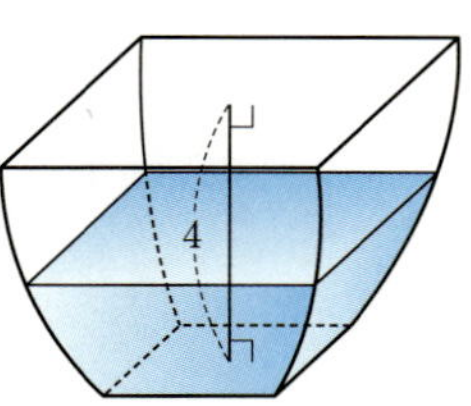

① 3　　　　　　② $2\sqrt{3}$　　　　　③ $\sqrt{15}$

④ $3\sqrt{2}$　　　　　⑤ $\sqrt{21}$

1221

밑변인 선분 AB의 길이와 높이가 모두 4인 이등변삼각형 ABC를 밑면으로 하는 입체도형이 있다. 밑면에 수직이고 선분 AB에 평행한 평면으로 입체도형을 자른 단면이 반원일 때, 이 입체도형의 부피는?

① $\dfrac{5}{2}\pi$ ② $\dfrac{8}{3}\pi$ ③ $\dfrac{17}{6}\pi$

④ 3π ⑤ $\dfrac{19}{6}\pi$

1222

그림과 같이 높이가 12인 입체도형의 밑면으로부터의 거리가 $x\,(0<x<12)$인 지점에서 밑면에 평행하게 자른 단면의 넓이는 $\cos\dfrac{\pi x}{24}$이다. 높이가 a인 지점에서 밑면에 평행하게 이 입체도형을 자를 때 생기는 두 도형의 부피가 서로 같을 때, 상수 a의 값은? (단, $0<a<12$)

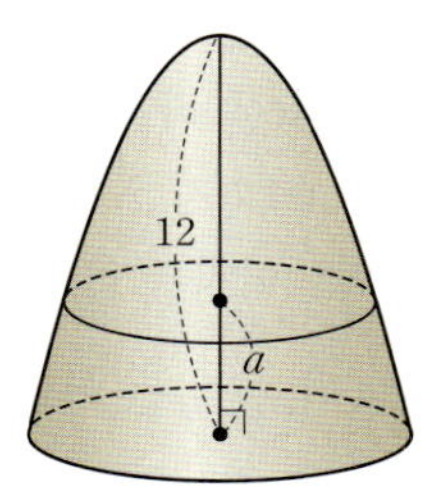

① 1 ② 2 ③ 3
④ 4 ⑤ 5

1223

다음은 그림과 같이 반지름의 길이와 높이가 모두 r인 원기둥에서 밑면의 반지름의 길이와 높이가 모두 r인 원뿔을 뺀 입체도형의 부피를 구하는 과정이다.

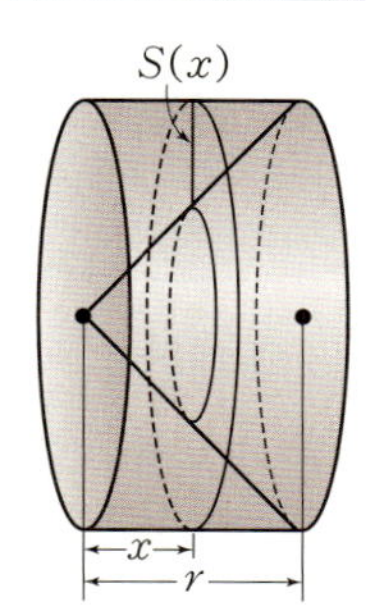

그림과 같이 원뿔의 꼭짓점으로부터 x만큼 떨어진 지점을 지나고 밑면에 평행한 평면으로 입체도형을 자를 때 생기는 단면의 넓이를 $S(x)$라 하면

$$S(x)=\boxed{\ (가)\ }$$

주어진 입체도형의 부피는

$$V=\int_0^{\boxed{(\text{나})}} S(x)\,dx$$
$$=\pi\left[\ \boxed{(\text{다})}\ -\dfrac{x^3}{3}\right]_0^{\boxed{(\text{나})}}=\dfrac{2}{3}\pi r^3$$

이다.

(가), (나), (다)에 알맞은 식을 바르게 나타낸 것은?

	(가)	(나)	(다)
①	$\pi(r^2-x^2)$	r	$\dfrac{1}{3}r^3$
②	$\pi(r^2-x^2)$	r	r^2x
③	$\pi(r^2-x^2)$	$2r$	r^2x
④	$\pi(3r^2-x^2)$	r	r^2x
⑤	$\pi(3r^2-x^2)$	$2r$	$\dfrac{1}{3}r^3$

1224 서술형 ✎

그림과 같이 반지름의 길이가 r인 반구의 밑면으로부터 높이가 x인 지점을 지나고 밑면에 평행한 평면으로 반구를 자를 때 생기는 단면의 넓이를 $S(x)$라 할 때, 다음 물음에 답하시오.

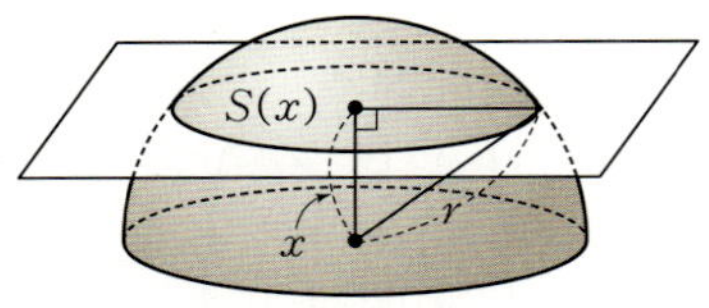

(1) 단면의 넓이 $S(x)$를 x, r에 대한 식으로 나타내시오.
(2) 반구의 부피를 정적분 기호를 이용하여 나타내시오.
(3) (2)를 이용하여 반지름의 길이가 r인 구의 부피를 구하시오.

1225

그림과 같이 반지름의 길이가 5인 구를 중심 O에서 4만큼 떨어진 점 P를 지나고 직선 OP와 수직인 평면으로 잘라 두 부분으로 나누었을 때, 작은 부분의 부피는?

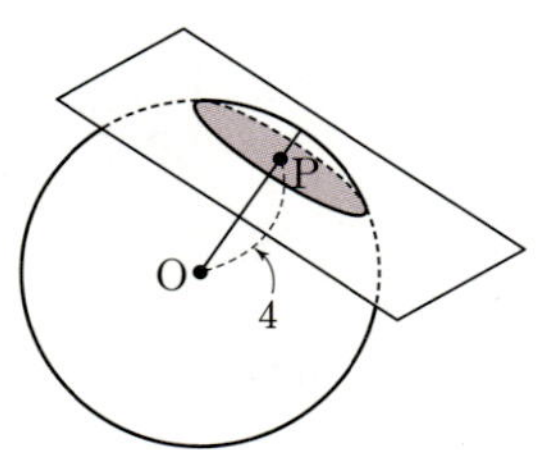

① $\dfrac{13}{3}\pi$　　　② $\dfrac{9}{2}\pi$　　　③ $\dfrac{14}{3}\pi$

④ $\dfrac{29}{6}\pi$　　　⑤ 5π

1226

그림은 반지름의 길이가 1인 반구에 외접한 입체도형과 이 입체도형을 밑면에 평행한 평면으로 자른 단면이다. 입체도형을 밑면에 평행한 평면으로 자른 단면이 반구의 단면인 원에 외접하는 정삼각형에서 원을 제외한 어두운 부분일 때, 이 입체도형의 부피는 $p\sqrt{3}-q\pi$이다. 유리수 p, q에 대하여 $6(p+q)$의 값은?

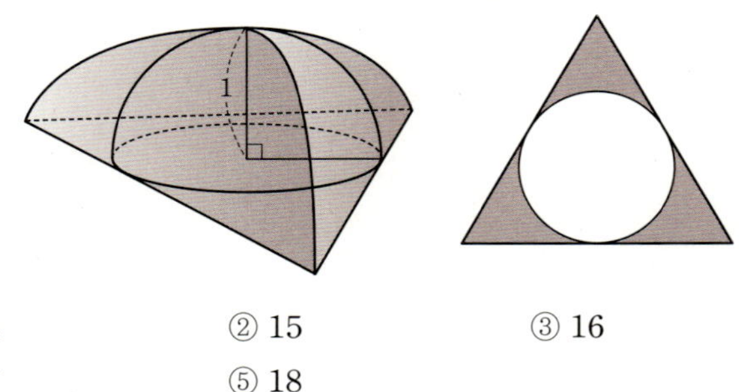

① 14　　　② 15　　　③ 16
④ 17　　　⑤ 18

1227

좌표평면 위의 두 점 $P(x, 0)$, $Q(x, -x^2+2x)$를 이은 선분을 한 변으로 하는 정삼각형 PQR를 좌표평면에 수직이 되도록 만든다. 점 P가 원점에서 점 $(2, 0)$까지 x축 위를 움직일 때, 정삼각형 PQR에 의하여 만들어지는 입체도형의 부피는 $\dfrac{q}{p}\sqrt{3}$이다. $p+q$의 값은? (단, p, q는 서로소인 자연수이다.)

① 17　　　② 19　　　③ 21
④ 23　　　⑤ 25

1228

좌표평면 위의 두 점 $P(x, \sin x)$, $Q(x, \cos x)$를 이은 선분을 한 변으로 하여 좌표평면에 수직이 되도록 정삼각형 PQR를 만든다. 점 P가 원점에서 점 $\left(\dfrac{\pi}{4}, \dfrac{\sqrt{2}}{2}\right)$까지 움직일 때, 정삼각형 PQR에 의하여 만들어지는 입체도형의 부피는?

① $\dfrac{\sqrt{3}}{16}(\pi-3)$ ② $\dfrac{\sqrt{3}}{16}\left(\pi-\dfrac{5}{2}\right)$

③ $\dfrac{\sqrt{3}}{16}(\pi-2)$ ④ $\dfrac{\sqrt{3}}{16}\left(\pi-\dfrac{3}{2}\right)$

⑤ $\dfrac{\sqrt{3}}{16}(\pi-1)$

1229

선생님 Pick! 평가원기출

그림과 같이 곡선 $y=\sqrt{\sec^2 x+\tan x}\left(0\le x\le \dfrac{\pi}{3}\right)$와 x축, y축 및 직선 $x=\dfrac{\pi}{3}$로 둘러싸인 부분을 밑면으로 하는 입체도형이 있다. 이 입체도형을 x축에 수직인 평면으로 자른 단면이 모두 정사각형일 때, 이 입체도형의 부피는?

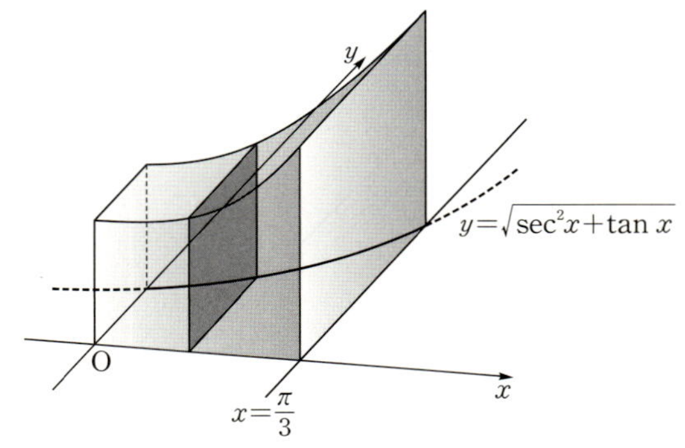

① $\dfrac{\sqrt{3}}{2}+\dfrac{\ln 2}{2}$ ② $\dfrac{\sqrt{3}}{2}+\ln 2$ ③ $\sqrt{3}+\dfrac{\ln 2}{2}$

④ $\sqrt{3}+\ln 2$ ⑤ $\sqrt{3}+2\ln 2$

1230

곡선 $y=4\sin x\,(0\le x\le \pi)$와 x축으로 둘러싸인 도형을 밑면으로 하는 입체도형이 있다. 이 입체도형을 x축에 수직인 평면으로 자른 단면이 그림과 같이 $\overline{PQ}=\overline{QR}$인 직각이등변삼각형에서 점 Q를 중심으로 하고 선분 PR에 접하는 사분원을 제외한 도형과 같을 때, 이 입체도형의 부피는?

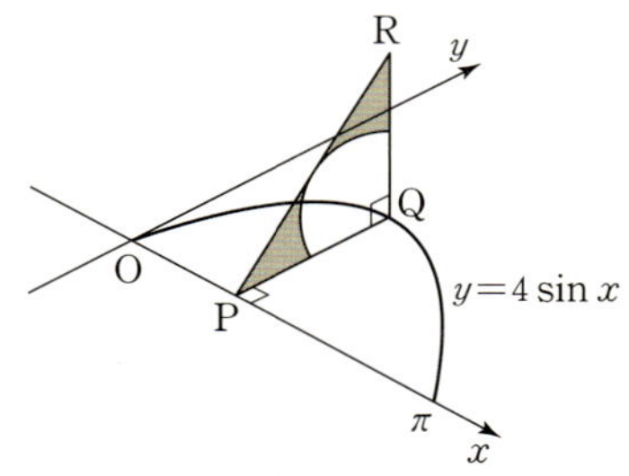

① $\dfrac{\pi}{2}+\dfrac{\pi^2}{8}$ ② $\pi-\dfrac{\pi^2}{4}$ ③ $2\pi+\dfrac{\pi^2}{2}$

④ $4\pi-\pi^2$ ⑤ $8\pi+2\pi^2$

1231

곡선 $y=\sin x\,(0\le x\le \pi)$와 x축으로 둘러싸인 도형을 밑면으로 하는 입체도형이 있다. 이 입체도형을 x축에 수직인 평면으로 자른 단면이 빗변의 길이가 1인 직각삼각형일 때, 이 입체도형의 부피는?

(단, 단면과 좌표평면이 만나는 선이 직각삼각형의 밑변이다.)

① $\dfrac{1}{2}$ ② 1 ③ $\dfrac{3}{2}$

④ 2 ⑤ $\dfrac{5}{2}$

1232 빈출 👑

그림과 같이 x축 위의 점 P를 지나면서 x축과 수직인 직선이 곡선 $y=\sin(\pi x)$와 만나는 점을 Q, 직선 $y=-x$와 만나는 점을 R라 하자. x축을 접는 선으로 하여 좌표평면을 접어 두 평면이 서로 수직이 되도록 하였을 때의 삼각형 PQR에 대하여 점 P가 원점에서 점 $(1,\ 0)$까지 움직일 때, 삼각형 PQR에 의하여 만들어지는 입체도형의 부피는?

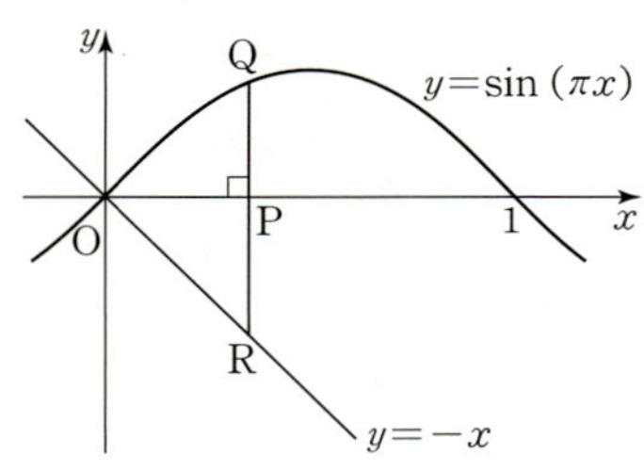

① $\dfrac{1}{4\pi}$ ② $\dfrac{1}{2\pi}$ ③ $\dfrac{1}{\pi}$

④ $\dfrac{\pi}{4}$ ⑤ $\dfrac{\pi}{2}$

1233

그림과 같이 길이가 4인 선분 AB를 지름으로 하는 반원을 밑면으로 하는 입체도형이 있다. 선분 AB에 수직인 평면으로 입체도형을 자른 단면이 반원일 때, 이 입체도형의 부피는?

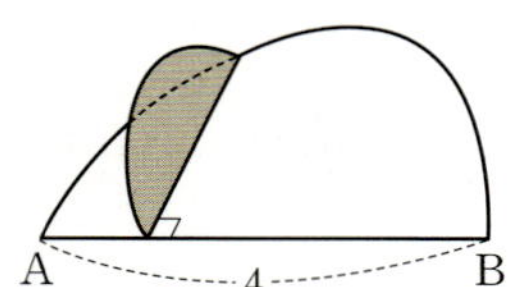

① π ② $\dfrac{7}{6}\pi$ ③ $\dfrac{4}{3}\pi$

④ $\dfrac{3}{2}\pi$ ⑤ $\dfrac{5}{3}\pi$

1234 빈출 👑

그림과 같이 반지름의 길이가 3인 원을 밑면으로 하고, 지름 AB에 수직인 평면으로 입체도형을 자른 단면이 정삼각형일 때, 이 입체도형의 부피는?

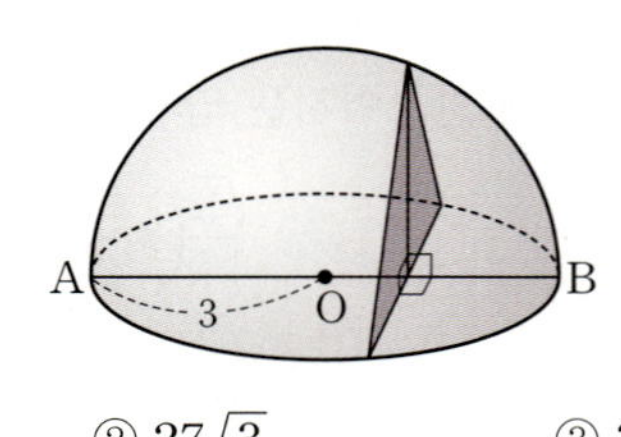

① $24\sqrt{3}$ ② $27\sqrt{3}$ ③ $30\sqrt{3}$

④ $33\sqrt{3}$ ⑤ $36\sqrt{3}$

1235

그림과 같이 밑면은 한 변의 길이가 2인 정삼각형 ABC이고, 밑면에 수직이고 선분 AB에 수직인 평면으로 자른 단면이 반원인 입체도형의 부피는?

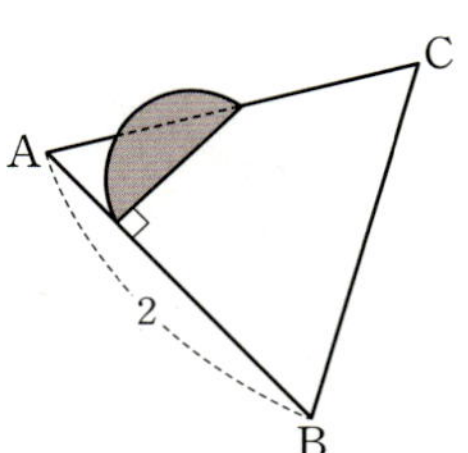

① π ② $\dfrac{\pi}{2}$ ③ $\dfrac{\pi}{4}$

④ $\dfrac{\pi}{8}$ ⑤ $\dfrac{\pi}{16}$

1236

반지름의 길이가 6 cm인 반구 모양의 그릇에 물을 가득 채운 후,
그림과 같이 그릇을 30°만큼 기울였을 때, 남아 있는 물의 부피는
a cm³이다. a의 값은?

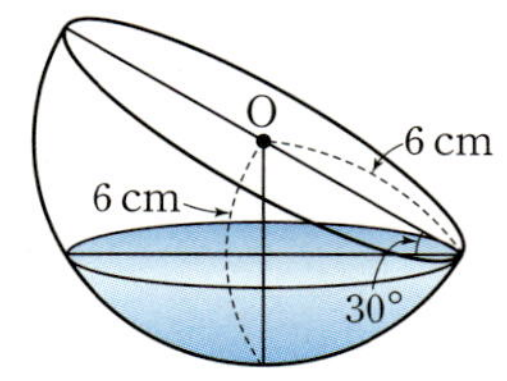

① 35π ② 40π ③ 45π
④ 50π ⑤ 55π

1237 빈출 ♛

그림과 같이 밑면의 반지름의 길이가 a이고 높이가 $2a$인 원기둥이
있다. 이 원기둥을 한 밑면의 중심을 지나고 밑면과 60°의 각을
이루는 평면으로 자를 때 생기는 입체도형 중에서 작은 것의
부피는?

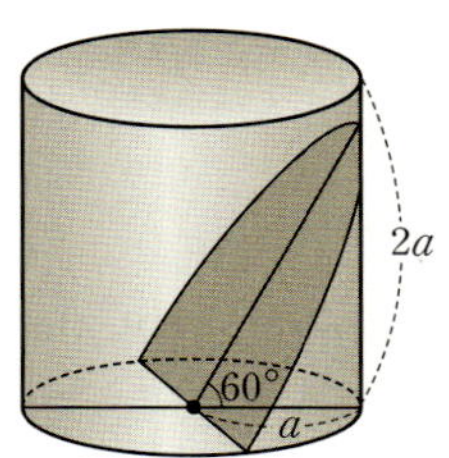

① $\dfrac{\sqrt{3}}{3}a^3$ ② $\dfrac{2\sqrt{3}}{3}a^3$ ③ $\sqrt{3}a^3$
④ $\dfrac{4\sqrt{3}}{3}a^3$ ⑤ $\dfrac{5\sqrt{3}}{3}a^3$

1238

밑면의 반지름의 길이가 3, 높이가 3인 원기둥 모양의 그릇에 물이
가득 들어 있다. 이 그릇을 그림과 같이 45°기울였을 때,
남아 있는 물의 부피는?

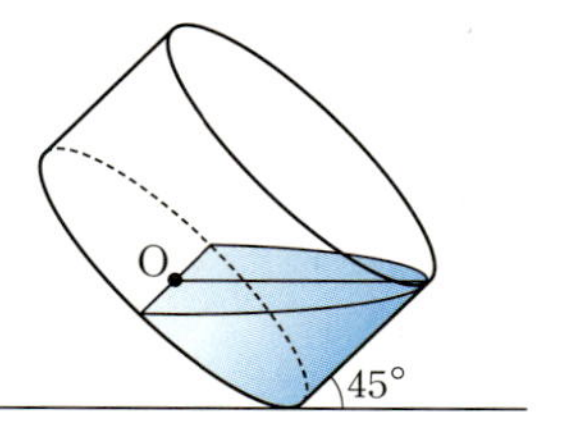

① 16   ② 18   ③ 21
④ 25   ⑤ 28

1239 빈출 ♛　　　　　　　|선행 1156|

좌표평면 위를 움직이는 점 P는 점 $(0,\ 1)$에서 출발하여
시각 $t\ (t \geq 0)$에서의 위치가 $x = e^{-t} \sin t$, $y = e^{-t} \cos t$일 때,
점 P가 출발 후 2초 동안 움직인 거리는?

① $1 - \dfrac{1}{e}$ ② $1 + \dfrac{1}{e}$ ③ $\sqrt{2}\left(1 - \dfrac{1}{e}\right)$
④ $\sqrt{2}\left(1 + \dfrac{1}{e}\right)$ ⑤ $\sqrt{2}\left(1 - \dfrac{1}{e^2}\right)$

1240

좌표평면 위를 움직이는 점 $P(x,\ y)$의 시각 t에서의 속도가
$\left(\dfrac{dx}{dt},\ \dfrac{dy}{dt}\right) = \left(\dfrac{2\cos t}{t^2+1},\ \dfrac{2\sin t}{t^2+1}\right)$일 때, $t=0$에서 $t=1$까지
점 P가 움직인 거리는?

① $\dfrac{\pi}{6}$ ② $\dfrac{\pi}{4}$ ③ $\dfrac{\pi}{3}$
④ $\dfrac{\pi}{2}$ ⑤ π

1241

원점을 출발하여 수직선 위를 움직이는 두 점 P, Q의
시각 $t(t \geq 0)$에서의 속도가 각각 $v_P(t) = \sin(\pi t)$,
$v_Q(t) = 2\sin(2\pi t)$일 때, 두 점 P, Q가 출발 후 첫 번째로 만날
때까지 걸리는 시간은?

① $\dfrac{1}{3}$ ② $\dfrac{2}{3}$ ③ 1

④ $\dfrac{4}{3}$ ⑤ $\dfrac{5}{3}$

1242

| 선행 1152 |

원점을 출발하여 수직선 위를 움직이는 점 P의 시각 t에서의 속도가

$$v(t) = 2\sin\left(t - \frac{\pi}{6}\right) + 1 \ (0 \leq t \leq 2\pi)$$

일 때, 〈보기〉에서 옳은 것만을 있는 대로 고른 것은?

| 보기 |

ㄱ. 점 P는 운동 방향을 2번 바꾼다.

ㄴ. 점 P는 $t = \dfrac{4}{3}\pi$일 때 원점에서 가장 멀리 떨어져 있다.

ㄷ. $t = 2\pi$일 때 점 P의 위치는 2π이다.

① ㄱ ② ㄴ ③ ㄷ

④ ㄴ, ㄷ ⑤ ㄱ, ㄴ, ㄷ

1243 빈출

원점을 출발하여 수직선 위를 움직이는 점 P의 시각 $t \ (t \geq 0)$에서
의 속도 $v(t)$가 $v(t) = \sin t - \sin(2t)$일 때, 출발 후 6초 동안
점 P와 원점 사이의 최대 거리는?

① 1 ② 2 ③ 3

④ 4 ⑤ 5

1244

평가원기출

좌표평면 위를 움직이는 점 P의 시각 t에서의 위치 (x, y)가
$$\begin{cases} x = 4(\cos t + \sin t) \\ y = \cos 2t \end{cases} (0 \leq t \leq 2\pi)$$
이다. 점 P가 $t = 0$에서 $t = 2\pi$까지 움직인 거리(경과 거리)를
$a\pi$라 할 때, a^2의 값을 구하시오.

1245

좌표평면 위를 움직이는 점 $P(x, y)$의 시각 $t \ (t > 0)$에서의
위치는 $x = \dfrac{t^2}{2} - \ln(2t)$, $y = 2t$이다. 점 P의 속력이 최소일
때부터 점 P가 2초 동안 움직인 거리는?

① $\ln 3$ ② $1 + \ln 3$ ③ $2 + \ln 3$

④ $3 + \ln 3$ ⑤ $4 + \ln 3$

1246

좌표평면 위를 움직이는 점 $P(x, y)$의 시각 $t \ \left(0 \leq t \leq \dfrac{\pi}{2}\right)$에서의
위치가
$$x = 3\cos t + \cos(3t), \ y = 3\sin t - \sin(3t)$$
일 때, $t = 0$에서 점 P의 속력이 최대일 때까지 점 P가 움직인
거리는?

① 1 ② 2 ③ 3

④ 4 ⑤ 5

1247

그림과 같이 반지름의 길이가 3인 원이 있다. 원 위를 움직이는
점 P가 점 $(3, 0)$을 출발하여 시계 반대 방향으로 매초
2라디안만큼 일정한 속력으로 회전한다. 점 P의 시각 t $(t \geq 0)$초
에서의 위치를 (x, y)라 할 때, $t=0$에서 $t=5$까지 움직인 거리는?

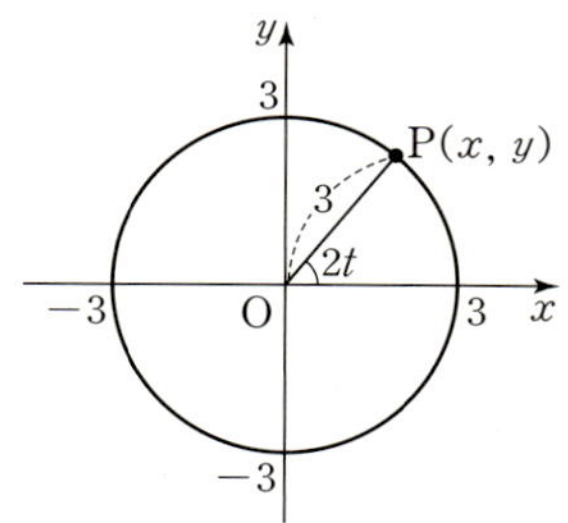

① 22　　　　② 24　　　　③ 26

④ 28　　　　⑤ 30

1248

좌표평면 위를 움직이는 점 $P(x, y)$의 시각 t $(t \geq 0)$에서의

위치가 $x=\sin t-\cos t$, $y=\dfrac{\cos^2 t}{2}+1$이다. 점 P가 나타내는

곡선을 C라 하고, $t=\dfrac{\pi}{2}$일 때 곡선 C 위의 점 P에서의 접선을

l이라 하자. $t=a$ $\left(\dfrac{\pi}{2}<a<2\pi\right)$에서 점 P가 직선 l 위에 있을 때,

$t=\dfrac{\pi}{2}$에서 $t=a$까지 점 P가 움직인 거리는?

① $\dfrac{\pi}{2}$　　　　② π　　　　③ $\dfrac{3}{2}\pi$

④ 2π　　　　⑤ $\dfrac{5}{2}\pi$

1249

$\dfrac{\pi}{3} \leq x \leq \dfrac{\pi}{2}$에서 곡선 $y=\ln(\sin x)$의 길이는?

① $\dfrac{1}{2}\ln 3$　　　　② $\ln 3$　　　　③ $2\ln 3$

④ $3\ln 3$　　　　⑤ $4\ln 3$

1250

곡선 $x=\ln(\sec\theta+\tan\theta)-\sin\theta$, $y=\cos\theta$ $\left(0\leq\theta\leq\dfrac{\pi}{6}\right)$의

길이는?

① $\ln 2$　　　　② $\ln 2-\dfrac{1}{2}\ln 3$　　　　③ $\ln 2+\dfrac{1}{2}\ln 3$

④ $\ln 2+\ln 3$　　　　⑤ $\ln 3$

1251

$x \geq 0$에서 미분가능한 함수 $f(x)$에 대하여 곡선 $y=f(x)$ 위의
점 $(0, 1)$에서 곡선 $y=f(x)$ 위의 임의의 점 (x, y)까지의 곡선의
길이가 e^x+y-2일 때, $f'(4)$의 값은?

① $\dfrac{1-e^8}{2e^4}$　　　　② $\dfrac{1+e^8}{2e^4}$　　　　③ $\dfrac{1-e^8}{4e^4}$

④ $\dfrac{1+e^8}{4e^4}$　　　　⑤ $\dfrac{1-e^8}{8e^4}$

스키마로 풀이 흐름 알아보기

곡선 $y=\sin x\left(0\le x\le\dfrac{\pi}{2}\right)$와 x축 및 직선 $x=\dfrac{\pi}{2}$로 둘러싸인 부분의 넓이를 곡선 $y=a\cos x$가 이등분할 때,

양수 a의 값은?

조건①　　　　　　　　　　　　　　　　조건②

답

① $\dfrac{3}{4}$　　　② $\dfrac{4}{5}$　　　③ 1　　　④ $\dfrac{5}{4}$　　　⑤ $\dfrac{4}{3}$

유형 05 두 곡선 사이의 넓이 **1208**

스키마 schema　　》》　주어진 조건 은 무엇인지? 구하는 답 은 무엇인지? 이 둘을 어떻게 연결할지?

1 단계

조건

① 곡선 $y=\sin x\left(0\le x\le\dfrac{\pi}{2}\right)$, x축, 직선 $x=\dfrac{\pi}{2}$로 둘러싸인 부분

$\sin\theta=\dfrac{a}{\sqrt{a^2+1}}$, $\cos\theta=\dfrac{1}{\sqrt{a^2+1}}$

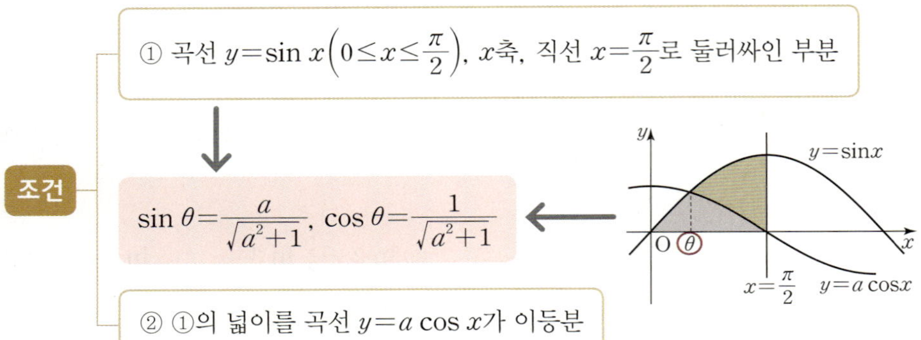

② ①의 넓이를 곡선 $y=a\cos x$가 이등분

두 곡선 $y=\sin x$, $y=a\cos x$의 교점의 x좌표를 $\theta\ (0\le\theta\le\dfrac{\pi}{2})$라 하면 $a\cos\theta=\sin\theta$에서 $\tan\theta=a$이므로

$$\sin\theta=\frac{a}{\sqrt{a^2+1}},\ \cos\theta=\frac{1}{\sqrt{a^2+1}}\quad\cdots\cdots\ \text{㉠}$$

2 단계

조건

① 곡선 $y=\sin x\left(0\le x\le\dfrac{\pi}{2}\right)$, x축, 직선 $x=\dfrac{\pi}{2}$로 둘러싸인 부분

$\sin\theta=\dfrac{a}{\sqrt{a^2+1}}$, $\cos\theta=\dfrac{1}{\sqrt{a^2+1}}$

② ①의 넓이를 곡선 $y=a\cos x$가 이등분

$-a+\cos\theta+a\sin\theta=\dfrac{1}{2}$

곡선 $y=\sin x$와 x축 및 직선 $x=\dfrac{\pi}{2}$로 둘러싸인 부분의 넓이를 곡선 $y=a\cos x$가 이등분하므로

$$\int_{\theta}^{\frac{\pi}{2}}(\sin x-a\cos x)\,dx=\frac{1}{2}\int_{0}^{\frac{\pi}{2}}\sin x\,dx$$

$$\Big[-\cos x-a\sin x\Big]_{\theta}^{\frac{\pi}{2}}=\frac{1}{2}\Big[-\cos x\Big]_{0}^{\frac{\pi}{2}}$$

$$-a+\cos\theta+a\sin\theta=\frac{1}{2}\quad\cdots\cdots\ \text{㉡}$$

3 단계

조건

① 곡선 $y=\sin x\left(0\le x\le\dfrac{\pi}{2}\right)$, x축, 직선 $x=\dfrac{\pi}{2}$로 둘러싸인 부분

$\sin\theta=\dfrac{a}{\sqrt{a^2+1}}$, $\cos\theta=\dfrac{1}{\sqrt{a^2+1}}$

② ①의 넓이를 곡선 $y=a\cos x$가 이등분

$-a+\cos\theta+a\sin\theta=\dfrac{1}{2}$

㉡에 ㉠을 대입하면

$-a+\dfrac{1}{\sqrt{a^2+1}}+\dfrac{a^2}{\sqrt{a^2+1}}=\dfrac{1}{2}$에서

$\sqrt{a^2+1}=a+\dfrac{1}{2}$

위 식의 양변을 제곱하면

$a^2+1=\left(a+\dfrac{1}{2}\right)^2$에서

$a^2+1=a^2+a+\dfrac{1}{4}$　　$\therefore a=\dfrac{3}{4}$

답　양수 a　→　$\dfrac{3}{4}$

답 ①

그림과 같이 <u>반지름의 길이가 3인 원을 밑면</u>으로 하고, <u>지름 AB에 수직인 평면으로</u>
조건①　　　　　　　　　　　　　　　　조건②
<u>입체도형을 자른 단면이 정삼각형</u>일 때, 이 입체도형의 <u>부피</u>는?
답

① $24\sqrt{3}$　　② $27\sqrt{3}$　　③ $30\sqrt{3}$　　④ $33\sqrt{3}$　　⑤ $36\sqrt{3}$

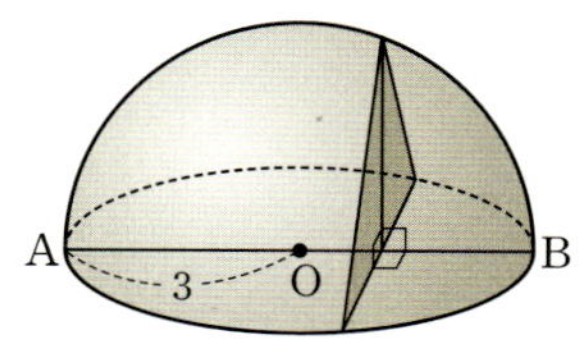

III

유형 08 ｜ 입체도형의 부피 1234

스키마 schema　　▶▶ 주어진 조건 은 무엇인지? 구하는 답 은 무엇인지? 이 둘을 어떻게 연결할지?

1단계

조건

① 밑면 : 지름이 AB,
　반지름의 길이가 3인 원

② 지름 AB에 수직으로
　자른 단면 : 정삼각형

$$\overline{\text{PM}}=\sqrt{3^2-a^2}$$

직선 AB를 x축, 점 O를 원점이
되도록 밑면인 원을 좌표평면 위에
놓자. 단면의 밑변을 선분 PQ라 하고
선분 PQ의 중점 M의 x좌표를
$a\,(-3\le a\le 3)$라 하면
$\overline{\text{OP}}=3$, $\overline{\text{OM}}=|a|$이므로
직각삼각형 OMP에서
$\overline{\text{PM}}=\sqrt{3^2-a^2}$

2단계

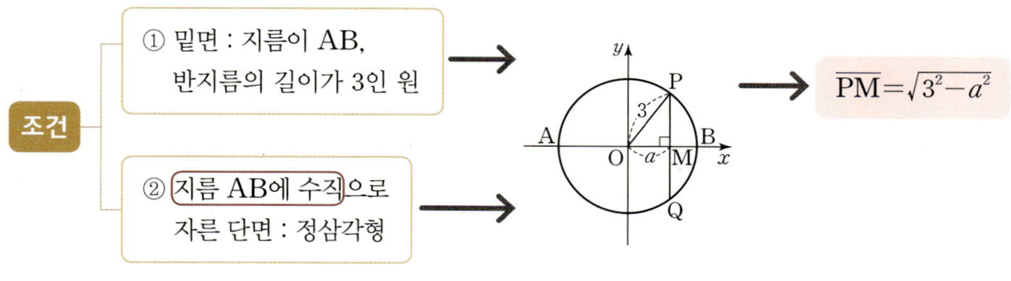

조건

① 밑면 : 지름이 AB,
　반지름의 길이가 3인 원

② 지름 AB에 수직으로
　자른 단면 : 정삼각형

$$\overline{\text{PM}}=\sqrt{3^2-a^2}$$

$$S(a)=\sqrt{3}(9-a^2)$$

이때, 입체도형을 x축에 수직인
평면으로 자른 단면은 한 변의 길이가
$2\sqrt{9-a^2}$인 정삼각형이므로
단면의 넓이를 $S(a)$라 하면
$$S(a)=\frac{\sqrt{3}}{4}(2\sqrt{9-a^2})^2$$
$$=\sqrt{3}(9-a^2)$$

3단계

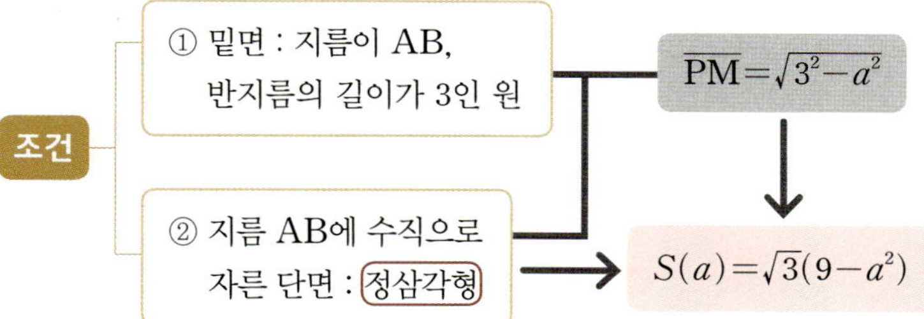

조건

① 밑면 : 지름이 AB,
　반지름의 길이가 3인 원

② 지름 AB에 수직으로
　자른 단면 : 정삼각형

$$\overline{\text{PM}}=\sqrt{3^2-a^2}$$

$$S(a)=\sqrt{3}(9-a^2)$$

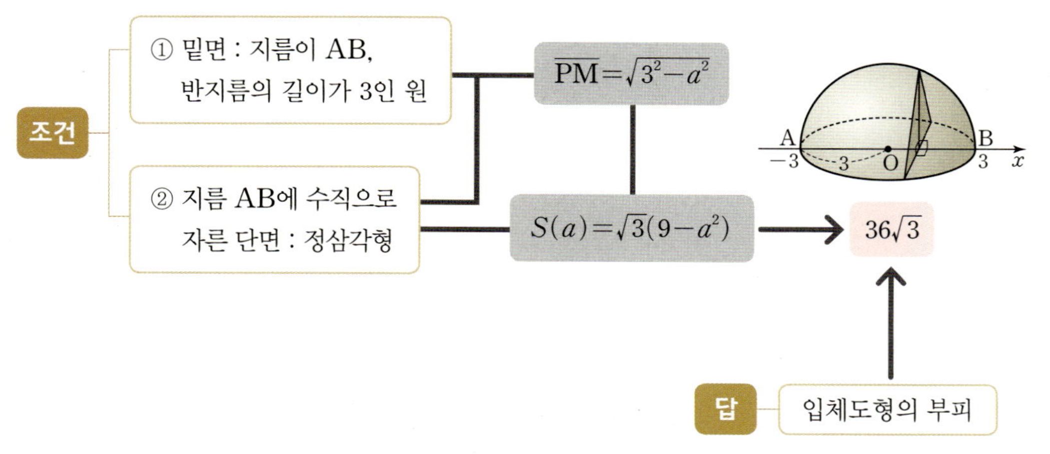

$36\sqrt{3}$

따라서 구하는 입체도형의 부피는
$$V=\int_{-3}^{3} S(x)\,dx$$
$$=\int_{-3}^{3} \sqrt{3}(9-x^2)\,dx$$
$$=2\sqrt{3}\int_{0}^{3} (9-x^2)\,dx$$
$$=2\sqrt{3}\left[9x-\frac{x^3}{3}\right]_{0}^{3}$$
$$=2\sqrt{3}(27-9)$$
$$=36\sqrt{3}$$

답 ─ 입체도형의 부피

답 ⑤

1252

$\displaystyle\lim_{n\to\infty}\sum_{k=n+1}^{3n}\frac{n}{k^2-2nk-15n^2}$의 값은?

① $-\dfrac{1}{4}\ln 3$　　　② $-\dfrac{1}{8}\ln 3$　　　③ 0

④ $\dfrac{1}{8}\ln 3$　　　⑤ $\dfrac{1}{4}\ln 3$

1253

그림과 같이 구간 $\left[0,\dfrac{\pi}{2}\right]$에서 곡선 $y=\cos x$와 y축 및 두 직선 $y=k$ $(0<k<1)$, $x=\dfrac{\pi}{2}$로 둘러싸인 두 도형의 넓이를 각각 S_1, S_2라 할 때, S_1+S_2의 값이 최소가 되도록 하는 상수 k의 값은?

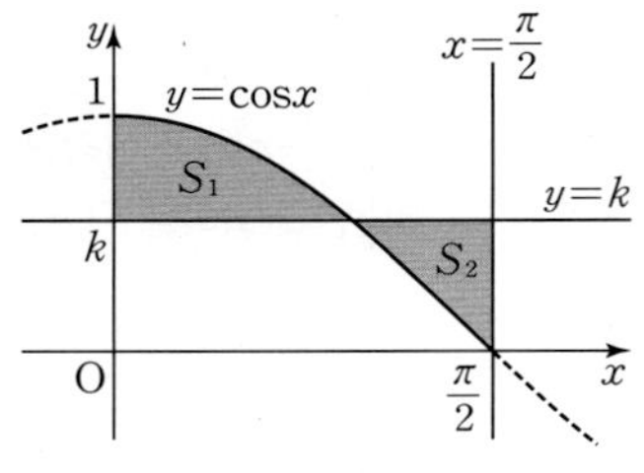

① $\dfrac{1}{2}$　　　② $\dfrac{\sqrt{6}}{4}$　　　③ $\dfrac{\sqrt{2}}{2}$

④ $\dfrac{\sqrt{10}}{4}$　　　⑤ $\dfrac{\sqrt{3}}{2}$

1254

자연수 n, k $(n\geq k)$에 대하여 곡선 $y=e^x$ 위의 점 $\left(\dfrac{k}{n},\ e^{\frac{k}{n}}\right)$에서의 접선과 x축, y축으로 둘러싸인 도형의 넓이를 $S_{(n,\,k)}$라 할 때, $\displaystyle\lim_{n\to\infty}\dfrac{1}{n}\sum_{k=1}^{n}S_{(n,\,k)}=pe+q$이다. 두 유리수 p, q에 대하여 $p+q$의 값은?

① $-\dfrac{5}{2}$　　　② $-\dfrac{3}{2}$　　　③ $-\dfrac{1}{2}$

④ $\dfrac{1}{2}$　　　⑤ $\dfrac{3}{2}$

1255

| 선행 1182 |

그림과 같이 2 이상의 자연수 n에 대하여 사분원 $x^2+y^2=4$ $(x\geq 0,\ y\geq 0)$의 호 AB를 n등분한 각 분점을 차례로 P_1, P_2, P_3, $\cdots$, P_{n-1}이라 하자.

원 위의 점 P_k $(k=1,\ 2,\ 3,\ \cdots,\ n-1)$에서의 원의 접선과 x축, y축으로 둘러싸인 도형의 넓이를 S_k라 할 때, $\displaystyle\lim_{n\to\infty}\dfrac{1}{n}\sum_{k=1}^{n-1}\dfrac{1}{S_k}$의 값은? (단, 두 점 A, B의 좌표는 $(2,\,0)$, $(0,\,2)$이다.)

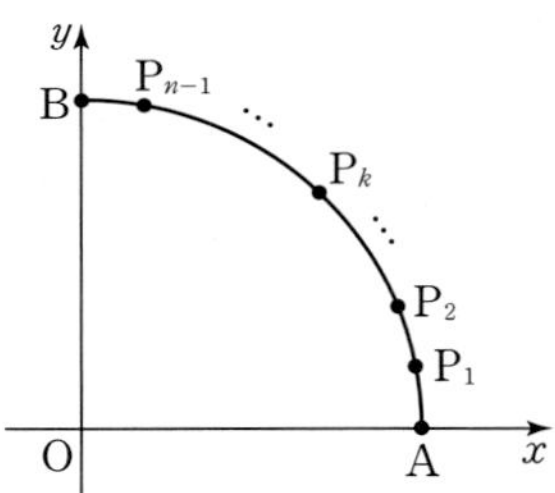

① $\dfrac{1}{8\pi}$　　　② $\dfrac{1}{4\pi}$　　　③ $\dfrac{1}{2\pi}$

④ $\dfrac{1}{\pi}$　　　⑤ $\dfrac{2}{\pi}$

1256

그림과 같이 x좌표가 각각 1, $\dfrac{2}{3}$, $\left(\dfrac{2}{3}\right)^2$, $\left(\dfrac{2}{3}\right)^3$, $\cdots$인 x축 위의 점에서 y축에 평행한 직선을 그어 곡선 $y=x^2$과 만나는 점을 한 꼭짓점으로 하는 직사각형을 한없이 만든다. 이 직사각형이 곡선 $y=x^2$에 의하여 잘려진 윗 부분의 넓이의 합이 $\dfrac{q}{p}$일 때, $p+q$의 값은? (단, p, q는 서로소인 자연수이다.)

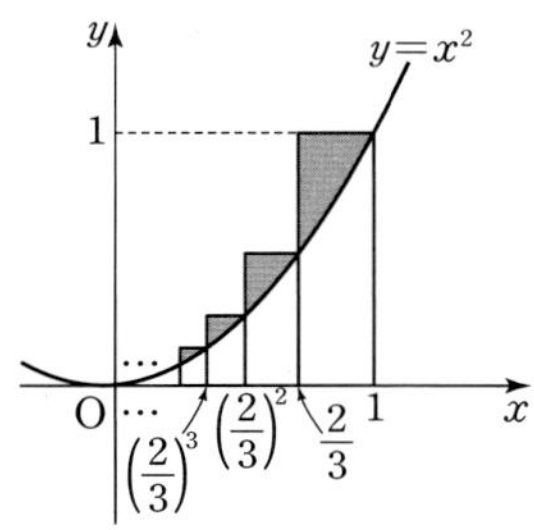

① 61   ② 62   ③ 63

④ 64   ⑤ 65

1257

실수 전체의 집합에서 미분가능한 함수 $f(x)$에 대하여 그 도함수 $f'(x)$가 연속이고 다음 조건을 만족시킨다.

> (가) $\displaystyle\int_0^1 f'(x)\,dx = 2\int_0^1 f(x)\,dx = 3$
>
> (나) 모든 실수 x에 대하여 $f'(-x)+f'(x)=0$이다.

$f(0)=1$일 때, $\displaystyle\lim_{n\to\infty}\sum_{k=1}^{n}\dfrac{k}{n^2}f'\left(\dfrac{2k}{n}-1\right)$의 값은?

① $\dfrac{3}{4}$ ② 1 ③ $\dfrac{5}{4}$

④ $\dfrac{3}{2}$ ⑤ $\dfrac{7}{4}$

1258

$x\ge 0$인 모든 실수 x에 대하여 정의된 함수

$$f(x)=\lim_{n\to\infty}\sum_{k=1}^{n}\dfrac{4x}{n}e^{\frac{kx}{n}}\cos\dfrac{kx}{n}$$

에 대하여 구간 $[0,\,2\pi]$에서 함수 $f(x)$의 최댓값을 M, 최솟값을 m이라 하자. $M-m$의 값은?

① $e^{\frac{3\pi}{2}}-e^{\frac{\pi}{2}}$ ② $e^{2\pi}-e^{\frac{3\pi}{2}}$ ③ 2

④ $2\left(e^{\frac{\pi}{2}}+e^{\frac{3\pi}{2}}\right)$ ⑤ $2\left(e^{\frac{3}{2}\pi}+e^{2\pi}\right)$

1259

선생님 Pick! 평가원기출

세 상수 a, b, c에 대하여 함수 $f(x)=ae^{2x}+be^{x}+c$가 다음 조건을 만족시킨다.

> (가) $\displaystyle\lim_{x\to-\infty}\dfrac{f(x)+6}{e^x}=1$
>
> (나) $f(\ln 2)=0$

함수 $f(x)$의 역함수를 $g(x)$라 할 때,

$$\int_0^{14} g(x)\,dx = p+q\ln 2$$

이다. $p+q$의 값을 구하시오.

(단, p, q는 유리수이고, $\ln 2$는 무리수이다.)

1260

$x>0$인 실수 전체의 집합에서 정의된 함수 $f(x)=e^{-x}\cos x$에 대하여 곡선 $y=f(x)$와 x축이 만나는 점의 x좌표를 작은 것부터 차례로 $x_1,\ x_2,\ x_3,\ \cdots,\ x_n,\ \cdots$($n$은 자연수)이라 하자. 점 $(x_k,\ f(x_k))(k=1,\ 2,\ \cdots,\ n,\ \cdots)$에서 곡선 $y=f(x)$에 접하는 직선의 기울기를 a_k라 할 때, $\sum\limits_{n=1}^{\infty} a_n$의 값은?

① $-\dfrac{e^{\pi}}{e^{\pi}+1}$ ② $-\dfrac{e^{\frac{\pi}{2}}}{e^{\pi}+1}$ ③ $-\dfrac{1}{e^{\pi}+1}$

④ $\dfrac{1}{e^{\pi}+1}$ ⑤ $\dfrac{e^{\frac{\pi}{2}}}{e^{\pi}+1}$

1261

함수 $f(x)=e^{-x}$과 자연수 n에 대하여 점 $(n,\ f(n))$에서의 접선 l_n이 x축과 만나는 점의 x좌표를 x_n이라 하자. 곡선 $y=f(x)$와 접선 l_n 및 직선 $x=x_n$으로 둘러싸인 도형의 넓이를 S_n이라 할 때, $\sum\limits_{n=1}^{\infty} S_n$의 값은?

① $\dfrac{e-1}{2e(e-2)}$ ② $\dfrac{e-1}{e(e-2)}$ ③ $\dfrac{e-2}{4e(e-1)}$

④ $\dfrac{e-2}{2e(e-1)}$ ⑤ $\dfrac{e-2}{e(e-1)}$

1262

자연수 n에 대하여 곡선 $y=\ln x-(n-1)$ 위의 점 $(e^n,\ 1)$에서의 접선과 이 곡선 및 x축으로 둘러싸인 도형의 넓이를 S_n이라 할 때, $\sum\limits_{n=1}^{\infty} \dfrac{1}{S_n}$의 값은?

① $\dfrac{1}{e-1}$ ② $\dfrac{1}{e(e-1)}$

③ $\dfrac{e}{(e-1)(e-2)}$ ④ $\dfrac{2e}{(e-1)(e-2)}$

⑤ $\dfrac{2e}{(e-1)(e+1)}$

1263

그림과 같이 곡선 $y=x\cos x\ (x\geq0)$와 직선 $y=x$의 접점 중 원점에 가까운 점부터 차례대로
$$P_0(=O),\ P_1,\ P_2,\ \cdots,\ P_n,\ \cdots$$
이라 하고, 각 접점의 x좌표를 각각 $x_0,\ x_1,\ x_2,\ \cdots,\ x_n,\ \cdots$이라 하자. 곡선 $y=x\cos x\ (x\geq0)$와 직선 $y=x$ 및 두 직선 $x=x_{n-1},\ x=x_n$으로 둘러싸인 도형의 넓이를 S_n이라 할 때, $\sum\limits_{n=1}^{20} S_n$의 값은?

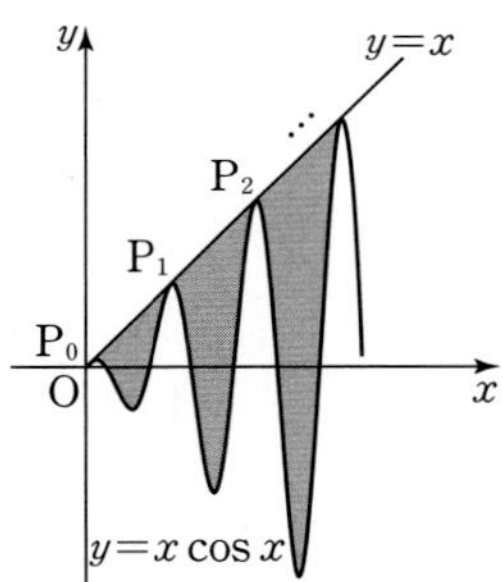

① $680\pi^2$ ② $720\pi^2$ ③ $760\pi^2$

④ $800\pi^2$ ⑤ $840\pi^2$

1264

밑면의 반지름의 길이가 4이고 높이가 2인 원기둥이 있다.
이 원기둥을 밑면의 중심을 지나고 밑면과 45°의 각을 이루는
평면으로 자를 때 생기는 두 입체도형 중에서 작은 것의 부피는?

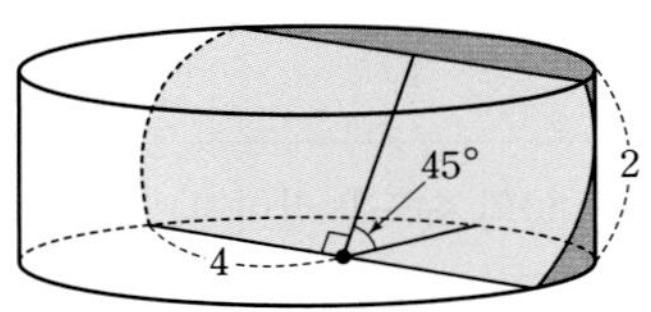

① $\dfrac{16}{3}\pi+\dfrac{64}{3}-12\sqrt{3}$ ② $\dfrac{16}{3}\pi+\dfrac{128}{3}-24\sqrt{3}$

③ $\dfrac{32}{3}\pi+\dfrac{64}{3}-12\sqrt{3}$ ④ $\dfrac{32}{3}\pi+\dfrac{128}{3}-24\sqrt{3}$

⑤ $\dfrac{64}{3}\pi+\dfrac{128}{3}-48\sqrt{3}$

1265

그림과 같이 어떤 입체도형의 밑면은 반지름의 길이가 5인
원이고, 밑면과 지름 AB에 수직인 평면으로 자른 단면은 밑면의
중심 O에서 단면까지의 거리 x를 높이로 하는 이등변삼각형이다.
이 입체도형의 부피는?

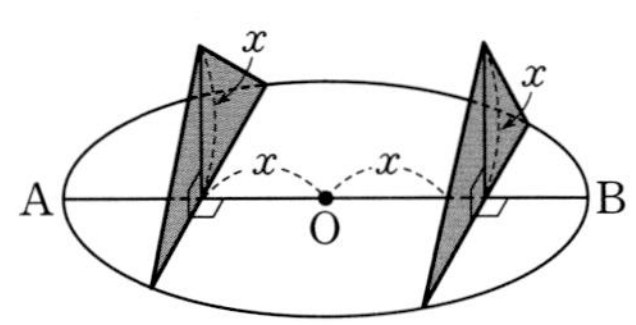

① $\dfrac{220}{3}$ ② $\dfrac{230}{3}$ ③ 80

④ $\dfrac{250}{3}$ ⑤ $\dfrac{260}{3}$

1266

평면 위에 점 O가 중심이고 지름 AB의 길이가 2인 원이 있다.
선분 AB 위의 한 점 P를 지나고 선분 AB에 수직인 직선이 원과
만나는 점을 각각 Q, R라 하자. 그림과 같이 선분 PS를 높이,
선분 QR를 밑변으로 하는 이등변삼각형 SQR가 원을 포함하는
평면과 수직인 상태로 $\overline{\mathrm{OP}}+\overline{\mathrm{PS}}=1$을 만족시키면서 움직인다.
점 P를 점 A에서 점 B까지 움직일 때, 삼각형 SQR가 만드는
입체도형의 부피는?

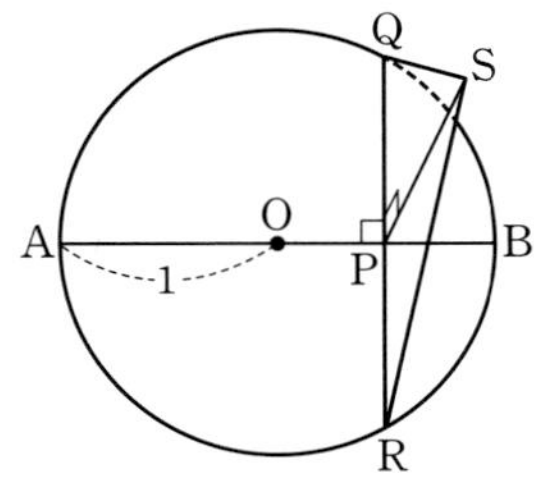

① $\dfrac{\pi}{2}-\dfrac{1}{3}$ ② $\dfrac{\pi}{2}-\dfrac{2}{3}$ ③ $\pi-\dfrac{1}{3}$

④ $\pi-\dfrac{2}{3}$ ⑤ $2\pi-\dfrac{1}{3}$

1267

반지름의 길이가 각각 2, 3인 두 개의 구 A, B가 있다. 구 B가
구 A의 중심을 지날 때, 두 구 A, B가 겹쳐지는 부분의 부피는?

① 2π ② $\dfrac{5}{2}\pi$ ③ 3π

④ $\dfrac{7}{2}\pi$ ⑤ 4π

1268

좌표평면 위를 움직이는 점 P의 시각 t $(0 \leq t \leq 2\pi)$에서의 위치 (x, y)가

$$x = 2\sin t - 2\sin t \cos^2 t, \quad y = 2\cos t - 2\sin^2 t \cos t$$

일 때, 〈보기〉에서 옳은 것만을 있는 대로 고른 것은?

〈보기〉

ㄱ. $t = \pi$일 때, 점 P의 위치는 $(0, -2)$이다.

ㄴ. 점 P는 움직이는 동안 직선 $y = x$와 2번 만난다.

ㄷ. 점 P가 출발 후 속력이 처음으로 0이 될 때까지 움직인 거리는 3이다.

① ㄱ　　　　② ㄴ　　　　③ ㄱ, ㄴ

④ ㄱ, ㄷ　　　⑤ ㄱ, ㄴ, ㄷ

1269

원점을 출발하여 수직선 위를 움직이는 두 점 P, Q의 시각 t $(0 \leq t \leq 2\pi)$에서의 속도가 각각 $v_P(t) = \sin t$, $v_Q(t) = 1 - \cos t$일 때, 〈보기〉에서 옳은 것만을 있는 대로 고른 것은?

〈보기〉

ㄱ. 출발 후 두 점 P, Q의 속도가 같아지는 때는 2번이다.

ㄴ. 점 Q가 움직인 거리는 2π이다.

ㄷ. 두 점 P, Q 사이의 거리의 최댓값은 2π이다.

① ㄱ　　　　② ㄴ　　　　③ ㄱ, ㄴ

④ ㄱ, ㄷ　　　⑤ ㄱ, ㄴ, ㄷ

Ⅰ 수열의 극한

01 수열의 극한
본문 9~38 p

0001 ③
0002 ③
0003 ②
0004 ①
0005 (1) 4　(2) 13　(3) $\dfrac{8}{7}$
0006 ②
0007 ②
0008 ①
0009 ④
0010 ③
0011 ⑤
0012 (1) 14　(2) $\dfrac{5}{2}$
0013 (1) $\dfrac{3}{2}$　(2) -1　(3) 2
0014 ④
0015 ②
0016 (1) $\sqrt{3}$　(2) $\dfrac{1}{2}$　(3) $\dfrac{2}{5}$
0017 ⑤
0018 (1) $\dfrac{1}{2}$　(2) 4　(3) $-\dfrac{3}{2}$
0019 (1) $-\dfrac{4}{3}$　(2) 1
0020 (1) 1　(2) 2
0021 ④
0022 ①
0023 ③
0024 ①
0025 ③
0026 ④
0027 ②
0028 (1) 1　(2) 2　(3) 3
0029 (1) $\dfrac{2}{3}$　(2) 3
0030 (1) 2　(2) 8
0031 ③
0032 ⑤
0033 ②
0034 (1) 1　(2) -2　(3) 63　(4) 0　(5) $\dfrac{1}{9}$
0035 ③
0036 ②
0037 ⑤
0038 ③
0039 ①
0040 ④
0041 ②
0042 ③
0043 ①

0044 ②
0045 ④
0046 ③
0047 $\dfrac{1}{2}$
0048 풀이 참조
0049 풀이 참조
0050 ③
0051 ③
0052 ①
0053 ③
0054 ③
0055 ④
0056 ③
0057 ①
0058 ⑤
0059 ④
0060 ⑤
0061 ⑤
0062 (1) 27　(2) 140　(3) $\sqrt{29}$
0063 ⑤
0064 ①
0065 ③
0066 ⑤
0067 (1) 1　(2) $\dfrac{2}{9}$
0068 ①
0069 ④
0070 ②
0071 (1) -4　(2) -8
0072 ④
0073 ⑤
0074 ①
0075 ⑤
0076 ②
0077 ⑤
0078 ②
0079 ④
0080 (1) 14　(2) $\dfrac{1}{4}$
0081 ①
0082 ③
0083 ④
0084 ①
0085 ②
0086 풀이 참조
0087 ①
0088 ④
0089 ②
0090 ③
0091 ②
0092 ③
0093 풀이 참조
0094 ⑤

0095 ③
0096 ①
0097 풀이 참조
0098 ④
0099 (1) 5　(2) 3
0100 ①
0101 ①
0102 ①
0103 ①
0104 ⑤
0105 ①
0106 ②
0107 ④
0108 ③
0109 ③
0110 ⑤
0111 ②
0112 90
0113 ②
0114 풀이 참조
0115 ①
0116 ③
0117 ⑤
0118 ④
0119 ③
0120 ①
0121 ②
0122 ①
0123 ⑤
0124 ③
0125 ②
0126 ③
0127 ③
0128 ③
0129 ①
0130 ②
0131 ①
0132 ③
0133 ②
0134 ⑤
0135 ④
0136 ②
0137 ②
0138 5
0139 ③
0140 ⑤
0141 ③
0142 ⑤
0143 ①

02 급수
본문 41~79p

0144 (1) 4 (2) 2 (3) $\dfrac{3}{2}$

0145 ⑤

0146 1

0147 ②

0148 ④

0149 (1) 1 (2) $\dfrac{1}{3}$

0150 풀이 참조

0151 (1) $\dfrac{1}{2}$ (2) $\dfrac{3}{4}$ (3) $\dfrac{1}{2}$

0152 (1) 1 (2) $\dfrac{3}{4}$

0153 ①

0154 ②

0155 ①

0156 ②

0157 (1) 4 (2) 2

0158 ⑤

0159 ①

0160 ⑤

0161 ②

0162 $\{a_n\}$: 수렴, $\{b_n\}$: 수렴

0163 ④

0164 ①

0165 ④

0166 ③

0167 (1) 9 (2) -2 (3) 3

0168 ③

0169 ②

0170 (1) 4개 (2) 8개

0171 ④

0172 ②

0173 ②

0174 ⑤

0175 (1) $\dfrac{2}{3}$ (2) $\dfrac{9}{2}$ (3) $2+\sqrt{2}$

0176 풀이 참조

0177 (1) -1 (2) $\dfrac{3}{4}$ (3) $-\dfrac{2}{7}$

0178 ②

0179 (1) $\dfrac{1}{7}$ (2) $\dfrac{8}{9}$

0180 ①

0181 ③

0182 ④

0183 ⑤

0184 ②

0185 ③

0186 $\dfrac{1}{16}$

0187 ①

0188 ②

0189 ③

0190 ③

0191 ③

0192 ③

0193 ⑤

0194 ②

0195 ②

0196 ②

0197 ③

0198 ⑤

0199 풀이 참조

0200 ①

0201 ①

0202 ④

0203 ③

0204 ②

0205 ⑤

0206 ②

0207 ④

0208 발산

0209 풀이 참조

0210 ④

0211 ②

0212 ③

0213 ③

0214 ④

0215 ①

0216 ④

0217 ②

0218 ①

0219 ④

0220 ③

0221 ②

0222 ③

0223 ③

0224 ①

0225 ④

0226 ④

0227 ⑤

0228 ④

0229 ⑤

0230 ⑤

0231 ⑤

0232 ①

0233 ⑤

0234 ④

0235 ①

0236 ③

0237 ③

0238 ②

0239 ④

0240 풀이 참조

0241 ④

0242 ⑤

0243 ④

0244 (1) 1 (2) 24 (3) $\dfrac{512}{9}$

0245 ①

0246 ③

0247 ②

0248 ④

0249 풀이 참조

0250 ③

0251 ①

0252 ②

0253 ⑤

0254 ④

0255 ①

0256 ②

0257 ④

0258 ④

0259 ⑤

0260 ④

0261 ①

0262 ①

0263 ②

0264 ④

0265 ①

0266 ①

0267 ②

0268 ②

0269 ⑤

0270 ④

0271 ③

0272 ②

0273 ⑤

0274 ④

0275 ①

0276 ①

0277 ⑤

0278 ③

0279 ②

0280 ②

0281 ①

0282 ③

0283 ④

0284 ②

0285 ①

0286 $\dfrac{1}{3}$

0287 ①

0288 ①

0289 ②

0290 ②

0291 ④

0292 ②

0293 ①

0294 ⑤

0295 ⑤

0296 ④
0297 ⑤
0298 ③
0299 ③
0300 ③
0301 ②

II 미분법

01 여러 가지 함수의 미분   본문 84~131 p

0302 (1) $\frac{1}{4}$ (2) 1   (3) 2   (4) -3

0303 ③

0304 (1) $\frac{1}{4}$ (2) 9

0305 ③

0306 (1) e^5 (2) e^{-2} (3) e^3 (4) $e^{-\frac{1}{2}}$ (5) $e^{-\frac{2}{3}}$

0307 ④

0308 (1) e (2) $-\frac{1}{2}$ (3) $\frac{\sqrt{2}}{2}$

0309 풀이 참조

0310 (1) 2   (2) 4   (3) $-\frac{8}{3}$

0311 (1) $\frac{4}{\ln 2}$ (2) $\frac{2}{\ln 3}$ (3) $2\ln a$ (4) $\frac{1}{2}\ln 3$

0312 ④

0313 ②

0314 (1) $\frac{2}{3}$ (2) $\ln 2$ (3) $\ln 5 \times \ln 3$

0315 ①

0316 풀이 참조

0317 (1) $y'=5e^x$ (2) $y'=2^x\ln 2$ (3) $y'=e^{x-2}$
(4) $y'=3^{x+1}\ln 3$ (5) $y'=3e^{3x+1}$

0318 (1) $y'=\frac{1}{x}+3$ (2) $y'=\frac{1}{x}$
(3) $y'=\frac{1}{x\ln 3}$ (4) $y'=\frac{1}{x\ln 2}$

0319 ③

0320 ③

0321 (1) $e+2$ (2) $\frac{2}{\ln 3}$ (3) $-6\ln 2+3$

0322 (1) $\sqrt{2}$ (2) 2   (3) $\sqrt{3}$ (4) $\frac{\sqrt{3}}{6}$

0323 (1) $\frac{\sqrt{5}}{2}$ (2) $-\frac{3\sqrt{5}}{5}$ (3) $-\frac{5}{2}$

0324 (1) -2 (2) $-\sqrt{5}$

0325 ④

0326 (1) $\frac{\sqrt{6}+\sqrt{2}}{4}$ (2) $\frac{\sqrt{2}-\sqrt{6}}{4}$ (3) $2-\sqrt{3}$
(4) $\frac{\sqrt{6}-\sqrt{2}}{4}$

0327 ④

0328 ⑤

0329 (1) $-\frac{4}{5}$ (2) $-\frac{3}{5}$ (3) $\frac{4}{3}$

0330 ④

0331 ③

0332 풀이 참조

0333 (1) $\frac{1}{3}$ (2) $\frac{2}{3}$ (3) $\frac{1}{2}$

0334 (1) $5\sin(\theta+\alpha)$ (2) $5\cos(\theta-\beta)$

0335 ③

0336 ③

0337 ③

0338 ⑤

0339 (1) π (2) 3   (3) 2

0340 (1) 4   (2) $\frac{3}{2}$ (3) 2   (4) 4

0341 (1) $\frac{5}{2}$ (2) $\frac{2}{3}$ (3) $\frac{5}{2}$

0342 (1) $\frac{1}{2}$ (2) $\frac{1}{2}$

0343 4

0344 ④

0345 $\frac{1}{2}$

0346 풀이 참조

0347 풀이 참조

0348 (1) $y'=2+\cos x$
(2) $y'=-5\sin x-4\cos x$
(3) $y'=\cos x-x\sin x$

0349 (1) π (2) $-e^\pi$ (3) 2

0350 ①

0351 ⑤

0352 ④

0353 ⑤

0354 ⑤

0355 ②

0356 ⑤

0357 (1) $\frac{5}{2}$ (2) -6

0358 ①

0359 ③

0360 (1) e^{64} (2) -2

0361 ⑤

0362 ②

0363 (1) 12   (2) $5\ln 2$

0364 ⑤

0365 ③

0366 ④

0367 (1) 2   (2) $-\frac{9}{\ln 3}$

0368 ⑤

0369 ①

0370 ③

0371 ④

0372 (1) 3   (2) 2   (3) $\frac{1}{2}$ (4) 10

0373 (1) 4   (2) 2

0374 풀이 참조

0375 ⑤

0376 -4

0377 (1) $-e$ (2) -1

0378 ⑤

0379 $-\frac{3}{2}$

0380 (1) 2   (2) 2

0381 $a=0,\ b=e$

0382 풀이 참조

0383 6

0384 ③

0385 ③

0386 ②

0387 ⑤

0388 (1) 1   (2) 6

0389 $\frac{1}{\ln 2}+\ln 2$

0390 ②

0391 ①

0392 ②

0393 $\sqrt{2}$

0394 ①

0395 ①

0396 ④

0397 (1) $\frac{1}{8\ln 2}$ (2) $4e^4$

0398 (1) $\frac{1}{\ln 2}-5$ (2) $12e(1-\ln 2)$ (3) 2

0399 (1) $-\frac{32}{e^4}$ (2) $-\frac{1}{e}$

0400 (1) $e\sqrt{e}$ (2) $a=0,\ b=-2$

0401 $\frac{5}{3}e$

0402 풀이 참조

0403 $\frac{2}{3e}$

0404 (1) 제3사분면   (2) $-\frac{5}{4}$ (3) $2\tan\theta$

0405 (1) ㄹ   (2) ㄷ   (3) ㄱ   (4) ㅈ

0406 ④

0407 (1) $\frac{25}{4}$ (2) $\frac{5}{4}$

0408 (1) $-\frac{8}{3}$ (2) $-\frac{4}{3}$ (3) $\frac{4\sqrt{7}}{3}$

0409 ③

0410 (1) $\frac{\pi}{3},\ \frac{2}{3}\pi$ (2) $\frac{\pi}{3},\ \frac{5}{3}\pi$

0411 -1

0412 (1) $\frac{\sqrt{3}}{2}$ (2) $\frac{1}{2}$

0413 ②

0414 ②

0415 (1) 2 (2) $\dfrac{4}{3}$ (3) -2

0416 풀이 참조

0417 $\dfrac{\sqrt{3}}{2}$

0418 ④

0419 $2\sqrt{3}\pi$

0420 ②

0421 (1) $\dfrac{34}{9}$ (2) $-\dfrac{4}{3}$

0422 ③

0423 ③

0424 (1) 3π (2) $\dfrac{5}{4}\pi$

0425 풀이 참조

0426 $a=\dfrac{\pi}{4},\ b=\sqrt{2}$

0427 ④

0428 ③

0429 ④

0430 ④

0431 ②

0432 $\dfrac{3}{4}$

0433 ②

0434 11

0435 (1) $\dfrac{\sqrt{3}+\sqrt{6}}{3}$ (2) $\dfrac{4}{9}$

0436 ③

0437 $-\sqrt{3}$

0438 $\dfrac{3}{2}$

0439 ⑤

0440 ②

0441 ①

0442 ③

0443 ⑤

0444 ⑤

0445 풀이 참조

0446 ②

0447 70

0448 $\dfrac{2\sqrt{6}-\sqrt{3}}{5}$

0449 ④

0450 $\dfrac{8\sqrt{5}}{25}$

0451 ⑤

0452 $\dfrac{3}{2}\pi$

0453 ④

0454 ④

0455 (1) 2 (2) 8

0456 (1) $\dfrac{2}{3}$ (2) $\dfrac{2}{3}$

0457 ⑤

0458 (1) -1 (2) -2 (3) $\dfrac{\pi}{16}$

0459 (1) $-\dfrac{1}{2}$ (2) $\dfrac{1}{2}$ (3) 4 (4) $\dfrac{1}{8}$

0460 (1) $a=12$ (2) $a=2,\ b=0$ (3) $a=2,\ b=1$
(4) $a=4,\ b=-1$

0461 ②

0462 (1) 3 (2) 510

0463 ④

0464 ④

0465 4

0466 ④

0467 (1) $-\dfrac{\pi}{6}$ (2) 5

0468 ②

0469 풀이 참조

0470 풀이 참조

0471 ④

0472 ②

0473 36

0474 풀이 참조

0475 $\dfrac{\sqrt{3}}{3}$

0476 20

0477 ③

0478 ④

0479 17

0480 ④

0481 ②

0482 60

0483 풀이 참조

0484 풀이 참조

0485 ②

0486 ②

0487 (1) 0 (2) e^{π} (3) 4

0488 (1) $-\dfrac{\pi}{2}$ (2) π

0489 ②

0490 풀이 참조

0491 ①

0492 -4

0493 ③

0494 ③

0495 (1) $\dfrac{1}{e^{2}}$ (2) 1

0496 ②

0497 2

0498 (1) 1 (2) $\ln 8$

0499 ②

0500 $-\dfrac{2}{3\ln 2}$

0501 풀이 참조

0502 ③

0503 $\dfrac{3}{2}\ln 2$

0504 13

0505 ②

0506 ②

0507 $\dfrac{6}{5}$

0508 $\dfrac{\sqrt{2}}{2}$

0509 $\dfrac{-1+2\sqrt{2}}{2}$

0510 30

0511 ④

0512 (1) $-2\sqrt{2}$ (2) 2

0513 $\dfrac{15}{8}$

0514 6

0515 ③

0516 ⑤

0517 ②

0518 50

0519 30

0520 ②

02 여러 가지 미분법 본문 134~162p

0521 (1) $y'=-\dfrac{1}{(x+3)^{2}}$ (2) $y'=\dfrac{5}{(x+2)^{2}}$
(3) $y'=-\dfrac{1}{x^{2}}$

0522 (1) 7 (2) $-\dfrac{1}{8}$ (3) $-\dfrac{1}{4}$

0523 (1) $\dfrac{1}{2}$ (2) 1 (3) 0

0524 (1) 4 (2) -27

0525 풀이 참조

0526 (1) $-\csc x \cot x-\csc^{2} x$ (2) $\dfrac{8}{3}$

0527 10

0528 ①

0529 (1) $f'(x)=10x(x^{2}+1)^{4}$ (2) -24

0530 (1) $6e^{2}$ (2) $\dfrac{3}{e^{4}}$ (3) $\sqrt{3e}$

0531 (1) $-2\sin 3$ (2) $\sqrt{2}$ (3) $\dfrac{\sqrt{3}}{2}$ (4) 2

0532 (1) $\dfrac{6}{7}$ (2) $\dfrac{5}{3}$

0533 ④

0534 ②

0535 (1) $\dfrac{3}{2}$ (2) $\dfrac{8}{3}$ (3) $-6\sqrt{3}$

0536 ③

0537 ②

0538 -1

0539 (1) -10 (2) $\dfrac{\sqrt{3}}{2}$

0540 (1) 1 (2) $-\dfrac{8}{\ln 2}$

0541 ②

0542 ①

0543 ④

0544 ①

0545 (1) 1 (2) 2

0546 ①

0547 (1) $-\dfrac{1}{9}$ (2) 2

0548 ⑤

0549 ④

0550 ③

0551 풀이 참조

0552 ①

0553 ④

0554 ③

0555 ④

0556 ④

0557 ③

0558 (1) $\dfrac{1}{2}$ (2) $\dfrac{1}{3}$ (3) 1

0559 풀이 참조

0560 ②

0561 (1) $y''=8(6x^2+3)$ (2) $y''=24(2x-1)$
(3) $y''=-4\cos(2x)$
(4) $y''=\dfrac{1}{x}$

0562 (1) $-\dfrac{9}{4}$ (2) 3 (3) $-2e^{\frac{\pi}{2}}$

0563 ③

0564 ⑤

0565 ④

0566 ④

0567 ①

0568 (1) $-\dfrac{3}{2}$ (2) 9

0569 -385

0570 (1) $-4(2+\sqrt{3})$ (2) $-2+\sqrt{2}$

0571 ②

0572 ④

0573 ④

0574 ③

0575 ②

0576 ②

0577 ③

0578 ①

0579 ②

0580 ④

0581 $a=e^{\frac{\pi}{2}}$, $b=3$

0582 풀이 참조

0583 ②

0584 ⑤

0585 ①

0586 (1) $\dfrac{1}{2}$ (2) $\dfrac{4}{3}$

0587 ④

0588 ④

0589 π

0590 ②

0591 (1) $4\ln 3$ (2) 1

0592 $10+2\sqrt{2}$

0593 ②

0594 ②

0595 풀이 참조

0596 $\dfrac{1}{e^2-1}$

0597 21

0598 ⑤

0599 (1) 2 (2) $\sqrt{3}$

0600 (1) $-\dfrac{1}{27}$ (2) -9

0601 ⑤

0602 ④

0603 ④

0604 ③

0605 -4

0606 ②

0607 ③

0608 ⑤

0609 ⑤

0610 풀이 참조

0611 ①

0612 ③

0613 ⑤

0614 풀이 참조

0615 ⑤

0616 ⑤

0617 ③

0618 $\dfrac{\sqrt{11}}{3}$ (cm/초)

0619 ①

0620 ④

0621 3

0622 (1) $-\dfrac{\sqrt{3}}{3}$ (2) -3

0623 $\dfrac{1}{2}$

0624 ④

0625 ③

0626 ②

0627 ①

0628 ②

0629 ①

0630 풀이 참조

0631 ①

0632 -12

0633 풀이 참조

0634 ③

0635 ③

0636 ⑤

0637 ②

0638 ②

0639 풀이 참조

0640 ①

0641 ②

0642 (1) $\dfrac{e^2}{3}$ (2) $-\dfrac{3}{2}\sqrt{2}$

0643 ④

0644 (1) $-\dfrac{1}{5}$ (2) $\dfrac{5}{3}\pi$

0645 풀이 참조

0646 ②

0647 $-\dfrac{9}{5}$

0648 ⑤

0649 ③

0650 풀이 참조

0651 ③

0652 ②

0653 2

0654 $1+a^3b^4$

0655 ③

0656 ①

0657 83

0658 8

0659 109

0660 ②

0661 ④

0662 $\dfrac{1}{2}$

0663 $\dfrac{1}{2}$

03 도함수의 활용 본문 165~203p

0664 (1) $y=\dfrac{2}{e}x$ (2) $y=2x-\dfrac{\pi}{2}+1$
(3) $y=ex-2e$ (4) $y=\dfrac{1}{4}x$

0665 ②

0666 6

0667 (1) 1 (2) $\dfrac{1}{2}$

0668 ①

0669 (1) e (2) 2 (3) $y=\dfrac{1}{e}x+\dfrac{1}{e}$ (4) 2

0670 ③

0671 (1) $y=-2x-2$ (2) $y=-x+2\sqrt{2}$

0672 ④

0673 $\dfrac{1}{4}$

0674 풀이 참조

0675 풀이 참조

0676 ③

0677 ③

0678 ①

0679 ③

0680 (1) 0 (2) -3

0681 ⑤

0682 ②

0683 (1) $\left(-1, \dfrac{1}{4}\right)$, $\left(1, \dfrac{1}{4}\right)$ (2) $\left(e^2, \dfrac{e^2}{2}\right)$ (3) $\left(-\dfrac{1}{2}, \dfrac{1}{e^2}+2\right)$

0684 (1) 1 (2) 2

0685 (1) $(\pi, 0)$ (2) $y=-2x+2\pi$

0686 $\dfrac{e^4}{2}$

0687 ②

0688 ④

0689 풀이 참조

0690 ⑤

0691 ④

0692 ③

0693 풀이 참조

0694 ③

0695 (1) 10, 6 (2) $\dfrac{\pi}{2}$, $\dfrac{\pi}{6}-\dfrac{\sqrt{3}}{2}$

0696 ⑤

0697 ③

0698 ⑤

0699 ②

0700 ②

0701 ②

0702 $2<a\le 3$

0703 ④

0704 ⑤

0705 풀이 참조

0706 ②

0707 $0<a\le e$

0708 ④

0709 $0<k<e$

0710 (1) $(6, 4)$, $2\sqrt{13}$ (2) $(12, 0)$, 12

0711 ②

0712 ⑤

0713 (1) $2e$ (2) 1

0714 ②

0715 ①

0716 ③

0717 $-\dfrac{\sqrt{2}}{4}\pi$

0718 ②

0719 $\dfrac{1}{8e^2}$

0720 ②

0721 (1) $-\dfrac{1}{4e}$ (2) $a=4$, $b=\dfrac{\pi}{3}$

0722 ⑤

0723 (1) 4 (2) $-\dfrac{\sqrt{3}}{3}$

0724 ⑤

0725 $2\sqrt{3}+1$

0726 $\dfrac{1}{4}e+e^3$

0727 ④

0728 ④

0729 -4

0730 풀이 참조

0731 ②

0732 ③

0733 ③

0734 $k=e$, $\mathrm{P}(e, e)$

0735 5

0736 풀이 참조

0737 ②

0738 2

0739 ④

0740 ②

0741 -5

0742 $\dfrac{17}{2}\pi$

0743 $-\dfrac{\sqrt{2}}{2}e^{-\frac{3}{4}\pi}$

0744 ①

0745 $\dfrac{1}{2}$

0746 풀이 참조

0747 ②

0748 ③

0749 $a\le -1$

0750 ④

0751 ④

0752 $e^{-\frac{1}{2}}$

0753 $k\le \dfrac{1}{2}$

0754 ⑤

0755 풀이 참조

0756 ②

0757 (1) $\dfrac{a+b}{2}$ (2) 6

0758 ④

0759 ④

0760 ⑤

0761 ①

0762 ⑤

0763 ①

0764 ⑤

0765 ②

0766 ⑤

0767 ②

0768 ⑤

0769 ③

0770 ⑤

0771 ⑤

0772 ④

0773 5

0774 2

0775 $k<2-\dfrac{1}{2e}$

0776 ③

0777 ④

0778 ②

0779 ②

0780 ③

0781 ②

0782 $\dfrac{16}{e^2}$

0783 ①

0784 풀이 참조

0785 ②

0786 ⑤

0787 ④

0788 ⑤

0789 풀이 참조

0790 $\dfrac{1}{e}<k<e$

0791 (1) 7 (2) 16

0792 ⑤

0793 ③

0794 ③

0795 ③

0796 ④

0797 ⑤

0798 ①

0799 ⑤

0800 ④

0801 풀이 참조

0802 ②

0803 -1

0804 ③

0805 ④

0806 풀이 참조

0807 ④

0808 ⑤

0809 $\dfrac{\sqrt{3}}{3}$

0810 ④

0811 풀이 참조

0812 ②

0813 (1) $2\sqrt{2}$ (2) 2 (3) 4

0814 ③

0815 (1) $\dfrac{3}{4}$ (2) $5e^4$

0816 풀이 참조

0817 ⑤

0818 $\dfrac{\pi}{12}$

0819 6초

0820 8

0821 12

0822 풀이 참조

0823 $-1<a<0$

0824 ①

0825 -5

0826 $\dfrac{1}{\sqrt{e}}$

0827 ④

0828 ③
0829 ③
0830 ⑤
0831 ⑤
0832 2
0833 10
0834 ⑤
0835 72
0836 ⑤
0837 15
0838 ①
0839 ④
0840 최댓값 : $16\sqrt{3}\pi$, $\theta=\dfrac{6-2\sqrt{6}}{3}\pi$
0841 27
0842 $100\pi^2$
0843 ①
0844 ③
0845 ⑤
0846 $(24,\ 8\sqrt{3})$

III 적분법

01 부정적분 본문 206~230 p

0847 (1) $\ln|x|-\dfrac{1}{4x^4}+C$

(2) $\dfrac{2}{3}x\sqrt{x}+2\sqrt{x}+C$

(3) $\dfrac{2}{7}x^3\sqrt{x}+\dfrac{3}{4}x\sqrt[3]{x}+C$

0848 ⑤
0849 ⑤
0850 ⑤
0851 ⑤
0852 (1) $e^{x+1}+C$ (2) $\dfrac{2^{x-1}}{\ln 2}+C$

(3) $\dfrac{2^{4x-2}}{\ln 2}+C$ (4) $-\dfrac{3^{-x}}{\ln 3}+C$

0853 ①
0854 ⑤
0855 ④
0856 ②
0857 ④
0858 (1) $-\cos x-2\sin x+C$

(2) $x+\tan x+C$ (3) $x^2-\cot x+C$

(4) $\sec x+\csc x+C$

0859 ④
0860 ③
0861 ①
0862 ⑤
0863 ③
0864 ③

0865 ①
0866 (1) $\dfrac{1}{18}(3x+2)^6+C$ (2) $\ln(x+1)^2+C$

(3) $\dfrac{2}{3}(x^2+1)\sqrt{x^2+1}+C$

(4) $2\sqrt{x^2+3}+C$

0867 (1) $-\dfrac{3^{2-x}}{\ln 3}+C$ (2) $e^{x^2}+C$

(3) $\dfrac{(\ln x)^2}{2}+C$ (4) $\dfrac{\{\ln(2x)\}^4}{4}+C$

0868 (1) $-\dfrac{\cos(2x)}{2}+C$

(2) $\dfrac{1}{3}\sin(3x-4)+C$

(3) $\dfrac{\sin^3 x}{3}+C$ (4) $\dfrac{\cos^5 x}{5}-\dfrac{\cos^3 x}{3}+C$

0869 ③
0870 ⑤
0871 ④
0872 ⑤
0873 ③
0874 ④
0875 ④
0876 ①
0877 (1) $\ln(x^2+3)+C$ (2) $\ln|\sec x|+C$

(3) $\ln(e^x+e^{-x})+C$

0878 ②
0879 ⑤
0880 ③
0881 $\ln\left|\dfrac{x}{x+1}\right|+C$
0882 ②
0883 ③
0884 풀이 참조
0885 ④
0886 ⑤
0887 (1) $x\ln x-x+C$ (2) xe^x-e^x+C

(3) $x\sin x+\cos x+C$

0888 ②
0889 ③
0890 ④
0891 ④
0892 ⑤
0893 ⑤
0894 ⑤
0895 ①
0896 ④
0897 ②
0898 ③
0899 ④
0900 ③
0901 ②
0902 ④
0903 ④
0904 풀이 참조
0905 ⑤

0906 ⑤
0907 ②
0908 ①
0909 ④
0910 ①
0911 ⑤
0912 ④
0913 ⑤
0914 ④
0915 ①
0916 ④
0917 ④
0918 ①
0919 ③
0920 풀이 참조
0921 ②
0922 ②
0923 ⑤
0924 ③
0925 ②
0926 ④
0927 ④
0928 ②
0929 ③
0930 ④
0931 ④
0932 ④
0933 ⑤
0934 ②
0935 ⑤
0936 ⑤
0937 ①
0938 ④
0939 ⑤
0940 ④
0941 ②
0942 ⑤
0943 ①
0944 ⑤
0945 ①
0946 ④
0947 ②
0948 ②
0949 ④
0950 ②
0951 ③
0952 ②
0953 ④
0954 풀이 참조
0955 ③
0956 ⑤
0957 ③
0958 ⑤
0959 ⑤

02 정적분
본문 232~260 p

0960 (1) $\dfrac{e^2+1}{2}$ (2) $\ln 3$ (3) 1
   (4) $e-1+\dfrac{6}{\ln 3}$

0961 ⑤

0962 (1) $\ln 2$ (2) $\ln \dfrac{9}{8}$

0963 ⑤
0964 ③
0965 ④
0966 ②
0967 (1) $e-2$ (2) $1+\dfrac{1}{2\ln 2}$

0968 ①
0969 ②
0970 ④
0971 ⑤
0972 ⑤
0973 ④
0974 (1) 42 (2) $-\dfrac{7}{2}$ (3) $\dfrac{2}{3}$

0975 (1) $\ln 2$ (2) $\dfrac{1}{6}$ (3) $\sqrt{2}-1$

0976 (1) $e-1$ (2) $\dfrac{1}{3}$ (3) 0 (4) $\dfrac{1}{3}$

0977 ②
0978 ③
0979 ④
0980 ②
0981 ⑤
0982 ②
0983 ④
0984 ①
0985 ④
0986 ③
0987 ②
0988 ③
0989 (1) 1 (2) $16\ln 2-\dfrac{15}{4}$ (3) 1 (4) 2π
0990 ①
0991 ①
0992 ③
0993 ③
0994 ④
0995 ①
0996 ②
0997 ①
0998 ②
0999 ②
1000 ②
1001 ①
1002 ②
1003 ①
1004 ③

1005 ②
1006 ②
1007 ④
1008 (1) -2 (2) e (3) $\dfrac{\sqrt{3}}{4}$
1009 ④
1010 ②
1011 ⑤
1012 ⑤
1013 ③
1014 ①
1015 ④
1016 ⑤
1017 ④
1018 ④
1019 ④
1020 ⑤
1021 ④
1022 ①
1023 ③
1024 ③
1025 ①
1026 ③
1027 ④
1028 ②
1029 ②
1030 ⑤
1031 ③
1032 ③
1033 ⑤
1034 ④
1035 ③
1036 ①
1037 ⑤
1038 풀이 참조
1039 ③
1040 ③
1041 ③
1042 ④
1043 ③
1044 ②
1045 ②
1046 ②
1047 ③
1048 ②
1049 ④
1050 ⑤
1051 ⑤
1052 ③
1053 ①
1054 ②
1055 풀이 참조
1056 ③
1057 ③

1058 ②
1059 ①
1060 ⑤
1061 ①
1062 ③
1063 ①
1064 ②
1065 ④
1066 ①
1067 ②
1068 ⑤
1069 ⑤
1070 ④
1071 ③
1072 ③
1073 ④
1074 ④
1075 ①
1076 ⑤

1077 ②
1078 51
1079 ④
1080 ②
1081 ④
1082 ④
1083 ⑤
1084 ④
1085 ④
1086 ⑤
1087 283
1088 ④

03 정적분의 활용
본문 263~302 p

1089 ④
1090 a
1091 ②
1092 ②
1093 (1) 0 (2) $\dfrac{2}{3}$ (3) $\dfrac{1}{2}\ln 3$
1094 ③
1095 (1) $\dfrac{63}{2}$ (2) $\dfrac{4}{3}$ (3) $\dfrac{363}{5}$
1096 ①
1097 ②
1098 ③
1099 ①
1100 (1) $3\ln 2-1$ (2) $4\sqrt{e}-4$ (3) $2(e^2+1)$
1101 ①
1102 ⑤
1103 ④
1104 ③
1105 (1) $16\ln 2-6$ (2) $2\ln 2-1$

1106 ④	**1157** ②	**1211** ③
1107 (1) 1 (2) π	**1158** ④	**1212** ③
1108 $\dfrac{k\pi}{n}$, π, 2	**1159** ①	**1213** ④
	1160 ③	**1214** 풀이 참조
1109 (1) $\dfrac{2}{\pi}$ (2) π	**1161** ⑤	**1215** ④
	1162 ③	**1216** ②
1110 ③	**1163** ④	**1217** ④
1111 ②	**1164** ①	**1218** ②
1112 (1) $\ln 5$ (2) $e - \dfrac{1}{e}$ (3) $2 - \dfrac{\sqrt{3}}{2}$	**1165** ②	**1219** ①
	1166 ②	**1220** ②
1113 ④		**1221** ②
1114 ②	**1167** ④	**1222** ④
1115 ③	**1168** ④	**1223** ②
1116 ①	**1169** 풀이 참조	**1224** 풀이 참조
1117 ②	**1170** ④	**1225** ④
1118 ②	**1171** ⑤	**1226** ③
1119 ③	**1172** ①	**1227** ②
1120 ④	**1173** ①	**1228** ③
1121 ④	**1174** ⑤	**1229** ④
1122 ④	**1175** 풀이 참조	**1230** ④
1123 ②	**1176** 풀이 참조	**1231** ①
1124 ③	**1177** ③	**1232** ②
1125 ④	**1178** ④	**1233** ③
1126 ④	**1179** ②	**1234** ⑤
1127 ④	**1180** ⑤	**1235** ③
1128 ②	**1181** 풀이 참조	**1236** ③
1129 ①	**1182** ④	**1237** ②
1130 ④	**1183** ②	**1238** ②
1131 ③	**1184** ④	**1239** ⑤
1132 ①	**1185** ①	**1240** ④
1133 ①	**1186** ⑤	**1241** ②
1134 ①	**1187** ③	**1242** ④
1135 ④	**1188** ①	**1243** ②
1136 ②	**1189** ④	**1244** 64
1137 ③	**1190** ②	**1245** ⑤
1138 ①	**1191** ④	**1246** ③
1139 ⑤	**1192** ②	**1247** ⑤
1140 ③	**1193** ④	**1248** ②
1141 ③	**1194** ①	**1249** ①
1142 ①	**1195** ③	**1250** ②
1143 ③	**1196** ③	**1251** ①
1144 풀이 참조	**1197** ③	
1145 ④	**1198** ③	**1252** ②
1146 ②	**1199** ④	**1253** ③
1147 ④	**1200** ③	**1254** ②
1148 ①	**1201** ②	**1255** ③
1149 ③	**1202** ③	**1256** ⑤
1150 ⑤	**1203** ③	**1257** ③
1151 (1) $\dfrac{8}{\pi}$ (2) $-\dfrac{8}{\pi}$ (3) $\dfrac{24}{\pi}$	**1204** ③	**1258** ⑤
	1205 ③	**1259** 26
1152 ④	**1206** 풀이 참조	**1260** ②
1153 ③	**1207** ④	**1261** ④
1154 ③	**1208** ①	**1262** ④
1155 ①	**1209** ④	**1263** ④
1156 ③	**1210** 풀이 참조	**1264** ④

1265 ④
1266 ②
1267 ⑤
1268 ⑤
1269 ⑤

유형 ＋ 내신
고쟁이

교과서 수준의 기본 문항부터 고난도 문항까지 모두 수록
선수 학습과의 연결을 통해 개념의 흐름을 보여주는 '개념정리' 수록
내신 / 평가원 / 교육청 기출문제까지 철저하게 분석하여 학교 시험 대비 최적화

유형 ＋ 내신

고쟁이

고득점 쟁취를 이루자!

유 형 + 내 신

고
쟁이

미적분

| 정답과 풀이 |

이투스북

유형 ＋ 내신
고쟁이

유 형 ＋ 내 신

고
쟁이

수학 개념과 원리를 꿰뚫는
내신 대비 집중 훈련서

미적분

정답과 풀이

01 수열의 극한

0001   답 ③

$n=1, 2, 3, 4, \cdots$을 $3+\dfrac{1}{n}$에 차례로 대입하면

$3+\dfrac{1}{1}, \ 3+\dfrac{1}{2}, \ 3+\dfrac{1}{3}, \ 3+\dfrac{1}{4}, \ \cdots$이고 이를 좌표평면 위에 나타내면 다음과 같다.

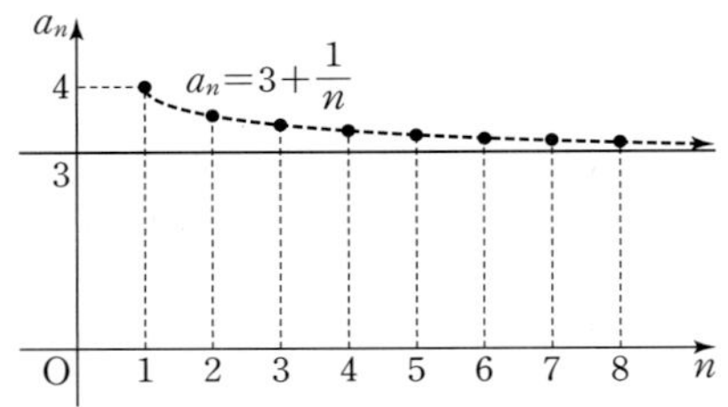

위의 그림과 같이 n이 한없이 커지면 $\dfrac{1}{n}$의 값은 0에 한없이

가까워지므로 수열 $\left\{3+\dfrac{1}{n}\right\}$은 3에 수렴한다.

0002   답 ③

ㄱ. n이 한없이 커지면 $2n-1$의 값은 한없이 커지므로 수열 $\{2n-1\}$은 양의 무한대로 발산한다.

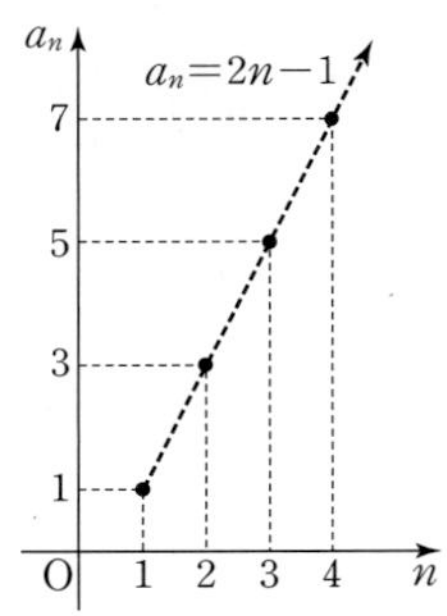

ㄴ. n이 한없이 커지면 $\dfrac{1}{n^2}$의 값은 0에 한없이 가까워지므로

수열 $\left\{\dfrac{1}{n^2}\right\}$은 0에 수렴한다.

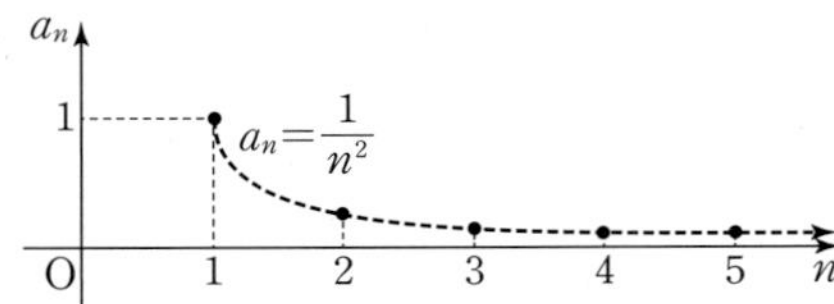

ㄷ. 7에 수렴한다.

ㄹ. n이 한없이 커지면 $\left(-\dfrac{1}{2}\right)^{n-1}$의 값은 0에 한없이 가까워지므로

수열 $\left\{\left(-\dfrac{1}{2}\right)^{n-1}\right\}$은 0에 수렴한다.

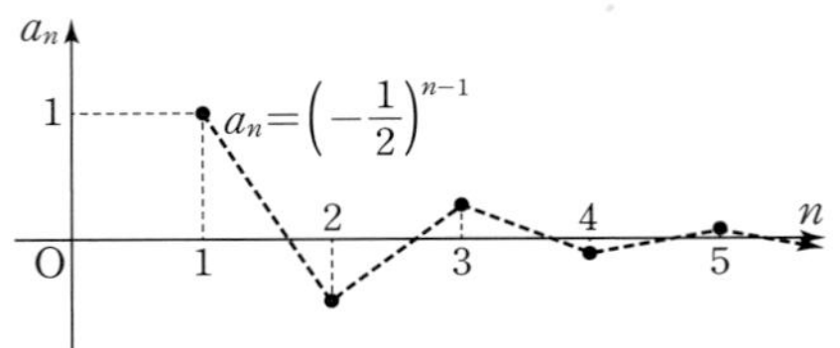

ㅁ. -1과 1이 교대로 나타나므로 발산(진동)한다.

따라서 수렴하는 수열은 ㄴ, ㄷ, ㄹ이다.

0003   답 ②

① $\lim\limits_{n \to \infty}(2-n)=-\infty$이다. (거짓)

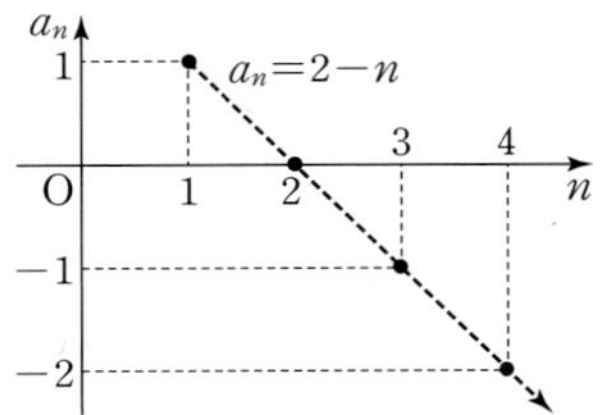

② n이 한없이 커지면 수열 $\left\{(-1)^{n-1}\dfrac{1}{n}\right\}$은 0에 한없이

가까워지므로 0으로 수렴한다. (참)

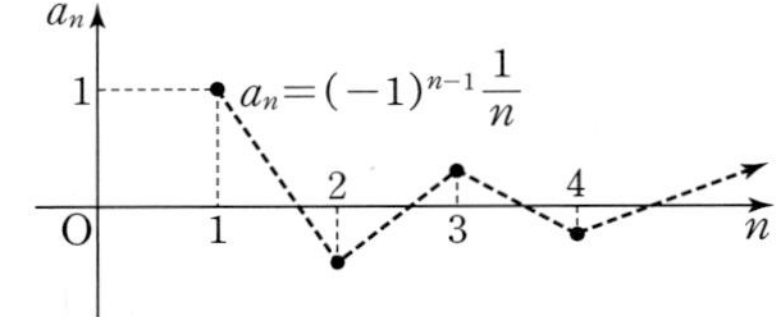

③ 어떤 수열이 수렴할 때 그 수열은 극한값을 갖고, 수렴하지 않을 때 극한값을 갖지 않는다. (거짓)

④ 모든 자연수 n에 대하여 $a_n=c$ (c는 상수)일 때, 수열 $\{a_n\}$은 c에 수렴한다. (거짓)

⑤ n이 한없이 커지면 수열 $\left\{1+\dfrac{1}{n+1}\right\}$에서 수열 $\left\{\dfrac{1}{n+1}\right\}$은 0으로

수렴하므로 수열 $\left\{1+\dfrac{1}{n+1}\right\}$은 1로 수렴한다. (거짓)

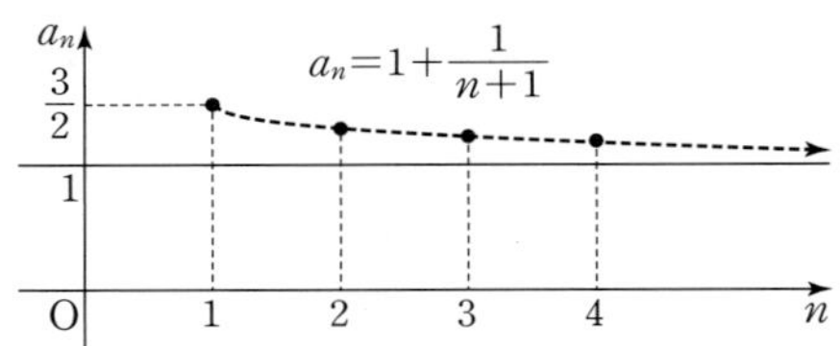

0004   답 ①

$\lim\limits_{n \to \infty}a_n=-\dfrac{1}{2}$이므로 $\lim\limits_{n \to \infty}a_{n-1}=\lim\limits_{n \to \infty}a_{2n}=-\dfrac{1}{2}$

$\therefore \lim\limits_{n \to \infty}a_{n-1}+\lim\limits_{n \to \infty}a_n-4\lim\limits_{n \to \infty}a_{2n}=-\dfrac{1}{2}+\left(-\dfrac{1}{2}\right)-4\times\left(-\dfrac{1}{2}\right)=1$

0005   답 (1) 4 (2) 13 (3) $\dfrac{8}{7}$

(1) $\lim\limits_{n \to \infty}(a_n+b_n)=\lim\limits_{n \to \infty}a_n+\lim\limits_{n \to \infty}b_n$
$=5+(-1)=4$

(2) $\lim\limits_{n\to\infty}(2a_n-3b_n)=2\lim\limits_{n\to\infty}a_n-3\lim\limits_{n\to\infty}b_n$
$$=2\times5-3\times(-1)=13$$

(3) $\lim\limits_{n\to\infty}\dfrac{a_n-3b_n}{2-a_nb_n}=\dfrac{\lim\limits_{n\to\infty}(a_n-3b_n)}{\lim\limits_{n\to\infty}(2-a_nb_n)}$

$$=\dfrac{\lim\limits_{n\to\infty}a_n-3\lim\limits_{n\to\infty}b_n}{\lim\limits_{n\to\infty}2-\lim\limits_{n\to\infty}a_n\times\lim\limits_{n\to\infty}b_n}$$

$$=\dfrac{5-3\times(-1)}{2-5\times(-1)}=\dfrac{8}{7}$$

0006 　　답 ②

$a=\lim\limits_{n\to\infty}(a_n+b_n)^2$

$=\lim\limits_{n\to\infty}(a_n+b_n)\times\lim\limits_{n\to\infty}(a_n+b_n)$

$=(\lim\limits_{n\to\infty}a_n+\lim\limits_{n\to\infty}b_n)\times(\lim\limits_{n\to\infty}a_n+\lim\limits_{n\to\infty}b_n)$

$=(2+3)\times(2+3)=25$

$b=\lim\limits_{n\to\infty}\dfrac{a_nb_n}{a_n+b_n}$

$=\dfrac{\lim\limits_{n\to\infty}a_n\times\lim\limits_{n\to\infty}b_n}{\lim\limits_{n\to\infty}a_n+\lim\limits_{n\to\infty}b_n}$

$=\dfrac{2\times3}{2+3}=\dfrac{6}{5}$

$\therefore 10(a+b)=10\left(25+\dfrac{6}{5}\right)=250+12=262$

0007 　　답 ②

수열 $\{a_n\}$이 수렴하므로 $\lim\limits_{n\to\infty}a_n=\alpha$라 하면

$\lim\limits_{n\to\infty}(5a_n-1)=5\lim\limits_{n\to\infty}a_n-1=5\alpha-1=4$에서 $\alpha=1$

$\therefore \lim\limits_{n\to\infty}a_n(a_n+1)=\lim\limits_{n\to\infty}a_n\times\lim\limits_{n\to\infty}(a_n+1)=\alpha(\alpha+1)=2$

$5a_n-1=b_n$으로 놓으면 $a_n=\dfrac{b_n+1}{5}$

이때, $\lim\limits_{n\to\infty}b_n=4$이므로

$\lim\limits_{n\to\infty}a_n(a_n+1)=\lim\limits_{n\to\infty}\left\{\dfrac{b_n+1}{5}\left(\dfrac{b_n+1}{5}+1\right)\right\}$

$$=\dfrac{4+1}{5}\times\left(\dfrac{4+1}{5}+1\right)=2$$

0008 　　답 ①

수열 $\{a_n\}$이 수렴하므로 $\lim\limits_{n\to\infty}a_n=\alpha$라 하면

$\lim\limits_{n\to\infty}\dfrac{3a_n+1}{a_n+2}=\dfrac{3\lim\limits_{n\to\infty}a_n+1}{\lim\limits_{n\to\infty}a_n+2}=\dfrac{3\alpha+1}{\alpha+2}=2$에서

$3\alpha+1=2(\alpha+2)$

$\therefore \alpha=\lim\limits_{n\to\infty}a_n=3$

$\dfrac{3a_n+1}{a_n+2}=b_n$으로 놓으면 $3a_n+1=b_n(a_n+2)$

$(3-b_n)a_n=2b_n-1$에서

$a_n=\dfrac{2b_n-1}{3-b_n}$

이때, $\lim\limits_{n\to\infty}b_n=2$이므로

$\lim\limits_{n\to\infty}a_n=\lim\limits_{n\to\infty}\dfrac{2b_n-1}{3-b_n}=\dfrac{2\lim\limits_{n\to\infty}b_n-1}{3-\lim\limits_{n\to\infty}b_n}=\dfrac{2\times2-1}{3-2}=3$

0009 　　답 ④

두 수열 $\{a_n\}$, $\{b_n\}$이 수렴하므로 $\lim\limits_{n\to\infty}a_n=\alpha$, $\lim\limits_{n\to\infty}b_n=\beta$라 하면

$\lim\limits_{n\to\infty}\dfrac{a_n}{3}=\dfrac{1}{3}\lim\limits_{n\to\infty}a_n=\dfrac{1}{3}\alpha=5$에서 $\alpha=15$

$\lim\limits_{n\to\infty}\dfrac{a_n+1}{3b_n}=\dfrac{\lim\limits_{n\to\infty}a_n+1}{3\lim\limits_{n\to\infty}b_n}=\dfrac{\alpha+1}{3\beta}=4$에서

$\dfrac{15+1}{3\beta}=4$ 　　$\therefore 3\beta=4$

$\therefore \beta=\lim\limits_{n\to\infty}b_n=\dfrac{4}{3}$

0010 　　답 ③

ㄱ. $\lim\limits_{n\to\infty}a_n{}^2=\lim\limits_{n\to\infty}a_n\times\lim\limits_{n\to\infty}a_n=\alpha\times\alpha=\alpha^2$

　　$\lim\limits_{n\to\infty}b_n{}^2=\lim\limits_{n\to\infty}b_n\times\lim\limits_{n\to\infty}b_n=(-\alpha)\times(-\alpha)=\alpha^2$

　　$\therefore \lim\limits_{n\to\infty}a_n{}^2=\lim\limits_{n\to\infty}b_n{}^2$ (참)

ㄴ. $\lim\limits_{n\to\infty}a_n=\alpha$, $\lim\limits_{n\to\infty}b_n=\infty$이면 $\lim\limits_{n\to\infty}\dfrac{a_n}{b_n}=\dfrac{\lim\limits_{n\to\infty}a_n}{\lim\limits_{n\to\infty}b_n}$에서

　　n이 한없이 커질 때, 분자는 상수이고 분모는 한없이 커지므로

　　$\lim\limits_{n\to\infty}\dfrac{a_n}{b_n}=0$이다. (참)

ㄷ. [반례] $a_n=2n$, $b_n=n$이면 두 수열 $\{a_n\}$, $\{b_n\}$ 모두 ∞로
　　발산하지만 $\lim\limits_{n\to\infty}(a_n-b_n)=\lim\limits_{n\to\infty}(2n-n)=\infty$이다. (거짓)

따라서 옳은 것은 ㄱ, ㄴ이다.

0011 　　답 ⑤

주어진 수열의 일반항은 $10-\dfrac{1}{2n}$이고

이때, $\lim\limits_{n\to\infty}\dfrac{1}{2n}=0$이므로

$\lim\limits_{n\to\infty}\left(10-\dfrac{1}{2n}\right)=10$

0012
🅐 (1) 14 (2) $\dfrac{5}{2}$

(1) $\lim\limits_{n\to\infty}\left(7-\dfrac{3}{n}\right)\left(\dfrac{3}{n^2}+2\right)=\lim\limits_{n\to\infty}\left(7-\dfrac{3}{n}\right)\times\lim\limits_{n\to\infty}\left(\dfrac{3}{n^2}+2\right)$
$$=7\times2=14$$

(2) $\lim\limits_{n\to\infty}\dfrac{\dfrac{2}{n}+5}{2-\dfrac{5}{n}}=\dfrac{\lim\limits_{n\to\infty}\left(\dfrac{2}{n}+5\right)}{\lim\limits_{n\to\infty}\left(2-\dfrac{5}{n}\right)}=\dfrac{5}{2}$

0013
🅐 (1) $\dfrac{3}{2}$ (2) -1 (3) 2

(1) $\lim\limits_{n\to\infty}\dfrac{3n+1}{2n-5}=\lim\limits_{n\to\infty}\dfrac{3+\dfrac{1}{n}}{2-\dfrac{5}{n}}=\dfrac{3}{2}$

(2) $\lim\limits_{n\to\infty}\dfrac{(2n+1)^2}{-4n^2-1}=\lim\limits_{n\to\infty}\dfrac{4n^2+4n+1}{-4n^2-1}$
$$=\lim\limits_{n\to\infty}\dfrac{4+\dfrac{4}{n}+\dfrac{1}{n^2}}{-4-\dfrac{1}{n^2}}$$
$$=\dfrac{4}{-4}=-1$$

(3) $\lim\limits_{n\to\infty}\dfrac{8n^3-4n-1}{4n^3+2n+1}=\lim\limits_{n\to\infty}\dfrac{8-\dfrac{4}{n^2}-\dfrac{1}{n^3}}{4+\dfrac{2}{n^2}+\dfrac{1}{n^3}}=\dfrac{8}{4}=2$

TIP

주어진 식과 같이 분모와 분자의 차수가 같은 경우 분모의 최고차항으로 분모, 분자를 나누면 차수가 최고차항보다 낮은 항들은 극한값에 영향을 미치지 않는다. 따라서 분모, 분자의 각 다항식의 최고차항의 계수를 이용하여 극한값을 빠르게 구할 수 있다.

❶ $\lim\limits_{n\to\infty}\dfrac{3n+1}{2n-5}=\dfrac{3}{2}$

❷ $\lim\limits_{n\to\infty}\dfrac{(2n+1)^2}{-4n^2-1}=\dfrac{4}{-4}=-1$

❸ $\lim\limits_{n\to\infty}\dfrac{8n^3-4n-1}{4n^3+2n+1}=\dfrac{8}{4}=2$

0014
🅐 ④

$\lim\limits_{n\to\infty}\dfrac{4n+1}{2n^2+3}=\lim\limits_{n\to\infty}\dfrac{\dfrac{4}{n}+\dfrac{1}{n^2}}{2+\dfrac{3}{n^2}}=\dfrac{0}{2}=0$

$\lim\limits_{n\to\infty}\dfrac{(2n-1)(n+2)}{n^2-2n}=\lim\limits_{n\to\infty}\dfrac{2n^2+3n-2}{n^2-2n}$
$$=\lim\limits_{n\to\infty}\dfrac{2+\dfrac{3}{n}-\dfrac{2}{n^2}}{1-\dfrac{2}{n}}=\dfrac{2}{1}=2$$

$\therefore \lim\limits_{n\to\infty}\dfrac{4n+1}{2n^2+3}+\lim\limits_{n\to\infty}\dfrac{(2n-1)(n+2)}{n^2-2n}=0+2=2$

0015
🅐 ②

$\dfrac{2n+(-1)^n}{6n}=\dfrac{1}{3}+\dfrac{(-1)^n}{6n}$에서 n이 한없이 커질 때, $\dfrac{(-1)^n}{6n}$의 분자 $(-1)^n$은 -1, 1이 교대로 나타나고, 분모 $6n$은 한없이 커지므로 $\lim\limits_{n\to\infty}\dfrac{(-1)^n}{6n}=0$이다.

$\therefore \lim\limits_{n\to\infty}\left\{\dfrac{2n+(-1)^n}{6n}\right\}=\lim\limits_{n\to\infty}\left\{\dfrac{1}{3}+\dfrac{(-1)^n}{6n}\right\}=\dfrac{1}{3}$

0016
🅐 (1) $\sqrt{3}$ (2) $\dfrac{1}{2}$ (3) $\dfrac{2}{5}$

(1) $\lim\limits_{n\to\infty}\dfrac{\sqrt{6n^2+4n+1}}{\sqrt{2n^2-n+1}}=\lim\limits_{n\to\infty}\dfrac{\sqrt{6+\dfrac{4}{n}+\dfrac{1}{n^2}}}{\sqrt{2-\dfrac{1}{n}+\dfrac{1}{n^2}}}=\dfrac{\sqrt{6}}{\sqrt{2}}=\sqrt{3}$

(2) $\lim\limits_{n\to\infty}\dfrac{n+3}{\sqrt{4n^2-1}}=\lim\limits_{n\to\infty}\dfrac{1+\dfrac{3}{n}}{\sqrt{4-\dfrac{1}{n^2}}}=\dfrac{1}{\sqrt{4}}=\dfrac{1}{2}$

(3) $\lim\limits_{n\to\infty}\dfrac{2n-1}{\sqrt{4n^2-1}+\sqrt{9n^2+1}}=\lim\limits_{n\to\infty}\dfrac{2-\dfrac{1}{n}}{\sqrt{4-\dfrac{1}{n^2}}+\sqrt{9+\dfrac{1}{n^2}}}$
$$=\dfrac{2}{\sqrt{4}+\sqrt{9}}=\dfrac{2}{5}$$

0017
🅐 ⑤

① $\lim\limits_{n\to\infty}\dfrac{1}{n}=0$

② $\lim\limits_{n\to\infty}\dfrac{3-2n}{4n^2+2}=\lim\limits_{n\to\infty}\dfrac{\dfrac{3}{n^2}-\dfrac{2}{n}}{4+\dfrac{2}{n^2}}=\dfrac{0}{4}=0$

③ $\lim\limits_{n\to\infty}\dfrac{2n^2}{\sqrt{2n^2+1}}=\lim\limits_{n\to\infty}\dfrac{2n}{\sqrt{2+\dfrac{1}{n^2}}}=\infty$

④ $\lim\limits_{n\to\infty}\dfrac{\sqrt{n+3}+\sqrt{n-3}}{\sqrt{n}}=\lim\limits_{n\to\infty}\left(\sqrt{1+\dfrac{3}{n}}+\sqrt{1-\dfrac{3}{n}}\right)$
$$=\sqrt{1}+\sqrt{1}=2$$

⑤ $\lim\limits_{n\to\infty}\dfrac{6n+3}{2n-5}=\lim\limits_{n\to\infty}\dfrac{6+\dfrac{3}{n}}{2-\dfrac{5}{n}}=\dfrac{6}{2}=3$

따라서 선지 중 옳은 것은 ⑤이다.

0018
🅐 (1) $\dfrac{1}{2}$ (2) 4 (3) $-\dfrac{3}{2}$

(1) $\lim\limits_{n\to\infty}(\sqrt{n^2+n}-n)=\lim\limits_{n\to\infty}\dfrac{(\sqrt{n^2+n}-n)(\sqrt{n^2+n}+n)}{\sqrt{n^2+n}+n}$
$$=\lim\limits_{n\to\infty}\dfrac{(n^2+n)-n^2}{\sqrt{n^2+n}+n}$$
$$=\lim\limits_{n\to\infty}\dfrac{n}{\sqrt{n^2+n}+n}$$
$$=\lim\limits_{n\to\infty}\dfrac{1}{\sqrt{1+\dfrac{1}{n}}+1}=\dfrac{1}{2}$$

(2) $\displaystyle\lim_{n\to\infty}\frac{1}{\sqrt{4n^2+n}-2n}$

$=\displaystyle\lim_{n\to\infty}\frac{\sqrt{4n^2+n}+2n}{(\sqrt{4n^2+n}-2n)(\sqrt{4n^2+n}+2n)}$

$=\displaystyle\lim_{n\to\infty}\frac{\sqrt{4n^2+n}+2n}{(4n^2+n)-4n^2}$

$=\displaystyle\lim_{n\to\infty}\frac{\sqrt{4n^2+n}+2n}{n}$

$=\displaystyle\lim_{n\to\infty}\frac{\sqrt{4+\dfrac{1}{n}}+2}{1}$

$=\sqrt{4}+2=4$

(3) $\displaystyle\lim_{n\to\infty}(\sqrt{n^2-3n}-\sqrt{n^2+1})$

$=\displaystyle\lim_{n\to\infty}\frac{(\sqrt{n^2-3n}-\sqrt{n^2+1})(\sqrt{n^2-3n}+\sqrt{n^2+1})}{\sqrt{n^2-3n}+\sqrt{n^2+1}}$

$=\displaystyle\lim_{n\to\infty}\frac{(n^2-3n)-(n^2+1)}{\sqrt{n^2-3n}+\sqrt{n^2+1}}$

$=\displaystyle\lim_{n\to\infty}\frac{-3n-1}{\sqrt{n^2-3n}+\sqrt{n^2+1}}$

$=\displaystyle\lim_{n\to\infty}\frac{-3-\dfrac{1}{n}}{\sqrt{1-\dfrac{3}{n}}+\sqrt{1+\dfrac{1}{n^2}}}$

$=\dfrac{-3}{1+1}=-\dfrac{3}{2}$

0019
目 (1) $-\dfrac{4}{3}$ (2) 1

(1) $\displaystyle\lim_{n\to\infty}\frac{\sqrt{n^2-4}-n}{n-\sqrt{n^2-3}}$

$=\displaystyle\lim_{n\to\infty}\frac{(\sqrt{n^2-4}-n)(\sqrt{n^2-4}+n)(n+\sqrt{n^2-3})}{(n-\sqrt{n^2-3})(n+\sqrt{n^2-3})(\sqrt{n^2-4}+n)}$

$=\displaystyle\lim_{n\to\infty}\frac{-4(n+\sqrt{n^2-3})}{3(\sqrt{n^2-4}+n)}$

$=\displaystyle\lim_{n\to\infty}\frac{-4\left(1+\sqrt{1-\dfrac{3}{n^2}}\right)}{3\left(\sqrt{1-\dfrac{4}{n^2}}+1\right)}$

$=\dfrac{-4(1+1)}{3(1+1)}=-\dfrac{4}{3}$

(2) $\displaystyle\lim_{n\to\infty}\frac{\sqrt{n+3}-\sqrt{n+2}}{\sqrt{n+2}-\sqrt{n+1}}$

$=\displaystyle\lim_{n\to\infty}\frac{(\sqrt{n+3}-\sqrt{n+2})(\sqrt{n+3}+\sqrt{n+2})(\sqrt{n+2}+\sqrt{n+1})}{(\sqrt{n+2}-\sqrt{n+1})(\sqrt{n+2}+\sqrt{n+1})(\sqrt{n+3}+\sqrt{n+2})}$

$=\displaystyle\lim_{n\to\infty}\frac{\sqrt{n+2}+\sqrt{n+1}}{\sqrt{n+3}+\sqrt{n+2}}$

$=\displaystyle\lim_{n\to\infty}\frac{\sqrt{1+\dfrac{2}{n}}+\sqrt{1+\dfrac{1}{n}}}{\sqrt{1+\dfrac{3}{n}}+\sqrt{1+\dfrac{2}{n}}}$

$=\dfrac{1+1}{1+1}=1$

0020
目 (1) 1 (2) 2

(1) $\displaystyle\lim_{n\to\infty}\sqrt{n}(\sqrt{4n+2}-\sqrt{4n-2})$

$=\displaystyle\lim_{n\to\infty}\frac{\sqrt{n}(\sqrt{4n+2}-\sqrt{4n-2})(\sqrt{4n+2}+\sqrt{4n-2})}{\sqrt{4n+2}+\sqrt{4n-2}}$

$=\displaystyle\lim_{n\to\infty}\frac{4\sqrt{n}}{\sqrt{4n+2}+\sqrt{4n-2}}$

$=\displaystyle\lim_{n\to\infty}\frac{4}{\sqrt{4+\dfrac{2}{n}}+\sqrt{4-\dfrac{2}{n}}}$

$=\dfrac{4}{\sqrt{4}+\sqrt{4}}=1$

(2) $\displaystyle\lim_{n\to\infty}\frac{2}{n(\sqrt{n^2+2n}-\sqrt{n^2+2n-2})}$

$=\displaystyle\lim_{n\to\infty}\frac{2(\sqrt{n^2+2n}+\sqrt{n^2+2n-2})}{n(\sqrt{n^2+2n}-\sqrt{n^2+2n-2})(\sqrt{n^2+2n}+\sqrt{n^2+2n-2})}$

$=\displaystyle\lim_{n\to\infty}\frac{2(\sqrt{n^2+2n}+\sqrt{n^2+2n-2})}{2n}$

$=\displaystyle\lim_{n\to\infty}\left(\sqrt{1+\dfrac{2}{n}}+\sqrt{1+\dfrac{2}{n}-\dfrac{2}{n^2}}\right)$

$=2$

0021
目 ④

① $\displaystyle\lim_{n\to\infty}\left(2+\dfrac{3}{n^2}\right)=2$

② $\displaystyle\lim_{n\to\infty}\frac{5n^3+1}{n^3+3}=\lim_{n\to\infty}\frac{5+\dfrac{1}{n^3}}{1+\dfrac{3}{n^3}}=5$

③ $1+2+3+\cdots+n=\dfrac{n(n+1)}{2}$ 이므로

$\displaystyle\lim_{n\to\infty}\frac{4n^2+3n}{1+2+3+\cdots+n}=\lim_{n\to\infty}\frac{4n^2+3n}{\dfrac{n(n+1)}{2}}$

$=\displaystyle\lim_{n\to\infty}\frac{8n^2+6n}{n^2+n}$

$=\displaystyle\lim_{n\to\infty}\frac{8+\dfrac{6}{n}}{1+\dfrac{1}{n}}=8$

④ $\displaystyle\lim_{n\to\infty}\frac{1}{\sqrt{n^2+n}-n}$

$=\displaystyle\lim_{n\to\infty}\frac{\sqrt{n^2+n}+n}{(\sqrt{n^2+n}-n)(\sqrt{n^2+n}+n)}$

$=\displaystyle\lim_{n\to\infty}\frac{\sqrt{n^2+n}+n}{n}$

$=\displaystyle\lim_{n\to\infty}\frac{\sqrt{1+\dfrac{1}{n}}+1}{1}=2$

⑤ $\dfrac{(-1)^{n+1}}{n^2}$ 에서 n이 한없이 커질 때, 분자 $(-1)^{n+1}$의 값은

1, -1이 교대로 나타나고 분모 n^2의 값은 한없이 커지므로

$\displaystyle\lim_{n\to\infty}\frac{(-1)^{n+1}}{n^2}=0$

따라서 선지 중 옳지 않은 것은 ④이다.

0022

답 ①

등차수열 $\{a_n\}$의 공차를 d라 하면 $a_3=2+2d=8$에서 $d=3$

$a_n=2+3(n-1)=3n-1$

$$\therefore \lim_{n\to\infty}\frac{a_n}{3n}=\lim_{n\to\infty}\frac{3n-1}{3n}=\frac{3}{3}=1$$

0023

답 ③

$$\lim_{n\to\infty}\frac{6n+3}{n^2 a_n}=\lim_{n\to\infty}\frac{6+\dfrac{3}{n}}{na_n}=\frac{\lim_{n\to\infty}\left(6+\dfrac{3}{n}\right)}{\lim_{n\to\infty}na_n}=\frac{6}{\dfrac{1}{3}}=18$$

0024

답 ①

$$\lim_{n\to\infty}a_n=\lim_{n\to\infty}\left(\frac{2}{n}-4\right)=0-4=-4$$

$$\lim_{n\to\infty}b_n=\lim_{n\to\infty}\left\{5-\frac{2}{n(n-1)}\right\}=5-0=5$$

$$\therefore \lim_{n\to\infty}\{a_n(a_n+2b_n)\}=\lim_{n\to\infty}a_n\times\lim_{n\to\infty}(a_n+2b_n)$$
$$=(-4)\times(-4+10)=-24$$

0025

답 ③

$$\lim_{n\to\infty}\frac{an-3}{\sqrt{9n^2+6n}+3n}=\lim_{n\to\infty}\frac{a-\dfrac{3}{n}}{\sqrt{9+\dfrac{6}{n}}+3}=\frac{a}{\sqrt{9}+3}=\frac{a}{6}=2$$

$$\therefore a=12$$

0026

답 ④

$a\neq0$이면 $\lim\limits_{n\to\infty}\dfrac{an^2+bn-5}{2n-1}$는 발산하므로 모순이다.

$$\therefore a=0$$

즉, $\lim\limits_{n\to\infty}\dfrac{an^2+bn-5}{2n-1}=\lim\limits_{n\to\infty}\dfrac{bn-5}{2n-1}=\dfrac{b}{2}=4$이므로

$$b=8$$

$$\therefore a+b=0+8=8$$

0027

답 ②

$$\lim_{n\to\infty}\left(\sqrt{4n^2+an}-\sqrt{4n^2-an}\right)$$
$$=\lim_{n\to\infty}\frac{\left(\sqrt{4n^2+an}-\sqrt{4n^2-an}\right)\left(\sqrt{4n^2+an}+\sqrt{4n^2-an}\right)}{\sqrt{4n^2+an}+\sqrt{4n^2-an}}$$
$$=\lim_{n\to\infty}\frac{2an}{\sqrt{4n^2+an}+\sqrt{4n^2-an}}$$
$$=\lim_{n\to\infty}\frac{2a}{\sqrt{4+\dfrac{a}{n}}+\sqrt{4-\dfrac{a}{n}}}$$
$$=\frac{2a}{4}=2$$

$$\therefore a=4$$

0028

답 (1) 1 (2) 2 (3) 3

(1) $\lim\limits_{n\to\infty}\left(1-\dfrac{1}{n}\right)=1,\ \lim\limits_{n\to\infty}\left(1+\dfrac{1}{n}\right)=1$

　이므로 $\lim\limits_{n\to\infty}a_n=1$

(2) $\lim\limits_{n\to\infty}\dfrac{10n-5}{5n-1}=\lim\limits_{n\to\infty}\dfrac{10-\dfrac{5}{n}}{5-\dfrac{1}{n}}=2$

　$\lim\limits_{n\to\infty}\dfrac{10n+10}{5n-2}=\lim\limits_{n\to\infty}\dfrac{10+\dfrac{10}{n}}{5-\dfrac{2}{n}}=2$

　이므로 $\lim\limits_{n\to\infty}a_n=2$

(3) $\lim\limits_{n\to\infty}\dfrac{3n^2-n-1}{n^2+5}=\lim\limits_{n\to\infty}\dfrac{3-\dfrac{1}{n}-\dfrac{1}{n^2}}{1+\dfrac{5}{n^2}}=3$

　$\lim\limits_{n\to\infty}\dfrac{3n^2+2n+1}{n^2-1}=\lim\limits_{n\to\infty}\dfrac{3+\dfrac{2}{n}+\dfrac{1}{n^2}}{1-\dfrac{1}{n^2}}=3$

　이므로 $\lim\limits_{n\to\infty}a_n=3$

0029

답 (1) $\dfrac{2}{3}$ (2) 3

(1) $3n>0$이므로 부등식의 각 변을 $3n$으로 나누면

$$\frac{2n-1}{3n}<a_n<\frac{2n+4}{3n}$$

　이때, $\lim\limits_{n\to\infty}\dfrac{2n-1}{3n}=\lim\limits_{n\to\infty}\dfrac{2-\dfrac{1}{n}}{3}=\dfrac{2}{3}$,

　$\lim\limits_{n\to\infty}\dfrac{2n+4}{3n}=\lim\limits_{n\to\infty}\dfrac{2+\dfrac{4}{n}}{3}=\dfrac{2}{3}$

　이므로 $\lim\limits_{n\to\infty}a_n=\dfrac{2}{3}$

(2) $n+1>0$이므로 부등식의 각 변을 $n+1$로 나누면

$$\frac{\sqrt{9n^2+n}}{n+1}<a_n<\frac{\sqrt{9n^2+4n}}{n+1}$$

　이때, $\lim\limits_{n\to\infty}\dfrac{\sqrt{9n^2+n}}{n+1}=\lim\limits_{n\to\infty}\dfrac{\sqrt{9+\dfrac{1}{n}}}{1+\dfrac{1}{n}}=3$,

　$\lim\limits_{n\to\infty}\dfrac{\sqrt{9n^2+4n}}{n+1}=\lim\limits_{n\to\infty}\dfrac{\sqrt{9+\dfrac{4}{n}}}{1+\dfrac{1}{n}}=3$

　이므로 $\lim\limits_{n\to\infty}a_n=3$

0030

답 (1) 2 (2) 8

(1) $n>0$이므로 부등식의 각 변에 n을 곱하면

$$\frac{n(2n-1)}{n^2+1}<a_n<\frac{n(2n+1)}{n^2+2}$$

이때, $\displaystyle\lim_{n\to\infty}\frac{n(2n-1)}{n^2+1}=\lim_{n\to\infty}\frac{2-\dfrac{1}{n}}{1+\dfrac{1}{n^2}}=2$,

$\displaystyle\lim_{n\to\infty}\frac{n(2n+1)}{n^2+2}=\lim_{n\to\infty}\frac{2+\dfrac{1}{n}}{1+\dfrac{2}{n^2}}=2$

이므로 $\displaystyle\lim_{n\to\infty}a_n=2$

(2) $7n+1>0$이므로 부등식의 각 변에 $7n+1$을 곱하면

$$\frac{7n+1}{n+5}<a_n-1<\frac{7n+1}{n+2}$$

$$\frac{7n+1}{n+5}+1<a_n<\frac{7n+1}{n+2}+1$$

이때, $\displaystyle\lim_{n\to\infty}\left(\frac{7n+1}{n+5}+1\right)=\lim_{n\to\infty}\frac{7+\dfrac{1}{n}}{1+\dfrac{5}{n}}+1=8$,

$\displaystyle\lim_{n\to\infty}\left(\frac{7n+1}{n+2}+1\right)=\lim_{n\to\infty}\frac{7+\dfrac{1}{n}}{1+\dfrac{2}{n}}+1=8$

이므로 $\displaystyle\lim_{n\to\infty}a_n=8$

0031
답 ③

$n(n+1)<a_n<(n+1)^2$에서

$3n(3n+1)<a_{3n}<(3n+1)^2$이고,

$\dfrac{1}{(n+1)^2}<\dfrac{1}{a_n}<\dfrac{1}{n(n+1)}$이므로

$$\frac{3n(3n+1)}{(n+1)^2}<\frac{a_{3n}}{a_n}<\frac{(3n+1)^2}{n(n+1)}$$

이때, $\displaystyle\lim_{n\to\infty}\frac{3n(3n+1)}{(n+1)^2}=\lim_{n\to\infty}\frac{9n^2+3n}{n^2+2n+1}=\lim_{n\to\infty}\frac{9+\dfrac{3}{n}}{1+\dfrac{2}{n}+\dfrac{1}{n^2}}=9$,

$\displaystyle\lim_{n\to\infty}\frac{(3n+1)^2}{n(n+1)}=\lim_{n\to\infty}\frac{9n^2+6n+1}{n^2+n}=\lim_{n\to\infty}\frac{9+\dfrac{6}{n}+\dfrac{1}{n^2}}{1+\dfrac{1}{n}}=9$

이므로 $\displaystyle\lim_{n\to\infty}\frac{a_{3n}}{a_n}=9$

0032
답 ⑤

$n>0$이므로 부등식의 각 변을 n으로 나누면

$$\frac{2n-1}{n}<a_n<\frac{\sqrt{4n^2+3n}}{n}$$

이때, $\displaystyle\lim_{n\to\infty}\frac{2n-1}{n}=\lim_{n\to\infty}\frac{2-\dfrac{1}{n}}{1}=2$,

$\displaystyle\lim_{n\to\infty}\frac{\sqrt{4n^2+3n}}{n}=\lim_{n\to\infty}\frac{\sqrt{4+\dfrac{3}{n}}}{1}=2$

이므로 $\displaystyle\lim_{n\to\infty}a_n=2$

$\therefore\ \displaystyle\lim_{n\to\infty}\frac{(5n^2+1)a_n}{2n^2-1}=\lim_{n\to\infty}\left\{\frac{5n^2+1}{2n^2-1}\times a_n\right\}=\frac{5}{2}\times2=5$

0033
답 ②

$|r|<1$이므로 $\displaystyle\lim_{n\to\infty}r^n=0$이다.

$\therefore\ \displaystyle\lim_{n\to\infty}\frac{r^{n+2}+1}{r^n-1}=\frac{0+1}{0-1}=-1$

0034
답 (1) 1 (2) -2 (3) 63 (4) 0 (5) $\dfrac{1}{9}$

(1) $\displaystyle\lim_{n\to\infty}\frac{3^n+5^n}{5^n}=\lim_{n\to\infty}\frac{\left(\dfrac{3}{5}\right)^n+1}{1}=1$

(2) $\displaystyle\lim_{n\to\infty}\frac{1-2^n}{2^{n-1}}=\lim_{n\to\infty}\frac{\left(\dfrac{1}{2}\right)^{n-1}-2}{1}=-2$

(3) $\displaystyle\lim_{n\to\infty}\frac{7\times3^{n+2}+5}{3^n+2^n}=\lim_{n\to\infty}\frac{7\times3^2+5\times\left(\dfrac{1}{3}\right)^n}{1+\left(\dfrac{2}{3}\right)^n}=63$

(4) $\displaystyle\lim_{n\to\infty}\frac{2^n+3^{n+1}}{3^n+2^{2n}}=\lim_{n\to\infty}\frac{2^n+3\times3^n}{3^n+4^n}$

$\qquad=\displaystyle\lim_{n\to\infty}\frac{\left(\dfrac{1}{2}\right)^n+3\times\left(\dfrac{3}{4}\right)^n}{\left(\dfrac{3}{4}\right)^n+1}=0$

(5) $\displaystyle\lim_{n\to\infty}\frac{3^{2n}+4^n}{9^{n+1}}=\lim_{n\to\infty}\frac{9^n+4^n}{9\times9^n}=\lim_{n\to\infty}\frac{1+\left(\dfrac{4}{9}\right)^n}{9}=\frac{1}{9}$

0035
답 ③

ㄱ. $\displaystyle\lim_{n\to\infty}\frac{3n^2-2n}{2n^2-1}=\lim_{n\to\infty}\frac{3-\dfrac{2}{n}}{2-\dfrac{1}{n^2}}=\frac{3}{2}$

ㄴ. $\displaystyle\lim_{n\to\infty}\left(\frac{3}{4}\right)^n=0$이므로 $\displaystyle\lim_{n\to\infty}\left\{2+\left(\frac{3}{4}\right)^n\right\}=2$

ㄷ. $\displaystyle\lim_{n\to\infty}\frac{4^n+5}{4^n+1}=\lim_{n\to\infty}\frac{1+\dfrac{5}{4^n}}{1+\dfrac{1}{4^n}}=1$

ㄹ. $\displaystyle\lim_{n\to\infty}\frac{3^{n+1}-2^n}{3^n-2^{n+1}}=\lim_{n\to\infty}\frac{3-\left(\dfrac{2}{3}\right)^n}{1-2\times\left(\dfrac{2}{3}\right)^n}=3$

따라서 극한값을 큰 것부터 순서대로 나열하면 ㄹ, ㄴ, ㄱ, ㄷ이다.

0036
답 ②

$\displaystyle\lim_{n\to\infty}\frac{9\times2^{2n-1}+4\times3^{2n+1}}{2\times2^{2n+1}+9\times3^{2n-1}}=\lim_{n\to\infty}\frac{9\times\dfrac{1}{2}\times4^n+4\times3\times9^n}{2\times2\times4^n+9\times\dfrac{1}{3}\times9^n}$

$\qquad=\displaystyle\lim_{n\to\infty}\frac{\dfrac{9}{2}\times\left(\dfrac{4}{9}\right)^n+12}{4\times\left(\dfrac{4}{9}\right)^n+3}=\frac{12}{3}=4$

0037　　　　　　　　　　　　　　　　　　　　　답 ⑤

$a_n=5\times3^{n-1}$이므로 $a_{n+1}=5\times3^n$

$\therefore \lim_{n\to\infty}\dfrac{3a_{n+1}}{1+a_n}=\lim_{n\to\infty}\dfrac{3\times5\times3^n}{1+5\times3^{n-1}}=\lim_{n\to\infty}\dfrac{3\times5\times3}{\dfrac{1}{3^{n-1}}+5}=\dfrac{45}{5}=9$

0038　　　　　　　　　　　　　　　　　　　　　답 ③

ㄱ. $r>1$이면 $\lim_{n\to\infty}r^n=\infty$에서 $\lim_{n\to\infty}\dfrac{1}{r^n}=0$이므로

$$\lim_{n\to\infty}\dfrac{1-2r^n}{1+r^n}=\lim_{n\to\infty}\dfrac{\dfrac{1}{r^n}-2}{\dfrac{1}{r^n}+1}=-2 \text{ (거짓)}$$

ㄴ. $r=1$이면 $\lim_{n\to\infty}r^n=1$이므로

$$\lim_{n\to\infty}\dfrac{1-2r^n}{1+r^n}=\dfrac{1-2}{1+1}=-\dfrac{1}{2} \text{ (참)}$$

ㄷ. $-1<r<1$이면 $\lim_{n\to\infty}r^n=0$이므로

$$\lim_{n\to\infty}\dfrac{1-2r^n}{1+r^n}=\dfrac{1-0}{1+0}=1 \text{ (참)}$$

ㄹ. $r<-1$이면 $\lim_{n\to\infty}|r^n|=\infty$에서 $\lim_{n\to\infty}\dfrac{1}{r^n}=0$이므로

$$\lim_{n\to\infty}\dfrac{1-2r^n}{1+r^n}=\lim_{n\to\infty}\dfrac{\dfrac{1}{r^n}-2}{\dfrac{1}{r^n}+1}=-2 \text{ (거짓)}$$

따라서 옳은 것은 ㄴ, ㄷ이다.

0039　　　　　　　　　　　　　　　　　　　　　답 ①

$2\odot3=\lim_{n\to\infty}\dfrac{3\times2^n+2\times3^n}{2^n+3^n}=\lim_{n\to\infty}\dfrac{3\times\left(\dfrac{2}{3}\right)^n+2}{\left(\dfrac{2}{3}\right)^n+1}=2$

$\therefore (2\odot3)\odot4=2\odot4$

$\qquad =\lim_{n\to\infty}\dfrac{4\times2^n+2\times4^n}{2^n+4^n}$

$\qquad =\lim_{n\to\infty}\dfrac{4\times\left(\dfrac{2}{4}\right)^n+2}{\left(\dfrac{2}{4}\right)^n+1}=2$

0040　　　　　　　　　　　　　　　　　　　　　답 ④

공비가 $\dfrac{4x-5}{3}$이므로 주어진 등비수열이 수렴하려면

$-1<\dfrac{4x-5}{3}\leq1$

$-3<4x-5\leq3$

$\therefore \dfrac{1}{2}<x\leq2$

따라서 조건을 만족시키는 정수 x는 1, 2로 합은 $1+2=3$

0041　　　　　　　　　　　　　　　　　　　　　답 ②

공비가 $2x^2-4x+1$이므로 주어진 등비수열이 수렴하려면
$-1<2x^2-4x+1\leq1$을 만족시켜야 한다.

(i) $-1<2x^2-4x+1$에서

　$2x^2-4x+2>0$, $(x-1)^2>0$

　즉, 부등식의 해는 $x\neq1$인 모든 실수이다.

(ii) $2x^2-4x+1\leq1$에서

　$2x^2-4x\leq0$, $x(x-2)\leq0$

　즉, 부등식의 해는 $0\leq x\leq2$

(i), (ii)에서 $0\leq x<1$ 또는 $1<x\leq2$이므로
정수 x의 최솟값과 최댓값의 합은 $0+2=2$

0042　　　　　　　　　　　　　　　　　　　　　답 ③

수열 $\left\{\dfrac{a^{2n}+4^n}{5^n+7^n}\right\}$이 수렴하려면 $a^2\leq7$을 만족시키면 된다.

$\therefore -\sqrt{7}\leq a\leq\sqrt{7}$

따라서 정수 a는 -2, -1, 0, 1, 2로 5개이다.

> **참고**
>
> $\lim_{n\to\infty}\dfrac{r^{n+1}-a^n}{r^n+a^n}$ $(a>1)$의 극한값의 계산
>
> (1) $|r|<a$ $(-a<r<a)$일 때, $\lim_{n\to\infty}\left(\dfrac{r}{a}\right)^n=0$임을 이용한다.
>
> (2) $r=a$일 때, 대입하여 극한값을 구한다.
>
> (3) $|r|>a$ $(r<-a$ 또는 $r>a)$일 때, $\lim_{n\to\infty}r^n=\infty$임을 이용한다.

0043　　　　　　　　　　　　　　　　　　　　　답 ①

$a_n=S_n-S_{n-1}$

$\quad =4n^2-4(n-1)^2$

$\quad =4n^2-4(n^2-2n+1)$

$\quad =8n-4 \ (n\geq2)$

이고, $a_1=S_1=4$이므로 $a_n=8n-4 \ (n\geq1)$

$\therefore \lim_{n\to\infty}\dfrac{na_n}{S_n}=\lim_{n\to\infty}\dfrac{n(8n-4)}{4n^2}=\lim_{n\to\infty}\dfrac{8n^2-4n}{4n^2}=2$

0044　　　　　　　　　　　　　　　　　　　　　답 ②

$a_n=\sum_{k=1}^{n}a_k-\sum_{k=1}^{n-1}a_k$

$\quad =(n^2+n)-\{(n-1)^2+(n-1)\}$

$\quad =2n \ (n\geq2)$

이고, $a_1=S_1=2$이므로 $a_n=2n \ (n\geq1)$

$\therefore \lim_{n\to\infty}\dfrac{a_1\times n^2}{a_n^2}=\lim_{n\to\infty}\dfrac{2n^2}{(2n)^2}=\lim_{n\to\infty}\dfrac{2n^2}{4n^2}=\dfrac{1}{2}$

0045
답 ④

$$n^2 a_n = \sum_{k=1}^{n} k^2 a_k - \sum_{k=1}^{n-1} k^2 a_k$$
$$= \frac{n(n+4)}{3} - \frac{(n-1)(n+3)}{3}$$
$$= \frac{2n+3}{3} \ (n \geq 2)$$

이고, $S_n = \sum_{k=1}^{n} k^2 a_k$라 하면

$a_1 = S_1 = \dfrac{5}{3}$이므로 $n^2 a_n = \dfrac{2n+3}{3} \ (n \geq 1)$

따라서 $na_n = \dfrac{2n+3}{3n}$이므로

$$\lim_{n \to \infty} na_n = \lim_{n \to \infty} \frac{2n+3}{3n} = \frac{2}{3}$$

0046
답 ③

$\sum_{k=1}^{n} a_k = S_n$이라 하자.

$a_n = S_n - S_{n-1}$
$\quad = n \times 3^n - (n-1) \times 3^{n-1} \ (n \geq 2)$

이고, $a_1 = S_1 = 3$이므로

$a_n = n \times 3^n - (n-1) \times 3^{n-1} \ (n \geq 1)$

$$\therefore \lim_{n \to \infty} \frac{a_1 + a_2 + a_3 + \cdots + a_n}{a_n}$$
$$= \lim_{n \to \infty} \frac{\sum_{k=1}^{n} a_k}{a_n}$$
$$= \lim_{n \to \infty} \frac{n \times 3^n}{n \times 3^n - (n-1) \times 3^{n-1}}$$
$$= \lim_{n \to \infty} \frac{1}{1 - \frac{n-1}{n} \times \frac{1}{3}}$$
$$= \frac{1}{1 - \frac{1}{3}} = \frac{3}{2}$$

0047
답 $\dfrac{1}{2}$

$$f\left(-\frac{1}{2}\right) = \lim_{n \to \infty} \frac{\left(-\frac{1}{2}\right)^{2n+1} - \frac{3}{2} - 2}{\left(-\frac{1}{2}\right)^{2n} + 1} = \frac{-\frac{3}{2} - 2}{1} = -\frac{7}{2}$$

$$f(1) = \lim_{n \to \infty} \frac{1 + 3 - 2}{1 + 1} = 1$$

$$f(3) = \lim_{n \to \infty} \frac{3^{2n+1} + 9 - 2}{3^{2n} + 1} = \lim_{n \to \infty} \frac{3 + \frac{7}{3^{2n}}}{1 + \frac{1}{3^{2n}}} = 3$$

$$\therefore f\left(-\frac{1}{2}\right) + f(1) + f(3) = -\frac{7}{2} + 1 + 3 = \frac{1}{2}$$

0048
답 풀이 참조

(i) $|x| > 1$일 때

$\quad \lim_{n \to \infty} |x^n| = \infty$이므로

$$f(x) = \lim_{n \to \infty} \frac{x + \frac{3}{x^{n-1}}}{1 + \frac{2}{x^n}} = x$$

(ii) $x = 1$일 때

$\quad \lim_{n \to \infty} x^n = \lim_{n \to \infty} 1^n = 1$이므로

$$f(x) = \frac{1+3}{1+2} = \frac{4}{3}$$

(iii) $|x| < 1$일 때

$\quad \lim_{n \to \infty} x^n = 0$이므로

$$f(x) = \lim_{n \to \infty} \frac{x^{n+1} + 3x}{x^n + 2} = \frac{3}{2}x$$

$$\therefore f(x) = \begin{cases} x & (|x| > 1) \\ \dfrac{4}{3} & (x = 1) \\ \dfrac{3}{2}x & (|x| < 1) \end{cases}$$

채점 요소	배점
$|x| > 1$인 경우 $f(x)$ 구하기	40%
$x = 1$인 경우 $f(x)$ 구하기	20%
$|x| < 1$인 경우 $f(x)$ 구하기	40%

0049
답 풀이 참조

(i) $|x| > 1$일 때

$\quad \lim_{n \to \infty} x^{2n} = \infty$에서 $\lim_{n \to \infty} \dfrac{1}{x^{2n}} = 0$이므로

$$\lim_{n \to \infty} \frac{x^{2n} - 1}{x^{2n} + 1} = \lim_{n \to \infty} \frac{1 - \frac{1}{x^{2n}}}{1 + \frac{1}{x^{2n}}} = 1$$

(ii) $|x| = 1$일 때

$\quad \lim_{n \to \infty} x^{2n} = \lim_{n \to \infty} 1^{2n} = \lim_{n \to \infty} (-1)^{2n} = 1$이므로

$$\lim_{n \to \infty} \frac{x^{2n} - 1}{x^{2n} + 1} = \frac{1 - 1}{1 + 1} = 0$$

(iii) $|x| < 1$일 때

$\quad \lim_{n \to \infty} x^{2n} = 0$이므로 $\lim_{n \to \infty} \dfrac{x^{2n} - 1}{x^{2n} + 1} = \dfrac{0 - 1}{0 + 1} = -1$

따라서 $f(x) = \begin{cases} 1 & (|x| > 1) \\ 0 & (|x| = 1) \\ -1 & (|x| < 1) \end{cases}$이므로

함수 $y = f(x)$의 그래프는 다음과 같다.

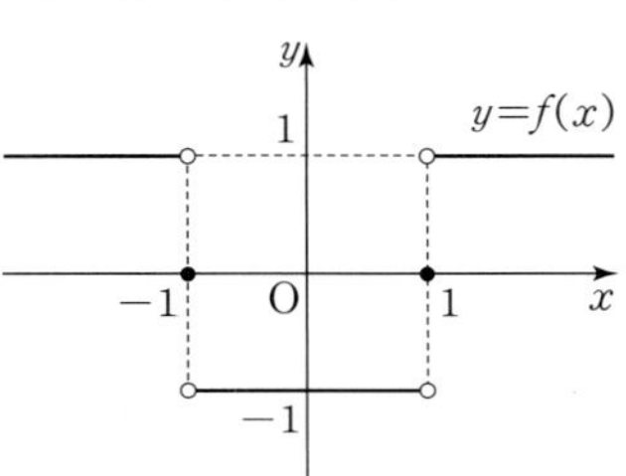

따라서 함수 $f(x)$는 $x = -1$, $x = 1$에서 불연속이다.

채점 요소	배점
함수 $f(x)$ 구하기	60%
함수 $y=f(x)$의 그래프 그리기	30%
함수 $f(x)$의 연속성 조사하기	10%

0050   답 ③

(i) $|x|>1$일 때

$\lim\limits_{n\to\infty} x^{2n}=\infty$에서 $\lim\limits_{n\to\infty}\dfrac{1}{x^{2n}}=0$이므로

$$f(x)=\lim_{n\to\infty}\frac{x^{2n+1}-1}{x^{2n}+1}=\lim_{n\to\infty}\frac{x-\dfrac{1}{x^{2n}}}{1+\dfrac{1}{x^{2n}}}=x$$

(ii) $x=1$일 때

$\lim\limits_{n\to\infty} x^{2n+1}=\lim\limits_{n\to\infty} x^{2n}=1$이므로

$$f(x)=\lim_{n\to\infty}\frac{x^{2n+1}-1}{x^{2n}+1}=\frac{1-1}{1+1}=0$$

(iii) $x=-1$일 때

$\lim\limits_{n\to\infty} x^{2n}=1,\ \lim\limits_{n\to\infty} x^{2n+1}=-1$이므로

$$f(x)=\lim_{n\to\infty}\frac{x^{2n+1}-1}{x^{2n}+1}=\frac{-1-1}{1+1}=-1$$

(iv) $|x|<1$일 때

$\lim\limits_{n\to\infty} x^{2n}=0$이므로

$$f(x)=\lim_{n\to\infty}\frac{x^{2n+1}-1}{x^{2n}+1}=-1$$

따라서 $f(x)=\begin{cases} x & (|x|>1) \\ 0 & (x=1) \\ -1 & (x=-1) \\ -1 & (|x|<1) \end{cases}$ 이므로 함수 $y=f(x)$의 그래프는

다음과 같다.

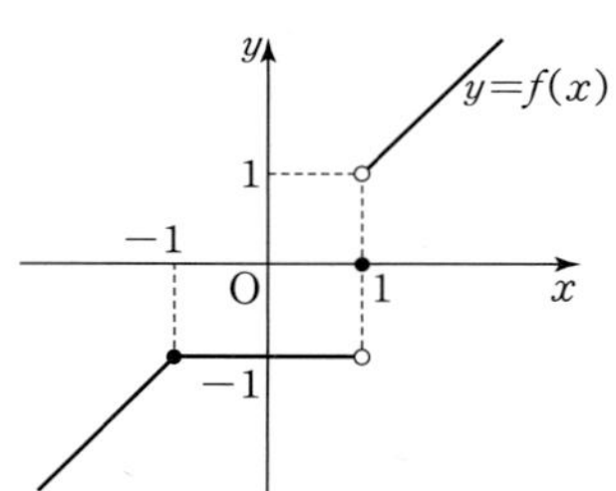

따라서 함수 $f(x)$는 $x=1$에서 불연속이다.

$\therefore a=1$

0051   답 ③

(i) $|x|>1$일 때

$\lim\limits_{n\to\infty} x^{2n}=\infty$에서 $\lim\limits_{n\to\infty}\dfrac{1}{x^{2n}}=0$이므로

$$f(x)=\lim_{n\to\infty}\frac{ax^{2n}+2x+1}{x^{2n}-x^n+1}=\lim_{n\to\infty}\frac{a+\dfrac{2x}{x^{2n}}+\dfrac{1}{x^{2n}}}{1-\dfrac{x^n}{x^{2n}}+\dfrac{1}{x^{2n}}}=a$$

(ii) $|x|<1$일 때

$\lim\limits_{n\to\infty} x^{2n}=0$이므로

$$f(x)=\lim_{n\to\infty}\frac{ax^{2n}+2x+1}{x^{2n}-x^n+1}=\frac{2x+1}{1}=2x+1$$

$\therefore f(x)=\begin{cases} a & (|x|>1) \\ 2x+1 & (|x|<1) \end{cases}$

이때, $\lim\limits_{x\to-1} f(x)$의 값이 존재하려면

$\lim\limits_{x\to-1-} f(x)=\lim\limits_{x\to-1+} f(x)$를 만족시켜야 한다.

$\lim\limits_{x\to-1-} f(x)=a,\ \lim\limits_{x\to-1+} f(x)=-1$이므로

$a=-1$

0052   답 ①

(i) $|x|>1$일 때

$\lim\limits_{n\to\infty} |x^n|=\infty$에서 $\lim\limits_{n\to\infty}\dfrac{1}{|x^n|}=0$이므로

$$f(x)=\lim_{n\to\infty}\frac{2ax^{n+1}+ax-3}{x^n+1}$$

$$=\lim_{n\to\infty}\frac{2ax+\dfrac{ax}{x^n}-\dfrac{3}{x^n}}{1+\dfrac{1}{x^n}}=2ax$$

(ii) $x=1$일 때

$\lim\limits_{n\to\infty} x^n=1$이므로

$$f(x)=\lim_{n\to\infty}\frac{2ax^{n+1}+ax-3}{x^n+1}=\frac{2a+a-3}{2}=\frac{3a-3}{2}$$

(iii) $|x|<1$일 때

$\lim\limits_{n\to\infty} x^n=0$이므로

$$f(x)=\lim_{n\to\infty}\frac{2ax^{n+1}+ax-3}{x^n+1}=\frac{ax-3}{1}=ax-3$$

$\therefore f(x)=\begin{cases} 2ax & (|x|>1) \\ \dfrac{3a-3}{2} & (x=1) \\ ax-3 & (|x|<1) \end{cases}$

이때, 함수 $f(x)$가 $x=1$에서 연속이려면

$\lim\limits_{x\to1+} f(x)=f(1)=\lim\limits_{x\to1-} f(x)$를 만족시켜야 한다.

$\lim\limits_{x\to1+} f(x)=2a,\ f(1)=\dfrac{3a-3}{2},\ \lim\limits_{x\to1-} f(x)=a-3$

$2a=\dfrac{3a-3}{2}=a-3$

$\therefore a=-3$

0053   답 ③

(i) $|x|>1$일 때

$\lim\limits_{n\to\infty} x^{2n}=\infty$에서 $\lim\limits_{n\to\infty}\dfrac{1}{x^{2n}}=0$이므로

$$f(x)=\lim_{n\to\infty}\frac{x(1-x^{2n+1})}{1+x^{2n}}=\lim_{n\to\infty}\frac{\dfrac{x}{x^{2n}}-x^2}{\dfrac{1}{x^{2n}}+1}=-x^2$$

(ii) $x=1$일 때

$$\lim_{n\to\infty} x^{2n}=1, \ \lim_{n\to\infty} x^{2n+1}=1$$이므로

$$f(x)=\lim_{n\to\infty}\frac{x(1-x^{2n+1})}{1+x^{2n}}=\frac{0}{2}=0$$

(iii) $x=-1$일 때

$$\lim_{n\to\infty} x^{2n}=1, \ \lim_{n\to\infty} x^{2n+1}=-1$$이므로

$$f(x)=\lim_{n\to\infty}\frac{x(1-x^{2n+1})}{1+x^{2n}}=\frac{(-1)\times(1+1)}{1+1}=-1$$

(iv) $|x|<1$일 때

$$\lim_{n\to\infty} x^{2n}=0$$이므로

$$f(x)=\lim_{n\to\infty}\frac{x(1-x^{2n+1})}{1+x^{2n}}=x$$

따라서 $f(x)=\begin{cases} -x^2 & (|x|>1) \\ 0 & (x=1) \\ -1 & (x=-1) \\ x & (|x|<1) \end{cases}$ 이므로

함수 $y=f(x)$의 그래프는 다음과 같다.

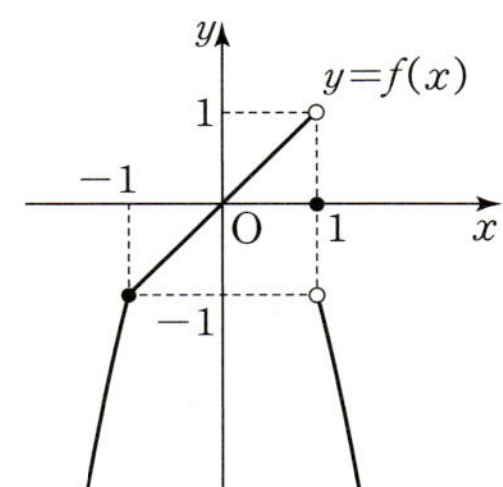

① $x>1$일 때 $f(x)=-x^2$이다. (참)

② $f(1)=0$이다. (참)

③ $x<-1$일 때 $f(x)=-x^2$이다. (거짓)

④ 함수 $f(x)$는 $x=1$에서 불연속이므로 불연속인 점은 1개이다. (참)

⑤ 함수 $f(x)$는 $-1<x<1$에서 $f(x)=x$이므로 연속이다. (참)

따라서 선지 중 옳지 않은 것은 ③이다.

0054 　　　답 ③

이차방정식의 근과 계수의 관계에 의하여

$\alpha+\beta=3$, $\alpha\beta=1$이므로

$$\lim_{n\to\infty}(a_n+b_n)=3, \ \lim_{n\to\infty}a_nb_n=1$$

$$\therefore \ \lim_{n\to\infty}(a_n{}^3+b_n{}^3)=\lim_{n\to\infty}\{(a_n+b_n)^3-3a_nb_n(a_n+b_n)\}$$
$$=3^3-3\times1\times3=18$$

0055 　　　답 ④

(i) $0<a<1$일 때

$$\lim_{n\to\infty} a^{-2n}=\infty$$이므로 $f(a)=0$

(ii) $a=1$일 때

$$\lim_{n\to\infty} a^{-2n}=1$$이므로 $f(a)=10$

(iii) $a>1$일 때

$$\lim_{n\to\infty} a^{-2n}=0$$이므로 $f(a)=20$

따라서 경보음의 볼륨이 변하는 경계가 되는 지점의 거리는 1이다.

$$\therefore \ a=1$$

0056 　　　답 ③

$a_{n+1}=\frac{1}{2}a_n+5$를 $a_{n+1}-\alpha=\frac{1}{2}(a_n-\alpha)$($\alpha$는 실수)와 같이 정리하면

$a_{n+1}=\frac{1}{2}a_n+\frac{1}{2}\alpha$에서 $\frac{1}{2}\alpha=5$, 즉 $\alpha=10$

따라서 $a_{n+1}-10=\frac{1}{2}(a_n-10)$에서 수열 $\{a_n-10\}$은

첫째항이 $a_1-10=1$, 공비가 $\frac{1}{2}$인 등비수열이므로

$$a_n-10=\left(\frac{1}{2}\right)^{n-1}, \ a_n=\left(\frac{1}{2}\right)^{n-1}+10$$

$$\therefore \ \lim_{n\to\infty}a_n=\lim_{n\to\infty}\left\{\left(\frac{1}{2}\right)^{n-1}+10\right\}=10$$

다른 풀이

$\lim\limits_{n\to\infty}a_n$은 수렴하므로 $\lim\limits_{n\to\infty}a_n=p$ (p는 실수)라 하면

$$\lim_{n\to\infty}a_{n+1}=\lim_{n\to\infty}a_n=p$$

$a_{n+1}=\frac{1}{2}a_n+5$에서

$$\lim_{n\to\infty}a_{n+1}=\lim_{n\to\infty}\left(\frac{1}{2}a_n+5\right)$$

$$p=\frac{1}{2}p+5, \ \frac{1}{2}p=5$$

$$\therefore \ p=\lim_{n\to\infty}a_n=10$$

참고

$a_{n+1}=pa_n+q$ $(-1<p<1)$의 극한은 다음과 같은 순서로 구할 수 있다.

❶ $a_{n+1}-\alpha=p(a_n-\alpha)$ 꼴로 변형하여 수열 $\{a_n-\alpha\}$의 공비가 p인 등비수열임을 이용한다.

❷ $\lim\limits_{n\to\infty}a_n=\alpha$라 하면 $\lim\limits_{n\to\infty}a_{n+1}=\alpha$임을 이용한다.

0057 　　　답 ①

$a_{n+1}=\frac{2}{3}a_n+4$를 $a_{n+1}-\alpha=\frac{2}{3}(a_n-\alpha)$($\alpha$는 실수)와 같이 정리하면

$a_{n+1}=\frac{2}{3}a_n+\frac{1}{3}\alpha$에서 $\frac{1}{3}\alpha=4$, 즉 $\alpha=12$

따라서 $a_{n+1}-12=\frac{2}{3}(a_n-12)$에서 수열 $\{a_n-12\}$는

첫째항이 a_1-12, 공비가 $\frac{2}{3}$인 등비수열이므로

$$a_n-12=(a_1-12)\times\left(\frac{2}{3}\right)^{n-1}$$

$$\therefore \ a_n=(a_1-12)\times\left(\frac{2}{3}\right)^{n-1}+12$$

이때, $\lim\limits_{n\to\infty}a_n=12$이므로

$$\lim_{n \to \infty}(6a_n-4)=6\lim_{n \to \infty}a_n-4$$
$$=6 \times 12-4$$
$$=68$$

다른 풀이

$\lim\limits_{n \to \infty}a_n$이 수렴하므로 $\lim\limits_{n \to \infty}a_n=p$ (p는 실수)라 하면

$$\lim_{n \to \infty}a_{n+1}=\lim_{n \to \infty}a_n=p$$

$a_{n+1}=\dfrac{2}{3}a_n+4$에서

$$\lim_{n \to \infty}a_{n+1}=\lim_{n \to \infty}\left(\dfrac{2}{3}a_n+4\right)$$

$$p=\dfrac{2}{3}p+4,\ \dfrac{1}{3}p=4$$

$$\therefore p=\lim_{n \to \infty}a_n=12$$

$$\therefore \lim_{n \to \infty}(6a_n-4)=6 \times 12-4=68$$

0058　　　　　　　　　　　　　　　　　답 ⑤

$\left(1+\dfrac{3x}{n}\right)^n$의 전개식에서 x^3의 계수 a_n은

$$a_n={}_n\mathrm{C}_3 \times 1^{n-3} \times \left(\dfrac{3}{n}\right)^3$$

$$=\dfrac{n(n-1)(n-2)}{3 \times 2 \times 1} \times \dfrac{27}{n^3}$$

$$=\dfrac{9n(n-1)(n-2)}{2n^3}$$

$$\therefore \lim_{n \to \infty}a_n=\lim_{n \to \infty}\dfrac{9n(n-1)(n-2)}{2n^3}=\dfrac{9}{2}$$

0059　　　　　　　　　　　　　　　　　답 ④

$10n$개의 제비 중 당첨 제비가 아닌 것은 $8n$개이다.

따라서 당첨 제비가 아닌 $8n$개 중에서 4개, 당첨 제비 $2n$개 중에서 1개를 뽑아야 한다.

$$\mathrm{P}_n=\dfrac{{}_{2n}\mathrm{C}_1 \times {}_{8n}\mathrm{C}_4}{{}_{10n}\mathrm{C}_5}=\dfrac{2n \times \dfrac{8n(8n-1)(8n-2)(8n-3)}{4!}}{\dfrac{10n(10n-1)(10n-2)(10n-3)(10n-4)}{5!}}$$

$$=\dfrac{8n(8n-1)(8n-2)(8n-3)}{(10n-1)(10n-2)(10n-3)(10n-4)}$$

$$\therefore \lim_{n \to \infty}\mathrm{P}_n=\left(\dfrac{4}{5}\right)^4$$

0060　　　　　　　　　　　　　　　　　답 ⑤

주머니에는 총 $7n$개의 구슬이 들어 있다.

총 $7n$개의 구슬 중 2개를 꺼내는 경우의 수는 ${}_{7n}\mathrm{C}_2=\dfrac{7n(7n-1)}{2}$

흰 구슬 2개를 꺼내는 경우의 수는 ${}_{4n}\mathrm{C}_2=\dfrac{4n(4n-1)}{2}$

검은 구슬 2개를 꺼내는 경우의 수는 ${}_{3n}\mathrm{C}_2=\dfrac{3n(3n-1)}{2}$

$$\mathrm{P}_n=\dfrac{\dfrac{4n(4n-1)}{2}+\dfrac{3n(3n-1)}{2}}{\dfrac{7n(7n-1)}{2}}=\dfrac{4n(4n-1)+3n(3n-1)}{7n(7n-1)}$$

$$\therefore \lim_{n \to \infty}\mathrm{P}_n=\lim_{n \to \infty}\dfrac{4n(4n-1)+3n(3n-1)}{7n(7n-1)}=\dfrac{16+9}{49}=\dfrac{25}{49}$$

0061　　　　　　　　　　　　　　　　　답 ⑤

$n=1,\ 2,\ 3,\ 4,\ \cdots$을 각각의 수열에 차례로 대입하여 판단하면 된다.

① $0,\ 2,\ 0,\ 2,\ \cdots$이므로 n이 한없이 커지면 $1+(-1)^n$의 값은 0과 2가 교대로 나타난다.

　따라서 수열 $\{1+(-1)^n\}$은 발산(진동)한다.

② $-3,\ 5,\ -7,\ 9,\ \cdots$이므로 n이 한없이 커지면 $(-1)^n(2n+1)$의 값은 그 절댓값이 한없이 커지며 각 항의 부호는 음과 양이 교대로 나타난다.

　따라서 수열 $\{(-1)^n(2n+1)\}$은 발산(진동)한다.

③ $0,\ -3,\ -8,\ -15,\ \cdots$이므로 n이 한없이 커지면 $1-n^2$의 값은 한없이 작아진다.

　따라서 수열 $\{1-n^2\}$은 음의 무한대로 발산한다.

④ $\dfrac{n^2+1}{n}=n+\dfrac{1}{n}$에서 $1+1,\ 2+\dfrac{1}{2},\ 3+\dfrac{1}{3},\ 4+\dfrac{1}{4},\ \cdots$이므로 n이 한없이 커지면 $\dfrac{n^2+1}{n}$의 값은 한없이 커지므로 수열 $\left\{\dfrac{n^2+1}{n}\right\}$은 양의 무한대로 발산한다.

⑤ $\dfrac{n+1}{n}=1+\dfrac{1}{n}$에서 $1+1,\ 1+\dfrac{1}{2},\ 1+\dfrac{1}{3},\ 1+\dfrac{1}{4},\ \cdots$이므로 n이 한없이 커지면 $\dfrac{n+1}{n}$의 값은 1에 한없이 가까워진다.

　따라서 수열 $\left\{\dfrac{n+1}{n}\right\}$은 1에 수렴한다.

따라서 선지 중 수렴, 발산이 나머지 넷과 다른 것은 ⑤이다.

0062　　　　　　　　답 (1) 27 (2) 140 (3) $\sqrt{29}$

(1)
$$\lim_{n \to \infty}(a_n{}^2+b_n{}^2)=\lim_{n \to \infty}\{(a_n+b_n)^2-2a_nb_n\}$$
$$=\lim_{n \to \infty}(a_n+b_n)^2-2\lim_{n \to \infty}a_nb_n$$
$$=5^2-2 \times (-1)=27$$

(2)
$$\lim_{n \to \infty}(a_n{}^3+b_n{}^3)=\lim_{n \to \infty}\{(a_n+b_n)^3-3a_nb_n(a_n+b_n)\}$$
$$=\lim_{n \to \infty}(a_n+b_n)^3-3\lim_{n \to \infty}a_nb_n \times \lim_{n \to \infty}(a_n+b_n)$$
$$=5^3-3 \times (-1) \times 5=140$$

(3)
$$\lim_{n \to \infty}|a_n-b_n|^2=\lim_{n \to \infty}\{(a_n+b_n)^2-4a_nb_n\}$$
$$=\lim_{n \to \infty}(a_n+b_n)^2-4\lim_{n \to \infty}a_nb_n$$
$$=5^2-4 \times (-1)=29$$

$$\therefore \lim_{n \to \infty}|a_n-b_n|=\sqrt{29}$$

0063　　　　　　　　　　　　　　　　　답 ⑤

$$\lim_{n \to \infty}(a_n+b_n)=\lim_{n \to \infty}a_n+\lim_{n \to \infty}b_n=7 \qquad \cdots\cdots ㉠$$
$$\lim_{n \to \infty}(a_n-b_n)=\lim_{n \to \infty}a_n-\lim_{n \to \infty}b_n=4 \qquad \cdots\cdots ㉡$$

㉠+㉡을 하면

$$2\lim_{n\to\infty}a_n=11 \qquad \therefore \lim_{n\to\infty}a_n=\frac{11}{2}$$

㉠에 대입하면 $\lim_{n\to\infty}b_n=\frac{3}{2}$

$$\therefore \lim_{n\to\infty}(4a_n-2b_n)=4\lim_{n\to\infty}a_n-2\lim_{n\to\infty}b_n$$
$$=4\times\frac{11}{2}-2\times\frac{3}{2}=19$$

다른 풀이

$$\lim_{n\to\infty}(4a_n-2b_n)=\lim_{n\to\infty}\{(a_n+b_n)+3(a_n-b_n)\}$$
$$=\lim_{n\to\infty}(a_n+b_n)+3\lim_{n\to\infty}(a_n-b_n)$$
$$=7+3\times4=19$$

0064   답 ①

ㄱ. 수열 $\{a_n\}$이 수렴하므로 $\lim_{n\to\infty}a_n=\alpha$ (α는 실수)라 하자.
  $\lim_{n\to\infty}a_{2n}$에서 $2n=s$라 하면 $n\to\infty$일 때, $s\to\infty$이므로
  $\lim_{n\to\infty}a_{2n}=\lim_{s\to\infty}a_s=\alpha$ (참)

ㄴ. [반례] $\{a_n\}$: $1,\ 0,\ -1,\ 0,\ 1,\ 0,\ -1,\ 0,\ \cdots$일 때 수열 $\{a_{2n}\}$은
  0에 수렴하지만 수열 $\{a_{2n-1}\}$은 발산(진동)한다. (거짓)

ㄷ. [반례] $a_n=(-1)^n$일 때 $a_{2n}=(-1)^{2n}=1$로 수열 $\{a_{2n}\}$은 1에
  수렴하지만 수열 $\{a_n\}$은 발산(진동)한다. (거짓)

ㄹ. [반례] 수열 $\{a_n\}$을
  n이 2의 배수 또는 3의 배수일 때 $a_n=0$,
  n이 2의 배수가 아니고 3의 배수도 아닐 때 $a_n=1$
  이라 하면 수열 $\{a_{2n}\}$, $\{a_{3n}\}$, $\{a_{6n}\}$은 모두 0에 수렴하지만 수열
  $\{a_n\}$은 수렴하지 않는다. (거짓)

따라서 옳은 것은 ㄱ이다.

0065   답 ③

ㄱ. $\lim_{n\to\infty}(a_n+b_n^{\,2})=\alpha$, $\lim_{n\to\infty}b_n=\beta$ ($\alpha,\ \beta$는 실수)라 하자.
  $\lim_{n\to\infty}b_n^{\,2}=\lim_{n\to\infty}b_n\times\lim_{n\to\infty}b_n=\beta^2$이므로
  $$\lim_{n\to\infty}a_n=\lim_{n\to\infty}\{(a_n+b_n^{\,2})-b_n^{\,2}\}$$
  $$=\lim_{n\to\infty}(a_n+b_n^{\,2})-\lim_{n\to\infty}b_n^{\,2}$$
  $$=\alpha-\beta^2$$
  따라서 수열 $\{a_n\}$은 수렴한다. (참)

ㄴ. [반례] $\{a_n\}$: $0,\ 1,\ 0,\ 1,\ \cdots$, $\{b_n\}$: $1,\ 0,\ 1,\ 0,\ \cdots$일 때,
  $\{a_nb_n\}$: $0,\ 0,\ 0,\ 0,\ \cdots$이므로 수열 $\{a_nb_n\}$은 0에 수렴하지만
  두 수열 $\{a_n\}$, $\{b_n\}$은 모두 발산(진동)한다. (거짓)

ㄷ. $\lim_{n\to\infty}(a_n+b_n)=\alpha$, $\lim_{n\to\infty}(a_n-b_n)=\beta$ ($\alpha,\ \beta$는 실수)라 하자.
  $$\lim_{n\to\infty}a_n=\lim_{n\to\infty}\frac{1}{2}\{(a_n+b_n)+(a_n-b_n)\}$$
  $$=\frac{1}{2}\{\lim_{n\to\infty}(a_n+b_n)+\lim_{n\to\infty}(a_n-b_n)\}$$
  $$=\frac{1}{2}(\alpha+\beta)$$

$$\lim_{n\to\infty}b_n=\lim_{n\to\infty}\frac{1}{2}\{(a_n+b_n)-(a_n-b_n)\}$$
$$=\frac{1}{2}\{\lim_{n\to\infty}(a_n+b_n)-\lim_{n\to\infty}(a_n-b_n)\}$$
$$=\frac{1}{2}(\alpha-\beta)$$

따라서 두 수열 $\{a_n\}$, $\{b_n\}$은 모두 수렴한다. (참)

ㄹ. [반례] $a_n=3$, $b_n=\frac{1}{n}$일 때,

  $a_n+b_n=3+\frac{1}{n}$, $\dfrac{a_n}{b_n}=3n$이므로 두 수열 $\{a_n\}$, $\{a_n+b_n\}$은 모

  두 수렴하지만 수열 $\left\{\dfrac{a_n}{b_n}\right\}$은 ∞로 발산한다. (거짓)

따라서 옳은 것은 ㄱ, ㄷ이다.

0066   답 ⑤

$$\lim_{n\to\infty}\left[\left\{\left(1+\frac{1}{2}\right)\left(1+\frac{1}{3}\right)\cdots\left(1+\frac{1}{n-1}\right)\right\}^2\times\frac{1}{1+2+\cdots+n}\right]$$
$$=\lim_{n\to\infty}\left\{\left(\frac{3}{2}\times\frac{4}{3}\times\cdots\times\frac{n}{n-1}\right)^2\times\frac{1}{\dfrac{n(n+1)}{2}}\right\}$$
$$=\lim_{n\to\infty}\left\{\left(\frac{n}{2}\right)^2\times\frac{2}{n(n+1)}\right\}$$
$$=\lim_{n\to\infty}\frac{n}{2(n+1)}=\frac{1}{2}$$

0067   답 (1) 1   (2) $\frac{2}{9}$

(1) $1+3+5+\cdots+(2n-1)=\displaystyle\sum_{k=1}^{n}(2k-1)$
$$=2\times\frac{n(n+1)}{2}-n=n^2$$
$$2+4+6+\cdots+2n=\sum_{k=1}^{n}2k=2\times\frac{n(n+1)}{2}=n^2+n$$
$$\therefore \lim_{n\to\infty}\frac{1+3+5+\cdots+(2n-1)}{2+4+6+\cdots+2n}=\lim_{n\to\infty}\frac{n^2}{n^2+n}=1$$

(2) $1^2+2^2+3^2+\cdots+(n-1)^2=\displaystyle\sum_{k=1}^{n-1}k^2=\frac{(n-1)n(2n-1)}{6}$
$$1+4+7+\cdots+(3n-2)=\sum_{k=1}^{n}(3k-2)$$
$$=3\times\frac{n(n+1)}{2}-2n$$
$$=\frac{3n^2-n}{2}$$
$$\therefore \lim_{n\to\infty}\frac{1^2+2^2+3^2+\cdots+(n-1)^2}{n\{1+4+7+\cdots+(3n-2)\}}$$
$$=\lim_{n\to\infty}\frac{\dfrac{(n-1)n(2n-1)}{6}}{\dfrac{3n^3-n^2}{2}}$$
$$=\lim_{n\to\infty}\frac{(n-1)n(2n-1)}{3(3n^3-n^2)}=\frac{2}{3\times3}=\frac{2}{9}$$

0068   답 ①

$$1+2+3+\cdots+(n-1)=\frac{n(n-1)}{2}$$

$$1+2+3+\cdots+n=\frac{n(n+1)}{2}$$

이므로

$$\sqrt{1+2+3+\cdots+(n-1)}-\sqrt{1+2+3+\cdots+n}$$

$$=\sqrt{\frac{n(n-1)}{2}}-\sqrt{\frac{n(n+1)}{2}}$$

$$=\sqrt{\frac{n}{2}}\left(\sqrt{n-1}-\sqrt{n+1}\right)$$

$$=\frac{\sqrt{n}\left(\sqrt{n-1}-\sqrt{n+1}\right)\left(\sqrt{n-1}+\sqrt{n+1}\right)}{\sqrt{2}\left(\sqrt{n-1}+\sqrt{n+1}\right)}$$

$$=\frac{-2\sqrt{n}}{\sqrt{2}\left(\sqrt{n-1}+\sqrt{n+1}\right)}$$

$$=\frac{-\sqrt{2}}{\sqrt{1-\frac{1}{n}}+\sqrt{1+\frac{1}{n}}}$$

$$\therefore \lim_{n\to\infty}\left\{\sqrt{1+2+3+\cdots+(n-1)}-\sqrt{1+2+3+\cdots+n}\right\}$$

$$=\lim_{n\to\infty}\frac{-\sqrt{2}}{\sqrt{1-\frac{1}{n}}+\sqrt{1+\frac{1}{n}}}=-\frac{\sqrt{2}}{2}$$

0069   답 ④

$$\lim_{n\to\infty}\sum_{k=1}^{10}\left(\sqrt{n^2+5kn+k}-n\right)$$

$$=\lim_{n\to\infty}\sum_{k=1}^{10}\frac{\left(\sqrt{n^2+5kn+k}-n\right)\left(\sqrt{n^2+5kn+k}+n\right)}{\sqrt{n^2+5kn+k}+n}$$

$$=\sum_{k=1}^{10}\lim_{n\to\infty}\frac{5kn+k}{\sqrt{n^2+5kn+k}+n}$$

$$=\sum_{k=1}^{10}\frac{5k}{2}=\frac{5}{2}\times\frac{10\times11}{2}=\frac{275}{2}$$

0070   답 ②

$$a_1+a_2+a_3+\cdots+a_n$$

$$=\log\frac{3\times3}{2\times4}+\log\frac{4\times4}{3\times5}+\log\frac{5\times5}{4\times6}+\cdots+\log\frac{(n+2)(n+2)}{(n+1)(n+3)}$$

$$=\log\left\{\left(\frac{3}{2}\times\frac{3}{4}\right)\times\left(\frac{4}{3}\times\frac{4}{5}\right)\times\left(\frac{5}{4}\times\frac{5}{6}\right)\times\cdots\times\frac{n+2}{n+1}\times\frac{n+2}{n+3}\right\}$$

$$=\log\left(\frac{3}{2}\times\frac{n+2}{n+3}\right)$$

$$\therefore \lim_{n\to\infty}10^{a_1+a_2+a_3+\cdots+a_n}=\lim_{n\to\infty}10^{\log\left(\frac{3}{2}\times\frac{n+2}{n+3}\right)}=\lim_{n\to\infty}\frac{3(n+2)}{2(n+3)}=\frac{3}{2}$$

0071   답 (1) -4 (2) -8

(1) $\dfrac{1+2+3+\cdots+n}{n^2+4}=\dfrac{\sum_{k=1}^{n}k}{n^2+4}=\dfrac{\frac{n(n+1)}{2}}{n^2+4}=\dfrac{n^2+n}{2n^2+8}$ 이므로

$$\lim_{n\to\infty}\frac{2a_n+1}{3a_n-2}=\lim_{n\to\infty}\frac{n^2+n}{2n^2+8}=\frac{1}{2}$$

$$\frac{2a_n+1}{3a_n-2}=b_n \text{으로 놓으면}$$

$$2a_n+1=b_n(3a_n-2),\ (2-3b_n)a_n=-2b_n-1$$

$$\therefore a_n=\frac{2b_n+1}{3b_n-2}$$

이때, $\lim\limits_{n\to\infty}b_n=\dfrac{1}{2}$ 이므로

$$\lim_{n\to\infty}a_n=\lim_{n\to\infty}\frac{2b_n+1}{3b_n-2}=\lim_{n\to\infty}\frac{2\times\frac{1}{2}+1}{3\times\frac{1}{2}-2}=\frac{2}{-\frac{1}{2}}=-4$$

(2) $\dfrac{1\times2+2\times3+3\times4+\cdots+n(n+1)}{1^2+2^2+3^2+\cdots+n^2}$

$$=\frac{\sum_{k=1}^{n}k(k+1)}{\sum_{k=1}^{n}k^2}$$

$$=\frac{\frac{n(n+1)(2n+1)}{6}+\frac{n(n+1)}{2}}{\frac{n(n+1)(2n+1)}{6}}$$

$$=\frac{\frac{n(n+1)(2n+4)}{6}}{\frac{n(n+1)(2n+1)}{6}}=\frac{2n+4}{2n+1}$$

이므로 $\lim\limits_{n\to\infty}\dfrac{a_n-3}{2a_n+5}=\lim\limits_{n\to\infty}\dfrac{2n+4}{2n+1}=1$

$$\frac{a_n-3}{2a_n+5}=b_n \text{으로 놓으면}$$

$$a_n-3=b_n(2a_n+5),\ (1-2b_n)a_n=5b_n+3$$

$$\therefore a_n=\frac{5b_n+3}{1-2b_n}$$

이때, $\lim\limits_{n\to\infty}b_n=1$ 이므로

$$\lim_{n\to\infty}a_n=\lim_{n\to\infty}\frac{5b_n+3}{1-2b_n}=\frac{5\times1+3}{1-2\times1}=\frac{8}{-1}=-8$$

다른 풀이

수열 $\{a_n\}$ 은 수렴하는 수열이므로 $\lim\limits_{n\to\infty}a_n=\alpha$ (α는 실수)라 하자.

(1) $\lim\limits_{n\to\infty}\dfrac{2a_n+1}{3a_n-2}=\dfrac{1}{2}$ 에서

$$\frac{2\alpha+1}{3\alpha-2}=\frac{1}{2},\ 4\alpha+2=3\alpha-2$$

$$\therefore \alpha=\lim_{n\to\infty}a_n=-4$$

(2) $\lim\limits_{n\to\infty}\dfrac{a_n-3}{2a_n+5}=1$ 에서

$$\frac{\alpha-3}{2\alpha+5}=1,\ \alpha-3=2\alpha+5$$

$$\therefore \alpha=\lim_{n\to\infty}a_n=-8$$

0072   답 ④

첫째항이 -2이고 공차가 7인 등차수열에서

$$\sum_{k=1}^{n}a_k=S_n=\frac{n\{2\times(-2)+7(n-1)\}}{2}$$

$$=\frac{n(7n-11)}{2}=\frac{7n^2-11n}{2}$$

$$S_{n+1}=\frac{(n+1)(7n-4)}{2}=\frac{7n^2+3n-4}{2}$$

$$\therefore \lim_{n\to\infty}(\sqrt{S_{n+1}}-\sqrt{S_n})$$

$$=\lim_{n\to\infty}\frac{S_{n+1}-S_n}{\sqrt{S_{n+1}}+\sqrt{S_n}}$$

$$=\lim_{n\to\infty}\frac{\dfrac{7n^2+3n-4}{2}-\dfrac{7n^2-11n}{2}}{\sqrt{\dfrac{7n^2+3n-4}{2}}+\sqrt{\dfrac{7n^2-11n}{2}}}$$

$$=\lim_{n\to\infty}\frac{7n-2}{\sqrt{\dfrac{7n^2+3n-4}{2}}+\sqrt{\dfrac{7n^2-11n}{2}}}$$

$$=\lim_{n\to\infty}\frac{7-\dfrac{2}{n}}{\sqrt{\dfrac{7}{2}+\dfrac{3}{2n}-\dfrac{4}{2n^2}}+\sqrt{\dfrac{7}{2}-\dfrac{11}{2n}}}$$

$$=\frac{7}{\sqrt{\dfrac{7}{2}}+\sqrt{\dfrac{7}{2}}}=\frac{\sqrt{14}}{2}$$

0073   답 ⑤

$$\sum_{k=1}^{n}(2k+a_k)=2\sum_{k=1}^{n}k+\sum_{k=1}^{n}a_k=2\times\frac{n(n+1)}{2}+S_n$$
$$=n(n+1)+S_n$$

$$\sum_{k=1}^{n}(4k^3+5a_k)=4\sum_{k=1}^{n}k^3+5\sum_{k=1}^{n}a_k=4\times\left\{\frac{n(n+1)}{2}\right\}^2+5S_n$$
$$=n^2(n+1)^2+5S_n$$

$$\therefore \lim_{n\to\infty}\frac{\sum_{k=1}^{n}(2k+a_k)}{\sum_{k=1}^{n}(4k^3+5a_k)}=\lim_{n\to\infty}\frac{n(n+1)+S_n}{n^2(n+1)^2+5S_n}$$

$$=\lim_{n\to\infty}\frac{n^2+n+S_n}{n^4+2n^3+n^2+5S_n}$$

$$=\lim_{n\to\infty}\frac{\dfrac{1}{n^2}+\dfrac{1}{n^3}+\dfrac{S_n}{n^4}}{1+\dfrac{2}{n}+\dfrac{1}{n^2}+\dfrac{5S_n}{n^4}}$$

$$=\frac{\dfrac{1}{2}}{1+\dfrac{5}{2}}=\frac{1}{7}$$

0074   답 ①

$$\lim_{n\to\infty}\frac{1}{(n-3)a_n}=\lim_{n\to\infty}\left\{\frac{1}{(n+3)a_n}\times\frac{n+3}{n-3}\right\}$$

$$=\lim_{n\to\infty}\frac{1}{(n+3)a_n}\times\lim_{n\to\infty}\frac{n+3}{n-3}$$

$$=\frac{1}{2}\times1=\frac{1}{2}$$

다른 풀이

$(n+3)a_n=b_n$으로 놓으면 $a_n=\dfrac{b_n}{n+3}$

이때, $\lim\limits_{n\to\infty}b_n=2$이므로

$$\lim_{n\to\infty}\frac{1}{(n-3)a_n}=\lim_{n\to\infty}\left\{\frac{1}{(n-3)}\times\frac{n+3}{b_n}\right\}$$

$$=\lim_{n\to\infty}\frac{n+3}{n-3}\times\lim_{n\to\infty}\frac{1}{b_n}$$

$$=1\times\frac{1}{2}=\frac{1}{2}$$

0075   답 ⑤

$$\lim_{n\to\infty}\frac{(3n-1)^2b_n}{2a_n}=\lim_{n\to\infty}\left\{\frac{(n^3-3)b_n}{(3n+2)a_n}\times\frac{(3n-1)^2(3n+2)}{2(n^3-3)}\right\}$$

$$=\frac{6}{3}\times\frac{27}{2}=27$$

다른 풀이

$(3n+2)a_n=c_n$으로 놓으면 $a_n=\dfrac{c_n}{3n+2}$

$(n^3-3)b_n=d_n$으로 놓으면 $b_n=\dfrac{d_n}{n^3-3}$

이때, $\lim\limits_{n\to\infty}c_n=3$, $\lim\limits_{n\to\infty}d_n=6$이므로

$$\lim_{n\to\infty}\frac{(3n-1)^2b_n}{2a_n}=\lim_{n\to\infty}\frac{(3n-1)^2\times\dfrac{d_n}{n^3-3}}{2\times\dfrac{c_n}{3n+2}}$$

$$=\lim_{n\to\infty}\left\{\frac{(3n-1)^2(3n+2)}{2(n^3-3)}\times\frac{d_n}{c_n}\right\}$$

$$=\frac{27}{2}\times\frac{6}{3}=27$$

0076   답 ②

$\lim\limits_{n\to\infty}a_n=\infty$, $\lim\limits_{n\to\infty}(a_n+b_n)=4$일 때,

$\lim\limits_{n\to\infty}\dfrac{a_n+b_n}{a_n}=0$이므로 $\lim\limits_{n\to\infty}\left(1+\dfrac{b_n}{a_n}\right)=0$

$$\therefore \lim_{n\to\infty}\frac{b_n}{a_n}=-1$$

$$\therefore \lim_{n\to\infty}\frac{2a_n-3b_n}{a_n+4b_n}=\lim_{n\to\infty}\frac{2-3\times\dfrac{b_n}{a_n}}{1+4\times\dfrac{b_n}{a_n}}=\frac{2-3\times(-1)}{1+4\times(-1)}=-\frac{5}{3}$$

다른 풀이

$a_n+b_n=c_n$으로 놓으면 $b_n=c_n-a_n$

이때, $\lim\limits_{n\to\infty}a_n=\infty$이고, $\lim\limits_{n\to\infty}c_n=4$이므로 $\lim\limits_{n\to\infty}\dfrac{c_n}{a_n}=0$

$$\therefore \lim_{n\to\infty}\frac{2a_n-3b_n}{a_n+4b_n}=\lim_{n\to\infty}\frac{2a_n-3(c_n-a_n)}{a_n+4(c_n-a_n)}$$

$$=\lim_{n\to\infty}\frac{5a_n-3c_n}{4c_n-3a_n}$$

$$=\lim_{n\to\infty}\frac{5-3\times\dfrac{c_n}{a_n}}{4\times\dfrac{c_n}{a_n}-3}=-\frac{5}{3}$$

0077

답 ⑤

$\lim\limits_{n\to\infty} a_n=\infty$, $\lim\limits_{n\to\infty}(b_n-a_n)=2$일 때,

$\lim\limits_{n\to\infty}\dfrac{b_n-a_n}{a_n}=0$이므로 $\lim\limits_{n\to\infty}\left(\dfrac{b_n}{a_n}-1\right)=0$

$\therefore \lim\limits_{n\to\infty}\dfrac{b_n}{a_n}=1$

$\therefore \lim\limits_{n\to\infty}\left(\dfrac{b_n^{\,2}}{a_n}-\dfrac{a_n^{\,2}}{b_n}\right)=\lim\limits_{n\to\infty}\dfrac{b_n^{\,3}-a_n^{\,3}}{a_nb_n}$

$\qquad\qquad=\lim\limits_{n\to\infty}\dfrac{(b_n-a_n)(b_n^{\,2}+a_nb_n+a_n^{\,2})}{a_nb_n}$

$\qquad\qquad=\lim\limits_{n\to\infty}(b_n-a_n)\left(\dfrac{b_n}{a_n}+1+\dfrac{a_n}{b_n}\right)$

$\qquad\qquad=2\times(1+1+1)=6$

다른 풀이

$b_n-a_n=c_n$으로 놓으면 $b_n=c_n+a_n$

이때, $\lim\limits_{n\to\infty}a_n=\infty$이고, $\lim\limits_{n\to\infty}c_n=2$이므로 $\lim\limits_{n\to\infty}\dfrac{c_n}{a_n}=0$

$\therefore \lim\limits_{n\to\infty}\dfrac{b_n}{a_n}=\lim\limits_{n\to\infty}\left(\dfrac{c_n}{a_n}+1\right)=1$

$\therefore \lim\limits_{n\to\infty}\left(\dfrac{b_n^{\,2}}{a_n}-\dfrac{a_n^{\,2}}{b_n}\right)=\lim\limits_{n\to\infty}\dfrac{b_n^{\,3}-a_n^{\,3}}{a_nb_n}$

$\qquad\qquad=\lim\limits_{n\to\infty}\dfrac{(b_n-a_n)(b_n^{\,2}+b_na_n+a_n^{\,2})}{a_nb_n}$

$\qquad\qquad=\lim\limits_{n\to\infty}\left\{(b_n-a_n)\times\left(\dfrac{b_n}{a_n}+1+\dfrac{a_n}{b_n}\right)\right\}$

$\qquad\qquad=2\times(1+1+1)=6$

참고

다른 풀이에서 주어진 식을 a_n, c_n에 대한 식으로 나타내면

$\lim\limits_{n\to\infty}\left(\dfrac{b_n^{\,2}}{a_n}-\dfrac{a_n^{\,2}}{b_n}\right)=\lim\limits_{n\to\infty}\left\{\dfrac{(c_n+a_n)^2}{a_n}-\dfrac{a_n^{\,2}}{c_n+a_n}\right\}$

$\qquad\qquad=\lim\limits_{n\to\infty}\left\{\dfrac{(c_n+a_n)^3-a_n^{\,3}}{a_n(c_n+a_n)}\right\}$

$\qquad\qquad=\lim\limits_{n\to\infty}\dfrac{c_n\{(c_n+a_n)^2+a_n(c_n+a_n)+a_n^{\,2}\}}{a_n(c_n+a_n)}$

으로 계산이 다소 복잡하므로 본풀이와 같이 풀이하는 것이 유리하다.

0078

답 ②

ㄱ. [반례] $a_n=n^2$, $b_n=\dfrac{1}{n}$이면 $\lim\limits_{n\to\infty}a_n=\infty$, $\lim\limits_{n\to\infty}b_n=0$이지만

$\quad \lim\limits_{n\to\infty}a_nb_n=\lim\limits_{n\to\infty}n=\infty$이다. (거짓)

ㄴ. $\lim\limits_{n\to\infty}\dfrac{a_n-b_n}{a_n}=0$이므로 $\lim\limits_{n\to\infty}\left(1-\dfrac{b_n}{a_n}\right)=0$

$\quad \therefore \lim\limits_{n\to\infty}\dfrac{b_n}{a_n}=1$ (참)

ㄷ. [반례] $a_n=\dfrac{3}{n}$, $b_n=\dfrac{1}{n}$이면

$\quad \lim\limits_{n\to\infty}(a_n-b_n)=\lim\limits_{n\to\infty}\dfrac{2}{n}=0$이지만

$\lim\limits_{n\to\infty}\dfrac{b_n}{a_n}=\lim\limits_{n\to\infty}\dfrac{\frac{1}{n}}{\frac{3}{n}}=\dfrac{1}{3}$이다. (거짓)

따라서 옳은 것은 ㄴ이다.

0079

답 ④

$a\neq1$이면 $\lim\limits_{n\to\infty}\dfrac{(a-1)n^2-6bn}{(b^2+9)n+2}$은 발산하므로 모순이다.

$\therefore a=1$

즉, $\lim\limits_{n\to\infty}\dfrac{(a-1)n^2-6bn}{(b^2+9)n+2}=\lim\limits_{n\to\infty}\dfrac{-6bn}{(b^2+9)n+2}=\dfrac{-6b}{b^2+9}=1$

$b^2+9=-6b$, $b^2+6b+9=0$, $(b+3)^2=0$

$\therefore b=-3$

$\therefore a+b=1+(-3)=-2$

0080

답 (1) 14 (2) $\dfrac{1}{4}$

(1) $\lim\limits_{n\to\infty}(\sqrt{n^2+an}-\sqrt{n^2-bn-1})$

$=\lim\limits_{n\to\infty}\dfrac{(\sqrt{n^2+an}-\sqrt{n^2-bn-1})(\sqrt{n^2+an}+\sqrt{n^2-bn-1})}{\sqrt{n^2+an}+\sqrt{n^2-bn-1}}$

$=\lim\limits_{n\to\infty}\dfrac{(a+b)n+1}{\sqrt{n^2+an}+\sqrt{n^2-bn-1}}$

$=\lim\limits_{n\to\infty}\dfrac{a+b+\dfrac{1}{n}}{\sqrt{1+\dfrac{a}{n}}+\sqrt{1-\dfrac{b}{n}-\dfrac{1}{n^2}}}$

$=\dfrac{a+b}{2}=7$

$\therefore a+b=14$

(2) $a\geq0$이면 $\lim\limits_{n\to\infty}(\sqrt{4n^2+9n}+an)$은 발산하므로 모순이다.

$\therefore a<0$

$\lim\limits_{n\to\infty}(\sqrt{4n^2+9n}+an)$

$=\lim\limits_{n\to\infty}\dfrac{(\sqrt{4n^2+9n}+an)(\sqrt{4n^2+9n}-an)}{\sqrt{4n^2+9n}-an}$

$=\lim\limits_{n\to\infty}\dfrac{(4-a^2)n^2+9n}{\sqrt{4n^2+9n}-an}=b$ $\qquad\cdots\cdots$ ㉠

에서 극한값이 존재하려면 분모가 일차식이므로

$4-a^2=0$ $\qquad \therefore a=-2\ (\because a<0)$

따라서 ㉠에서

$b=\lim\limits_{n\to\infty}\dfrac{9n}{\sqrt{4n^2+9n}+2n}$

$=\lim\limits_{n\to\infty}\dfrac{9}{\sqrt{4+\dfrac{9}{n}}+2}=\dfrac{9}{4}$

$\therefore a+b=-2+\dfrac{9}{4}=\dfrac{1}{4}$

0081

답 ①

$k\geq3$이면 $\lim\limits_{n\to\infty}\dfrac{an^{k+1}+bn^k+3}{5n^2-3n+1}$의 극한값이 존재하기 위해서는

$a=b=0$이어야 하고, 이때 극한값은 0이 되므로 모순이다.

$\therefore k=2$ ($\because k>1$인 자연수)

즉, $\displaystyle\lim_{n\to\infty}\frac{an^3+bn^2+3}{5n^2-3n+1}=-3$

$a\neq0$이면 $\displaystyle\lim_{n\to\infty}\frac{an^3+bn^2+3}{5n^2-3n+1}$ 은 발산하므로 모순이다.

$\therefore a=0$

즉, $\displaystyle\lim_{n\to\infty}\frac{an^3+bn^2+3}{5n^2-3n+1}=\lim_{n\to\infty}\frac{bn^2+3}{5n^2-3n+1}=\frac{b}{5}=-3$

$\therefore b=-15$

$\therefore a+b+k=0+(-15)+2=-13$

0082 답 ③

ㄱ. 수열의 극한의 대소 관계에 의하여 두 수열 $\{a_n\}$, $\{b_n\}$이 모두 수렴하고, 모든 자연수 n에 대하여 $a_n<b_n$이면 $\displaystyle\lim_{n\to\infty}a_n\leq\lim_{n\to\infty}b_n$이다. (참)

ㄴ. [반례] $a_n=-n$, $b_n=\dfrac{1}{n}$이면 $a_n<b_n$이고, $\displaystyle\lim_{n\to\infty}b_n=0$이지만 $\displaystyle\lim_{n\to\infty}a_n=-\infty$이다. (거짓)

ㄷ. $a_n<b_n$이므로 $\displaystyle\lim_{n\to\infty}a_n=\infty$이면 $\displaystyle\lim_{n\to\infty}b_n=\infty$이다. (참)

ㄹ. [반례] $a_n=n-\dfrac{1}{n}$, $x_n=n$, $b_n=n+\dfrac{1}{n}$이면 $a_n<x_n<b_n$이고,

$\displaystyle\lim_{n\to\infty}|a_n-b_n|=\lim_{n\to\infty}\left|-\frac{2}{n}\right|=0$이지만

$\displaystyle\lim_{n\to\infty}x_n=\infty$이다. (거짓)

따라서 옳은 것은 ㄱ, ㄷ이다.

0083 답 ④

$1+3+5+\cdots+(2n-1)=\displaystyle\sum_{k=1}^{n}(2k-1)$

$\qquad\qquad\qquad\qquad\quad=2\times\dfrac{n(n+1)}{2}-n$

$\qquad\qquad\qquad\qquad\quad=n^2$

$n<a_n<n+1$에서 $\displaystyle\sum_{k=1}^{n}k<\sum_{k=1}^{n}a_k<\sum_{k=1}^{n}(k+1)$

$\dfrac{n(n+1)}{2}<\displaystyle\sum_{k=1}^{n}a_k<\dfrac{n(n+1)}{2}+n$

$\dfrac{n^2+n}{2}<\displaystyle\sum_{k=1}^{n}a_k<\dfrac{n^2+3n}{2}$

$\dfrac{2}{n^2+3n}<\dfrac{1}{\displaystyle\sum_{k=1}^{n}a_k}<\dfrac{2}{n^2+n}$

$\therefore \dfrac{2n^2}{n^2+3n}<\dfrac{1+3+5+\cdots+(2n-1)}{a_1+a_2+a_3+\cdots+a_n}<\dfrac{2n^2}{n^2+n}$

이때, $\displaystyle\lim_{n\to\infty}\frac{2n^2}{n^2+3n}=2$, $\displaystyle\lim_{n\to\infty}\frac{2n^2}{n^2+n}=2$이므로

$\displaystyle\lim_{n\to\infty}\frac{1+3+5+\cdots+(2n-1)}{a_1+a_2+a_3+\cdots+a_n}=2$

0084 답 ①

부등식 $a_n^2<4na_n+n-4n^2$의 각 변을 n^2으로 나누면

$\dfrac{a_n^2}{n^2}<\dfrac{4na_n+n-4n^2}{n^2}$, $\dfrac{a_n^2}{n^2}-\dfrac{4a_n}{n}+4<\dfrac{1}{n}$

$\left(\dfrac{a_n}{n}-2\right)^2<\dfrac{1}{n}$, $2-\dfrac{1}{\sqrt{n}}<\dfrac{a_n}{n}<2+\dfrac{1}{\sqrt{n}}$

이때 $\displaystyle\lim_{n\to\infty}\left(2-\frac{1}{\sqrt{n}}\right)=\lim_{n\to\infty}\left(2+\frac{1}{\sqrt{n}}\right)=2$이므로

수열의 극한의 대소 관계에 의하여

$\displaystyle\lim_{n\to\infty}\frac{a_n}{n}=2$

$\therefore \displaystyle\lim_{n\to\infty}\frac{a_n+3n}{2n+4}=\lim_{n\to\infty}\frac{\dfrac{a_n}{n}+3}{2+\dfrac{4}{n}}=\dfrac{\displaystyle\lim_{n\to\infty}\frac{a_n}{n}+\lim_{n\to\infty}3}{\displaystyle\lim_{n\to\infty}2+\lim_{n\to\infty}\frac{4}{n}}$

$\qquad\qquad\qquad=\dfrac{2+3}{2+0}=\dfrac{5}{2}$

0085 답 ②

조건 ㈎에서 $7n-1>0$이므로

조건 ㈏에서 $\dfrac{3n+1}{7n-1}\leq\dfrac{a_n+nb_n}{7n-1}\leq\dfrac{3n+4}{7n-1}$

이때, $\displaystyle\lim_{n\to\infty}\frac{3n+1}{7n-1}=\frac{3}{7}$, $\displaystyle\lim_{n\to\infty}\frac{3n+4}{7n-1}=\frac{3}{7}$이므로

$\displaystyle\lim_{n\to\infty}\frac{a_n+nb_n}{7n-1}=\frac{3}{7}$

$\displaystyle\lim_{n\to\infty}\frac{a_n}{7n-1}+\lim_{n\to\infty}\frac{nb_n}{7n-1}=\frac{3}{7}$

$2+\displaystyle\lim_{n\to\infty}\frac{nb_n}{7n-1}=\frac{3}{7}$ ($\because$ 조건 ㈎)

$\displaystyle\lim_{n\to\infty}\frac{n}{7n-1}\times\lim_{n\to\infty}b_n=-\frac{11}{7}$, $\dfrac{1}{7}\displaystyle\lim_{n\to\infty}b_n=-\frac{11}{7}$

$\therefore \displaystyle\lim_{n\to\infty}b_n=-11$

0086 답 풀이 참조

$1+3+3^2+\cdots+3^n$은 첫째항이 1이고 공비가 3인 등비수열에서 첫째항부터 $(n+1)$번째 항까지의 합이므로

$\dfrac{1\times(3^{n+1}-1)}{3-1}=\dfrac{3^{n+1}-1}{2}$

$\therefore \displaystyle\lim_{n\to\infty}\frac{2^{n+2}+3^{n-1}}{1+3+3^2+\cdots+3^n}=\lim_{n\to\infty}\frac{2^{n+2}+3^{n-1}}{\dfrac{3^{n+1}-1}{2}}$

$\qquad\qquad=\displaystyle\lim_{n\to\infty}\frac{2\left(4\times2^n+\dfrac{1}{3}\times3^n\right)}{3\times3^n-1}$

$\qquad\qquad=\displaystyle\lim_{n\to\infty}\frac{8\times2^n+\dfrac{2}{3}\times3^n}{3\times3^n-1}$

$\qquad\qquad=\displaystyle\lim_{n\to\infty}\frac{8\times\left(\dfrac{2}{3}\right)^n+\dfrac{2}{3}}{3-\left(\dfrac{1}{3}\right)^n}$

$\qquad\qquad=\dfrac{\dfrac{2}{3}}{3}=\dfrac{2}{9}$

채점 요소	배점
등비수열의 합으로 분모의 식 정리하기	30%
분모, 분자를 3^n으로 나누기	30%
주어진 식의 극한값 구하기	40%

0087 〔답〕①

$a_n = 1 \times \left(\dfrac{1}{3}\right)^{n-1}$ 이고,

$$S_n = \frac{1 \times \left\{1 - \left(\dfrac{1}{3}\right)^n\right\}}{1 - \dfrac{1}{3}} = \frac{3}{2}\left\{1 - \left(\dfrac{1}{3}\right)^n\right\}$$

$$\therefore \lim_{n \to \infty} \frac{3a_n + 2S_n}{2a_n - 3S_{n-1}} = \lim_{n \to \infty} \frac{3 \times \left(\dfrac{1}{3}\right)^{n-1} + 2 \times \dfrac{3}{2}\left\{1 - \left(\dfrac{1}{3}\right)^n\right\}}{2 \times \left(\dfrac{1}{3}\right)^{n-1} - 3 \times \dfrac{3}{2}\left\{1 - \left(\dfrac{1}{3}\right)^{n-1}\right\}}$$

$$= \frac{2 \times \dfrac{3}{2}}{-3 \times \dfrac{3}{2}} = -\frac{2}{3}$$

0088 〔답〕④

등비수열 $\{a_n\}$의 첫째항을 a, 공비를 r라 하면

$$a_n = ar^{n-1}, \quad S_n = \frac{a(r^n - 1)}{r - 1}$$

한편 $r > 1$에서 $\displaystyle\lim_{n \to \infty} r^n = \infty$이므로

$$\lim_{n \to \infty} \frac{a_n}{S_n} = \lim_{n \to \infty} \frac{ar^{n-1}}{\dfrac{a(r^n - 1)}{r - 1}} = \lim_{n \to \infty} \frac{(r-1)r^{n-1}}{r^n - 1}$$

$$= \lim_{n \to \infty} \frac{r^n - r^{n-1}}{r^n - 1} = \lim_{n \to \infty} \frac{1 - \dfrac{1}{r}}{1 - \dfrac{1}{r^n}} = 1 - \frac{1}{r}$$

즉, $1 - \dfrac{1}{r} = \dfrac{3}{4}$에서 $r = 4$

따라서 등비수열 $\{a_n\}$의 공비는 4이다.

0089 〔답〕②

$9^n - 3 < a_n < 9^n + 2$이므로

$9^{n+1} - 3 < a_{n+1} < 9^{n+1} + 2$

$\therefore (9^n - 3) + (9^{n+1} - 3) < a_n + a_{n+1} < (9^n + 2) + (9^{n+1} + 2)$

$10 \times 9^n - 6 < a_n + a_{n+1} < 10 \times 9^n + 4$

$9^n > 0$이므로

$$10 - \frac{6}{9^n} < \frac{a_n + a_{n+1}}{9^n} < 10 + \frac{4}{9^n}$$

이때, $\displaystyle\lim_{n \to \infty}\left(10 - \frac{6}{9^n}\right) = 10$, $\displaystyle\lim_{n \to \infty}\left(10 + \frac{4}{9^n}\right) = 10$

이므로 $\displaystyle\lim_{n \to \infty} \frac{a_n + a_{n+1}}{9^n} = 10$

0090 〔답〕③

ㄱ. $|r| > 1$이면 $\displaystyle\lim_{n \to \infty} |r^n| = \infty$이므로

$$\lim_{n \to \infty} \frac{r^n}{2 + r^{2n}} = \lim_{n \to \infty} \frac{\dfrac{1}{r^n}}{\dfrac{2}{r^{2n}} + 1} = 0 \ (거짓)$$

ㄴ. $r = 1$이면 $\displaystyle\lim_{n \to \infty} r^n = \lim_{n \to \infty} 1^n = 1$이므로

$$\lim_{n \to \infty} \frac{r^n}{2 + r^{2n}} = \frac{1}{2 + 1} = \frac{1}{3} \ (참)$$

ㄷ. $|r| < 1$이면 $\displaystyle\lim_{n \to \infty} r^n = 0$이므로 $\displaystyle\lim_{n \to \infty} \frac{r^n}{2 + r^{2n}} = 0$ (참)

ㄹ. $r = -1$이면 $\displaystyle\lim_{n \to \infty} r^n = \lim_{n \to \infty} (-1)^n$이므로 발산(진동)한다.

$$\lim_{n \to \infty} \frac{r^n}{2 + r^{2n}} = \lim_{n \to \infty} \frac{(-1)^n}{2 + (-1)^{2n}} = \lim_{n \to \infty} \frac{(-1)^n}{3}$$이므로

발산(진동)한다. (거짓)

따라서 옳은 것은 ㄴ, ㄷ이다.

0091 〔답〕②

(i) $|r| > 1$이면 $\displaystyle\lim_{n \to \infty} |r^n| = \infty$이므로

$$\lim_{n \to \infty} \frac{1 + 2r^{n+1}}{1 + r^n} = \lim_{n \to \infty} \frac{\dfrac{1}{r^n} + 2r}{\dfrac{1}{r^n} + 1} = 2r$$

$r > 1$ 또는 $r < -1$이므로 극한값은 $2r > 2$ 또는 $2r < -2$를 만족시키는 실수이다.

(ii) $r = 1$이면 $\displaystyle\lim_{n \to \infty} r^n = \lim_{n \to \infty} 1^n = 1$이므로

$$\lim_{n \to \infty} \frac{1 + 2r^{n+1}}{1 + r^n} = \frac{3}{2}$$

(iii) $|r| < 1$이면 $\displaystyle\lim_{n \to \infty} r^n = 0$이므로 $\displaystyle\lim_{n \to \infty} \frac{1 + 2r^{n+1}}{1 + r^n} = 1$

(i)~(iii)에 의하여 주어진 수열의 극한값이 될 수 없는 것은 ②이다.

0092 〔답〕③

(i) $-1 < r < 1$이면 $\displaystyle\lim_{n \to \infty} r^n = 0$이므로

$$\lim_{n \to \infty} \frac{3r^{n+1} - 3r + 1}{r^n + 2} = \frac{-3r + 1}{2}$$

즉, $\dfrac{-3r + 1}{2} = \dfrac{1}{3}$이므로 $r = \dfrac{1}{9}$

(ii) $r = 1$이면 $\displaystyle\lim_{n \to \infty} r^n = 1$이므로

$$\lim_{n \to \infty} \frac{3r^{n+1} - 3r + 1}{r^n + 2} = \frac{3 - 3 + 1}{1 + 2} = \frac{1}{3}$$

(iii) $r > 1$이면 $\displaystyle\lim_{n \to \infty} r^n = \infty$이므로

$$\lim_{n \to \infty} \frac{3r^{n+1} - 3r + 1}{r^n + 2} = \lim_{n \to \infty} \frac{3r - \dfrac{3}{r^{n-1}} + \dfrac{1}{r^n}}{1 + \dfrac{2}{r^n}} = 3r$$

즉, $3r=\dfrac{1}{3}$에서 $r=\dfrac{1}{9}$은 $r>1$에 모순이다.

(i)~(iii)에서 주어진 등식을 만족시키는 모든 실수 r의 값은
$\dfrac{1}{9}$, 1이므로 합은 $\dfrac{10}{9}$이다.

0093   답 풀이 참조

(i) $-2<r<2$일 때   …… TIP

$0\le r^2<4$이므로 $\displaystyle\lim_{n\to\infty}\left(\dfrac{r^2}{4}\right)^n=0$

$\therefore \displaystyle\lim_{n\to\infty}\dfrac{r^{2n+1}-4^n}{r^{2n}+4^n}=\lim_{n\to\infty}\dfrac{r\times\left(\dfrac{r^2}{4}\right)^n-1}{\left(\dfrac{r^2}{4}\right)^n+1}=-1$ (수렴)

(ii) $r=2$일 때

$\displaystyle\lim_{n\to\infty}\dfrac{r^{2n+1}-4^n}{r^{2n}+4^n}=\lim_{n\to\infty}\dfrac{2^{2n+1}-4^n}{2^{2n}+4^n}=\dfrac{2\times1-1}{1+1}=\dfrac{1}{2}$ (수렴)

(iii) $r=-2$일 때

$\displaystyle\lim_{n\to\infty}\dfrac{r^{2n+1}-4^n}{r^{2n}+4^n}=\lim_{n\to\infty}\dfrac{(-2)^{2n+1}-4^n}{(-2)^{2n}+4^n}$

$\qquad=\dfrac{(-2)\times1-1}{1+1}=-\dfrac{3}{2}$ (수렴)

(iv) $r<-2$ 또는 $r>2$일 때

$r^2>4$이므로 $\displaystyle\lim_{n\to\infty}\left(\dfrac{4}{r^2}\right)^n=0$

$\therefore \displaystyle\lim_{n\to\infty}\dfrac{r^{2n+1}-4^n}{r^{2n}+4^n}=\lim_{n\to\infty}\dfrac{r-\left(\dfrac{4}{r^2}\right)^n}{1+\left(\dfrac{4}{r^2}\right)^n}=r$ (수렴)

TIP

r^{2n+1}, r^{2n}의 공비는 r^2이고, 4^n의 공비는 4이므로
주어진 극한값은
$|r^2|<4$, $|r^2|=4$, $|r^2|>4$인 경우로 나누어 계산한다.

채점 요소	배점
$-2<r<2$일 때 극한값 구하기	25%
$r=2$일 때 극한값 구하기	25%
$r=-2$일 때 극한값 구하기	25%
$r<-2$ 또는 $r>2$일 때 극한값 구하기	25%

0094   답 ⑤

$k+5>k>0$이므로 $0<\dfrac{k}{k+5}<1$

$\displaystyle\lim_{n\to\infty}a_n=\lim_{n\to\infty}\dfrac{(k+5)^{n+1}+k^{n+1}}{(k+5)^n+k^n}=\lim_{n\to\infty}\dfrac{(k+5)+k\times\left(\dfrac{k}{k+5}\right)^n}{1+\left(\dfrac{k}{k+5}\right)^n}$

$\qquad=k+5$

즉, $k+5=30$이므로

$k=25$

0095   답 ③

$\displaystyle\lim_{n\to\infty}\dfrac{5^n a_n}{3^n+1}=\alpha\ (\alpha\ne0)$라 하면 $\displaystyle\lim_{n\to\infty}\dfrac{5^{n+1}a_{n+1}}{3^{n+1}+1}=\alpha$이므로

$\displaystyle\lim_{n\to\infty}\dfrac{a_n}{a_{n+1}}=\lim_{n\to\infty}\left(\dfrac{5^n a_n}{3^n+1}\times\dfrac{1}{\dfrac{5^{n+1}a_{n+1}}{3^{n+1}+1}}\times\dfrac{3^n+1}{5^n}\times\dfrac{5^{n+1}}{3^{n+1}+1}\right)$

$\qquad=\displaystyle\lim_{n\to\infty}\dfrac{5^n a_n}{3^n+1}\times\dfrac{1}{\displaystyle\lim_{n\to\infty}\dfrac{5^{n+1}a_{n+1}}{3^{n+1}+1}}\times\lim_{n\to\infty}\dfrac{5(3^n+1)}{3^{n+1}+1}$

$\qquad=\alpha\times\dfrac{1}{\alpha}\times\dfrac{5}{3}=\dfrac{5}{3}$

0096   답 ①

수열 $\{a_n\}$이 수렴하므로 $\displaystyle\lim_{n\to\infty}a_n=\alpha$ (α는 실수)라 하면

$\displaystyle\lim_{n\to\infty}a_{n+1}=\alpha$이다. 이때, $\displaystyle\lim_{n\to\infty}\dfrac{4a_{n+1}-5}{2a_n+a_{n+1}}=\lim_{n\to\infty}\left\{1-\left(\dfrac{1023}{1024}\right)^n\right\}$에서

$\dfrac{4\alpha-5}{2\alpha+\alpha}=1$, $4\alpha-5=3\alpha$

$\therefore \alpha=\displaystyle\lim_{n\to\infty}a_n=5$

0097   답 풀이 참조

$\displaystyle\lim_{n\to\infty}\dfrac{b_n}{(2^{n+1}-3)a_n}$

$=\displaystyle\lim_{n\to\infty}\left\{(2^n+3)b_n\times\dfrac{1}{(4^n+1)a_n}\times\dfrac{4^n+1}{2^n+3}\times\dfrac{1}{2^{n+1}-3}\right\}$

$=\displaystyle\lim_{n\to\infty}(2^n+3)b_n\times\lim_{n\to\infty}\dfrac{1}{(4^n+1)a_n}\times\lim_{n\to\infty}\dfrac{4^n+1}{2\times4^n+3\times2^n-9}$

$=8\times\dfrac{1}{2}\times\dfrac{1}{2}=2$

채점 요소	배점
주어진 식을 $(4^n+1)a_n$, $(2^n+3)b_n$이 포함된 꼴로 변형하기	40%
극한에 대한 기본 성질을 이용하여 식 정리하기	20%
주어진 식의 극한값 구하기	40%

다른 풀이

$(4^n+1)a_n=c_n$, $(2^n+3)b_n=d_n$이라 하면
$\displaystyle\lim_{n\to\infty}c_n=2$, $\displaystyle\lim_{n\to\infty}d_n=8$이고,

$a_n=\dfrac{c_n}{4^n+1}$, $b_n=\dfrac{d_n}{2^n+3}$이다.

$\therefore \displaystyle\lim_{n\to\infty}\dfrac{b_n}{(2^{n+1}-3)a_n}$

$\qquad=\displaystyle\lim_{n\to\infty}\left\{\dfrac{d_n}{2^n+3}\times\dfrac{1}{2^{n+1}-3}\times\dfrac{4^n+1}{c_n}\right\}$

$\qquad=\displaystyle\lim_{n\to\infty}\left\{\dfrac{4^n+1}{(2^n+3)(2^{n+1}-3)}\times\dfrac{d_n}{c_n}\right\}$

$\qquad=\displaystyle\lim_{n\to\infty}\dfrac{1+\dfrac{1}{4^n}}{\left(1+\dfrac{3}{2^n}\right)\left(2-\dfrac{3}{2^n}\right)}\times\dfrac{8}{2}$

$\qquad=\dfrac{1}{2}\times4=2$

채점 요소	배점
$(4^n+1)a_n=c_n$, $(2^n+3)b_n=d_n$으로 치환하기	20%
주어진 식을 c_n, d_n으로 나타내기	30%
주어진 식의 극한값 구하기	50%

0098   답 ④

$\dfrac{a_{n+1}}{a_n}\leq\dfrac{15}{16}$에서 $n=1, 2, 3, \cdots, (n-1)$을 차례로 대입하여
양변을 각각 곱하면

$$\dfrac{a_2}{a_1}\times\dfrac{a_3}{a_2}\times\dfrac{a_4}{a_3}\times\cdots\times\dfrac{a_n}{a_{n-1}}\leq\left(\dfrac{15}{16}\right)^{n-1}$$

$$\therefore\ 0<a_n\leq a_1\times\left(\dfrac{15}{16}\right)^{n-1}$$

이때, $\displaystyle\lim_{n\to\infty}0=0$, $\displaystyle\lim_{n\to\infty}\left\{a_1\times\left(\dfrac{15}{16}\right)^{n-1}\right\}=0$

이므로 $\displaystyle\lim_{n\to\infty}a_n=0$

$$\therefore\ \lim_{n\to\infty}\dfrac{a_n+2n+2}{3a_n+4n+8}=\dfrac{1}{2}$$

0099   답 (1) 5 (2) 3

(1) 등비수열 $\left\{x\left(\dfrac{x+3}{2}\right)^n\right\}$의 첫째항이 $x\left(\dfrac{x+3}{2}\right)$,

공비가 $\dfrac{x+3}{2}$이므로 이 등비수열이 수렴하려면

$\dfrac{x(x+3)}{2}=0$ 또는 $-1<\dfrac{x+3}{2}\leq1$이어야 한다.

$\dfrac{x(x+3)}{2}=0$에서 $x=0$ 또는 $x=-3$

$-1<\dfrac{x+3}{2}\leq1$에서 $-2<x+3\leq2$, $-5<x\leq-1$

따라서 주어진 등비수열이 수렴하도록 하는 정수 x는 -4, -3, -2, -1, 0으로 5개이다.

(2) 등비수열 $\{(x+2)(x^2-x-1)^{n-1}\}$의 첫째항이 $x+2$이고,
공비가 x^2-x-1이므로 이 등비수열이 수렴하려면
$x+2=0$ 또는 $-1<x^2-x-1\leq1$이어야 한다.

$x+2=0$에서 $x=-2$

$-1<x^2-x-1\leq1$에서

(i) $-1<x^2-x-1$일 때
    $x^2-x>0$, $x(x-1)>0$
    $\therefore\ x<0$ 또는 $x>1$

(ii) $x^2-x-1\leq1$일 때
    $x^2-x-2\leq0$, $(x+1)(x-2)\leq0$
    $\therefore\ -1\leq x\leq2$

(i), (ii)에서 $-1\leq x<0$ 또는 $1<x\leq2$

따라서 주어진 등비수열이 수렴하도록 하는 정수 x는 -2, -1, 2로 3개이다.

0100   답 ③

등비수열 r^n이 수렴하므로 $-1<r\leq1$ …… ㉠

① 공비가 r^2이므로 ㉠에서 $0\leq r^2\leq1$
    따라서 수열 $\{r^{2n}\}$은 항상 수렴한다.

② 공비가 $\dfrac{r}{2}$이므로 ㉠에서 $-\dfrac{1}{2}<\dfrac{r}{2}\leq\dfrac{1}{2}$

    따라서 수열 $\left\{\left(\dfrac{r}{2}\right)^2\right\}$은 항상 수렴한다.

③ 공비가 $r-1$이므로 ㉠에서 $-2<r-1\leq0$
    따라서 수열 $\{(r-1)^n\}$은 항상 수렴하는 수열이 아니다.

④ 공비가 $\dfrac{r-1}{3}$이므로 ㉠에서 $-\dfrac{2}{3}<\dfrac{r-1}{3}\leq0$

    따라서 수열 $\left\{\left(\dfrac{r-1}{3}\right)^n\right\}$은 항상 수렴한다.

⑤ 공비가 $\dfrac{1-r}{2}$이므로 ㉠에서 $0\leq\dfrac{1-r}{2}<1$

    따라서 수열 $\left\{\left(\dfrac{1-r}{2}\right)^n\right\}$은 항상 수렴한다.

따라서 선지 중 항상 수렴하는 수열이 아닌 것은 ③이다.

0101   답 ①

공비가 $x-3$이므로 $-1<x-3\leq1$

$\therefore\ 2<x\leq4$

$y=x^2-2x+a=(x-1)^2-1+a$이므로

$2<x\leq4$에서 $x=4$일 때 최댓값 $8+a$를 가진다.   …… TIP

즉, $8+a=5$이므로

$a=-3$

> **TIP**
>
> 이차함수 $y=(x-1)^2-1+a$의 꼭짓점의 x좌표가 1이므로
> $x>1$일 때 x의 값이 커지면 함숫값도 커진다.
> 따라서 $2<x\leq4$에서 $x=4$일 때 최댓값을 가짐을 알 수 있다.
>
> 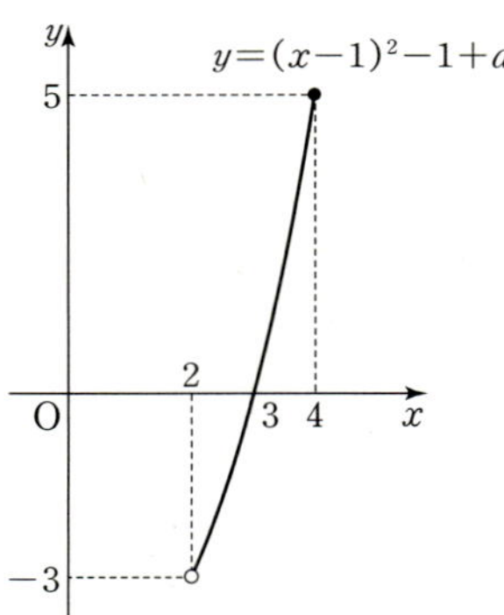
>

0102   답 ①

수열 $\{(4\sin x-3)^{n-1}\}$은 첫째항이 1이고 공비가 $4\sin x-3$인
등비수열이므로 수렴하기 위해서는
$-1<4\sin x-3\leq1$을 만족시켜야 한다.

$2<4\sin x\leq4$, $\dfrac{1}{2}<\sin x\leq1$

그런데 $0\leq x<2\pi$이므로 $\dfrac{\pi}{6}<x<\dfrac{5}{6}\pi$

따라서 $\alpha=\dfrac{\pi}{6}$, $\beta=\dfrac{5}{6}\pi$이므로

$$\tan(\beta-\alpha)=\tan\left(\frac{5}{6}\pi-\frac{\pi}{6}\right)=\tan\frac{2}{3}\pi=-\sqrt{3}$$

0103   답 ①

조건 ㈎에서 2 이상의 자연수 n에 대하여

$$a_n+b_n=\sum_{k=1}^{n}(a_k+b_k)-\sum_{k=1}^{n-1}(a_k+b_k)$$
$$=\frac{1}{n+1}-\frac{1}{n}=-\frac{1}{n^2+n}$$
$$\therefore \lim_{n\to\infty}n^2a_n=\lim_{n\to\infty}\{n^2(a_n+b_n)-n^2b_n\}$$
$$=\lim_{n\to\infty}\left(-\frac{n^2}{n^2+n}-n^2b_n\right)$$
$$=-\lim_{n\to\infty}\frac{n^2}{n^2+n}-\lim_{n\to\infty}n^2b_n$$
$$=-1-2=-3$$

0104   답 ⑤

$$a_n=S_n-S_{n-1}$$
$$=(2n^2+n)-\{2(n-1)^2+(n-1)\}$$
$$=4n-1 \ (n\geq 2)$$

이고, $a_1=S_1=3$이므로 $a_n=4n-1 \ (n\geq 1)$

이때, $\displaystyle\lim_{n\to\infty}a_nb_n=\lim_{n\to\infty}(4n-1)b_n=5$이므로

$$\lim_{n\to\infty}(8n-3)b_n=\lim_{n\to\infty}\left\{(4n-1)b_n\times\frac{8n-3}{4n-1}\right\}=5\times 2=10$$

0105   답 ①

$a_{n+1}S_{n+1}=4S_n^2+S_na_{n+1}$에서

$$a_{n+1}S_{n+1}-S_na_{n+1}=4S_n^2$$
$$a_{n+1}(S_{n+1}-S_n)=4S_n^2$$
$$a_{n+1}\times a_{n+1}=(2S_n)^2$$
$$\therefore 2S_n=a_{n+1} \qquad \cdots\cdots \ \text{㉠}$$

㉠에 $n-1$을 대입하면

$$2S_{n-1}=a_n \qquad \cdots\cdots \ \text{㉡}$$

㉠−㉡을 하면

$$2(S_n-S_{n-1})=a_{n+1}-a_n, \ 2a_n=a_{n+1}-a_n$$

즉, $a_{n+1}=3a_n \ (n\geq 2)$이고,

$a_1=S_1$이므로 ㉠에서 $2a_1=a_2$

따라서 수열 $\{a_n\}$은

$$a_1=1, \ a_n=2\times 3^{n-2} \ (n\geq 2)$$
$$\therefore \lim_{n\to\infty}\frac{S_n+n}{a_n}=\lim_{n\to\infty}\frac{\frac{1}{2}a_{n+1}+n}{a_n} \ (\because \text{㉠})$$
$$=\lim_{n\to\infty}\frac{\frac{1}{2}\times 2\times 3^{n-1}+n}{2\times 3^{n-2}}$$
$$=\lim_{n\to\infty}\frac{3+\frac{n}{3^{n-2}}}{2}=\frac{3}{2}$$

0106   답 ②

x의 값의 범위에 따라 구간을 나누어 정리하면 다음과 같다.

(i) $0<2x<1$, 즉 $0<x<\frac{1}{2}$일 때

$$\lim_{n\to\infty}(2x)^{2n}=0$$이므로
$$f(x)=\lim_{n\to\infty}\frac{(2x)^{2n+1}-1}{(2x)^{2n}+1}=-1$$

(ii) $2x=1$, 즉 $x=\frac{1}{2}$일 때

$$\lim_{n\to\infty}(2x)^{2n}=1$$이므로
$$f(x)=\lim_{n\to\infty}\frac{(2x)^{2n+1}-1}{(2x)^{2n}+1}=\frac{1-1}{1+1}=0$$

(iii) $2x>1$, 즉 $x>\frac{1}{2}$일 때

$$\lim_{n\to\infty}(2x)^{2n}=\infty$$에서 $\displaystyle\lim_{n\to\infty}\frac{1}{(2x)^{2n}}=0$이므로

$$f(x)=\lim_{n\to\infty}\frac{(2x)^{2n+1}-1}{(2x)^{2n}+1}=\lim_{n\to\infty}\frac{2x-\frac{1}{(2x)^{2n}}}{1+\frac{1}{(2x)^{2n}}}=2x$$

따라서 $f(x)=\begin{cases} -1 & \left(0<x<\frac{1}{2}\right) \\ 0 & \left(x=\frac{1}{2}\right) \\ 2x & \left(x>\frac{1}{2}\right) \end{cases}$ 이므로

함수 $y=f(x)$의 그래프는 다음과 같다.

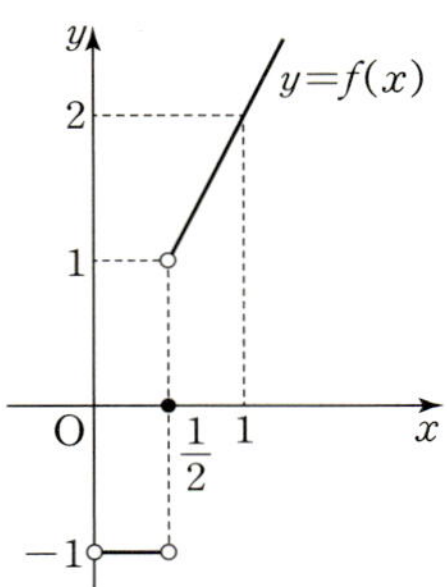

0107   답 ④

(i) $1\leq x<3$일 때

$$\lim_{n\to\infty}\left(\frac{x}{3}\right)^n=0$$이므로
$$f(x)=\lim_{n\to\infty}\frac{x^n+3^{n+1}}{x^n+3^n}=\lim_{n\to\infty}\frac{\left(\frac{x}{3}\right)^n+3}{\left(\frac{x}{3}\right)^n+1}=3$$

(ii) $x=3$일 때

$$f(x)=\lim_{n\to\infty}\frac{x^n+3^{n+1}}{x^n+3^n}=\lim_{n\to\infty}\frac{3^n+3^{n+1}}{3^n+3^n}=2$$

(iii) $x>3$일 때

$$\lim_{n\to\infty}\left(\frac{3}{x}\right)^n=0$$이므로

$$f(x)=\lim_{n\to\infty}\frac{x^n+3^{n+1}}{x^n+3^n}=\lim_{n\to\infty}\frac{1+3\left(\dfrac{3}{x}\right)^n}{1+\left(\dfrac{3}{x}\right)^n}=1$$

$$\therefore f(x)=\begin{cases}3\ (1\le x<3)\\2\ (x=3)\\1\ (x>3)\end{cases}$$

$$\therefore \sum_{k=1}^{10}f(k)=2\times3+1\times2+7\times1=15$$

0108   답 ③

$x>0$에서 정의된 함수 $f(x)$를 구간을 나누어 정리하면 다음과 같다.

(i) $0<x<1$일 때

$\lim_{n\to\infty}x^n=0$이므로

$$f(x)=\lim_{n\to\infty}\frac{3x^{n+2}+ax^2+bx}{x^n+1}=ax^2+bx$$

(ii) $x=1$일 때

$\lim_{n\to\infty}x^n=1$이므로

$$f(x)=\lim_{n\to\infty}\frac{3x^{n+2}+ax^2+bx}{x^n+1}=\frac{3+a+b}{2}$$

(iii) $x>1$일 때

$\lim_{n\to\infty}x^n=\infty$에서 $\lim_{n\to\infty}\dfrac{1}{x^n}=0$이므로

$$f(x)=\lim_{n\to\infty}\frac{3x^{n+2}+ax^2+bx}{x^n+1}$$
$$=\lim_{n\to\infty}\frac{3x^2+\dfrac{ax^2}{x^n}+\dfrac{bx}{x^n}}{1+\dfrac{1}{x^n}}=3x^2$$

따라서 $f(x)=\begin{cases}ax^2+bx & (0<x<1)\\[4pt]\dfrac{3+a+b}{2} & (x=1)\\[4pt]3x^2 & (x>1)\end{cases}$ 이므로

$$f'(x)=\begin{cases}2ax+b & (0<x<1)\\6x & (x>1)\end{cases}$$

함수 $f(x)$가 $x=1$에서 미분가능하려면 $x=1$에서 연속이므로

$$\lim_{x\to1+}f(x)=\lim_{x\to1-}f(x)=f(1),$$
$$\lim_{x\to1+}f'(x)=\lim_{x\to1-}f'(x)$$ $\cdots\cdots$ **TIP**

을 만족시키면 된다.

즉, $3=a+b=\dfrac{3+a+b}{2}$에서

$a+b=3$, $6=2a+b$

두 식을 연립하여 풀면 $a=3$, $b=0$

$\therefore a^2+b^2=9$

> **TIP**
>
> $f(x)=\begin{cases}g(x)\ (x\ge a)\\h(x)\ (x<a)\end{cases}$가 $x=a$에서 미분가능할 조건
>
> (1) $x=a$에서 함수 $f(x)$가 연속 : $g(a)=h(a)$
>
> (2) $x=a$에서 미분계수가 존재 : $g'(a)=h'(a)$

0109   답 ③

(i) $|x|>1$일 때

$\lim_{n\to\infty}|x^{2n-1}|=\infty$에서 $\lim_{n\to\infty}\dfrac{1}{x^{2n-1}}=0$이므로

$$f(x)=\lim_{n\to\infty}\frac{x^{2n}+ax+b}{x^{2n-1}+3}=\lim_{n\to\infty}\frac{x+\dfrac{ax}{x^{2n-1}}+\dfrac{b}{x^{2n-1}}}{1+\dfrac{3}{x^{2n-1}}}=x$$

(ii) $x=1$일 때

$\lim_{n\to\infty}x^{2n-1}=\lim_{n\to\infty}x^{2n}=1$이므로

$$f(x)=\lim_{n\to\infty}\frac{x^{2n}+ax+b}{x^{2n-1}+3}=\frac{1+a+b}{4}$$

(iii) $x=-1$일 때

$\lim_{n\to\infty}x^{2n-1}=-1$, $\lim_{n\to\infty}x^{2n}=1$이므로

$$f(x)=\lim_{n\to\infty}\frac{x^{2n}+ax+b}{x^{2n-1}+3}=\frac{1-a+b}{2}$$

(iv) $|x|<1$일 때

$\lim_{n\to\infty}x^{2n-1}=0$이므로

$$f(x)=\lim_{n\to\infty}\frac{x^{2n}+ax+b}{x^{2n-1}+3}=\frac{ax+b}{3}$$

$$\therefore f(x)=\begin{cases}x & (|x|>1)\\[4pt]\dfrac{1+a+b}{4} & (x=1)\\[4pt]\dfrac{1-a+b}{2} & (x=-1)\\[4pt]\dfrac{ax+b}{3} & (|x|<1)\end{cases}$$

따라서 함수 $f(x)$가 실수 전체의 집합에서 연속이려면 $x=1$, $x=-1$에서 연속이면 된다.

$x=1$에서 연속이려면 $\lim_{x\to1+}f(x)=\lim_{x\to1-}f(x)=f(1)$을 만족시켜야 하므로

$$1=\frac{a+b}{3}=\frac{1+a+b}{4}$$에서 $a+b=3$ $\cdots\cdots$ ㉠

$x=-1$에서 연속이려면 $\lim_{x\to-1+}f(x)=\lim_{x\to-1-}f(x)=f(-1)$을 만족시켜야 하므로

$$\frac{-a+b}{3}=-1=\frac{1-a+b}{2}$$에서 $-a+b=-3$ $\cdots\cdots$ ㉡

㉠, ㉡을 연립하여 풀면 $a=3$, $b=0$

$\therefore a+2b=3$

0110   답 ⑤

(i) $|x^2+3x+1|>1$일 때

$\lim_{n\to\infty}|x^2+3x+1|^{2n}=\infty$에서

$\lim_{n\to\infty}\dfrac{1}{|x^2+3x+1|^{2n}}=0$이므로

$$g(x)=\lim_{n\to\infty}\frac{1}{\{f(x)\}^{2n}+1}=\lim_{n\to\infty}\frac{1}{|x^2+3x+1|^{2n}+1}=0$$

(ii) $|x^2+3x+1|=1$일 때

$\lim_{n\to\infty}|x^2+3x+1|^{2n}=1$이므로

$$g(x)=\lim_{n\to\infty}\frac{1}{\{f(x)\}^{2n}+1}=\lim_{n\to\infty}\frac{1}{|x^2+3x+1|^{2n}+1}=\frac{1}{2}$$

(iii) $|x^2+3x+1|<1$일 때

$\lim_{n\to\infty}|x^2+3x+1|^{2n}=0$이므로

$$g(x)=\lim_{n\to\infty}\frac{1}{\{f(x)\}^{2n}+1}=\lim_{n\to\infty}\frac{1}{|x^2+3x+1|^{2n}+1}=1$$

따라서

$$g(x)=\begin{cases}0 & (\,|x^2+3x+1|>1)\\[4pt]\dfrac{1}{2} & (\,|x^2+3x+1|=1)\\[4pt]1 & (\,|x^2+3x+1|<1)\end{cases}$$

$$=\begin{cases}0 & (x<-3,\ -2<x<-1,\ x>0)\\[4pt]\dfrac{1}{2} & (x=-3,\ -2,\ -1,\ 0)\\[4pt]1 & (-3<x<-2,\ -1<x<0)\end{cases}$$

이므로 함수 $y=g(x)$의 그래프는 다음과 같다.

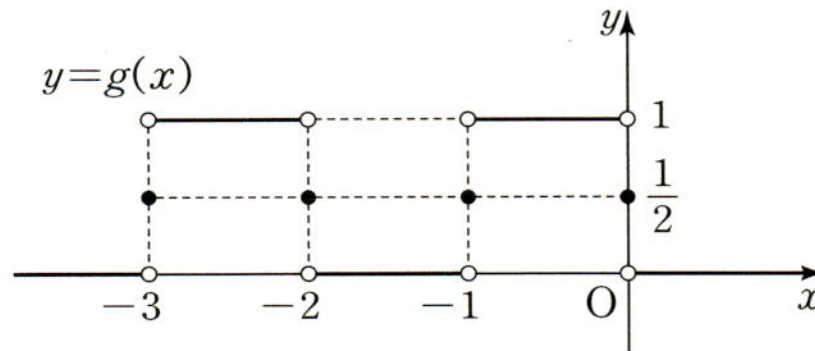

따라서 함수 $g(x)$는 $x=-3$, $x=-2$, $x=-1$, $x=0$에서
불연속이므로 불연속인 점은 4개이다.

0111   답 ②

(i) $|x|>1$일 때

$\lim_{n\to\infty}x^{2n}=\infty$이므로

$$f(x)=\lim_{n\to\infty}\frac{x^{2n+1}+1}{x^{2n}+1}=\lim_{n\to\infty}\frac{x+\dfrac{1}{x^{2n}}}{1+\dfrac{1}{x^{2n}}}=x$$

(ii) $x=-1$일 때

$\lim_{n\to\infty}x^{2n}=1$, $\lim_{n\to\infty}x^{2n+1}=-1$이므로

$$f(x)=\lim_{n\to\infty}\frac{x^{2n+1}+1}{x^{2n}+1}=\frac{-1+1}{1+1}=0$$

(iii) $|x|<1$일 때

$\lim_{n\to\infty}x^{2n}=\lim_{n\to\infty}x^{2n+1}=0$이므로

$$f(x)=\lim_{n\to\infty}\frac{x^{2n+1}+1}{x^{2n}+1}=\frac{0+1}{0+1}=1$$

(iv) $x=1$일 때

$\lim_{n\to\infty}x^{2n}=\lim_{n\to\infty}x^{2n+1}=1$이므로

$$f(x)=\lim_{n\to\infty}\frac{x^{2n+1}+1}{x^{2n}+1}=\frac{1+1}{1+1}=1$$

따라서 $f(x)=\begin{cases}x & (\,|x|>1)\\0 & (x=-1)\\1 & (\,|x|<1)\\1 & (x=1)\end{cases}$ 이므로

함수 $y=f(x)$의 그래프는 다음과 같다.

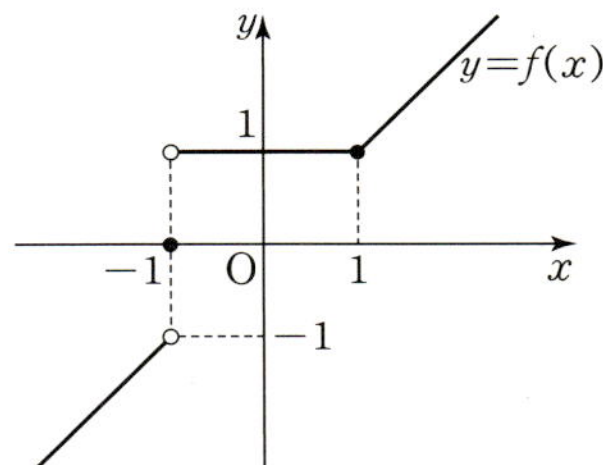

함수 $f(x)$는 $x=-1$에서 불연속이다.

한편 $g(x)=-x^2+25$는 이차함수이므로 모든 실수 x에 대하여
연속이다.

따라서 함수 $f(x)g(x-a)$가 모든 실수 x에서 연속이려면
$x=-1$일 때 연속이면 된다.

$g(x-a)=-(x-a)^2+25$에서 $x=-1$일 때 함숫값이 0이어야
하므로

$-(-1-a)^2+25=0$, $(a+1)^2=25$

$\therefore a=4$ 또는 $a=-6$

따라서 모든 상수 a의 값의 곱은 -24이다.

0112   답 90

(i) $|x|>1$일 때

$\lim_{n\to\infty}x^{2n}=\infty$에서 $\lim_{n\to\infty}\dfrac{1}{x^{2n}}=0$이므로

$$g(x)=\lim_{n\to\infty}\frac{x^{2n-1}-1}{x^{2n}+1}=\lim_{n\to\infty}\frac{\dfrac{1}{x}-\dfrac{1}{x^{2n}}}{1+\dfrac{1}{x^{2n}}}=\frac{\dfrac{1}{x}-0}{1+0}=\frac{1}{x}$$

(ii) $|x|=1$일 때

$\lim_{n\to\infty}x^{2n}=1$이므로

$$g(x)=\lim_{n\to\infty}\frac{\dfrac{1}{x}\times x^{2n}-1}{x^{2n}+1}=\frac{\dfrac{1}{x}\times 1-1}{1+1}=\frac{1-x}{2x}$$

$\therefore g(1)=0$, $g(-1)=-1$

(iii) $|x|<1$일 때

$\lim_{n\to\infty}x^{2n}=0$이므로

$$g(x)=\lim_{n\to\infty}\frac{x^{2n-1}-1}{x^{2n}+1}=\frac{0-1}{0+1}=-1$$

따라서 $g(x)=\begin{cases}\dfrac{1}{x} & (\,|x|>1)\\[4pt]0 & (x=1)\\[2pt]-1 & (x=-1)\\[2pt]-1 & (\,|x|<1)\end{cases}$ 이므로

함수 $y=g(x)$의 그래프는 다음과 같다.

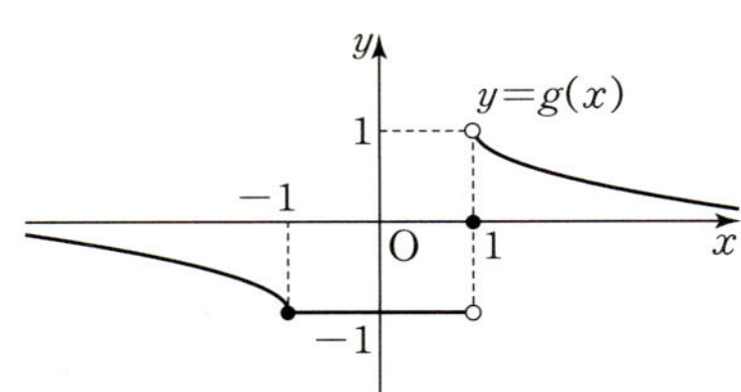

함수 $g(x)$는 $x=1$에서 불연속이므로 연속함수 $f(x)$에 대하여
함수 $f(x)g(x)$가 $x=1$에서 연속이려면

$f(1)=0$ ······ ㉠

한편 함수 $h(x)$에서

$x>0$일 때 $\dfrac{|x|}{x}=\dfrac{x}{x}=1$, $x<0$일 때 $\dfrac{|x|}{x}=\dfrac{-x}{x}=-1$이므로

$$h(x)=\begin{cases} 1 & (x>0) \\ 0 & (x=0) \\ -1 & (x<0) \end{cases}$$

함수 $h(x)$는 $x=0$에서 불연속이므로 함수 $f(x)h(x)$가 $x=0$에서 연속이려면

$f(0)=0$ …… ㉡

㉠, ㉡에서 $f(x)=x(x-1)$

$\therefore f(10)=10\times9=90$

0113   답 ②

(i) $|x|>1$일 때

$\lim\limits_{n\to\infty} x^{2n}=\infty$에서 $\lim\limits_{n\to\infty}\dfrac{1}{x^{2n}}=0$이므로

$$f(x)=\lim_{n\to\infty}\frac{x^{2n+2}+1}{x^{2n}+1}=\lim_{n\to\infty}\frac{x^2+\dfrac{1}{x^{2n}}}{1+\dfrac{1}{x^{2n}}}=x^2$$

(ii) $|x|=1$일 때

$\lim\limits_{n\to\infty} x^{2n}=1$이므로

$$f(x)=\lim_{n\to\infty}\frac{x^{2n+2}+1}{x^{2n}+1}=\frac{1+1}{1+1}=1$$

(iii) $|x|<1$일 때

$\lim\limits_{n\to\infty} x^{2n}=0$이므로

$$f(x)=\lim_{n\to\infty}\frac{x^{2n+2}+1}{x^{2n}+1}=\frac{0+1}{0+1}=1$$

따라서 $f(x)=\begin{cases} x^2 & (|x|>1) \\ 1 & (|x|=1) \\ 1 & (|x|<1) \end{cases}$

$\qquad\quad =\begin{cases} x^2 & (x>1,\ x<-1) \\ 1 & (-1\le x\le1) \end{cases}$

이므로 함수 $y=f(x)$의 그래프는 다음과 같다.

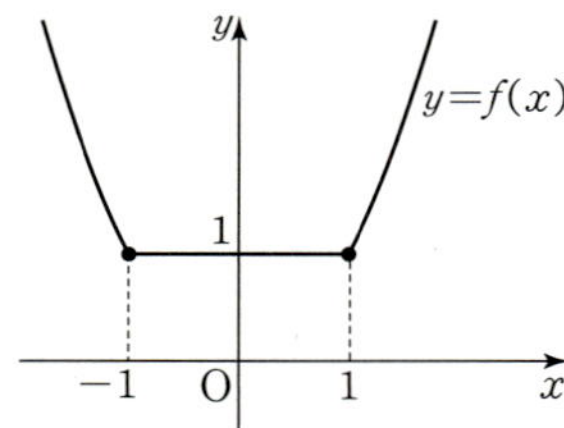

ㄱ. 함수 $f(x)$는 모든 실수에서 연속이다. (거짓)

ㄴ. 함수 $f(x)$는 $x=-1$, $x=1$에서 미분가능하지 않으므로
미분가능하지 않은 x의 값은 2개이다. (참)

ㄷ. 함수 $y=f(x)$의 그래프와 직선 $y=\dfrac{1}{2}(x+1)$은 다음과 같다.

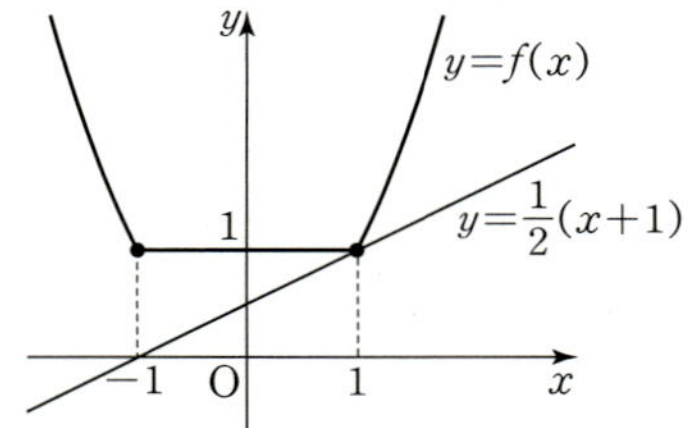

방정식 $f(x)=\dfrac{1}{2}(x+1)$의 서로 다른 실근의 개수는 함수

$y=f(x)$의 그래프와 직선 $y=\dfrac{1}{2}x+\dfrac{1}{2}$의 교점의 개수와

같으므로 1개이다. (거짓)

따라서 옳은 것은 ㄴ이다.

0114   답 풀이 참조

이차방정식의 근과 계수의 관계에 의하여

$\alpha_n+\beta_n=n^2+2$, $\alpha_n\beta_n=n^2$

$\therefore \dfrac{1}{\alpha_n}+\dfrac{1}{\beta_n}=\dfrac{\beta_n+\alpha_n}{\alpha_n\beta_n}=\dfrac{n^2+2}{n^2}$

$\therefore \lim\limits_{n\to\infty}\left(\dfrac{1}{\alpha_n}+\dfrac{1}{\beta_n}\right)=\lim\limits_{n\to\infty}\dfrac{n^2+2}{n^2}=\lim\limits_{n\to\infty}\left(1+\dfrac{2}{n^2}\right)=1$

채점 요소	배점
근과 계수의 관계를 이용하여 $\alpha_n+\beta_n$, $\alpha_n\beta_n$를 n에 대한 식으로 나타내기	30 %
$\dfrac{1}{\alpha_n}+\dfrac{1}{\beta_n}$을 n에 대한 식으로 나타내기	40 %
주어진 극한값 구하기	30 %

0115   답 ①

a_n, b_n을 두 근으로 갖고 이차항의 계수가 1인 x에 대한
이차방정식은

$x^2-(a_n+b_n)x+a_nb_n=0$

조건 ㈎, ㈏에 의하여

$x^2-2nx-3=0$

따라서 $x=n\pm\sqrt{n^2+3}$이고 조건 ㈐에 의하여

$a_n=n-\sqrt{n^2+3}$

$\begin{aligned} \therefore \lim_{n\to\infty} na_n &=\lim_{n\to\infty} n(n-\sqrt{n^2+3}) \\ &=\lim_{n\to\infty}\frac{n(n-\sqrt{n^2+3})(n+\sqrt{n^2+3})}{n+\sqrt{n^2+3}} \\ &=\lim_{n\to\infty}\frac{-3n}{n+\sqrt{n^2+3}}=-\frac{3}{2} \end{aligned}$

0116   답 ③

두 점 $\mathrm{A}(0,\ 7)$과 $\mathrm{P}_n\left(\dfrac{3}{n},\ f\left(\dfrac{3}{n}\right)\right)$을 지나는 직선의 기울기는

$$\frac{f\left(\dfrac{3}{n}\right)-7}{\dfrac{3}{n}-0}=\frac{7-\left(\dfrac{3}{n}\right)^2-7}{\dfrac{3}{n}}=-\frac{3}{n}$$

이 직선과 수직인 직선의 기울기는 $\dfrac{n}{3}$이다.

따라서 점 $\mathrm{P}_n\left(\dfrac{3}{n},\ f\left(\dfrac{3}{n}\right)\right)$을 지나고 기울기가 $\dfrac{n}{3}$인 직선의 방정식은

$$y = \frac{n}{3}\left(x - \frac{3}{n}\right) + f\left(\frac{3}{n}\right)$$
$$= \frac{n}{3}\left(x - \frac{3}{n}\right) + 7 - \left(\frac{3}{n}\right)^2$$
$$= \frac{n}{3}x + 6 - \frac{9}{n^2}$$

이므로 이 직선의 y절편은 $a_n = 6 - \dfrac{9}{n^2}$

$$\therefore \lim_{n\to\infty} a_n = \lim_{n\to\infty}\left(6 - \frac{9}{n^2}\right) = 6$$

0117 　　　　　　　　　　　　　　　　　　　　답 ⑤

두 곡선 $y = -x^2 + 4n$, $y = x^2 - 4x$의 두 교점의 x좌표를 각각
α_n, β_n이라 하면
두 교점의 좌표는 $(\alpha_n,\ \alpha_n^2 - 4\alpha_n)$, $(\beta_n,\ \beta_n^2 - 4\beta_n)$
α_n, β_n은 방정식 $-x^2 + 4n = x^2 - 4x$의 두 근이므로
이차방정식 $x^2 - 2x - 2n = 0$의 근과 계수의 관계에 의하여
$\alpha_n + \beta_n = 2$, $\alpha_n \beta_n = -2n$
$(\alpha_n - \beta_n)^2 = (\alpha_n + \beta_n)^2 - 4\alpha_n\beta_n = 4 + 8n$이므로
$$l_n^2 = (\alpha_n - \beta_n)^2 + \{(\alpha_n^2 - 4\alpha_n) - (\beta_n^2 - 4\beta_n)\}^2$$
$$= (\alpha_n - \beta_n)^2 + \{(\alpha_n + \beta_n)(\alpha_n - \beta_n) - 4(\alpha_n - \beta_n)\}^2$$
$$= (\alpha_n - \beta_n)^2 + (\alpha_n + \beta_n - 4)^2(\alpha_n - \beta_n)^2$$
$$= (4 + 8n) + 4(4 + 8n)$$
$$= 5(4 + 8n)$$
$$\therefore \lim_{n\to\infty} \frac{l_n^2}{n} = \lim_{n\to\infty} \frac{5(4 + 8n)}{n} = 40$$

0118 　　　　　　　　　　　　　　　　　　　　답 ④

두 직선 $y = kx$, $y = n - kx$의 교점의 좌표는 $kx = n - kx$에서
$$x = \frac{n}{2k},\quad y = \frac{n}{2}$$
이때, 직선 $y = kx$와 직선 $y = n - kx$를 좌표평면 위에 나타내면
다음과 같다.

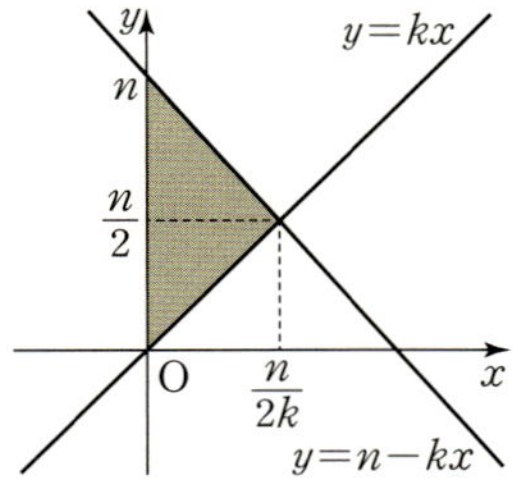

두 직선과 y축으로 둘러싸인 부분의 넓이는 위의 그림에서 색칠한
부분의 넓이이므로
$$a_n = \frac{1}{2} \times n \times \frac{n}{2k} = \frac{n^2}{4k}$$
$$\therefore S_n = \sum_{i=1}^{n} a_i = \frac{1}{4k}\sum_{i=1}^{n} i^2 = \frac{1}{4k} \times \frac{n(n+1)(2n+1)}{6}$$

$$\therefore \lim_{n\to\infty} \frac{48kS_n}{n^3 - 3n} = \lim_{n\to\infty}\left\{\frac{48k}{n^3 - 3n} \times \frac{n(n+1)(2n+1)}{24k}\right\}$$
$$= \lim_{n\to\infty} \frac{2(n+1)(2n+1)}{n^2 - 3}$$
$$= \lim_{n\to\infty} \frac{2\left(1 + \frac{1}{n}\right)\left(2 + \frac{1}{n}\right)}{1 - \frac{3}{n^2}} = 4$$

0119 　　　　　　　　　　　　　　　　　　　　답 ②

$a_{n+1} = a_n + 2$에서 수열 $\{a_n\}$은 첫째항이 $a_1 = 4$이고, 공차가 2인
등차수열이므로
$$a_n = 4 + 2(n-1) = 2n + 2$$
$b_{n+1} = b_n + 3$에서 수열 $\{b_n\}$은 첫째항이 $b_1 = 4$이고, 공차가 3인
등차수열이므로
$$b_n = 4 + 3(n-1) = 3n + 1$$
$$\therefore \lim_{n\to\infty} \frac{a_n b_n}{n^2 + 1} = \lim_{n\to\infty} \frac{(2n+2)(3n+1)}{n^2 + 1} = 6$$

0120 　　　　　　　　　　　　　　　　　　　　답 ①

곡선 $y = 4x^2 - 2(n-1)x + a_n$이 x축과 만나지 않으려면
이차방정식 $4x^2 - 2(n-1)x + a_n = 0$이 허근을 가져야 하므로
판별식을 D_1이라 하면
$$\frac{D_1}{4} = (n-1)^2 - 4a_n < 0 \qquad \therefore a_n > \frac{(n-1)^2}{4} \qquad \cdots\cdots\ \unicode{x24D8}$$
곡선 $y = x^2 - 2nx + 4a_n$이 x축과 만나려면
이차방정식 $x^2 - 2nx + 4a_n = 0$은 실근을 가져야 하므로
판별식을 D_2라 하면
$$\frac{D_2}{4} = n^2 - 4a_n \geq 0 \qquad \therefore a_n \leq \frac{n^2}{4} \qquad \cdots\cdots\ \unicode{x24D0}$$
$\unicode{x24D8}$, $\unicode{x24D0}$에서 $\dfrac{(n-1)^2}{4} < a_n \leq \dfrac{n^2}{4}$
$$\frac{(n-1)^2}{4} + n^2 < a_n + n^2 \leq \frac{n^2}{4} + n^2$$
$$\frac{5n^2 - 2n + 1}{4} < a_n + n^2 \leq \frac{5n^2}{4}$$
$\sqrt{n^4 + 1} > 0$이므로
$$\frac{5n^2 - 2n + 1}{4\sqrt{n^4 + 1}} < \frac{a_n + n^2}{\sqrt{n^4 + 1}} \leq \frac{5n^2}{4\sqrt{n^4 + 1}}$$
이때, $\displaystyle \lim_{n\to\infty} \frac{5n^2 - 2n + 1}{4\sqrt{n^4 + 1}} = \lim_{n\to\infty} \frac{5 - \frac{2}{n} + \frac{1}{n^2}}{4\sqrt{1 + \frac{1}{n^4}}} = \frac{5}{4}$,
$$\lim_{n\to\infty} \frac{5n^2}{4\sqrt{n^4 + 1}} = \lim_{n\to\infty} \frac{5}{4\sqrt{1 + \frac{1}{n^4}}} = \frac{5}{4}$$
이므로 $\displaystyle \lim_{n\to\infty} \frac{a_n + n^2}{\sqrt{n^4 + 1}} = \frac{5}{4}$

0121
달 ②

$\sqrt{(4n)^2}<\sqrt{16n^2+7n-1}<\sqrt{(4n+1)^2}$ 에서
$4n<\sqrt{16n^2+7n-1}<4n+1$ 이므로
정수 부분은 $a_n=4n$ 이다.

$$\therefore \lim_{n\to\infty}\left(\sqrt{16n^2+7n-1}-4n\right)$$
$$=\lim_{n\to\infty}\frac{\left(\sqrt{16n^2+7n-1}-4n\right)\left(\sqrt{16n^2+7n-1}+4n\right)}{\sqrt{16n^2+7n-1}+4n}$$
$$=\lim_{n\to\infty}\frac{7n-1}{\sqrt{16n^2+7n-1}+4n}$$
$$=\lim_{n\to\infty}\frac{7-\dfrac{1}{n}}{\sqrt{16+\dfrac{7}{n}-\dfrac{1}{n^2}}+4}$$
$$=\frac{7}{\sqrt{16}+4}=\frac{7}{8}$$

0122
달 ③

$\sqrt{(2n-1)^2}<\sqrt{4n^2-4n+3}<\sqrt{(2n)^2}$ 에서
$2n-1<\sqrt{4n^2-4n+3}<2n$ 이므로
정수 부분은 $a_n=2n-1$
소수 부분은 $b_n=\sqrt{4n^2-4n+3}-(2n-1)$

$$\therefore \lim_{n\to\infty}a_n b_n=\lim_{n\to\infty}(2n-1)\left\{\sqrt{4n^2-4n+3}-(2n-1)\right\}$$
$$=\lim_{n\to\infty}\frac{(2n-1)\left\{(4n^2-4n+3)-(4n^2-4n+1)\right\}}{\sqrt{4n^2-4n+3}+(2n-1)}$$
$$=\lim_{n\to\infty}\frac{2(2n-1)}{\sqrt{4n^2-4n+3}+(2n-1)}$$
$$=\lim_{n\to\infty}\frac{2\left(2-\dfrac{1}{n}\right)}{\sqrt{4-\dfrac{4}{n}+\dfrac{3}{n^2}}+\left(2-\dfrac{1}{n}\right)}$$
$$=\frac{4}{\sqrt{4}+2}=1$$

0123
달 ⑤

이차방정식의 근과 계수의 관계에 의하여
$\alpha_n+\beta_n=3+4^{n+1}$, $\alpha_n\beta_n=2+4^{n-1}$

$$\therefore \frac{1}{\alpha_n}+\frac{1}{\beta_n}=\frac{\alpha_n+\beta_n}{\alpha_n\beta_n}=\frac{3+4^{n+1}}{2+4^{n-1}}$$
$$\therefore \lim_{n\to\infty}\left(\frac{1}{\alpha_n}+\frac{1}{\beta_n}\right)=\lim_{n\to\infty}\frac{3+4^{n+1}}{2+4^{n-1}}$$
$$=\lim_{n\to\infty}\frac{\dfrac{3}{4^{n-1}}+16}{\dfrac{2}{4^{n-1}}+1}=16$$

0124
달 ③

다항식 $3x^{n+1}+2x$ 를 일차식 $x-2$ 로 나눈 몫을 $Q(x)$ 라 하면
나머지가 a_n 이므로
$3x^{n+1}+2x=(x-2)Q(x)+a_n$
$a_n=3\times2^{n+1}+4$

$$\therefore \lim_{n\to\infty}\frac{a_n}{2^n+3}=\lim_{n\to\infty}\frac{3\times2^{n+1}+4}{2^n+3}$$
$$=\lim_{n\to\infty}\frac{3\times2+\dfrac{4}{2^n}}{1+\dfrac{3}{2^n}}=6$$

0125
달 ②

다항식 $x^{n+2}+x^{n+1}=x^{n+1}(x+1)$ 을 x^2-5x+6 으로 나눈 몫을
$Q(x)$ 라 하면 나머지가 $a_n x+b_n$ 이므로
$$x^{n+1}(x+1)=(x^2-5x+6)Q(x)+a_n x+b_n$$
$$=(x-2)(x-3)Q(x)+a_n x+b_n$$
위의 등식의 양변에 $x=2$, $x=3$ 을 각각 대입하면
$2^{n+1}\times3=2a_n+b_n$
$3^{n+1}\times4=3a_n+b_n$
두 식을 연립하여 풀면
$a_n=4\times3^{n+1}-3\times2^{n+1}$, $b_n=9\times2^{n+1}-8\times3^{n+1}$

$$\therefore \lim_{n\to\infty}\frac{a_n}{b_n}=\lim_{n\to\infty}\frac{4\times3^{n+1}-3\times2^{n+1}}{9\times2^{n+1}-8\times3^{n+1}}$$
$$=\lim_{n\to\infty}\frac{4-3\times\left(\dfrac{2}{3}\right)^{n+1}}{9\times\left(\dfrac{2}{3}\right)^{n+1}-8}$$
$$=\frac{4}{-8}=-\frac{1}{2}$$

0126
달 ③

두 곡선 $y=a^{x-1}$ 과 $y=3^x$ 의 교점의 x좌표가 k 이므로 $a^{k-1}=3^k$
이때, $\dfrac{a}{3}>1$ 이므로 $\lim_{n\to\infty}\left(\dfrac{a}{3}\right)^n=\infty$

$$\therefore \lim_{n\to\infty}\frac{\left(\dfrac{a}{3}\right)^{n+k}}{\left(\dfrac{a}{3}\right)^{n+1}+1}=\lim_{n\to\infty}\frac{\left(\dfrac{a}{3}\right)^{k-1}}{1+\dfrac{1}{\left(\dfrac{a}{3}\right)^{n+1}}}$$
$$=\left(\frac{a}{3}\right)^{k-1}=\frac{a^{k-1}}{3^{k-1}}=\frac{3^k}{3^{k-1}}=3$$

0127   답 ③

오늘 하루 동안 A빵집과 B빵집에 방문한 방문객의 수를 표로
나타내면 다음과 같다.

(단위 : 명)

	소보로빵	단팥빵
A빵집	20	50
B빵집	30	40

소보로빵을 구입한 방문객의 수는 전날에 비해 2 %, 단팥빵을
구입한 방문객의 수는 전날에 비해 6 %씩 증가하므로 n일 후
증가한 방문객의 수는 각각 다음 표와 같다.

(단위 : 명)

	소보로빵	단팥빵
A빵집	$20 \times (1.02)^n$	$50 \times (1.06)^n$
B빵집	$30 \times (1.02)^n$	$40 \times (1.06)^n$

n일 후 A빵집의 소보로빵과 단팥빵을 구입한 방문객의 수의 합 a_n은
$a_n = 20 \times (1.02)^n + 50 \times (1.06)^n$
n일 후 B빵집의 소보로빵과 단팥빵을 구입한 방문객의 수의 합 b_n은
$b_n = 30 \times (1.02)^n + 40 \times (1.06)^n$

$$\therefore \lim_{n \to \infty} \frac{a_n}{b_n} = \lim_{n \to \infty} \frac{20 \times (1.02)^n + 50 \times (1.06)^n}{30 \times (1.02)^n + 40 \times (1.06)^n}$$

$$= \lim_{n \to \infty} \frac{20 \times \left(\frac{1.02}{1.06}\right)^n + 50}{30 \times \left(\frac{1.02}{1.06}\right)^n + 40} = \frac{5}{4}$$

0128   답 ③

문제와 같은 과정을 n번 반복하였을 때, 비커 B에 남아 있는 물의
양을 b_n이라 하면
$a_n + b_n = 3000$ …… ㉠

이때, $a_{n+1} = \frac{1}{2}a_n + \frac{1}{2}\left(b_n + \frac{1}{2}a_n\right)$이고,

㉠에서 $b_n = 3000 - a_n$이므로 위의 식에 대입하면

$a_{n+1} = \frac{1}{2}a_n + \frac{1}{2}\left(3000 - a_n + \frac{1}{2}a_n\right)$

$\qquad = \frac{1}{2}a_n + 1500 - \frac{1}{4}a_n$

$\qquad = \frac{1}{4}a_n + 1500$

$a_{n+1} - \alpha = \frac{1}{4}(a_n - \alpha)$ (α는 상수)와 같이 정리하면

$a_{n+1} = \frac{1}{4}a_n + \frac{3}{4}\alpha$에서 $\frac{3}{4}\alpha = 1500$

즉, $\alpha = 2000$

따라서 $a_{n+1} - 2000 = \frac{1}{4}(a_n - 2000)$에서 수열 $\{a_n - 2000\}$은

첫째항이 $a_1 - 2000$, 공비가 $\frac{1}{4}$인 등비수열이므로

$a_n - 2000 = (a_1 - 2000) \times \left(\frac{1}{4}\right)^{n-1}$

$a_n = (a_1 - 2000) \times \left(\frac{1}{4}\right)^{n-1} + 2000$

$$\therefore \lim_{n \to \infty} a_n = \lim_{n \to \infty} \left\{(a_1 - 2000) \times \left(\frac{1}{4}\right)^{n-1} + 2000\right\} = 2000 \,(\text{mL})$$

다른 풀이

$\lim\limits_{n \to \infty} a_n$은 수렴하므로 $\lim\limits_{n \to \infty} a_n = \alpha$ (α는 실수)라 하면
$\lim\limits_{n \to \infty} a_{n+1} = \lim\limits_{n \to \infty} a_n = \alpha$이다.

본풀이에서 $a_{n+1} = \frac{1}{4}a_n + 1500$이므로

$\lim\limits_{n \to \infty} a_{n+1} = \lim\limits_{n \to \infty} \left(\frac{1}{4}a_n + 1500\right)$에서

$\alpha = \frac{1}{4}\alpha + 1500$, $\frac{3}{4}\alpha = 1500$

$\therefore \alpha = \lim\limits_{n \to \infty} a_n = 2000 \,(\text{mL})$

0129   답 ⑤

n일 밤 동안 문제와 같은 일이 반복되었을 때 B창고의 쌀의 양을
b_n이라 하면
$a_n + b_n = 2900$ …… ㉠

이때, $a_{n+1} = \frac{7}{10}a_n + \frac{4}{10}\left(b_n + \frac{3}{10}a_n\right)$이고,

㉠에서 $b_n = 2900 - a_n$이므로 위의 식에 대입하면

$a_{n+1} = \frac{7}{10}a_n + \frac{4}{10}\left(2900 - a_n + \frac{3}{10}a_n\right)$

$\qquad = \frac{7}{10}a_n + \frac{4}{10}\left(2900 - \frac{7}{10}a_n\right)$

$\qquad = \frac{7}{10}a_n - \frac{7}{25}a_n + 1160$

$\qquad = \frac{21}{50}a_n + 1160$

$a_{n+1} - \alpha = \frac{21}{50}(a_n - \alpha)$ (α는 상수)와 같이 정리하면

$a_{n+1} = \frac{21}{50}a_n + \frac{29}{50}\alpha$에서 $\frac{29}{50}\alpha = 1160$

즉, $\alpha = 2000$

따라서 $a_{n+1} - 2000 = \frac{21}{50}(a_n - 2000)$에서 수열 $\{a_n - 2000\}$은

첫째항이 $a_1 - 2000$, 공비가 $\frac{21}{50}$인 등비수열이므로

$a_n = (a_1 - 2000) \times \left(\frac{21}{50}\right)^{n-1} + 2000$

$$\therefore \lim_{n \to \infty} a_n = \lim_{n \to \infty} \left\{(a_1 - 2000) \times \left(\frac{21}{50}\right)^{n-1} + 2000\right\} = 2000 \,(\text{kg})$$

다른 풀이

$\lim\limits_{n \to \infty} a_n$은 수렴하므로 $\lim\limits_{n \to \infty} a_n = \alpha$ (α는 실수)라 하면
$\lim\limits_{n \to \infty} a_{n+1} = \lim\limits_{n \to \infty} a_n = \alpha$이다.

본풀이에서 $a_{n+1} = \frac{21}{50}a_n + 1160$이므로

$\lim\limits_{n \to \infty} a_{n+1} = \lim\limits_{n \to \infty} \left(\frac{21}{50}a_n + 1160\right)$에서

$\alpha = \frac{21}{50}\alpha + 1160$, $\frac{29}{50}\alpha = 1160$

$\therefore \alpha = \lim\limits_{n \to \infty} a_n = 2000 \,(\text{kg})$

0130 답 ②

ㄱ. 비가 오지 않은 날의 다음 날 비가 오지 않을 확률이 $\dfrac{2}{5}$이므로

비가 오지 않은 날의 다음 날 비가 올 확률은 $1-\dfrac{2}{5}=\dfrac{3}{5}$이다.

(참)

ㄴ. P_2는 두번째 날에 비가 올 확률이므로 첫 번째 날 비가 오고 두 번째 날 비가 올 확률과 첫 번째 날 비가 오지 않고 두 번째 날 비가 올 확률을 더해 주면 된다.

$$\therefore P_2=\dfrac{3}{5}\times\dfrac{1}{4}+\dfrac{2}{5}\times\dfrac{3}{5}=\dfrac{3}{20}+\dfrac{6}{25}=\dfrac{39}{100} \ (참)$$

ㄷ. P_n은 n번째 날에 비가 올 확률이므로 n번째 날 비가 오지 않을 확률은 $1-P_n$이다.

$$\therefore P_{n+1}=P_n\times\dfrac{1}{4}+(1-P_n)\times\dfrac{3}{5}=-\dfrac{7}{20}P_n+\dfrac{3}{5}$$

이때, $\lim\limits_{n\to\infty}P_n=p$에서 $\lim\limits_{n\to\infty}P_{n+1}=p$이므로

$$p=-\dfrac{7}{20}p+\dfrac{3}{5} \qquad \therefore p=\dfrac{4}{9} \ (거짓)$$

따라서 옳은 것은 ㄱ, ㄴ이다.

0131 답 ①

p_{n+1}은 n번째 시행 결과에 따라 나누어 구하면 된다.

(ⅰ) n번째 시행 결과가 처음과 같은 경우

확률은 p_n이고,

$(n+1)$번째 시행 후에도 처음과 같이 각 상자에 파란 공과 노란 공이 각각 한 개씩 들어 있어야 하므로 상자 A에서 파란 공을 꺼내면 상자 B에서도 파란 공을 꺼내고, 노란 공을 꺼내면 노란 공을 꺼내서 바꾸면 된다.

$$\therefore p_n\times\left(\dfrac{1}{2}\times\dfrac{1}{2}+\dfrac{1}{2}\times\dfrac{1}{2}\right)=\dfrac{1}{2}p_n$$

(ⅱ) n번째 시행 결과가 처음과 다른 경우

확률은 $1-p_n$이고,

이때, 두 상자 A, B에는 모두 파란 공 또는 노란 공이 들어 있으므로 $(n+1)$번째 시행을 할 때 어떤 공을 꺼내어 바꿔도 항상 처음과 같이 각 상자에 파란 공과 노랑 공이 각각 한 개씩 들어 있게 된다.

$$\therefore (1-p_n)\times1=1-p_n$$

(ⅰ), (ⅱ)에 의하여 $p_{n+1}=\dfrac{1}{2}p_n+(1-p_n)=-\dfrac{1}{2}p_n+1$

이때, $\lim\limits_{n\to\infty}p_n$은 수렴하므로 $\lim\limits_{n\to\infty}p_n=\alpha$ (α는 실수)라 하면 $\lim\limits_{n\to\infty}p_{n+1}=\alpha$이다.

따라서 $\lim\limits_{n\to\infty}p_{n+1}=\lim\limits_{n\to\infty}\left(-\dfrac{1}{2}p_n+1\right)$에서 $\alpha=-\dfrac{1}{2}\alpha+1$

$$\therefore \alpha=\lim_{n\to\infty}p_n=\dfrac{2}{3}$$

0132 답 ③

$2\sqrt{a_n}-\sqrt{b_n}=\sqrt{c_n}$으로 놓으면

$$\sqrt{b_n}=2\sqrt{a_n}-\sqrt{c_n}$$

$\lim\limits_{n\to\infty}\sqrt{a_n}=\infty$이고, $\lim\limits_{n\to\infty}\sqrt{c_n}=2$이므로 $\lim\limits_{n\to\infty}\dfrac{\sqrt{c_n}}{\sqrt{a_n}}=0$

$$\therefore \lim_{n\to\infty}\dfrac{\sqrt{b_n}}{\sqrt{a_n}}=\lim_{n\to\infty}\left(2-\dfrac{\sqrt{c_n}}{\sqrt{a_n}}\right)=2,$$

$$\lim_{n\to\infty}\dfrac{b_n}{a_n}=\lim_{n\to\infty}\left(\dfrac{\sqrt{b_n}}{\sqrt{a_n}}\right)^2=4$$

$$\therefore \lim_{n\to\infty}b_n\left(\dfrac{8\sqrt{a_n}}{b_n}-\dfrac{\sqrt{b_n}}{a_n}\right)$$

$$=\lim_{n\to\infty}\left(8\sqrt{a_n}-\dfrac{b_n\sqrt{b_n}}{a_n}\right)$$

$$=\lim_{n\to\infty}\dfrac{8a_n\sqrt{a_n}-b_n\sqrt{b_n}}{a_n}$$

$$=\lim_{n\to\infty}\dfrac{(2\sqrt{a_n})^3-\sqrt{b_n}^3}{a_n}$$

$$=\lim_{n\to\infty}\dfrac{(2\sqrt{a_n}-\sqrt{b_n})(4a_n+2\sqrt{a_n}\sqrt{b_n}+b_n)}{a_n}$$

$$=\lim_{n\to\infty}\left\{(2\sqrt{a_n}-\sqrt{b_n})\times\left(4+\dfrac{2\sqrt{b_n}}{\sqrt{a_n}}+\dfrac{b_n}{a_n}\right)\right\}$$

$$=2\times(4+4+4)=24$$

0133 답 ②

$f(x+2)=f(x)$이므로 함수 $y=f(x)$의 주기는 2이고 $y=f(x)$의 그래프는 다음과 같다.

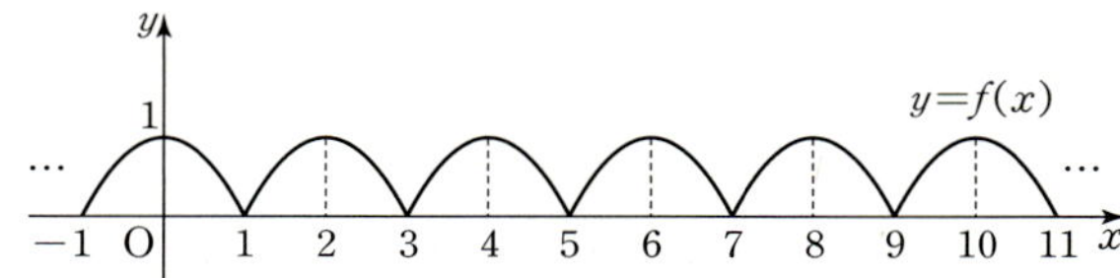

직선 $y=\dfrac{1}{2n}x+\dfrac{1}{4n}=\dfrac{1}{2n}\left(x+\dfrac{1}{2}\right)$은 항상 점 $\left(-\dfrac{1}{2},\ 0\right)$을 지난다.

$n=1,\ 2,\ 3,\ \cdots$을 차례로 대입하면

$n=1$일 때 $y=\dfrac{1}{2}x+\dfrac{1}{4}$

$n=2$일 때 $y=\dfrac{1}{4}x+\dfrac{1}{8}$

$n=3$일 때 $y=\dfrac{1}{6}x+\dfrac{1}{12}$

$\vdots$

이를 좌표평면 위에 나타내면 다음과 같다.

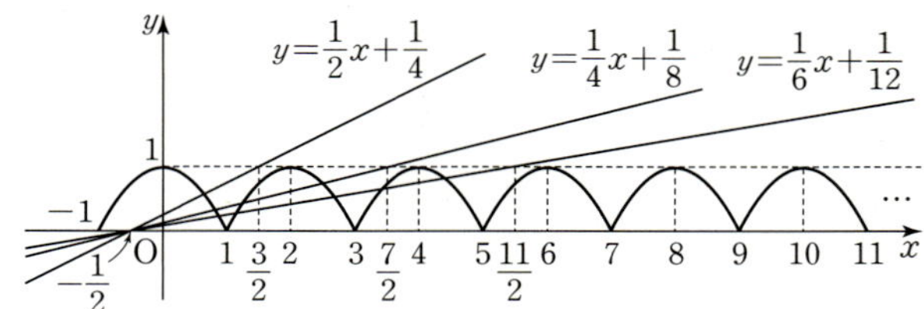

위의 그림과 같이 $a_1=1,\ a_2=3,\ a_3=5,\ \cdots$이므로

수열 $\{a_n\}$은 첫째항이 $a_1=1$이고 공차가 2인 등차수열이다.

$$\therefore a_n = 1 + 2(n-1) = 2n - 1$$
$$\therefore \lim_{n \to \infty} \frac{a_n}{n} = \lim_{n \to \infty} \frac{2n-1}{n} = 2$$

0134   답 ⑤

$$n\sqrt{\sum_{k=1}^{10} \frac{1}{(2k+1)! \, n^{4k-2}}}$$
$$= \sqrt{n^2 \left(\frac{1}{3! \, n^2} + \frac{1}{5! \, n^6} + \frac{1}{7! \, n^{10}} + \cdots + \frac{1}{21! \, n^{38}} \right)}$$
$$= \sqrt{\frac{1}{3!} + \frac{1}{5! \, n^4} + \frac{1}{7! \, n^8} + \cdots + \frac{1}{21! \, n^{36}}}$$
$$\sum_{k=1}^{9} \frac{(-1)^k}{(2k-1)! \, n^{2k-2}} = \frac{(-1)}{1! \, n^0} + \frac{(-1)^2}{3! \, n^2} + \frac{(-1)^3}{5! \, n^4} + \cdots + \frac{(-1)^9}{17! \, n^{16}}$$

$$\therefore \lim_{n \to \infty} \frac{n\sqrt{\sum_{k=1}^{10} \dfrac{1}{(2k+1)! \, n^{4k-2}}}}{\sum_{k=1}^{9} \dfrac{(-1)^k}{(2k-1)! \, n^{2k-2}}}$$

$$= \lim_{n \to \infty} \frac{\sqrt{\dfrac{1}{3!} + \dfrac{1}{5! \, n^4} + \dfrac{1}{7! \, n^8} + \cdots + \dfrac{1}{21! \, n^{36}}}}{\dfrac{(-1)}{1!} + \dfrac{(-1)^2}{3! \, n^2} + \dfrac{(-1)^3}{5! \, n^4} + \cdots + \dfrac{(-1)^9}{17! \, n^{16}}}$$

$$= \frac{\sqrt{\dfrac{1}{6}}}{-1} = -\frac{\sqrt{6}}{6}$$

0135   답 ④

$$\lim_{n \to \infty} \frac{3^n f(a) + |3^n f(a) + 2|}{6 \times 3^{n-1}} = \lim_{n \to \infty} \frac{3f(a) + \left| 3f(a) + \dfrac{2}{3^{n-1}} \right|}{6}$$
$$= \frac{3f(a) + |3f(a)|}{6}$$

$f(a) < 0$이면 $|f(a)| = -f(a)$이므로
$$\frac{3f(a) + |3f(a)|}{6} = 0$$

$f(a) = 0$이면 $|f(a)| = f(a) = 0$이므로
$$\frac{3f(a) + |3f(a)|}{6} = 0$$

따라서 $f(a) \le 0$이면 주어진 조건에 모순이므로 $f(a) > 0$
$$\frac{3f(a) + |3f(a)|}{6} = \frac{6f(a)}{6} = f(a) = 1$$

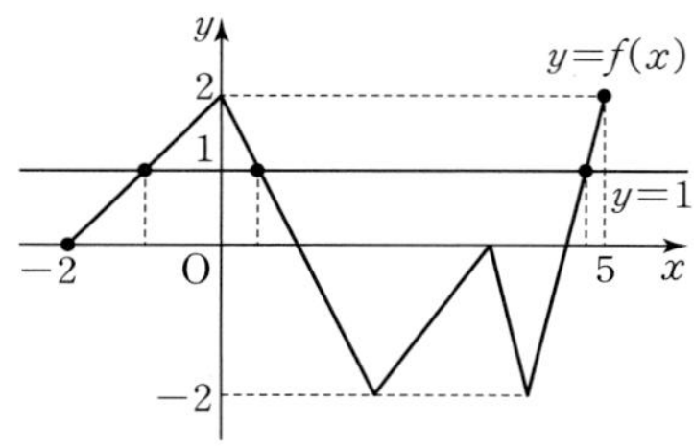

따라서 주어진 그래프에서 $f(a) = 1$을 만족시키는 상수 a의 값은 3개이다.

0136   답 ②

$\sqrt{(3n+1)^2} < \sqrt{9n^2 + 9n + 3} < \sqrt{(3n+2)^2}$에서
$3n+1 < \sqrt{9n^2 + 9n + 3} < 3n+2$이므로
$[\sqrt{9n^2 + 9n + 3}] = 3n+1$
$$\therefore \lim_{n \to \infty} \left([\sqrt{9n^2 + 9n + 3}] - \sqrt{9n^2 + 9n + 3} \right)$$
$$= \lim_{n \to \infty} \{ (3n+1) - \sqrt{9n^2 + 9n + 3} \}$$
$$= \lim_{n \to \infty} \frac{\{ (3n+1) - \sqrt{9n^2 + 9n + 3} \} \{ (3n+1) + \sqrt{9n^2 + 9n + 3} \}}{(3n+1) + \sqrt{9n^2 + 9n + 3}}$$
$$= \lim_{n \to \infty} \frac{-3n-2}{(3n+1) + \sqrt{9n^2 + 9n + 3}}$$
$$= \lim_{n \to \infty} \frac{-3 - \dfrac{2}{n}}{\left(3 + \dfrac{1}{n} \right) + \sqrt{9 + \dfrac{9}{n} + \dfrac{3}{n^2}}}$$
$$= \frac{-3}{3 + \sqrt{9}} = -\frac{1}{2}$$

0137   답 ②

조건 ㈎에서 $\dfrac{2^{2n} + 2^{n-1}}{2} < a_n < \dfrac{2^n(2^n + 1)}{2}$이므로
$$\frac{2^{2n} + 2^{n-1}}{2 \times 4^n} < \frac{a_n}{4^n} < \frac{2^n(2^n+1)}{2 \times 4^n}$$

이때, $\displaystyle\lim_{n \to \infty} \frac{2^{2n} + 2^{n-1}}{2 \times 4^n} = \lim_{n \to \infty} \frac{1 + \dfrac{1}{2} \times \left(\dfrac{1}{2} \right)^n}{2} = \frac{1}{2}$,

$\displaystyle\lim_{n \to \infty} \frac{2^n(2^n+1)}{2 \times 4^n} = \lim_{n \to \infty} \frac{1 + \left(\dfrac{1}{2} \right)^n}{2} = \frac{1}{2}$이므로

$$\lim_{n \to \infty} \frac{a_n}{4^n} = \frac{1}{2} \qquad \cdots\cdots ㉠$$

조건 ㈏에서 $\dfrac{1}{2} \times \dfrac{3^{2n} - 1}{3-1} < b_n < \dfrac{(3^n+1)^2}{4}$이므로
$$\frac{9^n - 1}{4} < b_n < \frac{9^n + 2 \times 3^n + 1}{4}$$
$$\frac{9^n - 1}{4 \times 9^n} < \frac{b_n}{9^n} < \frac{9^n + 2 \times 3^n + 1}{4 \times 9^n}$$

이때, $\displaystyle\lim_{n \to \infty} \frac{9^n - 1}{4 \times 9^n} = \lim_{n \to \infty} \frac{1 - \left(\dfrac{1}{9} \right)^n}{4} = \frac{1}{4}$,

$\displaystyle\lim_{n \to \infty} \frac{9^n + 2 \times 3^n + 1}{4 \times 9^n} = \lim_{n \to \infty} \frac{1 + 2 \times \left(\dfrac{1}{3} \right)^n + \left(\dfrac{1}{9} \right)^n}{4} = \frac{1}{4}$이므로

$$\lim_{n \to \infty} \frac{b_n}{9^n} = \frac{1}{4} \qquad \cdots\cdots ㉡$$

$$\therefore \lim_{n \to \infty} \frac{3^{2n-1} a_n + 2^{n+1} b_n}{6^n a_n + 2^{2n} b_n}$$
$$= \lim_{n \to \infty} \frac{\dfrac{1}{3} \times \dfrac{a_n}{4^n} + 2 \times \left(\dfrac{1}{2} \right)^n \times \dfrac{b_n}{9^n}}{\dfrac{a_n}{4^n} \times \left(\dfrac{2}{3} \right)^n + \dfrac{b_n}{9^n}}$$
$$= \frac{\dfrac{1}{3} \times \dfrac{1}{2} + 0}{0 + \dfrac{1}{4}} = \frac{2}{3} \ (\because ㉠, ㉡)$$

(ⅰ) $-1<x<1$일 때

$\lim\limits_{n\to\infty} x^n=0$이므로

$$f(x)=\lim_{n\to\infty}\frac{x^n+ax+b}{x^n+1}=ax+b$$

(ⅱ) $x=1$일 때

$\lim\limits_{n\to\infty} x^n=\lim\limits_{x\to\infty} 1^n=1$이므로

$$f(x)=\lim_{n\to\infty}\frac{x^n+ax+b}{x^n+1}=\frac{a+b+1}{2}$$

(ⅲ) $1<x<2$일 때

$\lim\limits_{n\to\infty} x^n=\infty$이므로

$$f(x)=\lim_{n\to\infty}\frac{x^n+ax+b}{x^n+1}=\lim_{n\to\infty}\frac{1+\dfrac{a}{x^{n-1}}+\dfrac{b}{x^n}}{1+\dfrac{1}{x^n}}=1$$

$$\therefore f(x)=\begin{cases}ax+b & (-1<x<1)\\[2mm]\dfrac{a+b+1}{2} & (x=1)\\[2mm]1 & (1<x<2)\end{cases}$$

따라서 함수 $f(x)$에서 $f(x)=ax+b\ (-1<x<1)$일 때 치역이 $\{y\,|-3<y<9\}$를 만족시켜야 한다.

$a<0$에서 함수 $y=ax+b$는 x의 값이 커지면 y의 값이 작아지는 함수이므로 두 점 $(-1,\,9)$, $(1,\,-3)$을 지나야 한다.

즉, $-a+b=9$, $a+b=-3$

위의 두 식을 연립하여 풀면 $a=-6$, $b=3$

$$\therefore f(x)=\begin{cases}-6x+3 & (-1<x<1)\\-1 & (x=1)\\1 & (1<x<2)\end{cases}$$

$$\therefore f\left(-\frac{1}{2}\right)+f(1)=6+(-1)=5$$

참고

함수 $y=f(x)$의 그래프는 다음과 같다.

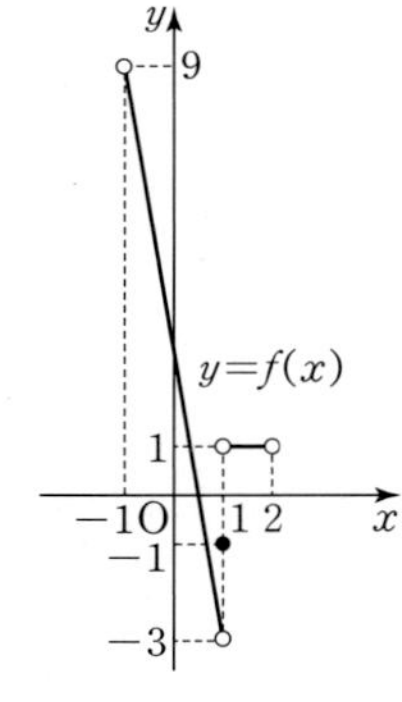

함수 $f(x)$로 주어진 극한값은 $|x-3|=|x-5|$일 때를 경계로 달라진다.

$x-3=x-5$를 만족시키는 x의 값은 존재하지 않고,

$x-3=-(x-5)$에서 $x=4$이므로

$x=4$일 때를 경계로 나누어 극한값을 구하면 다음과 같다.

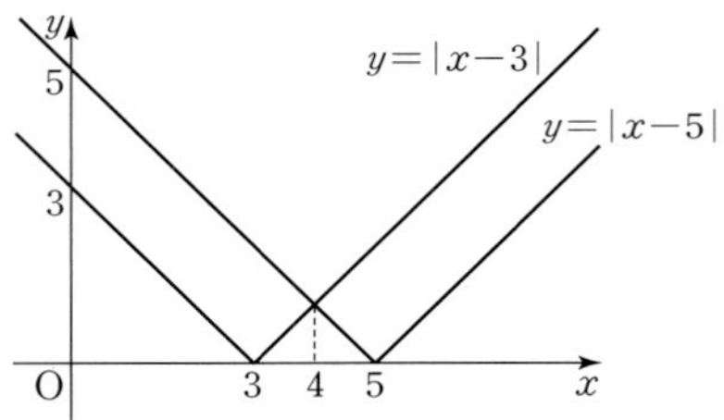

(ⅰ) $x<4$일 때

$|x-3|<|x-5|$이므로

$$f(x)=\lim_{n\to\infty}\frac{(x-3)^{2n+1}}{2+(x-5)^{2n}+(x-3)^{2n}}$$

$$=\lim_{n\to\infty}\frac{(x-3)\times\left(\dfrac{x-3}{x-5}\right)^{2n}}{\dfrac{2}{(x-5)^{2n}}+1+\left(\dfrac{x-3}{x-5}\right)^{2n}}=0$$

(ⅱ) $x=4$일 때

$$f(x)=\lim_{n\to\infty}\frac{1^{2n+1}}{2+(-1)^{2n}+1^{2n}}=\frac{1}{4}$$

(ⅲ) $x>4$일 때

$|x-3|>|x-5|$이므로

$$f(x)=\lim_{n\to\infty}\frac{(x-3)^{2n+1}}{2+(x-5)^{2n}+(x-3)^{2n}}$$

$$=\lim_{n\to\infty}\frac{x-3}{\dfrac{2}{(x-3)^{2n}}+\left(\dfrac{x-5}{x-3}\right)^{2n}+1}=x-3$$

따라서 $f(x)=\begin{cases}0 & (x<4)\\[2mm]\dfrac{1}{4} & (x=4)\\[2mm]x-3 & (x>4)\end{cases}$ 이므로

함수 $y=f(x)$의 그래프는 다음과 같다.

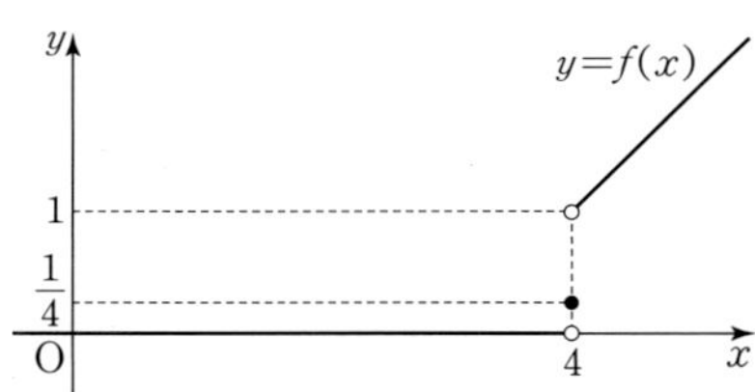

따라서 함수 $f(x)$는 $x=4$에서 불연속이므로 $a=4$이다.

조건 ㈏에 의하여 $0 \leq x \leq 6$에서 함수 $y=f(x)$의 그래프는 다음과 같다.

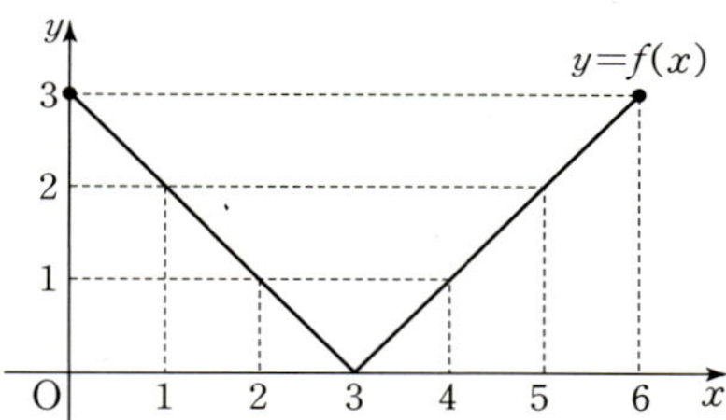

(ⅰ) $|x-3|>1$일 때

$$\lim_{n \to \infty} |x-3|^n = \infty \text{에서 } \lim_{n \to \infty} \frac{1}{|x-3|^n} = 0 \text{이므로}$$

$$g(x) = \lim_{n \to \infty} \frac{\{f(x)\}^n}{\{f(x)\}^n+1}$$

$$= \lim_{n \to \infty} \frac{|x-3|^n}{|x-3|^n+1} = \lim_{n \to \infty} \frac{1}{1+\dfrac{1}{|x-3|^n}} = 1$$

(ⅱ) $|x-3|=1$일 때

$$\lim_{n \to \infty} |x-3|^n = 1 \text{이므로}$$

$$g(x) = \lim_{n \to \infty} \frac{\{f(x)\}^n}{\{f(x)\}^n+1} = \frac{1}{2}$$

(ⅲ) $|x-3|<1$일 때

$$\lim_{n \to \infty} |x-3|^n = 0 \text{이므로}$$

$$g(x) = \lim_{n \to \infty} \frac{\{f(x)\}^n}{\{f(x)\}^n+1} = 0$$

따라서

$$g(x) = \begin{cases} 1 & (|x-3|>1) \\ \dfrac{1}{2} & (|x-3|=1) \\ 0 & (|x-3|<1) \end{cases}$$

$$= \begin{cases} 1 & (0 \leq x < 2, \ 4 < x \leq 6) \\ \dfrac{1}{2} & (x=2, \ x=4) \\ 0 & (2 < x < 4) \end{cases}$$

이므로 함수 $y=g(x)$의 그래프는 다음과 같다.

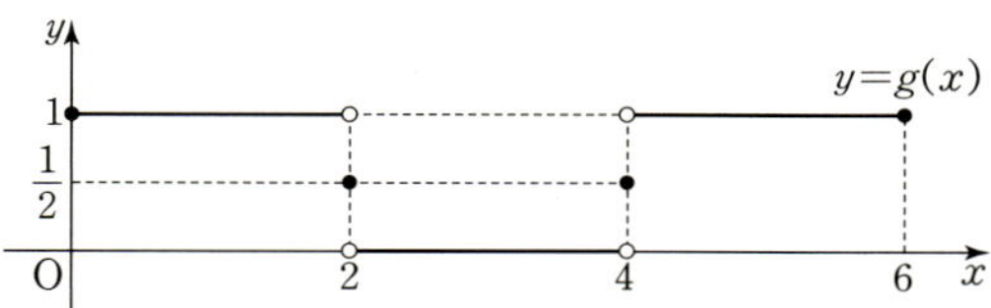

이때, 함수 $f(x)$가 $f(x+6)=f(x)$이므로 함수 $g(x)$도 $g(x+6)=g(x)$를 만족시킨다.

$$\therefore \sum_{m=1}^{52} g(m)$$

$$= \{g(1)+g(2)+g(3)+g(4)+g(5)+g(6)\} \times 8$$
$$\qquad\qquad +g(49)+g(50)+g(51)+g(52)$$

$$= \left(1+\frac{1}{2}+0+\frac{1}{2}+1+1\right) \times 8 + g(1)+g(2)+g(3)+g(4)$$

$$= 4 \times 8 + g(1)+g(2)+g(3)+g(4)$$

$$= 32 + 1 + \frac{1}{2} + 0 + \frac{1}{2}$$

$$= 34$$

주어진 수열 $\{a_n\}$을 그래프로 나타내면 다음과 같다.

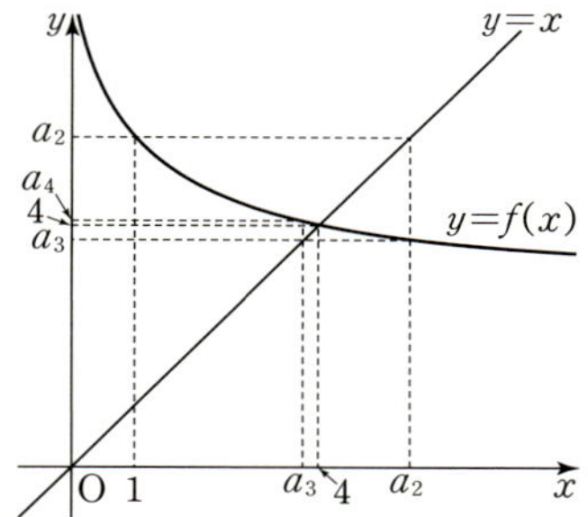

따라서 $a_1, a_2, a_3, \cdots$은 직선 $y=x$와 함수 $f(x)$의 그래프의 제1사분면에서의 교점의 x좌표에 한없이 가까워진다.

$\dfrac{3x+8}{x+1}=x$에서 $3x+8=x^2+x$

$x^2-2x-8=0$, $(x+2)(x-4)=0$에서 $x=4$

$\therefore \lim_{n \to \infty} a_n = 4$

다른 풀이

$f(x) = \dfrac{3x+8}{x+1} = 3 + \dfrac{5}{x+1}$이므로

$$a_{n+1} = 3 + \frac{5}{a_n+1}$$

$\lim_{n \to \infty} a_n$은 수렴하므로 $\lim_{n \to \infty} a_n = \alpha$ (α는 실수)라 하면

$\lim_{n \to \infty} a_{n+1} = \lim_{n \to \infty} a_n = \alpha$이다.

$\alpha = 3 + \dfrac{5}{\alpha+1}$에서 $(\alpha-3)(\alpha+1)=5$

$\alpha^2 - 2\alpha - 8 = 0$, $(\alpha+2)(\alpha-4)=0$

$\alpha = -2$ 또는 $\alpha = 4$

$\therefore \alpha = \lim_{n \to \infty} a_n = 4$

$$\lim_{n \to \infty} \frac{\left(\dfrac{8}{k}\right)^n a_n}{\left(\dfrac{3}{k}\right)^n + 2} = \alpha \ (\alpha \neq 0) \text{라 하면}$$

$$\lim_{n \to \infty} \frac{\left(\dfrac{8}{k}\right)^{n+1} a_{n+1}}{\left(\dfrac{3}{k}\right)^{n+1} + 2} = \alpha \text{이다.} \qquad\qquad \cdots\cdots \ \bigcirc$$

$$\therefore b_k$$

$$= \lim_{n \to \infty} \frac{a_{n+1}}{a_n}$$

$$= \lim_{n \to \infty} \left\{ \frac{\left(\dfrac{8}{k}\right)^{n+1} a_{n+1}}{\left(\dfrac{3}{k}\right)^{n+1}+2} \times \frac{\left(\dfrac{3}{k}\right)^n+2}{\left(\dfrac{8}{k}\right)^n a_n} \times \frac{\left(\dfrac{3}{k}\right)^{n+1}+2}{\left(\dfrac{8}{k}\right)^{n+1}} \times \frac{\left(\dfrac{8}{k}\right)^n}{\left(\dfrac{3}{k}\right)^n+2} \right\}$$

$$= \alpha \times \frac{1}{\alpha} \times \lim_{n \to \infty} \frac{\left(\dfrac{3}{k}\right)^{n+1}+2}{\dfrac{8}{k}\left\{\left(\dfrac{3}{k}\right)^n+2\right\}} \quad (\because \ \bigcirc)$$

$$= \lim_{n \to \infty} \frac{\dfrac{k}{8}\left\{\left(\dfrac{3}{k}\right)^{n+1}+2\right\}}{\left(\dfrac{3}{k}\right)^n+2}$$

(i) $k>3$일 때

$\lim\limits_{n\to\infty}\left(\dfrac{3}{k}\right)^n=0$이므로

$$b_k=\lim_{n\to\infty}\frac{\dfrac{k}{8}\left\{\left(\dfrac{3}{k}\right)^{n+1}+2\right\}}{\left(\dfrac{3}{k}\right)^n+2}=\frac{k}{8}$$

(ii) $k=3$일 때

$\lim\limits_{n\to\infty}\left(\dfrac{3}{k}\right)^n=1$이므로

$$b_k=\lim_{n\to\infty}\frac{\dfrac{k}{8}\left\{\left(\dfrac{3}{k}\right)^{n+1}+2\right\}}{\left(\dfrac{3}{k}\right)^n+2}=\frac{k}{8}=\frac{3}{8}$$

(iii) $k<3$일 때

$\lim\limits_{n\to\infty}\left(\dfrac{3}{k}\right)^n=\infty$에서 $\lim\limits_{n\to\infty}\left(\dfrac{k}{3}\right)^n=0$이므로

$$b_k=\lim_{n\to\infty}\frac{\dfrac{k}{8}\left\{\left(\dfrac{3}{k}\right)^{n+1}+2\right\}}{\left(\dfrac{3}{k}\right)^n+2}$$

$$=\lim_{n\to\infty}\frac{\dfrac{k}{8}\left\{\dfrac{3}{k}+2\times\left(\dfrac{k}{3}\right)^n\right\}}{1+2\times\left(\dfrac{k}{3}\right)^n}=\frac{3}{8}$$

$$\therefore b_k=\begin{cases}\dfrac{k}{8} & (k>3)\\[2mm]\dfrac{3}{8} & (k\le3)\end{cases}$$

$$\therefore \sum_{k=1}^{5}b_k=\frac{3}{8}+\frac{3}{8}+\frac{3}{8}+\frac{4}{8}+\frac{5}{8}=\frac{18}{8}=\frac{9}{4}$$

$$\therefore a_n=\sum_{k=1}^{2^{n-1}}M(2k)$$
$$=M(2)+M(4)+M(6)+\cdots+M(2^n-2)+M(2^n)$$
$$=2\times2^{n-2}+2^2\times2^{n-3}+2^3\times2^{n-4}+\cdots+2^{n-1}\times1+2^n\times1$$
$$=(n-1)\times2^{n-1}+2^n$$

$$\therefore \lim_{n\to\infty}\frac{120a_n}{(6n-1)\times2^n}=\lim_{n\to\infty}\frac{120\{(n-1)\times2^{n-1}+2^n\}}{(6n-1)\times2^n}$$
$$=\lim_{n\to\infty}\frac{60(n-1)+120}{6n-1}$$
$$=10$$

0143　　　　　　　　　　　　　　　　답 ①

2의 약수 1, 2 중 집합 B의 원소인 것은 2뿐이므로 $M(2)=2$

12의 약수 1, 2, 3, 4, 6, 12 중 집합 B의 원소인 것은 2, 4이고

최댓값은 4이므로 $M(12)=4$

이와 같은 방법으로

$M(4)=4,\ M(6)=2,\ M(8)=8,\ M(10)=2,\ \cdots,\ M(2^n)=2^n$

이므로 $M(2k)$의 값에 따라 나누어 구하면 된다.

1부터 2^{n-1}까지 2^{n-1}개의 자연수 중

$M(2k)=2$를 만족시키는 k의 개수는 2^{n-2}

$M(2k)=2^2$을 만족시키는 k의 개수는 2^{n-3}

$M(2k)=2^3$을 만족시키는 k의 개수는 2^{n-4}

$\qquad\vdots$

$M(2k)=2^{n-1}$을 만족시키는 k의 개수는 1

$M(2k)=2^n$을 만족시키는 k의 개수는 1

02 급수

0144 $\quad$ 답 (1) 4 (2) 2 (3) $\dfrac{3}{2}$

(1) $\displaystyle\sum_{n=1}^{\infty} a_n = \lim_{n\to\infty} S_n = \lim_{n\to\infty} \dfrac{4n-1}{n+2} = 4$

(2) $\displaystyle\sum_{n=1}^{\infty} a_n = \lim_{n\to\infty} S_n = \lim_{n\to\infty} \dfrac{2n^2+3n}{(n+1)(n+3)} = \dfrac{2}{1\times1} = 2$

(3) $\displaystyle\sum_{n=1}^{\infty} a_n = \lim_{n\to\infty} S_n = \lim_{n\to\infty} \dfrac{3n+1}{\sqrt{n^2+1}+n} = \dfrac{3}{\sqrt{1}+1} = \dfrac{3}{2}$

0145 $\quad$ 답 ⑤

$\displaystyle\sum_{n=3}^{\infty} a_n = \sum_{n=1}^{\infty} a_n - \sum_{n=1}^{2} a_n$

$\qquad = \lim_{n\to\infty} S_n - S_2$

$\qquad = \lim_{n\to\infty} \dfrac{7n+3}{2n+1} - \dfrac{17}{5}$

$\qquad = \dfrac{7}{2} - \dfrac{17}{5} = \dfrac{1}{10}$

0146 $\quad$ 답 1

주어진 급수의 제n항까지의 부분합을 S_n이라 하자.

$S_n = \displaystyle\sum_{k=1}^{n} \left(\dfrac{1}{\sqrt{k}} - \dfrac{1}{\sqrt{k+1}} \right)$

$\qquad = \left(1 - \dfrac{1}{\sqrt{2}}\right) + \left(\dfrac{1}{\sqrt{2}} - \dfrac{1}{\sqrt{3}}\right) + \left(\dfrac{1}{\sqrt{3}} - \dfrac{1}{\sqrt{4}}\right)$

$\qquad\qquad + \cdots + \left(\dfrac{1}{\sqrt{n}} - \dfrac{1}{\sqrt{n+1}}\right)$

$\qquad = 1 - \dfrac{1}{\sqrt{n+1}}$

따라서 $\displaystyle\lim_{n\to\infty} S_n = \lim_{n\to\infty}\left(1 - \dfrac{1}{\sqrt{n+1}}\right) = 1$이므로

급수 $\displaystyle\sum_{n=1}^{\infty}\left(\dfrac{1}{\sqrt{n}} - \dfrac{1}{\sqrt{n+1}} \right)$의 합은 1이다.

0147 $\quad$ 답 ②

주어진 급수의 제n항까지의 부분합을 S_n이라 하면

$S_n = \displaystyle\sum_{k=1}^{n} \left(\dfrac{k+1}{k+2} - \dfrac{k+2}{k+3} \right)$

$\qquad = \left(\dfrac{2}{3} - \dfrac{3}{4}\right) + \left(\dfrac{3}{4} - \dfrac{4}{5}\right) + \left(\dfrac{4}{5} - \dfrac{5}{6}\right) + \cdots + \left(\dfrac{n+1}{n+2} - \dfrac{n+2}{n+3}\right)$

$\qquad = \dfrac{2}{3} - \dfrac{n+2}{n+3}$

$\therefore \displaystyle\sum_{n=1}^{\infty}\left(\dfrac{n+1}{n+2} - \dfrac{n+2}{n+3} \right) = \lim_{n\to\infty} S_n = \lim_{n\to\infty}\left(\dfrac{2}{3} - \dfrac{n+2}{n+3} \right)$

$\qquad\qquad\qquad\qquad = \dfrac{2}{3} - 1 = -\dfrac{1}{3}$

0148 $\quad$ 답 ④

$\dfrac{8}{(4n-3)(4n+1)} = \dfrac{8}{4}\left(\dfrac{1}{4n-3} - \dfrac{1}{4n+1} \right)$ $\quad$ ······ **TIP**

$\qquad\qquad\qquad = 2\left(\dfrac{1}{4n-3} - \dfrac{1}{4n+1} \right)$

이고, 주어진 급수의 제n항까지의 부분합을 S_n이라 하면

$S_n = \displaystyle\sum_{k=1}^{n} 2\left(\dfrac{1}{4k-3} - \dfrac{1}{4k+1} \right)$

$\qquad = 2\left\{ \left(1 - \dfrac{1}{5}\right) + \left(\dfrac{1}{5} - \dfrac{1}{9}\right) + \left(\dfrac{1}{9} - \dfrac{1}{13}\right) + \cdots + \left(\dfrac{1}{4n-3} - \dfrac{1}{4n+1}\right) \right\}$

$\qquad = 2\left(1 - \dfrac{1}{4n+1}\right)$

$\therefore \displaystyle\sum_{n=1}^{\infty} \dfrac{8}{(4n-3)(4n+1)} = \lim_{n\to\infty} S_n = \lim_{n\to\infty} 2\left(1 - \dfrac{1}{4n+1}\right) = 2$

> **TIP**
>
> $\dfrac{1}{AB} = \dfrac{1}{B-A}\left(\dfrac{1}{A} - \dfrac{1}{B} \right)$

0149 $\quad$ 답 (1) 1 (2) $\dfrac{1}{3}$

주어진 급수의 제n항까지의 부분합을 S_n이라 하자.

(1) $\dfrac{1}{n(n+1)} = \dfrac{1}{n} - \dfrac{1}{n+1}$이므로

$\qquad S_n = \displaystyle\sum_{k=1}^{n} \dfrac{1}{k(k+1)}$

$\qquad\qquad = \displaystyle\sum_{k=1}^{n}\left(\dfrac{1}{k} - \dfrac{1}{k+1} \right)$

$\qquad\qquad = \left(1 - \dfrac{1}{2}\right) + \left(\dfrac{1}{2} - \dfrac{1}{3}\right) + \left(\dfrac{1}{3} - \dfrac{1}{4}\right) + \cdots + \left(\dfrac{1}{n} - \dfrac{1}{n+1}\right)$

$\qquad\qquad = 1 - \dfrac{1}{n+1}$

따라서 $\displaystyle\lim_{n\to\infty} S_n = \lim_{n\to\infty}\left(1 - \dfrac{1}{n+1}\right) = 1$이므로

급수 $\displaystyle\sum_{n=1}^{\infty} \dfrac{1}{n(n+1)}$의 합은 1이다.

(2) $\dfrac{2}{9n^2+3n-2} = \dfrac{2}{(3n-1)(3n+2)} = \dfrac{2}{3}\left(\dfrac{1}{3n-1} - \dfrac{1}{3n+2} \right)$

이므로

$\qquad S_n = \dfrac{2}{3} \displaystyle\sum_{k=1}^{n}\left(\dfrac{1}{3k-1} - \dfrac{1}{3k+2} \right)$

$\qquad\qquad = \dfrac{2}{3}\left\{ \left(\dfrac{1}{2} - \dfrac{1}{5}\right) + \left(\dfrac{1}{5} - \dfrac{1}{8}\right) + \left(\dfrac{1}{8} - \dfrac{1}{11}\right) + \cdots + \left(\dfrac{1}{3n-1} - \dfrac{1}{3n+2}\right) \right\}$

$\qquad\qquad = \dfrac{2}{3}\left(\dfrac{1}{2} - \dfrac{1}{3n+2} \right)$

따라서 $\displaystyle\lim_{n\to\infty} S_n = \lim_{n\to\infty} \dfrac{2}{3}\left(\dfrac{1}{2} - \dfrac{1}{3n+2} \right) = \dfrac{1}{3}$이므로

급수 $\displaystyle\sum_{n=1}^{\infty} \dfrac{2}{9n^2+3n-2}$의 합은 $\dfrac{1}{3}$이다.

0150

풀이 참조

첫째항이 3이고 공차가 2인 등차수열의 일반항은
$$a_n=3+2(n-1)=2n+1$$
주어진 급수의 일반항은
$$\frac{1}{a_n a_{n+1}}=\frac{1}{(2n+1)(2n+3)}=\frac{1}{2}\left(\frac{1}{2n+1}-\frac{1}{2n+3}\right)$$
주어진 급수의 제n항까지의 부분합을 S_n이라 하면
$$S_n=\sum_{k=1}^{n}\frac{1}{2}\left(\frac{1}{2k+1}-\frac{1}{2k+3}\right)$$
$$=\frac{1}{2}\left\{\left(\frac{1}{3}-\frac{1}{5}\right)+\left(\frac{1}{5}-\frac{1}{7}\right)+\left(\frac{1}{7}-\frac{1}{9}\right)+\cdots+\left(\frac{1}{2n+1}-\frac{1}{2n+3}\right)\right\}$$
$$=\frac{1}{2}\left(\frac{1}{3}-\frac{1}{2n+3}\right)$$
$$\therefore \sum_{n=1}^{\infty}\frac{1}{a_n a_{n+1}}=\lim_{n\to\infty}S_n=\lim_{n\to\infty}\frac{1}{2}\left(\frac{1}{3}-\frac{1}{2n+3}\right)=\frac{1}{6}$$

채점 요소	배점
등차수열의 일반항을 구하고 $\dfrac{1}{a_n a_{n+1}}$을 부분분수로 변경하기	40 %
부분합 S_n 구하기	40 %
급수의 합 구하기	20 %

0151
$(1)\ \dfrac{1}{2}\ \ (2)\ \dfrac{3}{4}\ \ (3)\ \dfrac{1}{2}$

주어진 급수의 제n항까지의 부분합을 S_n이라 하자.
(1) 주어진 급수의 일반항을 a_n이라 하면
$$a_n=\frac{1}{(n+1)^2+(n+1)}$$
$$=\frac{1}{(n+1)(n+2)}=\frac{1}{n+1}-\frac{1}{n+2}$$
이므로
$$S_n=\sum_{k=1}^{n}a_k$$
$$=\left(\frac{1}{2}-\frac{1}{3}\right)+\left(\frac{1}{3}-\frac{1}{4}\right)+\left(\frac{1}{4}-\frac{1}{5}\right)+\cdots+\left(\frac{1}{n+1}-\frac{1}{n+2}\right)$$
$$=\frac{1}{2}-\frac{1}{n+2}$$
따라서 주어진 급수의 합은
$$\lim_{n\to\infty}S_n=\lim_{n\to\infty}\left(\frac{1}{2}-\frac{1}{n+2}\right)=\frac{1}{2}$$
(2) 주어진 급수의 일반항을 a_n이라 하면
$$a_n=\frac{1}{(n+1)^2-1}=\frac{1}{n(n+2)}=\frac{1}{2}\left(\frac{1}{n}-\frac{1}{n+2}\right)$$이므로
$$S_n=\sum_{k=1}^{n}a_k$$
$$=\frac{1}{2}\left\{\left(1-\frac{1}{3}\right)+\left(\frac{1}{2}-\frac{1}{4}\right)+\left(\frac{1}{3}-\frac{1}{5}\right)\right.$$
$$\left.+\cdots+\left(\frac{1}{n-1}-\frac{1}{n+1}\right)+\left(\frac{1}{n}-\frac{1}{n+2}\right)\right\}$$
$$=\frac{1}{2}\left(1+\frac{1}{2}-\frac{1}{n+1}-\frac{1}{n+2}\right)$$
따라서 주어진 급수의 합은
$$\lim_{n\to\infty}S_n=\lim_{n\to\infty}\frac{1}{2}\left(1+\frac{1}{2}-\frac{1}{n+1}-\frac{1}{n+2}\right)=\frac{3}{4}$$

(3) $\dfrac{1}{3}+\dfrac{1}{15}+\dfrac{1}{35}+\dfrac{1}{63}+\dfrac{1}{99}+\cdots$
$$=\frac{1}{1\times 3}+\frac{1}{3\times 5}+\frac{1}{5\times 7}+\frac{1}{7\times 9}+\frac{1}{9\times 11}+\cdots에서$$
주어진 급수의 일반항을 a_n이라 하면
$$a_n=\frac{1}{(2n-1)(2n+1)}=\frac{1}{2}\left(\frac{1}{2n-1}-\frac{1}{2n+1}\right)$$
이므로
$$S_n=\sum_{k=1}^{n}a_k$$
$$=\sum_{k=1}^{n}\frac{1}{2}\left(\frac{1}{2k-1}-\frac{1}{2k+1}\right)$$
$$=\frac{1}{2}\left\{\left(1-\frac{1}{3}\right)+\left(\frac{1}{3}-\frac{1}{5}\right)+\left(\frac{1}{5}-\frac{1}{7}\right)+\cdots+\left(\frac{1}{2n-1}-\frac{1}{2n+1}\right)\right\}$$
$$=\frac{1}{2}\left(1-\frac{1}{2n+1}\right)$$
따라서 주어진 급수의 합은
$$\lim_{n\to\infty}S_n=\lim_{n\to\infty}\frac{1}{2}\left(1-\frac{1}{2n+1}\right)=\frac{1}{2}$$

0152
$(1)\ 1\ \ (2)\ \dfrac{3}{4}$

주어진 급수의 제n항까지의 부분합을 S_n이라 하자.
(1) 주어진 급수의 일반항을 a_n이라 하면
$$a_n=\frac{1}{1+2+3+\cdots+(n+1)}$$
$$=\frac{1}{\sum_{k=1}^{n+1}k}=\frac{1}{\frac{(n+1)(n+2)}{2}}$$
$$=\frac{2}{(n+1)(n+2)}$$
$$=2\left(\frac{1}{n+1}-\frac{1}{n+2}\right)$$
이므로
$$S_n=\sum_{k=1}^{n}a_k$$
$$=2\left\{\left(\frac{1}{2}-\frac{1}{3}\right)+\left(\frac{1}{3}-\frac{1}{4}\right)+\left(\frac{1}{4}-\frac{1}{5}\right)\right.$$
$$\left.+\cdots+\left(\frac{1}{n+1}-\frac{1}{n+2}\right)\right\}$$
$$=2\left(\frac{1}{2}-\frac{1}{n+2}\right)$$
따라서 주어진 급수의 합은
$$\lim_{n\to\infty}S_n=\lim_{n\to\infty}2\left(\frac{1}{2}-\frac{1}{n+2}\right)=1$$
(2) 주어진 급수의 일반항을 a_n이라 하면
$$a_n=\frac{1}{3+5+7+\cdots+(2n+1)}$$
$$=\frac{1}{\sum_{k=1}^{n}(2k+1)}$$
$$=\frac{1}{n(n+1)+n}$$
$$=\frac{1}{n(n+2)}$$

$$=\frac{1}{2}\left(\frac{1}{n}-\frac{1}{n+2}\right)$$

이므로

$$S_n=\sum_{k=1}^{n}a_k$$
$$=\frac{1}{2}\left\{\left(1-\frac{1}{3}\right)+\left(\frac{1}{2}-\frac{1}{4}\right)+\left(\frac{1}{3}-\frac{1}{5}\right)\right.$$
$$\left.+\cdots+\left(\frac{1}{n-1}-\frac{1}{n+1}\right)+\left(\frac{1}{n}-\frac{1}{n+2}\right)\right\}$$
$$=\frac{1}{2}\left(1+\frac{1}{2}-\frac{1}{n+1}-\frac{1}{n+2}\right)$$

따라서 주어진 급수의 합은

$$\lim_{n\to\infty}S_n=\lim_{n\to\infty}\frac{1}{2}\left(1+\frac{1}{2}-\frac{1}{n+1}-\frac{1}{n+2}\right)=\frac{3}{4}$$

0153   답 ①

급수 $\sum_{n=1}^{\infty}a_n$이 10으로 수렴하므로 $\lim_{n\to\infty}a_n=0$이다.

0154   답 ②

급수 $\sum_{n=1}^{\infty}a_n$이 3으로 수렴하므로 $\lim_{n\to\infty}a_n=0$이다.

$$\therefore \lim_{n\to\infty}\frac{4a_n+3n^2-1}{2a_n+n^2+2}=\lim_{n\to\infty}\frac{\frac{4a_n}{n^2}+3-\frac{1}{n^2}}{\frac{2a_n}{n^2}+1+\frac{2}{n^2}}=3$$

0155   답 ①

$\sum_{n=1}^{\infty}a_n=\lim_{n\to\infty}S_n=5$이고, 주어진 급수가 수렴하므로 $\lim_{n\to\infty}a_n=0$이다.

$$\therefore \lim_{n\to\infty}\frac{5a_n+10S_n^2}{4a_n+5S_n}=\frac{0+10\times5^2}{0+5\times5}=10$$

0156   답 ②

급수 $\sum_{n=1}^{\infty}\frac{an^2+1}{n^2+2n}$이 수렴하므로 $\lim_{n\to\infty}\frac{an^2+1}{n^2+2n}=0$이다.

이때 $a\neq0$이면 $\lim_{n\to\infty}\frac{an^2+1}{n^2+2n}=a$로

$\lim_{n\to\infty}\frac{an^2+1}{n^2+2n}=0$을 만족시키지 않는다.

$$\therefore a=0$$

$\sum_{n=1}^{\infty}\frac{1}{n^2+2n}$에서 일반항을 a_n이라 하면

$$a_n=\frac{1}{n^2+2n}=\frac{1}{n(n+2)}=\frac{1}{2}\left(\frac{1}{n}-\frac{1}{n+2}\right)$$

이고, 주어진 급수의 제n항까지의 부분합을 S_n이라 하면

$$S_n=\sum_{k=1}^{n}\frac{1}{2}\left(\frac{1}{k}-\frac{1}{k+2}\right)$$
$$=\frac{1}{2}\left\{\left(1-\frac{1}{3}\right)+\left(\frac{1}{2}-\frac{1}{4}\right)+\left(\frac{1}{3}-\frac{1}{5}\right)\right.$$
$$\left.+\cdots+\left(\frac{1}{n-1}-\frac{1}{n+1}\right)+\left(\frac{1}{n}-\frac{1}{n+2}\right)\right\}$$
$$=\frac{1}{2}\left(1+\frac{1}{2}-\frac{1}{n+1}-\frac{1}{n+2}\right)$$
$$\therefore \sum_{n=1}^{\infty}\frac{1}{n^2+2n}=\lim_{n\to\infty}S_n$$
$$=\lim_{n\to\infty}\frac{1}{2}\left(1+\frac{1}{2}-\frac{1}{n+1}-\frac{1}{n+2}\right)=\frac{3}{4}$$

0157   답 (1) 4 (2) 2

(1) 급수 $\sum_{n=1}^{\infty}(a_n-4)$가 수렴하므로 $\lim_{n\to\infty}(a_n-4)=0$이다.

$$\therefore \lim_{n\to\infty}a_n=\lim_{n\to\infty}\{(a_n-4)+4\}$$
$$=\lim_{n\to\infty}(a_n-4)+\lim_{n\to\infty}4=0+4=4$$

(2) 급수 $\sum_{n=1}^{\infty}\left(a_n-\frac{3^{n+1}+2^{2n+1}}{4^n+3^n}\right)$이 수렴하므로

$$\lim_{n\to\infty}\left(a_n-\frac{3^{n+1}+2^{2n+1}}{4^n+3^n}\right)=0$$이다.

$$\therefore \lim_{n\to\infty}a_n=\lim_{n\to\infty}\left\{\left(a_n-\frac{3^{n+1}+2^{2n+1}}{4^n+3^n}\right)+\frac{3^{n+1}+2^{2n+1}}{4^n+3^n}\right\}$$
$$=\lim_{n\to\infty}\left(a_n-\frac{3^{n+1}+2^{2n+1}}{4^n+3^n}\right)+\lim_{n\to\infty}\frac{3^{n+1}+2^{2n+1}}{4^n+3^n}$$
$$=0+\lim_{n\to\infty}\frac{3\times\left(\frac{3}{4}\right)^n+2}{1+\left(\frac{3}{4}\right)^n}$$
$$=0+2=2$$

0158   답 ⑤

급수 $\sum_{n=1}^{\infty}\left(\frac{a_n}{n}-3\right)$이 수렴하므로

$\lim_{n\to\infty}\left(\frac{a_n}{n}-3\right)=0$에서 $\lim_{n\to\infty}\frac{a_n}{n}=3$

$$\therefore \lim_{n\to\infty}\frac{5n^2-2n}{(n+1)a_n}=\lim_{n\to\infty}\frac{5-\frac{2}{n}}{\left(1+\frac{1}{n}\right)\times\frac{a_n}{n}}=\frac{5}{3}$$

0159   답 ①

급수 $\sum_{n=1}^{\infty}\left(\frac{a_n}{n}-\alpha\right)$가 16으로 수렴하므로

$\lim_{n\to\infty}\left(\frac{a_n}{n}-\alpha\right)=0$에서 $\lim_{n\to\infty}\frac{a_n}{n}=\alpha$

$$\lim_{n\to\infty}\frac{4n}{2a_n-5}=\lim_{n\to\infty}\frac{4}{2\times\frac{a_n}{n}-\frac{5}{n}}=\frac{4}{2\times\alpha}$$

에서 $\frac{2}{\alpha}=8$

$$\therefore \alpha=\frac{1}{4}$$

0160
답 ⑤

급수 $\sum\limits_{n=1}^{\infty}\left(3^n a_n-\dfrac{n+3}{3n-1}\right)$이 수렴하므로

$\lim\limits_{n\to\infty}\left(3^n a_n-\dfrac{n+3}{3n-1}\right)=0$이다.

이때 $\lim\limits_{n\to\infty}\dfrac{n+3}{3n-1}=\dfrac{1}{3}$이므로 $\lim\limits_{n\to\infty}3^n a_n=\dfrac{1}{3}$

$\therefore \lim\limits_{n\to\infty}\dfrac{6a_n+3\times 4^{-n}}{a_n+3^{-n}}=\lim\limits_{n\to\infty}\dfrac{6\times 3^n a_n+3\times\left(\frac{3}{4}\right)^n}{3^n a_n+1}$

$$=\dfrac{6\times\frac{1}{3}+0}{\frac{1}{3}+1}=\dfrac{2}{\frac{4}{3}}=\dfrac{3}{2}$$

0161
답 ②

급수 $\sum\limits_{n=1}^{\infty}\dfrac{1}{7^n}(a_n+3^n-7^{n+1})$이 수렴하므로

$\lim\limits_{n\to\infty}\dfrac{1}{7^n}(a_n+3^n-7^{n+1})=0$이다.

이때 $\lim\limits_{n\to\infty}\left\{\dfrac{a_n}{7^n}+\left(\dfrac{3}{7}\right)^n-7\right\}=0$에서 $\lim\limits_{n\to\infty}\dfrac{a_n}{7^n}=7$

$\therefore \lim\limits_{n\to\infty}\dfrac{3^{n+1}+a_n}{4^n+7^n}=\lim\limits_{n\to\infty}\dfrac{3\times\left(\frac{3}{7}\right)^n+\frac{a_n}{7^n}}{\left(\frac{4}{7}\right)^n+1}=7$

0162
답 $\{a_n\}$: 수렴, $\{b_n\}$: 수렴

급수 $\sum\limits_{n=1}^{\infty}(3a_n+b_n)$과 $\sum\limits_{n=1}^{\infty}(5a_n-2b_n)$이 수렴하므로

$\lim\limits_{n\to\infty}(3a_n+b_n)=0$, $\lim\limits_{n\to\infty}(5a_n-2b_n)=0$이다.

$\lim\limits_{n\to\infty}11a_n=\lim\limits_{n\to\infty}\{2(3a_n+b_n)+(5a_n-2b_n)\}$

$$=2\lim\limits_{n\to\infty}(3a_n+b_n)+\lim\limits_{n\to\infty}(5a_n-2b_n)=0$$

즉, $\lim\limits_{n\to\infty}a_n=0$

한편

$\lim\limits_{n\to\infty}b_n=\lim\limits_{n\to\infty}\{(3a_n+b_n)-3a_n\}$

$$=\lim\limits_{n\to\infty}(3a_n+b_n)-3\lim\limits_{n\to\infty}a_n=0$$

따라서 두 수열 $\{a_n\}$, $\{b_n\}$은 모두 0으로 수렴한다.

0163
답 ④

급수 $\sum\limits_{n=1}^{\infty}(b_n-5)$가 1로 수렴하므로

$\lim\limits_{n\to\infty}(b_n-5)=0$에서 $\lim\limits_{n\to\infty}b_n=5$이고,

급수 $\sum\limits_{n=1}^{\infty}(5a_n-b_n)$이 2로 수렴하므로 $\lim\limits_{n\to\infty}(5a_n-b_n)=0$이다.

$\lim\limits_{n\to\infty}5a_n=\lim\limits_{n\to\infty}\{(5a_n-b_n)+b_n\}=0+5=5$

즉, $\lim\limits_{n\to\infty}a_n=1$

$\therefore \lim\limits_{n\to\infty}(3a_n+2b_n)=3\times 1+2\times 5=13$

0164
답 ①

조건 (나)에서 급수 $\sum\limits_{n=1}^{\infty}(a_n-2b_n)$이 3으로 수렴하므로

$\lim\limits_{n\to\infty}(a_n-2b_n)=0$에서 $a_n-2b_n=c_n$이라 하면

$b_n=\dfrac{a_n-c_n}{2}$이고, $\lim\limits_{n\to\infty}c_n=0$이다.

$\therefore \lim\limits_{n\to\infty}\dfrac{3a_n+4b_n+2}{a_n-4b_n-1}=\lim\limits_{n\to\infty}\dfrac{3a_n+2(a_n-c_n)+2}{a_n-2(a_n-c_n)-1}$

$$=\lim\limits_{n\to\infty}\dfrac{5a_n-2c_n+2}{-a_n+2c_n-1}$$

$$=\lim\limits_{n\to\infty}\dfrac{5-\frac{2c_n}{a_n}+\frac{2}{a_n}}{-1+\frac{2c_n}{a_n}-\frac{1}{a_n}}$$

$$=-5$$

0165
답 ④

① 주어진 급수의 일반항은 $a_n=\dfrac{3n-1}{n+1}$이고

$\lim\limits_{n\to\infty}a_n=\lim\limits_{n\to\infty}\dfrac{3n-1}{n+1}=3\neq 0$

따라서 주어진 급수는 발산한다.

② 주어진 급수의 일반항은 $a_n=n^2-1$이고

$\lim\limits_{n\to\infty}a_n=\lim\limits_{n\to\infty}(n^2-1)=\infty$

따라서 주어진 급수는 발산한다.

③ 주어진 급수의 일반항은 $a_n=\sqrt{n^2+n}-n=\dfrac{n}{\sqrt{n^2+n}+n}$이고

$\lim\limits_{n\to\infty}a_n=\lim\limits_{n\to\infty}\dfrac{n}{\sqrt{n^2+n}+n}=\dfrac{1}{2}\neq 0$

따라서 주어진 급수는 발산한다.

④ 주어진 급수의 일반항은 $a_n=\dfrac{2}{(n+1)(n+2)}$이고

$\lim\limits_{n\to\infty}a_n=\lim\limits_{n\to\infty}\dfrac{2}{(n+1)(n+2)}=0$

이때 급수의 제n항까지의 부분합을 S_n이라 하면

$S_n=\sum\limits_{k=1}^{n}a_k=\sum\limits_{k=1}^{n}2\left(\dfrac{1}{k+1}-\dfrac{1}{k+2}\right)$

$$=2\left\{\left(\dfrac{1}{2}-\dfrac{1}{3}\right)+\left(\dfrac{1}{3}-\dfrac{1}{4}\right)+\left(\dfrac{1}{4}-\dfrac{1}{5}\right)\right.$$

$$\left.+\cdots+\left(\dfrac{1}{n+1}-\dfrac{1}{n+2}\right)\right\}$$

$$=2\left(\dfrac{1}{2}-\dfrac{1}{n+2}\right)$$

따라서 주어진 급수의 합은

$\lim\limits_{n\to\infty}S_n=\lim\limits_{n\to\infty}2\left(\dfrac{1}{2}-\dfrac{1}{n+2}\right)=1$

⑤ 주어진 급수의 일반항은 $a_n=\dfrac{n^2+1}{n(n+1)}$ 이고

$$\lim_{n\to\infty} a_n=\lim_{n\to\infty}\dfrac{n^2+1}{n(n+1)}=1\neq 0$$

따라서 주어진 급수는 발산한다.

따라서 선지 중 수렴하는 것은 ④이다.

0166   답 ③

주어진 급수의 일반항을 a_n이라 하면

분자는 $2,\ 3,\ 4,\ 5,\ \cdots$이므로 $n+1$

분모는 $2,\ 7,\ 12,\ 17,\ \cdots$에서 첫째항이 2이고 공차가 5인

등차수열이므로 $5n-3$

따라서 $a_n=\boxed{\dfrac{n+1}{5n-3}}$

이므로 $\displaystyle\lim_{n\to\infty} a_n=\lim_{n\to\infty}\boxed{\dfrac{n+1}{5n-3}}=\boxed{\dfrac{1}{5}}$

따라서 $\displaystyle\lim_{n\to\infty} a_n\neq\boxed{0}$이므로 주어진 급수는 발산한다.

(가) : $\dfrac{n+1}{5n-3}$ (나) : $\dfrac{1}{5}$ (다) : 0

따라서 $f(n)=\dfrac{n+1}{5n-3}$, $\alpha=\dfrac{1}{5}$, $\beta=0$이므로

$$f(10)+5\alpha+\beta=\dfrac{11}{47}+5\times\dfrac{1}{5}+0=\dfrac{58}{47}$$

0167   답 (1) 9 (2) -2 (3) 3

(1) $\displaystyle\sum_{n=1}^{\infty}(2a_n+b_n)=2\sum_{n=1}^{\infty}a_n+\sum_{n=1}^{\infty}b_n=2\times2+5=9$

(2) $\displaystyle\sum_{n=1}^{\infty}(4a_n-2b_n)=4\sum_{n=1}^{\infty}a_n-2\sum_{n=1}^{\infty}b_n=4\times2-2\times5=-2$

(3) $\displaystyle\sum_{n=1}^{\infty}\left(2a_n-\dfrac{b_n}{5}\right)=2\sum_{n=1}^{\infty}a_n-\dfrac{1}{5}\sum_{n=1}^{\infty}b_n=2\times2-\dfrac{1}{5}\times5=3$

0168   답 ③

$$\sum_{n=1}^{\infty}(a_n+b_n)=\sum_{n=1}^{\infty}\{2a_n-(a_n-b_n)\}$$
$$=2\sum_{n=1}^{\infty}a_n-\sum_{n=1}^{\infty}(a_n-b_n)$$
$$=2\times2-(-2)=6$$

0169   답 ②

등비급수 $\displaystyle\sum_{n=1}^{\infty}ar^{n-1}$은 첫째항이 a이고 공비가 r이므로

$a=0$이거나 공비 r가 $-1<r<1$을 만족시킬 때만 수렴한다.

따라서 선지 중 옳지 않은 것은 ②이다.

I

0170   답 (1) 4개 (2) 8개

(1) 수열 $\left\{\left(\dfrac{2x-3}{5}\right)^n\right\}$은 첫째항과 공비가 $\dfrac{2x-3}{5}$이므로

급수가 수렴하려면 $-1<\dfrac{2x-3}{5}<1$을 만족시켜야 한다.

위의 부등식을 정리하면

$$-5<2x-3<5,\ -2<2x<8$$
$$\therefore\ -1<x<4$$

따라서 주어진 급수가 수렴하도록 하는 정수는 $0,\ 1,\ 2,\ 3$으로 4개이다.

(2) 수열 $\left\{(x-3)\left(3-\dfrac{x}{4}\right)^{n-1}\right\}$은 첫째항이 $x-3$, 공비가 $3-\dfrac{x}{4}$

이므로 급수가 수렴하려면 $x-3=0$ 또는 $-1<3-\dfrac{x}{4}<1$을

만족시켜야 한다.

위의 부등식을 정리하면

$$-4<-\dfrac{x}{4}<-2 \qquad \therefore\ 8<x<16$$

따라서 주어진 급수가 수렴하도록 하는 정수는

$3,\ 9,\ 10,\ 11,\ 12,\ 13,\ 14,\ 15$로 8개이다.

0171   답 ④

주어진 등비급수는 첫째항이 $x+3$, 공비가 $\dfrac{1-x}{3}$이므로

0이 아닌 값으로 수렴하려면 $x+3\neq0$이고,

$-1<\dfrac{1-x}{3}<1$을 만족시켜야 한다.

위의 부등식을 정리하면

$$-3<1-x<3,\ -4<-x<2$$
$$\therefore\ -2<x<4$$

따라서 $\alpha=-2$, $\beta=4$이므로

$$\beta-\alpha=4-(-2)=6$$

0172   답 ②

급수 $\displaystyle\sum_{n=1}^{\infty}\left(\dfrac{x+1}{4}\right)^n$은 첫째항과 공비가 $\dfrac{x+1}{4}$이므로

급수가 수렴하려면 $-1<\dfrac{x+1}{4}<1$을 만족시켜야 한다.

위의 부등식을 정리하면

$$-4<x+1<4$$
$$\therefore\ -5<x<3 \qquad\qquad \cdots\cdots\ ㉠$$

급수 $\displaystyle\sum_{n=1}^{\infty}\left(\dfrac{x+3}{2}\right)^n$은 첫째항과 공비가 $\dfrac{x+3}{2}$이므로

급수가 수렴하려면 $-1<\dfrac{x+3}{2}<1$을 만족시켜야 한다.

위의 부등식을 정리하면

$$-2<x+3<2$$
$$\therefore\ -5<x<-1 \qquad\qquad \cdots\cdots\ ㉡$$

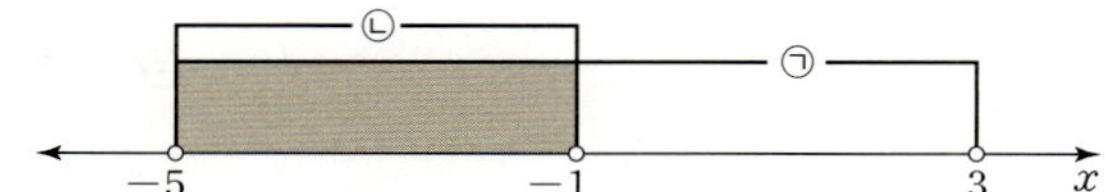

따라서 ㉠, ㉡을 동시에 만족시키는 실수 x의 값의 범위는
$-5<x<-1$이므로 정수 x는 -4, -3, -2로 3개이다.

0173 ····· 답 ②

등비수열 $\left\{\left(\dfrac{3x+1}{5}\right)^n\right\}$은 첫째항과 공비가 $\dfrac{3x+1}{5}$이므로

수열이 수렴하려면 $-1<\dfrac{3x+1}{5}\leq1$을 만족시켜야 한다.

위의 부등식을 정리하면
$-5<3x+1\leq5$, $-6<3x\leq4$
$\therefore -2<x\leq\dfrac{4}{3}$ ······㉠

등비급수 $\displaystyle\sum_{n=1}^{\infty}\left(\dfrac{2x-4}{3}\right)^n$은 첫째항과 공비가 $\dfrac{2x-4}{3}$이므로

급수가 수렴하려면 $-1<\dfrac{2x-4}{3}<1$을 만족시켜야 한다.

위의 부등식을 정리하면
$-3<2x-4<3$, $1<2x<7$
$\therefore \dfrac{1}{2}<x<\dfrac{7}{2}$ ······㉡

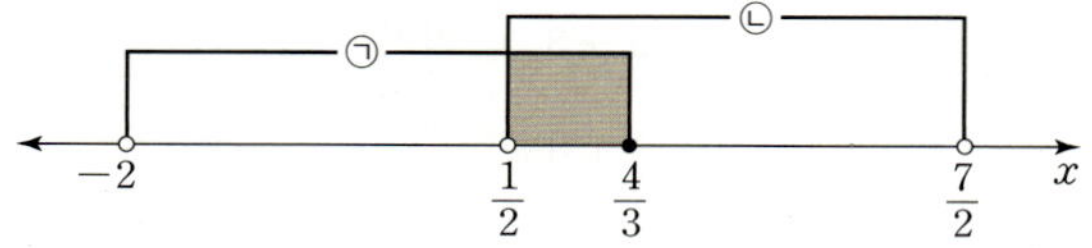

따라서 ㉠, ㉡을 동시에 만족시키는 실수 x의 값의 범위는
$\dfrac{1}{2}<x\leq\dfrac{4}{3}$

0174 ····· 답 ⑤

ㄱ. $\displaystyle\lim_{n\to\infty}\dfrac{4^n-2^n}{4^n+2^n}=\lim_{n\to\infty}\dfrac{1-\left(\dfrac{1}{2}\right)^n}{1+\left(\dfrac{1}{2}\right)^n}=1\neq0$이므로

급수 $\displaystyle\sum_{n=1}^{\infty}\dfrac{4^n-2^n}{4^n+2^n}$은 발산한다.

ㄴ. 수열 $\left\{\dfrac{3}{5^n}\right\}$의 공비가 $\dfrac{1}{5}$로 $-1<\dfrac{1}{5}<1$이므로

급수 $\displaystyle\sum_{n=1}^{\infty}\dfrac{3}{5^n}$은 수렴한다.

ㄷ. $\dfrac{2^n-3}{3^n}=\left(\dfrac{2}{3}\right)^n-\left(\dfrac{1}{3}\right)^{n-1}$에서

수열 $\left\{\left(\dfrac{2}{3}\right)^n\right\}$의 공비가 $\dfrac{2}{3}$로 $-1<\dfrac{2}{3}<1$이고,

수열 $\left\{\left(\dfrac{1}{3}\right)^{n-1}\right\}$의 공비가 $\dfrac{1}{3}$로 $-1<\dfrac{1}{3}<1$이므로

급수 $\displaystyle\sum_{n=1}^{\infty}\dfrac{2^n-3}{3^n}=\sum_{n=1}^{\infty}\left\{\left(\dfrac{2}{3}\right)^n-\left(\dfrac{1}{3}\right)^{n-1}\right\}$은 수렴한다.

ㄹ. 수열 $\left\{\left(-\dfrac{\sqrt{7}}{3}\right)^n\right\}$의 공비가 $-\dfrac{\sqrt{7}}{3}$로

$-1<-\dfrac{\sqrt{7}}{3}<1$이므로 급수 $\displaystyle\sum_{n=1}^{\infty}\left(-\dfrac{\sqrt{7}}{3}\right)^n$은 수렴한다.

따라서 수렴하는 급수는 ㄴ, ㄷ, ㄹ이다.

0175 ····· 답 (1) $\dfrac{2}{3}$ (2) $\dfrac{9}{2}$ (3) $2+\sqrt{2}$

(1) 급수 $1-\dfrac{1}{2}+\dfrac{1}{4}-\dfrac{1}{8}+\dfrac{1}{16}-\cdots$은 첫째항이 1, 공비가 $-\dfrac{1}{2}$인

등비급수이므로 등비급수의 합은
$$\dfrac{1}{1-\left(-\dfrac{1}{2}\right)}=\dfrac{1}{\dfrac{3}{2}}=\dfrac{2}{3}$$

(2) 급수 $3+1+\dfrac{1}{3}+\dfrac{1}{9}+\dfrac{1}{27}+\cdots$은 첫째항이 3, 공비가 $\dfrac{1}{3}$인

등비급수이므로 등비급수의 합은
$$\dfrac{3}{1-\dfrac{1}{3}}=\dfrac{3}{\dfrac{2}{3}}=\dfrac{9}{2}$$

(3) 급수 $1+\dfrac{1}{\sqrt{2}}+\dfrac{1}{2}+\dfrac{1}{2\sqrt{2}}+\dfrac{1}{4}+\cdots$은 첫째항이 1, 공비가 $\dfrac{1}{\sqrt{2}}$인

등비급수이므로 등비급수의 합은
$$\dfrac{1}{1-\dfrac{1}{\sqrt{2}}}=\dfrac{1}{\dfrac{\sqrt{2}-1}{\sqrt{2}}}=\dfrac{\sqrt{2}}{\sqrt{2}-1}=\sqrt{2}(\sqrt{2}+1)=2+\sqrt{2}$$

0176 ····· 답 풀이 참조

수열 $\left\{\left(\dfrac{3x-7}{2}\right)^{n-1}\right\}$은 첫째항이 1, 공비가 $\dfrac{3x-7}{2}$이므로

급수가 수렴하려면 $-1<\dfrac{3x-7}{2}<1$을 만족시켜야 한다.

위의 부등식을 정리하면
$-2<3x-7<2$, $5<3x<9$
$\therefore \dfrac{5}{3}<x<3$

따라서 주어진 등비급수가 수렴하도록 하는 정수 x의 값은 2이므로
이때의 등비급수의 합은
$$\sum_{n=1}^{\infty}\left(-\dfrac{1}{2}\right)^{n-1}=\dfrac{1}{1-\left(-\dfrac{1}{2}\right)}=\dfrac{2}{3}$$

채점 요소	배점
첫째항과 공비 구하기	20 %
등비급수의 수렴 조건으로 정수 x의 값 구하기	50 %
급수의 합 구하기	30 %

0177 ····· 답 (1) -1 (2) $\dfrac{3}{4}$ (3) $-\dfrac{2}{7}$

(1) $\dfrac{2^{n+1}-3^n}{4^n}=2\times\left(\dfrac{1}{2}\right)^n-\left(\dfrac{3}{4}\right)^n$

수열 $\left\{2\times\left(\dfrac{1}{2}\right)^n\right\}$은 첫째항이 1, 공비가 $\dfrac{1}{2}$인 등비수열이고,

수열 $\left\{\left(\dfrac{3}{4}\right)^n\right\}$은 첫째항이 $\dfrac{3}{4}$, 공비가 $\dfrac{3}{4}$인 등비수열이다.

$$\therefore \sum_{n=1}^{\infty} \frac{2^{n+1}-3^n}{4^n} = \frac{1}{1-\frac{1}{2}} - \frac{\frac{3}{4}}{1-\frac{3}{4}} = 2-3 = -1$$

(2) $\dfrac{1+(-1)^{n+1}}{3^n} = \left(\dfrac{1}{3}\right)^n - \left(-\dfrac{1}{3}\right)^n$

수열 $\left\{\left(\dfrac{1}{3}\right)^n\right\}$은 첫째항이 $\dfrac{1}{3}$, 공비가 $\dfrac{1}{3}$인 등비수열이고,

수열 $\left\{\left(-\dfrac{1}{3}\right)^n\right\}$은 첫째항이 $-\dfrac{1}{3}$, 공비가 $-\dfrac{1}{3}$인 등비수열이다.

$$\therefore \sum_{n=1}^{\infty} \frac{1+(-1)^{n+1}}{3^n} = \frac{\frac{1}{3}}{1-\frac{1}{3}} - \frac{-\frac{1}{3}}{1-\left(-\frac{1}{3}\right)}$$

$$= \frac{1}{2} + \frac{1}{4} = \frac{3}{4}$$

(3) $\dfrac{(-2)^{2n+1}+5^n}{12^n} = (-2) \times \left(\dfrac{4}{12}\right)^n + \left(\dfrac{5}{12}\right)^n$

$$= (-2) \times \left(\dfrac{1}{3}\right)^n + \left(\dfrac{5}{12}\right)^n$$

수열 $\left\{(-2) \times \left(\dfrac{1}{3}\right)^n\right\}$은 첫째항이 $-\dfrac{2}{3}$, 공비가 $\dfrac{1}{3}$인

등비수열이고, 수열 $\left(\dfrac{5}{12}\right)^n$은 첫째항이 $\dfrac{5}{12}$, 공비가 $\dfrac{5}{12}$인

등비수열이다.

$$\therefore \sum_{n=1}^{\infty} \frac{(-2)^{2n+1}+5^n}{12^n} = \frac{-\frac{2}{3}}{1-\frac{1}{3}} + \frac{\frac{5}{12}}{1-\frac{5}{12}}$$

$$= (-1) + \frac{5}{7} = -\frac{2}{7}$$

0178   답 ②

$\dfrac{1}{2^{n-1}-2^n+2^{n+1}} = \dfrac{1}{2^{n-1}(1-2+2^2)} = \dfrac{1}{2^{n-1} \times 3} = \dfrac{1}{3} \times \left(\dfrac{1}{2}\right)^{n-1}$

수열 $\left\{\dfrac{1}{2^{n-1}-2^n+2^{n+1}}\right\}$은 첫째항이 $\dfrac{1}{3}$, 공비가 $\dfrac{1}{2}$인 등비수열이다.

$$\therefore \sum_{n=1}^{\infty} \frac{1}{2^{n-1}-2^n+2^{n+1}} = \frac{\frac{1}{3}}{1-\frac{1}{2}} = \frac{2}{3}$$

0179   답 (1) $\dfrac{1}{7}$ (2) $\dfrac{8}{9}$

(1) $\left(\dfrac{3}{4}\right)^{2n}\left(\dfrac{2}{9}\right)^n = \left(\dfrac{9}{16} \times \dfrac{2}{9}\right)^n = \left(\dfrac{1}{8}\right)^n$이므로 수열 $\left\{\left(\dfrac{3}{4}\right)^{2n}\left(\dfrac{2}{9}\right)^n\right\}$은

첫째항이 $\dfrac{1}{8}$, 공비가 $\dfrac{1}{8}$인 등비수열이다.

$$\therefore \sum_{n=1}^{\infty} \left(\dfrac{3}{4}\right)^{2n}\left(\dfrac{2}{9}\right)^n = \frac{\frac{1}{8}}{1-\frac{1}{8}} = \frac{1}{7}$$

(2) $\left(\dfrac{4}{5}\right)^n \times \dfrac{1+(-1)^n}{4} = \dfrac{1}{4} \times \left(\dfrac{4}{5}\right)^n + \dfrac{1}{4} \times \left(-\dfrac{4}{5}\right)^n$

수열 $\left\{\dfrac{1}{4} \times \left(\dfrac{4}{5}\right)^n\right\}$은 첫째항이 $\dfrac{1}{5}$, 공비가 $\dfrac{4}{5}$인 등비수열이고,

수열 $\left\{\dfrac{1}{4} \times \left(-\dfrac{4}{5}\right)^n\right\}$은 첫째항이 $-\dfrac{1}{5}$, 공비가 $-\dfrac{4}{5}$인

등비수열이므로

$$\sum_{n=1}^{\infty} \left\{\left(\dfrac{4}{5}\right)^n \times \dfrac{1+(-1)^n}{4}\right\} = \frac{\frac{1}{5}}{1-\frac{4}{5}} + \frac{-\frac{1}{5}}{1+\frac{4}{5}} = 1-\frac{1}{9} = \frac{8}{9}$$

0180   답 ①

$a_1=6$, $a_{n+1}=4a_n$에서 수열 $\{a_n\}$은 첫째항이 6, 공비가 4인

등비수열이므로

$a_n = 6 \times 4^{n-1}$

이때 $\dfrac{1}{a_n} = \dfrac{1}{6 \times 4^{n-1}}$에서 수열 $\left\{\dfrac{1}{a_n}\right\}$은 첫째항이 $\dfrac{1}{6}$, 공비가 $\dfrac{1}{4}$인

등비수열이다.

$$\therefore \sum_{n=1}^{\infty} \frac{1}{a_n} = \frac{\frac{1}{6}}{1-\frac{1}{4}} = \frac{2}{9}$$

0181   답 ③

$\log_2 a_n = 2-3(n-1) = -3n+5$에서

$a_n = 2^{-3n+5} = 4 \times \left(\dfrac{1}{8}\right)^{n-1}$

$$\therefore \sum_{n=1}^{\infty} a_n = \sum_{n=1}^{\infty} \left\{4 \times \left(\dfrac{1}{8}\right)^{n-1}\right\} = \frac{4}{1-\frac{1}{8}} = \frac{32}{7}$$

0182   답 ④

등비수열 $\{a_n\}$의 첫째항부터 제n항까지의 합은

$a_1+a_2+a_3+\cdots+a_n = \dfrac{3(4^n-1)}{4-1} = 4^n-1$이므로

$$\sum_{n=1}^{\infty} \frac{4^n-1}{5^n} = \sum_{n=1}^{\infty} \left\{\left(\dfrac{4}{5}\right)^n - \left(\dfrac{1}{5}\right)^n\right\}$$

수열 $\left\{\left(\dfrac{4}{5}\right)^n\right\}$은 첫째항이 $\dfrac{4}{5}$, 공비가 $\dfrac{4}{5}$인 등비수열이고,

수열 $\left\{\left(\dfrac{1}{5}\right)^n\right\}$은 첫째항이 $\dfrac{1}{5}$, 공비가 $\dfrac{1}{5}$인 등비수열이다.

$$\therefore \sum_{n=1}^{\infty} \frac{4^n-1}{5^n} = \frac{\frac{4}{5}}{1-\frac{4}{5}} - \frac{\frac{1}{5}}{1-\frac{1}{5}} = 4-\frac{1}{4} = \frac{15}{4}$$

0183 ·· 답 ⑤

분자 $1+2+4+8+\cdots+2^{n-1}$은 첫째항이 1, 공비가 2인 등비수열의 첫째항부터 제n항까지의 합이므로

$$\frac{1\times(2^n-1)}{2-1}=2^n-1$$

$$\frac{1+2+4+8+\cdots+2^{n-1}}{3^{n-1}}=\frac{2^n-1}{3^{n-1}}=2\times\left(\frac{2}{3}\right)^{n-1}-\left(\frac{1}{3}\right)^{n-1}$$

수열 $\left\{2\times\left(\frac{2}{3}\right)^{n-1}\right\}$은 첫째항이 2, 공비가 $\frac{2}{3}$인 등비수열이고,

수열 $\left\{\left(\frac{1}{3}\right)^{n-1}\right\}$은 첫째항이 1, 공비가 $\frac{1}{3}$인 등비수열이다.

$$\therefore \sum_{n=1}^{\infty}\frac{1+2+4+8+\cdots+2^{n-1}}{3^{n-1}}=\frac{2}{1-\frac{2}{3}}-\frac{1}{1-\frac{1}{3}}=6-\frac{3}{2}=\frac{9}{2}$$

0184 ·· 답 ②

급수 $a-a^2+a^3-a^4+\cdots$에서 수열 $a,\ -a^2,\ a^3,\ -a^4,\ \cdots$는 첫째항이 a, 공비가 $-a$인 등비수열이므로 급수의 합은

$$\frac{a}{1-(-a)}=\frac{a}{1+a}=-1,\ -1-a=a$$

$$\therefore a=-\frac{1}{2}$$

수열 $a,\ a^2,\ a^3,\ a^4,\ \cdots$는 첫째항이 a, 공비가 a인 등비수열이므로

$$a+a^2+a^3+a^4+\cdots=\frac{a}{1-a}=\frac{-\frac{1}{2}}{1-\left(-\frac{1}{2}\right)}=-\frac{1}{3}$$

> **참고**
>
> 급수가 수렴하므로 $-1<-a<1$에서 $-1<a<1$이다.

0185 ·· 답 ③

등비급수

$$1+\frac{2-x}{2}+\frac{(x-2)^2}{4}+\frac{(2-x)^3}{8}+\cdots$$

$$=1-\frac{x-2}{2}+\frac{(x-2)^2}{4}-\frac{(x-2)^3}{8}+\cdots$$

이므로 첫째항이 1이고, 공비는 $-\frac{x-2}{2}$인 등비급수이다.

따라서 주어진 등비급수의 합은

$$\frac{1}{1-\left(-\frac{x-2}{2}\right)}=\frac{2}{2+x-2}=\frac{2}{x}=\frac{10}{3}$$

에서 $x=\frac{3}{5}$

> **참고**
>
> 급수가 수렴하므로 $-1<-\frac{x-2}{2}<1$에서 $0<x<4$이다.

0186 ·· 답 $\frac{1}{16}$

$$\begin{aligned}a_n&=S_n-S_{n-1}\\&=(3^{n+1}-3)-(3^n-3)\\&=3^{n+1}-3^n=2\times3^n\ (n\geq2)\end{aligned}$$

$a_1=S_1=6$이므로 $a_n=2\times3^n\ (n\geq1)$

$a_{2n}=2\times3^{2n}=2\times9^n$

$$\therefore \frac{1}{a_{2n}}=\frac{1}{2\times9^n}$$

$$\therefore \frac{1}{a_2}+\frac{1}{a_4}+\frac{1}{a_6}+\cdots$$

$$=\sum_{n=1}^{\infty}\frac{1}{a_{2n}}=\sum_{n=1}^{\infty}\left\{\frac{1}{2}\times\left(\frac{1}{9}\right)^n\right\}$$

$$=\frac{\frac{1}{18}}{1-\frac{1}{9}}=\frac{1}{16}$$

0187 ·· 답 ①

$\sum\limits_{k=1}^{n}\dfrac{a_k}{k+1}=S_n$이라 하면

$$\begin{aligned}\frac{a_n}{n+1}&=S_n-S_{n-1}=(n^2+5n)-\{(n-1)^2+5(n-1)\}\\&=2n+4\ (n\geq2)\end{aligned}$$

에서 $a_n=2(n+1)(n+2)\ (n\geq2)$이고,

$\dfrac{a_1}{2}=S_1=6$에서 $a_1=12$이므로

$a_n=2(n+1)(n+2)\ (n\geq1)$

$$\begin{aligned}\therefore \sum_{n=1}^{\infty}\frac{1}{a_n}&=\sum_{n=1}^{\infty}\frac{1}{2(n+1)(n+2)}\\&=\frac{1}{2}\lim_{n\to\infty}\sum_{k=1}^{n}\frac{1}{(k+1)(k+2)}\\&=\frac{1}{2}\lim_{n\to\infty}\sum_{k=1}^{n}\left(\frac{1}{k+1}-\frac{1}{k+2}\right)\\&=\frac{1}{2}\lim_{n\to\infty}\left\{\left(\frac{1}{2}-\frac{1}{3}\right)+\left(\frac{1}{3}-\frac{1}{4}\right)+\left(\frac{1}{4}-\frac{1}{5}\right)\right.\\&\qquad\qquad\left.+\cdots+\left(\frac{1}{n+1}-\frac{1}{n+2}\right)\right\}\\&=\frac{1}{2}\lim_{n\to\infty}\left(\frac{1}{2}-\frac{1}{n+2}\right)\\&=\frac{1}{2}\times\frac{1}{2}=\frac{1}{4}\end{aligned}$$

0188 ·· 답 ②

$\sum\limits_{k=1}^{n}a_k=S_n$이라 하면

$$\begin{aligned}a_n&=S_n-S_{n-1}\\&=(n^2+2n-1)-\{(n-1)^2+2(n-1)-1\}\\&=2n+1\ (n\geq2)\end{aligned}$$

$a_1=S_1=2,\ a_2=5$이므로

$$\sum_{n=1}^{\infty}\frac{1}{a_na_{n+1}}=\frac{1}{a_1a_2}+\sum_{n=2}^{\infty}\frac{1}{a_na_{n+1}}$$

$$=\frac{1}{2\times5}+\sum_{n=2}^{\infty}\frac{1}{(2n+1)(2n+3)}$$
$$=\frac{1}{10}+\sum_{n=2}^{\infty}\frac{1}{2}\left(\frac{1}{2n+1}-\frac{1}{2n+3}\right)$$
$$=\frac{1}{10}+\frac{1}{2}\lim_{n\to\infty}\sum_{k=2}^{n}\left(\frac{1}{2k+1}-\frac{1}{2k+3}\right)$$
$$=\frac{1}{10}+\frac{1}{2}\lim_{n\to\infty}\left\{\left(\frac{1}{5}-\frac{1}{7}\right)+\left(\frac{1}{7}-\frac{1}{9}\right)+\left(\frac{1}{9}-\frac{1}{11}\right)\right.$$
$$\left.+\cdots+\left(\frac{1}{2n+1}-\frac{1}{2n+3}\right)\right\}$$
$$=\frac{1}{10}+\frac{1}{2}\lim_{n\to\infty}\left(\frac{1}{5}-\frac{1}{2n+3}\right)$$
$$=\frac{1}{10}+\frac{1}{2}\times\frac{1}{5}=\frac{1}{5}$$

0189 　　　　　　　　　　　　　　　　　답 ③

$$a_n=\left(\frac{1}{2}+\frac{7}{2}\right)^n=4^n$$ ······ TIP

$$b_n=\left(-\frac{1}{2}+\frac{7}{2}\right)^n=3^n$$

$$\therefore \sum_{n=1}^{\infty}\frac{b_n}{a_n}=\sum_{n=1}^{\infty}\frac{3^n}{4^n}=\sum_{n=1}^{\infty}\left(\frac{3}{4}\right)^n=\frac{\frac{3}{4}}{1-\frac{3}{4}}=3$$

> **TIP**
>
> 나머지정리에 의하여 다항식 $f(x)$를 $x-\alpha$로 나눈 나머지는 $f(\alpha)$와 같다.

0190 　　　　　　　　　　　　　　　　　답 ③

점 $\mathrm{A}(2n,\,1)$과 직선 $x+y-n=0$ 사이의 거리 a_n은
$$a_n=\frac{|2n+1-n|}{\sqrt{1+1}}=\frac{n+1}{\sqrt{2}}$$
$$\therefore \sum_{n=1}^{\infty}\frac{3}{a_n a_{n+1}}$$
$$=3\sum_{n=1}^{\infty}\left(\frac{\sqrt{2}}{n+1}\times\frac{\sqrt{2}}{n+2}\right)$$
$$=3\sum_{n=1}^{\infty}\frac{2}{(n+1)(n+2)}$$
$$=6\sum_{n=1}^{\infty}\left(\frac{1}{n+1}-\frac{1}{n+2}\right)$$
$$=6\lim_{n\to\infty}\sum_{k=1}^{n}\left(\frac{1}{k+1}-\frac{1}{k+2}\right)$$
$$=6\lim_{n\to\infty}\left\{\left(\frac{1}{2}-\frac{1}{3}\right)+\left(\frac{1}{3}-\frac{1}{4}\right)+\left(\frac{1}{4}-\frac{1}{5}\right)\right.$$
$$\left.+\cdots+\left(\frac{1}{n+1}-\frac{1}{n+2}\right)\right\}$$
$$=6\lim_{n\to\infty}\left(\frac{1}{2}-\frac{1}{n+2}\right)$$
$$=6\times\frac{1}{2}=3$$

0191 　　　　　　　　　　　　　　　　　답 ③

이차방정식 $8x^2-4x-1=0$의 두 근은
$$x=\frac{2\pm\sqrt{4+8}}{8}=\frac{1\pm\sqrt{3}}{4}$$
이므로 $|x|<1$을 만족시킨다.

즉, $|\alpha|<1$, $|\beta|<1$이다.

이차방정식의 근과 계수의 관계에 의하여
$$\alpha+\beta=\frac{1}{2},\ \alpha\beta=-\frac{1}{8}$$
$$\therefore \frac{1}{\alpha-\beta}\sum_{n=1}^{\infty}(\alpha^n-\beta^n)=\frac{1}{\alpha-\beta}\left(\sum_{n=1}^{\infty}\alpha^n-\sum_{n=1}^{\infty}\beta^n\right)$$
$$=\frac{1}{\alpha-\beta}\left(\frac{\alpha}{1-\alpha}-\frac{\beta}{1-\beta}\right)$$
$$=\frac{1}{\alpha-\beta}\times\frac{\alpha(1-\beta)-\beta(1-\alpha)}{(1-\alpha)(1-\beta)}$$
$$=\frac{1}{\alpha-\beta}\times\frac{\alpha-\beta}{1-(\alpha+\beta)+\alpha\beta}$$
$$=\frac{1}{1-\frac{1}{2}-\frac{1}{8}}=\frac{8}{3}$$

0192 　　　　　　　　　　　　　　　　　답 ③

삼각형 $\mathrm{A}_n\mathrm{B}_n\mathrm{C}_n$의 둘레의 길이를 l_n이라 하자.

삼각형 $\mathrm{A}_n\mathrm{B}_n\mathrm{C}_n$은 정삼각형이고, $\overline{\mathrm{A}_1\mathrm{B}_1}=2$이므로
$$l_1=2\times3=6$$
$$\overline{\mathrm{A}_{n+1}\mathrm{B}_{n+1}}=\frac{1}{2}\overline{\mathrm{A}_n\mathrm{B}_n}$$이므로 $l_{n+1}=\frac{1}{2}l_n$

따라서 수열 $\{l_n\}$은 첫째항이 6, 공비가 $\frac{1}{2}$인 등비수열이므로

$$\sum_{n=1}^{\infty}l_n=\frac{6}{1-\frac{1}{2}}=12$$

> **참고**
>
> 〈삼각형의 중점 연결 정리〉
>
> 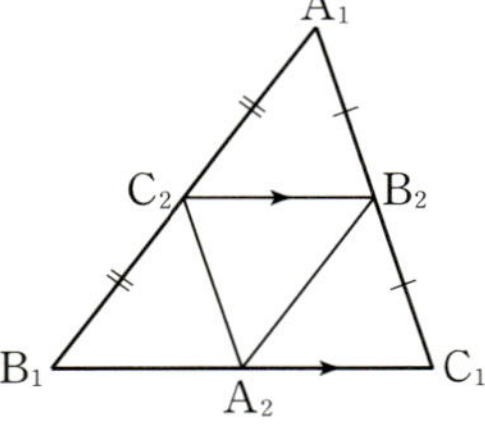
>
> 삼각형의 두 변의 중점을 연결한 선분은 나머지 변과 평행하고 그 길이는 나머지 변의 길이의 $\frac{1}{2}$이다. 즉, 삼각형 $\mathrm{A}_1\mathrm{B}_1\mathrm{C}_1$에서 점 C_2, B_2가 각각 선분 $\mathrm{A}_1\mathrm{B}_1$, 선분 $\mathrm{A}_1\mathrm{C}_1$의 중점이면 두 선분 $\mathrm{B}_1\mathrm{C}_1$, $\mathrm{C}_2\mathrm{B}_2$는 평행하고, $\overline{\mathrm{C}_2\mathrm{B}_2}=\frac{1}{2}\overline{\mathrm{B}_1\mathrm{C}_1}$이다.

0193 　　　　　　　　　　　　　　　　　답 ⑤

$\angle\mathrm{POP}_1=45°$이고, 삼각형 OPP_1, $\mathrm{OP}_1\mathrm{P}_2$, $\mathrm{OP}_2\mathrm{P}_3$, $\cdots$은 모두 직각이등변삼각형으로 서로 닮음이다.

$$\overline{PP_1}=\overline{OP}\sin 45°=4\times\frac{1}{\sqrt{2}}$$

$\overline{OP_1}=\overline{PP_1}$이므로

$$\overline{P_1P_2}=\overline{OP_1}\sin 45°=4\times\frac{1}{\sqrt{2}}\times\frac{1}{\sqrt{2}}=4\times\left(\frac{1}{\sqrt{2}}\right)^2$$

$\overline{OP_2}=\overline{P_1P_2}$이므로

$$\overline{P_2P_3}=\overline{OP_2}\sin 45°=4\times\left(\frac{1}{\sqrt{2}}\right)^3$$

$$\vdots$$

$$\overline{P_nP_{n+1}}=\overline{OP_n}\sin 45°=4\times\left(\frac{1}{\sqrt{2}}\right)^{n+1}$$

$$\therefore\ \overline{P_1P_2}+\overline{P_2P_3}+\overline{P_3P_4}+\cdots$$
$$=4\times\left(\frac{1}{\sqrt{2}}\right)^2+4\times\left(\frac{1}{\sqrt{2}}\right)^3+4\times\left(\frac{1}{\sqrt{2}}\right)^4+\cdots$$
$$=\frac{4\times\left(\frac{1}{\sqrt{2}}\right)^2}{1-\frac{1}{\sqrt{2}}}=4+2\sqrt{2}$$

0194

정사각형 $A_nB_nC_nD_n$의 넓이를 S_n이라 하자.

정사각형 $A_1B_1C_1D_1$의 한 변의 길이가 2이므로 $S_1=4$

삼각형 $A_1A_2D_2$는 빗변이 선분 A_2D_2인 직각이등변삼각형이므로

$\sqrt{2}\times\overline{A_1D_2}=\overline{A_2D_2}$에서 $\overline{A_2D_2}=\sqrt{2}$

만들어지는 정사각형은 모두 서로 닮음이고,

닮음비는 정사각형의 한 변의 길이의 비와 같으므로

$$\overline{A_1B_1}:\overline{A_2B_2}=2:\sqrt{2}$$

즉, 닮음비는 $1:\frac{1}{\sqrt{2}}$이므로 넓이의 비는 $1:\frac{1}{2}$

따라서 수열 $\{S_n\}$은 첫째항이 4, 공비가 $\frac{1}{2}$인 등비수열이므로

모든 정사각형의 넓이의 합은

$$\sum_{n=1}^{\infty}S_n=\frac{4}{1-\frac{1}{2}}=8$$

0195

n번째 정삼각형을 4등분하여 색칠한 가운데 정삼각형의 넓이를 S_n이라 하자.

넓이가 2인 정삼각형을 4등분하여 색칠한 가운데 정삼각형의 넓이 S_1은

$$S_1=2\times\frac{1}{4}$$

넓이가 $2\times\frac{1}{4}$인 정삼각형을 4등분하여 색칠한 가운데 정삼각형의 넓이 S_2는

$$S_2=2\times\frac{1}{4}\times\frac{1}{4}=2\times\left(\frac{1}{4}\right)^2$$

$$\vdots$$

따라서 수열 $\{S_n\}$은 첫째항이 $\frac{1}{2}$, 공비가 $\frac{1}{4}$인 등비수열이므로

색칠한 모든 정삼각형의 넓이의 합은

$$\sum_{n=1}^{\infty}S_n=\frac{\frac{1}{2}}{1-\frac{1}{4}}=\frac{2}{3}$$

0196   답 ②

원 C_n의 넓이를 S_n이라 하자.

원 C_1의 반지름의 길이가 2이므로 $S_1=4\pi$

원 C_2의 지름의 길이는 $\overline{AB_2}=\frac{2}{3}\overline{AB_1}=\frac{2}{3}\times 4=\frac{8}{3}$

그려지는 원은 모두 서로 닮음이고, 닮음비는 지름의 길이의 비와 같으므로

$$\overline{AB_1}:\overline{AB_2}=4:\frac{8}{3}$$

즉, 닮음비는 $1:\frac{2}{3}$이므로 넓이의 비는 $1:\frac{4}{9}$이다.

따라서 수열 $\{S_n\}$은 첫째항이 4π, 공비가 $\frac{4}{9}$인 등비수열이므로

모든 원의 넓이의 합은

$$\sum_{n=1}^{\infty}S_n=\frac{4\pi}{1-\frac{4}{9}}=\frac{36}{5}\pi$$

0197   답 ③

정사각형 S_1의 한 변의 길이를 x_1이라 하면

$x_1=8-x_1$ $\therefore\ x_1=4$

정사각형 S_n의 넓이를 A_n이라 하면

$\therefore\ A_1=4^2=16$

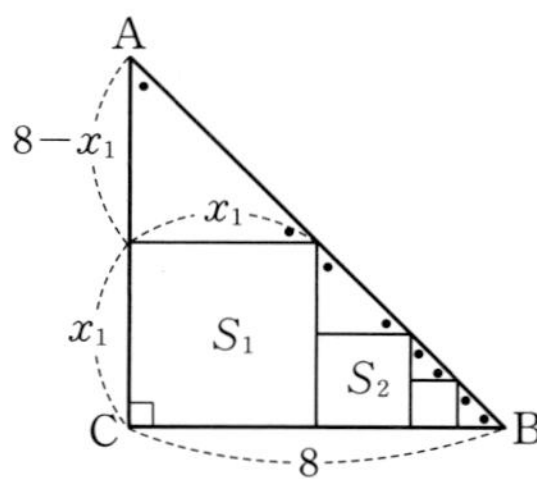

정사각형에 의해 만들어지는 직각삼각형은 모두 직각이등변삼각형이므로 서로 닮음이다.

이때 닮음비는 $8:4$, 즉 $1:\frac{1}{2}$이므로

넓이의 비는 $1:\frac{1}{4}$이다.

따라서 수열 $\{A_n\}$은 첫째항이 16, 공비가 $\frac{1}{4}$인 등비수열이므로

모든 정사각형의 넓이의 합은

$$\sum_{n=1}^{\infty}A_n=\frac{16}{1-\frac{1}{4}}=\frac{64}{3}$$

채점 요소	배점
(1) 첫째항이 $\dfrac{4}{10}$, 공비가 $\dfrac{1}{10}$인 등비급수로 표현하여 답 구하기	30 %
(2) 첫째항이 $\dfrac{39}{100}$, 공비가 $\dfrac{1}{100}$인 등비급수로 표현하여 답 구하기	30 %
(3) 첫째항이 $\dfrac{5}{10}$, 둘째항이 $\dfrac{2}{100}$이고 둘째항부터 공비가 $\dfrac{1}{10}$인 등비급수로 표현하여 답 구하기	40 %

참고

다음과 같이 x_n과 x_{n+1}의 관계식을 찾을 수 있다.
정사각형 S_n의 한 변의 길이를 x_n이라 하면

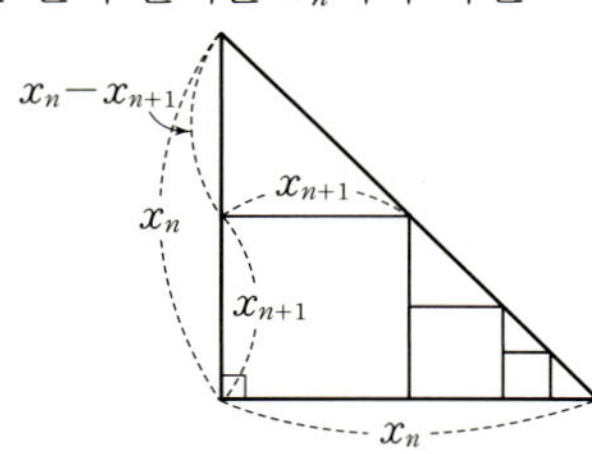

$$x_{n+1}=x_n-x_{n+1}$$
$$\therefore x_{n+1}=\frac{1}{2}x_n$$

0198 ································· 답 ⑤

$2.6\dot{2}=2.6+\boxed{0.0\dot{2}}$ 에서

$0.0\dot{2}=0.02+0.002+0.0002+\cdots$

$\qquad =\dfrac{2}{100}+\dfrac{2}{1000}+\dfrac{2}{10000}+\cdots$ 이므로

$\boxed{0.0\dot{2}}$는 첫째항이 $\dfrac{2}{100}=\boxed{\dfrac{1}{50}}$, 공비가 $\boxed{\dfrac{1}{10}}$인 등비급수의 합과 같다.

$\therefore 2.6\dot{2}=\dfrac{26}{10}+\dfrac{\boxed{\dfrac{1}{50}}}{1-\boxed{\dfrac{1}{10}}}=\dfrac{13}{5}+\dfrac{1}{45}=\boxed{\dfrac{118}{45}}$

$\therefore$ (가) $0.0\dot{2}$ (나) $\dfrac{1}{50}$ (다) $\dfrac{1}{10}$ (라) 45 (마) 118

따라서 선지 중 옳지 않은 것은 ⑤이다.

0199 ································· 답 풀이 참조

(1) $0.\dot{4}=0.4+0.04+0.004+\cdots$

$\qquad =\dfrac{4}{10}+\dfrac{4}{100}+\dfrac{4}{1000}+\cdots$

$\qquad =\dfrac{\dfrac{4}{10}}{1-\dfrac{1}{10}}=\dfrac{4}{9}$

(2) $0.\dot{3}\dot{9}=0.39+0.0039+0.000039+\cdots$

$\qquad =\dfrac{39}{100}+\dfrac{39}{10000}+\dfrac{39}{1000000}+\cdots$

$\qquad =\dfrac{\dfrac{39}{100}}{1-\dfrac{1}{100}}=\dfrac{39}{99}=\dfrac{13}{33}$

(3) $0.5\dot{2}=0.5+0.02+0.002+0.0002+\cdots$

$\qquad =\dfrac{5}{10}+\dfrac{2}{100}+\dfrac{2}{1000}+\dfrac{2}{10000}+\cdots$

$\qquad =\dfrac{5}{10}+\dfrac{\dfrac{2}{100}}{1-\dfrac{1}{10}}=\dfrac{47}{90}$

0200 ································· 답 ①

$\left(x+\dfrac{1}{x}\right)^n$의 전개식의 일반항은

$${}_n C_r \times x^{n-r} \times \left(\dfrac{1}{x}\right)^r={}_n C_r \times x^{n-r} \times x^{-r}={}_n C_r \times x^{n-2r}$$

$n-2r=n-2$일 때, $r=1$이므로

$a_n={}_n C_1=n$

$\therefore \displaystyle\sum_{n=1}^{\infty}\dfrac{1}{a_n a_{n+1}}$

$\qquad =\displaystyle\sum_{n=1}^{\infty}\dfrac{1}{n(n+1)}$

$\qquad =\displaystyle\sum_{n=1}^{\infty}\left(\dfrac{1}{n}-\dfrac{1}{n+1}\right)$

$\qquad =\displaystyle\lim_{n\to\infty}\sum_{k=1}^{n}\left(\dfrac{1}{k}-\dfrac{1}{k+1}\right)$

$\qquad =\displaystyle\lim_{n\to\infty}\left\{\left(1-\dfrac{1}{2}\right)+\left(\dfrac{1}{2}-\dfrac{1}{3}\right)+\left(\dfrac{1}{3}-\dfrac{1}{4}\right)+\cdots+\left(\dfrac{1}{n}-\dfrac{1}{n+1}\right)\right\}$

$\qquad =\displaystyle\lim_{n\to\infty}\left(1-\dfrac{1}{n+1}\right)=1$

0201 ································· 답 ①

수열 $\{a_n\}$의 첫째항부터 제n항까지의 부분합을 S_n이라 하면

$S_{n-1}=\displaystyle\sum_{k=1}^{n-1}a_k=\sqrt{n^2+4n}-n$

$\displaystyle\lim_{n\to\infty}S_{n-1}=\lim_{n\to\infty}(\sqrt{n^2+4n}-n)$

$\qquad =\displaystyle\lim_{n\to\infty}\dfrac{4n}{\sqrt{n^2+4n}+n}$

$\qquad =\dfrac{4}{\sqrt{1}+1}=2$

따라서 $\displaystyle\lim_{n\to\infty}S_{n-1}$이 수렴하므로

$\displaystyle\sum_{n=1}^{\infty}a_n=\lim_{n\to\infty}S_n=\lim_{n\to\infty}S_{n-1}=2$

0202 ································· 답 ④

급수 $\displaystyle\sum_{n=1}^{\infty}(a_n-a_{n+1})$의 제$n$항까지의 부분합을 S_n이라 하면

$S_n=\displaystyle\sum_{k=1}^{n}(a_k-a_{k+1})$

$\qquad =(a_1-a_2)+(a_2-a_3)+(a_3-a_4)+\cdots+(a_n-a_{n+1})$

$\qquad =a_1-a_{n+1}$

이고, 수열 $\{a_n\}$이 수렴하므로 $\lim_{n\to\infty} a_{n+1}=\lim_{n\to\infty} a_n=3$

$\therefore \sum_{n=1}^{\infty}(a_n-a_{n+1})=\lim_{n\to\infty} S_n=\lim_{n\to\infty}(a_1-a_{n+1})=10-3=7$

0203 답 ③

주어진 급수의 일반항을 a_n이라 하면

$$a_n=\frac{16n+8}{(2n-1)^2(2n+3)^2}$$

$$=\frac{16n+8}{(4n^2-4n+1)(4n^2+12n+9)}$$

$$=\frac{1}{4n^2-4n+1}-\frac{1}{4n^2+12n+9}$$

$$=\frac{1}{(2n-1)^2}-\frac{1}{(2n+3)^2} \qquad \cdots\cdots \text{ TIP}$$

주어진 급수의 제n항까지의 부분합을 S_n이라 하면

$$S_n=\sum_{k=1}^{n} a_k$$

$$=\left(1-\frac{1}{5^2}\right)+\left(\frac{1}{3^2}-\frac{1}{7^2}\right)+\left(\frac{1}{5^2}-\frac{1}{9^2}\right)$$

$$+\cdots+\left\{\frac{1}{(2n-3)^2}-\frac{1}{(2n+1)^2}\right\}+\left\{\frac{1}{(2n-1)^2}-\frac{1}{(2n+3)^2}\right\}$$

$$=1+\frac{1}{3^2}-\frac{1}{(2n+1)^2}-\frac{1}{(2n+3)^2}$$

따라서 주어진 급수의 합은

$$\lim_{n\to\infty} S_n=\lim_{n\to\infty}\left\{1+\frac{1}{9}-\frac{1}{(2n+1)^2}-\frac{1}{(2n+3)^2}\right\}=\frac{10}{9}$$

> **TIP**
>
> 주어진 급수를 다음과 같이 나타내어 일반항 a_n을 구할 수도 있다.
>
> $$\frac{24}{1^2\times5^2}+\frac{40}{3^2\times7^2}+\frac{56}{5^2\times9^2}+\cdots$$
>
> $$=\frac{5^2-1^2}{1^2\times5^2}+\frac{7^2-3^2}{3^2\times7^2}+\frac{9^2-5^2}{5^2\times9^2}+\cdots$$
>
> $$=\left(1-\frac{1}{5^2}\right)+\left(\frac{1}{3^2}-\frac{1}{7^2}\right)+\left(\frac{1}{5^2}-\frac{1}{9^2}\right)+\cdots$$
>
> $$\therefore a_n=\frac{1}{(2n+1)^2}-\frac{1}{(2n+3)^2}$$

0204 답 ②

첫째항이 2이고 공차가 6인 등차수열의 일반항은

$$a_n=2+6(n-1)=6n-4$$

$$S_n=\sum_{k=1}^{n}(6k-4)=6\times\frac{n(n+1)}{2}-4n=3n^2-n$$

이므로 주어진 급수의 일반항은

$$\frac{1}{na_n-S_n}=\frac{1}{(6n^2-4n)-(3n^2-n)}$$

$$=\frac{1}{3n^2-3n}$$

$$=\frac{1}{3n(n-1)}$$

$$=\frac{1}{3}\left(\frac{1}{n-1}-\frac{1}{n}\right)$$

$$\therefore \sum_{k=2}^{n}\frac{1}{3}\left(\frac{1}{k-1}-\frac{1}{k}\right)$$

$$=\frac{1}{3}\left\{\left(1-\frac{1}{2}\right)+\left(\frac{1}{2}-\frac{1}{3}\right)+\left(\frac{1}{3}-\frac{1}{4}\right)+\cdots+\left(\frac{1}{n-1}-\frac{1}{n}\right)\right\}$$

$$=\frac{1}{3}\left(1-\frac{1}{n}\right)$$

$$\therefore \sum_{n=2}^{\infty}\frac{1}{na_n-S_n}=\lim_{n\to\infty}\frac{1}{3}\left(1-\frac{1}{n}\right)=\frac{1}{3}$$

0205 답 ⑤

$$a_1+a_2+a_3+\cdots+a_n=\sum_{k=1}^{n} a_k=\frac{(2k-1)n}{kn+1}$$

$$\sum_{n=1}^{\infty} a_n=\lim_{n\to\infty}\sum_{k=1}^{n} a_k=\lim_{n\to\infty}\frac{(2k-1)n}{kn+1}=\frac{5}{3}$$

이므로 $\dfrac{2k-1}{k}=\dfrac{5}{3}$

$3(2k-1)=5k,\ 6k-3=5k$

$\therefore k=3$

0206 답 ③

$$a_n=\frac{(n+3)^2}{n^2+6n+8}=\frac{(n+3)^2}{(n+2)(n+4)}=\frac{n+3}{n+2}\times\frac{n+3}{n+4}$$

주어진 급수의 제n항까지의 부분합을 S_n이라 하면

$$S_n=\sum_{k=1}^{n}\log_2 a_k$$

$$=\log_2 a_1+\log_2 a_2+\log_2 a_3+\cdots+\log_2 a_n$$

$$=\log_2(a_1\times a_2\times a_3\times\cdots\times a_n)$$

$$=\log_2\left\{\left(\frac{4}{3}\times\frac{4}{5}\right)\times\left(\frac{5}{4}\times\frac{5}{6}\right)\times\left(\frac{6}{5}\times\frac{6}{7}\right)\times\cdots\times\left(\frac{n+3}{n+2}\times\frac{n+3}{n+4}\right)\right\}$$

$$=\log_2\left(\frac{4}{3}\times\frac{n+3}{n+4}\right)$$

$$\therefore \sum_{n=1}^{\infty}\log_2 a_n=\lim_{n\to\infty} S_n=\lim_{n\to\infty}\log_2\left(\frac{4}{3}\times\frac{n+3}{n+4}\right)$$

$$=\log_2\frac{4}{3}=2-\log_2 3$$

0207 답 ④

주어진 급수의 제n항까지의 부분합을 S_n이라 하면

$$S_n=\sum_{k=1}^{n}\frac{2}{\sqrt{k+2}+\sqrt{k}}$$

$$=\sum_{k=1}^{n}(\sqrt{k+2}-\sqrt{k})$$

$$=(\sqrt{3}-1)+(\sqrt{4}-\sqrt{2})+(\sqrt{5}-\sqrt{3})$$

$$+\cdots+(\sqrt{n+1}-\sqrt{n-1})+(\sqrt{n+2}-\sqrt{n})$$

$$=\boxed{-1-\sqrt{2}+\sqrt{n+1}+\sqrt{n+2}}$$

이므로

$$\lim_{n\to\infty} S_n = \lim_{n\to\infty}\left(\boxed{-1-\sqrt{2}+\sqrt{n+1}+\sqrt{n+2}}\right) = \boxed{\infty}$$

따라서 주어진 급수는 $\boxed{발산}$한다.

$\therefore$ (개) : $-1-\sqrt{2}+\sqrt{n+1}+\sqrt{n+2}$ (내) : ∞ (대) : 발산

0208   답 발산

$$\sum_{n=1}^{\infty}\frac{1}{n}=1+\frac{1}{2}+\frac{1}{3}+\frac{1}{4}+\frac{1}{5}+\frac{1}{6}+\frac{1}{7}+\cdots$$
$$=1+\frac{1}{2}+\left(\frac{1}{3}+\frac{1}{4}\right)+\left(\frac{1}{5}+\frac{1}{6}+\frac{1}{7}+\frac{1}{8}\right)$$
$$+\left(\frac{1}{9}+\frac{1}{10}+\cdots+\frac{1}{15}+\frac{1}{16}\right)+\cdots$$
$$>1+\frac{1}{2}+\left(\frac{1}{4}+\frac{1}{4}\right)+\left(\frac{1}{8}+\frac{1}{8}+\frac{1}{8}+\frac{1}{8}\right)$$
$$+\left(\frac{1}{16}+\frac{1}{16}+\cdots+\frac{1}{16}+\frac{1}{16}\right)+\cdots$$
$$=1+\frac{1}{2}+\frac{1}{2}+\frac{1}{2}+\frac{1}{2}+\cdots$$
$$=\infty$$

따라서 급수 $\displaystyle\sum_{n=1}^{\infty}\frac{1}{n}$은 발산한다.

0209   답 풀이 참조

주어진 급수의 일반항을 a_n이라 하면

$$a_n=\frac{1}{1\times2+2\times3+3\times4+\cdots+n(n+1)}$$
$$=\frac{1}{\displaystyle\sum_{k=1}^{n}k(k+1)}$$
$$=\frac{1}{\dfrac{n(n+1)(2n+1)}{6}+\dfrac{n(n+1)}{2}}$$
$$=\frac{1}{\dfrac{n(n+1)(n+2)}{3}}$$
$$=\frac{3}{n(n+1)(n+2)}$$
$$=\frac{3}{2}\left\{\frac{1}{n(n+1)}-\frac{1}{(n+1)(n+2)}\right\} \quad\cdots\cdots \text{ TIP}$$

주어진 급수의 제n항까지의 부분합을 S_n이라 하면

$$S_n=\sum_{k=1}^{n}a_k$$
$$=\sum_{k=1}^{n}\frac{3}{2}\left\{\frac{1}{n(n+1)}-\frac{1}{(n+1)(n+2)}\right\}$$
$$=\frac{3}{2}\left[\left(\frac{1}{1\times2}-\frac{1}{2\times3}\right)+\left(\frac{1}{2\times3}-\frac{1}{3\times4}\right)+\left(\frac{1}{3\times4}-\frac{1}{4\times5}\right)\right.$$
$$\left.+\cdots+\left\{\frac{1}{n(n+1)}-\frac{1}{(n+1)(n+2)}\right\}\right]$$
$$=\frac{3}{2}\left\{\frac{1}{2}-\frac{1}{(n+1)(n+2)}\right\}$$

따라서 주어진 급수의 합은

$$\lim_{n\to\infty}S_n=\lim_{n\to\infty}\frac{3}{2}\left\{\frac{1}{2}-\frac{1}{(n+1)(n+2)}\right\}=\frac{3}{4}$$

채점 요소	배점
급수의 일반항 구하기	30 %
부분합 S_n 구하기	40 %
급수의 합 $\displaystyle\lim_{n\to\infty}S_n$ 구하기	30 %

0210   답 ④

주어진 급수의 일반항을 a_n이라 하면

$$a_n=\frac{2}{(2n+1)\sqrt{2n-1}+(2n-1)\sqrt{2n+1}}$$
$$=\frac{2}{\sqrt{(2n-1)(2n+1)}(\sqrt{2n+1}+\sqrt{2n-1})}$$
$$=\frac{\sqrt{2n+1}-\sqrt{2n-1}}{\sqrt{(2n-1)(2n+1)}}$$
$$=\frac{1}{\sqrt{2n-1}}-\frac{1}{\sqrt{2n+1}}$$

주어진 급수의 제n항까지의 부분합을 S_n이라 하면

$$S_n=\sum_{k=1}^{n}a_k$$
$$=\sum_{k=1}^{n}\left(\frac{1}{\sqrt{2k-1}}-\frac{1}{\sqrt{2k+1}}\right)$$
$$=\left(1-\frac{1}{\sqrt{3}}\right)+\left(\frac{1}{\sqrt{3}}-\frac{1}{\sqrt{5}}\right)+\left(\frac{1}{\sqrt{5}}-\frac{1}{\sqrt{7}}\right)$$
$$+\cdots+\left(\frac{1}{\sqrt{2n-1}}-\frac{1}{\sqrt{2n+1}}\right)$$
$$=1-\frac{1}{\sqrt{2n+1}}$$

따라서 주어진 급수의 합은

$$\lim_{n\to\infty}S_n=\lim_{n\to\infty}\left(1-\frac{1}{\sqrt{2n+1}}\right)=1$$

0211 　　　　　　　　　　　　　　　　　　　答 ②

급수 $\sum\limits_{n=1}^{\infty}\left(S_n-\dfrac{2n-1}{n+1}\right)$이 3으로 수렴하므로

$\lim\limits_{n\to\infty}\left(S_n-\dfrac{2n-1}{n+1}\right)=0$에서 $\lim\limits_{n\to\infty}S_n=2$

즉, $\sum\limits_{n=1}^{\infty}a_n=\lim\limits_{n\to\infty}S_n=2$이므로 $\lim\limits_{n\to\infty}a_n=0$이다.

$\therefore \lim\limits_{n\to\infty}(a_n+S_n)=0+2=2$

0212 　　　　　　　　　　　　　　　　　　　答 ③

급수 $\sum\limits_{n=1}^{\infty}\left(na_n-\dfrac{2n^2-n+3}{n+4}\right)$이 수렴하므로

$\lim\limits_{n\to\infty}\left(na_n-\dfrac{2n^2-n+3}{n+4}\right)=0$

$\therefore \lim\limits_{n\to\infty}a_n=\lim\limits_{n\to\infty}\left\{\dfrac{1}{n}\left(na_n-\dfrac{2n^2-n+3}{n+4}\right)+\dfrac{2n^2-n+3}{n(n+4)}\right\}$

$\qquad =\lim\limits_{n\to\infty}\dfrac{1}{n}\left(na_n-\dfrac{2n^2-n+3}{n+4}\right)+\lim\limits_{n\to\infty}\dfrac{2n^2-n+3}{n^2+4n}$

$\qquad =0+2=2$

$\therefore \lim\limits_{n\to\infty}(a_n^2-a_n+3)=2^2-2+3=5$

0213 　　　　　　　　　　　　　　　　　　　答 ③

급수 $\sum\limits_{n=1}^{\infty}n(a_n-a_{n+1})$의 제$n$항까지의 부분합을 S_n이라 하면

$S_n=\sum\limits_{k=1}^{n}k(a_k-a_{k+1})$

$\quad =(a_1-a_2)+2(a_2-a_3)+3(a_3-a_4)+\cdots+n(a_n-a_{n+1})$

$\quad =a_1+a_2+a_3+\cdots+a_n-na_{n+1}$

한편 급수 $\sum\limits_{n=1}^{\infty}a_n$의 제$n$항까지의 부분합을 A_n이라 하면

$A_n=\sum\limits_{k=1}^{n}a_k=a_1+a_2+a_3+\cdots+a_n$

이므로 $\lim\limits_{n\to\infty}A_n=\sum\limits_{n=1}^{\infty}a_n=3$

급수 $\sum\limits_{n=1}^{\infty}a_n$이 수렴하므로 $\lim\limits_{n\to\infty}a_n=0$이고,

$\lim\limits_{n\to\infty}a_{n+1}=\lim\limits_{n\to\infty}a_n=0$

또한 $\lim\limits_{n\to\infty}na_n=0$이므로 $\lim\limits_{n\to\infty}(n+1)a_{n+1}=0$

$\therefore \lim\limits_{n\to\infty}na_{n+1}=\lim\limits_{n\to\infty}\{(n+1)a_{n+1}-a_{n+1}\}=0$

$\therefore \sum\limits_{n=1}^{\infty}n(a_n-a_{n+1})=\lim\limits_{n\to\infty}S_n=\lim\limits_{n\to\infty}A_n-\lim\limits_{n\to\infty}na_{n+1}=3-0=3$

0214 　　　　　　　　　　　　　　　　　　　答 ④

조건 (가), (나)에서

$3(a_n-3)<b_n<\dfrac{6n^2-2}{2n^2+n}$ 　　　　　　　……㉠

조건 (다)에서 급수 $\sum\limits_{n=1}^{\infty}(2a_n-8)$이 수렴하므로

$\lim\limits_{n\to\infty}(2a_n-8)=0$에서 $\lim\limits_{n\to\infty}a_n=4$ 　　　……㉡

㉠에서 $\lim\limits_{n\to\infty}3(a_n-3)=3$ $(\because ㉡)$, $\lim\limits_{n\to\infty}\dfrac{6n^2-2}{2n^2+n}=3$이므로

$\lim\limits_{n\to\infty}b_n=3$

$\therefore \lim\limits_{n\to\infty}(a_n+b_n)=\lim\limits_{n\to\infty}a_n+\lim\limits_{n\to\infty}b_n=4+3=7$

0215 　　　　　　　　　　　　　　　　　　　答 ①

수열 $\{a_n\}$의 공차가 -6이므로

$S_n=\dfrac{n\{2a_1-6(n-1)\}}{2}=n(a_1-3n+3)=-3n^2+(a_1+3)n$

급수 $\sum\limits_{n=1}^{\infty}\dfrac{S_n+f(n)}{n^2}$이 수렴하므로 $\lim\limits_{n\to\infty}\dfrac{S_n+f(n)}{n^2}=0$이다.

즉, $\lim\limits_{n\to\infty}\dfrac{-3n^2+(a_1+3)n+f(n)}{n^2}=0$이어야 하므로

분자의 차수는 분모의 차수 2보다 작아야 한다.

이때 분자에 이차항 $-3n^2$이 소거되어야 하므로

다항식 $f(n)$은 최고차항의 계수가 3인 이차식임을 알 수 있다.

즉, $f(n)=3n^2+bn$ $(\because f(0)=0)$이라 하면

$\sum\limits_{k=1}^{5}f(k)=\sum\limits_{k=1}^{5}(3k^2+bk)$

$\qquad =3\times\dfrac{5\times6\times11}{6}+b\times\dfrac{5\times6}{2}$

$\qquad =165+15b$

에서 $165+15b=195$ 　　　$\therefore b=2$

따라서 $f(x)=3x^2+2x$이므로 $f(2)=3\times4+2\times2=16$

0216 　　　　　　　　　　　　　　　　　　　答 ④

급수 $\sum\limits_{n=1}^{\infty}\left(na_n-\dfrac{1^3+2^3+3^3+\cdots+n^3}{n^4}\right)$이 수렴하므로

$\lim\limits_{n\to\infty}\left(na_n-\dfrac{1^3+2^3+3^3+\cdots+n^3}{n^4}\right)=0$이다.

이때 $1^3+2^3+3^3+\cdots+n^3=\left\{\dfrac{n(n+1)}{2}\right\}^2=\dfrac{n^2(n+1)^2}{4}$이므로

$\lim\limits_{n\to\infty}\left\{na_n-\dfrac{n^2(n+1)^2}{4n^4}\right\}=0$에서 $\lim\limits_{n\to\infty}na_n=\dfrac{1}{4}$

$\therefore \lim\limits_{n\to\infty}\dfrac{\dfrac{3}{n}+8a_n}{\dfrac{2}{n}-4a_n}=\lim\limits_{n\to\infty}\dfrac{3+8na_n}{2-4na_n}=\dfrac{3+8\times\dfrac{1}{4}}{2-4\times\dfrac{1}{4}}=5$

0217

답 ②

급수 $\sum\limits_{n=1}^{\infty} \dfrac{1}{a_n}$ 이 수렴하므로 $\lim\limits_{n\to\infty} \dfrac{1}{a_n}=0$

$\lim\limits_{n\to\infty}(a_n+b_n)$ 에서 $a_n+b_n=c_n$ 이라 하면

$b_n=c_n-a_n$ 이고 $\lim\limits_{n\to\infty} c_n=3$ 이다.

$$\therefore \lim_{n\to\infty} \frac{2a_n+5b_n}{a_n-2b_n}=\lim_{n\to\infty}\frac{2a_n+5(c_n-a_n)}{a_n-2(c_n-a_n)}$$

$$=\lim_{n\to\infty}\frac{-3a_n+5c_n}{3a_n-2c_n}$$

$$=\lim_{n\to\infty}\frac{-3+5\times\dfrac{c_n}{a_n}}{3-2\times\dfrac{c_n}{a_n}}$$

$$=-1$$

0218

답 ①

ㄱ. 두 급수 $\sum\limits_{n=1}^{\infty} a_n$ 과 $\sum\limits_{n=1}^{\infty} b_n$ 이 수렴하므로

$\lim\limits_{n\to\infty} a_n=0$, $\lim\limits_{n\to\infty} b_n=0$ 이다.

$\therefore \lim\limits_{n\to\infty} a_n=\lim\limits_{n\to\infty} b_n$ (참)

ㄴ. $\sum\limits_{n=1}^{\infty} a_n=\alpha$ 이므로 $\lim\limits_{n\to\infty} a_n=0$ 이고, $\lim\limits_{n\to\infty} b_n=\beta$ 이면

$\lim\limits_{n\to\infty} a_n b_n=\lim\limits_{n\to\infty} a_n \times \lim\limits_{n\to\infty} b_n=0\times\beta=0$ (참)

ㄷ. 두 급수 $\sum\limits_{n=1}^{\infty} a_n$, $\sum\limits_{n=1}^{\infty} b_n$ 이 수렴하므로 $\lim\limits_{n\to\infty} a_n=\lim\limits_{n\to\infty} b_n=0$ 이다.

(거짓)

ㄹ. [반례] $\{a_n\}$: 1, 0, 1, 0, $\cdots$, $\{b_n\}$: 0, 1, 0, 1, $\cdots$ 이면

$\sum\limits_{n=1}^{\infty} a_n b_n=0$ 으로 수렴하지만 $\lim\limits_{n\to\infty} a_n$, $\lim\limits_{n\to\infty} b_n$ 은 발산(진동)한다.

(거짓)

따라서 옳은 것은 ㄱ, ㄴ이다.

0219

답 ④

ㄱ. [반례] $a_n=\left(\dfrac{1}{2}\right)^n$, $b_n=3^n$ 이면 $\sum\limits_{n=1}^{\infty} a_n=1$ 이고,

$\lim\limits_{n\to\infty} b_n=\infty$ 이지만 $\lim\limits_{n\to\infty} a_n b_n=\lim\limits_{n\to\infty}\left(\dfrac{3}{2}\right)^n$ 은 발산한다. (거짓)

ㄴ. $\sum\limits_{n=1}^{\infty}(a_{n+1}-a_n)$

$=\lim\limits_{n\to\infty}\sum\limits_{k=1}^{n}(a_{k+1}-a_k)$

$=\lim\limits_{n\to\infty}\{(a_2-a_1)+(a_3-a_2)+\cdots+(a_{n+1}-a_n)\}$

$=\lim\limits_{n\to\infty}(a_{n+1}-a_1)$

의 수렴값을 α 라 하면 $\lim\limits_{n\to\infty}(a_{n+1}-a_1)=\alpha$ 이므로

$\lim\limits_{n\to\infty} a_{n+1}=a_1+\alpha$ 이다.

따라서 $\lim\limits_{n\to\infty} a_n=a_1+\alpha$ 이므로 수열 $\{a_n\}$ 은 수렴한다. (참)

ㄷ. [반례] $\{a_n\}$: 1, -1, $\dfrac{1}{2}$, $-\dfrac{1}{2}$, $\dfrac{1}{3}$, $-\dfrac{1}{3}$, $\cdots$ 일 때,

수열 $\{a_n\}$ 의 첫째항부터 제n항까지의 합을 S_n 이라 하면

수열 $\{S_n\}$ 은 1, 0, $\dfrac{1}{2}$, 0, $\dfrac{1}{3}$, 0, $\cdots$ 이므로

$\lim\limits_{n\to\infty} S_n=0$, 즉 $\sum\limits_{n=1}^{\infty} a_n=0$ 이지만

$\sum\limits_{n=1}^{\infty} a_{2n-1}=1+\dfrac{1}{2}+\dfrac{1}{3}+\dfrac{1}{4}+\cdots$ 이므로 수렴하지 않는다. (거짓)

ㄹ. 급수 $\sum\limits_{n=1}^{\infty} a_n b_n$ 이 수렴하므로 $\lim\limits_{n\to\infty} a_n b_n=0$ 이고,

$\lim\limits_{n\to\infty} a_n=\alpha$ $(\alpha\neq0)$ 이므로 $\lim\limits_{n\to\infty} b_n=0$ 이다. (참)

따라서 옳은 것은 ㄴ, ㄹ이다.

0220

답 ③

ㄱ. 급수 $\sum\limits_{n=1}^{\infty} a_n$ 이 S 에 수렴할 때, 급수의 제n항까지의 부분합을

S_n 이라 하면

$\lim\limits_{n\to\infty} S_n=S$, $\lim\limits_{n\to\infty} S_{n-1}=S$ 이고 $a_n=S_n-S_{n-1}$ $(n\geq2)$

$\therefore \lim\limits_{n\to\infty} a_n=\lim\limits_{n\to\infty}(S_n-S_{n-1})=S-S=0$ (참)

ㄴ. [반례] $a_n=\dfrac{1}{\sqrt{n+1}+\sqrt{n}}$ 이면 $\lim\limits_{n\to\infty} a_n=0$ 이지만

$\sum\limits_{n=1}^{\infty}\dfrac{1}{\sqrt{n+1}+\sqrt{n}}$

$=\sum\limits_{n=1}^{\infty}(\sqrt{n+1}-\sqrt{n})$

$=\lim\limits_{n\to\infty}\sum\limits_{k=1}^{n}(\sqrt{k+1}-\sqrt{k})$

$=\lim\limits_{n\to\infty}\{(\sqrt{2}-1)+(\sqrt{3}-\sqrt{2})+(\sqrt{4}-\sqrt{3})+\cdots+(\sqrt{n+1}-\sqrt{n})\}$

$=\lim\limits_{n\to\infty}(-1+\sqrt{n+1})=\infty$

이므로 급수 $\sum\limits_{n=1}^{\infty}\dfrac{1}{\sqrt{n+1}+\sqrt{n}}$ 은 발산한다. (거짓)

ㄷ. 급수 $\sum\limits_{n=1}^{\infty} a_n$ 이 수렴하면 $\lim\limits_{n\to\infty} a_n=0$ 이지만

$\lim\limits_{n\to\infty}\dfrac{1}{a_n}\neq0$ 이므로 $\sum\limits_{n=1}^{\infty}\dfrac{1}{a_n}$ 은 발산한다. (참)

ㄹ. 급수 $\sum\limits_{n=1}^{\infty}(a_n-3)$ 이 수렴하면 $\lim\limits_{n\to\infty}(a_n-3)=0$ 이므로

$\lim\limits_{n\to\infty} a_n=3\neq0$

따라서 급수 $\sum\limits_{n=1}^{\infty} a_n$ 은 발산한다. (거짓)

따라서 옳은 것은 ㄱ, ㄷ으로 2개이다.

> **참고**
>
> 0208번의 $a_n=\dfrac{1}{n}$ 도 ㄴ의 반례이다.

0221

답 ②

ㄱ. 주어진 급수의 일반항은 $a_n=\dfrac{3n}{2n+1}$ 이므로

$$\lim_{n\to\infty} a_n = \lim_{n\to\infty} \frac{3n}{2n+1} = \frac{3}{2} \neq 0 \text{이다.}$$

따라서 주어진 급수는 발산한다.

ㄴ. 주어진 급수의 일반항을 a_n이라 하면

$$a_n = \frac{1}{2+4+6+\cdots+2n}$$

$$= \frac{1}{\sum\limits_{k=1}^{n} 2k} = \frac{1}{n(n+1)} = \frac{1}{n} - \frac{1}{n+1}$$

에서 $\lim\limits_{n\to\infty} a_n = 0$

급수의 제n항까지의 부분합을 S_n이라 하면

$$S_n = \sum_{k=1}^{n} a_k$$

$$= \left(1-\frac{1}{2}\right) + \left(\frac{1}{2}-\frac{1}{3}\right) + \left(\frac{1}{3}-\frac{1}{4}\right) + \cdots + \left(\frac{1}{n}-\frac{1}{n+1}\right)$$

$$= 1 - \frac{1}{n+1}$$

$$\therefore \lim_{n\to\infty} S_n = \lim_{n\to\infty}\left(1-\frac{1}{n+1}\right) = 1$$

따라서 주어진 급수는 수렴하고 그 합은 1이다.

ㄷ. 주어진 급수의 일반항을 a_n이라 하면

$$a_n = \frac{1}{\sqrt{n}+\sqrt{n+1}} \text{에서} \lim_{n\to\infty} a_n = 0$$

급수의 제n항까지의 부분합을 S_n이라 하면

$$S_n = \sum_{k=1}^{n} a_k = \sum_{k=1}^{n}\left(\sqrt{n+1}-\sqrt{n}\right)$$

$$= (\sqrt{2}-1) + (\sqrt{3}-\sqrt{2}) + \cdots + (\sqrt{n+1}-\sqrt{n})$$

$$= \sqrt{n+1} - 1$$

$$\therefore \lim_{n\to\infty} S_n = \lim_{n\to\infty}(\sqrt{n+1}-1) = \infty$$

따라서 주어진 급수는 발산한다.

따라서 수렴하는 급수는 ㄴ이다.

TIP

급수 $\sum\limits_{n=1}^{\infty} a_n$이 수렴하면 $\lim\limits_{n\to\infty} a_n = 0$이지만 그 역은 성립하지 않으므로 $\lim\limits_{n\to\infty} a_n = 0$일 때는 그 합을 직접 구해 수렴과 발산을 따져 주어야 한다.

ㄴ. $S_n = \{(\sqrt{3}-\sqrt{1}) + (\sqrt{5}-\sqrt{3}) + (\sqrt{7}-\sqrt{5})$
$\qquad\qquad + \cdots + (\sqrt{2n+1}-\sqrt{2n-1})\}$

$$= \sqrt{2n+1} - 1$$

$$\therefore \lim_{n\to\infty} S_n = \infty$$

따라서 주어진 급수는 발산한다.

ㄷ. $\sum\limits_{n=1}^{\infty} \frac{1}{2n} = \frac{1}{2} \sum\limits_{n=1}^{\infty} \frac{1}{n}$

따라서 $\sum\limits_{n=1}^{\infty} \frac{1}{n}$은 발산하므로 주어진 급수는 발산한다.

······ **TIP 1**

ㄹ. 수열 $\{S_{2n-1}\}$은 $1, 1, 1, \cdots$이고

수열 $\{S_{2n}\}$은 $1-\dfrac{1}{2}, 1-\dfrac{1}{3}, 1-\dfrac{1}{4}, \cdots$이므로

$$\lim_{n\to\infty} S_{2n-1} = \lim_{n\to\infty} S_{2n} = 1, \text{ 즉 } \lim_{n\to\infty} S_n = 1 \qquad ······ \textbf{TIP 2}$$

따라서 주어진 급수는 수렴하고 그 합은 1이다.

ㅁ. $S_n = \left(1-\dfrac{1}{2}\right) + \left(\dfrac{1}{2}-\dfrac{1}{3}\right) + \left(\dfrac{1}{3}-\dfrac{1}{4}\right) + \cdots + \left(\dfrac{1}{n}-\dfrac{1}{n+1}\right)$

$$= 1 - \frac{1}{n+1}$$

$$\therefore \lim_{n\to\infty} S_n = 1$$

따라서 주어진 급수는 수렴하고 그 합은 1이다.

따라서 수렴하는 급수는 ㄱ, ㄹ, ㅁ으로 3개이다.

TIP 1

0208번에 의하여 $\sum\limits_{n=1}^{\infty} \frac{1}{n}$은 발산함을 알 수 있다.

TIP 2

항의 부호가 교대로 변하는 급수는 홀수 번째까지의 부분합 S_{2n-1}과 짝수 번째까지의 부분합 S_{2n}의 극한값을 구하여 다음과 같이 판단할 수 있다.

(1) $\lim\limits_{n\to\infty} S_{2n-1} = \lim\limits_{n\to\infty} S_{2n} = S$이면 주어진 급수는 S에 수렴한다.

(2) $\lim\limits_{n\to\infty} S_{2n-1} \neq \lim\limits_{n\to\infty} S_{2n}$이면 주어진 급수는 발산한다.

0222   답 ③

주어진 급수의 제n항까지의 부분합을 S_n이라 하자.

ㄱ. $\dfrac{1}{(2n-1)(2n+1)} = \dfrac{1}{2}\left(\dfrac{1}{2n-1}-\dfrac{1}{2n+1}\right)$이므로

$S_n = \dfrac{1}{2}\left\{\left(1-\dfrac{1}{3}\right) + \left(\dfrac{1}{3}-\dfrac{1}{5}\right) + \left(\dfrac{1}{5}-\dfrac{1}{7}\right)\right.$

$\qquad\qquad\qquad\qquad\left. + \cdots + \left(\dfrac{1}{2n-1}-\dfrac{1}{2n+1}\right)\right\}$

$$= \frac{1}{2}\left(1-\frac{1}{2n+1}\right)$$

$$\therefore \lim_{n\to\infty} S_n = \frac{1}{2}$$

따라서 주어진 급수는 수렴하고 그 합은 $\dfrac{1}{2}$이다.

0223   답 ③

$\sum\limits_{n=1}^{\infty} a_n = \alpha$, $\sum\limits_{n=1}^{\infty} b_n = \beta$라 하면

$$\sum_{n=1}^{\infty}(2a_n - 3b_n) = 2\sum_{n=1}^{\infty} a_n - 3\sum_{n=1}^{\infty} b_n = 2\alpha - 3\beta = 19 \qquad ······ \text{㉠}$$

$$\sum_{n=1}^{\infty}(a_n + b_n) = \sum_{n=1}^{\infty} a_n + \sum_{n=1}^{\infty} b_n = \alpha + \beta = 7 \qquad ······ \text{㉡}$$

㉠, ㉡을 연립하여 풀면

$$\alpha = 8, \ \beta = -1$$

즉, $\sum\limits_{n=1}^{\infty} a_n = 8$, $\sum\limits_{n=1}^{\infty} b_n = -1$

$$\therefore \sum_{n=1}^{\infty}(a_n - b_n) = \sum_{n=1}^{\infty} a_n - \sum_{n=1}^{\infty} b_n = 8 - (-1) = 9$$

0224 　　　　　　　　　　　　　　　　　　　　　답 ①

$\displaystyle\sum_{n=1}^{\infty}(a_n+2a_{n+2})$

$=\displaystyle\lim_{n\to\infty}\sum_{k=1}^{n}(a_k+2a_{k+2})$

$=\displaystyle\lim_{n\to\infty}\left(\sum_{k=1}^{n}a_k+2\sum_{k=1}^{n}a_{k+2}\right)$

$=\displaystyle\lim_{n\to\infty}S_n+2(\lim_{n\to\infty}S_{n+2}-S_2)$

이때 $S_2=\dfrac{7\times2+6}{3\times2+2}=\dfrac{5}{2}$이고, $\displaystyle\lim_{n\to\infty}S_n=\lim_{n\to\infty}S_{n+2}=\dfrac{7}{3}$이므로

$\displaystyle\sum_{n=1}^{\infty}(a_n+2a_{n+2})=\dfrac{7}{3}+2\times\left(\dfrac{7}{3}-\dfrac{5}{2}\right)=2$

다른 풀이

$a_n=S_n-S_{n-1}$

$\quad=\dfrac{7n+6}{3n+2}-\dfrac{7n-1}{3n-1}$

$\quad=\dfrac{-4}{(3n-1)(3n+2)}$

$\quad=-\dfrac{4}{3}\left(\dfrac{1}{3n-1}-\dfrac{1}{3n+2}\right)\ (n\geq2)$

$a_1=S_1=\dfrac{13}{5}$이므로

$\displaystyle\sum_{n=1}^{\infty}a_n=a_1+\sum_{n=2}^{\infty}a_n$

$\quad=\dfrac{13}{5}-\dfrac{4}{3}\displaystyle\lim_{n\to\infty}\left\{\left(\dfrac{1}{5}-\dfrac{1}{8}\right)+\left(\dfrac{1}{8}-\dfrac{1}{11}\right)+\left(\dfrac{1}{11}-\dfrac{1}{14}\right)\right.$

$\qquad\qquad\qquad\qquad\left.+\cdots+\left(\dfrac{1}{3n-1}-\dfrac{1}{3n+2}\right)\right\}$

$\quad=\dfrac{13}{5}-\dfrac{4}{15}=\dfrac{35}{15}=\dfrac{7}{3}$

$2\displaystyle\sum_{n=1}^{\infty}a_{n+2}=-\dfrac{8}{3}\lim_{n\to\infty}\left\{\left(\dfrac{1}{8}-\dfrac{1}{11}\right)+\left(\dfrac{1}{11}-\dfrac{1}{14}\right)+\left(\dfrac{1}{14}-\dfrac{1}{17}\right)\right.$

$\qquad\qquad\qquad\left.+\cdots+\left(\dfrac{1}{3n+5}-\dfrac{1}{3n+8}\right)\right\}=-\dfrac{1}{3}$

$\therefore\ \displaystyle\sum_{n=1}^{\infty}(a_n+2a_{n+2})=\dfrac{7}{3}+\left(-\dfrac{1}{3}\right)=2$

0225 　　　　　　　　　　　　　　　　　　　　　답 ④

$\displaystyle\sum_{n=1}^{\infty}n(a_n+a_{n+1})=\sum_{n=1}^{\infty}na_n+\sum_{n=1}^{\infty}na_{n+1}$ 　　……㉠

이때 $\displaystyle\sum_{n=1}^{\infty}na_{n+1}=\sum_{n=1}^{\infty}\{(n+1)a_{n+1}-a_{n+1}\}$

$\qquad\qquad=\displaystyle\sum_{n=1}^{\infty}(n+1)a_{n+1}-\sum_{n=1}^{\infty}a_{n+1}$

$\qquad\qquad=\displaystyle\sum_{n=2}^{\infty}na_n-\sum_{n=2}^{\infty}a_n=\left(\sum_{n=1}^{\infty}na_n-a_1\right)-\left(\sum_{n=1}^{\infty}a_n-a_1\right)$

$\qquad\qquad=\displaystyle\sum_{n=1}^{\infty}na_n-\sum_{n=1}^{\infty}a_n=35-7=28$

따라서 ㉠에서 구하는 값은 $35+28=63$

다른 풀이

급수 $\displaystyle\sum_{n=1}^{\infty}a_n$, $\displaystyle\sum_{n=1}^{\infty}na_n$이 수렴하므로 $\displaystyle\lim_{n\to\infty}a_n=0$, $\displaystyle\lim_{n\to\infty}na_n=0$ 　　……㉡

$\displaystyle\sum_{n=1}^{\infty}n(a_n+a_{n+1})$

$=\displaystyle\lim_{n\to\infty}\sum_{k=1}^{n}k(a_k+a_{k+1})$

$=\displaystyle\lim_{n\to\infty}\{(a_1+a_2)+2(a_2+a_3)+3(a_3+a_4)+\cdots+n(a_n+a_{n+1})\}$

$=\displaystyle\lim_{n\to\infty}\{a_1+3a_2+5a_3+\cdots+(2n-1)a_n+na_{n+1}\}$

$=\displaystyle\lim_{n\to\infty}\left\{\sum_{k=1}^{n}(2k-1)a_k+na_{n+1}\right\}$

$=\displaystyle\sum_{n=1}^{\infty}(2n-1)a_n+\lim_{n\to\infty}\{(n+1)a_{n+1}-a_{n+1}\}$

$=2\displaystyle\sum_{n=1}^{\infty}na_n-\sum_{n=1}^{\infty}a_n+0\ (\because ㉡)$

$=2\times35-7=63$

0226 　　　　　　　　　　　　　　　　　　　　　답 ④

① $\displaystyle\sum_{n=1}^{\infty}a_n=\alpha$로 놓으면 $\displaystyle\sum_{n=1}^{\infty}ca_n=c\sum_{n=1}^{\infty}a_n=c\alpha$로 수렴한다. (참)

② $\displaystyle\sum_{n=1}^{\infty}a_n=\alpha$, $\displaystyle\sum_{n=1}^{\infty}a_{2n}=\beta$로 놓으면

　$\displaystyle\sum_{n=1}^{\infty}a_{2n-1}=\sum_{n=1}^{\infty}a_n-\sum_{n=1}^{\infty}a_{2n}=\alpha-\beta$로 수렴한다. (참)

③ $\displaystyle\sum_{n=1}^{\infty}a_n=\alpha$, $\displaystyle\sum_{n=1}^{\infty}b_n=\beta$로 놓으면

　$\displaystyle\sum_{n=1}^{\infty}(a_n+b_n)=\sum_{n=1}^{\infty}a_n+\sum_{n=1}^{\infty}b_n=\alpha+\beta$로 수렴한다. (참)

④ [반례] $\{a_n\}:-1,\ 1,\ -1,\ 1,\ \cdots,\ \{b_n\}:1,\ -1,\ 1,\ -1,\ \cdots$

　이면 급수 $\displaystyle\sum_{n=1}^{\infty}a_n$, $\displaystyle\sum_{n=1}^{\infty}b_n$은 모두 발산하지만

　$\{a_n+b_n\}:0,\ 0,\ 0,\ \cdots$이므로

　$\displaystyle\sum_{n=1}^{\infty}(a_n+b_n)=0$으로 수렴한다. (거짓)

⑤ $\displaystyle\sum_{n=1}^{\infty}a_n-\sum_{n=1}^{\infty}b_n=\sum_{n=1}^{\infty}(a_n-b_n)>0$이므로

　$\displaystyle\sum_{n=1}^{\infty}a_n>\sum_{n=1}^{\infty}b_n$이다. (참)

따라서 선지 중 옳지 않은 것은 ④이다.

0227 　　　　　　　　　　　　　　　　　　　　　답 ⑤

ㄱ. [반례] $a_n=\dfrac{1}{n(n+1)}=\dfrac{1}{n}-\dfrac{1}{n+1}$,

　$b_n=-\dfrac{1}{(n+1)(n+2)}=-\left(\dfrac{1}{n+1}-\dfrac{1}{n+2}\right)$이면

　$a_n-b_n=\dfrac{1}{n}-\dfrac{1}{n+2}$이므로 $\displaystyle\sum_{n=1}^{\infty}\left(\dfrac{1}{n}-\dfrac{1}{n+2}\right)=\dfrac{3}{2}$으로

　수렴하지만 $\displaystyle\sum_{n=1}^{\infty}a_n=1$, $\displaystyle\sum_{n=1}^{\infty}b_n=-\dfrac{1}{2}$

　$\therefore\ \displaystyle\sum_{n=1}^{\infty}a_n\neq\sum_{n=1}^{\infty}b_n$ (거짓)

ㄴ. [반례] $a_n=n$, $b_n=-n$이면 $a_n+b_n=0$이므로

$\displaystyle\sum_{n=1}^{\infty}(a_n+b_n)=0$으로 수렴하지만

$\displaystyle\sum_{n=1}^{\infty}a_n$, $\displaystyle\sum_{n=1}^{\infty}b_n$은 발산한다. (거짓)

ㄷ. $\displaystyle\sum_{n=1}^{\infty}a_n=\alpha$, $\displaystyle\sum_{n=1}^{\infty}(a_n+b_n)=\beta$로 놓으면

$\displaystyle\sum_{n=1}^{\infty}b_n=\sum_{n=1}^{\infty}\{(a_n+b_n)-a_n\}$

$\qquad\quad=\displaystyle\sum_{n=1}^{\infty}(a_n+b_n)-\sum_{n=1}^{\infty}a_n=\beta-\alpha$

로 수렴한다. (참)

ㄹ. $\displaystyle\sum_{n=1}^{\infty}(3a_n-b_n)=\alpha$, $\displaystyle\sum_{n=1}^{\infty}(a_n+2b_n)=\beta$로 놓으면

$\displaystyle\sum_{n=1}^{\infty}a_n=\sum_{n=1}^{\infty}\frac{1}{7}\{2(3a_n-b_n)+(a_n+2b_n)\}=\frac{2\alpha+\beta}{7}$로 수렴하고,

$\displaystyle\sum_{n=1}^{\infty}b_n=\sum_{n=1}^{\infty}\frac{1}{7}\{3(a_n+2b_n)-(3a_n-b_n)\}=\frac{3\beta-\alpha}{7}$로 수렴한다.

(참)

따라서 옳은 것은 ㄷ, ㄹ이다.

0228

답 ④

등비급수 $\displaystyle\sum_{n=1}^{\infty}\left(\frac{x^2-4x-1}{4}\right)^n$의 첫째항과 공비는 $\dfrac{x^2-4x-1}{4}$이므로

급수가 수렴하려면 $-1<\dfrac{x^2-4x-1}{4}<1$을 만족시켜야 한다.

$-4<x^2-4x-1<4$에서

(i) $-4<x^2-4x-1$인 경우

$\quad x^2-4x+3>0$, $(x-1)(x-3)>0$

$\quad\therefore x<1$ 또는 $x>3$ $\qquad$ ……㉠

(ii) $x^2-4x-1<4$인 경우

$\quad x^2-4x-5<0$, $(x+1)(x-5)<0$

$\quad\therefore -1<x<5$ $\qquad$ ……㉡

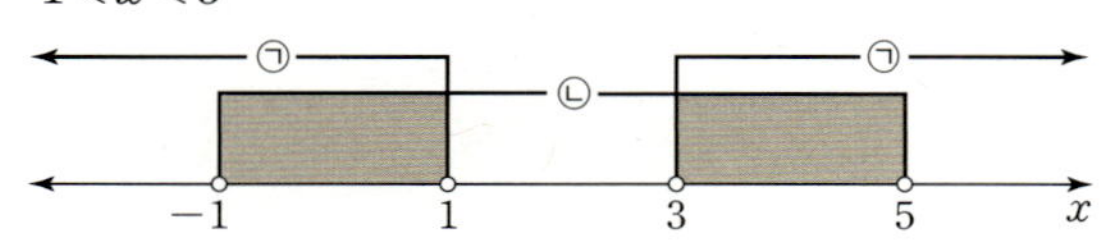

따라서 ㉠, ㉡을 동시에 만족시키는 x의 값의 범위는

$-1<x<1$ 또는 $3<x<5$이므로 정수 x는 0, 4이고 그 합은 4이다.

0229

답 ⑤

등비급수 $\displaystyle\sum_{n=1}^{\infty}(\sqrt{3}\tan x-2)^n$의 첫째항과 공비는

$\sqrt{3}\tan x-2$이므로 급수가 수렴하려면 $-1<\sqrt{3}\tan x-2<1$을
만족시켜야 한다.

위의 부등식을 정리하면

$1<\sqrt{3}\tan x<3$

$\therefore \dfrac{1}{\sqrt{3}}<\tan x<\sqrt{3}$ $\qquad$ ……㉠

$0<x<2\pi$에서 함수 $y=\tan x$의 그래프는 다음과 같다.

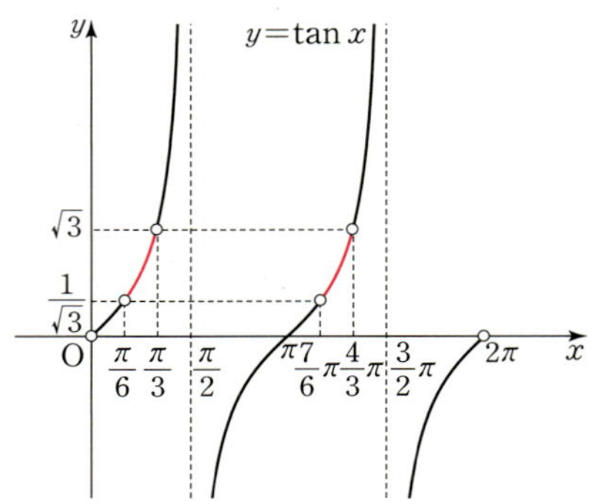

위의 그래프에서 ㉠을 만족시키는 x의 값의 범위는

$\dfrac{\pi}{6}<x<\dfrac{\pi}{3}$ 또는 $\dfrac{7}{6}\pi<x<\dfrac{4}{3}\pi$

$\therefore \alpha+\beta+\gamma+\delta=\dfrac{\pi}{6}+\dfrac{\pi}{3}+\dfrac{7}{6}\pi+\dfrac{4}{3}\pi=\dfrac{18}{6}\pi=3\pi$

0230

답 ⑤

수열 $\left\{\left(\dfrac{x^2}{9}\right)^n\right\}$은 첫째항과 공비가 $\dfrac{x^2}{9}$이므로 수열이 수렴하려면

$-1<\dfrac{x^2}{9}\le1$을 만족시켜야 한다.

$\therefore -9<x^2\le9$

부등식 $-9<x^2$은 모든 실수 x에서 성립하고,

부등식 $x^2\le9$에서 $(x+3)(x-3)\le0$, $-3\le x\le3$

즉, 수열 $\left\{\left(\dfrac{x^2}{9}\right)^n\right\}$이 수렴하도록 하는 x의 값의 범위는 $-3\le x\le3$

$\therefore A=\{-3,\ -2,\ -1,\ 0,\ 1,\ 2,\ 3\}$

급수 $\displaystyle\sum_{n=1}^{\infty}\left(\dfrac{x^2}{9}\right)^n$은 첫째항과 공비가 $\dfrac{x^2}{9}$이므로 급수가 수렴하려면

$-1<\dfrac{x^2}{9}<1$을 만족시켜야 한다.

$\therefore -9<x^2<9$

부등식 $-9<x^2$은 모든 실수 x에서 성립하고,

부등식 $x^2<9$에서 $(x+3)(x-3)<0$, $-3<x<3$

즉, 급수 $\displaystyle\sum_{n=1}^{\infty}\left(\dfrac{x^2}{9}\right)^n$이 수렴하도록 하는 x의 값의 범위는 $-3<x<3$

$\therefore B=\{-2,\ -1,\ 0,\ 1,\ 2\}$

$\therefore n(A)+n(B)=7+5=12$

0231

답 ⑤

등비급수 $\displaystyle\sum_{n=1}^{\infty}r^n\ (r\ne0)$이 수렴하므로 공비 r는 $-1<r<1$ ……㉠

① 급수 $\displaystyle\sum_{n=1}^{\infty}r^{2n}$의 공비는 r^2이고,

$\quad$㉠에 의해 $0<r^2<1$이므로 급수 $\displaystyle\sum_{n=1}^{\infty}r^{2n}$은 반드시 수렴한다.

② 급수 $\displaystyle\sum_{n=1}^{\infty}(-r)^n$의 공비는 $-r$이고,

$\quad$㉠에 의해 $-1<-r<1$이므로 급수 $\displaystyle\sum_{n=1}^{\infty}(-r)^n$은 반드시 수렴한다.

③ 급수 $\sum\limits_{n=1}^{\infty}\left(\dfrac{r-1}{2}\right)^{n}$의 공비는 $\dfrac{r-1}{2}$이고,

㉠에 의해 $-2<r-1<0$, $-1<\dfrac{r-1}{2}<0$이므로

급수 $\sum\limits_{n=1}^{\infty}\left(\dfrac{r-1}{2}\right)^{n}$은 반드시 수렴한다.

④ 급수 $\sum\limits_{n=1}^{\infty}\left(\dfrac{r+2}{3}\right)^{n}$의 공비는 $\dfrac{r+2}{3}$이고,

㉠에 의해 $1<r+2<3$, $\dfrac{1}{3}<\dfrac{r+2}{3}<1$이므로

급수 $\sum\limits_{n=1}^{\infty}\left(\dfrac{r+2}{3}\right)^{n}$은 반드시 수렴한다.

⑤ 급수 $\sum\limits_{n=1}^{\infty}\left(\dfrac{r+4}{4}\right)^{n}$의 공비는 $\dfrac{r+4}{4}$이고,

㉠에 의해 $3<r+4<5$, $\dfrac{3}{4}<\dfrac{r+4}{4}<\dfrac{5}{4}$이므로

급수 $\sum\limits_{n=1}^{\infty}\left(\dfrac{r+4}{4}\right)^{n}$은 반드시 수렴한다고 할 수 없다.

따라서 선지 중 반드시 수렴한다고 할 수 없는 것은 ⑤이다.

0232   답 ①

등비급수 $\sum\limits_{n=1}^{\infty}r^{n}$의 공비는 r이고 급수가 수렴하므로

$-1<r<1$을 만족시킨다.

이때 급수의 합은 $\dfrac{r}{1-r}$이므로 $y=\dfrac{r}{1-r}$라 하면

함수 $y=\dfrac{r}{1-r}=-1+\dfrac{1}{1-r}$ $(-1<r<1)$의 그래프는 다음과 같다.

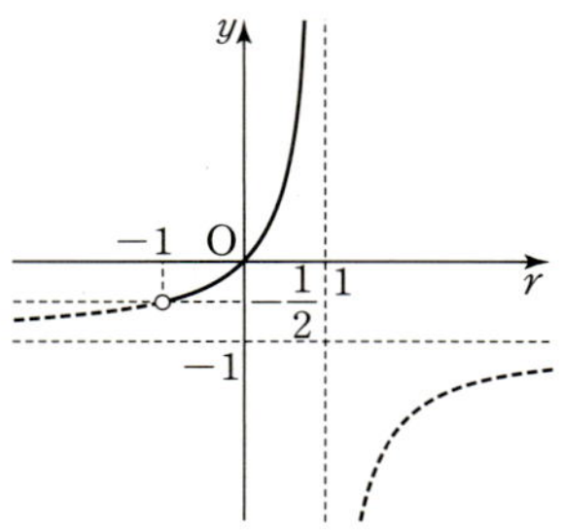

위의 그래프에서 $-1<r<1$일 때 $y>-\dfrac{1}{2}$이므로 선지 중 급수의 합 $\dfrac{r}{1-r}$가 될 수 없는 것은 ①이다.

0233   답 ⑤

ㄱ. 등비수열 $\{a_n\}$의 첫째항을 a, 공비를 r라 하면 일반항은

$a_n=ar^{n-1}$

급수 $\sum\limits_{n=1}^{\infty}a_n$이 수렴하므로 $-1<r<1$ ……㉠

이때 $\sum\limits_{n=1}^{\infty}a_{2n}=\sum\limits_{n=1}^{\infty}ar^{2n-1}$은 공비가 r^2이고,

㉠에 의해 $0\le r^2<1$이므로 급수 $\sum\limits_{n=1}^{\infty}a_{2n}$도 수렴한다. (참)

ㄴ. 두 등비수열 $\{a_n\}$, $\{b_n\}$의 공비를 각각 r_1, r_2라 하면

두 급수 $\sum\limits_{n=1}^{\infty}a_n$, $\sum\limits_{n=1}^{\infty}b_n$이 수렴하므로

$-1<r_1<1$, $-1<r_2<1$

이때 $-1<r_1{}^3<1$, $-1<r_2{}^3<1$이므로

$\sum\limits_{n=1}^{\infty}a_n{}^3$, $\sum\limits_{n=1}^{\infty}b_n{}^3$이 모두 수렴하고 그 값을 각각 α, β라 하면

$\sum\limits_{n=1}^{\infty}(a_n{}^3+b_n{}^3)=\sum\limits_{n=1}^{\infty}a_n{}^3+\sum\limits_{n=1}^{\infty}b_n{}^3=\alpha+\beta$로 수렴한다. (참)

ㄷ. 등비수열 $\{a_n\}$의 첫째항을 a, 공비를 r라 하면 일반항은

$a_n=ar^{n-1}$

급수 $\sum\limits_{n=1}^{\infty}a_n$이 발산하므로 $r\le-1$ 또는 $r\ge1$ ……㉡

이때 $a_{2n}=ar^{2n-1}$이고 $\sum\limits_{n=1}^{\infty}a_{2n}=\sum\limits_{n=1}^{\infty}ar^{2n-1}$은 공비가 r^2이고,

㉡에 의해 $r^2\ge1$이므로 급수 $\sum\limits_{n=1}^{\infty}a_{2n}$도 발산한다. (참)

따라서 옳은 것은 ㄱ, ㄴ, ㄷ이다.

0234   답 ④

두 등비수열 $\{a_n\}$, $\{b_n\}$의 공비를 각각 r_1, r_2라 하자.

ㄱ. 두 급수 $\sum\limits_{n=1}^{\infty}a_n$, $\sum\limits_{n=1}^{\infty}b_n$이 모두 수렴하므로

$\lim\limits_{n\to\infty}a_n=0$, $\lim\limits_{n\to\infty}b_n=0$

$\therefore \lim\limits_{n\to\infty}a_nb_n=\lim\limits_{n\to\infty}a_n\times\lim\limits_{n\to\infty}b_n=0$ (참)

ㄴ. $a_n=a_1\times(r_1)^{n-1}$, $b_n=b_1\times(r_2)^{n-1}$에서

$a_nb_n=a_1b_1(r_1r_2)^{n-1}$이므로

$\sum\limits_{n=1}^{\infty}a_nb_n=\dfrac{a_1b_1}{1-r_1r_2}$

$\sum\limits_{n=1}^{\infty}a_n\times\sum\limits_{n=1}^{\infty}b_n=\dfrac{a_1}{1-r_1}\times\dfrac{b_1}{1-r_2}=\dfrac{a_1b_1}{1-r_1-r_2+r_1r_2}$

따라서 일반적으로 $\sum\limits_{n=1}^{\infty}a_nb_n\ne\sum\limits_{n=1}^{\infty}a_n\times\sum\limits_{n=1}^{\infty}b_n$ (거짓)

ㄷ. 두 등비급수 $\sum\limits_{n=1}^{\infty}a_n$, $\sum\limits_{n=1}^{\infty}b_n$이 모두 발산한다고 하면

$|r_1|\ge1$, $|r_2|\ge1$

이때 $|r_1r_2|=|r_1||r_2|\ge1$이므로 급수 $\sum\limits_{n=1}^{\infty}a_nb_n$은 발산한다.

따라서 급수 $\sum\limits_{n=1}^{\infty}a_nb_n$이 수렴하면 두 등비급수

$\sum\limits_{n=1}^{\infty}a_n$, $\sum\limits_{n=1}^{\infty}b_n$ 중에서 적어도 하나는 수렴한다. (참)

따라서 옳은 것은 ㄱ, ㄷ이다.

0235   답 ①

$\dfrac{1}{4}-\dfrac{3}{4^2}+\dfrac{1}{4^3}-\dfrac{3}{4^4}+\dfrac{1}{4^5}-\dfrac{3}{4^6}+\cdots$

$=\left(\dfrac{1}{4}+\dfrac{1}{4^3}+\dfrac{1}{4^5}+\cdots\right)-3\times\left(\dfrac{1}{4^2}+\dfrac{1}{4^4}+\dfrac{1}{4^6}+\cdots\right)$

급수 $\dfrac{1}{4}+\dfrac{1}{4^3}+\dfrac{1}{4^5}+\cdots$은 첫째항이 $\dfrac{1}{4}$, 공비가 $\dfrac{1}{4^2}$인

등비급수이므로 등비급수의 합은 $\dfrac{\dfrac{1}{4}}{1-\dfrac{1}{16}}=\dfrac{4}{15}$

급수 $\dfrac{1}{4^2}+\dfrac{1}{4^4}+\dfrac{1}{4^6}+\cdots$은 첫째항이 $\dfrac{1}{16}$, 공비가 $\dfrac{1}{4^2}$인

등비급수이므로 등비급수의 합은 $\dfrac{\dfrac{1}{16}}{1-\dfrac{1}{16}}=\dfrac{1}{15}$

$\therefore \dfrac{1}{4}-\dfrac{3}{4^2}+\dfrac{1}{4^3}-\dfrac{3}{4^4}+\dfrac{1}{4^5}-\dfrac{3}{4^6}+\cdots=\dfrac{4}{15}-3\times\dfrac{1}{15}=\dfrac{1}{15}$

0236 ······ 답 ③

$a_n=\dfrac{1}{3^n}\sin\dfrac{n}{2}\pi$에 $n=1, 2, 3, \cdots$을 차례로 대입하면

$n=1$일 때 $a_1=\dfrac{1}{3}\sin\dfrac{1}{2}\pi=\dfrac{1}{3}$

$n=2$일 때 $a_2=\dfrac{1}{3^2}\sin\pi=0$

$n=3$일 때 $a_3=\dfrac{1}{3^3}\sin\dfrac{3}{2}\pi=-\dfrac{1}{3^3}$

$n=4$일 때 $a_4=\dfrac{1}{3^4}\sin 2\pi=0$

$\vdots$

이므로 자연수 k에 대하여

$n=2k$일 때, $a_{2k}=\dfrac{1}{3^{2k}}\sin k\pi=0$

$n=2k-1$일 때, $a_{2k-1}=\dfrac{1}{3^{2k-1}}\sin\dfrac{2k-1}{2}\pi=(-1)^{k+1}\dfrac{1}{3^{2k-1}}$

이때 수열 $\{a_{2k-1}\}$은 첫째항이 $\dfrac{1}{3}$, 공비가 $-\dfrac{1}{3^2}$인 등비수열이므로

$\displaystyle\sum_{n=1}^{\infty}a_n=\sum_{k=1}^{\infty}a_{2k-1}=\dfrac{\dfrac{1}{3}}{1-\left(-\dfrac{1}{9}\right)}=\dfrac{\dfrac{1}{3}}{\dfrac{10}{9}}=\dfrac{3}{10}$

0237 ······ 답 ③

수열 $\{a_n\}$의 일반항은 $a_n=5\times\left(\dfrac{3}{5}\right)^{n-1}$

이때 수열 $\{a_{2n}\}$은 $a_2, a_4, a_6, \cdots$이므로 첫째항이 a_2, 공비가 $\left(\dfrac{3}{5}\right)^2$인 등비수열이다.

$\therefore a_{2n}=a_2\times\left(\dfrac{9}{25}\right)^{n-1}=3\times\left(\dfrac{9}{25}\right)^{n-1}$

$\therefore \displaystyle\sum_{n=2}^{\infty}a_{2n}=\dfrac{a_4}{1-\dfrac{9}{25}}=\dfrac{3\times\dfrac{9}{25}}{1-\dfrac{9}{25}}=\dfrac{27}{16}$

따라서 $p=16$, $q=27$이므로 $p+q=16+27=43$

0238 ······ 답 ②

수열 $\{a_n\}$의 공비를 $r\ (-1<r<1)$라 하면

$\displaystyle\sum_{n=1}^{\infty}a_n=\dfrac{a_1}{1-r}=\dfrac{3}{1-r}$에서 $\dfrac{3}{1-r}=4$ $\therefore r=\dfrac{1}{4}$

$\therefore a_n=3\times\left(\dfrac{1}{4}\right)^{n-1}$

이때 수열 $\{a_{3n-2}\}$는 $a_1, a_4, a_7, \cdots$이므로 첫째항이 a_1, 공비가 $\left(\dfrac{1}{4}\right)^3$인 등비수열이다.

$\therefore a_{3n-2}=a_1\times\left(\dfrac{1}{64}\right)^{n-1}=3\times\left(\dfrac{1}{64}\right)^{n-1}$

수열 $\{a_{3n-1}\}$은 $a_2, a_5, a_8, \cdots$이므로 첫째항이 a_2, 공비가 $\left(\dfrac{1}{4}\right)^3$인 등비수열이다.

$\therefore a_{3n-1}=a_2\times\left(\dfrac{1}{64}\right)^{n-1}=\dfrac{3}{4}\times\left(\dfrac{1}{64}\right)^{n-1}$

$\therefore \displaystyle\sum_{n=1}^{\infty}(a_{3n-2}-a_{3n-1})=\sum_{n=1}^{\infty}a_{3n-2}-\sum_{n=1}^{\infty}a_{3n-1}$

$=\dfrac{3}{1-\dfrac{1}{64}}-\dfrac{\dfrac{3}{4}}{1-\dfrac{1}{64}}=\dfrac{64}{21}-\dfrac{16}{21}=\dfrac{16}{7}$

0239 ······ 답 ④

주어진 급수의 제n항까지의 부분합을 S_n이라 하면

$S_n=8+2\times\dfrac{8}{9}+3\times\dfrac{8}{9^2}+\cdots+(n-1)\times\dfrac{8}{9^{n-2}}+n\times\dfrac{8}{9^{n-1}}$ ······㉠

㉠의 양변에 $\dfrac{1}{9}$을 곱하면

$\dfrac{1}{9}S_n=\dfrac{8}{9}+2\times\dfrac{8}{9^2}+3\times\dfrac{8}{9^3}+\cdots+(n-1)\times\dfrac{8}{9^{n-1}}+n\times\dfrac{8}{9^n}$ ······㉡

㉠에서 ㉡을 변끼리 빼면

$\dfrac{8}{9}S_n=8+\dfrac{8}{9}+\dfrac{8}{9^2}+\dfrac{8}{9^3}+\cdots+\dfrac{8}{9^{n-1}}-n\times\dfrac{8}{9^n}$이므로

$S_n=\left(9+1+\dfrac{1}{9}+\dfrac{1}{9^2}+\cdots+\dfrac{1}{9^{n-2}}\right)-n\times\dfrac{1}{9^{n-1}}$

따라서 주어진 급수의 합은 $\displaystyle\lim_{n\to\infty}S_n=\dfrac{9}{1-\dfrac{1}{9}}-0=\dfrac{81}{8}$

> **참고**
>
> 일반항이 (등차수열)×(등비수열) 꼴인 멱급수는 교육과정에서 다루지 않는 내용이지만, 학교 내신에 출제될 수 있어 수록하였다.
> 멱급수의 합은 다음과 같은 방법으로 구한다.
> 등비수열의 공비가 r, 급수의 제n항까지의 부분합을 S_n이라 할 때,
> ❶ S_n-rS_n에서 공비의 거듭제곱이 같은 항끼리 뺀다.
> ❷ ❶의 등식에서 S_n을 구한다.
> ❸ $\displaystyle\lim_{n\to\infty}S_n$을 구하여 급수의 합을 구한다.

수열 $\{a_n\}$의 첫째항을 a, 공비를 r라 하면 일반항은 $a_n=ar^{n-1}$

$a_1+a_2=a+ar=a(1+r)=36$ ┄┄┄┄ ㉠

$a_3+a_4=ar^2+ar^3=ar^2(1+r)=4$ ┄┄┄┄ ㉡

㉡÷㉠을 하면

$r^2=\dfrac{1}{9}$ $\therefore r=\dfrac{1}{3}$ $(\because r>0)$

㉠에 대입하면 $a\left(1+\dfrac{1}{3}\right)=36$ $\therefore a=27$

$\therefore a_n=27\times\left(\dfrac{1}{3}\right)^{n-1}$

$\therefore \displaystyle\sum_{n=1}^{\infty}a_n=\dfrac{27}{1-\dfrac{1}{3}}=\dfrac{81}{2}$

채점 요소	배점
수열 $\{a_n\}$의 공비 r의 값 구하기	40 %
첫째항 a_1의 값 구하기	20 %
$\displaystyle\sum_{n=1}^{\infty}a_n$의 값 구하기	40 %

0241 ▬▬▬▬▬▬▬▬▬▬▬▬▬▬ 답 ④

등비수열 $\{a_n\}$의 첫째항을 a, 공비를 r $(0<r<1)$라 하자.

$a_1+a_2=a+ar=a(1+r)=30$ ┄┄┄┄ ㉠

$\displaystyle\sum_{n=3}^{\infty}a_n=\dfrac{a_3}{1-r}=\dfrac{ar^2}{1-r}=2$ ┄┄┄┄ ㉡

㉠÷㉡을 하면

$a(1+r)\times\dfrac{1-r}{ar^2}=15,\ \dfrac{1-r^2}{r^2}=15$

$1-r^2=15r^2,\ r^2=\dfrac{1}{16}$

$\therefore r=\dfrac{1}{4}$ $(\because 0<r<1)$

㉠에 대입하면 $a\left(1+\dfrac{1}{4}\right)=30$

$\dfrac{5}{4}a=30$ $\therefore a=24$

0242 ▬▬▬▬▬▬▬▬▬▬▬▬▬▬ 답 ⑤

두 등비수열 $\{a_n\}$, $\{b_n\}$의 공비를 r라 하면 두 급수 $\displaystyle\sum_{n=1}^{\infty}a_n$, $\displaystyle\sum_{n=1}^{\infty}b_n$이

모두 수렴하므로 $-1<r<1$

$\displaystyle\sum_{n=1}^{\infty}a_n=\dfrac{a_1}{1-r}=21$ ┄┄┄┄ ㉠

$\displaystyle\sum_{n=1}^{\infty}b_n=\dfrac{b_1}{1-r}=3$ ┄┄┄┄ ㉡

㉠−㉡을 하면

$\dfrac{a_1-b_1}{1-r}=18,\ \dfrac{6}{1-r}=18$ $(\because a_1-b_1=6)$

$1-r=\dfrac{1}{3}$ $\therefore r=\dfrac{2}{3}$

㉠, ㉡에 대입하여 풀면

$a_1=7,\ b_1=1$

따라서 $a_n=7\times\left(\dfrac{2}{3}\right)^{n-1}$, $b_n=\left(\dfrac{2}{3}\right)^{n-1}$이므로

$\displaystyle\sum_{n=1}^{\infty}a_nb_n{}^2=\sum_{n=1}^{\infty}\left\{7\times\left(\dfrac{2}{3}\right)^{n-1}\times\left(\dfrac{4}{9}\right)^{n-1}\right\}$

$\qquad\qquad=\displaystyle\sum_{n=1}^{\infty}\left\{7\times\left(\dfrac{8}{27}\right)^{n-1}\right\}$

$\qquad\qquad=\dfrac{7}{1-\dfrac{8}{27}}=\dfrac{189}{19}$

0243 ▬▬▬▬▬▬▬▬▬▬▬▬▬▬ 답 ④

등비수열 $\{a_n\}$에 대하여 $\displaystyle\sum_{n=1}^{\infty}a_n$이 수렴하므로

첫째항을 a, 공비를 r $(-1<r<1)$라 하면

수열 $\{a_{2n}\}$은 a_2, a_4, a_6, $\cdots$이므로 첫째항이 a_2,

공비가 r^2인 등비수열이고,

수열 $\{a_{3n}\}$은 a_3, a_6, a_9, $\cdots$이므로 첫째항이 a_3,

공비가 r^3인 등비수열이다.

$\displaystyle\sum_{n=1}^{\infty}a_n=\dfrac{a}{1-r}=4$ ┄┄┄┄ ㉠

$\displaystyle\sum_{n=1}^{\infty}a_{2n}=\dfrac{a_2}{1-r^2}=\dfrac{ar}{(1-r)(1+r)}=\dfrac{12}{7}$ ┄┄┄┄ ㉡

㉠을 ㉡에 대입하면

$4\times\dfrac{r}{1+r}=\dfrac{12}{7},\ 7r=3+3r$ $\therefore r=\dfrac{3}{4}$ ┄┄┄┄ ㉢

$\therefore \displaystyle\sum_{n=1}^{\infty}a_{3n}=\dfrac{a_3}{1-r^3}$

$\qquad\qquad=\dfrac{ar^2}{(1-r)(1+r+r^2)}$

$\qquad\qquad=\dfrac{a}{1-r}\times\dfrac{r^2}{1+r+r^2}$

$\qquad\qquad=4\times\dfrac{\left(\dfrac{3}{4}\right)^2}{1+\dfrac{3}{4}+\left(\dfrac{3}{4}\right)^2}$ $(\because ㉠, ㉢)$

$\qquad\qquad=4\times\dfrac{9}{16+12+9}=\dfrac{36}{37}$

0244 ▬▬▬▬▬▬▬▬▬▬ 답 (1) 1 (2) 24 (3) $\dfrac{512}{9}$

등비수열 $\{a_n\}$에 대하여 $\displaystyle\sum_{n=1}^{\infty}a_n$이 수렴하므로

첫째항을 a, 공비를 r $(-1<r<1)$라 하면 일반항은

$a_n=ar^{n-1}$

$\displaystyle\sum_{n=1}^{\infty}a_n=\dfrac{a}{1-r}=\dfrac{8}{3}$에서 $a=\dfrac{8}{3}(1-r)$ ┄┄┄┄ ㉠

수열 $\{a_n{}^2\}$은 첫째항이 a^2, 공비가 r^2인 등비수열이므로

$\displaystyle\sum_{n=1}^{\infty}a_n{}^2=\dfrac{a^2}{1-r^2}=\dfrac{64}{3}$ ┄┄┄┄ ㉡

㉠을 ㉡에 대입하면

$\dfrac{64}{9}(1-r)^2\times\dfrac{1}{1-r^2}=\dfrac{64}{3}$

$\dfrac{1-r}{3(1+r)}=1,\ 1-r=3+3r$ $\therefore r=-\dfrac{1}{2}$

㉠에 대입하면 $a=\dfrac{8}{3}\times\left(1+\dfrac{1}{2}\right)=4$

$$\therefore a_n = 4 \times \left(-\frac{1}{2}\right)^{n-1}$$

(1) $a_3 = 4 \times \left(-\frac{1}{2}\right)^2 = 1$

(2) $\displaystyle\sum_{n=1}^{\infty} a_n(a_n+1) = \sum_{n=1}^{\infty}(a_n^2+a_n) = \sum_{n=1}^{\infty} a_n^2 + \sum_{n=1}^{\infty} a_n$

$$= \frac{64}{3} + \frac{8}{3} = \frac{72}{3} = 24$$

(3) $a_n^3 = 4^3 \times \left(-\frac{1}{8}\right)^{n-1}$이므로

$$\sum_{n=1}^{\infty} a_n^3 = \frac{64}{1-\left(-\frac{1}{8}\right)} = \frac{512}{9}$$

0245 답 ①

$a_n = 6 \times \left(\frac{1}{4}\right)^{n-1}$이므로

$b_n = \displaystyle\sum_{k=n}^{\infty} a_k = \sum_{k=1}^{\infty} a_k - \sum_{k=1}^{n-1} a_k$

$\quad = \dfrac{6}{1-\frac{1}{4}} - \dfrac{6\left\{1-\left(\frac{1}{4}\right)^{n-1}\right\}}{1-\frac{1}{4}}$

$\quad = 8 - 8\left\{1-\left(\frac{1}{4}\right)^{n-1}\right\}$

$\quad = 8 \times \left(\frac{1}{4}\right)^{n-1}$

따라서 수열 $\{b_n\}$은 첫째항이 8, 공비가 $\frac{1}{4}$인 등비수열이므로

$$\sum_{n=1}^{\infty} b_n = \frac{8}{1-\frac{1}{4}} = \frac{32}{3}$$

0246 답 ③

$a_n = 2 \times \left(\frac{1}{2}\right)^{n-1}$, $b_n = 5 \times \left(\frac{1}{3}\right)^{n-1}$이므로

$\displaystyle\sum_{k=1}^{n} a_k b_{n-k+1} = \sum_{k=1}^{n}\left\{2 \times \left(\frac{1}{2}\right)^{k-1} \times 5 \times \left(\frac{1}{3}\right)^{n-k}\right\}$

$\quad = \displaystyle\sum_{k=1}^{n}\left\{20 \times \left(\frac{1}{3}\right)^{n} \times \left(\frac{3}{2}\right)^{k}\right\}$

$\quad = \dfrac{20 \times \left(\frac{1}{3}\right)^{n} \times \frac{3}{2}\left\{\left(\frac{3}{2}\right)^{n}-1\right\}}{\frac{3}{2}-1}$

$\quad = 60 \times \left(\frac{1}{3}\right)^{n} \times \left\{\left(\frac{3}{2}\right)^{n}-1\right\}$

$\quad = 60\left\{\left(\frac{1}{2}\right)^{n} - \left(\frac{1}{3}\right)^{n}\right\}$

$\therefore \displaystyle\sum_{n=1}^{\infty}\left(\sum_{k=1}^{n} a_k b_{n-k+1}\right) = 60\sum_{n=1}^{\infty}\left\{\left(\frac{1}{2}\right)^{n} - \left(\frac{1}{3}\right)^{n}\right\}$

$\qquad\qquad = 60 \times \left(\dfrac{\frac{1}{2}}{1-\frac{1}{2}} - \dfrac{\frac{1}{3}}{1-\frac{1}{3}}\right)$

$\qquad\qquad = 60 \times \left(1-\frac{1}{2}\right) = 30$

0247 답 ②

등비수열 $\{a_n\}$에 대하여 $\displaystyle\sum_{n=1}^{\infty} a_n$이 수렴하므로

첫째항을 a, 공비를 r $(-1<r<1)$라 하면 일반항은 $a_n = ar^{n-1}$

급수 $\displaystyle\sum_{n=1}^{\infty} a_n$이 수렴하므로 공비 r는 $-1<r<1$

$$\sum_{n=1}^{\infty} a_n = \frac{a}{1-r} = 1 \text{에서 } a = 1-r \qquad \cdots\cdots \text{㉠}$$

수열 $\{a_n^3\}$은 첫째항이 a^3, 공비가 r^3인 등비수열이므로

$$\sum_{n=1}^{\infty} a_n^3 = \frac{a^3}{1-r^3} = 3 \qquad \cdots\cdots \text{㉡}$$

㉠을 ㉡에 대입하면

$$\frac{(1-r)^3}{1-r^3} = 3, \quad \frac{(1-r)^2}{1+r+r^2} = 3$$

$$1-2r+r^2 = 3+3r+3r^2$$

$$2r^2+5r+2 = 0$$

$$(r+2)(2r+1) = 0$$

$$\therefore r = -\frac{1}{2} \ (\because -1<r<1)$$

㉠에 대입하면 $a = 1-\left(-\frac{1}{2}\right) = \frac{3}{2}$

$$\therefore a_2 = ar = \frac{3}{2} \times \left(-\frac{1}{2}\right) = -\frac{3}{4}$$

0248 답 ④

등비수열 $\{a_n\}$의 첫째항을 a, 공비를 r라 하면 일반항은 $a_n = ar^{n-1}$

이때 모든 항이 양수이고, 조건 ㈎에서 급수 $\displaystyle\sum_{n=1}^{\infty} a_n$이 수렴하므로

$$a>0, \ 0<r<1$$

조건 ㈎에서 $\displaystyle\sum_{n=1}^{\infty} a_n = \frac{a}{1-r} = \frac{4}{3}(a+ar)$

$$\frac{1}{1-r} = \frac{4}{3}(1+r) \ (\because a>0)$$

$$\frac{3}{4} = 1-r^2, \quad r^2 = \frac{1}{4}$$

$$\therefore r = \frac{1}{2} \ (\because 0<r<1)$$

수열 $\{a_n^2\}$은 첫째항이 a^2, 공비가 r^2인 등비수열이므로

조건 ㈏에서 $\displaystyle\sum_{n=1}^{\infty} a_n^2 = \frac{a^2}{1-r^2} = \frac{16}{3}(a+ar^2)$

$$\frac{a^2}{1-\frac{1}{4}} = \frac{16}{3}a\left(1+\frac{1}{4}\right), \quad \frac{4}{3}a^2 = \frac{20}{3}a$$

$$\therefore a = 5 \ (\because a>0)$$

$$\therefore a_n = 5 \times \left(\frac{1}{2}\right)^{n-1}$$

$$\therefore 2^{12} \times a_{10} = 2^{12} \times 5 \times \left(\frac{1}{2}\right)^9 = 2^3 \times 5 = 40$$

0249 답 풀이 참조

$x \neq 0$일 때, $f(x)$는 첫째항이 x^2, 공비가 $\dfrac{3}{x^2+3}$인 등비급수를 나타낸다.

이때 $0<\dfrac{3}{x^2+3}<1$이므로 $x\neq0$일 때

$$f(x)=x^2+\dfrac{3x^2}{x^2+3}+\dfrac{9x^2}{(x^2+3)^2}+\dfrac{27x^2}{(x^2+3)^3}+\cdots$$

$$=\dfrac{x^2}{1-\dfrac{3}{x^2+3}}=\dfrac{x^2(x^2+3)}{(x^2+3)-3}$$

$$=x^2+3$$

이때 함수 $f(x)$가 $x=0$에서 연속이 되려면
$\lim\limits_{x\to0}f(x)=f(0)$을 만족시켜야 한다.

$\lim\limits_{x\to0}f(x)=\lim\limits_{x\to0}(x^2+3)=3$이고, $f(0)=a$이므로

$a=3$

채점 요소	배점
등비급수를 이용하여 $x\neq0$일 때 함수 $f(x)$의 식 정리하기	40%
$x=0$에서 함수 $f(x)$의 극한값 구하기	30%
$\lim\limits_{x\to0}f(x)=f(0)$을 이용하여 a의 값 구하기	30%

0250   답 ③

주어진 수열 $\{8^{n-1}a_n\}$의 합을 S_n이라 하자.
$a_1+8a_2+8^2a_3+\cdots+8^{n-1}a_n=10-2n=S_n$에서
$S_n-S_{n-1}=(10-2n)-\{10-2(n-1)\}$
$\qquad\qquad=-2\ (n\geq2)$
이고, $S_n-S_{n-1}=8^{n-1}a_n\ (n\geq2)$이므로
$8^{n-1}a_n=-2\ (n\geq2)$
$\therefore\ a_n=-\dfrac{2}{8^{n-1}}\ (n\geq2),\ a_1=S_1=10-2=8$

$\therefore\ \displaystyle\sum_{n=1}^{\infty}a_n=8+\sum_{n=2}^{\infty}\left\{(-2)\times\left(\dfrac{1}{8}\right)^{n-1}\right\}=8+\dfrac{-\dfrac{1}{4}}{1-\dfrac{1}{8}}=\dfrac{54}{7}$

0251   답 ①

주어진 수열 $\{7^na_n\}$의 합을 S_n이라 하자.
$7a_1+7^2a_2+7^3a_3+\cdots+7^na_n=3^n-1=S_n$에서
$S_n-S_{n-1}=(3^n-1)-(3^{n-1}-1)$
$\qquad\qquad=3^n-3^{n-1}$
$\qquad\qquad=2\times3^{n-1}\ (n\geq2)$
이고, $S_n-S_{n-1}=7^na_n\ (n\geq2)$이므로
$7^na_n=2\times3^{n-1}\ (n\geq2)$에서 $a_n=\dfrac{2\times3^{n-1}}{7^n}\ (n\geq2)$
$a_1=\dfrac{3-1}{7}=\dfrac{2}{7}$이므로

$a_n=2\times\dfrac{3^{n-1}}{7^n}\ (n\geq1)$

$\therefore\ \displaystyle\sum_{n=1}^{\infty}\dfrac{a_n}{3^{n-1}}=\sum_{n=1}^{\infty}\left\{2\times\left(\dfrac{1}{7}\right)^n\right\}=\dfrac{\dfrac{2}{7}}{1-\dfrac{1}{7}}=\dfrac{1}{3}$

0252   답 ②

$n=1$일 때 $3^0=1$이므로 4로 나눈 나머지는 1
$n=2$일 때 $3^1=3$이므로 4로 나눈 나머지는 3
$n=3$일 때 $3^2=9$이므로 4로 나눈 나머지는 1
$n=4$일 때 $3^3=27$이므로 4로 나눈 나머지는 3
$n=5$일 때 $3^4=81$이므로 4로 나눈 나머지는 1
$\qquad\qquad\vdots$
에서 $a_1=1$, $a_2=3$, $a_3=1$, $a_4=3$, $\cdots$
따라서 수열 $\{a_n\}$은 1, 3이 이 순서대로 반복하여 나타나므로
$\displaystyle\sum_{n=1}^{\infty}\dfrac{a_n}{6^n}=\dfrac{1}{6}+\dfrac{3}{6^2}+\dfrac{1}{6^3}+\dfrac{3}{6^4}+\cdots$

$\qquad=\left(\dfrac{1}{6}+\dfrac{1}{6^3}+\dfrac{1}{6^5}+\cdots\right)+\left(\dfrac{3}{6^2}+\dfrac{3}{6^4}+\dfrac{3}{6^6}+\cdots\right)$

$\qquad=\dfrac{\dfrac{1}{6}}{1-\dfrac{1}{6^2}}+\dfrac{\dfrac{3}{6^2}}{1-\dfrac{1}{6^2}}$

$\qquad=\dfrac{6}{35}+\dfrac{3}{35}=\dfrac{9}{35}$

0253   답 ⑤

$n=1$일 때 $3^1=3$이므로 일의 자리의 수는 3
$n=2$일 때 $3^2=9$이므로 일의 자리의 수는 9
$n=3$일 때 $3^3=27$이므로 일의 자리의 수는 7
$n=4$일 때 $3^4=81$이므로 일의 자리의 수는 1
$n=5$일 때 $3^5=243$이므로 일의 자리의 수는 3
$n=6$일 때 $3^6=729$이므로 일의 자리의 수는 9
$\qquad\qquad\vdots$
에서 $a_1=3$, $a_2=9$, $a_3=7$, $a_4=1$, $a_5=3$, $a_6=9$, $\cdots$
따라서 수열 $\{a_n\}$은 3, 9, 7, 1이 이 순서대로 반복하여 나타나므로
$\displaystyle\sum_{n=1}^{\infty}\dfrac{a_n}{2^n}=\dfrac{3}{2}+\dfrac{9}{2^2}+\dfrac{7}{2^3}+\dfrac{1}{2^4}+\dfrac{3}{2^5}+\dfrac{9}{2^6}+\cdots$

$\quad=\left(\dfrac{3}{2}+\dfrac{3}{2^5}+\dfrac{3}{2^9}+\cdots\right)+\left(\dfrac{9}{2^2}+\dfrac{9}{2^6}+\dfrac{9}{2^{10}}+\cdots\right)$

$\qquad+\left(\dfrac{7}{2^3}+\dfrac{7}{2^7}+\dfrac{7}{2^{11}}+\cdots\right)+\left(\dfrac{1}{2^4}+\dfrac{1}{2^8}+\dfrac{1}{2^{12}}+\cdots\right)$

$\quad=\dfrac{\dfrac{3}{2}}{1-\dfrac{1}{2^4}}+\dfrac{\dfrac{9}{2^2}}{1-\dfrac{1}{2^4}}+\dfrac{\dfrac{7}{2^3}}{1-\dfrac{1}{2^4}}+\dfrac{\dfrac{1}{2^4}}{1-\dfrac{1}{2^4}}$

$\quad=\dfrac{\dfrac{3}{2}\times2^4}{16-1}+\dfrac{\dfrac{9}{2^2}\times2^4}{16-1}+\dfrac{\dfrac{7}{2^3}\times2^4}{16-1}+\dfrac{\dfrac{1}{2^4}\times2^4}{16-1}$

$\quad=\dfrac{24+36+14+1}{15}=5$

0254   답 ④

이차함수 $y=27^nx^2-3^n(3^n+1)x+1$이 x축과 만나는 점의 x좌표는

방정식 $27^n x^2 - 3^n(3^n+1)x + 1 = 0$의 두 실근과 같으므로

$(3^n x - 1)(9^n x - 1) = 0$에서 $x = \dfrac{1}{3^n}$ 또는 $x = \dfrac{1}{9^n}$

따라서 $l_n = \dfrac{1}{3^n} - \dfrac{1}{9^n}$이므로

$$\sum_{n=1}^{\infty} l_n = \sum_{n=1}^{\infty}\left(\dfrac{1}{3^n} - \dfrac{1}{9^n}\right) = \dfrac{\frac{1}{3}}{1-\frac{1}{3}} - \dfrac{\frac{1}{9}}{1-\frac{1}{9}} = \dfrac{3}{8}$$

따라서 $p=8$, $q=3$이므로 $p+q=11$

0255   답 ④

한 변의 길이가 $2n$인 정사각형의 한 변을 n등분하면
한 변의 길이가 2인 선분이 n개 생기므로
한 변의 길이가 2인 정사각형의 개수 a_n은
$a_n = n \times n = n^2$
이때 한 변에 꼭짓점은 $n+1$개가 생기므로
한 변의 길이가 2인 정사각형의 꼭짓점이 되는 점들의 개수 b_n은
$b_n = (n+1)^2$

$$\therefore \sum_{n=1}^{\infty} \dfrac{1}{\sqrt{a_n b_n}}$$
$$= \sum_{n=1}^{\infty} \dfrac{1}{n(n+1)}$$
$$= \lim_{n\to\infty} \sum_{k=1}^{n}\left(\dfrac{1}{k} - \dfrac{1}{k+1}\right)$$
$$= \lim_{n\to\infty}\left\{\left(1-\dfrac{1}{2}\right) + \left(\dfrac{1}{2}-\dfrac{1}{3}\right) + \left(\dfrac{1}{3}-\dfrac{1}{4}\right) + \cdots + \left(\dfrac{1}{n}-\dfrac{1}{n+1}\right)\right\}$$
$$= \lim_{n\to\infty}\left(1 - \dfrac{1}{n+1}\right) = 1$$

0256   답 ②

$\mathrm{P}_n\left(\dfrac{1}{2n+1}, 0\right)$, $\mathrm{Q}_n\left(0, \dfrac{1}{2n+3}\right)$이므로
삼각형 $\mathrm{OP}_n\mathrm{Q}_n$의 넓이 S_n은

$$S_n = \dfrac{1}{2} \times \dfrac{1}{2n+1} \times \dfrac{1}{2n+3} = \dfrac{1}{4}\left(\dfrac{1}{2n+1} - \dfrac{1}{2n+3}\right)$$

$$\therefore \sum_{n=1}^{\infty} 8S_n$$
$$= \sum_{n=1}^{\infty} 2\left(\dfrac{1}{2n+1} - \dfrac{1}{2n+3}\right)$$
$$= 2\lim_{n\to\infty} \sum_{k=1}^{n}\left(\dfrac{1}{2k+1} - \dfrac{1}{2k+3}\right)$$
$$= 2\lim_{n\to\infty}\left\{\left(\dfrac{1}{3}-\dfrac{1}{5}\right) + \left(\dfrac{1}{5}-\dfrac{1}{7}\right) + \left(\dfrac{1}{7}-\dfrac{1}{9}\right) + \cdots + \left(\dfrac{1}{2n+1} - \dfrac{1}{2n+3}\right)\right\}$$
$$= 2\lim_{n\to\infty}\left(\dfrac{1}{3} - \dfrac{1}{2n+3}\right) = \dfrac{2}{3}$$

0257   답 ④

주어진 네 직선을 좌표평면에 나타내면 다음과 같다.

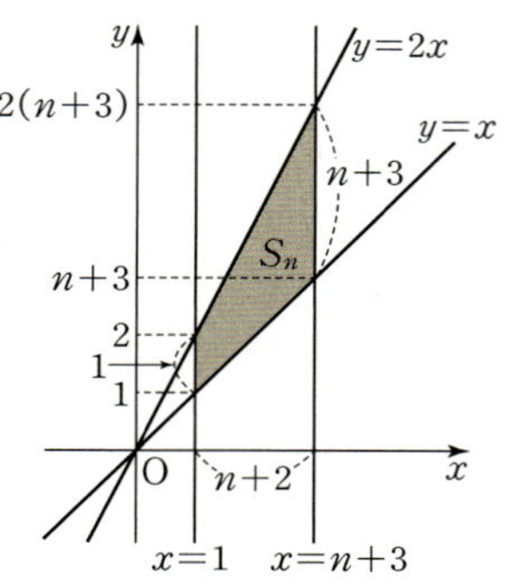

네 직선으로 둘러싸인 사각형은 사다리꼴이므로 넓이 S_n은

$$S_n = \dfrac{1}{2} \times \{1+(n+3)\} \times (n+2) = \dfrac{(n+2)(n+4)}{2}$$

$$\therefore \sum_{n=1}^{\infty} \dfrac{1}{2S_n} = \sum_{n=1}^{\infty} \dfrac{1}{(n+2)(n+4)}$$
$$= \sum_{n=1}^{\infty} \dfrac{1}{2}\left(\dfrac{1}{n+2} - \dfrac{1}{n+4}\right)$$
$$= \dfrac{1}{2}\lim_{n\to\infty} \sum_{k=1}^{n}\left(\dfrac{1}{k+2} - \dfrac{1}{k+4}\right)$$
$$= \dfrac{1}{2}\lim_{n\to\infty}\left\{\left(\dfrac{1}{3}-\dfrac{1}{5}\right) + \left(\dfrac{1}{4}-\dfrac{1}{6}\right) + \left(\dfrac{1}{5}-\dfrac{1}{7}\right) + \cdots + \left(\dfrac{1}{n+1}-\dfrac{1}{n+3}\right) + \left(\dfrac{1}{n+2} - \dfrac{1}{n+4}\right)\right\}$$
$$= \dfrac{1}{2}\lim_{n\to\infty}\left(\dfrac{1}{3} + \dfrac{1}{4} - \dfrac{1}{n+3} - \dfrac{1}{n+4}\right)$$
$$= \dfrac{1}{2}\left(\dfrac{1}{3} + \dfrac{1}{4}\right) = \dfrac{7}{24}$$

0258   답 ③

원 $x^2 + y^2 = 10n$ 위의 점 $(\sqrt{5n}, \sqrt{5n})$에서의 접선 l_n은
$l_n : \sqrt{5n}\,x + \sqrt{5n}\,y = 10n$
직선 l_n의 x절편은 $\left(\dfrac{10n}{\sqrt{5n}}, 0\right)$, y절편은 $\left(0, \dfrac{10n}{\sqrt{5n}}\right)$이다.

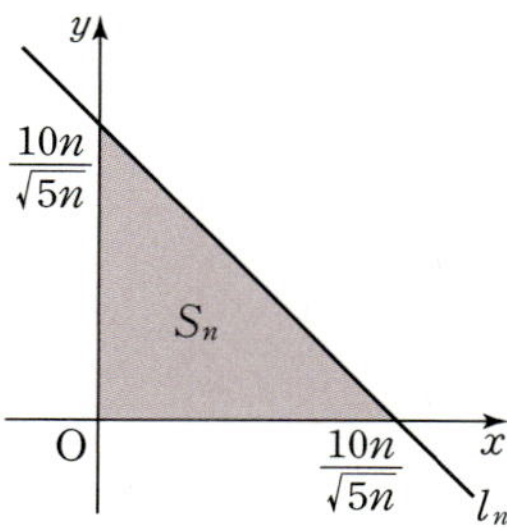

따라서 $S_n = \dfrac{1}{2} \times \dfrac{10n}{\sqrt{5n}} \times \dfrac{10n}{\sqrt{5n}} = 10n$이므로

$$\sum_{n=1}^{\infty} \dfrac{100}{S_n S_{n+2}}$$
$$= \sum_{n=1}^{\infty} \dfrac{100}{10n \times 10(n+2)}$$
$$= \dfrac{1}{2}\sum_{n=1}^{\infty}\left(\dfrac{1}{n} - \dfrac{1}{n+2}\right)$$
$$= \dfrac{1}{2}\lim_{n\to\infty} \sum_{k=1}^{n}\left(\dfrac{1}{k} - \dfrac{1}{k+2}\right)$$

$$=\frac{1}{2}\lim_{n\to\infty}\left\{\left(1-\frac{1}{3}\right)+\left(\frac{1}{2}-\frac{1}{4}\right)+\left(\frac{1}{3}-\frac{1}{5}\right)\right.$$
$$\left.+\cdots+\left(\frac{1}{n-1}-\frac{1}{n+1}\right)+\left(\frac{1}{n}-\frac{1}{n+2}\right)\right\}$$
$$=\frac{1}{2}\lim_{n\to\infty}\left(1+\frac{1}{2}-\frac{1}{n+1}-\frac{1}{n+2}\right)$$
$$=\frac{1}{2}\left(1+\frac{1}{2}\right)=\frac{3}{4}$$

0259   답 ⑤

두 점 A, B는 곡선 $y=-x^2+3x$ 위의 점이므로 x좌표를 각각
α_n, β_n이라 하면
$A(\alpha_n,\ -\alpha_n^2+3\alpha_n)$, $B(\beta_n,\ -\beta_n^2+3\beta_n)$

이때 곡선 $y=-x^2+3x$와 직선 $y=\dfrac{1}{n(n+1)}x-3$의 교점의

x좌표는 방정식

$$-x^2+3x=\frac{1}{n(n+1)}x-3,\ \ \text{즉}\ \ x^2-\left\{3-\frac{1}{n(n+1)}\right\}x-3=0$$

의 해이므로 이차방정식의 근과 계수의 관계에 의하여

$$\alpha_n+\beta_n=3-\frac{1}{n(n+1)}\qquad\qquad \cdots\cdots\text{㉠}$$

한편 두 직선 OA, OB의 기울기가 각각 a_n, b_n이므로

$$a_n=\frac{-\alpha_n^2+3\alpha_n}{\alpha_n}=-\alpha_n+3$$

$$b_n=\frac{-\beta_n^2+3\beta_n}{\beta_n}=-\beta_n+3$$

$$\therefore\ a_n+b_n-3=(-\alpha_n+3)+(-\beta_n+3)-3=-(\alpha_n+\beta_n)+3$$

$$\therefore\ \sum_{n=1}^{\infty}(a_n+b_n-3)$$
$$=\sum_{n=1}^{\infty}\frac{1}{n(n+1)}\ (\because\ \text{㉠})$$
$$=\lim_{n\to\infty}\sum_{k=1}^{n}\left(\frac{1}{k}-\frac{1}{k+1}\right)$$
$$=\lim_{n\to\infty}\left\{\left(1-\frac{1}{2}\right)+\left(\frac{1}{2}-\frac{1}{3}\right)+\left(\frac{1}{3}-\frac{1}{4}\right)+\cdots+\left(\frac{1}{n}-\frac{1}{n+1}\right)\right\}$$
$$=\lim_{n\to\infty}\left(1-\frac{1}{n+1}\right)=1$$

0260   답 ②

오렌지주스 3 L의 반을 먼저 재은이가 마셨으므로

재은이가 처음 마신 오렌지주스의 양은 $\dfrac{3}{2}$ L,

종인이는 남은 $\dfrac{3}{2}$ L의 반을 마셨으므로 $\dfrac{3}{2}\times\dfrac{1}{2}(L)$

다시 재은이가 남은 $\dfrac{3}{2}\times\dfrac{1}{2}(L)$의 반을 마셨으므로 $\dfrac{3}{2}\times\left(\dfrac{1}{2}\right)^2(L)$,

종인이는 남은 $\dfrac{3}{2}\times\left(\dfrac{1}{2}\right)^2(L)$의 반을 마셨으므로 $\dfrac{3}{2}\times\left(\dfrac{1}{2}\right)^3(L)$

또 재은이가 남은 $\dfrac{3}{2}\times\left(\dfrac{1}{2}\right)^3(L)$의 반을 마셨으므로 $\dfrac{3}{2}\times\left(\dfrac{1}{2}\right)^4(L)$,

종인이는 남은 $\dfrac{3}{2}\times\left(\dfrac{1}{2}\right)^4(L)$의 반을 마셨으므로 $\dfrac{3}{2}\times\left(\dfrac{1}{2}\right)^5(L)$

이와 같은 과정을 한없이 반복하였을 때,
재은이가 마신 오렌지주스의 양은

$$\frac{3}{2}+\frac{3}{2}\times\left(\frac{1}{2}\right)^2+\frac{3}{2}\times\left(\frac{1}{2}\right)^4+\cdots=\frac{\frac{3}{2}}{1-\frac{1}{4}}=2(L)$$

종인이가 마신 오렌지주스의 양은

$$\frac{3}{2}\times\frac{1}{2}+\frac{3}{2}\times\left(\frac{1}{2}\right)^3+\frac{3}{2}\times\left(\frac{1}{2}\right)^5+\cdots=\frac{\frac{3}{4}}{1-\frac{1}{4}}=1(L)$$

따라서 $a=2$, $b=1$이므로
$$ab=2\times1=2$$

0261   답 ①

다음 그림과 같이 공을 지상 6 m인 곳에서 지면에 수직으로

떨어뜨리면 처음 높이 6 m의 $\dfrac{1}{3}$만큼, 즉 $6\times\dfrac{1}{3}=2(m)$만큼

튀어 오르고 다시 2 m만큼 떨어지고, 또 그 높이의 $\dfrac{1}{3}$만큼

튀어 오르는 과정을 무한히 반복한다.

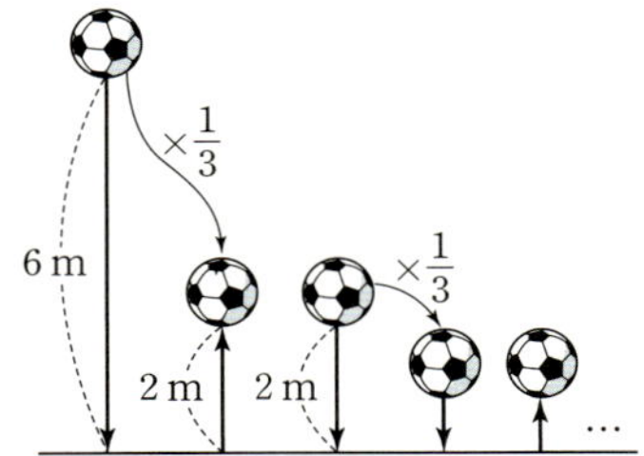

따라서 움직인 총거리는

$$6+6\times\frac{1}{3}\times2+6\times\left(\frac{1}{3}\right)^2\times2+\cdots$$
$$=6+12\times\frac{1}{3}+12\times\left(\frac{1}{3}\right)^2+\cdots$$
$$=6+\frac{4}{1-\frac{1}{3}}$$
$$=6+6=12(m)$$

0262   답 ①

점 A_1에서 x축에 내린 수선의 발을 B_1이라 하면

삼각형 $A_0B_1A_1$에서 선분 A_0A_1의 기울기가 $\dfrac{3}{4}$이므로

$$\frac{\overline{B_1A_1}}{\overline{A_0B_1}}=\frac{1}{\overline{A_0B_1}}=\frac{3}{4}$$

$$\therefore\ x_1=\overline{A_0B_1}=\frac{4}{3}$$

한편 점 A_n에서 직선 $y=n-1$에 내린 수선의 발을 B_n이라 하고
$a_n=\overline{A_{n-1}B_n}$이라 하면

선분 $A_{n-1}A_n$의 기울기가 $\dfrac{3}{4}\times\left(\dfrac{4}{3}\right)^{n-1}$이므로

$$\frac{1}{a_n}=\frac{3}{4}\times\left(\frac{4}{3}\right)^{n-1}$$

$$\therefore a_n=\frac{4}{3}\times\left(\frac{3}{4}\right)^{n-1}$$

따라서 수열 $\{a_n\}$은 첫째항이 $a_1=x_1=\dfrac{4}{3}$, 공비가 $\dfrac{3}{4}$인

등비수열이고 $x_n=\displaystyle\sum_{k=1}^{n}a_k$이므로

$$\lim_{n\to\infty}x_n=\sum_{n=1}^{\infty}a_n=\frac{\dfrac{4}{3}}{1-\dfrac{3}{4}}=\frac{16}{3}$$

0263 　　　　　　　　　　　　　　　　　　 답 ②

점 P가 점 $(x,\,y)$에 한없이 가까워진다고 하면

$$x=\overline{OP_1}-\overline{P_2P_3}+\overline{P_4P_5}-\cdots$$
$$=1-\left(\frac{4}{7}\right)^2+\left(\frac{4}{7}\right)^4-\cdots$$
$$=\frac{1}{1-\left\{-\left(\frac{4}{7}\right)^2\right\}}$$
$$=\frac{1}{1+\dfrac{16}{49}}=\frac{49}{65}$$

$$y=\overline{P_1P_2}-\overline{P_3P_4}+\overline{P_5P_6}-\cdots$$
$$=\frac{4}{7}-\left(\frac{4}{7}\right)^3+\left(\frac{4}{7}\right)^5-\cdots$$
$$=\frac{\dfrac{4}{7}}{1-\left\{-\left(\frac{4}{7}\right)^2\right\}}$$
$$=\frac{\dfrac{4}{7}}{1+\dfrac{16}{49}}=\frac{28}{65}$$

따라서 점 P가 한없이 가까워지는 점의 좌표는

$\left(\dfrac{49}{65},\ \dfrac{28}{65}\right)$이다.

0264 　　　　　　　　　　　　　　　　　　 답 ④

문제와 같은 과정을 반복하여 만든 직각삼각형들은 세 내각의
크기가 각각 같으므로 서로 닮음이다.

$$\overline{PP_1}=6\times\sin 30°=3$$
$$\overline{P_1P_2}=\overline{PP_1}\cos 30°=3\times\frac{\sqrt{3}}{2}$$
$$\overline{P_2P_3}=\overline{P_1P_2}\cos 30°=3\times\frac{\sqrt{3}}{2}\times\frac{\sqrt{3}}{2}=3\times\left(\frac{\sqrt{3}}{2}\right)^2$$
$$\vdots$$
$$\overline{P_{n-1}P_n}=\overline{P_{n-2}P_{n-1}}\cos 30°=3\times\left(\frac{\sqrt{3}}{2}\right)^{n-1}$$

$$\therefore \overline{PP_1}+\overline{P_1P_2}+\overline{P_2P_3}+\cdots=\frac{3}{1-\dfrac{\sqrt{3}}{2}}=\frac{6}{2-\sqrt{3}}=12+6\sqrt{3}$$

0265 　　　　　　　　　　　　　　　　　　 답 ④

정사각형에 의해 만들어지는 직각삼각형은 세 내각의 크기가 각각
같으므로 서로 닮음이다.

정사각형 $A_1B_1BC_1$의 한 변의 길이를 x_1이라 하면 다음과 같다.

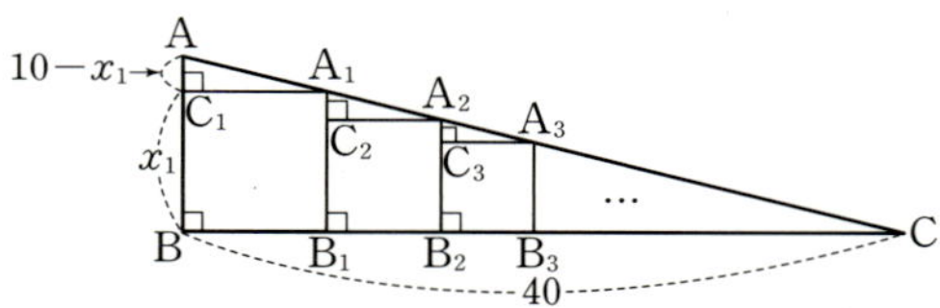

위의 그림에서 삼각형 ABC와 삼각형 AC_1A_1은 서로 닮음이므로

$$10:40=(10-x_1):x_1,\quad 1:4=(10-x_1):x_1$$
$$4(10-x_1)=x_1\qquad \therefore x_1=8$$

정사각형 $A_nB_nB_{n-1}C_n\ (B_0=B)$의 한 변의 길이를 x_n이라 하면

$$1:4=(x_n-x_{n+1}):x_{n+1}$$
$$\therefore x_{n+1}=\frac{4}{5}x_n$$

즉, 수열 $\{x_n\}$은 첫째항이 8, 공비가 $\dfrac{4}{5}$인 등비수열이므로

$$x_n=8\times\left(\frac{4}{5}\right)^{n-1}$$

따라서 구하는 정사각형의 둘레의 길이의 합은

$$\sum_{n=1}^{\infty}4x_n=\sum_{n=1}^{\infty}\left\{32\times\left(\frac{4}{5}\right)^{n-1}\right\}=\frac{32}{1-\dfrac{4}{5}}=160$$

0266 　　　　　　　　　　　　　　　　　　 답 ①

$\overline{AB}=8$이고, 점 A_1은 변 AB를 $3:1$로 내분하는 점이므로

$$\overline{AA_1}=6,\ \overline{A_1B}=2$$

정사각형 ABCD에 대하여

$\overline{BB_1}=\overline{AA_1}=6$이므로 직각삼각형 A_1BB_1에서

$$\overline{A_1B_1}=\sqrt{2^2+6^2}=2\sqrt{10}$$
$$\therefore l_1=8\sqrt{10}$$

한편 그려지는 정사각형은 모두 서로 닮음이고
닮음비는 $\overline{AB}:\overline{A_1B_1}=8:2\sqrt{10}$이므로
둘레의 길이의 비도 $8:2\sqrt{10}$이다.

따라서 수열 $\{l_n\}$은 첫째항이 $8\sqrt{10}$, 공비가 $\dfrac{2\sqrt{10}}{8}=\dfrac{\sqrt{10}}{4}$인

등비수열이므로

$$\sum_{n=1}^{\infty}l_n=\frac{8\sqrt{10}}{1-\dfrac{\sqrt{10}}{4}}=\frac{32\sqrt{10}}{4-\sqrt{10}}=\frac{160+64\sqrt{10}}{3}=\frac{160}{3}+\frac{64}{3}\sqrt{10}$$

따라서 $a=\dfrac{160}{3},\ b=\dfrac{64}{3}$이므로

$$a+b=\frac{224}{3}$$

0267 　　　　　　　　　　　　　　　　　　 답 ②

직사각형 R_1의 짧은 변의 길이를 a라 하면 두 직사각형 R_1, R_2는
서로 닮음이므로

$1:a=a:(1-a)$에서 $a^2=1-a$

$a^2+a-1=0$ $\therefore a=\dfrac{-1+\sqrt{5}}{2}$ $(\because a>0)$

한편 두 직사각형 R_n과 R_{n+1}의 긴 변의 길이의 비는

$1:\dfrac{\sqrt{5}-1}{2}$이므로 $l_{n+1}=\dfrac{\sqrt{5}-1}{2}l_n$

따라서 수열 $\{l_n\}$은 첫째항이 l_1, 공비가 $\dfrac{\sqrt{5}-1}{2}$인 등비수열이므로

$\displaystyle\sum_{n=1}^{\infty}l_n=\dfrac{l_1}{1-\dfrac{\sqrt{5}-1}{2}}=\dfrac{3+\sqrt{5}}{2}l_1$

$\therefore k=\dfrac{3+\sqrt{5}}{2}$

0268 ··· 답 ②

$l_1=4\times\dfrac{\pi}{4}=\pi$

부채꼴 $A_{n-1}A_nB_n$에서 반지름의 길이를 $\overline{A_{n-1}A_n}=r_n$이라 하면

$r_{n+1}=\overline{A_nA_{n+1}}=\overline{A_nB_{n+1}}=r_n\cos\dfrac{\pi}{4}=\dfrac{\sqrt{2}}{2}r_n$

이때 중심각의 크기가 일정할 때 호의 길이는 반지름의 길이에

비례하므로 $l_{n+1}=\dfrac{\sqrt{2}}{2}l_n$

따라서 수열 $\{l_n\}$은 첫째항이 π, 공비가 $\dfrac{\sqrt{2}}{2}$인 등비수열이므로

$\displaystyle\sum_{n=1}^{\infty}l_n=\dfrac{\pi}{1-\dfrac{\sqrt{2}}{2}}=(2+\sqrt{2})\pi$

0269 ··· 답 ⑤

n번째 원의 반지름의 길이를 r_n이라 하면

$r_1=12$

반지름의 길이가 12인 원의 중심을 O, 원에 내접하는 정삼각형을
삼각형 ABC라 하고, 삼각형 ABC에 내접하는 정사각형을
사각형 DEFG라 하자.

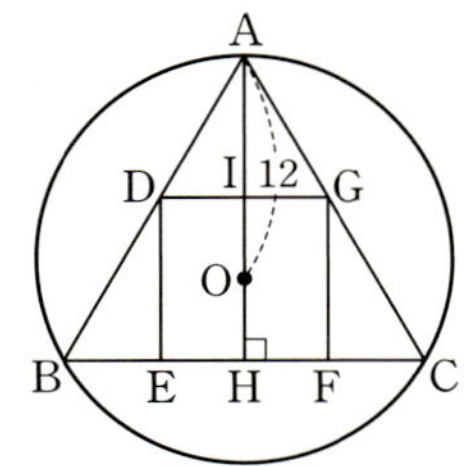

선분 AO는 원의 반지름이므로 $\overline{AO}=12$

점 O는 삼각형 ABC의 무게중심이므로 점 O에서 변 BC에 내린
수선의 발을 H라 하면

$\overline{OH}=12\times\dfrac{1}{2}=6$, $\overline{AH}=18$

두 선분 AO, DG의 교점을 I라 하고, $\overline{DI}=x$라 하면

$\overline{AI}=\sqrt{3}x$, $\overline{HI}=2x$

따라서 $\overline{AH}=\overline{AI}+\overline{HI}$에서

$18=\sqrt{3}x+2x$

$\therefore x=\dfrac{18}{2+\sqrt{3}}=18(2-\sqrt{3})$

정사각형 DEFG에 내접하는 원의 반지름의 길이는 $\overline{DI}$와 같으므로

$r_2=18(2-\sqrt{3})$

이때 그려지는 원은 모두 닮음이므로 닮음비는 $12:18(2-\sqrt{3})$,

즉 $1:\dfrac{3}{2}(2-\sqrt{3})$

$\therefore r_{n+1}=\dfrac{3}{2}(2-\sqrt{3})r_n$

따라서 수열 $\{r_n\}$은 첫째항이 12, 공비가 $\dfrac{3}{2}(2-\sqrt{3})$인

등비수열이므로

$\displaystyle\sum_{n=1}^{\infty}r_n=\dfrac{12}{1-\dfrac{3}{2}(2-\sqrt{3})}=\dfrac{24}{3\sqrt{3}-4}=\dfrac{24(3\sqrt{3}+4)}{11}$

0270 ··· 답 ④

$(부채꼴\ OAB_1의\ 넓이)=\dfrac{1}{2}\times4^2\times\dfrac{\pi}{6}=\dfrac{4}{3}\pi$

직각삼각형 OA_1B_1은 빗변의 길이가 4이므로

$\overline{B_1A_1}=4\sin30°=4\times\dfrac{1}{2}=2$

$\overline{OA_1}=4\cos30°=4\times\dfrac{\sqrt{3}}{2}=2\sqrt{3}$

$(삼각형\ OA_1B_1의\ 넓이)=\dfrac{1}{2}\times2\times2\sqrt{3}=2\sqrt{3}$

$\therefore S_1=\dfrac{4}{3}\pi-2\sqrt{3}$

그려지는 각각의 부채꼴과 각각의 직각삼각형은 모두 서로
닮음이므로 색칠된 도형도 모두 서로 닮음이다.

따라서 닮음비는 $\overline{OA}:\overline{OA_1}=4:2\sqrt{3}$에서

$1:\dfrac{\sqrt{3}}{2}$이므로 넓이의 비는 $1:\dfrac{3}{4}$이다.

따라서 수열 $\{S_n\}$은 첫째항이 $\dfrac{4}{3}\pi-2\sqrt{3}$, 공비가 $\dfrac{3}{4}$인 등비수열이므로

$\displaystyle\sum_{n=1}^{\infty}S_n=\dfrac{\dfrac{4}{3}\pi-2\sqrt{3}}{1-\dfrac{3}{4}}=\dfrac{16}{3}\pi-8\sqrt{3}$

0271 ··· 답 ③

부채꼴 A_2OB_2의 반지름의 길이는 점 O에서 현 A_1B_1에 내린
수선의 길이와 같으므로 $3\sqrt{2}$이다.

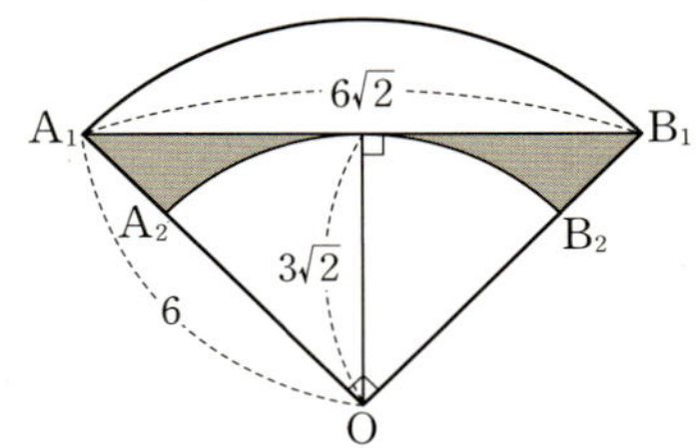

$$\therefore S_1 = \frac{1}{2} \times 6 \times 6 - \frac{1}{2} \times (3\sqrt{2})^2 \times \frac{\pi}{2} = \frac{36-9\pi}{2}$$

부채꼴 A_1OB_1과 부채꼴 A_2OB_2의 닮음비가

$\overline{A_1O} : \overline{A_2O} = 6 : 3\sqrt{2}$에서 $1 : \dfrac{1}{\sqrt{2}}$이므로 넓이의 비는 $1 : \dfrac{1}{2}$이다.

따라서 수열 $\{S_n\}$은 첫째항이 $\dfrac{36-9\pi}{2}$, 공비가 $\dfrac{1}{2}$인 등비수열이므로

$$\sum_{n=1}^{\infty} S_n = \frac{\frac{36-9\pi}{2}}{1-\frac{1}{2}} = 36-9\pi$$

0272 · 답 ②

부채꼴 OA_1B_1의 반지름의 길이는 정사각형 $A_1OB_1C_1$의 한 변의 길이와 같으므로 $\overline{OC_2} = 2$

$\therefore$ (부채꼴 OA_1B_1의 넓이) $= 4\pi \times \dfrac{1}{4} = \pi$

이때 선분 OC_2는 정사각형 $A_2OB_2C_2$의 대각선이고, $\overline{OC_2} = 2$이므로
정사각형 $A_2OB_2C_2$의 한 변의 길이는 $\overline{OA_2} = \sqrt{2}$

$\therefore$ (정사각형 $A_2OB_2C_2$의 넓이) $= 2$

$\therefore S_1 = \pi - 2$

그려지는 각각의 부채꼴과 각각의 정사각형은 서로 닮음이므로
색칠한 부분도 서로 닮음이다.

따라서 닮음비는 $\overline{OA_1} : \overline{OA_2} = 2 : \sqrt{2}$에서 $1 : \dfrac{1}{\sqrt{2}}$이므로

넓이의 비는 $1 : \dfrac{1}{2}$이다.

따라서 수열 $\{S_n\}$은 첫째항이 $\pi - 2$, 공비가 $\dfrac{1}{2}$인 등비수열이므로

$$\sum_{n=1}^{\infty} S_n = \frac{\pi-2}{1-\frac{1}{2}} = 2(\pi-2)$$

0273 · 답 ⑤

정사각형 A_n의 한 변의 길이를 a_n이라 하자.
무게중심은 삼각형의 중선을 꼭짓점으로부터 $2:1$로 내분하므로
정사각형 A_{n+1}의 대각선의 길이는 정사각형 A_n의 한 변의 길이의 $\dfrac{2}{3}$이다.

즉, $\sqrt{2}\,a_{n+1} = \dfrac{2}{3}a_n$에서

$$a_{n+1} = \frac{\sqrt{2}}{3}a_n$$

따라서 수열 $\{a_n\}$은 첫째항이 $a_1 = 3$, 공비가 $\dfrac{\sqrt{2}}{3}$인 등비수열이므로
수열 $\{S_n\}$은 첫째항이 9, 공비가 $\left(\dfrac{\sqrt{2}}{3}\right)^2 = \dfrac{2}{9}$인 등비수열이다.

$$\therefore \sum_{n=1}^{\infty} S_n = \frac{9}{1-\frac{2}{9}} = \frac{81}{7}$$

0274 · 답 ④

원 C_1의 반지름의 길이가 3이므로 원 C_1의 넓이는 $a_1 = 9\pi$

원 C_1의 지름의 길이는 원 C_1에 내접하는 정사각형 R_1의 대각선의

길이와 같으므로 정사각형 R_1의 한 변의 길이는 $\dfrac{6}{\sqrt{2}} = 3\sqrt{2}$

따라서 정사각형 R_1의 넓이는 $b_1 = 18$

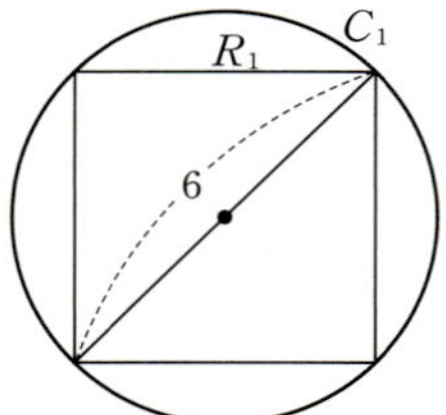

원 C_2의 지름의 길이는 정사각형 R_1의 한 변의 길이와 같으므로

반지름의 길이는 $\dfrac{3\sqrt{2}}{2}$

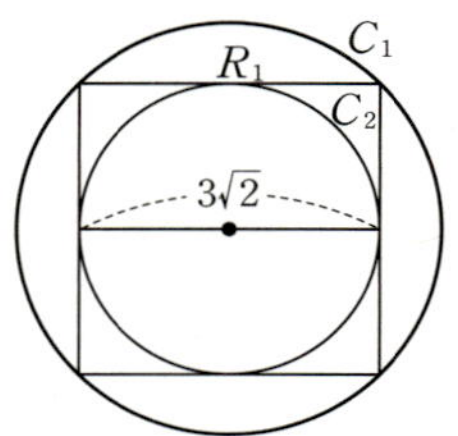

그려지는 원은 모두 닮음이고 닮음비는 $3 : \dfrac{3\sqrt{2}}{2}$,

즉 $1 : \dfrac{\sqrt{2}}{2}$이므로 넓이의 비는 $1 : \dfrac{1}{2}$이다.

$$\therefore a_{n+1} = \frac{1}{2}a_n$$

따라서 수열 $\{a_n\}$은 첫째항이 9π, 공비가 $\dfrac{1}{2}$인 등비수열이므로

$$\sum_{n=1}^{\infty} a_n = \frac{9\pi}{1-\frac{1}{2}} = 18\pi$$

또한 원에 내접하는 정사각형의 닮음비도 원의 닮음비와 같으므로
정사각형의 넓이의 비는 $1 : \dfrac{1}{2}$이다.

$$\therefore b_{n+1} = \frac{1}{2}b_n$$

따라서 수열 $\{b_n\}$은 첫째항이 18, 공비가 $\dfrac{1}{2}$인 등비수열이므로

$$\sum_{n=1}^{\infty} b_n = \frac{18}{1-\frac{1}{2}} = 36$$

$$\therefore \sum_{n=1}^{\infty}(a_n+b_n) = \sum_{n=1}^{\infty} a_n + \sum_{n=1}^{\infty} b_n = 18\pi + 36$$

0275 · 답 ①

반지름의 길이가 4인 원 O_1의 중심을 O라 하고, 원 O_1에 내접하는
정삼각형을 삼각형 $A_1B_1C_1$이라 하면
선분 A_1O는 원 O_1의 반지름이므로 $\overline{A_1O} = 4$
점 O에서 선분 B_1C_1에 내린 수선의 발을 A_2라 할 때, 점 O는 삼각형
$A_1B_1C_1$의 무게중심이므로 $\overline{OA_2} = 2$

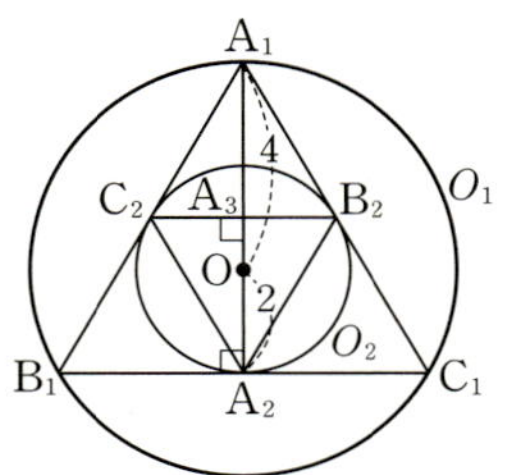

이때 $\overline{A_1 A_2}=6$이므로

$$\overline{B_1 A_2}=6\tan 30°=6\times\frac{1}{\sqrt{3}}=2\sqrt{3}$$

$$\therefore S_1=\frac{1}{2}\times 4\sqrt{3}\times 6=12\sqrt{3}$$

정삼각형은 내심과 외심이 일치하므로 원 O_2의 중심은 O이고,
반지름의 길이는 $\overline{OA_2}=2$
그려지는 원은 모두 닮음이므로 닮음비는 $\overline{OA_1}:\overline{OA_2}=4:2$,

즉 $1:\frac{1}{2}$에서 넓이의 비는 $1:\frac{1}{4}$이다.

따라서 수열 $\{P_n\}$은 첫째항이 16π, 공비가 $\frac{1}{4}$인 등비수열이므로

$$\sum_{n=1}^{\infty}P_n=\frac{16\pi}{1-\frac{1}{4}}=\frac{64}{3}\pi$$

한편 원에 내접하는 정사각형의 닮음비도 원의 닮음비와 같으므로
수열 $\{S_n\}$은 첫째항이 $12\sqrt{3}$, 공비가 $\frac{1}{4}$인 등비수열이다.

$$\therefore \sum_{n=1}^{\infty}S_n=\frac{12\sqrt{3}}{1-\frac{1}{4}}=16\sqrt{3}$$

$$\therefore \sum_{n=1}^{\infty}(S_n-P_n)=\sum_{n=1}^{\infty}S_n-\sum_{n=1}^{\infty}P_n=16\sqrt{3}-\frac{64}{3}\pi=\frac{16}{3}(3\sqrt{3}-4\pi)$$

따라서 $a=3$, $b=4$이므로
$a+b=7$

0276   답 ③

n단계에서 오려낸 삼각형의 넓이를 S_n이라 하자.

$$S_1=\frac{\sqrt{3}}{4}\times 3^2\times\frac{1}{4}=\frac{9\sqrt{3}}{16}$$

n번째 오려낸 삼각형과 $(n+1)$번째 오려낸 삼각형의

넓이의 비는 $1:\frac{1}{4}$이고 그 개수는 3배씩 많아진다.

$$\therefore S_{n+1}=3\times\frac{1}{4}S_n=\frac{3}{4}S_n$$

따라서 수열 $\{S_n\}$은 첫째항이 $\frac{9\sqrt{3}}{16}$, 공비가 $\frac{3}{4}$인 등비수열이므로
오려낸 삼각형의 넓이의 합은

$$\sum_{n=1}^{\infty}S_n=\frac{\frac{9\sqrt{3}}{16}}{1-\frac{3}{4}}=\frac{9\sqrt{3}}{4}$$

0277   답 ⑤

그림 R_n에서 새로 그려진 정사각형의 한 변의 길이를 a_n이라 하자.
그림 R_1에서 다음과 같이 직각이등변삼각형을 ABC라고 하자.

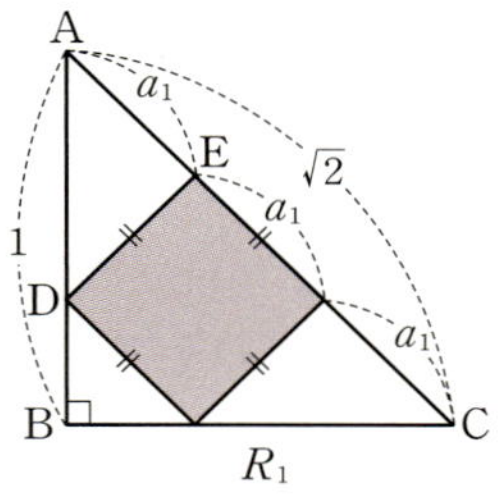

$\overline{AC}=3a_1$이므로 $3a_1=\sqrt{2}$, $a_1=\frac{\sqrt{2}}{3}$

$$\therefore S_1=a_1^2=\frac{2}{9}$$

직각이등변삼각형 ABC와 직각이등변삼각형 AED의 닮음비가

$\overline{AB}:\overline{AE}=1:\frac{\sqrt{2}}{3}$이므로 $a_{n+1}=\frac{\sqrt{2}}{3}a_n$

즉, 그림 R_n에서 새로 생긴 정사각형과 그림 R_{n+1}에서 새로 생긴

정사각형의 닮음비가 $1:\frac{\sqrt{2}}{3}$이므로 넓이의 비는 $1:\frac{2}{9}$이다.

또한 그림 R_n에서 새로 생기는 정사각형의 개수는 2^{n-1}이므로

$$S_n=\sum_{k=1}^{n}\left\{\frac{2}{9}\times\left(\frac{2}{9}\right)^{k-1}\times 2^{k-1}\right\}=\sum_{k=1}^{n}\left\{\frac{2}{9}\times\left(\frac{4}{9}\right)^{k-1}\right\}$$

$$\therefore \lim_{n\to\infty}S_n=\sum_{n=1}^{\infty}\left\{\frac{2}{9}\times\left(\frac{4}{9}\right)^{n-1}\right\}=\frac{\frac{2}{9}}{1-\frac{4}{9}}=\frac{2}{5}$$

0278   답 ③

주어진 정삼각형의 세 꼭짓점을 A, B, C, 꼭짓점 A에서 변 BC에
내린 수선의 발을 D라 하자.

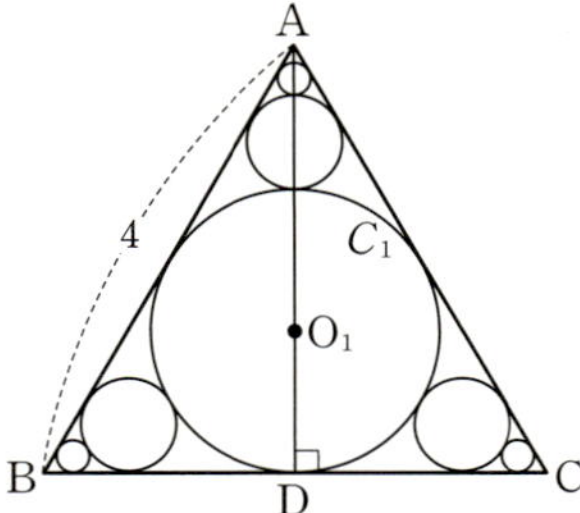

$$\overline{AD}=4\sin 60°=4\times\frac{\sqrt{3}}{2}=2\sqrt{3}$$

원 C_1의 중심 O_1은 정삼각형 ABC의 무게중심이므로
원 C_1의 반지름의 길이를 r_1이라 하면

$$r_1=\overline{O_1 D}=\overline{AD}\times\frac{1}{3}=\frac{2\sqrt{3}}{3}$$

$$\therefore (\text{원 } C_1\text{의 넓이})=\pi\times\left(\frac{2\sqrt{3}}{3}\right)^2=\frac{4}{3}\pi$$

원 C_1과 정삼각형 ABC의 두 변에 접하는 세 개의 원 중 하나를
원 C_2, 원 C_2의 중심을 O_2라 하고, 두 원 C_1과 C_2가 접하는 점을 E,
원 C_2의 반지름의 길이를 r_2라 하자.

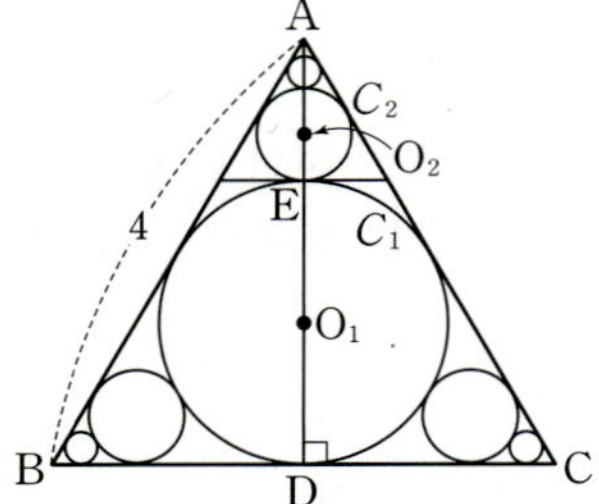

이때 위의 그림과 같이 접점 E를 지나고, 변 BC에 평행한 선을 그어 생긴 삼각형도 정삼각형이므로 점 O_2는 새로 생긴 정삼각형의 무게중심이다.

$$\therefore r_2 = \overline{O_2E} = \overline{AE} \times \frac{1}{3} = \frac{2\sqrt{3}}{9}$$

따라서 원 C_n과 C_{n+1}의 닮음비는 $1 : \frac{1}{3}$이므로 넓이의 비는 $1 : \frac{1}{9}$이다.

그러므로 그려진 모든 원의 넓이의 합은

$$\frac{4}{3}\pi + \frac{4}{3}\pi \times \frac{1}{9} \times 3 + \frac{4}{3}\pi \times \left(\frac{1}{9}\right)^2 \times 3 + \cdots = \frac{4}{3}\pi + \frac{\frac{4}{9}\pi}{1-\frac{1}{9}} = \frac{11}{6}\pi$$

따라서 $a=6$, $b=11$이므로 $a+b=17$

'두 원의 위치 관계'가 교육과정에서 삭제되면서 두 원이 접하는 상황은 교육과정에 맞지 않는 내용이지만, 몇몇 학교 내신에서는 이를 포함한 문제를 출제하기도 한다.

그림과 같이 한 원이 다른 원의 외부에서 접할 때 외접한다고 하고, 이때 두 원의 중심과 접점은 한 직선 위에 존재한다.

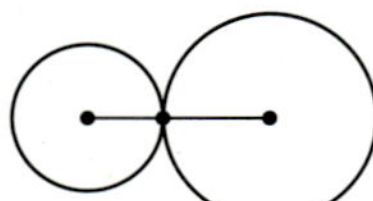

0279

답 ②

$$a_1 = 0.3\dot{1} = \frac{31-3}{90} = \frac{28}{90}, \quad a_3 = 0.0\dot{7} = \frac{7}{90}$$

$$\frac{a_3}{a_1} = r^2 = \frac{\frac{7}{90}}{\frac{28}{90}} = \frac{1}{4}$$

각 항이 모두 양수이므로 $r = \frac{1}{2}$

$$\therefore a_n = \frac{28}{90} \times \left(\frac{1}{2}\right)^{n-1}$$

$$\therefore \sum_{n=1}^{\infty} a_n = \frac{\frac{28}{90}}{1-\frac{1}{2}} = \frac{56}{90} = 0.6\dot{2}$$

다음을 이용하여 순환소수를 분수로 빠르게 고칠 수 있다.

❶ $0.\dot{a}b\dot{c} = \dfrac{abc}{999}$　　❷ $0.a\dot{b}\dot{c} = \dfrac{abc-a}{990}$　　❸ $0.ab\dot{c} = \dfrac{abc-ab}{900}$

0280

답 ②

$$\frac{4}{33} = \frac{12}{99} = 0.\dot{1}\dot{2} = 0.121212\cdots$$에서

$$a_1=1, \ a_2=2, \ a_3=1, \ a_4=2, \ \cdots$$

$$\therefore \sum_{n=1}^{\infty} \frac{a_n}{3^n} = \frac{1}{3} + \frac{2}{3^2} + \frac{1}{3^3} + \frac{2}{3^4} + \cdots$$

$$= \left(\frac{1}{3} + \frac{1}{3^3} + \cdots\right) + \left(\frac{2}{3^2} + \frac{2}{3^4} + \cdots\right)$$

$$= \frac{\frac{1}{3}}{1-\frac{1}{9}} + \frac{\frac{2}{9}}{1-\frac{1}{9}} = \frac{3}{8} + \frac{1}{4} = \frac{5}{8}$$

0281

답 ②

$$a_1 = 0.\dot{1} = \frac{1}{9} = \frac{1}{10-1}$$

$$a_2 = 0.\dot{1}\dot{0} = \frac{10}{99} = \frac{10}{10^2-1}$$

$$a_3 = 0.\dot{1}0\dot{0} = \frac{100}{999} = \frac{10^2}{10^3-1}$$

$$\vdots$$

따라서 $a_n = \dfrac{10^{n-1}}{10^n-1}$이므로

$$\frac{1}{a_{n+1}} - \frac{1}{a_n} = \frac{10^{n+1}-1}{10^n} - \frac{10^n-1}{10^{n-1}} = \frac{9}{10^n}$$

$$\therefore \sum_{n=1}^{\infty} \left(\frac{1}{a_{n+1}} - \frac{1}{a_n}\right) = \frac{\frac{9}{10}}{1-\frac{1}{10}} = 1$$

0282

답 ③

$$(1+x)^n = {}_nC_0 + {}_nC_1 \times x + {}_nC_2 \times x^2 + \cdots + {}_nC_n \times x^n$$

a_n은 위의 식에 $x = \frac{1}{5}$을 대입한 것과 같으므로

$$a_n = \left(1 + \frac{1}{5}\right)^n = \left(\frac{6}{5}\right)^n$$

$$\therefore \frac{1}{a_n} = \left(\frac{5}{6}\right)^n$$

$$\therefore \sum_{n=1}^{\infty} \frac{1}{a_n} = \frac{\frac{5}{6}}{1-\frac{5}{6}} = 5$$

0283　　　답 ④

$(1+x)^{2n}={}_{2n}C_0+{}_{2n}C_1\times x+{}_{2n}C_2\times x^2+\cdots+{}_{2n}C_{2n}\times x^{2n}$

a_n은 위의 식에 $x=1$을 대입한 것과 같으므로

$a_n={}_{2n}C_0+{}_{2n}C_1+{}_{2n}C_2+\cdots+{}_{2n}C_{2n}=(1+1)^{2n}=4^n$

$\therefore \dfrac{1}{a_n}=\left(\dfrac{1}{4}\right)^n$

$\therefore \displaystyle\sum_{n=1}^{\infty}\dfrac{1}{a_n}=\dfrac{\dfrac{1}{4}}{1-\dfrac{1}{4}}=\dfrac{1}{3}$

0284　　　답 ②

$a_n={}_2C_2+{}_3C_2+{}_4C_2+\cdots+{}_nC_2$

$\quad={}_{n+1}C_3$

$\quad=\dfrac{(n+1)n(n-1)}{3\times2\times1}$

$\therefore \displaystyle\sum_{n=2}^{\infty}\dfrac{4n}{a_n}$

$\displaystyle=\sum_{n=2}^{\infty}\left\{4n\times\dfrac{3\times2\times1}{(n+1)n(n-1)}\right\}$

$\displaystyle=24\sum_{n=2}^{\infty}\dfrac{1}{(n+1)(n-1)}$

$\displaystyle=24\sum_{n=2}^{\infty}\left\{\dfrac{1}{2}\left(\dfrac{1}{n-1}-\dfrac{1}{n+1}\right)\right\}$

$\displaystyle=12\lim_{n\to\infty}\sum_{k=2}^{n}\left(\dfrac{1}{k-1}-\dfrac{1}{k+1}\right)$

$\displaystyle=12\lim_{n\to\infty}\left\{\left(\dfrac{1}{1}-\dfrac{1}{3}\right)+\left(\dfrac{1}{2}-\dfrac{1}{4}\right)+\left(\dfrac{1}{3}-\dfrac{1}{5}\right)\right.$

$\displaystyle\left.\qquad\qquad+\cdots+\left(\dfrac{1}{n-2}-\dfrac{1}{n}\right)+\left(\dfrac{1}{n-1}-\dfrac{1}{n+1}\right)\right\}$

$\displaystyle=12\lim_{n\to\infty}\left(1+\dfrac{1}{2}-\dfrac{1}{n}-\dfrac{1}{n+1}\right)=12\times\dfrac{3}{2}=18$

0285　　　답 ①

$(x+1)^{2n}=\displaystyle\sum_{k=0}^{2n}\left({}_{2n}C_k\times x^k\right)$이므로 $a_k={}_{2n}C_k$

$(x+1)^{4n}=\displaystyle\sum_{m=0}^{4n}\left({}_{4n}C_m\times x^m\right)$이므로 $b_m={}_{4n}C_m$

이때

$f(n)=\displaystyle\sum_{k=1}^{n}a_{2k}={}_{2n}C_2+{}_{2n}C_4+{}_{2n}C_6+\cdots+{}_{2n}C_{2n}$

$\qquad=2^{2n-1}-1$　　　　　　　　……… **TIP**

$g(n)=\displaystyle\sum_{m=0}^{4n}b_m={}_{4n}C_0+{}_{4n}C_1+{}_{4n}C_2+\cdots+{}_{4n}C_{4n}=2^{4n}$

$\therefore \displaystyle\sum_{n=1}^{\infty}\dfrac{f(n)}{g(n)}=\sum_{n=1}^{\infty}\dfrac{2^{2n-1}-1}{2^{4n}}$

$\displaystyle=\sum_{n=1}^{\infty}\left\{\dfrac{1}{2}\times\left(\dfrac{1}{4}\right)^n\right\}-\sum_{n=1}^{\infty}\left(\dfrac{1}{16}\right)^n$

$=\dfrac{\dfrac{1}{8}}{1-\dfrac{1}{4}}-\dfrac{\dfrac{1}{16}}{1-\dfrac{1}{16}}=\dfrac{1}{6}-\dfrac{1}{15}=\dfrac{1}{10}$

따라서 $p=10$, $q=1$이므로

$p+q=11$

> **TIP**
>
> ${}_nC_0+{}_nC_2+{}_nC_4+\cdots=2^{n-1}$에서
>
> ${}_nC_2+{}_nC_4+{}_nC_6+\cdots=2^{n-1}-{}_nC_0=2^{n-1}-1$이다.

0286　　　답 $\dfrac{1}{3}$

$\dfrac{1}{(n+1)(n^2+3n)}+\dfrac{1}{(n^2+2n)(n+3)}$

$=\dfrac{1}{n(n+1)(n+3)}+\dfrac{1}{n(n+2)(n+3)}$

$=\dfrac{1}{n(n+3)}\left(\dfrac{1}{n+1}+\dfrac{1}{n+2}\right)$

$=\dfrac{1}{3}\left(\dfrac{1}{n}-\dfrac{1}{n+3}\right)\left(\dfrac{1}{n+1}+\dfrac{1}{n+2}\right)$

$=\dfrac{1}{3}\left\{\dfrac{1}{n(n+1)}+\dfrac{1}{n(n+2)}-\dfrac{1}{(n+1)(n+3)}-\dfrac{1}{(n+2)(n+3)}\right\}$

$\therefore \displaystyle\sum_{n=1}^{\infty}\left\{\dfrac{1}{(n+1)(n^2+3n)}+\dfrac{1}{(n^2+2n)(n+3)}\right\}$

$=\dfrac{1}{3}\left\{\displaystyle\sum_{n=1}^{\infty}\dfrac{1}{n(n+1)}+\sum_{n=1}^{\infty}\dfrac{1}{n(n+2)}-\sum_{n=1}^{\infty}\dfrac{1}{(n+1)(n+3)}\right.$

$\displaystyle\left.\qquad\qquad-\sum_{n=1}^{\infty}\dfrac{1}{(n+2)(n+3)}\right\}$

$\displaystyle\sum_{n=1}^{\infty}\dfrac{1}{n(n+1)}$

$\displaystyle=\lim_{n\to\infty}\sum_{k=1}^{n}\left(\dfrac{1}{k}-\dfrac{1}{k+1}\right)$

$\displaystyle=\lim_{n\to\infty}\left\{\left(1-\dfrac{1}{2}\right)+\left(\dfrac{1}{2}-\dfrac{1}{3}\right)+\left(\dfrac{1}{3}-\dfrac{1}{4}\right)+\cdots+\left(\dfrac{1}{n}-\dfrac{1}{n+1}\right)\right\}$

$\displaystyle=\lim_{n\to\infty}\left(1-\dfrac{1}{n+1}\right)$

$=1$

$\displaystyle\sum_{n=1}^{\infty}\dfrac{1}{n(n+2)}$

$\displaystyle=\dfrac{1}{2}\lim_{n\to\infty}\sum_{k=1}^{n}\left(\dfrac{1}{k}-\dfrac{1}{k+2}\right)$

$\displaystyle=\dfrac{1}{2}\lim_{n\to\infty}\left\{\left(1-\dfrac{1}{3}\right)+\left(\dfrac{1}{2}-\dfrac{1}{4}\right)+\left(\dfrac{1}{3}-\dfrac{1}{5}\right)\right.$

$\displaystyle\left.\qquad\qquad+\cdots+\left(\dfrac{1}{n-1}-\dfrac{1}{n+1}\right)+\left(\dfrac{1}{n}-\dfrac{1}{n+2}\right)\right\}$

$\displaystyle=\dfrac{1}{2}\lim_{n\to\infty}\left(1+\dfrac{1}{2}-\dfrac{1}{n+1}-\dfrac{1}{n+2}\right)$

$=\dfrac{1}{2}\left(1+\dfrac{1}{2}\right)=\dfrac{3}{4}$

$$\sum_{n=1}^{\infty}\frac{1}{(n+1)(n+3)}$$

$$=\frac{1}{2}\lim_{n\to\infty}\sum_{k=1}^{n}\left(\frac{1}{k+1}-\frac{1}{k+3}\right)$$

$$=\frac{1}{2}\lim_{n\to\infty}\left\{\left(\frac{1}{2}-\frac{1}{4}\right)+\left(\frac{1}{3}-\frac{1}{5}\right)+\left(\frac{1}{4}-\frac{1}{6}\right)\right.$$
$$\left.+\cdots+\left(\frac{1}{n}-\frac{1}{n+2}\right)+\left(\frac{1}{n+1}-\frac{1}{n+3}\right)\right\}$$

$$=\frac{1}{2}\lim_{n\to\infty}\left(\frac{1}{2}+\frac{1}{3}-\frac{1}{n+2}-\frac{1}{n+3}\right)$$

$$=\frac{1}{2}\left(\frac{1}{2}+\frac{1}{3}\right)=\frac{5}{12}$$

$$\sum_{n=1}^{\infty}\frac{1}{(n+2)(n+3)}$$

$$=\lim_{n\to\infty}\sum_{k=1}^{n}\left(\frac{1}{k+2}-\frac{1}{k+3}\right)$$

$$=\lim_{n\to\infty}\left\{\left(\frac{1}{3}-\frac{1}{4}\right)+\left(\frac{1}{4}-\frac{1}{5}\right)+\left(\frac{1}{5}-\frac{1}{6}\right)+\cdots+\left(\frac{1}{n+2}-\frac{1}{n+3}\right)\right\}$$

$$=\lim_{n\to\infty}\left(\frac{1}{3}-\frac{1}{n+3}\right)$$

$$=\frac{1}{3}$$

$$\therefore \sum_{n=1}^{\infty}\left\{\frac{1}{(n+1)(n^2+3n)}+\frac{1}{(n^2+2n)(n+3)}\right\}$$

$$=\frac{1}{3}\times\left(1+\frac{3}{4}-\frac{5}{12}-\frac{1}{3}\right)=\frac{1}{3}$$

0287   답 ①

$$a_n=\sum_{k=1}^{n}10^{k-1}=\frac{1\times(10^n-1)}{10-1}=\frac{10^n-1}{9}$$

$n=1$일 때 $a_1=\dfrac{10-1}{9}=1$이므로 $b_1=1$

$n=2$일 때 $a_2=\dfrac{10^2-1}{9}=11$이므로 $b_2=2$

$n=3$일 때 $a_3=\dfrac{10^3-1}{9}=111$이므로 $b_3=0$

$n=4$일 때 $a_4=\dfrac{10^4-1}{9}=1111$이므로 $b_4=1$

$\vdots$

이므로 수열 $\{b_n\}$은 1, 2, 0이 이 순서대로 반복하여 나타난다.

$$\therefore \sum_{n=1}^{\infty}\frac{b_n}{7^n}=\frac{1}{7}+\frac{2}{7^2}+\frac{0}{7^3}+\frac{1}{7^4}+\frac{2}{7^5}+\frac{0}{7^6}+\cdots$$

$$=\left(\frac{1}{7}+\frac{1}{7^4}+\cdots\right)+\left(\frac{2}{7^2}+\frac{2}{7^5}+\cdots\right)$$

$$=\frac{\frac{1}{7}}{1-\frac{1}{7^3}}+\frac{\frac{2}{7^2}}{1-\frac{1}{7^3}}$$

$$=\frac{63}{342}=\frac{7}{38}$$

따라서 $p=38$, $q=7$이므로

$p+q=45$

0288   답 ②

조건 ㈎에서 $0\leq x<2$일 때, 함수 $y=f(x)$의 그래프는 다음과 같다.

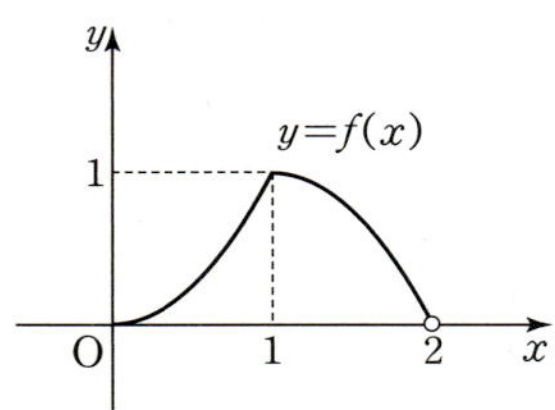

조건 ㈏에서 함수 $f(x)$는 주기가 2이므로 실수 전체의 집합에서 함수 $y=f(x)$의 그래프는 다음과 같다.

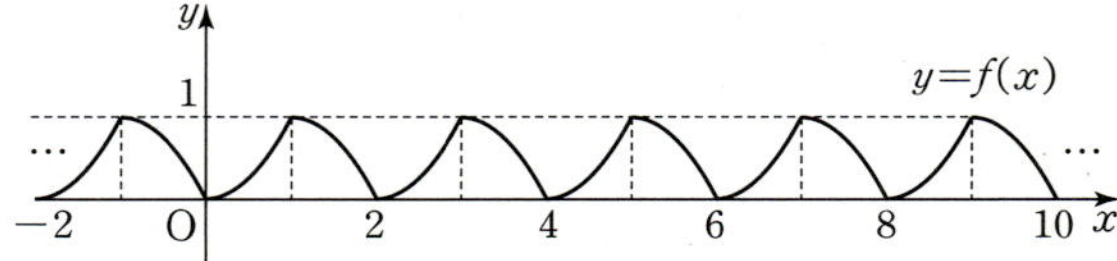

직선 $y=\dfrac{1}{n}x$의 n에 자연수를 차례로 대입하여 교점의 개수를 세어 보면 다음 그림과 같이

$a_1=2$, $a_2=3$, $a_3=4$, $\cdots$, $a_n=n+1$이다.   **TIP**

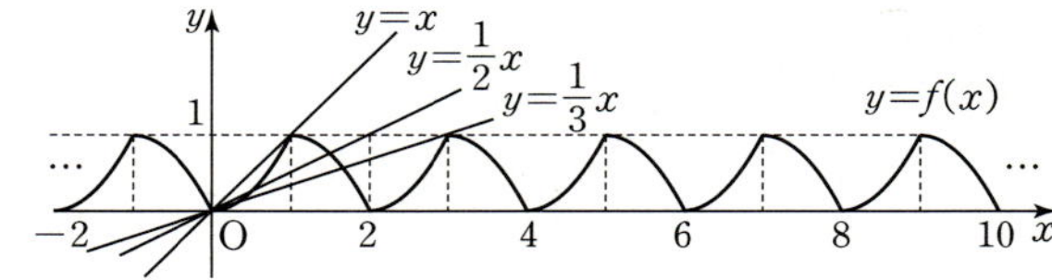

$$\therefore \sum_{n=1}^{\infty}\frac{2}{a_n a_{n+2}}$$

$$=\sum_{n=1}^{\infty}\frac{2}{(n+1)(n+3)}$$

$$=\sum_{n=1}^{\infty}\left(\frac{1}{n+1}-\frac{1}{n+3}\right)$$

$$=\lim_{n\to\infty}\sum_{k=1}^{n}\left(\frac{1}{k+1}-\frac{1}{k+3}\right)$$

$$=\lim_{n\to\infty}\left\{\left(\frac{1}{2}-\frac{1}{4}\right)+\left(\frac{1}{3}-\frac{1}{5}\right)+\left(\frac{1}{4}-\frac{1}{6}\right)\right.$$
$$\left.+\cdots+\left(\frac{1}{n}-\frac{1}{n+2}\right)+\left(\frac{1}{n+1}-\frac{1}{n+3}\right)\right\}$$

$$=\lim_{n\to\infty}\left(\frac{1}{2}+\frac{1}{3}-\frac{1}{n+2}-\frac{1}{n+3}\right)$$

$$=\frac{1}{2}+\frac{1}{3}=\frac{5}{6}$$

TIP

$n>2$일 때, $x^3=\dfrac{1}{n}x$에서

$x\left(x^2-\dfrac{1}{n}\right)=0$ $\therefore x=0$ 또는 $x=\pm\dfrac{1}{\sqrt{n}}$

$0\leq x<1$에서 함수 $y=f(x)$의 그래프와 직선 $y=\dfrac{1}{n}x$의 교점의 x좌표는 $x=0$, $x=\dfrac{1}{\sqrt{n}}$로 2개이다.

0289   🖹 ②

주어진 급수가 20으로 수렴하므로 $-1<\dfrac{1}{b}<1$

즉, $b<-1$ 또는 $b>1$이다.   ⋯⋯㉠

$\displaystyle\sum_{n=1}^{\infty} a\left(\dfrac{1}{b}\right)^{n-1}=\dfrac{a}{1-\dfrac{1}{b}}=20$에서

$\dfrac{ab}{b-1}=20,\ ab=20(b-1)$

$\therefore (20-a)b=20$ ⋯⋯㉡

㉠, ㉡을 만족시키는 정수 a, b의 값은 다음과 같다.

a	b
20 ∓ 1	±20
20 ∓ 2	±10
20 ∓ 4	±5
20 ∓ 5	±4
20 ∓ 10	±2

따라서 $a+b$로 가능한 값은 39, 1, 28, 12, 21, 19로
6개이다. (복부호 동순)

0290   🖹 ②

아킬레스가 거북보다 5배 빠르므로
아킬레스가 거북의 출발 위치인 200 m 앞에 도착하면

거북은 그보다 $\dfrac{200}{5}$ m 앞서 있다.

또 아킬레스가 거북의 위치인 $\dfrac{200}{5}$ m 앞에 도착하면

거북은 그보다 $\dfrac{200}{5^2}$ m 앞서 있다.

이와 같은 방법을 한없이 반복하면 아킬레스가 거북을
따라잡을 때까지 움직인 거리는

$$200+\dfrac{200}{5}+\dfrac{200}{5^2}+\cdots=\dfrac{200}{1-\dfrac{1}{5}}=250(\text{m})$$

0291   🖹 ④

$f(x)=\displaystyle\sum_{n=1}^{\infty}\dfrac{x^k}{(1+x^4)^{n-1}}$

$x=0$일 때 $f(x)=0$

$x\neq0$일 때 $0<\dfrac{1}{1+x^4}<1$이므로

$f(x)=x^k+\dfrac{x^k}{1+x^4}+\dfrac{x^k}{(1+x^4)^2}+\dfrac{x^k}{(1+x^4)^3}+\cdots$

$\qquad=\dfrac{x^k}{1-\dfrac{1}{1+x^4}}=\dfrac{x^k(1+x^4)}{x^4}$

이때 $x=0$에서 함수 $f(x)$가 연속이려면 $\displaystyle\lim_{x\to0}f(x)=0$을 만족시켜야
한다.

$\displaystyle\lim_{x\to0}\dfrac{x^k(1+x^4)}{x^4}=0$을 만족시키기 위해

자연수 k는 4보다 커야 하므로 k의 최솟값은 $m=5$
따라서 $g(x)=x(1+x^4)=x+x^5$이므로
$g'(x)=1+5x^4$에서 $g'(3)=1+5\times3^4=406$

0292   🖹 ②

$f(1)=1$
$f(2)=1+3$
$f(3)=1+3+5+7$
$f(4)=1+3+5+7+9+11+13+15$
$\quad\vdots$
$f(n)=1+3+5+7+\cdots+(2^n-1)$

따라서 $f(n)$은 첫째항이 1, 공차가 2인 등차수열의 첫째항부터
제2^{n-1}항까지의 합이므로

$f(n)=\dfrac{2^{n-1}(1+2^n-1)}{2}=2^{2n-2}=4^{n-1}$

$\therefore \displaystyle\sum_{n=1}^{\infty}\dfrac{1}{f(n)}=\sum_{n=1}^{\infty}\left(\dfrac{1}{4}\right)^{n-1}=\dfrac{1}{1-\dfrac{1}{4}}=\dfrac{4}{3}$

0293   🖹 ①

$\displaystyle\sum_{k=1}^{\infty}a_k=\dfrac{2}{1-\dfrac{1}{3}}$

$\displaystyle\sum_{k=2}^{\infty}a_k=\dfrac{2\times\left(\dfrac{1}{3}\right)}{1-\dfrac{1}{3}}$

$\displaystyle\sum_{k=3}^{\infty}a_k=\dfrac{2\times\left(\dfrac{1}{3}\right)^2}{1-\dfrac{1}{3}}$

$\quad\vdots$

$\displaystyle\sum_{k=n}^{\infty}a_k=\dfrac{2\times\left(\dfrac{1}{3}\right)^{n-1}}{1-\dfrac{1}{3}}$

이므로 수열 $\{T_n\}$은 첫째항이 $\dfrac{2}{1-\dfrac{1}{3}}=3$이고,

공비가 $\dfrac{1}{3}$인 등비수열의 첫째항부터 제n항까지의 합이다.

$\therefore T_n=\dfrac{3\left\{1-\left(\dfrac{1}{3}\right)^n\right\}}{1-\dfrac{1}{3}}=\dfrac{9}{2}\left\{1-\left(\dfrac{1}{3}\right)^n\right\}$

$\therefore \displaystyle\lim_{n\to\infty}T_n=\lim_{n\to\infty}\dfrac{9}{2}\left\{1-\left(\dfrac{1}{3}\right)^n\right\}=\dfrac{9}{2}$

0294   🖹 ⑤

$a_1=S_1=\dfrac{2}{5}$

$S_{2n}=\dfrac{2}{n+3}$에 n 대신 $n-1$을 대입하면

$S_{2n-2}=\dfrac{2}{n+2}\ (n\geq2)$이므로

$a_{2n-1}=S_{2n-1}-S_{2n-2}=\dfrac{2}{n+4}-\dfrac{2}{n+2}\ (n\geq2)$

$\therefore \displaystyle\sum_{n=1}^{\infty}a_{2n-1}$

$\quad =a_1+\displaystyle\sum_{n=2}^{\infty}a_{2n-1}$

$\quad =\dfrac{2}{5}+\displaystyle\sum_{n=2}^{\infty}\left(\dfrac{2}{n+4}-\dfrac{2}{n+2}\right)$

$\quad =\dfrac{2}{5}+(-2)\displaystyle\lim_{n\to\infty}\sum_{k=2}^{n}\left(\dfrac{1}{k+2}-\dfrac{1}{k+4}\right)$

$\quad =\dfrac{2}{5}+(-2)\displaystyle\lim_{n\to\infty}\left\{\left(\dfrac{1}{4}-\dfrac{1}{6}\right)+\left(\dfrac{1}{5}-\dfrac{1}{7}\right)+\left(\dfrac{1}{6}-\dfrac{1}{8}\right)\right.$

$\qquad\qquad\qquad\left.+\cdots+\left(\dfrac{1}{n+1}-\dfrac{1}{n+3}\right)+\left(\dfrac{1}{n+2}-\dfrac{1}{n+4}\right)\right\}$

$\quad =\dfrac{2}{5}+(-2)\displaystyle\lim_{n\to\infty}\left(\dfrac{1}{4}+\dfrac{1}{5}-\dfrac{1}{n+3}-\dfrac{1}{n+4}\right)$

$\quad =\dfrac{2}{5}+(-2)\times\dfrac{9}{20}=-\dfrac{1}{2}$

0295   🅐 ⑤

함수 $y=[x]$의 그래프는 다음과 같다.

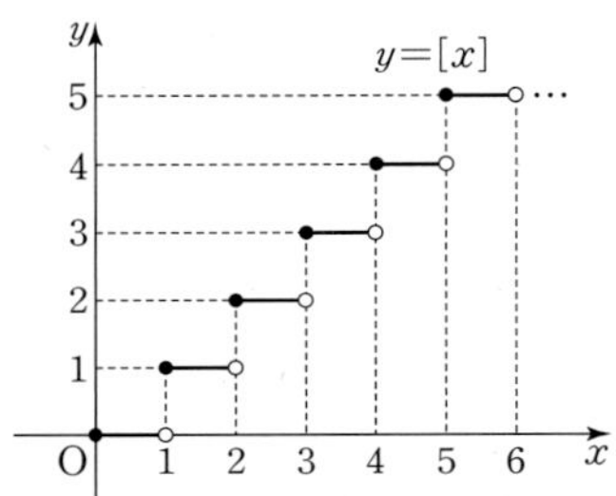

따라서 함수 $y=[x]$는 $x=1,\ 2,\ 3,\ 4,\ \cdots$에서 불연속이다.
한편 함수 $y=[x-1]$의 그래프는 함수 $y=[x]$를 x축의 방향으로 1만큼 평행이동한 것이므로 다음과 같다.

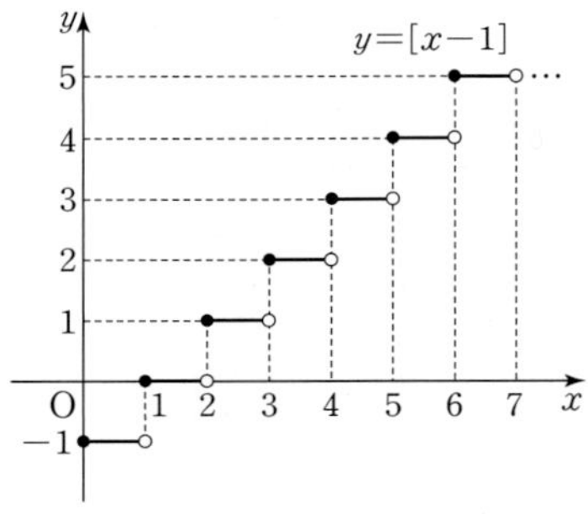

따라서 함수 $y=[x-1]$은 $x=1,\ 2,\ 3,\ 4,\ \cdots$에서 불연속이다.
이때 함수 $y=[x]$는 $0\leq x<1$에서 함숫값이 0이고,
$y=[x-1]$은 $1\leq x<2$에서 함숫값이 0이다.
그러므로 함수 $f(x)=[x][x-1]$은
$\displaystyle\lim_{x\to1-}f(x)=\lim_{x\to1+}f(x)=f(1)=0$이므로 $x=1$에서 연속이다.
따라서 함수 $y=f(x)$가 불연속인 x의 값은 $2,\ 3,\ 4,\ \cdots$이므로
$a_1=2,\ a_2=3,\ a_3=4,\ \cdots$에서 $a_n=n+1$
$f(a_n)=f(n+1)=[n+1][n]=(n+1)\times n$

$\therefore \displaystyle\sum_{n=1}^{\infty}\dfrac{1}{f(a_n)}$

$\quad =\displaystyle\sum_{n=1}^{\infty}\dfrac{1}{n(n+1)}$

$\quad =\displaystyle\sum_{n=1}^{\infty}\left(\dfrac{1}{n}-\dfrac{1}{n+1}\right)$

$\quad =\displaystyle\lim_{n\to\infty}\left\{\left(1-\dfrac{1}{2}\right)+\left(\dfrac{1}{2}-\dfrac{1}{3}\right)+\left(\dfrac{1}{3}-\dfrac{1}{4}\right)+\cdots+\left(\dfrac{1}{n}-\dfrac{1}{n+1}\right)\right\}$

$\quad =\displaystyle\lim_{n\to\infty}\left(1-\dfrac{1}{n+1}\right)=1$

0296   🅐 ④

$\overline{AB}=\overline{BC}=2$이므로 직각이등변삼각형 ABC에서 $\overline{AC}=2\sqrt{2}$
또한 $\overline{AB}=\overline{AA_1}=2$이고 $\angle A_1CB_1=45^\circ$이므로
삼각형 B_1A_1C는 $\overline{A_1C}=\overline{A_1B_1}$인 직각이등변삼각형이다.
$\therefore \overline{A_1C}=\overline{A_1B_1}=2\sqrt{2}-2$

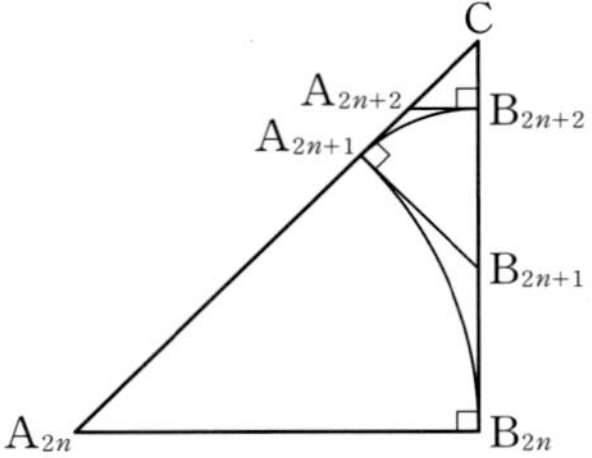

한편 두 직선 AB와 $A_{2n}B_{2n}$은 서로 평행하므로
두 직각삼각형 ABC와 $A_{2n}B_{2n}C$는 서로 닮음이다.
이때 $\overline{A_{2n}C}=\sqrt{2}\,\overline{A_{2n}B_{2n}}$이고, $\overline{A_{2n}B_{2n}}=\overline{A_{2n}A_{2n+1}}$이므로
$\overline{A_{2n+1}C}=\sqrt{2}\,\overline{A_{2n}B_{2n}}-\overline{A_{2n}B_{2n}}=(\sqrt{2}-1)\overline{A_{2n}B_{2n}}$
또한 $\angle A_{2n+1}CB_{2n+1}=45^\circ$이므로
삼각형 $B_{2n+1}A_{2n+1}C$는 $\overline{A_{2n+1}B_{2n+1}}=\overline{A_{2n+1}C}$인 직각이등변삼각형이다.
이때 $\overline{B_{2n+1}C}=\sqrt{2}\,\overline{A_{2n+1}B_{2n+1}}$이고,
$\overline{A_{2n+1}B_{2n+1}}=\overline{B_{2n+1}B_{2n+2}}$이므로
$\overline{B_{2n+2}C}=\sqrt{2}\,\overline{A_{2n+1}B_{2n+1}}-\overline{A_{2n+1}B_{2n+1}}$
$\qquad\quad =(\sqrt{2}-1)\overline{A_{2n+1}B_{2n+1}}$
두 직각이등변삼각형 $B_{2n+1}A_{2n+1}C$, $A_{2n+2}B_{2n+2}C$에서
$\overline{A_{2n+1}C}=\overline{A_{2n+1}B_{2n+1}}$, $\overline{B_{2n+2}C}=\overline{A_{2n+2}B_{2n+2}}$이므로
$\overline{A_{2n+1}B_{2n+1}}=(\sqrt{2}-1)\overline{A_{2n}B_{2n}}$, $\overline{A_{2n+2}B_{2n+2}}=(\sqrt{2}-1)\overline{A_{2n+1}B_{2n+1}}$
따라서 수열 $\{\overline{A_nB_n}\}$은 첫째항이 $\overline{A_1B_1}=2(\sqrt{2}-1)$,
공비가 $\sqrt{2}-1$인 등비수열이므로
$\therefore \overline{AB}+\overline{A_1B_1}+\overline{A_2B_2}+\cdots$
$\quad =2+\dfrac{2\sqrt{2}-2}{1-(\sqrt{2}-1)}=2+\sqrt{2}$

0297   🅐 ⑤

부채꼴 $A_1B_1C_1$의 중심각의 크기는 90°이고, 두 점 E_1, F_1은 호 A_1C_1을 삼등분하는 점이므로 부채꼴 $A_1B_1E_1$의 중심각의 크기는 60°이다.
점 F_1을 꼭짓점으로 하고 부채꼴 $A_1B_1E_1$에 내접하는 정삼각형의 점 F_1이 아닌 꼭짓점을 각각 P, Q라 하면 두 삼각형 B_1PQ, F_1PQ는 서로 합동이다.

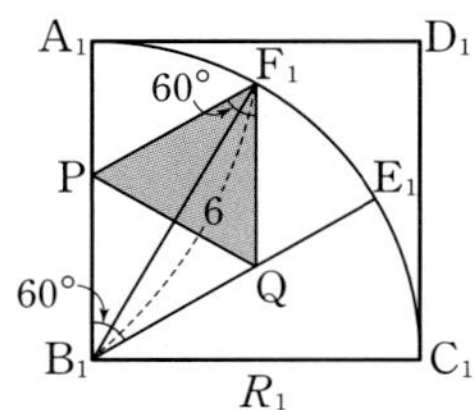

이때 $\overline{B_1F_1}=6$이므로 점 F_1을 꼭짓점으로 하고
부채꼴 $A_1B_1E_1$에 내접하는 정삼각형의 높이는 3이다.

$$\therefore l_1=\frac{2}{\sqrt{3}}\times 3\times 3=6\sqrt{3}$$

한 변의 길이가 6인 정사각형의 대각선의 길이는 $6\sqrt{2}$이고,
점 B_2는 호 A_1C_1의 중점이므로 선분 B_1D_1 위에 있다.

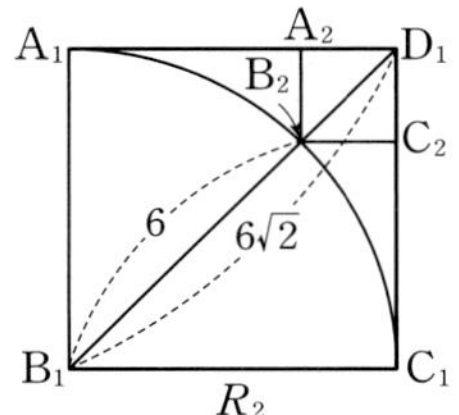

이때 정사각형 $A_2B_2C_2D_1$의 대각선의 길이를 x라 하면
$\overline{B_1D_1}=\overline{B_1B_2}+\overline{B_2D_1}$이므로 $6\sqrt{2}=6+x$ $\quad\therefore x=6\sqrt{2}-6$
그려지는 정사각형은 모두 닮음이고, 닮음비는 정사각형 $A_1B_1C_1D_1$의
대각선의 길이와 정사각형 $A_2B_2C_2D_1$의 대각선의 길이의 비와

같으므로 $6\sqrt{2}:(6\sqrt{2}-6)$, 즉 $1:\dfrac{2-\sqrt{2}}{2}$

따라서 수열 $\{l_n\}$은 첫째항이 $6\sqrt{3}$, 공비가 $\dfrac{2-\sqrt{2}}{2}$인 등비수열의

첫째항부터 제n항까지의 합이다.

$$\therefore \lim_{n\to\infty} l_n=\frac{6\sqrt{3}}{1-\dfrac{2-\sqrt{2}}{2}}=6\sqrt{6}$$

0298 답 ③

정사각형의 두 대각선은 길이가 같고 서로 수직이등분하므로
네 삼각형 A_1OB_1, B_1OC_1, C_1OD_1, D_1OA_1은 서로 합동인
직각이등변삼각형이다.

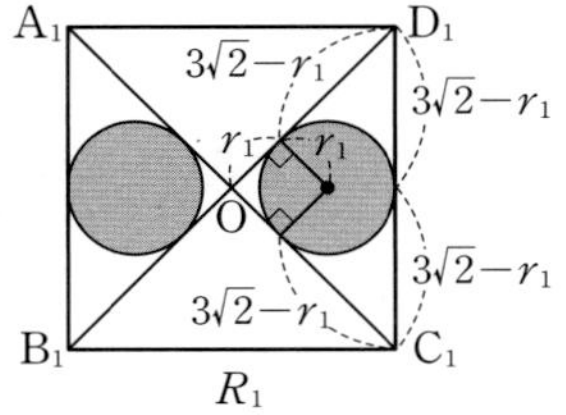

직각삼각형 C_1OD_1에 내접하는 원의 반지름의 길이를 r_1이라 하면
내접원의 성질에 의해 $\overline{C_1D_1}=2(3\sqrt{2}-r_1)$
이때 선분 C_1D_1의 길이는 6이므로
$2(3\sqrt{2}-r_1)=6$, $r_1=3\sqrt{2}-3$
$$\therefore S_1=(3\sqrt{2}-3)^2\times\pi\times 2=18(\sqrt{2}-1)^2\pi$$

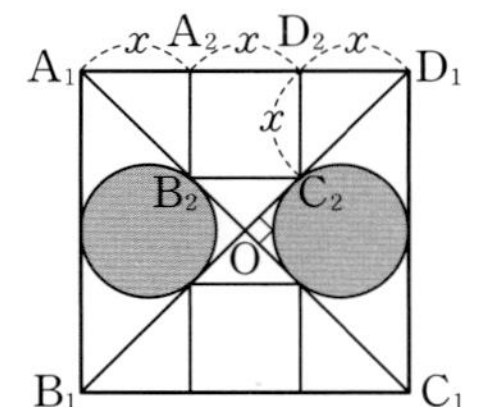

두 삼각형 A_1OD_1, B_1OC_1에 내접하는 한 정사각형 $A_2B_2C_2D_2$의
한 변의 길이를 x라 하면
$\overline{A_1D_1}=3x$이고 선분 A_1D_1의 길이는 6이므로 $x=2$
그려지는 정사각형은 모두 닮음이므로 닮음비는 $6:2$,

즉 $1:\dfrac{1}{3}$이므로 넓이의 비는 $1:\dfrac{1}{9}$이고,

그림 R_{n+1}의 정사각형의 개수는 그림 R_n의 정사각형의 개수의
2배이므로 원의 개수도 2배이다.

따라서 수열 $\{S_n\}$은 첫째항이 $18(\sqrt{2}-1)^2\pi$, 공비가 $2\times\dfrac{1}{9}=\dfrac{2}{9}$인

등비수열의 첫째항부터 제n항까지의 합이다.

$$\therefore \lim_{n\to\infty} S_n=\frac{18(\sqrt{2}-1)^2\pi}{1-\dfrac{2}{9}}=\frac{162(\sqrt{2}-1)^2\pi}{7}$$

0299 답 ③

직각삼각형 $B_1A_1D_1$에서 $\overline{A_1B_1}=4$, $\overline{A_1D_1}=1$이므로
$$\overline{B_1D_1}=\sqrt{4^2+1^2}=\sqrt{17}$$
직사각형 $A_1B_1C_1D_1$에서 두 대각선의 교점을 E_1이라 하면
$$\overline{A_1E_1}=\overline{B_1E_1}=\overline{C_1E_1}=\overline{D_1E_1}=\frac{\sqrt{17}}{2}$$

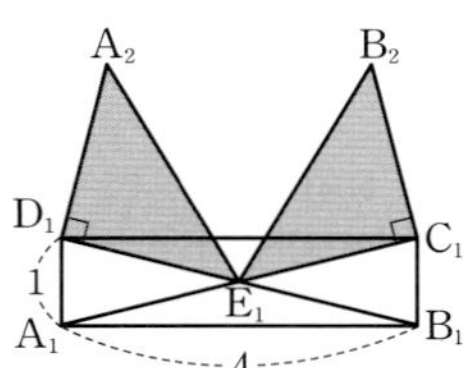

그림 R_1에 색칠되어 있는 부분의 넓이 S_1은 두 직각이등변삼각형
$A_2D_1E_1$, $B_2C_1E_1$의 넓이를 합한 것과 같으므로
$$S_1=2\times\left(\frac{1}{2}\times\frac{\sqrt{17}}{2}\times\frac{\sqrt{17}}{2}\right)=\frac{17}{4}$$

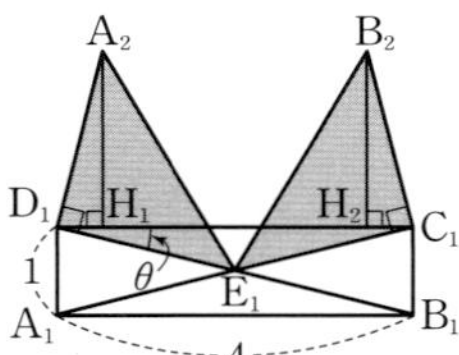

직각삼각형 $B_1C_1D_1$에서 $\angle C_1D_1B_1=\theta$라 하면
$$\sin\theta=\frac{\overline{B_1C_1}}{\overline{D_1B_1}}=\frac{1}{\sqrt{17}}$$
점 A_2에서 선분 D_1C_1에 내린 수선의 발을 H_1이라 하면
$$\angle A_2D_1H_1=\frac{\pi}{2}-\theta$$이므로
$$\overline{D_1H_1}=\overline{A_2D_1}\cos\left(\frac{\pi}{2}-\theta\right)$$
$$=\overline{A_2D_1}\sin\theta=\frac{\sqrt{17}}{2}\times\frac{1}{\sqrt{17}}=\frac{1}{2}$$
또한 점 B_2에서 선분 D_1C_1에 내린 수선의 발을 H_2라 하면
$$\overline{A_2B_2}=\overline{H_1H_2}=4-2\times\overline{D_1H_1}=4-2\times\frac{1}{2}=3$$
즉, $\overline{A_1B_1}:\overline{A_2B_2}=4:3$이므로 두 직사각형 $A_1B_1C_1D_1$, $A_2B_2C_2D_2$

의 닮음비는 $1:\dfrac{3}{4}$이다.

같은 과정을 반복하므로 두 그림 R_n, R_{n+1}에 새로 색칠된 부분의 닮음비도 $1:\dfrac{3}{4}$이고 넓이의 비는 $1:\left(\dfrac{3}{4}\right)^2=1:\dfrac{9}{16}$이다.

따라서 S_n은 첫째항이 $\dfrac{17}{4}$이고 공비가 $\dfrac{9}{16}$인 등비수열의 첫째항부터 제n항까지의 합이므로

$$\lim_{n\to\infty}S_n=\frac{\dfrac{17}{4}}{1-\dfrac{9}{16}}=\frac{68}{7}$$

다른 풀이

Ⅱ단원 미분을 학습한 학생은 선분 A_2B_2의 길이를 다음과 같이 구할 수도 있다.

점 E_1에서 두 선분 A_2B_2, B_1C_1에 내린 수선의 발을 각각 M, N이라 하고, $\angle C_1E_1N=\theta$라 하자.

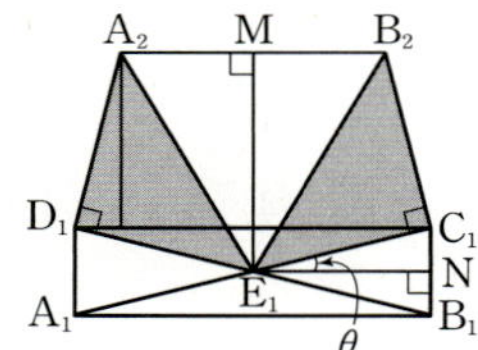

$\angle B_2E_1C_1=\dfrac{\pi}{4}$이므로 $\angle B_2E_1M=\dfrac{\pi}{4}-\theta$

$\tan\theta=\dfrac{\overline{C_1N}}{\overline{E_1N}}=\dfrac{1}{4}$에서 삼각함수의 덧셈정리에 의하여

$$\tan\left(\frac{\pi}{4}-\theta\right)=\frac{\tan\dfrac{\pi}{4}-\tan\theta}{1+\tan\dfrac{\pi}{4}\times\tan\theta}=\frac{1-\dfrac{1}{4}}{1+\dfrac{1}{4}}=\frac{3}{5}$$

이므로 $\sin\left(\dfrac{\pi}{4}-\theta\right)=\dfrac{3}{\sqrt{34}}=\dfrac{3\sqrt{34}}{34}$

이때 직각이등변삼각형 $B_2C_1E_1$에서 $\overline{B_2E_1}=\dfrac{\sqrt{34}}{2}$이므로 직각삼각형 B_2ME_1에서

$$\overline{B_2M}=\overline{B_2E_1}\times\sin\left(\frac{\pi}{4}-\theta\right)=\frac{\sqrt{34}}{2}\times\frac{3\sqrt{34}}{34}=\frac{3}{2}$$

$$\therefore \overline{A_2B_2}=2\overline{B_2M}=3$$

0300 ·········· 답 ③

$$S_1=2\left(\frac{\pi}{4}-\frac{1}{2}\right)=\frac{\pi}{2}-1$$

한편 직사각형 $A_nB_nC_nD_n$의 세로의 길이를 a_n이라 하면 직사각형 $A_nB_nC_nD_n$에 그려진 모양과 규칙에 따라 얻어진 직사각형 $A_{n+1}B_{n+1}C_{n+1}D_{n+1}$은 그림과 같다.

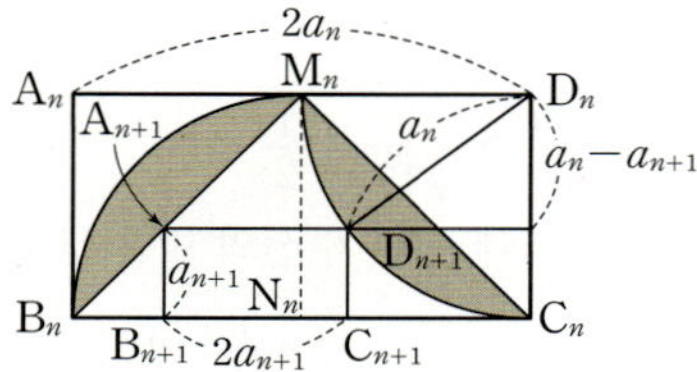

$\overline{D_nD_{n+1}}=a_n$이고 $\overline{C_{n+1}C_n}=2a_n-3a_{n+1}$이므로

$$(2a_n-3a_{n+1})^2+(a_n-a_{n+1})^2=a_n^2$$

$$4(a_n)^2-14a_na_{n+1}+10(a_{n+1})^2=0$$

$$(a_n-a_{n+1})(2a_n-5a_{n+1})=0$$

그런데 $a_n\neq a_{n+1}$이므로 $a_{n+1}=\dfrac{2}{5}a_n$

따라서 수열 $\{S_n\}$은 첫째항이 $\dfrac{\pi}{2}-1$, 공비가 $\dfrac{4}{25}$인 등비수열의 첫째항부터 제n항까지의 합이다.

$$\therefore \lim_{n\to\infty}S_n=\frac{\dfrac{\pi}{2}-1}{1-\dfrac{4}{25}}=\frac{25}{21}\left(\frac{\pi}{2}-1\right)$$

0301 ·········· 답 ②

한 변의 길이가 1인 정삼각형 A_1의 넓이는

$$S_1=\frac{\sqrt{3}}{4}\times1^2=\frac{\sqrt{3}}{4}$$

도형 A_2에서 새로 그린 정삼각형의 한 변의 길이는 정삼각형 A_1의 한 변의 길이의 $\dfrac{1}{3}$이므로 닮음비는 $1:\dfrac{1}{3}$이고 넓이의 비는 $1:\dfrac{1}{9}$이다.

또한 도형 $A_n(n\geq2)$에서 새로 생기는 정삼각형의 개수는 $3\times4^{n-2}$이므로 ······ **TIP**

$$S_n=S_1+\sum_{k=2}^{n}\left\{S_1\times\left(\frac{1}{9}\right)^{n-1}\times3\times4^{n-2}\right\}$$
$$=\frac{\sqrt{3}}{4}+\sum_{k=2}^{n}\left\{\frac{3\sqrt{3}}{16}\times\left(\frac{4}{9}\right)^{n-1}\right\}$$
$$=\frac{\sqrt{3}}{4}+\frac{\dfrac{\sqrt{3}}{12}\left\{1-\left(\dfrac{4}{9}\right)^{n-1}\right\}}{1-\dfrac{4}{9}}$$
$$=\frac{\sqrt{3}}{4}+\frac{3\sqrt{3}}{20}\left\{1-\left(\frac{4}{9}\right)^{n-1}\right\}\ (n\geq2)$$
$$\therefore \lim_{n\to\infty}S_n=\lim_{n\to\infty}\left[\frac{\sqrt{3}}{4}+\frac{3\sqrt{3}}{20}\left\{1-\left(\frac{4}{9}\right)^{n-1}\right\}\right]$$
$$=\frac{\sqrt{3}}{4}+\frac{3\sqrt{3}}{20}=\frac{2\sqrt{3}}{5}$$

TIP

다음 그림과 같이 도형 A_2에서 빨간색 변 위에 한 변의 길이가 $\dfrac{1}{9}$인 정삼각형 4개 생기고 이런 변이 총 3개 있으므로

한 변의 길이가 $\dfrac{1}{9}$인 정삼각형은 총 3×4개 생기고, 도형 A_3이 만들어진다.

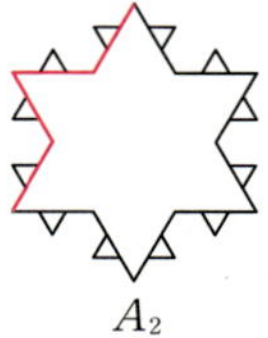

같은 방식으로 도형 A_4, A_5, $\cdots$에서 새로 생기는 정삼각형의 개수를 세어 규칙성을 찾는다.

II 미분법

01 여러 가지 함수의 미분

0302
답 (1) $\dfrac{1}{4}$ (2) 1 (3) 2 (4) -3

(1) $\displaystyle\lim_{x \to -2} 2^x = 2^{-2} = \dfrac{1}{4}$

(2) $\displaystyle\lim_{x \to 0} \left(\dfrac{1}{3}\right)^x = \left(\dfrac{1}{3}\right)^0 = 1$

(3) $\displaystyle\lim_{x \to 9} \log_3 x = \log_3 9 = 2$

(4) $\displaystyle\lim_{x \to \infty} \log_2 \dfrac{x^2+1}{8x^2+3x} = \log_2 \dfrac{1}{8} = \log_2 2^{-3} = -3$

0303
답 ③

$\displaystyle\lim_{x \to \infty} \{\log_2 (2x-1) - \log_2 (x^2-2x+3) + \log_2 (4x+1)\}$

$= \displaystyle\lim_{x \to \infty} \log_2 \dfrac{(2x-1)(4x+1)}{x^2-2x+3}$

$= \log_2 8 = 3$

0304
답 (1) $\dfrac{1}{4}$ (2) 9

(1) $\displaystyle\lim_{x \to \infty} \dfrac{5^x + 2 \times 3^x}{4 \times 5^x - 2^x} = \lim_{x \to \infty} \dfrac{1 + 2 \times \left(\dfrac{3}{5}\right)^x}{4 - \left(\dfrac{2}{5}\right)^x} = \dfrac{1}{4}$

(2) $\displaystyle\lim_{x \to \infty} \dfrac{3^{x+1} + 2^x}{3^{x-1} + 2^x} = \lim_{x \to \infty} \dfrac{3 + \left(\dfrac{2}{3}\right)^x}{\dfrac{1}{3} + \left(\dfrac{2}{3}\right)^x} = 9$

0305
답 ③

$e = \displaystyle\lim_{x \to \infty} \left(1 + \dfrac{1}{x}\right)^x = \lim_{x \to 0} (1+x)^{\frac{1}{x}}$

0306
답 (1) e^5 (2) e^{-2} (3) e^3 (4) $e^{-\frac{1}{2}}$ (5) $e^{-\frac{2}{3}}$

(1) $\displaystyle\lim_{x \to 0} (1+5x)^{\frac{1}{x}} = \lim_{x \to 0} (1+5x)^{\frac{1}{5x} \times 5} = e^5$

(2) $\displaystyle\lim_{x \to 0} (1-x)^{\frac{2}{x}} = \lim_{x \to 0} (1-x)^{\frac{1}{-x} \times (-2)} = e^{-2}$

(3) $\displaystyle\lim_{x \to \infty} \left(1 + \dfrac{3}{x}\right)^x = \lim_{x \to \infty} \left(1 + \dfrac{3}{x}\right)^{\frac{x}{3} \times 3} = e^3$

(4) $\displaystyle\lim_{x \to \infty} \left(1 - \dfrac{1}{2x}\right)^x = \lim_{x \to \infty} \left(1 - \dfrac{1}{2x}\right)^{-2x \times \left(-\frac{1}{2}\right)} = e^{-\frac{1}{2}}$

(5) $\displaystyle\lim_{x \to 0} (1-2x)^{\frac{1}{3x}} = \lim_{x \to 0} (1-2x)^{\frac{1}{-2x} \times \left(-\frac{2}{3}\right)} = e^{-\frac{2}{3}}$

0307
답 ④

$\displaystyle\lim_{x \to \infty} \left\{\left(1 + \dfrac{1}{2x}\right)\left(1 + \dfrac{1}{3x}\right)\right\}^{6x}$

$= \displaystyle\lim_{x \to \infty} \left\{\left(1 + \dfrac{1}{2x}\right)^{6x}\left(1 + \dfrac{1}{3x}\right)^{6x}\right\}$

$= \displaystyle\lim_{x \to \infty} \left\{\left(1 + \dfrac{1}{2x}\right)^{2x \times 3}\left(1 + \dfrac{1}{3x}\right)^{3x \times 2}\right\}$

$= e^3 \times e^2$

$= e^5$

0308
답 (1) e (2) $-\dfrac{1}{2}$ (3) $\dfrac{\sqrt{2}}{2}$

(1) $\ln e^e = e$

(2) $\ln \dfrac{1}{\sqrt{e}} = \ln e^{-\frac{1}{2}} = -\dfrac{1}{2}$

(3) $\log_e \sqrt{e} \times \ln e^{\sqrt{2}} = \ln e^{\frac{1}{2}} \times \ln e^{\sqrt{2}} = \dfrac{1}{2} \times \sqrt{2} = \dfrac{\sqrt{2}}{2}$

0309
답 풀이 참조

$e^x - 1 = t$로 놓으면 $e^x = 1+t$이므로 $x = \ln(1+t)$이고,
$x \to 0$일 때 $t \to 0$이므로

$\displaystyle\lim_{x \to 0} \dfrac{e^x - 1}{x} = \lim_{t \to 0} \dfrac{t}{\ln(1+t)} = \lim_{t \to 0} \dfrac{1}{\dfrac{\ln(1+t)}{t}}$

$= \displaystyle\lim_{t \to 0} \dfrac{1}{\ln(1+t)^{\frac{1}{t}}} = \dfrac{1}{\ln e} = 1$

채점 요소	배점
$e^x - 1 = t$로 치환하여 $\displaystyle\lim_{x \to 0} \dfrac{e^x - 1}{x} = \lim_{t \to 0} \dfrac{t}{\ln(1+t)}$로 고치기	50 %
극한값 $\displaystyle\lim_{t \to 0} \dfrac{t}{\ln(1+t)}$를 계산하여 $\displaystyle\lim_{x \to 0} \dfrac{e^x - 1}{x} = 1$임을 구하기	50 %

0310
답 (1) 2 (2) 4 (3) $-\dfrac{8}{3}$

(1) $\displaystyle\lim_{x \to 0} \dfrac{\ln(1+2x)}{x} = \lim_{x \to 0} \dfrac{\ln(1+2x)}{2x} \times 2 = 1 \times 2 = 2$

(2) $\displaystyle\lim_{x \to 0} \dfrac{e^{4x} - 1}{x} = \lim_{x \to 0} \dfrac{e^{4x} - 1}{4x} \times 4 = 1 \times 4 = 4$

(3) $\displaystyle\lim_{x \to 0} \dfrac{\ln(1-3x)}{x} + \lim_{x \to 0} \dfrac{e^x - 1}{3x}$

$= \displaystyle\lim_{x \to 0} \dfrac{\ln(1-3x)}{-3x} \times (-3) + \lim_{x \to 0} \dfrac{e^x - 1}{x} \times \dfrac{1}{3}$

$= 1 \times (-3) + 1 \times \dfrac{1}{3} = -\dfrac{8}{3}$

TIP

❶ $\displaystyle\lim_{x \to 0} \dfrac{\ln(1+bx)}{ax} = \dfrac{b}{a}$

❷ $\displaystyle\lim_{x \to 0} \dfrac{e^{bx} - 1}{ax} = \dfrac{b}{a}$

0311
$\quad$ 📖 (1) $\dfrac{4}{\ln 2}$ $\quad$ (2) $\dfrac{2}{\ln 3}$ $\quad$ (3) $2\ln a$ $\quad$ (4) $\dfrac{1}{2}\ln 3$

(1) $\displaystyle\lim_{x\to 0}\dfrac{\log_2 (1+4x)}{x}=\lim_{x\to 0}\dfrac{\log_2 (1+4x)}{4x}\times 4=\dfrac{4}{\ln 2}$

(2) $\displaystyle\lim_{x\to 0}\dfrac{\log_3 (1+x)^2}{x}=\lim_{x\to 0}\dfrac{2\log_3 (1+x)}{x}=\dfrac{2}{\ln 3}$

(3) $\displaystyle\lim_{x\to 0}\dfrac{a^{2x}-1}{x}=\lim_{x\to 0}\dfrac{a^{2x}-1}{2x}\times 2=2\ln a$

(4) $\displaystyle\lim_{x\to 0}\dfrac{3^x-1}{2x}=\lim_{x\to 0}\dfrac{3^x-1}{x}\times\dfrac{1}{2}=\dfrac{1}{2}\ln 3$

TIP

❶ $\displaystyle\lim_{x\to 0}\dfrac{\log_a (1+nx)}{mx}=\dfrac{n}{m\ln a}$

❷ $\displaystyle\lim_{x\to 0}\dfrac{a^{nx}-1}{mx}=\dfrac{n}{m}\ln a$

0312
$\quad$ 📖 ④

① $\displaystyle\lim_{x\to 0}\dfrac{3^x-1}{x}=\ln 3$

② $\displaystyle\lim_{x\to 0}\dfrac{e^{2x}-1}{x^2+4x}=\lim_{x\to 0}\dfrac{e^{2x}-1}{x(x+4)}=\lim_{x\to 0}\left(\dfrac{e^{2x}-1}{2x}\times\dfrac{2}{x+4}\right)=\dfrac{1}{2}$

③ $\displaystyle\lim_{x\to 0}\dfrac{\ln (1+3x)}{x}=\lim_{x\to 0}\dfrac{\ln (1+3x)}{3x}\times 3=3$

④ $\displaystyle\lim_{x\to 0}\dfrac{\log_2 (1+5x)}{x}=\lim_{x\to 0}\dfrac{\log_2 (1+5x)}{5x}\times 5=\dfrac{5}{\ln 2}$

⑤ $\displaystyle\lim_{x\to 0}\left\{\dfrac{\log_2 (1-x)}{x}\right\}^{-1}=\lim_{x\to 0}\left\{\dfrac{\log_2 (1-x)}{-x}\times (-1)\right\}^{-1}$
$$=\left(-\dfrac{1}{\ln 2}\right)^{-1}=-\ln 2$$

따라서 선지 중 옳은 것은 ④이다.

0313
$\quad$ 📖 ②

$\displaystyle\lim_{x\to 0}\dfrac{4^x-2^x}{x}=\lim_{x\to 0}\left(\dfrac{4^x-1}{x}-\dfrac{2^x-1}{x}\right)$
$$=\ln 4-\ln 2=\ln\dfrac{4}{2}=\ln 2$$

0314
$\quad$ 📖 (1) $\dfrac{2}{3}$ $\quad$ (2) $\ln 2$ $\quad$ (3) $\ln 5\times\ln 3$

(1) $\displaystyle\lim_{x\to 0}\dfrac{\ln (1+2x)}{e^{3x}-1}=\lim_{x\to 0}\left\{\dfrac{\ln (1+2x)}{2x}\times\dfrac{3x}{e^{3x}-1}\times\dfrac{2}{3}\right\}$
$$=1\times 1\times\dfrac{2}{3}=\dfrac{2}{3}$$

(2) $\displaystyle\lim_{x\to 0}\dfrac{1-2^x}{e^{-x}-1}=\lim_{x\to 0}\left(\dfrac{2^x-1}{x}\times\dfrac{-x}{e^{-x}-1}\right)=\ln 2$

(3) $\displaystyle\lim_{x\to 0}\dfrac{5^x-1}{\log_3 (1+x)}=\lim_{x\to 0}\left\{\dfrac{5^x-1}{x}\times\dfrac{x}{\log_3 (1+x)}\right\}$
$$=\ln 5\times\ln 3$$

0315
$\quad$ 📖 ①

$\overline{\mathrm{OP}}=a$, $\overline{\mathrm{QR}}=6^a-3^a$이므로

$\displaystyle\lim_{a\to 0+}\dfrac{\overline{\mathrm{QR}}}{\overline{\mathrm{OP}}}=\lim_{a\to 0+}\dfrac{6^a-3^a}{a}=\lim_{a\to 0+}\left(\dfrac{6^a-1}{a}-\dfrac{3^a-1}{a}\right)$
$$=\ln 6-\ln 3=\ln 2$$

0316
$\quad$ 📖 풀이 참조

$(\ln x)'=\displaystyle\lim_{h\to 0}\dfrac{\ln (x+h)-\ln x}{h}$
$$=\lim_{h\to 0}\dfrac{1}{h}\ln\left(\dfrac{x+h}{x}\right)$$
$$=\lim_{h\to 0}\ln\left(1+\dfrac{h}{x}\right)^{\frac{1}{h}}$$
$$=\lim_{h\to 0}\ln\left\{\left(1+\dfrac{h}{x}\right)^{\frac{x}{h}}\right\}^{\frac{1}{x}}$$
$$=\dfrac{1}{x}\lim_{h\to 0}\ln\left(1+\dfrac{h}{x}\right)^{\frac{x}{h}}$$
$$=\dfrac{1}{x}\times\ln e=\dfrac{1}{x}$$

채점 요소	배점
도함수의 정의에 의하여 $(\ln x)'=\displaystyle\lim_{h\to 0}\dfrac{\ln (x+h)-\ln x}{h}$로 놓기	30 %
$\dfrac{1}{x}\displaystyle\lim_{h\to 0}\ln\left(1+\dfrac{h}{x}\right)^{\frac{x}{h}}$ 꼴로 고치고, 극한값을 계산하여 $(\ln x)'=\dfrac{1}{x}$임을 구하기	70 %

0317
$\quad$ 📖 (1) $y'=5e^x$ $\quad$ (2) $y'=2^x\ln 2$ $\quad$ (3) $y'=e^{x-2}$
$\qquad$ (4) $y'=3^{x+1}\ln 3$ $\quad$ (5) $y'=3e^{3x+1}$

(1) $y'=5e^x$

(2) $y'=2^x\ln 2$

(3) $y=e^{-2}\times e^x$이므로
$\quad y'=e^{-2}\times e^x=e^{x-2}$

(4) $y=3\times 3^x$이므로
$\quad y'=3\times 3^x\ln 3=3^{x+1}\ln 3$

(5) $y=e\times (e^3)^x$이므로
$\quad y'=e\times (e^3)^x\ln e^3=3e^{3x+1}$

0318
$\quad$ 📖 (1) $y'=\dfrac{1}{x}+3$ $\quad$ (2) $y'=\dfrac{1}{x}$
$\qquad$ (3) $y'=\dfrac{1}{x\ln 3}$ $\quad$ (4) $y'=\dfrac{1}{x\ln 2}$

(1) $y'=\dfrac{1}{x}+3$

(2) $y=\ln x+\ln 2$이므로
$\quad y'=\dfrac{1}{x}$

(3) $y'=\dfrac{1}{x\ln 3}$

(4) $y=\log_2 x+1$이므로
$\quad y'=\dfrac{1}{x\ln 2}$

0319
$\quad$ 📖 ③

① $(e^{x-3})'=(e^{-3}\times e^x)'=e^{-3}e^x=e^{x-3}$

② $(x^3e^x)'=3x^2e^x+x^3e^x=(x^3+3x^2)e^x$

③ $(\ln 3x)'=(\ln x+\ln 3)'=\dfrac{1}{x}$

④ $(\log_2 5x)'=(\log_2 x+\log_2 5)'=\dfrac{1}{x\ln 2}$

⑤ $(x\log x)'=\log x+x\times\dfrac{1}{x\ln 10}=\log x+\dfrac{1}{\ln 10}$

따라서 선지 중 옳지 않은 것은 ③이다.

0320   답 ③

$\displaystyle\lim_{h\to 0}\dfrac{f(1+h)-f(1-2h)}{h}$

$=\displaystyle\lim_{h\to 0}\left\{\dfrac{f(1+h)-f(1)}{h}+\dfrac{f(1-2h)-f(1)}{-2h}\times 2\right\}$

$=f'(1)+2f'(1)=3f'(1)$

$f'(x)=\ln x+1+2x$이므로

$f'(1)=3$

$\therefore 3f'(1)=9$

0321   답 (1) $e+2$ (2) $\dfrac{2}{\ln 3}$ (3) $-6\ln 2+3$

(1) $f'(x)=(e^x+2)\ln x+\dfrac{e^x+2x}{x}$

$\qquad\therefore f'(1)=e+2$

(2) $f'(x)=2^x\ln 2\times\log_3 x+2^x\times\dfrac{1}{x\ln 3}$

$\qquad\therefore f'(1)=\dfrac{2}{\ln 3}$

(3) $\displaystyle\lim_{h\to 0}\dfrac{f(2+h)-f(2-2h)}{4h}=\dfrac{3}{4}f'(2)$

$\qquad f'(x)=2^x\ln 2\times(x^2-3x)+2^x(2x-3)$이므로

$\qquad f'(2)=-8\ln 2+4$

$\qquad\therefore \dfrac{3}{4}f'(2)=-6\ln 2+3$

0322   답 (1) $\sqrt{2}$ (2) 2 (3) $\sqrt{3}$ (4) $\dfrac{\sqrt{3}}{6}$

(1) $\csc\dfrac{\pi}{4}=\dfrac{1}{\sin\frac{\pi}{4}}=\dfrac{1}{\frac{1}{\sqrt{2}}}=\sqrt{2}$

(2) $\sec\dfrac{\pi}{3}=\dfrac{1}{\cos\frac{\pi}{3}}=\dfrac{1}{\frac{1}{2}}=2$

(3) $\cot\dfrac{\pi}{6}=\dfrac{1}{\tan\frac{\pi}{6}}=\dfrac{1}{\frac{1}{\sqrt{3}}}=\sqrt{3}$

(4) $\cos\left(-\dfrac{7}{6}\pi\right)+\csc\dfrac{2}{3}\pi=\cos\dfrac{7}{6}\pi+\dfrac{1}{\sin\frac{2}{3}\pi}$

$\qquad\qquad=\cos\left(\pi+\dfrac{\pi}{6}\right)+\dfrac{1}{\sin\left(\pi-\frac{\pi}{3}\right)}$

$\qquad\qquad=-\cos\dfrac{\pi}{6}+\dfrac{1}{\sin\frac{\pi}{3}}$

$\qquad\qquad=-\dfrac{\sqrt{3}}{2}+\dfrac{2\sqrt{3}}{3}=\dfrac{\sqrt{3}}{6}$

0323   답 (1) $\dfrac{\sqrt{5}}{2}$ (2) $-\dfrac{3\sqrt{5}}{5}$ (3) $-\dfrac{5}{2}$

(1) $\sec\theta=\dfrac{\sqrt{5}}{2}$

(2) $\cos\theta+\csc\theta=\dfrac{2}{\sqrt{5}}+\dfrac{\sqrt{5}}{-1}=\dfrac{2\sqrt{5}}{5}-\sqrt{5}=-\dfrac{3\sqrt{5}}{5}$

(3) $5\sec(\pi+\theta)\cos\left(\dfrac{\pi}{2}+\theta\right)$

$\quad=(-5\sec\theta)(-\sin\theta)$

$\quad=\dfrac{5\sin\theta}{\cos\theta}=5\tan\theta$

$\quad=5\times\left(-\dfrac{1}{2}\right)=-\dfrac{5}{2}$

0324   답 (1) -2 (2) $-\sqrt{5}$

(1) θ가 제2사분면의 각이고 $\sin\theta=\dfrac{3}{5}$이므로

$\tan\theta=-\dfrac{3}{4}$, $\cos\theta=-\dfrac{4}{5}$이므로 $\sec\theta=\dfrac{1}{\cos\theta}=-\dfrac{5}{4}$

$\therefore \tan\theta+\sec\theta=\left(-\dfrac{3}{4}\right)+\left(-\dfrac{5}{4}\right)=-2$

(2) $\dfrac{\pi}{2}<\theta<\pi$이고 $\tan\theta=-2$이므로 $\cos\theta=-\dfrac{1}{\sqrt{5}}$

$\therefore \sec\theta=\dfrac{1}{\cos\theta}=-\sqrt{5}$

다른 풀이

(2) $\sec^2\theta=1+\tan^2\theta=1+(-2)^2=5$

$\dfrac{\pi}{2}<\theta<\pi$일 때, $\sec\theta<0$이므로

$\sec\theta=-\sqrt{5}$

0325   답 ④

$\sec\theta\tan\theta=\dfrac{1}{\cos\theta}\times\dfrac{\sin\theta}{\cos\theta}=\dfrac{\sin\theta}{\cos^2\theta}<0$이므로 $\sin\theta<0$

즉, θ가 나타내는 동경은 제3사분면 또는 제4사분면에 위치한다.

① $-1665°=-5\times 360°+135°$는 제2사분면의 각이다.

② $480°=360°+120°$는 제2사분면의 각이다.

③ $-\dfrac{11}{6}\pi=-2\pi+\dfrac{\pi}{6}$는 제1사분면의 각이다.

④ $\dfrac{49}{16}\pi=2\pi+\dfrac{17}{16}\pi$는 제3사분면의 각이다.

⑤ $\dfrac{25}{4}\pi=3\times 2\pi+\dfrac{\pi}{4}$는 제1사분면의 각이다.

따라서 선지 중 θ의 값이 될 수 있는 것은 ④이다.

0326   답 (1) $\dfrac{\sqrt{6}+\sqrt{2}}{4}$ (2) $\dfrac{\sqrt{2}-\sqrt{6}}{4}$ (3) $2-\sqrt{3}$ (4) $\dfrac{\sqrt{6}-\sqrt{2}}{4}$

(1) $\sin 75°=\sin(45°+30°)$

$\qquad\quad=\sin 45°\cos 30°+\cos 45°\sin 30°$

$$=\frac{\sqrt{2}}{2}\times\frac{\sqrt{3}}{2}+\frac{\sqrt{2}}{2}\times\frac{1}{2}=\frac{\sqrt{6}+\sqrt{2}}{4}$$

(2) $\cos 105° = \cos(60°+45°)$
$$=\cos 60° \cos 45° - \sin 60° \sin 45°$$
$$=\frac{1}{2}\times\frac{\sqrt{2}}{2}-\frac{\sqrt{3}}{2}\times\frac{\sqrt{2}}{2}=\frac{\sqrt{2}-\sqrt{6}}{4}$$

(3) $\tan 15° = \tan(45°-30°)$
$$=\frac{\tan 45° - \tan 30°}{1+\tan 45° \tan 30°}$$
$$=\frac{1-\frac{\sqrt{3}}{3}}{1+1\times\frac{\sqrt{3}}{3}}=\frac{3-\sqrt{3}}{3+\sqrt{3}}$$
$$=\frac{(3-\sqrt{3})^2}{6}$$
$$=2-\sqrt{3}$$

(4) $\sin\frac{\pi}{12}=\sin\left(\frac{\pi}{3}-\frac{\pi}{4}\right)=\sin\frac{\pi}{3}\cos\frac{\pi}{4}-\cos\frac{\pi}{3}\sin\frac{\pi}{4}$
$$=\frac{\sqrt{3}}{2}\times\frac{\sqrt{2}}{2}-\frac{1}{2}\times\frac{\sqrt{2}}{2}=\frac{\sqrt{6}-\sqrt{2}}{4}$$

0327   답 ④

$0<\alpha<\frac{\pi}{2}$이고 $\sin\alpha=\frac{4}{5}$이므로 $\cos\alpha=\frac{3}{5}$
$$\therefore \sin\left(\frac{\pi}{3}+\alpha\right)=\sin\frac{\pi}{3}\cos\alpha+\cos\frac{\pi}{3}\sin\alpha$$
$$=\frac{\sqrt{3}}{2}\times\frac{3}{5}+\frac{1}{2}\times\frac{4}{5}=\frac{4+3\sqrt{3}}{10}$$

0328   답 ⑤

$\sin\alpha=\frac{4}{5}\left(\frac{\pi}{2}<\alpha<\pi\right)$이므로 $\cos\alpha=-\frac{3}{5}$
$\sin\beta=\frac{5}{13}\left(0<\beta<\frac{\pi}{2}\right)$이므로 $\cos\beta=\frac{12}{13}$
$$\therefore \sin(\alpha-\beta)=\sin\alpha\cos\beta-\cos\alpha\sin\beta$$
$$=\frac{4}{5}\times\frac{12}{13}-\left(-\frac{3}{5}\right)\times\frac{5}{13}$$
$$=\frac{48+15}{65}=\frac{63}{65}$$

0329   답 (1) $-\frac{4}{5}$ (2) $-\frac{3}{5}$ (3) $\frac{4}{3}$

$\frac{\pi}{2}<\alpha<\pi$이고 $\sin\alpha=\frac{2\sqrt{5}}{5}$이므로
$\cos\alpha=-\frac{\sqrt{5}}{5}$, $\tan\alpha=-2$

(1) $\sin(2\alpha)=\sin(\alpha+\alpha)=\sin\alpha\cos\alpha+\cos\alpha\sin\alpha$
$$=2\sin\alpha\cos\alpha=2\times\frac{2\sqrt{5}}{5}\times\left(-\frac{\sqrt{5}}{5}\right)=-\frac{4}{5}$$

(2) $\cos(2\alpha)=\cos(\alpha+\alpha)=\cos\alpha\cos\alpha-\sin\alpha\sin\alpha$
$$=\cos^2\alpha-\sin^2\alpha=\left(-\frac{\sqrt{5}}{5}\right)^2-\left(\frac{2\sqrt{5}}{5}\right)^2=-\frac{3}{5}$$

(3) $\tan(2\alpha)=\tan(\alpha+\alpha)=\frac{\tan\alpha+\tan\alpha}{1-\tan\alpha\tan\alpha}=\frac{2\tan\alpha}{1-\tan^2\alpha}$
$$=\frac{2\times(-2)}{1-(-2)^2}=\frac{4}{3}$$

0330   답 ④

직선 $y=x$가 x축의 양의 방향과 이루는 각의 크기를 α라고 하면 $\tan\alpha=1$이고,
직선 $y=-3x+1$이 x축의 양의 방향과 이루는 각의 크기를 β라고 하면 $\tan\beta=-3$이다.
$$\therefore \tan\theta=|\tan(\alpha-\beta)|=\left|\frac{\tan\alpha-\tan\beta}{1+\tan\alpha\tan\beta}\right|$$
$$=\left|\frac{1-(-3)}{1+1\times(-3)}\right|=2$$

0331   답 ③

직선 $x-3y-2=0$이 x축의 양의 방향과 이루는 각의 크기를 α라고 하면 이 직선의 기울기가 $\frac{1}{3}$이므로 $\tan\alpha=\frac{1}{3}$이다.
직선 $2x-y+3=0$이 x축의 양의 방향과 이루는 각의 크기를 β라고 하면 이 직선의 기울기가 2이므로 $\tan\beta=2$이다.
이때, 두 직선이 이루는 예각의 크기를 θ라고 하면
$$\tan\theta=|\tan(\alpha-\beta)|=\left|\frac{\tan\alpha-\tan\beta}{1+\tan\alpha\tan\beta}\right|=\left|\frac{\frac{1}{3}-2}{1+\frac{1}{3}\times 2}\right|=1$$

이므로 구하는 예각의 크기는 $\frac{\pi}{4}$이다.

0332   답 풀이 참조

두 직선 $2x-3y+1=0$, $3x-2y+1=0$이 x축의 양의 방향과 이루는 각의 크기를 각각 α, β라고 하면
두 직선의 기울기가 각각 $\frac{2}{3}$, $\frac{3}{2}$이므로
$\tan\alpha=\frac{2}{3}$, $\tan\beta=\frac{3}{2}$이다.
$$\therefore \tan\theta=|\tan(\alpha-\beta)|=\left|\frac{\tan\alpha-\tan\beta}{1+\tan\alpha\tan\beta}\right|$$
$$=\left|\frac{\frac{2}{3}-\frac{3}{2}}{1+\frac{2}{3}\times\frac{3}{2}}\right|=\frac{5}{12}$$

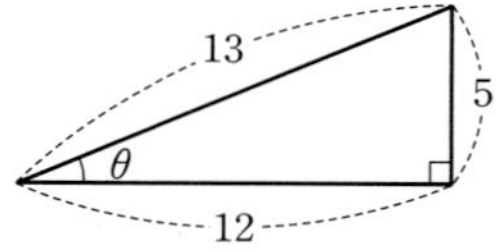

$$\therefore \cos\theta=\frac{12}{13}$$

채점 요소	배점
두 직선이 x축의 양의 방향과 이루는 각의 크기를 각각 α, β라 할 때, $\tan\alpha=\frac{2}{3}$, $\tan\beta=\frac{3}{2}$임을 구하기	30 %
$\tan\theta=|\tan(\alpha-\beta)|$임을 이용하여 삼각함수의 덧셈정리에 의하여 $\tan\theta=\frac{5}{12}$임을 구하기	40 %
$\tan\theta=\frac{5}{12}$로부터 $\cos\theta=\frac{12}{13}$임을 구하기	30 %

0333

$$\text{(1) } \frac{1}{3} \quad \text{(2) } \frac{2}{3} \quad \text{(3) } \frac{1}{2}$$

$0<\theta<\dfrac{\pi}{2}$이고 $\sin\theta=\dfrac{2\sqrt{2}}{3}$이므로 $\cos\theta=\dfrac{1}{3}$이다.

한편, $\cos\theta$의 값을 통해 $\sin^2\dfrac{\theta}{2},\ \cos^2\dfrac{\theta}{2},\ \tan^2\dfrac{\theta}{2}$의 값을 다음과
같이 구할 수 있다.

$$\begin{aligned}
\cos\theta&=\cos\left(2\times\frac{\theta}{2}\right)\\
&=2\cos^2\frac{\theta}{2}-1 \qquad\qquad \cdots\cdots\ \text{㉠}\\
&=1-2\sin^2\frac{\theta}{2} \qquad\qquad \cdots\cdots\ \text{㉡}
\end{aligned}$$

㉠에서 $\cos^2\dfrac{\theta}{2}=\dfrac{1+\cos\theta}{2}$

㉡에서 $\sin^2\dfrac{\theta}{2}=\dfrac{1-\cos\theta}{2}$

$$\tan^2\frac{\theta}{2}=\frac{\sin^2\frac{\theta}{2}}{\cos^2\frac{\theta}{2}}=\frac{1-\cos\theta}{1+\cos\theta}$$

(1) $\sin^2\dfrac{\theta}{2}=\dfrac{1-\cos\theta}{2}=\dfrac{1-\frac{1}{3}}{2}=\dfrac{1}{3}$

(2) $\cos^2\dfrac{\theta}{2}=\dfrac{1+\cos\theta}{2}=\dfrac{1+\frac{1}{3}}{2}=\dfrac{2}{3}$

(3) $\tan^2\dfrac{\theta}{2}=\dfrac{1-\cos\theta}{1+\cos\theta}=\dfrac{1-\frac{1}{3}}{1+\frac{1}{3}}=\dfrac{1}{2}$

0334

$$\text{(1) } 5\sin(\theta+\alpha) \quad \text{(2) } 5\cos(\theta-\beta)$$

(1) $f(\theta)=4\sin\theta+3\cos\theta=5\left(\dfrac{4}{5}\sin\theta+\dfrac{3}{5}\cos\theta\right)$

$\cos\alpha=\dfrac{4}{5},\ \sin\alpha=\dfrac{3}{5}$일 때

$f(\theta)=5(\sin\theta\cos\alpha+\cos\theta\sin\alpha)=5\sin(\theta+\alpha)$

(2) $f(\theta)=4\sin\theta+3\cos\theta=5\left(\dfrac{4}{5}\sin\theta+\dfrac{3}{5}\cos\theta\right)$

$\cos\beta=\dfrac{3}{5},\ \sin\beta=\dfrac{4}{5}$일 때

$f(\theta)=5(\cos\theta\cos\beta+\sin\theta\sin\beta)=5\cos(\theta-\beta)$

0335

$$\text{답 } ③$$

$$\begin{aligned}
f(x)&=2\sin x+\sqrt{5}\cos x+1\\
&=3\left(\frac{2}{3}\sin x+\frac{\sqrt{5}}{3}\cos x\right)+1\\
&=3\sin(x+\alpha)+1 \quad\left(\text{단, }\cos\alpha=\frac{2}{3},\ \sin\alpha=\frac{\sqrt{5}}{3}\right)
\end{aligned}$$

이므로 최댓값은 $3+1=4$, 최솟값은 $-3+1=-2$이다.

$M=4,\ m=-2$

$\therefore\ M^2+m^2=4^2+(-2)^2=20$

0336

$$\text{답 } ③$$

직각삼각형 BHG에서

$\sin\alpha=\dfrac{1}{\sqrt{5}},\ \cos\alpha=\dfrac{2}{\sqrt{5}}$

직각삼각형 BCD에서

$\sin\beta=\dfrac{1}{\sqrt{10}},\ \cos\beta=\dfrac{3}{\sqrt{10}}$

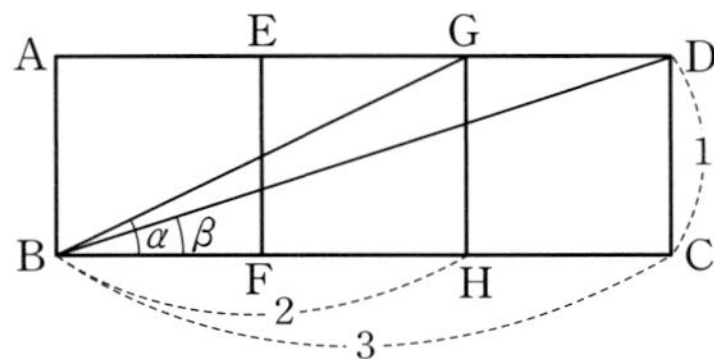

$$\begin{aligned}
\therefore\ \sin(\alpha+\beta)&=\sin\alpha\cos\beta+\cos\alpha\sin\beta\\
&=\frac{1}{\sqrt{5}}\times\frac{3}{\sqrt{10}}+\frac{2}{\sqrt{5}}\times\frac{1}{\sqrt{10}}\\
&=\frac{\sqrt{2}}{2}
\end{aligned}$$

0337

$$\text{답 } ③$$

사람의 눈, 나무의 위쪽 끝, 아래쪽 끝을 각각 점 A, B, C라 하고,
점 A에서 나무에 내린 수선의 발을 H라 하자.

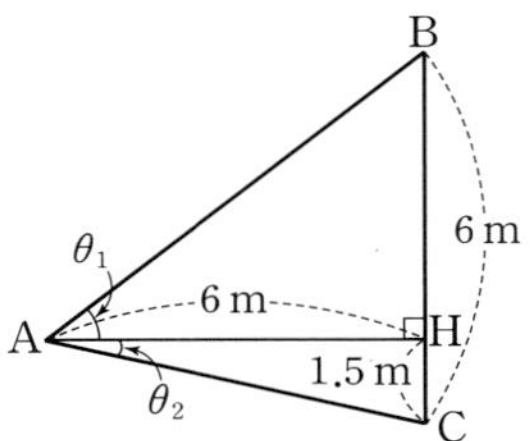

$\angle\text{BAH}=\theta_1,\ \angle\text{CAH}=\theta_2$라 하면

$\tan\theta_1=\dfrac{6-1.5}{6}=\dfrac{3}{4},\ \tan\theta_2=\dfrac{1.5}{6}=\dfrac{1}{4}$이다.

$$\begin{aligned}
\therefore\ \tan\theta&=\tan(\theta_1+\theta_2)\\
&=\frac{\tan\theta_1+\tan\theta_2}{1-\tan\theta_1\tan\theta_2}\\
&=\frac{\frac{3}{4}+\frac{1}{4}}{1-\frac{3}{4}\times\frac{1}{4}}=\frac{16}{13}
\end{aligned}$$

0338

$$\text{답 } ⑤$$

$\angle\text{ABC}=\theta$라 하면 $\sin\theta=\dfrac{2}{\sqrt{13}},\ \cos\theta=\dfrac{3}{\sqrt{13}}$이다.

$\angle\text{ADC}=\angle\text{ABC}+\angle\text{BCD}=2\theta$이므로

$$\begin{aligned}
\sin(\angle\text{ADC})&=\sin(2\theta)=\sin(\theta+\theta)\\
&=\sin\theta\cos\theta+\cos\theta\sin\theta=2\sin\theta\cos\theta\\
&=2\times\frac{2}{\sqrt{13}}\times\frac{3}{\sqrt{13}}=\frac{12}{13}
\end{aligned}$$

0339

$$\text{답 (1) } \pi \quad \text{(2) } 3 \quad \text{(3) } 2$$

(1) $\displaystyle\lim_{x\to\frac{\pi}{2}}(2x\sin x-3\cos x)=2\times\dfrac{\pi}{2}\times\sin\dfrac{\pi}{2}-3\cos\dfrac{\pi}{2}=\pi$

(2) $\displaystyle\lim_{x\to 0}\frac{3+\tan x}{\cos x}=\frac{3+\tan 0}{\cos 0}=3$

(3) $\displaystyle\lim_{\theta\to 0}\frac{\sin^2\theta}{1-\cos\theta}=\lim_{\theta\to 0}\frac{1-\cos^2\theta}{1-\cos\theta}=\lim_{\theta\to 0}(1+\cos\theta)$
$\qquad\qquad =1+1=2$

0340
답 (1) 4 (2) $\dfrac{3}{2}$ (3) 2 (4) 4

(1) $\displaystyle\lim_{x\to 0}\frac{\sin(4x)}{x}=\lim_{x\to 0}\frac{\sin(4x)}{4x}\times 4=4$

(2) $\displaystyle\lim_{x\to 0}\frac{\tan(3x)}{2x}=\lim_{x\to 0}\frac{\tan(3x)}{3x}\times\frac{3}{2}=\frac{3}{2}$

(3) $\displaystyle\lim_{x\to 0}\frac{2\sin x+x^2}{x}=\lim_{x\to 0}\left(2\times\frac{\sin x}{x}+x\right)=2$

(4) $\displaystyle\lim_{x\to 0}\frac{\sin(3x)+\tan x}{x}=\lim_{x\to 0}\left\{\frac{\sin(3x)}{x}+\frac{\tan x}{x}\right\}$
$\qquad\qquad =\lim_{x\to 0}\frac{\sin(3x)}{3x}\times 3+\lim_{x\to 0}\frac{\tan x}{x}$
$\qquad\qquad =3+1=4$

0341
답 (1) $\dfrac{5}{2}$ (2) $\dfrac{2}{3}$ (3) $\dfrac{5}{2}$

(1) $\displaystyle\lim_{x\to 0}\frac{\sin(5x)}{\sin(2x)}=\lim_{x\to 0}\left\{\frac{\sin(5x)}{5x}\times\frac{2x}{\sin(2x)}\right\}\times\frac{5}{2}=\frac{5}{2}$

(2) $\displaystyle\lim_{x\to 0}\frac{\sin(2x)}{\tan(3x)}=\lim_{x\to 0}\left\{\frac{\sin(2x)}{2x}\times\frac{3x}{\tan(3x)}\right\}\times\frac{2}{3}=\frac{2}{3}$

(3) $\displaystyle\lim_{x\to 0}\frac{5xe^x}{\tan(2x)}=\lim_{x\to 0}\left\{\frac{2x}{\tan(2x)}\times\frac{5}{2}e^x\right\}=\frac{5}{2}$

TIP

$\displaystyle\lim_{x\to 0}\frac{\sin(ax)}{\sin(bx)}=\lim_{x\to 0}\left\{\frac{\sin(ax)}{ax}\times\frac{bx}{\sin(bx)}\times\frac{a}{b}\right\}=\frac{a}{b}$

마찬가지 방법으로 $\displaystyle\lim_{x\to 0}\frac{\tan(ax)}{\tan(bx)}=\frac{a}{b}$, $\displaystyle\lim_{x\to 0}\frac{\sin(ax)}{\tan(bx)}=\frac{a}{b}$,

$\displaystyle\lim_{x\to 0}\frac{\tan(ax)}{\sin(bx)}=\frac{a}{b}$로 빠르게 극한값을 계산할 수 있다.

0342
답 (1) $\dfrac{1}{2}$ (2) $\dfrac{1}{2}$

(1) $\displaystyle\lim_{\theta\to 0}\frac{1-\cos\theta}{\theta^2}=\lim_{\theta\to 0}\frac{(1-\cos\theta)(1+\cos\theta)}{\theta^2(1+\cos\theta)}$
$\qquad\qquad =\lim_{\theta\to 0}\left(\frac{\sin^2\theta}{\theta^2}\times\frac{1}{1+\cos\theta}\right)=\frac{1}{2}$

(2) $\displaystyle\lim_{x\to 0}\frac{1-\cos x}{x\sin x}=\lim_{x\to 0}\frac{(1-\cos x)(1+\cos x)}{x\sin x(1+\cos x)}$
$\qquad\qquad =\lim_{x\to 0}\left(\frac{\sin x}{x}\times\frac{1}{1+\cos x}\right)=\frac{1}{2}$

다른 풀이

(2) $\displaystyle\lim_{x\to 0}\frac{1-\cos x}{x\sin x}=\lim_{x\to 0}\left(\frac{1-\cos x}{x^2}\times\frac{x}{\sin x}\right)=\frac{1}{2}$ ······ **TIP**

TIP

(1)에 의하여 '$\displaystyle\lim_{x\to 0}\frac{1-\cos x}{x^2}=\frac{1}{2}$'임을 알 수 있다.

극한 $\displaystyle\lim_{x\to 0}\frac{1-\cos x}{x^2}$도 자주 나오는 형태이므로 이 극한값이

$\dfrac{1}{2}$임을 기억해 두면 주어진 극한을 $\displaystyle\lim_{x\to 0}\frac{1-\cos x}{x^2}$가 포함된
꼴로 바꾸어 빠르게 계산할 수 있다.

0343
답 4

$\overline{\text{AH}}=4\sin\theta$이고,
$\angle\text{CAH}=\angle\text{ABH}=\theta$이므로 직각삼각형 AHC에서
$\overline{\text{CH}}=\overline{\text{AH}}\tan\theta=4\sin\theta\tan\theta$
$\therefore\ \displaystyle\lim_{\theta\to 0+}\frac{\overline{\text{CH}}}{\theta^2}=\lim_{\theta\to 0+}\frac{4\sin\theta\tan\theta}{\theta^2}=\lim_{\theta\to 0+}\left(4\times\frac{\sin\theta}{\theta}\times\frac{\tan\theta}{\theta}\right)=4$

다른 풀이

$\overline{\text{BC}}=\dfrac{4}{\cos\theta}$, $\overline{\text{BH}}=4\cos\theta$이므로

$\overline{\text{CH}}=\overline{\text{BC}}-\overline{\text{BH}}=\dfrac{4}{\cos\theta}-4\cos\theta=\dfrac{4(1-\cos^2\theta)}{\cos\theta}=\dfrac{4\sin^2\theta}{\cos\theta}$

$\therefore\ \displaystyle\lim_{\theta\to 0+}\frac{\overline{\text{CH}}}{\theta^2}=\lim_{\theta\to 0+}\frac{4\sin^2\theta}{\theta^2\cos\theta}=\lim_{\theta\to 0+}\left\{\left(\frac{\sin\theta}{\theta}\right)^2\times\frac{4}{\cos\theta}\right\}=4$

0344
답 ④

$\overline{\text{AB}}=\dfrac{\overline{\text{AH}}}{\sin\theta}$, $\overline{\text{AC}}=\dfrac{\overline{\text{AH}}}{\sin(2\theta)}$이므로

$\displaystyle\lim_{\theta\to 0+}\frac{2\overline{\text{AB}}}{\overline{\text{AC}}}=\lim_{\theta\to 0+}\left\{\frac{2\overline{\text{AH}}}{\sin\theta}\div\frac{\overline{\text{AH}}}{\sin(2\theta)}\right\}$
$\qquad =\lim_{\theta\to 0+}\frac{2\sin(2\theta)}{\sin\theta}$
$\qquad =\lim_{\theta\to 0+}\left\{4\times\frac{\sin(2\theta)}{2\theta}\times\frac{\theta}{\sin\theta}\right\}$
$\qquad =4$

0345
답 $\dfrac{1}{2}$

$\overline{\text{AC}}=\dfrac{1}{\sin\theta}$, $\overline{\text{AB}}=\dfrac{1}{\tan\theta}$이므로

$\displaystyle\lim_{\theta\to 0+}\frac{\overline{\text{AC}}-\overline{\text{AB}}}{\theta}=\lim_{\theta\to 0+}\frac{\dfrac{1}{\sin\theta}-\dfrac{1}{\tan\theta}}{\theta}$
$\qquad =\lim_{\theta\to 0+}\frac{\dfrac{1}{\sin\theta}-\dfrac{\cos\theta}{\sin\theta}}{\theta}$
$\qquad =\lim_{\theta\to 0+}\frac{1-\cos\theta}{\theta\sin\theta}$
$\qquad =\lim_{\theta\to 0+}\left(\frac{1-\cos\theta}{\theta^2}\times\frac{\theta}{\sin\theta}\right)$
$\qquad =\dfrac{1}{2}$

0346
답 풀이 참조

(1) $\overline{\text{PH}}=\sin\theta$, $\overline{\text{OH}}=\cos\theta$

(2) $\overline{\text{QH}}=\dfrac{\overline{\text{PH}}}{\tan\dfrac{\theta}{2}}=\dfrac{\sin\theta}{\tan\dfrac{\theta}{2}}$

$(3)\ \overline{OQ}=\overline{OH}+\overline{QH}=\cos\theta+\dfrac{\sin\theta}{\tan\dfrac{\theta}{2}}$

$\therefore\ \lim\limits_{\theta\to0+}\overline{OQ}=\lim\limits_{\theta\to0+}\left(\cos\theta+\dfrac{\sin\theta}{\tan\dfrac{\theta}{2}}\right)$

$\qquad\qquad\quad=\lim\limits_{\theta\to0+}\left(\cos\theta+\dfrac{\sin\theta}{\theta}\times\dfrac{\dfrac{\theta}{2}}{\tan\dfrac{\theta}{2}}\times2\right)$

$\qquad\qquad\quad=1+2=3$

채점 요소	배점
(1) $\overline{PH}=\sin\theta,\ \overline{OH}=\cos\theta$임을 구하기	25 %
(2) $\overline{QH}=\dfrac{\sin\theta}{\tan\dfrac{\theta}{2}}$임을 구하기	25 %
(3) $\lim\limits_{\theta\to0+}\overline{OQ}=\lim\limits_{\theta\to0+}\left(\cos\theta+\dfrac{\sin\theta}{\tan\dfrac{\theta}{2}}\right)$임을 구한 후 계산하기	50 %

0347 ⋯⋯⋯⋯⋯⋯⋯⋯⋯⋯⋯⋯⋯⋯⋯⋯ 🖺 풀이 참조

$(\cos x)'=\lim\limits_{h\to0}\dfrac{\cos(x+h)-\cos x}{h}$

$\qquad\quad=\lim\limits_{h\to0}\dfrac{\cos x\cos h-\sin x\sin h-\cos x}{h}$

$\qquad\quad=\lim\limits_{h\to0}\dfrac{-\sin x\sin h+\cos x(\cos h-1)}{h}$

$\qquad\quad=\lim\limits_{h\to0}\dfrac{-\sin x\sin h}{h}+\lim\limits_{h\to0}\dfrac{\cos x(\cos h-1)}{h}$

$\qquad\quad=-\sin x\lim\limits_{h\to0}\dfrac{\sin h}{h}+\cos x\lim\limits_{h\to0}\left(\dfrac{\cos h-1}{h^2}\times h\right)$

$\qquad\quad=-\sin x\times1+\cos x\times0$

$\qquad\quad=-\sin x$

채점 요소	배점
도함수의 정의에 의하여 $(\cos x)'=\lim\limits_{h\to0}\dfrac{\cos(x+h)-\cos x}{h}$로 놓기	20 %
삼각함수의 덧셈정리를 이용하여 $\cos(x+h)=\cos x\cos h-\sin x\sin h$로 풀기	20 %
극한값을 계산하여 $(\cos x)'=-\sin x$임을 구하기	60 %

0348 ⋯⋯⋯⋯⋯ 🖺 (1) $y'=2+\cos x$　(2) $y'=-5\sin x-4\cos x$　(3) $y'=\cos x-x\sin x$

$(1)\ y'=2+\cos x$

$(2)\ y'=-5\sin x-4\cos x$

$(3)\ y'=\cos x+x(-\sin x)=\cos x-x\sin x$

0349 ⋯⋯⋯⋯⋯⋯⋯⋯⋯⋯ 🖺 (1) π　(2) $-e^\pi$　(3) 2

$(1)\ f'(x)=2x\sin x+x^2\cos x$

$\qquad\therefore\ f'\left(\dfrac{\pi}{2}\right)=\pi$

$(2)\ f'(x)=e^x\cos x+e^x(-\sin x)=e^x(\cos x-\sin x)$

$\qquad\therefore\ f'(\pi)=-e^\pi$

$(3)\ \lim\limits_{h\to0}\dfrac{f\left(\dfrac{\pi}{6}+2h\right)-f\left(\dfrac{\pi}{6}-2h\right)}{h}$

$\quad=\lim\limits_{h\to0}\left\{\dfrac{f\left(\dfrac{\pi}{6}+2h\right)-f\left(\dfrac{\pi}{6}\right)}{2h}\times2+\dfrac{f\left(\dfrac{\pi}{6}-2h\right)-f\left(\dfrac{\pi}{6}\right)}{-2h}\times2\right\}$

$\quad=4f'\left(\dfrac{\pi}{6}\right)$

$\quad f'(x)=\cos x\cos x+\sin x(-\sin x)=\cos^2 x-\sin^2 x$
이므로

$\quad 4f'\left(\dfrac{\pi}{6}\right)=4\left(\cos^2\dfrac{\pi}{6}-\sin^2\dfrac{\pi}{6}\right)=4\left\{\left(\dfrac{\sqrt{3}}{2}\right)^2-\left(\dfrac{1}{2}\right)^2\right\}=2$

0350 ⋯⋯⋯⋯⋯⋯⋯⋯⋯⋯⋯⋯⋯⋯⋯⋯⋯⋯⋯⋯ 🖺 ①

$f(x)=e^x(\sin x+\cos x)$라 하면

$f'(x)=e^x(\sin x+\cos x)+e^x(\cos x-\sin x)$

$\qquad\ =2e^x\cos x$

구하는 값은 $f'(\pi)$이므로

$f'(\pi)=2e^\pi\cos\pi=-2e^\pi$

0351 ⋯⋯⋯⋯⋯⋯⋯⋯⋯⋯⋯⋯⋯⋯⋯⋯⋯⋯⋯⋯ 🖺 ⑤

$g(x)=a\sin x,\ h(x)=-x+b$라 하면

$g'(x)=a\cos x,\ h'(x)=-1$이다.

함수 $f(x)$가 $x=\pi$에서 연속이므로

$g(\pi)=h(\pi)$에서 $0=-\pi+b,\ b=\pi$

함수 $f(x)$가 $x=\pi$에서 미분가능하므로

$g'(\pi)=h'(\pi)$에서 $a=1$

$\therefore\ ab=1\times\pi=\pi$

0352 ⋯⋯⋯⋯⋯⋯⋯⋯⋯⋯⋯⋯⋯⋯⋯⋯⋯⋯⋯⋯ 🖺 ④

$a=0$이면

$\lim\limits_{x\to\infty}\dfrac{3^{x+2}}{a\times3^x-2^{x+1}}=\lim\limits_{x\to\infty}\dfrac{3^{x+2}}{-2^{x+1}}=-\dfrac{9}{2}\lim\limits_{x\to\infty}\left(\dfrac{3}{2}\right)^x=-\infty$
이므로 $a\neq0$이다.

$a\neq0$일 때

$\lim\limits_{x\to\infty}\dfrac{3^{x+2}}{a\times3^x-2^{x+1}}=\lim\limits_{x\to\infty}\dfrac{9}{a-2\left(\dfrac{2}{3}\right)^x}=\dfrac{9}{a}=3$

$\therefore\ a=3$

0353 ⋯⋯⋯⋯⋯⋯⋯⋯⋯⋯⋯⋯⋯⋯⋯⋯⋯⋯⋯⋯ 🖺 ⑤

① $\lim\limits_{x\to\infty}2^x=\infty$

② $x\to0$일 때 $(3^x-3^{-x})\to0$이고, $(3^x+3^{-x})\to2$이므로

$\quad\lim\limits_{x\to0}\dfrac{3^x+3^{-x}}{3^x-3^{-x}}$은 발산한다.

③ $\lim\limits_{x\to1+}\dfrac{\log_3(x-1)}{\log_2 x}=-\infty$

④ $\lim_{x\to\infty}\{\log_2(x-2)-\log_2 x\}=\lim_{x\to\infty}\log_2\dfrac{x-2}{x}=\log_2 1=0$

⑤ $\lim_{x\to\frac{1}{2}+}\{\log_2(4x^2-1)-\log_2(2x-1)\}$

$\quad=\lim_{x\to\frac{1}{2}+}\log_2\dfrac{4x^2-1}{2x-1}=\lim_{x\to\frac{1}{2}+}\log_2(2x+1)$

$\quad=\log_2 2=1$

따라서 선지 중 옳은 것은 ⑤이다.

0354   답 ⑤

$\lim_{x\to\infty}(4^x+3^x)^{\frac{1}{x}}=\lim_{x\to\infty}\left[4^x\left\{1+\left(\dfrac{3}{4}\right)^x\right\}\right]^{\frac{1}{x}}$

$\qquad=\lim_{x\to\infty}4\left\{1+\left(\dfrac{3}{4}\right)^x\right\}^{\frac{1}{x}}$

$\qquad=4$

0355   답 ②

$\lim_{x\to\infty}\left(1+\dfrac{a}{x}\right)^{bx}=\lim_{x\to\infty}\left(1+\dfrac{a}{x}\right)^{\frac{x}{a}\times ab}=e^{ab}=2$

$\lim_{x\to-\infty}\left(1-\dfrac{b}{x}\right)^{ax}=\lim_{x\to-\infty}\left(1-\dfrac{b}{x}\right)^{-\frac{x}{b}\times(-ab)}=e^{-ab}=2^{-1}=\dfrac{1}{2}$

0356   답 ⑤

$\dfrac{x+2}{x-1}=1+\dfrac{3}{x-1}$이므로

$\dfrac{3}{x-1}=t$라 하면 $x=\dfrac{3}{t}+1$이고

$x\to\infty$일 때 $t\to0+$이다.

$\therefore \lim_{x\to\infty}\left(\dfrac{x+2}{x-1}\right)^x=\lim_{t\to0+}(1+t)^{\frac{3}{t}+1}$

$\qquad=\lim_{t\to0+}\left[\left\{(1+t)^{\frac{1}{t}}\right\}^3\times(1+t)\right]$

$\qquad=e^3\times1=e^3$

0357   답 (1) $\dfrac{5}{2}$ (2) -6

(1) $\lim_{x\to\infty}x\{\ln(2x+5)-\ln(2x)\}=\lim_{x\to\infty}x\ln\left(\dfrac{2x+5}{2x}\right)$

$\qquad\qquad=\lim_{x\to\infty}x\ln\left(1+\dfrac{5}{2x}\right)$

$\qquad\qquad=\lim_{x\to\infty}\ln\left(1+\dfrac{5}{2x}\right)^{\frac{2x}{5}\times\frac{5}{2}}$

$\qquad\qquad=\ln e^{\frac{5}{2}}=\dfrac{5}{2}$

(2) $\lim_{x\to\infty}x\{\ln(x-2)-\ln(x+4)\}$

$\quad=\lim_{x\to\infty}x\ln\left(\dfrac{x-2}{x+4}\right)=\lim_{x\to\infty}x\ln\left(1-\dfrac{6}{x+4}\right)$

$\quad\lim_{x\to\infty}x\ln\left(1-\dfrac{6}{x+4}\right)^{\left(-\frac{x+4}{6}\right)\times\left(-\frac{6}{x+4}\right)}$

$\quad\lim_{x\to\infty}\left\{\left(-\dfrac{6x}{x+4}\right)\times\ln\left(1-\dfrac{6}{x+4}\right)^{-\frac{x+4}{6}}\right\}$

$\quad=-6\times\ln e=-6$

(2) $\lim_{x\to\infty}x\{\ln(x-2)-\ln(x+4)\}$

$=\lim_{x\to\infty}x\ln\left(\dfrac{x-2}{x+4}\right)=\lim_{x\to\infty}\ln\left(\dfrac{x-2}{x+4}\right)^x$

이때, $\dfrac{x-2}{x+4}=1-\dfrac{6}{x+4}$이므로

$-\dfrac{6}{x+4}=t$라 하면 $x=-\dfrac{6}{t}-4$이고

$x\to\infty$일 때 $t\to0-$이다.

$\therefore \lim_{x\to\infty}\ln\left(\dfrac{x-2}{x+4}\right)^x=\lim_{t\to0-}\ln(1+t)^{-\frac{6}{t}-4}$

$\qquad=\lim_{t\to0-}\left[\ln\left\{(1+t)^{\frac{1}{t}}\right\}^{-6}+\ln(1+t)^{-4}\right]$

$\qquad=\ln e^{-6}+\ln 1=-6$

0358   답 ①

$\lim_{n\to\infty}\left\{\dfrac{1}{2}\left(1+\dfrac{1}{n}\right)\left(1+\dfrac{1}{n+1}\right)\left(1+\dfrac{1}{n+2}\right)\cdots\left(1+\dfrac{1}{2n}\right)\right\}^{\frac{n}{2}}$

$=\lim_{n\to\infty}\left(\dfrac{1}{2}\times\dfrac{n+1}{n}\times\dfrac{n+2}{n+1}\times\dfrac{n+3}{n+2}\times\cdots\times\dfrac{2n+1}{2n}\right)^{\frac{n}{2}}$

$=\lim_{n\to\infty}\left(\dfrac{2n+1}{2n}\right)^{\frac{n}{2}}=\lim_{n\to\infty}\left(1+\dfrac{1}{2n}\right)^{2n\times\frac{1}{4}}=e^{\frac{1}{4}}=\sqrt[4]{e}$

0359   답 ③

$f(n)=\lim_{x\to0}\left(1+\dfrac{x}{n^2+n}\right)^{\frac{1}{x}}=\lim_{x\to0}\left(1+\dfrac{x}{n^2+n}\right)^{\frac{n^2+n}{x}\times\frac{1}{n^2+n}}$

$\qquad=e^{\frac{1}{n^2+n}}$

이므로 $\ln f(n)=\ln e^{\frac{1}{n^2+n}}=\dfrac{1}{n^2+n}$

$\sum_{n=1}^{10}\ln f(n)=\sum_{n=1}^{10}\dfrac{1}{n(n+1)}=\sum_{n=1}^{10}\left(\dfrac{1}{n}-\dfrac{1}{n+1}\right)=1-\dfrac{1}{11}=\dfrac{10}{11}$

$p=11,\ q=10$

$\therefore p+q=21$

0360   답 (1) e^{64} (2) -2

(1) $\lim_{x\to\infty}\left\{\left(1+\dfrac{1}{x}\right)\left(1+\dfrac{3}{x}\right)\left(1+\dfrac{5}{x}\right)\cdots\left(1+\dfrac{15}{x}\right)\right\}^x$

$=\lim_{x\to\infty}\left\{\left(1+\dfrac{1}{x}\right)^x\left(1+\dfrac{3}{x}\right)^x\left(1+\dfrac{5}{x}\right)^x\cdots\left(1+\dfrac{15}{x}\right)^x\right\}$

$=\lim_{x\to\infty}\left\{\left(1+\dfrac{1}{x}\right)^x\left(1+\dfrac{3}{x}\right)^{\frac{x}{3}\times3}\left(1+\dfrac{5}{x}\right)^{\frac{x}{5}\times5}\cdots\left(1+\dfrac{15}{x}\right)^{\frac{x}{15}\times15}\right\}$

$=e\times e^3\times e^5\times\cdots\times e^{15}$

$=e^{1+3+5+\cdots+15}=e^{\frac{8(1+15)}{2}}=e^{64}$

(2) $f(n)$

$=\lim_{x\to0}\ln\{(1-x)(1-2x)(1-3x)\cdots(1-nx)\}^{\frac{1}{x}}$

$=\lim_{x\to0}\ln\left\{(1-x)^{\frac{1}{x}}(1-2x)^{\frac{1}{x}}(1-3x)^{\frac{1}{x}}\cdots(1-nx)^{\frac{1}{x}}\right\}$

$=\lim_{x\to0}\ln\left\{(1-x)^{\frac{1}{-x}\times(-1)}(1-2x)^{\frac{1}{-2x}\times(-2)}(1-3x)^{\frac{1}{-3x}\times(-3)}\right.$

$\qquad\qquad\left.\cdots(1-nx)^{\frac{1}{-nx}\times(-n)}\right\}$

$$=\ln\left(e^{-1}\times e^{-2}\times e^{-3}\times\cdots\times e^{-n}\right)$$
$$=\ln e^{-\frac{n(n+1)}{2}}$$
$$=-\frac{n(n+1)}{2}$$
$$\therefore \sum_{n=1}^{\infty}\frac{1}{f(n)}=\sum_{n=1}^{\infty}\left\{-\frac{2}{n(n+1)}\right\}$$
$$=-2\lim_{n\to\infty}\sum_{k=1}^{n}\frac{1}{k(k+1)}$$
$$=-2\lim_{n\to\infty}\sum_{k=1}^{n}\left(\frac{1}{k}-\frac{1}{k+1}\right)$$
$$=-2\lim_{n\to\infty}\left(1-\frac{1}{n+1}\right)=-2$$

0361   답 ⑤

ㄱ. $\dfrac{2x}{2x+1}=1-\dfrac{1}{2x+1}$이므로

$-\dfrac{1}{2x+1}=t$라 하면 $x=-\dfrac{1}{2t}-\dfrac{1}{2}$이고

$x\to\infty$일 때 $t\to 0-$이다.

$$\therefore \lim_{x\to\infty}\left(\frac{2x}{2x+1}\right)^{-6x}=\lim_{t\to 0-}(1+t)^{\frac{3}{t}+3}$$
$$=\lim_{t\to 0-}\left[\left\{(1+t)^{\frac{1}{t}}\right\}^{3}\times(1+t)^{3}\right]$$
$$=e^{3}\times 1^{3}=e^{3}$$

ㄴ. $x-1=t$라 하면 $x\to 1$일 때 $t\to 0$이고,

$2-2x=2(1-x)=-2t$이므로

$$\lim_{x\to 1}x^{\frac{1}{2-2x}}=\lim_{t\to 0}(1+t)^{\frac{1}{-2t}}=\lim_{t\to 0}(1+t)^{\frac{1}{t}\times\left(-\frac{1}{2}\right)}=e^{-\frac{1}{2}}$$

ㄷ. $x-2=t$라 하면 $x\to 2$일 때 $t\to 0$이므로

$$\lim_{x\to 2}\left(\frac{x}{2}\right)^{\frac{1}{x-2}}=\lim_{t\to 0}\left(\frac{t+2}{2}\right)^{\frac{1}{t}}=\lim_{t\to 0}\left(1+\frac{t}{2}\right)^{\frac{2}{t}\times\frac{1}{2}}=e^{\frac{1}{2}}$$

ㄹ. $1-x=t$라 하면 $x\to 1$일 때 $t\to 0$이므로

$$\lim_{x\to 1}(2-x)^{\frac{2}{x-1}}=\lim_{t\to 0}(1+t)^{\frac{2}{-t}}=\lim_{t\to 0}(1+t)^{\frac{1}{t}\times(-2)}=e^{-2}$$

따라서 크기가 작은 순서대로 나열하면 ㄹ, ㄴ, ㄷ, ㄱ이다.

0362   답 ②

$\left(1+\dfrac{2}{n}\right)^{a_n}=e^{4}$에서 로그의 정의에 의하여

$$a_n=\log_{1+\frac{2}{n}}e^{4}=4\log_{1+\frac{2}{n}}e=\frac{4}{\ln\left(1+\frac{2}{n}\right)}$$

$$\therefore \lim_{n\to\infty}\frac{a_n}{n}=\lim_{n\to\infty}\frac{4}{n\ln\left(1+\frac{2}{n}\right)}=\lim_{n\to\infty}\frac{4}{\ln\left(1+\frac{2}{n}\right)^{\frac{n}{2}\times 2}}=\frac{4}{2}=2$$

0363   답 (1) 12 (2) 5 ln 2

(1) $\displaystyle\lim_{x\to\infty}f(x)=\lim_{x\to\infty}\frac{xf(x)}{x}=0$이다.

$$\lim_{x\to\infty}x\ln\{1+2f(x)\}=\lim_{x\to\infty}2xf(x)\ln\{1+2f(x)\}^{\frac{1}{2f(x)}}$$
$$=2\times 6\times 1=12$$

(2) $$\lim_{x\to\infty}\frac{f(x)}{x}=\lim_{x\to\infty}\left\{f(x)\log_2\left(1+\frac{1}{x}\right)\times\frac{1}{x\log_2\left(1+\frac{1}{x}\right)}\right\}$$
$$=\lim_{x\to\infty}\left\{f(x)\log_2\left(1+\frac{1}{x}\right)\times\frac{1}{\log_2\left(1+\frac{1}{x}\right)^{x}}\right\}$$
$$=5\ln 2$$

0364   답 ⑤

$x\to 2+$일 때 $g(x)\to 2+$이므로

$$\lim_{x\to 2+}f(g(x))=\lim_{x\to 2+}f(x)=e^{2}$$

$x\to 0+$일 때 $f(x)\to 0+$이므로

$$\lim_{x\to 0+}g(f(x))=\lim_{x\to 0+}g(x)=2$$

$$\therefore \lim_{x\to 2+}f(g(x))+\lim_{x\to 0+}g(f(x))=e^{2}+2$$

0365   답 ③

$y=e^{-x^2+2x}=e^{-(x-1)^2+1}$

$0\le x\le 2$에서 $-(x-1)^2+1$은

$x=1$일 때 최댓값 1을 갖고,

$x=0$ 또는 $x=2$일 때 최솟값 0을 가지므로

함수 $y=e^{-(x-1)^2+1}$은

$0\le x\le 2$에서 $x=1$일 때 최댓값 $e^{1}=e$를 갖고,

$x=0$ 또는 $x=2$일 때 최솟값 $e^{0}=1$을 갖는다.

> **참고**
>
> 무리수 $e=2.7182\cdots$이다.
> 따라서 e가 밑인 지수함수 $y=e^{x}$은 밑이 1보다 크므로 증가한다.

0366   답 ④

$60=20+(100-20)e^{-10k}$이므로

$$e^{-10k}=\frac{1}{2}$$

$$-10k=\ln\frac{1}{2}$$

$$\therefore k=\frac{\ln 2}{10}$$

0367   답 (1) 2 (2) $-\dfrac{9}{\ln 3}$

(1) $$\lim_{x\to 0}\frac{\ln(1-x)(1+3x)}{x}$$
$$=\lim_{x\to 0}\frac{\ln(1-x)+\ln(1+3x)}{x}$$
$$=\lim_{x\to 0}\left\{\frac{\ln(1-x)}{-x}\times(-1)+\frac{\ln(1+3x)}{3x}\times 3\right\}$$
$$=-1+3=2$$

(2) $$\lim_{x\to 0}\frac{\log_3(1+3x)+\log_3(1-3x)}{x^2}$$
$$=\lim_{x\to 0}\frac{\log_3(1-9x^2)}{x^2}$$

$$=\lim_{x\to 0}\frac{\log_3(1-9x^2)}{-9x^2}\times(-9)$$
$$=-\frac{9}{\ln 3}$$

0368   답 ⑤

$$\lim_{x\to 0}\frac{(a+12)^x-a^x}{x}=\lim_{x\to 0}\left\{\frac{(a+12)^x-1}{x}-\frac{a^x-1}{x}\right\}$$
$$=\ln(a+12)-\ln a$$
$$=\ln\frac{a+12}{a}=\ln 3$$

$\dfrac{a+12}{a}=3$에서 $a+12=3a$

$\therefore a=6$

0369   답 ①

ㄱ. $\lim\limits_{x\to 0}\dfrac{-3x}{\ln(1-3x)}=1$ (거짓)

ㄴ. $\lim\limits_{x\to 0}\dfrac{\log_2(1-x)}{x}=\lim\limits_{x\to 0}\dfrac{\log_2(1-x)}{-x}\times(-1)=-\dfrac{1}{\ln 2}$ (참)

ㄷ. $\lim\limits_{x\to 0}\dfrac{\ln\sqrt{2x+1}-x}{x}=\lim\limits_{x\to 0}\left\{\dfrac{\ln(2x+1)}{2x}-1\right\}=1-1=0$

$\hspace{10cm}$(거짓)

ㄹ. $x\to 0$일 때 $4^x\to 1$, $4^x-1\to 0$이므로

$\qquad\lim\limits_{x\to 0}\dfrac{4^x}{4^x-1}$ 은 발산한다. (거짓)

따라서 옳은 것은 ㄴ이다.

0370   답 ③

① $\lim\limits_{x\to 0}(1+x^2)^{\frac{6}{x}}=\lim\limits_{x\to 0}(1+x^2)^{\frac{1}{x^2}\times 6x}=e^0=1$

② $x-1=t$라 하면

$\quad\lim\limits_{x\to 1}\dfrac{\ln x}{1-x}=\lim\limits_{t\to 0}\dfrac{\ln(t+1)}{-t}=-1$

③ $x-1=t$라 하면

$\quad\lim\limits_{x\to 1}\dfrac{x^3-1}{2\ln x}=\lim\limits_{t\to 0}\dfrac{(t+1)^3-1}{2\ln(t+1)}=\lim\limits_{t\to 0}\dfrac{t^3+3t^2+3t}{2\ln(t+1)}$

$\qquad=\lim\limits_{t\to 0}\dfrac{t^2+3t+3}{\dfrac{2\ln(t+1)}{t}}=\dfrac{3}{2}$

④ $\lim\limits_{x\to 0+}\dfrac{2^x+\log_4 x}{4^x+\log_2 x}=\lim\limits_{x\to 0+}\dfrac{2^x+\dfrac{1}{2}\log_2 x}{4^x+\log_2 x}$

$\qquad=\lim\limits_{x\to 0+}\dfrac{\dfrac{2^x}{\log_2 x}+\dfrac{1}{2}}{\dfrac{4^x}{\log_2 x}+1}=\dfrac{1}{2}$

⑤ $\lim\limits_{x\to 0}\dfrac{e^{4x}-e^x}{\ln(4x+1)}$

$\quad=\lim\limits_{x\to 0}\left\{\dfrac{e^{4x}-e^x}{x}\times\dfrac{4x}{\ln(4x+1)}\times\dfrac{1}{4}\right\}$

$\quad=\lim\limits_{x\to 0}\left\{\dfrac{e^{4x}-1-(e^x-1)}{x}\times\dfrac{4x}{\ln(4x+1)}\times\dfrac{1}{4}\right\}$

$\quad=\lim\limits_{x\to 0}\left(\dfrac{e^{4x}-1}{4x}\times 4-\dfrac{e^x-1}{x}\right)\times\lim\limits_{x\to 0}\dfrac{4x}{\ln(4x+1)}\times\dfrac{1}{4}$

$\quad=\dfrac{3}{4}$

따라서 극한값이 가장 큰 것은 ③이다.

0371   답 ④

$\lim\limits_{x\to 0}\dfrac{\sqrt{ax+b}-2}{e^x-1}=5$에서 극한값이 존재하고,

$x\to 0$일 때 (분모)$\to 0$이므로 (분자)$\to 0$이다.

즉, $\sqrt{b}-2=0$에서 $b=4$

$\lim\limits_{x\to 0}\dfrac{\sqrt{ax+b}-2}{e^x-1}=\lim\limits_{x\to 0}\dfrac{(\sqrt{ax+4}-2)(\sqrt{ax+4}+2)}{(e^x-1)(\sqrt{ax+4}+2)}$

$\qquad=\lim\limits_{x\to 0}\dfrac{ax}{(e^x-1)(\sqrt{ax+4}+2)}$

$\qquad=\lim\limits_{x\to 0}\left(\dfrac{x}{e^x-1}\times\dfrac{a}{\sqrt{ax+4}+2}\right)$

$\qquad=\dfrac{a}{4}=5$

이므로 $a=20$

$\therefore a+b=20+4=24$

0372   답 (1) 3   (2) 2   (3) $\dfrac{1}{2}$ (4) 10

(1) $\lim\limits_{x\to 0}\dfrac{\ln(a+2x)}{x^2+x}=b$에서 극한값이 존재하고,

$\quad x\to 0$일 때 (분모)$\to 0$이므로 (분자)$\to 0$이다.

$\quad$ 즉, $\lim\limits_{x\to 0}\ln(a+2x)=\ln a=0$에서 $a=1$

$\quad b=\lim\limits_{x\to 0}\dfrac{\ln(1+2x)}{x^2+x}=\lim\limits_{x\to 0}\left\{\dfrac{\ln(1+2x)}{2x}\times\dfrac{2}{x+1}\right\}=2$

$\quad \therefore a+b=1+2=3$

(2) $\lim\limits_{x\to 0}\dfrac{e^{4x}-1}{\ln(1+ax)+b}=2$에서 0이 아닌 극한값이 존재하고,

$\quad x\to 0$일 때 (분자)$\to 0$이므로 (분모)$\to 0$이다.

$\quad$ 즉, $\lim\limits_{x\to 0}\{\ln(1+ax)+b\}=b=0$

$\quad\lim\limits_{x\to 0}\dfrac{e^{4x}-1}{\ln(1+ax)}=\lim\limits_{x\to 0}\left\{\dfrac{e^{4x}-1}{4x}\times\dfrac{ax}{\ln(1+ax)}\times\dfrac{4}{a}\right\}$

$\qquad=\dfrac{4}{a}=2$

$\quad$ 이므로 $a=2$

$\quad \therefore a+b=2$

(3) $\lim\limits_{x\to 0}\dfrac{(e^x-1)\ln(a-2x)}{bx^2}=\lim\limits_{x\to 0}\left\{\dfrac{e^x-1}{x}\times\dfrac{\ln(a-2x)}{bx}\right\}$

$\qquad=4$

$\quad$ 에서 $\lim\limits_{x\to 0}\dfrac{\ln(a-2x)}{bx}=4$이다.

$\quad$ 이때, 극한값이 존재하고, $x\to 0$일 때 (분모)$\to 0$이므로

$\quad$ (분자)$\to 0$이다.

$\quad$ 즉, $\lim\limits_{x\to 0}\ln(a-2x)=\ln a=0$에서 $a=1$

$\quad\lim\limits_{x\to 0}\dfrac{\ln(1-2x)}{bx}=\lim\limits_{x\to 0}\dfrac{\ln(1-2x)}{-2x}\times\left(-\dfrac{2}{b}\right)=-\dfrac{2}{b}=4$

$\quad$ 이므로 $b=-\dfrac{1}{2}$

$$\therefore a+b=1+\left(-\frac{1}{2}\right)=\frac{1}{2}$$

(4) $\lim\limits_{x\to 0}\dfrac{\ln(1+ax)}{e^{2x+b}-1}=5$에서 0이 아닌 극한값이 존재하고,

$x\to 0$일 때 (분자)$\to 0$이므로 (분모)$\to 0$이다.

즉, $\lim\limits_{x\to 0}(e^{2x+b}-1)=e^b-1=0$이므로 $e^b=1$, $b=0$

$$\lim\limits_{x\to 0}\frac{\ln(1+ax)}{e^{2x}-1}=\lim\limits_{x\to 0}\left\{\frac{\ln(1+ax)}{ax}\times\frac{2x}{e^{2x}-1}\times\frac{a}{2}\right\}$$
$$=\frac{a}{2}=5$$

이므로 $a=10$

$\therefore a+b=10$

0373   답 (1) 4   (2) 2

(1) $x-1=t$라 하면
$$\lim\limits_{x\to 1}\frac{b(e^{x-1}-1)}{a(x^2-1)}=\lim\limits_{t\to 0}\frac{b(e^t-1)}{at(t+2)}$$
$$=\lim\limits_{t\to 0}\left\{\frac{e^t-1}{t}\times\frac{b}{a(t+2)}\right\}$$
$$=\frac{b}{2a}=\frac{1}{8}$$

이므로 $\dfrac{b}{a}=\dfrac{1}{4}$

$\therefore \dfrac{a}{b}=4$

(2) $\lim\limits_{x\to 1}\dfrac{e^{\frac{x-1}{a}}-x^2}{x+b}=-\dfrac{5}{3}$에서 0이 아닌 극한값이 존재하고,

$x\to 1$일 때 (분자)$\to 0$이므로 (분모)$\to 0$이다.

즉, $\lim\limits_{x\to 1}(x+b)=1+b=0$에서 $b=-1$

$x-1=t$라 하면
$$\lim\limits_{x\to 1}\frac{e^{\frac{x-1}{a}}-x^2}{x-1}=\lim\limits_{t\to 0}\frac{e^{\frac{t}{a}}-(t+1)^2}{t}$$
$$=\lim\limits_{t\to 0}\frac{e^{\frac{t}{a}}-(t^2+2t+1)}{t}$$
$$=\lim\limits_{t\to 0}\left(\frac{e^{\frac{t}{a}}-1}{t}-t-2\right)$$
$$=\lim\limits_{t\to 0}\left(\frac{e^{\frac{t}{a}}-1}{\frac{t}{a}}\times\frac{1}{a}-t-2\right)$$
$$=\frac{1}{a}-2=-\frac{5}{3}$$

이므로 $\dfrac{1}{a}=\dfrac{1}{3}$, $a=3$

$\therefore a+b=3+(-1)=2$

0374   답 풀이 참조

$$k=\lim\limits_{x\to 0}\frac{2^x+2^{2x}+2^{3x}+2^{4x}-4}{x}$$
$$=\lim\limits_{x\to 0}\left(\frac{2^x-1}{x}+\frac{2^{2x}-1}{x}+\frac{2^{3x}-1}{x}+\frac{2^{4x}-1}{x}\right)$$
$$=\lim\limits_{x\to 0}\left(\frac{2^x-1}{x}+\frac{2^{2x}-1}{2x}\times 2+\frac{2^{3x}-1}{3x}\times 3+\frac{2^{4x}-1}{4x}\right)$$

$$=\ln 2+\ln 2^2+\ln 2^3+\ln 2^4$$
$$=\ln 2^{10}$$
$$\therefore e^k=e^{\ln 2^{10}}=2^{10}=1024$$

채점 요소	배점
$\lim\limits_{x\to 0}\left(\dfrac{2^x-1}{x}+\dfrac{2^{2x}-1}{x}+\dfrac{2^{3x}-1}{x}+\dfrac{2^{4x}-1}{x}\right)$로 식을 변형하기	30 %
극한값을 계산하여 k의 값 구하기	40 %
e^k의 값 구하기	30 %

0375   답 ③

$f(n)$
$$=\lim\limits_{x\to 0}\frac{x}{e^x+e^{2x}+e^{3x}+\cdots+e^{nx}-n}$$
$$=\lim\limits_{x\to 0}\frac{x}{(e^x-1)+(e^{2x}-1)+(e^{3x}-1)+\cdots+(e^{nx}-1)}$$
$$=\lim\limits_{x\to 0}\frac{1}{\dfrac{e^x-1}{x}+\dfrac{e^{2x}-1}{2x}\times 2+\dfrac{e^{3x}-1}{3x}\times 3+\cdots+\dfrac{e^{nx}-1}{nx}\times n}$$
$$=\frac{1}{1+2+3+\cdots+n}$$
$$=\frac{2}{n(n+1)}$$
$$\therefore \sum_{n=1}^{15}f(n)=\sum_{n=1}^{15}\frac{2}{n(n+1)}=2\sum_{n=1}^{15}\left(\frac{1}{n}-\frac{1}{n+1}\right)$$
$$=2\left(1-\frac{1}{16}\right)=\frac{15}{8}$$

0376   답 -4

$$\lim\limits_{x\to 0}\frac{f(x)}{e^{-2x}-1}$$
$$=\lim\limits_{x\to 0}\left\{\frac{f(x)}{\ln(1+2x)}\times\frac{\ln(1+2x)}{2x}\times\frac{-2x}{e^{-2x}-1}\times(-1)\right\}$$
$$=4\times 1\times 1\times(-1)$$
$$=-4$$

0377   답 (1) $-e$ (2) -1

(1) $f(x)=\lim\limits_{n\to\infty}\left(1-\dfrac{x-1}{n}\right)^n$
$$=\lim\limits_{n\to\infty}\left(1-\frac{x-1}{n}\right)^{-\frac{n}{x-1}\times\{-(x-1)\}}$$
$$=e^{-x+1}$$
$$\therefore \lim\limits_{x\to 0}\frac{f(x)-e}{x}=\lim\limits_{x\to 0}\frac{e^{-x+1}-e}{x}$$
$$=\lim\limits_{x\to 0}\frac{e(e^{-x}-1)}{x}$$
$$=\lim\limits_{x\to 0}\frac{e^{-x}-1}{-x}\times(-e)=-e$$

(2) $f(x)=\lim\limits_{n\to\infty}\left(1+\dfrac{2x}{n}\right)^n$
$$=\lim\limits_{n\to\infty}\left(1+\frac{2x}{n}\right)^{\frac{n}{2x}\times 2x}$$
$$=e^{2x}$$

$$\therefore \lim_{x \to 0} \frac{f(x^2)-f(x)}{2x} = \lim_{x \to 0} \frac{e^{2x^2}-e^{2x}}{2x}$$
$$= \lim_{x \to 0} \left(\frac{e^{2x^2}-1}{2x^2} \times x - \frac{e^{2x}-1}{2x} \right)$$
$$= -1$$

0378   답 ⑤

$\lim_{x \to 0} \dfrac{\ln\{1+f(2x)\}}{x} = 10$에서 극한값이 존재하고,

$x \to 0$일 때 (분모)$\to 0$이므로 (분자)$\to 0$이다.

즉, $\lim_{x \to 0} \ln\{1+f(2x)\} = 0$에서 $\ln\{1+f(0)\} = 0$

$1+f(0) = 1$ $\therefore f(0) = 0$

$$\therefore \lim_{x \to 0} \frac{f(x)}{x} = \lim_{x \to 0} \frac{f(2x)}{2x}$$
$$= \lim_{x \to 0} \left[\frac{\ln\{1+f(2x)\}}{x} \times \frac{f(2x)}{\ln\{1+f(2x)\}} \times \frac{1}{2} \right]$$
$$= 10 \times 1 \times \frac{1}{2} = 5$$

0379   답 $-\dfrac{3}{2}$

$f(0) = 0$이므로 $f(x) = xg(x)$ ($g(x)$는 다항함수)라고 하면

$$\lim_{x \to \infty} f(x) \ln\left(1-\frac{1}{x}\right) = \lim_{x \to \infty} xg(x) \ln\left(1-\frac{1}{x}\right)$$
$$= \lim_{x \to \infty} \left\{ -g(x) \ln\left(1-\frac{1}{x}\right)^{-x} \right\} = 3$$

이므로 $\lim_{x \to \infty} g(x) = -3$이다.

이를 만족시키는 다항함수 $g(x) = -3$이다.

$\therefore f(x) = -3x$

$$\therefore \lim_{x \to 0} \frac{f(x)}{e^{2x}-1} = \lim_{x \to 0} \frac{-3x}{e^{2x}-1}$$
$$= \lim_{x \to 0} \frac{2x}{e^{2x}-1} \times \left(-\frac{3}{2}\right)$$
$$= -\frac{3}{2}$$

0380   답 (1) 2   (2) 2

(1) $g(x) = \ln x$이므로

$$\lim_{x \to 0} \frac{f(x^3) + g(x^3+1) - f(g(1))}{x^3}$$
$$= \lim_{x \to 0} \frac{e^{x^3} + \ln(x^3+1) - 1}{x^3}$$
$$= \lim_{x \to 0} \left\{ \frac{e^{x^3}-1}{x^3} + \frac{\ln(x^3+1)}{x^3} \right\}$$
$$= 1+1 = 2$$

(2) 함수 $y = \dfrac{1}{2}\ln(x+1)$의 역함수를 구하면 다음과 같다.

$y = \dfrac{1}{2}\ln(x+1)$에서 $2y = \ln(x+1)$, $e^{2y} = x+1$,

$x = e^{2y}-1$

x, y를 서로 바꾸면 $y = e^{2x}-1$

$\therefore g(x) = e^{2x}-1$

$$\therefore \lim_{x \to 0} \frac{g(x)}{x} = \lim_{x \to 0} \frac{e^{2x}-1}{x} = \lim_{x \to 0} \frac{e^{2x}-1}{2x} \times 2 = 2$$

0381   답 $a=0$, $b=e$

함수 $f(x)$가 $x=1$에서 연속이므로

$$\lim_{x \to 1} \frac{\ln(x-a)}{x-1} = \ln b$$

이때, 극한값이 존재하고 $x \to 1$일 때 (분모)$\to 0$이므로 (분자)$\to 0$이다.

즉, $\lim_{x \to 1} \ln(x-a) = \ln(1-a) = 0$에서 $1-a=1$, $a=0$

$x-1 = t$라 하면

$\ln b = \lim_{x \to 1} \dfrac{\ln x}{x-1} = \lim_{t \to 0} \dfrac{\ln(t+1)}{t} = 1$이므로 $b = e$

$\therefore a=0$, $b=e$

0382   답 풀이 참조

$x \neq 1$일 때, $f(x) = \dfrac{3^{2x-2}-1}{x-1}$이다.

함수 $f(x)$가 $x=1$에서 연속이므로

$$f(1) = \lim_{x \to 1} f(x) = \lim_{x \to 1} \frac{3^{2x-2}-1}{x-1}$$
$$= \lim_{x \to 1} \frac{3^{2(x-1)}-1}{x-1}$$
$$= \lim_{x \to 1} \frac{3^{2(x-1)}-1}{2(x-1)} \times 2$$
$$= 2\ln 3$$

채점 요소	배점
$x \neq 1$일 때, $f(x) = \dfrac{3^{2x-2}-1}{x-1}$임을 구하기	20 %
$f(x)$가 연속함수임을 이용하여 $f(1) = \lim_{x \to 1} f(x)$라 놓기	20 %
극한값을 계산하여 $f(1)$의 값 구하기	60 %

0383   답 6

주어진 등식의 양변에 $x=0$, $y=0$을 대입하면

$f(0) = f(0) + f(0) + 1 - 1 - 1 + 1$이므로 $f(0) = 0$ …… ㉠

$$f'(x) = \lim_{h \to 0} \frac{f(x+h)-f(x)}{h}$$
$$= \lim_{h \to 0} \frac{\{f(x)+f(h)+e^{x+h}-e^x-e^h+1\}-f(x)}{h}$$
$$= \lim_{h \to 0} \frac{f(h)+e^x(e^h-1)-(e^h-1)}{h}$$
$$= \lim_{h \to 0} \left\{ \frac{f(h)-f(0)}{h-0} + (e^x-1)\frac{e^h-1}{h} \right\} \quad (\because \text{㉠})$$
$$= f'(0) + e^x - 1$$
$$= e^x + 3 \quad (\because f'(0) = 4)$$

$\therefore f'(\ln 3) = e^{\ln 3} + 3 = 6$

0384   답 ③

ㄱ. $f(x) = x^2$이면

$$\lim_{x\to 0}\frac{e^{f(x)}-1}{x}=\lim_{x\to 0}\left\{\frac{e^{x^2}-1}{x^2}\times x\right\}=1\times 0=0 \ (\text{참})$$

ㄴ. $\lim_{x\to 0}\dfrac{e^x-1}{f(x)}=1$이면

$$\lim_{x\to 0}\frac{3^x-1}{f(x)}=\lim_{x\to 0}\left(\frac{e^x-1}{f(x)}\times\frac{3^x-1}{x}\times\frac{x}{e^x-1}\right)$$
$$=1\times \ln 3\times 1=\ln 3 \ (\text{참})$$

ㄷ. [반례] $f(x)=\sqrt{|x|}$일 때 $\lim_{x\to 0}f(x)=0$이지만

$$\lim_{x\to 0}\frac{e^{f(x)}-1}{x}=\lim_{x\to 0}\left(\frac{e^{\sqrt{|x|}}-1}{\sqrt{x}}\times\frac{1}{\sqrt{x}}\right)$$은 존재하지 않는다.

(거짓)

따라서 옳은 것은 ㄱ, ㄴ이다.

TIP

ㄷ을 이해하기 위해서 $\lim_{t\to 0}\dfrac{e^t-1}{t^2}$이 수렴하지 않음을 살펴보자.

> $\lim_{t\to 0}\dfrac{e^t-1}{t^2}$이 수렴한다고 가정하면
>
> $\lim_{t\to 0}\dfrac{e^t-1}{t}=1$이고 $\dfrac{\frac{e^t-1}{t^2}}{\frac{e^t-1}{t}}=\dfrac{1}{t}$이므로 함수의 극한에 대한
>
> 성질에 의해 $\lim_{t\to 0}\dfrac{1}{t}$은 수렴한다. 하지만 함수 $y=\dfrac{1}{t}$의
>
> 그래프에서 $\lim_{t\to 0+}\dfrac{1}{t}=\infty$, $\lim_{t\to 0-}\dfrac{1}{t}=-\infty$이므로 $\lim_{t\to 0}\dfrac{1}{t}$은
>
> 수렴하지 않는다. 이는 모순이므로 $\lim_{t\to 0}\dfrac{e^t-1}{t^2}$은
>
> 수렴하지 않는다.

ㄷ의 [반례]는 $t=\sqrt{x}$인 경우로 $\lim_{x\to 0}\dfrac{e^{\sqrt{x}}-1}{x}$은 수렴하지 않음을 알 수 있다.

0385

답 ③

$x>0$일 때,

$$\frac{\ln(1+3x)}{x}\le\frac{f(3x)}{x}\le\frac{\frac{1}{2}(e^{6x}-1)}{x} \qquad \cdots\cdots \ \text{㉠}$$

$-1<x<0$일 때,

$$\frac{\ln(1+3x)}{x}\ge\frac{f(3x)}{x}\ge\frac{\frac{1}{2}(e^{6x}-1)}{x} \qquad \cdots\cdots \ \text{㉡}$$

$$\lim_{x\to 0}\frac{\ln(1+3x)}{x}=\lim_{x\to 0}\left\{\frac{\ln(1+3x)}{3x}\times 3\right\}=3$$에서

$$\lim_{x\to 0+}\frac{\ln(1+3x)}{x}=\lim_{x\to 0-}\frac{\ln(1+3x)}{x}=3$$이고

$$\lim_{x\to 0}\left(\frac{1}{2}\times\frac{e^{6x}-1}{x}\right)=\lim_{x\to 0}\left(\frac{e^{6x}-1}{6x}\times 3\right)=3$$에서

$$\lim_{x\to 0+}\left(\frac{1}{2}\times\frac{e^{6x}-1}{x}\right)=\lim_{x\to 0-}\left(\frac{1}{2}\times\frac{e^{6x}-1}{x}\right)=3$$이다.

㉠에서 함수의 극한의 대소 관계에 의하여

$$\lim_{x\to 0+}\frac{f(3x)}{x}=3$$이고

㉡에서 함수의 극한의 대소 관계에 의하여

$$\lim_{x\to 0-}\frac{f(3x)}{x}=3$$이다.

$$\therefore \lim_{x\to 0}\frac{f(3x)}{x}=3$$

0386

답 ②

삼차함수 $f(x)$가 모든 실수 x에 대하여 $f(x)=-f(-x)$이므로 $f(x)=ax^3+bx$ (a, b는 실수, $a\ne 0$)라 하자.

조건 ㈎에 의하여

$$\lim_{x\to 0}\frac{ax^3+bx}{e^x-1}=\lim_{x\to 0}\left\{\frac{x}{e^x-1}\times(ax^2+b)\right\}=b=4$$

조건 ㈏에 의하여

$$\lim_{x\to\infty}(ax^3+4x)\ln\left(1+\frac{3}{x^3}\right)=\lim_{x\to\infty}(ax^3+4x)\ln\left(1+\frac{3}{x^3}\right)^{\frac{x^3}{3}\times\frac{3}{x^3}}$$
$$=\lim_{x\to\infty}\frac{3(ax^3+4x)}{x^3}\ln\left(1+\frac{3}{x^3}\right)^{\frac{x^3}{3}}$$
$$=3a=-6$$

이므로 $a=-2$

$\therefore f(x)=-2x^3+4x$

$\therefore f(1)=2$

0387

답 ⑤

$\tan\theta$는 직선 OP의 기울기와 같다.

즉, 점 $\mathrm{P}(a, \ln(3a+1))$에 대하여 $\tan\theta=\dfrac{\ln(3a+1)}{a}$이다.

$$\therefore \lim_{a\to 0}\tan\theta=\lim_{a\to 0}\frac{\ln(3a+1)}{a}=\lim_{a\to 0}\left\{\frac{\ln(3a+1)}{3a}\times 3\right\}=3$$

0388

답 (1) 1   (2) 6

(1) $\displaystyle\lim_{x\to 1}\frac{f(x)-x^2 f(1)}{\ln x}$

$$=\lim_{x\to 1}\frac{f(x)-f(1)+f(1)-x^2 f(1)}{\ln x}$$
$$=\lim_{x\to 1}\left\{\frac{f(x)-f(1)}{x-1}-f(1)\times\frac{x^2-1}{x-1}\right\}\times\lim_{x\to 1}\frac{x-1}{\ln x}$$
$$=f'(1)-2f(1)=5-2\times 2=1$$

(2) $\displaystyle\lim_{x\to 1}\frac{f(x)+e^{x-1}-3}{x-1}$

$$=\lim_{x\to 1}\frac{f(x)-2+e^{x-1}-1}{x-1}$$
$$=\lim_{x\to 1}\left\{\frac{f(x)-f(1)}{x-1}+\frac{e^{x-1}-1}{x-1}\right\}$$
$$=f'(1)+1=5+1=6$$

0389

답 $\dfrac{1}{\ln 2}+\ln 2$

$\mathrm{A}(t, \log_2(t+1))$, $\mathrm{B}(t, 2^{-t}-1)$ ($t>0$)이므로

$\overline{\mathrm{AB}}=\log_2(t+1)-(2^{-t}-1)$, $\overline{\mathrm{AH}}=t$

$$\lim_{t\to 0+}\frac{\overline{\mathrm{AB}}}{\overline{\mathrm{AH}}}=\lim_{t\to 0+}\frac{\log_2(t+1)-(2^{-t}-1)}{t}$$

$$= \lim_{t \to 0+} \left\{ \frac{\log_2 (t+1)}{t} + \frac{2^{-t}-1}{-t} \right\}$$

$$= \frac{1}{\ln 2} + \ln 2$$

0390 　　　　　　　　　　　　　　　　　　　　　　　답 ②

점 P의 좌표를 (t, e^t) $(t>0)$이라 하면

$$S_1 = \frac{1}{2} \times (e-1) \times t$$

$$S_2 = \frac{1}{2} \times 2 \times (e^t - 1)$$

점 P가 점 B에 한없이 가까워질 때 $t \to 0+$이므로 이때
$\dfrac{S_1}{S_2}$의 극한값은

$$\lim_{t \to 0+} \frac{S_1}{S_2} = \lim_{t \to 0+} \frac{(e-1)t}{2(e^t-1)} = \lim_{t \to 0+} \left(\frac{t}{e^t-1} \times \frac{e-1}{2} \right) = \frac{e-1}{2}$$

0391 　　　　　　　　　　　　　　　　　　　　　　　답 ①

$P(t, \log_4 t)$, $Q(t, \log_8 t)$이므로
$\overline{PQ} = |\log_4 t - \log_8 t|$
$x = t-1$이라 하면

$$\lim_{t \to 1} \frac{\overline{PQ}}{|t-1|} = \lim_{t \to 1} \frac{|\log_4 t - \log_8 t|}{|t-1|}$$

$$= \lim_{t \to 1} \left| \frac{\log_4 t - \log_8 t}{t-1} \right|$$

$$= \lim_{x \to 0} \left| \frac{\log_4 (x+1) - \log_8 (x+1)}{x} \right|$$

$$= \lim_{x \to 0} \left| \frac{\log_4 (x+1)}{x} - \frac{\log_8 (x+1)}{x} \right|$$

$$= \left| \frac{1}{\ln 4} - \frac{1}{\ln 8} \right| = \left| \frac{1}{2\ln 2} - \frac{1}{3\ln 2} \right|$$

$$= \frac{1}{6\ln 2}$$

0392 　　　　　　　　　　　　　　　　　　　　　　　답 ②

점 P의 x좌표를 a라 하면
$e^{2a} - 1 = t$에서 $a = \dfrac{\ln (t+1)}{2}$
점 Q의 x좌표를 b라 하면
$-\ln (b+1) = t$에서 $b = e^{-t} - 1$
$\overline{PR} = a = \dfrac{\ln (t+1)}{2}$, $\overline{QR} = -b = 1 - e^{-t}$

$$\therefore \lim_{t \to 0+} \frac{\overline{PR}}{\overline{QR}} = \lim_{t \to 0+} \frac{\ln (t+1)}{2(1-e^{-t})}$$

$$= \lim_{t \to 0+} \left\{ \frac{\ln (t+1)}{t} \times \frac{-t}{e^{-t}-1} \times \frac{1}{2} \right\} = \frac{1}{2}$$

0393 　　　　　　　　　　　　　　　　　　　　　　　답 $\sqrt{2}$

점 P의 좌표를 $(t, \ln (t+1))$ $(t>0)$이라 하면
$(\text{삼각형 OQP의 넓이}) = \frac{1}{2} \times \overline{OQ} \times \overline{PQ} = \frac{1}{2} \times t \times \ln (t+1)$

한편, $\overline{OR} = \overline{OP} = \sqrt{t^2 + \{\ln (t+1)\}^2}$이므로
$(\text{삼각형 OPR의 넓이}) = \frac{1}{2} \times \overline{OR} \times \overline{OQ}$

$$= \frac{1}{2} \times \sqrt{t^2 + \{\ln (t+1)\}^2} \times t$$

점 P가 원점 O에 한없이 가까워질 때, $t \to 0+$이므로 구하는
극한값은

$$\lim_{t \to 0+} \frac{\sqrt{t^2 + \{\ln (t+1)\}^2}}{\ln (t+1)} = \lim_{t \to 0+} \frac{\sqrt{1 + \left[\frac{\ln (t+1)}{t} \right]^2}}{\frac{\ln (t+1)}{t}} = \sqrt{2}$$

0394 　　　　　　　　　　　　　　　　　　　　　　　답 ①

$A_n(n, \ln (1+n) - \ln n)$, $B_n(n, 0)$이므로
$f(n) = \ln (1+n) - \ln n = \ln \dfrac{1+n}{n}$이다.

$$\sum_{k=n}^{4n} f(k) = \sum_{k=n}^{4n} \ln \frac{1+k}{k}$$

$$= \ln \frac{n+1}{n} + \ln \frac{n+2}{n+1} + \ln \frac{n+3}{n+2} + \cdots + \ln \frac{4n+1}{4n}$$

$$= \ln \left(\frac{n+1}{n} \times \frac{n+2}{n+1} \times \frac{n+3}{n+2} \times \cdots \times \frac{4n+1}{4n} \right)$$

$$= \ln \frac{4n+1}{n}$$

$$\therefore \lim_{n \to \infty} n \left(\sum_{k=n}^{4n} f(k) - 2\ln 2 \right) = \lim_{n \to \infty} n \left(\ln \frac{4n+1}{n} - \ln 4 \right)$$

$$= \lim_{n \to \infty} n \ln \frac{4n+1}{4n}$$

$$= \lim_{n \to \infty} \ln \left(1 + \frac{1}{4n} \right)^n$$

$$= \lim_{n \to \infty} \ln \left(1 + \frac{1}{4n} \right)^{4n \times \frac{1}{4}}$$

$$= \ln e^{\frac{1}{4}} = \frac{1}{4}$$

0395 　　　　　　　　　　　　　　　　　　　　　　　답 ①

점 Q가 점 P에 한없이 가까워질 때, 직선 PQ의 기울기의 극한값은
함수 $y = \ln \sqrt{x}$의 $x=2$에서의 미분계수와 같다.
$f(x) = \ln \sqrt{x} = \frac{1}{2} \ln x$라 하면

$$f'(x) = \frac{1}{2x}$$

$$\therefore f'(2) = \frac{1}{4}$$

0396 　　　　　　　　　　　　　　　　　　　　　　　답 ④

함수 $f(x) = \ln x$는 구간 $[2, 4]$에서 연속이고, 구간 $(2, 4)$에서
미분가능하므로 평균값 정리에 의하여
$\dfrac{f(4) - f(2)}{4-2} = f'(c)$를 만족시키는 실수 c가 구간 $(2, 4)$에 적어도
하나 존재한다.
$f'(x) = \dfrac{1}{x}$이므로 $f'(c) = \dfrac{1}{c}$

$$\frac{f(4)-f(2)}{4-2}=\frac{\ln 4-\ln 2}{4-2}=\frac{\ln 2}{2}$$

$$\frac{1}{c}=\frac{\ln 2}{2}$$ 이므로 $c=\dfrac{2}{\ln 2}$

0397

(1) $\dfrac{1}{8\ln 2}$ (2) $4e^4$

(1) $f(x)=\log_2 x$라 하면
$$\lim_{h\to 0}\frac{\log_2 (8+h)-3}{h}=\lim_{h\to 0}\frac{f(8+h)-f(8)}{h}=f'(8)$$
$f'(x)=\dfrac{1}{x\ln 2}$이므로
$$f'(8)=\frac{1}{8\ln 2}$$

(2) $f(x)=e^{4x}$이라 하면
$$\lim_{x\to 1}\frac{e^{4x}-e^4}{x-1}=\lim_{x\to 1}\frac{f(x)-f(1)}{x-1}=f'(1)$$
$f'(x)=e^{4x}\ln e^4=4e^{4x}$
$$\therefore\ f'(1)=4e^4$$

0398

(1) $\dfrac{1}{\ln 2}-5$ (2) $12e(1-\ln 2)$ (3) 2

(1) $f(1)=0$이므로
$$\lim_{x\to 1}\frac{f(x)}{x-1}=\lim_{x\to 1}\frac{f(x)-f(1)}{x-1}=f'(1)$$
$f'(x)=\dfrac{1}{x\ln 2}-5$이므로
$$f'(1)=\frac{1}{\ln 2}-5$$

(2) $\displaystyle\lim_{x\to 1}\frac{f(x^3)-f(1)}{x-1}=\lim_{x\to 1}\left\{\frac{f(x^3)-f(1)}{x^3-1}\times(x^2+x+1)\right\}$
$$=3f'(1)$$
$f'(x)=4e^x\ln\dfrac{x}{2}+4e^x\times\dfrac{1}{x}=4e^x\left(\ln\dfrac{x}{2}+\dfrac{1}{x}\right)$이므로
$$f'(1)=4e\left(\ln\dfrac{1}{2}+1\right)=4e(1-\ln 2)$$
따라서 구하는 값은
$$3f'(1)=12e(1-\ln 2)$$

(3) $f(1)=\ln 5$이므로
$$\lim_{x\to 1}\frac{f(x^2)-x^2\ln 5}{x-1}$$
$$=\lim_{x\to 1}\frac{f(x^2)-x^2 f(1)}{x-1}$$
$$=\lim_{x\to 1}\frac{f(x^2)-f(1)+f(1)-x^2 f(1)}{x-1}$$
$$=\lim_{x\to 1}\left\{\frac{f(x^2)-f(1)}{x^2-1}\times(x+1)-f(1)(x+1)\right\}$$
$$=2f'(1)-2f(1)$$
$f'(x)=\ln(5x)+x\times\dfrac{1}{x}=\ln(5x)+1$이므로
$$f'(1)=1+\ln 5$$
따라서 구하는 값은
$$2f'(1)-2f(1)=2(1+\ln 5)-2\ln 5=2$$

0399

(1) $-\dfrac{32}{e^4}$ (2) $-\dfrac{1}{e}$

(1) $f'(x)=(2x+2)e^x+(x^2+2x-7)e^x$
$$=(x^2+4x-5)e^x=(x+5)(x-1)e^x$$
$f'(a)=0$에서 $(a+5)(a-1)e^a=0$
이때, $e^a>0$이므로 $(a+5)(a-1)=0$
$$\therefore\ a=-5\ \text{또는}\ a=1$$
따라서 구하는 모든 $f(a)$의 값의 곱은
$$f(-5)\times f(1)=8e^{-5}\times(-4e)=-32e^{-4}=-\frac{32}{e^4}$$

(2) $f(1)=ae\ln b=2e^2$이므로 $a\ln b=2e$ ······ ㉠
$f(x)=ae^x(\ln b+\ln x)$이므로
$$f'(x)=ae^x(\ln b+\ln x)+ae^x\times\frac{1}{x}$$
$f'(1)=ae\ln b+ae=e^2$이므로 $a\ln b+a=e$
$2e+a=e\ (\because ㉠)$, $a=-e$
$-e\ln b=2e$, $\ln b=-2$, $b=e^{-2}$
$$\therefore\ ab=-e\times e^{-2}=-e^{-1}=-\frac{1}{e}$$

0400

(1) $e\sqrt{e}$ (2) $a=0,\ b=-2$

(1) $g(x)=ax^2+1$, $h(x)=\ln(bx)$라 하면
$$g'(x)=2ax,\quad h'(x)=\frac{1}{x}$$
함수 $f(x)$가 $x=1$에서 연속이므로
$g(1)=h(1)$에서 $a+1=\ln b$ ······ ㉠
함수 $f(x)$가 $x=1$에서 미분가능하므로
$g'(1)=h'(1)$에서 $2a=1$, $a=\dfrac{1}{2}$
㉠에서 $b=e^{a+1}=e^{\frac{3}{2}}=e\sqrt{e}$
$$\therefore\ 2ab=2\times\frac{1}{2}\times e\sqrt{e}=e\sqrt{e}$$

(2) $g(x)=ae^{-x}$, $h(x)=x^2+bx+1$이라 하면
$g'(x)=ae^{-x}\ln e^{-1}=-ae^{-x}$
$h'(x)=2x+b$
함수 $f(x)$가 $x=1$에서 연속이므로
$g(1)=h(1)$에서 $ae^{-1}=b+2$ ······ ㉠
함수 $f(x)$가 $x=1$에서 미분가능하므로
$g'(1)=h'(1)$에서 $-ae^{-1}=b+2$ ······ ㉡
㉠, ㉡에서 $ae^{-1}=0$, $b+2=0$
$$\therefore\ a=0,\ b=-2$$

0401

$\dfrac{5}{3}e$

$\displaystyle\lim_{x\to 1}\frac{f(x)-e}{x^3-1}=b$에서 극한값이 존재하고, $x\to 1$일 때
(분모)$\to 0$이므로 (분자)$\to 0$이다.
즉, $\displaystyle\lim_{x\to 1}\{f(x)-e\}=f(1)-e=0$에서 $f(1)=e$이다.
$f(1)=ae=e$에서 $a=1$
$$b=\lim_{x\to 1}\frac{f(x)-e}{x^3-1}=\lim_{x\to 1}\left\{\frac{f(x)-f(1)}{x-1}\times\frac{1}{x^2+x+1}\right\}=\frac{f'(1)}{3}$$

$f(x)=e^x(3\ln x+x)$에서

$f'(x)=e^x(3\ln x+x)+e^x\left(\dfrac{3}{x}+1\right)$이므로

$f'(1)=5e$, $b=\dfrac{5}{3}e$

$\therefore ab=1\times\dfrac{5}{3}e=\dfrac{5}{3}e$

0402   풀이 참조

$f(1)=\log_2 a$이므로

$\displaystyle\lim_{x\to 1}\dfrac{f(x)-f(1)}{x-1}=f'(1)=2$이다.

$f(x)=x(\log_2 a+2\log_2 x)$이므로

$f'(x)=1\times(\log_2 a+2\log_2 x)+x\times\dfrac{2}{x\ln 2}$

$\qquad =\log_2 a+2\log_2 x+2\log_2 e$

$\qquad =\log_2 (ae^2x^2)$

$f'(1)=\log_2(ae^2)=2$, $ae^2=4$

$\therefore a=\dfrac{4}{e^2}$

채점 요소	배점
$f(1)=\log_2 a$임을 이용하여 $f'(1)=2$임을 구하기	30 %
도함수 $f'(x)$ 구하기	50 %
$f'(1)=2$임을 이용하여 a의 값 구하기	20 %

0403 $\dfrac{2}{3e}$

$\displaystyle\lim_{x\to 2}\dfrac{3e^x f(x)-5}{x-2}=2e$ …… ㉠

㉠에서 극한값이 존재하고, $x\to 2$일 때

(분모)$\to 0$이므로 (분자)$\to 0$이다.

즉, $\displaystyle\lim_{x\to 2}\{3e^x f(x)-5\}=3e^2 f(2)-5=0$이므로 $f(2)=\dfrac{5}{3e^2}$

$g(x)=3e^x f(x)$라 하면 ㉠에서

$\displaystyle\lim_{x\to 2}\dfrac{3e^x f(x)-5}{x-2}=\lim_{x\to 2}\dfrac{g(x)-g(2)}{x-2}=g'(2)=2e$

$g'(x)=3e^x f(x)+3e^x f'(x)$이므로

$g'(2)=3e^2\{f(2)+f'(2)\}=2e$

$\therefore f(2)+f'(2)=\dfrac{2}{3e}$

0404   (1) 제3사분면 (2) $-\dfrac{5}{4}$ (3) $2\tan\theta$

(1) $\sin\theta\sec\theta=\dfrac{\sin\theta}{\cos\theta}=\tan\theta>0$

$\csc\theta\tan\theta=\dfrac{1}{\sin\theta}\times\dfrac{\sin\theta}{\cos\theta}=\dfrac{1}{\cos\theta}<0$이므로 $\cos\theta<0$

즉, θ는 제3사분면의 각이다.

(2) $\dfrac{\sqrt{\cos\theta}}{\sqrt{\sin\theta}}=-\sqrt{\dfrac{\cos\theta}{\sin\theta}}$이므로 $\sin\theta<0$, $\cos\theta\geq 0$이다.

이때, $\tan\theta=-\dfrac{4}{3}$이므로 $\cos\theta=\dfrac{3}{5}$, $\sin\theta=-\dfrac{4}{5}$

$\therefore \csc\theta=\dfrac{1}{\sin\theta}=-\dfrac{5}{4}$

(3) $\dfrac{\sin\theta}{\tan\theta}=\cos\theta<0$ …… ㉠

$\dfrac{\csc\theta}{\sec\theta}=\dfrac{\cos\theta}{\sin\theta}=\dfrac{1}{\tan\theta}>0$이므로 $\tan\theta>0$ …… ㉡

$\sin\theta=\cos\theta\tan\theta<0$ ($\because$ ㉠, ㉡)

$\therefore \sqrt{\cos^2\theta}-|\cos\theta+\sin\theta|+\dfrac{\sin\theta}{\cos\theta}+\sqrt{(\tan\theta-\sin\theta)^2}$

$\qquad =|\cos\theta|-|\cos\theta+\sin\theta|+\tan\theta+|\tan\theta-\sin\theta|$

$\qquad =-\cos\theta+(\cos\theta+\sin\theta)+\tan\theta+(\tan\theta-\sin\theta)$

$\qquad =2\tan\theta$

0405   (1) ㄹ (2) ㄷ (3) ㄱ (4) ㅈ

(1) $\dfrac{\sin\theta}{1-\cos\theta}+\dfrac{1-\cos\theta}{\sin\theta}=\dfrac{\sin^2\theta+(1-\cos\theta)^2}{(1-\cos\theta)\sin\theta}$

$\qquad\qquad =\dfrac{2-2\cos\theta}{(1-\cos\theta)\sin\theta}$

$\qquad\qquad =\dfrac{2}{\sin\theta}=2\csc\theta$

(2) $\dfrac{\cos\theta}{1+\sin\theta}+\tan\theta=\dfrac{\cos\theta}{1+\sin\theta}+\dfrac{\sin\theta}{\cos\theta}$

$\qquad\qquad =\dfrac{\cos^2\theta+\sin\theta+\sin^2\theta}{(1+\sin\theta)\cos\theta}$

$\qquad\qquad =\dfrac{1+\sin\theta}{(1+\sin\theta)\cos\theta}$

$\qquad\qquad =\dfrac{1}{\cos\theta}=\sec\theta$

(3) $\dfrac{1-2\sin\theta\cos\theta}{\sin\theta-\cos\theta}+\dfrac{\cot\theta}{\csc\theta}$

$\qquad =\dfrac{1-2\sin\theta\cos\theta}{\sin\theta-\cos\theta}+\cos\theta$

$\qquad =\dfrac{1-2\sin\theta\cos\theta+\cos\theta(\sin\theta-\cos\theta)}{\sin\theta-\cos\theta}$

$\qquad =\dfrac{1-\sin\theta\cos\theta-\cos^2\theta}{\sin\theta-\cos\theta}$

$\qquad =\dfrac{\sin^2\theta-\sin\theta\cos\theta}{\sin\theta-\cos\theta}$

$\qquad =\dfrac{\sin\theta(\sin\theta-\cos\theta)}{\sin\theta-\cos\theta}$

$\qquad =\sin\theta$

(4) $(1+\sec\theta+\tan\theta)(1-\csc\theta+\cot\theta)$

$\qquad =1-\csc\theta+\cot\theta+\sec\theta-\sec\theta\csc\theta+\sec\theta\cot\theta$

$\qquad\qquad +\tan\theta-\tan\theta\csc\theta+\tan\theta\cot\theta$

$\qquad =1-\csc\theta+\cot\theta+\sec\theta-\sec\theta\csc\theta$

$\qquad\qquad +\csc\theta+\tan\theta-\sec\theta+1$

$\qquad =2+\tan\theta+\cot\theta-\sec\theta\csc\theta$

$\qquad =2+\dfrac{\sin\theta}{\cos\theta}+\dfrac{\cos\theta}{\sin\theta}-\dfrac{1}{\sin\theta\cos\theta}$

$\qquad =2+\dfrac{\sin^2\theta+\cos^2\theta-1}{\sin\theta\cos\theta}$

$\qquad =2$

0406

답 ④

① $\cos^4\theta-\sin^4\theta$

$=(\cos^2\theta+\sin^2\theta)(\cos^2\theta-\sin^2\theta)$

$=\cos^2\theta-\sin^2\theta$

$=\cos^2\theta-(1-\cos^2\theta)=2\cos^2\theta-1$

② $(1-\sin^2\theta)(1-\cos^2\theta)(1+\tan^2\theta)(1+\cot^2\theta)$

$=\cos^2\theta\,\sin^2\theta\,\sec^2\theta\,\csc^2\theta$

$=\cos^2\theta\,\sin^2\theta\times\dfrac{1}{\cos^2\theta}\times\dfrac{1}{\sin^2\theta}$

$=1$

③ $\dfrac{\sin\theta}{1+\cos\theta}+\dfrac{\sin\theta}{1-\cos\theta}=\dfrac{\sin\theta(1-\cos\theta)+\sin\theta(1+\cos\theta)}{(1+\cos\theta)(1-\cos\theta)}$

$=\dfrac{2\sin\theta}{1-\cos^2\theta}=\dfrac{2\sin\theta}{\sin^2\theta}$

$=\dfrac{2}{\sin\theta}=2\csc\theta$

④ $\dfrac{\csc\theta}{\sec\theta-\tan\theta}+\dfrac{\csc\theta}{\sec\theta+\tan\theta}$

$=\dfrac{\csc\theta(\sec\theta+\tan\theta)+\csc\theta(\sec\theta-\tan\theta)}{(\sec\theta-\tan\theta)(\sec\theta+\tan\theta)}$

$=\dfrac{2\csc\theta\,\sec\theta}{\sec^2\theta-\tan^2\theta}=2\csc\theta\,\sec\theta$

⑤ $\tan\theta\,\sec\theta+\dfrac{1}{\cos^2\theta}=\dfrac{\sin\theta}{\cos\theta}\times\dfrac{1}{\cos\theta}+\dfrac{1}{\cos^2\theta}$

$=\dfrac{\sin\theta+1}{\cos^2\theta}$

$=\dfrac{\sin\theta+1}{1-\sin^2\theta}=\dfrac{1}{1-\sin\theta}$

따라서 선지 중 옳지 않은 것은 ④이다.

0407

답 (1) $\dfrac{25}{4}$ (2) $\dfrac{5}{4}$

(1) $\tan\theta+\cot\theta=\dfrac{5}{2}$의 양변을 제곱하면

$\tan^2\theta+2\tan\theta\cot\theta+\cot^2\theta=\dfrac{25}{4}$에서

$\tan^2\theta+2+\cot^2\theta=\dfrac{25}{4}$

$\therefore\ \csc^2\theta+\sec^2\theta=(1+\cot^2\theta)+(1+\tan^2\theta)$

$=2+\tan^2\theta+\cot^2\theta=\dfrac{25}{4}$

(2) $\sec^2\theta=1+\tan^2\theta$이므로

$\dfrac{\tan^2\theta-1}{\sec^2\theta+1}=\dfrac{1}{2}$에서 $\dfrac{\tan^2\theta-1}{\tan^2\theta+2}=\dfrac{1}{2}$

$2\tan^2\theta-2=\tan^2\theta+2$

$\tan^2\theta=4$

$\cot^2\theta=\dfrac{1}{\tan^2\theta}=\dfrac{1}{4}$

$\therefore\ \csc^2\theta=1+\cot^2\theta=1+\dfrac{1}{4}=\dfrac{5}{4}$

0408

답 (1) $-\dfrac{8}{3}$ (2) $-\dfrac{4}{3}$ (3) $\dfrac{4\sqrt{7}}{3}$

$\sin\theta+\cos\theta=\dfrac{1}{2}$의 양변을 제곱하면

$\sin^2\theta+2\sin\theta\cos\theta+\cos^2\theta=\dfrac{1}{4}$에서 $1+2\sin\theta\cos\theta=\dfrac{1}{4}$

$\sin\theta\cos\theta=-\dfrac{3}{8}$

(1) $\tan\theta+\cot\theta=\dfrac{\sin\theta}{\cos\theta}+\dfrac{\cos\theta}{\sin\theta}$

$=\dfrac{\sin^2\theta+\cos^2\theta}{\sin\theta\cos\theta}$

$=\dfrac{1}{\sin\theta\cos\theta}=-\dfrac{8}{3}$

(2) $\sec\theta+\csc\theta=\dfrac{1}{\cos\theta}+\dfrac{1}{\sin\theta}$

$=\dfrac{\sin\theta+\cos\theta}{\sin\theta\cos\theta}$

$=\dfrac{\dfrac{1}{2}}{-\dfrac{3}{8}}=-\dfrac{4}{3}$

(3) $(\sin\theta-\cos\theta)^2=(\sin\theta+\cos\theta)^2-4\sin\theta\cos\theta$

$=\left(\dfrac{1}{2}\right)^2-4\times\left(-\dfrac{3}{8}\right)=\dfrac{7}{4}$

θ가 제4사분면의 각일 때, $\sin\theta<0,\ \cos\theta>0$이므로

$\sin\theta-\cos\theta=-\sqrt{\dfrac{7}{4}}=-\dfrac{\sqrt{7}}{2}$

$\therefore\ \sec\theta-\csc\theta=\dfrac{1}{\cos\theta}-\dfrac{1}{\sin\theta}$

$=\dfrac{\sin\theta-\cos\theta}{\sin\theta\cos\theta}$

$=\dfrac{-\dfrac{\sqrt{7}}{2}}{-\dfrac{3}{8}}=\dfrac{4\sqrt{7}}{3}$

0409

답 ③

이차방정식의 근과 계수의 관계에 의하여

$\sin\theta+\cos\theta=-\dfrac{5a}{a^2}=-\dfrac{5}{a}$

$\sin\theta\cos\theta=\dfrac{-6a-10}{a^2}$

$(\sin\theta+\cos\theta)^2=1+2\sin\theta\cos\theta$이므로

$\left(-\dfrac{5}{a}\right)^2=1+2\times\dfrac{-6a-10}{a^2}$

$a^2-12a-45=0$

$(a-15)(a+3)=0$

$\therefore\ a=15\ (\because a>0)$

$\sin\theta+\cos\theta=-\dfrac{1}{3},\ \sin\theta\cos\theta=-\dfrac{4}{9}$

$\therefore\ \csc\theta+\sec\theta=\dfrac{1}{\sin\theta}+\dfrac{1}{\cos\theta}=\dfrac{\sin\theta+\cos\theta}{\sin\theta\cos\theta}=\dfrac{-\dfrac{1}{3}}{-\dfrac{4}{9}}=\dfrac{3}{4}$

0410

답 (1) $\dfrac{\pi}{3},\ \dfrac{2}{3}\pi$ (2) $\dfrac{\pi}{3},\ \dfrac{5}{3}\pi$

(1) $2\tan x=\sqrt{3}\sec x$에서 $2\times\dfrac{\sin x}{\cos x}=\dfrac{\sqrt{3}}{\cos x}$

$$\frac{2\sin x-\sqrt{3}}{\cos x}=0$$

$$\sin x=\frac{\sqrt{3}}{2}\ (\because \cos x\neq 0)$$

$$\therefore x=\frac{\pi}{3}\ \text{또는}\ x=\frac{2}{3}\pi$$

(2) $\csc x-\cot x=\dfrac{2}{3}\sin x$

$$\frac{1}{\sin x}-\frac{\cos x}{\sin x}=\frac{2}{3}\sin x$$

양변에 $3\sin x$를 곱하면

$$3(1-\cos x)=2\sin^2 x$$
$$3(1-\cos x)=2(1-\cos^2 x)$$
$$2(1-\cos x)(1+\cos x)-3(1-\cos x)=0$$
$$(1-\cos x)(2\cos x-1)=0$$
$$\cos x=1\ \text{또는}\ \cos x=\frac{1}{2}$$

그런데 $\sin x\neq 0$이므로 $\cos x\neq 1$

$$\therefore \cos x=\frac{1}{2}$$

$$\therefore x=\frac{\pi}{3}\ \text{또는}\ x=\frac{5}{3}\pi$$

0411

$$\text{답}\ -1$$

θ의 동경과 5θ의 동경이 직선 $y=x$에 대하여 대칭이면

두 각의 합이 $2n\pi+\dfrac{\pi}{2}$ (n은 정수)꼴이므로

$$6\theta=2m\pi+\frac{\pi}{2}\ (m\text{은 정수})$$

이때, $\dfrac{\pi}{2}<\theta<\pi$에서 $3\pi<6\theta<6\pi$이므로

$$6\theta=4\pi+\frac{\pi}{2}=\frac{9}{2}\pi,\ \text{즉}\ \theta=\frac{3}{4}\pi$$

$$\therefore \sec(\pi+\theta)+\csc(3\pi+\theta)+\cot\left(\frac{\pi}{2}-\theta\right)$$
$$=-\sec\theta-\csc\theta+\tan\theta$$
$$=-\sec\left(\frac{3}{4}\pi\right)-\csc\left(\frac{3}{4}\pi\right)+\tan\left(\frac{3}{4}\pi\right)$$
$$=\sec\frac{\pi}{4}-\csc\frac{\pi}{4}-\tan\frac{\pi}{4}$$
$$=\sqrt{2}-\sqrt{2}-1=-1$$

0412

$$\text{답}\ (1)\ \frac{\sqrt{3}}{2}\quad (2)\ \frac{1}{2}$$

(1) $\cos^2\dfrac{\pi}{12}-\sin^2\dfrac{\pi}{12}=\cos\dfrac{\pi}{12}\cos\dfrac{\pi}{12}-\sin\dfrac{\pi}{12}\sin\dfrac{\pi}{12}$

$$=\cos\left(\frac{\pi}{12}+\frac{\pi}{12}\right)=\cos\frac{\pi}{6}=\frac{\sqrt{3}}{2}$$

(2) $\sin 80°=\sin(90°-10°)=\cos 10°$

$\sin 70°=\sin(90°-20°)=\cos 20°$

$\sin 160°=\sin(180°-20°)=\sin 20°$

$\therefore \sin 10°\sin 70°+\sin 80°\sin 160°$

$$=\sin 10°\cos 20°+\cos 10°\sin 20°$$

$$=\sin(10°+20°)=\sin 30°=\frac{1}{2}$$

0413

$$\text{답}\ ②$$

이차방정식의 근과 계수의 관계에 의하여

$$\tan\alpha+\tan\beta=\frac{3}{2},\ \tan\alpha\tan\beta=-2$$

$$\tan(\alpha+\beta)=\frac{\tan\alpha+\tan\beta}{1-\tan\alpha\tan\beta}=\frac{\frac{3}{2}}{1-(-2)}=\frac{1}{2}$$

$$\therefore \cot(\alpha+\beta)=2$$

0414

$$\text{답}\ ②$$

$$\sin\left(x+\frac{\pi}{3}\right)-\cos\left(x+\frac{\pi}{6}\right)$$
$$=\left(\sin x\cos\frac{\pi}{3}+\cos x\sin\frac{\pi}{3}\right)-\left(\cos x\cos\frac{\pi}{6}-\sin x\sin\frac{\pi}{6}\right)$$
$$=\frac{1}{2}\sin x+\frac{\sqrt{3}}{2}\cos x-\frac{\sqrt{3}}{2}\cos x+\frac{1}{2}\sin x$$
$$=\sin x$$

이므로 주어진 부등식은 $\sin x>\dfrac{1}{2}$이다.

$0\leq x<2\pi$일 때, 이 부등식의 해는 $\dfrac{\pi}{6}<x<\dfrac{5}{6}\pi$이므로

$$a=\frac{\pi}{6},\ b=\frac{5}{6}\pi$$

$$\therefore b-a=\frac{2}{3}\pi$$

0415

$$\text{답}\ (1)\ 2\quad (2)\ \frac{4}{3}\quad (3)\ -2$$

(1) $\beta=\alpha-\dfrac{\pi}{4}$이므로

$$\tan\beta=\tan\left(\alpha-\frac{\pi}{4}\right)=\frac{\tan\alpha-\tan\frac{\pi}{4}}{1+\tan\alpha\tan\frac{\pi}{4}}=\frac{\tan\alpha-1}{1+\tan\alpha}$$

$$\therefore (1+\tan\alpha)(1-\tan\beta)=(1+\tan\alpha)\left(1-\frac{\tan\alpha-1}{1+\tan\alpha}\right)$$

$$=(1+\tan\alpha)\times\frac{2}{1+\tan\alpha}$$

$$=2$$

(2) $\dfrac{\sin(\alpha+\beta)}{\sin(\alpha-\beta)}=\dfrac{\sin\alpha\cos\beta+\cos\alpha\sin\beta}{\sin\alpha\cos\beta-\cos\alpha\sin\beta}$에서

분모, 분자를 각각 $\cos\alpha\cos\beta$로 나누면

$$\frac{\dfrac{\sin\alpha}{\cos\alpha}+\dfrac{\sin\beta}{\cos\beta}}{\dfrac{\sin\alpha}{\cos\alpha}-\dfrac{\sin\beta}{\cos\beta}}=\frac{\tan\alpha+\tan\beta}{\tan\alpha-\tan\beta}=\frac{4}{3}\ \left(\because \frac{\tan\alpha-\tan\beta}{\tan\alpha+\tan\beta}=\frac{3}{4}\right)$$

(3) $\sin(2\theta)=2\sin\theta\cos\theta,$

$\cos(2\theta)=\cos^2\theta-\sin^2\theta=2\cos^2\theta-1$

$$\therefore \frac{\sin\theta+\sin 2\theta}{1+\cos\theta+\cos 2\theta}=\frac{\sin\theta+2\sin\theta\cos\theta}{1+\cos\theta+(2\cos^2\theta-1)}$$

$$=\frac{\sin\theta(1+2\cos\theta)}{\cos\theta(1+2\cos\theta)}$$

$$=\tan \theta \ (\because 1+2\cos \theta \neq 0)$$
$$=\tan (\alpha+\beta)$$
$$=\frac{\tan \alpha+\tan \beta}{1-\tan \alpha \tan \beta}$$
$$=\frac{1+3}{1-1\times 3}=-2$$

0416
답 풀이 참조

$(\tan x+\sqrt{2})(\tan y-\sqrt{2})=-3$에서
$\tan x \tan y-\sqrt{2}\tan x+\sqrt{2}\tan y-2=-3$
$\tan x \tan y+1=\sqrt{2}(\tan x-\tan y)$
$\dfrac{\tan x-\tan y}{1+\tan x \tan y}=\dfrac{1}{\sqrt{2}}$
$\tan (x-y)=\dfrac{\sqrt{2}}{2}$

$0<x<\dfrac{\pi}{2}$, $0<y<\dfrac{\pi}{2}$에서 $-\dfrac{\pi}{2}<x-y<\dfrac{\pi}{2}$이고,

$\tan (x-y)>0$이므로 $0<x-y<\dfrac{\pi}{2}$이다.

$\therefore \cos (x-y)=\dfrac{2}{\sqrt{6}}=\dfrac{\sqrt{6}}{3}$

채점 요소	배점
주어진 식을 정리하여 $\dfrac{\tan x-\tan y}{1+\tan x \tan y}=\dfrac{1}{\sqrt{2}}$임을 구하기	40 %
삼각함수의 덧셈정리에 의하여 $\tan (x-y)=\dfrac{\sqrt{2}}{2}$임을 구하기	30 %
$\cos (x-y)$의 값 구하기	30 %

0417
답 $\dfrac{\sqrt{3}}{2}$

θ의 동경과 5θ의 동경이 일직선 위에 있고 방향이 반대이므로
$5\theta-\theta=(2n+1)\pi$ (n은 정수)이다.
즉, $4\theta=(2n+1)\pi$

이때, $\dfrac{\pi}{2}<\theta<\pi$에서 $2\pi<4\theta<4\pi$이므로

$4\theta=3\pi$, $\theta=\dfrac{3}{4}\pi$

$\therefore \sin \left(\theta-\dfrac{\pi}{12}\right)=\sin \dfrac{2}{3}\pi=\sin \dfrac{\pi}{3}=\dfrac{\sqrt{3}}{2}$

0418
답 ④

$\sin x+\sin y=1$, $\cos x+\cos y=\dfrac{1}{2}$에서
$(\sin x+\sin y)^2=\sin^2 x+\sin^2 y+2\sin x \sin y=1$
$(\cos x+\cos y)^2=\cos^2 x+\cos^2 y+2\cos x \cos y=\dfrac{1}{4}$

위 등식의 양변을 각각 더하면
$1+1+2(\sin x \sin y+\cos x \cos y)=1+\dfrac{1}{4}$

$\therefore \sin x \sin y+\cos x \cos y=-\dfrac{3}{8}$

이때, $\cos (x-y)=\cos x \cos y+\sin x \sin y$이므로

$\cos (x-y)=-\dfrac{3}{8}$

0419
답 $2\sqrt{3}\pi$

$\sin x+\cos y=a$의 양변을 제곱하면
$\sin^2 x+2\sin x \cos y+\cos^2 y=a^2$ ...... ㉠
$\cos x+\sin y=b$의 양변을 제곱하면
$\cos^2 x+2\cos x \sin y+\sin^2 y=b^2$ ...... ㉡
㉠, ㉡의 양변을 각각 더하면
$2+2\sin x \cos y+2\cos x \sin y=a^2+b^2$

이때, $\sin (x+y)=\dfrac{1}{2}$에서 $\sin x \cos y+\cos x \sin y=\dfrac{1}{2}$이므로

$a^2+b^2=2+2\times \dfrac{1}{2}=3$

따라서 점 (a, b)의 자취는 반지름의 길이가 $\sqrt{3}$인 원이므로
자취의 길이는 $2\sqrt{3}\pi$이다.

0420
답 ②

$\sin \alpha+\cos \beta=-\sin \gamma$의 양변을 제곱하면
$\sin^2 \alpha+\cos^2 \beta+2\sin \alpha \cos \beta=\sin^2 \gamma$ ...... ㉠
$\cos \alpha+\sin \beta=-\cos \gamma$의 양변을 제곱하면
$\cos^2 \alpha+\sin^2 \beta+2\cos \alpha \sin \beta=\cos^2 \gamma$ ...... ㉡
㉠, ㉡의 양변을 각각 더하면
$\sin^2 \alpha+\cos^2 \alpha+\sin^2 \beta+\cos^2 \beta+2(\sin \alpha \cos \beta+\cos \alpha \sin \beta)$
$=\sin^2 \gamma+\cos^2 \gamma$
$1+1+2\sin (\alpha+\beta)=1$

$\therefore \sin (\alpha+\beta)=-\dfrac{1}{2}$

0421
답 (1) $\dfrac{34}{9}$ (2) $-\dfrac{4}{3}$

(1) 이차방정식의 근과 계수의 관계에 의하여
$1\times \tan \theta=-4$, 즉 $\tan \theta=-4$이므로

$$\tan \left(\dfrac{\pi}{4}-\theta\right)=\frac{\tan \dfrac{\pi}{4}-\tan \theta}{1+\tan \dfrac{\pi}{4}\tan \theta}=\frac{1-\tan \theta}{1+\tan \theta}=-\dfrac{5}{3}$$

$$\therefore \sec^2 \left(\dfrac{\pi}{4}-\theta\right)=1+\tan^2 \left(\dfrac{\pi}{4}-\theta\right)=1+\left(-\dfrac{5}{3}\right)^2=\dfrac{34}{9}$$

(2) 이차방정식의 근과 계수의 관계에 의하여

$2\sin \theta+\cos (2\theta)=-\dfrac{11}{9}$이고, $2\sin \theta\times \cos (2\theta)=\dfrac{a}{9}$이다.

$2\sin \theta+\cos (2\theta)=-\dfrac{11}{9}$에서

$2\sin \theta+(1-2\sin^2 \theta)=-\dfrac{11}{9}$

$9\sin^2 \theta-9\sin \theta-10=0$
$(3\sin \theta-5)(3\sin \theta+2)=0$

$\sin \theta=-\dfrac{2}{3} \ (\because -1\leq \sin \theta \leq 1)$

$\cos 2\theta=1-2\sin^2 \theta=1-2\times \left(-\dfrac{2}{3}\right)^2=\dfrac{1}{9}$

$\dfrac{a}{9}=2\times\left(-\dfrac{2}{3}\right)\times\dfrac{1}{9}$

$\therefore a=-\dfrac{4}{3}$

0422 답 ③

$\sin(2\theta)=2\sin\theta\cos\theta=\dfrac{2}{7}$이므로 $\sin\theta\cos\theta=\dfrac{1}{7}$

$(\sin\theta+\cos\theta)^2=\sin^2\theta+2\sin\theta\cos\theta+\cos^2\theta=1+2\times\dfrac{1}{7}=\dfrac{9}{7}$

$0<\theta<\dfrac{\pi}{2}$일 때 $\sin\theta>0$, $\cos\theta>0$이므로

$\sin\theta+\cos\theta=\dfrac{3}{\sqrt{7}}$

$\therefore \sec\theta+\csc\theta=\dfrac{1}{\cos\theta}+\dfrac{1}{\sin\theta}$

$=\dfrac{\sin\theta+\cos\theta}{\sin\theta\cos\theta}$

$=\dfrac{\dfrac{3}{\sqrt{7}}}{\dfrac{1}{7}}=3\sqrt{7}$

0423 답 ③

$\sin 2x=2\sin x\cos x$이므로 주어진 방정식은

$2\sin x\cos x-\sin x=4\cos x-2$

$(\sin x-2)(2\cos x-1)=0$이므로

$\sin x=2$ 또는 $\cos x=\dfrac{1}{2}$

이때, $-1\le\sin x\le1$이므로 $\sin x\ne2$이다.

$\cos x=\dfrac{1}{2}$에서 $0\le x\le2\pi$이므로 대칭성에 의하여 두 실근의 합은 2π이다.

0424 답 (1) 3π (2) $\dfrac{5}{4}\pi$

(1) $\cos(2x)=2\cos^2 x-1$이므로

  $\cos x+\cos(2x)=0$에서

  $2\cos^2 x+\cos x-1=0$

  $(2\cos x-1)(\cos x+1)=0$

  $\cos x=\dfrac{1}{2}$ 또는 $\cos x=-1$

  $0\le x<2\pi$일 때

  $\cos x=\dfrac{1}{2}$에서 $x=\dfrac{\pi}{3}$ 또는 $x=\dfrac{5}{3}\pi$

  $\cos x=-1$에서 $x=\pi$

  따라서 모든 실근의 합은 $\dfrac{\pi}{3}+\dfrac{5}{3}\pi+\pi=3\pi$이다.

(2) $\cos(4x)=1-2\sin^2(2x)$이므로

  $\sin(2x)=\cos(4x)$에서

  $2\sin^2(2x)+\sin(2x)-1=0$

  $\{2\sin(2x)-1\}\{\sin(2x)+1\}=0$

$\sin(2x)=\dfrac{1}{2}$ 또는 $\sin(2x)=-1$

$0\le x<\pi$일 때 $0\le 2x<2\pi$이므로

$\sin 2x=\dfrac{1}{2}$에서 $2x=\dfrac{\pi}{6}$ 또는 $2x=\dfrac{5}{6}\pi$

즉, $x=\dfrac{\pi}{12}$ 또는 $x=\dfrac{5}{12}\pi$

$\sin 2x=-1$에서 $2x=\dfrac{3}{2}\pi$, 즉 $x=\dfrac{3}{4}\pi$

따라서 모든 실근의 합은 $\dfrac{\pi}{12}+\dfrac{5}{12}\pi+\dfrac{3}{4}\pi=\dfrac{5}{4}\pi$이다.

0425 답 풀이 참조

$\cos(2x)=\cos^2 x-\sin^2 x=1-2\sin^2 x,$

$\sin(2x)=2\sin x\cos x$이므로

$\dfrac{\cos(2x)-1}{\sin(2x)}=\dfrac{-2\sin^2 x}{2\sin x\cos x}=-\dfrac{\sin x}{\cos x}=-\tan x$

또한, $1-\sec^2 x=1-(1+\tan^2 x)=-\tan^2 x$이므로

$\dfrac{\cos(2x)-1}{\sin(2x)}<1-\sec^2 x$에서

$-\tan x<-\tan^2 x$

$\tan^2 x-\tan x<0$

$\tan x(\tan x-1)<0$

$0<\tan x<1$

$0<x<\dfrac{\pi}{2}$이므로 부등식의 해는 $0<x<\dfrac{\pi}{4}$이다.

채점 요소	배점
$\cos(2x)=1-2\sin^2 x$, $\sin(2x)=2\sin x\cos x$를 이용하여 $\dfrac{\cos(2x)-1}{\sin(2x)}=-\tan x$임을 구하기	40 %
$1-\sec^2 x=-\tan^2 x$를 이용하여 주어진 부등식이 $-\tan x<-\tan^2 x$임을 구하기	30 %
부등식의 해 구하기	30 %

0426 답 $a=\dfrac{\pi}{4}, b=\sqrt{2}$

$y=\sin x+\cos x$

$=\sqrt{2}\left(\dfrac{1}{\sqrt{2}}\sin x+\dfrac{1}{\sqrt{2}}\cos x\right)$

$=\sqrt{2}\left(\sin x\cos\dfrac{\pi}{4}+\cos x\sin\dfrac{\pi}{4}\right)$

$=\sqrt{2}\sin\left(x+\dfrac{\pi}{4}\right)$

이 함수의 그래프는 함수 $y=\sqrt{2}\sin x$의 그래프를 x축의 방향으로 $-\dfrac{\pi}{4}$만큼 평행이동한 것이므로 다음과 같다.

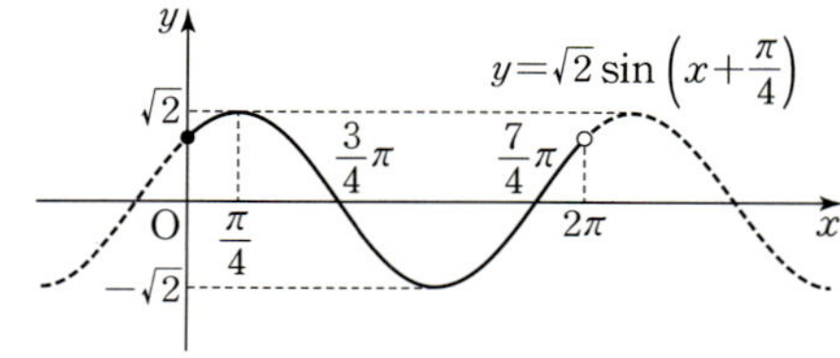

따라서 $0 \leq x < 2\pi$에서 이 함수는 $x = \dfrac{\pi}{4}$일 때 최댓값 $\sqrt{2}$를 갖는다.

$\therefore a = \dfrac{\pi}{4}, b = \sqrt{2}$

0427 ·· 답 ④

$\dfrac{1}{2} \sin x + \dfrac{\sqrt{3}}{2} \cos x = \dfrac{1}{2}$

$\sin \dfrac{\pi}{6} \sin x + \cos \dfrac{\pi}{6} \cos x = \dfrac{1}{2}$

$\cos \left(x - \dfrac{\pi}{6} \right) = \dfrac{1}{2}$

$x - \dfrac{\pi}{6} = t$라 하면 $\cos t = \dfrac{1}{2}$ $\left(-\dfrac{\pi}{6} \leq t < \dfrac{11}{6}\pi \right)$이므로

$t = \dfrac{\pi}{3}$ 또는 $t = \dfrac{5}{3}\pi$

$\therefore x = \dfrac{\pi}{2}$ 또는 $x = \dfrac{11}{6}\pi$

따라서 모든 근의 합은 $\dfrac{\pi}{2} + \dfrac{11}{6}\pi = \dfrac{7}{3}\pi$

0428 ·· 답 ③

$3\cos \left(6x + \dfrac{\pi}{3} \right) = 3 \left\{ \cos (6x) \cos \dfrac{\pi}{3} - \sin (6x) \sin \dfrac{\pi}{3} \right\}$

$\qquad = \dfrac{3}{2} \cos (6x) - \dfrac{3\sqrt{3}}{2} \sin (6x)$

$\sqrt{3} \sin \left(6x + \dfrac{\pi}{3} \right) = \sqrt{3} \left\{ \sin (6x) \cos \dfrac{\pi}{3} + \cos (6x) \sin \dfrac{\pi}{3} \right\}$

$\qquad = \dfrac{\sqrt{3}}{2} \sin (6x) + \dfrac{3}{2} \cos (6x)$

이므로

$y = 3\cos \left(6x + \dfrac{\pi}{3} \right) + \sqrt{3} \sin \left(6x + \dfrac{\pi}{3} \right)$

$\quad = 3\cos (6x) - \sqrt{3} \sin (6x)$

$\quad = 2\sqrt{3} \left\{ \dfrac{\sqrt{3}}{2} \cos (6x) - \dfrac{1}{2} \sin (6x) \right\}$

$\quad = 2\sqrt{3} \left\{ \cos (6x) \cos \dfrac{\pi}{6} - \sin (6x) \sin \dfrac{\pi}{6} \right\}$

$\quad = 2\sqrt{3} \cos \left(6x + \dfrac{\pi}{6} \right)$

이 함수의 그래프는 함수 $y = 2\sqrt{3} \cos (6x)$의 그래프를 x축의

방향으로 $-\dfrac{\pi}{36}$만큼 평행이동한 것이므로

주기는 $\dfrac{2\pi}{6} = \dfrac{\pi}{3}$이고, 최댓값은 $2\sqrt{3}$, 최솟값은 $-2\sqrt{3}$이다.

$\therefore a = 2\sqrt{3}, b = -2\sqrt{3}, c = \dfrac{1}{3}$

$\therefore abc = 2\sqrt{3} \times (-2\sqrt{3}) \times \dfrac{1}{3} = -4$

0429 ·· 답 ④

점 $(1, 3)$에서 곡선 $y = -x^2 + x - 1$에 그은 접선의 접점의 좌표를

$(t, -t^2 + t - 1)$이라 하면

$y' = -2x + 1$이므로 접선의 방정식은

$y - (-t^2 + t - 1) = (-2t + 1)(x - t)$,

즉 $y = (-2t + 1)x + t^2 - 1$

이 접선이 점 $(1, 3)$을 지나므로

$3 = (-2t + 1) + t^2 - 1$

$t^2 - 2t - 3 = 0$

$(t - 3)(t + 1) = 0$

$\therefore t = -1$ 또는 $t = 3$

따라서 두 접선의 기울기는 각각 3, -5이다.

두 접선이 x축의 양의 방향과 이루는 각의 크기를 각각 α, β라고

하면

$\tan \alpha = 3$, $\tan \beta = -5$이므로

$\tan \theta = |\tan (\alpha - \beta)|$

$\qquad = \left| \dfrac{\tan \alpha - \tan \beta}{1 + \tan \alpha \tan \beta} \right|$

$\qquad = \left| \dfrac{3 - (-5)}{1 + 3 \times (-5)} \right| = \dfrac{4}{7}$

0430 ·· 답 ④

두 직선 $3x - 5y + 1 = 0$, $kx - y + 3 = 0$이 x축의 양의 방향과 이루는

각의 크기를 각각 α, β라고 하면

두 직선의 기울기가 각각 $\dfrac{3}{5}$, k이므로 $\tan \alpha = \dfrac{3}{5}$, $\tan \beta = k$이다.

두 직선이 이루는 예각의 크기가 $\dfrac{\pi}{4}$이므로

$|\tan (\alpha - \beta)| = \tan \dfrac{\pi}{4} = 1$이다.

$|\tan (\alpha - \beta)| = \left| \dfrac{\tan \alpha - \tan \beta}{1 + \tan \alpha \tan \beta} \right|$

$\qquad = \left| \dfrac{\dfrac{3}{5} - k}{1 + \dfrac{3k}{5}} \right| = \left| \dfrac{3 - 5k}{5 + 3k} \right| = 1$

$3 - 5k = 5 + 3k$일 때 $k = -\dfrac{1}{4}$

$3 - 5k = -(5 + 3k)$일 때 $k = 4$

$\therefore k = 4$ $(\because k > 0)$

0431 ·· 답 ②

두 직선 $y = 2x$, $y = 3x$가 x축의 양의 방향과 이루는 예각의 크기를

각각 α, β라 하면

$\tan \alpha = 2$, $\tan \beta = 3$이고, $\theta = \beta - \alpha$이다.

$\tan \theta = \tan (\beta - \alpha) = \dfrac{\tan \beta - \tan \alpha}{1 + \tan \alpha \tan \beta} = \dfrac{3 - 2}{1 + 2 \times 3} = \dfrac{1}{7}$

한편, 직선 $y = mx$가 x축의 양의 방향과 이루는 예각의 크기를

θ_1이라 하면 $\tan \theta_1 = m$이고,

$\alpha - \theta_1 = \dfrac{\pi}{4} - \theta$ $(\because m < 2)$이므로

$\tan (\alpha - \theta_1) = \tan \left(\dfrac{\pi}{4} - \theta \right)$

$$\frac{\tan\alpha-\tan\theta_1}{1+\tan\alpha\tan\theta_1}=\frac{\tan\dfrac{\pi}{4}-\tan\theta}{1+\tan\dfrac{\pi}{4}\tan\theta}$$

$$\frac{2-m}{1+2m}=\frac{1-\dfrac{1}{7}}{1+1\times\dfrac{1}{7}}=\frac{3}{4}$$

$$8-4m=3+6m$$

$$\therefore m=\frac{1}{2}$$

0432 답 $\dfrac{3}{4}$

두 직선 $y=kx$, $y=\dfrac{1}{3}x$가 x축의 양의 방향과 이루는 각의 크기를 각각 α, β라 하면

$\alpha=2\beta$이다.

$\tan\alpha=k$, $\tan\beta=\dfrac{1}{3}$이므로

$$k=\tan\alpha=\tan(2\beta)=\frac{2\tan\beta}{1-\tan^2\beta}=\frac{2\times\dfrac{1}{3}}{1-\left(\dfrac{1}{3}\right)^2}=\frac{3}{4}$$

0433 답 ②

두 직선 $y=3x$, $x-3y+5=0$이 x축의 양의 방향과 이루는 각의 크기를 각각 α, β라 하면

$\tan\alpha=3$, $\tan\beta=\dfrac{1}{3}$

$\angle\mathrm{APB}=\theta$라 하면 θ는 두 직선이 이루는 예각의 크기와 같으므로

$$\tan\theta=\tan(\alpha-\beta)=\frac{\tan\alpha-\tan\beta}{1+\tan\alpha\tan\beta}=\frac{3-\dfrac{1}{3}}{1+3\times\dfrac{1}{3}}=\frac{4}{3}$$

$$\cos\theta=\frac{3}{5}$$

$$\therefore \overline{\mathrm{PB}}=\frac{\overline{\mathrm{PA}}}{\cos\theta}=\frac{25}{3}$$

0434 답 11

$0\le\alpha\le\dfrac{\pi}{2}$, $0\le\beta\le\dfrac{\pi}{2}$이고 $\sin\alpha=\dfrac{3}{5}$, $\sin\beta=\dfrac{5}{13}$이므로

$\cos\alpha=\dfrac{4}{5}$, $\cos\beta=\dfrac{12}{13}$

$$\cos(\alpha+\beta)=\cos\alpha\cos\beta-\sin\alpha\sin\beta$$
$$=\frac{4}{5}\times\frac{12}{13}-\frac{3}{5}\times\frac{5}{13}=\frac{33}{65}$$

$$\tan^2\frac{\alpha+\beta}{2}=\frac{1-\cos(\alpha+\beta)}{1+\cos(\alpha+\beta)}=\frac{1-\dfrac{33}{65}}{1+\dfrac{33}{65}}=\frac{16}{49}$$

$0\le\dfrac{\alpha+\beta}{2}\le\dfrac{\pi}{2}$이므로 $\tan\dfrac{\alpha+\beta}{2}=\dfrac{4}{7}$

$$\therefore p=7,\ q=4$$

$$\therefore p+q=7+4=11$$

0435 답 (1) $\dfrac{\sqrt{3}+\sqrt{6}}{3}$ (2) $\dfrac{4}{9}$

(1) $\dfrac{\pi}{2}<\theta<\pi$이고 $\tan\theta=-2\sqrt{2}$이므로 $\cos\theta=-\dfrac{1}{3}$이다.

$$\sin^2\frac{\theta}{2}=\frac{1-\cos\theta}{2}=\frac{1-\left(-\dfrac{1}{3}\right)}{2}=\frac{2}{3}$$

$\dfrac{\pi}{4}<\dfrac{\theta}{2}<\dfrac{\pi}{2}$에서 $\sin\dfrac{\theta}{2}>0$이므로 $\sin\dfrac{\theta}{2}=\sqrt{\dfrac{2}{3}}=\dfrac{\sqrt{6}}{3}$

$$\cos^2\frac{\theta}{2}=1-\sin^2\frac{\theta}{2}=\frac{1}{3}$$

$\dfrac{\pi}{4}<\dfrac{\theta}{2}<\dfrac{\pi}{2}$에서 $\cos\dfrac{\theta}{2}>0$이므로 $\cos\dfrac{\theta}{2}=\sqrt{\dfrac{1}{3}}=\dfrac{\sqrt{3}}{3}$

$$\therefore \sin\frac{\theta}{2}+\cos\frac{\theta}{2}=\frac{\sqrt{3}+\sqrt{6}}{3}$$

(2) $\sec\theta=3$이므로 $\cos\theta=\dfrac{1}{3}$이고,

$0<\theta<\dfrac{\pi}{2}$이므로 $\sin\theta=\dfrac{2\sqrt{2}}{3}$이다.

$$\tan^2\frac{\theta}{2}=\frac{1-\cos\theta}{1+\cos\theta}=\frac{1-\dfrac{1}{3}}{1+\dfrac{1}{3}}=\frac{1}{2}$$

$0<\dfrac{\theta}{2}<\dfrac{\pi}{4}$에서 $\tan\dfrac{\theta}{2}>0$이므로 $\tan\dfrac{\theta}{2}=\sqrt{\dfrac{1}{2}}=\dfrac{\sqrt{2}}{2}$

$$\sin(2\theta)=2\sin\theta\cos\theta=2\times\frac{2\sqrt{2}}{3}\times\frac{1}{3}=\frac{4\sqrt{2}}{9}$$

$$\therefore \tan\frac{\theta}{2}\sin(2\theta)=\frac{\sqrt{2}}{2}\times\frac{4\sqrt{2}}{9}=\frac{4}{9}$$

0436 답 ③

$$\frac{1-\cot\dfrac{\theta}{2}}{1+\tan\dfrac{\theta}{2}}+\frac{1+\cot\dfrac{\theta}{2}}{1-\tan\dfrac{\theta}{2}}$$

$$=\frac{\left(1-\cot\dfrac{\theta}{2}\right)\left(1-\tan\dfrac{\theta}{2}\right)+\left(1+\cot\dfrac{\theta}{2}\right)\left(1+\tan\dfrac{\theta}{2}\right)}{\left(1+\tan\dfrac{\theta}{2}\right)\left(1-\tan\dfrac{\theta}{2}\right)}$$

$$=\frac{4}{1-\tan^2\dfrac{\theta}{2}}$$

$\pi<\theta<\dfrac{3}{2}\pi$이고 $\sin\theta=-\dfrac{1}{3}$이므로 $\cos\theta=-\dfrac{2\sqrt{2}}{3}$

$$\tan^2\frac{\theta}{2}=\frac{1-\cos\theta}{1+\cos\theta}=\frac{1+\dfrac{2\sqrt{2}}{3}}{1-\dfrac{2\sqrt{2}}{3}}=\frac{3+2\sqrt{2}}{3-2\sqrt{2}}=17+12\sqrt{2}$$

따라서 구하는 값은

$$\frac{4}{1-\tan^2\dfrac{\theta}{2}}=\frac{4}{1-(17+12\sqrt{2})}=\frac{-1}{4+3\sqrt{2}}$$

$$=\frac{-(4-3\sqrt{2})}{-2}=\frac{4-3\sqrt{2}}{2}$$

0437

답 $-\sqrt{3}$

$2\cos^2 x = 2 \times \dfrac{1+\cos(2x)}{2} = 1+\cos(2x)$ 이므로

주어진 방정식은 $\sqrt{3}\sin(2x) - \{1+\cos(2x)\} = 1$

$\sqrt{3}\sin(2x) - \cos(2x) = 2$

$\dfrac{\sqrt{3}}{2}\sin(2x) - \dfrac{1}{2}\cos(2x) = 1$

$\sin(2x)\cos\dfrac{\pi}{6} - \cos(2x)\sin\dfrac{\pi}{6} = 1$

$\sin\left(2x - \dfrac{\pi}{6}\right) = 1$

$2x - \dfrac{\pi}{6} = t$ 라 하면

$\sin t = 1 \left(-\dfrac{\pi}{6} \le t < \dfrac{23}{6}\pi\right)$ 이므로

$t = \dfrac{\pi}{2}$ 또는 $t = \dfrac{5}{2}\pi$

$x = \dfrac{\pi}{3}$ 또는 $x = \dfrac{4}{3}\pi$

$\therefore \alpha = \dfrac{\pi}{3} + \dfrac{4}{3}\pi = \dfrac{5}{3}\pi$

$\therefore \tan\alpha = \tan\dfrac{5}{3}\pi = \tan\left(2\pi - \dfrac{\pi}{3}\right) = -\tan\dfrac{\pi}{3} = -\sqrt{3}$

0438

답 $\dfrac{3}{2}$

두 직선 $y = mx$, $5x - 12y = 0$이 y축과 이루는 예각의 크기를 각각 α, β라 하면

$\beta = 2\alpha$이다.

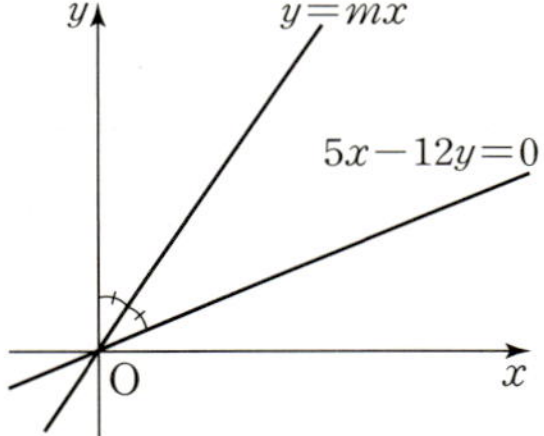

직선 $5x - 12y = 0$이 x축과 이루는 예각의 크기를 θ라 하면

$\tan\theta = \dfrac{5}{12}$ 이고,

$\beta = \dfrac{\pi}{2} - \theta$ 이므로 $\cos\beta = \cos\left(\dfrac{\pi}{2} - \theta\right) = \sin\theta = \dfrac{5}{13}$

$\tan^2\alpha = \tan^2\dfrac{\beta}{2} = \dfrac{1-\cos\beta}{1+\cos\beta} = \dfrac{1-\dfrac{5}{13}}{1+\dfrac{5}{13}} = \dfrac{4}{9}$

$\tan\alpha = \dfrac{2}{3}\ \left(\because 0 < \alpha < \dfrac{\pi}{2}\right)$

$\therefore m = \tan\left(\dfrac{\pi}{2} - \alpha\right) = \dfrac{1}{\tan\alpha} = \dfrac{3}{2}$

0439

답 ⑤

$f(x) = 2\cos^2\left(\dfrac{\pi}{6}x + \dfrac{\pi}{4}\right) = 2 \times \dfrac{1+\cos\left\{2\left(\dfrac{\pi}{6}x + \dfrac{\pi}{4}\right)\right\}}{2}$

$= 1 + \cos\left(\dfrac{\pi}{3}x + \dfrac{\pi}{2}\right) = 1 - \sin\left(\dfrac{\pi}{3}x\right)$

ㄱ. 함수 $f(x)$의 주기는 $\dfrac{2\pi}{\dfrac{\pi}{3}} = 6$이다. (참)

ㄴ. $\displaystyle\sum_{n=1}^{60} f(n) = \sum_{n=1}^{60}\left\{1 - \sin\left(\dfrac{\pi}{3}n\right)\right\} = 60 - \sum_{n=1}^{60}\sin\left(\dfrac{\pi}{3}n\right)$ $\cdots\cdots$ ㉠

$\sin\dfrac{\pi}{3} = \dfrac{\sqrt{3}}{2}$, $\sin\dfrac{2}{3}\pi = \dfrac{\sqrt{3}}{2}$, $\sin\pi = 0$,

$\sin\dfrac{4}{3}\pi = -\dfrac{\sqrt{3}}{2}$, $\sin\dfrac{5}{3}\pi = -\dfrac{\sqrt{3}}{2}$, $\sin 2\pi = 0$이므로

$\displaystyle\sum_{n=1}^{60}\sin\left(\dfrac{\pi}{3}n\right) = 10 \times 0 = 0$

㉠에서 $\displaystyle\sum_{n=1}^{60} f(n) = 60$ (참)

ㄷ. 방정식 $f(x) = \cos\left(\dfrac{2\pi}{3}x\right)$에서 $1 - \sin\left(\dfrac{\pi}{3}x\right) = \cos\left(\dfrac{2\pi}{3}x\right)$

$t = \dfrac{\pi}{3}x$라 하면 $0 < t < 2\pi$이고,

$1 - \sin t = \cos(2t)$이므로

$1 - \sin t = 1 - 2\sin^2 t$

$\sin t(2\sin t - 1) = 0$

$\sin t = 0$ 또는 $\sin t = \dfrac{1}{2}$

$0 < t < 2\pi$이므로

$t = \pi$ 또는 $t = \dfrac{\pi}{6}$ 또는 $t = \dfrac{5\pi}{6}$

$\therefore x = 3$ 또는 $x = \dfrac{1}{2}$ 또는 $x = \dfrac{5}{2}$

따라서 모든 실근의 합은 6이다. (참)

따라서 옳은 것은 ㄱ, ㄴ, ㄷ이다.

0440

답 ②

조건 ㈎에 의하여

$a\sin\dfrac{\pi}{4} + b\cos\dfrac{\pi}{4} = \sqrt{2}$이므로

$\dfrac{\sqrt{2}}{2}(a+b) = \sqrt{2}$, $a+b = 2$ $\cdots\cdots$ ㉠

$f(x) = a\sin x + b\cos x$

$\quad = \sqrt{a^2+b^2}\left(\dfrac{a}{\sqrt{a^2+b^2}}\sin x + \dfrac{b}{\sqrt{a^2+b^2}}\cos x\right)$

$\quad = \sqrt{a^2+b^2}\sin(x+\alpha)$

$\left(\text{단, } \cos\alpha = \dfrac{a}{\sqrt{a^2+b^2}}, \ \sin\alpha = \dfrac{b}{\sqrt{a^2+b^2}}\right)$

이므로 $f(x)$의 최댓값은 $\sqrt{a^2+b^2} = \sqrt{5}\ (\because$ 조건 ㈏)

$a^2 + b^2 = 5$ $\cdots\cdots$ ㉡

$(a+b)^2 = a^2 + b^2 + 2ab$에 ㉠, ㉡을 대입하면

$4 = 5 + 2ab$

$\therefore ab = -\dfrac{1}{2}$

0441
답 ①

직선 $y=\sqrt{3}x$가 x축과 이루는 예각의 크기는 $\dfrac{\pi}{3}$이므로

$\theta_2=\dfrac{\pi}{3}-\theta_1$이다.

$\sin\theta_2=\sin\left(\dfrac{\pi}{3}-\theta_1\right)=\sin\dfrac{\pi}{3}\cos\theta_1-\cos\dfrac{\pi}{3}\sin\theta_1$

$\qquad=\dfrac{\sqrt{3}}{2}\cos\theta_1-\dfrac{1}{2}\sin\theta_1$

$3\sin\theta_1+4\sin\theta_2=3\sin\theta_1+4\left(\dfrac{\sqrt{3}}{2}\cos\theta_1-\dfrac{1}{2}\sin\theta_1\right)$

$\qquad\qquad\qquad\quad=\sin\theta_1+2\sqrt{3}\cos\theta_1$

$\qquad\qquad\qquad\quad=\sqrt{13}\sin(\theta_1+\alpha)$

$\qquad\qquad\left(\text{단, }\sin\alpha=\dfrac{2\sqrt{3}}{\sqrt{13}},\ \cos\alpha=\dfrac{1}{\sqrt{13}}\right)$

이 값이 최대이려면 $\theta_1+\alpha=\dfrac{\pi}{2}$이므로

$m=\tan\theta_1=\tan\left(\dfrac{\pi}{2}-\alpha\right)=\dfrac{1}{\tan\alpha}=\dfrac{1}{2\sqrt{3}}=\dfrac{\sqrt{3}}{6}$

0442
답 ③

$\angle\mathrm{APB}=\dfrac{\pi}{2}$이므로 $\overline{\mathrm{AP}}=2\cos\theta,\ \overline{\mathrm{BP}}=2\sin\theta$

$\therefore 2\overline{\mathrm{AP}}+3\overline{\mathrm{BP}}=2(2\cos\theta+3\sin\theta)$

$\qquad\qquad\qquad=2\sqrt{13}\left(\dfrac{2}{\sqrt{13}}\cos\theta+\dfrac{3}{\sqrt{13}}\sin\theta\right)$

$\qquad\qquad\qquad=2\sqrt{13}\cos(\theta-\alpha)$

$\qquad\qquad\left(\text{단, }\cos\alpha=\dfrac{2}{\sqrt{13}},\ \sin\alpha=\dfrac{3}{\sqrt{13}}\right)$

따라서 $k=2\sqrt{13}$이고, $\sin\alpha=\dfrac{3}{\sqrt{13}}$이다.

0443
답 ⑤

원주각과 중심각의 관계에 의하여 $\beta=2\alpha$이다.

$\sin\alpha+\cos\beta=\sin\alpha+\cos(2\alpha)$

$\qquad\qquad\quad=\sin\alpha+(1-2\sin^2\alpha)$

$\qquad\qquad\quad=-2\left(\sin\alpha-\dfrac{1}{4}\right)^2+\dfrac{9}{8}$

이므로 $\sin\alpha=\dfrac{1}{4}$일 때 이 값이 최대가 된다.

$\therefore \cos\beta=1-2\sin^2\alpha=1-2\times\left(\dfrac{1}{4}\right)^2=\dfrac{7}{8}$

0444
답 ⑤

원주각과 중심각의 관계에 의하여 $\angle\mathrm{ACB}=\dfrac{\theta}{2}$

삼각형 ABC의 넓이는 2이므로

$\dfrac{1}{2}\times4\times3\times\sin\dfrac{\theta}{2}=2$

$\therefore \sin\dfrac{\theta}{2}=\dfrac{1}{3},\ \cos\dfrac{\theta}{2}=\dfrac{2\sqrt{2}}{3}\ \left(\because 0<\dfrac{\theta}{2}<\dfrac{\pi}{2}\right)$

$\therefore \sin\theta=\sin\left(\dfrac{\theta}{2}+\dfrac{\theta}{2}\right)=\sin\dfrac{\theta}{2}\cos\dfrac{\theta}{2}+\cos\dfrac{\theta}{2}\sin\dfrac{\theta}{2}$

$\qquad=2\sin\dfrac{\theta}{2}\cos\dfrac{\theta}{2}$

$\qquad=2\times\dfrac{1}{3}\times\dfrac{2\sqrt{2}}{3}=\dfrac{4\sqrt{2}}{9}$

0445
답 풀이 참조

(1) 그림과 같이 원의 중심 C에서 한 접선에 내린 수선의 발을 H라
하자.

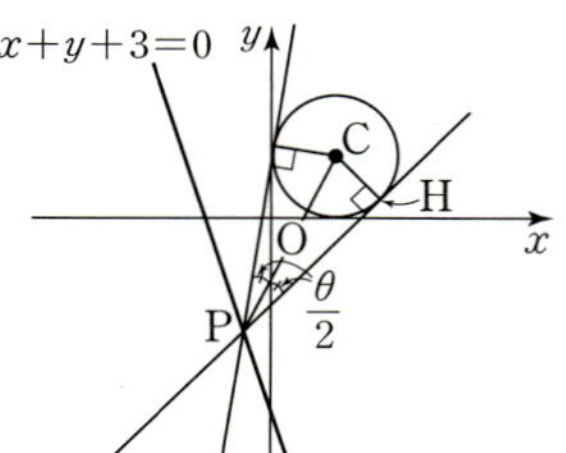

직각삼각형 CPH에서

$\sin\dfrac{\theta}{2}=\dfrac{1}{l},\ \cos\dfrac{\theta}{2}=\dfrac{\sqrt{l^2-1}}{l}$

(2) $\cos\theta=\cos\left(\dfrac{\theta}{2}+\dfrac{\theta}{2}\right)=1-2\sin^2\dfrac{\theta}{2}$

$\qquad=1-2\left(\dfrac{1}{l}\right)^2=1-\dfrac{2}{l^2}$

(3) $\cos\theta=1-\dfrac{2}{l^2}$이므로 l이 최소일 때 $\cos\theta$가 최소이다.

l의 최솟값은 점 $\mathrm{C}(1,\ 1)$과 직선 $3x+y+3=0$ 사이의 거리이므로

$\dfrac{|3+1+3|}{\sqrt{3^2+1^2}}=\dfrac{7}{\sqrt{10}}=\dfrac{7\sqrt{10}}{10}$이고,

이때 $\cos\theta$의 최솟값은 $1-2\times\dfrac{10}{49}=\dfrac{29}{49}$이다.

채점 요소	배점
(1) 원의 중심에서 접선에 내린 수선의 발을 H라 하고 직각삼각형 CPH에서 $\sin\dfrac{\theta}{2},\ \cos\dfrac{\theta}{2}$를 l에 대한 식으로 나타내기	30 %
(2) 삼각함수의 덧셈정리를 이용하여 $\cos\theta$를 l에 대한 식으로 나타내기	30 %
(3) $\cos\theta=1-\dfrac{2}{l^2}$에서 l의 최솟값을 구하여 $\cos\theta$의 최솟값 구하기	40 %

0446
답 ②

선분 OP_1과 직선 $y=x+a$는 서로 수직이고, 선분 OP_2와

직선 $y=\dfrac{1}{3}x+b$는 서로 수직이다.

따라서 두 직선의 교점을 A라 하면 사각형 $\mathrm{OP}_2\mathrm{AP}_1$에서

$\angle\mathrm{P}_1\mathrm{AP}_2=\pi-\alpha$이므로 두 직선이 이루는 예각의 크기는 α이다.

직선 $y=x+a$가 x축의 양의 방향과 이루는 예각의 크기를 θ_1,

직선 $y=\dfrac{1}{3}x+b$가 x축의 양의 방향과 이루는 예각의 크기를 θ_2라

하면 $\tan\theta_1=1,\ \tan\theta_2=\dfrac{1}{3}$이고 $\alpha=\theta_1-\theta_2$이므로

$$\tan \alpha = \tan(\theta_1 - \theta_2) = \frac{\tan \theta_1 - \tan \theta_2}{1 + \tan \theta_1 \tan \theta_2} = \frac{1 - \frac{1}{3}}{1 + 1 \times \frac{1}{3}} = \frac{1}{2}$$

0447

$\boxed{\text{답}}$ 70

$\angle \mathrm{POB} = 2\theta$에서 원주각과 중심각의 관계에 의하여 $\angle \mathrm{PAB} = \theta$

이때, 삼각형 APB는 직각삼각형이므로 $\overline{\mathrm{AP}} = 2\cos\theta$

한편, 이등변삼각형 OQB에서 선분 BQ의 중점을 M이라 하면

$$\overline{\mathrm{BQ}} = 2 \times \overline{\mathrm{BM}} = 2\sin\frac{\theta}{2}$$

$$\cos\theta = \cos\left(\frac{\theta}{2} + \frac{\theta}{2}\right) = 1 - 2\sin^2\frac{\theta}{2} \quad \cdots\cdots \ \bigcirc$$

이므로

$3\overline{\mathrm{AP}} = 7\overline{\mathrm{BQ}}$에서 $6 - 12\sin^2\dfrac{\theta}{2} = 14\sin\dfrac{\theta}{2}$

$6\sin^2\dfrac{\theta}{2} + 7\sin\dfrac{\theta}{2} - 3 = 0,\ \left(3\sin\dfrac{\theta}{2} - 1\right)\left(2\sin\dfrac{\theta}{2} + 3\right) = 0$

이때, $-1 \le \sin\dfrac{\theta}{2} \le 1$이므로

$$\sin\frac{\theta}{2} = \frac{1}{3}$$

$\bigcirc$에 대입하면 $\cos\theta = 1 - 2 \times \left(\dfrac{1}{3}\right)^2 = \dfrac{7}{9}$이므로

$$90\cos\theta = 70$$

0448

$\boxed{\text{답}}\ \dfrac{2\sqrt{6} - \sqrt{3}}{5}$

원주각과 중심각의 관계에 의하여 $\angle \mathrm{BOC} = 2\theta$이므로
$\angle \mathrm{AOC} = \pi - 2\theta$이다.

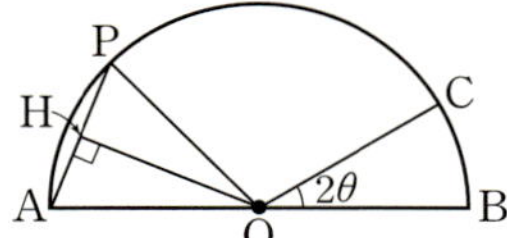

점 P가 호 AC의 삼등분점이므로

$$\angle \mathrm{AOP} = \frac{1}{3}\angle \mathrm{AOC} = \frac{\pi - 2\theta}{3} = \frac{\pi}{3} - \frac{2}{3}\theta$$

한편, 점 O에서 선분 AP에 내린 수선의 발을 H라 하면

$$\angle \mathrm{AOH} = \frac{1}{2}\angle \mathrm{AOP} = \frac{\pi}{6} - \frac{\theta}{3}$$이다.

$\sin\dfrac{\theta}{3} = \dfrac{1}{5}$일 때, $\cos\dfrac{\theta}{3} = \dfrac{2\sqrt{6}}{5}\ \left(\because\ 0 < \dfrac{\theta}{3} < \dfrac{\pi}{6}\right)$이므로

$$\overline{\mathrm{AP}} = 2\overline{\mathrm{AH}} = 2\sin\left(\frac{\pi}{6} - \frac{\theta}{3}\right)$$
$$= 2\left(\sin\frac{\pi}{6}\cos\frac{\theta}{3} - \cos\frac{\pi}{6}\sin\frac{\theta}{3}\right)$$
$$= 2\left(\frac{1}{2} \times \frac{2\sqrt{6}}{5} - \frac{\sqrt{3}}{2} \times \frac{1}{5}\right) = \frac{2\sqrt{6} - \sqrt{3}}{5}$$

0449

$\boxed{\text{답}}$ ④

두 점 P, Q의 y좌표가 모두 $\dfrac{1}{2}$이고, $\overline{\mathrm{OP}} = 1$, $\overline{\mathrm{OQ}} = \sqrt{2}$이므로

$\sin(\alpha + \beta) = \dfrac{1}{2}$, $\sin\beta = \dfrac{\sqrt{2}}{4}$이다.

따라서 $\cos(\alpha + \beta) = \dfrac{\sqrt{3}}{2}$, $\cos\beta = \dfrac{\sqrt{14}}{4}\ \left(\because\ 0 < \alpha + \beta < \dfrac{\pi}{2}\right)$이다.

$$\sin(2\beta) = \sin(\beta + \beta) = 2\sin\beta\cos\beta = 2 \times \frac{\sqrt{2}}{4} \times \frac{\sqrt{14}}{4} = \frac{\sqrt{7}}{4}$$

$$\cos(2\beta) = \cos(\beta + \beta) = \cos^2\beta - \sin^2\beta = \frac{14}{16} - \frac{2}{16} = \frac{3}{4}$$

$$\therefore\ \sin(\alpha - \beta) = \sin\{(\alpha + \beta) - 2\beta\}$$
$$= \sin(\alpha + \beta)\cos(2\beta) - \cos(\alpha + \beta)\sin(2\beta)$$
$$= \frac{1}{2} \times \frac{3}{4} - \frac{\sqrt{3}}{2} \times \frac{\sqrt{7}}{4} = \frac{3 - \sqrt{21}}{8}$$

0450

$\boxed{\text{답}}\ \dfrac{8\sqrt{5}}{25}$

$\angle \mathrm{POH} = \alpha$, $\angle \mathrm{BOH} = \beta$, $\angle \mathrm{AOH} = \gamma$라 하면

직선 $3x - \sqrt{5}y = 0$의 기울기가 $\dfrac{3\sqrt{5}}{5}$이므로

$$\tan\alpha = \frac{3\sqrt{5}}{5},$$

$\tan\beta = \dfrac{2}{3} \times \dfrac{3\sqrt{5}}{5} = \dfrac{2\sqrt{5}}{5}$, $\tan\gamma = \dfrac{1}{3} \times \dfrac{3\sqrt{5}}{5} = \dfrac{\sqrt{5}}{5}$

$$\tan(\angle \mathrm{BOA}) = \tan(\beta - \gamma)$$
$$= \frac{\tan\beta - \tan\gamma}{1 + \tan\beta\tan\gamma}$$
$$= \frac{\dfrac{2\sqrt{5}}{5} - \dfrac{\sqrt{5}}{5}}{1 + \dfrac{2\sqrt{5}}{5} \times \dfrac{\sqrt{5}}{5}} = \frac{\sqrt{5}}{7}$$

$$\therefore\ \tan(\angle \mathrm{POH} - \angle \mathrm{BOA}) = \tan\{\alpha - (\beta - \gamma)\}$$
$$= \frac{\tan\alpha - \tan(\beta - \gamma)}{1 + \tan\alpha\tan(\beta - \gamma)}$$
$$= \frac{\dfrac{3\sqrt{5}}{5} - \dfrac{\sqrt{5}}{7}}{1 + \dfrac{3\sqrt{5}}{5} \times \dfrac{\sqrt{5}}{7}}$$
$$= \frac{8\sqrt{5}}{25}$$

0451

$\boxed{\text{답}}$ ⑤

다음과 같이 조명의 위치를 점 P, 동상의 위 끝, 아래 끝을 각각
점 A, B, 받침대 밑부분을 점 C라 하자.

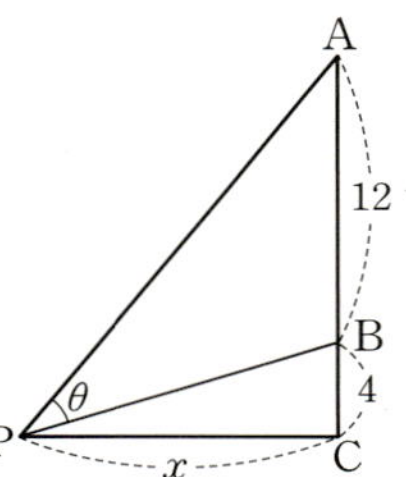

조명과 받침대 사이의 거리를 x m라 하면

$\tan(\angle \mathrm{APC}) = \dfrac{16}{x}$, $\tan(\angle \mathrm{BPC}) = \dfrac{4}{x}$이므로

$$\tan\theta = \tan(\angle \mathrm{APC} - \angle \mathrm{BPC})$$

$$=\dfrac{\dfrac{16}{x}-\dfrac{4}{x}}{1+\dfrac{16}{x}\times\dfrac{4}{x}}=\dfrac{\dfrac{12}{x}}{1+\dfrac{64}{x^2}}=\dfrac{12}{x+\dfrac{64}{x}} \qquad\cdots\cdots \text{㉠}$$

$\tan\theta\ \left(0<x\leq\dfrac{\pi}{2}\right)$가 최대일 때 각 θ가 최대이므로

㉠에서 $x+\dfrac{64}{x}$가 최소이면 된다.

$$x+\dfrac{64}{x}\geq 2\sqrt{x\times\dfrac{64}{x}}=16$$

이때, 등호는 $x=\dfrac{64}{x}$, 즉 $x=8$일 때 성립하므로

$x=8$일 때 $x+\dfrac{64}{x}$가 최소이다.

따라서 구하는 거리는 $8\ \text{m}$이다.

0452 · 답 $\dfrac{3}{2}\pi$

(ⅰ) $|x|<1$일 때, $f(x)=\sin(ax)$

(ⅱ) $x=1$일 때, $f(x)=\dfrac{\sin a-1}{2}$

(ⅲ) $x=-1$일 때, $f(x)=\dfrac{\sin(-a)-(-1)}{1+1}=\dfrac{-\sin a+1}{2}$

(ⅳ) $|x|>1$일 때, $f(x)=\lim\limits_{n\to\infty}\dfrac{\dfrac{\sin(ax)}{x^{2n}}-x}{1+\dfrac{1}{x^{2n}}}=-x$

함수 $f(x)$가 모든 실수 x에 대하여 연속이려면

$\lim\limits_{x\to 1+}f(x)=\lim\limits_{x\to 1-}f(x)=f(1)$에서

$-1=\sin a=\dfrac{\sin a-1}{2}$이므로 $\sin a=-1$

$\lim\limits_{x\to -1+}f(x)=\lim\limits_{x\to -1-}f(x)=f(-1)$에서

$\sin(-a)=1=\dfrac{-\sin a+1}{2}$이므로 $\sin a=-1$

따라서 $\sin a=-1$을 만족시키는 양수 a의 최솟값은 $\dfrac{3}{2}\pi$이다.

0453 · 답 ④

ㄱ. $\lim\limits_{x\to 0}\dfrac{\tan(4x)-\tan(3x)}{2x}$

$=\lim\limits_{x\to 0}\left\{\dfrac{\tan(4x)}{4x}\times 2-\dfrac{\tan(3x)}{3x}\times\dfrac{3}{2}\right\}=2-\dfrac{3}{2}=\dfrac{1}{2}$

ㄴ. $\lim\limits_{x\to 0}\dfrac{\sin(4x)}{\tan x+x}=\lim\limits_{x\to 0}\dfrac{\dfrac{\sin(4x)}{x}}{\dfrac{\tan x}{x}+1}=\lim\limits_{x\to 0}\dfrac{\dfrac{\sin(4x)}{4x}\times 4}{\dfrac{\tan x}{x}+1}$

$\qquad\qquad =\dfrac{4}{1+1}=2$

ㄷ. $\lim\limits_{x\to 0}\dfrac{3\sin(4x)\tan(2x)}{x\sin(3x)}=\lim\limits_{x\to 0}\dfrac{\dfrac{3\sin(4x)\tan(2x)}{x^2}}{\dfrac{x\sin(3x)}{x^2}}$

$\qquad\qquad =\lim\limits_{x\to 0}\dfrac{3\times\dfrac{\sin(4x)}{4x}\times\dfrac{\tan(2x)}{2x}\times 8}{\dfrac{\sin(3x)}{3x}\times 3}$

$$=\dfrac{3\times 8}{3}=8$$

따라서 극한값을 모두 더한 값은

$\dfrac{1}{2}+2+8=\dfrac{21}{2}$

0454 · 답 ④

$$f(k)=k\lim\limits_{x\to 0}\dfrac{1-\cos(kx)}{x^2}=k\lim\limits_{x\to 0}\dfrac{1-\cos(kx)}{(kx)^2}\times k^2=\dfrac{k^3}{2}$$

$$\therefore \sum_{k=1}^{8}f(k)=\sum_{k=1}^{8}\dfrac{k^3}{2}=\dfrac{1}{2}\left(\dfrac{8\times 9}{2}\right)^2=648$$

0455 · 답 (1) 2 (2) 8

(1) $\lim\limits_{x\to 0}\dfrac{1-\cos(2x)}{x\tan x}=\lim\limits_{x\to 0}\left\{\dfrac{1-\cos(2x)}{(2x)^2}\times\dfrac{x}{\tan x}\times 4\right\}=2$

(2) $\lim\limits_{x\to 0}\dfrac{\sin^2(2x)}{1-\cos x}=\lim\limits_{x\to 0}\left\{\dfrac{x^2}{1-\cos x}\times\dfrac{\sin^2(2x)}{(2x)^2}\times 4\right\}=8$

0456 · 답 (1) $\dfrac{2}{3}$ (2) $\dfrac{2}{3}$

(1) $\lim\limits_{x\to 0}\dfrac{e^{2x}-1}{\sin(3x)}=\lim\limits_{x\to 0}\left(\dfrac{e^{2x}-1}{2x}\times\dfrac{3x}{\sin(3x)}\times\dfrac{2}{3}\right)=\dfrac{2}{3}$

(2) $\lim\limits_{x\to 0}\dfrac{x\ln(1+3x)}{1-\cos(3x)}$

$=\lim\limits_{x\to 0}\left\{\dfrac{\ln(1+3x)}{3x}\times\dfrac{(3x)^2}{1-\cos(3x)}\times\dfrac{1}{3}\right\}=\dfrac{2}{3}$

0457 · 답 ⑤

① $\lim\limits_{x\to 0}\dfrac{1-\cos x}{\sin x}=\lim\limits_{x\to 0}\left(\dfrac{1-\cos x}{x^2}\times\dfrac{x}{\sin x}\times x\right)=0$

② $x-\pi=t$로 치환하면

$\lim\limits_{x\to\pi}\dfrac{\sin x}{x-\pi}=\lim\limits_{t\to 0}\dfrac{\sin(t+\pi)}{t}=\lim\limits_{t\to 0}\dfrac{-\sin t}{t}=-1$

③ $-1\leq\sin\dfrac{1}{x^2}\leq 1$이므로 $-|\sin x|\leq\sin x\sin\dfrac{1}{x^2}\leq|\sin x|$

$\lim\limits_{x\to 0}(-|\sin x|)=0,\ \lim\limits_{x\to 0}|\sin x|=0$이므로

$\lim\limits_{x\to 0}\sin x\sin\dfrac{1}{x^2}=0$

④ $\lim\limits_{x\to 0}\dfrac{\sin(4x^3+3x^2+2x)}{x^3-x^2-x}$

$=\lim\limits_{x\to 0}\left\{\dfrac{\sin(4x^3+3x^2+2x)}{4x^3+3x^2+2x}\times\dfrac{4x^3+3x^2+2x}{x^3-x^2-x}\right\}$

$=\lim\limits_{x\to 0}\left\{\dfrac{\sin(4x^3+3x^2+2x)}{4x^3+3x^2+2x}\times\dfrac{4x^2+3x+2}{x^2-x-1}\right\}=-2$

⑤ $x-\pi=t$로 치환하면

$\lim\limits_{x\to\pi}\dfrac{(x-\pi)\sin(2x)}{1+\cos x}=\lim\limits_{t\to 0}\dfrac{t\sin(2t+2\pi)}{1+\cos(t+\pi)}$

$=\lim\limits_{t\to 0}\dfrac{t\sin(2t)}{1-\cos t}$

$=\lim\limits_{t\to 0}\left\{\dfrac{\sin(2t)}{2t}\times\dfrac{t^2}{1-\cos t}\times 2\right\}=4$

따라서 선지 중 옳은 것은 ⑤이다.

0458   답 (1) -1 (2) -2 (3) $\dfrac{\pi}{16}$

(1) $x-\dfrac{\pi}{2}=t$로 치환하면

$$\cos x=\cos\left(t+\dfrac{\pi}{2}\right)=-\sin t \text{이므로}$$

$$\lim_{x\to\frac{\pi}{2}}\dfrac{\cos x}{x-\dfrac{\pi}{2}}=\lim_{t\to 0}\dfrac{-\sin t}{t}=-1$$

(2) $x-\dfrac{\pi}{2}=t$로 치환하면

$$\lim_{x\to\frac{\pi}{2}}(2x-\pi)\tan x=\lim_{t\to 0}2t\tan\left(t+\dfrac{\pi}{2}\right)=\lim_{t\to 0}\dfrac{2t}{-\tan t}=-2$$

(3) $x-2=t$로 치환하면

$$\cos\left(\dfrac{\pi}{4}x\right)=\cos\left(\dfrac{\pi}{4}t+\dfrac{\pi}{2}\right)=-\sin\left(\dfrac{\pi}{4}t\right),$$
$$4-x^2=(2-x)(2+x)=-t(t+4)\text{이므로}$$

$$\lim_{x\to 2}\dfrac{\cos\left(\dfrac{\pi}{4}x\right)}{4-x^2}=\lim_{t\to 0}\dfrac{-\sin\left(\dfrac{\pi}{4}t\right)}{-t(t+4)}$$

$$=\lim_{t\to 0}\left\{\dfrac{\sin\left(\dfrac{\pi}{4}t\right)}{\dfrac{\pi}{4}t}\times\dfrac{\dfrac{\pi}{4}}{t+4}\right\}=\dfrac{\pi}{16}$$

0459   답 (1) $-\dfrac{1}{2}$ (2) $\dfrac{1}{2}$ (3) 4 (4) $\dfrac{1}{8}$

(1) $\displaystyle\lim_{x\to 0}\dfrac{\sin x-\tan x}{x^3}=\lim_{x\to 0}\dfrac{\sin x\cos x-\sin x}{x^3\cos x}$

$$=\lim_{x\to 0}\left(\dfrac{\sin x}{x}\times\dfrac{1-\cos x}{x^2}\times\dfrac{-1}{\cos x}\right)$$

$$=-\dfrac{1}{2}$$

(2) $\displaystyle\lim_{x\to 0}\dfrac{\sin^2 x-\cos x+1}{3x\tan x}$

$$=\dfrac{1}{3}\lim_{x\to 0}\left[\left\{\left(\dfrac{\sin x}{x}\right)^2+\dfrac{1-\cos x}{x^2}\right\}\times\dfrac{x}{\tan x}\right]$$

$$=\dfrac{1}{3}\times\left(1+\dfrac{1}{2}\right)=\dfrac{1}{2}$$

(3) $x-\dfrac{\pi}{2}=t$로 치환하면

$$\lim_{x\to\frac{\pi}{2}}\dfrac{\sin(3x)+\sin x}{\left(x-\dfrac{\pi}{2}\right)^2}=\lim_{t\to 0}\dfrac{\sin\left(3t+\dfrac{3}{2}\pi\right)+\sin\left(t+\dfrac{\pi}{2}\right)}{t^2}$$

$$=\lim_{t\to 0}\dfrac{-\cos(3t)+\cos t}{t^2}$$

$$=\lim_{t\to 0}\left\{\dfrac{1-\cos(3t)}{(3t)^2}\times 9-\dfrac{1-\cos t}{t^2}\right\}$$

$$=\dfrac{9}{2}-\dfrac{1}{2}=4$$

(4) $x-\dfrac{\pi}{2}=t$로 치환하면

$$\lim_{x\to\frac{\pi}{2}}\dfrac{(\sin x-1)\cot^2(2x)}{\left(x-\dfrac{\pi}{2}\right)\sec x}$$

$$=\lim_{t\to 0}\dfrac{\left\{\sin\left(t+\dfrac{\pi}{2}\right)-1\right\}\cot^2(2t+\pi)}{t\sec\left(t+\dfrac{\pi}{2}\right)}$$

$$=\lim_{t\to 0}\dfrac{(\cos t-1)\times\dfrac{1}{\tan^2(2t)}}{t\times\left(-\dfrac{1}{\sin t}\right)}$$

$$=\lim_{t\to 0}\left\{\dfrac{1-\cos t}{t^2}\times\left\{\dfrac{2t}{\tan(2t)}\right\}^2\times\dfrac{\sin t}{t}\times\dfrac{1}{4}\right\}$$

$$=\dfrac{1}{8}$$

0460   답 (1) $a=12$ (2) $a=2,\,b=0$
             (3) $a=2,\,b=1$ (4) $a=4,\,b=-1$

(1) $\displaystyle\lim_{x\to 0}\dfrac{\ln(ax^2+1)}{\tan(3x)\sin(2x)}$

$$=\lim_{x\to 0}\left\{\dfrac{\ln(ax^2+1)}{ax^2}\times\dfrac{3x}{\tan(3x)}\times\dfrac{2x}{\sin(2x)}\times\dfrac{a}{6}\right\}$$

$$=\dfrac{a}{6}=2$$

$$\therefore a=12$$

(2) $\displaystyle\lim_{x\to 0}\dfrac{\sin x}{\tan(ax+b)}=\dfrac{1}{2}$에서 0이 아닌 극한값이 존재하고,

$x\to 0$일 때 (분자)$\to 0$이므로 (분모)$\to 0$이다.

즉, $\displaystyle\lim_{x\to 0}\tan(ax+b)=\tan b=0$이므로

$$b=0\left(\because -\dfrac{\pi}{2}<b<\dfrac{\pi}{2}\right)$$

$$\lim_{x\to 0}\dfrac{\sin x}{\tan(ax)}=\lim_{x\to 0}\left\{\dfrac{\sin x}{x}\times\dfrac{ax}{\tan(ax)}\times\dfrac{1}{a}\right\}$$

$$=\dfrac{1}{a}=\dfrac{1}{2}$$

이므로 $a=2$

$$\therefore a=2,\,b=0$$

(3) $\displaystyle\lim_{x\to 0}\dfrac{\sin(3x)}{\sqrt{ax+b}-1}=3$에서 0이 아닌 극한값이 존재하고,

$x\to 0$일 때 (분자)$\to 0$이므로 (분모)$\to 0$이다.

즉, $\displaystyle\lim_{x\to 0}(\sqrt{ax+b}-1)=\sqrt{b}-1=0$이므로 $b=1$

$$\lim_{x\to 0}\dfrac{\sin(3x)}{\sqrt{ax+1}-1}=\lim_{x\to 0}\dfrac{\sin(3x)(\sqrt{ax+1}+1)}{ax}$$

$$=\lim_{x\to 0}\left\{\dfrac{\sin(3x)}{3x}\times\dfrac{3}{a}(\sqrt{ax+1}+1)\right\}$$

$$=\dfrac{6}{a}=3$$

이므로 $a=2$

$$\therefore a=2,\,b=1$$

(4) $\displaystyle\lim_{x\to 0}\dfrac{\cos(ax)+b}{x\sin x}=-8$에서 극한값이 존재하고, $x\to 0$일 때

(분모)$\to 0$이므로 (분자)$\to 0$이다.

즉, $\displaystyle\lim_{x\to 0}\{\cos(ax)+b\}=b+1=0$이므로 $b=-1$

$$\lim_{x\to 0}\dfrac{\cos(ax)-1}{x\sin x}=\lim_{x\to 0}\left\{\dfrac{\cos(ax)-1}{(ax)^2}\times\dfrac{x}{\sin x}\times a^2\right\}$$

$$=-\dfrac{a^2}{2}=-8$$

$$a=4\ (\because a>0)$$

$$\therefore a=4,\,b=-1$$

0461

$$\text{답 } ②$$

$$f(n)=\lim_{x\to 0}\frac{x}{\tan x+\tan (2x)+\tan (3x)+\cdots+\tan (nx)}$$

$$=\lim_{x\to 0}\frac{1}{\dfrac{\tan x}{x}+\dfrac{\tan (2x)}{x}+\dfrac{\tan (3x)}{x}+\cdots+\dfrac{\tan (nx)}{x}}$$

$$=\lim_{x\to 0}\frac{1}{\dfrac{\tan x}{x}+\dfrac{\tan (2x)}{2x}\times 2+\dfrac{\tan (3x)}{3x}\times 3+}$$

$$\overline{\qquad\qquad\cdots+\dfrac{\tan (nx)}{nx}\times n}$$

$$=\frac{1}{1+2+3+\cdots+n}$$

$$=\frac{1}{\dfrac{n(n+1)}{2}}=\frac{2}{n(n+1)}$$

$$\therefore \sum_{n=1}^{\infty}f(n)=\sum_{n=1}^{\infty}\frac{2}{n(n+1)}=2\lim_{n\to\infty}\sum_{k=1}^{n}\left(\frac{1}{k}-\frac{1}{k+1}\right)$$

$$=2\lim_{n\to\infty}\left(1-\frac{1}{n+1}\right)=2$$

0462

$$\text{답 } (1)\ 3 \quad (2)\ 510$$

$$(1)\ f(n)=\lim_{x\to 0}\frac{\sin x+\sin (4x)+\sin (9x)+\cdots+\sin (n^2 x)}{x}$$

$$=\lim_{x\to 0}\left\{\frac{\sin x}{x}+\frac{\sin (4x)}{4x}\times 4+\frac{\sin (9x)}{9x}\times 9+\cdots\right.$$

$$\left.+\frac{\sin (n^2 x)}{n^2 x}\times n^2\right\}$$

$$=1+4+9+\cdots+n^2=\sum_{k=1}^{n}k^2$$

$$=\frac{n(n+1)(2n+1)}{6}$$

$$\therefore \lim_{n\to\infty}\frac{n^3}{f(n)}=\frac{6n^3}{n(n+1)(2n+1)}=3$$

$$(2)\ f(n)=\lim_{x\to 0}\frac{x}{\tan x+\tan (2x)+\tan (2^2 x)+\cdots+\tan (2^{n-1}x)}$$

$$=\lim_{x\to 0}\frac{1}{\dfrac{\tan x}{x}+\dfrac{\tan (2x)}{2x}\times 2+\dfrac{\tan (2^2 x)}{2^2 x}\times 2^2+}$$

$$\overline{\qquad\qquad\cdots+\dfrac{\tan (2^{n-1}x)}{2^{n-1}x}\times 2^{n-1}}$$

$$=\frac{1}{1+2+2^2+\cdots+2^{n-1}}=\frac{1}{\sum_{k=1}^{n}2^{k-1}}=\frac{1}{2^n-1}$$

$$\therefore \sum_{n=1}^{8}\left\{\frac{1}{f(n)}+1\right\}=\sum_{n=1}^{8}\{(2^n-1)+1\}=\sum_{n=1}^{8}2^n$$

$$=\frac{2(2^8-1)}{2-1}=2^9-2=510$$

0463

$$\text{답 } ④$$

$$f(k)=\lim_{x\to 0}\frac{1-\sec (kx)}{x^2}=\lim_{x\to 0}\frac{1-\dfrac{1}{\cos (kx)}}{x^2}$$

$$=\lim_{x\to 0}\frac{\cos (kx)-1}{x^2\cos (kx)}$$

$$=\lim_{x\to 0}\left\{\frac{\cos (kx)-1}{(kx)^2}\times\frac{k^2}{\cos (kx)}\right\}$$

$$=-\frac{1}{2}k^2$$

$$\therefore \sum_{k=1}^{7}f(k)=-\frac{1}{2}\sum_{k=1}^{7}k^2=-\frac{1}{2}\times\frac{7\times 8\times 15}{6}=-70$$

0464

$$\text{답 } ④$$

$-1<\cos x<1$일 때, $f(x)=\displaystyle\sum_{n=1}^{\infty}\cos^n x=\dfrac{\cos x}{1-\cos x}$이다.

$x=0$의 근방에서 $-1<\cos x<1$이므로

$$\lim_{x\to 0}(ax^2+b)f(x)=\lim_{x\to 0}\frac{(ax^2+b)\cos x}{1-\cos x}=8$$에서

극한값이 존재하고, $x\to 0$일 때 (분모)$\to 0$이므로 (분자)$\to 0$이다.

즉, $\displaystyle\lim_{x\to 0}\{(ax^2+b)\cos x\}=b=0$

$$\lim_{x\to 0}\frac{ax^2\cos x}{1-\cos x}=\lim_{x\to 0}\left(a\cos x\times\frac{x^2}{1-\cos x}\right)$$

$$=2a=8$$

이므로 $a=4$

$$\therefore a+b=4+0=4$$

0465

$$\text{답 } 4$$

구간 $\left(-\dfrac{\pi}{2},\ \dfrac{\pi}{2}\right)$에서 $x\neq 0$이면 $1-\cos x\neq 0$이므로

$$f(x)=\frac{\tan x(e^{2x}-1)}{1-\cos x}\ (x\neq 0)$$이고,

함수 $f(x)$가 $x=0$에서 연속이므로

$$f(0)=\lim_{x\to 0}f(x)=\lim_{x\to 0}\frac{\tan x(e^{2x}-1)}{1-\cos x}$$

$$=\lim_{x\to 0}\left(\frac{\tan x}{x}\times\frac{e^{2x}-1}{2x}\times\frac{x^2}{1-\cos x}\times 2\right)$$

$$=4$$

0466

$$\text{답 } ④$$

$f(0)=\displaystyle\lim_{x\to 0}f(x)$이므로

$b=\displaystyle\lim_{x\to 0}\dfrac{5^{3x}+\sin (2x)+a}{x}$에서 극한값이 존재하고, $x\to 0$일 때

(분모)$\to 0$이므로 (분자)$\to 0$이다.

즉, $\displaystyle\lim_{x\to 0}\{5^{3x}+\sin (2x)+a\}=1+a=0$이므로 $a=-1$

$$b=\lim_{x\to 0}\frac{5^{3x}+\sin (2x)-1}{x}$$

$$=\lim_{x\to 0}\left\{\frac{5^{3x}-1}{3x}\times 3+\frac{\sin (2x)}{2x}\times 2\right\}$$

$$=3\ln 5+2$$

$$\therefore a+b=-1+(3\ln 5+2)=3\ln 5+1$$

0467

$$\text{답 } (1)\ -\frac{\pi}{6} \quad (2)\ 5$$

$(1)\ \displaystyle\lim_{x\to\frac{1}{2}}\dfrac{\cos (\pi x)}{f(x)}=3$에서 0이 아닌 극한값이 존재하고,

$x \to \dfrac{1}{2}$일 때 (분자)$\to 0$이므로 (분모)$\to 0$이다.

즉, $\lim\limits_{x \to \frac{1}{2}} f(x) = f\left(\dfrac{1}{2}\right) = 0$이므로 일차함수 $f(x) = a\left(x - \dfrac{1}{2}\right)$ $(a \neq 0)$이라 하자.

$x - \dfrac{1}{2} = t$로 치환하면

$$\lim_{x \to \frac{1}{2}} \frac{\cos(\pi x)}{f(x)} = \lim_{t \to 0} \frac{\cos\left(\pi t + \dfrac{\pi}{2}\right)}{at} = \lim_{t \to 0} \frac{-\sin(\pi t)}{at}$$

$$= \lim_{t \to 0} \left\{ \frac{\sin(\pi t)}{\pi t} \times \left(-\frac{\pi}{a}\right) \right\}$$

$$= -\frac{\pi}{a} = 3$$

이므로 $a = -\dfrac{\pi}{3}$, $f(x) = -\dfrac{\pi}{3}\left(x - \dfrac{1}{2}\right)$

$$\therefore f(1) = -\frac{\pi}{6}$$

(2) $\lim\limits_{x \to \infty} \dfrac{f(x)}{x^3} = 2$이므로 삼차함수 $f(x)$의 최고차항의 계수는 2이다.

한편, $\lim\limits_{x \to 0} \dfrac{f(x)}{1-\cos x} = \lim\limits_{x \to 0} \left\{ \dfrac{x^2}{1-\cos x} \times \dfrac{f(x)}{x^2} \right\} = 6$에서

$\lim\limits_{x \to 0} \dfrac{x^2}{1-\cos x} = 2$이므로 $\lim\limits_{x \to 0} \dfrac{f(x)}{x^2} = 3$이다.

$\lim\limits_{x \to 0} \dfrac{f(x)}{x^2} = 3$에서 극한값이 존재하고, $x \to 0$일 때 (분모)$\to 0$이므로 (분자)$\to 0$이다.

즉, $\lim\limits_{x \to 0} f(x) = f(0) = 0$이므로 같은 과정을 반복하면 함수 $f(x)$는 x^2을 인수로 가진다.

$f(x) = 2x^2(x+k)$ (k는 실수)라 하면

$$\lim_{x \to 0} \frac{f(x)}{x^2} = \lim_{x \to 0} \frac{2x^2(x+k)}{x^2} = \lim_{x \to 0} 2(x+k) = 2k = 3$$

에서 $k = \dfrac{3}{2}$

$$\therefore f(x) = 2x^2\left(x + \frac{3}{2}\right)$$

$$\therefore f(1) = 5$$

0468   답 ②

$$\lim_{x \to 0} \frac{f(x)}{1-\cos x^2} = \lim_{x \to 0} \frac{\dfrac{f(x)}{x^4}}{\dfrac{1-\cos x^2}{(x^2)^2}} = 2$$에서

$\lim\limits_{x \to 0} \dfrac{1-\cos x^2}{(x^2)^2} = \dfrac{1}{2}$이므로 $\lim\limits_{x \to 0} \dfrac{f(x)}{x^4} = 1$

$$\lim_{x \to 0} \frac{f(x)}{x^p} = \lim_{x \to 0} \frac{\dfrac{f(x)}{x^4}}{\dfrac{x^p}{x^4}} = q$$에서

$q > 0$, $\lim\limits_{x \to 0} \dfrac{f(x)}{x^4} = 1$이므로

$$\lim_{x \to 0} \frac{x^p}{x^4} = \frac{1}{q}$$

$\therefore p = 4$, $q = 1$

$\therefore p + q = 5$ ······ **TIP**

TIP

문제에서 중요한 조건은 '$q > 0$'이다. 만일 이 조건이 없을 경우 $q = 0$일 수도 있고, 이를 만족하는 p의 값은 유일하지 않다.

0469   답 풀이 참조

(1) (삼각형 BOA의 넓이) $<$ (부채꼴 BOA의 넓이) $<$ (삼각형 TOA의 넓이)

이므로 $\dfrac{1}{2}\sin x < \dfrac{1}{2}x < \dfrac{1}{2}\tan x$

$\sin x < x < \tan x$ ······ ㉠

이때, $\sin x > 0$ $\left(\because 0 < x < \dfrac{\pi}{2}\right)$이므로

부등식 ㉠의 각 변을 $\sin x$로 나누면

$1 < \dfrac{x}{\sin x} < \dfrac{1}{\cos x}$, 즉 $\cos x < \dfrac{\sin x}{x} < 1$

이때, $\lim\limits_{x \to 0+} \cos x = 1$이므로 $\lim\limits_{x \to 0+} \dfrac{\sin x}{x} = 1$

(2) $x = -t$라 하면 $x \to 0-$일 때 $t \to 0+$이므로

$$\lim_{x \to 0-} \frac{\sin x}{x} = \lim_{t \to 0+} \frac{\sin(-t)}{-t} = \lim_{t \to 0+} \frac{\sin t}{t} = 1$$

채점 요소	배점
(1) 두 삼각형 BOA, TOA와 부채꼴 BOA의 넓이를 이용하여 $\dfrac{1}{2}\sin x < \dfrac{1}{2}x < \dfrac{1}{2}\tan x$임을 구하기	30 %
부등식을 정리하여 $\cos x < \dfrac{\sin x}{x} < 1$로 놓기	20 %
극한의 대소관계에 의하여 $\lim\limits_{x \to 0+} \dfrac{\sin x}{x} = 1$임을 구하기	20 %
(2) $\lim\limits_{x \to 0-} \dfrac{\sin x}{x}$에서 $x = -t$로 치환한 후 $\lim\limits_{x \to 0+} \dfrac{\sin x}{x} = 1$을 이용하여 $\lim\limits_{x \to 0-} \dfrac{\sin x}{x} = 1$임을 증명하기	30 %

0470   답 풀이 참조

$0 \leq \left| \sin \dfrac{1}{x} \right| \leq 1$이므로

$0 \leq \left| \tan x \sin \dfrac{1}{x} \right| = |\tan x|\left| \sin \dfrac{1}{x} \right| \leq |\tan x|$

이때, $\lim\limits_{x \to 0} |\tan x| = 0$이므로 $\lim\limits_{x \to 0} \left| \tan x \sin \dfrac{1}{x} \right| = 0$

$\therefore \lim\limits_{x \to 0} \tan x \sin \dfrac{1}{x} = 0$ ······ **TIP**

TIP

$\lim\limits_{x \to a} |f(x)| = 0$이면 $\lim\limits_{x \to a} f(x) = 0$이다.

(증명)

$-|f(x)| \leq f(x) \leq |f(x)|$이고,

$\lim\limits_{x \to a} \{-|f(x)|\} = \lim\limits_{x \to a} |f(x)| = 0$이므로

$\lim\limits_{x \to a} f(x) = 0$

채점 요소	배점
$0 \leq \left| \sin \dfrac{1}{x} \right| \leq 1$임을 이용하기	30 %
$0 \leq \left| \tan x \sin \dfrac{1}{x} \right| \leq \left| \tan x \right|$임을 구하기	30 %
극한의 대소관계에 의하여 $\displaystyle\lim_{x \to 0} \tan x \sin \dfrac{1}{x} = 0$임을 보이기	40 %

0471

답 ④

$\displaystyle\lim_{x \to 0}(\tan x - \sin x) = 0$이고 $\displaystyle\lim_{x \to 0} e^{1-\sin x} = \lim_{x \to 0} e^{1-\tan x} = e$

$\therefore \displaystyle\lim_{x \to 0} \frac{e^{1-\sin x} - e^{1-\tan x}}{\tan x - \sin x} = \lim_{x \to 0} \frac{e^{1-\tan x}(e^{\tan x - \sin x} - 1)}{\tan x - \sin x}$

$\qquad = e \times 1 = e$

참고

이 문제 풀이의 핵심은 $e^{1-\tan x}$으로 분자를 묶는 것이다.

이는 $\displaystyle\lim_{\star \to 0} \frac{e^{\star} - 1}{\star} = 1$임을 이용하기 위한 것으로 분모의 지수를

$\tan x - \sin x$와 같은 형태로 나타내는 것이 목표이기 때문이다.

이를 위하여 열린구간 $\left(-\dfrac{\pi}{2}, \dfrac{\pi}{2} \right)$에서 함수 $y = 1 - \tan x$는

연속함수이므로 $\displaystyle\lim_{x \to 0}(1 - \tan x) = 1$이고, 함수 $y = e^x$은

연속함수이므로 $\displaystyle\lim_{x \to 0} e^{1-\tan x} = e^1 = e$임을 살펴야 한다.

같은 이유로 $\displaystyle\lim_{x \to 0} e^{1-\sin x} = e^1 = e$이므로

극한 $\displaystyle\lim_{x \to 0} \frac{e^{1-\sin x} - e^{1-\tan x}}{\tan x - \sin x}$ 은 $\dfrac{0}{0}$꼴임을 확인할 수 있다.

따라서 $\displaystyle\lim_{\star \to 0} \frac{e^{\star} - 1}{\star} = 1$임을 이용할 수 있게 된다. 다음으로

분자의 지수에서 $(1 - \sin x) - (1 - \tan x) = \tan x - \sin x$인

점을 착안하여 지수법칙을 활용한다.

0472

답 ②

ㄱ. $\displaystyle\lim_{x \to 0} \frac{1}{x} \sin x = \lim_{x \to 0} \frac{\sin x}{x} = 1$ (참)

ㄴ. $\displaystyle\lim_{x \to 0+} \frac{1}{x} \cos x = \infty$, $\displaystyle\lim_{x \to 0-} \frac{1}{x} \cos x = -\infty$이므로

$\quad \displaystyle\lim_{x \to 0} \frac{1}{x} \cos x$의 값은 존재하지 않는다. (거짓)

ㄷ. $\dfrac{1}{x} = t$로 치환하면 $\displaystyle\lim_{x \to \infty} x \sin \frac{1}{x} = \lim_{t \to 0+} \frac{1}{t} \sin t = 1$ (거짓)

ㄹ. $-1 \leq \cos x \leq 1$이므로 $x > 0$일 때

$\quad -\dfrac{1}{x} \leq \dfrac{1}{x} \cos x \leq \dfrac{1}{x}$

$\quad \displaystyle\lim_{x \to \infty}\left(-\frac{1}{x} \right) = 0$, $\displaystyle\lim_{x \to \infty} \frac{1}{x} = 0$이므로

$\quad \displaystyle\lim_{x \to \infty} \frac{1}{x} \cos x = 0$ (참)

따라서 옳은 것은 ㄱ, ㄹ이다.

0473

답 36

직각삼각형 PAB에서 $\overline{AP} = 6\cos\theta$

직선 PQ가 선분 AB와 만나는 점을 H라 하면

$\overline{PH} = 6\cos\theta \sin\theta$, $\overline{AH} = 6\cos^2\theta$

$\overline{BH} = 6 - 6\cos^2\theta = 6\sin^2\theta$

$S(\theta) = \dfrac{1}{2} \times 2 \times 6\cos\theta \sin\theta \times 6\sin^2\theta = 36\sin^3\theta \cos\theta$

$\therefore \displaystyle\lim_{\theta \to 0+} \frac{S(\theta)}{\theta^3} = \lim_{\theta \to 0+} \frac{36\sin^3\theta \cos\theta}{\theta^3} = 36$

0474

답 풀이 참조

부채꼴 QOP의 넓이는 $\dfrac{1}{2} \times 1^2 \times \theta = \dfrac{\theta}{2}$

$\overline{OA} = \cos\theta$이므로

부채꼴 BOA의 넓이는 $\dfrac{1}{2} \times \cos^2\theta \times \theta = \dfrac{\theta}{2}\cos^2\theta$

$S(\theta) = \dfrac{\theta}{2} - \dfrac{\theta}{2}\cos^2\theta = \dfrac{\theta}{2}(1 - \cos^2\theta) = \dfrac{\theta}{2}\sin^2\theta$

$\therefore \displaystyle\lim_{\theta \to 0+} \frac{S(\theta)}{\tan^3\theta} = \lim_{\theta \to 0+} \frac{\theta\sin^2\theta}{2\tan^3\theta}$

$\qquad = \displaystyle\lim_{\theta \to 0+}\left(\frac{1}{2} \times \frac{\theta^3}{\tan^3\theta} \times \frac{\sin^2\theta}{\theta^2} \right) = \frac{1}{2}$

채점 요소	배점
부채꼴 QOP의 넓이 구하기	20 %
부채꼴 BOA의 넓이 구하기	20 %
$S(\theta) = \dfrac{\theta}{2}\sin^2\theta$ 구하기	20 %
극한값 $\displaystyle\lim_{\theta \to 0+} \frac{S(\theta)}{\tan^3\theta}$ 계산하기	40 %

0475

답 $\dfrac{\sqrt{3}}{3}$

점 P에서 선분 AB에 내린 수선의 발을 H라 하고, $\overline{AP} = x$라 하면

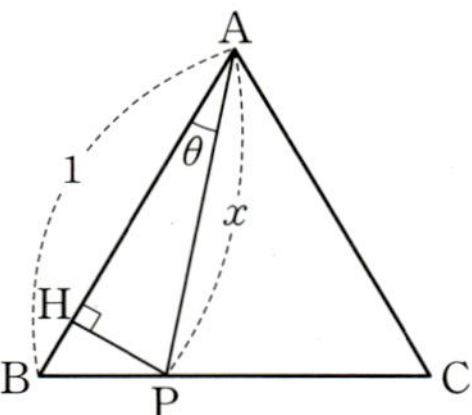

$\overline{AH} = x\cos\theta$, $\overline{PH} = x\sin\theta$, $\overline{BH} = \dfrac{\overline{PH}}{\tan\dfrac{\pi}{3}} = \dfrac{x\sin\theta}{\sqrt{3}}$

$\overline{AH} + \overline{BH} = 1$이므로 $x\cos\theta + \dfrac{x\sin\theta}{\sqrt{3}} = 1$

$x\left(\cos\theta + \dfrac{\sin\theta}{\sqrt{3}} \right) = 1$

$x = \dfrac{1}{\cos\theta + \dfrac{\sin\theta}{\sqrt{3}}} = \dfrac{\sqrt{3}}{\sqrt{3}\cos\theta + \sin\theta}$

$\therefore \displaystyle\lim_{\theta \to 0+} \frac{\overline{AB} - \overline{AP}}{\theta}$

$= \displaystyle\lim_{\theta \to 0+} \frac{1 - \dfrac{\sqrt{3}}{\sqrt{3}\cos\theta + \sin\theta}}{\theta}$

$= \displaystyle\lim_{\theta \to 0+} \frac{\sqrt{3}\cos\theta + \sin\theta - \sqrt{3}}{\theta(\sqrt{3}\cos\theta + \sin\theta)}$

$$= \lim_{\theta \to 0+} \left\{ \frac{1}{\sqrt{3}\cos\theta + \sin\theta} \times \left(\sqrt{3}\theta \times \frac{\cos\theta - 1}{\theta^2} + \frac{\sin\theta}{\theta} \right) \right\}$$

$$= \frac{1}{\sqrt{3}} \times \left\{ 0 \times \left(-\frac{1}{2} \right) + 1 \right\}$$

$$= \frac{\sqrt{3}}{3}$$

0476 답 20

삼각형 OAC는 이등변삼각형이므로 선분 AC의 중점을 D라 하면
두 삼각형 OCD, OAD는 합동인 직각삼각형이다.

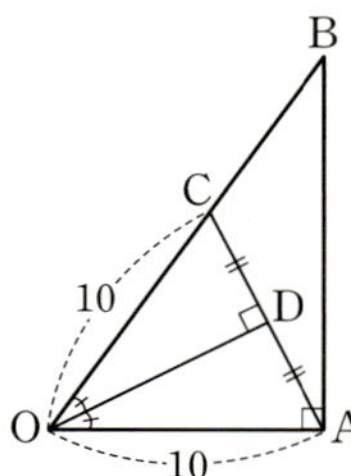

또한, $\angle COD = \dfrac{\theta}{2}$이므로 $\overline{AC} = 2\overline{CD} = 20\sin\dfrac{\theta}{2}$

삼각형 OAB는 직각삼각형이므로 $\overline{AB} = 10\tan\theta$, $\overline{OB} = 10\sec\theta$

$$\therefore f(\theta) = 10\tan\theta + 20\sin\frac{\theta}{2} + 10\sec\theta - 10$$

$$= 10\left(\tan\theta + 2\sin\frac{\theta}{2} + \frac{1-\cos\theta}{\cos\theta} \right)$$

$$\therefore \lim_{\theta \to 0+} \frac{f(\theta)}{\theta}$$

$$= 10 \lim_{\theta \to 0+} \left(\frac{\tan\theta}{\theta} + \frac{\sin\frac{\theta}{2}}{\frac{\theta}{2}} + \frac{1-\cos\theta}{\theta^2} \times \frac{1}{\cos\theta} \times \theta \right)$$

$$= 10\left(1 + 1 + \frac{1}{2} \times 1 \times 0 \right) = 20$$

0477 답 ③

점 O에서 선분 AP에 내린 수선의 발을 H라 하면

$\overline{AH} = \sin\dfrac{\theta}{2}$이므로 $\overline{AP} = 2\sin\dfrac{\theta}{2}$

삼각형 OAP에 내접하는 원의 반지름의 길이를 r라 하면

$$\triangle OAP = \frac{1}{2} \times \left(1 + 1 + 2\sin\frac{\theta}{2} \right) \times r = \frac{1}{2} \times 1 \times 1 \times \sin\theta$$이므로

$$r = \frac{\sin\theta}{2 + 2\sin\dfrac{\theta}{2}}$$

$$S(\theta) = \pi \left(\frac{\sin\theta}{2 + 2\sin\dfrac{\theta}{2}} \right)^2$$

$$\therefore \lim_{\theta \to 0+} \frac{S(\theta)}{\theta^2} = \lim_{\theta \to 0+} \left\{ \frac{\sin^2\theta}{\theta^2} \times \frac{\pi}{\left(2 + 2\sin\dfrac{\theta}{2} \right)^2} \right\} = \frac{\pi}{4}$$

0478 답 ④

$\overline{AB} = 4\cos\theta$, $\overline{AD} = 4\cos^2\theta$, $\overline{BD} = 4\cos^2\theta\tan\theta$이다.

$\angle PBQ = \dfrac{\pi}{2}$이므로 선분 PQ는 원의 지름이다.

$$\therefore \overline{PQ} = \overline{BD} = 4\cos^2\theta\tan\theta$$

한편, $\angle ABD = \dfrac{\pi}{2} - \theta$에서 $\angle CBD = \theta$이므로 $\angle BQP = \theta$이다.

$\overline{BP} = 4\cos^2\theta\tan\theta\sin\theta$, $\overline{BQ} = 4\cos^3\theta\tan\theta$

$$S(\theta) = \frac{1}{2} \times \overline{BP} \times \overline{BQ} = 8\cos^5\theta\tan^2\theta\sin\theta$$

$$\therefore \lim_{\theta \to 0+} \frac{S(\theta)}{\theta^3} = \lim_{\theta \to 0+} \frac{8\cos^5\theta\tan^2\theta\sin\theta}{\theta^3} = 8$$

0479 답 17

평행한 두 직선 AP와 OR에 대하여 $\angle ROB = \angle PAB = \theta$이므로

$$\overline{QR} = \overline{OR} - \overline{OQ} = 1 - \overline{OB} \times \cos\theta = 1 - \cos\theta$$

$$S(\theta) = \pi \left(\frac{1-\cos\theta}{2} \right)^2$$

$$\therefore \lim_{\theta \to 0+} \frac{S(\theta)}{\theta^4} = \lim_{\theta \to 0+} \left\{ \left(\frac{1-\cos\theta}{\theta^2} \right)^2 \times \frac{1}{4}\pi \right\}$$

$$= \left(\frac{1}{2} \right)^2 \times \frac{1}{4}\pi = \frac{1}{16}\pi$$

$$\therefore p = 16, \ q = 1$$

$$\therefore p + q = 16 + 1 = 17$$

0480 답 ④

선분 OP를 그으면 $\angle PAO = \theta$에서 원주각과 중심각의 관계에
의하여 $\angle POQ = 2\theta$이다.

이때, 직선 PQ는 원 $x^2 + y^2 = 1$의 접선이므로 삼각형 POQ는
직각삼각형이다.

$\overline{OP} = 1$에서 $\overline{PQ} = \tan(2\theta)$, $\overline{OQ} = \sec(2\theta)$

$$\therefore \lim_{\theta \to \frac{\pi}{4}-} \frac{\overline{PQ} - \overline{OQ}}{\theta - \dfrac{\pi}{4}} = \lim_{\theta \to \frac{\pi}{4}-} \frac{\tan(2\theta) - \sec(2\theta)}{\theta - \dfrac{\pi}{4}}$$

$$= \lim_{\theta \to \frac{\pi}{4}-} \frac{\sin(2\theta) - 1}{\left(\theta - \dfrac{\pi}{4} \right)\cos(2\theta)}$$

이때, $\theta - \dfrac{\pi}{4} = t$라 하면 $\theta \to \dfrac{\pi}{4}-$일 때 $t \to 0-$이고

$$\sin(2\theta) = \sin\left(\frac{\pi}{2} + 2t \right) = \cos(2t),$$

$$\cos(2\theta) = \cos\left(\frac{\pi}{2} + 2t \right) = -\sin(2t)$$이므로

$$\lim_{\theta \to \frac{\pi}{4}-} \frac{\sin(2\theta) - 1}{\left(\theta - \dfrac{\pi}{4} \right)\cos(2\theta)} = \lim_{t \to 0-} \frac{\cos(2t) - 1}{-t\sin(2t)}$$

$$= -\lim_{t \to 0-} \frac{\cos^2(2t) - 1}{t\sin(2t)\{\cos(2t) + 1\}}$$

$$= \lim_{t \to 0-} \frac{\sin^2(2t)}{t\sin(2t)\{\cos(2t) + 1\}}$$

$$= \lim_{t \to 0-} \left\{ \frac{\sin(2t)}{2t} \times \frac{2}{\cos(2t) + 1} \right\} = 1$$

0481 답 ②

이등변삼각형 ABC에서 $\angle BAC = \pi - 2\theta$이고

$\angle ADO = \angle AEO = \dfrac{\pi}{2}$이므로 사각형 ADOE에서

$\angle \mathrm{DOE}=2\theta$이다.

내접원의 중심 O에서 선분 BC에 내린 수선의 발을 M,

내접원의 반지름의 길이를 r라 하면 $\overline{\mathrm{BM}}=1$에서 $\tan\dfrac{\theta}{2}=r$이다.

이등변삼각형 OED의 넓이는

$$S(\theta)=2\times\left(\dfrac{1}{2}\times r\sin\theta\times r\cos\theta\right)=\tan^2\dfrac{\theta}{2}\sin\theta\cos\theta$$

$$\therefore\ \lim_{\theta\to 0+}\dfrac{S(\theta)}{\theta^3}=\lim_{\theta\to 0+}\left\{\left(\dfrac{\tan\dfrac{\theta}{2}}{\dfrac{\theta}{2}}\right)^2\times\dfrac{\sin\theta}{\theta}\times\dfrac{\cos\theta}{4}\right\}$$

$$=1^2\times 1\times\dfrac{1}{4}=\dfrac{1}{4}$$

0482
目 60

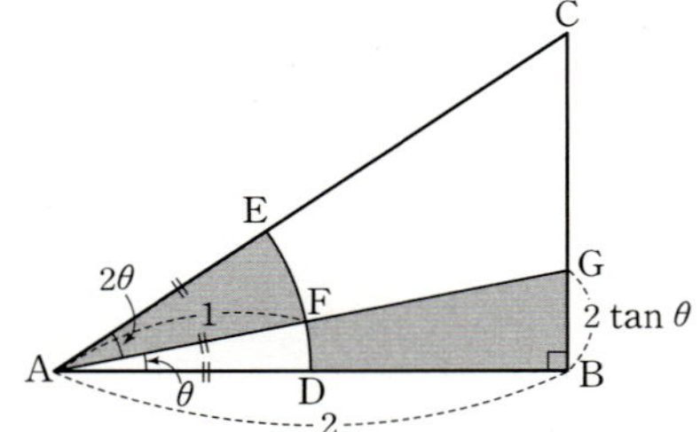

직각삼각형 ABG에서 $\angle\mathrm{BAG}=\theta$, $\overline{\mathrm{AB}}=2$이므로 $\overline{\mathrm{BG}}=2\tan\theta$

따라서 삼각형 ABG의 넓이는

$$\dfrac{1}{2}\times\overline{\mathrm{AB}}\times\overline{\mathrm{BG}}=\dfrac{1}{2}\times 2\times 2\tan\theta=2\tan\theta$$

부채꼴 ADF는 중심각의 크기가 θ이고 반지름의 길이가 1이므로

부채꼴 ADF의 넓이는 $\dfrac{1}{2}\times 1^2\times\theta=\dfrac{1}{2}\theta$

$$\therefore\ f(\theta)=(\text{삼각형 ABG의 넓이})-(\text{부채꼴 ADF의 넓이})$$

$$=2\tan\theta-\dfrac{1}{2}\theta$$

호 DE의 삼등분점 중 점 D에 가까운 점이 F이므로

$\angle\mathrm{DAF}:\angle\mathrm{EAF}=1:2$에서 $\angle\mathrm{EAF}=2\theta$

따라서 부채꼴 AFE의 넓이 $g(\theta)$는

$$g(\theta)=\dfrac{1}{2}\times 1^2\times 2\theta=\theta$$

$$\therefore\ 40\times\lim_{\theta\to 0+}\dfrac{f(\theta)}{g(\theta)}=40\times\lim_{\theta\to 0+}\dfrac{2\tan\theta-\dfrac{1}{2}\theta}{\theta}$$

$$=40\times\lim_{\theta\to 0+}\left(\dfrac{2\tan\theta}{\theta}-\dfrac{1}{2}\right)$$

$$=40\times\left(2\times 1-\dfrac{1}{2}\right)=60$$

0483
目 풀이 참조

(1) $f'(x)=\displaystyle\lim_{h\to 0}\dfrac{f(x+h)-f(x)}{h}$

$=\displaystyle\lim_{h\to 0}\dfrac{\sin(2x+2h)-\sin(2x)}{h}$

$=\displaystyle\lim_{h\to 0}\dfrac{\sin(2x)\cos(2h)+\cos(2x)\sin(2h)-\sin(2x)}{h}$

$=\displaystyle\lim_{h\to 0}\dfrac{\sin(2x)\{\cos(2h)-1\}+\cos(2x)\sin(2h)}{h}$

$=\sin 2x\displaystyle\lim_{h\to 0}\dfrac{\cos(2h)-1}{h}+\cos(2x)\lim_{h\to 0}\dfrac{\sin(2h)}{h}$

$=\sin 2x\displaystyle\lim_{h\to 0}\left\{\dfrac{\cos(2h)-1}{(2h)^2}\times 4h\right\}$

$\qquad+\cos(2x)\displaystyle\lim_{h\to 0}\left\{\dfrac{\sin(2h)}{2h}\times 2\right\}$

$=2\cos(2x)$

(2) $f'(x)=\displaystyle\lim_{h\to 0}\dfrac{f(x+h)-f(x)}{h}$

$=\displaystyle\lim_{h\to 0}\dfrac{\cos^2(x+h)-\cos^2 x}{h}$

$=\displaystyle\lim_{h\to 0}\dfrac{\{\cos(x+h)-\cos x\}\{\cos(x+h)+\cos x\}}{h}$

$=\displaystyle\lim_{h\to 0}\left[\dfrac{\{\cos x\cos h-\sin x\sin h-\cos x)\}}{h}\right.$

$\qquad\left.\times\{\cos(x+h)+\cos x\}\right]$

$=\displaystyle\lim_{h\to 0}\dfrac{\cos x(\cos h-1)-\sin x\sin h}{h}$

$\qquad\times\displaystyle\lim_{h\to 0}\{\cos(x+h)+\cos x\}$

$=\left\{\cos x\displaystyle\lim_{h\to 0}\left(\dfrac{\cos h-1}{h^2}\times h\right)-\sin x\lim_{h\to 0}\dfrac{\sin h}{h}\right\}$

$\qquad\times\displaystyle\lim_{h\to 0}\{\cos(x+h)+\cos x\}$

$=-2\sin x\cos x$

채점 요소	배점
(1) 도함수의 정의와 삼각함수의 덧셈정리, $\displaystyle\lim_{x\to 0}\dfrac{\sin x}{x}=1$, $\displaystyle\lim_{x\to 0}\dfrac{1-\cos x}{x^2}=\dfrac{1}{2}$을 이용하여 $\sin(2x)$의 도함수 구하기	50 %
(2) 도함수의 정의와 삼각함수의 덧셈정리, $\displaystyle\lim_{x\to 0}\dfrac{\sin x}{x}=1$, $\displaystyle\lim_{x\to 0}\dfrac{1-\cos x}{x^2}=\dfrac{1}{2}$을 이용하여 $\cos^2 x$의 도함수 구하기	50 %

0484
目 풀이 참조

(1) $\cos(\alpha-\beta)=\cos\alpha\cos\beta+\sin\alpha\sin\beta$에

β 대신 $-\beta$를 대입하면

$\cos(\alpha+\beta)=\cos\alpha\cos\beta-\sin\alpha\sin\beta$

한편, $\cos\left(\dfrac{\pi}{2}+\alpha+\beta\right)=-\sin(\alpha+\beta)$이므로

$\sin(\alpha+\beta)=-\cos\left(\left(\dfrac{\pi}{2}+\alpha\right)+\beta\right)$

$\qquad=-\cos\left(\dfrac{\pi}{2}+\alpha\right)\cos\beta+\sin\left(\dfrac{\pi}{2}+\alpha\right)\sin\beta$

$\qquad=\sin\alpha\cos\beta+\cos\alpha\sin\beta$

(2) $\sin(2x)=\sin(x+x)$

$\qquad=\sin x\cos x+\cos x\sin x$

$\qquad=2\sin x\cos x$

$\therefore\ (\sin(2x))'=(2\sin x\cos x)'$

$\qquad=2\{\cos x\cos x+\sin x(-\sin x)\}$

$\qquad=2(\cos x\cos x-\sin x\sin x)$

$\qquad=2\cos(x+x)$

$\qquad=2\cos(2x)$

채점 요소	배점
(1) $\cos(\alpha+\beta)$를 구하고, $\cos\left(\dfrac{\pi}{2}+\alpha+\beta\right)=-\sin(\alpha+\beta)$임을 이용하여 $\sin(\alpha+\beta)$ 구하기	50 %
(2) $\sin(2x)=2\sin x\cos x$로 나타내어 도함수를 구한 후, 삼각함수의 덧셈정리를 이용하여 $\{\sin(2x)\}'=2\cos(2x)$임을 구하기	50 %

0485   답 ②

$f(x)=\sin x,\ g(x)=\cos x$라 하면

$$\lim_{x\to a}\frac{\sin x-\sin a}{\cos x-\cos a}=\lim_{x\to a}\left(\frac{\sin x-\sin a}{x-a}\times\frac{x-a}{\cos x-\cos a}\right)$$
$$=\frac{f'(a)}{g'(a)}$$

$f'(x)=\cos x,\ g'(x)=-\sin x$이므로

구하는 값은 $\dfrac{\cos a}{-\sin a}=-\cot a$

0486   답 ②

$f'(x)=\cos x+\sqrt{3}\sin x-1$이므로

$f'(a)=\sqrt{3}-1$에서

$\cos a+\sqrt{3}\sin a-1=\sqrt{3}-1$

$\cos a+\sqrt{3}\sin a=\sqrt{3}$

$\dfrac{1}{2}\cos a+\dfrac{\sqrt{3}}{2}\sin a=\dfrac{\sqrt{3}}{2}$

$\sin\dfrac{\pi}{6}\cos a+\cos\dfrac{\pi}{6}\sin a=\dfrac{\sqrt{3}}{2}$

$\sin\left(a+\dfrac{\pi}{6}\right)=\dfrac{\sqrt{3}}{2}$

$a+\dfrac{\pi}{6}=\dfrac{\pi}{3}\ \left(\because\ 0\le a<\dfrac{\pi}{2}\right)$

$\therefore a=\dfrac{\pi}{6}$

0487   답 (1) 0   (2) e^π (3) 4

(1) $f(\pi)=0$이므로

$$\lim_{x\to\pi}\frac{f(x)}{x-\pi}=\lim_{x\to\pi}\frac{f(x)-f(\pi)}{x-\pi}=f'(\pi)$$

$f'(x)=2x(\cos x+1)+x^2(-\sin x)$

$\therefore f'(\pi)=0$

(2) $f(\pi)=1$이므로

$$\lim_{h\to0}\frac{f(\pi-h)-1}{h}=\lim_{h\to0}\frac{f(\pi-h)-f(\pi)}{h}$$
$$=\lim_{h\to0}\frac{f(\pi-h)-f(\pi)}{-h}\times(-1)$$
$$=-f'(\pi)$$

$f'(x)=e^x\sin x+e^x\cos x+\sin x$

$\therefore -f'(\pi)=e^\pi$

(3) $\dfrac{1}{n}=t$라 하면

$$\lim_{n\to\infty}n\left\{f\left(\frac{2}{n}\right)-f(0)\right\}=\lim_{t\to0+}\frac{f(2t)-f(0)}{t}$$
$$=\lim_{t\to0+}\frac{f(2t)-f(0)}{2t-0}\times2=2f'(0)$$

$f'(x)=2\cos x+3\sin x$이므로

$2f'(0)=2\times2=4$

0488   답 (1) $-\dfrac{\pi}{2}$ (2) π

(1) $f(x)=\lim\limits_{h\to0}\dfrac{x\sin(x+h)-x\sin x}{h}$

$\qquad=x\lim\limits_{h\to0}\dfrac{\sin(x+h)-\sin x}{h}$

$g(x)=\sin x$라 하면

$f(x)=xg'(x)=x\cos x$

$f'(x)=\cos x-x\sin x$

$\therefore f'\left(\dfrac{\pi}{2}\right)=-\dfrac{\pi}{2}$

(2) $f(x)=\lim\limits_{h\to0}\dfrac{(x-h)\cos(x+h)-x\sin\left(\dfrac{\pi}{2}-x\right)}{h}$

$\qquad=\lim\limits_{h\to0}\dfrac{x\cos(x+h)-h\cos(x+h)-x\cos x}{h}$

$\qquad=\lim\limits_{h\to0}\left\{x\times\dfrac{\cos(x+h)-\cos x}{h}-\cos(x+h)\right\}$

$g(x)=\cos x$라 하면

$f(x)=xg'(x)-\cos x=-x\sin x-\cos x$

$f'(x)=-\sin x-x\cos x+\sin x=-x\cos x$

$\therefore f'(\pi)=\pi$

0489   답 ②

$\dfrac{g'(x)}{f'(x)}+\dfrac{f'(x)}{g'(x)}=2$에서

$\dfrac{\{g'(x)\}^2+\{f'(x)\}^2}{f'(x)g'(x)}=2$

$\{f'(x)\}^2-2f'(x)g'(x)+\{g'(x)\}^2=0$

$\{f'(x)-g'(x)\}^2=0$

$f'(x)-g'(x)=0$

$f(x)-g(x)=\cos x+\dfrac{1}{20}x^2$에서 양변을 x에 대하여 미분하면

$f'(x)-g'(x)=-\sin x+\dfrac{1}{10}x$이므로

주어진 방정식의 해는 $-\sin x+\dfrac{1}{10}x=0$,

즉 $\sin x=\dfrac{1}{10}x$의 해와 같다.

두 함수 $y=\sin x,\ y=\dfrac{1}{10}x$의 그래프는 다음과 같다.

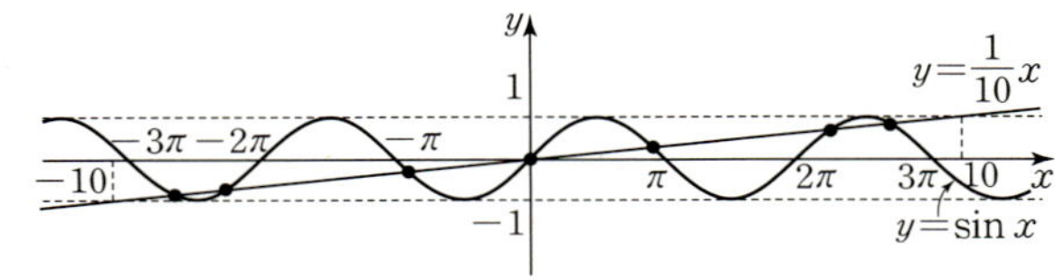

두 그래프가 만나는 점의 개수가 7이므로
주어진 방정식의 실근의 개수는 7이다.

0490 圕 풀이 참조

$f(0)=-1$이므로

$$\lim_{x\to0}\frac{f(\sin x)+1}{x}=\lim_{x\to0}\frac{f(\sin x)-f(0)}{x}$$
$$=\lim_{x\to0}\left\{\frac{f(\sin x)-f(0)}{\sin x}\times\frac{\sin x}{x}\right\}$$

$t=\sin x$로 치환하면 위의 극한값은

$$\lim_{t\to0}\frac{f(t)-f(0)}{t-0}\times\lim_{x\to0}\frac{\sin x}{x}=f'(0)$$

$f'(x)=\cos x+\sin x$이므로

$f'(0)=1$

채점 요소	배점
$f(0)=-1$임을 이용하여 $\lim_{x\to0}\dfrac{f(\sin x)-f(0)}{x}$으로 나타내기	25 %
$\lim_{x\to0}\left\{\dfrac{f(\sin x)-f(0)}{\sin x}\times\dfrac{\sin x}{x}\right\}$로 나타내기	25 %
극한값을 계산하여 $f'(0)$임을 구하기	25 %
도함수 $f'(x)$를 구하여 $f'(0)$의 값 구하기	25 %

0491 圕 ①

$f(x)=e^x$이라 하면

$$\lim_{x\to0}\frac{e-e^{\cos x}}{2x^2}=\lim_{x\to0}\frac{f(1)-f(\cos x)}{2x^2}$$
$$=\lim_{x\to0}\left\{\frac{f(\cos x)-f(1)}{\cos x-1}\times\frac{1-\cos x}{2x^2}\right\}$$

$\cos x=t$라 하면 위의 극한값은

$$\lim_{t\to1}\frac{f(t)-f(1)}{t-1}\times\lim_{x\to0}\frac{1-\cos x}{2x^2}=\frac{f'(1)}{4}$$

$f'(x)=e^x$이므로

$$\frac{f'(1)}{4}=\frac{e}{4}$$

0492 圕 -4

점 B$'$에서 x축에 내린 수선의 발을 H라 하면

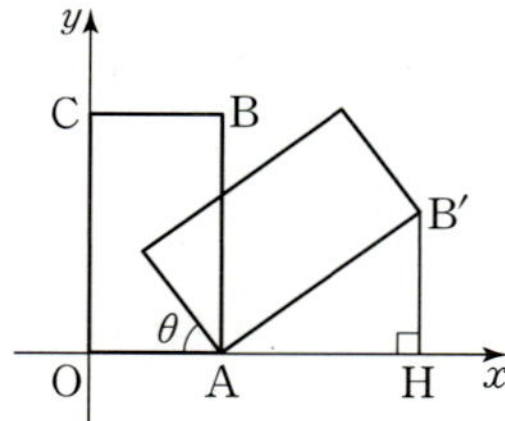

$\angle\mathrm{B'AH}=\pi-\left(\dfrac{\pi}{2}+\theta\right)=\dfrac{\pi}{2}-\theta$이므로 $\angle\mathrm{AB'H}=\theta$이다.

$\overline{\mathrm{AB'}}=\overline{\mathrm{AB}}=2$이므로 $\overline{\mathrm{AH}}=2\sin\theta$, $\overline{\mathrm{B'H}}=2\cos\theta$

$\overline{\mathrm{OH}}=\overline{\mathrm{OA}}+\overline{\mathrm{AH}}=1+2\sin\theta$

$$f(\theta)=\overline{\mathrm{OB'}}^2=\overline{\mathrm{OH}}^2+\overline{\mathrm{B'H}}^2$$
$$=(1+2\sin\theta)^2+(2\cos\theta)^2$$
$$=1+4\sin\theta+4\sin^2\theta+4\cos^2\theta$$
$$=5+4\sin\theta$$

$f'(\theta)=4\cos\theta$ $\qquad\therefore f'(\pi)=-4$

0493 圕 ③

$\dfrac{1}{x}=t$라 하면 $x\to0+$일 때 $t\to\infty$이고, $x\to0-$일 때 $t\to-\infty$

이므로

$$\lim_{x\to0+}\frac{2^{\frac{1}{x}}+8}{2^{\frac{1}{x}}+2^a}=\lim_{t\to\infty}\frac{2^t+8}{2^t+2^a}=1$$

$$\lim_{x\to0-}\frac{2^{\frac{1}{x}}+8}{2^{\frac{1}{x}}+2^a}=\lim_{t\to-\infty}\frac{2^t+8}{2^t+2^a}=\frac{8}{2^a}$$

따라서 $\lim_{x\to0}\dfrac{2^{\frac{1}{x}}+8}{2^{\frac{1}{x}}+2^a}=b$로 극한값이 존재하려면

$1=\dfrac{8}{2^a}=b$이어야 하므로 $a=3$, $b=1$

$\therefore a+b=4$

0494 圕 ③

ㄱ. $1<a<b$일 때, $x>1$이면 $1<a^x<b^x$이고
  $0<\log_b x<\log_a x$이다.
  $\therefore a^x+\log_b x<b^x+\log_a x$
  $\therefore f(x)=\dfrac{b^x+\log_a x}{a^x+\log_b x}>1$ (참)

ㄴ. $b<a<1$이면 $\lim\limits_{x\to\infty}a^x=\lim\limits_{x\to\infty}b^x=0$이고
  $\lim\limits_{x\to\infty}\log_a x=\lim\limits_{x\to\infty}\log_b x=-\infty$이다.
  $\therefore\lim\limits_{x\to\infty}f(x)=\lim\limits_{x\to\infty}\dfrac{b^x+\log_a x}{a^x+\log_b x}$
  $=\lim\limits_{x\to\infty}\dfrac{\dfrac{b^x}{\log_b x}+\dfrac{\log_a x}{\log_b x}}{\dfrac{a^x}{\log_b x}+1}$
  $=\lim\limits_{x\to\infty}\dfrac{\dfrac{b^x}{\log_b x}+\log_a b}{\dfrac{a^x}{\log_b x}+1}=\log_a b$ (거짓)

ㄷ. $\lim\limits_{x\to0+}a^x=\lim\limits_{x\to0+}b^x=1$이고 $x\to0+$일 때 $\log_a x$, $\log_b x$는
  ∞ 또는 $-\infty$로 발산한다.
  $\therefore\lim\limits_{x\to0+}f(x)=\lim\limits_{x\to0+}\dfrac{b^x+\log_a x}{a^x+\log_b x}$
  $=\lim\limits_{x\to0+}\dfrac{\dfrac{b^x}{\log_b x}+\dfrac{\log_a x}{\log_b x}}{\dfrac{a^x}{\log_b x}+1}$
  $=\lim\limits_{x\to0+}\dfrac{\dfrac{b^x}{\log_b x}+\log_a b}{\dfrac{a^x}{\log_b x}+1}=\log_a b$ (참)

따라서 옳은 것은 ㄱ, ㄷ이다.

0495

⑴ $\displaystyle\lim_{n\to\infty}\left[\left(1-\dfrac{1}{n^2}\right)\left\{1-\dfrac{1}{(n+1)^2}\right\}\left\{1-\dfrac{1}{(n+2)^2}\right\}\times\cdots\right.$
$$\left.\qquad\qquad\qquad\times\left\{1-\dfrac{1}{(3n-1)^2}\right\}\right]^{3n}$$

$=\displaystyle\lim_{n\to\infty}\left\{\dfrac{n^2-1}{n^2}\times\dfrac{(n+1)^2-1}{(n+1)^2}\times\dfrac{(n+2)^2-1}{(n+2)^2}\times\cdots\right.$
$$\left.\qquad\qquad\qquad\times\dfrac{(3n-1)^2-1}{(3n-1)^2}\right\}^{3n}$$

$=\displaystyle\lim_{n\to\infty}\left\{\dfrac{(n-1)(n+1)}{n^2}\times\dfrac{n(n+2)}{(n+1)^2}\times\dfrac{(n+1)(n+3)}{(n+2)^2}\times\cdots\right.$
$$\left.\qquad\qquad\qquad\times\dfrac{(3n-2)3n}{(3n-1)^2}\right\}^{3n}$$

$=\displaystyle\lim_{n\to\infty}\left(\dfrac{n-1}{n}\times\dfrac{3n}{3n-1}\right)^{3n}$

$=\displaystyle\lim_{n\to\infty}\left(\dfrac{3n-3}{3n-1}\right)^{3n}=\lim_{n\to\infty}\left(1-\dfrac{2}{3n-1}\right)^{3n}$

$=\displaystyle\lim_{n\to\infty}\left(1-\dfrac{2}{3n-1}\right)^{\frac{3n-1}{-2}\times\frac{-6n}{3n-1}}$

$=e^{-2}=\dfrac{1}{e^2}$

⑵ $\displaystyle\sum_{k=2}^{n}\ln\left(1-\dfrac{1}{k^2}\right)$

$=\displaystyle\sum_{k=2}^{n}\ln\dfrac{k^2-1}{k^2}=\sum_{k=2}^{n}\ln\dfrac{(k-1)(k+1)}{k^2}$

$=\ln\dfrac{1\times3}{2^2}+\ln\dfrac{2\times4}{3^2}+\ln\dfrac{3\times5}{4^2}+\cdots+\ln\dfrac{(n-1)(n+1)}{n^2}$

$=\ln\left\{\dfrac{1\times3}{2^2}\times\dfrac{2\times4}{3^2}\times\dfrac{3\times5}{4^2}\times\cdots\times\dfrac{(n-1)(n+1)}{n^2}\right\}$

$=\ln\left(\dfrac{1}{2}\times\dfrac{n+1}{n}\right)=\ln\dfrac{n+1}{2n}$

$\therefore\displaystyle\lim_{n\to\infty}n\left\{\sum_{k=2}^{n}\ln\left(1-\dfrac{1}{k^2}\right)+\ln 2\right\}=\lim_{n\to\infty}n\left(\ln\dfrac{n+1}{2n}+\ln 2\right)$

$=\displaystyle\lim_{n\to\infty}\ln\left(\dfrac{n+1}{n}\right)^{n}$

$=\displaystyle\lim_{n\to\infty}\ln\left(1+\dfrac{1}{n}\right)^{n}=1$

0496

$f(n)$

$=\displaystyle\lim_{x\to0}\dfrac{1}{x}\ln\dfrac{(1+2x)(2+3x)(3+4x)\cdots\{n+(n+1)x\}}{1\times2\times3\times\cdots\times n}$

$=\displaystyle\lim_{x\to0}\ln\left\{\dfrac{1+2x}{1}\times\dfrac{2+3x}{2}\times\dfrac{3+4x}{3}\times\cdots\times\dfrac{n+(n+1)x}{n}\right\}^{\frac{1}{x}}$

$=\displaystyle\lim_{x\to0}\ln\left\{(1+2x)^{\frac{1}{x}}\left(1+\dfrac{3}{2}x\right)^{\frac{1}{x}}\left(1+\dfrac{4}{3}x\right)^{\frac{1}{x}}\cdots\left(1+\dfrac{n+1}{n}x\right)^{\frac{1}{x}}\right\}$

$=\displaystyle\lim_{x\to0}\ln\left\{(1+2x)^{\frac{1}{2x}\times2}\left(1+\dfrac{3}{2}x\right)^{\frac{2}{3x}\times\frac{3}{2}}\left(1+\dfrac{4}{3}x\right)^{\frac{3}{4x}\times\frac{4}{3}}\right.$
$$\left.\qquad\qquad\qquad\cdots\left(1+\dfrac{n+1}{n}x\right)^{\frac{n}{(n+1)x}\times\frac{n+1}{n}}\right\}$$

$=\ln e^{2+\frac{3}{2}+\frac{4}{3}+\cdots+\frac{n+1}{n}}$

$=2+\dfrac{3}{2}+\dfrac{4}{3}+\cdots+\dfrac{n+1}{n}=\displaystyle\sum_{k=1}^{n}\dfrac{k+1}{k}$

$\therefore f(20)-\displaystyle\sum_{n=1}^{19}\dfrac{1}{n}=\sum_{k=1}^{20}\dfrac{k+1}{k}-\sum_{k=1}^{19}\dfrac{1}{k}$

$=\dfrac{21}{20}+\displaystyle\sum_{k=1}^{19}\left(\dfrac{k+1}{k}-\dfrac{1}{k}\right)$

$=\dfrac{21}{20}+19\times1=\dfrac{401}{20}$

0497

$\displaystyle\lim_{x\to0}\dfrac{10^x-5^x-2^x+a}{x^2}=b\ln 5$에서 극한값이 존재하고,

(분모)$\to0$이므로 (분자)$\to0$이다.

즉, $\displaystyle\lim_{x\to0}(10^x-5^x-2^x+a)=1-1-1+a=0$에서 $a=1$

$\displaystyle\lim_{x\to0}\dfrac{10^x-5^x-2^x+1}{x^2}=\lim_{x\to0}\dfrac{(5^x-1)(2^x-1)}{x^2}$

$=\displaystyle\lim_{x\to0}\left(\dfrac{5^x-1}{x}\times\dfrac{2^x-1}{x}\right)=\ln 5\times\ln 2$

이므로 $b=\ln 2$

$\therefore e^{ab}=e^{1\times\ln 2}=2$

0498

⑴ $\dfrac{1}{n}=t$로 치환하면

$f(x)=\displaystyle\lim_{n\to\infty}n(\sqrt[n]{x^2+1}-1)$

$\qquad=\displaystyle\lim_{t\to0}\dfrac{(x^2+1)^t-1}{t}=\ln(x^2+1)$

$\therefore\displaystyle\lim_{x\to0}\dfrac{f(x)}{x^2}=\lim_{x\to0}\dfrac{\ln(x^2+1)}{x^2}=1$

⑵ $\dfrac{1}{n}=t$로 치환하면

$f(x)=\displaystyle\lim_{n\to\infty}n\left\{(\log x)^{\frac{1}{n}}-1\right\}$

$\qquad=\displaystyle\lim_{t\to0+}\dfrac{(\log x)^t-1}{t}=\ln(\log x)$

$\therefore f(x^4)-f(\sqrt{x})=\ln(\log x^4)-\ln(\log\sqrt{x})$

$=\ln\left(\dfrac{\log x^4}{\log\sqrt{x}}\right)$

$=\ln\left(\dfrac{4\log x}{\dfrac{1}{2}\log x}\right)=\ln 8$

0499

$f(x)=x^2+ax+b\ (a,\ b$는 상수$)$, $h(x)=f(x)g(x)$라 하면

$h(x)=\begin{cases}\dfrac{x^2+ax+b}{\ln(x+1)} & (x\neq0)\\ 8b & (x=0)\end{cases}$이다.

$\displaystyle\lim_{x\to0}\ln(x+1)=0$이므로 함수 $h(x)$가 $x=0$에서 연속이기

위해서는 $b=0$이어야 한다.

$\displaystyle\lim_{x\to0}\dfrac{x^2+ax}{\ln(x+1)}=\lim_{x\to0}\dfrac{x+a}{\dfrac{\ln(x+1)}{x}}=\dfrac{a}{1}=0$이므로 $a=0$이다.

$\therefore f(x)=x^2$

$\therefore f(3)=9$

0500

$\boxed{답}\ -\dfrac{2}{3\ln 2}$

$(x^3+3x)\ln(x^2+1)-(x^3+3x)\ln(x^2+3)$

$=x(x^2+3)\ln\left(1-\dfrac{2}{x^2+3}\right)$

$=-2x\ln\left(1-\dfrac{2}{x^2+3}\right)^{\frac{x^2+3}{-2}}$

$\displaystyle\lim_{x\to\infty}\dfrac{(x^3+3x)\ln(x^2+1)-(x^3+3x)\ln(x^2+3)}{\ln(8^x-2^x)}$

$=\displaystyle\lim_{x\to\infty}\dfrac{-2x\ln\left(1-\dfrac{2}{x^2+3}\right)^{\frac{x^2+3}{-2}}}{\ln(8^x-2^x)}$

$=\displaystyle\lim_{x\to\infty}\dfrac{-2\ln\left(1-\dfrac{2}{x^2+3}\right)^{\frac{x^2+3}{-2}}}{\dfrac{\ln(8^x-2^x)}{x}}$ ⋯⋯ ㉠

이때,

$\displaystyle\lim_{x\to\infty}\dfrac{\ln(8^x-2^x)}{x}=\lim_{x\to\infty}\ln(8^x-2^x)^{\frac{1}{x}}$

$\qquad=\displaystyle\lim_{x\to\infty}\ln\left[8^x\left\{1-\left(\dfrac{1}{4}\right)^x\right\}\right]^{\frac{1}{x}}$

$\qquad=\displaystyle\lim_{x\to\infty}\left[\ln 8+\ln\left\{1-\left(\dfrac{1}{4}\right)^x\right\}^{\frac{1}{x}}\right]$

$\qquad=\ln 8$

이므로 ㉠에서 구하는 값은 $\dfrac{-2}{\ln 8}=-\dfrac{2}{3\ln 2}$이다.

0501

$\boxed{답}\ $풀이 참조

$g(x)=\displaystyle\lim_{h\to 0}\dfrac{f(x+2h)+f(x-2h)-2f(x)}{h^2}$

$=\displaystyle\lim_{h\to 0}\dfrac{\cos(x+2h)+\cos(x-2h)-2\cos x}{h^2}$

$=\displaystyle\lim_{h\to 0}\left\{\dfrac{\cos x\cos(2h)-\sin x\sin(2h)}{h^2}\right.$

$\qquad\left.+\dfrac{\cos x\cos(2h)+\sin x\sin(2h)-2\cos x}{h^2}\right\}$

$=\displaystyle\lim_{h\to 0}\dfrac{2\cos x\{\cos(2h)-1\}}{h^2}$

$=2\cos x\displaystyle\lim_{h\to 0}\dfrac{\cos(2h)-1}{(2h)^2}\times 4$

$=-4\cos x$

이므로 $g'(x)=4\sin x$

$\therefore \displaystyle\sum_{k=1}^{8}g'\left(\dfrac{k}{4}\pi\right)=4\sum_{k=1}^{8}\sin\left(\dfrac{k}{4}\pi\right)$

$\qquad=4\left(\sin\dfrac{\pi}{4}+\sin\dfrac{\pi}{2}+\sin\dfrac{3}{4}\pi+\sin\pi\right.$

$\qquad\qquad\left.+\sin\dfrac{5}{4}\pi+\sin\dfrac{3}{2}\pi+\sin\dfrac{7}{4}\pi+\sin 2\pi\right)$

$\qquad=0$

채점 요소	배점
함수 $g(x)$에서 $f(x)$에 $\cos x$를 넣어 삼각함수의 덧셈정리를 이용하여 식 정리하기	30 %
$g(x)=-4\cos x$임을 구하기	30 %
도함수 $g'(x)$ 구하기	10 %
$\displaystyle\sum_{k=1}^{8}g'\left(\dfrac{k}{4}\pi\right)$ 계산하기	30 %

0502

$\boxed{답}\ ③$

두 점 P, Q의 좌표는 각각 $P\left(k,\ e^{\frac{k}{2}}\right)$, $Q\left(k,\ e^{\frac{k}{2}+3t}\right)$이므로

$\overline{PQ}=e^{\frac{k}{2}+3t}-e^{\frac{k}{2}}$

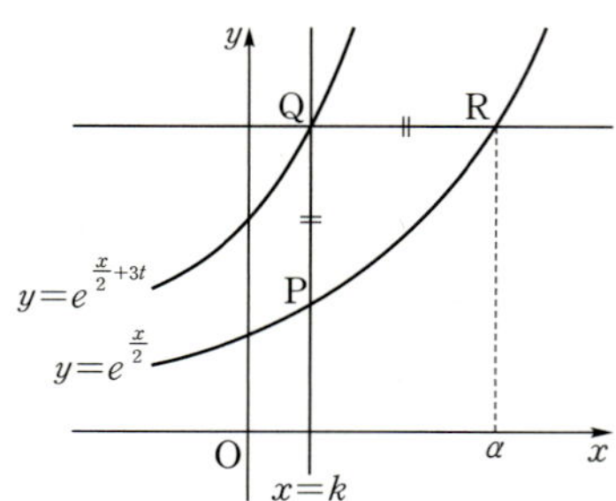

점 R의 x좌표를 α라 하면 점 R는 곡선 $y=e^{\frac{x}{2}}$ 위의 점이므로

$R\left(\alpha,\ e^{\frac{\alpha}{2}}\right)$

이때 두 점 Q, R의 y좌표가 같으므로

$e^{\frac{k}{2}+3t}=e^{\frac{\alpha}{2}}$에서 $\dfrac{k}{2}+3t=\dfrac{\alpha}{2}$

$\therefore \alpha=k+6t$

따라서 선분 QR의 길이는

$\overline{QR}=\alpha-k=(k+6t)-k=6t$

$\overline{PQ}=\overline{QR}$에서 $e^{\frac{k}{2}+3t}-e^{\frac{k}{2}}=6t$

$e^{\frac{k}{2}}(e^{3t}-1)=6t$, $e^{\frac{k}{2}}=\dfrac{6t}{e^{3t}-1}$

양변에 밑이 e인 자연로그를 취하면

$\dfrac{k}{2}=\ln\dfrac{6t}{e^{3t}-1}$ $\qquad\therefore k=2\ln\dfrac{6t}{e^{3t}-1}$

따라서 $f(t)=2\ln\dfrac{6t}{e^{3t}-1}$이므로

$\displaystyle\lim_{t\to 0+}f(t)=\lim_{t\to 0+}2\ln\dfrac{6t}{e^{3t}-1}$

$\qquad=2\displaystyle\lim_{t\to 0+}\ln\left(\dfrac{3t}{e^{3t}-1}\times 2\right)$

$\qquad=2\ln 2=\ln 4$

다른 풀이

곡선 $y=e^{\frac{x+3t}{2}}=e^{\frac{x+6t}{2}}$은 곡선 $y=e^{\frac{x}{2}}$을 x축의 방향으로 $-6t$만큼 평행이동한 것이므로 $\overline{QR}=6t$

직선 $x=k$와 두 곡선 $y=e^{\frac{x}{2}}$, $y=e^{\frac{x}{2}+3t}$이 만나는 점이 각각 P, Q이므로 두 점의 좌표는

$P\left(k,\ e^{\frac{k}{2}}\right)$, $Q\left(k,\ e^{\frac{k}{2}+3t}\right)$

$\therefore \overline{PQ}=e^{\frac{k}{2}+3t}-e^{\frac{k}{2}}$

이때 $\overline{PQ}=\overline{QR}$를 만족시키는 실수 k의 값이 $f(t)$이므로

$$e^{\frac{f(t)}{2}+3t}-e^{\frac{f(t)}{2}}=6t$$

즉, $e^{\frac{f(t)}{2}}(e^{3t}-1)=6t$에서

$$e^{\frac{f(t)}{2}}=\frac{6t}{e^{3t}-1}$$

양변에 밑이 e인 자연로그를 취하면

$$\frac{f(t)}{2}=\ln\frac{6t}{e^{3t}-1}$$

$$f(t)=2\ln\frac{6t}{e^{3t}-1}$$

$$\therefore \lim_{t\to0+}f(t)=\lim_{t\to0+}2\ln\frac{6t}{e^{3t}-1}$$
$$=2\lim_{t\to0+}\ln\left(\frac{3t}{e^{3t}-1}\times2\right)$$
$$=2\ln 2=\ln 4$$

0503   답 $\dfrac{3}{2}\ln 2$

$\log_2(8x+12)=\log_2\{4(2x+3)\}=\log_2(2x+3)+2$이므로
곡선 $y=\log_2(8x+12)$는 곡선 $y=\log_2(2x+3)$을 y축의 방향으로
2만큼 평행이동한 것이다.

즉, 두 곡선과 두 선분 AC, BD로 둘러싸인 부분의 넓이는 다음과
같이 색칠한 평행사변형 ACBD의 넓이와 같다.

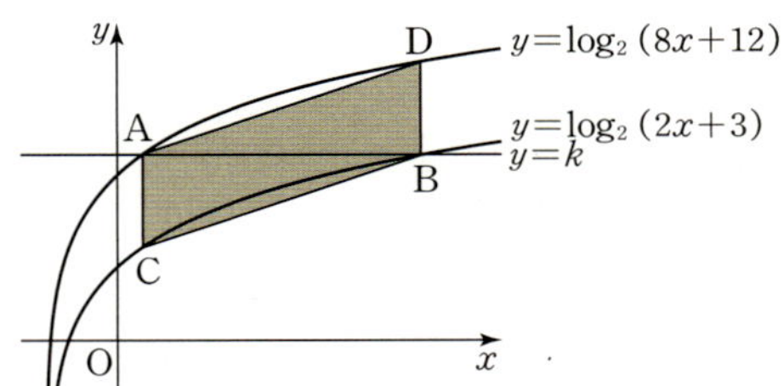

점 A의 x좌표를 a라 하면 $\log_2(8a+12)=k$에서 $a=\dfrac{2^k-12}{8}$

점 B의 x좌표를 b라 하면 $\log_2(2b+3)=k$에서 $b=\dfrac{2^k-3}{2}$

$\overline{AB}=b-a=\dfrac{3}{8}\times2^k$이고, $\overline{AC}=\overline{BD}=2$이므로

$$S(k)=2\times\left(\dfrac{3}{8}\times2^k\right)=\dfrac{3}{4}\times2^k$$

$$\therefore \lim_{k\to0}\frac{4S(k)-3}{\ln(2k+1)}=\lim_{k\to0}\frac{3(2^k-1)}{\ln(2k+1)}$$
$$=\lim_{k\to0}\left\{\frac{2^k-1}{k}\times\frac{2k}{\ln(2k+1)}\times\frac{3}{2}\right\}$$
$$=\frac{3}{2}\ln 2$$

0504   답 13

$f_1(x)=e^x(a_1x+b_1)=xe^x$이므로 $a_1=1$, $b_1=0$이다.
$$f_{n+1}(x)=f_n(x)+f_n{'}(x)$$
$$=e^x(a_nx+b_n)+\{e^x(a_nx+b_n)+a_ne^x\}$$
$$=e^x(2a_nx+a_n+2b_n)$$
이므로 $a_{n+1}=2a_n$, $b_{n+1}=a_n+2b_n$이다.
$a_1=1$, $a_{n+1}=2a_n$이므로 수열 $\{a_n\}$은 첫째항이 1이고,
공비가 2인 등비수열이다.

즉, $a_n=2^{n-1}$
$b_1=0$, $b_2=a_1+2b_1=a_1$, $b_3=a_2+2b_2=a_2+2a_1$,
$b_4=a_3+2b_3=a_3+2a_2+4a_1$,
$b_5=a_4+2b_4=a_4+2a_3+4a_2+8a_1$
$b_6=a_5+2b_5=a_5+2a_4+4a_3+8a_2+16a_1$
$\qquad=16+16+16+16+16=80$
$a_{20}=2^{19}$, $b_6-16=80-16=2^6$
$$\therefore \log_2\frac{a_{20}}{b_6-16}=\log_2\frac{2^{19}}{2^6}=\log_2 2^{13}=13$$

0505   답 ②

$$f(x)=\sin x\cos x\cos(2x)\cos(4x)\cos(8x)\cdots\cos(2^{28}x)$$
$$=\frac{1}{2}\sin(2x)\cos(2x)\cos(4x)\cos(8x)\cdots\cos(2^{28}x)$$
$$=\frac{1}{2}\times\frac{1}{2}\sin(4x)\cos(4x)\cos(8x)\cdots\cos(2^{28}x)$$
$$=\frac{1}{2}\times\frac{1}{2}\times\frac{1}{2}\sin(8x)\cos(8x)\cdots\cos(2^{28}x)$$
$$\vdots$$
$$=\left(\frac{1}{2}\right)^{28}\sin(2^{28}x)\cos(2^{28}x)$$
$$=\left(\frac{1}{2}\right)^{29}\sin(2^{29}x)$$

$$f\left(\frac{\pi}{2^{30}}\right)=\left(\frac{1}{2}\right)^{29}\sin\frac{\pi}{2}=\left(\frac{1}{2}\right)^{29}$$

$$\therefore \log_2 f\left(\frac{\pi}{2^{30}}\right)=\log_2 2^{-29}=-29$$

0506   답 ②

$$\cos\left(\frac{5}{6}\pi-x\right)=\cos\left\{\pi-\left(\frac{\pi}{6}+x\right)\right\}=-\cos\left(x+\frac{\pi}{6}\right)$$
$$\sin\left(2x+\frac{\pi}{3}\right)=\sin\left\{2\left(x+\frac{\pi}{6}\right)\right\}=2\sin\left(x+\frac{\pi}{6}\right)\cos\left(x+\frac{\pi}{6}\right)$$
이므로
$$\cos\left(\frac{5}{6}\pi-x\right)=-\sin\left(2x+\frac{\pi}{3}\right)$$에서
$$-\cos\left(x+\frac{\pi}{6}\right)=-2\sin\left(x+\frac{\pi}{6}\right)\cos\left(x+\frac{\pi}{6}\right)$$
$$\cos\left(x+\frac{\pi}{6}\right)\left\{2\sin\left(x+\frac{\pi}{6}\right)-1\right\}=0$$
$$\cos\left(x+\frac{\pi}{6}\right)=0 \text{ 또는 } \sin\left(x+\frac{\pi}{6}\right)=\frac{1}{2}$$

$0\leq x<\pi$일 때,

$\cos\left(x+\dfrac{\pi}{6}\right)=0$에서 $x+\dfrac{\pi}{6}=\dfrac{\pi}{2}$, 즉 $x=\dfrac{\pi}{3}$

$\sin\left(x+\dfrac{\pi}{6}\right)=\dfrac{1}{2}$에서 $x+\dfrac{\pi}{6}=\dfrac{\pi}{6}$ 또는 $x+\dfrac{\pi}{6}=\dfrac{5}{6}\pi$,

즉 $x=0$ 또는 $x=\dfrac{2}{3}\pi$

$$\therefore M=\dfrac{2}{3}\pi, \ m=0$$

$$\therefore \cos(M-m)=\cos\frac{2}{3}\pi=-\frac{1}{2}$$

0507

$\text{답}\ \dfrac{6}{5}$

$3\sin^2 x-\cos 2x=2\cos x+k$에서
$3(1-\cos^2 x)-(2\cos^2 x-1)=2\cos x+k$
$5\cos^2 x+2\cos x+k-4=0$
$\cos x=t$라 하면 $-1\le\cos x\le1$이므로
t에 대한 이차방정식 $5t^2+2t+k-4=0$이 $-1\le t\le1$에서 실근을
가져야 한다.
$f(t)=5t^2+2t+k-4$라 하면 이 이차함수의 그래프의 축이
$t=-\dfrac{1}{5}$이므로 $-1\le t\le1$에서 t축과 적어도 한 점에서 만나려면

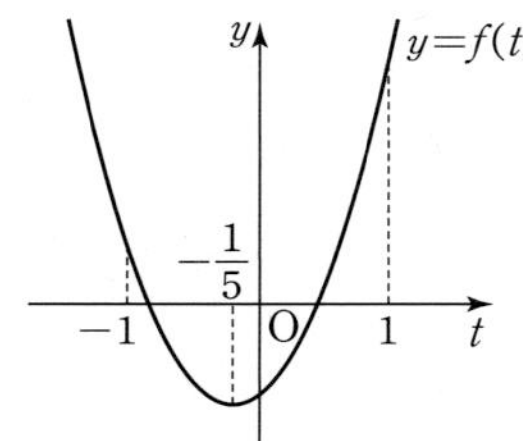

(i) $f\left(-\dfrac{1}{5}\right)\le0$

$\dfrac{1}{5}-\dfrac{2}{5}+k-4\le0$에서 $k\le\dfrac{21}{5}$

(ii) $f(1)\ge0$ 또는 $f(-1)\ge0$
$f(1)=k+3\ge0$에서 $k\ge-3$이고,
$f(-1)=k-1\ge0$에서 $k\ge1$이므로 $k\ge-3$

(i), (ii)에 의하여 $-3\le k\le\dfrac{21}{5}$

$\therefore a=-3,\ b=\dfrac{21}{5}$

$\therefore a+b=-3+\dfrac{21}{5}=\dfrac{6}{5}$

0508

$\text{답}\ \dfrac{\sqrt{2}}{2}$

$\tan(A-\pi)=\tan A,\ \tan(\pi+B)=\tan B$이므로
$1+\tan A+\tan B=\tan A\tan B$
$1+\dfrac{\sin A}{\cos A}+\dfrac{\sin B}{\cos B}=\dfrac{\sin A\sin B}{\cos A\cos B}$
양변에 $\cos A\cos B$를 곱하면
$\cos A\cos B+\sin A\cos B+\cos A\sin B=\sin A\sin B$
$\sin A\cos B+\cos A\sin B=\sin A\sin B-\cos A\cos B$
$\sin(A+B)=-\cos(A+B)$
$\therefore A+B=\dfrac{3}{4}\pi\ (\because 0<A+B<\pi)$
$C=\pi-(A+B)=\dfrac{\pi}{4}$
$\therefore \sin 11C=\sin\dfrac{11}{4}\pi=\dfrac{\sqrt{2}}{2}$

0509

$\text{답}\ \dfrac{-1+2\sqrt{2}}{2}$

$\sin x+\cos x=t$라 하면

$t^2=\sin^2 x+2\sin x\cos x+\cos^2 x$
$\quad=1+2\sin x\cos x$
이므로 $\sin x\cos x=\dfrac{t^2-1}{2}$

$f(x)=\sin x+\cos x+\sin x\cos x$
$\quad=t+\dfrac{t^2-1}{2}$
$\quad=\dfrac{1}{2}(t+1)^2-1$ $\quad\cdots\cdots\ \text{㉠}$

한편,
$t=\sin x+\cos x$
$\quad=\sqrt{2}\left(\dfrac{1}{\sqrt{2}}\sin x+\dfrac{1}{\sqrt{2}}\cos x\right)$
$\quad=\sqrt{2}\left(\sin x\cos\dfrac{\pi}{4}+\cos x\sin\dfrac{\pi}{4}\right)$
$\quad=\sqrt{2}\sin\left(x+\dfrac{\pi}{4}\right)$

이므로 $0\le x\le\pi$에서 함수 $t=\sqrt{2}\sin\left(x+\dfrac{\pi}{4}\right)$의 그래프는
다음과 같다.

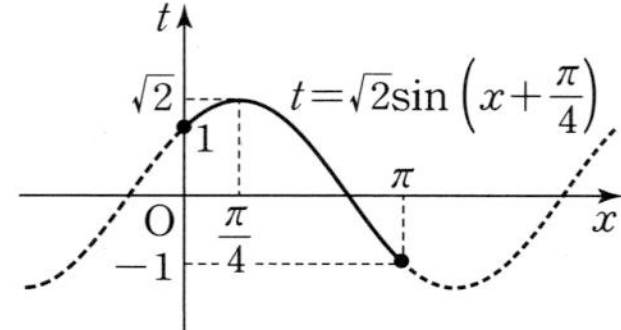

즉, $-1\le t\le\sqrt{2}$이므로 ㉠에서
함수 $f(x)$는 $t=-1$일 때 최솟값 -1을 갖고,
$t=\sqrt{2}$일 때 최댓값 $\dfrac{1+2\sqrt{2}}{2}$를 갖는다.

따라서 구하는 값은 $\dfrac{1+2\sqrt{2}}{2}-1=\dfrac{-1+2\sqrt{2}}{2}$이다.

0510

$\text{답}\ 30$

선분 AB의 중점을 O라 하면 점 O는 반원의 중심이므로
원주각과 중심각의 관계에 의하여 $\angle POB=2\theta$
직선 OP와 선분 AC가 만나는 점을 R,
$\angle BAC=\alpha\ \left(0<\alpha<\dfrac{\pi}{4}\right)$라 하면

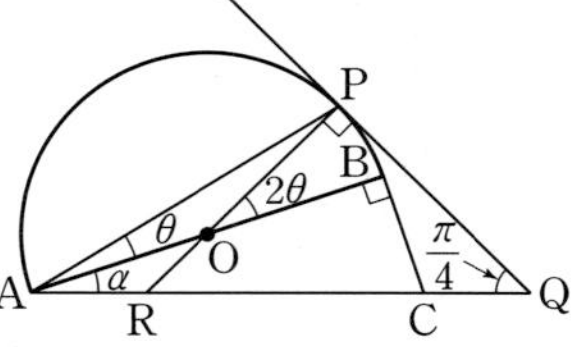

$\angle PRQ=\alpha+2\theta$이고 $\tan\alpha=\dfrac{\overline{BC}}{\overline{AB}}=\dfrac{1}{3}$

$\angle QPR=\dfrac{\pi}{2}$, $\angle PQA=\dfrac{\pi}{4}$이므로 $\angle PRQ=\alpha+2\theta=\dfrac{\pi}{4}$

$\tan 2\theta=\tan\left(\dfrac{\pi}{4}-\alpha\right)=\dfrac{1-\tan\alpha}{1+1\times\tan\alpha}=\dfrac{\dfrac{2}{3}}{\dfrac{4}{3}}=\dfrac{1}{2}$

$\therefore 60\tan 2\theta=30$

0511

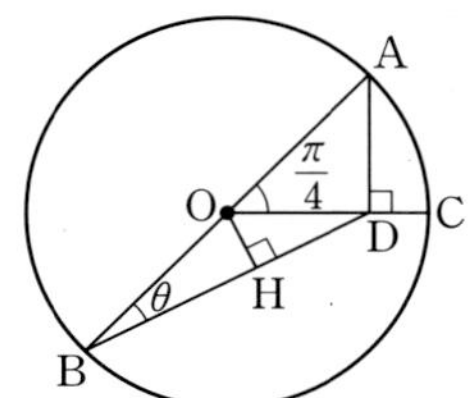

$\angle\mathrm{AOC}=\dfrac{\pi}{4}$, 선분 OC와 선분 AD는 수직이므로 원 O의 반지름의

길이를 r라 하면 $\overline{\mathrm{OD}}=r\times\cos\dfrac{\pi}{4}=\dfrac{r}{\sqrt{2}}$이다.

$\angle\mathrm{BDO}=\dfrac{\pi}{4}-\theta$이므로 원의 중심 O에서 직선 BD에 내린 수선의

발을 H라 하면

$\overline{\mathrm{OH}}=r\times\sin\theta=\dfrac{r}{\sqrt{2}}\times\sin\left(\dfrac{\pi}{4}-\theta\right)$

$\sin\left(\dfrac{\pi}{4}-\theta\right)=\dfrac{1}{\sqrt{2}}\cos\theta-\dfrac{1}{\sqrt{2}}\sin\theta$이므로

$3\sin\theta=\cos\theta$에서

$\tan\theta=\dfrac{1}{3}$

따라서 $\sin\theta=\dfrac{1}{\sqrt{10}}$, $\cos\theta=\dfrac{3}{\sqrt{10}}$이다. $\left(\because 0<\theta<\dfrac{\pi}{4}\right)$

$\therefore \sin 2\theta=\sin(\theta+\theta)=2\sin\theta\cos\theta=2\times\dfrac{1}{\sqrt{10}}\times\dfrac{3}{\sqrt{10}}=\dfrac{3}{5}$

0512

답 (1) $-2\sqrt{2}$ (2) 2

(1) $x-\dfrac{\pi}{4}=t$로 치환하면

$\sin x-\cos x$

$=\sin\left(\dfrac{\pi}{4}+t\right)-\cos\left(\dfrac{\pi}{4}+t\right)$

$=\left(\sin\dfrac{\pi}{4}\cos t+\cos\dfrac{\pi}{4}\sin t\right)-\left(\cos\dfrac{\pi}{4}\cos t-\sin\dfrac{\pi}{4}\sin t\right)$

$=\sqrt{2}\sin t$

$1-\tan^2 x=1-\tan^2\left(t+\dfrac{\pi}{4}\right)$

$\qquad =1-\left(\dfrac{\tan t+\tan\dfrac{\pi}{4}}{1-\tan t\tan\dfrac{\pi}{4}}\right)^2=1-\left(\dfrac{1+\tan t}{1-\tan t}\right)^2$

$\qquad =\dfrac{(1-\tan t)^2-(1+\tan t)^2}{(1-\tan t)^2}=\dfrac{-4\tan t}{(1-\tan t)^2}$

$\therefore \displaystyle\lim_{x\to\frac{\pi}{4}}\dfrac{1-\tan^2 x}{\sin x-\cos x}$

$\qquad =\displaystyle\lim_{t\to 0}\dfrac{-4\tan t}{\sqrt{2}\sin t\,(1-\tan t)^2}$

$\qquad =\displaystyle\lim_{t\to 0}\left\{\dfrac{\tan t}{t}\times\dfrac{t}{\sin t}\times\dfrac{-4}{\sqrt{2}\,(1-\tan t)^2}\right\}$

$\qquad =-2\sqrt{2}$

(2) $x-\dfrac{\pi}{4}=t$로 치환하면

(1)에서 $\sin x-\cos x=\sqrt{2}\sin t$이고,

$\sin x=\sin\dfrac{\pi}{4}\cos t+\cos\dfrac{\pi}{4}\sin t=\dfrac{\sqrt{2}}{2}(\sin t+\cos t)$

$\therefore \displaystyle\lim_{x\to\frac{\pi}{4}}\dfrac{\sin x-\cos x}{\sin x-\dfrac{\sqrt{2}}{2}}=\lim_{t\to 0}\dfrac{\sqrt{2}\sin t}{\dfrac{\sqrt{2}}{2}(\sin t+\cos t-1)}$

$\qquad\qquad =\displaystyle\lim_{t\to 0}\dfrac{2\times\dfrac{\sin t}{t}}{\dfrac{\sin t}{t}+\dfrac{1-\cos t}{t^2}\times(-t)}$

$\qquad\qquad =2$

0513

답 $\dfrac{15}{8}$

$\displaystyle\lim_{x\to 0}\dfrac{\sqrt{1+\sin x+\sin^2 x}-(a\sin x+b)}{\sin^2 x}=c$에서 극한값이 존재하고,

$x\to 0$일 때 (분모)$\to 0$이므로 (분자)$\to 0$이다.

즉, $\displaystyle\lim_{x\to 0}\{\sqrt{1+\sin x+\sin^2 x}-(a\sin x+b)\}=1-b=0$이므로

$b=1$

$\displaystyle\lim_{x\to 0}\dfrac{\sqrt{1+\sin x+\sin^2 x}-(a\sin x+1)}{\sin^2 x}$

$=\displaystyle\lim_{x\to 0}\dfrac{(1+\sin x+\sin^2 x)-(a\sin x+1)^2}{\sin^2 x\{\sqrt{1+\sin x+\sin^2 x}+(a\sin x+1)\}}$

$=\displaystyle\lim_{x\to 0}\dfrac{(1-2a)\sin x+(1-a^2)\sin^2 x}{\sin^2 x\{\sqrt{1+\sin x+\sin^2 x}+(a\sin x+1)\}}$ $\quad\cdots\cdots\ \bigcirc$

이때, $1-2a\neq 0$이면 이 극한은 발산하므로 $1-2a=0$, 즉

$a=\dfrac{1}{2}$이다.

따라서 $\bigcirc$에서

$c=\displaystyle\lim_{x\to 0}\dfrac{3}{4\left\{\sqrt{1+\sin x+\sin^2 x}+\left(\dfrac{1}{2}\sin x+1\right)\right\}}=\dfrac{3}{8}$

$\therefore a+b+c=\dfrac{1}{2}+1+\dfrac{3}{8}=\dfrac{15}{8}$

0514

답 6

$\sqrt{n+x}-\sqrt{n-x}=\dfrac{2x}{\sqrt{n+x}+\sqrt{n-x}}$이므로

$\displaystyle\lim_{n\to\infty}(\sqrt{n+x}-\sqrt{n-x})=0$이다.

$f(x)$

$=\displaystyle\lim_{n\to\infty}\dfrac{nx\tan(\sqrt{n+x}-\sqrt{n-x})}{\sqrt{nx^2-1}}$

$=\displaystyle\lim_{n\to\infty}\left\{\dfrac{\tan(\sqrt{n+x}-\sqrt{n-x})}{\sqrt{n+x}-\sqrt{n-x}}\times\dfrac{nx(\sqrt{n+x}-\sqrt{n-x})}{\sqrt{nx^2-1}}\right\}$

$=\displaystyle\lim_{n\to\infty}\dfrac{\tan(\sqrt{n+x}-\sqrt{n-x})}{\sqrt{n+x}-\sqrt{n-x}}\times\lim_{n\to\infty}\dfrac{nx\times 2x}{\sqrt{nx^2-1}(\sqrt{n+x}+\sqrt{n-x})}$

$=1\times\dfrac{2x^2}{|x|(1+1)}=|x|$

$\therefore f(-1)+f(5)=1+5=6$

0515

답 ③

ㄱ. $\displaystyle\lim_{x\to 0}\dfrac{f(x)}{x}=1$이므로 $x\to 0$일 때 (분자)$\to 0$이다.

$\displaystyle\lim_{x\to 0}\{e^{-x}\sin x+g(x)\}=0$에서 $\displaystyle\lim_{x\to 0}e^{-x}\sin x=0$이므로

$\displaystyle\lim_{x\to 0}g(x)=0$이다.

이때, 다항함수 $g(x)$는 연속함수이므로

$$\lim_{x \to 0} g(x) = g(0)$$

$$\therefore g(0) = 0 \ (참)$$

ㄴ. $\displaystyle\lim_{x \to \infty} \frac{f(x)}{x^2} = \lim_{x \to \infty} \frac{e^{-x}\sin x + g(x)}{x^2} = 1$에서

$$\lim_{x \to \infty} \frac{e^{-x}\sin x}{x^2} = \lim_{x \to \infty}\left(\frac{e^{-x}}{x} \times \frac{\sin x}{x}\right) = 0$$이므로 ...... **TIP**

$$\lim_{x \to \infty}\frac{g(x)}{x^2} = \lim_{x \to \infty}\frac{f(x)}{x^2} - \lim_{x \to \infty}\frac{e^{-x}\sin x}{x^2} = 1 \ (참)$$

ㄷ. $g(0) = 0$이고 $\displaystyle\lim_{x \to \infty}\frac{g(x)}{x^2} = 1$이므로 상수 k에 대하여

$$g(x) = x(x+k)$$

$$\begin{aligned}\lim_{x \to 0}\frac{f(x)}{x} &= \lim_{x \to 0}\frac{e^{-x}\sin x + g(x)}{x}\\ &= \lim_{x \to 0}\left\{e^{-x} \times \frac{\sin x}{x} + (x+k)\right\}\\ &= 1 \times 1 + (0+k) = 1+k = 1\end{aligned}$$

$$\therefore k = 0$$

즉, $g(x) = x^2$에서 $\displaystyle\lim_{x \to 0}\frac{f(x)}{g(x)} = \lim_{x \to 0}\frac{f(x)}{x^2}$

이때, $\displaystyle\lim_{x \to 0}\frac{f(x)}{x^2}$가 수렴한다고 가정하면 $\displaystyle\lim_{x \to 0}\frac{f(x)}{x} = 1$이므로

$$\lim_{x \to 0}\frac{\dfrac{f(x)}{x^2}}{\dfrac{f(x)}{x}} = \lim_{x \to 0}\frac{1}{x}$$의 값이 존재해야 하는데 그렇지 않으므로

모순이다.

즉, 극한값 $\displaystyle\lim_{x \to 0}\frac{f(x)}{g(x)}$는 존재하지 않는다. (거짓)

따라서 옳은 것은 ㄱ, ㄴ이다.

TIP

〈보기〉 ㄴ의 풀이 과정에서 $\displaystyle\lim_{x \to \infty}\frac{e^{-x}}{x} = 0$, $\displaystyle\lim_{x \to \infty}\frac{\sin x}{x} = 0$임이 활용된다.

(i) $x > 0$일 때, $0 < e^{-x} < 1$이므로 $0 < \dfrac{e^{-x}}{x} < \dfrac{1}{x}$

$$\lim_{x \to \infty} 0 \le \lim_{x \to \infty}\frac{e^{-x}}{x} \le \lim_{x \to \infty}\frac{1}{x} \qquad \therefore \lim_{x \to \infty}\frac{e^{-x}}{x} = 0$$

(ii) $x > 0$일 때, $-1 \le \sin x \le 1$이므로

$$-\frac{1}{x} \le \frac{\sin x}{x} \le \frac{1}{x}$$

$$\lim_{x \to \infty}\left(-\frac{1}{x}\right) \le \lim_{x \to \infty}\frac{\sin x}{x} \le \lim_{x \to \infty}\frac{1}{x} \qquad \therefore \lim_{x \to \infty}\frac{\sin x}{x} = 0$$

0516   답 ⑤

ㄱ. $\displaystyle\lim_{x \to 0}\ln(1+\tan x)^{\cot x} = \lim_{x \to 0}\ln(1+\tan x)^{\frac{1}{\tan x}} = 1 \ (참)$

ㄴ. $\displaystyle\lim_{x \to 0}\ln(1+\tan^{n+1}x)^{\csc^n x}$

$$= \lim_{x \to 0}\ln(1+\tan^{n+1}x)^{\frac{1}{\tan^{n+1}x} \times \tan^{n+1}x \times \csc^n x}$$

$$= \lim_{x \to 0}\left\{\frac{\sin x}{\cos^{n+1}x} \times \ln(1+\tan^{n+1}x)^{\frac{1}{\tan^{n+1}x}}\right\} = \frac{0}{1} \times 1 = 0 \ (참)$$

ㄷ. $f(x) = e^x$이라 하면

$$\lim_{x \to 0}\frac{e^{\cos^n x} - e}{\sin^n x}$$

$$= \lim_{x \to 0}\left\{\frac{f(\cos^n x) - f(1)}{\cos^n x - 1} \times \frac{\cos^n x - 1}{\sin^n x}\right\}$$

$$= \lim_{x \to 0}\left\{f'(1) \times \frac{\cos x - 1}{x^2} \times (\cos^{n-1}x + \cdots + \cos x + 1)\right.$$
$$\left. \times \frac{x^2}{\sin^2 x} \times \frac{1}{\sin^{n-2}x}\right\}$$

이때, $f'(1) = e$, $\displaystyle\lim_{x \to 0}\frac{\cos x - 1}{x^2} = -\frac{1}{2}$,

$\displaystyle\lim_{x \to 0}(\cos^{n-1}x + \cdots + \cos x + 1) = n$, $\displaystyle\lim_{x \to 0}\frac{x^2}{\sin^2 x} = 1$이고,

$\displaystyle\lim_{x \to 0}\frac{1}{\sin^{n-2}x}$이 존재하지 않으므로 이 극한값이 존재하지

않는다. (참)

따라서 옳은 것은 ㄱ, ㄴ, ㄷ이다.

0517   답 ②

삼각형 ADP에서 선분 AD를 밑변으로 보면 삼각형의 넓이가 최대가 되기 위해서는 높이가 최대여야 한다.

따라서 점 P가 직선 AD와 평행한 직선이 원과 접하는 점이 될 때 삼각형 ADP의 넓이는 최대이다.

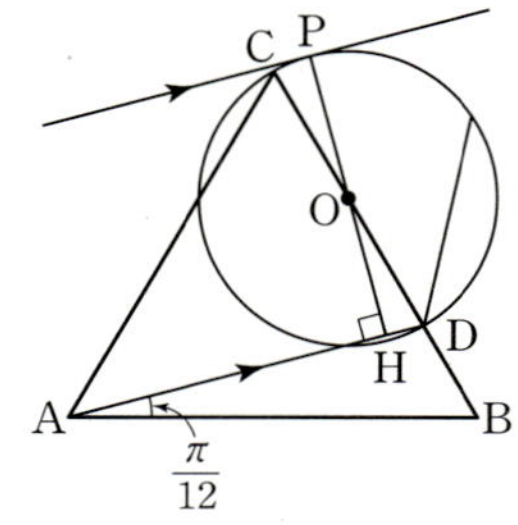

선분 CD의 중점을 O, 점 P에서 직선 AD에 내린 수선의 발을 H라 하자.

삼각형 ODP는 이등변삼각형이므로 $\angle OPD = \angle CDP = \theta$이고 원주각과 중심각의 관계에 의하여 $\angle DOH = 2\theta$이다.

한편, 삼각형 ABD에서 $\angle ADB = \pi - \dfrac{\pi}{3} - \dfrac{\pi}{12} = \dfrac{7}{12}\pi$이므로

$$\angle ODH = \frac{5}{12}\pi$$

따라서 $2\theta = \dfrac{\pi}{2} - \dfrac{5}{12}\pi = \dfrac{\pi}{12}$이다.

$$\begin{aligned}\therefore \sin\theta\cos\theta &= \frac{1}{2}\sin(2\theta) = \frac{1}{2}\sin\left(\frac{\pi}{3} - \frac{\pi}{4}\right)\\ &= \frac{1}{2}\left(\frac{\sqrt{3}}{2} \times \frac{\sqrt{2}}{2} - \frac{1}{2} \times \frac{\sqrt{2}}{2}\right)\\ &= \frac{\sqrt{6} - \sqrt{2}}{8}\end{aligned}$$

0518   답 50

직각삼각형 OPQ에서 $\overline{PQ} = \tan\theta$, $\overline{OQ} = \sec\theta$

두 점 $A(0, 1)$, $P(\cos\theta, \sin\theta)$를 지나는 직선의 방정식은

$y = \dfrac{\sin\theta - 1}{\cos\theta}x + 1$이므로 점 R의 좌표는 $\left(\dfrac{\cos\theta}{1 - \sin\theta},\ 0\right)$이다.

(삼각형 ROP의 넓이)$=\dfrac{1}{2}\times\dfrac{\cos\theta}{1-\sin\theta}\times\sin\theta$

(삼각형 QOP의 넓이)$=\dfrac{1}{2}\times1\times\tan\theta$

에서
$S(\theta)=$ (삼각형 ROP의 넓이) $-$ (삼각형 QOP의 넓이)

이므로

$$\begin{aligned}
S(\theta)&=\frac{1}{2}\left(\frac{\sin\theta\cos\theta}{1-\sin\theta}-\tan\theta\right)\\
&=\frac{1}{2}\left\{\frac{\sin\theta\cos\theta(1+\sin\theta)}{(1-\sin\theta)(1+\sin\theta)}-\frac{\sin\theta}{\cos\theta}\right\}\\
&=\frac{1}{2}\left\{\frac{\sin\theta\cos\theta(1+\sin\theta)-\sin\theta\cos\theta}{\cos^2\theta}\right\}\\
&=\frac{\sin^2\theta}{2\cos\theta}
\end{aligned}$$

$$\therefore\ \alpha=\lim_{\theta\to0+}\frac{S(\theta)}{\theta^2}=\lim_{\theta\to0+}\left(\frac{\sin^2\theta}{\theta^2}\times\frac{1}{2\cos\theta}\right)=\frac{1}{2}$$

$$\therefore\ 100\alpha=50$$

다른 풀이

삼각형 AOP는 이등변삼각형이고 $\angle\mathrm{AOP}=\dfrac{\pi}{2}-\theta$이므로

$\angle\mathrm{APO}=\dfrac{\pi}{4}+\dfrac{\theta}{2}$이다.

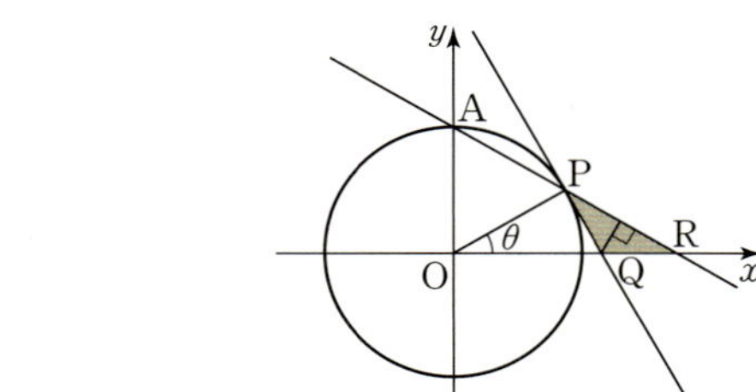

$\angle\mathrm{QPO}=\dfrac{\pi}{2}$이므로 $\angle\mathrm{QPR}=\dfrac{\pi}{4}-\dfrac{\theta}{2}$

$\angle\mathrm{PQR}=\dfrac{\pi}{2}+\theta$

$\therefore\ \angle\mathrm{QRP}=\dfrac{\pi}{4}-\dfrac{\theta}{2}$

따라서 삼각형 PQR는 이등변삼각형이다.
직각삼각형 OPQ에서 $\overline{\mathrm{PQ}}=\tan\theta$, $\overline{\mathrm{QR}}=\tan\theta$이므로

$$\begin{aligned}
S(\theta)&=\frac{1}{2}\,\overline{\mathrm{PQ}}\times\overline{\mathrm{QR}}\sin(\angle\mathrm{PQR})\\
&=\frac{1}{2}\tan^2\theta\sin\left(\frac{\pi}{2}+\theta\right)\\
&=\frac{1}{2}\tan^2\theta\cos\theta
\end{aligned}$$

$$\therefore\ \alpha=\lim_{\theta\to0+}\frac{S(\theta)}{\theta^2}=\lim_{\theta\to0+}\left(\frac{\tan^2\theta}{\theta^2}\times\frac{\cos\theta}{2}\right)=\frac{1}{2}$$

$$\therefore\ 100\alpha=50$$

0519 　　답 30

점 $\mathrm{P}(\cos\theta,\ \sin\theta)$에서 y축에 내린 수선의 발은
$\mathrm{H}(0,\ \sin\theta)$이고, 점 Q의 y좌표는 $\sin\theta$이므로
$\ln(x+1)=\sin\theta$에서 $x=e^{\sin\theta}-1$
즉, $\mathrm{Q}(e^{\sin\theta}-1,\ \sin\theta)$이므로

$L(\theta)=\overline{\mathrm{HQ}}=e^{\sin\theta}-1$
삼각형 OPQ에서 선분 PQ를 밑변이라 하면 높이는 $\sin\theta$이므로

$$S(\theta)=\frac{1}{2}\times\{\cos\theta-(e^{\sin\theta}-1)\}\times\sin\theta$$

$$\begin{aligned}
\therefore\ k&=\lim_{\theta\to0+}\frac{S(\theta)}{L(\theta)}=\lim_{\theta\to0+}\frac{\dfrac{1}{2}\times\{\cos\theta-(e^{\sin\theta}-1)\}\times\sin\theta}{e^{\sin\theta}-1}\\
&=\lim_{\theta\to0+}\frac{\cos\theta-(e^{\sin\theta}-1)}{2\times\dfrac{e^{\sin\theta}-1}{\sin\theta}}\\
&=\frac{1-(1-1)}{2\times1}=\frac{1}{2}
\end{aligned}$$

$$\therefore\ 60k=60\times\frac{1}{2}=30$$

0520 　　답 ②

삼각형 APB는 빗변의 길이가 2인 직각삼각형이므로 이 삼각형의 넓이는

$$\frac{1}{2}\times2\sin\theta\times2\cos\theta=2\sin\theta\cos\theta$$

이때 점 O는 선분 AB의 중점이므로 $f(\theta)$는 삼각형 APB의 넓이의 절반이다.

$$\therefore\ f(\theta)=\frac{1}{2}\times2\sin\theta\cos\theta=\sin\theta\cos\theta$$

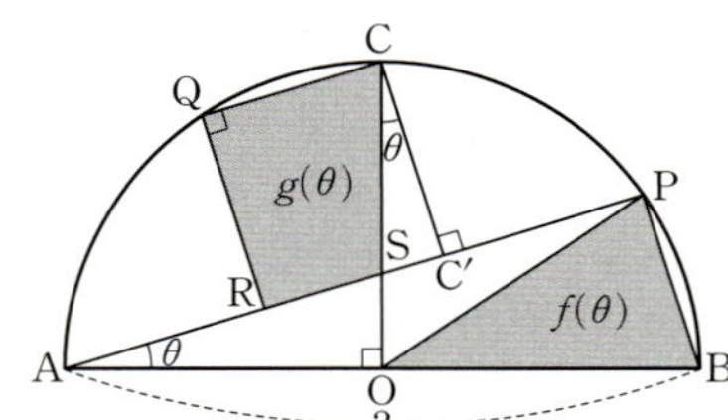

한편 직각삼각형 AOS에서 $\overline{\mathrm{OS}}=\tan\theta$이므로
$\overline{\mathrm{CS}}=1-\tan\theta$　　　　…… ㉠
또한 두 삼각형 POB와 QOC는 합동이므로

$$\angle\mathrm{OCQ}=\angle\mathrm{OBP}=\frac{\pi}{2}-\theta$$

따라서 점 C에서 직선 AP에 내린 수선의 발을 C′이라 하면 두 삼각형 APB와 CC′S는 서로 닮음이다.
㉠에 의하여 사각형 CQRC′의 넓이는
$\overline{\mathrm{CQ}}\times\overline{\mathrm{CC'}}=\overline{\mathrm{BP}}\times(\overline{\mathrm{CS}}\times\cos\theta)=2\sin\theta\cos\theta(1-\tan\theta)$
삼각형 CC′S의 넓이는

$$\begin{aligned}
\frac{1}{2}\times\overline{\mathrm{CC'}}\times\overline{\mathrm{C'S}}&=\frac{1}{2}\times\cos\theta(1-\tan\theta)\times\sin\theta(1-\tan\theta)\\
&=\frac{1}{2}\sin\theta\cos\theta(1-\tan\theta)^2
\end{aligned}$$

$$\begin{aligned}
\therefore\ g(\theta)&=\square\mathrm{CQRC'}-\triangle\mathrm{CC'S}\\
&=2\sin\theta\cos\theta(1-\tan\theta)-\frac{1}{2}\sin\theta\cos\theta(1-\tan\theta)^2\\
&=\frac{1}{2}\sin\theta\cos\theta(1-\tan\theta)\{4-(1-\tan\theta)\}\\
&=\frac{1}{2}\sin\theta\cos\theta(1-\tan\theta)(3+\tan\theta)
\end{aligned}$$

$$\therefore \lim_{\theta \to 0+} \frac{3f(\theta)-2g(\theta)}{\theta^2}$$

$$= \lim_{\theta \to 0+} \frac{3\sin\theta\cos\theta - \sin\theta\cos\theta(1-\tan\theta)(3+\tan\theta)}{\theta^2}$$

$$= \lim_{\theta \to 0+} \frac{\sin\theta\cos\theta\{3-(3-2\tan\theta-\tan^2\theta)\}}{\theta^2}$$

$$= \lim_{\theta \to 0+} \frac{\sin\theta\cos\theta\tan\theta(2+\tan\theta)}{\theta^2}$$

$$= \lim_{\theta \to 0+} \left\{ \frac{\sin\theta}{\theta} \times \frac{\tan\theta}{\theta} \times \cos\theta(2+\tan\theta) \right\}$$

$$= 1 \times 1 \times 1 \times (2+0) = 2$$

0521 ⋯⋯⋯⋯⋯⋯⋯ 답 $(1)\ -\dfrac{1}{(x+3)^2}$ $(2)\ \dfrac{5}{(x+2)^2}$ $(3)\ -\dfrac{1}{x^2}$

(1) $y' = -\dfrac{(x+3)'}{(x+3)^2} = -\dfrac{1}{(x+3)^2}$

(2) $y' = \dfrac{(2x-1)'(x+2)-(2x-1)(x+2)'}{(x+2)^2} = \dfrac{5}{(x+2)^2}$

(3) $y' = -\dfrac{1}{x^2}$

다른 풀이

(2) $y = \dfrac{2x-1}{x+2} = 2 - \dfrac{5}{x+2}$ 이므로

$$y' = (-5) \times \left\{ -\dfrac{(x+2)'}{(x+2)^2} \right\} = \dfrac{5}{(x+2)^2}$$

0522 ⋯⋯⋯⋯⋯⋯⋯ 답 $(1)\ 7$ $(2)\ -\dfrac{1}{8}$ $(3)\ -\dfrac{1}{4}$

(1) $f'(x) = 5 + \dfrac{2}{x^2}$

$\quad \therefore f'(1) = 7$

(2) $f(x) = x^{-4}$ 이므로 $f'(x) = -4x^{-5} = -\dfrac{4}{x^5}$

$\quad \therefore f'(2) = -\dfrac{1}{8}$

(3) $f'(x) = \dfrac{(e^x)'(3x+2)-e^x(3x+2)'}{(3x+2)^2} = \dfrac{e^x(3x-1)}{(3x+2)^2}$

$\quad \therefore f'(0) = -\dfrac{1}{4}$

0523 ⋯⋯⋯⋯⋯⋯⋯ 답 $(1)\ \dfrac{1}{2}$ $(2)\ 1$ $(3)\ 0$

(1) $f'(x) = \dfrac{(2x)'(x+1)-2x(x+1)'}{(x+1)^2} = \dfrac{2}{(x+1)^2}$

$\quad \therefore \lim_{h \to 0} \dfrac{f(1+h)-f(1)}{h} = f'(1) = \dfrac{1}{2}$

(2) $f'(x) = \dfrac{(x-1)'(x^2+2)-(x-1)(x^2+2)'}{(x^2+2)^2}$

$\qquad = \dfrac{-x^2+2x+2}{(x^2+2)^2}$

$\quad \therefore \lim_{h \to 0} \dfrac{f(1+2h)-f(1-h)}{h}$

$\qquad = \lim_{h \to 0} \left\{ \dfrac{f(1+2h)-f(1)}{2h} \times 2 + \dfrac{f(1-h)-f(1)}{-h} \right\}$

$\qquad = 2f'(1)+f'(1) = 3f'(1)$

$\qquad = 3 \times \dfrac{1}{3} = 1$

(3) $f'(x) = \dfrac{(\ln x)'x - \ln x \times (x)'}{x^2} = \dfrac{1-\ln x}{x^2}$

$\quad \therefore \lim_{x \to e} \dfrac{f(x)-f(e)}{x-e} = f'(e) = 0$

0524
目 (1) 4 (2) −27

(1) $f(x)=\dfrac{x-2}{x^3}=x^{-2}-2x^{-3}$에서

$\quad f'(x)=-2x^{-3}+6x^{-4}$

$\quad \therefore f'(1)=(-2)+6=4$

(2) $f(x)=\dfrac{2x^3+5x-3}{x^2}=2x+5x^{-1}-3x^{-2}$에서

$\quad f'(x)=2-5x^{-2}+6x^{-3}$

$\quad \therefore \displaystyle\lim_{h\to 0}\dfrac{f(-1+2h)-f(-1-h)}{h}$

$\quad =\displaystyle\lim_{h\to 0}\left\{\dfrac{f(-1+2h)-f(-1)}{2h}\times 2+\dfrac{f(-1-h)-f(-1)}{-h}\right\}$

$\quad =2f'(-1)+f'(-1)=3f'(-1)$

$\quad =3(2-5-6)=-27$

0525
目 풀이 참조

(1) $\tan x=\dfrac{\sin x}{\cos x}$이므로

$\quad (\tan x)'=\left(\dfrac{\sin x}{\cos x}\right)'=\dfrac{(\sin x)'\cos x-\sin x(\cos x)'}{\cos^2 x}$

$\qquad =\dfrac{\cos^2 x+\sin^2 x}{\cos^2 x}=\dfrac{1}{\cos^2 x}$

$\qquad =\sec^2 x$

(2) $\sec x=\dfrac{1}{\cos x}$이므로

$\quad (\sec x)'=\left(\dfrac{1}{\cos x}\right)'=-\dfrac{(\cos x)'}{\cos^2 x}$

$\qquad =\dfrac{\sin x}{\cos^2 x}=\dfrac{1}{\cos x}\times\dfrac{\sin x}{\cos x}$

$\qquad =\sec x\tan x$

채점 요소	배점
(1) $\tan x=\dfrac{\sin x}{\cos x}$ 를 몫의 미분법을 이용하여 미분하기	50 %
(2) $\sec x=\dfrac{1}{\cos x}$ 을 몫의 미분법을 이용하여 미분하기	50 %

0526
目 (1) $-\csc x\cot x-\csc^2 x$ (2) $\dfrac{8}{3}$

(1) $(\csc x+\cot x)'=-\csc x\cot x-\csc^2 x$

(2) $f'(x)=\sec^2 x+2\sec x\tan x$이므로

$\quad f'\left(\dfrac{\pi}{6}\right)=\left(\dfrac{2}{\sqrt{3}}\right)^2+2\times\dfrac{2}{\sqrt{3}}\times\dfrac{1}{\sqrt{3}}=\dfrac{8}{3}$

0527
目 10

$f'(x)=\sec^2 x$

$f(a)=\tan a=3$이므로

$f'(a)=\sec^2 a=1+\tan^2 a=10$

0528
目 ①

$g(x)=\dfrac{x^2-2x}{2+f(x)}$에서

$g'(x)=\dfrac{(x^2-2x)'\{2+f(x)\}-(x^2-2x)\{2+f(x)\}'}{\{2+f(x)\}^2}$

$\qquad =\dfrac{(2x-2)\{2+f(x)\}-(x^2-2x)f'(x)}{\{2+f(x)\}^2}$

$\therefore g'(0)=\dfrac{-2\times 1+0}{1^2}=-2\ (\because f(0)=-1)$

0529
目 (1) $f'(x)=10x(x^2+1)^4$ (2) -24

(1) 함수 $f(x)$의 도함수는

$\quad f'(x)=5(x^2+1)^4\times 2x=10x(x^2+1)^4$

(2) 함수 $f(x)$의 도함수는

$\quad f'(x)=4(2x^3-3)^3\times 6x^2=24x^2(2x^3-3)^3$

$\quad \therefore f'(1)=-24$

0530
目 (1) $6e^2$ (2) $\dfrac{3}{e^4}$ (3) $\sqrt{3e}$

(1) 함수 $y=2e^{3x-1}$의 도함수는 $y'=2e^{3x-1}\times 3=6e^{3x-1}$이므로
구하는 값은 $6e^2$이다.

(2) 함수 $y=e^{x^2+5x}$의 도함수는

$\quad y'=e^{x^2+5x}\times(2x+5)=(2x+5)e^{x^2+5x}$이므로

구하는 값은 $3\times e^{-4}=\dfrac{3}{e^4}$이다.

(3) 함수 $y=2e^{\sin x}$의 도함수는

$\quad y'=2e^{\sin x}\times\cos x$이므로

구하는 값은 $2e^{\frac{1}{2}}\times\dfrac{\sqrt{3}}{2}=\sqrt{3e}$이다.

0531
目 (1) $-2\sin 3$ (2) $\sqrt{2}$ (3) $\dfrac{\sqrt{3}}{2}$ (4) 2

(1) 함수 $f(x)=\cos(2x+1)$의 도함수는

$\quad f'(x)=-\sin(2x+1)\times 2=-2\sin(2x+1)$이므로

$\quad f'(1)=-2\sin 3$

(2) 함수 $f(x)=\sin\left(\dfrac{\pi}{4}+2\tan x\right)$의 도함수는

$\quad f'(x)=\cos\left(\dfrac{\pi}{4}+2\tan x\right)\times 2\sec^2 x$

$\qquad =2\sec^2 x\cos\left(\dfrac{\pi}{4}+2\tan x\right)$

$\quad \therefore f'(0)=2\times 1\times\dfrac{\sqrt{2}}{2}=\sqrt{2}$

(3) 함수 $f(x)=\cos^2 x$의 도함수는

$\quad f'(x)=2\cos x\times(-\sin x)$

$\qquad =-2\cos x\sin x$

$\quad \therefore f'\left(\dfrac{2}{3}\pi\right)=(-2)\times\left(-\dfrac{1}{2}\right)\times\dfrac{\sqrt{3}}{2}=\dfrac{\sqrt{3}}{2}$

(4) 함수 $f(x)=\tan^2 x+\cot x$의 도함수는

$\quad f'(x)=2\tan x\sec^2 x-\csc^2 x$이므로

$\quad f'\left(\dfrac{\pi}{4}\right)=2\times 1\times 2-2=2$

0532

답 (1) $\dfrac{6}{7}$ (2) $\dfrac{5}{3}$

(1) 함수 $y=\ln(3x^2+2)$의 도함수는 $y'=\dfrac{6x}{3x^2+2}$이므로

구하는 값은 $\dfrac{12}{14}=\dfrac{6}{7}$이다.

(2) 함수 $y=\ln|x^3-2x^2|$의 도함수는

$$y'=\dfrac{3x^2-4x}{x^3-2x^2}=\dfrac{3x-4}{x^2-2x}$$이므로

구하는 값은 $\dfrac{5}{3}$이다.

0533

답 ④

$$\lim_{h\to0}\dfrac{f(1+3h)-f(1)}{h}=\lim_{h\to0}\dfrac{f(1+3h)-f(1)}{3h}\times3=3f'(1)$$

이다. $\cdots\cdots$ ㉠

함수 $f(x)=x^2+x\ln(2x-1)$의 도함수는

$$f'(x)=2x+\ln(2x-1)+\dfrac{2x}{2x-1}$$이므로

㉠에서 구하는 값은

$$3f'(1)=3(2+2)=12$$

0534

답 ②

함수 $f(x)=\sin(x^2+2ax)$의 도함수는
$f'(x)=(2x+2a)\cos(x^2+2ax)$이고,
$f'(0)=2a\cos0=2a$이므로 $2a=3$

$\therefore a=\dfrac{3}{2}$

0535

답 (1) $\dfrac{3}{2}$ (2) $\dfrac{8}{3}$ (3) $-6\sqrt{3}$

(1) $y=x\sqrt{x}=x^{\frac{3}{2}}$의 도함수는 $y'=\dfrac{3}{2}x^{\frac{1}{2}}$이므로

$x=1$에서의 미분계수는

$$\dfrac{3}{2}\times1=\dfrac{3}{2}$$

(2) 함수 $y=\sqrt[3]{x^4}=x^{\frac{4}{3}}$의 도함수는 $y'=\dfrac{4}{3}x^{\frac{1}{3}}$이므로

$x=8$에서의 미분계수는

$$\dfrac{4}{3}\times(2^3)^{\frac{1}{3}}=\dfrac{8}{3}$$

(3) 함수 $y=\sqrt{(2x^2+1)^3}=(2x^2+1)^{\frac{3}{2}}$의 도함수는

$$y'=\dfrac{3}{2}(2x^2+1)^{\frac{1}{2}}\times4x=6x(2x^2+1)^{\frac{1}{2}}$$이므로

$x=-1$에서의 미분계수는

$$-6\times3^{\frac{1}{2}}=-6\sqrt{3}$$

0536

답 ③

① $(e^x)'=e^x$ (거짓)

② $\left(\dfrac{1}{x^3}\right)'=(x^{-3})'=-3x^{-4}=\dfrac{-3}{x^4}$ (거짓)

③ $(\sqrt{x})'=(x^{\frac{1}{2}})'=\dfrac{1}{2}x^{-\frac{1}{2}}=\dfrac{1}{2\sqrt{x}}$ (참)

④ $\left\{\dfrac{f(x)}{g(x)}\right\}'=\dfrac{f'(x)g(x)-f(x)g'(x)}{\{g(x)\}^2}$ (거짓)

⑤ $(\tan^2x)'=2\tan x\sec^2x$ (거짓)

따라서 선지 중 바르게 미분한 것은 ③이다.

0537

답 ②

미분가능한 두 함수 $f(x)$, $g(x)$에 대하여

$$\lim_{x\to3}\dfrac{f(x)-3}{x-3}=2$$이므로 $f(3)=3$, $f'(3)=2$이고

$$\lim_{x\to2}\dfrac{g(x)-3}{x-2}=5$$이므로 $g(2)=3$, $g'(2)=5$이다.

함수 $y=(f\circ g)(x)$의 도함수는 $y'=f'(g(x))g'(x)$이므로
$x=2$를 대입하면

$$f'(g(2))g'(2)=f'(3)\times5=10$$

0538

답 -1

함수 $y=\dfrac{1}{1+f(3x)}$의 도함수는 $y'=-\dfrac{3f'(3x)}{\{1+f(3x)\}^2}$이므로

$x=1$에서의 미분계수는

$$-\dfrac{3f'(3)}{\{1+f(3)\}^2}=-\dfrac{9}{(1+2)^2}=-1$$

0539

답 (1) -10 (2) $\dfrac{\sqrt{3}}{2}$

(1) 함수 $g(f(x))$의 도함수는 $g'(f(x))f'(x)$이므로

구하는 값은 $g'(f(1))f'(1)$이다.

$f(x)=4x^2-3x$, $g(x)=x^3-5x+1$에서

$f'(x)=8x-3$, $g'(x)=3x^2-5$이므로

$$g'(f(1))f'(1)=g'(1)f'(1)=-2\times5=-10$$

(2) $h(x)=(g\circ f)(x)$에서 $h'(x)=g'(f(x))f'(x)$

$f(x)=\sin x$, $g(x)=x^2+1$에서

$f'(x)=\cos x$, $g'(x)=2x$이므로

$$h'\left(\dfrac{\pi}{3}\right)=g'\left(f\left(\dfrac{\pi}{3}\right)\right)f'\left(\dfrac{\pi}{3}\right)=g'\left(\dfrac{\sqrt{3}}{2}\right)f'\left(\dfrac{\pi}{3}\right)$$

$$=\sqrt{3}\times\dfrac{1}{2}=\dfrac{\sqrt{3}}{2}$$

다른 풀이

(1) 함수 $h(x)=g(f(x))$라고 하면

함수 $h(x)=(4x^2-3x)^3-5(4x^2-3x)+1$이므로

도함수는 $h'(x)=3(4x^2-3x)^2(8x-3)-5(8x-3)$

$\therefore h'(1)=3\times1\times5-5\times5=-10$

(2) 함수 $h(x)=g(\sin x)=\sin^2x+1$이므로

도함수는 $h'(x)=2\sin x\cos x$

$\therefore h'\left(\dfrac{\pi}{3}\right)=2\times\dfrac{\sqrt{3}}{2}\times\dfrac{1}{2}=\dfrac{\sqrt{3}}{2}$

0540

답 (1) 1 (2) $-\dfrac{8}{\ln 2}$

(1) 함수 $h(x)=(f\circ g)(x)$의 도함수는 $h'(x)=f'(g(x))g'(x)$
이므로 구하는 값은
$$h'(-2)=f'(g(-2))g'(-2)\text{이다.} \qquad\cdots\cdots\ \text{㉠}$$
두 함수 $f(x),\ g(x)$의 도함수는
$$f'(x)=\frac{x^2+1-2x(x-1)}{(x^2+1)^2}=\frac{-x^2+2x+1}{(x^2+1)^2}$$
$g'(x)=2x+2$이므로 ㉠에서
$$\begin{aligned}
h'(-2)&=f'(g(-2))g'(-2)\\
&=f'(-1)g'(-2)\\
&=\left(-\frac{1}{2}\right)\times(-2)=1
\end{aligned}$$

(2) 함수 $h(x)=(f\circ g)(x)$의 도함수는 $h'(x)=f'(g(x))g'(x)$
이므로 구하는 값은
$$h'\!\left(\frac{1}{4}\right)=f'\!\left(g\!\left(\frac{1}{4}\right)\right)g'\!\left(\frac{1}{4}\right)\text{이다.} \qquad\cdots\cdots\ \text{㉠}$$
두 함수 $f(x),\ g(x)$의 도함수는
$$f'(x)=\frac{6x(x+1)-(3x^2+2)}{(x+1)^2}=\frac{3x^2+6x-2}{(x+1)^2}$$
$g'(x)=\dfrac{1}{x\ln 2}$이므로 ㉠에서
$$\begin{aligned}
h'\!\left(\frac{1}{4}\right)&=f'\!\left(g\!\left(\frac{1}{4}\right)\right)g'\!\left(\frac{1}{4}\right)=f'(-2)g'\!\left(\frac{1}{4}\right)\\
&=(-2)\times\frac{4}{\ln 2}=-\frac{8}{\ln 2}
\end{aligned}$$

0541

답 ②

$\dfrac{dx}{dt}=2t$, $\dfrac{dy}{dt}=6t^2$이므로
$$\frac{dy}{dx}=\frac{\dfrac{dy}{dt}}{\dfrac{dx}{dt}}=\frac{6t^2}{2t}=3t$$
따라서 $t=1$일 때 $\dfrac{dy}{dx}$의 값은 $3\times 1=3$

0542

답 ①

$\dfrac{dx}{dt}=2(t-3)$, $\dfrac{dy}{dt}=2-2t$이므로
$$\frac{dy}{dx}=\frac{2-2t}{2(t-3)}=\frac{1-t}{t-3}$$
따라서 $t=2$에서의 접선의 기울기는
$t=2$일 때 $\dfrac{dy}{dx}$의 값이므로 $\dfrac{1-2}{2-3}=1$이다.

0543

답 ④

$\dfrac{dx}{dt}=e^{t-1}$, $\dfrac{dy}{dt}=3e^{3t+2}$이므로
$$\frac{dy}{dx}=\frac{3e^{3t+2}}{e^{t-1}}=3e^{2t+3}$$

$a=3$, $b=2$, $c=3$
$$\therefore\ a+b+c=8$$

0544

답 ①

$\dfrac{dx}{dt}=3$, $\dfrac{dy}{dt}=-4t$이므로 $\dfrac{dy}{dx}=-\dfrac{4}{3}t$
$$\begin{aligned}
&\lim_{h\to 0}\frac{f(3h-2)-f(5h-2)}{h}\\
&=\lim_{h\to 0}\left\{\frac{f(-2+3h)-f(-2)}{3h}\times 3-\frac{f(-2+5h)-f(-2)}{5h}\times 5\right\}\\
&=-2f'(-2) \qquad\cdots\cdots\ \text{㉠}
\end{aligned}$$
이때, $x=3t-1=-2$에서 $t=-\dfrac{1}{3}$이므로 ㉠에서 구하는 값은
$$-2f'(-2)=-2\times\frac{4}{9}=-\frac{8}{9}$$

> **참고**
>
> $x=3t-1$에서 $t=\dfrac{x+1}{3}$이므로 $y=1-2t^2=1-2\left(\dfrac{x+1}{3}\right)^2$
>
> 즉, $f(x)=1-2\left(\dfrac{x+1}{3}\right)^2$이다.

0545

답 (1) 1 (2) 2

(1) $xy+x-4y=0$에서 음함수의 미분법에 의하여
$$y+x\frac{dy}{dx}+1-4\frac{dy}{dx}=0$$
$$(x-4)\frac{dy}{dx}=-y-1$$
$$\therefore\ \frac{dy}{dx}=\frac{-y-1}{x-4}=\frac{y+1}{4-x}$$
따라서 $x=2$, $y=1$일 때 $\dfrac{dy}{dx}=1$이다.

(2) $x^2y-2y^2+2y=1$에서 음함수의 미분법에 의하여
$$2xy+x^2\frac{dy}{dx}-4y\frac{dy}{dx}+2\frac{dy}{dx}=0$$
$$(x^2-4y+2)\frac{dy}{dx}=-2xy$$
$$\therefore\ \frac{dy}{dx}=\frac{-2xy}{x^2-4y+2}$$
$x=1$, $y=1$일 때 $\dfrac{dy}{dx}=2$
따라서 점 $(1,\ 1)$에서의 접선의 기울기는 2이다.

0546

답 ①

$\dfrac{x}{y}-\dfrac{y}{x}=-1$의 양변에 xy를 곱하면 $x^2-y^2=-xy$
$$x^2-y^2+xy=0$$
음함수의 미분법에 의하여
$$2x-2y\frac{dy}{dx}+y+x\frac{dy}{dx}=0$$

$$(x-2y)\frac{dy}{dx}=-2x-y$$

$$\therefore \frac{dy}{dx}=\frac{2x+y}{2y-x}\ (x\neq 2y)$$

0547

🖫 (1) $-\dfrac{1}{9}$ (2) 2

(1) $x=\dfrac{3y}{y^2-2}$에서 음함수의 미분법에 의하여

$$1=\frac{3(y^2-2)-3y\times 2y}{(y^2-2)^2}\frac{dy}{dx}=-\frac{3(y^2+2)}{(y^2-2)^2}\frac{dy}{dx}$$

$$\frac{dy}{dx}=-\frac{(y^2-2)^2}{3(y^2+2)}$$

따라서 $y=1$일 때 $\dfrac{dy}{dx}=-\dfrac{1}{9}$

(2) $x=\dfrac{1}{\sqrt{y}}+\ln y$에서 음함수의 미분법에 의하여

$$1=-\frac{1}{2y\sqrt{y}}\frac{dy}{dx}+\frac{1}{y}\frac{dy}{dx}=\frac{2\sqrt{y}-1}{2y\sqrt{y}}\frac{dy}{dx}$$

$$\frac{dy}{dx}=\frac{2y\sqrt{y}}{2\sqrt{y}-1}$$

따라서 $y=1$일 때 $\dfrac{dy}{dx}=2$

0548

🖫 ⑤

$f(1)=3$이므로 $f^{-1}(3)=1$

$$\therefore (f^{-1})'(3)=\frac{1}{f'(1)}=5$$

0549

🖫 ④

$\displaystyle\lim_{x\to 4}\frac{f(x)-2}{x-4}=\frac{1}{5}$에서 극한값이 존재하고, $x\longrightarrow 4$일 때

(분모) $\longrightarrow 0$이므로 (분자) $\longrightarrow 0$이다.

즉, $f(4)=2$이므로 $g(2)=4$이고,

$$\lim_{x\to 4}\frac{f(x)-2}{x-4}=\lim_{x\to 4}\frac{f(x)-f(4)}{x-4}=f'(4)=\frac{1}{5}$$

$$g'(2)=\frac{1}{f'(4)}=5$$

$$\therefore g(2)+g'(2)=4+5=9$$

0550

🖫 ③

$\displaystyle\lim_{x\to 1}\frac{g(x)-3}{x-1}=4$에서 극한값이 존재하고, $x\longrightarrow 1$일 때

(분모) $\longrightarrow 0$이므로 (분자) $\longrightarrow 0$이다.

즉, $g(1)=3$이므로 $f(3)=1$이고,

$$\lim_{x\to 1}\frac{g(x)-3}{x-1}=\lim_{x\to 1}\frac{g(x)-g(1)}{x-1}=g'(1)=4$$

$$\therefore f'(3)=\frac{1}{g'(1)}=\frac{1}{4}$$

0551

🖫 풀이 참조

함수 $f(x)$의 역함수가 $g(x)$이므로 역함수의 정의에 의하여
$f(g(x))=x$이다.

양변을 x에 대하여 미분하면

$f'(g(x))g'(x)=1$이므로

$$g'(x)=\frac{1}{f'(g(x))}$$

$f(a)=b$일 때 $g(b)=a$이므로

$$g'(b)=\frac{1}{f'(g(b))}=\frac{1}{f'(a)}$$

채점 요소	배점
$f(g(x))=x$로 나타내기	30%
양변을 미분하여 $g'(x)=\dfrac{1}{f'(g(x))}$임을 나타내기	40%
$g'(b)=\dfrac{1}{f'(a)}$임을 보이기	30%

0552

🖫 ①

$f(x)=(x-1)e^x$에서 $f'(x)=e^x+(x-1)e^x=xe^x$

$g(e^2)=2$이므로 $g'(e^2)=\dfrac{1}{f'(2)}=\dfrac{1}{2e^2}$

0553

🖫 ④

$f(x)=x^2+x$에서 $f'(x)=2x+1$

$f(1)=2$에서 $g(2)=1$이므로

$$g'(2)=\frac{1}{f'(1)}=\frac{1}{3}$$

0554

🖫 ③

$f(x)=x^3+2x+4$에서 $f'(x)=3x^2+2$

$f(-1)=1$에서 $f^{-1}(1)=-1$이므로

$$(f^{-1})'(1)=\frac{1}{f'(-1)}=\frac{1}{5}$$

0555

🖫 ④

$f(x)=\sqrt[3]{x-1}$에서 $f'(x)=\dfrac{1}{3\sqrt[3]{(x-1)^2}}$

$f(9)=2$에서 $g(2)=9$이므로

$$g'(2)=\frac{1}{f'(9)}=12$$

0556

🖫 ④

$f(x)=(x+3)\sqrt{x}$에서 $f'(x)=\sqrt{x}+\dfrac{x+3}{2\sqrt{x}}$

$f(1)=4$에서 $g(4)=1$이므로

$$g'(4)=\frac{1}{f'(1)}=\frac{1}{3}$$

0557

답 ③

$f(x)=\sin x$에서 $f'(x)=\cos x$

$f\left(\frac{\pi}{6}\right)=\frac{1}{2}$에서 $g\left(\frac{1}{2}\right)=\frac{\pi}{6}$

$$\therefore g'\left(\frac{1}{2}\right)=\frac{1}{f'\left(\frac{\pi}{6}\right)}=\frac{2\sqrt{3}}{3}$$

0558

답 (1) $\frac{1}{2}$ (2) $\frac{1}{3}$ (3) 1

(1) $f(x)=e^x-e^{-x}$에서 $f'(x)=e^x+e^{-x}$

$\quad f(0)=0$에서 $g(0)=0$

$$\therefore g'(0)=\frac{1}{f'(0)}=\frac{1}{2}$$

(2) $f(x)=2x+\ln x$에서 $f'(x)=2+\frac{1}{x}$

$\quad f(1)=2$에서 $g(2)=1$

$$\therefore g'(2)=\frac{1}{f'(1)}=\frac{1}{3}$$

(3) $f(x)=x\ln x\left(x>\frac{1}{e}\right)$에서 $f'(x)=\ln x+1$

$\quad f(1)=0$에서 $g(0)=1$

$$\therefore g'(0)=\frac{1}{f'(1)}=1$$

0559

답 풀이 참조

$y=\sqrt[5]{3x-2}$에서 $y^5=3x-2$, $x=\frac{y^5+2}{3}$이므로

$$\frac{dx}{dy}=\frac{5}{3}y^4$$

$$\therefore \frac{dy}{dx}=\frac{1}{\dfrac{dx}{dy}}=\frac{1}{\dfrac{5}{3}y^4}=\frac{3}{5y^4}=\frac{3}{5\sqrt[5]{(3x-2)^4}}\ \left(\text{단, } x\neq\frac{2}{3}\right)$$

채점 요소	배점
$y=\sqrt[5]{3x-2}$를 $x=\frac{y^5+2}{3}$로 나타내기	30%
$\frac{dx}{dy}$ 구하기	30%
$\frac{dy}{dx}$ 구하기	40%

0560

답 ②

$f'(x)=3x^2-12x$, $f''(x)=6x-12$이므로

$f''(a)=0$에서 $6a-12=0$

$\therefore a=2$

0561

답 (1) $y''=8(6x^2+3)$ (2) $y''=24(2x-1)$
(3) $y''=-4\cos(2x)$ (4) $y''=\frac{1}{x}$

(1) $y'=2(2x^2+3)\times 4x=8(2x^3+3x)$

$\quad y''=8(6x^2+3)$

(2) $y'=3(2x-1)^2\times 2=6(2x-1)^2$

$\quad y''=6\times 2(2x-1)\times 2=24(2x-1)$

(3) $y'=-2\sin(2x)$

$\quad y''=-4\cos(2x)$

(4) $y'=\ln(2x)+x\times\frac{1}{x}=\ln 2x+1$

$$y''=\frac{1}{x}$$

0562

답 (1) $-\frac{9}{4}$ (2) 3 (3) $-2e^{\frac{\pi}{2}}$

(1) $f'(x)=\frac{3}{2}(3x+1)^{-\frac{1}{2}}$

$\quad f''(x)=-\frac{9}{4}(3x+1)^{-\frac{3}{2}}$

$$\therefore f''(0)=-\frac{9}{4}$$

(2) $f'(x)=2x\ln x+x^2\times\frac{1}{x}=x(2\ln x+1)$

$\quad f''(x)=(2\ln x+1)+x\times\frac{2}{x}=2\ln x+3$

$$\therefore f''(1)=3$$

(3) $f'(x)=e^x\cos x-e^x\sin x=e^x(\cos x-\sin x)$

$\quad f''(x)=e^x(\cos x-\sin x)+e^x(-\sin x-\cos x)$

$\quad\quad\quad =-2e^x\sin x$

$$\therefore f''\left(\frac{\pi}{2}\right)=-2e^{\frac{\pi}{2}}$$

0563

답 ③

$$\lim_{h\to 0}\frac{f'(1+h)-f'(1)}{h}=f''(1)$$

$f(x)=e^{2x}\ln x$에서 $f'(x)=2e^{2x}\ln x+\frac{e^{2x}}{x}=e^{2x}\left(2\ln x+\frac{1}{x}\right)$

$f''(x)=2e^{2x}\left(2\ln x+\frac{1}{x}\right)+e^{2x}\left(\frac{2}{x}-\frac{1}{x^2}\right)$

$$\quad\quad =e^{2x}\left(4\ln x+\frac{4}{x}-\frac{1}{x^2}\right)$$

$\therefore f''(1)=3e^2$

0564

답 ⑤

$f'(x)=2ae^{2x}-2be^{-2x}$

$f''(x)=4ae^{2x}+4be^{-2x}$

$\therefore 4f(x)-f''(x)$

$\quad =4(ae^{2x}+be^{-2x})-(4ae^{2x}+4be^{-2x})$

$\quad =0$

0565   답 ④

$f'(x)=e^{ax+1}+axe^{ax+1}=e^{ax+1}(ax+1)$
$f''(x)=ae^{ax+1}(ax+1)+ae^{ax+1}$
$\qquad =ae^{ax+1}(ax+2)$
$f''(0)=2ae=8e$
$\therefore a=4$

0566   답 ④

$y'=-6\sin(2x+3)$
$y''=-12\cos(2x+3)$
이므로
$y''+ky=0$에서
$-12\cos(2x+3)+3k\cos(2x+3)=0$
$(3k-12)\cos(2x+3)=0$
이 등식이 모든 실수 x에 대하여 성립하려면
$3k-12=0$
$\therefore k=4$

0567   답 ①

$y'=2e^{2x}\sin x+e^{2x}\cos x=e^{2x}(2\sin x+\cos x)$
$y''=2e^{2x}(2\sin x+\cos x)+e^{2x}(2\cos x-\sin x)$
$\qquad =e^{2x}(3\sin x+4\cos x)$
이므로
$y''+ay'+by=0$에서
$e^{2x}(3\sin x+4\cos x)+ae^{2x}(2\sin x+\cos x)+be^{2x}\sin x=0$
$e^{2x}>0$이므로 양변을 e^{2x}으로 나누어 식을 정리하면
$(3+2a+b)\sin x+(4+a)\cos x=0$
이 등식이 임의의 실수 x에 대하여 항상 성립하려면
$3+2a+b=0,\ 4+a=0$ ······ **TIP**
$\therefore a=-4,\ b=5$
$\therefore a+b=1$

TIP

$(3+2a+b)\sin x+(4+a)\cos x=0$이 모든 실수 x에 대하여
성립하므로 $x=0$일 때 $4+a=0$이고, $x=\dfrac{\pi}{2}$일 때
$3+2a+b=0$임을 알 수 있다.

0568   답 (1) $-\dfrac{3}{2}$ (2) 9

(1) $f(1)=1$이므로
$$\lim_{x\to 1}\frac{f(x^3)-1}{x-1}=\lim_{x\to 1}\left\{\frac{f(x^3)-f(1)}{x^3-1}\times(x^2+x+1)\right\}$$
$$\qquad\qquad =3f'(1)$$

$$f'(x)=\frac{(x^2-2x+3)'(x+1)-(x^2-2x+3)(x+1)'}{(x+1)^2}$$
$$=\frac{(2x-2)(x+1)-(x^2-2x+3)}{(x+1)^2}$$
$$=\frac{x^2+2x-5}{(x+1)^2}$$
$$\therefore 3f'(1)=-\frac{3}{2}$$

(2) $f(1)=3$이므로
$$\lim_{x\to 1}\frac{3f(x)-9}{x^3-1}=\lim_{x\to 1}\left\{3\times\frac{f(x)-f(1)}{x-1}\times\frac{1}{x^2+x+1}\right\}$$
$$\qquad\qquad =f'(1)$$
$$f'(x)=\frac{(x^2+x+1)'(x-2)^2-(x^2+x+1)\{(x-2)^2\}'}{(x-2)^4}$$
$$=\frac{(2x+1)(x-2)-2(x^2+x+1)}{(x-2)^3}$$
$$=\frac{-5x-4}{(x-2)^3}$$
$$\therefore f'(1)=9$$

0569   답 -385

함수
$$f(x)=\frac{1}{x}+\frac{2}{x^2}+\frac{3}{x^3}+\cdots+\frac{10}{x^{10}}$$
$$=x^{-1}+2x^{-2}+3x^{-3}+\cdots+10x^{-10}$$
의 도함수는
$$f'(x)=-x^{-2}-2^2x^{-3}-3^2x^{-4}-\cdots-10^2x^{-11}$$
$$\therefore f'(1)=-(1^2+2^2+3^2+\cdots+10^2)$$
$$=-\sum_{k=1}^{10}k^2$$
$$=-\frac{10\times 11\times 21}{6}=-385$$

0570   답 (1) $-4(2+\sqrt{3})$ (2) $-2+\sqrt{2}$

(1) $f'(x)$
$$=\frac{(\sin x+\cos x)'(\sin x-\cos x)-(\sin x+\cos x)(\sin x-\cos x)'}{(\sin x-\cos x)^2}$$
$$=\frac{(\cos x-\sin x)(\sin x-\cos x)-(\sin x+\cos x)(\cos x+\sin x)}{(\sin x-\cos x)^2}$$
$$=\frac{-2(\sin^2 x+\cos^2 x)}{(\sin x-\cos x)^2}$$
$$=\frac{-2}{(\sin x-\cos x)^2}$$
$$\therefore f'\left(\frac{\pi}{3}\right)=\frac{-2}{\left(\frac{\sqrt{3}}{2}-\frac{1}{2}\right)^2}=-4(2+\sqrt{3})$$

(2) $f'(x)=\dfrac{(1-\sec x)'\tan x-(1-\sec x)(\tan x)'}{(\tan x)^2}$
$$=\frac{-\sec x\tan^2 x-(1-\sec x)\sec^2 x}{\tan^2 x}$$
$$=\frac{-\sec x(\tan^2 x+\sec x-\sec^2 x)}{\tan^2 x}$$

$$= \frac{-\sec x \,(\sec x - 1)}{\tan^2 x}$$

$$\therefore f'\left(\frac{\pi}{4}\right) = -\sqrt{2}\,(\sqrt{2}-1) = -2+\sqrt{2}$$

0571   답 ②

$$\lim_{x \to 1} \frac{f(x)-f(1)}{x^2-x} = \lim_{x \to 1} \frac{f(x)-f(1)}{x(x-1)} = f'(1) = 1\,\text{이다.}$$

$f(x) = \dfrac{ax}{2x-1}$ 에서

$$f'(x) = \frac{(ax)'(2x-1)-ax(2x-1)'}{(2x-1)^2}$$

$$= \frac{a(2x-1)-2ax}{(2x-1)^2}$$

$$= \frac{-a}{(2x-1)^2}$$

$$f'(1) = -a = 1$$

$$\therefore a = -1$$

0572   답 ④

$f(x) = \dfrac{x^2+a}{x+1}$ 에서

$$f'(x) = \frac{(x^2+a)'(x+1)-(x^2+a)(x+1)'}{(x+1)^2}$$

$$= \frac{2x(x+1)-(x^2+a)}{(x+1)^2}$$

$$= \frac{x^2+2x-a}{(x+1)^2}$$

방정식 $f'(x)=0$의 한 근이 2이므로 $f'(2)=0$이다.

$$f'(2) = \frac{4+4-a}{9} = 0$$

$$\therefore a = 8$$

0573   답 ④

$$f'(x) = \frac{(2x+3)'(x^2+4)-(2x+3)(x^2+4)'}{(x^2+4)^2}$$

$$= \frac{2(x^2+4)-2x(2x+3)}{(x^2+4)^2}$$

$$= \frac{-2(x^2+3x-4)}{(x^2+4)^2}$$

$$= \frac{-2(x-1)(x+4)}{(x^2+4)^2}$$

$(x^2+4)^2>0$이므로 $f'(x)>0$이려면

$$-2(x-1)(x+4)>0$$

$$(x-1)(x+4)<0$$

$$\therefore -4<x<1$$

따라서 부등식을 만족시키는 정수 x는 $-3, -2, -1, 0$으로
4개이다.

0574   답 ③

$$f'(x) = \sec^2 x = \frac{1}{\cos^2 x}$$

이때, $x \neq n\pi + \dfrac{\pi}{2}$ (n은 정수)이므로

$-1 \leq \cos x < 0,\ 0 < \cos x \leq 1$에서 $0 < \cos^2 x \leq 1$

$$f'(x) = \frac{1}{\cos^2 x} \geq 1$$

즉, $f'(a)+f'(b)+f'(c) \geq 1+1+1 = 3$이므로
$f'(a)+f'(b)+f'(c)=3$이려면
$f'(a)=f'(b)=f'(c)=1$이어야 한다.
$\cos a,\ \cos b,\ \cos c$의 값은 각각 -1 또는 1이고,
$0<a<b<c<4\pi$이므로 $a=\pi,\ b=2\pi,\ c=3\pi$이다.

$$\therefore a+b+c = 6\pi$$

0575   답 ②

$g(x) = x+x^2+x^3+\cdots+x^{10}$이라 하면
$g'(x) = 1+2x+3x^2+\cdots+10x^9$이다.

이때, $g(x) = \dfrac{x(1-x^{10})}{1-x} = \dfrac{x-\boxed{x^{11}}}{1-x}$ $(x \neq 1)$이므로

$$g'(x) = \frac{(x-x^{11})'(1-x)-(x-x^{11})(1-x)'}{(1-x)^2}$$

$$= \frac{(1-11x^{10})(1-x)+(x-x^{11})}{(1-x)^2}$$

$$= \frac{1+(\boxed{-11x^{10}+10x^{11}})}{(1-x)^2} \quad (\text{단, } x \neq 1)$$

$$\therefore f(2) = g'(2) = \frac{1+(-11 \times 2^{10}+10 \times 2^{11})}{(1-2)^2}$$

$$= 1+9 \times 2^{10} = \boxed{9217}$$

따라서 $i(x)=x^{11},\ j(x)=-11x^{10}+10x^{11},\ k=9217$이므로
$i(-1)+j(-1)+k = -1+(-11-10)+9217 = 9195$

0576   답 ②

$y = \dfrac{3t}{19+t^3}$ 에서

$$y' = \frac{(3t)'(19+t^3)-3t(19+t^3)'}{(19+t^3)^2}$$

$$= \frac{3(19+t^3)-3t \times 3t^2}{(19+t^3)^2}$$

$$= \frac{3(19-2t^3)}{(19+t^3)^2}$$

따라서 $t=2$일 때의 순간변화율은

$$\frac{3 \times 3}{27^2} = \frac{1}{81}$$

0577   답 ③

직선 OQ가 현 AP를 수직이등분하므로

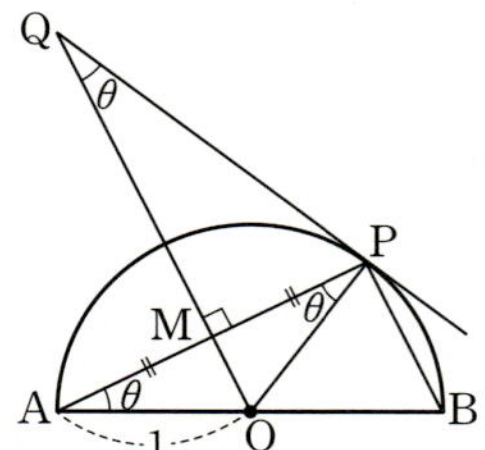

$\angle \mathrm{PMO}=\dfrac{\pi}{2}$, $\angle \mathrm{OPM}=\theta$이고,

$\angle \mathrm{OPQ}=\dfrac{\pi}{2}$이므로 $\angle \mathrm{MQP}=\theta$이다.

$\overline{\mathrm{PM}}=\overline{\mathrm{AM}}=\cos\theta$

$f(\theta)=\overline{\mathrm{QM}}=\dfrac{\cos\theta}{\tan\theta}=\cos\theta\cot\theta$

$f'(\theta)=-\sin\theta\cot\theta-\cos\theta\csc^2\theta$

$\therefore f'\left(\dfrac{\pi}{4}\right)=-\dfrac{\sqrt{2}}{2}\times1-\dfrac{\sqrt{2}}{2}\times2=-\dfrac{3\sqrt{2}}{2}$

0578   답 ①

$f(\pi)=1$이므로

$\displaystyle\lim_{x\to\pi}\dfrac{f(x)-1}{x-\pi}=\lim_{x\to\pi}\dfrac{f(x)-f(\pi)}{x-\pi}=f'(\pi)$이다.   …… ㉠

함수 $f(x)=(\sin x-\cos x)^2$의 도함수는

$f'(x)=2(\sin x-\cos x)(\cos x+\sin x)=2(\sin^2 x-\cos^2 x)$

㉠에서 구하는 값은

$f'(\pi)=-2$

0579   답 ②

$f(1)=2$이므로

$$\lim_{h\to0}\dfrac{f(1+3h)-2}{4h}=\lim_{h\to0}\dfrac{f(1+3h)-f(1)}{4h}$$
$$=\lim_{h\to0}\dfrac{f(1+3h)-f(1)}{3h}\times\dfrac{3}{4}$$
$$=\dfrac{3}{4}f'(1)$$

이때, 함수 $f(x)=x\sqrt{x}+\dfrac{1}{\sqrt{x}}=x^{\frac{3}{2}}+x^{-\frac{1}{2}}$의 도함수는

$f'(x)=\dfrac{3}{2}x^{\frac{1}{2}}-\dfrac{1}{2}x^{-\frac{3}{2}}$이므로 구하는 값은

$\dfrac{3}{4}f'(1)=\dfrac{3}{4}\times\left(\dfrac{3}{2}-\dfrac{1}{2}\right)=\dfrac{3}{4}$

0580   답 ④

함수 $f(x)$가 $x=0$에서 미분가능하므로 $x=0$에서 연속이다.

$\displaystyle\lim_{x\to0+}f(x)=f(0)$이므로

$\displaystyle\lim_{x\to0+}\left\{b\sin\left(\dfrac{\pi}{2}x\right)+3x+2\right\}=2$에서 $f(0)=a=2$ …… ㉠

$g(x)=2e^x$, $h(x)=b\sin\left(\dfrac{\pi}{2}x\right)+3x+2$라고 하면 각각의 도함수는

$g'(x)=2e^x$, $h'(x)=\dfrac{\pi}{2}b\cos\left(\dfrac{\pi}{2}x\right)+3$

$\displaystyle\lim_{x\to0-}g'(x)=\lim_{x\to0+}h'(x)$이므로

$\displaystyle\lim_{x\to0-}2e^x=\dfrac{\pi}{2}b\lim_{x\to0+}\cos\left(\dfrac{\pi}{2}x\right)+3$, $2=\dfrac{\pi}{2}b+3$

$\therefore b=-\dfrac{2}{\pi}$ …… ㉡

㉠, ㉡에서 구하는 값은 $ab=2\times\left(-\dfrac{2}{\pi}\right)=-\dfrac{4}{\pi}$

0581   답 $a=e^{\frac{\pi}{2}}$, $b=3$

함수 $f(x)$가 $x=\dfrac{\pi}{2}$에서 미분가능하므로 $x=\dfrac{\pi}{2}$에서 연속이다.

$\displaystyle\lim_{x\to\frac{\pi}{2}+}f(x)=f\left(\dfrac{\pi}{2}\right)$이므로

$\displaystyle\lim_{x\to\frac{\pi}{2}+}(\cos x+b\sin^2 x)=b$, $f\left(\dfrac{\pi}{2}\right)=ae^{-\frac{\pi}{2}}+2$에서

$b=ae^{-\frac{\pi}{2}}+2$ …… ㉠

$g(x)=ae^{-x}+2$, $h(x)=\cos x+b\sin^2 x$라고 하면 각각의 도함수는

$g'(x)=-ae^{-x}$, $h'(x)=-\sin x+2b\sin x\cos x$

$\displaystyle\lim_{x\to\frac{\pi}{2}-}g'(x)=\lim_{x\to\frac{\pi}{2}+}h'(x)$이므로

$\displaystyle\lim_{x\to\frac{\pi}{2}-}(-ae^{-x})=\lim_{x\to\frac{\pi}{2}+}(-\sin x+2b\sin x\cos x)$

$-ae^{-\frac{\pi}{2}}=-1$, $a=e^{\frac{\pi}{2}}$

㉠에 대입하면 $b=3$

따라서 구하는 값은 $a=e^{\frac{\pi}{2}}$, $b=3$이다.

0582   답 풀이 참조

함수 $f(x)=\begin{cases} x^2\sin\dfrac{1}{x} & (x\neq0) \\ 0 & (x=0)\end{cases}$이 $x=0$에서 미분가능하려면

미분계수의 정의에 의하여

$\displaystyle\lim_{h\to0}\dfrac{f(h)-f(0)}{h}$이 존재해야 한다.

$\displaystyle\lim_{h\to0}\dfrac{f(h)-f(0)}{h}=\lim_{h\to0}\dfrac{h^2\sin\dfrac{1}{h}}{h}=\lim_{h\to0}h\sin\dfrac{1}{h}$

이때, $0\le\left|\sin\dfrac{1}{h}\right|\le1$이므로 $0\le\left|h\sin\dfrac{1}{h}\right|\le|h|$

$\displaystyle\lim_{h\to0}|h|=0$이므로 극한의 대소 관계에 의하여

$\displaystyle\lim_{h\to0}\left|h\sin\dfrac{1}{h}\right|=0$이므로 $\displaystyle\lim_{h\to0}h\sin\dfrac{1}{h}=0$

$\therefore \displaystyle\lim_{h\to0}\dfrac{f(h)-f(0)}{h}=0$

따라서 함수 $f(x)$는 $x=0$에서 미분가능하고 그 때의 미분계수는 0이다.

채점 요소	배점
$x=0$에서의 미분가능성을 판단하기 위해 $\displaystyle\lim_{h\to0}\dfrac{f(h)-f(0)}{h}=\lim_{h\to0}h\sin\dfrac{1}{h}$임을 구하기	40%
극한의 대소 관계에 의하여 $\displaystyle\lim_{h\to0}h\sin\dfrac{1}{h}=0$임을 구하기	40%
$x=0$에서 미분가능하고 그 때의 미분계수가 0임을 말하기	20%

함수 $f(x)=\begin{cases} x^2\sin\dfrac{1}{x} & (x\neq 0) \\ 0 & (x=0) \end{cases}$ 의 도함수 $f'(x)$는 $x=0$에서 불연속이다.

$x=0$에서 도함수 $f'(x)$가 함숫값을 갖지만 $x=0$에서 연속은 아닌 특수한 하나의 예이다. 즉, 함수 $f(x)$가 $x=a$에서 미분가능하다고 해서 도함수 $f'(x)$가 $x=a$에서 연속인 것은 아니다.

[증명]

$x\neq 0$일 때 $f'(x)=2x\sin\dfrac{1}{x}-\cos\dfrac{1}{x}$이므로

$\displaystyle\lim_{x\to 0}f'(x)=\lim_{x\to 0}\left(2x\sin\dfrac{1}{x}-\cos\dfrac{1}{x}\right)$

이때, $\displaystyle\lim_{x\to 0}2x\sin\dfrac{1}{x}=0$이지만 $\displaystyle\lim_{x\to 0}\left(-\cos\dfrac{1}{x}\right)$이 발산하므로

$\displaystyle\lim_{x\to 0}\left(2x\sin\dfrac{1}{x}-\cos\dfrac{1}{x}\right)$이 존재하지 않는다.

즉, 함수 $f'(x)$는 $x=0$에서 불연속이다.

0583 답 ②

함수 $f(x)$는 구간 $[e^{-1},\,1]$에서 연속이고, 구간 $(e^{-1},\,1)$에서 미분가능하므로 평균값 정리에 의하여

$$\dfrac{f(1)-f(e^{-1})}{1-e^{-1}}=f'(c) \qquad\cdots\cdots\ \bigcirc$$

인 실수 c가 구간 $(e^{-1},\,1)$에 적어도 하나 존재한다.

$\dfrac{f(1)-f(e^{-1})}{1-e^{-1}}=\dfrac{\ln 2-\ln 2e^{-1}}{1-e^{-1}}=\dfrac{\ln\dfrac{2}{2e^{-1}}}{1-e^{-1}}=\dfrac{1}{1-e^{-1}}$이고,

$f'(x)=\dfrac{1}{x}$이므로

$\bigcirc$에서 $\dfrac{1}{1-e^{-1}}=\dfrac{1}{c}$

$\therefore c=1-e^{-1}=1-\dfrac{1}{e}=\dfrac{e-1}{e}$

0584 답 ⑤

$g(x)=\dfrac{x^2}{x^3+2}$에서

$g'(x)=\dfrac{2x(x^3+2)-x^2\times 3x^2}{(x^3+2)^2}=\dfrac{-x^4+4x}{(x^3+2)^2}$

$h(x)=(f\circ g)(x)$에서 $h'(x)=f'(g(x))g'(x)$이므로

$h'(1)=f'(g(1))g'(1)=f'\left(\dfrac{1}{3}\right)\times\dfrac{1}{3}=3$

$\therefore f'\left(\dfrac{1}{3}\right)=9$

0585 답 ①

$f(x)=\sqrt{(4x-3)^3}=(4x-3)^{\frac{3}{2}}$에서

$f'(x)=\dfrac{3}{2}(4x-3)^{\frac{1}{2}}\times 4=6\sqrt{4x-3}$

$h(x)=(g\circ f)(x)$에서 $h'(x)=g'(f(x))f'(x)$이므로

$h'(1)=g'(f(1))f'(1)=g'(1)\times 6=3$

$\therefore g'(1)=\dfrac{1}{2}$

0586 답 (1) $\dfrac{1}{2}$ (2) $\dfrac{4}{3}$

(1) $f(2x+1)=-2x^2+5x-3$의 양변을 x에 대하여 미분하면

$2f'(2x+1)=-4x+5$이다. $x=1$을 대입하면

$2f'(3)=1$에서 $f'(3)=\dfrac{1}{2}$

(2) $f(x+2\ln x)=x^2+2x$의 양변을 x에 대하여 미분하면

$\left(1+\dfrac{2}{x}\right)f'(x+2\ln x)=2x+2$이다. $x=1$을 대입하면

$3f'(1)=4$에서 $f'(1)=\dfrac{4}{3}$

0587 답 ④

합성함수 $(f\circ g)(x)=x^3+3x^2$, 즉 $f(x^3+2x)=x^3+3x^2$의 양변을 x에 대하여 미분하면

$$f'(x^3+2x)\times(3x^2+2)=3x^2+6x \qquad\cdots\cdots\ \bigcirc$$

이때, 구하는 것이 $f'(-3)$이므로 $g(x)=x^3+2x=-3$인 경우를 구하면

$x^3+2x+3=(x+1)(x^2-x+3)=0$에서 $x=-1$이다.

그러므로 $\bigcirc$에 $x=-1$을 대입하면

$f'(-3)\times 5=-3$

$\therefore f'(-3)=-\dfrac{3}{5}$

0588 답 ④

$e^{-x}\ln f(x)=2$의 양변에 $x=0$을 대입하면

$$\ln f(0)=2,\ f(0)=e^2 \qquad\cdots\cdots\ \bigcirc$$

$e^{-x}\ln f(x)=2$의 양변을 미분하면

$-e^{-x}\ln f(x)+e^{-x}\times\dfrac{f'(x)}{f(x)}=0$

$\ln f(x)=\dfrac{f'(x)}{f(x)}\ (\because e^{-x}>0)$

$f'(x)=f(x)\ln f(x)$

따라서 $\bigcirc$에 의하여

$f'(0)=f(0)\ln f(0)=2e^2$

0589 답 π

$h(x)=g(f(x))$라고 하면 $h(1)=2$이다.

이때, $\displaystyle\lim_{x\to 1}\dfrac{g(f(x))+a}{x-1}=b$에서 극한값이 존재하고,

$x\longrightarrow 1$일 때 (분모) $\longrightarrow 0$이므로 (분자) $\longrightarrow 0$이다.

즉, $\displaystyle\lim_{x\to 1}\{g(f(x))+a\}=0$에서 $g(f(1))=h(1)=-a$이므로

$a=-2$

$b=\lim_{x\to 1}\dfrac{g(f(x))+a}{x-1}=\lim_{x\to 1}\dfrac{h(x)-h(1)}{x-1}=h'(1)$이다.

$h'(x)=g'(f(x))f'(x)$이고,

$f'(x)=-\dfrac{\pi}{2}\sin\left(\dfrac{\pi}{2}x\right),$

$g'(x)=\dfrac{(2x^2+1)-4x(x+2)}{(2x^2+1)^2}=\dfrac{-2x^2-8x+1}{(2x^2+1)^2}$이므로

$b=h'(1)=g'(f(1))f'(1)=g'(0)f'(1)$

$\quad=1\times\left(-\dfrac{\pi}{2}\right)=-\dfrac{\pi}{2}$

$\therefore ab=(-2)\times\left(-\dfrac{\pi}{2}\right)=\pi$

0590   답 ②

$\lim_{x\to 2}\dfrac{2^{f(x)}-1}{x-2}=3\ln 2$로 극한값이 존재하고, $x\longrightarrow 2$일 때,

(분모) $\longrightarrow 0$이므로 (분자) $\longrightarrow 0$이다.

$\lim_{x\to 2}\{2^{f(x)}-1\}=2^{f(2)}-1=0$에서 $f(2)=0$ …… **TIP**

$g(x)=2^{f(x)}$이라고 하면

$\lim_{x\to 2}\dfrac{2^{f(x)}-1}{x-2}=\lim_{x\to 2}\dfrac{g(x)-g(2)}{x-2}=g'(2)$

함수 $g(x)=2^{f(x)}$의 도함수 $g'(x)=2^{f(x)}\times\ln 2\times f'(x)$에

$x=2$를 대입하면

$g'(2)=2^0\times\ln 2\times f'(2)=3\ln 2$

$\therefore f'(2)=3$

TIP

함수 $f(x)$가 실수 전체의 집합에서 미분가능하므로 실수 전체의 집합에서 연속이다. 그러므로 함수 $2^{f(x)}-1$도 연속이다.

0591   답 (1) $4\ln 3$ (2) 1

(1) $g(x)=f(3^x)$이라 하면

$\quad\lim_{x\to 0}\dfrac{f(3^x)-f(1)}{x}=\lim_{x\to 0}\dfrac{g(x)-g(0)}{x-0}=g'(0)$

$\quad g'(x)=f'(3^x)\times 3^x\ln 3$이므로

$\quad g'(0)=f'(1)\times\ln 3=4\ln 3$

(2) $f(2^x)=4^x+2^{-x}+x^3$의 양변을 x에 대하여 미분하면

$\quad f'(2^x)\times 2^x\ln 2=4^x\ln 4-2^{-x}\ln 2+3x^2$ …… ㉠

$\quad$구하는 값은 $f'(1)$이므로 $2^x=1$에서 $x=0$이다.

$\quad$㉠의 양변에 $x=0$을 대입하면

$\quad f'(1)\times\ln 2=\ln 4-\ln 2=\ln 2$

$\quad\therefore f'(1)=1$

0592   답 $10+2\sqrt{2}$

$f(0)=-\sqrt{2}$이므로

$\lim_{x\to 0}\dfrac{f(\sin(2x))+\sqrt{2}}{e^x-1}$

$=\lim_{x\to 0}\left\{\dfrac{f(\sin(2x))-f(0)}{\sin(2x)-0}\times\dfrac{\sin(2x)}{2x}\times\dfrac{x}{e^x-1}\times 2\right\}$

$=2f'(0)$ …… ㉠

이때, 함수 $f(x)=\sin(2x)-2\cos\left(x+\dfrac{\pi}{4}\right)+3x$의 도함수는

$f'(x)=2\cos(2x)+2\sin\left(x+\dfrac{\pi}{4}\right)+3$이므로

㉠에서 구하는 값은

$2f'(0)=2(2+\sqrt{2}+3)=10+2\sqrt{2}$

0593   답 ②

$\lim_{x\to 0}\dfrac{f(\sin(3x))-f(\tan(2x))}{x}$

$=\lim_{x\to 0}\left\{\dfrac{f(\sin(3x))-f(0)}{\sin(3x)-0}\times\dfrac{\sin(3x)}{3x}\times 3\right.$

$\qquad\qquad\left.-\dfrac{f(\tan(2x))-f(0)}{\tan(2x)-0}\times\dfrac{\tan(2x)}{2x}\times 2\right\}$

$=3f'(0)-2f'(0)=f'(0)$ …… ㉠

함수 $f(x)=\sin x+\tan x$의 도함수는

$f'(x)=\cos x+\sec^2 x$이므로 ㉠에서 구하는 값은

$f'(0)=1+1=2$

0594   답 ②

$f(\sin t)=\tan t$이므로 $g(\tan t)=\sin t$

이 식의 양변을 t에 대하여 미분하면

$g'(\tan t)\times\sec^2 t=\cos t$

$g'(\tan t)=\cos^3 t$

$\tan t=1\ \left(0<t<\dfrac{\pi}{2}\right)$일 때 $t=\dfrac{\pi}{4}$이므로

$g'(1)=\cos^3\dfrac{\pi}{4}=\dfrac{\sqrt{2}}{4}$

0595   답 풀이 참조

$g(x)=\displaystyle\sum_{k=1}^{10}x^k f(x)$

$\qquad=f(x)\displaystyle\sum_{k=1}^{10}x^k$

$\qquad=e^{3(x-1)}(x+x^2+x^3+\cdots+x^{10})$

에서 도함수는

$g'(x)=3e^{3(x-1)}(x+x^2+x^3+\cdots+x^{10})$

$\qquad\qquad+e^{3(x-1)}(1+2x+3x^2+\cdots+10x^9)$

이므로 $x=1$을 대입하면

$g'(1)=3(1+1+1+\cdots+1)+(1+2+3+\cdots+10)$

$\qquad=3\times 10+\dfrac{10\times 11}{2}$

$\qquad=30+55=85$

채점 요소	배점
$g(x)$에서 $\sum$ 식 정리하기	30%
도함수 $g'(x)$ 구하기	50%
$g'(1)$의 값 구하기	20%

0596

$$\text{탑 } \frac{1}{e^2-1}$$

함수 $f(x)=\ln(e^x+1)$의 도함수는

$f'(x)=\dfrac{e^x}{e^x+1}$이므로

$$\therefore \sum_{n=1}^{\infty}\left\{\frac{1}{f'(n)}-1\right\}^2=\sum_{n=1}^{\infty}\left(\frac{e^n+1}{e^n}-1\right)^2=\sum_{n=1}^{\infty}\frac{1}{e^{2n}}$$

$$=\frac{\frac{1}{e^2}}{1-\frac{1}{e^2}}=\frac{1}{e^2-1}$$

0597

$$\text{탑 } 21$$

함수 $f(x)=\ln(x^2+x)\ (x>0)$의 도함수는

$f'(x)=\dfrac{2x+1}{x^2+x}=\dfrac{2x+1}{x(x+1)}$이다.

$$\sum_{n=1}^{10}\frac{f'(n)}{2n+1}=\sum_{n=1}^{10}\left\{\frac{2n+1}{n(n+1)}\times\frac{1}{2n+1}\right\}=\sum_{n=1}^{10}\left(\frac{1}{n}-\frac{1}{n+1}\right)$$

$$=\left(\frac{1}{1}-\frac{1}{2}\right)+\left(\frac{1}{2}-\frac{1}{3}\right)+\left(\frac{1}{3}-\frac{1}{4}\right)+\cdots+\left(\frac{1}{10}-\frac{1}{11}\right)$$

$$=1-\frac{1}{11}=\frac{10}{11}$$

$p=11,\ q=10$

$\therefore p+q=21$

0598

$$\text{탑 } ⑤$$

$f(x)=\ln(-x)$에서 도함수의 정의에 의하여

$$f'(x)=\lim_{h\to0}\frac{f(x+h)-f(x)}{h}$$

$$=\lim_{h\to0}\frac{\ln(\boxed{-x-h})-\ln(-x)}{h}$$

$$=\lim_{h\to0}\frac{\ln\left(\frac{-x-h}{-x}\right)}{h}$$

$$=\lim_{h\to0}\frac{\ln\left(1+\boxed{\frac{h}{x}}\right)}{h}$$

$$=\lim_{h\to0}\frac{\ln\left(1+\frac{h}{x}\right)}{\frac{h}{x}}\times\frac{1}{x}$$

$$=\boxed{\frac{1}{x}}$$

따라서 ㈎: $-x-h$, ㈏: $\dfrac{h}{x}$, ㈐: $\dfrac{1}{x}$이므로 선지 중 옳은 것은 ⑤이다.

0599

$$\text{탑 } (1)\ 2 \quad (2)\ \sqrt{3}$$

(1) 함수 $f(x)=\ln|\tan x|$의 도함수는

$f'(x)=\dfrac{\sec^2 x}{\tan x}$이므로

$$f'\left(\frac{\pi}{4}\right)=\sec^2\frac{\pi}{4}\times\frac{1}{\tan\frac{\pi}{4}}=2$$

(2) $f(a)=\ln(2\sin a)=0$에서 $2\sin a=1$, $\sin a=\dfrac{1}{2}$이므로 $a=\dfrac{\pi}{6}$

함수 $f(x)=\ln(2\sin x)$의 도함수는

$f'(x)=\dfrac{\cos x}{\sin x}$이므로

$$f'(a)=f'\left(\frac{\pi}{6}\right)=\frac{\cos\frac{\pi}{6}}{\sin\frac{\pi}{6}}=\frac{\frac{\sqrt{3}}{2}}{\frac{1}{2}}=\sqrt{3}$$

0600

$$\text{탑 } (1)\ -\frac{1}{27} \quad (2)\ -9$$

(1) $f(x)=\dfrac{x^2(x-3)}{(x+2)^3}$의 양변의 절댓값에 자연로그를 취하면

$$\ln|f(x)|=\ln\left|\frac{x^2(x-3)}{(x+2)^3}\right|$$

$$=\ln|x^2|+\ln|x-3|-\ln|(x+2)^3|$$

$$=2\ln|x|+\ln|x-3|-3\ln|x+2|$$

이고 양변을 x에 대하여 미분하면

$$\frac{f'(x)}{f(x)}=\frac{2}{x}+\frac{1}{x-3}-\frac{3}{x+2}$$

$$=\frac{2(x^2-x-6)+(x^2+2x)-3(x^2-3x)}{x(x-3)(x+2)}$$

$$=\frac{9x-12}{x(x-3)(x+2)}$$

이므로

$$f'(x)=\frac{9x-12}{x(x-3)(x+2)}\times\frac{x^2(x-3)}{(x+2)^3}$$

$$=\frac{3x(3x-4)}{(x+2)^4}$$

따라서 $x=1$에서의 미분계수는

$$f'(1)=\frac{3\times1\times(-1)}{3^4}=-\frac{1}{27}$$

(2) $f(x)=\dfrac{(x-1)^2(x+2)}{\sqrt[3]{x+1}}$의 양변의 절댓값에 자연로그를 취하면

$$\ln|f(x)|=\ln\left|\frac{(x-1)^2(x+2)}{\sqrt[3]{x+1}}\right|$$

$$=\ln|(x-1)^2|+\ln|x+2|-\ln|\sqrt[3]{x+1}|$$

$$=2\ln|x-1|+\ln|x+2|-\frac{1}{3}\ln|x+1|$$

이고 양변을 x에 대하여 미분하면

$$\frac{f'(x)}{f(x)}=\frac{2}{x-1}+\frac{1}{x+2}-\frac{1}{3(x+1)}$$

$$=\frac{6(x^2+3x+2)+3(x^2-1)-(x^2+x-2)}{3(x-1)(x+2)(x+1)}$$

$$=\frac{8x^2+17x+11}{3(x-1)(x+2)(x+1)}$$

이므로

$$f'(x)=\frac{8x^2+17x+11}{3(x-1)(x+2)(x+1)}\times\frac{(x-1)^2(x+2)}{\sqrt[3]{x+1}}$$

$$=\frac{(8x^2+17x+11)(x-1)}{3(x+1)\sqrt[3]{x+1}}$$

$$\therefore f'(-2)=-9$$

0601

$$\text{탑 } ⑤$$

함수 $f(x)=x^{\ln x}\ (x>0)$의 양변에 자연로그를 취하면
$\ln f(x)=(\ln x)^2$이고 양변을 x에 대하여 미분하면
$\dfrac{f'(x)}{f(x)}=\dfrac{2\ln x}{x}$, $f'(x)=\dfrac{2\ln x}{x}\times x^{\ln x}=2\ln x\times x^{\ln x-1}$이다.
$x=e^2$을 대입하면
$f'(e^2)=2\times2\times(e^2)^{2-1}=4e^2$

0602   탑 ④

함수 $f(x)=x^{\cos x}\ (x>0)$의 양변에 자연로그를 취하면
$\ln f(x)=\cos x\ln x$이고 양변을 x에 대하여 미분하면
$$\dfrac{f'(x)}{f(x)}=-\sin x\ln x+\dfrac{\cos x}{x} \qquad\cdots\cdots\ \bigcirc$$
한편, 구하는 값은
$$\lim_{x\to\pi}\dfrac{x^2f(\pi)-\pi^2f(x)}{x-\pi}=\lim_{x\to\pi}\dfrac{f(\pi)(x^2-\pi^2)-\pi^2\{f(x)-f(\pi)\}}{x-\pi}$$
$$=\lim_{x\to\pi}\left\{f(\pi)(x+\pi)-\pi^2\times\dfrac{f(x)-f(\pi)}{x-\pi}\right\}$$
$$=2\pi f(\pi)-\pi^2f'(\pi) \qquad\cdots\cdots\ \bigcirc\!\bigcirc$$

$f(\pi)=\pi^{-1}=\dfrac{1}{\pi}$이고,

$\bigcirc$의 양변에 $x=\pi$를 대입하면
$\dfrac{f'(\pi)}{f(\pi)}=\dfrac{\cos\pi}{\pi}=-\dfrac{1}{\pi}$이므로
$f'(\pi)=-\dfrac{1}{\pi}\times f(\pi)=-\dfrac{1}{\pi^2}$
따라서 $\bigcirc\!\bigcirc$에서 구하는 값은
$2\pi f(\pi)-\pi^2f'(\pi)=2\pi\times\dfrac{1}{\pi}-\pi^2\times\left(-\dfrac{1}{\pi^2}\right)=3$

0603   탑 ④

$y=\sec^2 x$에서 $t=\sec x$라고 하면
$y=\boxed{t^2}$이다.
$\dfrac{dy}{dx}=\boxed{\dfrac{dy}{dt}}\times\dfrac{dt}{dx}$이므로
$\dfrac{dy}{dx}=2t\times\dfrac{dt}{dx}=2t\times\boxed{\sec x\tan x}$
$\qquad=2\sec x\times\sec x\tan x=2\sec^2 x\tan x$
$\qquad=\boxed{2\sec^3 x\sin x}$
이다.
따라서 함수 $y=\sec^2 x$의 $x=\dfrac{\pi}{6}$에서의 미분계수를 구하면
$2\sec^3\dfrac{\pi}{6}\times\sin\dfrac{\pi}{6}=\boxed{\dfrac{8}{9}\sqrt{3}}$이다.
따라서 ㈎: t^2, ㈏: $\dfrac{dy}{dt}$, ㈐: $\sec x\tan x$, ㈑: $2\sec^3 x\sin x$
㈒: $\dfrac{8}{9}\sqrt{3}$이므로 선지 중 옳은 것은 ④이다.

0604   탑 ③

조건 ㈎에 의하여
$g(x)=\ln f'(x)=\ln(1+\{f(x)\}^2)$이므로

$g'(x)=\dfrac{2f(x)f'(x)}{1+\{f(x)\}^2}=\dfrac{2f(x)[1+\{f(x)\}^2]}{1+\{f(x)\}^2}=2f(x)$
$\therefore g'\left(\dfrac{\pi}{4}\right)=2f\left(\dfrac{\pi}{4}\right)=2$

다른 풀이

조건 ㈎에서 양변을 x에 대하여 미분하면
$f''(x)=2f'(x)f(x)=2f(x)[1+\{f(x)\}^2]$
$g(x)=\ln f'(x)$에서 양변을 x에 대하여 미분하면
$g'(x)=\dfrac{f''(x)}{f'(x)}=\dfrac{2f(x)[1+\{f(x)\}^2]}{1+\{f(x)\}^2}=2f(x)$
$\therefore g'\left(\dfrac{\pi}{4}\right)=2f\left(\dfrac{\pi}{4}\right)=2$

참고1

$f'(x)=1+\{f(x)\}^2$에서 함수 $f(x)$는 미분가능한 함수이므로
함수 $y=1+\{f(x)\}^2$은 미분가능한 함수이다.
따라서 함수 $f(x)$는 이계도함수가 존재하는 함수이다.

참고2

함수 $f(x)=\tan x$는 주어진 조건을 모두 만족시킨다.

0605   탑 -4

함수 $h(x)=\{(f\circ g)(x)\}^2$에서 함수 $y=g(x)$는 $x=1$에서
미분가능하고, 함수 $y=f(x)$는 $x=g(1)=3$에서 미분가능하므로
$h'(1)=2f(g(1))\times f'(g(1))\times g'(1)$
$\qquad=2f(3)\times f'(3)\times g'(1)$
이때, 함수 $y=f(x)$의 그래프는 $x>2$에서 기울기가 2인 직선이므로
$f'(3)=2$
함수 $y=g(x)$의 그래프는 $x<4$에서 기울기가 $-\dfrac{1}{2}$인 직선이므로
$g'(1)=-\dfrac{1}{2}$이다.
따라서 구하는 값은
$2\times2\times2\times\left(-\dfrac{1}{2}\right)=-4$

0606   탑 ②

함수 $f(t)=100e^{-\frac{\ln 2}{25}t}$의 도함수는

$f'(t)=100e^{-\frac{\ln 2}{25}t}\times\left(-\dfrac{\ln 2}{25}\right)$
따라서 100초 후 $f(t)$의 시간에 대한 순간변화율은
$f'(100)=100\times\dfrac{1}{16}\times\left(-\dfrac{\ln 2}{25}\right)=-\dfrac{1}{4}\ln 2$

0607   탑 ③

$y=3\cos\left\{\dfrac{\pi}{6}(x-3)\right\}+4$의 양변을 x에 대하여 미분하면
$y'=-3\sin\left\{\dfrac{\pi}{6}(x-3)\right\}\times\dfrac{\pi}{6}=-\dfrac{\pi}{2}\sin\left\{\dfrac{\pi}{6}(x-3)\right\}$
$x=10$을 대입하면

$$y'=-\frac{\pi}{2}\sin\frac{7}{6}\pi=\frac{\pi}{4}$$

따라서 $x=10$(시)일 때, 해수면의 높이의 순간변화율은
$\frac{\pi}{4}$(m/시)이다.

0608   답 ⑤

$A(1,0)$, $B(t, 2\sqrt{t})$, $C(t, 0)$에서

$$f(t)=\frac{1}{2}\times\overline{AC}\times\overline{BC}=\frac{1}{2}\times(t-1)\times2\sqrt{t}=(t-1)\sqrt{t}$$

$$f'(t)=\sqrt{t}+\frac{t-1}{2\sqrt{t}}=\frac{3t-1}{2\sqrt{t}}$$

$$\therefore f'(9)=\frac{27-1}{2\sqrt{9}}=\frac{13}{3}$$

0609   답 ⑤

$\angle PAO=\angle APO=\theta$이므로
$\angle POQ=2\theta$, $\angle OPQ=\theta$, $\angle PQO=\pi-3\theta$이다.
삼각형 OPQ에서 사인법칙에 의하여

$$\frac{\overline{OP}}{\sin(\angle OQP)}=\frac{\overline{OQ}}{\sin(\angle OPQ)}$$

$$\frac{1}{\sin(\pi-3\theta)}=\frac{f(\theta)}{\sin\theta}$$

$$f(\theta)=\frac{\sin\theta}{\sin(3\theta)}$$

$$f'(\theta)=\frac{\cos\theta\sin(3\theta)-3\sin\theta\cos(3\theta)}{\sin^2(3\theta)}$$

$$\therefore f'\left(\frac{\pi}{6}\right)=\frac{\sqrt{3}}{2}$$

다른 풀이

$\angle PAO=\angle APO=\theta$이므로
$\angle POQ=2\theta$, $\angle OPQ=\theta$, $\angle PQB=3\theta$이다.
$\overline{AP}=2\cos\theta$이고,
점 P에서 선분 AB에 내린 수선의 발을 H라 하면
삼각형 POH에서 $\overline{PH}=\sin(2\theta)$이므로
삼각형 PQH에서 $\overline{PQ}=\frac{\sin(2\theta)}{\sin(3\theta)}$이다.
$\overline{AP}:\overline{PQ}=\overline{AO}:\overline{OQ}$이므로

$$2\cos\theta:\frac{\sin(2\theta)}{\sin(3\theta)}=1:f(\theta)$$

$$f(\theta)=\frac{\sin(2\theta)}{2\sin(3\theta)\cos\theta}=\frac{2\sin\theta\cos\theta}{2\sin(3\theta)\cos\theta}=\frac{\sin\theta}{\sin(3\theta)}$$

$$f'(\theta)=\frac{\cos\theta\sin(3\theta)-3\sin\theta\cos(3\theta)}{\sin^2(3\theta)}$$

$$\therefore f'\left(\frac{\pi}{6}\right)=\frac{\sqrt{3}}{2}$$

0610   답 풀이 참조

(1) $x=t^2$에서 $t=\sqrt{x}$ $(\because t>0)$이므로 $y=\sqrt{x}-\frac{2}{\sqrt{x}}$

$$\frac{dy}{dx}=\frac{1}{2\sqrt{x}}+\frac{1}{x\sqrt{x}}$$

따라서 $x=4$일 때 $\frac{dy}{dx}=\frac{1}{4}+\frac{1}{8}=\frac{3}{8}$이다.

---

(2) $\frac{dx}{dt}=2t$, $\frac{dy}{dt}=1+\frac{2}{t^2}$이므로 $\frac{dy}{dx}=\frac{1+\frac{2}{t^2}}{2t}$

$x=t^2=9$일 때 $t=3$ $(\because t>0)$이므로

$$\frac{dy}{dx}=\frac{1+\frac{2}{9}}{6}=\frac{11}{54}$$

채점 요소	배점
(1) $t=\sqrt{x}$로 나타내어 $y=\sqrt{x}-\frac{2}{\sqrt{x}}$의 도함수를 구한 후, $x=4$일 때 미분계수 구하기	50%
(2) 매개변수 미분법을 이용하여 $\frac{dy}{dx}=\frac{1+\frac{2}{t^2}}{2t}$임을 구하고, $x=9$일 때 $t=3$임을 구하여 미분계수 구하기	50%

0611   답 ①

$$\frac{dx}{d\theta}=8\times3\sin^2(2\theta)\times\cos(2\theta)\times2=48\sin^2(2\theta)\cos(2\theta),$$

$$\frac{dy}{d\theta}=-2\sin\theta\text{이므로}$$

$$\frac{dy}{dx}=\frac{-2\sin\theta}{48\sin^2(2\theta)\cos(2\theta)}=\frac{-\sin\theta}{24\sin^2(2\theta)\cos(2\theta)}$$
$$(\sin(2\theta)\neq0,\ \cos(2\theta)\neq0)$$

$8\sin^3(2\theta)=3\sqrt{3}$, $2\cos\theta=1$이면 $(8\sin^3(2\theta), 2\cos\theta)=(3\sqrt{3}, 1)$
일 때 $\sin^3(2\theta)=\frac{3\sqrt{3}}{8}$이므로 $\sin(2\theta)=\frac{\sqrt{3}}{2}$이고, $\cos\theta=\frac{1}{2}$이다.

이를 만족시키는 $\theta=\frac{\pi}{3}$이므로
점 $(3\sqrt{3}, 1)$에서의 접선의 기울기는

$$\theta=\frac{\pi}{3}\text{일 때 }\frac{dy}{dx}=\frac{-\frac{\sqrt{3}}{2}}{24\times\left(\frac{\sqrt{3}}{2}\right)^2\times\left(-\frac{1}{2}\right)}=\frac{\sqrt{3}}{18}$$

0612   답 ③

$$\frac{dx}{dt}=1-\cos t,\ \frac{dy}{dt}=-\sin t\text{이므로 }\frac{dy}{dx}=\frac{-\sin t}{1-\cos t}\text{이다.}$$

$$\frac{-\sin t}{1-\cos t}=1\text{일 때 }-\sin t=1-\cos t$$

$$\cos t-\sin t=1,\ \frac{1}{\sqrt{2}}\cos t-\frac{1}{\sqrt{2}}\sin t=\frac{1}{\sqrt{2}}$$

$$\sin\frac{\pi}{4}\cos t-\cos\frac{\pi}{4}\sin t=\frac{1}{\sqrt{2}}$$

$$\sin\left(\frac{\pi}{4}-t\right)=\frac{1}{\sqrt{2}} \qquad \cdots\cdots \text{참고}$$

$$0<t<2\pi\text{이므로 }t=\frac{3}{2}\pi$$

따라서 이때 y좌표는 $y=1+\cos\frac{3}{2}\pi=1$

> **참고**
>
> $\cos t-\sin t=\sqrt{2}\sin\left(\frac{\pi}{4}-t\right)$는 중단원 **'01 여러 가지 함수의 미분'**
> 의 **'유형 10 삼각함수의 합성(교육과정 외)'**의 유형 설명을 참고하자.

0613
$\qquad$ 답 ⑤

$l=\overline{\mathrm{OP}}=\sqrt{x^2+x^3}$이라 하면

$$\frac{dl}{dx}=\frac{1}{2\sqrt{x^2+x^3}}\times(2x+3x^2) \qquad \cdots\cdots ㉠$$

$\dfrac{dl}{dx}=\dfrac{\frac{dl}{dt}}{\frac{dx}{dt}}$에서 $\dfrac{dx}{dt}=\dfrac{\frac{dl}{dt}}{\frac{dl}{dx}}$이고

$x=3$일 때 $\dfrac{dl}{dx}=\dfrac{11}{4}$ ($\because ㉠$)이고 $\dfrac{dl}{dt}=11$이므로

$$\frac{dx}{dt}=\frac{11}{\frac{11}{4}}=4$$

다른 풀이

$l=\overline{\mathrm{OP}}=\sqrt{x^2+x^3}$이라 하면 $l^2=x^2+x^3$

양변을 t에 대하여 미분하면 음함수의 미분법에 의하여

$$2l\frac{dl}{dt}=(2x+3x^2)\frac{dx}{dt}$$

$$\frac{dx}{dt}=\frac{2l}{2x+3x^2}\times\frac{dl}{dt}=\frac{2\sqrt{x^2+x^3}}{2x+3x^2}\times\frac{dl}{dt}$$

$x=3$일 때 $\dfrac{dl}{dt}=11$이므로

$$\frac{dx}{dt}=\frac{12}{33}\times11=4$$

0614
$\qquad$ 답 풀이 참조

$\angle\mathrm{AOP}=\theta\left(0\le\theta\le\dfrac{\pi}{2}\right)$라 하면 점 P의 좌표는

$(10\sin\theta,\ 10\cos\theta)$이고 호 AP의 길이는 10θ이다.

또한, 점 P가 점 A에서 출발하여 호 AB를 따라 매초 2의 일정한
속력으로 움직이므로 출발한 지 t초 후의 호 AP의 길이는 $2t$이다.

$10\theta=2t$에서 $t=5\theta$

$\therefore \dfrac{dt}{d\theta}=5$

$y=10\cos\theta$에서 $\dfrac{dy}{d\theta}=-10\sin\theta$

$\therefore \dfrac{dy}{dt}=\dfrac{\frac{dy}{d\theta}}{\frac{dt}{d\theta}}=\dfrac{-10\sin\theta}{5}=-2\sin\theta$

따라서 $\theta=\dfrac{\pi}{6}$가 되는 순간 점 P의 y좌표의 시간(초)에 대한

변화율은 $-2\sin\dfrac{\pi}{6}=(-2)\times\dfrac{1}{2}=-1$이다.

채점 요소	배점
$\angle\mathrm{AOP}=\theta$로 나타내어 호 AP의 길이는 10θ임을 구하고, $\dfrac{dt}{d\theta}=5$임을 구하기	30 %
점 P의 y좌표는 $10\cos\theta$임을 구하고, $\dfrac{dy}{d\theta}=-10\sin\theta$임을 구하기	30 %
$\dfrac{dy}{dt}=-2\sin\theta$임을 구하고, $\theta=\dfrac{\pi}{6}$일 때 $\dfrac{dy}{dt}$의 값 구하기	40 %

다른 풀이

$\angle\mathrm{AOP}=\theta\left(0\le\theta\le\dfrac{\pi}{2}\right)$라 하면 부채꼴의 반지름의 길이는

10이므로 호 AP의 길이는 10θ이다.

또한, 점 P는 점 A에서 출발하여 매초 2의 일정한 속력으로
움직이므로

$10\theta=2t$에서 $\theta=\dfrac{t}{5}$

이때, 점 P의 좌표는 $(10\sin\theta,\ 10\cos\theta)$이므로 점 P의 y좌표는

$y=10\cos\theta=10\cos\dfrac{t}{5}$

$\therefore \dfrac{dy}{dt}=-2\sin\dfrac{t}{5}$

$\theta=\dfrac{\pi}{6}$일 때 $t=\dfrac{5}{6}\pi$이므로 이 순간 점 P의 y좌표의 시간(초)에 대한

변화율은 $-2\sin\dfrac{\pi}{6}=(-2)\times\dfrac{1}{2}=-1$이다.

채점 요소	배점
$\angle\mathrm{AOP}=\theta$로 나타내어 호 AP의 길이는 10θ임을 구하고, $\theta=\dfrac{t}{5}$임을 구하기	40 %
점 P의 y좌표는 $10\cos\dfrac{t}{5}$임을 구하고, $\dfrac{dy}{dt}=-2\sin\dfrac{t}{5}$임을 구하기	40 %
$\theta=\dfrac{\pi}{6}$일 때 $t=\dfrac{5}{6}\pi$임을 구하여 $\dfrac{dy}{dt}$의 값 구하기	20 %

0615
$\qquad$ 답 ⑤

곡선 $x^2-xy+ay^2+b=0$이 점 $(1,\ 1)$을 지나므로

$$a+b=0 \qquad \cdots\cdots ㉠$$

$x^2-xy+ay^2+b=0$에서 음함수의 미분법에 의하여

$2x-y-xy'+a\times2yy'=0$

$x=1,\ y=1$일 때, $y'=-1$이므로 대입하면

$2-2a=0,\ a=1$

㉠에서 $b=-1$

$\therefore ab=-1$

0616
$\qquad$ 답 ⑤

곡선 $ax^3+x\sqrt{y}=b$가 점 $(1,\ 4)$를 지나므로

$$a+2=b \qquad \cdots\cdots ㉠$$

$ax^3+x\sqrt{y}=b$에서 음함수의 미분법에 의하여

$3ax^2+\sqrt{y}+x\times\dfrac{1}{2\sqrt{y}}y'=0$

$x=1,\ y=4$일 때 $y'=-8$이므로 대입하면

$3a+2-2=0,\ a=0$

㉠에서 $b=2$

$\therefore a+b=2$

0617
$\qquad$ 답 ③

$\cos(x+y)-\cos(x-y)=-\dfrac{3}{2}$에서 음함수의 미분법에 의하여

$$-\sin(x+y)\times(1+y')+\sin(x-y)\times(1-y')=0$$

$x=\dfrac{\pi}{3}$, $y=\dfrac{\pi}{3}$를 대입하면

$$-\sin\dfrac{2}{3}\pi\times(1+y')+\sin 0\times(1-y')=0$$

$$-\dfrac{\sqrt{3}}{2}(1+y')=0$$

$$\therefore y'=-1$$

0618   답 $\dfrac{\sqrt{11}}{3}$ (cm/초)

수면의 반지름의 길이가 r cm일 때, 컵에 담긴 물의 높이를 h cm라 하면

$$r:h=2\pi:10\text{이므로 } h=\dfrac{5}{\pi}r$$

따라서 물의 부피는 $\dfrac{1}{3}\times\pi r^2\times\dfrac{5}{\pi}r=\dfrac{5}{3}r^3$이므로

$$\dfrac{5}{3}r^3=50(1-\cos t)\text{에서 } r^3=30(1-\cos t) \quad\cdots\cdots\text{㉠}$$

양변을 t에 대하여 미분하면

$$3r^2\dfrac{dr}{dt}=30\sin t$$

$$\dfrac{dr}{dt}=\dfrac{10\sin t}{r^2}$$

$r=3$일 때 ㉠에서 $27=30(1-\cos t)$, $\cos t=\dfrac{1}{10}$

$0\le t\le\pi$이므로 $\sin t=\dfrac{3\sqrt{11}}{10}$

즉, $r=3$일 때 $\dfrac{dr}{dt}=\dfrac{10\times\dfrac{3\sqrt{11}}{10}}{3^2}=\dfrac{\sqrt{11}}{3}$이다.

따라서 수면의 반지름의 길이가 3 cm일 때, 반지름의 시간(초)에 대한 변화율은 $\dfrac{\sqrt{11}}{3}$ (cm/초)이다.

0619   답 ①

스크린을 바라보는 위치에서 건물까지의 거리를 x라 하면
건물을 향해 일정한 속도로 걸어가고 있으므로

$$\dfrac{dx}{dt}=k \ (k<0\text{인 상수}) \quad\cdots\cdots\text{㉠}$$

스크린의 윗부분, 아랫부분을 올려다 본 각의 크기를 각각 α, β라 하면

$$\tan\alpha=\dfrac{16}{x}, \ \tan\beta=\dfrac{4}{x}\text{이므로}$$

$$\tan\theta=\tan(\alpha-\beta)$$

$$=\dfrac{\tan\alpha-\tan\beta}{1+\tan\alpha\tan\beta}$$

$$=\dfrac{\dfrac{12}{x}}{1+\dfrac{64}{x^2}}=\dfrac{12x}{x^2+64} \quad\cdots\cdots\text{㉡}$$

양변을 t에 대하여 미분하면 음함수의 미분법에 의하여

$$\sec^2\theta\,\dfrac{d\theta}{dt}=\dfrac{12(x^2+64)-12x\times 2x}{(x^2+64)^2}\times\dfrac{dx}{dt}$$

$$=\dfrac{12(64-x^2)}{(x^2+64)^2}\times k \ (\because\text{㉠})$$

$\dfrac{d\theta}{dt}=0$일 때, $0=\dfrac{12(64-x^2)}{(x^2+64)^2}\times k$에서

$64-x^2=0$, $x=8 \ (\because x>0)$

㉡에 $x=8$을 대입하면

$$\tan\theta=\dfrac{12\times 8}{8^2+64}=\dfrac{3}{4}$$

0620   답 ④

$f(x)=\ln\sqrt{\dfrac{2-x}{2+x}}=\dfrac{1}{2}\ln\dfrac{2-x}{2+x}$이므로

$$f'(x)=\dfrac{1}{2}\times\dfrac{\left(\dfrac{2-x}{2+x}\right)'}{\dfrac{2-x}{2+x}}$$

$$=\dfrac{1}{2}\times\dfrac{-(2+x)-(2-x)}{(2+x)^2}\times\dfrac{2+x}{2-x}=\dfrac{-2}{(2+x)(2-x)}$$

$f(a)=0$이라 하면 $\ln\sqrt{\dfrac{2-a}{2+a}}=0$에서

$\sqrt{\dfrac{2-a}{2+a}}=1$, $\dfrac{2-a}{2+a}=1$, $2-a=2+a$, $a=0$

즉, $f(0)=0$이므로 $g(0)=0$이다.

$$\therefore \lim_{x\to 0}\dfrac{g(x)-g(0)}{x}=g'(0)=\dfrac{1}{f'(0)}=-2$$

0621   답 3

$\dfrac{1}{n}=h$라 하면 $n\longrightarrow\infty$일 때 $h\longrightarrow 0+$이므로

$$\lim_{n\to\infty}n\left\{g\left(1+\dfrac{1}{n}\right)-g\left(1-\dfrac{2}{n}\right)\right\}$$

$$=\lim_{h\to 0+}\dfrac{g(1+h)-g(1-2h)}{h}$$

$$=\lim_{h\to 0+}\left\{\dfrac{g(1+h)-g(1)}{h}+\dfrac{g(1-2h)-g(1)}{-2h}\times 2\right\}$$

$$=g'(1)+2g'(1)=3g'(1)$$

$g(1)=a$라 하면 $f(a)=1$이므로

$$f(a)=a^3+3a^2+4a+5=1$$

$$a^3+3a^2+4a+4=(a+2)(a^2+a+2)=0$$

$$\therefore a=-2$$

$f'(x)=3x^2+6x+4$에서 $f'(-2)=4$이므로

$$p=3g'(1)=3\times\dfrac{1}{f'(-2)}=\dfrac{3}{4}$$

$$\therefore 4p=3$$

> **참고**
>
> 방정식 $a^3+3a^2+4a+4=0$에서 상수항 4의 약수를 통해 $a=-2$가 방정식을 만족시키는 해임을 알 수 있다.
> 또한, 역함수는 '일대일대응'이 전제된 것이므로 주어진 방정식을 만족시키는 해는 유일하다.

0622
$$\text{(1) } -\frac{\sqrt{3}}{3} \quad \text{(2) } -3$$

(1) $f(x)=\cos(2x)$에서 $f'(x)=-2\sin(2x)$

$f\left(\dfrac{\pi}{6}\right)=\dfrac{1}{2}$에서 $g\left(\dfrac{1}{2}\right)=\dfrac{\pi}{6}$

$\therefore g'\left(\dfrac{1}{2}\right)=\dfrac{1}{f'\left(\frac{\pi}{6}\right)}=-\dfrac{\sqrt{3}}{3}$

(2) $f(x)=\cos^2 x$에서 $f'(x)=-2\cos x\sin x$

$f\left(\dfrac{\pi}{4}\right)=\dfrac{1}{2}$에서 $g\left(\dfrac{1}{2}\right)=\dfrac{\pi}{4}$

$\displaystyle\lim_{h\to 0}\frac{g\left(\frac{1}{2}+2h\right)-g\left(\frac{1}{2}-h\right)}{h}=3g'\left(\dfrac{1}{2}\right)$
$$=3\times\dfrac{1}{f'\left(\frac{\pi}{4}\right)}$$
$$=-3$$

0623
$$\text{답 } \frac{1}{2}$$

$f(3)=2$, $f(4)=3$이므로 $g(2)=3$, $g(3)=4$이다.

$h'(x)=g'(g(x))g'(x)$이므로

$\therefore h'(2)=g'(g(2))g'(2)$
$$=g'(3)g'(2)$$
$$=\dfrac{1}{f'(4)}\times\dfrac{1}{f'(3)}$$
$$=\dfrac{1}{2}\times\dfrac{1}{1}=\dfrac{1}{2}$$

0624
$$\text{답 } ④$$

$(f^{-1}\circ g)'(x)=(f^{-1})'(g(x))g'(x)$이므로
$(f^{-1}\circ g)'(1)=(f^{-1})'(g(1))g'(1)=(f^{-1})'(7)g'(1)$이다.

$f(a)=7$이라 하면 $\sqrt{2a^3-5}=7$

$2a^3-5=49$, $a^3=27$, $a=3$

즉, $f(3)=7$이므로 $f^{-1}(7)=3$

$f'(x)=\dfrac{3x^2}{\sqrt{2x^3-5}}$, $g'(x)=2x+5$

$\therefore (f^{-1})'(7)g'(1)=\dfrac{1}{f'(3)}\times g'(1)$
$$=\dfrac{7}{27}\times 7=\dfrac{49}{27}$$

0625
$$\text{답 } ③$$

$f(2)=2$이므로 $g(2)=2$이다.

$h(x)=f(x)g(x)$라 하면

$\displaystyle\lim_{x\to 2}\frac{f(x)g(x)-4}{x-2}=\lim_{x\to 2}\frac{f(x)g(x)-f(2)g(2)}{x-2}$
$$=\lim_{x\to 2}\frac{h(x)-h(2)}{x-2}$$
$$=h'(2)$$
$$=f'(2)g(2)+f(2)g'(2) \quad\cdots\cdots ㉠$$

$f(x)=x^3+3x-12$에서 $f'(x)=3x^2+3$이므로

$f'(2)=15$, $g'(2)=\dfrac{1}{f'(2)}=\dfrac{1}{15}$

㉠에서 구하는 값은 $15\times 2+2\times\dfrac{1}{15}=\dfrac{452}{15}$

0626
$$\text{답 } ②$$

$\displaystyle\lim_{x\to 4}\frac{g(x)-1}{x-4}=k$에서 극한값이 존재하고 (분모) $\longrightarrow 0$이므로
(분자) $\longrightarrow 0$이다.

즉, $\displaystyle\lim_{x\to 4}\{g(x)-1\}=g(4)-1=0$이므로 $g(4)=1$

$f'(1)=\dfrac{1}{g'(4)}$이므로 $\dfrac{g'(4)}{f'(1)}=4$에서 $\{g'(4)\}^2=4$

$\therefore g'(4)=2$ 또는 $g'(4)=-2 \quad\cdots\cdots ㉠$

$k=\displaystyle\lim_{x\to 4}\frac{g(x)-1}{x-4}=\lim_{x\to 4}\frac{g(x)-g(4)}{x-4}=g'(4)$이고,

k가 양수이므로 ㉠에서 $k=2$

0627
$$\text{답 } ①$$

$f(x)=\ln(e^x-1)$에서 $f'(x)=\dfrac{e^x}{e^x-1}$이므로

$\dfrac{1}{f'(a)}=\dfrac{e^a-1}{e^a}$

$g(a)=b$라 하면 $f(b)=\ln(e^b-1)=a$, $e^a=e^b-1$

이때, $g'(a)=\dfrac{1}{f'(b)}$이므로

$\dfrac{1}{g'(a)}=f'(b)=\dfrac{e^b}{e^b-1}=\dfrac{e^a+1}{e^a}$

$\therefore \dfrac{1}{f'(a)}+\dfrac{1}{g'(a)}=\dfrac{e^a-1}{e^a}+\dfrac{e^a+1}{e^a}=2$

다른 풀이

$f(x)=\ln(e^x-1)$에서 $f'(x)=\dfrac{e^x}{e^x-1}$

$\therefore f'(a)=\dfrac{e^a}{e^a-1}$

$f(x)=\ln(e^x-1)$에서 $e^{f(x)}+1=e^x$

$x=\ln(e^{f(x)}+1)$이므로 $g(x)=\ln(e^x+1)$

$g'(x)=\dfrac{e^x}{e^x+1}$이므로 $g'(a)=\dfrac{e^a}{e^a+1}$

$\therefore \dfrac{1}{f'(a)}+\dfrac{1}{g'(a)}=\dfrac{e^a-1}{e^a}+\dfrac{e^a+1}{e^a}=2$

0628
$$\text{답 } ②$$

$g(0)=a$이므로 $f(a)=0$이다.

$f(a)=2a\ln a-a=a(2\ln a-1)=0$

$a=e^{\frac{1}{2}}=\sqrt{e} \quad\left(\because a>\dfrac{1}{\sqrt{e}}\right)$

$f'(x)=2\ln x+2-1=2\ln x+1$이므로

$b=g'(0)=\dfrac{1}{f'(\sqrt{e})}=\dfrac{1}{2}$

$$\therefore ab=\frac{\sqrt{e}}{2}$$

0629   답 ①

다음 그림에서 $f(b)=a$, $f(c)=b$이다.

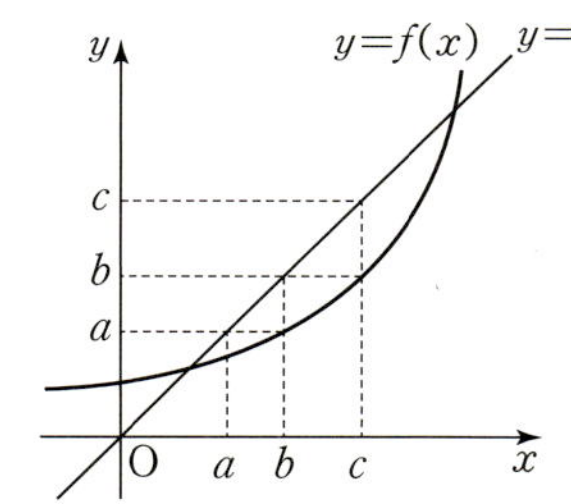

이차방정식 $x^2-4x+2=0$의 두 근이 $g'(a)$, $g'(b)$이므로
이차방정식의 근과 계수의 관계에 의하여
$g'(a)+g'(b)=4$이고, $g'(a)g'(b)=2$이다.
$$\therefore\ f'(c)g'(a)+f'(b)g'(b)$$
$$=\frac{1}{g'(b)}\times g'(a)+\frac{1}{g'(a)}\times g'(b)$$
$$=\frac{\{g'(a)\}^2+\{g'(b)\}^2}{g'(a)g'(b)}$$
$$=\frac{\{g'(a)+g'(b)\}^2-2g'(a)g'(b)}{g'(a)g'(b)}$$
$$=\frac{4^2-2\times2}{2}=6$$

0630   답 풀이 참조

$y=f^{-1}(x)$에서 $x=f(y)$, 즉 $x=\tan y$이므로
$$\frac{dx}{dy}=\sec^2 y$$
$$\therefore\ \frac{dy}{dx}=\frac{1}{\dfrac{dx}{dy}}$$
$$=\frac{1}{\sec^2 y}$$
$$=\frac{1}{1+\tan^2 y}=\frac{1}{1+x^2}$$

채점 요소	배점
$y=f^{-1}(x)$에서 $x=\tan y$임을 나타내기	30%
$\dfrac{dx}{dy}=\sec^2 y$임을 구하기	30%
$\dfrac{dy}{dx}$를 정리하여 $\dfrac{1}{1+x^2}$임을 구하기	40%

0631   답 ①

$f(x)=\sqrt{x^3+x^2+x+1}$에서 $f'(x)=\dfrac{3x^2+2x+1}{2\sqrt{x^3+x^2+x+1}}$
함수 $h(x)=f(3x+1)$이라 하면
함수 $g(x)$, $h(x)$는 서로 역함수의 관계이고,
$h'(x)=3f'(3x+1)$이다.
$h(0)=f(1)=2$이므로 $g(2)=0$

$$g'(2)=\frac{1}{h'(0)}=\frac{1}{3f'(1)}=\frac{2}{9}$$
$$\therefore\ g(2)+g'(2)=\frac{2}{9}$$

0632   답 -12

$\displaystyle\lim_{x\to3}\frac{f(x)-4}{x^2-9}=2$에서 극한값이 존재하고, $x\longrightarrow3$일 때
(분모) $\longrightarrow0$이므로 (분자) $\longrightarrow0$이다.
즉, $f(3)=4$이고,
$$\lim_{x\to3}\frac{f(x)-4}{x^2-9}=\lim_{x\to3}\frac{f(x)-f(3)}{(x-3)(x+3)}=\frac{1}{6}f'(3)=2$$이므로
$f'(3)=12$
함수 $h(x)=f(-x)$라 하면 두 함수 $g(x)$, $h(x)$는 서로 역함수의
관계이고, $h'(x)=-f'(-x)$이다.
$h(-3)=f(3)=4$이므로 $g(4)=-3$
$$\therefore\ \frac{1}{g'(4)}=h'(-3)=-f'(3)=-12$$

0633   답 풀이 참조

함수 $f(x)$에서 주어진 조건에 의하여
$$f(6)=1,\ f'(6)=\frac{3}{2}$$
$f(2x)=h(x)$라 하면 두 함수 $g(x)$, $h(x)$는 서로 역함수의
관계이다.
이때, $h(3)=f(6)=1$이므로
$a=g(1)=3$
한편, $h'(x)=2f'(2x)$에서
$h'(3)=2f'(6)=3$이므로
$$b=g'(1)=\frac{1}{h'(3)}=\frac{1}{3}$$
$$\therefore\ a+b=3+\frac{1}{3}=\frac{10}{3}$$

다른 풀이

함수 $f(x)$에서 주어진 조건에 의하여
$$f(6)=1,\ f'(6)=\frac{3}{2}$$
함수 $f(2x)$의 역함수가 $g(x)$이므로
$$g(f(2x))=x \qquad\cdots\cdots\ \bigcirc$$
$\bigcirc$의 양변에 $x=3$을 대입하면
$g(f(6))=g(1)=3$이므로 $a=3$
$\bigcirc$의 양변을 x에 대하여 미분하면
$g'(f(2x))\times2f'(2x)=1$
이 등식의 양변에 $x=3$을 대입하면
$g'(f(6))\times2f'(6)=1$, $g'(1)\times3=1$
따라서 $g'(1)=\dfrac{1}{3}$이므로 $b=\dfrac{1}{3}$
$$\therefore\ a+b=3+\frac{1}{3}=\frac{10}{3}$$

채점 요소	배점
$f(6)=1$임을 이용하여 a의 값 구하기	30%
역함수의 미분법을 이용하여 b의 값 구하기	60%
$a+b$의 값 구하기	10%

0634 답 ③

조건 ㈎의 $\lim\limits_{x \to 2} \dfrac{\{f(x)\}^2-4}{x^2-4}=4$에서 극한값이 존재하고,

$x \longrightarrow 2$일 때 (분모) $\longrightarrow 0$이므로 (분자) $\longrightarrow 0$이다.

즉, $\{f(2)\}^2=4$이므로 $f(2)=-2$ 또는 $f(2)=2$이다.

이때, 함수 $f(x)$가 실수 전체의 집합에서 증가하고

조건 ㈏에서 $f(0)=0$이므로 $f(2)=2$이다.

$$\lim_{x \to 2} \frac{\{f(x)\}^2-4}{x^2-4}=\lim_{x \to 2} \frac{\{f(x)-2\}\{f(x)+2\}}{(x-2)(x+2)}$$
$$=\lim_{x \to 2} \frac{f(x)-f(2)}{x-2} \times \lim_{x \to 2} \frac{f(x)+2}{x+2}$$
$$=f'(2)$$

이므로 $f'(2)=4$이다.

즉, $g(2)=2$이고, $g'(2)=\dfrac{1}{f'(2)}=\dfrac{1}{4}$이다.

$h(x)=xf(x)$에서 $h'(x)=f(x)+xf'(x)$

$\{(h \circ g)(x)\}'=h'(g(x))g'(x)$이므로

구하는 값은
$$h'(g(2))g'(2)=h'(2)g'(2)$$
$$=\{f(2)+2f'(2)\} \times g'(2)$$
$$=(2+2 \times 4) \times \frac{1}{4}$$
$$=\frac{5}{2}$$

0635 답 ③

조건 ㈎의 $f(-x)=-f(x)$의 양변을 x에 대하여 미분하면

$-f'(-x)=-f'(x)$이므로 $f'(x)=f'(-x)$이다. $\quad\cdots\cdots$ ㉠

조건 ㈏의 $\lim\limits_{x \to 2} \dfrac{f(x)+1}{x-2}=-2$에서 극한값이 존재하고,

$x \longrightarrow 2$일 때 (분모) $\longrightarrow 0$이므로 (분자) $\longrightarrow 0$이다.

즉, $f(2)=-1$이고,

$$\lim_{x \to 2} \frac{f(x)+1}{x-2}=\lim_{x \to 2} \frac{f(x)-f(2)}{x-2}=f'(2)=-2$$

$f(-2)=-f(2)=1$이므로 $g(1)=-2$이고,

$f'(-2)=f'(2)=-2$ ($\because$ ㉠)

$\therefore g'(1)=\dfrac{1}{f'(-2)}=-\dfrac{1}{2}$

0636 답 ⑤

조건 ㈎의 양변을 x에 대하여 미분하면

$f'(x)-f'(-x)=2x$ $\quad\cdots\cdots$ ㉠

$f(1)=\dfrac{6}{5}$이므로 조건 ㈎에 의하여 $f(-1)=-\dfrac{1}{5}$이고,

$f'(1)=\dfrac{11}{5}$이므로 ㉠에 의하여 $f'(-1)=\dfrac{1}{5}$이다.

$\therefore g'\left(-\dfrac{1}{5}\right)=\dfrac{1}{f'(-1)}=5$

0637 답 ②

$f(x)=x^{2\ln x}$의 양변에 자연로그를 취하면

$\ln f(x)=\ln x^{2\ln x}=2(\ln x)^2$

양변을 x에 대하여 미분하면

$$\frac{f'(x)}{f(x)}=\frac{4\ln x}{x}$$

$$f'(x)=\frac{4\ln x}{x} \times x^{2\ln x}=4\ln x \times x^{2\ln x-1}$$

한편, $h(x)=f(2x)$라 하면 두 함수 $g(x)$, $h(x)$는 서로 역함수의 관계이고, $h'(x)=2f'(2x)$이다.

$h\left(\dfrac{e}{2}\right)=f(e)=e^2$이므로 $g(e^2)=\dfrac{e}{2}$

$$\therefore g'(e^2)=\frac{1}{h'\left(\frac{e}{2}\right)}=\frac{1}{2f'(e)}=\frac{1}{2 \times 4e}=\frac{1}{8e}$$

0638 답 ②

$x=t-\sin t$, $y=1-\cos t$에서

$\dfrac{dx}{dt}=1-\cos t$, $\dfrac{dy}{dt}=\sin t$이므로

$\dfrac{dx}{dy}=\dfrac{1-\cos t}{\sin t}$, 즉 $(f^{-1})'(y)=\dfrac{1-\cos t}{\sin t}$

주어진 함수에서 $y=1-\cos t=\dfrac{1}{5}$일 때

$\cos t=\dfrac{4}{5}$, $\sin t=\dfrac{3}{5}$이므로

$$\therefore (f^{-1})'\left(\frac{1}{5}\right)=\frac{1-\frac{4}{5}}{\frac{3}{5}}=\frac{1}{3}$$

0639 답 풀이 참조

다음과 같은 그림에서

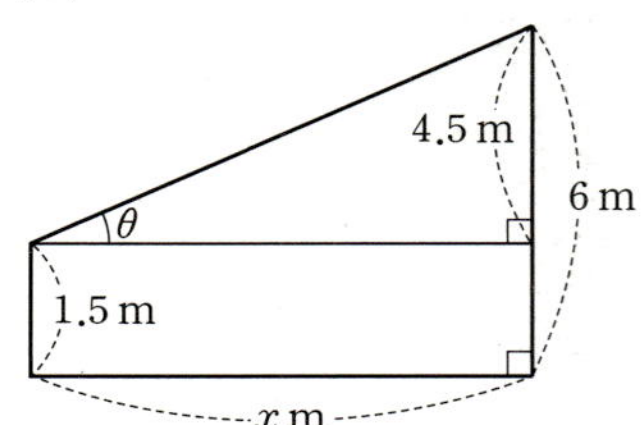

$x=\dfrac{4.5}{\tan \theta}=4.5\cot \theta$ $\quad\cdots\cdots$ ㉠

$\dfrac{dx}{d\theta}=-4.5\csc^2 \theta$이므로

$\dfrac{d\theta}{dx}=\dfrac{1}{-4.5\csc^2 \theta}=-\dfrac{2}{9}\sin^2 \theta$

$x=\dfrac{3\sqrt{3}}{2}$일 때 ㉠에서 $4.5\cot \theta=\dfrac{3\sqrt{3}}{2}$이므로

$\tan \theta=\sqrt{3}$, $\sin \theta=\dfrac{\sqrt{3}}{2}$

따라서 $x=\dfrac{3\sqrt{3}}{2}$일 때 $\dfrac{d\theta}{dx}=-\dfrac{2}{9}\times\left(\dfrac{\sqrt{3}}{2}\right)^2=-\dfrac{1}{6}$이다.

채점 요소	배점
$x=4.5\cot\theta$임을 구하기	30 %
$\dfrac{d\theta}{dx}=-\dfrac{2}{9}\sin^2\theta$임을 구하기	30 %
$x=\dfrac{3\sqrt{3}}{2}$일 때 $\sin\theta=\dfrac{\sqrt{3}}{2}$임을 구하기	20 %
$x=\dfrac{3\sqrt{3}}{2}$일 때 $\dfrac{d\theta}{dx}$의 값 구하기	20 %

0640 　　　　　　　　　　　　　　　　　답 ①

$f'(x)=-e^{-x}\sin x+e^{-x}\cos x=-e^{-x}(\sin x-\cos x)$
$f''(x)=e^{-x}(\sin x-\cos x)-e^{-x}(\cos x+\sin x)$
$\qquad=-2e^{-x}\cos x$
$\therefore \displaystyle\lim_{x\to 0}\dfrac{f''(x)}{f'(x)}=\lim_{x\to 0}\dfrac{-2e^{-x}\cos x}{-e^{-x}(\sin x-\cos x)}$
$\qquad\qquad\qquad=\displaystyle\lim_{x\to 0}\dfrac{2\cos x}{\sin x-\cos x}=-2$

0641 　　　　　　　　　　　　　　　　　답 ②

$f'(x)=ae^{ax+b}\sin x+e^{ax+b}\cos x=e^{ax+b}(a\sin x+\cos x)$
$f''(x)=ae^{ax+b}(a\sin x+\cos x)+e^{ax+b}(a\cos x-\sin x)$
$\qquad=e^{ax+b}\{(a^2-1)\sin x+2a\cos x\}$
$f'(0)=e^b=1$이므로 $b=0$
$f''(0)=2ae^b=2a=4$이므로 $a=2$
$\therefore a+b=2$

0642 　　　　　　　　　　　　답 (1) $\dfrac{e^2}{3}$　(2) $-\dfrac{3}{2}\sqrt{2}$

(1) $f(x)=e^{x+2}$에서 $f'(x)=e^{x+2}$
$\quad f'(0)=e^2$이므로
$\quad \displaystyle\lim_{x\to 0}\dfrac{f'(x)-e^2}{3x}=\lim_{x\to 0}\dfrac{f'(x)-f'(0)}{x-0}\times\dfrac{1}{3}=\dfrac{f''(0)}{3}$
$\quad f''(x)=e^{x+2}$이므로 $f''(0)=e^2$
$\quad \therefore \dfrac{f''(0)}{3}=\dfrac{e^2}{3}$

(2) $f(x)=4\cos x-\sqrt{2}\cot x$에서 $f'(x)=-4\sin x+\sqrt{2}\csc^2 x$
$\quad f'\left(\dfrac{\pi}{4}\right)=-2\sqrt{2}+2\sqrt{2}=0$이므로
$\quad \displaystyle\lim_{x\to \frac{\pi}{4}}\dfrac{f'(x)}{4x-\pi}=\lim_{x\to \frac{\pi}{4}}\dfrac{f'(x)-f'\left(\frac{\pi}{4}\right)}{x-\frac{\pi}{4}}\times\dfrac{1}{4}=\dfrac{1}{4}f''\left(\dfrac{\pi}{4}\right)$
$\quad f''(x)=-4\cos x-2\sqrt{2}\csc^2 x\cot x$
$\quad \therefore \dfrac{1}{4}f''\left(\dfrac{\pi}{4}\right)=\dfrac{1}{4}\left(-4\times\dfrac{\sqrt{2}}{2}-2\sqrt{2}\times 2\times 1\right)=-\dfrac{3}{2}\sqrt{2}$

0643 　　　　　　　　　　　　　　　　　답 ④

$\displaystyle\lim_{x\to -2}\dfrac{f'(f(x))+1}{x+2}=8$에서 극한값이 존재하고,

$x\longrightarrow -2$일 때 (분모) $\longrightarrow 0$이므로 (분자) $\longrightarrow 0$이다.

즉, $\displaystyle\lim_{x\to -2}\{f'(f(x))+1\}=0$ 　　　　　…… ㉠

함수 $f(x)$가 실수 전체의 집합에서 이계도함수를 가지므로

$f(x)$와 $f'(x)$는 모든 실수에서 연속이다.

따라서 ㉠에서 $f'(f(-2))=-1$이므로

$\displaystyle\lim_{x\to -2}\dfrac{f'(f(x))+1}{x+2}=\lim_{x\to -2}\dfrac{f'(f(x))-f'(f(-2))}{x-(-2)}=8$

$g(x)=f'(f(x))$라 하면 $g'(-2)=8$이다.

$g'(x)=f''(f(x))f'(x)$이므로

$g'(-2)=f''(f(-2))f'(-2)=f''(3)f'(-2)=2f''(3)=8$

$\therefore f''(3)=4$

0644 　　　　　　　　　　　答 (1) $-\dfrac{1}{5}$　(2) $\dfrac{5}{3}\pi$

(1) $f'(x)=-2e^{-2x}\cos x-e^{-2x}\sin x=-e^{-2x}(2\cos x+\sin x)$
$\quad f''(x)=2e^{-2x}(2\cos x+\sin x)-e^{-2x}(-2\sin x+\cos x)$
$\qquad\quad=e^{-2x}(3\cos x+4\sin x)$
$\quad f''(\alpha)=0$이므로 $e^{-2\alpha}(3\cos\alpha+4\sin\alpha)=0$
$\quad e^{-2\alpha}>0$이므로 양변을 $e^{-2\alpha}$으로 나누어 식을 정리하면

$\quad 3\cos\alpha+4\sin\alpha=0,\ \dfrac{\sin\alpha}{\cos\alpha}=-\dfrac{3}{4},\ \tan\alpha=-\dfrac{3}{4}$

$\quad \dfrac{\pi}{2}<\alpha<\pi$이므로 $\sin\alpha=\dfrac{3}{5},\ \cos\alpha=-\dfrac{4}{5}$

$\quad \therefore \sin\alpha+\cos\alpha=-\dfrac{1}{5}$

(2) $f'(x)=\cos x+\sqrt{3}\sin x$
$\quad f''(x)=-\sin x+\sqrt{3}\cos x$
$\quad f''(x)=1$에서 $-\sin x+\sqrt{3}\cos x=1$
$\quad \dfrac{\sqrt{3}}{2}\cos x-\dfrac{1}{2}\sin x=\dfrac{1}{2}$
$\quad \cos\left(x+\dfrac{\pi}{6}\right)=\dfrac{1}{2}$

$\quad 0\le x\le 2\pi$에서 이를 만족시키는 x의 값은 $\dfrac{\pi}{6}$, $\dfrac{3}{2}\pi$이므로

$\quad$ 구하는 값은 $\dfrac{\pi}{6}+\dfrac{3}{2}\pi=\dfrac{5}{3}\pi$이다.

0645 　　　　　　　　　　　　　　　答 풀이 참조

$y'=ae^{ax}\sin(bx)+be^{ax}\cos(bx)=e^{ax}\{a\sin(bx)+b\cos(bx)\}$
$y''=ae^{ax}\{a\sin(bx)+b\cos(bx)\}+e^{ax}\{ab\cos(bx)-b^2\sin(bx)\}$
$\qquad=e^{ax}\{(a^2-b^2)\sin(bx)+2ab\cos(bx)\}$

이므로

$y''+y'+y=0$에서

$e^{ax}\{(a^2-b^2)\sin(bx)+2ab\cos(bx)\}+e^{ax}\{a\sin(bx)+b\cos(bx)\}$
$\qquad\qquad\qquad\qquad\qquad\qquad+e^{ax}\sin(bx)=0$

$e^{ax}>0$이므로 양변을 e^{ax}으로 나누어 식을 정리하면

$(a^2-b^2+a+1)\sin(bx)+(2ab+b)\cos(bx)=0$

이 등식이 임의의 실수 x에 대하여 항상 성립하려면

$a^2-b^2+a+1=0$, $2ab+b=0$ ...... **TIP**

$2ab+b=(2a+1)b=0$에서 $b\neq0$이므로 $2a+1=0$, $a=-\dfrac{1}{2}$

$\left(-\dfrac{1}{2}\right)^2-b^2+\left(-\dfrac{1}{2}\right)+1=0$에서 $b^2=\dfrac{3}{4}$

$\therefore a^2+b^2=\left(-\dfrac{1}{2}\right)^2+\dfrac{3}{4}=1$

채점 요소	배점
도함수 y'과 이계도함수 y''의 식 구하기	40%
항등식 $y''+y'+y=0$을 풀기 위하여 식 정리하기	30%
두 식 $a^2-b^2+a+1=0$, $2ab+b=0$을 연립하여 풀고, a^2+b^2의 값 구하기	30%

TIP

$(a^2-b^2+a+1)\sin(bx)+(2ab+b)\cos(bx)=0$이 모든 실수 x에 대하여 성립하므로 $bx=0$일 때 $2ab+b=0$이고, $bx=\dfrac{\pi}{2}$일 때 $a^2-b^2+a+1=0$임을 알 수 있다.

0646   답 ②

$\dfrac{dx}{d\theta}=2(1-\cos\theta)$, $\dfrac{dy}{d\theta}=2\sin\theta$이므로

$\dfrac{dy}{dx}=\dfrac{\sin\theta}{1-\cos\theta}$

양변을 x에 대하여 미분하면 음함수의 미분법에 의하여

$\dfrac{d^2y}{dx^2}=\dfrac{d}{d\theta}\left(\dfrac{\sin\theta}{1-\cos\theta}\right)\times\dfrac{d\theta}{dx}$ ...... ㉠

$\dfrac{d}{d\theta}\left(\dfrac{\sin\theta}{1-\cos\theta}\right)=\dfrac{\cos\theta(1-\cos\theta)-\sin^2\theta}{(1-\cos\theta)^2}$

$\qquad\qquad\qquad\quad=\dfrac{\cos\theta-1}{(1-\cos\theta)^2}=\dfrac{1}{\cos\theta-1}$

이고, $\dfrac{d\theta}{dx}=\dfrac{1}{2(1-\cos\theta)}$이므로 ㉠에서

$\dfrac{d^2y}{dx^2}=\dfrac{1}{\cos\theta-1}\times\dfrac{1}{2(1-\cos\theta)}=\dfrac{-1}{2(1-\cos\theta)^2}$

$\therefore \lim\limits_{\theta\to\pi}\dfrac{d^2y}{dx^2}=\lim\limits_{\theta\to\pi}\dfrac{-1}{2(1-\cos\theta)^2}=-\dfrac{1}{8}$

0647   답 $-\dfrac{9}{5}$

$\dfrac{6x}{x^2+1}=k$에서 $kx^2-6x+k=0$

이 이차방정식의 두 실근을 α, β라고 하면
이차방정식의 근과 계수의 관계에 의하여

$\alpha+\beta=\dfrac{6}{k}$, $\alpha\beta=1$이다.

함수 $f(x)=\dfrac{6x}{x^2+1}$ $(x>0)$의 그래프와 직선 $y=k$가 만나는 두 점 사이의 거리는 $|\alpha-\beta|$이므로

$g(k)=|\alpha-\beta|=\sqrt{(\alpha-\beta)^2}=\sqrt{(\alpha+\beta)^2-4\alpha\beta}$

$\qquad\quad=\sqrt{\left(\dfrac{6}{k}\right)^2-4}=2\sqrt{\dfrac{9}{k^2}-1}$

$g'(k)=2\times\dfrac{1}{2\sqrt{\dfrac{9}{k^2}-1}}\times\left(-\dfrac{18}{k^3}\right)$

$\qquad\quad=\dfrac{-18}{k^3\sqrt{\dfrac{9}{k^2}-1}}=\dfrac{-18}{k^2\sqrt{9-k^2}}$

$\therefore g'(\sqrt{5})=\dfrac{-18}{5\sqrt{9-5}}=-\dfrac{9}{5}$

0648   답 ⑤

기울어진 컵을 옆에서 본 그림에서 다음과 같이 세 점 A, B, C를 놓자.

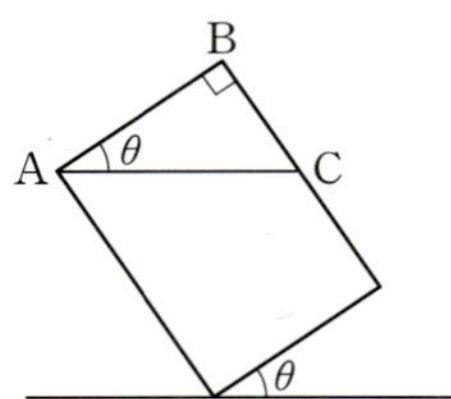

$\overline{AB}=3$, $\overline{AC}=\dfrac{3}{\cos\theta}$이므로

수면의 넓이는 $S(\theta)=3\times\dfrac{3}{\cos\theta}=9\sec\theta$이다.

$S'(\theta)=9\sec\theta\tan\theta$

$\therefore S'\left(\dfrac{\pi}{6}\right)=9\times\dfrac{2}{\sqrt{3}}\times\dfrac{1}{\sqrt{3}}=6$

0649   답 ③

$\lim\limits_{x\to0}\dfrac{1}{x}\ln\dfrac{e^x+e^{2x}+e^{3x}+\cdots+e^{nx}}{n}$

$=\lim\limits_{x\to0}\dfrac{\ln(e^x+e^{2x}+e^{3x}+\cdots+e^{nx})-\ln n}{x}=50$ ...... ㉠

$f(x)=\ln(e^x+e^{2x}+e^{3x}+\cdots+e^{nx})$이라 하면

$f(0)=\ln n$이므로

㉠에서

$\lim\limits_{x\to0}\dfrac{\ln(e^x+e^{2x}+e^{3x}+\cdots+e^{nx})-\ln n}{x}=\lim\limits_{x\to0}\dfrac{f(x)-f(0)}{x-0}$

$\qquad\qquad\qquad\qquad\qquad\qquad\qquad\qquad=f'(0)$

즉, $f'(0)=50$

$f'(x)=\dfrac{e^x+2e^{2x}+3e^{3x}+\cdots+ne^{nx}}{e^x+e^{2x}+e^{3x}+\cdots+e^{nx}}$이므로

$f'(0)=\dfrac{1+2+3+\cdots+n}{1+1+1+\cdots+1}=\dfrac{\dfrac{n(n+1)}{2}}{n}=\dfrac{n+1}{2}=50$

$\therefore n=99$

0650   답 풀이 참조

$g(x)=\dfrac{m}{12e}x$, $h(x)=\dfrac{\ln x}{x^n}$라 하면

$$g'(x)=\frac{m}{12e}, \quad h'(x)=\frac{\frac{1}{x}\times x^n-\ln x\times nx^{n-1}}{x^{2n}}=\frac{1-n\ln x}{x^{n+1}}$$

함수 $f(x)$가 $x=t$에서 연속이므로

$g(t)=h(t)$에서 $\dfrac{m}{12e}t=\dfrac{\ln t}{t^n}$, $\dfrac{m}{12e}=\dfrac{\ln t}{t^{n+1}}$ $\qquad$ …… ㉠

함수 $f(x)$가 $x=t$에서 미분가능하므로

$g'(t)=h'(t)$에서 $\dfrac{m}{12e}=\dfrac{1-n\ln t}{t^{n+1}}$ $\qquad$ …… ㉡

㉠, ㉡에 의하여 $\dfrac{\ln t}{t^{n+1}}=\dfrac{1-n\ln t}{t^{n+1}}$

$\ln t=1-n\ln t$, $\ln t=\dfrac{1}{n+1}$, $t=e^{\frac{1}{n+1}}$

이를 ㉠에 대입하면

$\dfrac{m}{12e}=\dfrac{1}{(n+1)e}$이므로 $m(n+1)=12$

m, n이 자연수이므로 가능한 순서쌍 $(m,\ n)$은

$(1, 11), (2, 5), (3, 3), (4, 2), (6, 1)$

따라서 mn의 최댓값은 11, 최솟값은 6이다.

채점 요소	배점
함수 $f(x)$가 $x=t$에서 연속임을 이용하여 $\dfrac{m}{12e}=\dfrac{\ln t}{t^{n+1}}$ (㉠)임을 구하기	20%
함수 $f(x)$가 $x=t$에서 미분가능함을 이용하여 $\dfrac{m}{12e}=\dfrac{1-n\ln t}{t^{n+1}}$ (㉡)임을 구하기	30%
㉠, ㉡을 연립하여 $m(n+1)=12$임을 구하기	30%
$m(n+1)=12$를 만족시키는 두 자연수 m, n에 대하여 mn의 최댓값, 최솟값 구하기	20%

0651   답 ③

$\displaystyle\lim_{x\to-2}\dfrac{g(x)}{x+2}=b$에서 $x\to-2$일 때 극한값이 존재하고 (분모)$\to0$이므로 (분자)$\to0$이어야 한다.

즉, $\displaystyle\lim_{x\to-2}g(x)=0$에서 $g(-2)=0$

이때 함수 $g(x)$는 $f(x)$의 역함수이므로 $f(0)=-2$

$f(0)=\ln\left(\dfrac{\sec 0+\tan 0}{a}\right)=\ln\dfrac{1}{a}=-2$에서

$e-2=\dfrac{1}{a}$ $\qquad\therefore a=e^2$

미분계수의 정의에 의하여

$\displaystyle\lim_{x\to-2}\dfrac{g(x)}{x+2}=\lim_{x\to-2}\dfrac{g(x)-g(-2)}{x-(-2)}=g'(-2)=b$

이때 두 함수 $f(x)$, $g(x)$가 서로 역함수 관계이므로

$g'(-2)=\dfrac{1}{f'(g(-2))}=\dfrac{1}{f'(0)}=b$

$f(x)=\ln\left(\dfrac{\sec x+\tan x}{e^2}\right)=\ln(\sec x+\tan x)-2$

이므로

$f'(x)=\dfrac{\sec x\tan x+\sec^2 x}{\sec x+\tan x}=\sec x$

$\therefore f'(0)=\sec 0=1$

즉, $g'(-2)=\dfrac{1}{f'(0)}=1$이므로 $b=1$

$\therefore ab=e^2\times 1=e^2$

0652   답 ②

$f^{(1)}(x)=-\dfrac{1}{2}\sin\dfrac{x}{2}$이므로 $f^{(1)}(0)=0$

$f^{(2)}(x)=-\dfrac{1}{4}\cos\dfrac{x}{2}$이므로 $f^{(2)}(0)=-\dfrac{1}{4}$

$f^{(3)}(x)=\dfrac{1}{8}\sin\dfrac{x}{2}$이므로 $f^{(3)}(0)=0$

$f^{(4)}(x)=\dfrac{1}{16}\cos\dfrac{x}{2}$이므로 $f^{(4)}(0)=\dfrac{1}{16}$

$\vdots$

이므로

$f^{(1)}(0), f^{(3)}(0), f^{(5)}(0), f^{(7)}(0), \cdots$의 값은 모두 0이고,

$f^{(2)}(0), f^{(4)}(0), f^{(6)}(0), f^{(8)}(0), \cdots$의 값은 첫째항이 $-\dfrac{1}{4}$이고,

공비가 $-\dfrac{1}{4}$인 등비수열을 이룬다.

$\therefore \displaystyle\sum_{n=1}^{\infty}f^{(n)}(0)=0+\dfrac{-\dfrac{1}{4}}{1-\left(-\dfrac{1}{4}\right)}=-\dfrac{1}{5}$

> **참고**
>
> 교육과정에서 삼계도함수 이상은 다루지 않지만 일부 학교 내신에서 출제되니 학습해 두자.

0653   답 2

$f(x)=\ln(\sin x+\cos x)$에서 $f'(x)=\dfrac{\cos x-\sin x}{\sin x+\cos x}$

$f\left(\dfrac{\pi}{2}\right)=0$, $f'\left(\dfrac{\pi}{2}\right)=-1$이므로

$\displaystyle\lim_{x\to\frac{\pi}{2}}\dfrac{f'(x)+1}{f(x)}$

$=\displaystyle\lim_{x\to\frac{\pi}{2}}\dfrac{f'(x)-f'\left(\dfrac{\pi}{2}\right)}{f(x)-f\left(\dfrac{\pi}{2}\right)}$

$=\displaystyle\lim_{x\to\frac{\pi}{2}}\left\{\dfrac{f'(x)-f'\left(\dfrac{\pi}{2}\right)}{x-\dfrac{\pi}{2}}\times\dfrac{x-\dfrac{\pi}{2}}{f(x)-f\left(\dfrac{\pi}{2}\right)}\right\}$

$=\dfrac{f''\left(\dfrac{\pi}{2}\right)}{f'\left(\dfrac{\pi}{2}\right)}=-f''\left(\dfrac{\pi}{2}\right)$

$f''(x)$

$=\dfrac{(-\sin x-\cos x)(\sin x+\cos x)-(\cos x-\sin x)(\cos x-\sin x)}{(\sin x+\cos x)^2}$

$=\dfrac{-2}{(\sin x+\cos x)^2}$

$\therefore -f''\left(\dfrac{\pi}{2}\right)=2$

$$\boxed{\text{답}}\ 1+a^3b^4$$

$f_1(1)=f(1)=-1$
$f_2(1)=f(f(1))=f(-1)=1$
$f_3(1)=f(f_2(1))=f(1)=-1$
$f_4(1)=f(f_3(1))=f(-1)=1$
$\vdots$

이므로 $f_n(1)$ (n은 자연수)의 값은 -1, 1이 반복된다.

$\therefore f_6(1)=1$

$f_1(-1)=f(-1)=1$
$f_2(-1)=f(f(-1))=f(1)=-1$
$f_3(-1)=f(f_2(-1))=f(-1)=1$
$f_4(-1)=f(f_3(-1))=f(1)=-1$
$\vdots$

이므로 $f_n(-1)$ (n은 자연수)의 값은 1, -1이 반복된다.

$f_1'(x)=f'(x)$이므로 $f_1'(-1)=f'(-1)=b$

$f_2'(x)=(f\circ f)'(x)=f'(f(x))f'(x)$이므로

$f_2'(-1)=f'(f(-1))f'(-1)=f'(1)f'(-1)=ab$

$f_3'(x)=(f\circ f_2)'(x)=f'(f_2(x))f_2'(x)$이므로

$f_3'(-1)=f'(f_2(-1))f_2'(-1)=f'(-1)f_2'(-1)=ab^2$

$f_4'(x)=(f\circ f_3)'(x)=f'(f_3(x))f_3'(x)$이므로

$f_4'(-1)=f'(f_3(-1))f_3'(-1)=f'(1)f_3'(-1)=a^2b^2$

$\vdots$

이므로 $f_7'(-1)=a^3b^4$

$\therefore f_6(1)+f_7'(-1)=1+a^3b^4$

$$\boxed{\text{답}}\ ③$$

탑승한 후 관람차가 회전한 각을 θ라 하고,
관람차가 움직인 거리를 l이라 하면 $l=30\theta$이다.
이때, 원의 둘레의 길이는 $60\pi(\mathrm{m})$이고, 한 바퀴를 회전하는 데

걸리는 시간이 16분이므로 관람차의 속력은 $\dfrac{60\pi}{16}=\dfrac{15}{4}\pi(\mathrm{m}/\text{분})$

이다.

즉, $\dfrac{dl}{dt}=\dfrac{15}{4}\pi$

$l=30\theta$에서 $\dfrac{dl}{dt}=30\dfrac{d\theta}{dt}$이므로 $\dfrac{d\theta}{dt}=\dfrac{\pi}{8}$이다.

θ만큼 회전했을 때, 관람차의 높이는
$30+30\cos(\pi-\theta)=30-30\cos\theta$이므로
높이의 시간에 대한 변화율은

$\dfrac{d}{dt}(30-30\cos\theta)=\dfrac{d\theta}{dt}\times\dfrac{d}{d\theta}(30-30\cos\theta)$

$=\dfrac{\pi}{8}\times30\sin\theta=\dfrac{15}{4}\pi\sin\theta$

처음으로 높이가 48 m에 도달하는 순간은 그림과 같고,

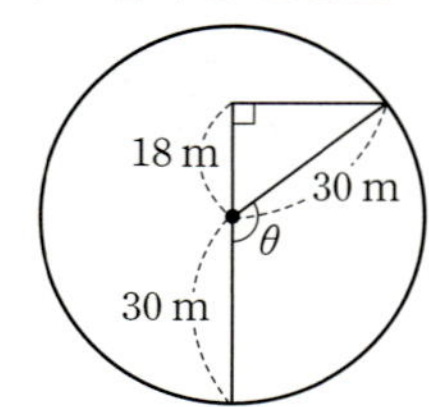

이때, $\sin\theta=\dfrac{\sqrt{30^2-18^2}}{30}=\dfrac{4}{5}$이므로 구하는 값은

$\dfrac{15}{4}\pi\times\dfrac{4}{5}=3\pi(\mathrm{m}/\text{분})$이다.

$$\boxed{\text{답}}\ ①$$

점 P가 점 C를 출발한지 t초 후 호 CP의 길이는 $\dfrac{\pi}{36}t$이므로

$\angle\mathrm{POC}=\dfrac{\pi}{36}t$이다.

따라서 선분 PQ의 중점을 M이라 하면 직각삼각형 PMO에서

$\overline{\mathrm{PM}}=\sin\left(\dfrac{\pi}{36}t\right)$, $\overline{\mathrm{OM}}=\cos\left(\dfrac{\pi}{36}t\right)$

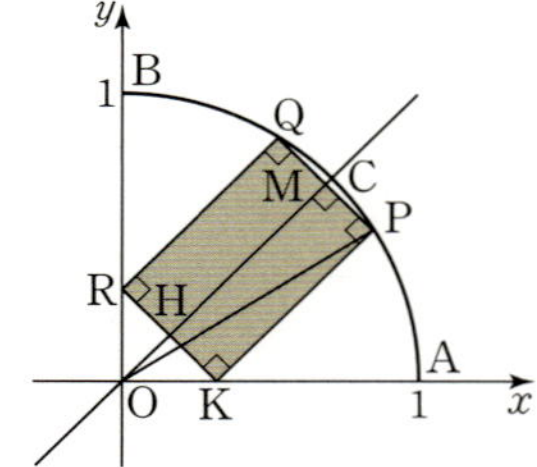

사분원 OAB에 내접하는 직사각형의 y축 위의 꼭짓점을 R, x축
위의 꼭짓점을 K라 하고, 선분 RK의 중점을 H라 하자. 이때,

직각이등변삼각형 ROK에서 $\overline{\mathrm{OH}}=\overline{\mathrm{HK}}=\overline{\mathrm{PM}}=\sin\left(\dfrac{\pi}{36}t\right)$이므로

$\overline{\mathrm{PK}}=\overline{\mathrm{OM}}-\overline{\mathrm{OH}}=\cos\left(\dfrac{\pi}{36}t\right)-\sin\left(\dfrac{\pi}{36}t\right)$

따라서 직사각형 PQRK의 넓이는

$S(t)=2\left\{\cos\left(\dfrac{\pi}{36}t\right)-\sin\left(\dfrac{\pi}{36}t\right)\right\}\sin\left(\dfrac{\pi}{36}t\right)$

$S'(t)=2\times\dfrac{\pi}{36}\left\{-\sin\left(\dfrac{\pi}{36}t\right)-\cos\left(\dfrac{\pi}{36}t\right)\right\}\sin\left(\dfrac{\pi}{36}t\right)$

$\qquad\qquad+2\times\dfrac{\pi}{36}\left\{\cos\left(\dfrac{\pi}{36}t\right)-\sin\left(\dfrac{\pi}{36}t\right)\right\}\cos\left(\dfrac{\pi}{36}t\right)$

$=\dfrac{\pi}{18}\left\{\cos^2\left(\dfrac{\pi}{36}t\right)-\sin^2\left(\dfrac{\pi}{36}t\right)-2\sin\left(\dfrac{\pi}{36}t\right)\cos\left(\dfrac{\pi}{36}t\right)\right\}$

$=\dfrac{\pi}{18}\left\{\cos\left(\dfrac{\pi}{18}t\right)-\sin\left(\dfrac{\pi}{18}t\right)\right\}$

$\therefore S'(6)=\dfrac{\pi}{18}\left(\cos\dfrac{\pi}{3}-\sin\dfrac{\pi}{3}\right)=\dfrac{1-\sqrt{3}}{36}\pi$

$$\boxed{\text{답}}\ 83$$

다음 그림과 같이 점 P를 y축에 대하여 대칭이동시킨 점을 P',
점 $(1,\ 0)$을 A, 점 $(-1,\ 0)$을 B라 하자.

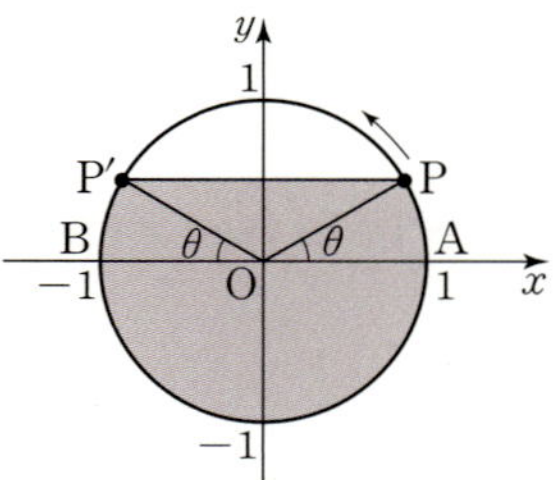

이때, 어두운 부분의 넓이는

$S=(반원의 넓이)+(부채꼴 \mathrm{POA}의 넓이)$
$$\qquad\quad+(부채꼴\ \mathrm{P'OB}의\ 넓이)+(삼각형\ \mathrm{POP'}의\ 넓이)$$

$\angle\mathrm{POA}=\theta\ \left(0<\theta<\dfrac{\pi}{2}\right)$라 하면 t초 후 $\theta=\dfrac{t}{40}$

한편, (부채꼴 POA의 넓이)$=$(부채꼴 $\mathrm{P'OB}$의 넓이)

이므로

$$S=\frac{\pi}{2}+2\times\frac{1}{2}\times1^2\times\theta+\frac{1}{2}\times1^2\times\sin(\pi-2\theta)$$

$$\quad=\frac{\pi}{2}+\theta+\frac{1}{2}\sin(2\theta)=\frac{\pi}{2}+\frac{t}{40}+\frac{1}{2}\sin\frac{t}{20}\ \left(\because\ \theta=\frac{t}{40}\right)$$

$$\therefore\ \frac{dS}{dt}=\frac{1}{40}+\frac{1}{40}\cos\frac{t}{20}$$

따라서 점 P가 점 $\left(\dfrac{\sqrt{3}}{2},\dfrac{1}{2}\right)$을 지나는 순간

$\cos\dfrac{\pi}{6}=\dfrac{\sqrt{3}}{2}$, $\sin\dfrac{\pi}{6}=\dfrac{1}{2}$에서 $\dfrac{\pi}{6}=\dfrac{t}{40}$, 즉 $\dfrac{t}{20}=\dfrac{\pi}{3}$

$$\therefore\ \frac{dS}{dt}=\frac{1}{40}+\frac{1}{40}\cos\frac{\pi}{3}=\frac{3}{80}$$

$$\therefore\ a=80,\ b=3$$

$$\therefore\ a+b=80+3=83$$

0658　🔵 8

점 P는 호 AB 위의 점이고 시각 t일 때 $\angle\mathrm{POA}=t\ \left(0\le t\le\dfrac{\pi}{2}\right)$

이므로 점 P의 좌표는 $(\cos t,\ \sin t)$이다.

점 Q의 x좌표는 $x=\cos t+\sqrt{5-\sin^2 t}$이므로

점 Q의 x좌표의 시간(초)에 대한 변화율은

$$\frac{dx}{dt}=-\sin t-\frac{\sin t\cos t}{\sqrt{5-\sin^2 t}}$$이다.

따라서 $\angle\mathrm{POA}=\dfrac{\pi}{4}$가 되는 순간, $t=\dfrac{\pi}{4}$이므로

이때 점 Q의 x좌표의 시간(초)에 대한 변화율은

$$r=-\frac{\sqrt{2}}{2}-\frac{\dfrac{\sqrt{2}}{2}\times\dfrac{\sqrt{2}}{2}}{\sqrt{5-\left(\dfrac{\sqrt{2}}{2}\right)^2}}=-\frac{\sqrt{2}}{2}-\frac{\sqrt{2}}{6}=-\frac{2}{3}\sqrt{2}$$

$$\therefore\ 9r^2=9\times\frac{8}{9}=8$$

0659　🔵 109

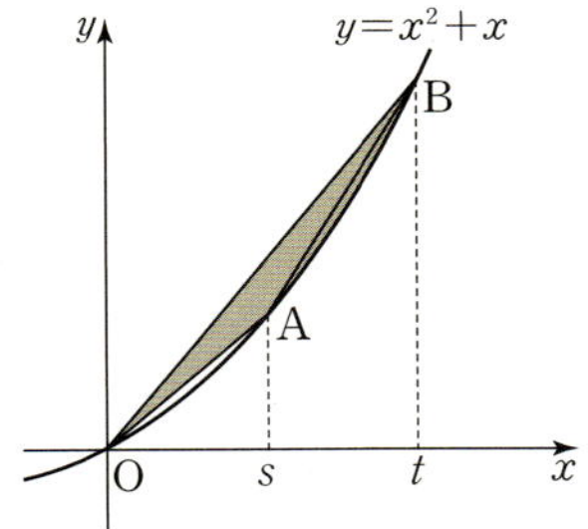

$$\int_s^t(x^2+x)\,dx=\left[\frac{x^3}{3}+\frac{x^2}{2}\right]_s^t=\frac{t^3}{3}+\frac{t^2}{2}-\frac{s^3}{3}-\frac{s^2}{2}$$이므로

어두운 부분의 넓이는

$$\frac{1}{2}t(t^2+t)-\frac{1}{2}s(s^2+s)-\int_s^t(x^2+x)\,dx$$

$$=\frac{t^3}{2}+\frac{t^2}{2}-\frac{s^3}{2}-\frac{s^2}{2}-\left(\frac{t^3}{3}+\frac{t^2}{2}-\frac{s^3}{3}-\frac{s^2}{2}\right)$$

$$=\frac{t^3}{6}-\frac{s^3}{6}$$

$\dfrac{t^3-s^3}{6}=k$에서 $t^3-s^3=6k$이므로

점 $(s,\ t)$가 나타내는 곡선 C의 방정식은

$$y^3=x^3+6k\qquad\qquad\cdots\cdots\ \text{㉠}$$

곡선 C 위의 점 $(x,\ y)$와 점 $(1,\ 0)$ 사이의 거리를 d라 하면

$$d=\sqrt{(x-1)^2+y^2}$$

$$d^2=(x-1)^2+y^2=(x-1)^2+(x^3+6k)^{\frac{2}{3}}\ (\because\ \text{㉠})$$

d가 최소일 때 d^2도 최소이다.

따라서 $f(x)=(x-1)^2+(x^3+6k)^{\frac{2}{3}}$이라 하면 $x=\dfrac{2}{3}$일 때

$f(x)$가 최소이므로 $f'\left(\dfrac{2}{3}\right)=0$이다.

$f'(x)=2(x-1)+\dfrac{2}{3}(x^3+6k)^{-\frac{1}{3}}\times 3x^2$이므로

$$f'\left(\frac{2}{3}\right)=-\frac{2}{3}+\frac{2}{3}\left(\frac{8}{27}+6k\right)^{-\frac{1}{3}}\times\frac{4}{3}=0$$

$$\left(\frac{8}{27}+6k\right)^{-\frac{1}{3}}=\frac{3}{4},\ \frac{8}{27}+6k=\frac{64}{27}$$

$$\therefore\ k=\frac{28}{81}$$

$$\therefore\ p+q=81+28=109$$

포물선 $y=a(x-\alpha)(x-\beta)\ (\beta>\alpha)$와 x축으로 둘러싸인

도형의 넓이를 S라 하면

$$S=\int_\alpha^\beta|a(x-\alpha)(x-\beta)|\,dx=\frac{|a|}{6}(\beta-\alpha)^3$$

이다. 이를 이용하면 직선 $y=(t+1)x$와 곡선 $y=x^2+x$로

둘러싸인 도형의 넓이는 $\dfrac{1}{6}(t-0)^3$,

직선 $y=(s+1)x$와 곡선 $y=x^2+x$로 둘러싸인 도형의 넓이는

$\dfrac{1}{6}(s-0)^3$이므로 $k=\dfrac{1}{6}(t^3-s^3)$과 같이 구할 수도 있다.

0660　🔵 ②

원의 반지름의 길이를 $r\ (0<r<3)$라 하면

포물선의 꼭짓점과 선분 AB 사이의 거리는 $6-2r$이다.

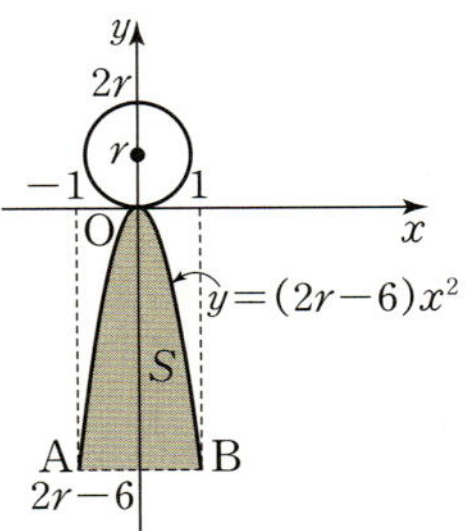

포물선의 꼭짓점을 원점, 포물선의 축을 y축에 놓으면

포물선이 나타내는 이차함수의 방정식은 $y=ax^2\ (a<0)$이고,

이 이차함수의 그래프가 점 $(1, 2r-6)$을 지나므로
$2r-6=a$
따라서 이차함수의 방정식은 $y=(2r-6)x^2$이다.
선분 AB와 포물선으로 둘러싸인 부분의 넓이를 S라 하면
$\dfrac{dS}{dt}=1$이고,
$$S=\dfrac{|2r-6|\times 2^3}{6}=\dfrac{8}{3}(3-r) \qquad \cdots\cdots \ \text{㉠}$$
양변을 t에 대하여 미분하면
$\dfrac{dS}{dt}=-\dfrac{8}{3}\times\dfrac{dr}{dt}$에서 $\dfrac{dr}{dt}=-\dfrac{3}{8}$
원의 넓이는 πr^2이므로 원의 넓이의 시간(초)에 대한 변화율은
$$2\pi r\times\dfrac{dr}{dt}=2\pi r\times\left(-\dfrac{3}{8}\right)=-\dfrac{3}{4}\pi r \qquad \cdots\cdots \ \text{㉡}$$
선분 AB와 포물선으로 둘러싸인 부분의 넓이가 4가 되는 순간은
㉠에서 $4=\dfrac{8}{3}(3-r)$, $r=\dfrac{3}{2}$이므로
$r=\dfrac{3}{2}$일 때 원의 넓이의 시간(초)에 대한 변화율은
㉡에서 $-\dfrac{3}{4}\pi\times\dfrac{3}{2}=-\dfrac{9}{8}\pi$이다.

0661   답 ④

$\angle \text{AOP}=\theta$라 하면 $\text{P}(\cos\theta, \sin\theta)$이고,
$\overparen{\text{AP}}=\theta$이므로 $\dfrac{d\theta}{dt}=2$, $\overline{\text{PQ}}=\theta$이다.

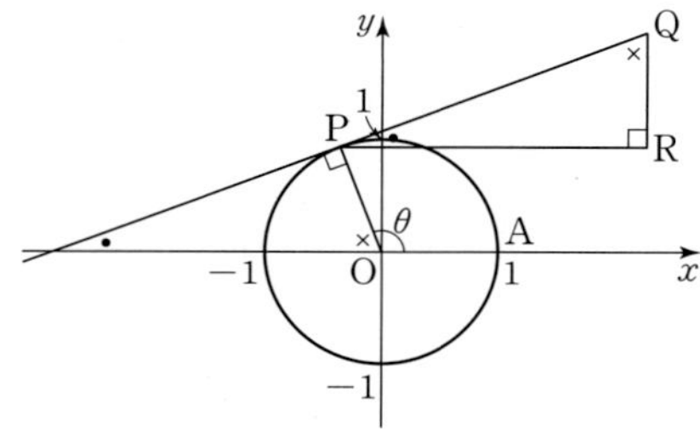

점 P를 지나고 x축에 평행한 직선과 점 Q를 지나고 y축에 평행한 직선의 교점을 R라 하면
점 P가 제2사분면 위에 있을 때
$\angle \text{PQR}=\pi-\theta$이므로
$\overline{\text{PR}}=\theta\sin(\pi-\theta)=\theta\sin\theta$
$\overline{\text{QR}}=\theta\cos(\pi-\theta)=-\theta\cos\theta$
$\therefore \text{Q}(\cos\theta+\theta\sin\theta, \sin\theta-\theta\cos\theta)$
$f(\theta)=\cos\theta+\theta\sin\theta$, $g(\theta)=\sin\theta-\theta\cos\theta$라 하면
$\dfrac{d}{dt}f(\theta)=\dfrac{d}{d\theta}f(\theta)\times\dfrac{d\theta}{dt}$
$\qquad\quad =2(-\sin\theta+\sin\theta+\theta\cos\theta)=2\theta\cos\theta$
$\dfrac{d}{dt}g(\theta)=\dfrac{d}{d\theta}g(\theta)\times\dfrac{d\theta}{dt}$
$\qquad\quad =2(\cos\theta-\cos\theta+\theta\sin\theta)=2\theta\sin\theta$
점 P가 처음으로 점 $\left(-\dfrac{1}{2}, \dfrac{\sqrt{3}}{2}\right)$을 지나는 순간 $\theta=\dfrac{2}{3}\pi$이므로
$a=2\times\dfrac{2}{3}\pi\times\cos\dfrac{2}{3}\pi=-\dfrac{2}{3}\pi$
$b=2\times\dfrac{2}{3}\pi\times\sin\dfrac{2}{3}\pi=\dfrac{2\sqrt{3}}{3}\pi$

$\therefore ab=-\dfrac{4\sqrt{3}}{9}\pi^2$

0662   답 $\dfrac{1}{2}$

$h(g(e^{2x}+1))=x$의 양변을 x에 대하여 미분하면
$h'(g(e^{2x}+1))\times g'(e^{2x}+1)\times 2e^{2x}=1$
$$h'(g(e^{2x}+1))=\dfrac{1}{2e^{2x}g'(e^{2x}+1)} \qquad \cdots\cdots \ \text{㉠}$$
$g(e^{2x}+1)=2$일 때 $f(2)=e^{2x}+1$이고, $f(2)=5$이므로
$e^{2x}+1=5$에서 $e^{2x}=4$이다.
즉, ㉠에서
$$h'(2)=\dfrac{1}{2\times 4\times g'(5)}=\dfrac{1}{2}\left\{\because g'(5)=\dfrac{1}{f'(2)}=\dfrac{1}{4}\right\}$$

0663   답 $\dfrac{1}{2}$

$\displaystyle\lim_{x\to 3}\dfrac{f(x)-g(x)}{(x-3)g(x)}=\dfrac{1}{2}$에서 극한값이 존재하고
$x\longrightarrow 3$일 때 (분모)$\longrightarrow 0$이므로 (분자)$\longrightarrow 0$이다.
즉, $f(3)-g(3)=0$에서 $f(3)=g(3)$
이때, 최고차항의 계수가 1인 삼차함수 $f(x)$가 역함수가 존재할 때,
함수 $f(x)$는 실수 전체의 집합에서 증가하므로
함수 $y=f(x)$와 그 역함수 $y=g(x)$의 그래프는 직선 $y=x$
위에서만 만난다.
즉, $f(3)=g(3)=3$이다.
$\displaystyle\lim_{x\to 3}\dfrac{f(x)-g(x)}{(x-3)g(x)}=\lim_{x\to 3}\left\{\dfrac{f(x)-f(3)}{(x-3)g(x)}-\dfrac{g(x)-g(3)}{(x-3)g(x)}\right\}$
$\qquad\qquad\qquad\qquad\quad =\dfrac{1}{3}f'(3)-\dfrac{1}{3}g'(3)$
$\qquad\qquad\qquad\qquad\quad =\dfrac{1}{3}\left\{\dfrac{1}{g'(3)}-g'(3)\right\}=\dfrac{1}{2}$
이므로 $\dfrac{1}{g'(3)}-g'(3)=\dfrac{3}{2}$
$g'(3)=t$라 하면
$\dfrac{1}{t}-t=\dfrac{3}{2}$, $2-2t^2=3t$
$2t^2+3t-2=0$
$(2t-1)(t+2)=0$
$\therefore t=\dfrac{1}{2}$ 또는 $t=-2$
이때, 함수 $f(x)$가 실수 전체의 집합에서 증가하므로
$f'(3)>0$, $g'(3)>0$
$\therefore g'(3)=\dfrac{1}{2}$

0664 ────────────── 답 (1) $y=\dfrac{2}{e}x$ (2) $y=2x-\dfrac{\pi}{2}+1$
 (3) $y=ex-2e$ (4) $y=\dfrac{1}{4}x$

(1) $y=2\ln x$에서 $y'=\dfrac{2}{x}$이므로

 곡선 $y=2\ln x$ 위의 점 $(e,\ 2)$에서의 접선의 기울기는 $\dfrac{2}{e}$이고,

 접선의 방정식은 $y=\dfrac{2}{e}(x-e)+2$, 즉 $y=\dfrac{2}{e}x$이다.

(2) $y=\tan x$에서 $y'=\sec^2 x$이므로

 곡선 $y=\tan x$ 위의 점 $\left(\dfrac{\pi}{4},\ 1\right)$에서의 접선의 기울기는 2이고,

 접선의 방정식은 $y=2\left(x-\dfrac{\pi}{4}\right)+1$, 즉 $y=2x-\dfrac{\pi}{2}+1$이다.

(3) $f(x)=e^{x-2}$에서 $f'(x)=e^{x-2}$이므로
 곡선 $y=f(x)$ 위의 점 $(3,\ e)$에서의 접선의 기울기는 e이고,
 접선의 방정식은 $y=e(x-3)+e$, 즉 $y=ex-2e$이다.

(4) $f(x)=\sqrt{x}-1$에서 $f'(x)=\dfrac{1}{2\sqrt{x}}$이므로

 곡선 $y=f(x)$ 위의 점 $(4,\ 1)$에서의 접선의 기울기는 $\dfrac{1}{4}$이고,

 접선의 방정식은 $y=\dfrac{1}{4}(x-4)+1$, 즉 $y=\dfrac{1}{4}x$이다.

0665 ────────────── 답 ②

점 $(0,\ 4)$가 곡선 $y=\cos^2 x+x+a$ 위의 점이므로
$4=1+a$, $a=3$
$y=\cos^2 x+x+3$에서 $y'=-2\cos x\times\sin x+1$이므로
곡선 위의 점 $(0,\ 4)$에서의 접선의 기울기는 1이고,
접선의 방정식은 $y=x+4$이다.
$b=1$, $c=4$
$\therefore a+b+c=3+1+4=8$

0666 ────────────── 답 6

점 $(1,\ 2)$가 곡선 $y=ax\ln x+b$ 위의 점이므로 $b=2$
$y=ax\ln x+2$에서 $y'=a\ln x+a$이므로
곡선 위의 점 $(1,\ 2)$에서의 접선의 기울기는 a이고,
접선의 방정식은 $y=a(x-1)+2$, 즉 $y=ax+2-a$
이 직선이 $y=4x-2$와 같으므로 $a=4$
$\therefore a+b=4+2=6$

0667 ────────────── 답 (1) 1 (2) $\dfrac{1}{2}$

(1) $y=\ln x$에서 $y'=\dfrac{1}{x}$

 기울기가 1인 접선의 접점의 좌표를 $(t,\ \ln t)$라 하면

$\dfrac{1}{t}=1$에서 $t=1$이므로 접점의 좌표는 $(1,\ 0)$이다.

따라서 곡선 $y=\ln x$ 위의 점 $(1,\ 0)$에서의 접선의 방정식은
$y=x-1$이다.

이 접선이 점 $(2,\ a)$를 지나므로 $a=2-1=1$이다.

(2) $y=\sqrt{x-2}$에서 $y'=\dfrac{1}{2\sqrt{x-2}}$

 기울기가 $\dfrac{1}{4}$인 접선의 접점의 x좌표를 t라 하면

 $\dfrac{1}{2\sqrt{t-2}}=\dfrac{1}{4}$에서 $\sqrt{t-2}=2$, $t=6$이므로

 접점의 좌표는 $(6,\ 2)$이다.

 따라서 곡선 $y=\sqrt{x-2}$ 위의 점 $(6,\ 2)$에서의 접선의 방정식은

 $y=\dfrac{1}{4}(x-6)+2$, 즉 $y=\dfrac{1}{4}x+\dfrac{1}{2}$이므로

 접선의 y절편은 $\dfrac{1}{2}$이다.

0668 ────────────── 답 ①

$y=x\ln x+2x$에서 $y'=\ln x+x\times\dfrac{1}{x}+2=\ln x+3$

기울기가 5인 접선의 접점의 x좌표를 t라 하면
$\ln t+3=5$에서 $t=e^2$이므로
접점의 좌표는 $(e^2,\ 4e^2)$이다.
이 점이 직선 $y=5x+a$ 위의 점이므로
$4e^2=5e^2+a$
$\therefore a=-e^2$

0669 ────────────── 답 (1) e (2) 2 (3) $y=\dfrac{1}{e}x+\dfrac{1}{e}$ (4) 2

(1) $y=e^x$에서 $y'=e^x$
 원점에서 곡선 $y=e^x$에 그은 접선의 접점의 좌표를
 $(t,\ e^t)$이라 하면
 접선의 방정식은 $y=e^t(x-t)+e^t$, 즉 $y=e^t x+(1-t)e^t$
 이 직선이 점 $(0,\ 0)$을 지나므로
 $0=(1-t)e^t$, $t=1\ (\because e^t>0)$
 따라서 접선의 방정식은 $y=ex$이므로 $k=e$이다.

(2) $y=\dfrac{1}{x}$에서 $y'=-\dfrac{1}{x^2}$이므로

 점 $(2,\ 0)$에서 곡선 $y=\dfrac{1}{x}$에 그은 접선의 접점의 좌표를

 $\left(t,\ \dfrac{1}{t}\right)$이라 하면

 접선의 방정식은 $y=-\dfrac{1}{t^2}(x-t)+\dfrac{1}{t}$, 즉

 $y=-\dfrac{1}{t^2}x+\dfrac{2}{t}$

 이 직선이 점 $(2,\ 0)$을 지나므로

 $0=-\dfrac{2}{t^2}+\dfrac{2}{t}=\dfrac{2(t-1)}{t^2}$에서 $t=1$

 따라서 접선의 방정식은 $y=-x+2$이므로 접선의 y절편은
 2이다.

(3) $y=\ln(x+1)$에서 $y'=\dfrac{1}{x+1}$

점 $(-1, 0)$에서 곡선 $y=\ln(x+1)$에 그은 접선의 접점의
좌표를 $(t, \ln(t+1))$이라 하면

접선의 방정식은 $y=\dfrac{1}{t+1}(x-t)+\ln(t+1)$, 즉

$$y=\dfrac{1}{t+1}x-\dfrac{t}{t+1}+\ln(t+1)$$

이 직선이 점 $(-1, 0)$을 지나므로

$$0=-\dfrac{1}{t+1}-\dfrac{t}{t+1}+\ln(t+1)$$

$1=\ln(t+1)$, $t=e-1$

따라서 접선의 방정식은 $y=\dfrac{1}{e}x-\dfrac{e-1}{e}+1$

즉, $y=\dfrac{1}{e}x+\dfrac{1}{e}$이다.

(4) $y=\sqrt{x}+1$에서 $y'=\dfrac{1}{2\sqrt{x}}$이므로

점 $(-1, 1)$에서 곡선 $y=\sqrt{x}+1$에 그은 접선의 접점의
좌표를 $(t, \sqrt{t}+1)$이라 하면

접선의 방정식은 $y=\dfrac{1}{2\sqrt{t}}(x-t)+\sqrt{t}+1$, 즉

$$y=\dfrac{1}{2\sqrt{t}}x+\dfrac{\sqrt{t}}{2}+1$$

이 직선이 점 $(-1, 1)$을 지나므로

$1=-\dfrac{1}{2\sqrt{t}}+\dfrac{\sqrt{t}}{2}+1$, $\dfrac{1}{2\sqrt{t}}=\dfrac{\sqrt{t}}{2}$

양변에 $2\sqrt{t}\,(t>0)$를 곱하여 정리하면 $t=1$

따라서 접선의 방정식은 $y=\dfrac{1}{2}x+\dfrac{3}{2}$이므로

$$f(x)=\dfrac{1}{2}x+\dfrac{3}{2}$$

$\therefore f(1)=2$

0670　　　　　　　　　　　　　　　　　目 ③

$y=\dfrac{e^x}{x}$에서 $y'=\dfrac{xe^x-e^x}{x^2}=\dfrac{(x-1)e^x}{x^2}$이므로

원점을 지나고 곡선 $y=\dfrac{e^x}{x}$에 접하는 접선의 접점의 좌표를

$\left(t, \dfrac{e^t}{t}\right)$이라 하면

접선의 방정식은 $y=\dfrac{(t-1)e^t}{t^2}(x-t)+\dfrac{e^t}{t}$, 즉

$$y=\dfrac{(t-1)e^t}{t^2}x+\dfrac{(2-t)e^t}{t}$$

이 직선이 점 $(0, 0)$을 지나므로

$0=\dfrac{(2-t)e^t}{t}$, $t=2$ $(\because e^t>0)$

따라서 접선의 방정식은 $y=\dfrac{e^2}{4}x$이고,

이 직선이 점 $(2, k)$를 지나므로

$$k=\dfrac{e^2}{4}\times 2=\dfrac{e^2}{2}$$

0671　　　　　　　　　　目 (1) $y=-2x-2$　(2) $y=-x+2\sqrt{2}$

(1) $\dfrac{dx}{dt}=2t-3$, $\dfrac{dy}{dt}=3t^2-1$이므로

$$\dfrac{dy}{dx}=\dfrac{3t^2-1}{2t-3} \ \left(\text{단}, \ t\neq\dfrac{3}{2}\right)$$

$t=1$일 때 $x=-1$, $y=0$이고 $\dfrac{dy}{dx}=-2$이므로

$t=1$인 점 $(-1, 0)$에서의 접선의 방정식은

$y=-2(x+1)$, 즉 $y=-2x-2$이다.

(2) $\dfrac{dx}{dt}=-2\sin t$, $\dfrac{dy}{dt}=2\cos t$이므로

$$\dfrac{dy}{dx}=\dfrac{2\cos t}{-2\sin t}=-\dfrac{1}{\tan t}$$

$t=\dfrac{\pi}{4}$일 때 $x=\sqrt{2}$, $y=\sqrt{2}$이고 $\dfrac{dy}{dx}=-1$이므로

$t=\dfrac{\pi}{4}$인 점 $(\sqrt{2}, \sqrt{2})$에서의 접선의 방정식은

$y=-(x-\sqrt{2})+\sqrt{2}$, 즉 $y=-x+2\sqrt{2}$이다.

0672　　　　　　　　　　　　　　　　　目 ④

$f(-1)=-3$이므로 $g(-3)=-1$

$f(x)=x^3+2x$에서 $f'(x)=3x^2+2$이므로

$$g'(-3)=\dfrac{1}{f'(-1)}=\dfrac{1}{5}$$

따라서 곡선 $y=g(x)$ 위의 점 $(-3, -1)$에서의 접선의 방정식은

$y=\dfrac{1}{5}(x+3)-1$, 즉 $y=\dfrac{1}{5}x-\dfrac{2}{5}$이므로

접선의 y절편은 $-\dfrac{2}{5}$이다.

0673　　　　　　　　　　　　　　　　　目 $\dfrac{1}{4}$

$$f'(x)=k-\dfrac{1}{x}$$

함수 $f(x)$가 구간 $(2, 4)$에서 감소하려면
$2\leq x\leq 4$에서 $f'(x)\leq 0$이어야 한다.

함수 $f'(x)=k-\dfrac{1}{x}$은 $2\leq x\leq 4$에서 $x=4$일 때 최댓값 $k-\dfrac{1}{4}$을

가지므로 $k-\dfrac{1}{4}\leq 0$에서 $k\leq\dfrac{1}{4}$이어야 한다.

따라서 k의 최댓값은 $\dfrac{1}{4}$이다.

0674　　　　　　　　　　　　　　　目 풀이 참조

$$f'(x)=2xe^{-2x}-2x^2e^{-2x}=-2x(x-1)e^{-2x}$$

$e^{-2x}>0$이므로 $f'(x)=0$에서 $x=0$ 또는 $x=1$
함수 $f(x)$의 증가와 감소를 표로 나타내면 다음과 같다.

x	$\cdots$	0	$\cdots$	1	$\cdots$
$f'(x)$	$-$	0	$+$	0	$-$
$f(x)$	$\searrow$	극소	$\nearrow$	극대	$\searrow$

따라서 함수 $f(x)$는 $x=0$에서 극솟값 $f(0)=0$을 갖고,

$x=1$에서 극댓값 $f(1)=e^{-2}$을 갖는다.

∴ 극댓값: e^{-2}, 극솟값: 0

채점 요소	배점
도함수 $f'(x)$ 구하기	30%
$f'(x)=0$이 되는 x의 값 구하기	30%
$f'(x)$의 부호를 이용하여 극솟값, 극댓값 구하기	40%

0675   답 풀이 참조

(1) $f'(x)=-\dfrac{1}{x^2}+\dfrac{1}{x^4}=\dfrac{1-x^2}{x^4}$

$f''(x)=\dfrac{2}{x^3}-\dfrac{4}{x^5}$

$f'(x)=0$에서 $1-x^2=0$, $x=\pm 1$이고,

$f''(-1)=2>0$, $f''(1)=-2<0$이므로

함수 $f(x)$는 $x=-1$에서 극솟값 $f(-1)=-\dfrac{2}{3}$를 갖고,

$x=1$에서 극댓값 $f(1)=\dfrac{2}{3}$를 갖는다.

∴ 극댓값: $\dfrac{2}{3}$, 극솟값: $-\dfrac{2}{3}$

(2) $f'(x)=\dfrac{\dfrac{1}{x}\times x^2-\ln x\times 2x}{x^4}=\dfrac{1-2\ln x}{x^3}$

$f''(x)=\dfrac{-\dfrac{2}{x}\times x^3-(1-2\ln x)\times 3x^2}{x^6}=\dfrac{-5+6\ln x}{x^4}$

$f'(x)=0$에서 $1-2\ln x=0$, $x=\sqrt{e}$이고,

$f''(\sqrt{e})=\dfrac{-2}{e^2}<0$이므로 함수 $f(x)$는 $x=\sqrt{e}$에서

극댓값 $f(\sqrt{e})=\dfrac{1}{2e}$을 갖는다.

∴ 극댓값: $\dfrac{1}{2e}$

채점 요소	배점
도함수 $f'(x)$ 구하기	20%
이계도함수 $f''(x)$ 구하기	20%
$f'(x)=0$이 되는 x의 값 구하기	20%
$f''(x)$의 부호를 이용하여 극대, 극소를 판정하여 극댓값 또는 극솟값 구하기	40%

0676   답 ③

$f'(x)=\dfrac{3(x^2+3)-3x\times 2x}{(x^2+3)^2}=\dfrac{3(3-x^2)}{(x^2+3)^2}$

$f'(x)=0$에서 $3-x^2=0$, $x=\pm\sqrt{3}$

함수 $f(x)$의 증가와 감소를 표로 나타내면 다음과 같다.

x	$\cdots$	$-\sqrt{3}$	$\cdots$	$\sqrt{3}$	$\cdots$
$f'(x)$	$-$	0	$+$	0	$-$
$f(x)$	↘	극소	↗	극대	↘

따라서 함수 $f(x)$는 $x=-\sqrt{3}$에서 극솟값

$m=f(-\sqrt{3})=-\dfrac{\sqrt{3}}{2}$을 갖고, $x=\sqrt{3}$에서 극댓값

$M=f(\sqrt{3})=\dfrac{\sqrt{3}}{2}$을 갖는다.

∴ $Mm=\dfrac{\sqrt{3}}{2}\times\left(-\dfrac{\sqrt{3}}{2}\right)=-\dfrac{3}{4}$

0677   답 ③

$f'(x)=1-2\sin x$

$f'(x)=0$에서 $\sin x=\dfrac{1}{2}$, $x=\dfrac{\pi}{6}$ 또는 $x=\dfrac{5}{6}\pi$

$0<x<2\pi$에서 함수 $f(x)$의 증가와 감소를 표로 나타내면 다음과 같다.

x	(0)	$\cdots$	$\dfrac{\pi}{6}$	$\cdots$	$\dfrac{5}{6}\pi$	$\cdots$	(2π)
$f'(x)$		$+$	0	$-$	0	$+$	
$f(x)$		↗	극대	↘	극소	↗	

따라서 함수 $f(x)$는 $x=\dfrac{5}{6}\pi$에서 극솟값 $f\left(\dfrac{5}{6}\pi\right)=\dfrac{5}{6}\pi-\sqrt{3}$을 갖는다.

0678   답 ①

$f'(x)=e^x\cos x-e^x\sin x=e^x(\cos x-\sin x)$

$e^x>0$이므로 $f'(x)=0$에서 $\cos x-\sin x=0$, 즉

$\cos x=\sin x$

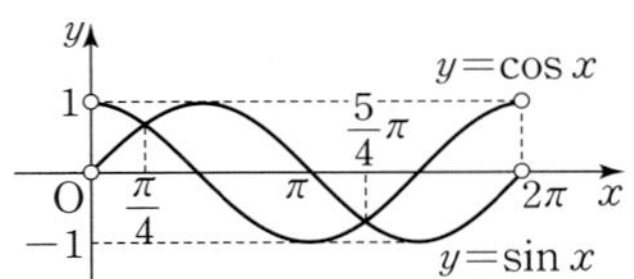

∴ $x=\dfrac{\pi}{4}$ 또는 $x=\dfrac{5}{4}\pi$

$0<x<2\pi$에서 함수 $f(x)$의 증가와 감소를 표로 나타내면 다음과 같다.

x	(0)	$\cdots$	$\dfrac{\pi}{4}$	$\cdots$	$\dfrac{5}{4}\pi$	$\cdots$	(2π)
$f'(x)$		$+$	0	$-$	0	$+$	
$f(x)$		↗	극대	↘	극소	↗	

따라서 함수 $f(x)$는 $x=\dfrac{\pi}{4}$에서 극댓값 $M=f\left(\dfrac{\pi}{4}\right)=\dfrac{\sqrt{2}}{2}e^{\frac{\pi}{4}}$을 갖고,

$x=\dfrac{5}{4}\pi$에서 극솟값 $m=f\left(\dfrac{5}{4}\pi\right)=-\dfrac{\sqrt{2}}{2}e^{\frac{5}{4}\pi}$을 갖는다.

∴ $\dfrac{m}{M}=\dfrac{-\dfrac{\sqrt{2}}{2}e^{\frac{5}{4}\pi}}{\dfrac{\sqrt{2}}{2}e^{\frac{\pi}{4}}}=-e^{\pi}$

0679   답 ③

$f'(x)=a-3\sin(3x)$

$-1\le\sin(3x)\le 1$이므로 $a-3\le a-3\sin(3x)\le a+3$

$$\therefore a+b=-2+8=6$$

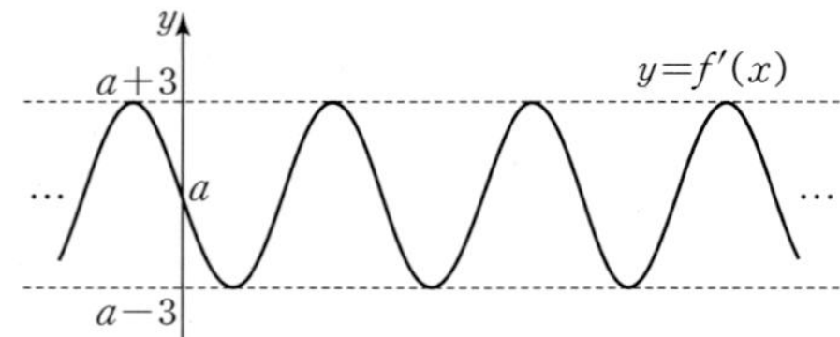

함수 $f(x)$가 극값을 갖지 않으려면
$a+3\leq0$ 또는 $a-3\geq0$이어야 하므로
$a\leq-3$ 또는 $a\geq3$
따라서 양수 a의 최솟값은 3이다.

0680   답 (1) 0   (2) -3

(1) $y=\ln(1+x^2)$에서 $y'=\dfrac{2x}{1+x^2}$

$$y''=\frac{2(1+x^2)-2x\times2x}{(1+x^2)^2}=\frac{2(1-x^2)}{(1+x^2)^2}$$

곡선 $y=\ln(1+x^2)$이 아래로 볼록한 구간은
$y''>0$을 만족시킬 때이다.
$(1+x^2)^2>0$이므로 $y''>0$에서 $1-x^2>0$, $-1<x<1$
$a=-1$, $b=1$
$\therefore a+b=-1+1=0$

(2) $y=(x^2-x)e^x$에서 $y'=(2x-1)e^x+(x^2-x)e^x=(x^2+x-1)e^x$
$y''=(2x+1)e^x+(x^2+x-1)e^x=(x^2+3x)e^x$
곡선 $y=(x^2-x)e^x$가 위로 볼록한 구간은
$y''<0$을 만족시킬 때이다.
$e^x>0$이므로 $y''<0$에서 $x(x+3)<0$, $-3<x<0$
$a=-3$, $b=0$
$\therefore a+b=-3+0=-3$

0681   답 ⑤

$y=\sin^2 x\ (\dfrac{\pi}{2}<x<\pi)$에서

$y'=2\sin x\cos x$
$y''=2\cos^2 x-2\sin^2 x=2(1-2\sin^2 x)$
곡선 $y=\sin^2 x$가 아래로 볼록한 구간은 $y''>0$을 만족시킬 때이다.

$y''>0$에서 $-\dfrac{1}{\sqrt{2}}<\sin x<\dfrac{1}{\sqrt{2}}$, $\dfrac{3}{4}\pi<x<\pi$

$a=\dfrac{3}{4}\pi$, $b=\pi$

$\therefore a+b=\dfrac{7}{4}\pi$

0682   답 ②

$y'=3x^2+12x+3$
$y''=6x+12$
$y''=0$에서 $x=-2$
$x=-2$의 좌우에서 y''의 부호가 바뀌므로 $x=-2$일 때 변곡점을
갖는다.
따라서 변곡점의 좌표는 $(-2,\ 8)$이다.
$a=-2$, $b=8$

0683   답 (1) $\left(-1,\ \dfrac{1}{4}\right),\left(1,\ \dfrac{1}{4}\right)$ (2) $\left(e^2,\ \dfrac{e^2}{2}\right)$ (3) $\left(-\dfrac{1}{2},\ \dfrac{1}{e^2}+2\right)$

(1) $y'=-\dfrac{2x}{(x^2+3)^2}$

$$y''=-\frac{2(x^2+3)^2-2x\times2(x^2+3)\times2x}{(x^2+3)^4}=\frac{6(x^2-1)}{(x^2+3)^3}$$

$y''=0$에서 $x=\pm1$
$x=-1$과 $x=1$의 좌우에서 모두 y''의 부호가 바뀌므로
$x=-1$, $x=1$일 때 변곡점을 갖는다.

따라서 변곡점의 좌표는 $\left(-1,\ \dfrac{1}{4}\right),\left(1,\ \dfrac{1}{4}\right)$이다.

(2) $y'=\dfrac{\ln x-1}{(\ln x)^2}$

$$y''=\frac{\dfrac{1}{x}(\ln x)^2-(\ln x-1)\times2(\ln x)\times\dfrac{1}{x}}{(\ln x)^4}$$

$$=\frac{2-\ln x}{x(\ln x)^3}$$

$y''=0$에서 $2-\ln x=0$, $x=e^2$
$x=e^2$의 좌우에서 y''의 부호가 바뀌므로 $x=e^2$일 때 변곡점을
갖는다.

따라서 변곡점의 좌표는 $\left(e^2,\ \dfrac{e^2}{2}\right)$이다.

(3) $y'=-\dfrac{1}{x^2}e^{\frac{1}{x}}-4$

$$y''=\frac{2}{x^3}e^{\frac{1}{x}}-\frac{1}{x^2}\times\left(-\frac{1}{x^2}e^{\frac{1}{x}}\right)=\frac{e^{\frac{1}{x}}(2x+1)}{x^4}$$

$y''=0$에서 $x=-\dfrac{1}{2}$ $(\because e^{\frac{1}{x}}>0)$

$x=-\dfrac{1}{2}$의 좌우에서 y''의 부호가 바뀌므로 $x=-\dfrac{1}{2}$일 때

변곡점을 갖는다.

따라서 변곡점의 좌표는 $\left(-\dfrac{1}{2},\ \dfrac{1}{e^2}+2\right)$이다.

0684   답 (1) 1   (2) 2

(1) $f'(x)=x^4+\dfrac{4}{3}x^3$

$f''(x)=4x^3+4x^2=4x^2(x+1)$
$f''(x)=0$에서 $x=0$ 또는 $x=-1$
$x=0$의 좌우에서 $f''(x)$의 부호가 바뀌지 않고,
$x=-1$의 좌우에서 $f''(x)$의 부호가 바뀌므로
곡선 $y=f(x)$의 변곡점은 $x=-1$일 때로 1개이다.

(2) $f'(x)=\sin x+\dfrac{1}{2}\sin(2x)$

$f''(x)=\cos x+\cos(2x)$
$\quad\quad\ =\cos x+(\cos^2 x-\sin^2 x)$
$\quad\quad\ =\cos x+(2\cos^2 x-1)=2\cos^2 x+\cos x-1$
$f''(x)=0$에서 $(2\cos x-1)(\cos x+1)=0$

$\cos x=\dfrac{1}{2}$ 또는 $\cos x=-1$

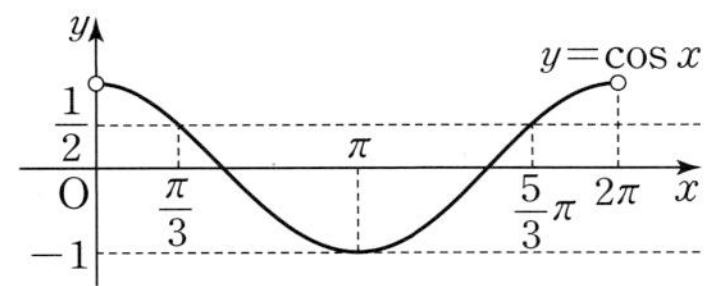

$x=\pi$의 좌우에서 $f''(x)$의 부호가 바뀌지 않고,

$x=\dfrac{\pi}{3}$와 $x=\dfrac{5}{3}\pi$의 좌우에서 $f''(x)$의 부호가 바뀌므로

곡선 $y=f(x)$의 변곡점은 $x=\dfrac{\pi}{3}$, $x=\dfrac{5}{3}\pi$일 때로 2개이다.

0685   🖪 (1) $(\pi,\,0)$ (2) $y=-2x+2\pi$

(1) $f'(x)=2\cos x$

$f''(x)=-2\sin x$

$f''(x)=0$에서 $x=\pi$ $(\because\ 0<x<2\pi)$

$x=\pi$의 좌우에서 $f''(x)$의 부호가 바뀌므로 변곡점은 $(\pi,\,0)$이다.

(2) $f'(\pi)=-2$이므로 변곡점 $(\pi,\,0)$에서의 접선의 방정식은

$y=-2(x-\pi)$, 즉 $y=-2x+2\pi$이다.

0686   🖪 $\dfrac{e^4}{2}$

$y'=\dfrac{2x}{x^2+k}$

$y''=\dfrac{2(x^2+k)-2x\times 2x}{(x^2+k)^2}=\dfrac{2(k-x^2)}{(x^2+k)^2}$

$y''=0$에서 $x^2=k$, $x=\pm\sqrt{k}$

$x=\pm\sqrt{k}$의 좌우에서 y''의 부호가 바뀌므로 $x=\pm\sqrt{k}$일 때 변곡점이다.

이때의 y좌표는 $y=\ln 2k=4$이므로 $2k=e^4$ $\therefore\ k=\dfrac{e^4}{2}$

0687   🖪 ②

$f'(x)=-xe^{-\frac{1}{2}x^2}$

$f''(x)=-e^{-\frac{1}{2}x^2}-x\times\left(-xe^{-\frac{1}{2}x^2}\right)=e^{-\frac{1}{2}x^2}(x^2-1)$

$e^{-\frac{1}{2}x^2}>0$이므로 $f''(x)=0$에서 $x=\pm 1$

$x=-1$과 $x=1$의 좌우에서 모두 $f''(x)$의 부호가 바뀌므로

변곡점은 $\left(-1,\,e^{-\frac{1}{2}}\right)$, $\left(1,\,e^{-\frac{1}{2}}\right)$이다.

따라서 두 변곡점 사이의 거리는 2이다.

0688   🖪 ④

$y'=8x^3+3ax^2+6x$

$y''=24x^2+6ax+6=6(4x^2+ax+1)$

곡선 $y=2x^4+ax^3+3x^2$이 변곡점을 갖지 않으려면

y''의 부호가 바뀌는 x의 값이 존재하지 않아야 하므로

모든 실수 x에 대하여 $y''\ge 0$이면 된다.

이차방정식 $4x^2+ax+1=0$의 판별식을 D라 하면

$D=a^2-16\le 0$이어야 하므로 $-4\le a\le 4$

따라서 정수 a의 최댓값은 4이다.

0689   🖪 풀이 참조

$y=xe^x$에서 $y'=e^x+xe^x=(x+1)e^x$

$y''=e^x+(x+1)e^x=(x+2)e^x$

$e^x>0$이므로 $y'=0$에서 $x=-1$, $y''=0$에서 $x=-2$

함수 $y=xe^x$의 증가와 감소, 오목과 볼록을 나타내면 다음과 같다.

x	$\cdots$	-2	$\cdots$	-1	$\cdots$
y'	$-$	$-$	$-$	0	$+$
y''	$-$	0	$+$	$+$	$+$
y	$\searrow$	$-\dfrac{2}{e^2}$	$\searrow$	$-\dfrac{1}{e}$	$\nearrow$

따라서 함수 $y=xe^x$은 $x=-1$에서 극솟값 $-\dfrac{1}{e}$을 갖고,

$x=-2$에서 변곡점 $\left(-2,\,-\dfrac{2}{e^2}\right)$를 갖는다.

$y=xe^x=0$에서 $x=0$이고, $\lim\limits_{x\to-\infty}xe^x=0$, $\lim\limits_{x\to\infty}xe^x=\infty$이므로

함수 $y=e^x$의 그래프는 다음과 같다.

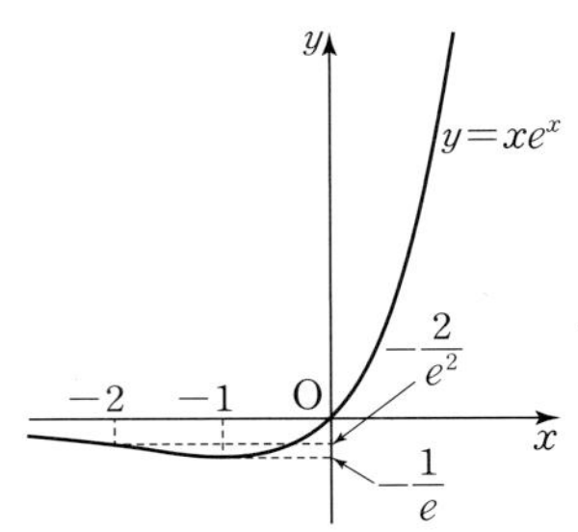

채점 요소	배점
도함수, 이계도함수 구하기	20%
증가와 감소, 오목과 볼록을 나타내는 표 구하기	20%
극값과 변곡점 구하기	30%
함수 $y=xe^x$의 그래프 그리기	30%

0690   🖪 ⑤

$\ln x$에서 진수 조건에 의하여 함수 $f(x)$는 $x>0$에서 정의된다.

ㄱ. $f'(x)=\dfrac{1}{x}-1$이므로 $f'(x)=0$에서 $x=1$

함수 $f(x)$의 증가와 감소를 표로 나타내면 다음과 같다.

x	(0)	$\cdots$	1	$\cdots$
$f'(x)$		$+$	0	$-$
$f(x)$		$\nearrow$	극대	$\searrow$

함수 $f(x)$는 $x=1$에서 극댓값을 갖는다. (참)

ㄴ. $f''(x)=-\dfrac{1}{x^2}<0$이므로 곡선 $y=f(x)$는 위로 볼록하다. (참)

ㄷ. ㄴ에 의하여 $x>0$인 모든 실수에서 곡선 $y=f(x)$는 위로 볼록하므로 변곡점이 존재하지 않는다. (참)

따라서 옳은 것은 ㄱ, ㄴ, ㄷ이다.

0691   🔘 ④

$f'(x)=\dfrac{(x^2+1)-x\times 2x}{(x^2+1)^2}=\dfrac{1-x^2}{(x^2+1)^2}$이므로

$f'(x)=0$에서 $x=\pm 1$

$f''(x)=\dfrac{-2x(x^2+1)^2-(1-x^2)\times 2(x^2+1)\times 2x}{(x^2+1)^4}$

$\qquad =\dfrac{-2x(3-x^2)}{(x^2+1)^3}$

이므로 $f''(x)=0$에서 $x=0$ 또는 $x=\pm\sqrt{3}$

이때, $f(-x)=-f(x)$이므로 함수 $y=f(x)$의 그래프는 원점에 대하여 대칭이고, 함수 $f(x)$의 증가와 감소를 표로 나타내면 다음과 같다.

x	$\cdots$	$-\sqrt{3}$	$\cdots$	-1	$\cdots$	0	$\cdots$	1	$\cdots$	$\sqrt{3}$	$\cdots$
$f'(x)$	$-$	$-$	$-$	0	$+$	$+$	$+$	0	$-$	$-$	$-$
$f''(x)$	$-$	0	$+$	$+$	$+$	0	$-$	$-$	$-$	0	$+$
$f(x)$	$\searrow$		$\searrow$	극소	$\nearrow$		$\nearrow$	극대	$\searrow$		$\searrow$

$\displaystyle\lim_{x\to\infty}f(x)=0,\ \lim_{x\to-\infty}f(x)=0$이므로 함수 $y=f(x)$의 그래프의 개형은 다음과 같다.

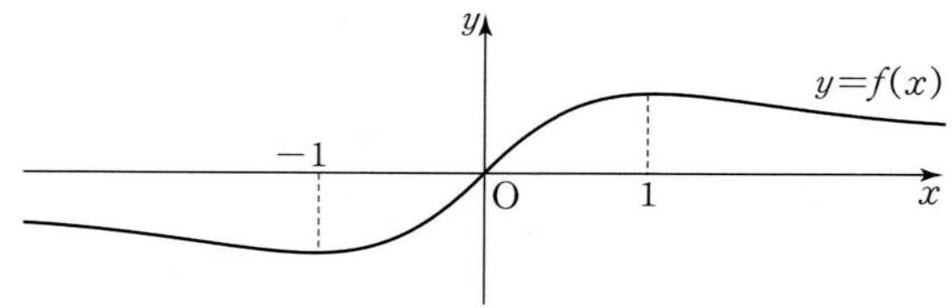

① 모든 실수 x에 대하여 함수 $f(x)$가 정의되므로 함수 $f(x)$의 정의역은 실수 전체의 집합이다. (참)

② $f(-x)=-f(x)$이므로 함수 $y=f(x)$의 그래프는 원점에 대하여 대칭이다. (참)

③ 함수 $f(x)$는 $x=-1$에서 극솟값 $f(-1)=-\dfrac{1}{2}$을 갖고,

$x=1$에서 극댓값 $f(1)=\dfrac{1}{2}$을 가지므로

극댓값과 극솟값의 곱은 $\dfrac{1}{2}\times\left(-\dfrac{1}{2}\right)=-\dfrac{1}{4}$이다. (참)

④ 함수 $y=f(x)$의 그래프는 $x=-\sqrt{3},\ 0,\ \sqrt{3}$일 때 변곡점을 가지므로 변곡점의 개수는 3이다. (거짓)

⑤ $\displaystyle\lim_{x\to\infty}f(x)=0,\ \lim_{x\to-\infty}f(x)=0$이므로 함수 $y=f(x)$의 그래프의 점근선은 x축이다. (참)

따라서 선지 중 옳지 않은 것은 ④이다.

0692   🔘 ③

ㄱ. $f(-x)=f(x)$이므로 함수 $y=f(x)$의 그래프는 y축에 대하여 대칭이다. (참)

ㄴ. $f'(x)=-2xe^{-x^2}$이므로 $f'(x)=0$에서 $x=0\ (\because e^{-x^2}>0)$

$x=0$의 좌우에서 $f'(x)$의 부호가 $+$에서 $-$로 바뀌므로 함수 $f(x)$는 $x=0$에서 극댓값을 갖는다. (거짓)

ㄷ. $\displaystyle\lim_{x\to\infty}f(x)=\lim_{x\to-\infty}f(x)=0$이므로

함수 $y=f(x)$의 그래프는 x축을 점근선으로 가진다. (참)

ㄹ. $f''(x)=-2e^{-x^2}+4x^2e^{-x^2}=2e^{-x^2}(2x^2-1)$

$e^{-x^2}>0$이므로 $f''(x)=0$에서 $x^2=\dfrac{1}{2}$, $x=\pm\dfrac{1}{\sqrt{2}}$

$x=\pm\dfrac{1}{\sqrt{2}}$의 좌우에서 $f''(x)$의 부호가 바뀌므로

함수 $y=f(x)$의 그래프의 변곡점의 좌표는

$\left(-\dfrac{1}{\sqrt{2}},\ \dfrac{1}{\sqrt{e}}\right),\ \left(\dfrac{1}{\sqrt{2}},\ \dfrac{1}{\sqrt{e}}\right)$이다. (참)

따라서 옳은 것은 ㄱ, ㄷ, ㄹ이다.

0693   🔘 풀이 참조

(1) $f(x)=(2x-1)e^{-x^2}$이라 하면 정의역은 실수 전체의 집합이고,

$f'(x)=2e^{-x^2}-2x(2x-1)e^{-x^2}$

$\qquad =-2(2x^2-x-1)e^{-x^2}$

$\qquad =-2(2x+1)(x-1)e^{-x^2}$

$f'(x)=0$에서 $x=-\dfrac{1}{2}$ 또는 $x=1\ (\because e^{-x^2}>0)$

함수 $f(x)$의 증가와 감소를 표로 나타내면 다음과 같다.

x	$\cdots$	$-\dfrac{1}{2}$	$\cdots$	1	$\cdots$
$f'(x)$	$-$	0	$+$	0	$-$
$f(x)$	$\searrow$	$-\dfrac{2}{\sqrt[4]{e}}$	$\nearrow$	$\dfrac{1}{e}$	$\searrow$

$\displaystyle\lim_{x\to-\infty}f(x)=0,\ \lim_{x\to\infty}f(x)=0$이므로

함수 $y=f(x)$의 그래프는 x축을 점근선으로 갖고, 그래프는 다음과 같다.

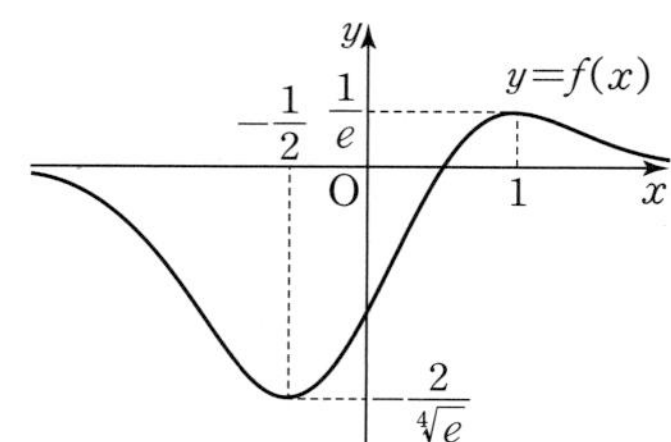

(2) $f(x)=\dfrac{x^2}{\sqrt{x+1}}$이라 하면 함수 $f(x)$는 $x>-1$에서 정의되고

$f'(x)=\dfrac{2x\sqrt{x+1}-x^2\times\dfrac{1}{2\sqrt{x+1}}}{x+1}$

$\qquad =\dfrac{4x(x+1)-x^2}{2(x+1)\sqrt{x+1}}$

$\qquad =\dfrac{x(3x+4)}{2(x+1)\sqrt{x+1}}$

$f'(x)=0$에서 $x=0$ 또는 $x=-\dfrac{4}{3}$

이때, $-\dfrac{4}{3}<-1$이므로 $x=0$일 때만 $f'(x)=0$이다.

$x>-1$에서 함수 $f(x)$의 증가와 감소를 표로 나타내면 다음과 같다.

x	(-1)	$\cdots$	0	$\cdots$
$f'(x)$		$-$	0	$+$
$f(x)$		$\searrow$	0	$\nearrow$

$\displaystyle\lim_{x\to\infty}f(x)=\infty,\ \lim_{x\to-1+}f(x)=\infty$이므로

함수 $y=f(x)$의 그래프는 $x=-1$을 점근선으로 갖고,
그래프는 다음과 같다.

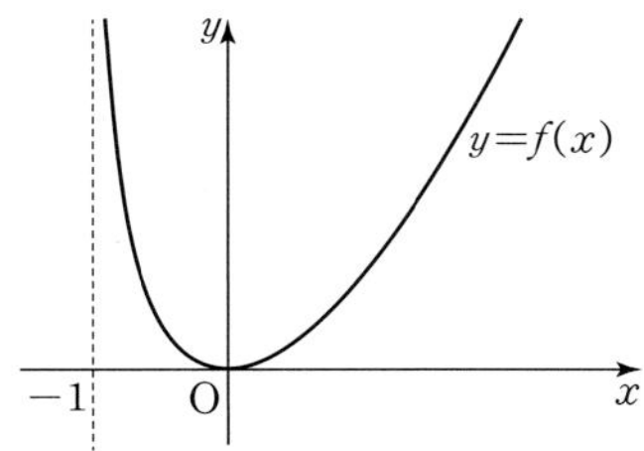

채점 요소	배점
도함수 구하기	20%
극값 구하기	30%
함수의 그래프(점근선)를 그리기 위해 필요한 극한값 구하기	20%
함수의 그래프 그리기	30%

0694
답 ③

① $f(x)=x-\ln x$라 하면 $f'(x)=1-\dfrac{1}{x}$

$f'(x)=0$에서 $x=1$이고, 함수 $f(x)$는 $x=1$에서 극소이다.

$\lim\limits_{x\to 0+}f(x)=\infty$, $\lim\limits_{x\to\infty}f(x)=\infty$이므로 그래프는 다음과 같다.

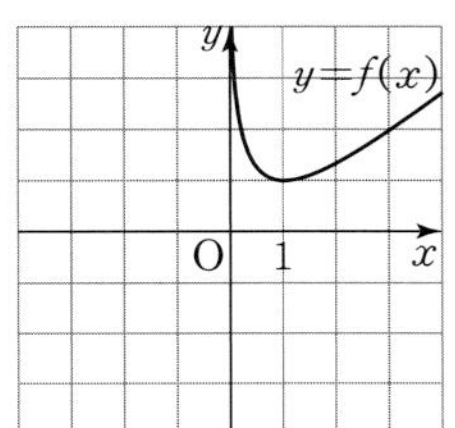

② $f(x)=x\ln x$라 하면 진수 조건에 의하여 $x>0$이고,

$f'(x)=\ln x+x\times\dfrac{1}{x}=\ln x+1$

$f'(x)=0$에서 $x=\dfrac{1}{e}$이고, 함수 $f(x)$는 $x=\dfrac{1}{e}$에서 극소이다.

$\lim\limits_{x\to 0+}f(x)=0$, $\lim\limits_{x\to\infty}f(x)=\infty$이므로 그래프는 다음과 같다.

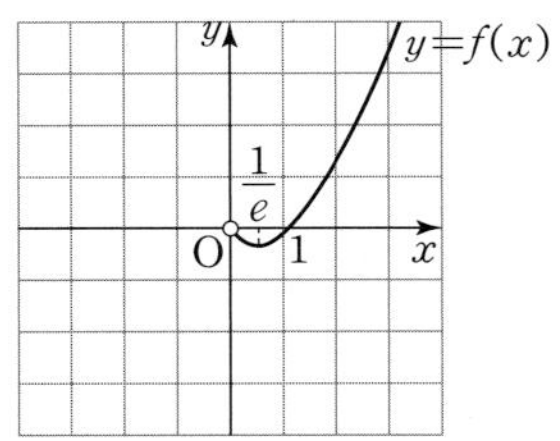

③ $f(x)=x^2e^x$이라 하면 $f'(x)=(x^2+2x)e^x$

$f'(x)=0$에서 $x=0$ 또는 $x=-2$ $(\because e^x>0)$

함수 $f(x)$는 $x=-2$에서 극대이고, $x=0$에서 극소이다.

$f(0)=0$, $\lim\limits_{x\to-\infty}f(x)=0$, $\lim\limits_{x\to\infty}f(x)=\infty$이므로 그래프는
다음과 같다.

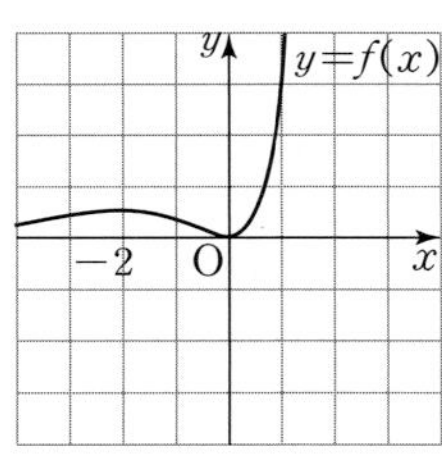

④ $f(x)=x-\sin(2x)$라 하면 $f'(x)=1-2\cos(2x)$

함수 $y=f'(x)$의 그래프는 다음과 같다.

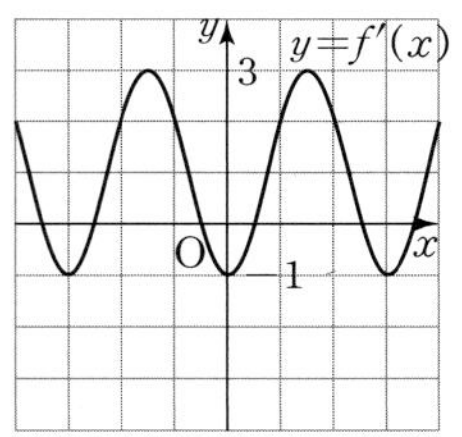

$f(0)=0$이므로 함수 $y=f(x)$의 그래프는 다음과 같다.

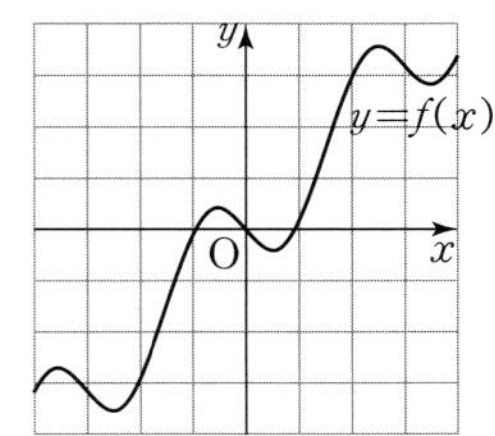

⑤ $f(x)=\ln|\cos x|$라 하면 $f'(x)=\dfrac{-\sin x}{\cos x}=-\tan x$

함수 $y=f'(x)$의 그래프는 다음과 같다.

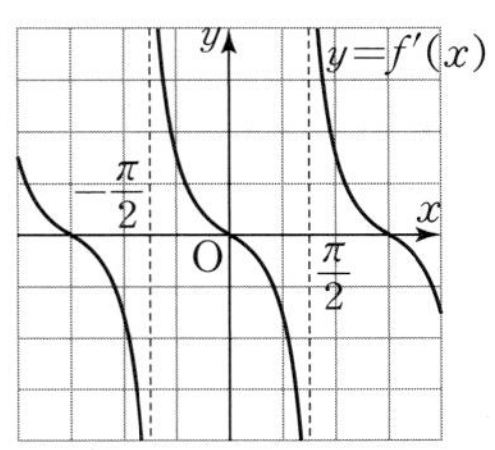

$f(0)=0$이고, $f(x)=f(x+\pi)$이므로 함수 $y=f(x)$의 그래프는
다음과 같다.

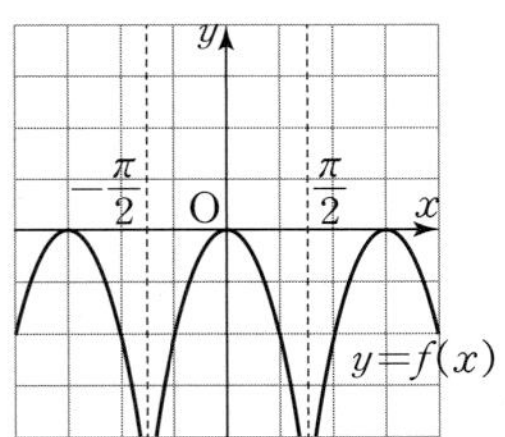

따라서 선지 중 그래프를 바르게 나타낸 것은 ③이다.

0695
답 (1) 10, 6　(2) $\dfrac{\pi}{2}$, $\dfrac{\pi}{6}-\dfrac{\sqrt{3}}{2}$

(1) $f'(x)=1-\dfrac{9}{x^2}$

$f'(x)=0$에서 $1-\dfrac{9}{x^2}=0$, $x^2=9$, $x=\pm 3$

구간 $[1,\ 9]$에서 함수 $f(x)$의 증가와 감소를 표로 나타내면
다음과 같다.

x	1	$\cdots$	3	$\cdots$	9
$f'(x)$		$-$	0	$+$	
$f(x)$	10	$\searrow$	6	$\nearrow$	10

따라서 함수 $f(x)$는 $x=1$ 또는 $x=9$에서 최댓값 10을 갖고,
$x=3$에서 최솟값 6을 갖는다.

(2) $f'(x)=\dfrac{1}{2}-\cos x$

$f'(x)=0$에서 $\cos x=\dfrac{1}{2}$, $x=\dfrac{\pi}{3}$ $(\because 0\leq x\leq\pi)$

구간 $[0,\ \pi]$에서 함수 $f(x)$의 증가와 감소를 표로 나타내면 다음과 같다.

x	0	$\cdots$	$\dfrac{\pi}{3}$	$\cdots$	π
$f'(x)$		$-$	0	$+$	
$f(x)$	0	$\searrow$	$\dfrac{\pi}{6}-\dfrac{\sqrt{3}}{2}$	$\nearrow$	$\dfrac{\pi}{2}$

따라서 함수 $f(x)$는 $x=\pi$에서 최댓값 $\dfrac{\pi}{2}$를 갖고,

$x=\dfrac{\pi}{3}$에서 최솟값 $\dfrac{\pi}{6}-\dfrac{\sqrt{3}}{2}$을 갖는다.

0696   ⑤

$f'(x)=e^x-1$

$f'(x)=0$에서 $x=0$

구간 $[-1,\ 2]$에서 함수 $f(x)$의 증가와 감소를 표로 나타내면 다음과 같다.

x	-1	$\cdots$	0	$\cdots$	2
$f'(x)$		$-$	0	$+$	
$f(x)$	$e^{-1}+1$	$\searrow$	1	$\nearrow$	e^2-2

따라서 구간 $[-1,\ 2]$에서 함수 $f(x)$의 최댓값은 $M=e^2-2$,
최솟값은 $m=1$이다.
$\therefore Mm=e^2-2$

0697   ③

$f'(x)=\dfrac{2(x^2+2)-(2x-1)\times2x}{(x^2+2)^2}=\dfrac{-2(x+1)(x-2)}{(x^2+2)^2}$

$f'(x)=0$에서 $x=-1$ 또는 $x=2$

함수 $f(x)$의 증가와 감소를 표로 나타내면 다음과 같다.

x	$\cdots$	-1	$\cdots$	2	$\cdots$
$f'(x)$	$-$	0	$+$	0	$-$
$f(x)$	$\searrow$	극소	$\nearrow$	극대	$\searrow$

$\displaystyle\lim_{x\to-\infty}f(x)=\lim_{x\to\infty}f(x)=0$이므로 함수 $y=f(x)$의 그래프는 다음과 같다.

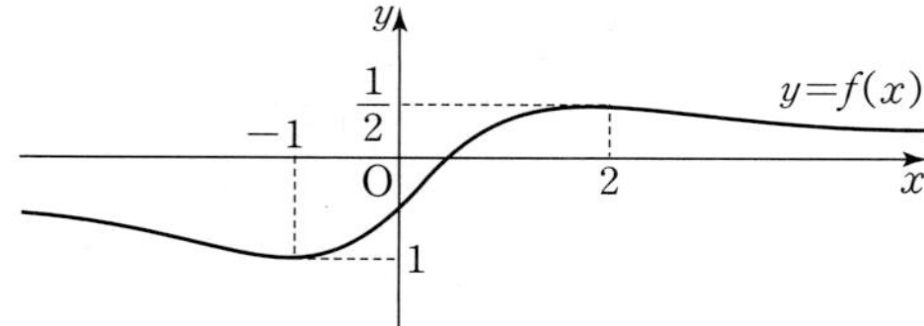

따라서 함수 $f(x)$는 $x=2$에서 최댓값 $M=f(2)=\dfrac{1}{2}$을 갖고,

$x=-1$에서 최솟값 $m=f(-1)=-1$을 갖는다.

$\therefore M+m=\dfrac{1}{2}+(-1)=-\dfrac{1}{2}$

0698   ⑤

$f(x)=x\ln x-2x+k$에서

$f'(x)=\ln x+1-2=\ln x-1$

$f'(x)=0$에서 $x=e$

$x>0$에서 함수 $f(x)$의 증가와 감소를 표로 나타내면 다음과 같다.

x	(0)	$\cdots$	e	$\cdots$
$f'(x)$		$-$	0	$+$
$f(x)$		$\searrow$	극소	$\nearrow$

$x>0$에서 정의된 함수 $f(x)$는 $x=e$에서 극소이면서 최소이므로
최솟값은 $f(e)=k-e=e$이다.
$\therefore k=2e$

0699   ②

$f'(t)=-\dfrac{10(t^2+16)-20t^2}{(t^2+16)^2}=\dfrac{10(t+4)(t-4)}{(t^2+16)^2}$

$f'(t)=0$에서 $t=4$

$t\geq0$에서 함수 $f(t)$의 증가와 감소를 표로 나타내면 다음과 같다.

x	0	$\cdots$	4	$\cdots$
$f'(x)$		$-$	0	$+$
$f(x)$	8.5	$\searrow$	극소	$\nearrow$

따라서 함수 $f(t)$는 $t=4$일 때 극소이면서 최소이므로
pH의 최솟값은 $f(4)=7.25$이다.

0700   ②

방정식 $e^x+e^{-x}=a$에서 $f(x)=e^x+e^{-x}$이라 놓자.

$f'(x)=e^x-e^{-x}$이고

$f'(x)=0$에서 $e^x=e^{-x}$, $x=-x$ $\therefore x=0$

함수 $f(x)$의 증가와 감소를 표로 나타내면 다음과 같다.

x	$\cdots$	0	$\cdots$
$f'(x)$	$-$	0	$+$
$f(x)$	$\searrow$	2	$\nearrow$

이때, $\displaystyle\lim_{x\to\infty}(e^x+e^{-x})=\infty$, $\lim_{x\to-\infty}(e^x+e^{-x})=\infty$이므로
함수 $y=f(x)$의 그래프는 다음과 같다.

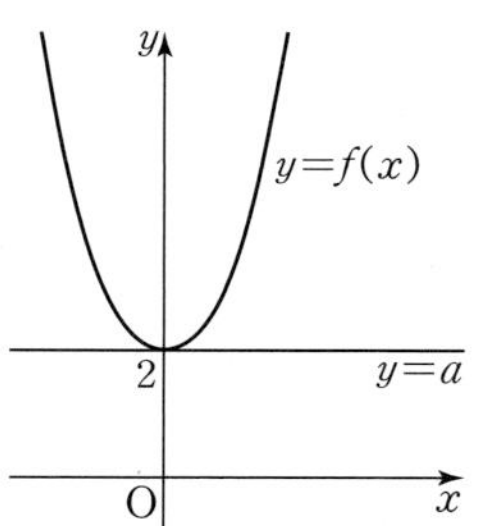

방정식 $e^x+e^{-x}=a$가 실근을 가지려면
곡선 $y=f(x)$와 직선 $y=a$의 교점이 존재해야 한다.
따라서 $a\geq2$이고 구하는 실수 a의 최솟값은 2이다.

0701

답 ②

방정식 $\ln x - x + 10 - n = 0$, 즉 $\ln x - x = n - 10$에서
$f(x) = \ln x - x$라 놓으면 함수 $f(x)$는 $x > 0$에서 정의되고,

$$f'(x) = \frac{1}{x} - 1$$

$f'(x) = 0$에서 $\dfrac{1}{x} = 1$이므로 $x = 1$이다.

함수 $f(x)$의 증가와 감소를 표로 나타내면 다음과 같다.

x	(0)	$\cdots$	1	$\cdots$
$f'(x)$		$+$	0	$-$
$f(x)$		$\nearrow$	-1	$\searrow$

이때, $\displaystyle\lim_{x \to 0+} f(x) = -\infty$, $\displaystyle\lim_{x \to \infty} f(x) = -\infty$이므로
함수 $y = f(x)$의 그래프는 다음과 같다.

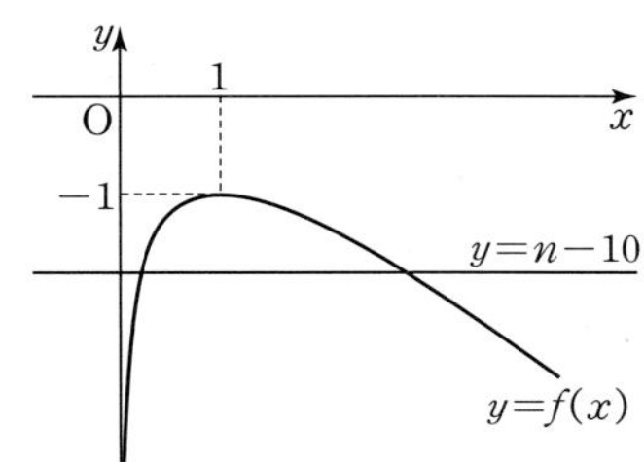

방정식 $\ln x - x = n - 10$이 서로 다른 두 실근을 가지려면
곡선 $y = \ln x - x$와 직선 $y = n - 10$이 서로 다른 두 점에서 만나야
하므로 $n - 10 < -1$에서 $n < 9$이다.
따라서 자연수 n은 1, 2, 3, 4, 5, 6, 7, 8로 8개이다.

0702

답 $2 < a \leq 3$

방정식 $x - 2\sqrt{x-3} = a$에서
$f(x) = x - 2\sqrt{x-3}$이라 놓으면 함수 $f(x)$는 $x \geq 3$에서 정의되고,

$$f'(x) = 1 - \frac{1}{\sqrt{x-3}}$$

$f'(x) = 0$에서 $\sqrt{x-3} = 1$, $x = 4$
$x \geq 3$에서 함수 $f(x)$의 증가와 감소를 표로 나타내면 다음과 같다.

x	3	$\cdots$	4	$\cdots$
$f'(x)$		$-$	0	$+$
$f(x)$	3	$\searrow$	2	$\nearrow$

이때, $\displaystyle\lim_{x \to \infty}(x - 2\sqrt{x-3}) = \infty$이므로 함수 $y = f(x)$의 그래프는
다음과 같다.

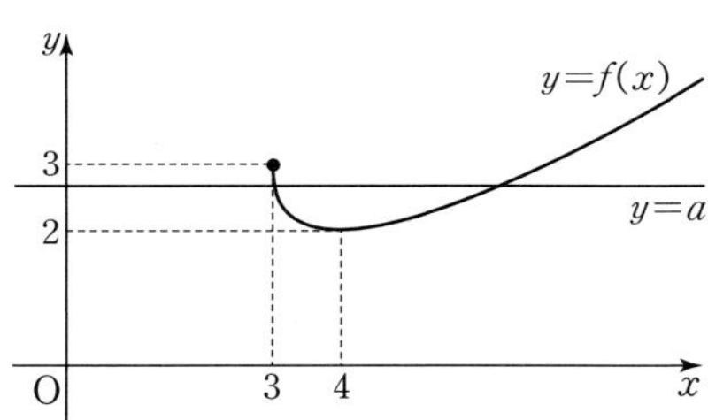

방정식 $x - 2\sqrt{x-3} = a$가 서로 다른 두 실근을 가지려면
곡선 $y = x - 2\sqrt{x-3}$과 직선 $y = a$가 서로 다른 두 점에서 만나야
하므로 $2 < a \leq 3$이다.

0703

답 ④

방정식 $4x^2 + \dfrac{1}{x} = k$에서 $f(x) = 4x^2 + \dfrac{1}{x}$이라 놓으면

$$f'(x) = 8x - \frac{1}{x^2} = \frac{8x^3 - 1}{x^2}$$

$f'(x) = 0$에서 $8x^3 - 1 = 0$이므로 $x = \dfrac{1}{2}$이다.

함수 $f(x)$의 증가와 감소를 표로 나타내면 다음과 같다.

x	$\cdots$	(0)	$\cdots$	$\dfrac{1}{2}$	$\cdots$
$f'(x)$	$-$		$-$	0	$+$
$f(x)$	$\searrow$		$\searrow$	3	$\nearrow$

이때, $\displaystyle\lim_{x \to 0-}\left(4x^2 + \frac{1}{x}\right) = -\infty$, $\displaystyle\lim_{x \to 0+}\left(4x^2 + \frac{1}{x}\right) = \infty$,

$\displaystyle\lim_{x \to \infty}\left(4x^2 + \frac{1}{x}\right) = \infty$, $\displaystyle\lim_{x \to -\infty}\left(4x^2 + \frac{1}{x}\right) = \infty$이므로

함수 $y = f(x)$의 그래프는 다음과 같다.

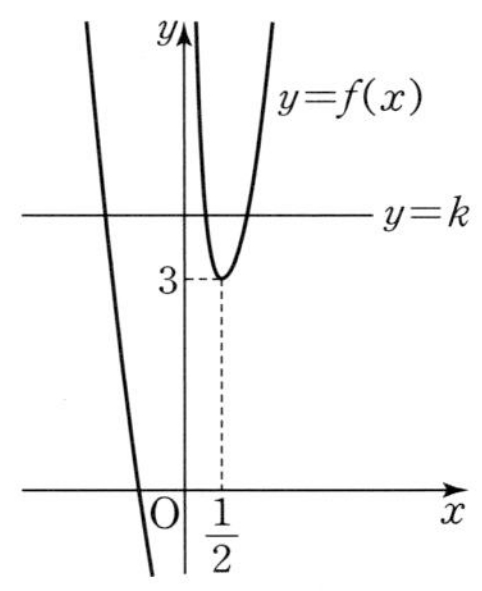

방정식 $4x^2 + \dfrac{1}{x} = k$의 실근의 개수는
곡선 $y = f(x)$와 직선 $y = k$의 교점의 개수와 같으므로
곡선 $y = f(x)$와 직선 $y = k$가 서로 다른 세 점에서 만나야 한다.
따라서 실수 k의 범위는 $k > 3$이므로 구하는 정수 k의 최솟값은
4이다.

0704

답 ⑤

① $\ln x$에서 진수 조건에 의하여 $x > 0$이므로 함수 $f(x)$의 정의역은
$\{x \,|\, x > 0\}$이다. (거짓)

② $f'(x) = \dfrac{1 - \ln x}{x^2}$이므로

$f'(x) = 0$에서 $1 - \ln x = 0$, $x = e$
함수 $f(x)$의 증가와 감소를 표로 나타내면 다음과 같다.

x	(0)	$\cdots$	e	$\cdots$
$f'(x)$		$+$	0	$-$
$f(x)$		$\nearrow$	$\dfrac{1}{e}$	$\searrow$

함수 $f(x)$는 $x = e$에서 극댓값 $f(e) = \dfrac{1}{e}$을 갖는다. (거짓)

③ $f''(x) = \dfrac{-x - 2x(1 - \ln x)}{x^4} = \dfrac{2\ln x - 3}{x^3}$이므로

$f''(x) = 0$에서 $2\ln x - 3 = 0$, $x = e^{\frac{3}{2}}$

$0 < x < e^{\frac{3}{2}}$에서 $f''(x) < 0$, $x > e^{\frac{3}{2}}$에서 $f''(x) > 0$이다.

즉, $0<x<e^{\frac{3}{2}}$에서 함수 $f(x)$는 위로 볼록하고,

$x>e^{\frac{3}{2}}$에서 함수 $f(x)$는 아래로 볼록하다.

$1<e^{\frac{3}{2}}$이므로 함수 $y=f(x)$의 그래프는 구간 $\left(1,\ e^{\frac{3}{2}}\right)$에서는

위로 볼록하고, $\left(e^{\frac{3}{2}},\ \infty\right)$에서는 아래로 볼록하다. (거짓)

④ $\lim\limits_{x\to 0+}\dfrac{\ln x}{x}=-\infty$, $\lim\limits_{x\to\infty}\dfrac{\ln x}{x}=0$이다. (거짓)

⑤ 함수 $y=f(x)$의 그래프는 다음과 같다.

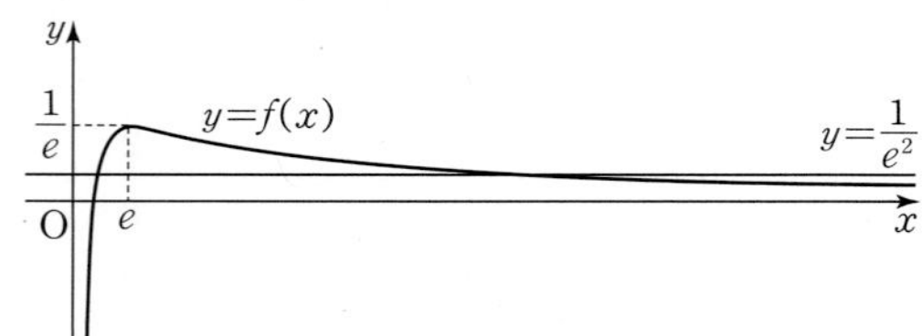

함수 $y=f(x)$의 그래프가 직선 $y=\dfrac{1}{e^2}$과 서로 다른 두 점에서

만나므로 방정식 $f(x)-\dfrac{1}{e^2}=0$은 서로 다른 두 실근을 갖는다.

(참)

따라서 선지 중 옳은 것은 ⑤이다.

0705 圖 풀이 참조

$f(x)=\ln(1+x)+\dfrac{1}{2}x^2-x$라 놓으면

$f'(x)=\dfrac{1}{1+x}+x-1=\dfrac{x^2}{1+x}$

$x>0$일 때 $f'(x)>0$이므로 $x>0$에서 함수 $f(x)$는 증가한다.

이때, $f(0)=0$이므로 $x>0$에서 $f(x)>0$이다.

따라서 $x>0$일 때 부등식 $\ln(1+x)+\dfrac{1}{2}x^2-x>0$이 성립한다.

채점 요소	배점
도함수 구하기	30%
$x>0$일 때 $f'(x)>0$임을 설명하기	30%
$f(0)=0$이므로 $x>0$에서 $f(x)>0$임을 설명하기	40%

0706 圖 ②

부등식 $x\ln x-x>k$에서 $f(x)=x\ln x-x$라 놓으면

$f'(x)=\ln x+x\times\dfrac{1}{x}-1=\ln x$

$f'(x)=0$에서 $x=1$

$x>0$에서 함수 $f(x)$의 증가와 감소를 표로 나타내면 다음과 같다.

x	(0)	$\cdots$	1	$\cdots$
$f'(x)$		$-$	0	$+$
$f(x)$		$\searrow$	-1	$\nearrow$

따라서 $x>0$에서 함수 $f(x)$의 최솟값은 $f(1)=-1$이므로

$x>0$에서 부등식 $f(x)>k$가 성립하려면 $k<-1$이어야 한다.

0707 圖 $0<a\le e$

부등식 $x\ge\ln(ax)$, 즉 $x-\ln(ax)\ge0$에서

$f(x)=x-\ln(ax)$라 놓으면

$f'(x)=1-\dfrac{1}{x}$이므로 $f'(x)=0$에서 $x=1$이다.

$x>0$에서 함수 $f(x)$의 증가와 감소를 표로 나타내면 다음과 같다.

x	(0)	$\cdots$	1	$\cdots$
$f'(x)$		$-$	0	$+$
$f(x)$		$\searrow$	$1-\ln a$	$\nearrow$

따라서 $x>0$에서 $f(x)$의 최솟값은 $f(1)=1-\ln a$이므로

$x>0$에서 부등식 $f(x)\ge0$이 성립하려면

$1-\ln a\ge0$, $\ln a\le1$ $\qquad\therefore\ 0<a\le e$

0708 圖 ④

부등식 $e^x-a\ge x$, 즉 $e^x-x\ge a$에서 $f(x)=e^x-x$라 놓으면

$f'(x)=e^x-1$이므로 $f'(x)=0$에서 $x=0$이다.

함수 $f(x)$의 증가와 감소를 표로 나타내면 다음과 같다.

x	$\cdots$	0	$\cdots$
$f'(x)$	1	0	$+$
$f(x)$	$\searrow$	1	$\nearrow$

따라서 함수 $f(x)$의 최솟값은 $f(0)=1$이므로

모든 실수 x에 대하여 $f(x)\ge a$가 항상 성립하려면 $a\le1$이어야 한다.

따라서 실수 a의 최댓값은 1이다.

0709 圖 $0<k<e$

$f'(x)=ke^{-x}-kxe^{-x}=ke^{-x}(1-x)$

$f'(x)=0$에서 $x=1$ $(\because\ e^{-x}>0)$

$x>0$에서 함수 $f(x)$의 증가와 감소를 표로 나타내면 다음과 같다.

x	(0)	$\cdots$	1	$\cdots$
$f'(x)$		$+$	0	$-$
$f(x)$		$\nearrow$	$\dfrac{k}{e}$	$\searrow$

$x>0$에서 함수 $f(x)$는 최댓값 $f(1)=\dfrac{k}{e}$를 가지므로

$x>0$에서 함수 $y=f(x)$의 그래프가 직선 $y=1$보다 항상 아래쪽에

있으려면 $\dfrac{k}{e}<1$, 즉 $0<k<e$이어야 한다.

0710 圖 (1) $(6,4)$, $2\sqrt{13}$ (2) $(12,0)$, 12

(1) $\dfrac{dx}{dt}=6t^2$, $\dfrac{dy}{dt}=4$

따라서 $t=1$에서의 속도는 $(6,4)$이고, 속력은 $\sqrt{6^2+4^2}=2\sqrt{13}$

이다.

(2) $\dfrac{d^2x}{dt^2}=12t,\ \dfrac{d^2y}{dt^2}=0$

따라서 $t=1$에서의 가속도는 $(12,\ 0)$이고, 가속도의 크기는
$\sqrt{12^2+0^2}=12$이다.

0711   답 ②

$\dfrac{dx}{dt}=2+\dfrac{1}{t^2},\ \dfrac{dy}{dt}=\dfrac{4}{\sqrt{t}}$

따라서 $t=1$에서의 속도는 $(3,\ 4)$이고, 속력은 $\sqrt{3^2+4^2}=5$이므로
$p=3,\ q=4,\ r=5$
$\therefore p+q+r=12$

0712   답 ⑤

$\dfrac{dx}{dt}=2t-2,\ \dfrac{dy}{dt}=4$

점 P의 시각 t에서의 속력은
$\sqrt{(2t-2)^2+4^2}=2\sqrt{t^2-2t+5}$이므로
$2\sqrt{t^2-2t+5}=4\sqrt{5}$에서
$t^2-2t+5=20$
$t^2-2t-15=(t-5)(t+3)=0$
$\therefore t=5\ (\because t\geq0)$
따라서 구하는 시각은 $t=5$이다.

0713   답 (1) $2e$ (2) 1

(1) $y=xe^{2-x^2}$에서
$\quad y'=e^{2-x^2}-2x^2e^{2-x^2}=(1-2x^2)e^{2-x^2}$이므로
곡선 $y=xe^{2-x^2}$ 위의 점 $(1,\ e)$에서의 접선의 기울기는 $-e$이고,
접선의 방정식은 $y=-e(x-1)+e$, 즉 $y=-ex+2e$이다.

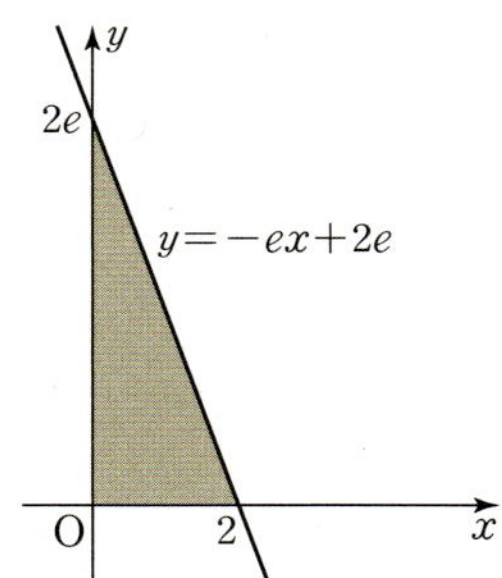

이 접선의 x절편은 2이고, y절편은 $2e$이므로
접선 및 x축, y축으로 둘러싸인 도형의 넓이는
$\dfrac{1}{2}\times2\times2e=2e$

(2) $y=\sin(2\ln x)+4$에서

$\quad y'=\cos(2\ln x)\times\dfrac{2}{x}=\dfrac{2\cos(2\ln x)}{x}$

곡선 $y=\sin(2\ln x)+4$ 위의 점 $(1,\ 4)$에서의 접선의 기울기는
2이고, 접선의 방정식은 $y=2(x-1)+4$, 즉 $y=2x+2$이다.

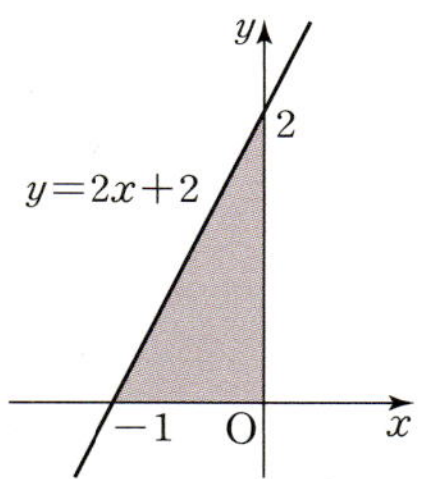

직선 $y=2x+2$의 x절편은 -1, y절편은 2이므로
접선 및 x축, y축으로 둘러싸인 도형의 넓이는
$\dfrac{1}{2}\times1\times2=1$

0714   답 ②

$y=x^{\ln x}$의 양변에 자연로그를 취하면
$\ln y=(\ln x)^2$
양변을 x에 대하여 미분하면
$\dfrac{1}{y}\times\dfrac{dy}{dx}=\dfrac{2\ln x}{x}$이므로 $\dfrac{dy}{dx}=\dfrac{2y\ln x}{x}$

점 $(e,\ e)$에서의 접선의 기울기는 $\dfrac{dy}{dx}=2$이고,

접선의 방정식은 $y=2(x-e)+e$, 즉 $y=2x-e$이므로

접선의 x절편은 $\dfrac{e}{2}$이다.

0715   답 ①

$y=e^x$에서 $y'=e^x$이므로 접점의 좌표를 $(t,\ e^t)$이라 하면
접선의 방정식은 $y=e^t(x-t)+e^t$, 즉 $y=e^tx+(1-t)e^t$이고,
이 접선이 원점을 지나므로 $0=(1-t)e^t$에서 $t=1\ (\because e^t>0)$
따라서 접선의 방정식은 $y=ex$이다.

$y=\ln x$에서 $y'=\dfrac{1}{x}$이므로 접점의 좌표를 $(s,\ \ln s)$라 하면

접선의 방정식은 $y=\dfrac{1}{s}(x-s)+\ln s$, 즉 $y=\dfrac{1}{s}x+\ln s-1$이고,

이 접선이 원점을 지나므로 $0=\ln s-1$에서 $s=e$

따라서 접선의 방정식은 $y=\dfrac{1}{e}x$이다.

두 직선 $y=ex,\ y=\dfrac{1}{e}x$가 이루는 예각의 크기 θ에 대하여

$\tan\theta=\left|\dfrac{e-\dfrac{1}{e}}{1+e\times\dfrac{1}{e}}\right|=\dfrac{1}{2}\left(e-\dfrac{1}{e}\right)=\dfrac{e^2-1}{2e}$

0716   답 ③

직선 $x+2y=1$의 기울기는 $-\dfrac{1}{2}$이므로 이 직선에 수직인 직선의

기울기는 2이다.
$y=\sin(2x)$에서 $y'=2\cos(2x)$이므로
$2\cos(2x)=2$에서 $\cos(2x)=1$
$0<x<4\pi$에서 $x=\pi,\ 2\pi,\ 3\pi$
세 점 $(\pi,\ 0),\ (2\pi,\ 0),\ (3\pi,\ 0)$에서의 접선의 방정식은 각각

$y=2(x-\pi),\ y=2(x-2\pi),\ y=2(x-3\pi)$이므로
모든 접선의 y절편의 합은
$(-2\pi)+(-4\pi)+(-6\pi)=-12\pi$

0717   답 $-\dfrac{\sqrt{2}}{4}\pi$

$y'=\cos x-\sin x$
$\quad=\sqrt{2}\left(\dfrac{1}{\sqrt{2}}\cos x-\dfrac{1}{\sqrt{2}}\sin x\right)=\sqrt{2}\cos\left(x+\dfrac{\pi}{4}\right)$ …… 참고

이므로 $0<x<\pi$에서 $x=\dfrac{3}{4}\pi$일 때 y'은 최솟값 $-\sqrt{2}$를 갖는다.

즉, $x=\dfrac{3}{4}\pi$일 때 접선의 기울기가 $-\sqrt{2}$로 최소이므로

곡선 $y=\sin x+\cos x$ 위의 점 $\left(\dfrac{3}{4}\pi,\ 0\right)$에서의 접선의 방정식은

$y=-\sqrt{2}\left(x-\dfrac{3}{4}\pi\right)$, 즉 $y=-\sqrt{2}x+\dfrac{3\sqrt{2}}{4}\pi$

이 직선이 점 $(\pi,\ k)$를 지나므로

$k=-\sqrt{2}\pi+\dfrac{3\sqrt{2}}{4}\pi=-\dfrac{\sqrt{2}}{4}\pi$

> **참고**
>
> $\cos x-\sin x=\sqrt{2}\cos\left(x+\dfrac{\pi}{4}\right)$는 중단원 '01 여러 가지 함수의 미분'의 '유형 10 삼각함수의 합성(교육과정 외)'의 유형 설명을 참고하자.

0718   답 ②

$y=(x-1)e^x$에서 $y'=xe^x$
점 $(2,\ 0)$에서 곡선 $y=(x-1)e^x$에 그은 접선의 접점의 좌표를
$(t,\ (t-1)e^t)$이라 하면 접선의 방정식은
$y=te^t(x-t)+(t-1)e^t$, 즉 $y=te^tx+(-t^2+t-1)e^t$
이 직선이 점 $(2,\ 0)$을 지나므로
$0=2te^t+(-t^2+t-1)e^t$
$(-t^2+3t-1)e^t=0$
$t^2-3t+1=0\ (\because e^t>0)$
이 이차방정식의 두 근을 $\alpha,\ \beta$라 하면
두 접점의 x좌표가 $\alpha,\ \beta$이므로
두 접선의 기울기가 각각 $\alpha e^\alpha,\ \beta e^\beta$이고,
이차방정식의 근과 계수의 관계에 의하여 $\alpha+\beta=3,\ \alpha\beta=1$이다.
$\therefore m_1m_2=\alpha e^\alpha\times\beta e^\beta=\alpha\beta e^{\alpha+\beta}=1\times e^3=e^3$

0719   답 $\dfrac{1}{8e^2}$

$y=\ln x$에서 $y'=\dfrac{1}{x}$이므로

곡선 $y=\ln x$ 위의 점 $(e,\ 1)$에서의 접선의 기울기는 $\dfrac{1}{e}$이고,

접선의 방정식은 $y=\dfrac{1}{e}(x-e)+1$, 즉 $y=\dfrac{1}{e}x$이다.

이 직선이 곡선 $y=2x^2+k$에 접하므로 $2x^2+k=\dfrac{1}{e}x$에서

이차방정식 $2ex^2-x+ke=0$의 판별식을 D라 하면
$D=1-8ke^2=0$
$\therefore k=\dfrac{1}{8e^2}$

0720   답 ②

$y=e^x$에서 $y'=e^x$이므로 곡선 $y=e^x$ 위의 점 $(1,\ e)$에서의 접선의
기울기는 e이고, 접선의 방정식은 $y=e(x-1)+e$, 즉 $y=ex$이다.
직선 $y=ex$와 곡선 $y=2\sqrt{x-k}$의 접점의 좌표를 $(t,\ et)$라 하면
$y=2\sqrt{x-k}$에서 $y'=\dfrac{1}{\sqrt{x-k}}$이므로
$2\sqrt{t-k}=et$ …… ㉠
$\dfrac{1}{\sqrt{t-k}}=e$ …… ㉡
㉡에 의하여 $\sqrt{t-k}=\dfrac{1}{e}$이고

이것을 ㉠에 대입하면 $\dfrac{2}{e}=et$이므로 $t=\dfrac{2}{e^2}$이다.

즉, $\sqrt{\dfrac{2}{e^2}-k}=\dfrac{1}{e}$에서 $\dfrac{2}{e^2}-k=\dfrac{1}{e^2}$

$\therefore k=\dfrac{1}{e^2}$

다른 풀이

$y=e^x$에서 $y'=e^x$이므로 곡선 $y=e^x$ 위의 점 $(1,\ e)$에서의 접선의
기울기는 e이고, 접선의 방정식은 $y=e(x-1)+e$, 즉 $y=ex$이다.
직선 $y=ex$가 곡선 $y=2\sqrt{x-k}$에 접할 때
방정식 $2\sqrt{x-k}=ex$에서 $4(x-k)=e^2x^2$, 즉
$e^2x^2-4x+4k=0$이 중근을 가지므로 이 이차방정식의 판별식을
D라 하면
$\dfrac{D}{4}=4-4e^2k=0$ $\therefore k=\dfrac{1}{e^2}$

0721   답 (1) $-\dfrac{1}{4e}$ (2) $a=4,\ b=\dfrac{\pi}{3}$

(1) $y=\dfrac{a}{x}$에서 $y'=-\dfrac{a}{x^2}$, $y=e^{4x}$에서 $y'=4e^{4x}$

   두 곡선 $y=\dfrac{a}{x}$, $y=e^{4x}$의 교점의 x좌표를 $t\ (t\neq0)$라 하면

   $\dfrac{a}{t}=e^{4t}$ …… ㉠

   $-\dfrac{a}{t^2}=4e^{4t}$ …… ㉡

   ㉠, ㉡의 양변을 각각 나누면 $-t=\dfrac{1}{4}$에서 $t=-\dfrac{1}{4}$

   이것을 ㉠에 대입하면

   $-4a=e^{-1}$ $\therefore a=-\dfrac{1}{4e}$

(2) $y=4\cos^2 x-3$에서 $y'=-8\cos x\sin x$

   $y=a\cos x-a$에서 $y'=-a\sin x$

   두 곡선 $y=4\cos^2 x-3$, $y=a\cos x-a$가 $x=b$인 점에서

   접하므로

   $4\cos^2 b-3=a\cos b-a$ …… ㉠

$-8\cos b\sin b=-a\sin b$ ...... ㉡

㉡에서 $\sin b(8\cos b-a)=0$이므로

$\sin b=0$ 또는 $\cos b=\dfrac{a}{8}$

(i) $\sin b=0$일 때 $b=\pi$이므로

　　이는 $0<x<\pi$를 만족시키지 않는다.

(ii) $\cos b=\dfrac{a}{8}$일 때

　　㉠에서 $\dfrac{a^2}{16}-3=\dfrac{a^2}{8}-a$

　　$a^2-16a+48=0$

　　$(a-12)(a-4)=0$

　　$a=4$ 또는 $a=12$

　　$a=4$일 때 $\cos b=\dfrac{1}{2}$이므로 $b=\dfrac{\pi}{3}$

　　$a=12$일 때 $\cos b=\dfrac{3}{2}$인 b의 값은 존재하지 않는다.

(i), (ii)에서 $a=4$, $b=\dfrac{\pi}{3}$

0722 　　　　　　　　　　　　답 ⑤

곡선 $y=f(x)$ 위의 점 $(1, f(1))$에서의 접선이 $y=-2x+5$이므로
$f(1)=3$, $f'(1)=-2$이고,
곡선 $y=f(x)$ 위의 점 $(3, f(3))$에서의 접선이 원점을 지나므로
접선의 기울기는
$f'(3)=\dfrac{f(3)-0}{3-0}=\dfrac{f(3)}{3}$이다.
$g'(x)=f'(f(x))f'(x)$이므로
$g'(1)=f'(f(1))f'(1)$
　　　$=f'(3)f'(1)$
　　　$=\dfrac{f(3)}{3}\times(-2)=-\dfrac{2}{3}f(3)$
$g(1)=f(f(1))=f(3)$이므로
곡선 $y=g(x)$ 위의 점 $(1, f(3))$에서의 접선의 방정식은
$y=-\dfrac{2}{3}f(3)(x-1)+f(3)$
즉, $y=-\dfrac{2}{3}f(3)x+\dfrac{5}{3}f(3)$이므로 접선의 x절편은 $\dfrac{5}{2}$이다.

0723 　　　　　　　　답 (1) 4　(2) $-\dfrac{\sqrt{3}}{3}$

(1) 점 $(-2, -2)$일 때
　　$x=t^2-3t=-2$에서 $t^2-3t+2=(t-1)(t-2)=0$,
　　$t=1$ 또는 $t=2$
　　$y=2t-6=-2$에서 $t=2$
　　이므로 $t=2$이다.
　　$\dfrac{dx}{dt}=2t-3$, $\dfrac{dy}{dt}=2$이므로 $\dfrac{dy}{dx}=\dfrac{2}{2t-3}$이다.
　　$t=2$일 때 점 $(-2, -2)$에서의 접선의 기울기는 $\dfrac{dy}{dx}=2$이고,
　　접선의 방정식은 $y=2(x+2)-2$, 즉 $y=2x+2$이므로

$a=2$, $b=2$
　　$\therefore a+b=4$

(2) 점 $(2, \sqrt{3})$일 때
　　$x=\sec t=2$에서 $\cos t=\dfrac{1}{2}$, $y=\tan t=\sqrt{3}$ ...... ㉠

　　$\dfrac{dx}{dt}=\sec t\tan t$, $\dfrac{dy}{dt}=\sec^2 t$이므로

　　$\dfrac{dy}{dx}=\dfrac{\sec^2 t}{\sec t\tan t}=\dfrac{\sec t}{\tan t}=\dfrac{1}{\sin t}$

　　㉠에 의하여 $\sin t=\cos t\times\tan t=\dfrac{\sqrt{3}}{2}$이므로

　　점 $(2, \sqrt{3})$에서의 접선의 기울기는 $\dfrac{2}{\sqrt{3}}=\dfrac{2\sqrt{3}}{3}$이고,

　　접선의 방정식은 $y=\dfrac{2\sqrt{3}}{3}(x-2)+\sqrt{3}$

　　즉, $y=\dfrac{2\sqrt{3}}{3}x-\dfrac{\sqrt{3}}{3}$이므로 접선의 y절편은 $-\dfrac{\sqrt{3}}{3}$이다.

0724 　　　　　　　　　　　　답 ⑤

점 $(2, k)$일 때 $x=t^3+1=2$에서 $t=1$이므로
$k=1+a+2a=3a+1$ ...... ㉠
$\dfrac{dx}{dt}=3t^2$, $\dfrac{dy}{dt}=2t+a$이므로 $\dfrac{dy}{dx}=\dfrac{2t+a}{3t^2}$이다.
점 $(2, k)$에서의 접선의 기울기는 $\dfrac{dy}{dx}=\dfrac{2+a}{3}=2$에서
$a=4$이므로 ㉠에서 $k=13$이다.
따라서 점 $(2, 13)$에서의 접선의 방정식은
$y=2(x-2)+13$, 즉 $y=2x+9$이고,
접선의 x절편은 $-\dfrac{9}{2}$, y절편은 9이므로
접선과 x축, y축으로 둘러싸인 부분의 넓이는
$\dfrac{1}{2}\times\dfrac{9}{2}\times9=\dfrac{81}{4}$이다.

0725 　　　　　　　　　　　　답 $2\sqrt{3}+1$

$\dfrac{dx}{dt}=\sec^2 t$, $\dfrac{dy}{dt}=2\sec t\tan t$이므로

$\dfrac{dy}{dx}=\dfrac{2\sec t\tan t}{\sec^2 t}=\dfrac{2\tan t}{\sec t}=2\sin t$

곡선에 접하는 접선이 x축의 양의 방향과 이루는 각의 크기가 $\dfrac{\pi}{3}$

일 때 접선의 기울기는 $\tan\dfrac{\pi}{3}=\sqrt{3}$이므로

$2\sin t=\sqrt{3}$, $\sin t=\dfrac{\sqrt{3}}{2}$, $t=\dfrac{\pi}{3}$ $\left(\because -\dfrac{\pi}{2}<t<\dfrac{\pi}{2}\right)$

$t=\dfrac{\pi}{3}$일 때 $x=\sqrt{3}$, $y=4$이므로

곡선 위의 점 $(\sqrt{3}, 4)$에서의 접선의 방정식은
$y=\sqrt{3}(x-\sqrt{3})+4$, 즉 $y=\sqrt{3}x+1$
이 직선이 점 $(2, k)$를 지나므로
$k=2\sqrt{3}+1$

0726

$$\text{답 } \frac{1}{4}e+e^3$$

$e^{2x}\ln y=1$에서 음함수의 미분법에 의하여

$2e^{2x}\ln y+\dfrac{e^{2x}}{y}\times\dfrac{dy}{dx}=0$이므로 $\dfrac{dy}{dx}=-2y\ln y$

점 $\mathrm{P}(0,\,e)$에서의 접선의 기울기는 $\dfrac{dy}{dx}=-2e$이므로

접선 l_1의 방정식은 $y=-2ex+e$이고,

직선 l_1에 수직인 직선의 기울기는 $\dfrac{1}{2e}$이므로

직선 l_2의 방정식은 $y=\dfrac{1}{2e}x+e$이다.

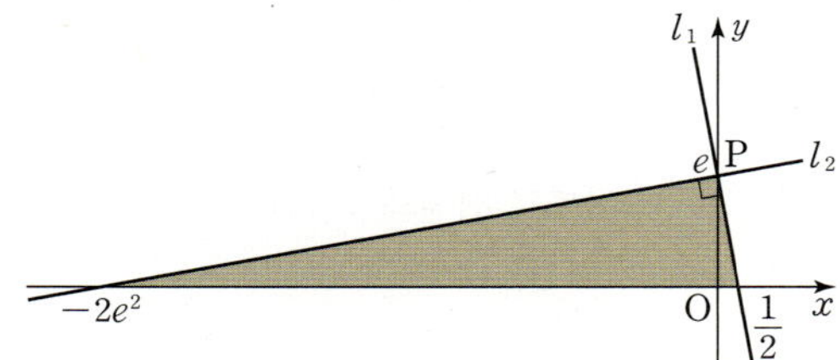

두 직선 l_1, l_2의 x절편은 각각 $\dfrac{1}{2}$, $-2e^2$이므로

두 직선 l_1, l_2 및 x축으로 둘러싸인 부분의 넓이는

$$\frac{1}{2}\times e\times\left(\frac{1}{2}+2e^2\right)=\frac{1}{4}e+e^3$$

0727

답 ④

점 $(-1,\,2)$가 곡선 $ax^2+bxy+y^2=12$ 위의 점이므로

$a-2b+4=12$, $a-2b=8$ ...... ㉠

점 $(-1,\,2)$에서의 접선이 원 $(x+2)^2+(y+4)^2=9$의 넓이를
이등분할 때, 이 접선은 원의 중심 $(-2,\,-4)$를 지나므로

접선의 기울기는 $\dfrac{2-(-4)}{-1-(-2)}=6$이다.

$ax^2+bxy+y^2=12$에서 음함수의 미분법에 의하여

$2ax+by+bx\dfrac{dy}{dx}+2y\dfrac{dy}{dx}=0$

$\dfrac{dy}{dx}=\dfrac{-2ax-by}{bx+2y}$

$x=-1$, $y=2$일 때, $\dfrac{dy}{dx}=\dfrac{2a-2b}{-b+4}=6$이므로

$a-b=-3b+12$, $a+2b=12$ ...... ㉡

㉠, ㉡을 연립하여 풀면

$a=10$, $b=1$

$\therefore a+b=11$

0728

답 ④

두 곡선이 $x=k$에서 만나므로 $a^{k-1}=2^k$이다.

$y=a^{x-1}$에서 $y'=a^{x-1}\ln a$이므로

곡선 $y=a^{x-1}$ 위의 점 $\mathrm{P}(k,\,a^{k-1})$에서의 접선의 방정식은

$y=(x-k)a^{k-1}\ln a+a^{k-1}$

$(x-k)a^{k-1}\ln a+a^{k-1}=0$일 때, $(x-k)\ln a=-1$에서

$x=-\dfrac{1}{\ln a}+k$이므로 $\mathrm{A}\!\left(-\dfrac{1}{\ln a}+k,\,0\right)$

$y=2^x$에서 $y'=2^x\ln 2$이므로

곡선 $y=2^x$ 위의 점 $\mathrm{P}(k,\,2^k)$에서의 접선의 방정식은

$y=(x-k)2^k\ln 2+2^k$이다.

$(x-k)2^k\ln 2+2^k=0$일 때, $(x-k)\ln 2=-1$에서

$x=-\dfrac{1}{\ln 2}+k$이므로 $\mathrm{B}\!\left(-\dfrac{1}{\ln 2}+k,\,0\right)$

$\overline{\mathrm{AC}}=\dfrac{1}{\ln a}$, $\overline{\mathrm{BC}}=\dfrac{1}{\ln 2}$이므로 $3\overline{\mathrm{AC}}=\overline{\mathrm{BC}}$에서

$\dfrac{3}{\ln a}=\dfrac{1}{\ln 2}$, $\ln a=3\ln 2=\ln 8$

$\therefore a=8$

0729

답 -4

$y=(x-a)e^{-x}$에서 $y'=e^{-x}-(x-a)e^{-x}=(-x+a+1)e^{-x}$이므로
원점에서 곡선 $y=(x-a)e^{-x}$에 그은 접선의 접점의 좌표를
$(t,\,(t-a)e^{-t})$이라 하면 접선의 방정식은

$y=(-t+a+1)e^{-t}(x-t)+(t-a)e^{-t}$

즉, $y=(-t+a+1)e^{-t}x+(t^2-at-a)e^{-t}$

이 직선이 점 $(0,\,0)$을 지나므로

$0=t^2-at-a\;(\because e^{-t}>0)$

오직 하나의 접선만을 가져야 하므로

t에 대한 이차방정식 $t^2-at-a=0$이 중근을 가져야 한다.

이 이차방정식의 판별식을 D라 하면

$D=a^2+4a=a(a+4)=0$

$\therefore a=-4\;(\because a\neq 0)$

0730

답 풀이 참조

$y=(x-4)e^x$에서 $y'=(x-3)e^x$

점 $(a,\,0)$에서 곡선 $y=(x-4)e^x$에 그은 접선의 접점의 좌표를
$(t,\,(t-4)e^t)$이라 하면

접선의 방정식은 $y=(t-3)e^t(x-t)+(t-4)e^t$

즉, $y=(t-3)e^tx-(t^2-4t+4)e^t$

이 직선이 점 $(a,\,0)$을 지나므로

$\{t^2-(a+4)t+3a+4\}e^t=0$에서

$t^2-(a+4)t+3a+4=0\;(\because e^{-t}>0)$

서로 다른 두 개의 접선을 그을 수 있도록 하려면

t에 대한 이차방정식 $t^2-(a+4)t+3a+4=0$이 서로 다른 두
실근을 가져야 한다.

이 이차방정식의 판별식을 D라 하면

$D=(a+4)^2-4(3a+4)=a^2-4a=a(a-4)>0$이므로

$a<0$ 또는 $a>4$

채점 요소	배점
접점의 좌표를 미지수로 두고 접선의 방정식 세우기	30%
접선이 점 $(a,\,0)$을 지날 때, 만족시키는 t에 대한 식 구하기	30%
서로 다른 두 개의 접선을 그을 수 있도록 하기 위해서 (판별식)>0 임을 이용하여 답 구하기	40%

0731

정답 ②

직선 $y=mx$가 곡선 $y=e^x$에 접할 때 m의 값을 구해 보자.

$y=e^x$에서 $y'=e^x$이므로

접점의 좌표를 (t, e^t)이라 하면 접선의 방정식은

$y=e^t(x-t)+e^t$, 즉 $y=e^tx+(1-t)e^t$

이 직선이 직선 $y=mx$와 같을 때,

$e^t=m$ $\qquad\qquad$ ...... ㉠

$(1-t)e^t=0$ $\qquad\qquad$ ...... ㉡

㉡에서 $t=1$이므로 ㉠에 대입하면 $m=e$

함수 $y=e^x$의 그래프와 직선 $y=mx$의 교점의 개수는 다음과 같이 $m=0$일 때와 $m=e$일 때를 기준으로 달라진다.

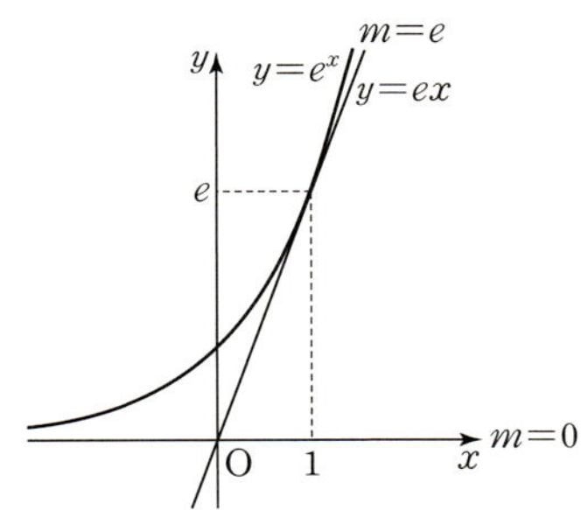

$m<0$일 때 $f(m)=1$

$0\le m<e$일 때 $f(m)=0$

$m=e$일 때 $f(m)=1$

$m>e$일 때 $f(m)=2$

따라서 함수 $f(x)$는 $x=0$, $x=e$에서 불연속이고,

이차함수 $g(x)$는 실수 전체의 집합에서 연속이므로

함수 $f(x)g(x)$가 실수 전체의 집합에서 연속이려면

$x=0$, $x=e$에서 연속이어야 한다.

$\lim\limits_{x\to 0+}f(x)g(x)=\lim\limits_{x\to 0-}f(x)g(x)=f(0)g(0)$이어야 하므로

$0=g(0)=0$에서 $g(0)=0$

$\lim\limits_{x\to e+}f(x)g(x)=\lim\limits_{x\to e-}f(x)g(x)=f(e)g(e)$이어야 하므로

$2g(e)=0=g(e)$에서 $g(e)=0$

따라서 $g(x)=x(x-e)$이다.

$\therefore g(1)=1-e$

0732

정답 ③

일차함수 $g(x)$가 닫힌구간 $[0, 4]$에서 $f(x)\le g(x)$를 만족시키므로

직선 $y=g(x)$는 곡선 $y=f(x)$ 위의 점 $(1, 2)$에서의 접선이다.

$f(x)=2\sqrt{2}\sin\left(\dfrac{\pi}{4}x\right)$에서

$f'(x)=\dfrac{\sqrt{2}}{2}\pi\cos\left(\dfrac{\pi}{4}x\right)$, $f'(1)=\dfrac{\pi}{2}$

따라서 $g(x)=\dfrac{\pi}{2}(x-1)+2$이다.

$\therefore g(3)=\pi+2$

0733

정답 ③

삼각형 ABP의 밑변을 AB라 하면 $\overline{AB}=3\sqrt{2}$로 일정하므로 높이가

최소일 때 삼각형 ABP의 넓이가 최소이다.

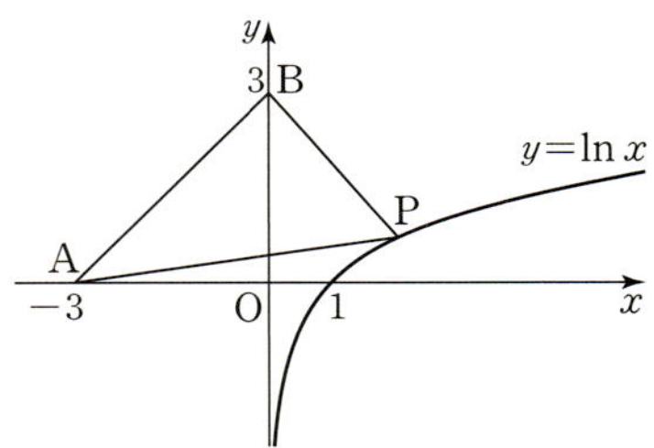

곡선 $y=\ln x$ 위의 점 P에 대하여 점 P에서 직선 AB까지의 거리가 삼각형 ABP의 높이이고, 이 길이가 최소가 되려면 점 P에서의 접선이 직선 AB와 평행해야 한다.

직선 AB의 방정식은 $y=x+3$이므로 기울기는 1이다.

$y=\ln x$에서 $y'=\dfrac{1}{x}$이므로 $\dfrac{1}{x}=1$일 때 $x=1$이다.

즉, 직선 AB와 평행한 접선의 접점의 좌표는 $(1, 0)$이므로

P$(1, 0)$일 때 점 P와 직선 AB 사이의 거리는 $\dfrac{4}{\sqrt{2}}=2\sqrt{2}$로 최소이다.

따라서 점 P$(1, 0)$일 때 삼각형 ABP의 넓이의 최솟값은

$\dfrac{1}{2}\times 3\sqrt{2}\times 2\sqrt{2}=6$

0734

정답 $k=e$, P(e, e)

함수 $y=k\ln x$의 그래프가 그 역함수의 그래프와 점 P에서 접하므로

함수 $y=k\ln x$의 그래프는 점 P에서 직선 $y=x$에 접한다.

$y=k\ln x$에서 $y'=\dfrac{k}{x}$이므로

점 P의 좌표를 $(t, k\ln t)$ $(t>0)$라 하면

$k\ln t=t$ $\qquad\qquad$ ...... ㉠

$\dfrac{k}{t}=1$ $\qquad\qquad$ ...... ㉡

㉡에서 $k=t$이므로

㉠에서 $t\ln t=t$, $t(\ln t-1)=0$, $t=e$ $(\because t>0)$

$\therefore k=e$, P(e, e)

0735

정답 5

함수 $f(x)$가 실수 전체의 구간에서 감소하려면

모든 실수 x에 대하여 $f'(x)\le 0$이어야 한다.

$f'(x)=(2x+a)e^{-x}-(x^2+ax+3)e^{-x}$

$\qquad=\{-x^2+(2-a)x+a-3\}e^{-x}$

$e^{-x}>0$이므로 모든 실수 x에 대하여 $f'(x)\le 0$이려면

모든 실수 x에 대하여 $-x^2+(2-a)x+a-3\le 0$이면 된다.

이를 만족시키려면 이차방정식 $-x^2+(2-a)x+a-3=0$의

판별식을 D라 할 때,

$D=(2-a)^2+4(a-3)\le 0$이어야 하므로

$a^2-8\le 0$

$-2\sqrt{2}\le a\le 2\sqrt{2}$

따라서 정수 a는 -2, -1, 0, 1, 2로 5개이다.

0736 ———————————————— 🖉 풀이 참조

함수 $f(x)$가 실수 전체의 집합에서 증가하려면
모든 실수 x에 대하여 $f'(x) \geq 0$이어야 한다.

$$f'(x) = a + \frac{2x}{x^2+9}$$
$$= \frac{ax^2 + 2x + 9a}{x^2+9} \geq 0$$

$x^2 + 9 > 0$이므로 모든 실수 x에 대하여 $f'(x) \geq 0$이려면
모든 실수 x에 대하여 $ax^2 + 2x + 9a \geq 0$이면 된다.
이를 만족시키려면 다음을 모두 만족시켜야 한다.

(i) $a > 0$

(ii) 이차방정식 $ax^2 + 2x + 9a = 0$의 판별식을 D라 하면

$$\frac{D}{4} = 1 - 9a^2 \leq 0$$이어야 하므로 $a \leq -\frac{1}{3}$ 또는 $a \geq \frac{1}{3}$

(i), (ii)에 의하여 $a \geq \frac{1}{3}$

채점 요소	배점
$f'(x) \geq 0$이어야 함을 설명하기	20 %
도함수 구하기	20 %
$f'(x) \geq 0$이려면 $ax^2 + 2x + 9a \geq 0$이어야 함을 구하기	20 %
$ax^2 + 2x + 9a \geq 0$일 조건 구하기	40 %

0737 ———————————————— 🖉 ②

$0 < x_1 < x_2$인 모든 실수 x_1, x_2에 대하여 $f(x_1) > f(x_2)$를
만족시키려면 $x > 0$에서 함수 $f(x)$가 감소해야 하므로
$x > 0$에서 $f'(x) \leq 0$을 만족시켜야 한다.

$$f'(x) = -\frac{a^2}{x} - 2x + 8 = \frac{-2x^2 + 8x - a^2}{x}$$이므로

$x > 0$에서 $-2x^2 + 8x - a^2 \leq 0$이어야 한다.
$-2x^2 + 8x - a^2 = -2(x-2)^2 + 8 - a^2$이므로
$8 - a^2 \leq 0$이면 된다.
$a \leq -2\sqrt{2}$ 또는 $a \geq 2\sqrt{2}$
따라서 자연수 a의 최솟값은 3이다.

0738 ———————————————— 🖉 2

$$f'(x) = 2e^{2x} + ke^x - 4$$

함수 $f(x)$가 구간 $(0, \infty)$에서 증가하려면
$x > 0$일 때 $f'(x) \geq 0$이어야 한다.
$t = e^x$이라 하면 $x > 0$일 때 $t > 1$이므로
$t > 1$일 때 $2t^2 + kt - 4 \geq 0$일 조건을 구해 보자.
$g(t) = 2t^2 + kt - 4$라 하면 이차함수 $y = g(t)$의 그래프의

축은 $t = -\dfrac{k}{4}$이므로

(i) $-\dfrac{k}{4} < 1$, 즉 $k > -4$일 때

$g(1) = 2 + k - 4 \geq 0$이어야 하므로 $k \geq 2$이다.
$$\therefore k \geq 2$$

(ii) $-\dfrac{k}{4} \geq 1$, 즉 $k \leq -4$일 때

이차방정식 $2t^2 + kt - 4 = 0$의 판별식을 D라 하면
$D = k^2 + 32 \leq 0$이어야 한다. 이를 만족시키는 실수 k의 값은
존재하지 않는다.

(i), (ii)에 의하여 $k \geq 2$이다.
따라서 k의 최솟값은 2이다.

0739 ———————————————— 🖉 ④

$f(x) = e^{x+1}\{x^2 + (n-2)x - n + 3\} + ax$에서
$f'(x) = e^{x+1}(x^2 + nx + 1) + a$
$h(x) = f'(x)$라 하자.
이때, 함수 $f(x)$가 역함수를 가지기 위해서는
모든 실수 x에 대하여 $h(x) \geq 0$이어야 한다.
$h'(x) = e^{x+1}(x+n+1)(x+1)$이므로
$h(x)$는 $x = -n-1$에서 극댓값, $x = -1$에서 극솟값을 갖는다.
이때, $n \geq 2$이고 $h(-1) = a - n + 2$, $\displaystyle \lim_{x \to -\infty} h(x) = a$이므로
$a - n + 2 \geq 0$일 때 함수 $f(x)$가 역함수를 가진다.
$a \geq n - 2$에서 $g(n) = n - 2$이므로 $1 \leq n - 2 \leq 8$에서 $3 \leq n \leq 10$
따라서 구하는 모든 n의 값의 합은 $3 + 4 + \cdots + 10 = 52$이다.

0740 ———————————————— 🖉 ②

$$f'(x) = 2x - ke^{-x}$$

함수 $f(x)$가 $x = a$에서 극값 15를 가지므로
$f(a) = 15$, $f'(a) = 0$이다.

$f(a) = a^2 + ke^{-a} = 15$ ······ ㉠
$f'(a) = 2a - ke^{-a} = 0$ ······ ㉡

㉠, ㉡의 두 식의 양변을 각각 더하면
$a^2 + 2a = 15$, $a^2 + 2a - 15 = (a+5)(a-3) = 0$
$a = 3$ 또는 $a = -5$
㉡에서 $k = 2ae^a$
$k > 0$이므로 $a = 3$, $k = 6e^3$이다.

0741 ———————————————— 🖉 -5

$$f'(x) = 1 - \frac{k}{(x+1)^2} = \frac{(x+1)^2 - k}{(x+1)^2}$$

$f'(x) = 0$에서 $(x+1)^2 = k$, $x = -1 \pm \sqrt{k}$
함수 $f(x)$의 증가와 감소를 표로 나타내면 다음과 같다.

x	$\cdots$	$-1-\sqrt{k}$	$\cdots$	(-1)	$\cdots$	$-1+\sqrt{k}$	$\cdots$
$f'(x)$	$+$	0	$-$		$-$	0	$+$
$f(x)$	↗	극대	↘		↘	극소	↗

함수 $f(x)$는 $x = -1-\sqrt{k}$에서 극댓값을 갖고, $x = -1+\sqrt{k}$에서
극솟값을 가지므로

$$f(-1+\sqrt{k}) = -1 + \sqrt{k} + \frac{k}{\sqrt{k}} = 2\sqrt{k} - 1 = 3$$에서 $k = 4$

따라서 함수 $f(x)$의 극댓값은

$$f(-1-\sqrt{k}) = f(-3) = -3 + \frac{4}{-2} = -5$$

0742

$\text{目 } \dfrac{17}{2}\pi$

$f'(x)=e^x(\sin x+\cos x)+e^x(\cos x-\sin x)=2e^x\cos x$

이때, $e^x>0$이므로 함수 $f'(x)$의 부호는 $\cos x$의 부호와 같다.

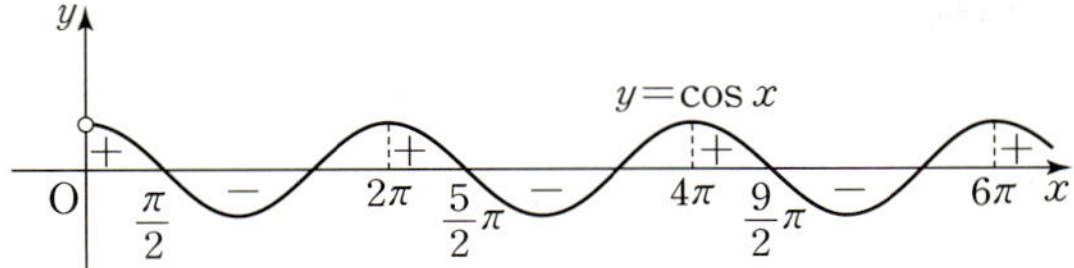

함수 $f(x)$가 극댓값을 갖는 x의 값은 $\dfrac{\pi}{2}$, $2\pi+\dfrac{\pi}{2}$, $4\pi+\dfrac{\pi}{2}$, $\cdots$
이다.

즉, $x=2n\pi+\dfrac{\pi}{2}$ (n은 음이 아닌 정수)이고,

$f\left(2n\pi+\dfrac{\pi}{2}\right)=e^{2n\pi+\frac{\pi}{2}}$이므로

$a_5=e^{8\pi+\frac{\pi}{2}}=e^{\frac{17}{2}\pi}$

$\therefore \ln a_5=\dfrac{17}{2}\pi$

0743

$\text{目 } -\dfrac{\sqrt{2}}{2}e^{-\frac{3}{4}\pi}$

$f'(x)=\dfrac{-\sin(\ln x)\times\dfrac{1}{x}\times x-\cos(\ln x)\times 1}{x^2}$

$\qquad =\dfrac{-\sin(\ln x)-\cos(\ln x)}{x^2}$

$f'(x)=0$에서 $-\sin(\ln x)=\cos(\ln x)$

$\ln x=t$라 하면 $1<x<e^4$일 때 $0<t<4$이므로

$-\sin t=\cos t$에서 $t=\dfrac{3}{4}\pi$

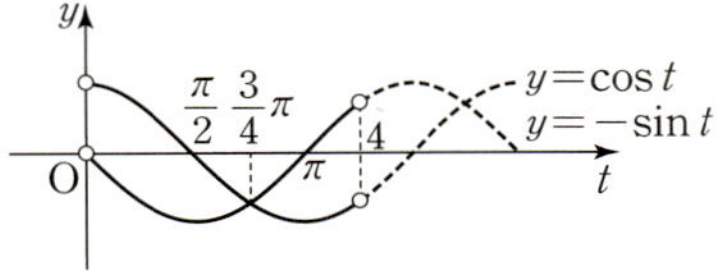

즉, $\ln x=\dfrac{3}{4}\pi$, $x=e^{\frac{3}{4}\pi}$

따라서 함수 $f(x)$의 극값은

$f\left(e^{\frac{3}{4}\pi}\right)=\dfrac{\cos\dfrac{3}{4}\pi}{e^{\frac{3}{4}\pi}}=-\dfrac{\sqrt{2}}{2}e^{-\frac{3}{4}\pi}$이다.

0744

$\text{目 } ①$

$f'(x)=e^x(x^2+kx+2)+e^x(2x+k)$

$\qquad =e^x\{x^2+(k+2)x+k+2\}$

이때, 함수 $f(x)$가 극값을 갖지 않으려면 모든 실수 x에 대하여
$f'(x)\geq 0$이거나 $f'(x)\leq 0$이어야 한다.

$e^x>0$이므로 모든 실수 x에 대하여 $x^2+(k+2)x+k+2\geq 0$이면
된다.

이차방정식 $x^2+(k+2)x+k+2=0$의 판별식을 D라 하면
$D=(k+2)^2-4(k+2)=(k+2)(k-2)\leq 0$이므로
$-2\leq k\leq 2$

$a=-2$, $b=2$

$\therefore ab=(-2)\times 2=-4$

0745

$\text{目 } \dfrac{1}{2}$

$f'(x)=k+\dfrac{2x}{x^2+4}=\dfrac{kx^2+2x+4k}{x^2+4}$에서

함수 $f(x)$가 극값을 갖지 않으려면 모든 실수 x에 대하여
$f'(x)\geq 0$이거나 $f'(x)\leq 0$이어야 한다.

이때, $x^2+4>0$이므로 $k>0$일 때 모든 실수 x에 대하여
$kx^2+2x+4k\geq 0$이면 된다.

이차방정식 $kx^2+2x+4k=0$의 판별식을 D라 하면

$\dfrac{D}{4}=1-4k^2\leq 0$이므로 $k\geq\dfrac{1}{2}$ $(\because k>0)$

따라서 양수 k의 최솟값은 $\dfrac{1}{2}$이다.

0746

目 풀이 참조

함수 $f(x)=\ln x+\dfrac{a}{x}-x$는 $x>0$에서 정의된다.

$f'(x)=\dfrac{1}{x}-\dfrac{a}{x^2}-1=-\dfrac{x^2-x+a}{x^2}$에서

$x^2>0$이므로 함수 $f(x)$가 극대, 극소를 모두 가지려면 이차방정식
$x^2-x+a=0$이 $x>0$에서 서로 다른 두 실근을 가지면 된다.

즉, 두 양의 실근을 가지면 된다.

(i) 이차방정식 $x^2-x+a=0$의 판별식을 D라 하면

$\qquad D=1-4a>0$, $a<\dfrac{1}{4}$

(ii) 이차방정식 $x^2-x+a=0$의 두 실근을 α, β라고 하면
$\qquad$ 두 근의 합 $\alpha+\beta=1>0$을 만족시키고,
$\qquad$ 두 근의 곱 $\alpha\beta=a>0$이어야 한다.

(i), (ii)에 의하여 $0<a<\dfrac{1}{4}$이다.

채점 요소	배점
도함수 $f'(x)$ 구하기	20%
조건을 만족시키려면 $x>0$에서 x에 대한 이차방정식 $x^2-x+a=0$이 서로 다른 두 실근을 가져야 함을 설명하기	30%
조건을 만족시키는 a의 값의 범위 구하기	50%

0747

$\text{目 } ②$

함수 $f(x)$는 $x>0$에서 정의된다.

$f(x)=x^2+\dfrac{k}{x}-6\ln x$에서

$f'(x)=2x-\dfrac{k}{x^2}-\dfrac{6}{x}=\dfrac{2x^3-6x-k}{x^2}$

이때, $x^2>0$이므로 $x>0$에서 함수 $f(x)$가 극대, 극소를 모두

가지려면 $x>0$에서 $2x^3-6x-k$의 값의 부호가 바뀌는 x의 값이
두 개 존재해야 한다. $\cdots\cdots$ ㉠
$g(x)=2x^3-6x-k$라 하면
$g'(x)=6x^2-6=6(x-1)(x+1)$이므로
삼차함수 $g(x)$는 $x=-1$에서 극대이고, $x=1$에서 극소이다.

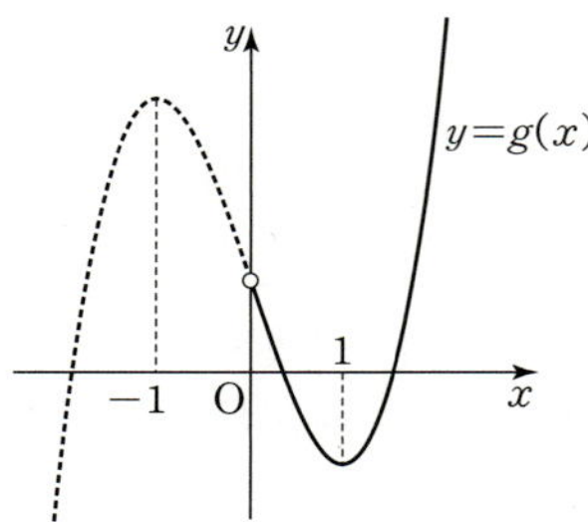

이때, ㉠을 만족시키려면 $g(0)>0$, $g(1)<0$이어야 한다.
$g(0)=-k>0$에서 $k<0$
$g(1)=-4-k<0$에서 $k>-4$
$\therefore\ -4<k<0$
따라서 정수 k는 -3, -2, -1로 3개이다.

0748 답 ③

$f'(x)=k-4\sin x+\cos(2x)$
이때, $\cos(2x)=1-2\sin^2 x$이므로
$f'(x)=-2\sin^2 x-4\sin x+k+1$
$\qquad\ =-2(\sin x+1)^2+k+3$
$-1\leq\sin x\leq 1$이므로 이 함숫값은
$\sin x=-1$일 때 최댓값 $k+3$,
$\sin x=1$일 때 최솟값 $k-5$를 갖는다.
즉, $k-5\leq f'(x)\leq k+3$이므로
함수 $f(x)$가 극값을 가지려면 $k-5<0<k+3$이어야 한다.
즉, $-3<k<5$
따라서 정수 k는 -2, -1, 0, $\cdots$, 4로 7개이다.

0749 답 $a\leq-1$

$y'=2ax+\sqrt{3}\cos x-\sin x$
$y''=2a-\sqrt{3}\sin x-\cos x$
$\quad\ =2a-2\left(\dfrac{\sqrt{3}}{2}\sin x+\dfrac{1}{2}\cos x\right)$
$\quad\ =2a-2\sin\left(x+\dfrac{\pi}{6}\right)$ $\cdots\cdots$ 참고

곡선 $y=ax^2+\sqrt{3}\sin x+\cos x$가 실수 전체의 집합에서
위로 볼록하려면 모든 실수 x에 대하여
$y''=2a-2\sin\left(x+\dfrac{\pi}{6}\right)\leq 0$이어야 한다. $\cdots\cdots$ ㉠

$-1\leq\sin\left(x+\dfrac{\pi}{6}\right)\leq 1$이므로

$2a-2\leq 2a-2\sin\left(x+\dfrac{\pi}{6}\right)\leq 2a+2$

따라서 ㉠을 만족시키려면 $2a+2\leq 0$
$\therefore\ a\leq-1$

$-\sqrt{3}\sin x-\cos x=-2\sin\left(x+\dfrac{\pi}{6}\right)$는 중단원 '01 여러 가지
함수의 미분'의 '유형 10 삼각함수의 합성(교육과정 외)'의
유형 설명을 참고하자.

0750 답 ④

$f\left(\dfrac{a+b}{2}\right)\leq\dfrac{f(a)+f(b)}{2}$이려면 함수 $f(x)$의 그래프는 직선 또는
아래로 볼록해야 한다.
ㄱ. 함수 $f(x)=e^{-x}$의 그래프는 다음과 같으므로 아래로 볼록하다.

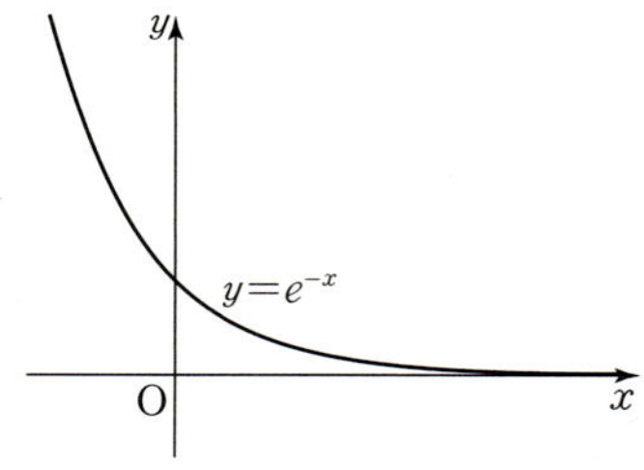

ㄴ. 함수 $f(x)=\sqrt{x-2}$의 그래프는 다음과 같으므로 위로 볼록하다.

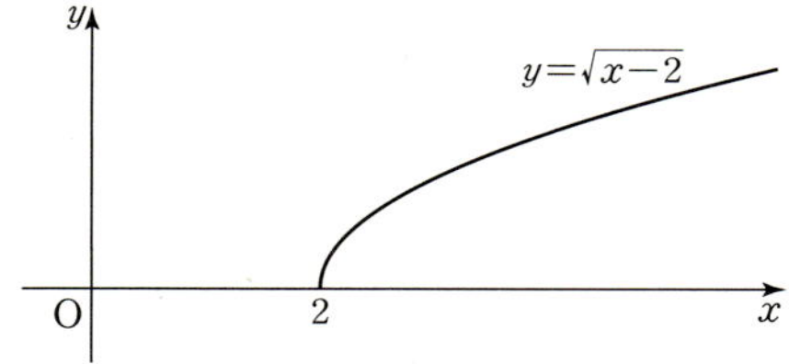

ㄷ. 함수 $f(x)=-\ln(-x-1)$의 그래프는 다음과 같으므로
아래로 볼록하다.

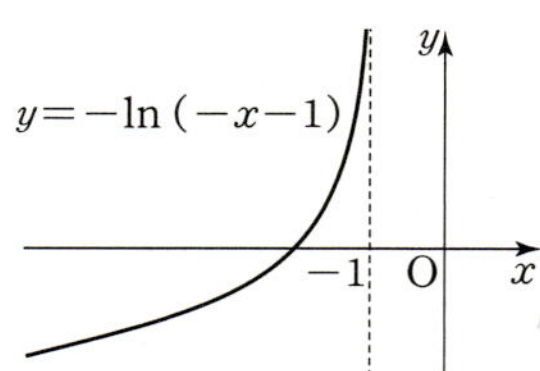

ㄹ. $f(x)=\dfrac{1}{3}x^4+\dfrac{1}{3}x^2-x+1$에서

$\quad f'(x)=\dfrac{4}{3}x^3+\dfrac{2}{3}x-1$

$\quad f''(x)=4x^2+\dfrac{2}{3}>0$이므로 곡선 $y=f(x)$는 아래로 볼록하다.

따라서 주어진 조건을 만족시키는 것은 ㄱ, ㄷ, ㄹ이다.

0751 답 ④

구간 $(0,\ 1)$에서 $\dfrac{1}{2}\{f(a)+f(b)\}<f\left(\dfrac{a+b}{2}\right)$이려면
함수 $f(x)$의 그래프가 구간 $(0,\ 1)$에서 위로 볼록해야 한다.
ㄱ. 함수 $f(x)=\sin x$의 그래프는 다음과 같으므로 $0<x<1$에서
위로 볼록하다.

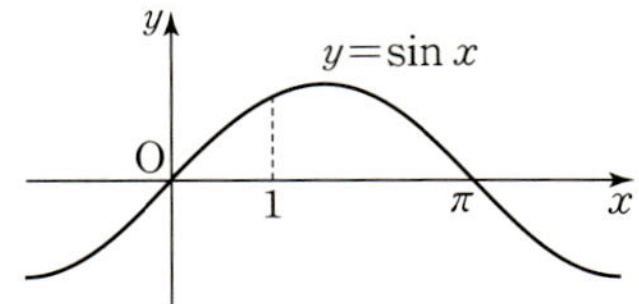

ㄴ. $f(x)=x\ln x$에서 $f'(x)=\ln x+1$, $f''(x)=\dfrac{1}{x}$

$0<x<1$에서 $f''(x)=\dfrac{1}{x}>0$이므로 함수 $f(x)$의 그래프는

아래로 볼록하다.

ㄷ. $f(x)=x+\cos x$에서 $f'(x)=1-\sin x$, $f''(x)=-\cos x$

$0<x<1$에서 $f''(x)=-\cos x<0$이므로 함수 $f(x)$의

그래프는 위로 볼록하다.

ㄹ. $f(x)=xe^{-x}$에서 $f'(x)=e^{-x}-xe^{-x}=(1-x)e^{-x}$,

$f''(x)=-e^{-x}-(1-x)e^{-x}=(x-2)e^{-x}$

$0<x<1$에서 $f''(x)<0$이므로 함수 $f(x)$의 그래프는 위로

볼록하다.

따라서 조건을 만족시키는 것은 ㄱ, ㄷ, ㄹ이다.

0752 ᖰ $e^{-\frac{1}{2}}$

$f\left(\dfrac{a+b}{2}\right)<\dfrac{f(a)+f(b)}{2}$ 이려면 함수 $f(x)$가 아래로 볼록해야

한다.

$f'(x)=2x(\ln x-1)+x^2\times\dfrac{1}{x}=x(2\ln x-1)$

$f''(x)=(2\ln x-1)+2=2\ln x+1\geq0$에서

$\ln x\geq-\dfrac{1}{2}$, $x\geq e^{-\frac{1}{2}}$이므로

구간 $\left(e^{-\frac{1}{2}}, \infty\right)$에서 함수 $f(x)$는 아래로 볼록하다.

따라서 $k\geq e^{-\frac{1}{2}}$이므로 k의 최솟값은 $e^{-\frac{1}{2}}$이다.

0753 ᖰ $k\leq\dfrac{1}{2}$

$\dfrac{f(b)-f(a)}{b-a}<\dfrac{f(c)-f(b)}{c-b}$를 만족시키려면 함수 $f(x)$가 아래로

볼록해야 한다. 즉, $0<x<\dfrac{\pi}{2}$인 모든 실수 x에 대하여 $f''(x)\geq0$

이어야 한다.

$f'(x)=2x+2k\cos(2x)$, $f''(x)=2-4k\sin(2x)$

$0<x<\dfrac{\pi}{2}$인 모든 실수 x에 대하여 $2-4k\sin(2x)\geq0$

즉, $k\sin(2x)\leq\dfrac{1}{2}$이어야 한다. ...... ㉠

이때, $0<x<\dfrac{\pi}{2}$에서 $0<\sin(2x)\leq1$이므로

(ⅰ) $k>0$일 때

$0<k\sin(2x)\leq k$이므로 ㉠을 만족시키려면 $k\leq\dfrac{1}{2}$이어야 한다.

(ⅱ) $k=0$일 때 ㉠을 만족시킨다.

(ⅲ) $k<0$일 때 $k\leq k\sin(2x)<0$이므로 ㉠을 만족시킨다.

(ⅰ)~(ⅲ)에 의하여 $k\leq\dfrac{1}{2}$이다.

0754 ᖰ ⑤

$f'(x)>0$이므로 함수 $f(x)$는 증가함수이다.

즉, $f(a)<f(b)$이므로

$A-B=\dfrac{f(a)+f(b)}{2}-f(b)=\dfrac{f(a)-f(b)}{2}<0$

즉, $A<B$

또한, $f'(x)>0$, $f''(x)>0$이므로 함수 $f(x)$는 아래로 볼록하면서

증가하고,

$f(x)>0$이므로 $a<x<b$에서 함수 $y=f(x)$의 그래프의 개형은

다음과 같다.

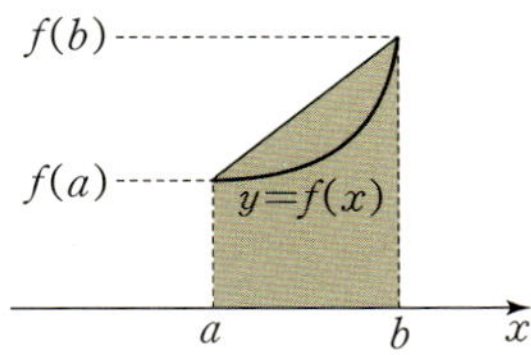

$\displaystyle\int_a^b f(x)dx$는 함수 $y=f(x)$의 그래프와 x축 및 두 직선

$x=a$, $x=b$로 둘러싸인 부분의 넓이이고,

$\dfrac{f(a)+f(b)}{2}\times(b-a)$는 네 점 $(a, 0)$, $(b, 0)$, $(a, f(a))$,

$(b, f(b))$를 꼭짓점으로 하는 사다리꼴의 넓이이므로

두 넓이의 크기를 비교하면

$\displaystyle\int_a^b f(x)dx<\dfrac{f(a)+f(b)}{2}\times(b-a)$

$\dfrac{1}{b-a}\displaystyle\int_a^b f(x)dx<\dfrac{f(a)+f(b)}{2}$

즉, $C<A$

$\therefore C<A<B$

0755 ᖰ 풀이 참조

$f'(x)=3ax^2+2bx$

$f''(x)=6ax+2b$

$f'(-1)=3a-2b=27$이고, ... ㉠

점 $(1, 0)$이 곡선 $y=f(x)$의 변곡점이므로

$f(1)=a+b+c=0$ ...... ㉡

$f''(1)=6a+2b=0$ ...... ㉢

㉠, ㉢을 연립하여 풀면

$a=3$, $b=-9$

이를 ㉡에 대입하면 $c=6$이다.

채점 요소	배점
$f(1)=0$을 만족시키는 식 구하기	10%
$f'(-1)=27$을 만족시키는 식 구하기	30%
$f''(1)=0$을 만족시키는 식 구하기	30%
a, b, c의 값 구하기	30%

0756 ᖰ ②

$f(x)=x^3+ax^2+bx+c$ (a, b, c는 실수)라 하면

$f'(x)=3x^2+2ax+b$

$f''(x)=6x+2a$

함수 $f(x)$가 $x=1$에서 극솟값을 가지므로

$f'(1)=3+2a+b=0$ ...... ㉠

점 $(-1, f(-1))$이 곡선 $y=f(x)$의 변곡점이므로

$f''(-1)=-6+2a=0, a=3$

㉠에서 $b=-9$

$f(x)=x^3+3x^2-9x+c$

$f'(x)=3x^2+6x-9=3(x-1)(x+3)$이므로

$f'(x)=0$에서 $x=-3$ 또는 $x=1$이다.

$-2 \leq x \leq 3$에서 함수 $f(x)$의 증가와 감소를 표로 나타내면 다음과 같다.

x	-2	$\cdots$	1	$\cdots$	3
$f'(x)$		$-$	0	$+$	
$f(x)$	$c+22$	$\searrow$	$c-5$	$\nearrow$	$c+27$

따라서 함수 $f(x)$는 $-2 \leq x \leq 3$에서 $x=1$일 때 최솟값 $m=c-5$를 갖고, $x=3$일 때 최댓값 $M=c+27$을 갖는다.

$\therefore M-m=(c+27)-(c-5)=32$

0757 答 (1) $\dfrac{a+b}{2}$ (2) 6

(1) $f'(x)=k(x-a)(x-b)$이므로

$f''(x)=k(x-b)+k(x-a)=k(2x-a-b)$

$f''(x)=0$에서 $x=\dfrac{a+b}{2}$

따라서 변곡점의 x좌표는 $\dfrac{a+b}{2}$이다.

(2) 삼차함수의 그래프는 변곡점에 대하여 대칭이고, ... **TIP**
만약 삼차함수가 극값을 가지면 극댓값을 갖는 점과 극솟값을 갖는 점은 변곡점에 대하여 대칭이다.

변곡점의 좌표가 $(1, 3)$일 때, 극댓값은 $3+k$, 극솟값은 $3-k$ 이므로($k>0$)

극댓값과 극솟값의 합은 $(3+k)+(3-k)=6$이다.

TIP

> 모든 삼차함수 $f(x)$에 대하여 이차함수 $y=f'(x)$의 그래프의 축을 직선 $x=t$라 하면 삼차함수 $y=f(x)$의 그래프는 점 $(t, f(t))$에 대하여 대칭이다.
> 즉, 모든 삼차함수의 그래프는 점대칭이다. 이때, 모든 삼차함수의 그래프는 변곡점을 1개 갖고, 변곡점은 곡선의 볼록성이 달라지는 지점이므로 삼차함수의 그래프는 변곡점에 대하여 대칭임을 알 수 있다.

0758 答 ④

ㄱ. 아래로 볼록, 위로 볼록이 바뀌는 지점이 3개이므로 변곡점은 3개이다. (참)

ㄴ. $x=a$에서의 접선의 기울기가 양수이므로 $f'(a)>0$이고, $x=b$에서 함수 $y=f(x)$의 그래프가 아래로 볼록하므로 $f''(b)>0$이다.

$\therefore f'(a)f''(b)>0$ (거짓)

ㄷ. $f(a)>0$, $f'(a)>0$, $f''(a)<0$이므로 $f(a)f'(a)f''(a)<0$
$f(b)>0$, $f'(b)<0$, $f''(b)>0$이므로 $f(b)f'(b)f''(b)<0$
$f(c)>0$, $f'(c)<0$, $f''(c)<0$이므로 $f(c)f'(c)f''(c)>0$
$f(d)<0$, $f'(d)<0$, $f''(d)>0$이므로 $f(d)f'(d)f''(d)>0$
따라서 a, b, c, d 중 $f(x)f'(x)f''(x)>0$을 만족시키는 값은 c, d이다. (참)

따라서 옳은 것은 ㄱ, ㄷ이다.

0759 答 ④

ㄱ. $x=-2$, $x=2$의 좌우에서 $f'(x)$의 부호가 바뀌므로 함수 $y=f(x)$는 $x=-2$, $x=2$에서 극값을 갖는다. (거짓)

ㄴ. $x=a$의 좌우에서 $f''(x)$의 부호가 $+$에서 $-$로 바뀌거나 $-$에서 $+$로 바뀔 때, 즉 함수 $y=f(x)$의 증가, 감소가 바뀔 때, 함수 $y=f(x)$의 그래프는 $x=a$에서 변곡점을 갖는다.
주어진 $y=f'(x)$의 그래프에서 $x=1$, $x=3$일 때 $f'(x)$의 증가, 감소가 바뀌므로 함수 $y=f(x)$의 그래프는 $x=1$, $x=3$일 때 변곡점을 갖는다. (참)

ㄷ. ㄴ에 의하여 $x=1$, $x=3$일 때 변곡점을 갖고, $f'(1)=0$, $f'(3)=0$이므로 변곡점에서의 접선의 기울기는 모두 0이므로 변곡점에서의 접선은 x축에 평행하다. (참)

ㄹ. 구간 $(0, 1)$에서 $f'(x)>0$이므로 함수 $f(x)$는 증가한다.
구간 $(0, 1)$에서 $f'(x)$가 감소하므로 $f''(x)<0$이다. 즉, 구간 $(0, 1)$에서 함수 $y=f(x)$의 그래프는 위로 볼록하다. (참)

따라서 옳은 것은 ㄴ, ㄷ, ㄹ이다.

0760 答 ⑤

$a>0$이므로 로그의 진수의 조건에 의하여 $x>0$이다.

$y=\left(\ln \dfrac{1}{ax}\right)^2=\{-\ln(ax)\}^2=\{\ln(ax)\}^2$에서

$y'=2\ln(ax) \times \dfrac{1}{x}=\dfrac{2\ln(ax)}{x}$

$y''=\dfrac{\dfrac{2}{x} \times x-2\ln(ax)}{x^2}=\dfrac{2\{1-\ln(ax)\}}{x^2}$

$y''=0$에서 $1-\ln(ax)=0$이므로 $x=\dfrac{e}{a}$

$x=\dfrac{e}{a}$의 좌우에서 y''의 부호가 바뀌므로

변곡점의 좌표는 $\left(\dfrac{e}{a}, 1\right)$이다.

변곡점이 직선 $y=2x$ 위에 있으므로 $\dfrac{2e}{a}=1$

$\therefore a=2e$

0761 答 ①

$f'(x)=\dfrac{2x-2}{x^2-2x+2}$이므로 $f'(x)=0$에서 $x=1$

함수 $f(x)$는 $x=1$에서 극소이므로 극값을 갖는 점은 $(1, 0)$이다.

$$f''(x)=\frac{2(x^2-2x+2)-(2x-2)^2}{(x^2-2x+2)^2}=\frac{-2x(x-2)}{(x^2-2x+2)^2}$$

$f''(x)=0$에서 $x=0$ 또는 $x=2$이고,
$x=0$과 $x=2$의 좌우에서 모두 $f''(x)$의 부호가 바뀌므로 곡선
$y=f(x)$의 변곡점은 $(0,\ \ln 2)$, $(2,\ \ln 2)$이다.

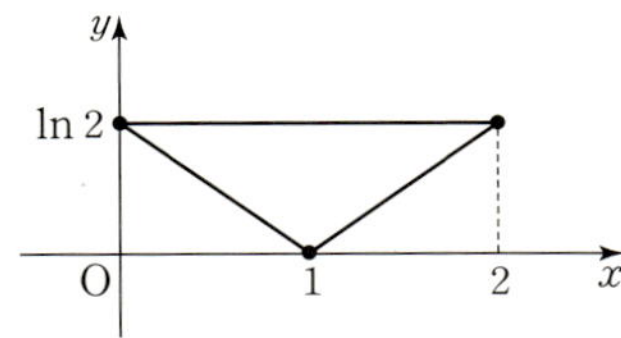

따라서 세 점 $(1,\ 0)$, $(0,\ \ln 2)$, $(2,\ \ln 2)$를 세 꼭짓점으로 하는
삼각형의 넓이는 $\frac{1}{2}\times 2\times \ln 2=\ln 2$이다.

0762
답 ⑤

$$f'(x)=2ax+b+\frac{1}{x}$$

$$f''(x)=2a-\frac{1}{x^2}$$

함수 $f(x)$가 $x=1$에서 극대이므로
$$f'(1)=2a+b+1=0 \qquad \cdots\cdots\ \text{㉠}$$
곡선 $y=f(x)$의 변곡점의 x좌표가 4이므로
$$f''(4)=2a-\frac{1}{16}=0 \qquad \therefore a=\frac{1}{32}$$
㉠에서 $b=-\frac{17}{16}$

$$f'(x)=\frac{1}{16}x-\frac{17}{16}+\frac{1}{x}=\frac{x^2-17x+16}{16x}=\frac{(x-1)(x-16)}{16x}$$

따라서 함수 $f(x)$는 $x=16$에서 극솟값
$$f(16)=\frac{1}{32}\times 16^2-\frac{17}{16}\times 16+\ln 16=4\ln 2-9$$를 갖는다.

0763
답 ①

$$y'=nx^{n-1}\ln x+x^n\times\frac{1}{x}=x^{n-1}(n\ln x+1)$$

$$y''=(n-1)x^{n-2}(n\ln x+1)+x^{n-1}\times\frac{n}{x}$$
$$=x^{n-2}\{n(n-1)\ln x+2n-1\}$$

주어진 곡선은 $x>0$에서 정의되므로
$y''=0$에서 $n(n-1)\ln x+2n-1=0$

$$\ln x=\frac{1-2n}{n(n-1)}$$

$$x=e^{\frac{1-2n}{n(n-1)}}$$

즉, $a_n=e^{\frac{1-2n}{n(n-1)}}$

$$\therefore \lim_{n\to\infty}(a_n)^n=\lim_{n\to\infty}e^{\frac{1-2n}{n-1}}=e^{-2}=\frac{1}{e^2}$$

0764
답 ⑤

$$y'=2ax+1+2\cos x$$

$$y''=2a-2\sin x=2(a-\sin x)$$
구간 $(0,\ \pi)$에서 $0<\sin x\leq 1$이므로
$2(a-1)\leq 2(a-\sin x)<2a$이다.
곡선 $y=ax^2+x+2\sin x$가 구간 $(0,\ \pi)$에서 변곡점을 가지려면
$2(a-1)<0<2a$이어야 한다.
$$\therefore 0<a<1$$

0765
답 ②

ㄱ. $f(-x)=-f(x)$의 양변을 x에 대하여 미분하면
$$-f'(-x)=-f'(x)\text{이므로 } f'(-x)=f'(x) \qquad \cdots\cdots\text{㉠}$$
$$\text{(거짓)}$$

ㄴ. ㉠의 양변을 x에 대하여 미분하면 $-f''(-x)=f''(x)$
이 식의 양변에 $x=0$을 대입하면
$-f''(0)=f''(0)$이므로 $f''(0)=0$ (참)

ㄷ. 함수 $f(x)$는 실수 전체의 집합에서 미분가능하므로
연속함수이다. (참)

ㄹ. ㄱ에 의하여 함수 $y=f'(x)$의 그래프는 y축에 대하여
대칭이므로 $f'(x)$가 $x=k\ (k\neq 0)$에서 극댓값을 가지면
$f'(x)$는 $x=-k$에서 극댓값을 갖는다. (거짓)
따라서 옳은 것은 ㄴ, ㄷ이다.

0766
답 ⑤

ㄱ. 5차 다항함수 $f(x)$는 미분가능한 함수이다.
따라서 $f'(a)=0$이고 $x=a$의 좌우에서 $f'(x)$의 값의 부호가
음에서 양 또는 양에서 음으로 바뀌면 함수 $f(x)$는 $x=a$에서
극값을 가진다.
주어진 함수 $y=f'(x)$의 그래프에서 이를 만족시키는 점은
2개이므로 $f(x)$는 서로 다른 두 점에서 극값을 갖는다. (거짓)

ㄴ. $f'(x)$는 구간 $(4,\ 6)$에서 증가한다.
따라서 구간 $(4,\ 6)$에서 $f''(x)>0$이므로 함수 $f(x)$는 구간
$(4,\ 6)$에서 아래로 볼록하다.
따라서 $4<x_1<x_2<6$인 $x_1,\ x_2$에 대하여
$$f\left(\frac{x_1+x_2}{2}\right)<\frac{f(x_1)+f(x_2)}{2}\text{이다. (참)}$$

ㄷ. 함수 $f(x)$는 5차 다항함수이고 $f(0)=0$이므로 함수 $y=f(x)$의
그래프는 다음과 같다.

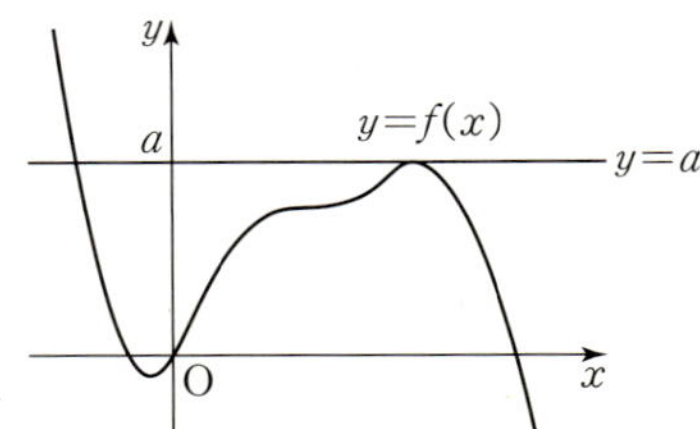

$a>0$이므로 함수 $y=f(x)$의 그래프와 직선 $y=a$가 서로 다른
두 점에서 만나면 $f(x)$의 극댓값은 a이다. (참)
따라서 옳은 것은 ㄴ, ㄷ이다.

$f'(x)=\dfrac{2x}{1+x^2}$, $f''(x)=\dfrac{2(1-x^2)}{(x^2+1)^2}$

ㄱ. $f'(x)+f'(-x)=0$이다. (참)

ㄴ. $f'(x)=0$에서 $x=0$

　　$x<0$에서 $f'(x)<0$, $x>0$에서 $f'(x)>0$이므로

　　함수 $f(x)$는 $x=0$에서 극솟값 $f(0)=0$을 갖는다. (참)

ㄷ. $-1<x<1$에서 $f''(x)>0$이므로

　　함수 $y=f(x)$의 그래프는 아래로 볼록하다.

　　즉, $-1<a<b<1$일 때, $f\left(\dfrac{a+b}{2}\right)<\dfrac{f(a)+f(b)}{2}$를

　　만족시킨다. (거짓)

따라서 옳은 것은 ㄱ, ㄴ이다.

함수 $f(x)$는 $x\neq1$인 모든 실수 x에서 정의된다.

$f'(x)=\dfrac{2x(x-1)-x^2}{(x-1)^2}=\dfrac{x(x-2)}{(x-1)^2}$이므로

$f'(x)=0$에서 $x=0$ 또는 $x=2$

$f''(x)=\dfrac{(2x-2)(x-1)^2-(x^2-2x)\times2(x-1)}{(x-1)^4}=\dfrac{2}{(x-1)^3}$

이므로 $f''(x)=0$인 x의 값은 존재하지 않는다.

함수 $f(x)$의 증가와 감소를 표로 나타내면 다음과 같다.

x	$\cdots$	0	$\cdots$	(1)	$\cdots$	2	$\cdots$
$f'(x)$	$+$	0	$-$		$-$	0	$+$
$f''(x)$	$-$	$-$	$-$		$+$	$+$	$+$
$f(x)$	↗	극대	↘		↘	극소	↗

$\displaystyle\lim_{x\to-\infty}f(x)=-\infty$, $\displaystyle\lim_{x\to\infty}f(x)=\infty$, $\displaystyle\lim_{x\to1-}f(x)=-\infty$,

$\displaystyle\lim_{x\to1+}f(x)=\infty$이므로

함수 $y=f(x)$의 그래프는 다음과 같다.

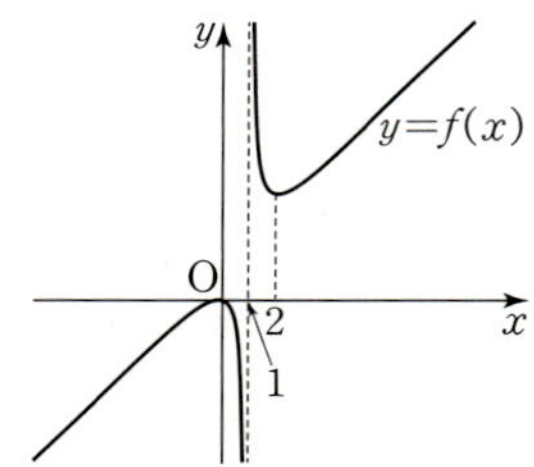

ㄱ. 함수 $f(x)$는 $x=2$에서 극솟값을 갖는다. (참)

ㄴ. 곡선 $y=f(x)$의 변곡점은 존재하지 않는다. (참)

ㄷ. $\displaystyle\lim_{x\to1-}f(x)=-\infty$, $\displaystyle\lim_{x\to1+}f(x)=\infty$이므로 직선 $x=1$은

　　함수 $y=f(x)$의 그래프의 점근선이다.

　　또한, $f(x)=\dfrac{(x-1)(x+1)+1}{x-1}=x+1+\dfrac{1}{x-1}$에서

　　$x\longrightarrow\infty$ 또는 $x\longrightarrow-\infty$일 때 $f(x)\longrightarrow x+1$이므로

　　직선 $y=x+1$은 함수 $y=f(x)$의 그래프의 점근선이다.

　　따라서 점근선의 방정식은 $x=1$, $y=x+1$이다. (참)

따라서 옳은 것은 ㄱ, ㄴ, ㄷ이다.

$f'(x)=(2x+k)e^{-x}+(x^2+kx+k)\times(-e^{-x})$

　　　$=e^{-x}\{-x^2+(2-k)x\}$

$f''(x)=-e^{-x}\{-x^2+(2-k)x\}+e^{-x}(-2x+2-k)$

　　　$=e^{-x}\{x^2+(k-4)x+2-k\}$

ㄱ. $k=1$일 때 $f(x)=(x^2+x+1)e^{-x}$이고

　　$f'(x)=e^{-x}(-x^2+x)=-x(x-1)e^{-x}$

　　$f'(x)=0$에서 $x=0$ 또는 $x=1$

　　함수 $f(x)$는 $x=0$에서 극솟값 $f(0)=1$을 갖는다. (참)

ㄴ. $f'(x)=e^{-x}\{-x^2+(2-k)x\}=0$에서

　　이차방정식 $-x^2+(2-k)x=0$이

　　서로 다른 두 실근을 가지면($k\neq2$) 함수 $f(x)$는 극소, 극대인

　　점이 하나씩 존재하므로 두 개의 극값을 갖고,

　　중근을 가지면($k=2$) 함수 $f(x)$는 극값이 존재하지 않는다. 즉,

　　함수 $f(x)$가 극값을 1개 갖는 경우는 존재하지 않는다. (거짓)

ㄷ. 곡선 $y=f(x)$가 열린구간 $(-1, 1)$에서 위로 볼록하려면

　　$-1<x<1$에서 $f''(x)\leq0$이 성립해야 한다.

　　$e^{-x}>0$이므로 $x^2+(k-4)x+2-k\leq0$이어야 한다.

　　$g(x)=x^2+(k-4)x+2-k$라 하면

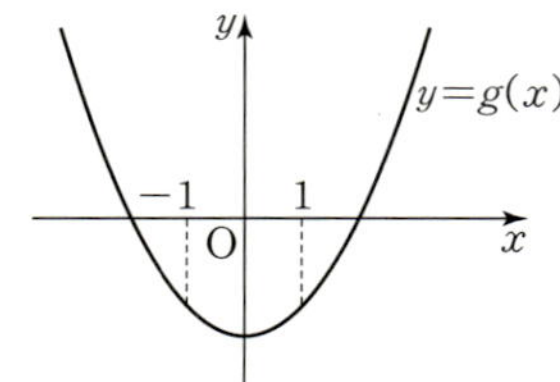

　　$g(-1)=-2k+7\leq0$에서 $k\geq\dfrac{7}{2}$이어야 하고,

　　$g(1)=-1\leq0$은 항상 성립한다.

　　따라서 $k\geq\dfrac{7}{2}$이므로 정수 k의 최솟값은 4이다. (참)

따라서 옳은 것은 ㄱ, ㄷ이다.

ㄱ. $f'(x)=1+2\cos x$

　　$f'(x)=0$에서 $\cos x=-\dfrac{1}{2}$

　　$x=\dfrac{2}{3}\pi$ 또는 $x=\dfrac{4}{3}\pi$

　　이때, 함수 $f(x)$는 $x=\dfrac{2}{3}\pi$에서 극댓값을 갖는다. (참)

ㄴ. 함수 $f(x)$는 $x=\dfrac{2}{3}\pi$에서 극댓값 $f\left(\dfrac{2}{3}\pi\right)=\dfrac{2}{3}\pi+\sqrt{3}$을 갖고,

　　$x=\dfrac{4}{3}\pi$에서 극솟값 $f\left(\dfrac{4}{3}\pi\right)=\dfrac{4}{3}\pi-\sqrt{3}$을 가지므로 극댓값과

　　극솟값의 합은 2π이다. (참)

ㄷ. $0<a<b<\dfrac{\pi}{2}$일 때, $a>0$, $b>0$이므로 부등식

　　$af(b)<bf(a)$에서 $\dfrac{f(b)}{b}<\dfrac{f(a)}{a}$이다.

　　즉, $0<a<b<\dfrac{\pi}{2}$에 대하여 원점과 점 $(a, f(a))$를 이은 직선의

기울기가 원점과 점 $(b, f(b))$를 이은 직선의 기울기보다 클 때,
부등식을 만족시킨다.   …… ㉠

$f''(x)=-2\sin x$이므로 $0<x<\dfrac{\pi}{2}$일 때 $f''(x)<0$, 즉 곡선
$y=f(x)$가 위로 볼록하다.

이때, $f(0)=0$이고 $0<x<\dfrac{\pi}{2}$에서 $f'(x)>0$이므로 함수
$y=f(x)$의 그래프의 개형은 다음과 같다.

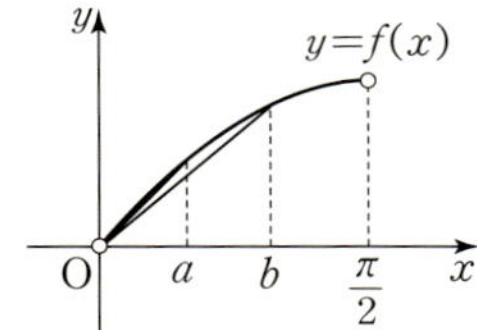

따라서 ㉠을 만족시키므로 주어진 부등식이 성립한다. (참)
따라서 옳은 것은 ㄱ, ㄴ, ㄷ이다.

0771   답 ⑤

ㄱ. $f(x)=x+\sin x$에서 $f'(x)=1+\cos x$, $f''(x)=-\sin x$
　　$0<x<\pi$일 때 $0<\sin x\leq 1$이므로 $-1\leq f''(x)<0$
　　즉, 함수 $f(x)$의 그래프는 열린구간 $(0, \pi)$에서 위로 볼록하다.
　　 (참)

ㄴ. $g(x)=(f\circ f)(x)$에서
　　$g'(x)=f'(f(x))f'(x)=(1+\cos f(x))(1+\cos x)$
　　$0<x<\pi$에서 $-1<\cos x<1$이므로 $\cos f(x)>-1$
　　따라서 $1+\cos f(x)>0$, $1+\cos x>0$이다.
　　$\therefore g'(x)>0$
　　즉, 함수 $g(x)$는 열린구간 $(0, \pi)$에서 증가한다. (참)

ㄷ. 함수 $f(x)$는 미분가능한 함수이므로 함수 $g(x)$는 미분가능한
　　함수이다.
　　$g(0)=f(f(0))=f(0)=0$, $g(\pi)=f(f(\pi))=f(\pi)=\pi$에서
　　평균값 정리에 의하여
　　$\dfrac{g(\pi)-g(0)}{\pi-0}=g'(c)=1$을 만족시키는 c가 구간 $(0, \pi)$에
　　적어도 하나 존재한다. (참)
따라서 옳은 것은 ㄱ, ㄴ, ㄷ이다.

0772   답 ④

ㄱ. $f'(x)=\sec x\tan x$
　　구간 $\left(0, \dfrac{\pi}{2}\right)$에서 $f'(x)>0$이므로 함수 $f(x)$는 증가한다.
　　 (거짓)

ㄴ. $f''(x)=\sec x\tan^2 x+\sec^3 x=\sec x(\tan^2 x+\sec^2 x)$
　　　　　$=\sec x(1+2\tan^2 x)$
　　구간 $\left(-\dfrac{\pi}{2}, \dfrac{\pi}{2}\right)$에서 $f''(x)>0$이므로 함수 $y=f(x)$의
　　그래프는 아래로 볼록하다. (참)

ㄷ. ㄱ, ㄴ에 의하여 $0<x<\dfrac{\pi}{3}$에서 함수 $y=f(x)$의 그래프는
　　증가하면서 아래로 볼록하고,
　　$f(0)=1$, $f\left(\dfrac{\pi}{3}\right)=2$이므로 그래프가 다음과 같다.

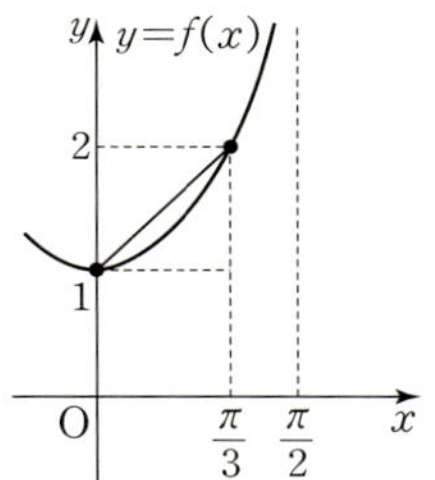

이때, 함수 $y=f(x)$의 그래프와 x축, y축 및 직선 $x=\dfrac{\pi}{3}$로
둘러싸인 부분의 넓이는 네 점 $(0, 0)$, $(0, 1)$, $\left(\dfrac{\pi}{3}, 0\right)$,
$\left(\dfrac{\pi}{3}, 1\right)$을 꼭짓점으로 하는 직사각형의 넓이보다 크고,
네 점 $(0, 0)$, $(0, 1)$, $\left(\dfrac{\pi}{3}, 0\right)$, $\left(\dfrac{\pi}{3}, 2\right)$를 꼭짓점으로 하는
사다리꼴의 넓이보다 작으므로
$$\dfrac{\pi}{3}\times 1<\int_0^{\frac{\pi}{3}} f(x)\,dx<\dfrac{1}{2}\times(1+2)\times\dfrac{\pi}{3}$$
$$\therefore \dfrac{\pi}{3}<\int_0^{\frac{\pi}{3}} f(x)\,dx<\dfrac{\pi}{2} \text{ (참)}$$
따라서 옳은 것은 ㄴ, ㄷ이다.

0773   답 5

원점과 점 $\mathrm{P}(a, f(a))$를 지나는 직선의 기울기를 $g(a)$라 하면
$$g(a)=\dfrac{f(a)}{a}=\dfrac{a^2+2a+2\sqrt{a}}{a}=a+2+\dfrac{2}{\sqrt{a}}$$
$$g'(a)=1-\dfrac{1}{a\sqrt{a}}$$
$g'(a)=0$에서 $a=1$
함수 $g(a)$는 $a=1$에서 극소이면서 최소이므로
$g(a)$의 최솟값은 $g(1)=5$이다.

0774   답 2

$$f'(x)=\dfrac{e^x\cos x+e^x\sin x}{\cos^2 x}=\dfrac{e^x(\cos x+\sin x)}{\cos^2 x}$$

$-\dfrac{\pi}{4}\leq x\leq\dfrac{\pi}{4}$에서 두 함수 $y=\cos x$, $y=-\sin x$의 그래프는
다음과 같으므로 $\cos x+\sin x=\cos x-(-\sin x)\geq 0$이다.

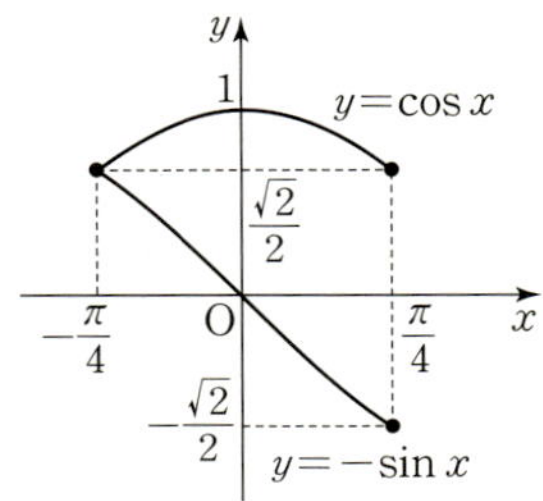

즉, 구간 $\left(-\dfrac{\pi}{4}, \dfrac{\pi}{4}\right)$에서 $f'(x)>0$이므로 함수 $f(x)$가 증가한다.

따라서 함수 $f(x)$는 $x=-\dfrac{\pi}{4}$에서 최솟값 $m=\sqrt{2}e^{-\frac{\pi}{4}}$을 갖고,

$x=\dfrac{\pi}{4}$에서 최댓값 $M=\sqrt{2}e^{\frac{\pi}{4}}$을 갖는다.

$$\therefore Mm=\sqrt{2}e^{\frac{\pi}{4}}\times\sqrt{2}e^{-\frac{\pi}{4}}=2$$

구간 $\left(-\dfrac{\pi}{4},\ \dfrac{\pi}{4}\right)$에서 $f'(x)>0$임을 다음과 같이 확인할 수 있다.

$f'(x)=\dfrac{e^x\cos x+e^x\sin x}{\cos^2 x}=\dfrac{e^x(\cos x+\sin x)}{\cos^2 x}$에서

$$\cos x+\sin x=\sqrt{2}\left(\dfrac{1}{\sqrt{2}}\cos x+\dfrac{1}{\sqrt{2}}\sin x\right)$$
$$=\sqrt{2}\sin\left(x+\dfrac{\pi}{4}\right) \quad \cdots\cdots \text{참고}$$

이고, 이때 $-\dfrac{\pi}{4}<x<\dfrac{\pi}{4}$에서 $0<x+\dfrac{\pi}{4}<\dfrac{\pi}{2}$이므로

$0<\sin\left(x+\dfrac{\pi}{4}\right)<1$이다.

즉, 구간 $\left(-\dfrac{\pi}{4},\ \dfrac{\pi}{4}\right)$에서 $f'(x)>0$이다.

> **참고**
>
> $\cos x+\sin x=\sqrt{2}\sin\left(x+\dfrac{\pi}{4}\right)$는 중단원 '**01 여러 가지 함수의 미분**'의 '**유형 10 삼각함수의 합성(교육과정 외)**'의 유형 설명을 참고하자.

0775 · · · · · · 답 $k<2-\dfrac{1}{2e}$

임의의 두 양의 실수 x_1, x_2에 대하여 $f(x_1)>g(x_2)$이려면
$f(x)$의 최솟값이 $g(x)$의 최댓값보다 커야 한다. $\quad\cdots\cdots$ ㉠

$f'(x)=1-\dfrac{2}{x}$

$f'(x)=0$에서 $x=2$이고,
이때 함수 $f(x)$는 $x=2$에서 극소이면서 최소이므로
$f(x)$의 최솟값은 $f(2)=2$이다.

$g'(x)=e^{-2x}-2xe^{-2x}=(1-2x)e^{-2x}$

$e^{-2x}>0$이므로 $g'(x)=0$에서 $x=\dfrac{1}{2}$이고,

이때 함수 $g(x)$는 $x=\dfrac{1}{2}$에서 극대이면서 최대이므로

$g(x)$의 최댓값은 $g\left(\dfrac{1}{2}\right)=\dfrac{1}{2e}+k$이다.

따라서 ㉠을 만족시키려면 $2>\dfrac{1}{2e}+k$이어야 하므로

$k<2-\dfrac{1}{2e}$

0776 · · · · · · 답 ③

ㄱ. 함수 $f(x)$는 다항함수이므로 함수 $f'(x)$는 미분가능한
   함수이다.
   이때, 구간 $[a,\ f]$에서 $f''(x)=0$을 만족시키고
   x의 좌우에서 $f'(x)$의 증감이 바뀌는 x의 값은 b, 0, c, e로
   4개이다. (참)

ㄴ. 구간 $[a,\ e]$에서 $f'(x)$의 값이 양에서 음으로 바뀌는 x의 값은
   d가 유일하다.
   즉, 구간 $[a,\ e]$에서 $f(x)$의 극대인 점은 1개이다. (참)

ㄷ. 구간 $(a,\ d)$에서 $f'(x)\ge0$이고

구간 $(d,\ e)$에서 $f'(x)<0$이다.
따라서 구간 $[a,\ e]$에서 $f(x)$의 최댓값은 $f(d)$이다. (거짓)
따라서 옳은 것은 ㄱ, ㄴ이다.

0777 · · · · · · 답 ④

ㄱ. $f(x)=e^x+\dfrac{1}{x}$에서 $f'(x)=e^x-\dfrac{1}{x^2}$이다.

   함수 $f(x)$가 $x=\alpha$에서 극값을 가지므로 $f'(\alpha)=0$에서

   $e^{\alpha}-\dfrac{1}{\alpha^2}=0$이므로 $e^{\alpha}=\dfrac{1}{\alpha^2}$이다. (참)

ㄴ. $f'(x)=e^x-\dfrac{1}{x^2}$에서 $f''(x)=e^x+\dfrac{2}{x^3}$이므로

   모든 양의 실수 x에 대하여 $f''(x)>0$이다.
   따라서 곡선 $y=f(x)$는 변곡점이 존재하지 않는다. (거짓)

ㄷ. ㄴ에서 $f''(x)>0$이고 $f'(\alpha)=0$이므로
   함수 $f(x)$는 $x=\alpha$에서 최솟값을 갖는다. (참)
따라서 옳은 것은 ㄱ, ㄷ이다.

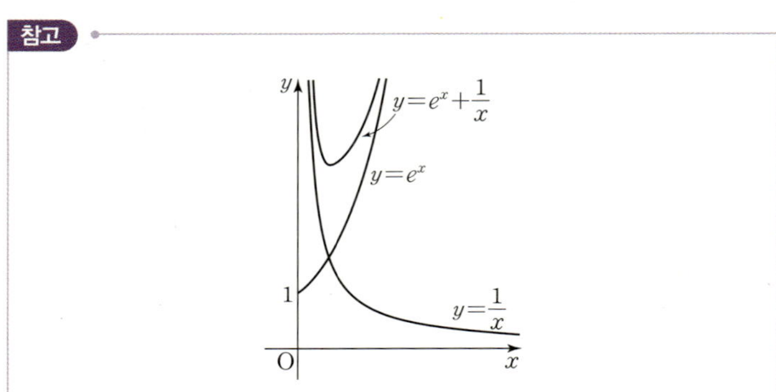

0778 · · · · · · 답 ②

제품을 $\sqrt{80-x}$ kg을 1 kg에 x(만 원)에 팔았을 때, 판매한 총 금액은 $x\sqrt{80-x}$(만 원)이고, 이 제품을 만드는 데 든 총 비용은 $5\sqrt{80-x}$(만 원)이므로 이 제품을 팔아서 생기는 이익은 $x\sqrt{80-x}-5\sqrt{80-x}=(x-5)\sqrt{80-x}$(만 원)이다.

$f(x)=(x-5)\sqrt{80-x}$라 하면

$$f'(x)=\sqrt{80-x}-\dfrac{x-5}{2\sqrt{80-x}}=\dfrac{2(80-x)-(x-5)}{2\sqrt{80-x}}$$
$$=\dfrac{165-3x}{2\sqrt{80-x}}$$

$f'(x)=0$에서 $x=55$이고,
함수 $f(x)$는 $x=55$에서 극대이면서 최대이므로
$f(x)$의 최댓값은 $f(55)=250$이다.
따라서 구하는 최대 이익은 250(만 원)이다.

0779 · · · · · · 답 ②

$3(\text{km/h})$의 속력으로 흐르는 강물에서 물고기가 $v(\text{km/h})$의
속력으로 강물을 거슬러 헤엄칠 때
물고기가 강물을 거슬러 올라가는 속력은
$v-3(\text{km/h})$이다. $(v>3)$

물고기가 $5(\mathrm{km})$를 이동할 때까지 걸리는 시간은 $\dfrac{5}{v-3}$(시간)

이므로 이때 소모되는 에너지는 $E=cv^2\times\dfrac{5}{v-3}=\dfrac{5cv^2}{v-3}$이다.

함수 $E(v)=\dfrac{5cv^2}{v-3}$ $(v>3)$이라 하면

$$E'(v)=5c\times\dfrac{2v(v-3)-v^2}{(v-3)^2}=5c\times\dfrac{v^2-6v}{(v-3)^2}$$

$E'(v)=0$에서 $v=6$이고,

함수 $E(v)$는 $v=6$에서 극소이면서 최소이므로
소모되는 에너지 E가 최소가 되는 속력은 $6(\mathrm{km/h})$이다.

0780
답 ③

$y=xe^x$에서 $y'=(x+1)e^x$이므로
점 $(t,\ te^t)$에서의 접선의 방정식은
$y=(t+1)e^t(x-t)+te^t$, 즉 $y=(t+1)e^tx-t^2e^t$이다.
이 접선이 y축과 만나는 점 P의 좌표는 $(0,\ -t^2e^t)$이므로
선분 OP의 길이를 $f(t)$라 하면
$f(t)=|-t^2e^t|=t^2e^t$
$f'(t)=2te^t+t^2e^t=t(t+2)e^t$
$f'(t)=0$에서 $t=-2$ $(\because t<0)$
함수 $f(t)$는 $t=-2$에서 극대이면서 최대이므로
$f(t)$의 최댓값은 $f(-2)=4e^{-2}=\dfrac{4}{e^2}$이다.

0781
답 ②

$y=\ln x$에서 $y'=\dfrac{1}{x}$이므로

곡선 $y=\ln x$ 위의 점 $\mathrm{P}(t,\ \ln t)$에서의 접선의 방정식은

$y=\dfrac{1}{t}(x-t)+\ln t=\dfrac{1}{t}x-1+\ln t$

이 접선의 x절편은 $t(1-\ln t)$, y절편은 $-1+\ln t$이므로
삼각형 OQR의 넓이를 $g(t)$라 하면

$g(t)=\dfrac{1}{2}\times|t(1-\ln t)|\times|-1+\ln t|$

$\qquad=\dfrac{1}{2}t(1-\ln t)^2$ $(\because 0<t<1)$

$g'(t)=\dfrac{1}{2}(1-\ln t)^2-(1-\ln t)=-\dfrac{1}{2}(1-\ln t)(1+\ln t)$

$g'(t)=0$에서 $t=\dfrac{1}{e}$ $(\because 0<t<1)$

함수 $g(t)$는 $t=\dfrac{1}{e}$에서 극대이면서 최대이므로

$g(t)$의 최댓값은 $g\left(\dfrac{1}{e}\right)=\dfrac{2}{e}$이다.

0782
답 $\dfrac{16}{e^2}$

곡선 $y=e^{-\frac{k}{2}x^2}$이 y축에 대하여 대칭이므로
한 변이 x축 위에 있고, 곡선 위의 두 점을 꼭짓점으로 하는
직사각형에 대하여
곡선 위의 두 점의 좌표는 $\left(a,\ e^{-\frac{k}{2}a^2}\right)$, $\left(-a,\ e^{-\frac{k}{2}a^2}\right)$이다. $(a>0)$
직사각형의 넓이를 $f(a)$라 하면
$f(a)=2a\times e^{-\frac{k}{2}a^2}$이므로

$f'(a)=2e^{-\frac{k}{2}a^2}(1-ka^2)$

$f'(a)=0$에서 $a=\dfrac{1}{\sqrt{k}}$ $(\because a>0)$

함수 $f(a)$는 $a=\dfrac{1}{\sqrt{k}}$에서 극대이면서 최대이므로

$a_k=f\left(\dfrac{1}{\sqrt{k}}\right)=\dfrac{2}{\sqrt{k}}\times e^{-\frac{1}{2}}=\dfrac{2}{\sqrt{ek}}$

$(a_ka_{k+1})^2=\dfrac{4}{ek}\times\dfrac{4}{e(k+1)}=\dfrac{16}{e^2}\times\dfrac{1}{k(k+1)}$

$\therefore \displaystyle\sum_{k=1}^{\infty}(a_ka_{k+1})^2=\dfrac{16}{e^2}\sum_{k=1}^{\infty}\left(\dfrac{1}{k}-\dfrac{1}{k+1}\right)$

$\qquad\qquad\qquad=\dfrac{16}{e^2}\lim_{n\to\infty}\sum_{k=1}^{n}\left(\dfrac{1}{k}-\dfrac{1}{k+1}\right)$

$\qquad\qquad\qquad=\dfrac{16}{e^2}\lim_{n\to\infty}\left(1-\dfrac{1}{n+1}\right)=\dfrac{16}{e^2}$

0783
답 ①

반지름의 길이가 4인 구에 외접하는 원뿔의 꼭짓점과 밑면의 중심을
지나도록 자른 단면이 다음과 같다.

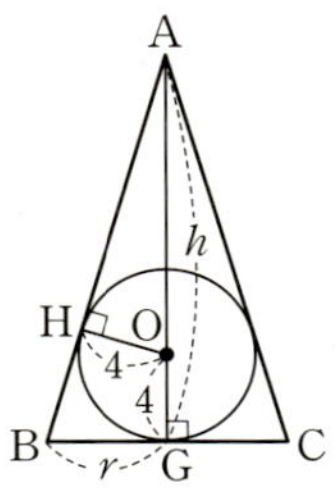

위와 같이 삼각형의 세 꼭짓점을 A, B, C, 내접원의 중심을
O라 하고, 점 A에서 선분 BC에 내린 수선의 발을 G, 점 O에서
선분 AB에 내린 수선의 발을 H라 하면
삼각형 ABG와 삼각형 AOH는 서로 닮음이다.
원뿔의 밑면의 반지름의 길이를 r, 높이를 h라 하면
$\overline{\mathrm{AH}}=\sqrt{(h-4)^2-4^2}=\sqrt{h^2-8h}$에서
$r:h=4:\sqrt{h^2-8h}$이므로
$4h=r\sqrt{h^2-8h}$
양변을 제곱하면 $16h^2=r^2(h^2-8h)$
$16h=r^2(h-8)$ $(\because h>0)$
$(16-r^2)h=-8r^2$

$h=\dfrac{8r^2}{r^2-16}$

원뿔의 부피를 $V(r)$라 하면

$V(r)=\dfrac{1}{3}\pi r^2\times\dfrac{8r^2}{r^2-16}=\dfrac{8}{3}\pi\times\dfrac{r^4}{r^2-16}$

$V'(r)=\dfrac{8}{3}\pi\times\dfrac{4r^3(r^2-16)-r^4\times 2r}{(r^2-16)^2}$

$\qquad=\dfrac{8}{3}\pi\times\dfrac{2r^5-64r^3}{(r^2-16)^2}$

$\qquad=\dfrac{16}{3}\pi\times\dfrac{r^3(r^2-32)}{(r^2-16)^2}$

$V'(r)=0$에서 $r=4\sqrt{2}$ $(\because r>4)$
함수 $V(r)$는 $r=4\sqrt{2}$에서 극소이면서 최소이므로
구하는 원뿔의 부피가 최소일 때 원뿔의 밑면의 반지름의 길이는
$4\sqrt{2}$이다.

0784

섬의 위치를 점 A라 하고, 마을의 위치를 점 B라 하자.
$\overline{PQ}=x$라 하면 $\overline{AQ}=\sqrt{x^2+16}$, $\overline{BQ}=7-x$

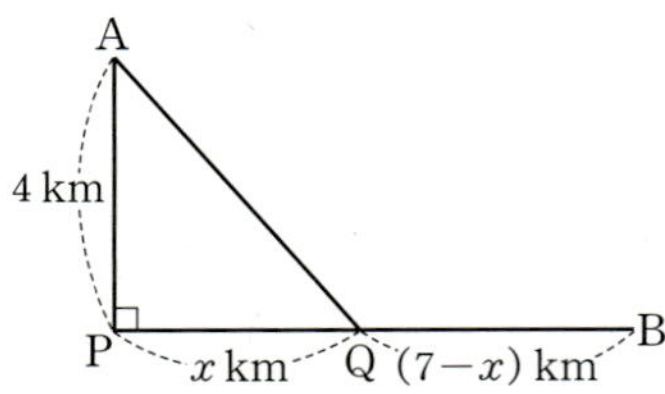

다리와 도로를 건설하는 데 드는 비용을 $f(x)$라 하면
$$f(x)=5\sqrt{x^2+16}+3(7-x)$$
$$f'(x)=\frac{5x}{\sqrt{x^2+16}}-3$$
$f'(x)=0$에서 $5x=3\sqrt{x^2+16}$
$25x^2=9(x^2+16)$, $x=3$ $(\because 0<x<7)$
함수 $f(x)$는 $x=3$에서 극소이면서 최소이므로 최솟값은
$f(3)=37$이다.
따라서 구하는 다리와 도로를 건설하는 데 드는 비용의
최솟값은 37억 원이다.

채점 요소	배점
다리와 도로를 건설하는 데 드는 비용을 식으로 나타내기	50%
구하는 비용의 최솟값 구하기	50%

0785

점 D에서 선분 AB에 내린 수선의 발을 H라 하면
$\overline{OH}=\cos\theta$이므로 $\overline{CD}=2\overline{OH}=2\cos\theta$이고, $\overline{DH}=\sin\theta$이므로
사다리꼴 ABCD의 넓이는
$$\frac{1}{2}\times(2+2\cos\theta)\times\sin\theta=(1+\cos\theta)\sin\theta$$이다.

$f(\theta)=(1+\cos\theta)\sin\theta$라 하면
$$\begin{aligned}f'(\theta)&=-\sin^2\theta+(1+\cos\theta)\cos\theta\\&=-(1-\cos^2\theta)+(1+\cos\theta)\cos\theta\\&=(1+\cos\theta)(2\cos\theta-1)\end{aligned}$$

$f'(\theta)=0$에서 $\cos\theta=-1$ 또는 $\cos\theta=\frac{1}{2}$

$0<\theta<\frac{\pi}{2}$이므로 $\theta=\frac{\pi}{3}$

함수 $f(\theta)$는 $\theta=\frac{\pi}{3}$에서 극대이면서 최대이므로

$f(\theta)$는 $\theta=\frac{\pi}{3}$일 때 최댓값 $f\left(\frac{\pi}{3}\right)=\frac{3\sqrt{3}}{4}$을 갖는다.

$a=\frac{\pi}{3}$, $b=\frac{3\sqrt{3}}{4}$

$\therefore \frac{ab}{\pi}=\frac{\sqrt{3}}{4}$

0786

$\overline{AB}=6$, $\angle APB=90°$이므로 $\overline{AP}=6\cos\theta$
선분 AP를 2 m/초의 속력으로 이동할 때 걸리는 시간은

$\dfrac{6\cos\theta}{2}=3\cos\theta(초)$이다.

원주각과 중심각의 관계에 의하여 $\angle POB=2\theta$이므로
호 BP의 길이는 6θ이다.
호 BP를 3 m/초의 속력으로 이동할 때 걸리는 시간은
$\dfrac{6\theta}{3}=2\theta(초)$이다.

따라서 이동하는 데 걸리는 총 시간을 $f(\theta)$라 하면
$$f(\theta)=3\cos\theta+2\theta\left(0<\theta<\frac{\pi}{2}\right)$$
$$f'(\theta)=-3\sin\theta+2$$이므로
$f'(\theta)=0$에서 $\sin\theta=\frac{2}{3}$이고,
이때 함수 $f(\theta)$가 극대이면서 최대이다.
따라서 걸리는 시간이 최대가 되게 하는 각 PAB의 크기 θ에 대하여
$\sin\theta=\frac{2}{3}$이므로 $\cos\theta=\frac{\sqrt{5}}{3}$이다. $\left(\because 0<\theta<\frac{\pi}{2}\right)$

0787

$\angle BAQ=\angle AQP=\theta$라 하면
$$\overline{AQ}=\frac{2}{\cos\theta}$$
$\overline{BQ}=2\tan\theta$이므로 $\overline{CQ}=5-2\tan\theta$
두 삼각형 ABC, PQC가 서로 닮음이므로
$\overline{AB}:\overline{BC}=\overline{PQ}:\overline{QC}$에서
$2:5=\overline{PQ}:(5-2\tan\theta)$
$$\overline{PQ}=\frac{2}{5}(5-2\tan\theta)$$
$$\overline{AQ}+\overline{PQ}=\frac{2}{\cos\theta}+\frac{2}{5}(5-2\tan\theta)$$

$f(\theta)=2\sec\theta+\dfrac{2}{5}(5-2\tan\theta)$라 하면
$$\begin{aligned}f'(\theta)&=2\sec\theta\tan\theta-\frac{4}{5}\sec^2\theta\\&=\frac{2}{5}\sec\theta(5\tan\theta-2\sec\theta)\end{aligned}$$

$f'(\theta)=0$에서 $5\tan\theta-2\sec\theta=0$, $\dfrac{5\sin\theta-2}{\cos\theta}=0$

$\sin\theta=\frac{2}{5}$

함수 $f(\theta)$는 $\sin\theta=\dfrac{2}{5}$일 때 극소이면서 최소이다.

$\therefore \sin\alpha=\frac{2}{5}$

0788

방정식 $kx^2=(x+2)^3$에서 $\dfrac{(x+2)^3}{x^2}=k$

함수 $f(x)=\dfrac{(x+2)^3}{x^2}$이라 놓으면
$$\begin{aligned}f'(x)&=\frac{3(x+2)^2x^2-2x(x+2)^3}{x^4}\\&=\frac{(x+2)^2(x-4)}{x^3}\end{aligned}$$

$f'(x)=0$에서 $x=-2$ 또는 $x=4$

$x>0$에서 함수 $f(x)$의 증가와 감소를 표로 나타내면 다음과 같다.

x	(0)	$\cdots$	4	$\cdots$
$f'(x)$		$-$	0	$+$
$f(x)$		$\searrow$	$\dfrac{27}{2}$	$\nearrow$

이때, $\displaystyle\lim_{x\to 0+}\dfrac{(x+2)^3}{x^2}=\infty$, $\displaystyle\lim_{x\to\infty}\dfrac{(x+2)^3}{x^2}=\infty$이므로

$x>0$에서 함수 $y=f(x)$의 그래프는 다음과 같다.

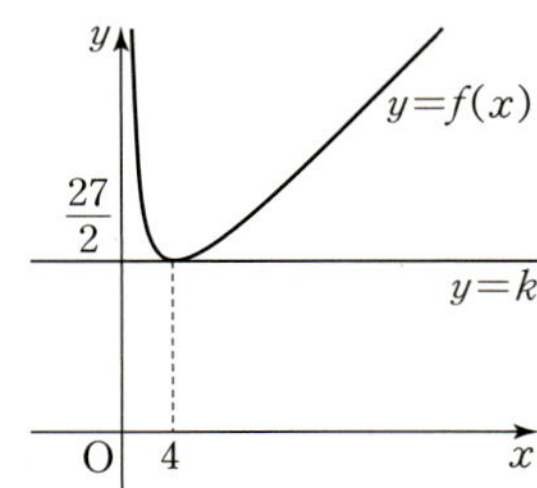

따라서 방정식 $\dfrac{(x+2)^3}{x^2}=k$가 0보다 큰 실근을 가지려면 $x>0$에서

직선 $y=k$가 곡선 $y=f(x)$와 만나야 하므로 $k \geq \dfrac{27}{2}$이다.

따라서 실수 k의 최솟값은 $\dfrac{27}{2}$이다.

0789
🔖 풀이 참조

방정식 $2x^2=ke^{x-2}$, 즉 $2x^2 e^{2-x}=k$에서

$f(x)=2x^2 e^{2-x}$이라 놓으면

$f'(x)=4xe^{2-x}-2x^2 e^{2-x}=2x(2-x)e^{2-x}$

$f'(x)=0$에서 $x=0$ 또는 $x=2$ $(\because e^{2-x}>0)$

함수 $f(x)$의 증가와 감소를 표로 나타내면 다음과 같다.

x	$\cdots$	0	$\cdots$	2	$\cdots$
$f'(x)$	$-$	0	$+$	0	$-$
$f(x)$	$\searrow$	0	$\nearrow$	8	$\searrow$

이때, $\displaystyle\lim_{x\to -\infty}2x^2 e^{2-x}=\infty$, $\displaystyle\lim_{x\to\infty}2x^2 e^{2-x}=0$이므로

함수 $y=f(x)$의 그래프는 다음과 같다.

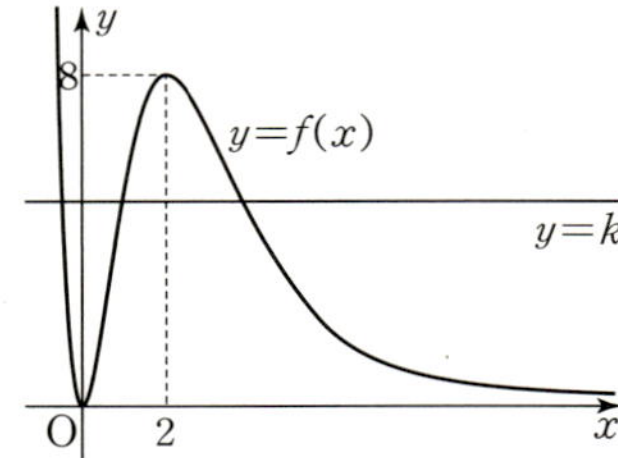

방정식 $2x^2 e^{2-x}=k$가 서로 다른 세 실근을 가지려면 곡선 $y=f(x)$와 직선 $y=k$가 서로 다른 세 점에서 만나야 하므로 $0<k<8$이다.

채점 요소	배점
$2x^2 e^{2-x}=k$로 나타내기	20%
함수 $y=2x^2 e^{2-x}$의 그래프 그리기	60%
서로 다른 세 실근을 가지도록 하는 실수 k의 값의 범위 구하기	20%

0790
🔖 $\dfrac{1}{e}<k<e$

주어진 두 방정식이 모두 실근을 갖지 않으려면 직선 $y=kx$가 두 곡선 $y=\ln x$, $y=e^x$과 모두 만나지 않아야 한다.

두 함수 $y=\ln x$와 $y=e^x$의 그래프는 다음과 같다.

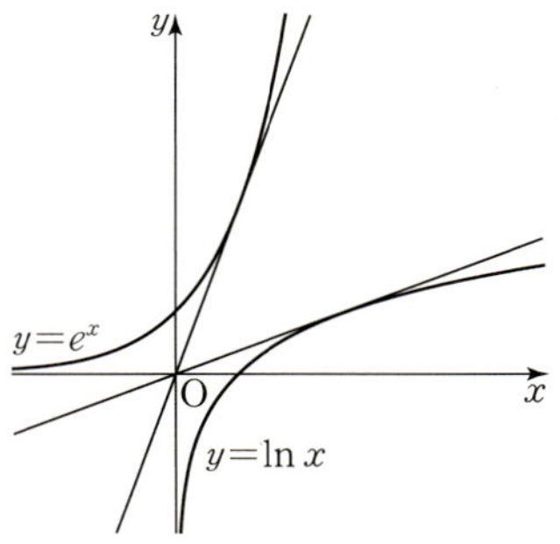

(ⅰ) 곡선 $y=\ln x$와 직선 $y=kx$가 접할 때

   $y=\ln x$에서 $y'=\dfrac{1}{x}$이므로

   두 그래프의 접점의 x좌표를 a라 놓으면

   $\ln a=ka$이고, $\cdots\cdots$ ㉠

   접선의 기울기가 k이므로 $\dfrac{1}{a}=k$

   이를 ㉠에 대입하면 $\ln a=1$, 즉 $a=e$이므로 $k=\dfrac{1}{e}$

   따라서 방정식 $\ln x=kx$가 실근을 갖지 않는 실수 k의 값의 범위는 $k>\dfrac{1}{e}$이다.

(ⅱ) 곡선 $y=e^x$과 직선 $y=kx$가 접할 때

   $y=e^x$에서 $y'=e^x$이므로

   두 그래프의 접점의 x좌표를 b라 놓으면

   $e^b=kb$이고, $\cdots\cdots$ ㉡

   접선의 기울기가 k이므로 $e^b=k$

   이를 ㉡에 대입하면 $e^b=b\times e^b$, 즉 $b=1$이므로 $k=e$ $(\because e^b>0)$

   따라서 방정식 $e^x=kx$가 실근을 갖지 않는 실수 k의 값의 범위는 $0 \leq k<e$이다.

(ⅰ), (ⅱ)에서 실수 k의 범위는 $\dfrac{1}{e}<k<e$이다.

다른 풀이

방정식 $\ln x=kx$, $e^x=kx$에서 $\dfrac{\ln x}{x}=k$, $\dfrac{e^x}{x}=k$

$f(x)=\dfrac{\ln x}{x}$ $(x>0)$, $g(x)=\dfrac{e^x}{x}$ $(x\neq 0)$이라 놓자.

(ⅰ) $f'(x)=\dfrac{1-\ln x}{x^2}$이고, $f'(x)=0$에서 $x=e$

함수 $f(x)$의 증가와 감소를 표로 나타내면 다음과 같다.

x	(0)	$\cdots$	e	$\cdots$
$f'(x)$		$+$	0	$-$
$f(x)$		$\nearrow$	$\dfrac{1}{e}$	$\searrow$

이때, $\displaystyle\lim_{x\to 0+}\dfrac{\ln x}{x}=-\infty$, $\displaystyle\lim_{x\to\infty}\dfrac{\ln x}{x}=0$이므로

함수 $y=f(x)$의 그래프는 다음과 같다.

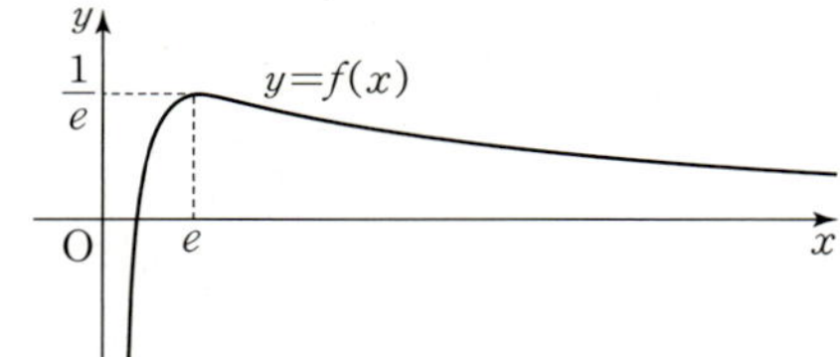

방정식 $\dfrac{\ln x}{x}=k$가 실근을 갖지 않으려면

곡선 $y=f(x)$와 직선 $y=k$가 만나지 않아야 하므로

$k>\dfrac{1}{e}$

(ii) $g'(x)=\dfrac{e^x(x-1)}{x^2}$이고, $g'(x)=0$에서 $x=1$ $(\because e^x>0)$

함수 $g(x)$의 증가와 감소를 표로 나타내면 다음과 같다.

x	$\cdots$	(0)	$\cdots$	1	$\cdots$
$g'(x)$	$-$		$-$	0	$+$
$g(x)$	$\searrow$		$\searrow$	e	$\nearrow$

이때, $\lim\limits_{x\to-\infty}\dfrac{e^x}{x}=0$, $\lim\limits_{x\to\infty}\dfrac{e^x}{x}=\infty$, $\lim\limits_{x\to0-}\dfrac{e^x}{x}=-\infty$,

$\lim\limits_{x\to0+}\dfrac{e^x}{x}=\infty$이므로 함수 $y=g(x)$의 그래프는 다음과 같다.

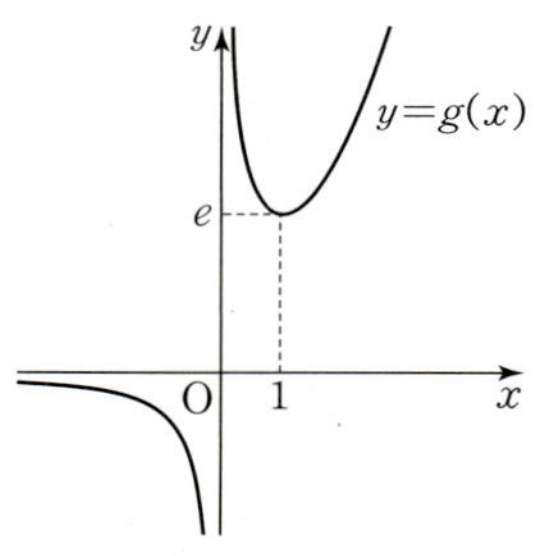

방정식 $\dfrac{e^x}{x}=k$가 실근을 갖지 않으려면

곡선 $y=g(x)$와 직선 $y=k$가 만나지 않아야 하므로

$0\leq k<e$

(i), (ii)에서 구하는 실수 k의 값의 범위는 $\dfrac{1}{e}<k<e$이다.

0791　　　　　　　　　　　　　답 (1) 7　(2) 16

(1) 방정식 $\dfrac{e^x}{x}=n-4$에서 $f(x)=\dfrac{e^x}{x}$ $(x\neq0)$이라 놓으면

$f'(x)=\dfrac{e^x x-e^x}{x^2}=\dfrac{(x-1)e^x}{x^2}$

$f'(x)=0$에서 $x=1$ $(\because e^x>0)$

함수 $f(x)$의 증가와 감소를 표로 나타내면 다음과 같다.

x	$\cdots$	(0)	$\cdots$	1	$\cdots$
$f'(x)$	$-$		$-$	0	$+$
$f(x)$	$\searrow$		$\searrow$	e	$\nearrow$

이때, $\lim\limits_{x\to0-}f(x)=-\infty$, $\lim\limits_{x\to0+}f(x)=\infty$,

$\lim\limits_{x\to-\infty}f(x)=0$, $\lim\limits_{x\to\infty}f(x)=\infty$이므로

함수 $y=f(x)$의 그래프는 다음과 같다.

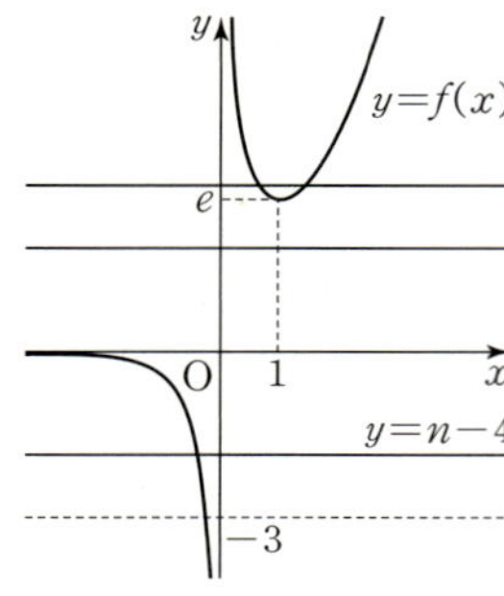

따라서 곡선 $y=f(x)$와 직선 $y=n-4$의 교점의 개수는

$n-4<0$, 즉 $n<4$일 때 1개

$0\leq n-4<e$, 즉 $4\leq n<e+4$일 때 0개

$n-4=e$, 즉 $n=e+4$일 때 1개

$n-4>e$, 즉 $n>e+4$일 때 2개이다.

$a_1=a_2=a_3=1$, $a_4=a_5=a_6=0$, $a_7=a_8=2$이므로

$\sum\limits_{n=1}^{8}a_n=1\times3+0\times3+2\times2=7$

(2) 방정식 $\dfrac{\ln x}{x}=\dfrac{1}{n}$에서 $f(x)=\dfrac{\ln x}{x}$ $(x>0)$라 놓으면

$f'(x)=\dfrac{\dfrac{1}{x}\times x-\ln x}{x^2}=\dfrac{1-\ln x}{x^2}$

$f'(x)=0$에서 $1-\ln x=0$이므로 $x=e$이다.

$x>0$에서 함수 $f(x)$의 증가와 감소를 표로 나타내면 다음과 같다.

x	(0)	$\cdots$	e	$\cdots$
$f'(x)$		$+$	0	$+$
$f(x)$		$\nearrow$	$\dfrac{1}{e}$	$\searrow$

이때, $\lim\limits_{x\to0+}f(x)=-\infty$, $\lim\limits_{x\to\infty}f(x)=0$이므로

함수 $y=f(x)$의 그래프는 다음과 같다.

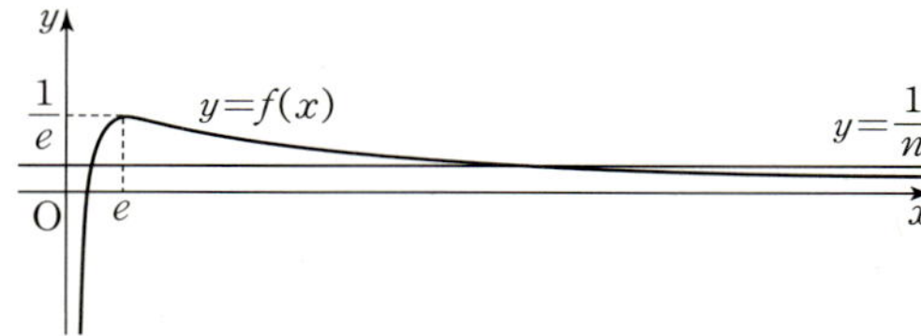

따라서 곡선 $y=f(x)$와 직선 $y=\dfrac{1}{n}$의 교점의 개수는

$0<\dfrac{1}{n}<\dfrac{1}{e}$, 즉 $n>e$일 때 2개

$\dfrac{1}{n}=\dfrac{1}{e}$, 즉 $n=e$일 때 1개

$\dfrac{1}{n}>\dfrac{1}{e}$, 즉 $0<n<e$일 때 0개이다.

$a_1=a_2=0$, $a_3=a_4=\cdots=a_{10}=2$이므로

$\sum\limits_{n=1}^{10}a_n=0\times2+2\times8=16$

0792　　　　　　　　　　　　　답 ⑤

$\cos\left(\dfrac{\pi}{2}-2x\right)=\sin(2x)$이므로

방정식 $\sin(2x)=kx$가 $-\dfrac{\pi}{2}<x<\dfrac{\pi}{2}$에서 서로 다른 세 실근을

갖도록 하는 실수 k의 값의 범위를 구해 보자.

$-\dfrac{\pi}{2}<x<\dfrac{\pi}{2}$에서 함수 $y=\sin(2x)$의 그래프는 다음과 같다.

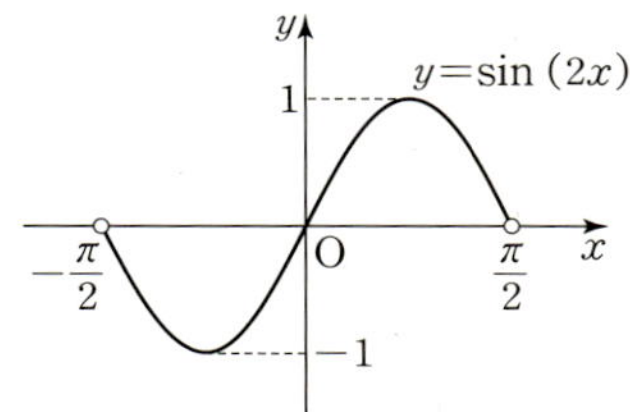

곡선 $y=\sin(2x)$와 직선 $y=kx$는 점 $(0,\ 0)$에서 접할 때를 기준으로 교점의 개수가 달라지므로 접할 때의 기울기를 구하면
$y'=2\cos(2x)$에서 $k=2\cos 0=2$이다.

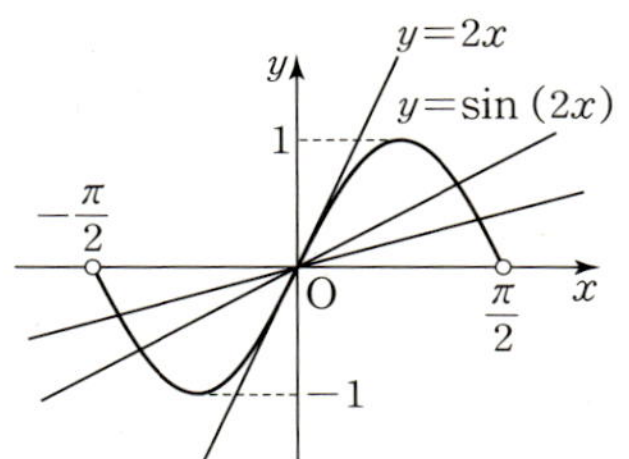

두 그래프는 $k\geq2$일 때 한 점에서 만나고,
$0<k<2$일 때 서로 다른 세 점에서 만나고,
$k\leq0$일 때 만나지 않는다.

따라서 방정식 $\cos\left(\dfrac{\pi}{2}-2x\right)=kx$가 서로 다른 세 실근을 갖도록 하는 실수 k의 값의 범위는 $0<k<2$이다.

0793
답 ③

구하는 횟수는 방정식 $t^2e^{-\frac{1}{2}t}=0.2$의 실근의 개수와 같다.
$C'(t)=2te^{-\frac{1}{2}t}-\dfrac{1}{2}t^2e^{-\frac{1}{2}t}=e^{-\frac{1}{2}t}\left(2t-\dfrac{1}{2}t^2\right)$

$C'(t)=0$에서 $2t-\dfrac{1}{2}t^2=0$, $-\dfrac{1}{2}t(t-4)=0\ (\because\ e^{-\frac{1}{2}t}>0)$

$\therefore\ t=0$ 또는 $t=4$
함수 $C(t)$의 증가와 감소를 표로 나타내면 다음과 같다.

t	0	$\cdots$	4	$\cdots$
$C'(t)$		$+$	0	$-$
$C(t)$	0	↗	$\dfrac{16}{e^2}$	↘

이때, $\lim\limits_{t\to\infty}t^2e^{-\frac{1}{2}t}=0$이므로 함수 $y=C(t)$의 그래프는 다음과 같다.

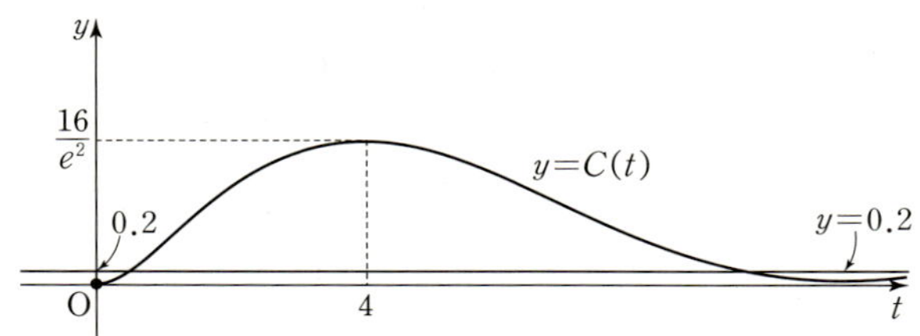

$0.2<\dfrac{16}{e^2}$이므로 위의 그림과 같이 곡선 $y=C(t)$와 직선 $y=0.2$의 교점은 2개이다.

따라서 $t\geq0$일 때 주사약의 농도가 0.2가 되는 순간은 2번이다.

0794
답 ③

방정식 $x+\ln(\cos x)=-k$의 실근의 개수는 곡선 $y=x+\ln(\cos x)$와 직선 $y=-k$의 교점의 개수와 같다.
$g(x)=x+\ln(\cos x)$라 놓으면
$g'(x)=1+\dfrac{-\sin x}{\cos x}=1-\tan x$

$g'(x)=0$에서 $\tan x=1$, $x=\dfrac{\pi}{4}$

$-\dfrac{\pi}{2}<x<\dfrac{\pi}{2}$에서 함수 $g(x)$의 증가와 감소를 표로 나타내면 다음과 같다.

x	$\left(-\dfrac{\pi}{2}\right)$	$\cdots$	$\dfrac{\pi}{4}$	$\cdots$	$\left(\dfrac{\pi}{2}\right)$
$g'(x)$		$+$	0	$-$	
$g(x)$		↗	$\dfrac{\pi}{4}-\ln\sqrt{2}$	↘	

이때, $\lim\limits_{x\to-\frac{\pi}{2}+}g(x)=-\infty$, $\lim\limits_{x\to\frac{\pi}{2}-}g(x)=-\infty$이므로
함수 $y=g(x)$의 그래프는 다음과 같다.

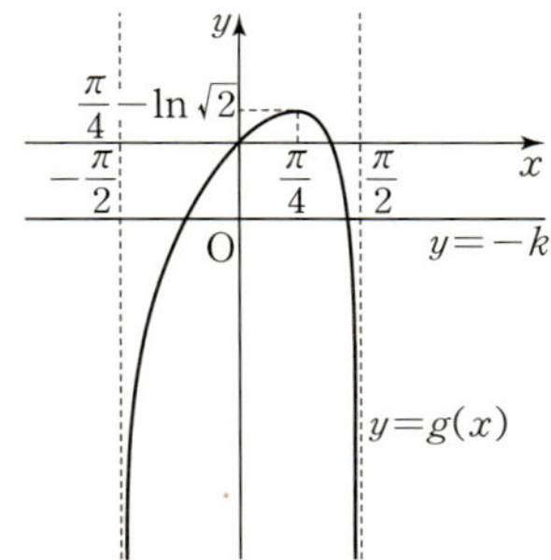

$-k<\dfrac{\pi}{4}-\ln\sqrt{2}$, 즉 $k>-\dfrac{\pi}{4}+\ln\sqrt{2}$일 때 $f(k)=2$,

$k=-\dfrac{\pi}{4}+\ln\sqrt{2}$일 때 $f(k)=1$,

$k<-\dfrac{\pi}{4}+\ln\sqrt{2}$일 때 $f(k)=0$이므로

함수 $f(k)$는 $k=-\dfrac{\pi}{4}+\ln\sqrt{2}$에서만 불연속이다.

따라서 함수 $f(k)$가 구간 $(a,\ \infty)$에서 연속이 되도록 하는 실수 a의 최솟값은 $-\dfrac{\pi}{4}+\ln\sqrt{2}$이다.

0795
답 ③

ㄱ. $f'(x)=e^{-x}-xe^{-x}=(1-x)e^{-x}$
　　$x>1$에서 $f'(x)<0$이므로 함수 $f(x)$는 감소한다. (참)
ㄴ. $f''(x)=-e^{-x}-(1-x)e^{-x}=(x-2)e^{-x}$
　　$x>2$에서 $f''(x)>0$이므로 곡선 $y=f(x)$는 구간 $(2,\ \infty)$에서 아래로 볼록하다. (참)
ㄷ. $f'(x)=0$에서 $x=1\ (\because\ e^{-x}>0)$
　　함수 $f(x)$는 $x=1$에서 극댓값 $f(1)=\dfrac{1}{e}$을 갖고,
　　$\lim\limits_{x\to-\infty}f(x)=-\infty$, $\lim\limits_{x\to\infty}f(x)=0$이므로 함수 $y=f(x)$의 그래프는 다음과 같다.

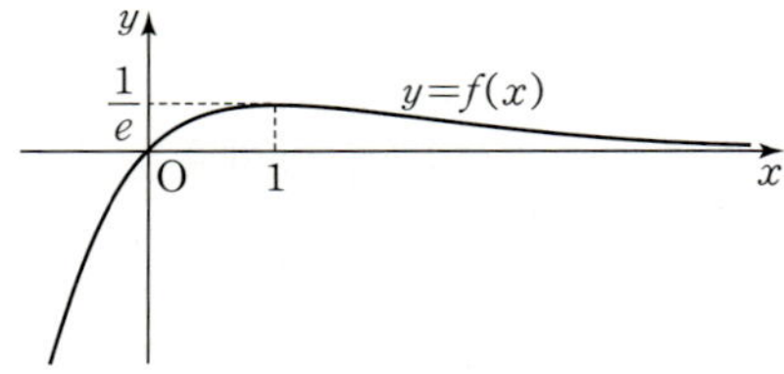

방정식 $f(\ln x)=\dfrac{1}{e}$ 에서 $\ln x=t$ 라 하면 $f(t)=\dfrac{1}{e}$

주어진 그래프에서 $f(t)=\dfrac{1}{e}$ 을 만족시키는 t의 값은

$t=1$뿐이므로 $\ln x=1$에서 주어진 방정식을 만족시키는

x의 값은 $x=e$뿐이다. (거짓)

따라서 옳은 것은 ㄱ, ㄴ이다.

0796 답 ④

$f'(x)=\dfrac{2(x^2+1)-4x^2}{(x^2+1)^2}=\dfrac{2(1-x^2)}{(x^2+1)^2}$

$f'(x)=0$에서 $x=-1$ 또는 $x=1$

함수 $f(x)$는 $x=-1$에서 극솟값 $f(-1)=-1$을 갖고, $x=1$에서

극댓값 $f(1)=1$을 갖는다.

$\displaystyle\lim_{x\to\infty}f(x)=\lim_{x\to-\infty}f(x)=0$이므로 함수 $y=f(x)$의 그래프는 다음과

같다.

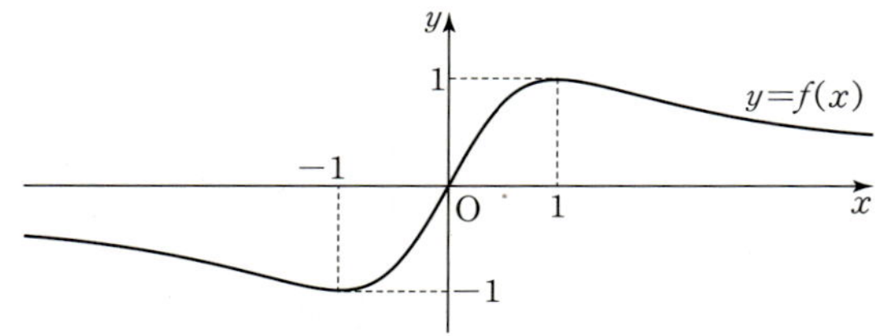

ㄱ. 함수 $f(x)$의 치역은 $\{y\,|\,-1\le y\le 1\}$이다. (참)

ㄴ. $f''(x)=\dfrac{-4x(x^2+1)^2-2(1-x^2)\times 2(x^2+1)\times 2x}{(x^2+1)^4}$

$\qquad =\dfrac{4x(x^2-3)}{(x^2+1)^3}$

$f''(x)=0$에서 $x=0$ 또는 $x=-\sqrt{3}$ 또는 $x=\sqrt{3}$

$x<-\sqrt{3}$ 또는 $0<x<\sqrt{3}$에서 곡선 $y=f(x)$는 위로 볼록하고,

$-\sqrt{3}<x<0$ 또는 $x>\sqrt{3}$에서 곡선 $y=f(x)$는 아래로

볼록하다.

$x>\sqrt{3}$에서 아래로 볼록하므로 $f'(a)\le\dfrac{f(b)-f(a)}{b-a}$인 a, b가

존재한다. (거짓)

ㄷ. $f'(0)=2$이므로 함수 $y=f(x)$의 그래프는 직선 $y=x$와 다음

그림과 같이 세 점에서 만난다.

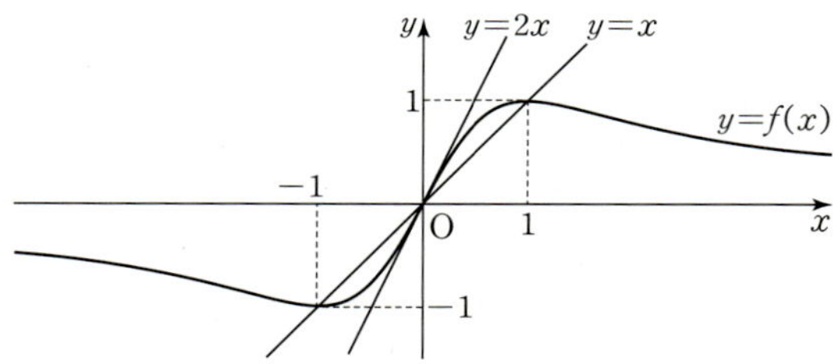

즉, 방정식 $f(x)=x$는 서로 다른 세 실근을 갖는다. (참)

따라서 옳은 것은 ㄱ, ㄷ이다.

0797 답 ⑤

$f'(x)=-\sin x+2x$, $f''(x)=-\cos x+2$

ㄱ. $f''(x)=-\cos x+2>0$이므로 곡선 $y=f(x)$는 아래로

볼록하다. (참)

ㄴ. $f''(x)>0$이므로 함수 $f'(x)$는 실수 전체의 집합에서 증가한다.

즉, 임의의 실수 a, b에 대하여 $a<b$이면 $f'(a)<f'(b)$이다.

(참)

ㄷ. 함수 $f'(x)$가 실수 전체의 집합에서 증가하고, $f'(0)=0$이므로

$x<0$일 때 $f'(x)<0$이고, $x>0$일 때 $f'(x)>0$이다.

즉, 함수 $f(x)$는 $x=0$에서 극솟값 $f(0)=k+1$을 갖고,

$\displaystyle\lim_{x\to\infty}f(x)=\lim_{x\to-\infty}f(x)=\infty$이므로 함수 $y=f(x)$의 그래프는

다음과 같다.

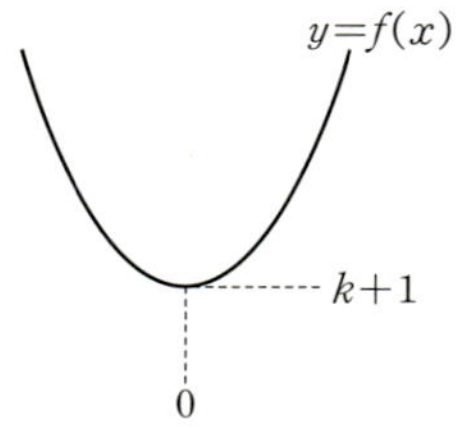

따라서 $k+1<0$, 즉 $k<-1$이면 방정식 $f(x)=0$은 서로 다른

두 실근을 갖는다. (참)

따라서 옳은 것은 ㄱ, ㄴ, ㄷ이다.

0798 답 ①

$f'(x)=e^x(\cos x-\sin x)$

$f''(x)=e^x(\cos x-\sin x)+e^x(-\sin x-\cos x)$

$\qquad =-2e^x\sin x$

ㄱ. $f'(x)=0$에서 $\cos x=\sin x$이므로

$\qquad x=\dfrac{\pi}{4}$ 또는 $x=\dfrac{5}{4}\pi$

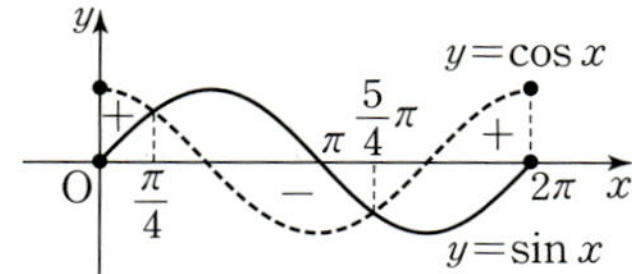

이때, $x=\dfrac{5}{4}\pi$의 좌우에서 $f'(x)$의 부호가 $-$에서 $+$로 바뀌므로

함수 $f(x)$는 $x=\dfrac{5}{4}\pi$에서 극소이다. (참)

ㄴ. $f''(x)=0$에서 $\sin x=0$이므로 $x=0$ 또는 $x=\pi$ 또는 $x=2\pi$

$0<x<\pi$에서 $f''(x)<0$, $\pi<x<2\pi$에서 $f''(x)>0$이므로

곡선 $y=f(x)$는 $x=\pi$일 때 변곡점을 갖는다. (거짓)

ㄷ. 함수 $f(x)$는 $x=\dfrac{\pi}{4}$일 때 극댓값 $f\left(\dfrac{\pi}{4}\right)=\dfrac{e^{\frac{\pi}{4}}}{\sqrt{2}}$을 갖고,

$x=\dfrac{5}{4}\pi$일 때 극솟값 $f\left(\dfrac{5}{4}\pi\right)=-\dfrac{e^{\frac{5}{4}\pi}}{\sqrt{2}}$을 갖는다.

또한 $f(0)=1$, $f(2\pi)=e^{2\pi}$이므로 $0\le x\le 2\pi$에서

함수 $y=f(x)$의 그래프는 다음과 같다.

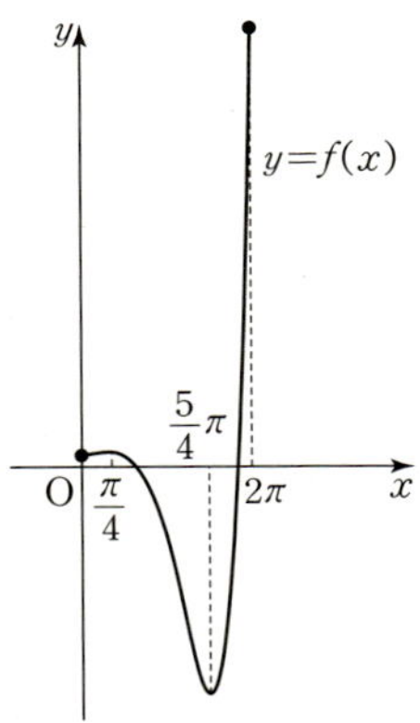

따라서 방정식 $f(x)=t$는

$t<f\left(\dfrac{5}{4}\pi\right)$ 또는 $t>f(2\pi)$일 때 $g(t)=0$,

$t=f\left(\dfrac{5}{4}\pi\right)$ 또는 $f\left(\dfrac{\pi}{4}\right)<t\le f(2\pi)$일 때 $g(t)=1$,

$f\left(\dfrac{5}{4}\pi\right)<t<f(0)$ 또는 $t=f\left(\dfrac{\pi}{4}\right)$일 때 $g(t)=2$,

$f(0)\le t<f\left(\dfrac{\pi}{4}\right)$일 때 $g(t)=3$이므로

함수 $g(t)$는 $t=f(0)$, $f\left(\dfrac{\pi}{4}\right)$, $f\left(\dfrac{5}{4}\pi\right)$, $f(2\pi)$일 때 불연속이다.

(거짓)

따라서 옳은 것은 ㄱ이다.

0799   답 ⑤

$$f'(x)=\dfrac{\sqrt{x^2+4}-(x+2)\times\dfrac{x}{\sqrt{x^2+4}}}{x^2+4}$$

$$=\dfrac{(x^2+4)-(x^2+2x)}{(x^2+4)\sqrt{x^2+4}}$$

$$=\dfrac{4-2x}{(x^2+4)\sqrt{x^2+4}}$$

ㄱ. $f'(x)=0$에서 $x=2$

   $x=2$의 좌우에서 $f'(x)$의 부호가 $+$에서 $-$로 바뀌므로 함수 $f(x)$는 $x=2$에서 극댓값 $f(2)=\sqrt{2}$를 갖는다. (참)

ㄴ. $\lim\limits_{x\to\infty}f(x)=1$, $\lim\limits_{x\to-\infty}f(x)=-1$이므로 함수 $y=f(x)$의 그래프는 다음과 같다.

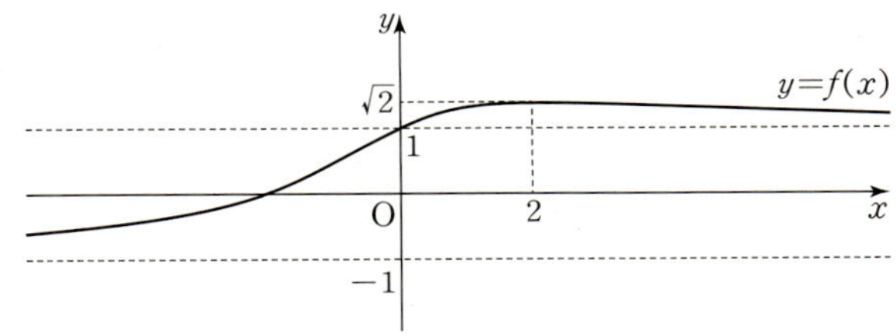

   모든 실수 x에 대하여 $f(x)>-1$이다. (참)

ㄷ. 함수 $y=f(x)$의 그래프는 직선 $y=f(2)$와 한 점에서 만나고, $n\ne2$인 모든 자연수 n에 대하여 직선 $y=f(n)$과 두 점에서 만나므로

$$\sum_{n=1}^{20}a_n=1+19\times2=39$$이다. (참)

따라서 옳은 것은 ㄱ, ㄴ, ㄷ이다.

0800   답 ④

ㄱ. 함수 $f(x)$는 모든 실수 x에서 연속이므로 모든 실수 a에 대하여 $\lim\limits_{x\to a}f(x)=f(a)$이다. (참)

ㄴ. $f(x)=\begin{cases}-3(x-1)e^x & (x<1)\\ 3(x-1)e^x & (x\ge1)\end{cases}$이므로

   $f'(x)=\begin{cases}-3xe^x & (x<1)\\ 3xe^x & (x>1)\end{cases}$

   이때, $\lim\limits_{x\to1-}(-3xe^x)\ne\lim\limits_{x\to1+}3xe^x$이므로 함수 $f(x)$는 $x=1$에서 미분가능하지 않다. (거짓)

ㄷ. $x<1$일 때 $f'(x)=0$에서 $x=0$이므로 함수 $f(x)$의 증가와 감소를 표로 나타내면 다음과 같다.

x	$\cdots$	0	$\cdots$	1	$\cdots$
$f'(x)$	$+$	0	$-$		$+$
$f(x)$	↗	극대	↘	극소	↗

함수 $f(x)$는 $x=0$에서 극댓값 $f(0)=3$을 갖고, $x=1$에서 극솟값 $f(1)=0$을 갖는다.

또한, $\lim\limits_{x\to-\infty}f(x)=0$, $\lim\limits_{x\to\infty}f(x)=\infty$이므로 함수 $y=f(x)$의 그래프는 다음과 같다.

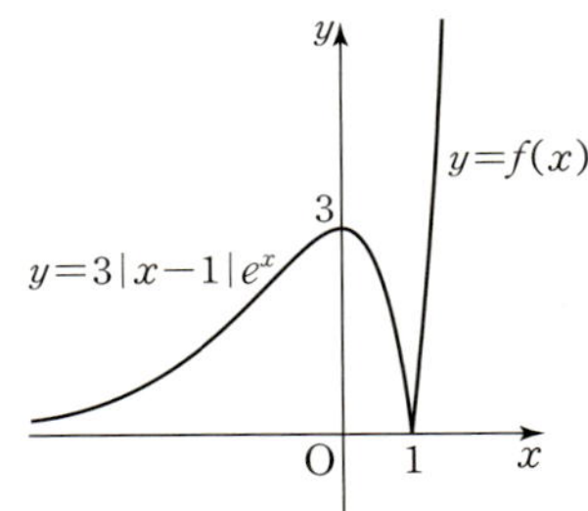

함수 $y=f(x)$의 그래프는 직선 $y=1$, $y=2$와 각각 세 점에서 만나고, 직선 $y=3$과 두 점에서 만나고, $n\ge4$인 자연수 n에 대하여 직선 $y=n$과 한 점에서 만난다.

$$\therefore \sum_{n=1}^{10}a_n=3+3+2+7\times1=15 \text{ (참)}$$

따라서 옳은 것은 ㄱ, ㄷ이다.

> **참고**
>
> $f(x)=|3(x-1)e^x|$이므로 함수 $y=3(x-1)e^x$의 그래프로부터 함수 $y=f(x)$의 그래프를 파악하여 문제를 풀 수 있다.

0801   답 풀이 참조

부등식 $e^x\ge\dfrac{1}{2}x^2+x+k$, 즉 $e^x-\dfrac{1}{2}x^2-x\ge k$에서

$f(x)=e^x-\dfrac{1}{2}x^2-x$라 놓으면

$f'(x)=e^x-x-1$

이때, $f''(x)=e^x-1$이므로 $x\ge0$에서 $f''(x)\ge0$이다.

그러므로 $f'(x)$는 $x\ge0$에서 증가한다.

또한, $f'(0)=0$이므로 $x\ge0$에서 $f'(x)\ge0$이다.

그러므로 함수 $f(x)$는 $x\ge0$에서 증가한다.

$x \geq 0$에서 함수 $f(x)$의 최솟값이 $f(0)=1$이므로
$x \geq 0$에서 $f(x) \geq k$가 성립하려면 $k \leq 1$이어야 한다.
따라서 실수 k의 최댓값은 1이다.

채점 요소	배점
$f(x)=e^x-\frac{1}{2}x^2-x$ 또는 $f(x)=e^x-\frac{1}{2}x^2-x-k$로 두고 도함수 구하기	30%
$x \geq 0$에서 함수 $f(x)$의 최솟값 구하기	40%
$x \geq 0$에서 $f(x) \geq k$가 성립하기 위한 실수 k의 최댓값 구하기	30%

0802   답 ②

부등식 $\cos x \geq k-x^2$, 즉 $\cos x+x^2 \geq k$에서
$f(x)=\cos x+x^2$이라 놓으면
$f'(x)=-\sin x+2x$
이때, $f''(x)=-\cos x+2$이므로 $f''(x)>0$이다.
그러므로 함수 $f'(x)$는 증가함수이다.
또한 $f'(0)=0$이므로 $x \geq 0$에서 $f'(x) \geq 0$이다.
그러므로 함수 $f(x)$는 $x \geq 0$에서 증가한다.
$x \geq 0$에서 함수 $f(x)$의 최솟값이 $f(0)=1$이므로
$x \geq 0$에서 $f(x) \geq k$가 성립하려면 $k \leq 1$이어야 한다.
따라서 실수 k의 최댓값은 1이다.

0803   답 -1

부등식 $\sin x+e^x+a \geq 0$에서
$f(x)=\sin x+e^x+a$라 놓으면
$f'(x)=\cos x+e^x=(\cos x+1)+(e^x-1)$
$x>0$일 때 $e^x-1>0$이고, $\cos x+1 \geq 0$이므로
$x>0$에서 $f'(x)>0$이다.
그러므로 $x>0$에서 함수 $f(x)$는 증가한다.
$f(0)=a+1$이므로 $x>0$에서 $f(x) \geq 0$이 성립하려면
$a+1 \geq 0$, 즉 $a \geq -1$이어야 한다.
따라서 실수 a의 최솟값은 -1이다.

0804   답 ③

$f(x)=(2x-1)e^{-x^2}$이라 하자.
$f'(x)=2 \times e^{-x^2}+(2x-1) \times (-2xe^{-x^2})$
$\quad\quad = (\boxed{-4x^2+2x+2}) \times e^{-x^2}$
$\quad\quad = -2(2x+1)(x-1)e^{-x^2}$
$f'(x)=0$에서 $x=-\frac{1}{2}$ 또는 $x=1$
함수 $f(x)$의 증가와 감소를 조사하면
$x<-\frac{1}{2}$일 때 $f'(x)<0$, $-\frac{1}{2}<x<1$일 때 $f'(x)>0$이므로
함수 $f(x)$의 극솟값은 $f\left(-\frac{1}{2}\right)=\boxed{-\dfrac{2}{\sqrt[4]{e}}}$이다.
또한 $\lim\limits_{x \to \infty} f(x)=0$, $\lim\limits_{x \to -\infty} f(x)=0$이므로
함수 $y=f(x)$의 그래프의 개형을 그리면

함수 $f(x)$의 최솟값은 $\boxed{-\dfrac{2}{\sqrt[4]{e}}}$이다.

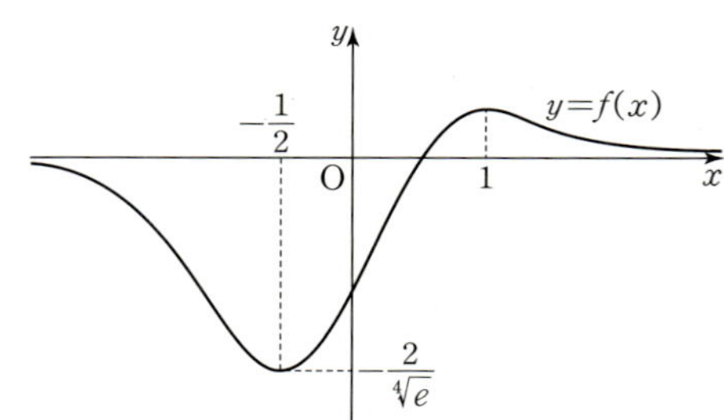

따라서 $2x-1 \geq ke^{x^2}$을 성립시키는 실수 k의 최댓값은
$\boxed{-\dfrac{2}{\sqrt[4]{e}}}$이다.

(개) $g(x)=-4x^2+2x+2$, (내) $p=-\dfrac{2}{\sqrt[4]{e}}$

$\therefore g(2) \times p=(-10) \times \left(-\dfrac{2}{\sqrt[4]{e}}\right)=\dfrac{20}{\sqrt[4]{e}}$

0805   답 ④

$f(x)=\tan x+2\sin x-3x$라 하면
$f'(x)=\sec^2 x+2\cos x-3=\dfrac{\boxed{1+2\cos^3 x}-3\cos^2 x}{\cos^2 x}$
이때, $g(x)=\boxed{1+2\cos^3 x}-3\cos^2 x$라 하면
$g'(x)=-6\cos^2 x \sin x+6\cos x \sin x$
$\quad\quad = 6\sin x \cos x \times (\boxed{1-\cos x})$
$0<x<\dfrac{\pi}{2}$에서 $g'(x)>0$이고,
$g(0)=\boxed{0}$이므로 $g(x)>\boxed{0}$이다.
즉, $0<x<\dfrac{\pi}{2}$에서 $f'(x)>0$이고
$f(0)=0$이므로 $f(x)>0$이다.
따라서 $0<x<\dfrac{\pi}{2}$에서 부등식 $\tan x+2\sin x>3x$가 성립한다.

(개): $i(x)=1+2\cos^3 x$, (내): $j(x)=1-\cos x$, (대): $k=0$
$\therefore i(k)+j\left(\dfrac{\pi}{3}\right)=i(0)+j\left(\dfrac{\pi}{3}\right)=3+\left(1-\dfrac{1}{2}\right)=\dfrac{7}{2}$

0806   답 풀이 참조

$x>0$에서 $f(x)=\ln x^2=2\ln x$이므로
$x>0$일 때 부등식 $f(x) \leq g(x)$에서 $2\ln x \leq \dfrac{1}{2}kx^2$
즉, $\dfrac{4\ln x}{x^2} \leq k$
$h(x)=\dfrac{4\ln x}{x^2}$라 하면
$h'(x)=\dfrac{\dfrac{4}{x} \times x^2-4\ln x \times 2x}{x^4}=\dfrac{4(1-2\ln x)}{x^3}$
$h'(x)=0$에서 $1-2\ln x=0$, $x=\sqrt{e}$

$x>0$에서 함수 $h(x)$의 증가와 감소를 표로 나타내면 다음과 같다.

x	(0)	$\cdots$	$\sqrt{e}$	$\cdots$
$h'(x)$		$+$	0	$-$
$h(x)$		$\nearrow$	$\dfrac{2}{e}$	$\searrow$

따라서 $x>0$에서 함수 $h(x)$의 최댓값이 $\dfrac{2}{e}$이므로

$x>0$에서 부등식 $h(x)\leq k$가 성립하려면 $k\geq\dfrac{2}{e}$이어야 한다.

따라서 실수 k의 최솟값은 $\dfrac{2}{e}$이다.

채점 요소	배점
주어진 부등식 $\dfrac{4\ln x}{x^2}\leq k$로 변형하기	20 %
함수 $y=\dfrac{4\ln x}{x^2}$의 최댓값 구하기	50 %
주어진 부등식이 성립하기 위한 실수 k의 최솟값 구하기	30 %

0807 　　　　　　　　　　　　　　　　 🔘 ③

$ax\leq e^x\leq bx$에서 $a\leq\dfrac{e^x}{x}\leq b$

$f(x)=\dfrac{e^x}{x}$이라 놓으면

$f'(x)=\dfrac{e^x x-e^x}{x^2}=\dfrac{e^x(x-1)}{x^2}$

$1\leq x\leq 2$에서 $f'(x)\geq 0$이므로 함수 $f(x)$는 증가한다.
그러므로 $1\leq x\leq 2$에서 함수 $f(x)$의 최솟값은 $f(1)=e$이고,
최댓값은 $f(2)=\dfrac{e^2}{2}$이므로 $e\leq\dfrac{e^x}{x}\leq\dfrac{e^2}{2}$이다.

따라서 $a\leq e$, $b\geq\dfrac{e^2}{2}$이므로

$b-a$의 최솟값은 $\dfrac{e^2}{2}-e=e\left(\dfrac{e}{2}-1\right)$이다.

0808 　　　　　　　　　　　　　　　　 🔘 ⑤

부등식 $\sin(3x)<kx$에서
$f(x)=\sin(3x)$라 놓으면 함수 $y=f(x)$의 그래프는 다음과 같다.

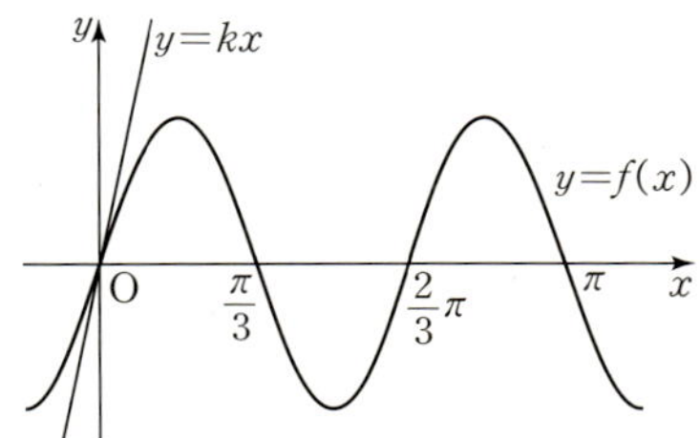

직선 $y=kx$와 곡선 $y=f(x)$는 점 $(0, 0)$에서 만나고,
이때 $0<x<\pi$에서 부등식 $\sin(3x)<kx$가 성립하려면
직선 $y=kx$의 기울기 k는 함수 $y=f(x)$의 그래프와 원점에서 접할
때보다 크거나 같아야 한다.
$f'(x)=3\cos(3x)$에서 $f'(0)=3$이므로 부등식 $\sin(3x)<kx$를
만족시키는 k의 값의 범위는 $k\geq 3$이다.
따라서 실수 k의 최솟값은 3이다.

0809 　　　　　　　　　　　　　　　　 🔘 $\dfrac{\sqrt{3}}{3}$

부등식 $k\sin x\leq\cos x-k$에서 $k(\sin x+1)\leq\cos x$이고,

$0\leq x\leq\dfrac{\pi}{6}$에서 $\sin x+1>0$이므로

$k\leq\dfrac{\cos x}{\sin x+1}$이다.

$f(x)=\dfrac{\cos x}{\sin x+1}$라 놓으면

$f'(x)=\dfrac{-\sin x(\sin x+1)-\cos^2 x}{(\sin x+1)^2}$

$\qquad =\dfrac{-\sin x-1}{(\sin x+1)^2}=-\dfrac{1}{\sin x+1}$

$0\leq x\leq\dfrac{\pi}{6}$에서 $f'(x)<0$이므로 함수 $f(x)$는 감소한다.

따라서 $0\leq x\leq\dfrac{\pi}{6}$에서 $f(x)$의 최솟값은

$f\left(\dfrac{\pi}{6}\right)=\dfrac{\cos\dfrac{\pi}{6}}{\sin\dfrac{\pi}{6}+1}=\dfrac{\dfrac{\sqrt{3}}{2}}{\dfrac{1}{2}+1}=\dfrac{\sqrt{3}}{3}$이므로

부등식 $f(x)\geq k$가 성립하려면 $k\leq\dfrac{\sqrt{3}}{3}$이어야 한다.

따라서 실수 k의 최댓값은 $\dfrac{\sqrt{3}}{3}$이다.

0810 　　　　　　　　　　　　　　　　 🔘 ④

$f'(x)=-\dfrac{1}{x^2}+\dfrac{2}{x^3}=\dfrac{-x+2}{x^3}$

$f''(x)=\dfrac{2}{x^3}-\dfrac{6}{x^4}=\dfrac{2(x-3)}{x^4}$

ㄱ. $x>3$일 때 $f''(x)>0$이므로
　　구간 $(3, \infty)$에서 곡선 $y=f(x)$는 아래로 볼록하다. (거짓)
ㄴ. $f'(x)=0$에서 $x=2$
　　함수 $f(x)$의 증가와 감소를 표로 나타내면 다음과 같다.

x	$\cdots$	(0)	$\cdots$	2	$\cdots$
$f'(x)$	$-$		$+$	0	$-$
$f(x)$	$\searrow$		$\nearrow$	극대	$\searrow$

$\lim\limits_{x\to-\infty}f(x)=\lim\limits_{x\to\infty}f(x)=0$, $\lim\limits_{x\to 0}f(x)=-\infty$이므로
함수 $y=f(x)$의 그래프는 다음과 같다.

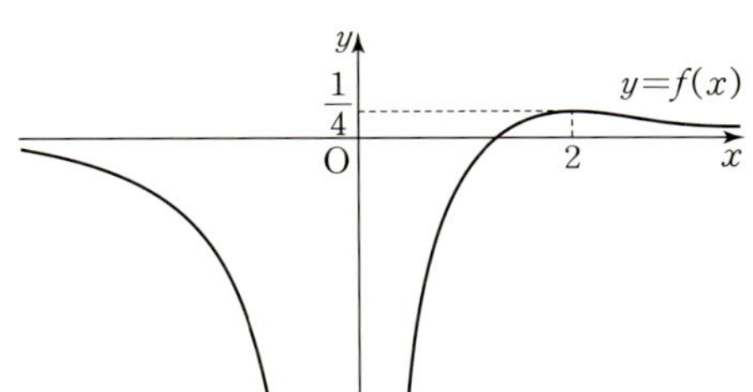

　　함수 $y=f(x)$의 그래프가 x축과 한 점에서 만나므로
　　방정식 $f(x)=0$은 실근을 1개 갖는다. (참)
ㄷ. 함수 $f(x)$가 $x=2$에서 최댓값 $f(2)=\dfrac{1}{4}$을 가지므로

　　0이 아닌 모든 실수 x에 대하여 $f(x)\leq\dfrac{1}{4}$이다.

따라서 $f(x)\leq a$를 만족시키는 실수 a의 최솟값은 $\dfrac{1}{4}$이다. (참)

따라서 옳은 것은 ㄴ, ㄷ이다.

0811

圁 풀이 참조

부등식 $\sqrt{2x}\geq k\ln x$에서 $\dfrac{\ln x}{\sqrt{2x}}\leq\dfrac{1}{k}$

$f(x)=\dfrac{\ln x}{\sqrt{2x}}$라 하면

$$f'(x)=\dfrac{\dfrac{1}{x}\times\sqrt{2x}-\ln x\times\dfrac{1}{\sqrt{2x}}}{2x}$$

$$=\dfrac{2x-x\ln x}{2x^2\sqrt{2x}}=\dfrac{2-\ln x}{2x\sqrt{2x}}$$

$f'(x)=0$에서 $2-\ln x=0$, $x=e^2$

$x>0$에서 함수 $f(x)$의 증가와 감소를 표로 나타내면 다음과 같다.

x	(0)	$\cdots$	e^2	$\cdots$
$f'(x)$		$+$	0	$-$
$f(x)$		↗	$\dfrac{\sqrt{2}}{e}$	↘

$x>0$에서 $f(x)$는 $x=e^2$에서 최댓값 $\dfrac{\sqrt{2}}{e}$를 가지므로

$x>0$에서 부등식 $f(x)\leq\dfrac{1}{k}$이 성립하려면 $\dfrac{1}{k}\geq\dfrac{\sqrt{2}}{e}$이어야 한다.

$\therefore 0<k\leq\dfrac{\sqrt{2}}{2}e$

채점 요소	배점
주어진 부등식을 $\dfrac{\ln x}{\sqrt{2x}}\leq\dfrac{1}{k}$로 변형하기	20%
함수 $y=\dfrac{\ln x}{\sqrt{2x}}$의 최댓값 구하기	50%
주어진 부등식이 성립하기 위한 양수 k의 값의 범위 구하기	30%

0812
圁 ②

$f'(x)=4x-5+\dfrac{1}{x}=\dfrac{4x^2-5x+1}{x}=\dfrac{(4x-1)(x-1)}{x}$

$f'(x)=0$에서 $x=\dfrac{1}{4}$ 또는 $x=1$

$0<x<\dfrac{1}{2}$에서 함수 $f(x)$의 증가와 감소를 표로 나타내면 다음과 같다.

x	(0)	$\cdots$	$\dfrac{1}{4}$	$\cdots$	$\left(\dfrac{1}{2}\right)$
$f'(x)$		$+$	0	$-$	
$f(x)$		↗		↘	

$f''(x)=4-\dfrac{1}{x^2}=\dfrac{4x^2-1}{x^2}=\dfrac{(2x-1)(2x+1)}{x^2}$이므로

$0<x<\dfrac{1}{2}$에서 $f''(x)<0$, 즉 함수 $y=f(x)$의 그래프가 위로 볼록하다.

$\lim\limits_{x\to 0+}f(x)=-\infty$, $f\left(\dfrac{1}{2}\right)=-2-\ln 2$이므로 $0<x<\dfrac{1}{2}$에서 함수 $y=f(x)$의 그래프는 다음과 같다.

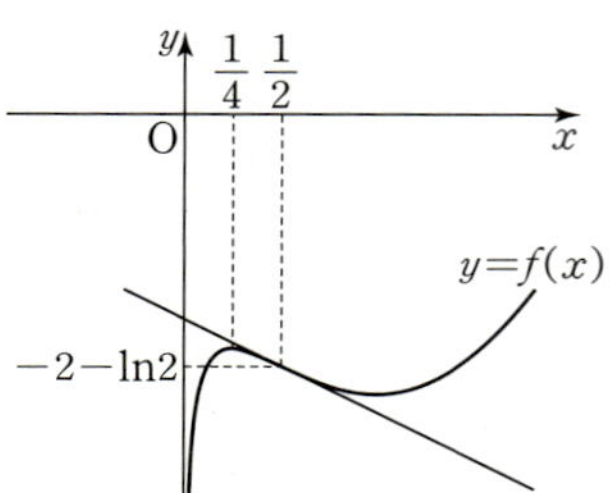

이때, 두 함수 $y=f(x)$와 $y=g(x)$의 그래프의 교점은 $\left(\dfrac{1}{2},\ -2-\ln 2\right)$이고, 구간 $\left(0,\ \dfrac{1}{2}\right)$의 모든 실수 x에 대하여

부등식 $f(x)\leq g(x)$가 성립하려면

위의 그림과 같이 함수 $y=g(x)$의 그래프는 함수 $y=f(x)$의 그래프와 $\left(\dfrac{1}{2},\ -2-\ln 2\right)$에서 접할 때보다 기울기가 작거나 같아야 한다.

따라서 $f'\left(\dfrac{1}{2}\right)=-1$에서 $m\leq-1$이므로 실수 m의 최댓값은 -1이다.

0813
圁 (1) $2\sqrt{2}$　(2) 2　(3) 4

(1) $\dfrac{dx}{dt}=2\sin t$, $\dfrac{dy}{dt}=2-2\cos t$이므로

$t=\dfrac{\pi}{2}$에서 점 P의 속도는 $(2,\ 2)$이고, 속력은 $\sqrt{2^2+2^2}=2\sqrt{2}$이다.

(2) $\dfrac{d^2x}{dt^2}=2\cos t$, $\dfrac{d^2y}{dt^2}=2\sin t$이므로

$t=2\pi$에서 점 P의 가속도는 $(2,\ 0)$이고, 가속도의 크기는 $\sqrt{2^2+0^2}=2$이다.

(3) 점 P가 점 $(4,\ 2\pi)$를 지날 때,

$2-2\cos t=4$, $2t-2\sin t=2\pi$에서

$\cos t=-1$, $t-\sin t=\pi$

두 식을 모두 만족시키는 t의 값은 $t=\pi$이다.

$t=\pi$일 때 점 P의 속도는 $(0,\ 4)$이고, 속력은 $\sqrt{0^2+4^2}=4$이다.

0814
圁 ③

$\dfrac{dx}{dt}=1-2\cos(2t)$, $\dfrac{dy}{dt}=2\sin(2t)$

점 P의 시각 t에서의 속력은

$$\sqrt{\{1-2\cos(2t)\}^2+\{2\sin(2t)\}^2}$$
$$=\sqrt{1-4\cos(2t)+4\cos^2(2t)+4\sin^2(2t)}$$
$$=\sqrt{5-4\cos(2t)}$$

$-1\leq\cos(2t)\leq 1$이므로

$\cos(2t)=-1$일 때 점 P의 속력은 최댓값 3을 갖는다.

0815

● (1) $\dfrac{3}{4}$ (2) $5e^4$

(1) $\dfrac{dx}{dt}=2e^{2t}\cos t-e^{2t}\sin t=e^{2t}(2\cos t-\sin t)$

$\dfrac{dy}{dt}=2e^{2t}\sin t+e^{2t}\cos t=e^{2t}(2\sin t+\cos t)$

점 P의 시각 t에서의 속력은

$\sqrt{e^{4t}(2\cos t-\sin t)^2+e^{4t}(2\sin t+\cos t)^2}$

$=e^{2t}\sqrt{5(\cos^2 t+\sin^2 t)}$

$=\sqrt{5}\,e^{2t}$

$\sqrt{5}\,e^{2t}=e\sqrt{5e}$ 일 때 $e^{2t}=e\sqrt{e}=e^{\frac{3}{2}}$

$2t=\dfrac{3}{2}$ $\therefore\ t=\dfrac{3}{4}$

(2) $\dfrac{d^2x}{dt^2}=2e^{2t}(2\cos t-\sin t)+e^{2t}(-2\sin t-\cos t)$

     $=e^{2t}(3\cos t-4\sin t)$

$\dfrac{d^2y}{dt^2}=2e^{2t}(2\sin t+\cos t)+e^{2t}(2\cos t-\sin t)$

     $=e^{2t}(3\sin t+4\cos t)$

점 P의 시각 t에서의 가속도의 크기는

$\sqrt{e^{4t}(3\cos t-4\sin t)^2+e^{4t}(3\sin t+4\cos t)^2}$

$=e^{2t}\sqrt{25(\cos^2 t+\sin^2 t)}=5e^{2t}$

따라서 시각 $t=2$에서 점 P의 가속도의 크기는 $5e^4$이다.

0816

● 풀이 참조

점 P가 점 $(0,\ 1)$을 출발하여 시계 반대 방향으로 매초 3라디안만큼 회전하므로 t초 후 선분 OP가 y축의 양의 방향과 이루는 각의 크기가 $3t$이다.

즉, t초 후 동경 OP가 나타내는 각의 크기는 $\dfrac{\pi}{2}+3t$이다.

(1) 점 P의 위치는

$\left(\cos\left(\dfrac{\pi}{2}+3t\right),\ \sin\left(\dfrac{\pi}{2}+3t\right)\right)=(-\sin(3t),\ \cos(3t))$

(2) 점 P의 속도는 $(-3\cos(3t),\ -3\sin(3t))$이고,

   속력은 $\sqrt{\{-3\cos(3t)\}^2+\{-3\sin(3t)\}^2}=3$이다.

(3) 점 P의 가속도는 $(9\sin(3t),\ -9\cos(3t))$이고,

   가속도의 크기는 $\sqrt{\{9\sin(3t)\}^2+\{-9\cos(3t)\}^2}=9$이다.

채점 요소	배점
점 P의 위치 구하기	20%
점 P의 속도, 속력 구하기	40%
점 P의 가속도, 가속도의 크기 구하기	40%

0817

● ⑤

점 $P(x,\ y)$에 대하여 $y=e^x$이므로

$\dfrac{dy}{dt}=\dfrac{d}{dx}e^x\times\dfrac{dx}{dt}=e^x\dfrac{dx}{dt}$

점 P의 속도가 $\left(\dfrac{dx}{dt},\ e^x\dfrac{dx}{dt}\right)$이므로

점 P의 속력은

$\sqrt{\left(\dfrac{dx}{dt}\right)^2+\left(e^x\dfrac{dx}{dt}\right)^2}=\sqrt{e^{2x}+1}\,\dfrac{dx}{dt}$

이때, 점 P의 속력이 1이므로

$\sqrt{e^{2x}+1}\,\dfrac{dx}{dt}=1,\ \dfrac{dx}{dt}=\dfrac{1}{\sqrt{e^{2x}+1}},\ \dfrac{dy}{dt}=\dfrac{e^x}{\sqrt{e^{2x}+1}}$

점 Q의 속도가 $\left(0,\ \dfrac{dy}{dt}\right)$이므로 속력은 $\left|\dfrac{dy}{dt}\right|$이다.

점 P가 점 $(1,\ e)$를 지나는 순간 $x=1$이므로

$\left|\dfrac{dy}{dt}\right|=\dfrac{e}{\sqrt{e^2+1}}$

따라서 점 Q의 속력은 $\dfrac{e}{\sqrt{e^2+1}}$이다.

0818

● $\dfrac{\pi}{12}$

점 C의 좌표가 $\left(\cot\dfrac{\theta}{2},\ 1\right)$이므로 $x=\cot\dfrac{\theta}{2},\ y=1$이라 하자.

$\dfrac{dx}{dt}=\dfrac{d}{d\theta}\left(\cot\dfrac{\theta}{2}\right)\times\dfrac{d\theta}{dt}$

    $=-\dfrac{1}{2}\csc^2\dfrac{\theta}{2}\times\left(-\dfrac{\pi}{24}\right)\left(\because\ \dfrac{d\theta}{dt}=-\dfrac{\pi}{24}\right)$

    $=\dfrac{\pi}{48}\csc^2\dfrac{\theta}{2}$

이고, $\dfrac{dy}{dt}=0$이므로

점 C의 속력은 $\sqrt{\left(\dfrac{dx}{dt}\right)^2+\left(\dfrac{dy}{dt}\right)^2}=\dfrac{\pi}{48}\csc^2\dfrac{\theta}{2}$

따라서 $\theta=\dfrac{\pi}{3}$가 되는 순간 점 C의 속력은

$\dfrac{\pi}{48}\csc^2\dfrac{\pi}{6}=\dfrac{\pi}{12}$

0819

● 6초

자동차가 A지점으로부터 멀어진 거리를 x라 하고, P지점으로부터 멀어진 거리를 y라 하면

$\dfrac{dx}{dt}=100$이고, $y=\sqrt{800^2+x^2}$이므로

$\dfrac{dy}{dt}=\dfrac{d}{dx}\sqrt{800^2+x^2}\times\dfrac{dx}{dt}$

    $=\dfrac{x}{\sqrt{800^2+x^2}}\times 100$

$\dfrac{100x}{\sqrt{800^2+x^2}}=60$인 순간은

$5x=3\sqrt{800^2+x^2}$

$25x^2=9(800^2+x^2)$

$16x^2=9\times 800^2$

$x^2=600^2$

$\therefore\ x=600\ (\because\ x>0)$

따라서 초속 100 m인 자동차가 600 m를 갈 때까지 걸린 시간은 6초이다.

0820

답 8

함수 $y=f(x)$의 그래프 위의 점 P에 대하여
역함수 $y=g(x)$의 그래프 위의 점 사이의 거리가 최소가 될 때
점 P에서 직선 $y=x$까지의 거리가 최소이다.
또한 이 거리가 최소일 때는 점 P에서의 접선이 직선 $y=x$와
평행할 때이므로 점 P에서의 접선의 기울기가 1이어야 한다.

$y=\ln\dfrac{x}{k}$에서 $y'=\dfrac{1}{x}$이므로 $\dfrac{1}{x}=1$에서 $x=1$

즉, 점 P의 좌표는 $(1,\ -\ln k)$이고, 이때 점 P에서 직선
$y=x$까지의 거리는

$\dfrac{|1+\ln k|}{\sqrt{2}}=\dfrac{1+\ln k}{\sqrt{2}}$ ($\because k$는 자연수)이므로

$l_k=2\times\dfrac{1+\ln k}{\sqrt{2}}=\sqrt{2}(1+\ln k)$

$l_k\geq 3\sqrt{2}$에서 $\sqrt{2}(1+\ln k)\geq 3\sqrt{2}$

$\ln k\geq 2$, $k\geq e^2=(2.7)^2=7.29$

따라서 자연수 k의 최솟값은 8이다.

0821
답 12

$\sqrt{x}+\sqrt{y}=4$의 양변을 x에 대하여 미분하면
음함수의 미분법에 의하여

$\dfrac{1}{2\sqrt{x}}+\dfrac{1}{2\sqrt{y}}\times\dfrac{dy}{dx}=0$

$\dfrac{dy}{dx}=-\dfrac{\sqrt{y}}{\sqrt{x}}$

점 $(3,\ 3)$에서 곡선 $\sqrt{x}+\sqrt{y}=4$에 그은 접선의 접점의 좌표를
$(a,\ b)$라 하면
$\sqrt{a}+\sqrt{b}=4$이고, ... ㉠

접선의 방정식은 $y=-\dfrac{\sqrt{b}}{\sqrt{a}}(x-a)+b$이다.

이 직선이 점 $(3,\ 3)$을 지나므로

$3=-3\dfrac{\sqrt{b}}{\sqrt{a}}+\sqrt{ab}+b$

$3\sqrt{a}=-3\sqrt{b}+a\sqrt{b}+b\sqrt{a}$

$3(\sqrt{a}+\sqrt{b})=\sqrt{ab}(\sqrt{a}+\sqrt{b})$

$\sqrt{ab}=3$ ($\because$ ㉠) ...... ㉡

㉠, ㉡에서 $\sqrt{a}(4-\sqrt{a})=3$

$a-4\sqrt{a}+3=(\sqrt{a}-1)(\sqrt{a}-3)=0$

$a=1$, $b=9$ 또는 $a=9$, $b=1$

$a=1$, $b=9$일 때 접선의 기울기가 -3이고,

$a=9$, $b=1$일 때 접선의 기울기가 $-\dfrac{1}{3}$이므로

기울기가 -1보다 큰 접선의 방정식은 $y=-\dfrac{1}{3}(x-9)+1$, 즉

$y=-\dfrac{1}{3}x+4$이고, 이 접선의 x절편은 12이다.

0822
답 풀이 참조

함수 $f(x)=x^{\frac{1}{x}}$ $(x>0)$에 대하여 양변에 자연로그를 취하면

$\ln f(x)=\dfrac{1}{x}\ln x$이다.

또한 양변을 x에 대하여 미분하면 $\dfrac{f'(x)}{f(x)}=\dfrac{1-\ln x}{x^2}$이므로

$f'(x)=\dfrac{1-\ln x}{x^2}x^{\frac{1}{x}}$

$x>e$일 때 $1-\ln x<0$이고 따라서 $f'(x)<0$이므로
$f(x)$는 구간 $(e,\ \infty)$에서 감소한다.

즉, $e<2004<2005$이므로 $f(2004)>f(2005)$이다.

$2004^{\frac{1}{2004}}>2005^{\frac{1}{2005}}$

$\therefore 2004^{2005}>2005^{2004}$

채점 요소	배점
$f(x)=x^{\frac{1}{x}}$의 양변에 자연로그를 취하여 도함수 $f'(x)$ 구하기	30 %
도함수 $f'(x)$의 부호를 조사하여 $f(x)$가 구간 $(e,\ \infty)$에서 감소함을 설명하기	30 %
$f(2004)>f(2005)$이므로 $2004^{2005}>2005^{2004}$임을 설명하기	40 %

참고

$a>0$, $b>0$에 대하여 a^b과 b^a의 대소를 비교하기 위해서
$a^b=(a^{\frac{1}{a}})^{ab}$, $b^a=(b^{\frac{1}{b}})^{ab}$처럼 지수를 같게 한 다음 밑인
$a^{\frac{1}{a}}$, $b^{\frac{1}{b}}$의 대소를 비교한다.
따라서 함수 $y=x^{\frac{1}{x}}$을 통하여 대소를 비교한 것이다.

0823
답 $-1<a<0$

$f'(x)=3\sin^2 x\cos x-2a\cos x\sin x+a\cos x$
$\qquad =\cos x(3\sin^2 x-2a\sin x+a)$

$-\dfrac{\pi}{2}<x<\dfrac{\pi}{2}$에서 $\cos x>0$이므로

함수 $f'(x)$의 부호는 $3\sin^2 x-2a\sin x+a$의 부호와 같다.

$\sin x=t$라 하면 $-\dfrac{\pi}{2}<x<\dfrac{\pi}{2}$일 때 $-1<\sin x<1$이므로

함수 $y=3t^2-2at+a$가 $-1<t<1$에서 서로 다른 두 실근을 가져야
한다.

(i) 이차방정식 $3t^2-2at+a=0$의 판별식을 D라 하면

$\dfrac{D}{4}=a^2-3a>0$이므로 $a<0$ 또는 $a>3$

(ii) 이차함수 $y=3t^2-2at+a$의 그래프의 축 $x=\dfrac{a}{3}$에 대하여

$-1<\dfrac{a}{3}<1$이므로 $-3<a<3$

(iii) $g(t)=3t^2-2at+a$라 하면

$g(-1)=3+3a>0$에서 $a>-1$
$g(1)=3-a>0$에서 $a<3$
즉, $-1<a<3$

(i)~(iii)에 의하여 $-1<a<0$이다.

0824
답 ①

$f(x)=\dfrac{\sin x}{e^{2x}}$ $(0<x<2\pi)$에 대하여

$$f'(x)=\frac{\cos x\times e^{2x}-\sin x\times 2e^{2x}}{(e^{2x})^2}=\frac{\cos x-2\sin x}{e^{2x}}$$

$0<x<2\pi$에서 방정식 $\cos x=2\sin x$의 두 실근을
$\alpha,\ \beta\ (\alpha<\beta)$라 할 때
두 함수 $y=\cos x$, $y=2\sin x$의 그래프가 다음과 같으므로

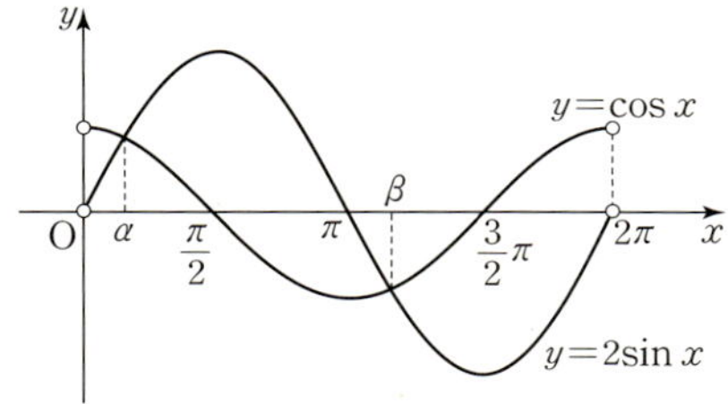

함수 $f(x)$의 증가와 감소를 표로 나타내면 다음과 같다.

x	(0)	$\cdots$	α	$\cdots$	β	$\cdots$	(2π)
$f'(x)$		$+$	0	$-$	0	$+$	
$f(x)$		$\nearrow$		$\searrow$		$\nearrow$	

따라서 함수 $f(x)$는 $x=\beta$에서 극소이므로 구하는 a의 값은 β이다.
이때, $f'(\beta)=0$에서 $\cos\beta-2\sin\beta=0$이므로
$\sin\beta=\dfrac{1}{2}\cos\beta$, $\tan\beta=\dfrac{1}{2}\ (\because\cos\beta\neq0)$
$\therefore\ \cos a=\cos\beta=-\dfrac{2\sqrt{5}}{5}\ \left(\because\ \pi<\beta<\dfrac{3}{2}\pi\right)$

다른 풀이

$f(x)=\dfrac{\sin x}{e^{2x}}=e^{-2x}\sin x$에서
$f'(x)=-2e^{-2x}\sin x+e^{-2x}\cos x=e^{-2x}(-2\sin x+\cos x)$
$f''(x)=-2e^{-2x}(-2\sin x+\cos x)+e^{-2x}(-2\cos x-\sin x)$
$\qquad\ \ =e^{-2x}(3\sin x-4\cos x)$
함수 $f(x)$는 $x=a$에서 극솟값을 가지므로
$f'(a)=0$, $f''(a)>0$
이때, $e^{-2x}>0$이므로
$-2\sin a+\cos a=0$ $\qquad\qquad\cdots\cdots$ ㉠
$3\sin a-4\cos a>0$ $\qquad\qquad\cdots\cdots$ ㉡
㉠에서 $\cos a=2\sin a$, $\tan a=\dfrac{1}{2}$ $\qquad\cdots\cdots$ ㉢
㉡에 대입하면 $-5\sin a>0$
$\tan a>0$, $\sin a<0$이므로 $\pi<a<\dfrac{3}{2}\pi$ $\quad\cdots\cdots$ ㉣
㉢에 의하여 $\sec^2 a=1+\tan^2 a=1+\left(\dfrac{1}{2}\right)^2=\dfrac{5}{4}$
㉣에 의하여
$\cos a=-\dfrac{2\sqrt{5}}{5}$

0825   답 -5

$f'(x)=2e^{2x}+2ae^x+2=2(e^{2x}+ae^x+1)$
$f'(x)=0$에서 $e^{2x}+ae^x+1=0$
함수 $f(x)$가 극댓값, 극솟값을 모두 가지므로
$x=\alpha,\ \beta$에서 각각 극대, 극소를 가진다고 하면
$\alpha,\ \beta$는 방정식 $e^{2x}+ae^x+1=0$의 서로 다른 두 실근이다.
$t=e^x$이라 하면 이차방정식 $t^2+at+1=0$의 서로 다른 두 실근이

$e^\alpha,\ e^\beta$이므로 $\qquad\qquad\qquad\qquad\qquad\cdots\cdots$ **참고**
이차방정식의 근과 계수의 관계에 의하여
$e^\alpha+e^\beta=-a$, $e^\alpha\times e^\beta=1$이다. $\qquad\cdots\cdots$ ㉠
이때, $e^\alpha\times e^\beta=e^{\alpha+\beta}=1$에서 $\alpha+\beta=0$이다. $\quad\cdots\cdots$ ㉡
함수 $f(x)$의 극댓값과 극솟값의 합은
$$\begin{aligned}
f(\alpha)+f(\beta)&=(e^{2\alpha}+2ae^\alpha+2\alpha)+(e^{2\beta}+2ae^\beta+2\beta)\\
&=(e^{2\alpha}+e^{2\beta})+2a(e^\alpha+e^\beta)+2(\alpha+\beta)\\
&=(e^\alpha+e^\beta)^2-2e^\alpha e^\beta+2a(e^\alpha+e^\beta)+2(\alpha+\beta)\\
&=-a^2-2\ (\because\ ㉠,\ ㉡)
\end{aligned}$$
이므로 $-a^2-2=-27$에서 $a^2=25$, $a=\pm5$
이때, ㉠에서 $a=-(e^\alpha+e^\beta)<0$이므로
$a=-5$

> **참고**
>
> $t=e^x$이라 할 때, $t>0$이므로 이차방정식 $t^2+at+1=0$이 서로 다른 두 양의 실근을 가져야 한다. 따라서 이차방정식 $t^2+at+1=0$의 판별식을 D라 할 때, $D=a^2-4>0$에서 $a<-2$ 또는 $a>2$이고, $-a>0$에서 $a<0$이므로 $a<-2$이어야 한다.

0826   답 $\dfrac{1}{\sqrt{e}}$

$y=\sin^n x$에서 합성함수의 미분법에 의하여
$y'=n\sin^{n-1}x\times\cos x$
$$\begin{aligned}
y''&=n(n-1)\sin^{n-2}x\cos^2 x-n\sin^n x\\
&=n\sin^{n-2}x\{(n-1)\cos^2 x-\sin^2 x\}\\
&=n\sin^{n-2}x(n\cos^2 x-1)
\end{aligned}$$
$0<x<\dfrac{\pi}{2}$에서 $\sin x\neq0$이므로
$y''=0$에서 $n\cos^2 x-1=0$, $\cos^2 x=\dfrac{1}{n}$
변곡점의 x좌표를 b_n이라 하면 $\cos^2 b_n=\dfrac{1}{n}$이므로
$a_n=\sin^n b_n=(\sin^2 b_n)^{\frac{n}{2}}=\left(1-\dfrac{1}{n}\right)^{\frac{n}{2}}$
$$\begin{aligned}
\therefore\ \lim_{n\to\infty}a_n&=\lim_{n\to\infty}\left(1-\dfrac{1}{n}\right)^{\frac{n}{2}}\\
&=\lim_{n\to\infty}\left\{\left(1-\dfrac{1}{n}\right)^{-n}\right\}^{-\frac{1}{2}}\\
&=e^{-\frac{1}{2}}=\dfrac{1}{\sqrt{e}}
\end{aligned}$$

0827   답 ④

$g'(x)=f'(f(x))f'(x)$이므로
함수 $g(x)$의 증가와 감소를 표로 나타내면 다음과 같다.

x	$\cdots$	-1	$\cdots$	0	$\cdots$	1	$\cdots$
$f'(x)$	$-$	$-$	$-$	0	$+$	0	$-$
$f'(f(x))$	$-$	0	$+$	0	$+$	0	$+$
$g'(x)$	$+$	0	$-$	0	$+$	0	$-$
$g(x)$	$\nearrow$	1	$\searrow$	0	$\nearrow$	1	$\searrow$

$$\lim_{x\to-\infty}g(x)=\lim_{x\to-\infty}f(f(x))=\lim_{t\to\infty}f(t)=0$$
$$\lim_{x\to\infty}g(x)=\lim_{x\to\infty}f(f(x))=\lim_{t\to0+}f(t)=0$$이므로
함수 $y=g(x)$의 그래프의 개형은 다음과 같다.

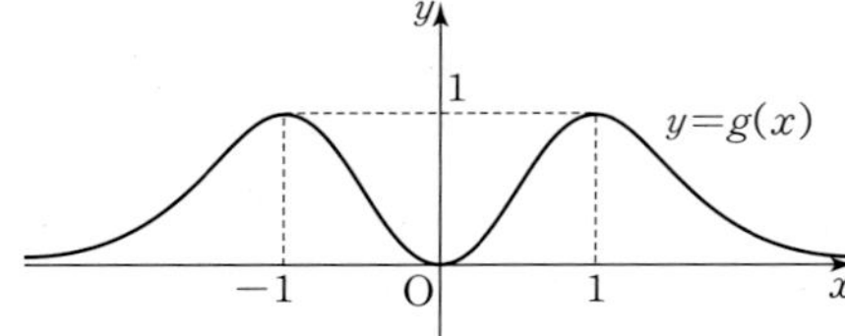

ㄱ. $-1<x<0$에서 $g'(x)<0$이므로 함수 $g(x)$는 $-1<x<0$에서
  감소한다. (거짓)
ㄴ. 함수 $g(x)$는 $x=0$에서 최솟값 0을 갖고, $x=-1$과 $x=1$에서
  최댓값 1을 갖는다. (참)
ㄷ. 함수 $f(x)$가 실수 전체에서 미분가능하므로 함수
  $g(x)=(f\circ f)(x)$도 실수 전체에서 미분가능하다.
  $g(-1)=1$, $g(0)=0$이므로 평균값 정리에 의하여
  $$\frac{g(0)-g(-1)}{0-(-1)}=-1=g'(c)$$인 c가 구간 $(-1,\ 0)$에 적어도
  하나 존재한다. (참)
따라서 옳은 것은 ㄴ, ㄷ이다.

0828   탑 ③

ㄱ. $f'(x)=(-x^n+nx^{n-1})e^{-x}=(-x+n)x^{n-1}e^{-x}$
  $f\left(\dfrac{n}{2}\right)=\left(\dfrac{n}{2}\right)^n e^{-\frac{n}{2}}$, $f'\left(\dfrac{n}{2}\right)=\dfrac{n}{2}\times\left(\dfrac{n}{2}\right)^{n-1}e^{-\frac{n}{2}}=\left(\dfrac{n}{2}\right)^n e^{-\frac{n}{2}}$
  $\therefore f\left(\dfrac{n}{2}\right)=f'\left(\dfrac{n}{2}\right)$ (참)
ㄴ. $f'(x)=(-x+n)x^{n-1}e^{-x}=0$에서
  $x=n$ 또는 $x=0$ $(\because e^{-x}>0)$
  $x=n$의 좌우에서 $x^{n-1}e^{-x}>0$이므로
  $x=n$의 좌우에서 $f'(x)$의 부호는 $+$에서 $-$로 바뀐다.
  즉, 함수 $f(x)$는 $x=n$일 때 극댓값을 갖는다. (참)
ㄷ. $f''(x)=\{x^n-nx^{n-1}-nx^{n-1}+n(n-1)x^{n-2}\}e^{-x}$
  $\qquad\quad=(x^2-2nx+n^2-n)x^{n-2}e^{-x}$
  $x=0$에서 $x^2-2nx+n^2-n\neq0$이고,
  $n=2k$ $(k\geq2$인 자연수$)$일 때 $x^{n-2}\geq0$이므로
  n이 짝수인 경우 점 $(0,\ 0)$은 변곡점이 아니다. (거짓)
따라서 옳은 것은 ㄱ, ㄴ이다.

0829   탑 ③

ㄱ. 함수 $f(x)=4\ln x+\ln(10-x)$에서 로그의 진수 조건에
  의하여 $0<x<10$이다.
  $f(x)=4\ln x+\ln(10-x)=\ln\{x^4(10-x)\}$에 대하여
  $g(x)=x^4(10-x)$ $(0<x<10)$라 하면
  $f(x)=\ln g(x)$이고 함수 $y=\ln x$는 증가함수이므로
  함수 $g(x)$가 최댓값을 가질 때 함수 $f(x)$는 최댓값을 가진다.
  $g'(x)=40x^3-5x^4=5x^3(8-x)$
  $g'(x)=0$에서 $x=0$ 또는 $x=8$

$0<x<10$에서 함수 $g(x)$의 증가와 감소를 표로 나타내면 다음
과 같다.

x	(0)	$\cdots$	8	$\cdots$	(10)
$g'(x)$		$+$	0	$-$	
$g(x)$		↗	2^{13}	↘	

함수 $g(x)$는 $x=8$일 때 최댓값 $g(8)=8^4(10-8)=2^{13}$을
갖는다.
따라서 함수 $f(x)$의 최댓값은 $f(8)=\ln g(8)=13\ln 2$이다.
  (참)
ㄴ. 방정식 $f(x)=0$의 근은 $g(x)=1$의 실근과 같다.
  $g(x)=x^4(10-x)$ $(0<x<10)$에서 함수 $g(x)$의 그래프는
  다음과 같다.

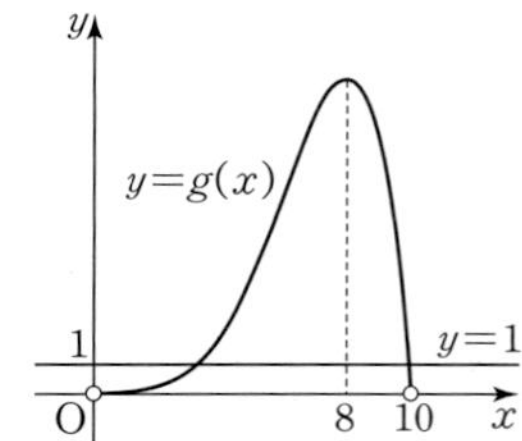

  따라서 방정식 $f(x)=0$은 서로 다른 두 실근을 갖는다. (참)
ㄷ. $e^{f(x)}=e^{\ln g(x)}=g(x)$
  $g'(x)=-5x^4+40x^3$이므로
  $g''(x)=-20x^3+120x^2=-20x^2(x-6)$
  $g''(x)=0$에서 $x=6$이고, $x=6$의 좌우에서 $g''(x)$의 부호가
  $+$에서 $-$로 바뀌므로 함수 $y=g(x)$의 그래프는
  구간 $(4,\ 8)$에서 $x>6$일 때 $g''(x)<0$이므로 위로 볼록하지만,
  $x<6$일 때 $g''(x)>0$이므로 아래로 볼록하다. (거짓)
따라서 옳은 것은 ㄱ, ㄴ이다.

0830   탑 ⑤

ㄱ. $g(x)=f(x)-x$라 하면 $g(x)=(x+1)\ln(x+1)-x$
  $g'(x)=\ln(x+1)$
  $x>0$에서 $g'(x)>0$이므로 함수 $g(x)$는 $x>0$에서 증가한다.
  $g(0)=f(0)=0$이므로 $x\geq0$에서 $g(x)\geq0$
  따라서 $x\geq0$에서 $f(x)\geq x$이다. (참)
ㄴ. ㄱ에 의하여 $x\geq0$에서 $f(x)\geq x$이고, $k>0$이므로
  $$\int_0^k f(x)\,dx\geq\int_0^k x\,dx=\left[\frac{1}{2}x^2\right]_0^k=\frac{1}{2}k^2$$ (참)
ㄷ. $f'(x)=\ln(x+1)+1$, $f''(x)=\dfrac{1}{x+1}$
  $x>0$에서 $f'(x)>0$, $f''(x)>0$이므로
  $x\geq0$에서 함수 $y=f(x)$의 그래프는 증가하면서 아래로
  볼록하다.
  이때, 역함수 $y=f^{-1}(x)$의 그래프는 함수 $y=f(x)$의 그래프와
  직선 $y=x$에 대하여 대칭이므로
  역함수 $y=f^{-1}(x)$의 그래프는 증가하면서 위로 볼록하고,
  직선 $y=x$보다 아래에 위치한다.
  또한 $f(0)=0$, $f(e-1)=e$에서 $f^{-1}(0)=0$, $f^{-1}(e)=e-1$
  이므로 $0\leq x\leq e$에서 함수 $y=f^{-1}(x)$의 그래프는 다음과 같다.

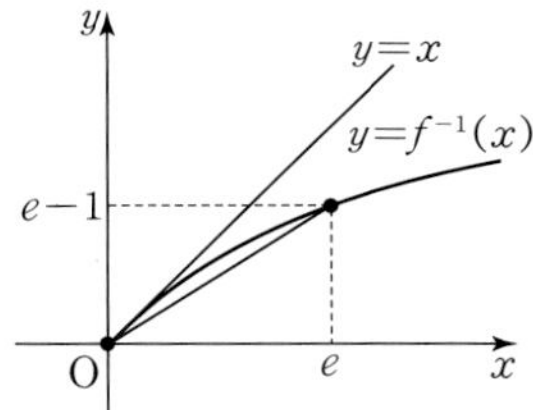

함수 $y=f^{-1}(x)$의 그래프와 x축 및 직선 $x=e$로 둘러싸인
부분의 넓이는 세 점 $(0, 0)$, $(e, 0)$, $(e, e-1)$을 꼭짓점으로
하는 삼각형의 넓이보다 크고, 직선 $y=x$와 x축 및 직선 $x=e$로
둘러싸인 삼각형의 넓이보다 작으므로

$$\frac{e(e-1)}{2}<\int_0^e f^{-1}(x)dx<\frac{1}{2}e^2$$이다. (참)

따라서 옳은 것은 ㄱ, ㄴ, ㄷ이다.

0831   답 ⑤

ㄱ. $f(x)=\dfrac{1}{27}(x^4-6x^3+12x^2+19x)$에서

$$f'(x)=\frac{1}{27}(4x^3-18x^2+24x+19)$$

$$f''(x)=\frac{1}{27}(12x^2-36x+24)=\frac{4}{9}(x-1)(x-2)$$

$f''(x)=0$에서 $x=1$ 또는 $x=2$이고

$x=1$과 $x=2$의 좌우에서 모두 $f''(x)$의 부호가 바뀌므로

변곡점의 좌표는 $\left(1, \dfrac{26}{27}\right)$, $(2, 2)$이다. (참)

ㄴ. 방정식 $f(x)=x$에서

$$\frac{1}{27}(x^4-6x^3+12x^2+19x)=x$$

$$x^4-6x^3+12x^2+19x=27x$$

$$x^4-6x^3+12x^2-8x=0$$

$$x(x-2)^3=0$$

$$\therefore x=0 \ \text{또는} \ x=2$$

따라서 방정식 $f(x)=x$의 실근 중 양수인 것은 $x=2$
하나뿐이다. (참)

ㄷ. ㄱ, ㄴ에서 점 $(2, 2)$에서의 함수 $y=f(x)$의 접선은 $y=x$이고,
$f(x)$의 역함수 $y=g(x)$의 그래프는 $y=f(x)$의 그래프와 직선
$y=x$에 대하여 대칭이므로 두 함수 $y=f(x)$, $y=g(x)$의
그래프는 다음과 같다.

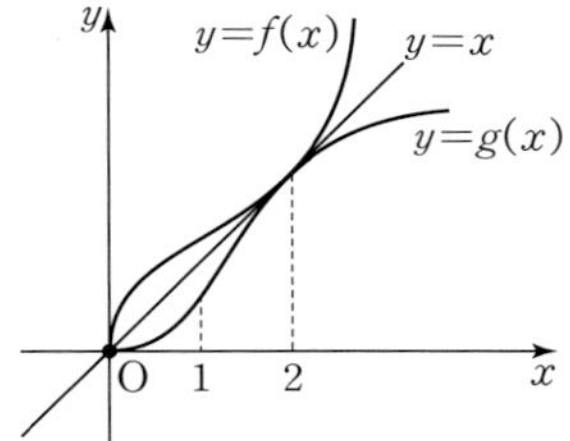

$f(2)=g(2)=2$, $f'(2)=g'(2)=1$
$h(x)=f(x)-g(x)$라 하면 $\lim\limits_{x\to2}h'(x)=0$이므로
함수 $|h(x)|$는 $x=2$에서 미분가능하다. (참)
따라서 옳은 것은 ㄱ, ㄴ, ㄷ이다.

0832   답 2

$f(x)=3\sin kx+4x^3$에서
$f'(x)=3k\cos kx+12x^2$
$\therefore f''(x)=-3k^2\sin kx+24x$
$f''(x)=0$에서 $-3k^2\sin kx+24x=0$
$3k^2\sin kx=24x \qquad \therefore k^2\sin kx=8x$
즉, 함수 $y=f(x)$의 그래프가 오직 하나의 변곡점을 가지려면
다음 그림과 같이 $y=k^2\sin kx$의 그래프와 직선 $y=8x$가
점 $(0, 0)$에서만 만나야 한다.   …… ㉠

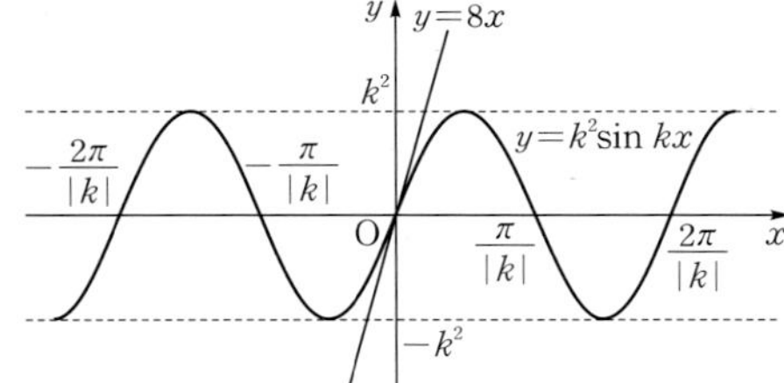

$y=k^2\sin kx$를 x에 대하여 미분하면
$y'=k^3\cos kx$
따라서 곡선 $y=k^2\sin kx$ 위의 점 $(0, 0)$에서의 접선의 기울기는
$k^3\times\cos 0=k^3$
이때 ㉠을 만족시키려면 곡선 $y=k^2\sin kx$ 위의 점 $(0, 0)$에서의 접
선의 기울기가 8보다 작아야 하므로
$k^3\le8$, $(k-2)(k^2+2k+4)\le0 \qquad \therefore k\le2 \ (\because k^2+2k+4>0)$
따라서 구하는 실수 k의 최댓값은 2이다.

0833   답 10

$f(-x)=-f(x)$이므로 함수 $y=f(x)$의 그래프는 원점에 대하여
대칭이다.

$f(x)=\dfrac{\ln x^2}{x}=\dfrac{2\ln |x|}{x}$이므로

$$f'(x)=\frac{\dfrac{2}{x}\times x-2\ln |x|\times1}{x^2}=\frac{2(1-\ln |x|)}{x^2}$$

$f'(x)=0$에서 $\ln |x|=1$, $|x|=e$
$\therefore x=e$ 또는 $x=-e$
$x>0$에서 함수 $f(x)$는 $x=e$에서 극댓값을 갖고,
$\lim\limits_{x\to0+}f(x)=-\infty$, $\lim\limits_{x\to\infty}f(x)=0$이므로 함수 $y=f(x)$의 그래프는
다음과 같다.

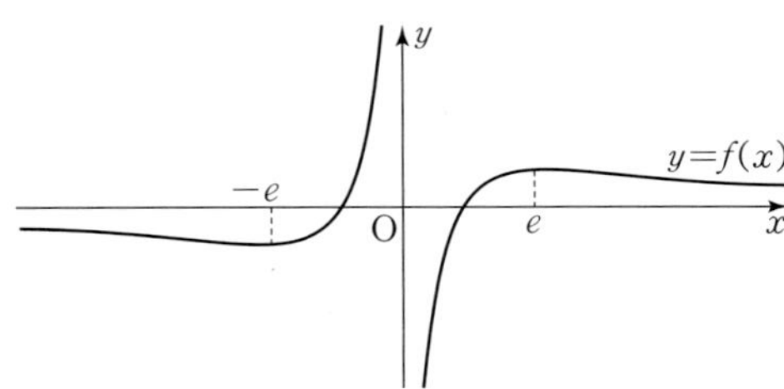

직선 $y=kx$는 원점을 지나는 직선이고,
직선 $y=kx$가 곡선 $y=f(x)$에 접할 때를 기준으로 교점의 개수가
달라진다.

원점에서 함수 $y=f(x)$ $(x>0)$의 그래프에 그은 접선의 기울기를 구해 보자.

접점을 $\left(t, \dfrac{2\ln t}{t}\right)$라 하면 접선의 방정식은

$$y=\frac{2(1-\ln t)}{t^2}(x-t)+\frac{2\ln t}{t}$$

즉, $y=\dfrac{2(1-\ln t)}{t^2}x+\dfrac{2(2\ln t-1)}{t}$이다.

이 직선이 원점을 지나므로

$\dfrac{2(2\ln t-1)}{t}=0$에서 $2\ln t=1$, $t=e^{\frac{1}{2}}$

이때, 접선의 기울기는 $\dfrac{2\left(1-\dfrac{1}{2}\right)}{e}=\dfrac{1}{e}$이다.

따라서 $k>\dfrac{1}{e}$일 때 $g(k)=0$, $k=\dfrac{1}{e}$일 때 $g(k)=2$,

$0<k<\dfrac{1}{e}$일 때 $g(k)=4$, $k\leq0$일 때 $g(k)=2$이다.

$\therefore g\left(-\dfrac{1}{e}\right)+g(0)+g\left(\dfrac{1}{e^2}\right)+g\left(\dfrac{1}{e}\right)+g\left(\dfrac{2}{e}\right)$

$\qquad =2+2+4+2+0=10$

0834 답 ⑤

$y'=(x^2+3x+1)e^{4+x}$
$y''=(x^2+5x+4)e^{4+x}=(x+1)(x+4)e^{4+x}$
$y'=0$에서 $x=\dfrac{-3\pm\sqrt{5}}{2}$이고,
$y''=0$에서 $x=-1$ 또는 $x=-4$이므로
함수 $y=(x^2+x)e^{4+x}$의 그래프는 다음과 같다.

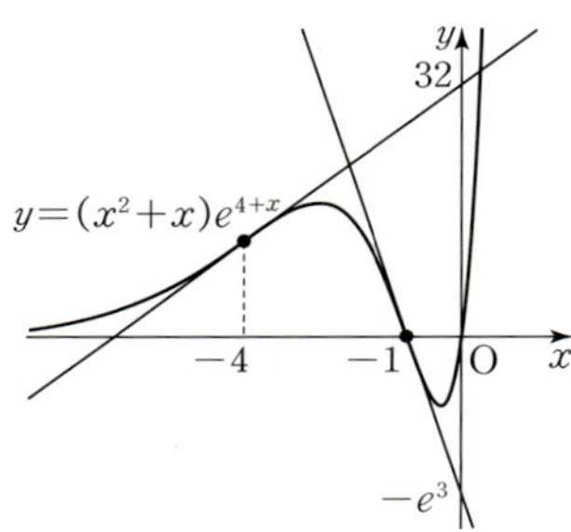

이때, 두 변곡점에서의 접선의 y절편이 k값이 될 때를 기준으로 점 $(0, k)$에서 곡선 $y=(x^2+x)e^{4+x}$에 그은 접선의 개수가 달라진다. …… TIP

변곡점 $(-4, 12)$에서의 접선의 기울기는 5이고,
접선의 방정식은 $y=5(x+4)+12=5x+32$이므로
이 직선이 y축과 만나는 점의 좌표는 $(0, 32)$이다.
변곡점 $(-1, 0)$에서의 접선의 기울기는 $-e^3$이고, 접선의 방정식은
$y=-e^3(x+1)$이므로 이 직선이 y축과 만나는 점의 좌표는
$(0, -e^3)$이다.
따라서 k의 값의 범위에 따라 그을 수 있는 접선의 개수는 다음과 같다.
$k<-e^3$일 때 1개, $k=-e^3$일 때 2개,
$-e^3<k<0$일 때 3개, $0\leq k<32$일 때 2개,
$k=32$일 때 1개, $k>32$일 때 0개
따라서 점 $(0, k)$에서 곡선에 접선을 그을 수 있는 k의 값의 범위는

$k\leq32$이므로 $a=32$이고,
그을 수 있는 접선의 최대 개수는 3이므로 $b=3$이다.
$\therefore a+b=32+3=35$

TIP

곡선 $y=(x^2+x)e^{4+x}$ 위를 따라가면서 곡선 위의 각 점에서의 접선이 y축과 만나는 점을 생각해 보면 접선의 개수를 따져볼 수 있다.
곡선 위의 점의 x좌표를 t라 하고, 그 점에서의 접선의 y절편을 k라 하면 다음과 같다.

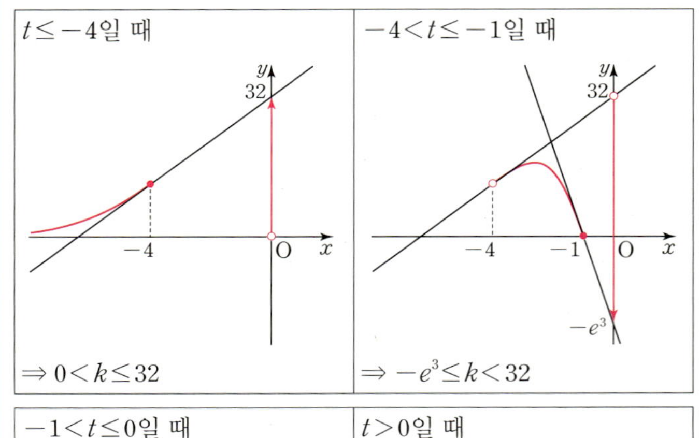

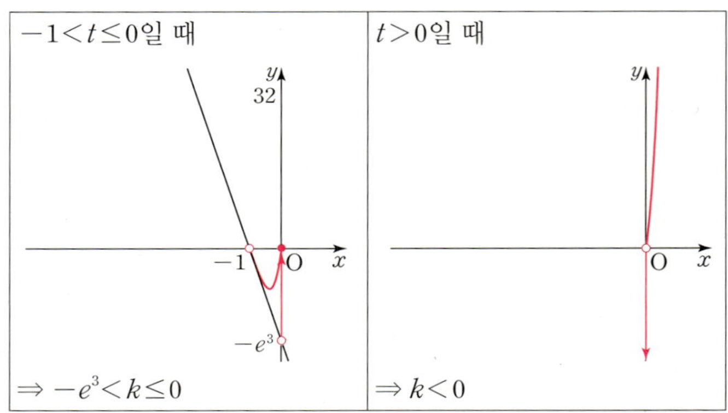

따라서 t의 값에 따른 k의 값의 범위를 나타내면 다음과 같다.

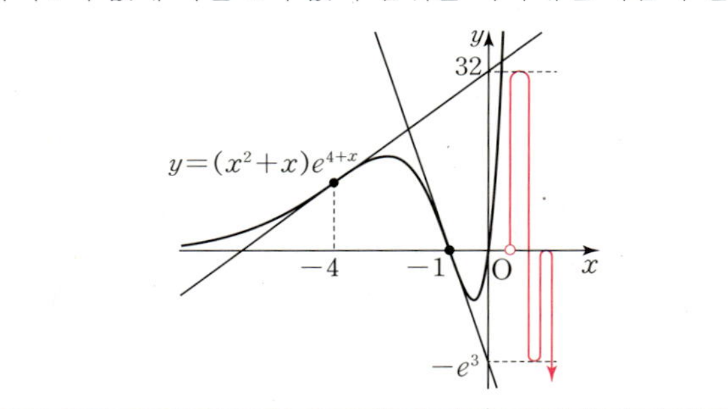

0835 답 72

$f(x)=ax^2+bx+c$라 하자. (단, a, b, c는 상수, $a\neq0$)
$f'(x)=2ax+b$, $f''(x)=2a$
$g(x)=f(x)e^{-x}$이므로
$g'(x)=e^{-x}\{f'(x)-f(x)\}$
$g''(x)=e^{-x}\{f''(x)-2f'(x)+f(x)\}$
즉, $g''(x)=e^{-x}\{ax^2+(b-4a)x+2a-2b+c\}$
이때, 조건 ㈎에 의하여 방정식
$ax^2+(b-4a)x+2a-2b+c=0$의 두 근이 1, 4이다.

이차방정식의 근과 계수의 관계에 의하여

$\dfrac{4a-b}{a}=5$, $\dfrac{2a-2b+c}{a}=4$이므로

$b=-a$, $c=0$

즉, $g(x)=a(x^2-x)e^{-x}$이므로 다음과 같이 $a>0$, $a<0$일 때를 나누어 생각하면

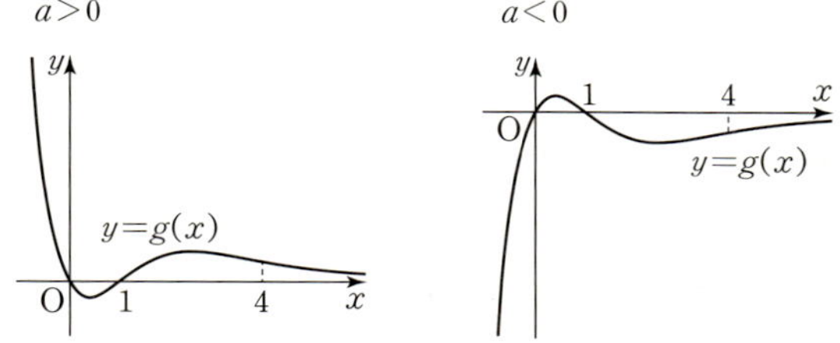

조건 ㈐에서 점 $(0,\ k)$에서 곡선 $y=g(x)$에 그은 접선의 개수가 3인 k의 값의 범위는 $-1<k<0$이므로 $a>0$이다.

곡선 $y=g(x)$ 위의 점 $(1,\ 0)$에서의 접선의 y절편을 α라 하고, 점 $(4,\ 0)$에서의 접선의 y절편을 β라 하면

점 $(0,\ k)$에서 곡선 $y=g(x)$에 그은 접선은

$k<\alpha$일 때 1개, $k=\alpha$일 때 2개, $\alpha<k<0$일 때 3개, $0\le k<\beta$일 때 2개, $k=\beta$일 때 1개, $k>\beta$일 때 0개이다. ······ **TIP**

조건 ㈐에 의하여 점 $(0,\ k)$에서 곡선 $y=g(x)$에 그은 접선의 개수가 3인 k의 값의 범위는 $-1<k<0$이어야 하므로 $\alpha=-1$이다.

곡선 $y=g(x)$ 위의 점 $(1,\ 0)$에서의 접선의 방정식은

$y=g'(1)(x-1)+g(1)$이고, 이 접선의 y절편은

$-g'(1)+g(1)=-g'(1)$ $(\because g(1)=0)$이므로

$\alpha=-g'(1)=-1$에서 $g'(1)=1$이다.

$g'(1)=e^{-1}\{f'(1)-f(1)\}=\dfrac{a}{e}=1$이므로 $a=e$이다.

$\therefore g(x)=e(x^2-x)e^{-x}$

따라서 $g(-2)=6e^3$, $g(4)=12e^{-3}$이므로

$g(-2)\times g(4)=72$이다.

> **TIP**
>
> **0834**의 **TIP** 에서와 마찬가지 방법으로 곡선 위를 따라가면서 곡선 위의 각 점에서의 접선이 y축과 만나는 점을 생각해 보면서 접선의 개수를 따져보면 곡선 위의 점의 x좌표를 t라 하고, 그 점에서의 접선의 y절편을 k라 할 때, t의 값에 따른 k의 값의 범위는 다음과 같다.
>
> 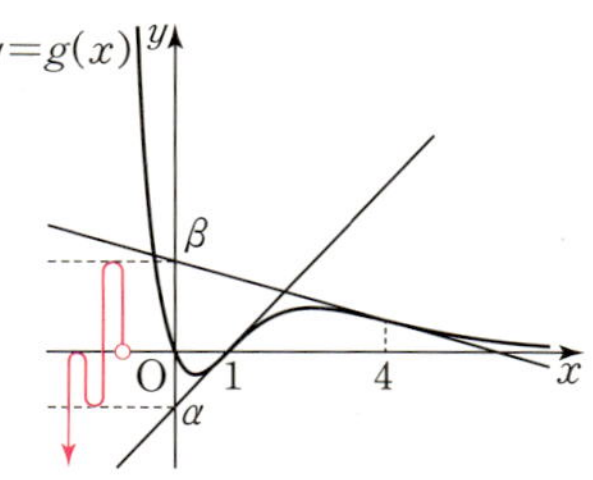

0836   답 ⑤

$f(x)=kx^2e^{-x}$ $(k>0)$에서

$f'(x)=2kxe^{-x}-kx^2e^{-x}=kx(2-x)e^{-x}$

$f'(x)=0$에서 $x=0$ 또는 $x=2$

함수 $f(x)$의 증가와 감소를 표로 나타내면 다음과 같다.

x	$\cdots$	0	$\cdots$	2	$\cdots$
$f'(x)$	$-$	0	$+$	0	$-$
$f(x)$	$\searrow$	0	$\nearrow$	$\dfrac{4k}{e^2}$	$\searrow$

$f(0)=0$이고 $\displaystyle\lim_{x\to\infty}kx^2e^{-x}=0$, $\displaystyle\lim_{x\to-\infty}kx^2e^{-x}=\infty$이므로

함수 $y=f(x)$의 그래프의 개형은 다음과 같다.

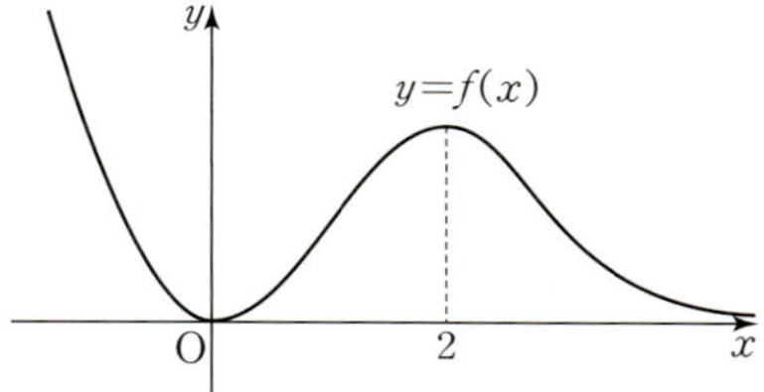

곡선 $y=f(x)$ 위의 점 $(t,\ f(t))$에서 x축까지의 거리와 y축까지의 거리 중 크지 않은 값이 $g(t)$이므로 직선 $y=x$ 또는 직선 $y=-x$와 곡선 $y=f(x)$의 교점을 기준으로 $g(t)$의 값이 결정된다. ······ **TIP**

이때, $f'(0)=0$이므로 곡선 $y=f(x)$와 직선 $y=-x$는 원점 이외의 교점이 존재하며 이 교점의 x좌표를 α $(\alpha<0)$라 하면

$f'(\alpha)\ne-1$이므로 함수 $g(t)$가 $t=\alpha$일 때 미분가능하지 않다.

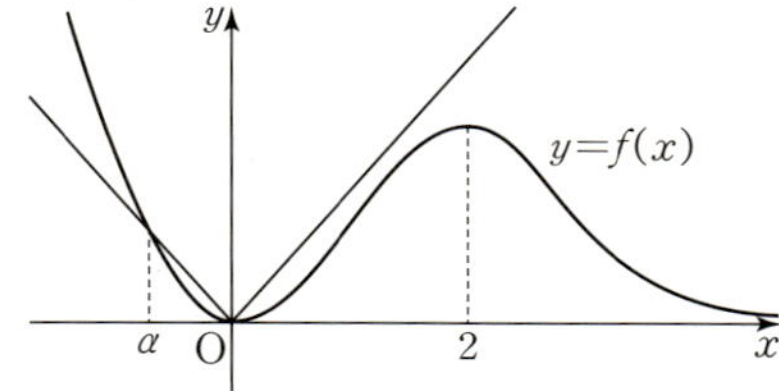

따라서 곡선 $y=f(x)$와 직선 $y=x$는 원점 이외의 점에서는 만나지 않거나 접해야 한다.

접할 때의 접선의 x좌표를 t라 하면

$kt^2e^{-t}=t$이고 $kt(2-t)e^{-t}=1$

$2-t=1$

$\therefore t=1$, $k=e$

따라서 k의 최댓값은 e이다.

> **TIP**
>
> 곡선 위의 점 $(a,\ b)$에 대하여 이 점에서 x축까지의 거리, y축까지의 거리는 각각 $|b|$와 $|a|$이다. 즉, x축까지의 거리와 y축까지의 거리를 비교하는 것은 $|a|$와 $|b|$를 비교하는 것이므로 $|a|=|b|$를 만족시키는 자취인 두 직선 $y=x$, $y=-x$를 기준으로 $g(t)$를 생각하면 된다.

0837   답 15

$f(x)=(ax^2+bx+c)e^x$에서 $f'(x)=\{ax^2+(2a+b)x+b+c\}e^x$

$e^x>0$이므로 조건 ㈎에 의하여

$x=-\sqrt{3}$과 $x=\sqrt{3}$은 방정식 $ax^2+(2a+b)x+b+c=0$의 근이다.

따라서 근과 계수의 관계에 의하여

$-\dfrac{2a+b}{a}=0$, $\dfrac{b+c}{a}=-3$에서 $b=-2a$, $c=-a$이므로

$f(x)=a(x^2-2x-1)e^x$,

$f'(x)=a(x^2-3)e^x,$
$f''(x)=a(x-1)(x+3)e^x$이다. ...... ㉠
한편 조건 ㈏에서 $0\le x_1<x_2$인 임의의 두 실수 x_1, x_2에 대하여
$f(x_1)+x_1\le f(x_2)+x_2$이므로
구간 $(0,\ \infty)$에서 미분가능한 함수 $f(x)+x$는 증가한다.
즉, 구간 $(0,\ \infty)$에서 $f'(x)+1\ge 0$이다. ...... ㉡
이때 ㉠에서 $a>0$이므로 구간 $(0,\ \infty)$에서 함수 $f'(x)$의 증가와 감소를 표로 나타내면 다음과 같다.

x	(0)	$\cdots$	1	$\cdots$
$f''(x)$		$-$	0	$+$
$f'(x)$		$\searrow$	극소	$\nearrow$

따라서 함수 $f'(x)$의 최솟값은 $f'(1)$이므로
㉡을 만족시키려면 $f'(1)+1\ge 0$이어야 한다.
따라서 $-2ae+1\ge 0$에서 $a\le\dfrac{1}{2e}$이므로
$abc=a(-2a)(-a)=2a^3\le\dfrac{1}{4e^3}$이다.
$\therefore\ 60k=60\times\dfrac{1}{4}=15$

TIP

이 문제에서 곡선 $y=f(x)$의 변곡점에서의 접선의 기울기가 -1임을 알아야 한다.
만약 변곡점에서의 접선의 기울기가 -1이 아닐 때를 생각해 보면 다음과 같다.
(i) 변곡점에서의 접선의 기울기가 -1보다 클 때
　예를 들어 변곡점에서의 접선의 기울기가 $-\dfrac{1}{2}$이라 하면
　$-2ae=-\dfrac{1}{2}$에서 $a=\dfrac{1}{4e}$이므로 조건 ㈏를 만족시키지만,
　변곡점에서의 접선의 기울기가 -1일 때보다 a의 값이
　작으므로 abc의 값이 최대가 아니다.
(ii) 변곡점에서의 접선의 기울기가 -1보다 작을 때
　예를 들어 변곡점에서의 접선의 기울기가 -2라 하면
　$-2ae=-2$에서 $a=\dfrac{1}{e}$이므로
　$f(x)=(x^2-2x-1)e^{x-1}$
　이때, 두 점 $(1,\ f(1))$과 $\left(\dfrac{3}{2},\ f\left(\dfrac{3}{2}\right)\right)$을 이은 직선의
　기울기는 $\dfrac{-\dfrac{7}{4}\sqrt{e}-(-2)}{\dfrac{3}{2}-1}<-1$
　이므로 조건 ㈏를 만족시키지 않는다.
따라서 a의 값이 최대가 될 때에는 곡선 $y=f(x)$의
변곡점에서의 접선의 기울기가 -1일 때를 의미한다.

0838 답 ①

$g(x)=2\pi\left(\dfrac{\sqrt{3}}{2}\sin x+\dfrac{1}{2}\cos x\right)$
$\qquad=2\pi\left(\sin x\cos\dfrac{\pi}{6}+\cos x\sin\dfrac{\pi}{6}\right)$

$\qquad=2\pi\sin\left(x+\dfrac{\pi}{6}\right)$ ...... 참고

이므로 $-2\pi\le g(x)\le 2\pi$이다.
함수 $(f\circ g)(x)=f(g(x))$에서 $t=g(x)$라 하면
$f(g(x))=f(t)=\cos t+t\sin t\ (-2\pi\le t\le 2\pi)$이므로
$-2\pi\le t\le 2\pi$에서 함수 $f(t)=\cos t+t\sin t$의 최댓값, 최솟값을
구해 보자.
$f(t)=f(-t)$에서 함수 $y=f(t)$의 그래프는 y축에 대하여
대칭이므로
$0\le t\le 2\pi$에서 함수 $y=f(t)$를 살펴보자.
$f'(t)=-\sin t+\sin t+t\cos t=t\cos t$
$f'(t)=0$에서 $t=0$ 또는 $t=\dfrac{\pi}{2}$ 또는 $t=\dfrac{3}{2}\pi$
$0\le t\le 2\pi$에서 함수 $f(t)$의 증가와 감소를 표로 나타내면 다음과 같다.

t	0	$\cdots$	$\dfrac{\pi}{2}$	$\cdots$	$\dfrac{3}{2}\pi$	$\cdots$	2π
$f'(t)$		$+$	0	$-$	0	$+$	
$f(t)$	1	$\nearrow$	$\dfrac{\pi}{2}$	$\searrow$	$-\dfrac{3}{2}\pi$	$\nearrow$	1

따라서 함수 $f(t)$는 $t=-\dfrac{\pi}{2}$ 또는 $t=\dfrac{\pi}{2}$에서 최댓값 $\dfrac{\pi}{2}$를 갖고,
$t=-\dfrac{3}{2}\pi$ 또는 $t=\dfrac{3}{2}\pi$에서 최솟값 $-\dfrac{3}{2}\pi$를 갖는다.
$\therefore\ \dfrac{\pi}{2}+\left(-\dfrac{3}{2}\pi\right)=-\pi$

참고

$\sqrt{3}\pi\sin x+\pi\cos x=2\pi\sin\left(x+\dfrac{\pi}{6}\right)$는 중단원 '**01 여러 가지 함수의 미분**'의 '**유형 10 삼각함수의 합성(교육과정 외)**'의 유형 설명을 참고하자.

0839 답 ④

$f'(x)=\dfrac{16-x^2}{(x^2+16)^2}=0$에서 $x=\pm 4$
함수 $f(x)$는 $x=-4$에서 극솟값을 갖고, $x=4$에서 극댓값을
갖는다.
$f(-x)=-f(x)$이므로 함수 $y=f(x)$의 그래프는 원점에 대하여
대칭이다.
$\displaystyle\lim_{x\to\infty}f(x)=0$이므로 함수 $y=f(x)$의 그래프는 다음과 같다.

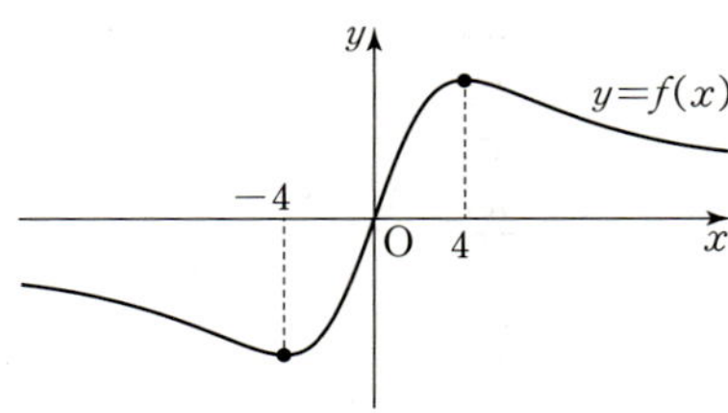

$M+m=0$, 즉 $m=-M$을 만족시키려면 $x=-4$와 $x=4$는
닫힌구간 $[-a-1,\ a]$에 존재해야 하므로
$-a-1\le -4$이고 $a\ge 4$이다.
즉, $a\ge 3$이고 $a\ge 4$　$\therefore\ a\ge 4$
따라서 a의 최솟값은 4이다.

0840

잘라내고 남은 부채꼴의 호의 길이는 $12\pi-6\theta$이고,
이 값이 원뿔의 밑면인 원의 둘레의 길이와 같으므로
원뿔의 밑면인 원의 반지름의 길이를 r라 하면

$$2\pi r=12\pi-6\theta \text{에서 } \theta=\frac{6-r}{3}\pi \quad\quad \cdots\cdots\ \bigcirc$$

원뿔의 높이를 h라 하면
$r^2+h^2=6^2$이므로 $h=\sqrt{36-r^2}$
따라서 원뿔의 부피를 $f(r)$라 하면

$$f(r)=\frac{1}{3}\times\pi r^2\times h=\frac{\pi}{3}r^2\sqrt{36-r^2}\ \ (0<r<6)$$

$$f'(r)=\frac{\pi}{3}\left(2r\sqrt{36-r^2}+r^2\times\frac{-r}{\sqrt{36-r^2}}\right)$$

$$=\frac{\pi}{3}r\times\frac{2(36-r^2)-r^2}{\sqrt{36-r^2}}$$

$$=\frac{\pi r(24-r^2)}{\sqrt{36-r^2}}$$

$f'(r)=0$에서 $r=2\sqrt{6}\ (\because r>0)$
함수 $f(r)$는 $r=2\sqrt{6}$일 때 극대이면서 최대이므로
함수 $f(r)$의 최댓값은 $f(2\sqrt{6})=\dfrac{\pi}{3}\times24\times\sqrt{36-24}=16\sqrt{3}\pi$이다.

$\bigcirc$에서 $r=2\sqrt{6}$일 때 $\theta=\dfrac{6-2\sqrt{6}}{3}\pi$

$\therefore$ 최댓값 : $16\sqrt{3}\pi$, $\theta=\dfrac{6-2\sqrt{6}}{3}\pi$

0841

선분 AP의 중점을 M, $\overline{BP}=2t\ (0<t\leq1)$라 하자.

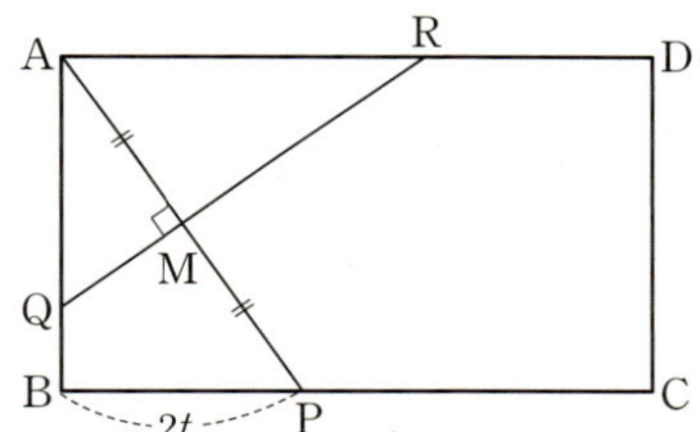

이때, 직각삼각형 ABP에서 $\overline{AP}=2\sqrt{t^2+1}$이고,
두 직각삼각형 ABP와 AMQ는 서로 닮음이므로
$\overline{AP}:\overline{AB}=\overline{AQ}:\overline{AM}$, $2\sqrt{t^2+1}:2=\overline{AQ}:\sqrt{t^2+1}$
$\therefore \overline{AQ}=t^2+1$
또한 두 직각삼각형 ABP와 RAQ는 서로 닮음이므로
$\overline{AP}:\overline{BP}=\overline{QR}:\overline{AQ}$, $2\sqrt{t^2+1}:2t=\overline{QR}:(t^2+1)$
$\therefore \overline{QR}=\dfrac{(t^2+1)^{\frac{3}{2}}}{t}$

$f(t)=\dfrac{(t^2+1)^{\frac{3}{2}}}{t}$이라 하면

$$f'(t)=\frac{3t^2\sqrt{t^2+1}-(t^2+1)^{\frac{3}{2}}}{t^2}=\frac{\sqrt{t^2+1}(2t^2-1)}{t^2}$$

이때, $t>0$, $t^2+1>0$이므로 $2t^2=1$일 때 $\overline{QR}$는 최솟값을 갖는다.

$$k^2=\frac{27}{4}$$

$$\therefore\ 4k^2=27$$

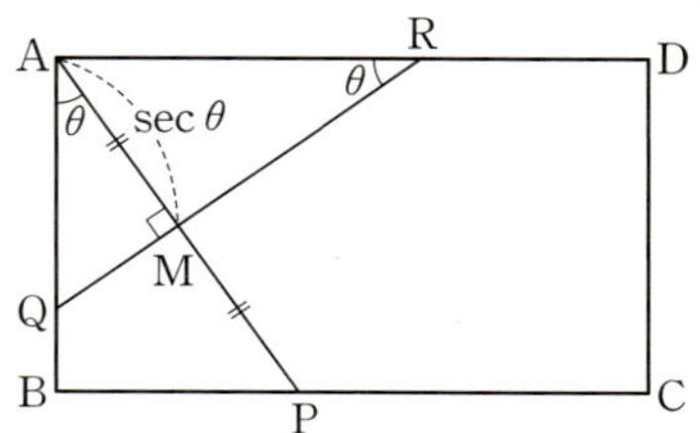

선분 AP의 중점을 M, $\angle BAP=\theta\ \left(0<\theta\leq\dfrac{\pi}{4}\right)$라 하면
삼각형 ABP는 직각삼각형이므로 $\overline{AP}=2\sec\theta$이다.
$\therefore \overline{AM}=\sec\theta$
세 삼각형 ABP, AMQ, RAQ는 모두 닮음이므로 $\overline{AQ}=\sec^2\theta$,
$\overline{QR}=\csc\theta\sec^2\theta=\dfrac{1}{\sin\theta\cos^2\theta}=\dfrac{1}{\sin\theta(1-\sin^2\theta)}$이다.
이때, $\overline{QR}$의 값이 최소이기 위해서는 $\sin\theta(1-\sin^2\theta)$의 값이
최대여야 하므로 $\sin\theta=t\ \left(0<t\leq\dfrac{\sqrt{2}}{2}\right)$,
$f(t)=t(1-t^2)=-t^3+t$라 하면
$f'(t)=-3t^2+1$에서 방정식 $f'(t)=0$의 해는
$t=\dfrac{\sqrt{3}}{3}\ \left(\because 0<t\leq\dfrac{\sqrt{2}}{2}\right)$이고
삼차함수 $f(t)$는 최고차항의 계수가 -1이므로
$t=\dfrac{\sqrt{3}}{3}$일 때 함수 $f(t)$는 극대이자 최대이다.

$$\therefore\ k=\frac{1}{f\left(\frac{\sqrt{3}}{3}\right)}=\frac{3\sqrt{3}}{2}$$

$$\therefore\ 4k^2=27$$

0842

곡선 $y=\ln x^2$이 y축에 대하여 대칭이므로
곡선 위의 두 점 $A(-t,\ \ln t^2)$, $B(t,\ \ln t^2)$에서 접하는 원의 중심은
y축 위에 있다.
원의 중심을 C라 하면 선분 CB와 점 B에서의 접선이 서로
수직이므로 점 B를 지나고 점 B에서의 접선과 수직인 직선이
y축과 만나는 점이 점 C이다.

$y=\ln x^2=2\ln x$에서 $y'=\dfrac{2}{x}$

점 $B(t,\ \ln t^2)\ (t>0)$에서의 접선의 기울기는 $\dfrac{2}{t}$이므로
점 B를 지나고 점 B에서의 접선과 수직인 직선의 방정식은

$$y=-\frac{t}{2}(x-t)+\ln t^2,\ \text{즉 } y=-\frac{t}{2}x+\frac{t^2}{2}+\ln t^2\text{이고,}$$

이 직선이 y축과 만나는 점이 $C\left(0,\ \dfrac{t^2}{2}+\ln t^2\right)$이다.

원의 반지름의 길이는 $\overline{BC}=\sqrt{t^2+\left(\dfrac{t^2}{2}\right)^2}=\sqrt{\dfrac{1}{4}t^4+t^2}$이므로

$$S(t)=\left(\frac{1}{4}t^4+t^2\right)\pi$$

$$S'(t)=\pi(t^3+2t)=\pi t(t^2+2)$$

$1 \le t \le 4$에서 $S'(t) > 0$이므로

함수 $S(t)$의 최솟값은 $S(1) = \dfrac{5}{4}\pi$이고, 최댓값은 $S(4) = 80\pi$이다.

$\therefore Mm = \dfrac{5}{4}\pi \times 80\pi = 100\pi^2$

0843 · 답 ①

방정식 $ke^x = a(x^3 - 2x^2)$, $k = a(x^3 - 2x^2)e^{-x}$에서

$f(x) = a(x^3 - 2x^2)e^{-x}$이라 놓으면

$f'(x) = a(3x^2 - 4x)e^{-x} - a(x^3 - 2x^2)e^{-x}$

$\qquad = -a(x^3 - 5x^2 + 4x)e^{-x} = -ax(x-1)(x-4)e^{-x}$

$f'(x) = 0$에서 $x = 0$ 또는 $x = 1$ 또는 $x = 4$

(i) $a < 0$일 때

함수 $f(x)$의 증가와 감소를 표로 나타내면 다음과 같다.

x	$\cdots$	0	$\cdots$	1	$\cdots$	4	$\cdots$
$f'(x)$	$-$	0	$+$	0	$-$	0	$+$
$f(x)$	$\searrow$	0	$\nearrow$	$-\dfrac{a}{e}$	$\searrow$	$\dfrac{32a}{e^4}$	$\nearrow$

$\displaystyle\lim_{x \to -\infty} \dfrac{a(x^3 - 2x^2)}{e^x} = \infty$, $\displaystyle\lim_{x \to \infty} \dfrac{a(x^3 - 2x^2)}{e^x} = 0$이므로

함수 $y = f(x)$의 그래프는 다음과 같다.

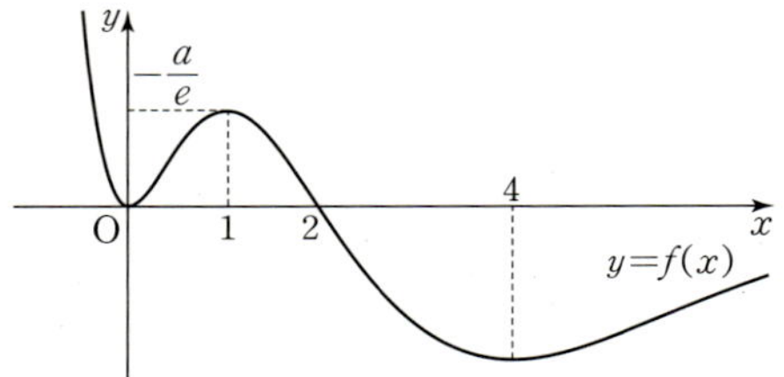

함수 $y = f(x)$와 직선 $y = k$가 서로 다른 세 점에서 만나도록
하는 실수 k의 값의 범위는

$0 < k < -\dfrac{a}{e}$이다.

(ii) $a > 0$일 때

$\displaystyle\lim_{x \to -\infty} \dfrac{a(x^3 - 2x^2)}{e^x} = -\infty$, $\displaystyle\lim_{x \to \infty} \dfrac{a(x^3 - 2x^2)}{e^x} = 0$이므로

함수 $y = f(x)$의 그래프는 다음과 같다.

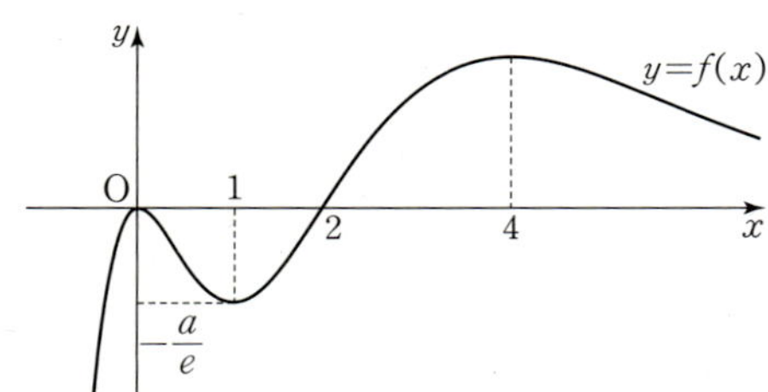

함수 $y = f(x)$와 직선 $y = k$가 서로 다른 세 점에서 만나도록
하는 실수 k의 값의 범위는

$-\dfrac{a}{e} < k < 0$이다.

따라서 함수 $y = f(x)$와 직선 $y = k$가 세 점에서 만나도록 하는 실수

k의 값의 범위가 $0 < k < 2$이려면 $a < 0$이고, $-\dfrac{a}{e} = 2$이어야 한다.

$\therefore a = -2e$

0844 · 답 ③

방정식 $\sin x + \cos x = e^{x+k}$에서 $(\sin x + \cos x)e^{-x} = e^k$

$f(x) = (\sin x + \cos x)e^{-x}$이라 놓으면

$f'(x) = (\cos x - \sin x)e^{-x} - (\sin x + \cos x)e^{-x}$

$\qquad = -2e^{-x}\sin x$

$2e^{-x} > 0$이므로 $f'(x)$의 부호는 $-\sin x$의 부호와 같다.

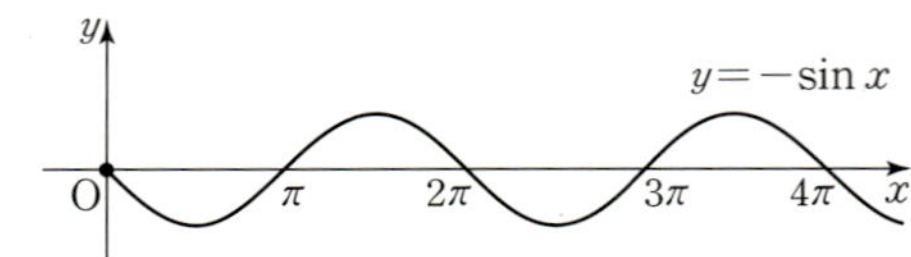

따라서 $x \ge 0$에서 함수 $f(x)$는 $x = (2n-1)\pi$에서 극소이고,

$x = 2n\pi$에서 극대이다. (단, n은 자연수)

$f((2n-1)\pi) = -e^{-(2n-1)\pi}$, $f(2n\pi) = e^{-2n\pi}$이고,

$f(0) = 1$, $\displaystyle\lim_{x \to \infty} f(x) = 0$이므로

함수 $y = f(x)$의 그래프는 다음과 같다.

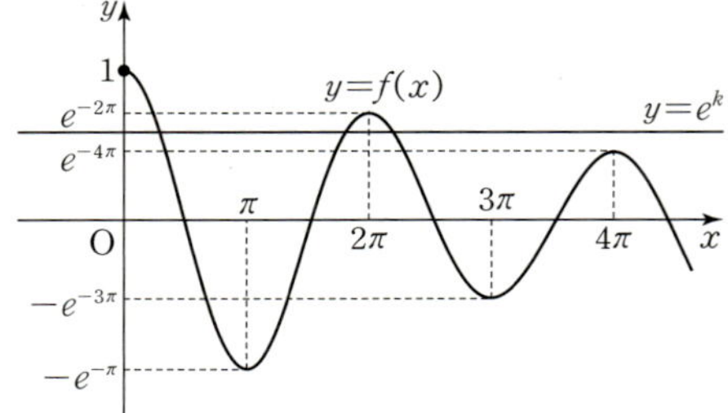

따라서 함수 $y = f(x)$의 그래프와 직선 $y = e^k$이 서로 다른 세 점에서
만나도록 하는 실수 k의 값의 범위는 $e^{-4\pi} < e^k < e^{-2\pi}$이므로

$-4\pi < k < -2\pi$이다.

$\alpha = -4\pi$, $\beta = -2\pi$

$\therefore \beta - \alpha = 2\pi$

다른 풀이

방정식 $\sin x + \cos x = e^{x+k}$이 서로 다른 실근 3개를 가지려면 두
곡선 $y = \sin x + \cos x$와 $y = e^{x+k}$은 서로 다른 3개의 점에서
만나야 한다.

$y = \sin x + \cos x$

$\quad = \sqrt{2}\left(\dfrac{1}{\sqrt{2}}\sin x + \dfrac{1}{\sqrt{2}}\cos x\right)$

$\quad = \sqrt{2}\sin\left(x + \dfrac{\pi}{4}\right)$

이므로 $f(x) = \sqrt{2}\sin\left(x + \dfrac{\pi}{4}\right)$, $g(x) = e^{x+k}$이라 하면

함수 $y = f(x)$의 그래프는 다음과 같다.

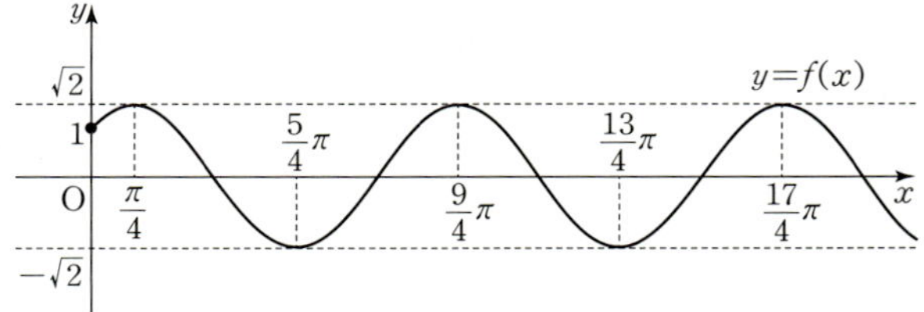

$f'(x) = \sqrt{2}\cos\left(x + \dfrac{\pi}{4}\right)$, $g'(x) = e^{x+k}$이므로

두 곡선 $y = f(x)$, $y = g(x)$가 $x = \alpha$에서 접한다고 하면

$f(\alpha) = g(\alpha)$, $f'(\alpha) = g'(\alpha)$에서

$\sqrt{2}\sin\left(\alpha+\dfrac{\pi}{4}\right)=e^{\alpha+k}$, $\sqrt{2}\cos\left(\alpha+\dfrac{\pi}{4}\right)=e^{\alpha+k}$이므로

$\sin\left(\alpha+\dfrac{\pi}{4}\right)=\cos\left(\alpha+\dfrac{\pi}{4}\right)$에서

$\alpha+\dfrac{\pi}{4}=n\pi+\dfrac{\pi}{4}$, 즉 $\alpha=n\pi$ (단, n은 자연수)

따라서 두 그래프가 $x>0$에서 서로 다른 3개의 점에서 만나려면 다음과 같이 $-k$의 값은 점 $(2\pi,\ 1)$에서 접할 때보다 커야 하고, 점 $(4\pi,\ 1)$에서 접할 때보다 작아야 한다.

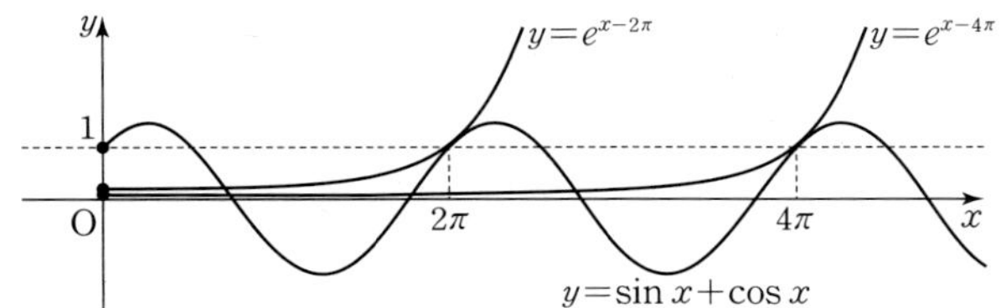

즉, $2\pi<-k<4\pi$에서 $-4\pi<k<-2\pi$이므로

$\alpha=-4\pi$, $\beta=-2\pi$

$\therefore \beta-\alpha=(-2\pi)-(-4\pi)=2\pi$

0845 　　　답 ⑤

함수 $f(x)$는 최고차항의 계수가 $\dfrac{1}{2}$인 삼차함수이므로 $f(k)=0$을 만족시키는 실수 k가 적어도 하나 존재한다.

$g(x)=\begin{cases} \ln|f(x)| & (f(x)\neq 0) \\ 1 & (f(x)=0) \end{cases}$에서

$g(k)=1$이고, $\displaystyle\lim_{x\to k}g(x)=\lim_{f(x)\to 0}\ln|f(x)|=-\infty$이므로 함수 $g(x)$는 $x=k$에서 불연속이다.

조건 ㈎에서 함수 $g(x)$는 $x\neq 1$인 모든 실수 x에서 연속이므로 $f(k)=0$을 만족시키는 실수 k는 1로 유일하게 존재한다.

즉, 함수 $y=f(x)$의 그래프는 오직 $x=1$에서만 x축과 만난다.
　　　　　　　　　　　　　　　　　　…… ㉠

이때 함수 $f(x)$의 최고차항의 계수는 양수이므로 ㉠에서 $f(2)>0$

한편 $g'(x)=\dfrac{f'(x)}{f(x)}\ (f(x)\neq 0)$이고 조건 ㈏에서 함수 $g(x)$가 $x=2$에서 극대이므로 함수 $f(x)$도 $x=2$에서 극대이다.
　　　　　　　　　　　($\because x>1$일 때 $f(x)>0$) …… ㉡

㉠, ㉡에서 가능한 함수 $y=f(x)$의 그래프는 다음 그림과 같다.

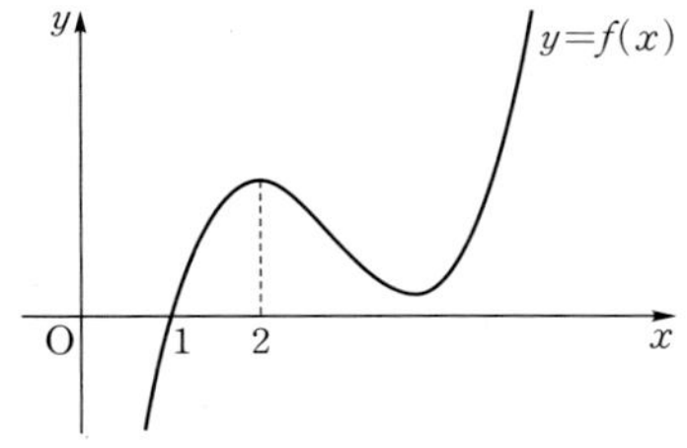

조건 ㈏에서 함수 $g(x)$는 $x=2$에서 극대이고 함수 $|g(x)|$는 $x=2$에서 극소이므로 $g(2)\leq 0$이다.

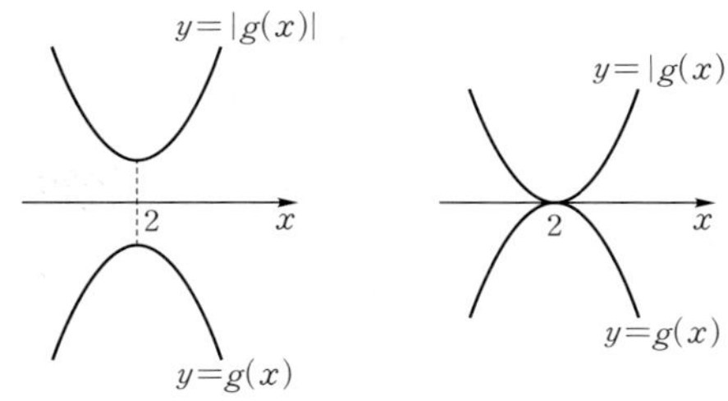

즉, $\ln|f(2)|\leq 0$에서 $0<f(2)\leq 1\ (\because f(2)>0)$ …… ㉢

조건 ㈐에서 방정식 $g(x)=0$의 서로 다른 실근의 개수가 3이므로 방정식 $\ln|f(x)|=0$, 즉 $|f(x)|=1$의 서로 다른 실근의 개수가 3이다.
　　　　　　　　　　　　　　　　　　…… ㉣

이때 함수 $y=f(x)$의 그래프와 직선 $y=-1$의 교점의 개수는 1이므로 ㉣에서 함수 $y=f(x)$의 그래프와 직선 $y=1$의 교점의 개수는 2이다.

따라서 함수 $f(x)$의 극댓값 또는 극솟값이 1이어야 한다.

이때 함수 $f(x)$의 극솟값이 1이면 $f(2)>1$이 되어 ㉢을 만족시킬 수 없으므로 함수 $f(x)$의 극댓값이 1이어야 한다.

즉, $f(2)=1$이다.
　　　　　　　　　　　　　　　　　　…… ㉤

㉠에서 $f(1)=0$, ㉡에서 $f'(2)=0$, ㉤에서 $f(2)=1$이므로

$f(x)=\dfrac{1}{2}(x-1)(x^2+ax+b)$ (a, b는 상수)라 하면

$f'(x)=\dfrac{1}{2}(x^2+ax+b)+\dfrac{1}{2}(x-1)(2x+a)$

$f'(2)=\dfrac{1}{2}(3a+b+8)=0$에서

$b=-3a-8$

이므로 $f(x)=\dfrac{1}{2}(x-1)(x^2+ax-3a-8)$이고,

$f(2)=-\dfrac{1}{2}a-2=1$

에서 $a=-6$이다.

따라서 $f(x)=\dfrac{1}{2}(x-1)(x^2-6x+10)$,

$f'(x)=\dfrac{1}{2}(3x-8)(x-2)$

이므로 함수 $f(x)$는 $x=\dfrac{8}{3}$에서 극솟값을 갖고, 마찬가지로 함수 $g(x)$도 $x=\dfrac{8}{3}$에서 극솟값을 갖는다.

$\therefore g\left(\dfrac{8}{3}\right)=\ln\left|f\left(\dfrac{8}{3}\right)\right|=\ln\left|\dfrac{1}{2}\times\dfrac{5}{3}\times\dfrac{10}{9}\right|=\ln\dfrac{25}{27}$

참고

두 함수 $y=f(x)$, $y=g(x)$의 그래프는 다음과 같다.

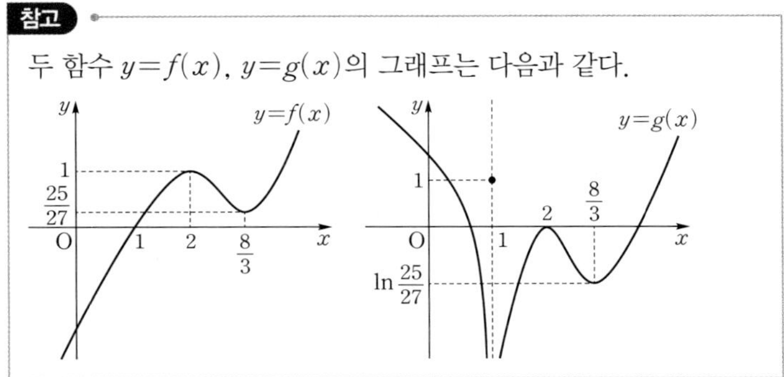

0846   🅐 $(24, 8\sqrt{3})$

t초 후 원의 중심을 O, 원의 중심에서 x축에 내린 수선의 발을 H라 하면 원이 매초 2라디안씩 회전하므로 $\angle POH = 2t$이다.

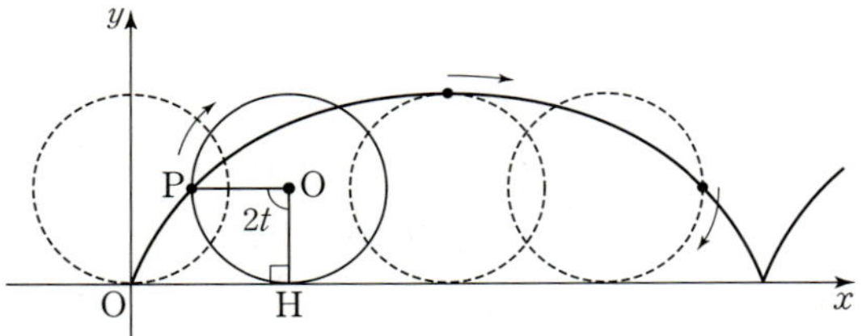

선분 OH의 길이는 원이 t초 동안 굴러간 길이로 호 PH의 길이와 같으므로

$\overline{OH} = 8 \times 2t = 16t$

점 P의 x좌표는 $x = 16t - 8\sin(2t)$이고,

점 P의 y좌표는 $y = 8 - 8\cos(2t)$이므로

$\dfrac{dx}{dt} = 16 - 16\cos(2t)$, $\dfrac{dy}{dt} = 16\sin(2t)$

$t = \dfrac{\pi}{3}$일 때 점 P의 속도는 $(24, 8\sqrt{3})$이다.

Ⅲ 적분법

01 부정적분

0847   🅐 (1) $\ln|x| - \dfrac{1}{4x^4} + C$ (2) $\dfrac{2}{3}x\sqrt{x} + 2\sqrt{x} + C$

$\qquad\qquad$ (3) $\dfrac{2}{7}x^3\sqrt{x} + \dfrac{3}{4}x\sqrt[3]{x} + C$

(1) $\displaystyle\int\left(\dfrac{1}{x} + \dfrac{1}{x^5}\right)dx = \int\left(\dfrac{1}{x} + x^{-5}\right)dx$

$\qquad\qquad\qquad = \ln|x| - \dfrac{1}{4}x^{-4} + C$

$\qquad\qquad\qquad = \ln|x| - \dfrac{1}{4x^4} + C$ (단, C는 적분상수)

(2) $\displaystyle\int\left(\sqrt{x} + \dfrac{1}{\sqrt{x}}\right)dx = \int\left(x^{\frac{1}{2}} + x^{-\frac{1}{2}}\right)dx$

$\qquad\qquad\qquad = \dfrac{2}{3}x^{\frac{3}{2}} + 2x^{\frac{1}{2}} + C$

$\qquad\qquad\qquad = \dfrac{2}{3}x\sqrt{x} + 2\sqrt{x} + C$ (단, C는 적분상수)

(3) $\displaystyle\int(x^2\sqrt{x} + \sqrt[3]{x})dx = \int\left(x^{\frac{5}{2}} + x^{\frac{1}{3}}\right)dx$

$\qquad\qquad\qquad = \dfrac{2}{7}x^{\frac{7}{2}} + \dfrac{3}{4}x^{\frac{4}{3}} + C$

$\qquad\qquad\qquad = \dfrac{2}{7}x^3\sqrt{x} + \dfrac{3}{4}x\sqrt[3]{x} + C$ (단, C는 적분상수)

0848   🅐 ⑤

$\displaystyle\int\dfrac{2x^2+1}{x}dx = \int 2x\,dx + \int\dfrac{1}{x}dx$

$\qquad\qquad = x^2 + \ln|x| + C$ (단, C는 적분상수)

0849   🅐 ⑤

$\displaystyle\int\dfrac{(x+2\sqrt{x})^2}{x}dx = \int\dfrac{x^2 + 4x\sqrt{x} + 4x}{x}dx$

$\qquad\qquad = \int x\,dx + 4\int x^{\frac{1}{2}}dx + \int 4\,dx$

$\qquad\qquad = \dfrac{1}{2}x^2 + \dfrac{8}{3}x\sqrt{x} + 4x + C$ (단, C는 적분상수)

0850   🅐 ⑤

$f(x) = \displaystyle\int f'(x)dx = \int\dfrac{\sqrt{x}+1}{x}dx = \int\left(x^{-\frac{1}{2}} + \dfrac{1}{x}\right)dx$

$\qquad = 2\sqrt{x} + \ln|x| + C$ (단, C는 적분상수)

이때, $f(1) = 2$이므로 $2 + 0 + C = 2$, $C = 0$

$\therefore f(x) = 2\sqrt{x} + \ln|x|$

$\therefore f(2) = 2\sqrt{2} + \ln 2$

0851

답 ⑤

$$f(x)=\int \frac{3x^2-x+4}{x^3}\,dx$$

$$=3\int \frac{1}{x}\,dx-\int x^{-2}\,dx+4\int x^{-3}\,dx$$

$$=3\ln|x|+\frac{1}{x}-\frac{2}{x^2}+C \ (\text{단, } C\text{는 적분상수})$$

이때, $f(1)=0$이므로 $0+1-2+C=0$, $C=1$

$$\therefore f(x)=3\ln|x|+\frac{1}{x}-\frac{2}{x^2}+1$$

$$\therefore f(e)=3+\frac{1}{e}-\frac{2}{e^2}+1$$

$$=4+\frac{1}{e}-\frac{2}{e^2}$$

0852

답 (1) $e^{x+1}+C$ (2) $\frac{2^{x-1}}{\ln 2}+C$ (3) $\frac{2^{4x-2}}{\ln 2}+C$ (4) $-\frac{3^{-x}}{\ln 3}+C$

(1) $\displaystyle\int e^{x+1}\,dx=e\int e^x\,dx=e\times e^x+C$

$$=e^{x+1}+C \ (\text{단, } C\text{는 적분상수})$$

(2) $\displaystyle\int 2^{x-1}\,dx=\frac{1}{2}\int 2^x\,dx=\frac{1}{2}\times\frac{2^x}{\ln 2}+C$

$$=\frac{2^{x-1}}{\ln 2}+C \ (\text{단, } C\text{는 적분상수})$$

(3) $\displaystyle\int 4^{2x}\,dx=\int 16^x\,dx=\frac{16^x}{\ln 16}+C$

$$=\frac{2^{4x-2}}{\ln 2}+C \ (\text{단, } C\text{는 적분상수})$$

(4) $\displaystyle\int \frac{9^x}{27^x}\,dx=\int \left(\frac{1}{3}\right)^x dx=\frac{\left(\frac{1}{3}\right)^x}{\ln\frac{1}{3}}+C$

$$=-\frac{3^{-x}}{\ln 3}+C \ (\text{단, } C\text{는 적분상수})$$

0853

답 ①

$$\int 3^{2-x}\,dx=\int \left(3^2\times\frac{1}{3^x}\right)dx=3^2\int \left(\frac{1}{3}\right)^x dx$$

$$=3^2\times\frac{\left(\frac{1}{3}\right)^x}{\ln\frac{1}{3}}+C=3^2\times\left(-\frac{3^{-x}}{\ln 3}\right)+C$$

$$=-\frac{3^{2-x}}{\ln 3}+C \ (\text{단, } C\text{는 적분상수})$$

다른 풀이

치환적분법을 이용하여 다음과 같이 풀이할 수 있다.

$2-x=t$라 하면 $-1=\dfrac{dt}{dx}$이므로

$$\int 3^{2-x}\,dx=\int (-3^t)\,dt=-\frac{3^t}{\ln 3}+C$$

$$=-\frac{3^{2-x}}{\ln 3}+C \ (\text{단, } C\text{는 적분상수})$$

0854

답 ⑤

$$\int e^{x+\ln 3}\,dx=\int (e^x\times e^{\ln 3})\,dx=3\int e^x\,dx$$

$$=3e^x+C \ (\text{단, } C\text{는 적분상수})$$

0855

답 ④

$$\int (2^x+1)^2\,dx=\int (4^x+2\times 2^x+1)\,dx$$

$$=\frac{4^x}{\ln 4}+2\times\frac{2^x}{\ln 2}+x+C$$

$$=\frac{4^x}{\ln 4}+\frac{2^{x+1}}{\ln 2}+x+C \ (\text{단, } C\text{는 적분상수})$$

이므로 $\alpha=4$, $\beta=2$, $\gamma=1$

$$\therefore \alpha+\beta+\gamma=7$$

0856

답 ②

$$\int \frac{4^x-1}{2^x+1}\,dx=\int \frac{(2^x-1)(2^x+1)}{2^x+1}\,dx$$

$$=\int (2^x-1)\,dx$$

$$=\frac{2^x}{\ln 2}-x+C \ (\text{단, } C\text{는 적분상수})$$

0857

답 ④

$$F(x)=\int f(x)\,dx$$

$$=\int \frac{1-e^{2x}}{1+e^x}\,dx$$

$$=\int \frac{(1-e^x)(1+e^x)}{1+e^x}\,dx$$

$$=\int (1-e^x)\,dx$$

$$=x-e^x+C \ (\text{단, } C\text{는 적분상수})$$

이때, $F(0)=2$이므로 $0-1+C=2$, $C=3$

$$\therefore F(x)=x-e^x+3$$

$$\therefore F(1)=4-e$$

0858

답 (1) $-\cos x-2\sin x+C$ (2) $x+\tan x+C$ (3) $x^2-\cot x+C$ (4) $\sec x+\csc x+C$

(1) $\displaystyle\int (\sin x-2\cos x)\,dx$

$$=\int \sin x\,dx-2\int \cos x\,dx$$

$$=-\cos x-2\sin x+C \ (\text{단, } C\text{는 적분상수})$$

(2) $\displaystyle\int (1+\sec^2 x)\,dx$

$$=\int 1\,dx+\int \sec^2 x\,dx$$

$$=x+\tan x+C \ (\text{단, } C\text{는 적분상수})$$

(3) $\displaystyle\int (2x+\csc^2 x)\,dx$

$\displaystyle=\int 2x\,dx+\int \csc^2 x\,dx$

$=x^2-\cot x+C$ (단, C는 적분상수)

(4) $\displaystyle\int (\sec x \tan x-\csc x \cot x)\,dx$

$\displaystyle=\int \sec x \tan x\,dx-\int \csc x \cot x\,dx$

$=\sec x+\csc x+C$ (단, C는 적분상수)

0859 · 답 ④

① $\displaystyle\int \frac{1}{x}\,dx=\ln |x|+C$ (거짓)

② $\displaystyle\int e^{x-3}\,dx=\frac{1}{e^3}\int e^x\,dx=\frac{e^x}{e^3}+C=e^{x-3}+C$ (거짓)

③ $\displaystyle\int (\sin x+\cos x)\,dx=-\cos x+\sin x+C$ (거짓)

④ $\displaystyle\int \tan^2 x\,dx=\int (\sec^2 x-1)\,dx=\tan x-x+C$ (참)

⑤ $(\tan x)'=\sec^2 x$이므로 $\displaystyle\int \sec x\,dx\neq\tan x+C$ (거짓)

따라서 옳은 것은 ④이다.

참고

⑤는 '**유형 04 치환적분법**'을 학습한 이후 다음과 같이 부정적분을 구할 수 있다.

$\displaystyle\int \sec x\,dx=\int \frac{1}{\cos x}\,dx=\int \frac{\cos x}{\cos^2 x}\,dx$

$\displaystyle=\int \frac{\cos x}{1-\sin^2 x}\,dx$

$\sin x=t$라 하면 $\cos x=\dfrac{dt}{dx}$이므로

$\displaystyle\int \frac{\cos x}{1-\sin^2 x}\,dx=\int \frac{1}{1-t^2}\,dt$

$\displaystyle=-\int \frac{1}{(t-1)(t+1)}\,dt$

$\displaystyle=-\frac{1}{2}\int\left(\frac{1}{t-1}-\frac{1}{t+1}\right)dt$

$\displaystyle=-\frac{1}{2}(\ln |t-1|-\ln |t+1|)+C$

$\displaystyle=\frac{1}{2}\ln\left|\frac{t+1}{t-1}\right|+C$

$\displaystyle=\frac{1}{2}\ln\left|\frac{\sin x+1}{\sin x-1}\right|+C$ (단, C는 적분상수)

0860 · 답 ③

$\displaystyle\int \frac{\sin^2 x+1}{\sin^2 x}\,dx=\int\left(1+\frac{1}{\sin^2 x}\right)dx$

$\displaystyle=\int 1\,dx+\int \csc^2 x\,dx$

$=x-\cot x+C$ (단, C는 적분상수)

0861 · 답 ①

$\displaystyle\int \frac{1+2\sin x}{\cos^2 x}\,dx=\int\left(\frac{1}{\cos^2 x}+2\times\frac{1}{\cos x}\times\frac{\sin x}{\cos x}\right)dx$

$\displaystyle=\int (\sec^2 x+2\sec x \tan x)\,dx$

$=\tan x+2\sec x+C$ (단, C는 적분상수)

0862 · 답 ⑤

$\displaystyle f(x)=\int \frac{\cos^2 x}{1+\sin x}\,dx$

$\displaystyle=\int \frac{1-\sin^2 x}{1+\sin x}\,dx$

$\displaystyle=\int \frac{(1+\sin x)(1-\sin x)}{1+\sin x}\,dx$

$\displaystyle=\int (1-\sin x)\,dx$

$=x+\cos x+C$ (단, C는 적분상수)

0863 · 답 ③

$\displaystyle\int \frac{1}{1+\cos (2x)}\,dx=\int \frac{1}{1+\cos^2 x-\sin^2 x}\,dx$

$\displaystyle=\int \frac{1}{2\cos^2 x}\,dx$

$\displaystyle=\frac{1}{2}\int \sec^2 x\,dx$

$\displaystyle=\frac{1}{2}\tan x+C$ (단, C는 적분상수)

0864 · 답 ③

$\displaystyle f(x)=\int f'(x)\,dx$

$\displaystyle=\int (3\cos x-4\sin x)\,dx$

$=3\sin x+4\cos x+C$ (단, C는 적분상수)

이때, $f\left(\dfrac{\pi}{2}\right)=1$이므로 $3+0+C=1$, $C=-2$

$\therefore f(x)=3\sin x+4\cos x-2$

$\therefore f\left(\dfrac{\pi}{3}\right)=3\times\dfrac{\sqrt{3}}{2}+4\times\dfrac{1}{2}-2=\dfrac{3\sqrt{3}}{2}$

0865 · 답 ①

$\displaystyle f(x)=\int \frac{\sin^2 x}{1+\cos x}\,dx$

$\displaystyle=\int \frac{1-\cos^2 x}{1+\cos x}\,dx$

$\displaystyle=\int \frac{(1-\cos x)(1+\cos x)}{1+\cos x}\,dx$

$\displaystyle=\int (1-\cos x)\,dx$

$=x-\sin x+C$ (단, C는 적분상수)

이때, $f(0)=0$이므로 $0+0+C=0$, $C=0$

$\therefore f(x)=x-\sin x$

$\therefore f\left(\dfrac{\pi}{2}\right)=\dfrac{\pi}{2}-1$

0866 ········· 답 (1) $\dfrac{1}{18}(3x+2)^6+C$ (2) $\ln(x+1)^2+C$
(3) $\dfrac{2}{3}(x^2+1)\sqrt{x^2+1}+C$ (4) $2\sqrt{x^2+3}+C$

(1) $3x+2=t$라 하면 $3=\dfrac{dt}{dx}$이므로

$$\int (3x+2)^5 dx=\int \dfrac{1}{3}t^5 dt=\dfrac{1}{18}t^6+C$$
$$=\dfrac{1}{18}(3x+2)^6+C \ (단, C는 적분상수)$$

(2) $x+1=t$라 하면 $1=\dfrac{dt}{dx}$이므로

$$\int \dfrac{2}{x+1}dx=2\int \dfrac{1}{t}dt=2\ln|t|+C=\ln t^2+C$$
$$=\ln(x+1)^2+C \ (단, C는 적분상수)$$

(3) $x^2+1=t$라 하면 $2x=\dfrac{dt}{dx}$이므로

$$\int 2x\sqrt{x^2+1}\,dx=\int \sqrt{t}\,dt=\dfrac{2}{3}t\sqrt{t}+C$$
$$=\dfrac{2}{3}(x^2+1)\sqrt{x^2+1}+C \ (단, C는 적분상수)$$

(4) $x^2+3=t$라 하면 $2x=\dfrac{dt}{dx}$이므로

$$\int \dfrac{2x}{\sqrt{x^2+3}}dx=\int \dfrac{1}{\sqrt{t}}dt=\int t^{-\frac{1}{2}}dt=2t^{\frac{1}{2}}+C=2\sqrt{t}+C$$
$$=2\sqrt{x^2+3}+C \ (단, C는 적분상수)$$

0867 ········· 답 (1) $-\dfrac{3^{2-x}}{\ln 3}+C$ (2) $e^{x^2}+C$
(3) $\dfrac{(\ln x)^2}{2}+C$ (4) $\dfrac{\{\ln(2x)\}^4}{4}+C$

(1) $2-x=t$라 하면 $-1=\dfrac{dt}{dx}$이므로

$$\int 3^{2-x}dx=-\int 3^t dt=-\dfrac{3^t}{\ln 3}+C$$
$$=-\dfrac{3^{2-x}}{\ln 3}+C \ (단, C는 적분상수)$$

(2) $x^2=t$라 하면 $2x=\dfrac{dt}{dx}$이므로

$$\int 2xe^{x^2}dx=\int e^t dt=e^t+C$$
$$=e^{x^2}+C \ (단, C는 적분상수)$$

(3) $\ln x=t$라 하면 $\dfrac{1}{x}=\dfrac{dt}{dx}$이므로

$$\int \dfrac{\ln x}{x}dx=\int t\,dt=\dfrac{t^2}{2}+C$$
$$=\dfrac{(\ln x)^2}{2}+C \ (단, C는 적분상수)$$

(4) $\ln(2x)=t$라 하면 $\dfrac{1}{x}=\dfrac{dt}{dx}$이므로

$$\int \dfrac{\{\ln(2x)\}^3}{x}dx=\int t^3 dt=\dfrac{t^4}{4}+C$$
$$=\dfrac{\{\ln(2x)\}^4}{4}+C \ (단, C는 적분상수)$$

0868 ········· 답 (1) $-\dfrac{\cos(2x)}{2}+C$ (2) $\dfrac{1}{3}\sin(3x-4)+C$
(3) $\dfrac{\sin^3 x}{3}+C$ (4) $\dfrac{\cos^5 x}{5}-\dfrac{\cos^3 x}{3}+C$

(1) $2x=t$라 하면 $2=\dfrac{dt}{dx}$이므로

$$\int \sin(2x)\,dx=\int \dfrac{1}{2}\sin t\,dt=-\dfrac{\cos t}{2}+C$$
$$=-\dfrac{\cos(2x)}{2}+C \ (단, C는 적분상수)$$

(2) $3x-4=t$라 하면 $3=\dfrac{dt}{dx}$이므로

$$\int \cos(3x-4)\,dx=\int \dfrac{1}{3}\cos t\,dt=\dfrac{1}{3}\sin t+C$$
$$=\dfrac{1}{3}\sin(3x-4)+C \ (단, C는 적분상수)$$

(3) $\sin x=t$라 하면 $\cos x=\dfrac{dt}{dx}$이므로

$$\int \sin^2 x\cos x\,dx=\int t^2 dt=\dfrac{t^3}{3}+C$$
$$=\dfrac{\sin^3 x}{3}+C \ (단, C는 적분상수)$$

(4) $\cos x=t$라 하면 $-\sin x=\dfrac{dt}{dx}$이므로

$$\int \sin^3 x\cos^2 x\,dx=\int (1-\cos^2 x)\cos^2 x\sin x\,dx$$
$$=\int \{-(1-t^2)t^2\}dt=\int (t^4-t^2)\,dt$$
$$=\dfrac{t^5}{5}-\dfrac{t^3}{3}+C$$
$$=\dfrac{\cos^5 x}{5}-\dfrac{\cos^3 x}{3}+C \ (단, C는 적분상수)$$

0870 ········· 답 ③

$1+x^2=t$라 하면 $2x=\dfrac{dt}{dx}$이므로

$$f(x)=\int 4x(1+x^2)^5 dx=\int 2t^5 dt=\dfrac{1}{3}t^6+C$$
$$=\dfrac{1}{3}(1+x^2)^6+C \ (단, C는 적분상수)$$

이때, $f(0)=0$이므로 $\dfrac{1}{3}+C=0$, $C=-\dfrac{1}{3}$

$\therefore f(x)=\dfrac{1}{3}(1+x^2)^6-\dfrac{1}{3}$

$\therefore f(-1)=21$

0870 ········· 답 ⑤

$x^2=t$라 하면 $2x=\dfrac{dt}{dx}$이므로

$$f(x)=\int xe^{x^2}dx=\dfrac{1}{2}\int e^t dt=\dfrac{1}{2}e^t+C$$

$=\dfrac{1}{2}e^{x^2}+C$ (단, C는 적분상수)

이때, $f(0)=2$이므로 $\dfrac{1}{2}+C=2$, $C=\dfrac{3}{2}$

$\therefore f(x)=\dfrac{1}{2}e^{x^2}+\dfrac{3}{2}$

$\therefore f(1)=\dfrac{e+3}{2}$

0871   답 ④

$3+\ln x=t$라 하면 $\dfrac{1}{x}=\dfrac{dt}{dx}$이므로

$f(x)=\displaystyle\int \dfrac{1}{x\sqrt{3+\ln x}}dx=\int \dfrac{1}{\sqrt{t}}dt=\int t^{-\frac{1}{2}}dt$

$\qquad =2t^{\frac{1}{2}}+C=2\sqrt{t}+C$

$\qquad =2\sqrt{3+\ln x}+C$ (단, C는 적분상수)

이때, $f(e)=3$이므로 $4+C=3$, $C=-1$

$\therefore f(x)=2\sqrt{3+\ln x}-1$

$\therefore f(e^6)=2\sqrt{3+6}-1=5$

0872   답 ⑤

$\ln x=t$라 하면 $\dfrac{1}{x}=\dfrac{dt}{dx}$이므로

$f(x)=\displaystyle\int f'(x)\,dx$

$\qquad =\displaystyle\int \dfrac{\sin (\ln x)}{x}dx$

$\qquad =\displaystyle\int \sin t\,dt=-\cos t+C$

$\qquad =-\cos (\ln x)+C$ (단, C는 적분상수)

이때, $f(1)=3$이므로 $-1+C=3$, $C=4$

$\therefore f(x)=-\cos (\ln x)+4$

$\therefore f(e^{\pi})=-\cos (\ln e^{\pi})+4=-\cos \pi+4=1+4=5$

0873   답 ③

$1-\cos x=t$라 하면 $\sin x=\dfrac{dt}{dx}$이므로

$f(x)=\displaystyle\int (1-\cos x)^2 \sin x\,dx$

$\qquad =\displaystyle\int t^2\,dt=\dfrac{t^3}{3}+C$

$\qquad =\dfrac{(1-\cos x)^3}{3}+C$ (단, C는 적분상수)

이때, $f\left(\dfrac{\pi}{2}\right)=0$이므로 $\dfrac{1}{3}+C=0$, $C=-\dfrac{1}{3}$

$\therefore f(x)=\dfrac{(1-\cos x)^3}{3}-\dfrac{1}{3}$

$\therefore f(\pi)=\dfrac{2^3}{3}-\dfrac{1}{3}=\dfrac{7}{3}$

0874   답 ③

$\sin x=t$라 하면 $\cos x=\dfrac{dt}{dx}$이므로

$f(x)=\displaystyle\int (1+\sin^2 x)\cos x\,dx$

$\qquad =\displaystyle\int (1+t^2)\,dt=t+\dfrac{t^3}{3}+C$

$\qquad =\sin x+\dfrac{\sin^3 x}{3}+C$ (단, C는 적분상수)

이때, $f(\pi)=1$이므로 $C=1$

$\therefore f(x)=\sin x+\dfrac{\sin^3 x}{3}+1$

$\therefore f\left(\dfrac{\pi}{2}\right)=1+\dfrac{1}{3}+1=\dfrac{7}{3}$

0875   답 ④

$f(x)=\displaystyle\int \sin^3 x\,dx=\int \sin^2 x \sin x\,dx$

$\qquad =\displaystyle\int (1-\cos^2 x)\sin x\,dx$

$\cos x=t$라 하면 $-\sin x=\dfrac{dt}{dx}$이므로

$f(x)=\displaystyle\int (1-\cos^2 x)\sin x\,dx$

$\qquad =\displaystyle\int \{-(1-t^2)\}\,dt=\int (t^2-1)\,dt=\dfrac{t^3}{3}-t+C$

$\qquad =\dfrac{\cos^3 x}{3}-\cos x+C$ (단, C는 적분상수)

이때, $f(0)=0$이므로 $\dfrac{1}{3}-1+C=0$, $C=\dfrac{2}{3}$

$\therefore f(x)=\dfrac{\cos^3 x}{3}-\cos x+\dfrac{2}{3}$

$\therefore f(\pi)=-\dfrac{1}{3}+1+\dfrac{2}{3}=\dfrac{4}{3}$

0876   답 ①

$f(x)=\displaystyle\int f'(x)\,dx=\int (\tan x+\tan^3 x)\,dx$

$\qquad =\displaystyle\int \tan x(1+\tan^2 x)\,dx=\int \tan x \sec^2 x\,dx$

$\tan x=t$라 하면 $\sec^2 x=\dfrac{dt}{dx}$이므로

$f(x)=\displaystyle\int \tan x \sec^2 x\,dx$

$\qquad =\displaystyle\int t\,dt=\dfrac{1}{2}t^2+C$

$\qquad =\dfrac{1}{2}\tan^2 x+C$ (단, C는 적분상수)

이때, $f(0)=0$이므로 $C=0$

$\therefore f(x)=\dfrac{1}{2}\tan^2 x$

$\therefore f\left(\dfrac{\pi}{6}\right)=\dfrac{1}{6}$

0877 $\qquad$ 답 (1) $\ln (x^2+3)+C$ (2) $\ln |\sec x|+C$

(3) $\ln (e^x+e^{-x})+C$

(1) $\displaystyle\int \frac{2x}{x^2+3}dx=\int \frac{(x^2+3)'}{x^2+3}dx$

$\qquad =\ln (x^2+3)+C$ (단, C는 적분상수)

(2) $\displaystyle\int \tan x\,dx=\int \frac{\sin x}{\cos x}dx$

$\qquad =-\int \frac{-\sin x}{\cos x}dx=-\int \frac{(\cos x)'}{\cos x}dx$

$\qquad =-\ln |\cos x|+C$

$\qquad =\ln |\sec x|+C$ (단, C는 적분상수)

(3) $\displaystyle\int \frac{e^x-e^{-x}}{e^x+e^{-x}}dx=\int \frac{(e^x+e^{-x})'}{e^x+e^{-x}}dx$

$\qquad =\ln (e^x+e^{-x})+C$ (단, C는 적분상수)

0878 $\qquad$ 답 ②

$f(x)=\displaystyle\int \frac{x}{x^2+1}dx=\frac{1}{2}\int \frac{2x}{x^2+1}dx=\frac{1}{2}\int \frac{(x^2+1)'}{x^2+1}dx$

$\qquad =\frac{1}{2}\ln (x^2+1)+C$ (단, C는 적분상수)

$\therefore f(3)-f(1)=\left(\frac{1}{2}\ln 10+C\right)-\left(\frac{1}{2}\ln 2+C\right)$

$\qquad\qquad\qquad =\frac{1}{2}(\ln 10-\ln 2)$

$\qquad\qquad\qquad =\frac{1}{2}\ln 5$

0879 $\qquad$ 답 ⑤

$f(x)=\displaystyle\int \frac{e^x}{e^x+1}dx=\int \frac{(e^x+1)'}{e^x+1}dx=\ln (e^x+1)+C$

$\qquad\qquad\qquad\qquad\qquad\qquad$ (단, C는 적분상수)

이때, $f(0)=\ln 2$이므로 $\ln 2+C=\ln 2$, $C=0$

$\therefore f(x)=\ln (e^x+1)$

$\therefore f(\ln 3)=\ln 4=2\ln 2$

0880 $\qquad$ 답 ③

$(e^x-e^{-x})f'(x)=e^x+e^{-x}$에서 $f'(x)=\dfrac{e^x+e^{-x}}{e^x-e^{-x}}$이므로

$f(x)=\displaystyle\int f'(x)\,dx$

$\qquad =\int \frac{e^x+e^{-x}}{e^x-e^{-x}}dx$

$\qquad =\int \frac{(e^x-e^{-x})'}{e^x-e^{-x}}dx$

$\qquad =\ln (e^x-e^{-x})+C$ (단, C는 적분상수)

이때, $f(\ln 2)=0$이므로

$\ln \left(2-\frac{1}{2}\right)+C=\ln \frac{3}{2}+C=0$, $C=-\ln \frac{3}{2}=\ln \frac{2}{3}$

$\therefore f(x)=\ln (e^x-e^{-x})+\ln \frac{2}{3}$

$\therefore f(\ln 4)=\ln \left(4-\frac{1}{4}\right)+\ln \frac{2}{3}=\ln \left(\frac{15}{4}\times \frac{2}{3}\right)=\ln \frac{5}{2}$

0881 $\qquad$ 답 $\ln \left|\dfrac{x}{x+1}\right|+C$

$\displaystyle\int \frac{1}{x(x+1)}dx=\int \left(\frac{1}{x}-\frac{1}{x+1}\right)dx$

$\qquad =\ln |x|-\ln |x+1|+C$

$\qquad =\ln \left|\frac{x}{x+1}\right|+C$ (단, C는 적분상수)

0882 $\qquad$ 답 ②

$\displaystyle\int \frac{1}{x^2-x-2}dx=\int \frac{1}{(x+1)(x-2)}dx$

$\qquad =\frac{1}{3}\int \left(\frac{1}{x-2}-\frac{1}{x+1}\right)dx$

$\qquad =\frac{1}{3}(\ln |x-2|-\ln |x+1|)+C$

$\qquad =\frac{1}{3}\ln \left|\frac{x-2}{x+1}\right|+C$ (단, C는 적분상수)

이므로 $a=3$, $b=2$, $c=1$

$\therefore a+b+c=6$

0883 $\qquad$ 답 ③

$f(x)=\displaystyle\int \frac{x-1}{x+1}dx$

$\qquad =\int \frac{(x+1)-2}{x+1}dx$

$\qquad =\int \left(1-\frac{2}{x+1}\right)dx$

$\qquad =x-2\ln |x+1|+C$ (단, C는 적분상수)

이때, $f(0)=3$이므로 $C=3$

$\therefore f(x)=x-2\ln |x+1|+3$

$\therefore f(e-1)=(e-1)-2+3=e$

0884 $\qquad$ 답 풀이 참조

(1) $f(x)=x^2-1$이라 하면 $f'(x)=2x$이므로

$\displaystyle\int \frac{2x}{x^2-1}dx=\int \frac{(x^2-1)'}{x^2-1}dx$

$\qquad\qquad\qquad =\ln |x^2-1|+C$ (단, C는 적분상수)

(2) $\dfrac{2x}{x^2-1}=\dfrac{a}{x-1}+\dfrac{b}{x+1}$로 놓으면

$\dfrac{a}{x-1}+\dfrac{b}{x+1}=\dfrac{a(x+1)+b(x-1)}{(x-1)(x+1)}=\dfrac{(a+b)x+a-b}{x^2-1}$

x에 대한 항등식 $\dfrac{2x}{x^2-1}=\dfrac{(a+b)x+a-b}{x^2-1}$에서

$a+b=2$, $a-b=0$이므로

두 식을 연립하여 풀면 $a=1$, $b=1$

즉, $\dfrac{2x}{x^2-1}=\dfrac{1}{x-1}+\dfrac{1}{x+1}$이므로

$$\int \frac{2x}{x^2-1}\,dx=\int\left(\frac{1}{x-1}+\frac{1}{x+1}\right)dx$$
$$=\ln|x-1|+\ln|x+1|+C$$
$$=\ln|x^2-1|+C \ (\text{단, } C\text{는 적분상수})$$

채점 요소	배점
(1)에서 $f'(x)=2x$임을 이용하여 적분하기	40 %
(2)에서 a, b의 값 구하기	20 %
(2)에서 부분분수로 변형한 식을 적분하기	40 %

0885

답 ④

$\dfrac{3x+5}{x^2+3x+2}=\dfrac{a}{x+1}+\dfrac{b}{x+2}$로 놓으면

$$\frac{a}{x+1}+\frac{b}{x+2}=\frac{a(x+2)+b(x+1)}{(x+1)(x+2)}=\frac{(a+b)x+2a+b}{(x+1)(x+2)}$$

x에 대한 항등식 $\dfrac{3x+5}{x^2+3x+2}=\dfrac{(a+b)x+2a+b}{(x+1)(x+2)}$에서

$a+b=3$, $2a+b=5$이므로

두 식을 연립하여 풀면 $a=2$, $b=1$

즉, $\dfrac{3x+5}{x^2+3x+2}=\dfrac{2}{x+1}+\dfrac{1}{x+2}$이므로

$$\int \frac{3x+5}{x^2+3x+2}\,dx=\int\left(\frac{2}{x+1}+\frac{1}{x+2}\right)dx$$
$$=2\ln|x+1|+\ln|x+2|+C$$
(단, C는 적분상수)

따라서 $p=2$, $q=1$이므로

$p-q=1$

0886

답 ⑤

$\dfrac{x+6}{x^2-4}=\dfrac{a}{x+2}+\dfrac{b}{x-2}$로 놓으면

$$\frac{a}{x+2}+\frac{b}{x-2}=\frac{a(x-2)+b(x+2)}{(x+2)(x-2)}=\frac{(a+b)x-2a+2b}{(x+2)(x-2)}$$

x에 대한 항등식 $\dfrac{x+6}{x^2-4}=\dfrac{(a+b)x-2a+2b}{(x+2)(x-2)}$에서

$a+b=1$, $-2a+2b=6$이므로

두 식을 연립하여 풀면 $a=-1$, $b=2$

즉, $\dfrac{x+6}{x^2-4}=\dfrac{-1}{x+2}+\dfrac{2}{x-2}$이므로

$$f(x)=\int f'(x)\,dx$$
$$=\int \frac{x+6}{x^2-4}\,dx=\int\left(\frac{-1}{x+2}+\frac{2}{x-2}\right)dx$$
$$=-\ln|x+2|+2\ln|x-2|+C$$
$$=\ln\frac{(x-2)^2}{|x+2|}+C \ (\text{단, } C\text{는 적분상수})$$

이때, $f(1)=0$이므로 $\ln\dfrac{1}{3}+C=0$, $C=\ln 3$

$\therefore f(x)=\ln\dfrac{(x-2)^2}{|x+2|}+\ln 3$

$\therefore f(0)=\ln 2+\ln 3=\ln 6$

0887

답 (1) $x\ln x-x+C$ (2) xe^x-e^x+C
(3) $x\sin x+\cos x+C$

(1) $u(x)=\ln x$, $v'(x)=1$이라 하면

$$\int \ln x\,dx=\ln x\times x-\int\left(\frac{1}{x}\times x\right)dx$$
$$=x\ln x-x+C \ (\text{단, } C\text{는 적분상수})$$

(2) $u(x)=x$, $v'(x)=e^x$이라 하면

$$\int xe^x\,dx=x\times e^x-\int(1\times e^x)\,dx$$
$$=xe^x-e^x+C \ (\text{단, } C\text{는 적분상수})$$

(3) $u(x)=x$, $v'(x)=\cos x$라 하면

$$\int x\cos x\,dx=x\times\sin x-\int(1\times\sin x)\,dx$$
$$=x\sin x+\cos x+C \ (\text{단, } C\text{는 적분상수})$$

0888

답 ②

ㄱ. $\displaystyle\int \tan x\,dx=\int \frac{\sin x}{\cos x}\,dx$

$$=-\int \frac{-\sin x}{\cos x}\,dx=-\int \frac{(\cos x)'}{\cos x}\,dx$$
$$=-\ln|\cos x|+C$$
$$=\ln|\sec x|+C \ (\text{단, } C\text{는 적분상수}) \ (\text{거짓})$$

ㄴ. $u_1(x)=x^2+1$, $v_1'(x)=e^x$이라 하면

$$\int (x^2+1)e^x\,dx=(x^2+1)e^x-\int 2xe^x\,dx \quad\cdots\cdots\ \text{㉠}$$

이때, $u_2(x)=2x$, $v_2'(x)=e^x$이라 하면

$$\int 2xe^x\,dx=2xe^x-\int 2e^x\,dx$$
$$=2xe^x-2e^x+C_1 \ (\text{단, } C_1\text{은 적분상수})$$

이므로 ㉠에 대입하면

$$\int (x^2+1)e^x\,dx=(x^2+1)e^x-(2xe^x-2e^x+C_1)$$
$$=(x^2-2x+3)e^x+C \ (\text{단, } C\text{는 적분상수}) \ (\text{참})$$

ㄷ. $\displaystyle\int \log_5 x\,dx=\int \frac{\ln x}{\ln 5}\,dx=\frac{1}{\ln 5}\int \ln x\,dx$

$$=\frac{1}{\ln 5}(x\ln x-x)+C \quad\cdots\cdots\ \text{TIP}$$
$$=x\log_5 x-\frac{x}{\ln 5}+C \ (\text{단, } C\text{는 적분상수}) \ (\text{거짓})$$

따라서 옳은 것은 ㄴ이다.

> **TIP**
>
> 자주 나오는
> $$\int \ln x\,dx=x\ln x-x+C \ (\text{단, } C\text{는 적분상수})$$
> 임을 익혀두면 빠르게 계산할 수 있다.
> 이 계산과정은 **0887**의 (1)번을 참고하자.

0889

답 ③

$u_1(x)=\cos x$, $v_1'(x)=e^x$이라 하면

$$\int e^x \cos x\,dx = e^x \cos x + \int e^x \sin x\,dx \qquad \cdots\cdots \textcircled{\scriptsize ㄱ}$$

이때, $u_2(x) = \sin x$, $v_2'(x) = e^x$이라 하면

$$\int e^x \sin x\,dx = e^x \sin x - \int e^x \cos x\,dx$$

이므로 ㄱ에 대입하면

$$\int e^x \cos x\,dx = e^x \cos x + \left(e^x \sin x - \int e^x \cos x\,dx\right)$$

$$\therefore \int e^x \cos x\,dx = \frac{1}{2}e^x(\cos x + \sin x) + C \ (\text{단, } C \text{는 적분상수})$$

0890   답 ④

$$f(x) = \int (\sin^2 x + 1)\ln x\,dx + \int (\cos^2 x - 1)\ln x\,dx$$

$$= \int \{(\sin^2 x + 1) + (\cos^2 x - 1)\}\ln x\,dx$$

$$= \int \ln x\,dx$$

$$= \ln x \times x - \int \left(\frac{1}{x} \times x\right)dx$$

$$= x\ln x - x + C \ (\text{단, } C \text{는 적분상수})$$

이때, $f(e) = 5$이므로 $e - e + C = 5$, $C = 5$

$$\therefore f(x) = x\ln x - x + 5$$

$$\therefore f(1) = 4$$

0891   답 ④

$u(x) = \ln x$, $v'(x) = x$라 하면

$$f(x) = \int f'(x)\,dx = \int x\ln x\,dx$$

$$= (\ln x) \times \frac{x^2}{2} - \int \left(\frac{1}{x} \times \frac{x^2}{2}\right)dx$$

$$= \frac{x^2}{2}\ln x - \frac{1}{2}\int x\,dx$$

$$= \frac{x^2}{2}\ln x - \frac{1}{4}x^2 + C \ (\text{단, } C \text{는 적분상수})$$

이때, $f(1) = \frac{1}{4}$이므로 $-\frac{1}{4} + C = \frac{1}{4}$, $C = \frac{1}{2}$

$$\therefore f(x) = \frac{x^2}{2}\ln x - \frac{1}{4}x^2 + \frac{1}{2}$$

$$\therefore f(e) = \frac{e^2}{2} - \frac{e^2}{4} + \frac{1}{2} = \frac{e^2}{4} + \frac{1}{2}$$

0892   답 ⑤

$x + e = t$라 하면 $1 = \dfrac{dt}{dx}$이므로

$$f(x) = \int f'(x)\,dx = \int \ln(x + e)\,dx$$

$$= \int \ln t\,dt = \ln t \times t - \int \left(\frac{1}{t} \times t\right)dt$$

$$= t\ln t - t + C$$

$$= (x + e)\ln(x + e) - (x + e) + C \ (\text{단, } C \text{는 적분상수})$$

이때, $f(0) = 1$이므로 $C = 1$

$$\therefore f(x) = (x + e)\ln(x + e) - x - e + 1$$

$$\therefore f(e) = 2e(1 + \ln 2) - 2e + 1 = 1 + 2e\ln 2$$

0893   답 ⑤

$u_1(x) = (\ln x)^2$, $v_1'(x) = 1$이라 하면

$$f(x) = \int (\ln x)^2\,dx$$

$$= (\ln x)^2 \times x - \int \left(2 \times \ln x \times \frac{1}{x} \times x\right)dx$$

$$= x(\ln x)^2 - 2\int \ln x\,dx$$

$$= x(\ln x)^2 - 2\left\{\ln x \times x - \int \left(\frac{1}{x} \times x\right)dx\right\}$$

$$= x(\ln x)^2 - 2x\ln x + 2x + C \ (\text{단, } C \text{는 적분상수})$$

이때, $f(1) = 7$이므로 $2 + C = 7$, $C = 5$

$$\therefore f(x) = x(\ln x)^2 - 2x\ln x + 2x + 5$$

$$\therefore f(e) = e - 2e + 2e + 5 = e + 5$$

0894   답 ⑤

$\sqrt{x} = t$라 하면 $\dfrac{1}{2\sqrt{x}} = \dfrac{dt}{dx}$이므로

$$f(x) = \int \sin\sqrt{x}\,dx = \int 2t\sin t\,dt$$

$u(t) = 2t$, $v'(t) = \sin t$라 하면

$$f(x) = \int 2t\sin t\,dt$$

$$= -2t\cos t + \int 2\cos t\,dt$$

$$= -2t\cos t + 2\sin t + C$$

$$= -2\sqrt{x}\cos\sqrt{x} + 2\sin\sqrt{x} + C \ (\text{단, } C \text{는 적분상수})$$

이때, $f(0) = 2\pi$이므로 $C = 2\pi$

$$\therefore f(x) = -2\sqrt{x}\cos\sqrt{x} + 2\sin\sqrt{x} + 2\pi$$

$$\therefore f\left(\frac{\pi^2}{9}\right) = -2 \times \frac{\pi}{3} \times \frac{1}{2} + 2 \times \frac{\sqrt{3}}{2} + 2\pi = \sqrt{3} + \frac{5}{3}\pi$$

0895   답 ①

$f'(x) = \dfrac{(\sqrt{x} - 1)^2}{x}$이므로

$$f(x) = \int f'(x)\,dx$$

$$= \int \frac{(\sqrt{x} - 1)^2}{x}\,dx$$

$$= \int \frac{x - 2\sqrt{x} + 1}{x}\,dx$$

$$= \int \left(1 - 2x^{-\frac{1}{2}} + \frac{1}{x}\right)dx$$

$$= x - 4\sqrt{x} + \ln|x| + C \ (\text{단, } C \text{는 적분상수})$$

이때, $f(1) = -2$이므로 $1 - 4 + 0 + C = -2$, $C = 1$

$$\therefore f(x) = x - 4\sqrt{x} + \ln|x| + 1$$

$$\therefore f(4) = 4 - 8 + \ln 4 + 1 = -3 + 2\ln 2$$

0896   답 ④

$\displaystyle\lim_{h\to 0}\dfrac{f(x+h)-f(x)}{h}=f'(x)$이므로

$f'(x)=\dfrac{1-x}{1+\sqrt{x}}=\dfrac{(1-x)(1-\sqrt{x})}{(1+\sqrt{x})(1-\sqrt{x})}=1-\sqrt{x}$

$f(x)=\displaystyle\int f'(x)\,dx=\int(1-\sqrt{x})\,dx=\int\left(1-x^{\frac{1}{2}}\right)dx$

$\qquad=x-\dfrac{2}{3}x^{\frac{3}{2}}+C$ (단, C는 적분상수)

이때, $f(1)=\dfrac{1}{3}$이므로 $1-\dfrac{2}{3}+C=\dfrac{1}{3}$, $C=0$

$\therefore f(x)=x-\dfrac{2}{3}x^{\frac{3}{2}}$

$\therefore f(9)=9-\dfrac{2}{3}\times(3^2)^{\frac{3}{2}}=-9$

0897   답 ②

$f'(x)=\begin{cases}2x & (x<1)\\ x^{\frac{3}{2}} & (x>1)\end{cases}$이므로

$f(x)=\displaystyle\int f'(x)\,dx$

$\qquad=\begin{cases}x^2+C_1 & (x<1)\\ \dfrac{2}{5}x^{\frac{5}{2}}+C_2 & (x>1)\end{cases}$ (단, C_1, C_2는 적분상수)

이때, 함수 $f(x)$가 $x=1$에서 연속이므로

$1+C_1=\dfrac{2}{5}+C_2$, $C_1=C_2-\dfrac{3}{5}$ ······ ㉠

또한 $f(4)=6$이므로 $\dfrac{2}{5}\times(2^2)^{\frac{5}{2}}+C_2=6$, $C_2=-\dfrac{34}{5}$

이를 ㉠에 대입하면 $C_1=-\dfrac{37}{5}$

$\therefore f(x)=\begin{cases}x^2-\dfrac{37}{5} & (x<1)\\ \dfrac{2}{5}x^{\frac{5}{2}}-\dfrac{34}{5} & (x\geq1)\end{cases}$

$\therefore f(-3)=(-3)^2-\dfrac{37}{5}=\dfrac{8}{5}$

0898   답 ③

$F(x)=xf(x)-2x+\ln x$의 양변을 x에 대하여 미분하면

$f(x)=f(x)+xf'(x)-2+\dfrac{1}{x}$에서

$f'(x)=\dfrac{2}{x}-\dfrac{1}{x^2}$이므로

$f(x)=\displaystyle\int f'(x)\,dx=\int\left(\dfrac{2}{x}-\dfrac{1}{x^2}\right)dx$

$\qquad=2\ln x+\dfrac{1}{x}+C$ (단, C는 적분상수)   ······ ㉠

이때, $F(1)=-3$이므로

$F(x)=xf(x)-2x+\ln x$의 양변에 $x=1$을 대입하면

$-3=f(1)-2+0$, $f(1)=-1$

㉠에서 $0+1+C=-1$, $C=-2$

$\therefore f(x)=2\ln x+\dfrac{1}{x}-2$

$\therefore f\left(\dfrac{1}{e}\right)=-2+e-2=e-4$

0899   답 ④

$f'(x)=\displaystyle\lim_{n\to\infty}\sum_{k=1}^{n}(x+1)^{1-k}=\lim_{n\to\infty}\sum_{k=1}^{n}\left(\dfrac{1}{x+1}\right)^{k-1}$은

첫째항이 1이고 공비가 $\dfrac{1}{x+1}$인 등비급수의 합과 같다.

이때, $x>0$에서 $0<\dfrac{1}{x+1}<1$이므로

$f'(x)=\dfrac{1}{1-\dfrac{1}{x+1}}=\dfrac{x+1}{x}=1+\dfrac{1}{x}$

$f(x)=\displaystyle\int f'(x)\,dx=\int\left(1+\dfrac{1}{x}\right)dx$

$\qquad=x+\ln x+C$ (단, C는 적분상수)

이때, $f(1)=2$이므로 $1+0+C=2$, $C=1$

$\therefore f(x)=x+\ln x+1$

$\therefore f(e)=e+2$

0900   답 ③

$f(x)=\displaystyle\int f'(x)\,dx$

$\qquad=\displaystyle\int\dfrac{x-2}{x^2}\,dx$

$\qquad=\displaystyle\int\dfrac{1}{x}\,dx-\int\dfrac{2}{x^2}\,dx$

$\qquad=\ln x-\left(-\dfrac{2}{x}\right)+C$

$\qquad=\ln x+\dfrac{2}{x}+C$ (단, C는 적분상수)   ······ ㉠

$f'(x)=\dfrac{x-2}{x^2}=0$에서 $x=2$ ($\because x>0$)

$x>0$에서 함수 $f(x)$의 증가와 감소를 표로 나타내면 다음과 같다.

x	(0)	$\cdots$	2	$\cdots$
$f'(x)$		$-$	0	$+$
$f(x)$		$\searrow$	극소	$\nearrow$

따라서 함수 $f(x)$는 $x=2$일 때 극솟값 1을 가지므로

$f(2)=1$이고, ㉠에서 $\ln 2+1+C=1$, $C=-\ln 2$

$\therefore f(x)=\ln x+\dfrac{2}{x}-\ln 2$

$\therefore f(1)=2-\ln 2$

0901   답 ②

$f(x)=\displaystyle\int\left(\dfrac{x}{e}-\dfrac{1}{x}\right)dx=\dfrac{1}{2e}x^2-\ln x+C$ (단, C는 적분상수)

이때, $f(e)=-\dfrac{e}{2}$이므로 $\dfrac{e}{2}-1+C=-\dfrac{e}{2}$, $C=1-e$

$$\therefore f(x)=\frac{1}{2e}x^2-\ln x+1-e$$

$f'(x)=\dfrac{x}{e}-\dfrac{1}{x}=0$에서 $x=\sqrt{e}$ $(\because x>0)$

$x>0$에서 함수 $f(x)$의 증가와 감소를 표로 나타내면 다음과 같다.

x	(0)	$\cdots$	$\sqrt{e}$	$\cdots$
$f'(x)$		$-$	0	$+$
$f(x)$		$\searrow$	극소	$\nearrow$

따라서 함수 $f(x)$는 $x=\sqrt{e}$일 때 극소이면서 최소이므로 최솟값은

$$f(\sqrt{e})=\frac{1}{2}-\frac{1}{2}+1-e=1-e$$

0902   답 ④

$f'(x)=\dfrac{xe^x-1}{x}$이므로

$$f(x)=\int f'(x)\,dx$$
$$=\int \frac{xe^x-1}{x}\,dx$$
$$=\int e^x\,dx-\int \frac{1}{x}\,dx$$
$$=e^x-\ln|x|+C \ (단,\ C는\ 적분상수)$$

이때, $f(1)=e$이므로 $e-0+C=e$, $C=0$

$$\therefore f(x)=e^x-\ln|x|$$
$$\therefore a=f(2)=e^2-\ln 2$$

0903   답 ④

$$f(x)=\int 5^x\ln 5\,dx=5^x+C \ (단,\ C는\ 적분상수)$$

이때, $f(0)=1$이므로 $1+C=1$, $C=0$

$$\therefore f(x)=5^x$$

$$\therefore \lim_{n\to\infty}\sum_{k=1}^{n}\frac{1}{f(k)}=\lim_{n\to\infty}\sum_{k=1}^{n}\left(\frac{1}{5}\right)^k=\frac{\frac{1}{5}}{1-\frac{1}{5}}=\frac{1}{4}$$

0904   답 풀이 참조

조건 ㈎에서

$f'(x)+g'(x)=e^x$, $f'(x)-g'(x)=e^{-x}$을 연립하여 풀면

$f'(x)=\dfrac{e^x+e^{-x}}{2}$, $g'(x)=\dfrac{e^x-e^{-x}}{2}$이므로

$$f(x)=\int f'(x)\,dx=\int \frac{e^x+e^{-x}}{2}\,dx$$
$$=\frac{e^x-e^{-x}}{2}+C_1 \ (단,\ C_1은\ 적분상수)$$

$$g(x)=\int g'(x)\,dx=\int \frac{e^x-e^{-x}}{2}\,dx$$
$$=\frac{e^x+e^{-x}}{2}+C_2 \ (단,\ C_2는\ 적분상수)$$

이때, 조건 ㈏에서

$f(0)=2$이므로 $\dfrac{1-1}{2}+C_1=2$, $C_1=2$

$g(0)=2$이므로 $\dfrac{1+1}{2}+C_2=2$, $C_2=1$

$$\therefore f(x)=\frac{e^x-e^{-x}}{2}+2, \ g(x)=\frac{e^x+e^{-x}}{2}+1$$

채점 요소	배점
조건 ㈎에서 함수 $f(x)$, $g(x)$를 적분상수를 이용하여 나타내기	40 %
조건 ㈏를 이용하여 적분상수 구하기	40 %
두 함수 $f(x)$, $g(x)$ 구하기	20 %

TIP

조건 ㈎에서
$f(x)+g(x)=e^x+C_1$ (단, C_1은 적분상수)
$f(x)-g(x)=-e^{-x}+C_2$ (단, C_2는 적분상수)
이므로 이 두 식을 연립하여 풀 수도 있다.

0905   답 ⑤

ㄱ. $\displaystyle\int (\csc x+\sin x)\cot x\,dx$
$$=\int \csc x\cot x\,dx+\int \cos x\,dx$$
$$=-\csc x+\sin x+C \ (참)$$

ㄴ. $\displaystyle\int \frac{\sin x}{1-\sin^2 x}\,dx=\int \frac{\sin x}{\cos^2 x}\,dx$
$$=\int \left(\frac{1}{\cos x}\times\frac{\sin x}{\cos x}\right)dx$$
$$=\int \sec x\tan x\,dx$$
$$=\sec x+C \ (참)$$

ㄷ. $\displaystyle\int (\tan x+\cot x)^2\,dx=\int (\tan^2 x+\cot^2 x+2)\,dx$
$$=\int \{(\tan^2 x+1)+(\cot^2 x+1)\}\,dx$$
$$=\int \sec^2 x\,dx+\int \csc^2 x\,dx$$
$$=\tan x-\cot x+C \ (참)$$

따라서 옳은 것은 ㄱ, ㄴ, ㄷ이다.

0906   답 ⑤

$$f(x)=\int \cos x\tan x\,dx$$
$$=\int \sin x\,dx$$
$$=-\cos x+C \ (단,\ C는\ 적분상수)$$

이때, 두 곡선 $y=f(x)$, $y=\sin x$가 $x=\dfrac{\pi}{6}$에서 만나므로

$f\left(\dfrac{\pi}{6}\right)=\sin\dfrac{\pi}{6}=\dfrac{1}{2}$에서 $-\dfrac{\sqrt{3}}{2}+C=\dfrac{1}{2}$, $C=\dfrac{1+\sqrt{3}}{2}$

$$\therefore f(x)=-\cos x+\frac{1+\sqrt{3}}{2}$$

$$\therefore f(\pi)=1+\frac{1+\sqrt{3}}{2}=\frac{3+\sqrt{3}}{2}$$

0907   답 ②

$$f(x)=\int f'(x)\,dx=\int\frac{1}{1-\cos x}\,dx$$
$$=\int\frac{1+\cos x}{(1-\cos x)(1+\cos x)}\,dx$$
$$=\int\frac{1+\cos x}{\sin^2 x}\,dx$$
$$=\int\frac{1}{\sin^2 x}\,dx+\int\left(\frac{1}{\sin x}\times\frac{\cos x}{\sin x}\right)dx$$
$$=\int\csc^2 x\,dx+\int\csc x\cot x\,dx$$
$$=-\cot x-\csc x+C \ (\text{단, } C\text{는 적분상수})$$

이때, $f\left(\dfrac{\pi}{4}\right)=-1$이므로 $-1-\sqrt{2}+C=-1$, $C=\sqrt{2}$

$$\therefore f(x)=-\cot x-\csc x+\sqrt{2}$$

0908   답 ①

$$f(x)=\int\frac{1}{1+\sin x}\,dx$$
$$=\int\frac{1-\sin x}{(1+\sin x)(1-\sin x)}\,dx$$
$$=\int\frac{1-\sin x}{\cos^2 x}\,dx$$
$$=\int\frac{1}{\cos^2 x}\,dx-\int\left(\frac{1}{\cos x}\times\frac{\sin x}{\cos x}\right)dx$$
$$=\int\sec^2 x\,dx-\int\sec x\tan x\,dx$$
$$=\tan x-\sec x+C \ (\text{단, } C\text{는 적분상수})$$

이때, $f(0)=1$이므로 $0-1+C=1$, $C=2$

$$\therefore f(x)=\tan x-\sec x+2$$
$$\therefore f\left(\frac{\pi}{4}\right)=1-\sqrt{2}+2=3-\sqrt{2}$$

0909   답 ④

$$\lim_{h\to 0}\frac{f'(x+h)-f'(x)}{h}=f''(x)=\sin x\text{이므로}$$
$$f'(x)=\int f''(x)\,dx=\int\sin x\,dx$$
$$=-\cos x+C_1 \ (\text{단, } C_1\text{은 적분상수}) \quad\cdots\cdots\ \text{㉠}$$
$$f(x)=\int f'(x)\,dx=\int(-\cos x+C_1)\,dx$$
$$=-\sin x+C_1 x+C_2 \ (\text{단, } C_2\text{는 적분상수}) \quad\cdots\cdots\ \text{㉡}$$

한편, $\displaystyle\lim_{x\to 0}\frac{f(x)}{x}=5$에서 극한값이 존재하고

$x\to 0$일 때 (분모)$\to 0$이므로 (분자)$\to 0$이다.

즉, $\displaystyle\lim_{x\to 0}f(x)=0$에서 $f(0)=0$

이때, $\displaystyle\lim_{x\to 0}\frac{f(x)}{x}=\lim_{x\to 0}\frac{f(x)-f(0)}{x}=f'(0)=5$

㉠에서 $f'(0)=-1+C_1$이므로 $-1+C_1=5$, $C_1=6$

<hr>

㉡에서 $f(0)=C_2$이므로 $C_2=0$

$$\therefore f(x)=-\sin x+6x$$
$$\therefore f\left(\frac{\pi}{2}\right)=3\pi-1$$

0910   답 ①

$$f(x)=\int(\sin x+t\cos x)\,dx$$
$$=-\cos x+t\sin x+C \ (\text{단, } C\text{는 적분상수})$$

한편, $\displaystyle\lim_{x\to\frac{\pi}{2}}\frac{f(x)}{2x-\pi}=-t$에서 극한값이 존재하고

$x\to\dfrac{\pi}{2}$일 때 (분모)$\to 0$이므로 (분자)$\to 0$이다.

즉, $\displaystyle\lim_{x\to\frac{\pi}{2}}f(x)=0$에서 $f\left(\dfrac{\pi}{2}\right)=0$ $\quad\cdots\cdots\ \text{㉠}$

이때, $\displaystyle\lim_{x\to\frac{\pi}{2}}\frac{f(x)}{2x-\pi}=\lim_{x\to\frac{\pi}{2}}\frac{f(x)-f\left(\frac{\pi}{2}\right)}{2\left(x-\frac{\pi}{2}\right)}=\frac{1}{2}f'\left(\frac{\pi}{2}\right)=-t$

$$\therefore f'\left(\frac{\pi}{2}\right)=-2t \quad\cdots\cdots\ \text{㉡}$$

$f'(x)=\sin x+t\cos x$에서 $f'\left(\dfrac{\pi}{2}\right)=1$이므로

㉡에서 $-2t=1$, $t=-\dfrac{1}{2}$

$f(x)=-\cos x-\dfrac{1}{2}\sin x+C$에서 $f\left(\dfrac{\pi}{2}\right)=-\dfrac{1}{2}+C$이므로

㉠에서 $-\dfrac{1}{2}+C=0$, $C=\dfrac{1}{2}$

$$\therefore f(x)=-\cos x-\frac{1}{2}\sin x+\frac{1}{2}$$
$$\therefore f\left(\frac{\pi}{6}\right)=-\frac{\sqrt{3}}{2}-\frac{1}{4}+\frac{1}{2}=\frac{1-2\sqrt{3}}{4}$$

0911   답 ⑤

(i) $x<0$일 때
$$f(x)=\int f'(x)\,dx=\int(k\sin x+1)\,dx$$
$$=-k\cos x+x+C_1 \ (\text{단, } C_1\text{은 적분상수})$$

(ii) $0<x<\dfrac{\pi}{2}$일 때
$$f(x)=\int f'(x)\,dx=\int(1-\tan^2 x)\,dx$$
$$=\int(2-\sec^2 x)\,dx \ (\because 1+\tan^2 x=\sec^2 x)$$
$$=2x-\tan x+C_2 \ (\text{단, } C_2\text{는 적분상수})$$

(i), (ii)에서
$$f(x)=\begin{cases}-k\cos x+x+C_1 & (x<0) \\ 2x-\tan x+C_2 & \left(0<x<\dfrac{\pi}{2}\right)\end{cases}$$

이때, 함수 $f(x)$가 $x=0$에서 미분가능하므로 $x=0$에서 연속이다.

즉, $\displaystyle\lim_{x\to 0-}f(x)=\lim_{x\to 0+}f(x)$이므로

$-k+0+C_1=0-0+C_2$, $C_1-k=C_2$ $\quad\cdots\cdots\ \text{㉠}$

$f\left(\dfrac{\pi}{4}\right)=\dfrac{\pi}{2}$이므로 $\dfrac{\pi}{2}-1+C_2=\dfrac{\pi}{2}$, $C_2=1$

$f(-\pi)=9-\pi$이므로 $k-\pi+C_1=9-\pi$, $C_1=9-k$

이를 ㉠에 대입하면 $(9-k)-k=1$

$\therefore k=4$

0912   답 ④

$x-1=t$라 하면 $1=\dfrac{dt}{dx}$이므로

$$\int x\sqrt{x-1}\,dx=\int (t+1)\sqrt{t}\,dt=\int (t\sqrt{t}+\sqrt{t}\,)dt$$
$$=\int \left(t^{\frac{3}{2}}+t^{\frac{1}{2}}\right)dt=\dfrac{2}{5}t^{\frac{5}{2}}+\dfrac{2}{3}t^{\frac{3}{2}}+C$$
$$=\dfrac{2}{5}t^2\sqrt{t}+\dfrac{2}{3}t\sqrt{t}+C$$
$$=\dfrac{2}{5}(x-1)^2\sqrt{x-1}+\dfrac{2}{3}(x-1)\sqrt{x-1}+C$$

따라서 $a=\dfrac{2}{5}$, $b=\dfrac{2}{3}$이므로 $ab=\dfrac{4}{15}$

0913   답 ⑤

$f'(x)=\dfrac{x}{\sqrt{1+x^2}}$에서

$1+x^2=t$라 하면 $2x=\dfrac{dt}{dx}$이므로

$$f(x)=\int f'(x)\,dx$$
$$=\int \dfrac{x}{\sqrt{1+x^2}}\,dx$$
$$=\int \dfrac{1}{2\sqrt{t}}\,dt=\sqrt{t}+C$$
$$=\sqrt{1+x^2}+C \ (단, C는 적분상수)$$

이때, $f(0)=1$이므로 $1+C=1$, $C=0$

$\therefore f(x)=\sqrt{1+x^2}$

$\therefore f(\sqrt{3})=2$

0914   답 ④

$$f(x)=\int \dfrac{1}{1-e^x}\,dx=\int \dfrac{e^{-x}}{e^{-x}-1}\,dx$$

$e^{-x}-1=t$라 하면 $-e^{-x}=\dfrac{dt}{dx}$이므로

$$f(x)=\int \dfrac{-1}{t}\,dt=-\ln|t|+C$$
$$=-\ln|e^{-x}-1|+C \ (단, C는 적분상수)$$

$\therefore f(2)-f(1)=-(\ln|e^{-2}-1|+C)+(\ln|e^{-1}-1|+C)$

$$=\ln \dfrac{1-e^{-1}}{1-e^{-2}}=\ln \dfrac{1}{1+e^{-1}}$$
$$=\ln \dfrac{e}{e+1}=1-\ln(e+1)$$

0915   답 ①

$1-4x=t$라 하면 $-4=\dfrac{dt}{dx}$이므로

$$f(x)=\int e^{1-4x}\,dx=\int \left(-\dfrac{1}{4}e^t\right)dt$$
$$=-\dfrac{1}{4}e^t+C=-\dfrac{1}{4}e^{1-4x}+C \ (단, C는 적분상수)$$

이때, $f(0)=-\dfrac{e}{4}$이므로 $-\dfrac{e}{4}+C=-\dfrac{e}{4}$, $C=0$

$\therefore f(x)=-\dfrac{1}{4}e^{1-4x}$

$\therefore \displaystyle\sum_{n=1}^{\infty} f(n)=\sum_{n=1}^{\infty}\left(-\dfrac{1}{4}e^{1-4n}\right)=\dfrac{-\dfrac{1}{4e^3}}{1-\dfrac{1}{e^4}}=\dfrac{e}{4(1-e^4)}$

0916   답 ④

$t+\ln x=k$라 하면 $\dfrac{1}{x}=\dfrac{dk}{dx}$이므로

$$f(x)=\int \dfrac{1}{x}(t+\ln x)\,dx=\int k\,dk=\dfrac{k^2}{2}+C$$
$$=\dfrac{1}{2}(t+\ln x)^2+C \ (단, C는 적분상수)$$

곡선 $y=f(x)$가 점 $\left(e, \dfrac{t}{2}\right)$를 지나므로

$$f(e)=\dfrac{1}{2}(t+1)^2+C=\dfrac{t}{2}, \ C=\dfrac{t}{2}-\dfrac{1}{2}(t+1)^2$$

$\therefore f(x)=\dfrac{1}{2}(t+\ln x)^2+\dfrac{t}{2}-\dfrac{1}{2}(t+1)^2$

$\therefore f(\sqrt{e})=\dfrac{1}{2}\left(t+\dfrac{1}{2}\right)^2+\dfrac{t}{2}-\dfrac{1}{2}(t+1)^2$

$$=\dfrac{1}{2}\left(t^2+t+\dfrac{1}{4}\right)+\dfrac{t}{2}-\dfrac{1}{2}(t^2+2t+1)$$
$$=-\dfrac{3}{8}$$

0917   답 ④

$$f(x)=\int \dfrac{1}{\sin x}\,dx=\int \dfrac{\sin x}{\sin^2 x}\,dx=\int \dfrac{\sin x}{1-\cos^2 x}\,dx$$에서

$\cos x=t$라 하면 $-\sin x=\dfrac{dt}{dx}$이므로

$$f(x)=\int \dfrac{\sin x}{1-\cos^2 x}\,dx$$
$$=\int \dfrac{-1}{1-t^2}\,dt=\int \dfrac{1}{t^2-1}\,dt$$
$$=\int \dfrac{1}{(t-1)(t+1)}\,dt=\dfrac{1}{2}\int \left(\dfrac{1}{t-1}-\dfrac{1}{t+1}\right)dt$$
$$=\dfrac{1}{2}(\ln|t-1|-\ln|t+1|)+C$$
$$=\dfrac{1}{2}\ln\left|\dfrac{t-1}{t+1}\right|+C$$
$$=\dfrac{1}{2}\ln\left|\dfrac{\cos x-1}{\cos x+1}\right|+C \ (단, C는 적분상수)$$

$$f\left(\frac{\pi}{2}\right)-f\left(\frac{\pi}{3}\right)=\left(\frac{1}{2}\ln\left|\frac{0-1}{0+1}\right|+C\right)-\left(\frac{1}{2}\ln\left|\frac{\frac{1}{2}-1}{\frac{1}{2}+1}\right|+C\right)$$

$$=\frac{1}{2}\ln 1-\frac{1}{2}\ln\frac{1}{3}=\ln\sqrt{3}$$

$$\therefore k=\sqrt{3}$$

0918   답 ①

(i) $x<0$일 때

$$f(x)=\int f'(x)\,dx=\int\cos^3 x\,dx$$

$$=\int(1-\sin^2 x)\cos x\,dx$$

이때, $\sin x=t$라 하면 $\cos x=\dfrac{dt}{dx}$이므로

$$f(x)=\int(1-t^2)\,dt=t-\frac{t^3}{3}+C_1$$

$$=-\frac{1}{3}\sin^3 x+\sin x+C_1 \ \text{(단, } C_1\text{은 적분상수)}$$

(ii) $x>0$일 때

$$f(x)=\int f'(x)\,dx=\int 2^{x-1}\,dx$$

$$=\frac{1}{\ln 2}\times 2^{x-1}+C_2 \ \text{(단, } C_2\text{는 적분상수)}$$

(i), (ii)에서

$$f(x)=\begin{cases}-\dfrac{1}{3}\sin^3 x+\sin x+C_1 & (x<0)\\[2mm]\dfrac{1}{\ln 2}\times 2^{x-1}+C_2 & (x>0)\end{cases}$$

이때, 함수 $f(x)$가 실수 전체의 집합에서 연속이므로 $x=0$에서도 연속이다.

즉, $\displaystyle\lim_{x\to 0-}f(x)=\lim_{x\to 0+}f(x)$이므로

$$C_1=\frac{1}{2\ln 2}+C_2 \qquad\qquad\cdots\cdots\ \text{㉠}$$

또한 $f\left(-\dfrac{\pi}{2}\right)=-\dfrac{2}{3}$이므로

$$-\frac{1}{3}\times(-1)^3+(-1)+C_1=-\frac{2}{3},\ C_1=0$$

㉠에서 $C_2=-\dfrac{1}{2\ln 2}$

$$\therefore f(1)=\frac{1}{\ln 2}+C_2=\frac{1}{\ln 2}-\frac{1}{2\ln 2}=\frac{1}{2\ln 2}$$

0919   답 ③

$$f(x)=\int\sec^6 x\,dx=\int(\sec^4 x\times\sec^2 x)\,dx$$

$$=\int(1+\tan^2 x)^2\sec^2 x\,dx\text{에서}$$

$\tan x=t$라 하면 $\sec^2 x=\dfrac{dt}{dx}$이므로

$$f(x)=\int(1+\tan^2 x)^2\sec^2 x\,dx$$

$$=\int(1+t^2)^2\,dt$$

$$=\int(t^4+2t^2+1)\,dt$$

$$=\frac{1}{5}t^5+\frac{2}{3}t^3+t+C$$

$$=\frac{1}{5}\tan^5 x+\frac{2}{3}\tan^3 x+\tan x+C \ \text{(단, } C\text{는 적분상수)}$$

이때, $f(0)=0$이므로 $C=0$

$$\therefore f(x)=\frac{1}{5}\tan^5 x+\frac{2}{3}\tan^3 x+\tan x$$

$$\therefore f\left(\frac{\pi}{3}\right)=\frac{9\sqrt{3}}{5}+2\sqrt{3}+\sqrt{3}=\frac{24\sqrt{3}}{5}$$

0920   답 풀이 참조

조건 ㈎에서

$$\lim_{h\to 0}\frac{f(x+h)-f(x-h)}{h}$$

$$=\lim_{h\to 0}\frac{f(x+h)-f(x)}{h}+\lim_{h\to 0}\frac{f(x-h)-f(x)}{-h}$$

$$=f'(x)+f'(x)$$

$$=2f'(x)$$

이므로 $2f'(x)=4xe^{x^2}$에서 $f'(x)=2xe^{x^2}$

이때, $x^2=t$라 하면 $2x=\dfrac{dt}{dx}$이므로

$$f(x)=\int f'(x)\,dx=\int 2xe^{x^2}\,dx$$

$$=\int e^t\,dt=e^t+C$$

$$=e^{x^2}+C \ \text{(단, } C\text{는 적분상수)}$$

조건 ㈏에서 함수 $f(x)$는 $x=1$에서 연속이므로

$f(1)=\displaystyle\lim_{x\to 1}f(x)=2e$에서 $e+C=2e,\ C=e$

$$\therefore f(x)=e^{x^2}+e$$

$$\therefore f(0)=1+e$$

채점 요소	배점
조건 ㈎에서 도함수 $f'(x)$ 구하기	30 %
$f(x)=\int f'(x)\,dx$와 조건 ㈏를 이용하여 함수 $f(x)$ 구하기	50 %
$f(0)$의 값 구하기	20 %

0921   답 ②

$x-1=t$라 하면 $1=\dfrac{dt}{dx}$이므로

$$f(x)=\int\frac{x}{(x-1)^2}\,dx$$

$$=\int\frac{t+1}{t^2}\,dt=\int\left(\frac{1}{t}+\frac{1}{t^2}\right)dt$$

$$=\ln|t|-\frac{1}{t}+C$$

$$=\ln|x-1|-\frac{1}{x-1}+C \ \text{(단, } C\text{는 적분상수)}$$

이때, $f(2)=-1$이므로 $0-1+C=-1,\ C=0$

$$\therefore f(x)=\ln|x-1|-\frac{1}{x-1}$$

$$\therefore f(3)=-\frac{1}{2}+\ln 2$$

다른 풀이

부분적분법을 이용하여 다음과 같이 풀이할 수 있다.

$u(x)=x$, $v'(x)=\dfrac{1}{(x-1)^2}$이라 하면

$$f(x)=\int\frac{x}{(x-1)^2}dx$$

$$=x\times\left(-\frac{1}{x-1}\right)-\int\left\{1\times\left(-\frac{1}{x-1}\right)\right\}dx$$

$$=-\frac{x}{x-1}+\ln|x-1|+C \ (단, C는 적분상수)$$

이때, $f(2)=-1$이므로 $-2+C=-1$, $C=1$

$$\therefore f(x)=-\frac{x}{x-1}+\ln|x-1|+1$$

$$\therefore f(3)=-\frac{1}{2}+\ln 2$$

0922 　　　　　　　　　　　　　　　　　답 ②

$e^x+1=t$라 하면 $e^x=\dfrac{dt}{dx}$이므로

$$f(x)=\int e^x\sqrt{e^x+1}\,dx$$

$$=\int\sqrt{t}\,dt=\frac{2}{3}t^{\frac{3}{2}}+C$$

$$=\frac{2}{3}(e^x+1)^{\frac{3}{2}}+C \ (단, C는 적분상수)$$

이때, $f(0)=\dfrac{\sqrt{2}}{3}$이므로 $\dfrac{4\sqrt{2}}{3}+C=\dfrac{\sqrt{2}}{3}$, $C=-\sqrt{2}$

$$\therefore f(x)=\frac{2}{3}(e^x+1)^{\frac{3}{2}}-\sqrt{2}$$

한편, $f'(x)=e^x\sqrt{e^x+1}>0$이므로 $0\le x\le\ln 8$에서 함수 $f(x)$는 증가한다.

따라서 함수 $f(x)$의 최댓값은

$$f(\ln 8)=\frac{2}{3}(e^{\ln 8}+1)^{\frac{3}{2}}-\sqrt{2}=\frac{2}{3}\times 9^{\frac{3}{2}}-\sqrt{2}=18-\sqrt{2}$$

0923 　　　　　　　　　　　　　　　　　답 ⑤

$\ln x=t$라 하면 $\dfrac{1}{x}=\dfrac{dt}{dx}$이므로

$$f(x)=\int\frac{\ln x}{x}dx=\int t\,dt=\frac{t^2}{2}+C$$

$$=\frac{(\ln x)^2}{2}+C \ (단, C는 적분상수)$$

이때, $f(e^2)=1$이므로 $\dfrac{2^2}{2}+C=1$, $C=-1$

$$\therefore f(x)=\frac{(\ln x)^2}{2}-1$$

ㄱ. $f'(x)=\dfrac{\ln x}{x}=0$에서 $x=1$

$x>0$에서 함수 $f(x)$의 증가와 감소를 표로 나타내면 다음과 같다.

x	(0)	$\cdots$	1	$\cdots$
$f'(x)$		$-$	0	$+$
$f(x)$		$\searrow$	극소	$\nearrow$

따라서 함수 $f(x)$는 열린구간 $(0,\,1)$에서 감소한다. (거짓)

ㄴ. 함수 $f(x)$는 $x=1$에서 극소이면서 최소이므로 최솟값은

$$f(1)=0-1=-1 \ (참)$$

ㄷ. $f''(x)=\dfrac{\frac{1}{x}\times x-(\ln x)\times 1}{x^2}=\dfrac{1-\ln x}{x^2}=0$에서 $x=e$

$x<e$일 때 $f''(x)>0$, $x>e$일 때 $f''(x)<0$이고,

$$f(e)=\frac{1}{2}-1=-\frac{1}{2}$$

따라서 점 $\left(e,\,-\dfrac{1}{2}\right)$은 곡선 $y=f(x)$의 변곡점이다. (참)

따라서 옳은 것은 ㄴ, ㄷ이다.

0924 　　　　　　　　　　　　　　　　　답 ③

$$f(x)=\int f'(x)\,dx=\int\{\sin(2x)+\sin x\}dx$$

$$=\int\sin(2x)\,dx+\int\sin x\,dx \quad\cdots\cdots\ \bigcirc$$

$\displaystyle\int\sin(2x)\,dx$에서 $2x=t$라 하면 $2=\dfrac{dt}{dx}$이므로

$$\int\sin(2x)\,dx=\int\frac{1}{2}\sin t\,dt=-\frac{1}{2}\cos t+C_1$$

$$=-\frac{1}{2}\cos(2x)+C_1 \ (단, C_1은 적분상수)$$

$\bigcirc$에 대입하면

$$f(x)=\int\sin(2x)\,dx+\int\sin x\,dx$$

$$=-\frac{1}{2}\cos(2x)-\cos x+C \ (단, C는 적분상수)$$

한편,

$$f'(x)=\sin(2x)+\sin x$$

$$=2\sin x\cos x+\sin x$$

$$=2\sin x\left(\cos x+\frac{1}{2}\right)$$

$0<x<\pi$에서 $\sin x>0$이므로

$f'(x)=0$에서 $\cos x=-\dfrac{1}{2}$, $x=\dfrac{2}{3}\pi$

$0<x<\pi$에서 함수 $f(x)$의 증가와 감소를 표로 나타내면 다음과 같다.

x	(0)	$\cdots$	$\dfrac{2}{3}\pi$	$\cdots$	(π)
$f'(x)$		$+$	0	$-$	
$f(x)$		$\nearrow$	극대	$\searrow$	

따라서 함수 $f(x)$는 $x=\dfrac{2}{3}\pi$일 때 극댓값 1을 가지므로

$f\left(\dfrac{2}{3}\pi\right)=1$에서 $\dfrac{1}{4}+\dfrac{1}{2}+C=1$, $C=\dfrac{1}{4}$

$$\therefore f(x)=-\frac{1}{2}\cos(2x)-\cos x+\frac{1}{4}$$

$$\therefore f\left(\frac{\pi}{2}\right)=\frac{1}{2}-0+\frac{1}{4}=\frac{3}{4}$$

0925 ····· 답 ②

$$f(x)=\int f'(x)\,dx$$
$$=\int (\cos x-4\sin x\cos x)\,dx$$
$$=\int \cos x\,dx-4\int \sin x\cos x\,dx \quad \cdots\cdots \ \text{㉠}$$

$\displaystyle\int \sin x\cos x\,dx$에서 $\sin x=t$라 하면

$\cos x=\dfrac{dt}{dx}$이므로

$$\int \sin x\cos x\,dx=\int t\,dt=\frac{1}{2}t^2+C_1$$
$$=\frac{\sin^2 x}{2}+C_1 \ (\text{단, } C_1\text{은 적분상수})$$

㉠에 대입하면

$$f(x)=\int \cos x\,dx-4\int \sin x\cos x\,dx$$
$$=\sin x-2\sin^2 x+C \ (\text{단, } C\text{는 적분상수})$$

이때, $f(\pi)=1$이므로 $C=1$

$\therefore f(x)=-2\sin^2 x+\sin x+1$

$\sin x=k$라 하면 $-1\le k\le 1$이고

$$f(x)=-2k^2+k+1=-2\left(k-\frac{1}{4}\right)^2+\frac{9}{8}\text{이고}$$

함수 $y=-2\left(k-\dfrac{1}{4}\right)^2+\dfrac{9}{8}$의 그래프는 다음과 같다.

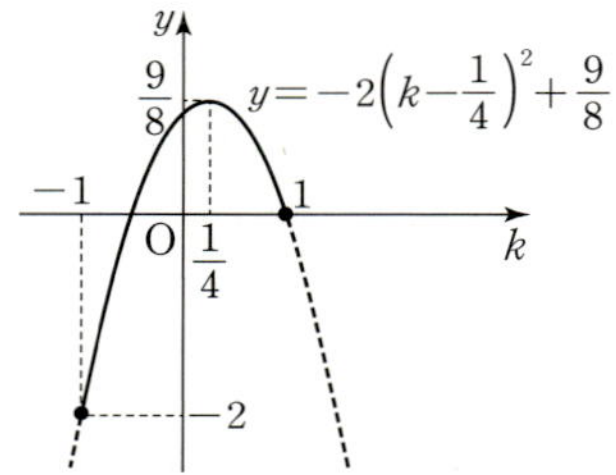

따라서 함수 $f(x)$는 $k=\dfrac{1}{4}$일 때, 즉 $\sin x=\dfrac{1}{4}$일 때 최댓값 $M=\dfrac{9}{8}$,

$k=-1$일 때, 즉 $\sin x=-1$일 때 최솟값 $m=-2$를 갖는다.

$\therefore Mm=-\dfrac{9}{4}$

0926 ····· 답 ④

$f(x)=f'(x)$에서 $f(x)>0$이고 $\dfrac{f'(x)}{f(x)}=1$이므로

$\displaystyle\int \dfrac{f'(x)}{f(x)}\,dx=\int 1\,dx$에서

$\ln f(x)=x+C \ (\text{단, } C\text{는 적분상수})$

이때, $f(0)=1$이므로 $0=C$

따라서 $\ln f(x)=x$이므로 $f(x)=e^x$

$\therefore f(1)=e$

0927 ····· 답 ④

$\displaystyle\lim_{x\to 1}\dfrac{f(x)-1}{x-1}=2$에서 극한값이 존재하고

$x\to 1$일 때 (분모)$\to 0$이므로 (분자)$\to 0$이다.

즉, $\displaystyle\lim_{x\to 1}\{f(x)-1\}=0$에서 $f(1)=1$ $\quad \cdots\cdots \ \text{㉠}$

이때, $\displaystyle\lim_{x\to 1}\dfrac{f(x)-1}{x-1}=\lim_{x\to 1}\dfrac{f(x)-f(1)}{x-1}=f'(1)=2$ $\quad \cdots\cdots \ \text{㉡}$

$f'(x)=\dfrac{4kx}{2x^2+1}$에서 $f'(1)=\dfrac{4k}{3}$이므로

㉡에서 $\dfrac{4k}{3}=2$, $k=\dfrac{3}{2}$

$\therefore f'(x)=\dfrac{6x}{2x^2+1}$

$$f(x)=\int f'(x)\,dx=\int \dfrac{6x}{2x^2+1}\,dx$$
$$=\frac{3}{2}\int \dfrac{(2x^2+1)'}{2x^2+1}\,dx$$
$$=\frac{3}{2}\ln (2x^2+1)+C \ (\text{단, } C\text{는 적분상수})$$

$f(1)=\dfrac{3}{2}\ln 3+C$이므로 ㉠에서

$\dfrac{3}{2}\ln 3+C=1$, $C=1-\dfrac{3}{2}\ln 3$

$\therefore f(x)=\dfrac{3}{2}\ln (2x^2+1)+1-\dfrac{3}{2}\ln 3$

$\therefore f(2)=\dfrac{3}{2}\ln 9+1-\dfrac{3}{2}\ln 3=1+\dfrac{3}{2}\ln 3$

0928 ····· 답 ②

$f'(x)=\dfrac{\cos x}{1+\sin x}$이므로

$$f(x)=\int f'(x)\,dx=\int \dfrac{\cos x}{1+\sin x}\,dx$$
$$=\int \dfrac{(1+\sin x)'}{1+\sin x}\,dx$$
$$=\ln |1+\sin x|+C \ (\text{단, } C\text{는 적분상수})$$

곡선 $y=f(x)$가 점 $(0,\ 2)$를 지나므로

$f(0)=2$에서 $C=2$

$\therefore f(x)=\ln |1+\sin x|+2$

$\therefore f\left(\dfrac{\pi}{2}\right)=\ln |1+1|+2=\ln 2+2$

0929 ····· 답 ③

$$f(x)=\int f'(x)\,dx=\int k\tan (3x)\,dx$$
$$=k\int \dfrac{\sin (3x)}{\cos (3x)}\,dx$$
$$=-\frac{k}{3}\int \dfrac{\{\cos (3x)\}'}{\cos (3x)}\,dx$$
$$=-\frac{k}{3}\ln |\cos (3x)|+C \ (\text{단, } C\text{는 적분상수})$$

이때, $f(0)=0$이므로 $-\dfrac{k}{3}\times 0+C=0$, $C=0$

또한 $f\left(-\dfrac{\pi}{9}\right)=-\ln 2$이므로

$-\dfrac{k}{3}\ln \left|\cos \left(-\dfrac{\pi}{3}\right)\right|=-\dfrac{k}{3}\ln \dfrac{1}{2}=\dfrac{k}{3}\ln 2=-\ln 2$

$\therefore k=-3$

0930

답 ④

$$f(x)=\int f'(x)\,dx=\int \tan^3 x\,dx$$
$$=\int \tan x\tan^2 x\,dx=\int \tan x(\sec^2 x-1)\,dx$$
$$=\int \tan x\sec^2 x\,dx-\int \tan x\,dx \qquad \cdots\cdots\ \text{㉠}$$

$\displaystyle\int \tan x\sec^2 x\,dx$에서 $\tan x=t$라 하면 $\sec^2 x=\dfrac{dt}{dx}$이므로

$$\int \tan x\sec^2 x\,dx=\int t\,dt=\frac{t^2}{2}+C_1$$
$$=\frac{\tan^2 x}{2}+C_1\ (\text{단, }C_1\text{은 적분상수})$$

또한

$$\int \tan x\,dx=\int \frac{\sin x}{\cos x}\,dx$$
$$=-\int \frac{(\cos x)'}{\cos x}\,dx$$
$$=-\ln|\cos x|+C_2\ (\text{단, }C_2\text{는 적분상수})$$

㉠에 대입하면

$$f(x)=\int \tan x\sec^2 x\,dx-\int \tan x\,dx$$
$$=\frac{\tan^2 x}{2}+\ln|\cos x|+C\ (\text{단, }C\text{는 적분상수})$$

이때, $f(0)=1$이므로 $C=1$

$$\therefore f(x)=\frac{\tan^2 x}{2}+\ln|\cos x|+1$$

$$\therefore f\left(\frac{\pi}{4}\right)=\frac{1}{2}-\frac{1}{2}\ln 2+1=\frac{3}{2}-\frac{1}{2}\ln 2$$

따라서 $p=\dfrac{3}{2}$, $q=-\dfrac{1}{2}$이므로 $p-q=\dfrac{3}{2}-\left(-\dfrac{1}{2}\right)=2$

0931

답 ⑤

$\dfrac{d}{dx}\left\{\dfrac{f(x)}{g(x)}\right\}=\dfrac{f(x)}{g(x)}\times\dfrac{d}{dx}\{e^x-\ln g(x)\}$에서

$$\frac{f'(x)g(x)-f(x)g'(x)}{\{g(x)\}^2}=\frac{f(x)}{g(x)}\times\left\{e^x-\frac{g'(x)}{g(x)}\right\}$$

양변에 $\{g(x)\}^2$을 곱하면

$$f'(x)g(x)-f(x)g'(x)=e^x f(x)g(x)-f(x)g'(x)$$
$$f'(x)g(x)=e^x f(x)g(x)$$

$f(x)>0$, $g(x)>0$이므로 양변을 $f(x)g(x)$로 나누면

$$\frac{f'(x)}{f(x)}=e^x$$

따라서 $\displaystyle\int \frac{f'(x)}{f(x)}\,dx=\int e^x\,dx$에서

$$\ln f(x)=e^x+C\ (\text{단, }C\text{는 적분상수})$$

이때, $f(0)=\dfrac{1}{e}$이므로 $-1=1+C$, $C=-2$

$$\therefore \ln f(x)=e^x-2$$
$$\ln f(\ln 5)=5-2=3$$
$$\therefore f(\ln 5)=e^3$$

0932

답 ④

조건 ㈎에서 모든 양수 x에 대하여

$3f(x)-f'(x)=2$이므로 양변을 x에 대하여 미분하면

$$3f'(x)-f''(x)=0,\ 3=\frac{f''(x)}{f'(x)}\ (\because f'(x)\ne 0)$$

$$\int 3\,dx=\int \frac{f''(x)}{f'(x)}\,dx$$에서

$$3x+C_1=\ln|f'(x)|\ (\text{단, }C_1\text{은 적분상수}) \qquad \cdots\cdots\ \text{㉠}$$

$3f(x)-f'(x)=2$에 $x=1$을 대입하면 $3f(1)-f'(1)=2$이고

조건 ㈏에서 $f(1)=1$이므로 $3-f'(1)=2$, $f'(1)=1$

㉠에 $x=1$을 대입하면

$$3+C_1=\ln|f'(1)|=0,\ C_1=-3$$

따라서 $\ln|f'(x)|=3x-3$이고 $f'(1)=1$이므로

$$f'(x)=e^{3x-3}$$

$3x-3=t$라 하면 $3=\dfrac{dt}{dx}$이므로

$$f(x)=\int e^{3x-3}\,dx=\int \frac{1}{3}e^t\,dt$$
$$=\frac{1}{3}e^t+C_2=\frac{1}{3}e^{3x-3}+C_2\ (\text{단, }C_2\text{는 적분상수})$$

$f(1)=\dfrac{1}{3}+C_2=1$에서 $C_2=\dfrac{2}{3}$

$$\therefore f(x)=\frac{1}{3}e^{3x-3}+\frac{2}{3}$$

$$\therefore f(2)=\frac{e^3+2}{3}$$

0933

답 ⑤

ㄱ. $\displaystyle\int \frac{2x-4}{x^2-4x+5}\,dx=\int \frac{(x^2-4x+5)'}{x^2-4x+5}\,dx$
$$=\ln(x^2-4x+5)+C$$
$$(\because x^2-4x+5=(x-2)^2+1>0)\ (\text{참})$$

ㄴ. $\displaystyle\int \frac{x^2+x+2}{x+1}\,dx=\int \frac{x(x+1)+2}{x+1}\,dx$
$$=\int \left(x+\frac{2}{x+1}\right)dx$$
$$=\frac{1}{2}x^2+2\ln|x+1|+C$$
$$=\frac{1}{2}x^2+\ln(x+1)^2+C\ (\text{참})$$

ㄷ. $\dfrac{2x}{x^2+3x+2}=\dfrac{a}{x+1}+\dfrac{b}{x+2}$로 놓으면

$$\frac{a}{x+1}+\frac{b}{x+2}=\frac{a(x+2)+b(x+1)}{(x+1)(x+2)}=\frac{(a+b)x+2a+b}{(x+1)(x+2)}$$

x에 대한 항등식 $\dfrac{2x}{x^2+3x+2}=\dfrac{(a+b)x+2a+b}{(x+1)(x+2)}$에서

$a+b=2$, $2a+b=0$이므로

두 식을 연립하여 풀면 $a=-2$, $b=4$

즉, $\dfrac{2x}{x^2+3x+2}=\dfrac{-2}{x+1}+\dfrac{4}{x+2}$이므로

$$\int \frac{2x}{x^2+3x+2}\,dx=\int \left(-\frac{2}{x+1}+\frac{4}{x+2}\right)dx$$
$$=-2\ln|x+1|+4\ln|x+2|+C$$
$$=\ln\frac{(x+2)^4}{(x+1)^2}+C \ (\text{참})$$

따라서 옳은 것은 ㄱ, ㄴ, ㄷ이다.

0934   **답** ②

$\dfrac{x-1}{x^3+x^2+x+1}=\dfrac{x-1}{(x+1)(x^2+1)}=\dfrac{a}{x+1}+\dfrac{bx+c}{x^2+1}$ 로 놓으면

$$\frac{a}{x+1}+\frac{bx+c}{x^2+1}=\frac{a(x^2+1)+(x+1)(bx+c)}{(x+1)(x^2+1)}$$
$$=\frac{(a+b)x^2+(b+c)x+a+c}{(x+1)(x^2+1)}$$

x에 대한 항등식

$$\frac{x-1}{x^3+x^2+x+1}=\frac{(a+b)x^2+(b+c)x+a+c}{(x+1)(x^2+1)}$$

에서 $a+b=0$, $b+c=1$, $a+c=-1$이므로

세 식을 연립하여 풀면 $a=-1$, $b=1$, $c=0$

즉, $\dfrac{x-1}{x^3+x^2+x+1}=\dfrac{-1}{x+1}+\dfrac{x}{x^2+1}$이므로

$$f(x)=\int \frac{x-1}{x^3+x^2+x+1}\,dx$$
$$=\int \left(-\frac{1}{x+1}+\frac{x}{x^2+1}\right)dx$$
$$=-\ln|x+1|+\frac{1}{2}\ln(x^2+1)+C \ (\text{단, } C\text{는 적분상수})$$

이때, $f(0)=\dfrac{3}{2}\ln 2$이므로 $C=\dfrac{3}{2}\ln 2$

$$\therefore f(x)=-\ln|x+1|+\frac{1}{2}\ln(x^2+1)+\frac{3}{2}\ln 2$$
$$\therefore f(1)=\ln 2$$

0935   **답** ④

$f(x)=(x^2+4x+3)f'(x)$에서 $f(x)>0$이고

$\dfrac{f'(x)}{f(x)}=\dfrac{1}{x^2+4x+3}=\dfrac{1}{(x+1)(x+3)}$이므로

$$\int \frac{f'(x)}{f(x)}\,dx=\int \frac{1}{(x+1)(x+3)}\,dx$$
$$=\frac{1}{2}\int \left(\frac{1}{x+1}-\frac{1}{x+3}\right)dx$$

$\ln f(x)=\dfrac{1}{2}(\ln|x+1|-\ln|x+3|)+C \ (\text{단, } C\text{는 적분상수})$

이때, $f(0)=e$이므로 $1=-\dfrac{1}{2}\ln 3+C$, $C=1+\dfrac{1}{2}\ln 3$

$\therefore \ln f(x)=\dfrac{1}{2}(\ln|x+1|-\ln|x+3|)+1+\dfrac{1}{2}\ln 3$

양변에 $x=1$을 대입하면

$\ln f(1)=\dfrac{1}{2}(\ln 2-\ln 4)+1+\dfrac{1}{2}\ln 3=\ln\dfrac{\sqrt{6}e}{2}$

$$\therefore f(1)=\frac{\sqrt{6}e}{2}$$

0936   **답** ④

$$f(x)=\int \frac{e^x+1}{e^x-1}\,dx=\int \frac{e^x-1+2}{e^x-1}\,dx=\int \left(1+\frac{2}{e^x-1}\right)dx$$
$$=x+2\int \frac{e^x}{e^{2x}-e^x}\,dx \qquad \cdots\cdots \ \unicode{x24D8}$$

$\displaystyle\int \frac{e^x}{e^{2x}-e^x}\,dx$에서 $e^x=t$라 하면 $e^x=\dfrac{dt}{dx}$이므로

$$2\int \frac{e^x}{e^{2x}-e^x}\,dx=2\int \frac{1}{t^2-t}\,dt=2\int \frac{1}{t(t-1)}\,dt$$
$$=2\int \left(\frac{1}{t-1}-\frac{1}{t}\right)dt$$
$$=2\ln|t-1|-2\ln|t|+C$$
$$=2\ln|e^x-1|-2\ln|e^x|+C$$
$$=2\ln|e^x-1|-2x+C \ (\text{단, } C\text{는 적분상수})$$

$\unicode{x24D8}$에 대입하면

$$f(x)=2\ln|e^x-1|-x+C$$

이때, $f(\ln 2)=-\ln 2$이므로 $-\ln 2+C=-\ln 2$, $C=0$

$$\therefore f(x)=2\ln|e^x-1|-x$$
$$\therefore f(\ln 3)=2\ln 2-\ln 3=\ln\frac{4}{3}$$

0937   **답** ①

$\sqrt{x}=t$라 하면 $\dfrac{1}{2\sqrt{x}}=\dfrac{dt}{dx}$이므로

$$\int \sqrt{x}\sin\sqrt{x}\,dx=\int \frac{2x}{2\sqrt{x}}\sin\sqrt{x}\,dx=\int 2t^2\sin t\,dt$$

$u_1(t)=2t^2$, $v_1'(t)=\sin t$라 하면

$$\int 2t^2\sin t\,dt=-2t^2\cos t+\int 4t\cos t\,dt \qquad \cdots\cdots \ \unicode{x24D8}$$

이때, $u_2(t)=4t$, $v_2'(t)=\cos t$라 하면

$$\int 4t\cos t\,dt=4t\sin t-\int 4\sin t\,dt=4t\sin t+4\cos t+C$$

이므로 $\unicode{x24D8}$에 대입하면

$$\int 2t^2\sin t\,dt=-2t^2\cos t+(4t\sin t+4\cos t+C)$$
$$=-2t^2\cos t+4t\sin t+4\cos t+C$$
$$\therefore \int \sqrt{x}\sin\sqrt{x}\,dx=-2(x-2)\cos\sqrt{x}+4\sqrt{x}\sin\sqrt{x}+C$$

0938   **답** ④

$f'(x)=xe^{x+1}$이므로 $u(x)=x$, $v'(x)=e^{x+1}$이라 하면

$$f(x)=\int f'(x)\,dx=\int xe^{x+1}\,dx$$
$$=xe^{x+1}-\int e^{x+1}\,dx$$
$$=xe^{x+1}-e^{x+1}+C \ (\text{단, } C\text{는 적분상수})$$

곡선 $y=f(x)$가 점 $(-1, -2)$를 지나므로
$f(-1)=-2$에서 $-1-1+C=-2$, $C=0$
$\therefore f(x)=xe^{x+1}-e^{x+1}$
따라서 방정식 $f(x)=0$의 해는
$(x-1)e^{x+1}=0$에서 $x=1 \ (\because e^{x+1}>0)$

0939 　　　　　　　　　　　　　　 답 ⑤

$u(x)=x+a$, $v'(x)=e^x$이라 하면

$$f(x)=\int (x+a)e^x\,dx$$

$$=(x+a)e^x-\int e^x\,dx$$

$$=(x+a)e^x-e^x+C=(x+a-1)e^x+C \ (\text{단, } C\text{는 적분상수})$$

이때, $f(0)=-1$이므로 $a-1+C=-1$, $C=-a$ 　　　…… ㉠
$f'(x)=(x+a)e^x$이고 $f'(4)=0$이므로
$(4+a)e^4=0$, $a=-4 \ (\because e^4>0)$
이를 ㉠에 대입하면 $C=4$
$\therefore f(x)=(x-5)e^x+4$
$\therefore f(a)=f(-4)=4-\dfrac{9}{e^4}$

0940 　　　　　　　　　　　　　　 답 ④

$$\lim_{h\to 0}\frac{f(x+\pi h)-f(x)}{h}=\lim_{h\to 0}\left\{\frac{f(x+\pi h)-f(x)}{\pi h}\times \pi\right\}=\pi f'(x)$$

이므로 $\pi f'(x)=\pi \sin^2 x$에서 $f'(x)=\sin^2 x$
$f(x)=\int f'(x)\,dx=\int \sin^2 x\,dx$이고
$u(x)=\sin x$, $v'(x)=\sin x$라 하면

$$\int \sin^2 x\,dx=-\sin x\cos x+\int \cos^2 x\,dx \quad\text{…… TIP}$$

$$=-\sin x\cos x+\int (1-\sin^2 x)\,dx$$

$$=-\sin x\cos x+x-\int \sin^2 x\,dx$$

$$\therefore f(x)=\int \sin^2 x\,dx$$

$$=\frac{1}{2}(-\sin x\cos x+x)+C \ (\text{단, } C\text{는 적분상수})$$

이때, $f(0)=\dfrac{\pi}{8}$이므로 $C=\dfrac{\pi}{8}$

$$\therefore f(x)=\frac{1}{2}(-\sin x\cos x+x)+\frac{\pi}{8}$$

$$\therefore f\left(\frac{\pi}{4}\right)=\frac{1}{2}\left(-\frac{1}{2}+\frac{\pi}{4}\right)+\frac{\pi}{8}=\frac{\pi-1}{4}$$

$\displaystyle\int \sin^2 x\,dx$는 다음과 같이 구할 수 있다.

삼각함수의 덧셈정리에 의하여
$$\cos (2x)=\cos (x+x)=\cos^2 x-\sin^2 x$$
$$=(1-\sin^2 x)-\sin^2 x=1-2\sin^2 x$$

따라서 $\sin^2 x=\dfrac{1-\cos (2x)}{2}$이므로 　　　　　…… (＊)

$$\int \sin^2 x\,dx=\int \frac{1-\cos (2x)}{2}\,dx$$

$$=\frac{1}{2}\left\{x-\frac{1}{2}\sin (2x)\right\}+C \ (\text{단, } C\text{는 적분상수})$$

이 (＊) 내용은 '반각공식'으로 교육과정 이외의 내용이다. '반각공식'을 이용해야 하는 문제는 수능에 출제되지 않지만, 학교에서 다루었다면 내신 시험에 출제될 수 있으니 익혀두자.

0941 　　　　　　　　　　　　　　 답 ②

조건 ㈎에서 $u(x)=\ln x$, $v'(x)=\dfrac{1}{(x+1)^2}$이라 하면

$$f(x)=\int f'(x)\,dx=\int \frac{\ln x}{(x+1)^2}\,dx$$

$$=-\frac{\ln x}{x+1}-\int \frac{-1}{x(x+1)}\,dx$$

$$=-\frac{\ln x}{x+1}+\int \left(\frac{1}{x}-\frac{1}{x+1}\right)dx$$

$$=-\frac{\ln x}{x+1}+\ln x-\ln (x+1)+C \ (\text{단, } C\text{는 적분상수})$$

이때, 조건 ㈏에서 $f(1)=\ln \dfrac{3}{2}$이므로

$-\ln 2+C=\ln \dfrac{3}{2}$, $C=\ln 3$

$$\therefore f(x)=-\frac{\ln x}{x+1}+\ln x-\ln (x+1)+\ln 3$$

$$\therefore f(2)=-\frac{\ln 2}{3}+\ln 2-\ln 3+\ln 3=\frac{2\ln 2}{3}$$

0942 　　　　　　　　　　　　　　 답 ⑤

(ⅰ) $x<1$일 때,
　$f'(x)=2^x \ln 2$이므로
　$$f(x)=\int 2^x \ln 2\,dx=2^x+C_1 \ (\text{단, } C_1\text{은 적분상수})$$
(ⅱ) $x>1$일 때
　$f'(x)=x\ln (x+1)$이므로
　$x+1=t$라 하면 $1=\dfrac{dt}{dx}$이므로
　$$f(x)=\int f'(x)\,dx=\int x\ln (x+1)\,dx$$

$$=\int (t-1)\ln t\,dt=\int t\ln t\,dt-\int \ln t\,dt$$

$$=\left\{\frac{t^2}{2}\times \ln t-\int \left(\frac{t^2}{2}\times \frac{1}{t}\right)dt\right\}-\left\{\ln t\times t-\int \left(\frac{1}{t}\times t\right)dt\right\}$$

$$=\left(\frac{t^2\ln t}{2}-\frac{1}{4}t^2\right)-(t\ln t-t)+C_2$$

$$=\frac{t(t-2)}{2}\ln t-\frac{t(t-4)}{4}+C_2$$

$$=\frac{(x+1)(x-1)}{2}\ln(x+1)-\frac{(x+1)(x-3)}{4}+C_2$$

$$\text{(단, } C_2\text{는 적분상수)}$$

(i), (ii)에서

$$f(x)=\begin{cases}2^x+C_1 & (x<1)\\[2mm] \dfrac{(x+1)(x-1)}{2}\ln(x+1)-\dfrac{(x+1)(x-3)}{4}+C_2 & (x>1)\end{cases}$$

함수 $f(x)$가 실수 전체의 집합에서 연속이므로 $x=1$에서도 연속이다.

즉, $\lim\limits_{x\to1-}f(x)=\lim\limits_{x\to1+}f(x)$이므로

$$2+C_1=1+C_2,\ C_2=1+C_1$$

$$\therefore f(2)-f(0)=\left(\frac{3}{2}\ln3+\frac{3}{4}+C_2\right)-(1+C_1)=\frac{3}{2}\ln3+\frac{3}{4}$$

0943   답 ①

$u(x)=x,\ v'(x)=\cos x$라 하면

$$f(x)=\int x\cos x\,dx=x\sin x-\int\sin x\,dx$$
$$=x\sin x+\cos x+C_1\ \text{(단, } C_1\text{은 적분상수)}$$

이때, $f(0)=1+C_1=0$에서 $C_1=-1$이므로

$$f(x)=x\sin x+\cos x-1$$

한편, $f'(x)=x\cos x$이므로

$$g(x)=\int e^{f(x)}x\cos x\,dx=\int e^{f(x)}f'(x)\,dx$$
$$=\int\{e^{f(x)}\}'\,dx$$
$$=e^{f(x)}+C_2\ \text{(단, } C_2\text{는 적분상수)}$$

이때, $g(0)=e^{f(0)}+C_2=1+C_2=0$에서 $C_2=-1$이므로

$$g(x)=e^{f(x)}-1$$

$$\therefore g(\pi)=e^{f(\pi)}-1=e^{-2}-1=\frac{1}{e^2}-1$$

0944   답 ⑤

$u(x)=x-1,\ v'(x)=e^x$이라 하면

$$f(x)=\int f'(x)\,dx=\int(x-1)e^x\,dx$$
$$=(x-1)e^x-\int e^x\,dx$$
$$=(x-1)e^x-e^x+C$$
$$=(x-2)e^x+C\ \text{(단, } C\text{는 적분상수)}$$

$f'(x)=(x-1)e^x=0$에서 $x=1\ (\because e^x>0)$

함수 $f(x)$의 증가와 감소를 표로 나타내면 다음과 같다.

x	$\cdots$	1	$\cdots$
$f'(x)$	$-$	0	$+$
$f(x)$	$\searrow$	극소	$\nearrow$

따라서 함수 $f(x)$는 $x=1$일 때 극솟값 $4e$를 가지므로

$f(1)=4e$에서 $-e+C=4e,\ C=5e$

$$\therefore f(x)=(x-2)e^x+5e$$

$$\therefore f(2)=5e$$

0945   답 ①

$x^2=t$라 하면 $2x=\dfrac{dt}{dx}$이므로

$$f(x)=\int f'(x)\,dx=\int x^3e^{x^2}\,dx=\frac{1}{2}\int te^t\,dt$$

이때, $u(t)=t,\ v'(t)=e^t$이라 하면

$$f(x)=\frac{1}{2}\int te^t\,dt=\frac{1}{2}\left(te^t-\int e^t\,dt\right)=\frac{1}{2}(te^t-e^t)+C$$
$$=\frac{1}{2}(x^2-1)e^{x^2}+C\ \text{(단, } C\text{는 적분상수)}$$

$f'(x)=x^3e^{x^2}=0$에서 $x=0\ (\because e^{x^2}>0)$

함수 $f(x)$의 증가와 감소를 표로 나타내면 다음과 같다.

x	$\cdots$	0	$\cdots$
$f'(x)$	$-$	0	$+$
$f(x)$	$\searrow$	극소	$\nearrow$

따라서 함수 $f(x)$는 $x=0$일 때 극소이면서 최소이다.

이때, 함수 $f(x)$의 최솟값이 0이므로

$f(0)=0$에서 $-\dfrac{1}{2}+C=0,\ C=\dfrac{1}{2}$

$$\therefore f(x)=\frac{1}{2}(x^2-1)e^{x^2}+\frac{1}{2}$$

$$\therefore f(-1)=\frac{1}{2}$$

0946   답 ③

$$f(x)=\int f'(x)\,dx$$
$$=\int(x+1)\cos x\,dx$$
$$=\int x\cos x\,dx+\int\cos x\,dx$$

$\int x\cos x\,dx$에서 $u(x)=x,\ v'(x)=\cos x$라 하면

$$f(x)=\left(x\sin x-\int\sin x\,dx\right)+\int\cos x\,dx$$
$$=x\sin x+\cos x+\sin x+C\ \text{(단, } C\text{는 적분상수)}$$

$f'(x)=(x+1)\cos x=0$에서 $x=\dfrac{\pi}{2}\ (\because 0\le x\le\pi)$

$0\le x\le\pi$에서 함수 $f(x)$의 증가와 감소를 표로 나타내면 다음과 같다.

x	0	$\cdots$	$\dfrac{\pi}{2}$	$\cdots$	π
$f'(x)$		$+$	0	$-$	
$f(x)$		$\nearrow$	극대	$\searrow$	

따라서 함수 $f(x)$는 $x=\dfrac{\pi}{2}$일 때 극대이면서 최대이다.

이때, 함수 $f(x)$의 최댓값이 $\pi+2$이므로

$f\left(\dfrac{\pi}{2}\right)=\pi+2$에서 $\dfrac{\pi}{2}+0+1+C=\pi+2,\ C=\dfrac{\pi}{2}+1$

$\therefore f(x)=x\sin x+\cos x+\sin x+\dfrac{\pi}{2}+1$

$\therefore f(0)=0+1+0+\dfrac{\pi}{2}+1=\dfrac{\pi}{2}+2$

0947   📖 ②

$u_1(x)=\sin x,\ v_1'(x)=e^x$이라 하면

$f(x)=\displaystyle\int e^x\sin x\,dx=e^x\sin x-\int e^x\cos x\,dx$ ...... ㉠

이때, $u_2(x)=\cos x,\ v_2'(x)=e^x$이라 하면

$\displaystyle\int e^x\cos x\,dx=e^x\cos x+\int e^x\sin x\,dx$

이므로 ㉠에 대입하면

$\displaystyle\int e^x\sin x\,dx=e^x\sin x-\left(e^x\cos x+\int e^x\sin x\,dx\right)$

$\qquad\qquad\qquad =\dfrac{1}{2}e^x(\sin x-\cos x)+C$ (단, C는 적분상수)

즉, $f(x)=\dfrac{1}{2}e^x(\sin x-\cos x)+C$

이때, $f(0)=-\dfrac{1}{2}$이므로 $-\dfrac{1}{2}+C=-\dfrac{1}{2},\ C=0$

$\therefore f(x)=\dfrac{1}{2}e^x(\sin x-\cos x)$

이때, $0<x\le 2\pi$에서 방정식 $f(x)=0$, 즉 $\sin x=\cos x$의 실근은

$x=\dfrac{\pi}{4}$ 또는 $x=\dfrac{5}{4}\pi$

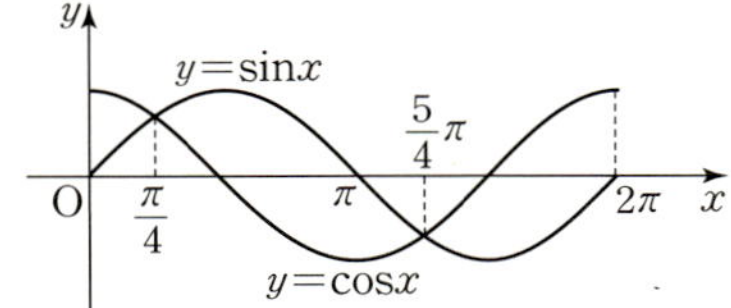

따라서 구하는 모든 실근의 합은 $\dfrac{\pi}{4}+\dfrac{5}{4}\pi=\dfrac{3}{2}\pi$

0948   📖 ②

$f(x)=\dfrac{d}{dx}\{xf(x)+x^2e^{-x}\}$

$\qquad =f(x)+xf'(x)+2xe^{-x}-x^2e^{-x}$

이므로 $xf'(x)=x^2e^{-x}-2xe^{-x}$

$\therefore f'(x)=(x-2)e^{-x}$

이때, $u(x)=x-2,\ v'(x)=e^{-x}$이라 하면

$f(x)=\displaystyle\int f'(x)\,dx$

$\qquad =\displaystyle\int (x-2)e^{-x}\,dx$

$\qquad =-(x-2)e^{-x}+\displaystyle\int e^{-x}\,dx$

$\qquad =-(x-2)e^{-x}-e^{-x}+C$

$\qquad =-(x-1)e^{-x}+C$ (단, C는 적분상수)

이때, $f(0)=4$이므로 $1+C=4,\ C=3$

$\therefore f(x)=-(x-1)e^{-x}+3$

$\therefore f(2)=3-\dfrac{1}{e^2}$

0949   📖 ④

$\dfrac{d}{dx}\{\log_2 f(x)\}=\dfrac{d}{dx}\left\{\dfrac{\ln f(x)}{\ln 2}\right\}=\dfrac{1}{\ln 2}\times\dfrac{f'(x)}{f(x)}$이므로

$\dfrac{1}{\ln 2}\times\dfrac{f'(x)}{f(x)}=\dfrac{x\sin x}{f(x)}$에서 $f'(x)=\ln 2\times x\sin x$

$u(x)=x,\ v'(x)=\sin x$라 하면

$f(x)=\displaystyle\int f'(x)\,dx=\ln 2\times\int x\sin x\,dx$

$\qquad\quad =\ln 2\times\left(-x\cos x+\displaystyle\int\cos x\,dx\right)$

$\qquad\quad =\ln 2\times(-x\cos x+\sin x)+C$ (단, C는 적분상수)

이때, $f(0)=\dfrac{2}{3}\pi$이므로 $C=\dfrac{2}{3}\pi$

$\therefore f(x)=\ln 2\times(-x\cos x+\sin x)+\dfrac{2}{3}\pi$

$\therefore f\left(\dfrac{\pi}{2}\right)=\ln 2\times\left(-\dfrac{\pi}{2}\times 0+1\right)+\dfrac{2}{3}\pi$

$\qquad\quad =\ln 2+\dfrac{2}{3}\pi$

0950   📖 ②

조건 ㈎에서

$\displaystyle\int \{f(x)+xf'(x)\}\,dx=\int x\ln x\,dx$

$\displaystyle\int \{f(x)+xf'(x)\}\,dx=\int \{xf(x)\}'\,dx$

$\qquad\qquad\qquad\qquad =xf(x)+C_1$ (단, C_1은 적분상수)

$\displaystyle\int x\ln x\,dx$에서 $u(x)=\ln x,\ v'(x)=x$라 하면

$\displaystyle\int x\ln x\,dx=(\ln x)\times\dfrac{x^2}{2}-\int\left(\dfrac{1}{x}\times\dfrac{x^2}{2}\right)dx$

$\qquad\qquad =\dfrac{x^2\ln x}{2}-\displaystyle\int\dfrac{x}{2}\,dx$

$\qquad\qquad =\dfrac{x^2\ln x}{2}-\dfrac{x^2}{4}+C_2$ (단, C_2는 적분상수)

$\therefore xf(x)=\dfrac{x^2\ln x}{2}-\dfrac{x^2}{4}+C$ (단, C는 적분상수)

조건 ㈏에서 $f(1)=-\dfrac{1}{4}$이므로

$-\dfrac{1}{4}+C=-\dfrac{1}{4},\ C=0$

$\therefore xf(x)=\dfrac{x^2\ln x}{2}-\dfrac{x^2}{4}$

이때, $x>0$이므로 양변을 x로 나누면

$f(x)=\dfrac{x\ln x}{2}-\dfrac{x}{4}$

$\therefore f(e^2)=e^2-\dfrac{e^2}{4}=\dfrac{3}{4}e^2$

$\sin x = t$라 하면 $\cos x = \dfrac{dt}{dx}$이므로

$$f(x) = \int \left(\frac{\sin x}{3} + \frac{\sin^2 x}{4} + \frac{\sin^3 x}{5} + \cdots + \frac{\sin^{98} x}{100} \right) \cos x\, dx$$

$$= \int \left(\frac{1}{3}t + \frac{1}{4}t^2 + \frac{1}{5}t^3 + \cdots + \frac{1}{100}t^{98} \right) dt$$

$$= \frac{t^2}{2 \times 3} + \frac{t^3}{3 \times 4} + \frac{t^4}{4 \times 5} + \cdots + \frac{t^{99}}{99 \times 100} + C$$

$$= \frac{\sin^2 x}{2 \times 3} + \frac{\sin^3 x}{3 \times 4} + \frac{\sin^4 x}{4 \times 5} + \cdots + \frac{\sin^{99} x}{99 \times 100} + C$$

(단, C는 적분상수)

이때, $f(\pi) = 0$이므로 $C = 0$

$$\therefore f(x) = \frac{\sin^2 x}{2 \times 3} + \frac{\sin^3 x}{3 \times 4} + \frac{\sin^4 x}{4 \times 5} + \cdots + \frac{\sin^{99} x}{99 \times 100}$$

$$\therefore f\left(\frac{\pi}{2}\right) = \frac{1}{2 \times 3} + \frac{1}{3 \times 4} + \frac{1}{4 \times 5} + \cdots + \frac{1}{99 \times 100}$$

$$= \left(\frac{1}{2} - \frac{1}{3} \right) + \left(\frac{1}{3} - \frac{1}{4} \right) + \left(\frac{1}{4} - \frac{1}{5} \right) + \cdots + \left(\frac{1}{99} - \frac{1}{100} \right)$$

$$= \frac{1}{2} - \frac{1}{100} = \frac{49}{100}$$

0952   답 ②

$$h(x) = \int f(x) g'(x)\, dx$$

$$= f(x) g(x) - \int f'(x) g(x)\, dx$$

$$= f(x) g(x) - \int \frac{x^2}{(x^3+1)^4}\, dx \qquad \cdots\cdots \ \text{㉠}$$

이때, $x^3 + 1 = t$라 하면 $3x^2 = \dfrac{dt}{dx}$이므로

$$\int \frac{x^2}{(x^3+1)^4}\, dx = \frac{1}{3} \int \frac{1}{t^4}\, dt$$

$$= -\frac{1}{9t^3} + C_1$$

$$= -\frac{1}{9(x^3+1)^3} + C_1 \ \text{(단, } C_1\text{은 적분상수)}$$

따라서 ㉠에서

$$h(x) = x^2 f(x) + \frac{1}{9(x^3+1)^3} + C \ \text{(단, } C\text{는 적분상수)}$$

이때, $h(0) = \dfrac{2}{9}$이므로 $\dfrac{1}{9} + C = \dfrac{2}{9}$, $C = \dfrac{1}{9}$

또한 $h(1) = \dfrac{3}{8}$이므로 $f(1) + \dfrac{1}{72} + \dfrac{1}{9} = \dfrac{3}{8}$

$$\therefore f(1) = \frac{1}{4}$$

0953   답 ④

$$h(x) = \int h'(x)\, dx$$

$$= \int 20 \cos x\, dx$$

$$= 20 \sin x + C \ \text{(단, } C\text{는 적분상수)}$$

$h(0) = 20$이므로 $20 \times 0 + C = 20$, $C = 20$

$$\therefore h(x) = 20 \sin x + 20$$

따라서 구하는 점 P의 높이는

$$h\left(\frac{11}{6}\pi\right) = 20 \sin \frac{11}{6}\pi + 20$$

$$= 20 \sin \left(2\pi - \frac{\pi}{6} \right) + 20$$

$$= -20 \sin \frac{\pi}{6} + 20$$

$$= (-20) \times \frac{1}{2} + 20 = 10 \, (\text{cm})$$

0954   답 풀이 참조

(1) $\tan \dfrac{x}{2} = s$라 하면 오른쪽 그림에서

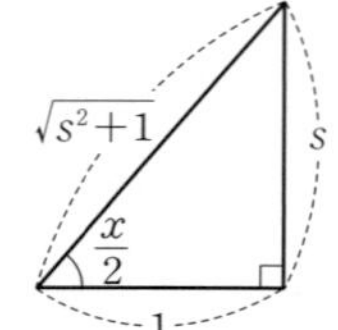

$$\sin \frac{x}{2} = \frac{s}{\sqrt{s^2+1}}, \ \cos \frac{x}{2} = \frac{1}{\sqrt{s^2+1}}$$이므로

$$\sin x = \sin \left(\frac{x}{2} + \frac{x}{2} \right)$$

$$= 2 \sin \frac{x}{2} \cos \frac{x}{2} = \frac{2s}{s^2+1}$$

$$\cos x = \cos \left(\frac{x}{2} + \frac{x}{2} \right) = \cos^2 \frac{x}{2} - \sin^2 \frac{x}{2} = \frac{1-s^2}{s^2+1}$$

$\tan \dfrac{x}{2} = s$의 양변을 x에 대하여 미분하면

$$\frac{ds}{dx} = \frac{1}{2} \sec^2 \frac{x}{2} = \frac{1}{2} \times \frac{1}{\cos^2 \dfrac{x}{2}} = \frac{1}{2}(s^2+1)$$

따라서 $\sin x = \dfrac{2s}{s^2+1}$, $\cos x = \dfrac{1-s^2}{s^2+1}$, $\dfrac{ds}{dx} = \dfrac{1}{2}(s^2+1)$이다.

(2) (1)에 의하여

$$\int \frac{1}{1 + \sin x + \cos x}\, dx$$

$$= \int \left\{ \frac{1}{1 + \dfrac{2s}{s^2+1} + \dfrac{1-s^2}{s^2+1}} \times \frac{2}{s^2+1} \right\} ds$$

$$= \int \frac{1}{s+1}\, ds = \ln |s+1| + C$$

$$= \ln \left| \tan \frac{x}{2} + 1 \right| + C \ \text{(단, } C\text{는 적분상수)}$$

채점 요소	배점
(1) $\sin x$, $\cos x$, $\dfrac{ds}{dx}$를 s에 대한 식으로 나타내기	60 %
(2) (1)을 이용하여 $\displaystyle\int \dfrac{1}{1 + \sin x + \cos x}\, dx$ 구하기	40 %

0955   답 ③

$e^x = t$라 하면 $e^x = \dfrac{dt}{dx}$이므로

$$f(x) = \int f'(x)\, dx = \int e^{2x} \cos e^x\, dx = \int t \cos t\, dt$$

$u(t) = t$, $v'(t) = \cos t$라 하면

$$f(x) = \int t \cos t\, dt = t \sin t - \int \sin t\, dt$$

$$=t \sin t + \cos t + C$$
$$=e^x \sin e^x + \cos e^x + C \ (\text{단, } C\text{는 적분상수})$$

$f(\ln \pi) = -1$이므로 $\pi \sin \pi + \cos \pi + C = -1$, $C = 0$

$\therefore f(x) = e^x \sin e^x + \cos e^x$

$x < \ln 2\pi$일 때 $0 < e^x < 2\pi$이므로

$f'(x) = e^{2x} \cos e^x = 0$에서 $e^x = \dfrac{\pi}{2}$ 또는 $e^x = \dfrac{3}{2}\pi$,

즉 $x = \ln \dfrac{\pi}{2}$ 또는 $x = \ln \dfrac{3}{2}\pi$

$x < \ln 2\pi$에서 함수 $f(x)$의 증가와 감소를 표로 나타내면 다음과 같다.

x	$\cdots$	$\ln \dfrac{\pi}{2}$	$\cdots$	$\ln \dfrac{3}{2}\pi$	$\cdots$	$(\ln 2\pi)$
$f'(x)$	$+$	0	$-$	0	$+$	
$f(x)$	↗	극대	↘	극소	↗	

$$f\left(\ln \dfrac{\pi}{2}\right) = \dfrac{\pi}{2} \sin \dfrac{\pi}{2} + \cos \dfrac{\pi}{2} = \dfrac{\pi}{2}$$

$$f\left(\ln \dfrac{3}{2}\pi\right) = \dfrac{3}{2}\pi \sin \dfrac{3}{2}\pi + \cos \dfrac{3}{2}\pi = -\dfrac{3}{2}\pi$$

또한 $\lim\limits_{x \to -\infty} e^x = 0$이므로 $\lim\limits_{x \to -\infty} f(x) = 1$이고,

$\lim\limits_{x \to \ln 2\pi -} f(x) = 1$이므로 $x < \ln 2\pi$에서 함수 $y = f(x)$의 그래프는 다음과 같다.

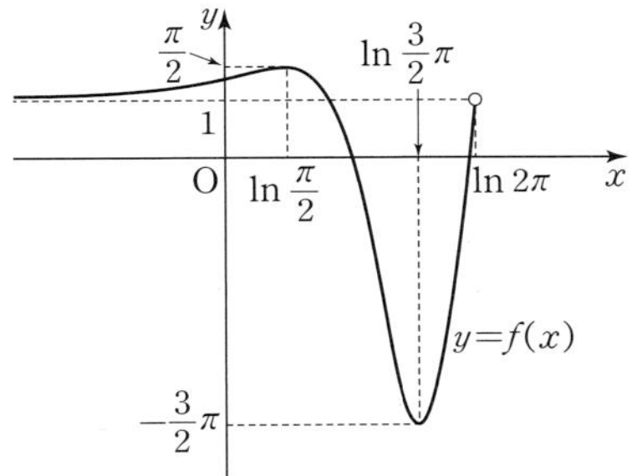

따라서 곡선 $y = f(x)$와 x축의 교점의 개수는 2이다.

0956   답 ⑤

$f(x) = \displaystyle\int \dfrac{\sin (\ln x)}{2x} dx$에서

$\ln x = t$라 하면 $\dfrac{1}{x} = \dfrac{dt}{dx}$이므로

$$f(x) = \int \dfrac{\sin t}{2} dt = -\dfrac{\cos t}{2} + C$$
$$= -\dfrac{\cos (\ln x)}{2} + C \ (\text{단, } C\text{는 적분상수})$$

곡선 $y = f(x)$가 점 $(e^\pi, 1)$을 지나므로

$f(e^\pi) = -\dfrac{\cos \pi}{2} + C = 1$에서 $C = \dfrac{1}{2}$

$\therefore f(x) = -\dfrac{\cos (\ln x)}{2} + \dfrac{1}{2}$

곡선 $y = f(x)$가 x축과 만나는 점의 x좌표를 α라 하면

$-\dfrac{\cos (\ln \alpha)}{2} + \dfrac{1}{2} = 0$에서 $\cos (\ln \alpha) = 1$

$0 < \alpha < 1$일 때 $\ln \alpha < 0$이므로

$\cos (\ln \alpha) = 1$을 만족시키는 $\ln \alpha$의 값은 큰 수부터 차례로 -2π, -4π, -6π, $\cdots$, $-2m\pi$, $\cdots$이다. (단, m은 자연수)

따라서 $\ln a_n = -2n\pi$이므로 $a_n = e^{-2n\pi}$

$\therefore \displaystyle\sum_{n=1}^{\infty} a_n = \sum_{n=1}^{\infty} e^{-2n\pi} = \dfrac{e^{-2\pi}}{1 - e^{-2\pi}} = \dfrac{1}{e^{2\pi} - 1}$

0957   답 ③

ㄱ. $f'(x) = \dfrac{2x^2 - x}{x - 1} = \dfrac{(x-1)(2x+1) + 1}{x - 1}$

$\qquad = 2x + 1 + \dfrac{1}{x - 1}$

$\quad f''(x) = 2 - \dfrac{1}{(x-1)^2}$

$\quad f''(x) = 0$에서

$\quad \dfrac{1}{(x-1)^2} = 2$, $(x-1)^2 = \dfrac{1}{2}$, $x = 1 - \dfrac{\sqrt{2}}{2} \ (\because x < 1)$

$\quad x = 1 - \dfrac{\sqrt{2}}{2}$의 좌우에서 $f''(x)$의 부호가 바뀌므로

$\quad$ 함수 $f(x)$는 $x = 1 - \dfrac{\sqrt{2}}{2}$에서 변곡점을 갖는다. (참)

ㄴ. $f'(x) = \dfrac{2x^2 - x}{x - 1} = \dfrac{x(2x-1)}{x - 1} = 0$에서 $x = 0$ 또는 $x = \dfrac{1}{2}$

$\quad x < 1$에서 함수 $f(x)$의 증가와 감소를 표로 나타내면 다음과 같다.

x	$\cdots$	0	$\cdots$	$\dfrac{1}{2}$	$\cdots$	(1)
$f'(x)$	$-$	0	$+$	0	$-$	
$f(x)$	↘	극소	↗	극대	↘	

따라서 함수 $f(x)$는 $x = 0$일 때 극소이다.

한편,

$$f(x) = \int f'(x) dx$$
$$= \int \left(2x + 1 + \dfrac{1}{x - 1}\right) dx$$
$$= x^2 + x + \ln (1 - x) + C \ (\because x < 1) \ (\text{단, } C\text{는 적분상수})$$

이때, $f\left(-\dfrac{1}{2}\right) = -\dfrac{3}{4} + \ln \dfrac{3}{2}$이므로

$\dfrac{1}{4} - \dfrac{1}{2} + \ln \dfrac{3}{2} + C = -\dfrac{3}{4} + \ln \dfrac{3}{2}$, $C = -\dfrac{1}{2}$

$\therefore f(x) = x^2 + x + \ln (1 - x) - \dfrac{1}{2}$

따라서 함수 $f(x)$의 극솟값은 $f(0) = -\dfrac{1}{2}$이다. (참)

ㄷ. 함수 $f(x)$의 극댓값은

$\quad f\left(\dfrac{1}{2}\right) = \dfrac{1}{4} - \ln 2 < 0$

$\quad$ 또한 $\lim\limits_{x \to -\infty} f(x) = \infty$이고, $\lim\limits_{x \to 1-} \ln (1 - x) = -\infty$이므로

$\quad \lim\limits_{x \to 1-} f(x) = -\infty$

$\quad x < 1$에서 함수 $y = f(x)$의 그래프는 다음과 같다.

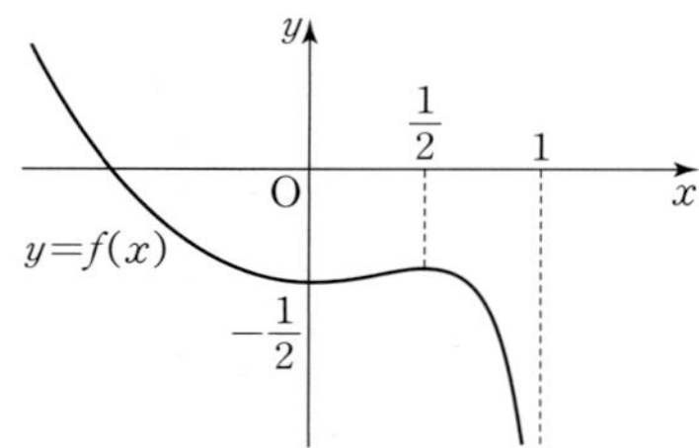

즉, 곡선 $y=f(x)$와 x축의 교점의 개수는 1이므로
방정식 $f(x)=0$의 실근의 개수는 1이다. (거짓)
따라서 옳은 것은 ㄱ, ㄴ이다.

0958 답 ⑤

ㄱ. $f_1{}'(x)=\ln x$이므로
$u_1(x)=\ln x$, $v_1{}'(x)=1$이라 하면
$$f_1(x)=\int \ln x\,dx$$
$$=x\ln x-x+C_1 \ (\text{단, } C_1\text{은 적분상수})$$
$f_1(1)=0$에서 $-1+C_1=0$, $C_1=1$
즉, $f_1(x)=x\ln x-x+1$이므로
$f_1(e)=e-e+1=1$ (참)
ㄴ. $f_2{}'(x)=(\ln x)^2$이므로
$u_2(x)=(\ln x)^2$, $v_2{}'(x)=1$이라 하면
$$f_2(x)=\int (\ln x)^2\,dx$$
$$=x(\ln x)^2-\int \left\{x\times(2\ln x)\times\frac{1}{x}\right\}dx$$
$$=x(\ln x)^2-2\int \ln x\,dx$$
$$=x(\ln x)^2-2f_1(x)+C_2 \ (\text{단, } C_2\text{는 적분상수})$$
$f_2(1)=0$에서 $-2f_1(1)+C_2=0$, $C_2=0 \ (\because f_1(1)=0)$
즉, $f_2(x)=x(\ln x)^2-2f_1(x)$이므로
$f_2(e)=e-2f_1(e)$ (참)
ㄷ. $f_n{}'(x)=(\ln x)^n$이므로
$u(x)=(\ln x)^n$, $v'(x)=1$이라 하면
$$f_n(x)=\int (\ln x)^n\,dx$$
$$=x(\ln x)^n-\int \left\{x\times n(\ln x)^{n-1}\times\frac{1}{x}\right\}dx$$
$$=x(\ln x)^n-n\int (\ln x)^{n-1}\,dx$$
$$=x(\ln x)^n-nf_{n-1}(x)+C_n \ (\text{단, } C_n\text{은 적분상수})$$
$n\geq 2$일 때 $f_{n-1}(1)=0$이므로
$f_n(1)=0$에서 $-nf_{n-1}(1)+C_n=0$, $C_n=0$
즉, $f_n(x)=x(\ln x)^n-nf_{n-1}(x)$이므로
$f_n(e)=e-nf_{n-1}(e)$
ㄱ, ㄴ에 의하여 $f_1(e)=1$
$f_2(e)=e-2f_1(e)=e-2$
$f_3(e)=e-3f_2(e)=e-3(e-2)=-2e+6$
$f_4(e)=e-4f_3(e)=e-4(-2e+6)=9e-24$
$$\therefore \sum_{n=1}^{4}f_n(e)=f_1(e)+f_2(e)+f_3(e)+f_4(e)$$
$$=8e-19 \ (\text{참})$$

따라서 옳은 것은 ㄱ, ㄴ, ㄷ이다.

0959 답 ⑤

ㄱ. 조건 ㈏의 두 식을 변끼리 빼면
$f'(x)-g'(x)=f(x)-g(x)$이므로
$\dfrac{f'(x)-g'(x)}{f(x)-g(x)}=1$에서 $\displaystyle\int \dfrac{f'(x)-g'(x)}{f(x)-g(x)}\,dx=\int 1\,dx$
$\ln\{f(x)-g(x)\}=x+C_1 \ (\text{단, } C_1\text{은 적분상수})$
$\therefore f(x)-g(x)=e^{x+C_1}$
이때, $x=0$을 대입하면 $2e-e=e^{C_1}$, $C_1=1$
$\therefore f(x)-g(x)=e^{x+1}$ (참)
ㄴ. 조건 ㈏의 두 식을 변끼리 더하면
$f'(x)+g'(x)=-\{f(x)+g(x)\}$이므로
$\dfrac{f'(x)+g'(x)}{f(x)+g(x)}=-1$에서
$\displaystyle\int \dfrac{f'(x)+g'(x)}{f(x)+g(x)}\,dx=\int (-1)\,dx$
$\ln|f(x)+g(x)|=-x+C_2 \ (\text{단, } C_2\text{는 적분상수})$
$\therefore f(x)+g(x)=e^{-x+C_2} \ (\because f(0)+g(0)>0)$
이때, $x=0$을 대입하면 $2e+e=e^{C_2}$, $e^{C_2}=3e$
$\therefore f(x)+g(x)=e^{-x}\times e^{C_2}=e^{-x}\times 3e=3e^{1-x}$
ㄱ에 의하여
$\{f(x)\}^2-\{g(x)\}^2=\{f(x)+g(x)\}\{f(x)-g(x)\}$
$$=3e^{1-x}\times e^{x+1}=3e^2 \ (\text{참})$$
ㄷ. $f(x)+g(x)=3e^{1-x}$, $f(x)-g(x)=e^{x+1}$을 변끼리 빼면
$2g(x)=3e^{1-x}-e^{x+1}$, $g(x)=\dfrac{3e^{1-x}-e^{x+1}}{2}$
$\therefore g(1)=\dfrac{1}{2}(3-e^2)$ (참)

따라서 옳은 것은 ㄱ, ㄴ, ㄷ이다.

0960 　답 (1) $\dfrac{e^2+1}{2}$　(2) $\ln 3$　(3) 1　(4) $e-1+\dfrac{6}{\ln 3}$

(1) $\displaystyle\int_1^e \left(x+\dfrac{1}{x}\right)dx=\int_1^e x\,dx+\int_1^e \dfrac{1}{x}\,dx$

$\qquad=\left[\dfrac{x^2}{2}\right]_1^e+\left[\ln|x|\,\right]_1^e=\dfrac{e^2+1}{2}$

(2) $\displaystyle\int_3^5 \dfrac{1}{x-2}\,dx=\left[\ln|x-2|\,\right]_3^5=\ln 3$

(3) $\displaystyle\int_0^{\frac{\pi}{2}} \sin x\,dx=\left[-\cos x\,\right]_0^{\frac{\pi}{2}}=0-(-1)=1$

(4) $\displaystyle\int_0^1 (3^{x+1}+e^x)\,dx=\left[\dfrac{3^{x+1}}{\ln 3}+e^x\right]_0^1$

$\qquad=\left(\dfrac{9}{\ln 3}+e\right)-\left(\dfrac{3}{\ln 3}+1\right)$

$\qquad=e-1+\dfrac{6}{\ln 3}$

0961 　답 ⑤

$\displaystyle\int_1^3 \dfrac{4x^2+2x-1}{x}\,dx=\int_1^3 \left(4x+2-\dfrac{1}{x}\right)dx$

$\qquad=\left[2x^2+2x-\ln|x|\,\right]_1^3=20-\ln 3$

0962 　답 (1) $\ln 2$　(2) $\ln\dfrac{9}{8}$

(1) $\displaystyle\int_1^4 \dfrac{2}{x(x+2)}\,dx=\int_1^4 \left(\dfrac{1}{x}-\dfrac{1}{x+2}\right)dx$

$\qquad=\left[\ln|x|-\ln|x+2|\,\right]_1^4$

$\qquad=\left[\ln\dfrac{|x|}{|x+2|}\right]_1^4=\ln 2$

(2) $\displaystyle\int_1^2 \dfrac{1}{x^2+3x+2}\,dx=\int_1^2 \dfrac{1}{(x+1)(x+2)}\,dx$

$\qquad=\int_1^2 \left(\dfrac{1}{x+1}-\dfrac{1}{x+2}\right)dx$

$\qquad=\left[\ln|x+1|-\ln|x+2|\,\right]_1^2$

$\qquad=\left[\ln\dfrac{|x+1|}{|x+2|}\right]_1^2=\ln\dfrac{9}{8}$

0963 　답 ⑤

$\displaystyle\int_2^3 \dfrac{4}{x^2-1}\,dx=\int_2^3 \dfrac{4}{(x-1)(x+1)}\,dx$

$\qquad=2\int_2^3 \left(\dfrac{1}{x-1}-\dfrac{1}{x+1}\right)dx$

$\qquad=2\left[\ln|x-1|-\ln|x+1|\,\right]_2^3$

$\qquad=2\left[\ln\dfrac{|x-1|}{|x+1|}\right]_2^3=2\ln\dfrac{3}{2}=\ln\dfrac{9}{4}$

$\therefore a=\dfrac{9}{4}$

0964 　답 ③

$\dfrac{x-1}{\sqrt{x}+1}=\dfrac{(x-1)(\sqrt{x}-1)}{(\sqrt{x}+1)(\sqrt{x}-1)}=\sqrt{x}-1$

$\therefore \displaystyle\int_1^9 \dfrac{x-1}{\sqrt{x}+1}\,dx=\int_1^9 (\sqrt{x}-1)\,dx$

$\qquad=\left[\dfrac{2}{3}x\sqrt{x}-x\right]_1^9=\dfrac{28}{3}$

0965 　답 ④

$\displaystyle\int_0^1 \dfrac{9^x-1}{3^x-1}\,dx=\int_0^1 \dfrac{(3^x+1)(3^x-1)}{3^x-1}\,dx$

$\qquad=\int_0^1 (3^x+1)\,dx$

$\qquad=\left[\dfrac{3^x}{\ln 3}+x\right]_0^1$

$\qquad=\dfrac{2}{\ln 3}+1$

0966 　답 ②

$\displaystyle\int_0^1 (5^x+1)^2\,dx+\int_1^0 (5^x-1)^2\,dx$

$=\displaystyle\int_0^1 (5^x+1)^2\,dx-\int_0^1 (5^x-1)^2\,dx$

$=\displaystyle\int_0^1 (4\times 5^x)\,dx=4\int_0^1 5^x\,dx$

$=4\left[\dfrac{5^x}{\ln 5}\right]_0^1=\dfrac{16}{\ln 5}$

0967 　답 (1) $e-2$　(2) $1+\dfrac{1}{2\ln 2}$

(1) $\displaystyle\int_0^1 \dfrac{e^{2x}}{e^x+1}\,dx+\int_1^0 \dfrac{1}{e^x+1}\,dx$

$=\displaystyle\int_0^1 \dfrac{e^{2x}}{e^x+1}\,dx-\int_0^1 \dfrac{1}{e^x+1}\,dx$

$=\displaystyle\int_0^1 \dfrac{e^{2x}-1}{e^x+1}\,dx=\int_0^1 \dfrac{(e^x+1)(e^x-1)}{e^x+1}\,dx$

$=\displaystyle\int_0^1 (e^x-1)\,dx=\left[e^x-x\right]_0^1=e-2$

(2) $\displaystyle\int_0^1 \dfrac{8^x}{2^x+1}\,dx-\int_1^0 \dfrac{1}{2^x+1}\,dx$

$=\displaystyle\int_0^1 \dfrac{8^x}{2^x+1}\,dx+\int_0^1 \dfrac{1}{2^x+1}\,dx$

$=\displaystyle\int_0^1 \dfrac{8^x+1}{2^x+1}\,dx$

$=\displaystyle\int_0^1 \dfrac{(2^x+1)(4^x-2^x+1)}{2^x+1}\,dx$

$=\displaystyle\int_0^1 (4^x-2^x+1)\,dx$

$=\left[\dfrac{4^x}{\ln 4}-\dfrac{2^x}{\ln 2}+x\right]_0^1=1+\dfrac{1}{2\ln 2}$

$$\int_0^{\frac{\pi}{2}} \frac{\cos^2 x}{1+\sin x}\,dx = \int_0^{\frac{\pi}{2}} \frac{1-\sin^2 x}{1+\sin x}\,dx$$
$$= \int_0^{\frac{\pi}{2}} \frac{(1+\sin x)(1-\sin x)}{1+\sin x}\,dx$$
$$= \int_0^{\frac{\pi}{2}} (1-\sin x)\,dx$$
$$= \Big[x+\cos x \Big]_0^{\frac{\pi}{2}} = \frac{\pi}{2}-1$$

0969 —————————————————————————— 답 ②

$$\int_0^{\frac{\pi}{4}} \frac{\sin^2 x}{\sin x+\cos x}\,dx + \int_{\frac{\pi}{4}}^{0} \frac{\cos^2 x}{\sin x+\cos x}\,dx$$
$$= \int_0^{\frac{\pi}{4}} \frac{\sin^2 x}{\sin x+\cos x}\,dx - \int_0^{\frac{\pi}{4}} \frac{\cos^2 x}{\sin x+\cos x}\,dx$$
$$= \int_0^{\frac{\pi}{4}} \frac{\sin^2 x-\cos^2 x}{\sin x+\cos x}\,dx$$
$$= \int_0^{\frac{\pi}{4}} \frac{(\sin x+\cos x)(\sin x-\cos x)}{\sin x+\cos x}\,dx$$
$$= \int_0^{\frac{\pi}{4}} (\sin x-\cos x)\,dx$$
$$= \Big[-\cos x-\sin x \Big]_0^{\frac{\pi}{4}} = 1-\sqrt{2}$$

0970 —————————————————————————— 답 ④

$0 \le x < 1$에서 $f(x)=\sqrt{x}$이고, $x \ge 1$에서 $f(x)=\dfrac{1}{x}$이므로

$$\int_0^e f(x)\,dx = \int_0^1 \sqrt{x}\,dx + \int_1^e \frac{1}{x}\,dx$$
$$= \Big[\frac{2}{3}x\sqrt{x} \Big]_0^1 + \Big[\ln|x| \Big]_1^e$$
$$= \frac{2}{3}+1 = \frac{5}{3}$$

0971 —————————————————————————— 답 ⑤

$0 \le x \le \pi$에서 $\sin x \ge 0$이고, $\pi \le x \le \dfrac{3}{2}\pi$에서 $\sin x \le 0$이므로

$$\int_0^{\frac{3}{2}\pi} |\sin x|\,dx = \int_0^{\pi} \sin x\,dx - \int_{\pi}^{\frac{3}{2}\pi} \sin x\,dx$$
$$= \Big[-\cos x \Big]_0^{\pi} - \Big[-\cos x \Big]_{\pi}^{\frac{3}{2}\pi}$$
$$= 2+1 = 3$$

0972 —————————————————————————— 답 ⑤

두 함수 $y=\sin x$, $y=\cos x$의 그래프는 다음과 같다.

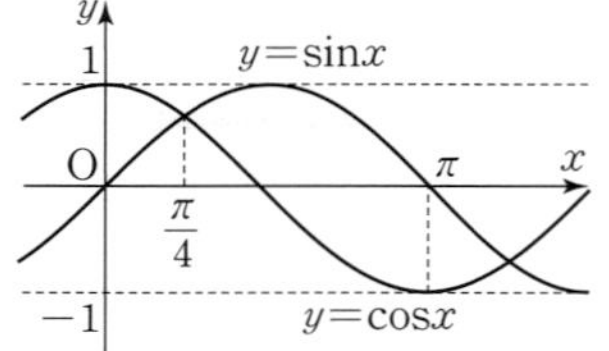

따라서 $|\sin x-\cos x| = \begin{cases} \cos x-\sin x & (0 \le x \le \frac{\pi}{4}) \\ \sin x-\cos x & (\frac{\pi}{4} \le x \le \pi) \end{cases}$ 이므로

$$\int_0^{\pi} |\sin x-\cos x|\,dx$$
$$= \int_0^{\frac{\pi}{4}} (\cos x-\sin x)\,dx + \int_{\frac{\pi}{4}}^{\pi} (\sin x-\cos x)\,dx$$
$$= \Big[\sin x+\cos x \Big]_0^{\frac{\pi}{4}} + \Big[-\cos x-\sin x \Big]_{\frac{\pi}{4}}^{\pi}$$
$$= (\sqrt{2}-1)+(1+\sqrt{2}) = 2\sqrt{2}$$

0973 —————————————————————————— 답 ④

두 함수 $y=e^x$, $y=1$의 그래프는 다음과 같다.

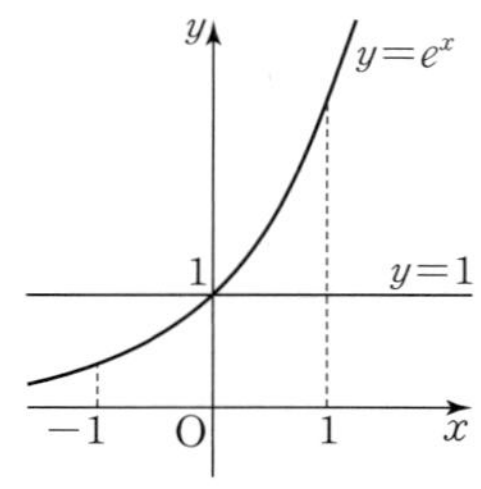

따라서 $|e^x-1| = \begin{cases} 1-e^x & (-1 \le x \le 0) \\ e^x-1 & (0 \le x \le 1) \end{cases}$ 이므로

$$\int_{-1}^{1} |e^x-1|\,dx = \int_{-1}^{0} (1-e^x)\,dx + \int_0^1 (e^x-1)\,dx$$
$$= \Big[x-e^x \Big]_{-1}^{0} + \Big[e^x-x \Big]_0^1$$
$$= e+\frac{1}{e}-2$$

0974 —————————————— 답 (1) 42 (2) $-\dfrac{7}{2}$ (3) $\dfrac{2}{3}$

(1) $x^2+1=t$라 하면 $2x=\dfrac{dt}{dx}$이고

$x=0$일 때 $t=1$, $x=\sqrt{3}$일 때 $t=4$이므로

$$\int_0^{\sqrt{3}} 4x(x^2+1)^2\,dx = \int_1^4 2t^2\,dt = \Big[\frac{2}{3}t^3 \Big]_1^4 = 42$$

(2) $3x-2=t$라 하면 $3=\dfrac{dt}{dx}$이고

$x=0$일 때 $t=-2$, $x=1$일 때 $t=1$이므로

$$\int_0^1 (3x-2)^5\,dx = \frac{1}{3}\int_{-2}^1 t^5\,dt = \frac{1}{3}\Big[\frac{1}{6}t^6 \Big]_{-2}^1 = -\frac{7}{2}$$

(3) $1-x=t$라 하면 $-1=\dfrac{dt}{dx}$이고

$x=0$일 때 $t=1$, $x=1$일 때 $t=0$이므로

$$\int_0^1 \sqrt{1-x}\,dx = \int_1^0 (-\sqrt{t})\,dt = \int_0^1 \sqrt{t}\,dt$$

$$= \left[\frac{2}{3} t\sqrt{t} \right]_0^1 = \frac{2}{3}$$

0975
답 (1) $\ln 2$ (2) $\frac{1}{6}$ (3) $\sqrt{2}-1$

(1) $x^2+3=t$라 하면 $2x=\dfrac{dt}{dx}$이고

$x=0$일 때 $t=3$, $x=\sqrt{3}$일 때 $t=6$이므로

$$\int_0^{\sqrt{3}} \frac{2x}{x^2+3}\,dx = \int_3^6 \frac{1}{t}\,dt = \Big[\ln |t| \Big]_3^6 = \ln 6 - \ln 3 = \ln 2$$

(2) $1+x^3=t$라 하면 $3x^2=\dfrac{dt}{dx}$이고

$x=0$일 때 $t=1$, $x=1$일 때 $t=2$이므로

$$\int_0^1 \frac{x^2}{(1+x^3)^2}\,dx = \int_1^2 \frac{1}{3t^2}\,dt$$
$$= \left[-\frac{1}{3t} \right]_1^2 = \frac{1}{6}$$

(3) $1+x^2=t$라 하면 $2x=\dfrac{dt}{dx}$이고

$x=0$일 때 $t=1$, $x=1$일 때 $t=2$이므로

$$\int_0^1 \frac{x}{\sqrt{1+x^2}}\,dx = \int_1^2 \frac{1}{2\sqrt{t}}\,dt$$
$$= \Big[\sqrt{t} \Big]_1^2 = \sqrt{2}-1$$

0976
답 (1) $e-1$ (2) $\frac{1}{3}$ (3) 0 (4) $\frac{1}{3}$

(1) $x^2=t$라 하면 $2x=\dfrac{dt}{dx}$이고

$x=0$일 때 $t=0$, $x=1$일 때 $t=1$이므로

$$\int_0^1 2xe^{x^2}\,dx = \int_0^1 e^t\,dt = \Big[e^t \Big]_0^1 = e-1$$

(2) $\ln x=t$라 하면 $\dfrac{1}{x}=\dfrac{dt}{dx}$이고

$x=1$일 때 $t=0$, $x=e$일 때 $t=1$이므로

$$\int_1^e \frac{(\ln x)^2}{x}\,dx = \int_0^1 t^2\,dt = \left[\frac{1}{3}t^3 \right]_0^1 = \frac{1}{3}$$

(3) $2x=t$라 하면 $2=\dfrac{dt}{dx}$이고

$x=0$일 때 $t=0$, $x=\pi$일 때 $t=2\pi$이므로

$$\int_0^\pi \cos (2x)\,dx = \frac{1}{2}\int_0^{2\pi} \cos t\,dt = \frac{1}{2}\Big[\sin t \Big]_0^{2\pi} = 0 \quad \cdots\cdots \text{TIP}$$

(4) $\cos x=t$라 하면 $-\sin x=\dfrac{dt}{dx}$이고

$x=0$일 때 $t=1$, $x=\dfrac{\pi}{2}$일 때 $t=0$이므로

$$\int_0^{\frac{\pi}{2}} \cos^2 x \sin x\,dx = \int_1^0 (-t^2)\,dt = \int_0^1 t^2\,dt$$
$$= \left[\frac{1}{3}t^3 \right]_0^1 = \frac{1}{3}$$

III

TIP

(3)에서

$$\frac{d}{dx}\left\{ \frac{1}{2} \sin (2x) \right\} = \cos (2x)$$임을 이용하여

$$\int_0^\pi \cos (2x)\,dx = \left[\frac{1}{2} \sin (2x) \right]_0^\pi = 0$$

으로 바로 계산하면 간단하다.

0977
답 ②

$2+\ln x=t$라 하면 $\dfrac{1}{x}=\dfrac{dt}{dx}$이고

$x=\dfrac{1}{e}$일 때 $t=1$, $x=e$일 때 $t=3$이므로

$$\int_{\frac{1}{e}}^e \frac{3}{x(2+\ln x)^2}\,dx = \int_1^3 \frac{3}{t^2}\,dt$$
$$= 3\left[-\frac{1}{t} \right]_1^3 = 2$$

0978
답 ③

$2x+1=t$라 하면 $2=\dfrac{dt}{dx}$이고

$x=-\dfrac{1}{2}$일 때 $t=0$, $x=2$일 때 $t=5$이므로

$$\int_{-\frac{1}{2}}^2 x\sqrt{2x+1}\,dx = \int_0^5 \left(\frac{t-1}{4} \times \sqrt{t} \right)dt$$
$$= \frac{1}{4}\int_0^5 \left(t^{\frac{3}{2}} - t^{\frac{1}{2}} \right)dt$$
$$= \frac{1}{4}\left[\frac{2}{5}t^{\frac{5}{2}} - \frac{2}{3}t^{\frac{3}{2}} \right]_0^5 = \frac{5\sqrt{5}}{3}$$

다른 풀이

$\sqrt{2x+1}=t$라 하면 $\dfrac{1}{\sqrt{2x+1}}=\dfrac{dt}{dx}$이고

$x=-\dfrac{1}{2}$일 때 $t=0$, $x=2$일 때 $t=\sqrt{5}$이므로

$$\int_{-\frac{1}{2}}^2 x\sqrt{2x+1}\,dx = \int_{-\frac{1}{2}}^2 \frac{x(2x+1)}{\sqrt{2x+1}}\,dx$$
$$= \int_0^{\sqrt{5}} \frac{(t^2-1)t^2}{2}\,dt = \frac{1}{2}\int_0^{\sqrt{5}} (t^4-t^2)\,dt$$
$$= \frac{1}{2}\left[\frac{1}{5}t^5 - \frac{1}{3}t^3 \right]_0^{\sqrt{5}} = \frac{5\sqrt{5}}{3}$$

0979
답 ④

$$\int_0^{\ln 3} \frac{e^x}{e^x+e^{-x}}\,dx = \int_0^{\ln 3} \frac{e^{2x}}{e^{2x}+1}\,dx$$에서

$e^{2x}+1=t$라 하면 $2e^{2x}=\dfrac{dt}{dx}$이고

$x=0$일 때 $t=2$, $x=\ln 3$일 때 $t=10$이므로

$$\int_0^{\ln 3} \frac{e^x}{e^x+e^{-x}}\,dx = \int_2^{10} \frac{1}{2t}\,dt = \frac{1}{2}\Big[\ln |t| \Big]_2^{10} = \frac{1}{2}\ln 5$$

0980 답 ②

$\ln x=t$라 하면 $\dfrac{1}{x}=\dfrac{dt}{dx}$이고

$x=1$일 때 $t=0$, $x=a$일 때 $t=\ln a$이므로

$f(a)=\displaystyle\int_1^a \dfrac{\sqrt{\ln x}}{x}dx=\int_0^{\ln a}\sqrt{t}\,dt=\left[\dfrac{2}{3}t^{\frac{3}{2}}\right]_0^{\ln a}$

$\qquad =\dfrac{2}{3}(\ln a)^{\frac{3}{2}}$

$\therefore f(a^4)=\dfrac{2}{3}(\ln a^4)^{\frac{3}{2}}=\dfrac{2}{3}(4\ln a)^{\frac{3}{2}}=4^{\frac{3}{2}}\left\{\dfrac{2}{3}(\ln a)^{\frac{3}{2}}\right\}=8f(a)$

0981 답 ⑤

$0\leq x\leq\dfrac{\pi}{2}$에서 $\sin(2x)\geq 0$이고, $\dfrac{\pi}{2}\leq x\leq\pi$에서 $\sin(2x)\leq 0$이다.

$2x=t$라 하면 $2=\dfrac{dt}{dx}$이고

$x=0$일 때 $t=0$, $x=\dfrac{\pi}{2}$일 때 $t=\pi$, $x=\pi$일 때 $t=2\pi$이므로

$\displaystyle\int_0^\pi |\sin(2x)|\,dx=\int_0^{\frac{\pi}{2}}\sin(2x)\,dx-\int_{\frac{\pi}{2}}^\pi \sin(2x)\,dx$ ··· **TIP**

$\qquad =\dfrac{1}{2}\displaystyle\int_0^\pi \sin t\,dt-\dfrac{1}{2}\int_\pi^{2\pi}\sin t\,dt$

$\qquad =\dfrac{1}{2}\Big[-\cos t\Big]_0^\pi-\dfrac{1}{2}\Big[-\cos t\Big]_\pi^{2\pi}=2$

> **TIP**
>
> $\dfrac{d}{dx}\left\{-\dfrac{1}{2}\cos(2x)\right\}=\sin(2x)$임을 이용하여
>
> $\displaystyle\int_0^{\frac{\pi}{2}}\sin(2x)\,dx-\int_{\frac{\pi}{2}}^\pi \sin(2x)\,dx$
>
> $=\left[-\dfrac{1}{2}\cos(2x)\right]_0^{\frac{\pi}{2}}-\left[-\dfrac{1}{2}\cos(2x)\right]_{\frac{\pi}{2}}^\pi=2$
>
> 로 바로 계산하면 간단하다.

0982 답 ②

$\sin x=t$라 하면 $\cos x=\dfrac{dt}{dx}$이고

$x=0$일 때 $t=0$, $x=\dfrac{\pi}{2}$일 때 $t=1$이므로

$\displaystyle\int_0^{\frac{\pi}{2}}(1-\sin^3 x)\sin x\cos x\,dx=\int_0^1 (1-t^3)t\,dt$

$\qquad =\displaystyle\int_0^1 (t-t^4)\,dt$

$\qquad =\left[\dfrac{1}{2}t^2-\dfrac{1}{5}t^5\right]_0^1=\dfrac{3}{10}$

0983 답 ④

$\tan x=t$라 하면 $\sec^2 x=\dfrac{dt}{dx}$이고

$x=-\dfrac{\pi}{4}$일 때 $t=-1$, $x=\dfrac{\pi}{4}$일 때 $t=1$이므로

$\displaystyle\int_{-\frac{\pi}{4}}^{\frac{\pi}{4}}(1-\tan^2 x)\sec^2 x\,dx=\int_{-1}^1 (1-t^2)\,dt$

$\qquad =\left[t-\dfrac{1}{3}t^3\right]_{-1}^1=\dfrac{4}{3}$

0984 답 ①

$2x+1=t$라 하면 $2=\dfrac{dt}{dx}$이고

$x=0$일 때 $t=1$, $x=2$일 때 $t=5$이므로

$\displaystyle\int_0^2 f(2x+1)\,dx=\dfrac{1}{2}\int_1^5 f(t)\,dt$

$\qquad =\dfrac{1}{2}\left\{\displaystyle\int_1^2 f(t)\,dt+\int_2^4 f(t)\,dt+\int_4^5 f(t)\,dt\right\}$

$\qquad =\dfrac{1}{2}\left(\dfrac{5}{2}+4+1\right)=\dfrac{15}{4}$

0985 답 ④

$\displaystyle\int_0^{\frac{\sqrt{3}}{2}}\dfrac{1}{\sqrt{1-x^2}}dx$에서 $x=\sin\theta$ $\left(-\dfrac{\pi}{2}<\theta<\dfrac{\pi}{2}\right)$라 하면

$1=\cos\theta\dfrac{d\theta}{dx}$이고

$x=0$일 때 $\theta=0$, $x=\dfrac{\sqrt{3}}{2}$일 때 $\theta=\dfrac{\pi}{3}$이므로

$\displaystyle\int_0^{\frac{\sqrt{3}}{2}}\dfrac{1}{\sqrt{1-x^2}}dx=\int_0^{\frac{\pi}{3}}\left(\dfrac{1}{\sqrt{1-\sin^2\theta}}\times\cos\theta\right)d\theta$

$\qquad =\displaystyle\int_0^{\frac{\pi}{3}}\left(\dfrac{1}{\cos\theta}\times\cos\theta\right)d\theta$

$\qquad =\displaystyle\int_0^{\frac{\pi}{3}}1\,d\theta=\Big[\theta\Big]_0^{\frac{\pi}{3}}=\dfrac{\pi}{3}$

0986 답 ③

$\displaystyle\int_0^{\sqrt{2}}\dfrac{1}{\sqrt{4-x^2}}dx$에서 $x=2\sin\theta$ $\left(-\dfrac{\pi}{2}<\theta<\dfrac{\pi}{2}\right)$라 하면

$1=2\cos\theta\dfrac{d\theta}{dx}$이고

$x=0$일 때 $\theta=0$, $x=\sqrt{2}$일 때 $\theta=\dfrac{\pi}{4}$이므로

$\displaystyle\int_0^{\sqrt{2}}\dfrac{1}{\sqrt{4-x^2}}dx=\int_0^{\frac{\pi}{4}}\left(\dfrac{1}{\sqrt{4-4\sin^2\theta}}\times 2\cos\theta\right)d\theta$

$\qquad =\displaystyle\int_0^{\frac{\pi}{4}}\left(\dfrac{1}{2\cos\theta}\times 2\cos\theta\right)d\theta$

$\qquad =\displaystyle\int_0^{\frac{\pi}{4}}1\,d\theta=\Big[\theta\Big]_0^{\frac{\pi}{4}}=\dfrac{\pi}{4}$

따라서 $a=\dfrac{\pi}{4}$이므로

$\sin a=\sin\dfrac{\pi}{4}=\dfrac{\sqrt{2}}{2}$

0987 답 ②

$\displaystyle\int_0^3 \dfrac{4}{x^2+9}dx$에서 $x=3\tan\theta$ $\left(-\dfrac{\pi}{2}<\theta<\dfrac{\pi}{2}\right)$라 하면

$1=3\sec^2\theta\,\dfrac{d\theta}{dx}$이고

$x=0$일 때 $\theta=0$, $x=3$일 때 $\theta=\dfrac{\pi}{4}$이므로

$$\int_0^3 \frac{4}{x^2+9}\,dx=\int_0^{\frac{\pi}{4}}\left\{\frac{4}{9(\tan^2\theta+1)}\times 3\sec^2\theta\right\}d\theta$$
$$=\int_0^{\frac{\pi}{4}}\left(\frac{4}{3}\times\frac{1}{\sec^2\theta}\times\sec^2\theta\right)d\theta$$
$$=\int_0^{\frac{\pi}{4}}\frac{4}{3}\,d\theta=\left[\frac{4}{3}\theta\right]_0^{\frac{\pi}{4}}=\frac{\pi}{3}$$

따라서 $a=\dfrac{\pi}{3}$이므로

$$\cos a=\cos\frac{\pi}{3}=\frac{1}{2}$$

0988   답 ③

$\displaystyle\int_{-a}^a \frac{1}{a^2+x^2}\,dx$에서 $x=a\tan\theta$ $\left(-\dfrac{\pi}{2}<\theta<\dfrac{\pi}{2}\right)$라 하면

$1=a\sec^2\theta\,\dfrac{d\theta}{dx}$이고

$x=-a$일 때 $\theta=-\dfrac{\pi}{4}$, $x=a$일 때 $\theta=\dfrac{\pi}{4}$이므로

$$\int_{-a}^a \frac{1}{a^2+x^2}\,dx=\int_{-\frac{\pi}{4}}^{\frac{\pi}{4}}\left\{\frac{1}{a^2(\tan^2\theta+1)}\times a\sec^2\theta\right\}d\theta$$
$$=\int_{-\frac{\pi}{4}}^{\frac{\pi}{4}}\left(\frac{1}{a}\times\frac{1}{\sec^2\theta}\times\sec^2\theta\right)d\theta$$
$$=\int_{-\frac{\pi}{4}}^{\frac{\pi}{4}}\frac{1}{a}\,d\theta=\left[\frac{\theta}{a}\right]_{-\frac{\pi}{4}}^{\frac{\pi}{4}}=\frac{\pi}{2a}$$

$\dfrac{\pi}{2a}=\dfrac{\pi}{3}$에서 $2a=3$

$\therefore a=\dfrac{3}{2}$

0989   답 (1) 1   (2) $16\ln 2-\dfrac{15}{4}$ (3) 1   (4) 2π

(1) $u(x)=\ln x$, $v'(x)=1$이라 하면

$$\int_1^e \ln x\,dx=\left[x\ln x\right]_1^e-\int_1^e 1\,dx$$
$$=e-\left[x\right]_1^e$$
$$=e-(e-1)=1$$

(2) $u(x)=\ln x$, $v'(x)=x$라 하면

$$\int_1^4 x\ln x\,dx=\left[\frac{1}{2}x^2\ln x\right]_1^4-\int_1^4 \frac{x}{2}\,dx$$
$$=8\ln 4-\left[\frac{1}{4}x^2\right]_1^4=16\ln 2-\frac{15}{4}$$

(3) $u(x)=x$, $v'(x)=e^x$이라 하면

$$\int_0^1 xe^x\,dx=\left[xe^x\right]_0^1-\int_0^1 e^x\,dx$$
$$=e-\left[e^x\right]_0^1$$
$$=e-(e-1)=1$$

(4) $u(x)=x$, $v'(x)=\sin x$라 하면

$$\int_\pi^{3\pi} x\sin x\,dx=\left[-x\cos x\right]_\pi^{3\pi}+\int_\pi^{3\pi}\cos x\,dx$$
$$=2\pi+\left[\sin x\right]_\pi^{3\pi}=2\pi$$

0990   답 ①

$u_1(x)=x^2+5$, $v_1'(x)=e^x$이라 하면

$$\int_0^1 (x^2+5)e^x\,dx=\left[(x^2+5)e^x\right]_0^1-\int_0^1 2xe^x\,dx$$
$$=6e-5-2\int_0^1 xe^x\,dx \quad\cdots\cdots\ \text{㉠}$$

이때, $u_2(x)=x$, $v_2'(x)=e^x$이라 하면

$$\int_0^1 xe^x\,dx=\left[xe^x\right]_0^1-\int_0^1 e^x\,dx$$
$$=e-\left[e^x\right]_0^1$$
$$=e-(e-1)=1$$

이므로 ㉠에 대입하면

$$\int_0^1 (x^2+5)e^x\,dx=6e-5-2\times 1=6e-7$$

0991   답 ①

$$\int_e^{10} f(x)\,dx-\int_1^{10} f(x)\,dx+\int_0^e f(x)\,dx$$
$$=\left(\int_e^{10} f(x)\,dx+\int_{10}^1 f(x)\,dx\right)+\int_0^e f(x)\,dx$$
$$=\int_e^1 f(x)\,dx+\int_0^e f(x)\,dx$$
$$=\int_0^1 f(x)\,dx$$

이때, $u(x)=x$, $v'(x)=e^{-x}$이라 하면

$$\int_0^1 f(x)\,dx=\int_0^1 xe^{-x}\,dx$$
$$=\left[-xe^{-x}\right]_0^1+\int_0^1 e^{-x}\,dx$$
$$=-e^{-1}+\left[-e^{-x}\right]_0^1$$
$$=-e^{-1}+(-e^{-1}+1)$$
$$=1-\frac{2}{e}$$

0992   답 ③

$u(x)=x$, $v'(x)=e^x$이라 하면

$$\int_{-2}^1 |x|e^x\,dx$$
$$=\int_{-2}^0 (-xe^x)\,dx+\int_0^1 xe^x\,dx$$
$$=-\left[xe^x\right]_{-2}^0+\int_{-2}^0 e^x\,dx+\left[xe^x\right]_0^1-\int_0^1 e^x\,dx$$
$$=-\frac{2}{e^2}+\left[e^x\right]_{-2}^0+e-\left[e^x\right]_0^1$$

$$=-\frac{2}{e^2}+\left(1-\frac{1}{e^2}\right)+e-(e-1)=2-\frac{3}{e^2}$$

0993   답 ③

$|xe^x-e^x|=\begin{cases} xe^x-e^x & (x\geq 1) \\ e^x-xe^x & (x<1) \end{cases}$ 이므로

$$\int_{-1}^{2}|xe^x-e^x|\,dx=\int_{-1}^{1}(e^x-xe^x)\,dx+\int_{1}^{2}(xe^x-e^x)\,dx \quad \cdots\cdots\ \text{㉠}$$

$\displaystyle\int_{-1}^{1}(e^x-xe^x)\,dx=\int_{-1}^{1}e^x(1-x)\,dx$ 에서

$u(x)=1-x,\ v'(x)=e^x$ 이라 하면

$$\int_{-1}^{1}e^x(1-x)\,dx=\left[e^x(1-x)\right]_{-1}^{1}+\int_{-1}^{1}e^x\,dx$$
$$=-\frac{2}{e}+\left[e^x\right]_{-1}^{1}$$
$$=-\frac{2}{e}+\left(e-\frac{1}{e}\right)=e-\frac{3}{e} \quad \cdots\cdots\ \text{㉡}$$

$\displaystyle\int_{1}^{2}(xe^x-e^x)\,dx=\int_{1}^{2}e^x(x-1)\,dx$ 에서

$p(x)=x-1,\ q'(x)=e^x$ 이라 하면

$$\int_{1}^{2}e^x(x-1)\,dx=\left[e^x(x-1)\right]_{1}^{2}-\int_{1}^{2}e^x\,dx$$
$$=e^2-\left[e^x\right]_{1}^{2}$$
$$=e^2-(e^2-e)=e \quad \cdots\cdots\ \text{㉢}$$

㉡, ㉢을 ㉠에 대입하면

$$\int_{-1}^{2}|xe^x-e^x|\,dx=e-\frac{3}{e}+e=2e-\frac{3}{e}$$

0994   답 ④

$2x+e=t$ 라 하면 $2=\dfrac{dt}{dx}$ 이고

$x=0$ 일 때 $t=e$, $x=e$ 일 때 $t=3e$ 이므로

$$\int_{0}^{e}\ln(2x+e)\,dx=\frac{1}{2}\int_{e}^{3e}\ln t\,dt \quad \cdots\cdots\ \text{㉠}$$

이때, $u(t)=\ln t,\ v'(t)=1$ 이라 하면

$$\int_{e}^{3e}\ln t\,dt=\left[t\ln t\right]_{e}^{3e}-\int_{e}^{3e}1\,dt$$
$$=3e\ln 3e-e-\left[x\right]_{e}^{3e}$$
$$=3e(\ln 3+1)-e-2e$$
$$=3e\ln 3$$

이므로 ㉠에 대입하면

$$\int_{0}^{e}\ln(2x+e)\,dx=\frac{3e\ln 3}{2}$$

0995   답 ①

$6x=t$ 라 하면 $6=\dfrac{dt}{dx}$ 이고

$x=0$ 일 때 $t=0$, $x=\dfrac{\pi}{6}$ 일 때 $t=\pi$ 이므로

$$\int_{0}^{\frac{\pi}{6}}x\cos(6x)\,dx=\frac{1}{36}\int_{0}^{\pi}t\cos t\,dt \quad \cdots\cdots\ \text{㉠}$$

이때, $u(t)=t,\ v'(t)=\cos t$ 라 하면

$$\int_{0}^{\pi}t\cos t\,dt=\left[t\sin t\right]_{0}^{\pi}-\int_{0}^{\pi}\sin t\,dt$$
$$=0-\left[-\cos t\right]_{0}^{\pi}=-2$$

이므로 ㉠에 대입하면

$$\int_{0}^{\frac{\pi}{6}}x\cos(6x)\,dx=-\frac{1}{18}$$

다른 풀이

$u(x)=x,\ v'(x)=\cos(6x)$ 라 하면

$$\int_{0}^{\frac{\pi}{6}}x\cos(6x)\,dx=\left[\frac{x}{6}\sin(6x)\right]_{0}^{\frac{\pi}{6}}-\frac{1}{6}\int_{0}^{\frac{\pi}{6}}\sin(6x)\,dx$$
$$=0-\frac{1}{6}\left[-\frac{1}{6}\cos(6x)\right]_{0}^{\frac{\pi}{6}}$$
$$=-\frac{1}{18}$$

0996   답 ②

$x^2=t$ 라 하면 $2x=\dfrac{dt}{dx}$ 이고

$x=0$ 일 때 $t=0$, $x=\sqrt{\pi}$ 일 때 $t=\pi$ 이므로

$$\int_{0}^{\sqrt{\pi}}(x^3-x)\sin x^2\,dx=\int_{0}^{\sqrt{\pi}}x(x^2-1)\sin x^2\,dx$$
$$=\frac{1}{2}\int_{0}^{\pi}(t-1)\sin t\,dt \quad \cdots\cdots\ \text{㉠}$$

이때, $u(t)=t-1,\ v'(t)=\sin t$ 라 하면

$$\int_{0}^{\pi}(t-1)\sin t\,dt=\left[-(t-1)\cos t\right]_{0}^{\pi}+\int_{0}^{\pi}\cos t\,dt$$
$$=\pi-2+\left[\sin t\right]_{0}^{\pi}=\pi-2$$

이므로 ㉠에 대입하면

$$\int_{0}^{\sqrt{\pi}}(x^3-x)\sin x^2\,dx=\frac{1}{2}(\pi-2)$$

0997   답 ①

$\sqrt{x}=t$ 라 하면 $\dfrac{1}{2\sqrt{x}}=\dfrac{dt}{dx}$ 이고

$x=0$ 일 때 $t=0$, $x=\pi^2$ 일 때 $t=\pi$ 이므로

$$\int_{0}^{\pi^2}\cos\sqrt{x}\,dx=2\int_{0}^{\pi}t\cos t\,dt \quad \cdots\cdots\ \text{㉠}$$

이때, $u(t)=t,\ v'(t)=\cos t$ 라 하면

$$\int_{0}^{\pi}t\cos t\,dt=\left[t\sin t\right]_{0}^{\pi}-\int_{0}^{\pi}\sin t\,dt$$
$$=0+\left[\cos t\right]_{0}^{\pi}=-2$$

이므로 ㉠에 대입하면

$$\int_{0}^{\pi^2}\cos\sqrt{x}\,dx=-4$$

0998

답 ②

$1-x=t$라 하면 $-1=\dfrac{dt}{dx}$이고

$x=0$일 때 $t=1$, $x=1$일 때 $t=0$이므로

$$\int_0^1 f(1-x)\,dx=-\int_1^0 f(t)\,dt=\int_0^1 f(t)\,dt$$
$$=\int_0^1\left\{te^t-\cos\left(\dfrac{\pi}{2}t\right)\right\}dt$$
$$=\int_0^1 te^t\,dt-\int_0^1\cos\left(\dfrac{\pi}{2}t\right)dt$$
$$=\left[te^t\right]_0^1-\int_0^1 e^t\,dt-\left[\dfrac{2}{\pi}\sin\left(\dfrac{\pi}{2}t\right)\right]_0^1$$
$$=e-\left[e^t\right]_0^1-\dfrac{2}{\pi}=1-\dfrac{2}{\pi}$$

0999

답 ②

$u_1(x)=\cos x$, $v_1{}'(x)=e^x$이라 하면

$$\int_0^\pi e^x\cos x\,dx=\left[e^x\cos x\right]_0^\pi+\int_0^\pi e^x\sin x\,dx$$
$$=-e^\pi-1+\int_0^\pi e^x\sin x\,dx\qquad\cdots\cdots\text{㉠}$$

이때, $u_2(x)=\sin x$, $v_2{}'(x)=e^x$이라 하면

$$\int_0^\pi e^x\sin x\,dx=\left[e^x\sin x\right]_0^\pi-\int_0^\pi e^x\cos x\,dx$$
$$=-\int_0^\pi e^x\cos x\,dx$$

이므로 ㉠에 대입하면

$$\int_0^\pi e^x\cos x\,dx=-e^\pi-1-\int_0^\pi e^x\cos x\,dx$$
$$\therefore\int_0^\pi e^x\cos x\,dx=-\dfrac{1}{2}(e^\pi+1)$$

1000

답 ②

$\int_0^2 f(t)\,dt=a$ (a는 상수)라 하면 $f(x)=e^x+a$이므로

$$\int_0^2 f(t)\,dt=\int_0^2 (e^t+a)\,dt$$
$$=\left[e^t+at\right]_0^2$$
$$=e^2+2a-1=a$$

$a=1-e^2$이므로 $f(x)=e^x+1-e^2$

$\therefore f(0)=2-e^2$

1001

답 ①

$\int_1^e f(t)\,dt=k$ (k는 상수)라 하면 $f(x)=\ln x+k$이므로

$$\int_1^e f(t)\,dt=\int_1^e (\ln t+k)\,dt=\int_1^e \ln t\,dt+\int_1^e k\,dt\qquad\cdots\cdots\text{㉠}$$
$$\int_1^e \ln t\,dt=\left[t\ln t\right]_1^e-\int_1^e 1\,dt=e-\left[t\right]_1^e=1\qquad\cdots\cdots\;\text{TIP}$$

$$\int_1^e k\,dt=\left[kt\right]_1^e=k(e-1)$$

이므로 ㉠에 대입하면

$$\int_1^e f(t)\,dt=1+k(e-1)=k$$

$k(e-2)=-1$에서 $k=\dfrac{1}{2-e}$이므로

$$f(x)=\ln x+\dfrac{1}{2-e}$$

$$\therefore f(e)=1+\dfrac{1}{2-e}$$

> **TIP**
>
> $\dfrac{d}{dt}(t\ln t-t)=\ln t$이므로(**0888**번 **TIP** 참고)
>
> $\int_1^e \ln t\,dt=\left[t\ln t-t\right]_1^e$로 계산할 수 있다.

1002

답 ②

$\int_0^2 f(t)\,dt=k$ (k는 상수)라 하면 $f(x)=\dfrac{x}{2x^2+1}-k$이므로

$$\int_0^2 f(t)\,dt=\int_0^2\left(\dfrac{t}{2t^2+1}-k\right)dt$$
$$=\int_0^2\dfrac{t}{2t^2+1}\,dt-\int_0^2 k\,dt$$
$$=\dfrac{1}{4}\int_0^2\dfrac{(2t^2+1)'}{2t^2+1}\,dt-\left[kt\right]_0^2$$
$$=\left[\dfrac{1}{4}\ln(2t^2+1)\right]_0^2-2k$$
$$=\dfrac{\ln 3}{2}-2k=k$$

$3k=\dfrac{\ln 3}{2}$에서 $k=\dfrac{\ln 3}{6}$이므로

$$f(x)=\dfrac{x}{2x^2+1}-\dfrac{\ln 3}{6}$$

$$\therefore f(1)=\dfrac{2-\ln 3}{6}$$

1003

답 ①

$\int_1^e f(t)\,dt=a$ (a는 상수)라 하면 $f(x)=\dfrac{\ln x}{x}+a$이므로

$$\int_1^e f(t)\,dt=\int_1^e\left(\dfrac{\ln t}{t}+a\right)dt=\int_1^e\dfrac{\ln t}{t}\,dt+\int_1^e a\,dt\qquad\cdots\cdots\text{㉠}$$

$\int_1^e\dfrac{\ln t}{t}\,dt$에서 $\ln t=k$라 하면 $\dfrac{1}{t}=\dfrac{dk}{dt}$이고

$t=1$일 때 $k=0$, $t=e$일 때 $k=1$이므로

$$\int_1^e\dfrac{\ln t}{t}\,dt=\int_0^1 k\,dk=\left[\dfrac{1}{2}k^2\right]_0^1=\dfrac{1}{2}\qquad\cdots\cdots\text{㉡}$$

$$\int_1^e a\,dt=\left[at\right]_1^e=a(e-1)\qquad\cdots\cdots\text{㉢}$$

㉡, ㉢을 ㉠에 대입하면

$$\int_1^e\left(\dfrac{\ln t}{t}+a\right)dt=\dfrac{1}{2}+a(e-1)=a$$

$a(e-2)=-\dfrac{1}{2}$에서 $a=-\dfrac{1}{2(e-2)}$이므로

$$f(x)=\dfrac{\ln x}{x}-\dfrac{1}{2(e-2)}$$

$$\therefore f(1)=-\dfrac{1}{2(e-2)}$$

1004   답 ③

$\displaystyle\int_0^1 f(t)dt=k$ (k는 상수)라 하면 $f(x)=e^x-2kx$이므로

$$\int_0^1 f(t)dt=\int_0^1 (e^t-2kt)dt$$
$$=\Big[e^t-kt^2\Big]_0^1$$
$$=e-k-1=k$$

$2k=e-1$에서 $k=\dfrac{e-1}{2}$이므로

$$f(x)=e^x-(e-1)x$$
$$\therefore f(1)=e-(e-1)=1$$

1005   답 ②

실수 전체의 집합에서 연속인 함수 $f(x)$에 대하여

$$\int_a^x f(t)dt=(x+a-4)e^x \qquad \cdots\cdots \text{㉠}$$

㉠의 양변에 $x=a$를 대입하면

$$0=(2a-4)e^a$$

$e^a>0$이므로 $2a-4=0$에서 $a=2$

$a=2$를 ㉠에 대입하면

$$\int_2^x f(t)dt=(x-2)e^x$$

위의 식의 양변을 x에 대하여 미분하면

$$f(x)=e^x+(x-2)e^x=(x-1)e^x$$
$$\therefore f(a)=f(2)=(2-1)e^2=e^2$$

1006   답 ②

$$f(x)=\int_1^x \dfrac{1}{t^3}dt=\Big[-\dfrac{1}{2t^2}\Big]_1^x=\dfrac{1}{2}-\dfrac{1}{2x^2}\text{이고}$$

$$f'(x)=\dfrac{1}{x^3},\ f''(x)=-\dfrac{3}{x^4}$$

$$\therefore f(2)+f'(2)+f''(2)=\Big(\dfrac{1}{2}-\dfrac{1}{8}\Big)+\dfrac{1}{8}-\dfrac{3}{16}=\dfrac{5}{16}$$

1007   답 ④

$\displaystyle\int_0^x f(x)dx=e^{2x}+x-1$의 양변을 x에 대하여 미분하면

$f(x)=2e^{2x}+1$이고 $f'(x)=4e^{2x}$, $f''(x)=8e^{2x}$

이때, $f'(0)=4$이므로

$$\lim_{x\to 0}\dfrac{f'(x)-4}{x}=\lim_{x\to 0}\dfrac{f'(x)-f'(0)}{x}$$
$$=f''(0)=8$$

1008   답 (1) -2 (2) e (3) $\dfrac{\sqrt{3}}{4}$

(1) $f(t)=t+\cos t-3$, $F'(t)=f(t)$라 하면

$$\lim_{x\to 0}\dfrac{1}{x}\int_0^x (t+\cos t-3)dt=\lim_{x\to 0}\dfrac{F(x)-F(0)}{x}$$
$$=F'(0)=f(0)=-2$$

(2) $f(x)=e^x-\ln x$, $F'(x)=f(x)$라 하면

$$\lim_{h\to 0}\dfrac{1}{h}\int_1^{1+h}(e^x-\ln x)dx=\lim_{h\to 0}\dfrac{F(1+h)-F(1)}{h}$$
$$=F'(1)=f(1)=e$$

(3) $f(t)=t^2\sin\dfrac{\pi t}{3}$, $F'(t)=f(t)$라 하면

$$\lim_{x\to 1}\dfrac{1}{x^2-1}\int_1^x t^2\sin\dfrac{\pi t}{3}dt=\lim_{x\to 1}\dfrac{F(x)-F(1)}{x^2-1}$$
$$=\lim_{x\to 1}\Big\{\dfrac{F(x)-F(1)}{x-1}\times\dfrac{1}{x+1}\Big\}$$
$$=\dfrac{1}{2}F'(1)=\dfrac{1}{2}f(1)=\dfrac{\sqrt{3}}{4}$$

1009   답 ④

함수 $f(x)$의 한 부정적분을 $F(x)$라 하면

$$\lim_{x\to 1}\dfrac{1}{x-1}\int_1^{x^2}f(t)dt=\lim_{x\to 1}\dfrac{F(x^2)-F(1)}{x-1}$$
$$=\lim_{x\to 1}\Big\{\dfrac{F(x^2)-F(1)}{x^2-1}\times(x+1)\Big\}$$
$$=2F'(1)=2f(1)$$
$$=2\times 2\ln 4=8\ln 2$$

1010   답 ②

$\dfrac{dh}{dt}=\dfrac{5}{t+2}$이므로 구하는 수면의 높이는

$$\int_0^6 \dfrac{5}{t+2}dt=\Big[5\ln(t+2)\Big]_0^6$$
$$=5\ln 8-5\ln 2$$
$$=10\ln 2=10\times 0.7=7\,(\text{cm})$$

1011   답 ⑤

삼각함수의 덧셈정리에 의하여

$$\cos x=\cos\Big(\dfrac{x}{2}+\dfrac{x}{2}\Big)=\cos^2\dfrac{x}{2}-\sin^2\dfrac{x}{2}$$
$$=\Big(1-\sin^2\dfrac{x}{2}\Big)-\sin^2\dfrac{x}{2}=1-2\sin^2\dfrac{x}{2}$$

따라서 $2\sin^2\dfrac{x}{2}=1-\cos x$이므로   ⸺ TIP

$$\int_0^{\pi}\Big|2\sin^2\dfrac{x}{2}-\cos x\Big|dx$$
$$=\int_0^{\pi}|1-2\cos x|\,dx$$

$$=\int_0^{\frac{\pi}{3}}(2\cos x-1)\,dx+\int_{\frac{\pi}{3}}^{\pi}(1-2\cos x)\,dx$$

$$=\Big[\,2\sin x-x\,\Big]_0^{\frac{\pi}{3}}+\Big[\,x-2\sin x\,\Big]_{\frac{\pi}{3}}^{\pi}=2\sqrt{3}+\frac{\pi}{3}$$

이 내용은 '반각공식'으로 교육과정 이외의 내용이다.
'반각공식'을 이용해야 하는 문제는 수능에 출제되지 않지만,
학교에서 다루었다면 내신 시험에 출제될 수 있으니 익혀두자.

1012 · 답 ⑤

그림과 같이
$0\le x<t$에서 $e^t>e^x$이므로
$|e^x-e^t|=e^t-e^x$이고,
$t\le x\le 1$에서 $e^t\le e^x$이므로
$|e^x-e^t|=e^x-e^t$이다.

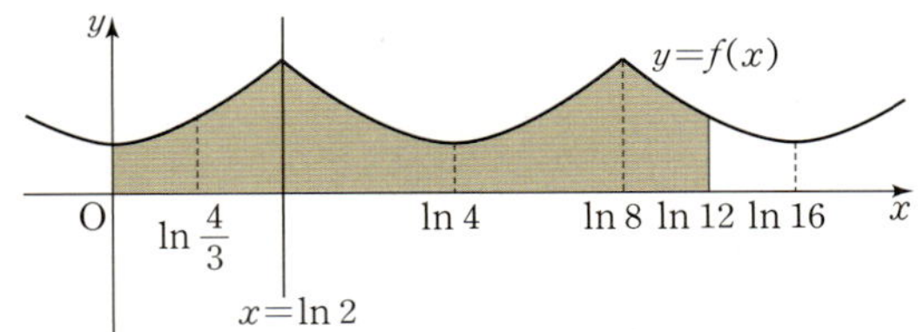

$$f(t)=\int_0^1|e^x-e^t|\,dx$$
$$=\int_0^t(e^t-e^x)\,dx+\int_t^1(e^x-e^t)\,dx$$
$$=\Big[\,e^tx-e^x\,\Big]_0^t+\Big[\,e^x-e^tx\,\Big]_t^1$$
$$=e^t(2t-3)+e+1$$
$$f'(t)=e^t(2t-3)+2e^t=e^t(2t-1)$$

$f'(t)=0$에서 $t=\dfrac{1}{2}$

따라서 함수 $f(t)$의 증가와 감소를 표로 나타내면 다음과 같다.

t	0	$\cdots$	$\dfrac{1}{2}$	$\cdots$	1
$f'(t)$		$-$	0	$+$	
$f(t)$		$\searrow$	극소	$\nearrow$	

함수 $f(t)$는 $t=\dfrac{1}{2}$에서 극소이고 최솟값을 갖는다.

$$\therefore a=\frac{1}{2}$$

1013 · 답 ③

함수 $y=|\cos x|$의 그래프는 다음과 같다.

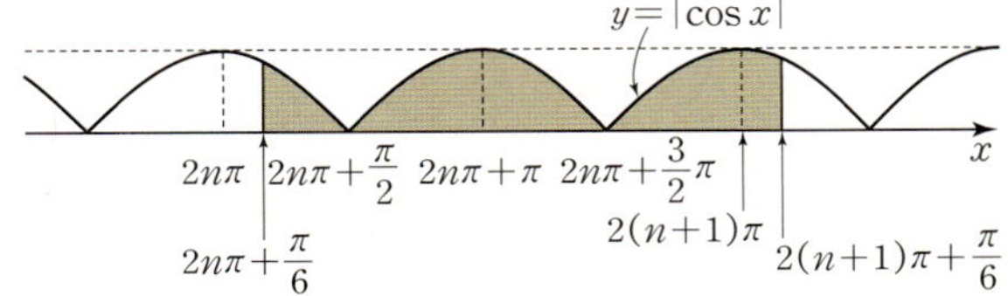

이때, I_n은 그림의 어두운 부분의 넓이와 같고,
$$\left(2n\pi+\frac{\pi}{6}\right)-2n\pi=\left\{2(n+1)\pi+\frac{\pi}{6}\right\}-2(n+1)\pi=\frac{\pi}{6}$$이므로
$$\int_{2(n+1)\pi}^{2(n+1)\pi+\frac{\pi}{6}}f(x)\,dx=\int_{2n\pi}^{2n\pi+\frac{\pi}{6}}f(x)\,dx$$
$$\therefore I_n=\int_{2n\pi+\frac{\pi}{6}}^{2(n+1)\pi+\frac{\pi}{6}}|\cos x|\,dx$$

$$=\int_{2n\pi}^{2(n+1)\pi}|\cos x|\,dx$$
$$=4\int_{2n\pi}^{2n\pi+\frac{\pi}{2}}\cos x\,dx$$
$$=4\Big[\,\sin x\,\Big]_{2n\pi}^{2n\pi+\frac{\pi}{2}}=4$$
$$\therefore \sum_{n=1}^{100}I_n=\sum_{n=1}^{100}4=400$$

1014 · 답 ①

조건 ㈎에서 $0\le x\le\ln 2$일 때 $f(x)=e^x$
조건 ㈏에서 $f(\ln 2-x)=f(\ln 2+x)$이므로 함수 $y=f(x)$의 그래프는 직선 $x=\ln 2$에 대하여 대칭이고, $f(-x)=f(x)$이므로 함수 $y=f(x)$의 그래프는 y축에 대하여 대칭이다.
따라서 함수 $y=f(x)$의 그래프는 다음과 같다.

이때, 구하는 값은 그림의 어두운 부분의 넓이와 같고,
$\ln 16-\ln 12=\ln\dfrac{4}{3}$이므로
$$\int_{\ln 12}^{\ln 16}f(x)\,dx=\int_0^{\ln\frac{4}{3}}f(x)\,dx$$
$$\therefore \int_0^{\ln 12}f(x)\,dx=\int_0^{\ln 16}f(x)\,dx-\int_{\ln 12}^{\ln 16}f(x)\,dx$$
$$=4\int_0^{\ln 2}e^x\,dx-\int_0^{\ln\frac{4}{3}}e^x\,dx$$
$$=4\Big[\,e^x\,\Big]_0^{\ln 2}-\Big[\,e^x\,\Big]_0^{\ln\frac{4}{3}}=\frac{11}{3}$$

1015 · 답 ④

$W'(t)=2\tan^2\left(\dfrac{\pi}{4}t\right)\ (0<t<2)$이므로
1시간 후의 효모의 무게는
$$W(1)=4+\int_0^1 2\tan^2\left(\frac{\pi}{4}t\right)dt$$
$$=4+2\int_0^1\left\{\sec^2\left(\frac{\pi}{4}t\right)-1\right\}dt$$
$$=4+2\int_0^1\sec^2\left(\frac{\pi}{4}t\right)-2\int_0^1 1\,dt \quad\cdots\cdots\ \text{㉠}$$

이때, $\dfrac{\pi}{4}t=k$라 하면 $\dfrac{\pi}{4}=\dfrac{dk}{dt}$, 즉 $dt=\dfrac{4}{\pi}dk$이고
$t=0$일 때 $k=0$, $t=1$일 때 $k=\dfrac{\pi}{4}$이므로
$$\int_0^1\sec^2\left(\frac{\pi}{4}t\right)dt=\int_0^{\frac{\pi}{4}}\frac{4}{\pi}\sec^2 k\,dk=\left[\frac{4}{\pi}\tan k\right]_0^{\frac{\pi}{4}}=\frac{4}{\pi}$$

이를 ㉠에 대입하면
$$W(1)=4+2\times\frac{4}{\pi}-2\Big[\,t\,\Big]_0^1=2+\frac{8}{\pi}$$

1016   답 ⑤

ㄱ. $\ln x = t$라 하면 $\dfrac{1}{x} = \dfrac{dt}{dx}$이고

$x = e$일 때 $t = 1$, $x = e^2$일 때 $t = 2$이므로

$$\int_{e}^{e^2} \frac{1}{x \ln x}\,dx = \int_{1}^{2} \frac{1}{t}\,dt = \Big[\ln t\,\Big]_{1}^{2} = \ln 2 \ \text{(참)}$$

ㄴ. $\sin x = t$라 하면 $\cos x = \dfrac{dt}{dx}$이고

$x = -\dfrac{\pi}{2}$일 때 $t = -1$, $x = 0$일 때 $t = 0$, $x = \dfrac{\pi}{2}$일 때 $t = 1$이므로

$$\int_{-\frac{\pi}{2}}^{\frac{\pi}{2}} |\sin x \cos x|\,dx$$

$$= -\int_{-\frac{\pi}{2}}^{0} \sin x \cos x\,dx + \int_{0}^{\frac{\pi}{2}} \sin x \cos x\,dx$$

$$= -\int_{-1}^{0} t\,dt + \int_{0}^{1} t\,dt = -\Big[\frac{1}{2}t^2\Big]_{-1}^{0} + \Big[\frac{1}{2}t^2\Big]_{0}^{1} = 1 \ \text{(참)}$$

ㄷ. $1 + \sqrt{x} = t$라 하면 $\dfrac{1}{2\sqrt{x}} = \dfrac{dt}{dx}$이고

$x = 1$일 때 $t = 2$, $x = 9$일 때 $t = 4$이므로

$$\int_{1}^{9} \sqrt{\frac{1+\sqrt{x}}{x}}\,dx = \int_{1}^{9} \frac{\sqrt{1+\sqrt{x}}}{\sqrt{x}}\,dx = 2\int_{2}^{4} \sqrt{t}\,dt$$

$$= 2\Big[\frac{2}{3}t^{\frac{3}{2}}\Big]_{2}^{4} = \frac{4(8-2\sqrt{2})}{3} = \frac{8(4-\sqrt{2})}{3} \ \text{(참)}$$

따라서 옳은 것은 ㄱ, ㄴ, ㄷ이다.

1017   답 ④

$$\int_{0}^{\pi} \sin^2 x\,dx = \Big[-\sin x \cos x\Big]_{0}^{\pi} + \int_{0}^{\pi} \cos^2 x\,dx \quad \cdots\cdots \ \text{TIP}$$

$$= 0 + \int_{0}^{\pi} (1 - \sin^2 x)\,dx$$

$$= \Big[x\Big]_{0}^{\pi} - \int_{0}^{\pi} \sin^2 x\,dx$$

$$= \pi - \int_{0}^{\pi} \sin^2 x\,dx$$

$$\therefore \int_{0}^{\pi} \sin^2 x\,dx = \frac{\pi}{2}$$

$$\int_{0}^{\frac{\pi}{2}} \cos^3 x\,dx = \int_{0}^{\frac{\pi}{2}} \cos^2 x \cos x\,dx$$

$$= \int_{0}^{\frac{\pi}{2}} (1 - \sin^2 x) \cos x\,dx$$

이때, $\sin x = t$라 하면 $\cos x = \dfrac{dt}{dx}$이고

$x = 0$일 때 $t = 0$, $x = \dfrac{\pi}{2}$일 때 $t = 1$이므로

$$\int_{0}^{\frac{\pi}{2}} (1 - \sin^2 x) \cos x\,dx = \int_{0}^{1} (1 - t^2)\,dt = \Big[t - \frac{1}{3}t^3\Big]_{0}^{1} = \frac{2}{3}$$

따라서 $a = \dfrac{\pi}{2}$, $b = \dfrac{2}{3}$이므로

$$ab = \frac{\pi}{2} \times \frac{2}{3} = \frac{\pi}{3}$$

$\displaystyle\int_{0}^{\pi} \sin^2 x\,dx$는 다음과 같이 계산할 수 있다.

삼각함수의 덧셈정리에 의하여

$$\cos (2x) = \cos (x+x) = \cos^2 x - \sin^2 x$$

$$= (1 - \sin^2 x) - \sin^2 x = 1 - 2\sin^2 x$$

따라서 $\sin^2 x = \dfrac{1 - \cos (2x)}{2}$이므로 $\quad\cdots\cdots (*)$

$$\int_{0}^{\pi} \sin^2 x\,dx = \int_{0}^{\pi} \frac{1 - \cos (2x)}{2}\,dx$$

$$= \frac{1}{2}\Big[x - \frac{1}{2}\sin (2x)\Big]_{0}^{\pi} = \frac{\pi}{2}$$

이 (*) 내용은 '반각공식'으로 교육과정 이외의 내용이다. '반각공식'을 이용해야 하는 문제는 수능에 출제되지 않지만, 학교에서 다루었다면 내신 시험에 출제될 수 있으니 익혀두자.

1018   답 ④

$$\int_{-\frac{\pi}{6}}^{\frac{\pi}{6}} \sec \theta\,d\theta = \int_{-\frac{\pi}{6}}^{\frac{\pi}{6}} \frac{1}{\cos \theta}\,d\theta$$

$$= \int_{-\frac{\pi}{6}}^{\frac{\pi}{6}} \frac{\cos \theta}{\cos^2 \theta}\,d\theta = \int_{-\frac{\pi}{6}}^{\frac{\pi}{6}} \frac{\cos \theta}{1 - \sin^2 \theta}\,d\theta$$

이때, $\sin \theta = t$라 하면 $\cos \theta = \dfrac{dt}{d\theta}$이고

$\theta = -\dfrac{\pi}{6}$일 때 $t = -\dfrac{1}{2}$, $\theta = \dfrac{\pi}{6}$일 때 $t = \dfrac{1}{2}$이므로

$$\int_{-\frac{\pi}{6}}^{\frac{\pi}{6}} \sec \theta\,d\theta = \int_{-\frac{\pi}{6}}^{\frac{\pi}{6}} \frac{\cos \theta}{1 - \sin^2 \theta}\,d\theta$$

$$= \int_{-\frac{1}{2}}^{\frac{1}{2}} \frac{1}{1 - t^2}\,dt = -\int_{-\frac{1}{2}}^{\frac{1}{2}} \frac{1}{(t+1)(t-1)}\,dt$$

$$= \frac{1}{2}\int_{-\frac{1}{2}}^{\frac{1}{2}} \left(\frac{1}{t+1} - \frac{1}{t-1}\right)dt$$

$$= \frac{1}{2}\Big[\ln |t+1| - \ln |t-1|\Big]_{-\frac{1}{2}}^{\frac{1}{2}} = \ln 3$$

1019   답 ②

$$\int_{0}^{\ln 2} \frac{e^{2x}-2}{e^x+1}\,dx = \int_{0}^{\ln 2} \frac{(e^x+1)(e^x-2)+e^x}{e^x+1}\,dx$$

$$= \int_{0}^{\ln 2} \left(e^x - 2 + \frac{e^x}{e^x+1}\right)dx$$

$$= \Big[e^x - 2x\Big]_{0}^{\ln 2} + \int_{0}^{\ln 2} \frac{e^x}{e^x+1}\,dx$$

$$= 1 - 2\ln 2 + \int_{0}^{\ln 2} \frac{e^x}{e^x+1}\,dx \quad \cdots\cdots \ \unicode{x1D4F1}$$

이때, $e^x + 1 = t$라 하면 $e^x = \dfrac{dt}{dx}$이고

$x = 0$일 때 $t = 2$, $x = \ln 2$일 때 $t = 3$이므로

$$\int_{0}^{\ln 2} \frac{e^x}{e^x+1}\,dx = \int_{2}^{3} \frac{1}{t}\,dt = \Big[\ln |t|\Big]_{2}^{3}$$

$$= \ln 3 - \ln 2$$

이므로 ㉠에 대입하면

$$\therefore \int_0^{\ln 2} \frac{e^{2x}-2}{e^x+1}\,dx = 1-2\ln 2+\ln 3-\ln 2$$
$$= 1+\ln \frac{3}{8}$$

1020
답 ④

$$\frac{2}{1+\tan x} = \frac{2}{1+\dfrac{\sin x}{\cos x}} = \frac{2\cos x}{\cos x+\sin x}$$
$$= \frac{\cos x+\sin x}{\cos x+\sin x} + \frac{\cos x-\sin x}{\cos x+\sin x}$$
$$= 1+\frac{\cos x-\sin x}{\cos x+\sin x}$$

$\cos x+\sin x=t$라 하면 $-\sin x+\cos x=\dfrac{dt}{dx}$,

즉 $(\cos x-\sin x)\,dx=dt$이고

$x=0$일 때 $t=1$, $x=\dfrac{\pi}{4}$일 때 $t=\sqrt{2}$이므로

$$\int_0^{\frac{\pi}{4}} \frac{2}{1+\tan x}\,dx = \int_0^{\frac{\pi}{4}} \left(1+\frac{\cos x-\sin x}{\cos x+\sin x}\right)dx$$
$$= \int_0^{\frac{\pi}{4}} 1\,dx + \int_1^{\sqrt{2}} \frac{1}{t}\,dt$$
$$= \Big[\,x\,\Big]_0^{\frac{\pi}{4}} + \Big[\,\ln|t|\,\Big]_1^{\sqrt{2}}$$
$$= \frac{\pi}{4}+\ln\sqrt{2}$$

1021
답 ④

$$a_n = \int_{n-1}^{n+1} \frac{1}{x+1}\,dx = \Big[\ln(x+1)\Big]_{n-1}^{n+1} = \ln\frac{n+2}{n}$$이므로

$$\sum_{n=1}^{10} a_n = \ln\frac{3}{1}+\ln\frac{4}{2}+\ln\frac{5}{3}+\cdots+\ln\frac{11}{9}+\ln\frac{12}{10}$$
$$= \ln\left(\frac{3}{1}\times\frac{4}{2}\times\frac{5}{3}\times\cdots\times\frac{11}{9}\times\frac{12}{10}\right)$$
$$= \ln\frac{11\times 12}{1\times 2} = \ln 66$$

1022
답 ①

$$\lim_{x\to 0}\frac{\sin(xy+x)-\sin(xy-x)}{\sin(xy^2+2xy)}$$
$$= \lim_{x\to 0}\left[\frac{\sin\{(y+1)x\}-\sin\{(y-1)x\}}{x}\right]\times\lim_{x\to 0}\frac{x}{\sin\{(y^2+2y)x\}}$$
$$= \{y+1-(y-1)\}\times\frac{1}{y^2+2y}$$
$$= \frac{2}{y^2+2y}$$

$$\therefore \int_1^2 \left\{\lim_{x\to 0}\frac{\sin(xy+x)-\sin(xy-x)}{\sin(xy^2+2xy)}\right\}dy$$
$$= \int_1^2 \frac{2}{y^2+2y}\,dy = \int_1^2 \frac{2}{y(y+2)}\,dy = \int_1^2\left(\frac{1}{y}-\frac{1}{y+2}\right)dy$$
$$= \Big[\ln|y|-\ln|y+2|\Big]_1^2$$
$$= (\ln 2-\ln 4)-(\ln 1-\ln 3) = \ln 3-\ln 2$$

1023
답 ③

$$f(x)=\lim_{n\to\infty}\frac{x^n+x-1}{2x^{n+1}+x^2-1}$$에서

(i) $0<x<1$일 때, $\lim\limits_{n\to\infty}x^n=0$이므로
$$f(x)=\lim_{n\to\infty}\frac{x^n+x-1}{2x^{n+1}+x^2-1}$$
$$= \frac{x-1}{x^2-1} = \frac{x-1}{(x+1)(x-1)} = \frac{1}{x+1}$$

(ii) $x=1$일 때, $f(1)=\dfrac{1}{2}$

(iii) $x>1$일 때, $\lim\limits_{n\to\infty}\dfrac{1}{x^n}=0$이므로
$$f(x)=\lim_{n\to\infty}\frac{x^n+x-1}{2x^{n+1}+x^2-1}=\lim_{n\to\infty}\frac{1+\dfrac{x}{x^n}-\dfrac{1}{x^n}}{2x+\dfrac{x^2}{x^n}-\dfrac{1}{x^n}}=\frac{1}{2x}$$

$$\therefore \int_0^2 f(x)\,dx = \int_0^1 \frac{1}{x+1}\,dx + \int_1^2 \frac{1}{2x}\,dx$$
$$= \Big[\ln(x+1)\Big]_0^1 + \frac{1}{2}\Big[\ln x\Big]_1^2$$
$$= \ln 2+\frac{\ln 2}{2} = \frac{3\ln 2}{2}$$

1024
답 ③

$F(x)=t$라 하면 $f(x)=\dfrac{dt}{dx}$이고

$x=0$일 때 $t=F(0)=0$, $x=1$일 때 $t=F(1)=\ln 4$이므로
$$\int_0^1 f(x)e^{F(x)}\,dx = \int_0^{\ln 4} e^t\,dt = \Big[e^t\Big]_0^{\ln 4} = 3$$

1025
답 ①

$f'(x)=\dfrac{1}{2}g(x)$에서 $g(x)=2f'(x)$이므로
$$\int_a^b f(x)g(x)\,dx = \int_a^b 2f(x)f'(x)\,dx$$

$f(x)=t$라 하면 $f'(x)=\dfrac{dt}{dx}$이고

$x=a$일 때 $t=f(a)$, $x=b$일 때 $t=f(b)$이므로
$$\int_a^b f(x)g(x)\,dx = \int_{f(a)}^{f(b)} 2t\,dt = \Big[\,t^2\,\Big]_{f(a)}^{f(b)}$$
$$= \{f(b)\}^2-\{f(a)\}^2$$

1026
답 ③

$4x+1=t$라 하면 $4=\dfrac{dt}{dx}$이고

$x=0$일 때 $t=1$, $x=\dfrac{1}{2}$일 때 $t=3$이므로
$$\int_0^{\frac{1}{2}} 8\sqrt{x}\,f(4x+1)\,dx = \int_1^3 \sqrt{t-1}\,f(t)\,dt$$
$$= \int_1^2 \sqrt{t-1}\,(2t-1)\,dt + \int_2^3 3\sqrt{t-1}\,dt$$

이때, $t-1=k$라 하면 $1=\dfrac{dk}{dt}$이고

$t=1$일 때 $k=0$, $t=2$일 때 $k=1$, $t=3$일 때 $k=2$이므로

$$\int_1^2 \sqrt{t-1}(2t-1)\,dt+\int_2^3 3\sqrt{t-1}\,dt$$

$$=\int_0^1 \sqrt{k}(2k+1)\,dk+\int_1^2 3\sqrt{k}\,dk$$

$$=\int_0^1 (2k\sqrt{k}+\sqrt{k})\,dk+\int_1^2 3\sqrt{k}\,dk$$

$$=\left[\frac{4}{5}k^{\frac{5}{2}}+\frac{2}{3}k^{\frac{3}{2}}\right]_0^1+\left[2k^{\frac{3}{2}}\right]_1^2$$

$$=-\frac{8}{15}+4\sqrt{2}$$

따라서 $p=-\dfrac{8}{15}$, $q=4$이므로

$$30(p+q)=30\left(-\frac{8}{15}+4\right)=104$$

다른 풀이

치환적분법을 사용하지 않고 다음과 같이 풀이할 수 있다.

$$f(4x+1)=\begin{cases}1 & \left(-\dfrac{1}{4}\le x<0\right)\\[6pt]8x+1 & \left(0\le x<\dfrac{1}{4}\right)\\[6pt]3 & \left(\dfrac{1}{4}\le x\le \dfrac{3}{4}\right)\end{cases}\quad \text{이므로}$$

$$\int_0^{\frac{1}{2}} 8\sqrt{x}\,f(4x+1)\,dx$$

$$\int_0^{\frac{1}{4}} 8\sqrt{x}(8x+1)\,dx+\int_{\frac{1}{4}}^{\frac{1}{2}} 24\sqrt{x}\,dx$$

$$=\int_0^{\frac{1}{4}}\left(64x^{\frac{3}{2}}+8x^{\frac{1}{2}}\right)dx+\int_{\frac{1}{4}}^{\frac{1}{2}} 24x^{\frac{1}{2}}\,dx$$

$$=\left[64\times\frac{2}{5}x^{\frac{5}{2}}+8\times\frac{2}{3}x^{\frac{3}{2}}\right]_0^{\frac{1}{4}}+\left[24\times\frac{2}{3}x^{\frac{3}{2}}\right]_{\frac{1}{4}}^{\frac{1}{2}}$$

$$=-\frac{8}{15}+4\sqrt{2}$$

따라서 $p=-\dfrac{8}{15}$, $q=4$이므로

$$30(p+q)=30\left(-\frac{8}{15}+4\right)=104$$

1027   답 ④

ㄱ. $\displaystyle\int_{9a}^{10a} f(x-9a)\,dx$에서 $x-9a=t$라 하면 $1=\dfrac{dt}{dx}$이고

$x=9a$일 때 $t=0$, $x=10a$일 때 $t=a$이므로

$$\int_{9a}^{10a} f(x-9a)\,dx=\int_0^a f(t)\,dt=\int_0^a f(x)\,dx \ (\text{참})$$

ㄴ. $\dfrac{1}{2}\displaystyle\int_0^a f(2x)\,dx$에서 $2x=t$라 하면 $2=\dfrac{dt}{dx}$이고

$x=0$일 때 $t=0$, $x=a$일 때 $t=2a$이므로

$$\frac{1}{2}\int_0^a f(2x)\,dx=\frac{1}{4}\int_0^{2a} f(t)\,dt=\frac{1}{4}\int_0^{2a} f(x)\,dx \ (\text{거짓})$$

ㄷ. $-x=t$라 하면 $-1=\dfrac{dx}{dt}$이고

$x=0$일 때 $t=0$, $x=a$일 때 $t=-a$이므로

$$\int_0^a f(-x)\,dx=\int_0^{-a}\{-f(t)\}\,dt=\int_{-a}^0 f(t)\,dt=\int_{-a}^0 f(x)\,dx$$

$$\therefore \int_0^a \{f(x)+f(-x)\}\,dx=\int_0^a f(x)\,dx+\int_0^a f(-x)\,dx$$

$$=\int_0^a f(x)\,dx+\int_{-a}^0 f(x)\,dx$$

$$=\int_{-a}^a f(x)\,dx \ (\text{참})$$

따라서 옳은 것은 ㄱ, ㄷ이다.

1028   답 ②

$2a-x=t$라 하면 $-1=\dfrac{dt}{dx}$이고

$x=0$일 때 $t=2a$, $x=a$일 때 $t=a$이므로

$$\int_0^a f(2a-x)\,dx=\int_{2a}^a \{-f(t)\}\,dt=\int_a^{2a} f(t)\,dt=\int_a^{2a} f(x)\,dx$$

$$\therefore \int_0^a \{f(x)+f(2a-x)\}\,dx=\int_0^a f(x)\,dx+\int_0^a f(2a-x)\,dx$$

$$=\int_0^a f(x)\,dx+\int_a^{2a} f(x)\,dx$$

$$=\int_0^{2a} f(x)\,dx$$

1029   답 ②

$-x=t$라 하면 $-1=\dfrac{dt}{dx}$이고

$x=-1$일 때 $t=1$, $x=1$일 때 $t=-1$이므로

$$\int_{-1}^1 f(-x)\,dx=\int_1^{-1}\{-f(t)\}\,dt=\int_{-1}^1 f(t)\,dt=\int_{-1}^1 f(x)\,dx$$

$$\therefore \int_{-1}^1 \{f(x)+f(-x)\}\,dx=2\int_{-1}^1 f(x)\,dx$$

$$=\int_{-1}^1 (e^x+e^{-x}+3x^2)\,dx \quad\cdots\cdots\ \bigcirc$$

$$\int_{-1}^1 (e^x+e^{-x}+3x^2)\,dx=\left[e^x-e^{-x}+x^3\right]_{-1}^1$$

$$=\left(e-\frac{1}{e}+1\right)-\left(\frac{1}{e}-e-1\right)$$

$$=2e-\frac{2}{e}+2$$

이므로 $\bigcirc$에 대입하면

$$2\int_{-1}^1 f(x)\,dx=2e-\frac{2}{e}+2$$

$$\therefore \int_{-1}^1 f(x)\,dx=e-\frac{1}{e}+1$$

다른 풀이

$$\int_{-1}^1 f(x)\,dx=\int_0^1 \{f(x)+f(-x)\}\,dx \quad\cdots\cdots\ \textbf{TIP}$$

$$=\int_0^1 (e^x+e^{-x}+3x^2)\,dx$$

$$=\left[\,e^x-e^{-x}+x^3\,\right]_0^1$$
$$=\left(e-\frac{1}{e}+1\right)-(1-1)$$
$$=e-\frac{1}{e}+1$$

TIP

1027번의 ㄷ에 의하여

$\displaystyle\int_{-a}^{a}f(x)\,dx=\int_0^a\{f(x)+f(-x)\}\,dx$가 성립함을

이용한 것이다.

1030   답 ⑤

$2x=t$라 하면 $2=\dfrac{dt}{dx}$이고

$x=0$일 때 $t=0$, $x=1$일 때 $t=2$이므로

$\displaystyle\int_0^1 f(2x)\,dx=\frac{1}{2}\int_0^2 f(t)\,dt=\frac{1}{2}\int_0^2 f(x)\,dx$

$2-x=k$라 하면 $-1=\dfrac{dk}{dx}$이고

$x=0$일 때 $k=2$, $x=1$일 때 $k=1$이므로

$\displaystyle\int_0^1 f(2-x)\,dx=\int_2^1 \{-f(k)\}\,dk=\int_1^2 f(k)\,dk=\int_1^2 f(x)\,dx$

한편, 조건 ㈏에 의하여 함수 $y=f(x)$의 그래프는 직선 $x=1$에
대하여 대칭이다.   …… ㉠

$\therefore\ \displaystyle\int_0^1 \{f(2x)+f(2-x)\}\,dx$

$\displaystyle =\int_0^1 f(2x)\,dx+\int_0^1 f(2-x)\,dx$

$\displaystyle =\frac{1}{2}\int_0^2 f(x)\,dx+\int_1^2 f(x)\,dx$

$\displaystyle =\int_0^1 f(x)\,dx+\int_0^1 f(x)\,dx\ (\because ㉠)$

$\displaystyle =2\int_0^1 f(x)\,dx=8\ (\because 조건 ㈎)$

1031   답 ③

$\dfrac{\pi}{2}-x=t$라 하면 $-1=\dfrac{dt}{dx}$이고

$x=0$일 때 $t=\dfrac{\pi}{2}$, $x=\dfrac{\pi}{2}$일 때 $t=0$이므로

$\displaystyle\int_0^{\frac{\pi}{2}} f\left(\frac{\pi}{2}-x\right)dx=\int_{\frac{\pi}{2}}^0 \{-f(t)\}\,dt=\int_0^{\frac{\pi}{2}} f(t)\,dt=\int_0^{\frac{\pi}{2}} f(x)\,dx$

$\therefore\ \displaystyle\int_0^{\frac{\pi}{2}} \left\{f(x)+f\left(\frac{\pi}{2}-x\right)\right\}dx=2\int_0^{\frac{\pi}{2}} f(x)\,dx$

$\displaystyle\qquad\qquad =\int_0^{\frac{\pi}{2}} \sin\left(x+\frac{\pi}{4}\right)dx$ …… ㉠

$x+\dfrac{\pi}{4}=u$라 하면 $1=\dfrac{du}{dx}$이고

$x=0$일 때 $u=\dfrac{\pi}{4}$, $x=\dfrac{\pi}{2}$일 때 $u=\dfrac{3}{4}\pi$이므로

$\displaystyle\int_0^{\frac{\pi}{2}} \sin\left(x+\frac{\pi}{4}\right)dx=\int_{\frac{\pi}{4}}^{\frac{3}{4}\pi} \sin u\,du$

$\displaystyle\qquad =\left[\,-\cos u\,\right]_{\frac{\pi}{4}}^{\frac{3}{4}\pi}=\sqrt{2}$ …… ㉡

㉡을 ㉠에 대입하면

$\displaystyle 2\int_0^{\frac{\pi}{2}} f(x)\,dx=\sqrt{2}$

$\therefore\ \displaystyle\int_0^{\frac{\pi}{2}} f(x)\,dx=\frac{\sqrt{2}}{2}$

다른 풀이

$\displaystyle\int_0^a f(x)\,dx=\int_0^{\frac{a}{2}} \{f(x)+f(a-x)\}\,dx$가 성립하므로

$\displaystyle\int_0^{\frac{\pi}{2}} f(x)\,dx=\int_0^{\frac{\pi}{4}} \left\{f(x)+f\left(\frac{\pi}{2}-x\right)\right\}dx$

$\displaystyle\qquad =\int_0^{\frac{\pi}{4}} \sin\left(x+\frac{\pi}{4}\right)dx$

$x+\dfrac{\pi}{4}=t$라 하면 $1=\dfrac{dt}{dx}$이고

$x=0$일 때 $t=\dfrac{\pi}{4}$, $x=\dfrac{\pi}{4}$일 때 $t=\dfrac{\pi}{2}$이므로

$\displaystyle\int_0^{\frac{\pi}{2}} f(x)\,dx=\int_0^{\frac{\pi}{4}} \sin\left(x+\frac{\pi}{4}\right)dx=\int_{\frac{\pi}{4}}^{\frac{\pi}{2}} \sin t\,dt$

$\displaystyle\qquad =\left[\,-\cos t\,\right]_{\frac{\pi}{4}}^{\frac{\pi}{2}}=\frac{\sqrt{2}}{2}$

1032   답 ③

조건 ㈎에서 $a-t=k$라 하면 $-1=\dfrac{dk}{dt}$이고

$t=a-1$일 때 $k=1$, $t=a+1$일 때 $k=-1$이므로

$\displaystyle\int_{a-1}^{a+1} f(a-t)\,dt=\int_1^{-1} \{-f(k)\}\,dk=\int_{-1}^1 f(k)\,dk=16$

조건 ㈏에서 $f(-x)=f(x)$이므로 함수 $y=f(x)$의 그래프는 y축에
대하여 대칭이고, $f(x)=f(x+2)$이므로

$\displaystyle\int_0^1 f(x)\,dx=\int_1^2 f(x)\,dx=\cdots=\int_8^9 f(x)\,dx=8$

$x^2=u$라 하면 $2x=\dfrac{du}{dx}$이고

$x=2$일 때 $u=4$, $x=3$일 때 $u=9$이므로

$\displaystyle\int_2^3 xf(x^2)\,dx=\frac{1}{2}\int_4^9 f(u)\,du=\frac{1}{2}\times 5\times 8=20$

1033   답 ⑤

조건 ㈎, ㈏에 의하여 함수 $y=f(x)$의 그래프는 y축에 대하여 대칭
이고 주기가 2이다.

따라서 함수 $y=f(x)$의 그래프는 다음과 같다.

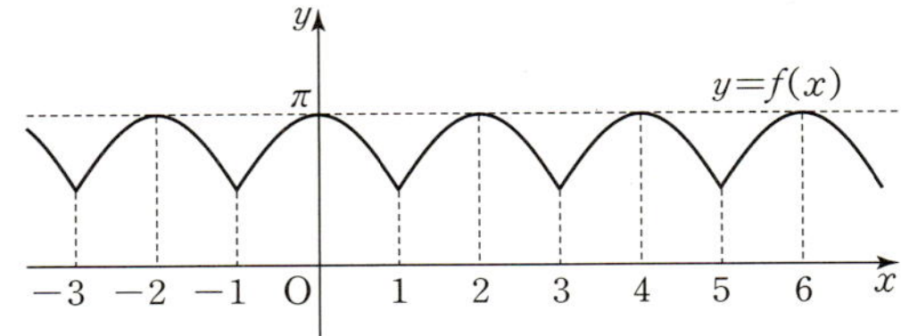

$\therefore\ \displaystyle\int_{-1}^6 f(x)\,dx-\int_{-3}^1 f(x)\,dx=\int_{-1}^6 f(x)\,dx-\int_{-1}^3 f(x)\,dx$

$\displaystyle\qquad =\int_3^6 f(x)\,dx=3\int_0^1 f(x)\,dx$

$$=3\int_0^1 \pi\cos\left(\frac{\pi}{3}x\right)dx \qquad \cdots\cdots\ \bigcirc$$

$\dfrac{\pi}{3}x=t$라 하면 $\dfrac{\pi}{3}=\dfrac{dt}{dx}$이고

$x=0$일 때 $t=0$, $x=1$일 때 $t=\dfrac{\pi}{3}$이므로

$$\int_0^1 \pi\cos\left(\frac{\pi}{3}x\right)dx=\int_0^{\frac{\pi}{3}}3\cos t\,dt$$
$$=\left[\,3\sin t\,\right]_0^{\frac{\pi}{3}}=\frac{3\sqrt{3}}{2}$$

이를 $\bigcirc$에 대입하면

$$\int_{-1}^{6}f(x)\,dx-\int_{-3}^{1}f(x)\,dx=\frac{9\sqrt{3}}{2}$$

1034
답 ④

$\displaystyle\int_1^{\frac{3}{2}}f(2x)\,dx=7$에서 $2x=t$라 하면 $2=\dfrac{dt}{dx}$이고

$x=1$일 때 $t=2$, $x=\dfrac{3}{2}$일 때 $t=3$이므로

$$\int_1^{\frac{3}{2}}f(2x)\,dx=\frac{1}{2}\int_2^3 f(t)\,dt=7 \qquad \therefore \int_2^3 f(x)\,dx=14$$

$\displaystyle\int_1^{\frac{4}{3}}f(3x)\,dx=1$에서 $3x=s$라 하면 $3=\dfrac{ds}{dx}$이고

$x=1$일 때 $s=3$, $x=\dfrac{4}{3}$일 때 $s=4$이므로

$$\int_1^{\frac{4}{3}}f(3x)\,dx=\frac{1}{3}\int_3^4 f(s)\,ds=1 \qquad \therefore \int_3^4 f(x)\,dx=3$$

조건 ㈎에 의하여 함수 $f(x)$는 주기가 2인 주기함수이므로
모든 정수 k와 임의의 두 실수 α, β에 대하여

$$\int_{2k+\alpha}^{2k+\beta}f(x)\,dx=\int_\alpha^\beta f(x+2k)\,dx=\int_\alpha^\beta f(x)\,dx$$

$$\therefore \int_{2001}^{2012}f(x)\,dx=\int_1^{12}f(x)\,dx$$
$$=6\int_1^2 f(x)\,dx+5\int_2^3 f(x)\,dx \qquad \cdots\cdots\ \text{TIP}$$
$$=6\int_3^4 f(x)\,dx+5\int_2^3 f(x)\,dx$$
$$=6\times3+5\times14=88$$

> **TIP**
>
> 주기가 2인 함수 $y=f(x)$의 그래프를 다음과 같이 생각해 보자.
>
> 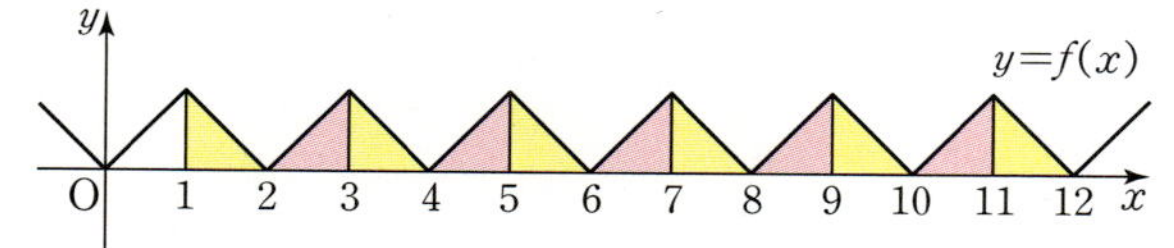
>
> 따라서
>
> $\displaystyle\int_1^{12}f(x)\,dx=6\times(\text{노란색으로 색칠된 도형의 넓이})$
> $$+5\times(\text{분홍색으로 색칠된 도형의 넓이})$$
> $$=6\int_1^2 f(x)\,dx+5\int_2^3 f(x)\,dx$$
>
> 임을 알 수 있다.

1035
답 ②

$g'(x)=t$라 하면 $g''(x)=\dfrac{dt}{dx}$이다.

$g'(x)=\dfrac{1}{f'(g(x))}$, $f'(x)=x^2-x+1$이고,

$f(0)=0$, $f(2)=\dfrac{8}{3}$에서 $g(0)=0$, $g\left(\dfrac{8}{3}\right)=2$이므로

$x=0$일 때 $t=g'(0)=\dfrac{1}{f'(g(0))}=\dfrac{1}{f'(0)}=1$

$x=\dfrac{8}{3}$일 때 $t=g'\left(\dfrac{8}{3}\right)=\dfrac{1}{f'\left(g\left(\dfrac{8}{3}\right)\right)}=\dfrac{1}{f'(2)}=\dfrac{1}{3}$

$$\therefore \int_0^{\frac{8}{3}}g''(x)\left\{g'(x)-\frac{1}{g'(x)}\right\}dx=\int_1^{\frac{1}{3}}\left(t-\frac{1}{t}\right)dt$$
$$=\left[\frac{1}{2}t^2-\ln t\right]_1^{\frac{1}{3}}$$
$$=-\frac{4}{9}+\ln 3$$

1036
답 ①

$\displaystyle\int_0^2 \sqrt{4x-x^2}\,dx=\int_0^2 \sqrt{4-(x-2)^2}\,dx$에서

$x-2=2\sin\theta\ \left(-\dfrac{\pi}{2}\le\theta\le\dfrac{\pi}{2}\right)$라 하면

$1=2\cos\theta\,\dfrac{d\theta}{dx}$이고

$x=0$일 때 $\theta=-\dfrac{\pi}{2}$, $x=2$일 때 $\theta=0$이므로

$$\int_0^2\sqrt{4-(x-2)^2}\,dx=\int_{-\frac{\pi}{2}}^{0}\{\sqrt{4-4\sin^2\theta}\times2\cos\theta\}\,d\theta$$
$$=4\int_{-\frac{\pi}{2}}^{0}\cos^2\theta\,d\theta \qquad \cdots\cdots\ \bigcirc$$

$$\int_{-\frac{\pi}{2}}^{0}\cos^2\theta\,d\theta=\left[\cos\theta\sin\theta\right]_{-\frac{\pi}{2}}^{0}+\int_{-\frac{\pi}{2}}^{0}\sin^2\theta\,d\theta \qquad \cdots\cdots\ \text{TIP}$$
$$=0+\int_{-\frac{\pi}{2}}^{0}(1-\cos^2\theta)\,d\theta$$
$$=0+\left[\theta\right]_{-\frac{\pi}{2}}^{0}-\int_{-\frac{\pi}{2}}^{0}\cos^2\theta\,d\theta$$
$$=\frac{\pi}{2}-\int_{-\frac{\pi}{2}}^{0}\cos^2\theta\,d\theta$$

$$\therefore \int_{-\frac{\pi}{2}}^{0}\cos^2\theta\,d\theta=\frac{\pi}{4}$$

$\bigcirc$에서 구하는 값은 $4\displaystyle\int_{-\frac{\pi}{2}}^{0}\cos^2\theta\,d\theta=4\times\dfrac{\pi}{4}=\pi$

TIP

$\int_{-\frac{\pi}{2}}^{0} \cos^2 \theta \, d\theta$는 다음과 같이 계산할 수 있다.

삼각함수의 덧셈정리에 의하여

$\cos(2\theta) = \cos(\theta+\theta) = \cos^2\theta - \sin^2\theta$
$\qquad\qquad = \cos^2\theta - (1-\cos^2\theta) = 2\cos^2\theta - 1$

따라서 $\cos^2\theta = \dfrac{1+\cos(2\theta)}{2}$이므로 $\cdots\cdots$ (＊)

$\int_{-\frac{\pi}{2}}^{0} \cos^2\theta \, d\theta = \int_{-\frac{\pi}{2}}^{0} \dfrac{1+\cos(2\theta)}{2} d\theta$
$\qquad\qquad = \dfrac{1}{2}\left[\theta + \dfrac{1}{2}\sin(2\theta)\right]_{-\frac{\pi}{2}}^{0} = \dfrac{\pi}{4}$

이 (＊) 내용은 '반각공식'으로 교육과정 이외의 내용이다.
'반각공식'을 이용해야 하는 문제는 수능에 출제되지 않지만,
학교에서 다루었다면 내신 시험에 출제될 수 있으니 익혀두자.

다른 풀이

$y=\sqrt{4x-x^2}$이라 하면 $y^2 = 4x-x^2$ $(y \geq 0)$에서
$(x-2)^2 + y^2 = 4$ $(y \geq 0)$이므로 그 그래프는 다음과 같다.

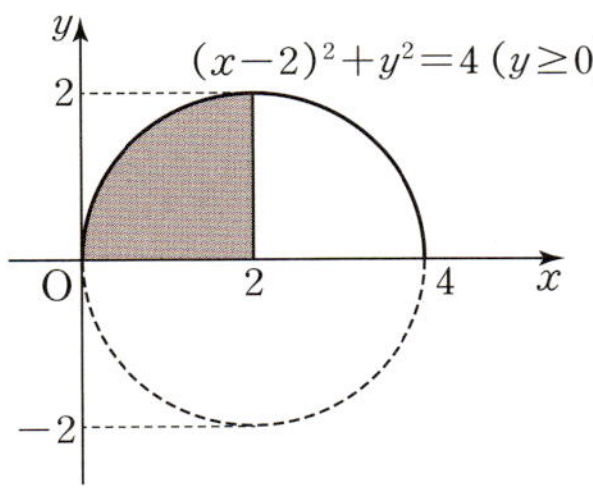

따라서 $\int_{0}^{2} \sqrt{4x-x^2} \, dx$의 값은 그림과 같이 색칠한 반지름의 길이가
2인 사분원의 넓이와 같으므로

$\dfrac{1}{4} \times 4\pi = \pi$

1037 〔답〕⑤

$x = \sin\theta$ $\left(-\dfrac{\pi}{2} < \theta < \dfrac{\pi}{2}\right)$라 하면

$1 = \cos\theta \dfrac{d\theta}{dx}$이고

$x=0$일 때 $\theta=0$, $x=\dfrac{\sqrt{3}}{2}$일 때 $\theta=\dfrac{\pi}{3}$이므로

$\int_{0}^{\frac{\sqrt{3}}{2}} \dfrac{1}{(1-x^2)\sqrt{1-x^2}} dx = \int_{0}^{\frac{\pi}{3}} \dfrac{\cos\theta}{(1-\sin^2\theta)\sqrt{1-\sin^2\theta}} d\theta$
$\qquad\qquad = \int_{0}^{\frac{\pi}{3}} \dfrac{1}{\cos^2\theta} d\theta$
$\qquad\qquad = \int_{0}^{\frac{\pi}{3}} \sec^2\theta \, d\theta$
$\qquad\qquad = \left[\tan\theta\right]_{0}^{\frac{\pi}{3}} = \sqrt{3}$

1038 〔답〕풀이 참조

$\int_{-1}^{\frac{1}{2}} \sqrt{1-x^2} \, dx$에서 $x = \sin\theta$ $\left(-\dfrac{\pi}{2} \leq \theta \leq \dfrac{\pi}{2}\right)$라 하면

$1 = \cos\theta \dfrac{d\theta}{dx}$이고

$x=-1$일 때 $\theta=-\dfrac{\pi}{2}$, $x=\dfrac{1}{2}$일 때 $\theta=\dfrac{\pi}{6}$이므로

$\int_{-1}^{\frac{1}{2}} \sqrt{1-x^2} \, dx = \int_{-\frac{\pi}{2}}^{\frac{\pi}{6}} \sqrt{1-\sin^2\theta}\cos\theta \, d\theta$
$\qquad\qquad = \int_{-\frac{\pi}{2}}^{\frac{\pi}{6}} \cos^2\theta \, d\theta$

이때,

$\int_{-\frac{\pi}{2}}^{\frac{\pi}{6}} \cos^2\theta \, d\theta = \left[\cos\theta \sin\theta\right]_{-\frac{\pi}{2}}^{\frac{\pi}{6}} + \int_{-\frac{\pi}{2}}^{\frac{\pi}{6}} \sin^2\theta \, d\theta$ $\cdots\cdots$ **TIP**
$\qquad\qquad = \dfrac{\sqrt{3}}{4} + \int_{-\frac{\pi}{2}}^{\frac{\pi}{6}} (1-\cos^2\theta) d\theta$
$\qquad\qquad = \dfrac{\sqrt{3}}{4} + \left[\theta\right]_{-\frac{\pi}{2}}^{\frac{\pi}{6}} - \int_{-\frac{\pi}{2}}^{\frac{\pi}{6}} \cos^2\theta \, d\theta$
$\qquad\qquad = \dfrac{\sqrt{3}}{4} + \dfrac{2}{3}\pi - \int_{-\frac{\pi}{2}}^{\frac{\pi}{6}} \cos^2\theta \, d\theta$

$\therefore \int_{-\frac{\pi}{2}}^{\frac{\pi}{6}} \cos^2\theta \, d\theta = \dfrac{\sqrt{3}}{8} + \dfrac{\pi}{3}$ $\cdots\cdots$ ㉠

$\int_{1}^{3} \dfrac{1}{x^2+3} dx$에서 $x = \sqrt{3}\tan\theta$ $\left(-\dfrac{\pi}{2} < \theta < \dfrac{\pi}{2}\right)$라 하면

$1 = \sqrt{3}\sec^2\theta \dfrac{d\theta}{dx}$이고

$x=1$일 때 $\theta=\dfrac{\pi}{6}$, $x=3$일 때 $\theta=\dfrac{\pi}{3}$이므로

$\int_{1}^{3} \dfrac{1}{x^2+3} dx = \int_{\frac{\pi}{6}}^{\frac{\pi}{3}} \left\{\dfrac{1}{3(\tan^2\theta+1)} \times \sqrt{3}\sec^2\theta\right\} d\theta$
$\qquad\qquad = \int_{\frac{\pi}{6}}^{\frac{\pi}{3}} \left(\dfrac{\sqrt{3}}{3} \times \dfrac{1}{\sec^2\theta} \times \sec^2\theta\right) d\theta$
$\qquad\qquad = \int_{\frac{\pi}{6}}^{\frac{\pi}{3}} \dfrac{\sqrt{3}}{3} d\theta = \left[\dfrac{\sqrt{3}}{3}\theta\right]_{\frac{\pi}{6}}^{\frac{\pi}{3}} = \dfrac{\sqrt{3}}{18}\pi$ $\cdots\cdots$ ㉡

㉠, ㉡에서

$\int_{-1}^{\frac{1}{2}} \sqrt{1-x^2} \, dx + \int_{1}^{3} \dfrac{1}{x^2+3} dx = \left(\dfrac{\sqrt{3}}{8} + \dfrac{\pi}{3}\right) + \dfrac{\sqrt{3}}{18}\pi$
$\qquad\qquad = \dfrac{\sqrt{3}}{8} + \dfrac{6+\sqrt{3}}{18}\pi$

채점 요소	배점
정적분 $\int_{-1}^{\frac{1}{2}} \sqrt{1-x^2}\,dx$의 값 구하기	40 %
정적분 $\int_{1}^{3} \dfrac{1}{x^2+3}\,dx$의 값 구하기	40 %
답 구하기	20 %

TIP

1036번과 마찬가지로 $\int_{-\frac{\pi}{2}}^{\frac{\pi}{6}} \cos^2\theta \, d\theta$는 다음과 같이 계산할 수
있다.

$\int_{-\frac{\pi}{2}}^{\frac{\pi}{6}} \cos^2\theta \, d\theta = \int_{-\frac{\pi}{2}}^{\frac{\pi}{6}} \dfrac{1+\cos(2\theta)}{2} d\theta$
$\qquad\qquad = \dfrac{1}{2}\left[\theta + \dfrac{1}{2}\sin(2\theta)\right]_{-\frac{\pi}{2}}^{\frac{\pi}{6}}$
$\qquad\qquad = \dfrac{\pi}{3} + \dfrac{\sqrt{3}}{8}$

1039

答 ③

$\displaystyle\int_{-1}^{1}\frac{1}{x^4+2x^2+1}dx=\int_{-1}^{1}\frac{1}{(x^2+1)^2}dx$에서

$x=\tan\theta\ \left(-\dfrac{\pi}{2}<\theta<\dfrac{\pi}{2}\right)$라 하면

$1=\sec^2\theta\dfrac{d\theta}{dx}$이고

$x=-1$일 때 $\theta=-\dfrac{\pi}{4}$, $x=1$일 때 $\theta=\dfrac{\pi}{4}$이므로

$$\begin{aligned}\int_{-1}^{1}\frac{1}{(x^2+1)^2}dx&=\int_{-\frac{\pi}{4}}^{\frac{\pi}{4}}\frac{1}{(\tan^2\theta+1)^2}\sec^2\theta\,d\theta\\&=\int_{-\frac{\pi}{4}}^{\frac{\pi}{4}}\left\{\frac{1}{(\sec^2\theta)^2}\times\sec^2\theta\right\}d\theta\\&=\int_{-\frac{\pi}{4}}^{\frac{\pi}{4}}\frac{1}{\sec^2\theta}d\theta\\&=\int_{-\frac{\pi}{4}}^{\frac{\pi}{4}}\cos^2\theta\,d\theta\end{aligned}$$

이때,

$$\begin{aligned}\int_{-\frac{\pi}{4}}^{\frac{\pi}{4}}\cos^2\theta\,d\theta&=\left[\cos\theta\sin\theta\right]_{-\frac{\pi}{4}}^{\frac{\pi}{4}}+\int_{-\frac{\pi}{4}}^{\frac{\pi}{4}}\sin^2\theta\,d\theta\quad\cdots\cdots\ \boxed{\textbf{TIP}}\\&=1+\int_{-\frac{\pi}{4}}^{\frac{\pi}{4}}(1-\cos^2\theta)d\theta\\&=1+\left[\theta\right]_{-\frac{\pi}{4}}^{\frac{\pi}{4}}-\int_{-\frac{\pi}{4}}^{\frac{\pi}{4}}\cos^2\theta\,d\theta\\&=1+\frac{\pi}{2}-\int_{-\frac{\pi}{4}}^{\frac{\pi}{4}}\cos^2\theta\,d\theta\end{aligned}$$

$\therefore\displaystyle\int_{-\frac{\pi}{4}}^{\frac{\pi}{4}}\cos^2\theta\,d\theta=\frac{1}{2}+\frac{\pi}{4}$

따라서 $a=\dfrac{1}{2}$, $b=\dfrac{1}{4}$이므로 $a+b=\dfrac{3}{4}$

TIP

1036번과 마찬가지로 $\displaystyle\int_{-\frac{\pi}{4}}^{\frac{\pi}{4}}\cos^2\theta\,d\theta$는 다음과 같이 계산할 수 있다.

$$\begin{aligned}\int_{-\frac{\pi}{4}}^{\frac{\pi}{4}}\cos^2\theta\,d\theta&=\int_{-\frac{\pi}{4}}^{\frac{\pi}{4}}\frac{1+\cos(2\theta)}{2}d\theta\\&=\frac{1}{2}\left[\theta+\frac{1}{2}\sin(2\theta)\right]_{-\frac{\pi}{4}}^{\frac{\pi}{4}}\\&=\frac{\pi}{4}+\frac{1}{2}\end{aligned}$$

1040

答 ②

$\displaystyle\int_{-\frac{1}{2}}^{\frac{1}{2}}\frac{1}{4x^2+4x+5}dx=\int_{-\frac{1}{2}}^{\frac{1}{2}}\frac{1}{(2x+1)^2+4}dx$에서

$2x+1=2\tan\theta\ \left(-\dfrac{\pi}{2}<\theta<\dfrac{\pi}{2}\right)$라 하면

$2=2\sec^2\theta\dfrac{d\theta}{dx}$이고

$x=-\dfrac{1}{2}$일 때 $\theta=0$, $x=\dfrac{1}{2}$일 때 $\theta=\dfrac{\pi}{4}$이므로

$\displaystyle\int_{-\frac{1}{2}}^{\frac{1}{2}}\frac{1}{(2x+1)^2+4}dx=\int_{0}^{\frac{\pi}{4}}\left\{\frac{1}{4(\tan^2\theta+1)}\times\sec^2\theta\right\}d\theta$

$$\begin{aligned}&=\int_{0}^{\frac{\pi}{4}}\left(\frac{1}{4}\times\frac{1}{\sec^2\theta}\times\sec^2\theta\right)d\theta\\&=\int_{0}^{\frac{\pi}{4}}\frac{1}{4}d\theta=\left[\frac{1}{4}\theta\right]_{0}^{\frac{\pi}{4}}=\frac{\pi}{16}\end{aligned}$$

1041

答 ③

$\displaystyle\int_{0}^{\ln 3}\frac{1}{3e^{-x}+e^{x}}dx=\int_{0}^{\ln 3}\frac{e^{x}}{3+e^{2x}}dx$에서

$e^{x}=t$라 하면 $e^{x}=\dfrac{dt}{dx}$이고

$x=0$일 때 $t=1$, $x=\ln 3$일 때 $t=3$이므로

$\displaystyle\int_{0}^{\ln 3}\frac{e^{x}}{3+e^{2x}}dx=\int_{1}^{3}\frac{1}{3+t^2}dt$

$\displaystyle\int_{1}^{3}\frac{1}{3+t^2}dt$에서 $t=\sqrt{3}\tan\theta\ \left(-\dfrac{\pi}{2}<\theta<\dfrac{\pi}{2}\right)$라 하면

$1=\sqrt{3}\sec^2\theta\dfrac{d\theta}{dt}$이고

$t=1$일 때 $\theta=\dfrac{\pi}{6}$, $t=3$일 때 $\theta=\dfrac{\pi}{3}$이므로

$$\begin{aligned}\int_{1}^{3}\frac{1}{3+t^2}dt&=\int_{\frac{\pi}{6}}^{\frac{\pi}{3}}\left\{\frac{1}{3(1+\tan^2\theta)}\times\sqrt{3}\sec^2\theta\right\}d\theta\\&=\int_{\frac{\pi}{6}}^{\frac{\pi}{3}}\left(\frac{\sqrt{3}}{3}\times\frac{1}{\sec^2\theta}\times\sec^2\theta\right)d\theta\\&=\int_{\frac{\pi}{6}}^{\frac{\pi}{3}}\frac{\sqrt{3}}{3}d\theta=\left[\frac{\sqrt{3}}{3}\theta\right]_{\frac{\pi}{6}}^{\frac{\pi}{3}}=\frac{\sqrt{3}}{18}\pi\end{aligned}$$

1042

答 ④

$-x=t$라 하면 $-1=\dfrac{dt}{dx}$이고,

$x=-1$일 때 $t=1$, $x=1$일 때 $t=-1$이므로

$\displaystyle\int_{-1}^{1}f(-x)dx=\int_{1}^{-1}\{-f(t)\}dt=\int_{-1}^{1}f(t)dt$

$\therefore\displaystyle\int_{-1}^{1}\{f(x)+f(-x)\}dx=2\int_{-1}^{1}f(x)dx$

$\qquad\qquad\qquad=\displaystyle\int_{-1}^{1}\left(\frac{x^4}{1+x^2}+1\right)dx\quad\cdots\cdots\ \bigcirc$

$$\begin{aligned}\int_{-1}^{1}\left(\frac{x^4}{1+x^2}+1\right)dx&=\int_{-1}^{1}\left\{\frac{(x^2+1)(x^2-1)+1}{1+x^2}+1\right\}dx\\&=\int_{-1}^{1}\left(\frac{1}{1+x^2}+x^2\right)dx\\&=\int_{-1}^{1}\frac{1}{1+x^2}dx+\int_{-1}^{1}x^2dx\end{aligned}$$

$x=\tan\theta\ \left(-\dfrac{\pi}{2}<\theta<\dfrac{\pi}{2}\right)$라 하면

$1=\sec^2\theta\dfrac{d\theta}{dx}$이고

$x=-1$일 때 $\theta=-\dfrac{\pi}{4}$, $x=1$일 때 $\theta=\dfrac{\pi}{4}$이므로

$$\begin{aligned}\int_{-1}^{1}\frac{1}{1+x^2}dx&=\int_{-\frac{\pi}{4}}^{\frac{\pi}{4}}\left(\frac{1}{1+\tan^2\theta}\times\sec^2\theta\right)d\theta\\&=\int_{-\frac{\pi}{4}}^{\frac{\pi}{4}}\left(\frac{1}{\sec^2\theta}\times\sec^2\theta\right)d\theta\end{aligned}$$

$$=\int_{-\frac{\pi}{4}}^{\frac{\pi}{4}} 1\,d\theta=\left[\theta\right]_{-\frac{\pi}{4}}^{\frac{\pi}{4}}=\frac{\pi}{2}$$

$$\int_{-1}^{1} x^2\,dx=\left[\frac{1}{3}x^3\right]_{-1}^{1}=\frac{2}{3}$$

$$\therefore \int_{-1}^{1}\left(\frac{x^4}{1+x^2}+1\right)dx=\frac{\pi}{2}+\frac{2}{3}$$

이를 ㉠에 대입하면

$$2\int_{-1}^{1} f(x)\,dx=\frac{\pi}{2}+\frac{2}{3}$$

$$\therefore \int_{-1}^{1} f(x)\,dx=\frac{\pi}{4}+\frac{1}{3}$$

따라서 $p=\dfrac{1}{3}$, $q=\dfrac{1}{4}$이므로

$$12(p+q)=12\left(\frac{1}{3}+\frac{1}{4}\right)=7$$

다른 풀이

$$\int_{-1}^{1} f(x)\,dx=\int_{0}^{1}\{f(x)+f(-x)\}\,dx$$

$$=\int_{0}^{1}\left(\frac{x^4}{1+x^2}+1\right)dx$$

$$=\int_{0}^{1}\left\{\frac{(x^2+1)(x^2-1)+1}{1+x^2}+1\right\}dx$$

$$=\int_{0}^{1}\left(\frac{1}{1+x^2}+x^2\right)dx$$

$$=\int_{0}^{1}\frac{1}{1+x^2}\,dx+\int_{0}^{1} x^2\,dx$$

$x=\tan\theta\ \left(-\dfrac{\pi}{2}<\theta<\dfrac{\pi}{2}\right)$라 하면

$1=\sec^2\theta\dfrac{d\theta}{dx}$이고

$x=0$일 때 $\theta=0$, $x=1$일 때 $\theta=\dfrac{\pi}{4}$이므로

$$\int_{0}^{1}\frac{1}{1+x^2}\,dx=\int_{0}^{\frac{\pi}{4}}\left(\frac{1}{1+\tan^2\theta}\times\sec^2\theta\right)d\theta$$

$$=\int_{0}^{\frac{\pi}{4}}\left(\frac{1}{\sec^2\theta}\times\sec^2\theta\right)d\theta$$

$$=\int_{0}^{\frac{\pi}{4}} 1\,d\theta=\left[\theta\right]_{0}^{\frac{\pi}{4}}=\frac{\pi}{4}$$

$$\int_{0}^{1} x^2\,dx=\left[\frac{1}{3}x^3\right]_{0}^{1}=\frac{1}{3}$$

$$\therefore \int_{-1}^{1} f(x)\,dx=\frac{\pi}{4}+\frac{1}{3}$$

따라서 $p=\dfrac{1}{3}$, $q=\dfrac{1}{4}$이므로

$$12(p+q)=12\left(\frac{1}{3}+\frac{1}{4}\right)=7$$

1043   답 ③

$u_1(x)=\sin(5x)$, $v_1{}'(x)=e^{-x}$이라 하면

$$\int_{0}^{\frac{\pi}{3}} e^{-x}\sin(5x)\,dx=\left[-e^{-x}\sin(5x)\right]_{0}^{\frac{\pi}{3}}+5\int_{0}^{\frac{\pi}{3}} e^{-x}\cos(5x)\,dx$$

$$=\frac{\sqrt{3}}{2}e^{-\frac{\pi}{3}}+5\int_{0}^{\frac{\pi}{3}} e^{-x}\cos(5x)\,dx \qquad \cdots\cdots ㉠$$

이때, $u_2(x)=\cos(5x)$, $v_2{}'(x)=e^{-x}$이라 하면

$$\int_{0}^{\frac{\pi}{3}} e^{-x}\cos(5x)\,dx=\left[-e^{-x}\cos(5x)\right]_{0}^{\frac{\pi}{3}}-5\int_{0}^{\frac{\pi}{3}} e^{-x}\sin(5x)\,dx$$

$$=-\frac{1}{2}e^{-\frac{\pi}{3}}+1-5\int_{0}^{\frac{\pi}{3}} e^{-x}\sin(5x)\,dx$$

이므로 ㉠에 대입하면

$$\int_{0}^{\frac{\pi}{3}} e^{-x}\sin(5x)\,dx=\frac{\sqrt{3}}{2}e^{-\frac{\pi}{3}}+5\left\{-\frac{1}{2}e^{-\frac{\pi}{3}}+1-5\int_{0}^{\frac{\pi}{3}} e^{-x}\sin(5x)\,dx\right\}$$

$$\int_{0}^{\frac{\pi}{3}} e^{-x}\sin(5x)\,dx=\frac{1}{26}\left(\frac{\sqrt{3}}{2}e^{-\frac{\pi}{3}}-\frac{5}{2}e^{-\frac{\pi}{3}}+5\right)$$

$$=e^{-\frac{\pi}{3}}\left(-\frac{5}{52}+\frac{\sqrt{3}}{52}\right)+\frac{5}{26}$$

따라서 $p=-\dfrac{5}{52}$, $q=\dfrac{1}{52}$, $r=\dfrac{5}{26}$이므로

$$p+q+r=-\frac{5}{52}+\frac{1}{52}+\frac{5}{26}=\frac{3}{26}$$

1044   답 ②

$\displaystyle\lim_{x\to1}\dfrac{f(x)-3}{x-1}=2$에서 극한값이 존재하고,

$x\to1$일 때 (분모)$\to0$이므로 (분자)$\to0$이다.

즉, $\displaystyle\lim_{x\to1}\{f(x)-3\}=0$에서 $f(1)=3$

$$\therefore \lim_{x\to1}\frac{f(x)-3}{x-1}=\lim_{x\to1}\frac{f(x)-f(1)}{x-1}=f'(1)=2$$

$\displaystyle\lim_{x\to3}\dfrac{f(x)+4}{x-3}=5$에서 극한값이 존재하고,

$x\to3$일 때 (분모)$\to0$이므로 (분자)$\to0$이다.

즉, $\displaystyle\lim_{x\to3}\{f(x)+4\}=0$에서 $f(3)=-4$

$$\therefore \lim_{x\to3}\frac{f(x)+4}{x-3}=\lim_{x\to3}\frac{f(x)-f(3)}{x-3}=f'(3)=5$$

$u(x)=x$, $v'(x)=f''(x)$라 하면

$$\int_{1}^{3} xf''(x)\,dx=\left[xf'(x)\right]_{1}^{3}-\int_{1}^{3} f'(x)\,dx$$

$$=3f'(3)-f'(1)-\left[f(x)\right]_{1}^{3}$$

$$=3f'(3)-f'(1)-f(3)+f(1)$$

$$=3\times5-2-(-4)+3$$

$$=20$$

1045   답 ②

$$f(x)=\int_{1}^{e}(x\ln t-t)\,dt$$

$$=x\int_{1}^{e}\ln t\,dt-\int_{1}^{e} t\,dt$$

$$=x\left(\left[t\ln t\right]_{1}^{e}-\int_{1}^{e} 1\,dt\right)-\left[\frac{t^2}{2}\right]_{1}^{e}$$

$$=x\left(e-\left[t\right]_{1}^{e}\right)-\frac{1}{2}(e^2-1)$$

$$=x-\frac{e^2}{2}+\frac{1}{2}$$

따라서 방정식 $f(x)=0$, 즉 $x-\dfrac{e^2-1}{2}=0$의 실근은 $x=\dfrac{e^2-1}{2}$이다.

1046

답 ②

$$f(x)=\int_0^1 (xte^t-2x^2t)\,dt$$
$$=x\int_0^1 te^t\,dt-2x^2\int_0^1 t\,dt$$
$$=x\left(\Big[te^t\Big]_0^1-\int_0^1 e^t\,dt\right)-2x^2\left[\frac{t^2}{2}\right]_0^1$$
$$=x\left(e-\Big[e^t\Big]_0^1\right)-x^2=x-x^2$$

곡선 $y=f(x)$와 x축의 교점의 x좌표는
$x-x^2=x(1-x)=0$에서 $x=0$ 또는 $x=1$
따라서 두 교점의 좌표는 $(0,0)$, $(1,0)$이므로 선분 AB의 길이는 1이다.

1047

답 ③

$$f(t)=\int_0^1 (e^x-tx)^2\,dx$$
$$=\int_0^1 (t^2x^2-2txe^x+e^{2x})\,dx$$
$$=t^2\int_0^1 x^2\,dx-2t\int_0^1 xe^x\,dx+\int_0^1 e^{2x}\,dx$$

$$\int_0^1 x^2\,dx=\left[\frac{1}{3}x^3\right]_0^1=\frac{1}{3} \qquad\cdots\cdots ㉠$$

$u(x)=x$, $v'(x)=e^x$이라 하면
$$\int_0^1 xe^x\,dx=\Big[xe^x\Big]_0^1-\int_0^1 e^x\,dx=e-\Big[e^x\Big]_0^1=1 \qquad\cdots\cdots ㉡$$

$$\int_0^1 e^{2x}\,dx=\left[\frac{1}{2}e^{2x}\right]_0^1=\frac{1}{2}e^2-\frac{1}{2} \qquad\cdots\cdots ㉢$$

㉠, ㉡, ㉢에서
$$f(t)=t^2\int_0^1 x^2\,dx-2t\int_0^1 xe^x\,dx+\int_0^1 e^{2x}\,dx$$
$$=\frac{1}{3}t^2-2t+\frac{1}{2}e^2-\frac{1}{2}$$
$$=\frac{1}{3}(t-3)^2+\frac{1}{2}e^2-\frac{7}{2}$$

이므로 함수 $f(t)$는 $t=3$일 때 최솟값 $\dfrac{1}{2}e^2-\dfrac{7}{2}$ 을 갖는다.

따라서 $a=3$, $b=\dfrac{1}{2}e^2-\dfrac{7}{2}$이므로

$\therefore a+b=3+\dfrac{1}{2}e^2-\dfrac{7}{2}=\dfrac{1}{2}e^2-\dfrac{1}{2}$

1048

답 ②

함수 $f(x)$가 실수 전체의 집합에서 연속이므로
$$\lim_{x\to 1-}f(x)=\lim_{x\to 1+}f(x)=f(1)$$이다.
$$\lim_{x\to 1-}(e^{ax}-x)=e^a-1,$$
$$\lim_{x\to 1+}(a+\ln x)=a$$이므로 $e^a-1=a$
오른쪽 그림에서 함수 $y=e^x-1$의
그래프와 직선 $y=x$의 교점은
$(0,0)$이므로 $a=0$이다.

따라서 $f(x)=\begin{cases}1-x & (x\leq 1)\\ \ln x & (x>1)\end{cases}$

이므로
$$\int_a^2 f(x)\,dx=\int_0^2 f(x)\,dx$$
$$=\int_0^1 (1-x)\,dx+\int_1^2 \ln x\,dx$$
$$=\left[x-\frac{x^2}{2}\right]_0^1+\Big[x\ln x\Big]_1^2-\int_1^2 1\,dx$$
$$=\frac{1}{2}+2\ln 2-\Big[x\Big]_1^2$$
$$=\ln 4-\frac{1}{2}=\ln\frac{4}{\sqrt{e}}$$

1049

답 ④

$$\int_0^1 f(x)g'(x)\,dx=\Big[f(x)g(x)\Big]_0^1-\int_0^1 f'(x)g(x)\,dx$$
$$=f(1)g(1)-f(0)g(0)-\int_0^1 f'(x)g(x)\,dx$$
$$=f(1)-\int_0^1 \frac{x^2}{(1+x^3)^2}\,dx \qquad\cdots\cdots ㉠$$

$1+x^3=t$라 하면 $3x^2=\dfrac{dt}{dx}$이고

$x=0$일 때 $t=1$, $x=1$일 때 $t=2$이므로
$$\int_0^1 \frac{x^2}{(1+x^3)^2}\,dx=\frac{1}{3}\int_1^2 \frac{1}{t^2}\,dt=\frac{1}{3}\left[-\frac{1}{t}\right]_1^2$$
$$=\frac{1}{3}\left\{-\frac{1}{2}-(-1)\right\}=\frac{1}{6}$$

$\displaystyle\int_0^1 f(x)g'(x)\,dx=\dfrac{1}{6}$이므로 ㉠에서

$$f(1)=\frac{1}{6}+\frac{1}{6}=\frac{1}{3}$$

1050

답 ⑤

ㄱ. $I_1=\displaystyle\int_0^1 xe^x\,dx$에서 $u(x)=x$, $v'(x)=e^x$이라 하면
$$\int_0^1 xe^x\,dx=\Big[xe^x\Big]_0^1-\int_0^1 e^x\,dx$$
$$=e-\Big[e^x\Big]_0^1$$
$$=e-(e-1)=1 \ (참)$$

ㄴ. $n\geq 2$일 때, $I_n=\displaystyle\int_0^1 x^n e^x\,dx$에서 $u(x)=x^n$, $v'(x)=e^x$이라 하면
$$\int_0^1 x^n e^x\,dx=\Big[x^n e^x\Big]_0^1-\int_0^1 nx^{n-1}e^x\,dx$$
$$=e-n\int_0^1 x^{n-1}e^x\,dx=e-nI_{n-1}$$

즉, $I_n=e-nI_{n-1}$이므로 $nI_{n-1}+I_n=e$ (참)

ㄷ. ㄱ, ㄴ에 의하여 $I_1=1$, $I_n=e-nI_{n-1}$이므로
$$I_2=e-2I_1=e-2$$
$$I_3=e-3I_2=e-3(e-2)=6-2e$$
$$I_4=e-4I_3=e-4(6-2e)=9e-24$$

$$\therefore \sum_{n=1}^{4} I_n = I_1 + I_2 + I_3 + I_4$$
$$= 1 + (e-2) + (6-2e) + (9e-24)$$
$$= 8e - 19 \ (참)$$

따라서 옳은 것은 ㄱ, ㄴ, ㄷ이다.

1051

目 ②

$a_n = \displaystyle\int_0^{\frac{\pi}{2}} \cos^n x\, dx = \int_0^{\frac{\pi}{2}} (\cos x \times \cos^{n-1} x)\, dx$에서

$u(x) = \cos^{n-1} x,\ v'(x) = \cos x$라 하면

$$a_n = \int_0^{\frac{\pi}{2}} (\cos x \times \cos^{n-1} x)\, dx$$
$$= \left[\sin x \cos^{n-1} x \right]_0^{\frac{\pi}{2}} + \int_0^{\frac{\pi}{2}} (n-1)\sin^2 x \cos^{n-2} x\, dx$$
$$= (n-1)\int_0^{\frac{\pi}{2}} \sin^2 x \cos^{n-2} x\, dx$$
$$= (n-1)\int_0^{\frac{\pi}{2}} (1-\cos^2 x)\cos^{n-2} x\, dx$$
$$= (n-1)\left(\int_0^{\frac{\pi}{2}} \cos^{n-2} x\, dx - \int_0^{\frac{\pi}{2}} \cos^n x\, dx \right)$$
$$= (n-1)a_{n-2} - (n-1)a_n$$
$$\therefore a_n = \frac{n-1}{n} a_{n-2}$$

1052

目 ③

$\displaystyle\int_1^e \frac{f(t)}{t}\, dt = a \ (a는 상수)$라 하면 $f(x) = x - a$이므로

$$\int_1^e \frac{f(t)}{t}\, dt = \int_1^e \frac{t-a}{t}\, dt = \int_1^e \left(1 - \frac{a}{t} \right) dt$$
$$= \left[t - a \ln |t| \right]_1^e$$
$$= e - a - 1 = a$$

$a = \dfrac{e-1}{2}$이므로 $f(x) = x - \dfrac{e-1}{2}$

$$\therefore f(1) = \frac{3-e}{2}$$

1053

目 ①

$\displaystyle\int_0^1 e^t f(t)\, dt = k \ (k는 상수)$라 하면 $f(x) = x + k$이므로

$$\int_0^1 e^t f(t)\, dt = \int_0^1 e^t (t+k)\, dt$$

이때, $u(t) = t + k,\ v'(t) = e^t$이라 하면

$$\int_0^1 e^t (t+k)\, dt = \left[(t+k)e^t \right]_0^1 - \int_0^1 e^t\, dt$$
$$= (1+k)e - k - \left[e^t \right]_0^1$$
$$= k(e-1) + 1 = k$$

$k(e-2) = -1$에서 $k = \dfrac{1}{2-e}$

$$\therefore \int_0^1 e^x f(x)\, dx = \frac{1}{2-e}$$

1054

目 ②

$\displaystyle\int_0^{\frac{\pi}{2}} f(t) \cos t\, dt = a \ (a는 상수)$라 하면 $f(x) = \sin x + 2a$이므로

$$\int_0^{\frac{\pi}{2}} f(t) \cos t\, dt = \int_0^{\frac{\pi}{2}} (\sin t + 2a) \cos t\, dt$$
$$= \int_0^{\frac{\pi}{2}} \sin t \cos t\, dt + 2a \int_0^{\frac{\pi}{2}} \cos t\, dt$$

이때, $\sin t = k$라 하면 $\cos t = \dfrac{dk}{dt}$이고

$t = 0$일 때 $k = 0$, $t = \dfrac{\pi}{2}$일 때 $k = 1$이므로

$$\int_0^{\frac{\pi}{2}} \sin t \cos t\, dt = \int_0^1 k\, dk$$
$$= \left[\frac{1}{2} k^2 \right]_0^1 = \frac{1}{2}$$
$$\int_0^{\frac{\pi}{2}} \cos t\, dt = \left[\sin t \right]_0^{\frac{\pi}{2}} = 1$$

㉠, ㉡에서

$$\int_0^{\frac{\pi}{2}} f(t) \cos t\, dt = \frac{1}{2} + 2a = a$$

$a = -\dfrac{1}{2}$이므로 $f(x) = \sin x - 1$

$$\therefore f\left(\frac{\pi}{6} \right) = \frac{1}{2} - 1 = -\frac{1}{2}$$

1055

目 풀이 참조

$$f(x) = x \ln x - \int_1^e \frac{f(t)}{x}\, dt$$
$$= x \ln x - \frac{1}{x} \int_1^e f(t)\, dt$$

$\displaystyle\int_1^e f(t)\, dt = k \ (k는 상수)$라 하면 $f(x) = x \ln x - \dfrac{k}{x}$이므로

$$\int_1^e f(t)\, dt = \int_1^e \left(t \ln t - \frac{k}{t} \right) dt = \int_1^e t \ln t\, dt - k \int_1^e \frac{1}{t}\, dt$$

이때, $u(t) = \ln t,\ v'(t) = t$라 하면

$$\int_1^e t \ln t\, dt = \left[\frac{1}{2} t^2 \ln t \right]_1^e - \int_1^e \frac{1}{2} t\, dt$$
$$= \frac{1}{2} e^2 - \left[\frac{1}{4} t^2 \right]_1^e$$
$$= \frac{1}{2} e^2 - \frac{1}{4} e^2 + \frac{1}{4} = \frac{1}{4}(e^2 + 1) \quad \cdots\cdots ㉠$$
$$k \int_1^e \frac{1}{t}\, dt = k \left[\ln |t| \right]_1^e = k \quad \cdots\cdots ㉡$$

㉠, ㉡에서 $\displaystyle\int_1^e f(t)\, dt = \dfrac{1}{4}(e^2+1) - k = k$

$2k = \dfrac{1}{4}(e^2+1)$에서 $k = \dfrac{1}{8}(e^2+1)$

$$\therefore f(x) = x \ln x - \frac{k}{x} = x \ln x - \frac{e^2+1}{8x}$$

채점 요소	배점
$\displaystyle\int_1^e f(t)\, dt = k$ (k는 상수)로 놓고 $f(x)$의 식 세우기	20 %
k의 값 구하기	50 %
$f(x)$ 구하기	30 %

1056
답 ③

$$f(x)=x+\int_0^1 f(t)(2+xe^{-t})dt$$
$$=x+2\int_0^1 f(t)dt+x\int_0^1 f(t)e^{-t}dt$$

$\int_0^1 f(t)dt=a$, $\int_0^1 f(t)e^{-t}dt=b$라 하면

$f(x)=x+2a+bx=(1+b)x+2a$ (a, b는 상수)이므로

$$\int_0^1 f(t)dt=\int_0^1 \{(1+b)t+2a\}dt$$
$$=\left[\frac{1}{2}(1+b)t^2+2at\right]_0^1$$
$$=\frac{1}{2}(1+b)+2a=a$$

$1+b=-2a$이므로 $\qquad\qquad\cdots\cdots\ \bigcirc$

$f(x)=-2ax+2a=-2a(x-1)$

$$\therefore \int_0^1 f(t)e^{-t}dt=-2a\int_0^1 (t-1)e^{-t}dt$$

$u(t)=t-1$, $v'(t)=e^{-t}$이라 하면

$$\int_0^1 (t-1)e^{-t}dt=\left[-(t-1)e^{-t}\right]_0^1+\int_0^1 e^{-t}dt$$
$$=-1+\left[-e^{-t}\right]_0^1=-\frac{1}{e}$$

이므로 $b=-2a\times\left(-\frac{1}{e}\right)=\frac{2a}{e}$

$\bigcirc$에 대입하면 $1+\dfrac{2a}{e}=-2a$에서 $2a=-\dfrac{e}{e+1}$이므로

$$f(x)=\frac{e}{e+1}(x-1)$$

$$\therefore f(e)=\frac{e^2-e}{e+1}$$

1057
답 ③

$\int_0^1 tf(t)dt=a$ (a는 상수)라 하면 $f(x)=e^{x^2}+a$이므로

$$\int_0^1 tf(t)dt=\int_0^1 t(e^{t^2}+a)dt$$
$$=\int_0^1 (te^{t^2}+at)dt$$
$$=\left[\frac{e^{t^2}}{2}+\frac{a}{2}t^2\right]_0^1$$
$$=\frac{e}{2}+\frac{a}{2}-\frac{1}{2}=a$$

$a=e-1$이므로 $f(x)=e^{x^2}+e-1$

이때, $f'(x)=2xe^{x^2}$이므로

$f'(x)=0$에서 $x=0$

따라서 함수 $f(x)$의 증가와 감소를 표로 나타내면 다음과 같다.

x	$\cdots$	0	$\cdots$
$f'(x)$	$-$	0	$+$
$f(x)$	$\searrow$	$f(0)$	$\nearrow$

함수 $f(x)$는 $x=0$에서 극소이고 최솟값 $f(0)$을 갖는다.

$\therefore f(0)=1+e-1=e$

1058
답 ②

$$xf(x)=(x^2-2x+2)e^x+\int_1^x f(t)dt \qquad\cdots\cdots\ \bigcirc$$

$\bigcirc$의 양변에 $x=1$을 대입하면 $f(1)=e$

$\bigcirc$의 양변을 x에 대하여 미분하면

$f(x)+xf'(x)=(2x-2)e^x+(x^2-2x+2)e^x+f(x)$

$xf'(x)=x^2e^x$이므로 $f'(x)=xe^x$

$$\therefore f(x)=\int f'(x)dx=\int xe^x dx=xe^x-\int e^x dx$$
$$=xe^x-e^x+C$$
$$=e^x(x-1)+C \text{ (단, } C\text{는 적분상수)}$$

이때, $f(1)=e$이므로 $C=e$

$\therefore f(x)=e^x(x-1)+e$

$\therefore f(0)=e-1$

1059
답 ①

$$f(x)=\int_1^x \frac{1}{e^t+1}dt \qquad\cdots\cdots\ \bigcirc$$

$\bigcirc$의 양변에 $x=1$을 대입하면 $f(1)=0$

$\bigcirc$의 양변을 x에 대하여 미분하면 $f'(x)=\dfrac{1}{e^x+1}$

$\int_1^a \dfrac{\ln\{f(x)+1\}}{e^x+1}dx$에서 $f(x)+1=t$라 하면

$f'(x)=\dfrac{dt}{dx}$이고

$x=1$일 때 $t=1+f(1)=1$, $x=a$일 때 $t=1+f(a)=4$이므로

$$\int_1^a \frac{\ln\{f(x)+1\}}{e^x+1}dx=\int_1^4 \ln t\, dt$$
$$=\left[t\ln t\right]_1^4-\int_1^4 1\,dt$$
$$=4\ln 4-\left[t\right]_1^4=8\ln 2-3$$

1060
답 ⑤

$$\int_0^x f(t)dt=3x+\int_0^x (x-t)f(t)dt$$
$$=3x+x\int_0^x f(t)dt-\int_0^x tf(t)dt$$

양변을 x에 대하여 미분하면

$$f(x)=3+\int_0^x f(t)dt+xf(x)-xf(x)$$

$$\int_0^x f(t)dt=f(x)-3 \qquad\cdots\cdots\ \bigcirc$$

$\bigcirc$의 양변에 $x=0$을 대입하면

$0=f(0)-3$, $f(0)=3$

$\bigcirc$의 양변을 x에 대하여 미분하면

$f(x)=f'(x)$, 즉 $\dfrac{f'(x)}{f(x)}=1$이므로

양변을 x에 대하여 적분하면

$\ln|f(x)|=x+C$ (단, C는 적분상수)

이때, $f(0)=3$이므로 $C=\ln 3$

$$\ln|f(x)|=x+\ln 3=\ln(3e^x)$$
$$\therefore f(x)=3e^x\ (\because f(x)>0)$$

1061

답 ①

주어진 식의 양변에 $x=1$을 대입하면
$$0=-a+b \qquad\qquad \cdots\cdots ㉠$$
$\displaystyle\int_1^x (x-t)f(t)dt=x\int_1^x f(t)dt-\int_1^x tf(t)dt$ 이므로 주어진 등식은
$$x\int_1^x f(t)dt-\int_1^x tf(t)dt=x\ln x+a\cos(\pi x)+bx$$
위 식의 양변을 x에 대하여 미분하면
$$\int_1^x f(t)dt+xf(x)-xf(x)=\ln x+1-a\pi\sin(\pi x)+b$$
$$\int_1^x f(t)dt=\ln x-a\pi\sin(\pi x)+1+b$$
위 식의 양변에 $x=1$을 대입하면
$$0=1+b,\ b=-1$$
㉠에 $b=-1$을 대입하면 $a=-1$

즉, $\displaystyle\int_1^x f(t)dt=\ln x+\pi\sin(\pi x)$ 이므로 양변을 x에 대하여 미분하면
$$f(x)=\frac{1}{x}+\pi^2\cos(\pi x)$$
$$\begin{aligned}
\therefore \int_{\frac{1}{2}}^2 f(x)dx&=\int_{\frac{1}{2}}^2\left\{\frac{1}{x}+\pi^2\cos(\pi x)\right\}dx\\
&=\int_{\frac{1}{2}}^2\frac{1}{x}dx+\int_{\frac{1}{2}}^2\pi^2\cos(\pi x)dx\\
&=\Big[\ln x\Big]_{\frac{1}{2}}^2+\Big[\pi\sin(\pi x)\Big]_{\frac{1}{2}}^2=-\pi+\ln 4
\end{aligned}$$

1062

답 ③

$$\frac{d}{dx}\int_1^x\{\ln t-f(t)\}dt+5\ln x=\ln x-f(x)+5\ln x$$
$$=6\ln x-f(x)$$
이므로 주어진 등식은
$$\int_1^x\frac{f(t)}{t}dt=6\ln x-f(x) \qquad\qquad \cdots\cdots ㉠$$
㉠의 양변에 $x=1$을 대입하면 $f(1)=0$
㉠의 양변을 x에 대하여 미분하면
$$\frac{f(x)}{x}=\frac{6}{x}-f'(x)$$
양변에 x를 곱하면
$$f(x)+xf'(x)=6,\ \{xf(x)\}'=6$$
$$xf(x)=6x+C\ (단,\ C는\ 적분상수)$$
이때, $f(1)=0$이므로 $6+C=0,\ C=-6$
즉, $xf(x)=6x-6$이므로 $f(x)=\dfrac{6x-6}{x}$
$$\therefore f(2)=3$$

1063

답 ①

$$f(x)=\frac{\pi}{2}\int_1^{x+1}f(t)dt \qquad\qquad \cdots\cdots ㉠$$
㉠의 양변을 x에 대하여 미분하면
$$f'(x)=\frac{\pi}{2}f(x+1)$$ 이므로 $f(x+1)=\frac{2}{\pi}f'(x)$
$$\begin{aligned}
\therefore \int_0^1 xf(x+1)dx&=\frac{2}{\pi}\int_0^1 xf'(x)dx\\
&=\frac{2}{\pi}\left\{\Big[xf(x)\Big]_0^1-\int_0^1 f(x)dx\right\}\\
&=\frac{2}{\pi}f(1)+\frac{2}{\pi}\int_1^0 f(x)dx
\end{aligned}$$
㉠의 양변에 $x=-1$을 대입하면
$$f(-1)=\frac{\pi}{2}\int_1^0 f(t)dt$$ 이므로
$$\begin{aligned}
&\frac{2}{\pi}f(1)+\frac{2}{\pi}\int_1^0 f(x)dx\\
&=\frac{2}{\pi}f(1)+\frac{4}{\pi^2}f(-1)\\
&=\frac{2}{\pi}f(1)-\frac{4}{\pi^2}f(1)\ (\because f(-x)=-f(x))\\
&=\frac{2}{\pi}-\frac{4}{\pi^2}
\end{aligned}$$
$$\therefore \pi^2\int_0^1 xf(x+1)dx=\pi^2\times\left(\frac{2}{\pi}-\frac{4}{\pi^2}\right)=2(\pi-2)$$

1064

답 ②

$$F(x)=\int_0^x 2tf(x-t)dt$$ 에서
$x-t=k$라 하면 $-1=\dfrac{dk}{dt}$이고
$t=0$일 때 $k=x$, $t=x$일 때 $k=0$이므로
$$\begin{aligned}
F(x)&=2\int_0^x tf(x-t)dt\\
&=-2\int_x^0 (x-k)f(k)dk\\
&=2\int_0^x (x-k)f(k)dk\\
&=2x\int_0^x f(k)dk-2\int_0^x kf(k)dk
\end{aligned}$$
$$\begin{aligned}
\therefore F'(x)&=2\int_0^x f(k)dk+2xf(x)-2xf(x)\\
&=2\int_0^x\frac{1}{1+k}dk=2\Big[\ln(1+k)\Big]_0^x\\
&=2\ln(1+x)\ (\because x\geq 0)
\end{aligned}$$
이때, $F'(a)=4$이므로
$2\ln(1+a)=4$에서 $1+a=e^2$
$$\therefore a=e^2-1$$

1065

답 ④

$tx=k$라 하면 $t=\dfrac{dk}{dx}$이고
$x=0$일 때 $k=0$, $x=2$일 때 $k=2t$이므로

$$\int_0^2 xf(tx)\,dx=\int_0^{2t}\left\{\frac{k}{t}\times f(k)\times\frac{1}{t}\right\}dk$$
$$=\frac{1}{t^2}\int_0^{2t}kf(k)\,dk=4t^2$$
$$\therefore \int_0^{2t}kf(k)\,dk=4t^4$$

양변을 t에 대하여 미분하면
$$2t\times f(2t)\times(2t)'=16t^3,\ f(2t)=4t^2$$
$$\therefore f(2)=4$$

1066   답 ①

$x-t=k$라 하면 $-1=\dfrac{dk}{dt}$이고

$t=0$일 때 $k=x$, $t=x$일 때 $k=0$이므로
$$\int_0^x t\sin(x-t)\,dt=-\int_x^0(x-k)\sin k\,dk$$
$$=\int_0^x(x-k)\sin k\,dk$$
$$=\Big[-(x-k)\cos k\Big]_0^x-\int_0^x\cos k\,dk$$
$$=x-\Big[\sin k\Big]_0^x$$
$$=x-\sin x$$

즉, $f(x)=x-\sin x$이므로 $f'(x)=1-\cos x$
$$\therefore \lim_{h\to0}\frac{f(h)-f(-h)}{h}$$
$$=\lim_{h\to0}\frac{f(h)-f(0)}{h}+\lim_{h\to0}\frac{f(-h)-f(0)}{-h}$$
$$=2f'(0)=2\times0=0$$

1067   답 ②

$$f(x)=\int_0^{x-1}(t-x)e^t\,dt \qquad\cdots\cdots\ \bigcirc$$
$$=\int_0^{x-1}te^t\,dt-x\int_1^{x-1}e^t\,dt$$

이므로 양변을 x에 대하여 미분하면
$$f'(x)=(x-1)e^{x-1}-\int_0^{x-1}e^t\,dt-xe^{x-1}$$
$$=-e^{x-1}-\Big[e^t\Big]_0^{x-1}$$
$$=1-2e^{x-1}$$
$$\therefore f(x)=\int f'(x)\,dx$$
$$=\int(1-2e^{x-1})\,dx$$
$$=x-2e^{x-1}+C\ (\text{단},\ C\text{는 적분상수})$$

$\bigcirc$의 양변에 $x=1$을 대입하면 $f(1)=0$이므로

$1-2+C=0$에서 $C=1$
$$\therefore f(x)=x-2e^{x-1}+1$$
$f'(x)=0$에서 $x=1-\ln2$

따라서 함수 $f(x)$의 증가와 감소를 표로 나타내면 다음과 같다.

x	$\cdots$	$1-\ln 2$	$\cdots$
$f'(x)$	$+$	0	$-$
$f(x)$	$\nearrow$	$f(1-\ln 2)$	$\searrow$

함수 $f(x)$는 $x=1-\ln2$에서 극대이고 최댓값 $f(1-\ln2)$를 갖는다.
$$\therefore f(1-\ln2)=1-\ln2-2e^{-\ln2}+1$$
$$=1-\ln2$$

1068   답 ⑤

$f(x)=\displaystyle\int_1^{\frac{x}{2}}(1-\ln t)\,dt$의 양변을 x에 대하여 미분하면
$$f'(x)=\frac{1}{2}\left(1-\ln\frac{x}{2}\right)$$

$f'(x)=0$에서 $x=2e$

따라서 함수 $f(x)$의 증가와 감소를 표로 나타내면 다음과 같다.

x	(0)	$\cdots$	$2e$	$\cdots$
$f'(x)$		$+$	0	$-$
$f(x)$		$\nearrow$	$f(2e)$	$\searrow$

함수 $f(x)$는 $x=2e$에서 극댓값 $f(2e)$를 갖는다.
$$\therefore f(2e)=\int_1^e(1-\ln t)\,dt=\Big[t\Big]_1^e-\int_1^e\ln t\,dt$$
$$=(e-1)-\left(\Big[t\ln t\Big]_1^e-\int_1^e 1\,dt\right)=e-1-e+\Big[t\Big]_1^e$$
$$=e-2$$

따라서 $a=2e$, $b=e-2$이므로
$$a+b=3e-2$$

1069   답 ⑤

$f(x)=\displaystyle\int_x^{x+1}\left(t+\frac{2}{t}\right)dt$의 양변을 x에 대하여 미분하면
$$f'(x)=\left(x+1+\frac{2}{x+1}\right)-\left(x+\frac{2}{x}\right)$$
$$=1+\frac{2}{x+1}-\frac{2}{x}=\frac{x^2+x-2}{x(x+1)}=\frac{(x+2)(x-1)}{x(x+1)}$$

$f'(x)=0$에서 $x=1\ (\because x>0)$

따라서 함수 $f(x)$의 증가와 감소를 표로 나타내면 다음과 같다.

x	(0)	$\cdots$	1	$\cdots$
$f'(x)$		$-$	0	$+$
$f(x)$		$\searrow$	$f(1)$	$\nearrow$

함수 $f(x)$는 $x=1$에서 극소이고 최솟값 $f(1)$을 갖는다.
$$\therefore f(1)=\int_1^2\left(t+\frac{2}{t}\right)dt=\left[\frac{1}{2}t^2+2\ln t\right]_1^2=\frac{3}{2}+2\ln2$$

1070   답 ④

$$f(x)=\int_0^x(x-t)\cos(2t)\,dt \qquad\cdots\cdots\ \bigcirc$$
$$=x\int_0^x\cos(2t)\,dt-\int_0^x t\cos(2t)\,dt$$

이므로 양변을 x에 대하여 미분하면

$$f'(x)=\int_0^x \cos(2t)dt+x\cos(2x)-x\cos(2x)$$

$$=\left[\frac{1}{2}\sin(2t)\right]_0^x=\frac{1}{2}\sin(2x)$$

$$\therefore f(x)=\int \frac{1}{2}\sin(2x)dx$$

$$=-\frac{1}{4}\cos(2x)+C \ (\text{단, } C\text{는 적분상수})$$

㉠의 양변에 $x=0$을 대입하면 $f(0)=0$이므로

$$-\frac{1}{4}+C=0 \text{에서 } C=\frac{1}{4}$$

$$\therefore f(x)=-\frac{1}{4}\cos(2x)+\frac{1}{4}$$

$-1\leq\cos(2x)\leq1$이므로 $-\frac{1}{4}\leq-\frac{1}{4}\cos(2x)\leq\frac{1}{4}$

$$\therefore 0\leq-\frac{1}{4}\cos(2x)+\frac{1}{4}\leq\frac{1}{2}$$

따라서 함수 $f(x)$의 최댓값은 $M=\frac{1}{2}$, 최솟값은 $m=0$이므로

$$M+m=\frac{1}{2}$$

1071

답 ③

$$f(x)=\int_1^x\left(\frac{1}{x}-\frac{1}{t}\right)f'(t)dt+\frac{1}{x}$$

$$=\frac{1}{x}\int_1^x f'(t)dt-\int_1^x\frac{f'(t)}{t}dt+\frac{1}{x} \quad\cdots\cdots ㉠$$

㉠의 양변에 $x=1$을 대입하면 $f(1)=1$

㉠의 양변을 x에 대하여 미분하면

$$f'(x)=-\frac{1}{x^2}\int_1^x f'(t)dt+\frac{f'(x)}{x}-\frac{f'(x)}{x}-\frac{1}{x^2}$$

$$=-\frac{1}{x^2}\int_1^x f'(t)dt-\frac{1}{x^2}$$

양변에 x^2을 곱하면

$$x^2 f'(x)=-\int_1^x f'(t)dt-1$$

$$=-\{f(x)-f(1)\}-1$$

$$=-f(x) \ (\because f(1)=1)$$

즉, $\dfrac{f'(x)}{f(x)}=-\dfrac{1}{x^2}$이므로 양변을 x에 대하여 적분하면

$$\ln|f(x)|=\frac{1}{x}+C \ (\text{단, } C\text{는 적분상수})$$

이때, 조건 ㈎에 의하여 $|f(x)|=f(x)$이므로

$$f(x)=e^{\frac{1}{x}+C}$$

$f(1)=1$이므로 $1=e^{C+1}$, $C=-1$

$$\therefore f(x)=e^{\frac{1}{x}-1}$$

$$\therefore f(2)=e^{-\frac{1}{2}}=\frac{1}{\sqrt{e}}=\frac{\sqrt{e}}{e}$$

1072

답 ③

$$g(x)=\int_{-1}^x e^t f(t)dt \quad\cdots\cdots ㉠$$

㉠의 양변을 x에 대하여 미분하면

$g'(x)=e^x f(x)$이므로

$$g'(x)=\begin{cases} e^x & (x\leq0) \\ (-x+1)e^x & (x>0) \end{cases}$$

$x\leq0$일 때,

$$g(x)=\int e^x dx=e^x+C_1 \ (\text{단, } C_1\text{은 적분상수})$$

$x>0$일 때,

$$g(x)=\int(-x+1)e^x dx$$

$$=(-x+1)e^x-\int(-e^x)dx$$

$$=(-x+1)e^x+e^x+C_2$$

$$=(2-x)e^x+C_2 \ (\text{단, } C_2\text{는 적분상수})$$

$$\therefore g(x)=\begin{cases} e^x+C_1 & (x\leq0) \\ (2-x)e^x+C_2 & (x>0) \end{cases} \ (\text{단, } C_1,\ C_2\text{는 적분상수})$$

㉠의 양변에 $x=-1$을 대입하면 $g(-1)=0$이므로

$$e^{-1}+C_1=0,\ C_1=-\frac{1}{e}$$

함수 $g(x)$가 $x=0$에서 연속이므로

$$1+C_1=2+C_2,\ C_2=-\frac{1}{e}-1$$

$$\therefore g(x)=\begin{cases} e^x-\dfrac{1}{e} & (x\leq0) \\ (2-x)e^x-\dfrac{1}{e}-1 & (x>0) \end{cases}$$

ㄱ. $g(0)=1-\dfrac{1}{e}$ (참)

ㄴ. $g'(x)=e^x f(x)$이고 주어진 그래프에 의하여
$f(1)=0$이므로 $g'(1)=0$
$x<1$에서 $f(x)>0$이므로 $g'(x)>0$
$x>1$에서 $f(x)<0$이므로 $g'(x)<0$
따라서 함수 $g(x)$는 $x=1$에서 극댓값
$g(1)=e-\dfrac{1}{e}-1$을 갖는다. (거짓)

ㄷ. $\displaystyle\lim_{x\to-\infty}g(x)=-\frac{1}{e}$, $\displaystyle\lim_{x\to\infty}g(x)=-\infty$이므로
함수 $y=g(x)$의 그래프는 다음과 같다.

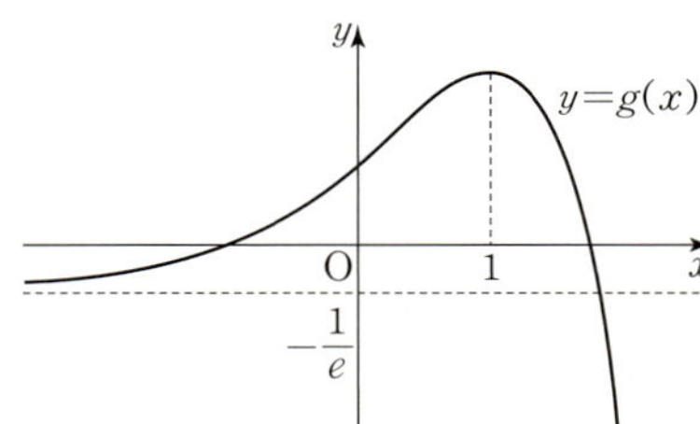

따라서 함수 $y=g(x)$의 그래프가 x축과 서로 다른 두 점에서
만나므로 방정식 $g(x)=0$의 실근의 개수는 2이다. (참)

따라서 옳은 것은 ㄱ, ㄷ이다.

1073

답 ③

함수 $f(x)$의 한 부정적분을 $F(x)$라 하면

$$\lim_{t\to a}\frac{1}{t-a}\int_a^t f(x)dx=\lim_{t\to a}\frac{F(t)-F(a)}{t-a}$$

$$=F'(a)=f(a)$$

이므로 $f(a)=\dfrac{1}{\sqrt{a}}\ln a$

$u(x)=\ln x,\ v'(x)=\dfrac{1}{\sqrt{x}}$ 이라 하면

$$\int_1^e f(x)\,dx=\int_1^e \frac{\ln x}{\sqrt{x}}\,dx$$
$$=\left[\,2\sqrt{x}\ln x\,\right]_1^e-\int_1^e \frac{2}{\sqrt{x}}\,dx$$
$$=2\sqrt{e}-\left[\,4\sqrt{x}\,\right]_1^e=4-2\sqrt{e}$$

1074   답 ③

$\displaystyle\int_1^x f(t)\,dt=\cos\left(\dfrac{\pi}{2}x\right)$ 의 양변을 x에 대하여 미분하면

$$f(x)=-\frac{\pi}{2}\sin\left(\frac{\pi}{2}x\right)$$

함수 $f(x)$의 한 부정적분을 $F(x)$라 하면

$$\lim_{x\to 0}\frac{1}{x^2-2x}\int_{2-x}^{2+x} f(t)\,dt$$
$$=\lim_{x\to 0}\frac{F(2+x)-F(2-x)}{x^2-2x}$$
$$=\lim_{x\to 0}\left[\,\frac{1}{x-2}\left\{\frac{F(2+x)-F(2)}{x}+\frac{F(2-x)-F(2)}{-x}\right\}\right]$$
$$=-\frac{1}{2}\times 2F'(2)$$
$$=-f(2)=0$$

1075   답 ①

$$f(x)=\int_e^x \ln\frac{t}{e}\,dt=\int_e^x (\ln t-\ln e)\,dt=\int_e^x (\ln t-1)\,dt$$
$$=\int_e^x \ln t\,dt-\int_e^x 1\,dt$$
$$=\left(\left[\,t\ln t\,\right]_e^x-\int_e^x 1\,dt\right)-\left[\,t\,\right]_e^x$$
$$=\left\{(x\ln x-e)-\left[\,t\,\right]_e^x\right\}-(x-e)$$
$$=x\ln x-2x+e$$

함수 $f(x)$의 한 부정적분을 $F(x)$라 하면

$$\lim_{x\to 1}\frac{1}{x-1}\int_1^x f(t)\,dt=\lim_{x\to 1}\frac{F(x)-F(1)}{x-1}$$
$$=F'(1)=f(1)=-2+e$$

1076   답 ⑤

$\displaystyle\lim_{x\to e}\frac{f(x)-1}{x-e}=4e$ 에서 극한값이 존재하고,

$x\to e$일 때 (분모) $\to 0$이므로 (분자) $\to 0$이다.

즉, $\displaystyle\lim_{x\to e}\{f(x)-1\}=0$이므로 $f(e)=1$

$\therefore \displaystyle\lim_{x\to e}\frac{f(x)-1}{x-e}=f'(e)=4e$

$e^t=g(t)$라 하고 $g(t)$의 한 부정적분을 $G(t)$라 하면

$$\lim_{x\to e}\frac{1}{x-e}\int_{f(e)}^{f(x)} e^t\,dt=\lim_{x\to e}\frac{G(f(x))-G(f(e))}{x-e}$$
$$=G'(f(e))f'(e)$$
$$=g(f(e))f'(e)$$
$$=g(1)\times 4e$$
$$=e\times 4e$$
$$=4e^2$$

1077   답 ②

$u_1(x)=\sin^4 x,\ v_1'(x)=\sin x$라 하면

$$\int_0^{\frac{\pi}{2}} \sin^5 x\,dx=\int_0^{\frac{\pi}{2}}(\sin x\times\sin^4 x)\,dx$$
$$=\left[\,-\cos x\sin^4 x\,\right]_0^{\frac{\pi}{2}}+\int_0^{\frac{\pi}{2}} 4\cos^2 x\sin^3 x\,dx$$
$$=4\int_0^{\frac{\pi}{2}}(1-\sin^2 x)\sin^3 x\,dx$$
$$=4\int_0^{\frac{\pi}{2}}\sin^3 x\,dx-4\int_0^{\frac{\pi}{2}}\sin^5 x\,dx \qquad\cdots\cdots\ \text{㉠}$$

$$\int_0^{\frac{\pi}{2}}\sin^3 x\,dx=\int_0^{\frac{\pi}{2}}(\sin^2 x\times\sin x)\,dx$$
$$=\int_0^{\frac{\pi}{2}}(1-\cos^2 x)\sin x\,dx$$

에서 $\cos x=t$라 하면 $-\sin x=\dfrac{dt}{dx}$이고

$x=0$일 때 $t=1$, $x=\dfrac{\pi}{2}$일 때 $t=0$이므로

$$\int_0^{\frac{\pi}{2}}\sin^3 x\,dx=\int_0^{\frac{\pi}{2}}(1-\cos^2 x)\sin x\,dx$$
$$=-\int_1^0(1-t^2)\,dt=\int_0^1(1-t^2)\,dt$$
$$=\left[\,t-\frac{t^3}{3}\,\right]_0^1=\frac{2}{3}$$

이므로 ㉠에 대입하면

$$\int_0^{\frac{\pi}{2}}\sin^5 x\,dx=\frac{8}{3}-4\int_0^{\frac{\pi}{2}}\sin^5 x\,dx$$
$$5\int_0^{\frac{\pi}{2}}\sin^5 x\,dx=\frac{8}{3}$$
$$\therefore \int_0^{\frac{\pi}{2}}\sin^5 x\,dx=\frac{8}{15} \qquad\cdots\cdots\ \text{㉡}$$

$u_2(x)=\cos^5 x,\ v_2'(x)=\cos x$라 하면

$$\int_0^{\frac{\pi}{2}}\cos^6 x\,dx=\int_0^{\frac{\pi}{2}}(\cos x\times\cos^5 x)\,dx$$
$$=\left[\,\sin x\cos^5 x\,\right]_0^{\frac{\pi}{2}}+\int_0^{\frac{\pi}{2}} 5\sin^2 x\cos^4 x\,dx$$
$$=5\int_0^{\frac{\pi}{2}}(1-\cos^2 x)\cos^4 x\,dx$$
$$=5\int_0^{\frac{\pi}{2}}\cos^4 x\,dx-5\int_0^{\frac{\pi}{2}}\cos^6 x\,dx \qquad\cdots\cdots\ \text{㉢}$$

$u_3(x)=\cos^3 x,\ v_3'(x)=\cos x$라 하면

$$\int_0^{\frac{\pi}{2}}\cos^4 x\,dx=\int_0^{\frac{\pi}{2}}(\cos x\times\cos^3 x)\,dx$$
$$=\left[\,\sin x\cos^3 x\,\right]_0^{\frac{\pi}{2}}+3\int_0^{\frac{\pi}{2}}\sin^2 x\cos^2 x\,dx$$
$$=3\int_0^{\frac{\pi}{2}}(1-\cos^2 x)\cos^2 x\,dx$$

$$=3\int_0^{\frac{\pi}{2}}\cos^2 x\,dx-3\int_0^{\frac{\pi}{2}}\cos^4 x\,dx$$

에서 $4\int_0^{\frac{\pi}{2}}\cos^4 x\,dx=3\int_0^{\frac{\pi}{2}}\cos^2 x\,dx$이고

$$\int_0^{\frac{\pi}{2}}\cos^2 x\,dx=\Big[\cos x\sin x\Big]_0^{\frac{\pi}{2}}+\int_0^{\frac{\pi}{2}}\sin^2 x\,dx \quad\cdots\cdots\ \textcolor{red}{\textsf{TIP}}$$

$$=0+\Big[x\Big]_0^{\frac{\pi}{2}}-\int_0^{\frac{\pi}{2}}\cos^2 x\,dx$$

$$=\frac{\pi}{2}-\int_0^{\frac{\pi}{2}}\cos^2 x\,dx$$

$$\therefore \int_0^{\frac{\pi}{2}}\cos^2 x\,dx=\frac{\pi}{4}$$

따라서 $\int_0^{\frac{\pi}{2}}\cos^4 x\,dx=\dfrac{3}{16}\pi$이므로 ㉢에 대입하면

$$\int_0^{\frac{\pi}{2}}\cos^6 x\,dx=\frac{15}{16}\pi-5\int_0^{\frac{\pi}{2}}\cos^6 x\,dx$$

$$6\int_0^{\frac{\pi}{2}}\cos^6 x\,dx=\frac{15}{16}\pi$$

$$\therefore \int_0^{\frac{\pi}{2}}\cos^6 x\,dx=\frac{5}{32}\pi \quad\cdots\cdots\ ㉣$$

㉡, ㉣에 의하여

$$\int_0^{\frac{\pi}{2}}\sin^5 x\,dx+\int_0^{\frac{\pi}{2}}\cos^6 x\,dx=\frac{8}{15}+\frac{5}{32}\pi$$

따라서 $a=\dfrac{8}{15}$, $b=\dfrac{5}{32}$이므로 $ab=\dfrac{1}{12}$

> **TIP**
>
> **1036**번과 마찬가지로 $\int_0^{\frac{\pi}{2}}\cos^2 x\,dx$는 다음과 같이 계산할 수 있다.
>
> $$\int_0^{\frac{\pi}{2}}\cos^2 x\,dx=\int_0^{\frac{\pi}{2}}\frac{1+\cos(2x)}{2}\,dx$$
>
> $$=\frac{1}{2}\Big[x+\frac{1}{2}\sin(2x)\Big]_0^{\frac{\pi}{2}}$$
>
> $$=\frac{\pi}{4}$$

1078　　　　　　　　　　　　　　　　　　　　　　　답 51

$f(x)=\dfrac{e^{\cos x}}{1+e^{\cos x}}$에서

$$f(\pi-x)=\frac{e^{\cos(\pi-x)}}{1+e^{\cos(\pi-x)}}=\frac{e^{-\cos x}}{1+e^{-\cos x}}$$

$$=\frac{e^{-\cos x}\times e^{\cos x}}{(1+e^{-\cos x})\times e^{\cos x}}=\frac{1}{e^{\cos x}+1}$$

그러므로

$$a=f(\pi-x)+f(x)=\frac{1}{e^{\cos x}+1}+\frac{e^{\cos x}}{1+e^{\cos x}}=\frac{1+e^{\cos x}}{1+e^{\cos x}}=1$$

$$b=\int_0^{\pi}f(x)\,dx=\int_0^{\pi}\{1-f(\pi-x)\}\,dx$$

$$=\int_0^{\pi}1\,dx-\int_0^{\pi}f(\pi-x)\,dx$$

$\pi-x=t$라 하면 $-1=\dfrac{dt}{dx}$이고

$x=0$일 때 $t=\pi$, $x=\pi$일 때 $t=0$이므로

$$b=\Big[x\Big]_0^{\pi}+\int_{\pi}^{0}f(t)\,dt=\pi-\int_0^{\pi}f(t)\,dt=\pi-b$$

즉, $2b=\pi$이므로 $b=\dfrac{\pi}{2}$

$$\therefore a+\frac{100}{\pi}b=1+\frac{100}{\pi}\times\frac{\pi}{2}=1+50=51$$

다른 풀이

b의 값을 다음과 같이 구할 수도 있다.

$$b=\int_0^{\pi}f(x)\,dx$$

$$=\int_0^{\frac{\pi}{2}}f(x)\,dx+\int_{\frac{\pi}{2}}^{\pi}f(x)\,dx$$

$$=\int_0^{\frac{\pi}{2}}f(x)\,dx+\int_0^{\frac{\pi}{2}}f(\pi-x)\,dx$$

$$=\int_0^{\frac{\pi}{2}}\{f(x)+f(\pi-x)\}\,dx$$

$$=\int_0^{\frac{\pi}{2}}1\,dx=\Big[x\Big]_0^{\frac{\pi}{2}}=\frac{\pi}{2}$$

1079　　　　　　　　　　　　　　　　　　　　　　　답 ④

$F(x)=\displaystyle\int_0^x f(t)\,dt$에서 $F'(x)=f(x)$

$F(g(x))=\dfrac{1}{2}F(x)$의 양변을 x에 대하여 미분하면

$$F'(g(x))g'(x)=\frac{1}{2}F'(x),\quad f(g(x))g'(x)=\frac{1}{2}f(x)$$

$$\therefore f(g(2))g'(2)=\frac{1}{2}f(2) \quad\cdots\cdots\ ㉠$$

한편, $F(g(2))=\dfrac{1}{2}F(2)$이고,

$f(x)=3(x-1)^2+5$에서 $F(2)$의 값은 그림에서 어두운 부분의 넓이와 같다.

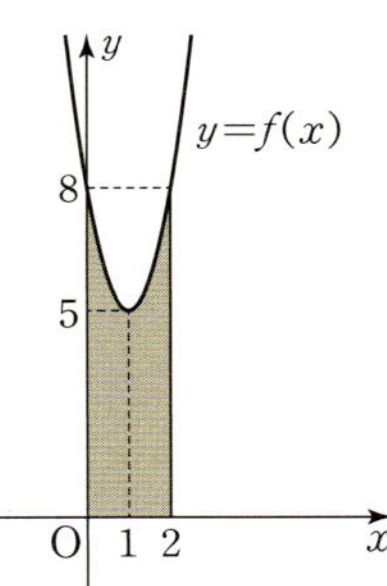

이때, 곡선 $y=f(x)$는 직선 $x=1$에 대하여 대칭이므로

$$F(g(2))=\frac{1}{2}F(2)=\frac{1}{2}\times 2F(1)=F(1)$$

$F'(x)=f(x)>0$이므로 $F(x)$는 증가하는 함수이다.

따라서 함수 $F(x)$는 일대일대응이다.

$$\therefore g(2)=1$$

㉠에서 $f(1)g'(2)=4$ ($\because f(2)=8$)

$$\therefore g'(2)=\frac{4}{f(1)}=\frac{4}{5}$$

1080　　　　　　　　　　　　　　　　　　　　　　　답 ②

조건 ㈎, ㈏에 의하여 $f(1)=1$, $f(2)=f(0)+1=1$이고,

조건 ㈐에 의하여 $1<x<2$에서 $f'(x)\geq 0$이므로

$1 < x < 2$에서 $f(x)=1$이다.

한편, 조건 ㈎에서 모든 실수 x에 대하여 $f(x+2)=f(x)+1$을 만족시키므로 구간 $[2, 4)$에서 함수 $y=f(x)$의 그래프는 구간 $[0, 2)$에서 함수 $y=f(x)$의 그래프를 x축의 방향으로 2만큼, y축의 방향으로 1만큼 평행이동시킨 것과 같다.

같은 방법을 계속하여 함수 $y=f(x)$의 그래프는 다음과 같이 나타낼 수 있다.

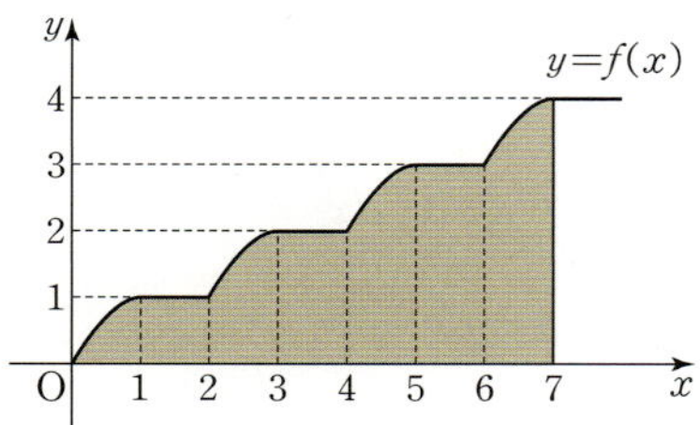

이때, $\int_0^7 f(x)\,dx$의 값은 위 그래프의 어두운 부분의 넓이와 같으므로

$$\int_0^7 f(x)\,dx = 12 + 4\int_0^1 \sin\left(\frac{\pi}{2}x\right)dx$$
$$= 12 + 4\left[-\frac{2}{\pi}\cos\left(\frac{\pi}{2}x\right)\right]_0^1$$
$$= 12 + \frac{8}{\pi}$$

따라서 $p=12$, $q=8$이므로
$$p+q=12+8=20$$

1081 ᅠ 답 ④

조건 ㈎에서 함수 $f(x)$는 실수 전체의 집합에서 증가하고, 그래프가 위로 볼록하다.

조건 ㈏에서 함수 $y=f(x)$의 그래프가 두 점 $(0, 1)$, $(4, 7)$을 지나므로 그래프의 개형은 다음과 같다.

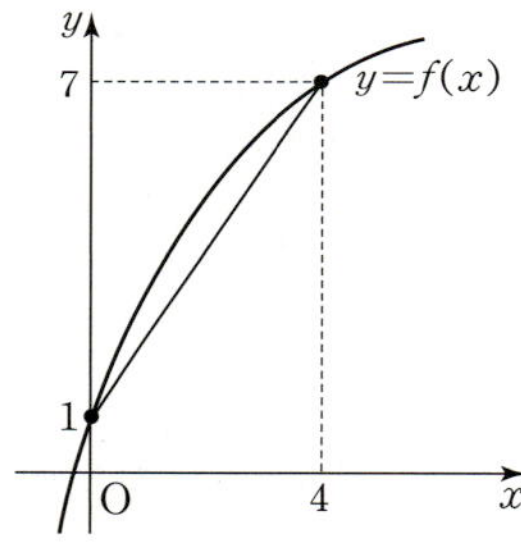

ㄱ. $\int_0^4 f(x)\,dx$의 값은 함수 $y=f(x)$의 그래프와 x축, y축 및 직선 $x=4$로 둘러싸인 부분의 넓이와 같다.

이때, 네 점 $(0, 0)$, $(4, 0)$, $(0, 1)$, $(4, 7)$을 꼭짓점으로 하는 사다리꼴의 넓이가 $\frac{1}{2}\times(1+7)\times4=16$이고, 함수 $y=f(x)$의 그래프가 위로 볼록하므로

$$\int_0^4 f(x)\,dx > 16 \text{ (거짓)}$$

ㄴ. $\int_0^4 \{f(x)+xf'(x)\}\,dx = \Big[xf(x)\Big]_0^4$ ᅠ …… TIP
$$= 4f(4) = 4\times7 = 28 \text{ (참)} \quad \cdots\cdots ㉠$$

ㄷ. $\int_0^4 xf'(x)\,dx = \Big[xf(x)\Big]_0^4 - \int_0^4 f(x)\,dx$

$$= 28 - \int_0^4 f(x)\,dx \ (\because ㉠)$$

$$\therefore \int_0^4 f(x)\,dx - \int_0^4 xf'(x)\,dx = 2\int_0^4 f(x)\,dx - 28$$

이때, ㄱ에서 $\int_0^4 f(x)\,dx > 16$이므로

$$2\int_0^4 f(x)\,dx - 28 > 2\times16 - 28 = 4$$

$$\therefore \int_0^4 f(x)\,dx > \int_0^4 xf'(x)\,dx \text{ (참)}$$

따라서 옳은 것은 ㄴ, ㄷ이다.

$\{xf(x)\}' = f(x)+xf'(x)$이므로
$$\int_0^4 \{f(x)+xf'(x)\}\,dx = \Big[xf(x)\Big]_0^4 \text{이다.}$$

1082 ᅠ 답 ③

$\ln x = t$라 하면

$x=1$일 때 $t=0$, $x=2$일 때 $t=\ln 2$, $x=4$일 때 $t=\ln 4$이므로

$$g(t)=\begin{cases} f(e^t) & (0 \le t < \ln 2) \\ g(t-\ln 2)-3 & (\ln 2 \le t \le \ln 4) \end{cases}$$

$$\int_0^{\ln 4} g(x)\,dx = \int_0^{\ln 2} f(e^x)\,dx + \int_{\ln 2}^{\ln 4} \{g(x-\ln 2)-3\}\,dx$$
$$= 7\ln 2 + 6 \quad \cdots\cdots ㉠$$

$x-\ln 2 = u$라 하면 $1 = \dfrac{du}{dx}$이고

$x=\ln 2$일 때 $u=0$, $x=\ln 4$일 때 $u=\ln 2$이므로

$$\int_{\ln 2}^{\ln 4} \{g(x-\ln 2)-3\}\,dx = \int_0^{\ln 2} \{g(u)-3\}\,du$$
$$= \int_0^{\ln 2} g(u)\,du - \int_0^{\ln 2} 3\,du$$
$$= \int_0^{\ln 2} g(u)\,du - \Big[3u\Big]_0^{\ln 2}$$
$$= \int_0^{\ln 2} f(e^u)\,du - 3\ln 2$$

㉠에서 $\int_0^{\ln 2} f(e^x)\,dx = A$라 하면

$2A - 3\ln 2 = 7\ln 2 + 6$
$A = 5\ln 2 + 3$
따라서 $a=5$, $b=3$이므로
$a+b=5+3=8$

1083 ᅠ 답 ⑤

ㄱ. $1-x=t$라 하면 $-1 = \dfrac{dt}{dx}$이고

$x=0$일 때 $t=1$, $x=1$일 때 $t=0$이므로

$$k = \int_0^1 \{f'(x)g(1-x)-g'(x)f(1-x)\}\,dx$$

$$= -\int_1^0 \{f'(1-t)g(t)-g'(1-t)f(t)\}\,dt$$

$$=-\int_0^1 \{f(t)g'(1-t)-g(t)f'(1-t)\}dt$$

$$\therefore \int_0^1 \{f(x)g'(1-x)-g(x)f'(1-x)\}dx=-k \text{ (참)}$$

ㄴ. $k=\int_0^1 f'(x)g(1-x)dx-\int_0^1 g'(x)f(1-x)dx$

$$=\left[f(x)g(1-x)\right]_0^1+\int_0^1 f(x)g'(1-x)dx$$

$$-\left\{\left[g(x)f(1-x)\right]_0^1+\int_0^1 g(x)f'(1-x)dx\right\}$$

$$=2\{f(1)g(0)-f(0)g(1)\}$$

$$+\int_0^1 \{f(x)g'(1-x)-g(x)f'(1-x)\}dx$$

$$=2\{f(1)g(0)-f(0)g(1)\}-k \ (\because \text{ㄱ})$$

$$\therefore k=f(1)g(0)-f(0)g(1)$$

따라서 $f(0)=f(1)$, $g(0)=g(1)$이면 $k=0$이다. (참)

ㄷ. $f(x)=\ln(1+x^4)$이고 $g(x)=\sin(\pi x)$이면

$f(0)=0$, $g(0)=0$이므로

$k=f(1)g(0)-f(0)g(1)=0$ (참)

그러므로 옳은 것은 ㄱ, ㄴ, ㄷ이다.

1084

답 ④

$$\int_a^{2a} \frac{\{f(x)\}^2}{x^2}dx$$

$$=\left[\{f(x)\}^2\times\left(-\frac{1}{x}\right)\right]_a^{2a}-\int_a^{2a}\left\{2f(x)f'(x)\times\left(-\frac{1}{x}\right)\right\}dx$$

$$=\{f(2a)\}^2\times\left(-\frac{1}{2a}\right)-\{f(a)\}^2\times\left(-\frac{1}{a}\right)$$

$$-\int_a^{2a}\left\{f(2x)\times\left(-\frac{1}{x}\right)\right\}dx$$

이때, $f(a)=0$, $f(2a)=2f(a)f'(a)=0$

또한, $2x=t$라 하면 $2=\dfrac{dt}{dx}$이고

$x=a$일 때 $t=2a$, $x=2a$일 때 $t=4a$이므로

$$\int_a^{2a}\left\{f(2x)\times\left(-\frac{1}{x}\right)\right\}dx=\int_{2a}^{4a}\left\{f(t)\times\left(-\frac{2}{t}\right)\times\frac{1}{2}\right\}dt$$

$$=-\int_{2a}^{4a}\frac{f(t)}{t}dt=-k$$

$$\therefore \int_a^{2a}\frac{\{f(x)\}^2}{x^2}dx=0-0-(-k)=k$$

1085

답 ④

$f(x)=\int_a^x \{2+\sin t^2\}dt$이므로

$f'(x)=2+\sin x^2$, $f''(x)=2x\cos x^2$

$f''(a)=2a\cos a^2=\sqrt{3}a$에서

$\cos a^2=\dfrac{\sqrt{3}}{2}$ $\qquad \therefore a^2=\dfrac{\pi}{6} \ (\because 0<a^2<\dfrac{\pi}{2})$

$(f^{-1})'(0)$에서 $f^{-1}(0)=k$라 하면 $f(k)=0$이므로

$f(k)=\int_a^k (2+\sin t^2)dt=0$

이때, $f'(x)=2+\sin x^2>0$이므로

함수 $f(x)$는 증가하는 함수이다.

즉, 함수 $f(x)$는 일대일대응이므로 $f(k)=0$을 만족하는 k의 값은 a뿐이다.

$f'(k)=f'(a)=2+\sin a^2=2+\sin\dfrac{\pi}{6}=\dfrac{5}{2}$

$$\therefore (f^{-1})'(0)=\frac{1}{f'(k)}=\frac{2}{5}$$

1086

답 ⑤

$$g(x)=\frac{d}{dx}\int_{-\frac{\pi}{2}}^x \{\cos x\times f(t)\}dt=\frac{d}{dx}\left\{\cos x\int_{-\frac{\pi}{2}}^x f(t)dt\right\}$$

$$=-\sin x\int_{-\frac{\pi}{2}}^x f(t)dt+\cos x\times f(x) \qquad \cdots\cdots \text{ㄱ}$$

ㄱ. ㄱ의 양변에 $x=0$을 대입하면 $g(0)=f(0)$

$f(-x)=-f(x)$에서 $f(0)=-f(0)$이므로 $f(0)=0$이다.

따라서 $g(0)=f(0)=0$이다. (참)

ㄴ. ㄱ에서

$$g(-x)=-\sin(-x)\int_{-\frac{\pi}{2}}^{-x}f(t)dt+\cos(-x)\times f(-x)$$

$$=\sin x\int_{-\frac{\pi}{2}}^{-x}f(t)dt-\cos x\times f(x)$$

이때, $f(-x)=-f(x)$에서 $\int_{-x}^x f(t)dt=0$이므로

$g(-x)$

$$=\sin x\left\{\int_{-\frac{\pi}{2}}^{-x}f(t)dt+\int_{-x}^x f(t)dt\right\}-\cos x\times f(x)$$

$$=\sin x\int_{-\frac{\pi}{2}}^x f(t)dt-\cos x\times f(x)$$

$$=-g(x) \text{ (참)}$$

ㄷ. ㄱ의 양변에 $x=-\dfrac{\pi}{2}$를 대입하면 $g\left(-\dfrac{\pi}{2}\right)=0$

ㄴ에서 $g(-x)=-g(x)$이고 ㄱ에서 $g(0)=0$이므로

$$g\left(-\frac{\pi}{2}\right)=g\left(\frac{\pi}{2}\right)=g(0)=0\text{이다.}$$

함수 $g(x)$는 닫힌구간 $\left[-\dfrac{\pi}{2}, \dfrac{\pi}{2}\right]$에서 연속이고 열린구간

$\left(-\dfrac{\pi}{2}, \dfrac{\pi}{2}\right)$에서 미분가능하므로 롤의 정리에 의하여 두

열린구간 $\left(-\dfrac{\pi}{2}, 0\right)$, $\left(0, \dfrac{\pi}{2}\right)$에서 방정식 $g'(x)=0$을 만족시키는

실근이 적어도 하나씩 존재한다.

따라서 $g'(c)=0$인 실수 c가 열린구간 $\left(-\dfrac{\pi}{2}, \dfrac{\pi}{2}\right)$에서 적어도

두 개 존재한다. (참)

따라서 옳은 것은 ㄱ, ㄴ, ㄷ이다.

함수 $f(x)$는 최고차항의 계수가 1인 사차함수이고 조건 ㈎에서
$x \le -3$인 모든 실수 x에 대하여 $f(x) \ge f(-3)$이므로 $x \le -3$일
때 함수 $f(x)$의 최솟값은 $f(-3)$이다.
조건 ㈏에서
$x > -3$인 모든 실수 x에 대하여
$g(x+3) \ge 0$, $\{f(x)-f(0)\}^2 \ge 0$이므로
$f'(x) \ge 0$
즉, $x > -3$일 때 함수 $f(x)$는 증가하고, $f'(0)=0$이므로 최고차항
의 계수가 1인 사차함수 $y=f(x)$의 그래프의 개형은 다음 그림과 같
다.

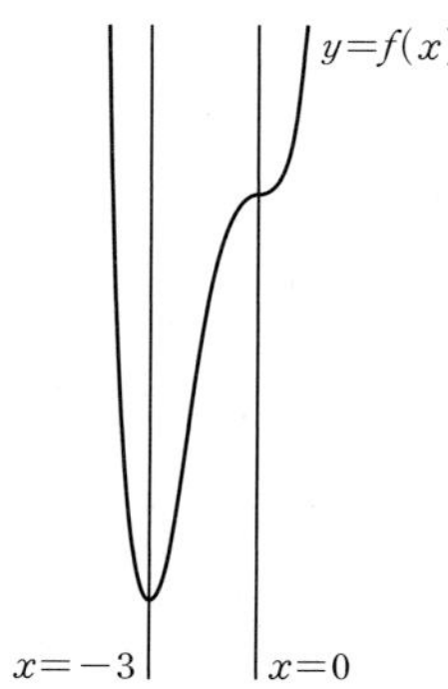

$f(x)-f(0)=x^3(x+a)$ (a는 상수)라 하면
$f'(x)=3x^2(x+a)+x^3$
이때 $f'(-3)=0$이므로 $27(-3+a)+27=0$
$\therefore a=4$
$f(x)=x^4+4x^3+f(0)$
$f'(x)=4x^3+12x^2$
$$\int_4^5 g(x)\,dx = \int_1^2 g(x+3)\,dx$$
$$= \int_1^2 \frac{f'(x)}{\{f(x)-f(0)\}^2}\,dx$$
$$= \int_1^2 \frac{4x^3+12x^2}{(x^4+4x^3)^2}\,dx$$
$x^4+4x^3=t$라 하면 $(4x^3+12x^2)\,dx=dt$이고
$x=1$일 때 $t=5$, $x=2$일 때 $t=48$이므로
$$\int_1^2 \frac{4x^3+12x^2}{(x^4+4x^3)^2}\,dx = \int_5^{48} \frac{1}{t^2}\,dt$$
$$= \left[-\frac{1}{t}\right]_5^{48}$$
$$= -\frac{1}{48}+\frac{1}{5} = \frac{43}{240}$$
$\therefore p+q = 240+43 = 283$

함수 $f(x)$가 닫힌구간 $[0, 1]$에서 증가하고
$$\int_0^1 f(x)\,dx=2, \quad \int_0^1 |f(x)|\,dx=2\sqrt{2} \qquad \cdots\cdots ㉠$$
에서 $\int_0^1 f(x)\,dx \ne \int_0^1 |f(x)|\,dx$이므로 다음 그림과 같이 함수
$y=f(x)$의 그래프는 x축과 한 점에서 만난다.

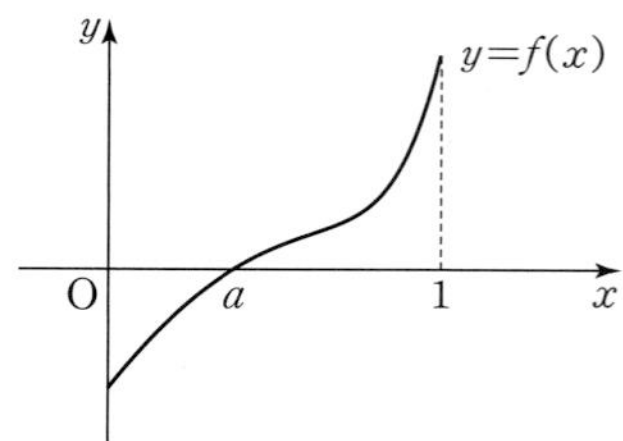

이 점의 x좌표를 a $(0<a<1)$라 하면 ㉠에 의하여
$$\int_0^1 f(x)\,dx = \int_0^a f(x)\,dx + \int_a^1 f(x)\,dx = 2 \qquad \cdots\cdots ㉡$$
$$\int_0^1 |f(x)|\,dx = -\int_0^a f(x)\,dx + \int_a^1 f(x)\,dx = 2\sqrt{2} \qquad \cdots\cdots ㉢$$
㉡, ㉢을 연립하여 풀면 $\int_0^a f(x)\,dx = 1-\sqrt{2}$ $\qquad \cdots\cdots ㉣$
또한, $F(x)=\int_0^x |f(t)|\,dt$ $(0 \le x \le 1)$이므로
$$F'(x)=|f(x)|=\begin{cases} -f(x) & (0<x<a) \\ f(x) & (a \le x < 1) \end{cases}$$ 이고
$$F(0)=\int_0^0 |f(t)|\,dt=0 \qquad \cdots\cdots ㉤$$
㉣에 의하여
$$F(a)=\int_0^a |f(t)|\,dt=-\int_0^a f(t)\,dt=\sqrt{2}-1 \qquad \cdots\cdots ㉥$$
(i) $\int_0^a f(x)F(x)\,dx$에서 $F(x)=k$라 하면
$x=0$일 때 $k=0$ $(\because ㉤)$, $x=a$일 때 $k=\sqrt{2}-1$ $(\because ㉥)$이고
$-f(x)=\dfrac{dk}{dx}$이므로
$$\int_0^a f(x)F(x)\,dx = -\int_0^{\sqrt{2}-1} k\,dk = -\left[\frac{k^2}{2}\right]_0^{\sqrt{2}-1}$$
$$= \frac{-3+2\sqrt{2}}{2}$$

(ii) $\int_a^1 f(x)F(x)\,dx$에서 $F(x)=k$라 하면
$x=a$일 때 $k=\sqrt{2}-1$ $(\because ㉥)$, $x=1$일 때 $k=2\sqrt{2}$ $(\because ㉠)$이고
$f(x)=\dfrac{dk}{dx}$이므로
$$\int_a^1 f(x)F(x)\,dx = \int_{\sqrt{2}-1}^{2\sqrt{2}} k\,dk = \left[\frac{k^2}{2}\right]_{\sqrt{2}-1}^{2\sqrt{2}} = \frac{5+2\sqrt{2}}{2}$$
(i), (ii)에 의하여
$$\int_0^1 f(x)F(x)\,dx = \int_0^a f(x)F(x)\,dx + \int_a^1 f(x)F(x)\,dx$$
$$= \frac{-3+2\sqrt{2}}{2} + \frac{5+2\sqrt{2}}{2} = 1+2\sqrt{2}$$

1089   답 ④

그림과 같이 닫힌구간 $[0, 1]$을 n등분하면
양 끝점과 각 등분점의 x좌표는 차례로

$$0, \ \frac{1}{n}, \ \frac{2}{n}, \ \cdots, \ \frac{n}{n}(=1)$$

이고 이에 대응하는 곡선의 y좌표는 각각

$$0, \ \left(\frac{1}{n}\right)^2, \ \left(\frac{2}{n}\right)^2, \ \cdots, \ \left(\frac{n}{n}\right)^2$$

이다. 그림에서 색칠한 직사각형의 넓이의 합을 S_n이라 하면

$$S_n = \frac{1}{n}\left(\frac{1}{n}\right)^2 + \frac{1}{n}\left(\frac{2}{n}\right)^2 + \cdots + \frac{1}{n}\left(\frac{n}{n}\right)^2$$

$$= \frac{1^2}{n^3} + \frac{2^2}{n^3} + \cdots + \frac{n^2}{n^3}$$

$$= \frac{1}{\boxed{n^3}}(1^2 + 2^2 + \cdots + n^2)$$

$$= \frac{1}{n^3} \times \frac{n(n+1)(2n+1)}{6}$$

$$= \frac{1}{6}\left(1 + \frac{1}{n}\right)\left(\boxed{2 + \frac{1}{n}}\right)$$

따라서 구하는 넓이 S는

$$S = \lim_{n \to \infty} S_n = \lim_{n \to \infty} \frac{1}{6}\left(1 + \frac{1}{n}\right)\left(2 + \frac{1}{n}\right)$$

$$= \boxed{\frac{1}{3}}$$

㈎ : $f(n) = n^3$, ㈏ : $g(n) = 2 + \dfrac{1}{n}$, ㈐ : $a = \dfrac{1}{3}$ 이므로

$$\therefore f(6a)g(6a) = f(2)g(2) = 8 \times \left(2 + \frac{1}{2}\right) = 20$$

> **참고**
>
> 곡선 $y = f(x)$와 x축 및 두 직선 $x = a$, $x = b$로 둘러싸인 도형의 넓이 S를 구분구적법으로 구할 때, 구간 $[a, b]$를 n등분하여 오른쪽 끝 점에서의 함숫값을 높이로 하는 직사각형의 넓이의 합을 U_n이라 하고, 왼쪽 끝 점에서의 함숫값을 높이로 하는 직사각형의 넓이의 합을 L_n이라 하자.
>
> 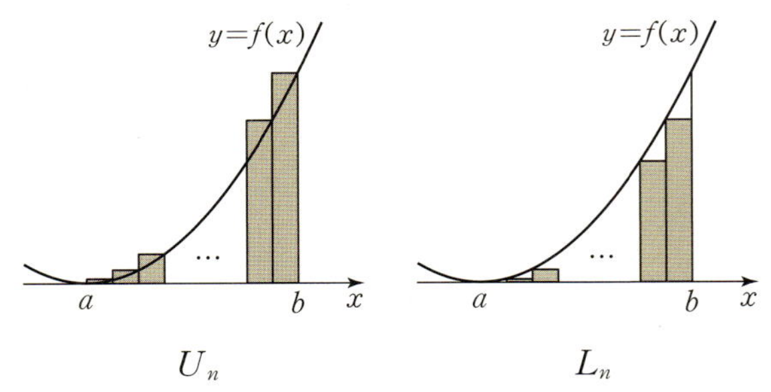
>
>
> 함수 $f(x)$가 연속함수인 경우 $\lim\limits_{n \to \infty} U_n$, $\lim\limits_{n \to \infty} L_n$ 중 어느 하나의 극한값이 존재하면 다른 하나의 극한값도 존재하고, 그 두 극한값은 S로 서로 일치한다. 따라서 두 극한값 중 어느 하나만 구해서 S를 구할 수 있다.

1090   답 a

함수 $f(x)$가 닫힌구간 $[a, b]$에서 연속일 때,

$$\int_a^b f(x)\,dx = \lim_{n \to \infty} \sum_{k=1}^{n} f(x_k)\,\Delta x$$

$$\left(\text{단, } \Delta x = \frac{b-a}{n}, \ x_k = \boxed{a} + k\Delta x\right)$$

1091   답 ②

$f(x) = x^2$, $a = 1$, $\beta = 3$이라 하고

$$\Delta x = \frac{\beta - a}{n} = \frac{2}{n}, \ x_k = a + k\Delta x = 1 + \frac{2k}{n} \text{라 하면}$$

정적분과 급수의 합 사이의 관계에 의하여

$$\lim_{n \to \infty} \sum_{k=1}^{n} \left(1 + \frac{2k}{n}\right)^2 \frac{2}{n} = \int_1^3 x^2\,dx$$

$$\therefore a = 3$$

1092   답 ②

$$\lim_{n \to \infty} \frac{2}{n} \sum_{k=1}^{n} f\left(2 + \frac{3k}{n}\right) = \frac{2}{3} \lim_{n \to \infty} \sum_{k=1}^{n} f\left(2 + \frac{3k}{n}\right)\frac{3}{n}$$

$$= \frac{2}{3} \int_2^5 f(x)\,dx$$

$$= \frac{2}{3} \int_2^5 \frac{1}{x}\,dx$$

$$= \frac{2}{3}\Big[\ln x\Big]_2^5 = \frac{2}{3} \ln \frac{5}{2}$$

1093   답 (1) 0   (2) $\dfrac{2}{3}$ (3) $\dfrac{1}{2}\ln 3$

(1) $\displaystyle \lim_{n \to \infty} \sum_{k=1}^{n} \left(\frac{-n+2k}{n}\right)^3 \frac{2}{n} = \lim_{n \to \infty} \sum_{k=1}^{n} \left(-1 + \frac{2k}{n}\right)^3 \frac{2}{n}$

$$= \int_{-1}^{1} x^3\,dx = 0$$

(2) $\displaystyle \lim_{n \to \infty} \sum_{k=1}^{n} \frac{\sqrt{k}}{n\sqrt{n}} = \lim_{n \to \infty} \sum_{k=1}^{n} \sqrt{\frac{k}{n}} \times \frac{1}{n}$

$$= \int_0^1 \sqrt{x}\,dx = \left[\frac{2}{3}x\sqrt{x}\right]_0^1 = \frac{2}{3}$$

(3) $\displaystyle \lim_{n \to \infty} \sum_{k=1}^{n} \frac{1}{n+2k} = \frac{1}{2} \lim_{n \to \infty} \sum_{k=1}^{n} \frac{1}{1 + \frac{2k}{n}} \times \frac{2}{n}$

$$= \frac{1}{2} \int_1^3 \frac{1}{x}\,dx = \frac{1}{2}\Big[\ln x\Big]_1^3 = \frac{1}{2} \ln 3$$

1094   답 ③

$1^4 + 2^4 + 3^4 + \cdots + n^4 = \displaystyle\sum_{k=1}^{n} k^4$이고, $k^4 \times \dfrac{1}{n^4} = \left(\dfrac{k}{n}\right)^4$이므로

$$\lim_{n \to \infty} \frac{1}{n^5}(1^4 + 2^4 + 3^4 + \cdots + n^4) = \lim_{n \to \infty} \frac{1}{n^5} \sum_{k=1}^{n} \boxed{k^4}$$

$$= \lim_{n \to \infty} \sum_{k=1}^{n} \left(\frac{k}{n}\right)^4 \frac{1}{n}$$

이때, $f(x) = x^4$, $a = 0$, $b = 1$이라 하고

$\Delta x = \dfrac{b-a}{n} = \dfrac{1}{n}$, $x_k = a + k\Delta x = \boxed{\dfrac{k}{n}}$ 라 하면

정적분과 급수의 합 사이의 관계에 의하여

$$\lim_{n\to\infty} \frac{1}{n^5} \sum_{k=1}^{n} \boxed{k^4} = \lim_{n\to\infty} \sum_{k=1}^{n} \left(\frac{k}{n}\right)^4 \frac{1}{n}$$

$$= \lim_{n\to\infty} \sum_{k=1}^{n} f(x_k)\Delta x$$

$$= \int_0^1 f(x)\,dx = \int_0^1 x^4\,dx$$

$$= \left[\frac{1}{5}x^5\right]_0^1 = \boxed{\dfrac{1}{5}}$$

따라서 ㈎: k^4, ㈏: $\dfrac{k}{n}$, ㈐: $\dfrac{1}{5}$ 이다.

1095
답 (1) $\dfrac{63}{2}$ (2) $\dfrac{4}{3}$ (3) $\dfrac{363}{5}$

(1) $\displaystyle\lim_{n\to\infty} \frac{3}{n}\left\{ \left(1+\frac{1}{n}\right)^5 + \left(1+\frac{2}{n}\right)^5 + \left(1+\frac{3}{n}\right)^5 + \cdots + \left(1+\frac{n}{n}\right)^5 \right\}$

$\qquad = \displaystyle\lim_{n\to\infty} \frac{3}{n} \sum_{k=1}^{n} \left(1+\frac{k}{n}\right)^5$

$\qquad = 3\lim_{n\to\infty} \sum_{k=1}^{n} \left(1+\frac{k}{n}\right)^5 \frac{1}{n}$

$\qquad = 3\displaystyle\int_1^2 x^5\,dx = 3\left[\frac{1}{6}x^6\right]_1^2 = \frac{63}{2}$

(2) $\displaystyle\lim_{n\to\infty} \frac{1}{n}\left\{ \left(\frac{2}{n}\right)^2 + \left(\frac{4}{n}\right)^2 + \left(\frac{6}{n}\right)^2 + \cdots + \left(\frac{2n}{n}\right)^2 \right\}$

$\qquad = \displaystyle\lim_{n\to\infty} \frac{1}{n} \sum_{k=1}^{n} \left(\frac{2k}{n}\right)^2 = \frac{1}{2}\lim_{n\to\infty} \sum_{k=1}^{n} \left(\frac{2k}{n}\right)^2 \frac{2}{n}$

$\qquad = \frac{1}{2}\displaystyle\int_0^2 x^2\,dx = \frac{1}{2}\left[\frac{1}{3}x^3\right]_0^2 = \frac{4}{3}$

(3) $\displaystyle\lim_{n\to\infty} \frac{3}{n^5}\left\{ (n+2)^4 + (n+4)^4 + (n+6)^4 + \cdots + (3n)^4 \right\}$

$\qquad = \displaystyle\lim_{n\to\infty} \frac{3}{n^5} \sum_{k=1}^{n} (n+2k)^4$

$\qquad = \frac{3}{2}\displaystyle\lim_{n\to\infty} \sum_{k=1}^{n} \left(1+\frac{2k}{n}\right)^4 \frac{2}{n}$

$\qquad = \frac{3}{2}\displaystyle\int_1^3 x^4\,dx = \frac{3}{2}\left[\frac{1}{5}x^5\right]_1^3 = \frac{363}{5}$

1096
답 ①

$\displaystyle\lim_{n\to\infty} \left(\frac{1}{n+1} + \frac{1}{n+2} + \frac{1}{n+3} + \cdots + \frac{1}{2n} \right)$

$= \displaystyle\lim_{n\to\infty} \frac{1}{n}\left(\frac{1}{1+\frac{1}{n}} + \frac{1}{1+\frac{2}{n}} + \frac{1}{1+\frac{3}{n}} + \cdots + \frac{1}{1+\frac{n}{n}} \right)$

$= \displaystyle\lim_{n\to\infty} \frac{1}{n} \sum_{k=1}^{n} \frac{1}{1+\frac{k}{n}}$

$= \displaystyle\lim_{n\to\infty} \sum_{k=1}^{n} \frac{1}{1+\frac{k}{n}} \times \frac{1}{n}$

$= \displaystyle\int_1^2 \frac{1}{x}\,dx = \left[\ln x\right]_1^2 = \ln 2$

1097
답 ②

$\displaystyle\lim_{n\to\infty} \left(\frac{1}{n^2+1^2} + \frac{2}{n^2+2^2} + \frac{3}{n^2+3^2} + \cdots + \frac{n}{n^2+n^2} \right)$

$= \displaystyle\lim_{n\to\infty} \sum_{k=1}^{n} \frac{k}{n^2+k^2} = \lim_{n\to\infty} \sum_{k=1}^{n} \frac{\frac{k}{n}}{1+\left(\frac{k}{n}\right)^2} \times \frac{1}{n}$

$= \displaystyle\int_0^1 \frac{x}{1+x^2}\,dx$

이때, $1+x^2 = t$ 라 하면 $\dfrac{dt}{dx} = 2x$ 이고

$x=0$일 때 $t=1$, $x=1$일 때 $t=2$이므로

$\displaystyle\int_0^1 \frac{x}{1+x^2}\,dx = \frac{1}{2}\int_1^2 \frac{1}{t}\,dt = \frac{1}{2}\left[\ln t\right]_1^2 = \frac{\ln 2}{2}$

1098
답 ③

$\displaystyle\lim_{n\to\infty} \frac{1}{n}\left(\sqrt{1+\frac{2}{n}} + \sqrt{1+\frac{4}{n}} + \cdots + \sqrt{1+\frac{2n}{n}} \right)$

$= \displaystyle\lim_{n\to\infty} \frac{1}{n} \sum_{k=1}^{n} \sqrt{1+\frac{2k}{n}} = \frac{1}{2}\lim_{n\to\infty} \sum_{k=1}^{n} \sqrt{1+\frac{2k}{n}} \times \frac{2}{n}$

$= \frac{1}{2}\displaystyle\int_1^3 \sqrt{x}\,dx = \frac{1}{2}\left[\frac{2}{3}x^{\frac{3}{2}}\right]_1^3 = \sqrt{3} - \frac{1}{3}$

1099
답 ①

$\displaystyle\lim_{n\to\infty} \frac{1}{n^3}\left\{ \sqrt{n^2-1^2} + 2\sqrt{n^2-2^2} + \cdots + (n-1)\sqrt{n^2-(n-1)^2} \right\}$

$= \displaystyle\lim_{n\to\infty} \frac{1}{n^3} \sum_{k=1}^{n-1} k\sqrt{n^2-k^2} = \lim_{n\to\infty} \frac{1}{n^3} \sum_{k=1}^{n} k\sqrt{n^2-k^2}$

$= \displaystyle\lim_{n\to\infty} \sum_{k=1}^{n} \frac{k}{n} \sqrt{1-\left(\frac{k}{n}\right)^2} \times \frac{1}{n}$

$= \displaystyle\int_0^1 x\sqrt{1-x^2}\,dx$

이때, $1-x^2 = t$ 라 하면 $\dfrac{dt}{dx} = -2x$ 이고

$x=0$일 때 $t=1$, $x=1$일 때 $t=0$이므로

$\displaystyle\int_0^1 x\sqrt{1-x^2}\,dx = -\frac{1}{2}\int_1^0 \sqrt{t}\,dt = \frac{1}{2}\left[\frac{2}{3}t^{\frac{3}{2}}\right]_0^1 = \frac{1}{3}$

1100
답 (1) $3\ln 2 - 1$ (2) $4\sqrt{e} - 4$ (3) $2(e^2+1)$

(1) $\displaystyle\lim_{n\to\infty} \frac{1}{n} \sum_{k=1}^{n} \ln\left(2+\frac{2k}{n}\right) = \frac{1}{2}\lim_{n\to\infty} \sum_{k=1}^{n} \ln\left(2+\frac{2k}{n}\right) \times \frac{2}{n}$

$\qquad = \frac{1}{2}\displaystyle\int_2^4 \ln x\,dx$

$\qquad = \frac{1}{2}\left(\left[x\ln x\right]_2^4 - \int_2^4 1\,dx \right)$

$\qquad = \frac{1}{2}\left\{ (4\ln 4 - 2\ln 2) - \left[x\right]_2^4 \right\}$

$\qquad = 3\ln 2 - 1$

(2) $\lim\limits_{n \to \infty} \dfrac{2}{n} \sum\limits_{k=1}^{n} \sqrt[2n]{e^k} = \lim\limits_{n \to \infty} \dfrac{2}{n} \sum\limits_{k=1}^{n} e^{\frac{k}{2n}}$

$\qquad = 4 \lim\limits_{n \to \infty} \sum\limits_{k=1}^{n} e^{\frac{k}{2n}} \times \dfrac{1}{2n}$

$\qquad = 4 \displaystyle\int_{0}^{\frac{1}{2}} e^x \, dx$

$\qquad = 4 \Big[e^x \Big]_{0}^{\frac{1}{2}} = 4\sqrt{e} - 4$

(3) $\lim\limits_{n \to \infty} \dfrac{8}{n^2} \sum\limits_{k=1}^{n} k e^{\frac{2k}{n}} = 2 \lim\limits_{n \to \infty} \sum\limits_{k=1}^{n} \dfrac{2k}{n} e^{\frac{2k}{n}} \times \dfrac{2}{n}$

$\qquad = 2 \displaystyle\int_{0}^{2} x e^x \, dx$

$\qquad = 2 \Big(\Big[x e^x \Big]_{0}^{2} - \displaystyle\int_{0}^{2} e^x \, dx \Big)$

$\qquad = 2 \Big(2e^2 - \Big[e^x \Big]_{0}^{2} \Big)$

$\qquad = 2(e^2 + 1)$

1101
답 ①

$\lim\limits_{n \to \infty} \dfrac{1}{n} \Big(e^{\frac{1}{n}} + e^{\frac{2}{n}} + e^{\frac{3}{n}} + \cdots + e^{\frac{n}{n}} \Big) = \lim\limits_{n \to \infty} \sum\limits_{k=1}^{n} e^{\frac{k}{n}} \times \dfrac{1}{n}$

$\qquad\qquad = \displaystyle\int_{0}^{1} e^x \, dx$

$\therefore a = 1$

1102
답 ⑤

$\lim\limits_{n \to \infty} \sum\limits_{k=1}^{n} \Big(e^{\frac{ak}{2n}} + 1 \Big) \dfrac{a}{2n} = \displaystyle\int_{0}^{\frac{a}{2}} (e^x + 1) \, dx = \displaystyle\int_{0}^{3} (e^x + 1) \, dx$

이므로 $\dfrac{a}{2} = 3$　　　　　　　…… **TIP**

$\therefore a = 6$

TIP

함수 $f(x) = \displaystyle\int_{0}^{x} (e^t + 1) dt$ 에서

$f'(x) = e^x + 1 > 0$ 이므로

함수 $f(x)$ 는 일대일대응이다.

따라서 $f\Big(\dfrac{a}{2} \Big) = f(3)$ 에서 $\dfrac{a}{2} = 3$ 이 성립한다.

1103
답 ④

$\lim\limits_{n \to \infty} \dfrac{1}{n} \Big\{ f\Big(1 - \dfrac{3}{n}\Big) + f\Big(1 - \dfrac{6}{n}\Big) + f\Big(1 - \dfrac{9}{n}\Big) + \cdots + f\Big(1 - \dfrac{3n}{n}\Big) \Big\}$

$= \lim\limits_{n \to \infty} \sum\limits_{k=1}^{n} f\Big(1 - \dfrac{3k}{n}\Big) \times \dfrac{1}{n}$

$= \displaystyle\int_{0}^{1} f(1 - 3x) \, dx = \displaystyle\int_{0}^{1} e^{1-3x} \, dx$

$= \Big[-\dfrac{1}{3} e^{1-3x} \Big]_{0}^{1} = \dfrac{1}{3}\Big(e - \dfrac{1}{e^2} \Big)$

1104
답 ③

$\lim\limits_{n \to \infty} \sum\limits_{k=1}^{n} \dfrac{\ln(n+k) - \ln n}{n} = \lim\limits_{n \to \infty} \sum\limits_{k=1}^{n} \Big(\ln \dfrac{n+k}{n} \times \dfrac{1}{n} \Big)$

$\qquad = \lim\limits_{n \to \infty} \sum\limits_{k=1}^{n} \Big\{ \ln\Big(1 + \dfrac{k}{n}\Big) \Big\} \times \dfrac{1}{n}$

$\qquad = \displaystyle\int_{1}^{2} \ln x \, dx$

$\qquad = \Big[x \ln x \Big]_{1}^{2} - \displaystyle\int_{1}^{2} 1 \, dx$

$\qquad = 2 \ln 2 - \Big[x \Big]_{1}^{2} = 2 \ln 2 - 1$

1105
답 (1) $16 \ln 2 - 6$　(2) $2 \ln 2 - 1$

(1) $\lim\limits_{n \to \infty} \dfrac{6}{n} \ln \Big(\dfrac{n+3}{n} \times \dfrac{n+6}{n} \times \dfrac{n+9}{n} \times \cdots \times \dfrac{4n}{n} \Big)$

$= \lim\limits_{n \to \infty} \dfrac{6}{n} \Big(\ln \dfrac{n+3}{n} + \ln \dfrac{n+6}{n} + \ln \dfrac{n+9}{n} + \cdots + \ln \dfrac{4n}{n} \Big)$

$= \lim\limits_{n \to \infty} \dfrac{6}{n} \sum\limits_{k=1}^{n} \ln \Big(\dfrac{n+3k}{n} \Big)$

$= 2 \lim\limits_{n \to \infty} \sum\limits_{k=1}^{n} \ln \Big(1 + \dfrac{3k}{n} \Big) \times \dfrac{3}{n}$

$= 2 \displaystyle\int_{1}^{4} \ln x \, dx$

$= 2 \Big\{ \Big[x \ln x \Big]_{1}^{4} - \displaystyle\int_{1}^{4} 1 \, dx \Big\}$

$= 2 \Big\{ 4 \ln 4 - \Big[x \Big]_{1}^{4} \Big\}$

$= 16 \ln 2 - 6$

(2) $\lim\limits_{n \to \infty} \dfrac{1}{n} \ln \dfrac{(n+1)(n+2)(n+3) \cdots (2n-1)2n}{n^n}$

$= \lim\limits_{n \to \infty} \dfrac{1}{n} \Big(\ln \dfrac{n+1}{n} + \ln \dfrac{n+2}{n} + \ln \dfrac{n+3}{n} + \cdots + \ln \dfrac{2n}{n} \Big)$

$= \lim\limits_{n \to \infty} \sum\limits_{k=1}^{n} \Big\{ \ln \Big(1 + \dfrac{k}{n} \Big) \Big\} \times \dfrac{1}{n}$

$= \displaystyle\int_{1}^{2} \ln x \, dx$

$= \Big[x \ln x \Big]_{1}^{2} - \displaystyle\int_{1}^{2} 1 \, dx$

$= 2 \ln 2 - \Big[x \Big]_{1}^{2} = 2 \ln 2 - 1$

1106
답 ④

$\lim\limits_{n \to \infty} \sum\limits_{k=1}^{n} f\Big(\dfrac{\pi}{6} + \dfrac{k\pi}{6n} \Big) \dfrac{\pi}{n} = 6 \lim\limits_{n \to \infty} \sum\limits_{k=1}^{n} f\Big(\dfrac{\pi}{6} + \dfrac{k\pi}{6n} \Big) \dfrac{\pi}{6n}$

$\qquad = 6 \displaystyle\int_{\frac{\pi}{6}}^{\frac{\pi}{3}} f(x) \, dx$

$\qquad = 6 \displaystyle\int_{\frac{\pi}{6}}^{\frac{\pi}{3}} \tan x \, dx$

$\qquad = 6 \Big[-\ln(\cos x) \Big]_{\frac{\pi}{6}}^{\frac{\pi}{3}}$

$\qquad = 6 \Big(-\ln \dfrac{1}{2} + \ln \dfrac{\sqrt{3}}{2} \Big)$

$\qquad = 3 \ln 3$

1107

답 (1) 1　(2) π

(1) $\displaystyle\lim_{n\to\infty}\sum_{k=1}^{n}\frac{k\pi}{n^2}\sin\frac{k\pi}{n}=\frac{1}{\pi}\lim_{n\to\infty}\sum_{k=1}^{n}\frac{k\pi}{n}\left(\sin\frac{k\pi}{n}\right)\times\frac{\pi}{n}$

$$=\frac{1}{\pi}\int_0^{\pi}x\sin x\,dx$$

$$=\frac{1}{\pi}\left(\left[-x\cos x\right]_0^{\pi}+\int_0^{\pi}\cos x\,dx\right)$$

$$=\frac{1}{\pi}\left(\pi+\left[\sin x\right]_0^{\pi}\right)=1$$

(2) $\displaystyle\lim_{n\to\infty}\frac{2\pi}{n}\sum_{k=1}^{n}\cos^2\frac{k\pi}{n}=2\lim_{n\to\infty}\sum_{k=1}^{n}\left(\cos^2\frac{k\pi}{n}\right)\times\frac{\pi}{n}$

$$=2\int_0^{\pi}\cos^2 x\,dx$$

이때,

$$\int_0^{\pi}\cos^2 x\,dx=\left[\cos x\sin x\right]_0^{\pi}+\int_0^{\pi}\sin^2 x\,dx \quad\cdots\cdots\; \text{TIP}$$

$$=0+\int_0^{\pi}(1-\cos^2 x)\,dx$$

$$=\left[x\right]_0^{\pi}-\int_0^{\pi}\cos^2 x\,dx$$

$$=\pi-\int_0^{\pi}\cos^2 x\,dx$$

따라서 $\displaystyle\int_0^{\pi}\cos^2 x\,dx=\frac{\pi}{2}$이므로

구하는 값은 $\displaystyle 2\int_0^{\pi}\cos^2 x\,dx=\pi$

> **TIP**
>
> **1036**번과 마찬가지로 $\displaystyle\int_0^{\pi}\cos^2 x\,dx$는 다음과 같이 계산할 수 있다.
>
> $$\int_0^{\pi}\cos^2 x\,dx=\int_0^{\pi}\frac{1+\cos(2x)}{2}\,dx$$
>
> $$=\frac{1}{2}\left[x+\frac{1}{2}\sin(2x)\right]_0^{\pi}=\frac{\pi}{2}$$

1108

답 $\dfrac{k\pi}{n},\ \pi,\ 2$

$\displaystyle\lim_{n\to\infty}\frac{\pi}{n}\left(\sin\frac{\pi}{n}+\sin\frac{2\pi}{n}+\sin\frac{3\pi}{n}+\cdots+\sin\frac{n\pi}{n}\right)$

$\displaystyle=\lim_{n\to\infty}\frac{\pi}{n}\sum_{k=1}^{n}\sin\boxed{\frac{k\pi}{n}}=\lim_{n\to\infty}\sum_{k=1}^{n}\left(\sin\frac{k\pi}{n}\right)\times\frac{\pi}{n}$

$\displaystyle=\int_0^{\boxed{\pi}}\sin x\,dx=\left[-\cos x\right]_0^{\pi}=\boxed{2}$

$\displaystyle\therefore\ \frac{k\pi}{n},\ \pi,\ 2$

1109

답 (1) $\dfrac{2}{\pi}$　(2) π

(1) $\displaystyle\lim_{n\to\infty}\frac{1}{n}\left(\cos\frac{\pi}{2n}+\cos\frac{2\pi}{3n}+\cos\frac{3\pi}{3n}+\cdots+\cos\frac{n\pi}{2n}\right)$

$$=\lim_{n\to\infty}\frac{1}{n}\sum_{k=1}^{n}\cos\frac{k\pi}{2n}$$

$$=\frac{2}{\pi}\lim_{n\to\infty}\sum_{k=1}^{n}\left(\cos\frac{k\pi}{2n}\right)\times\frac{\pi}{2n}$$

$$=\frac{2}{\pi}\int_0^{\frac{\pi}{2}}\cos x\,dx=\frac{2}{\pi}\left[\sin x\right]_0^{\frac{\pi}{2}}=\frac{2}{\pi}$$

(2) $\displaystyle\lim_{n\to\infty}\frac{\pi^2}{n^2}\left(\sin\frac{\pi}{n}+2\sin\frac{2\pi}{n}+3\sin\frac{3\pi}{n}+\cdots+n\sin\frac{n\pi}{n}\right)$

$\displaystyle=\lim_{n\to\infty}\frac{\pi^2}{n^2}\sum_{k=1}^{n}k\sin\frac{k\pi}{n}=\lim_{n\to\infty}\sum_{k=1}^{n}\frac{k\pi}{n}\left(\sin\frac{k\pi}{n}\right)\times\frac{\pi}{n}$

$$=\int_0^{\pi}x\sin x\,dx$$

$$=\left[-x\cos x\right]_0^{\pi}+\int_0^{\pi}\cos x\,dx$$

$$=\pi+\left[\sin x\right]_0^{\pi}=\pi$$

1110

답 ③

$\displaystyle\lim_{n\to\infty}\sum_{k=1}^{n}\frac{1}{\sqrt{4n^2-(n+k)^2}}=\lim_{n\to\infty}\sum_{k=1}^{n}\frac{1}{\sqrt{4-\left(1+\frac{k}{n}\right)^2}}\times\frac{1}{n}$

$$=\int_1^{2}\frac{1}{\sqrt{4-x^2}}\,dx$$

$x=2\sin\theta\left(-\dfrac{\pi}{2}\leq\theta\leq\dfrac{\pi}{2}\right)$라 하면 $\dfrac{dx}{d\theta}=2\cos\theta$이고

$x=1$일 때 $\theta=\dfrac{\pi}{6}$이고, $x=2$일 때 $\theta=\dfrac{\pi}{2}$이다.

$\displaystyle\int_1^{2}\frac{1}{\sqrt{4-x^2}}\,dx=\int_{\frac{\pi}{6}}^{\frac{\pi}{2}}\frac{2\cos\theta}{\sqrt{4-4\sin^2\theta}}\,d\theta$

$$=\int_{\frac{\pi}{6}}^{\frac{\pi}{2}}\frac{2\cos\theta}{2\cos\theta}\,d\theta=\left[\theta\right]_{\frac{\pi}{6}}^{\frac{\pi}{2}}=\frac{\pi}{3}$$

1111

답 ②

$\displaystyle\lim_{n\to\infty}\sum_{k=1}^{n}\frac{n+2k}{n^2+k^2}=\lim_{n\to\infty}\sum_{k=1}^{n}\frac{1+\frac{2k}{n}}{1+\left(\frac{k}{n}\right)^2}\times\frac{1}{n}$

$$=\int_0^{1}\frac{1+2x}{1+x^2}\,dx$$

이때, $x=\tan\theta\left(-\dfrac{\pi}{2}\leq\theta\leq\dfrac{\pi}{2}\right)$라 하면 $\dfrac{dx}{d\theta}=\sec^2\theta$

$x=0$일 때 $\theta=0$, $x=1$일 때 $\theta=\dfrac{\pi}{4}$이므로

$\displaystyle\int_0^{1}\frac{1+2x}{1+x^2}\,dx=\int_0^{\frac{\pi}{4}}\left(\frac{1+2\tan\theta}{1+\tan^2\theta}\times\sec^2\theta\right)d\theta$

$$=\int_0^{\frac{\pi}{4}}\left(\frac{1+2\tan\theta}{\sec^2\theta}\times\sec^2\theta\right)d\theta$$

$$=\int_0^{\frac{\pi}{4}}(1+2\tan\theta)\,d\theta$$

$$=\left[\theta-2\ln(\cos\theta)\right]_0^{\frac{\pi}{4}}$$

$$=\frac{\pi}{4}-2\ln\frac{1}{\sqrt{2}}=\frac{\pi}{4}+\ln 2$$

1112

답 (1) $\ln 5$　(2) $e-\dfrac{1}{e}$　(3) $2-\dfrac{\sqrt{3}}{2}$

(1) 구간 $[1, 5]$에서 $\dfrac{1}{x}>0$이므로

　구하는 넓이를 S라 하면

　$S=\displaystyle\int_1^5 \dfrac{1}{x}dx=\Big[\ln x\Big]_1^5=\ln 5$

(2) 구간 $[-1, 1]$에서 $e^x>0$이므로

　구하는 넓이를 S라 하면

　$S=\displaystyle\int_{-1}^1 e^x dx=\Big[e^x\Big]_{-1}^1=e-\dfrac{1}{e}$

(3) 구간 $\Big[\dfrac{\pi}{3}, \dfrac{\pi}{2}\Big]$에서 $\cos x\geq0$이고, 구간 $\Big[\dfrac{\pi}{2}, \pi\Big]$에서

　$\cos x\leq0$이므로

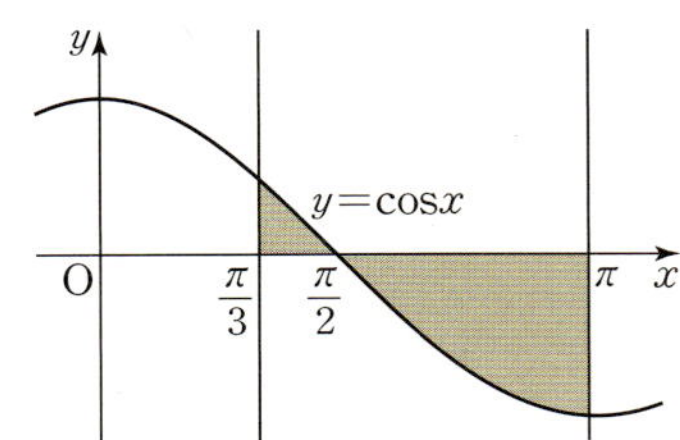

구하는 넓이를 S라 하면

$S=\displaystyle\int_{\frac{\pi}{3}}^{\frac{\pi}{2}} \cos x\,dx+\int_{\frac{\pi}{2}}^{\pi} (-\cos x)\,dx$

$\quad=\Big[\sin x\Big]_{\frac{\pi}{3}}^{\frac{\pi}{2}}+\Big[-\sin x\Big]_{\frac{\pi}{2}}^{\pi}$

$\quad=\Big(1-\dfrac{\sqrt{3}}{2}\Big)+1$

$\quad=2-\dfrac{\sqrt{3}}{2}$

1113

답 ④

$f(x)=e^x-e$라 하면 $f(x)=0$에서 $x=1$이고

$f'(x)=e^x>0$이므로 함수 $f(x)$는 실수 전체의 집합에서 증가한다.

따라서 함수 $y=f(x)$의 그래프는 다음과 같다.

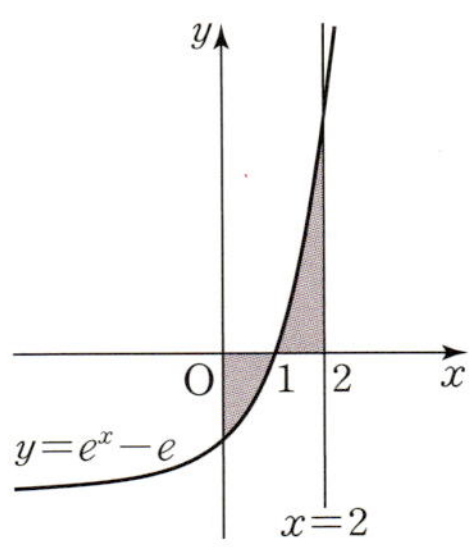

구간 $[0, 1]$에서 $e^x-e\leq0$이고

구간 $[1, 2]$에서 $e^x-e\geq0$이므로

구하는 넓이를 S라 하면

$S=\displaystyle\int_0^1 (e-e^x)\,dx+\int_1^2 (e^x-e)\,dx$

$\quad=\Big[ex-e^x\Big]_0^1+\Big[e^x-ex\Big]_1^2$

$\quad=1+(e^2-2e)$

$\quad=e^2-2e+1$

1114

답 ②

구간 $[-1, 0]$에서 $xe^x\leq0$이고 구간 $[0, 1]$에서

$xe^x\geq0$이므로

구하는 넓이를 S라 하면

$S=\displaystyle\int_{-1}^0 (-xe^x)\,dx+\int_0^1 xe^x\,dx$

$\quad=\Big(\Big[-xe^x\Big]_{-1}^0+\int_{-1}^0 e^x\,dx\Big)+\Big(\Big[xe^x\Big]_0^1-\int_0^1 e^x\,dx\Big)$

$\quad=\Big(-\dfrac{1}{e}+\Big[e^x\Big]_{-1}^0\Big)+\Big(e-\Big[e^x\Big]_0^1\Big)$

$\quad=-\dfrac{1}{e}+\Big(1-\dfrac{1}{e}\Big)+e-(e-1)$

$\quad=2-\dfrac{2}{e}$

1115

답 ③

$x^2+3x+2=(x+1)(x+2)$이므로

구간 $[1, 3]$에서 $\dfrac{1}{x^2+3x+2}\geq0$이다.

이때, 구하는 넓이를 S라 하면

$S=\displaystyle\int_1^3 \dfrac{1}{x^2+3x+2}dx=\int_1^3 \dfrac{1}{(x+1)(x+2)}dx$

$\quad=\displaystyle\int_1^3 \Big(\dfrac{1}{x+1}-\dfrac{1}{x+2}\Big)dx$

$\quad=\Big[\ln|x+1|-\ln|x+2|\Big]_1^3=\ln\dfrac{6}{5}$

1116

답 ①

구간 $[0, 1]$에서 $2x\sqrt{x^2+3}\geq0$이고

$f(x)=2x\sqrt{x^2+3}$이라 하면 $f(-x)=-f(x)$이므로

구하는 넓이를 S라 하면

$S=2\displaystyle\int_0^1 2x\sqrt{x^2+3}\,dx$

$\displaystyle\int_0^1 2x\sqrt{x^2+3}\,dx$에서 $x^2+3=t$라 하면 $2x=\dfrac{dt}{dx}$이고

$x=0$일 때 $t=3$, $x=1$일 때 $t=4$이므로

$S=2\displaystyle\int_0^1 2x\sqrt{x^2+3}\,dx$

$\quad=2\displaystyle\int_3^4 \sqrt{t}\,dt=2\Big[\dfrac{2}{3}t\sqrt{t}\Big]_3^4$

$\quad=2\Big(\dfrac{16}{3}-2\sqrt{3}\Big)=\dfrac{32}{3}-4\sqrt{3}$

곡선 $y=2x\sqrt{x^2+3}$은 다음과 같다.

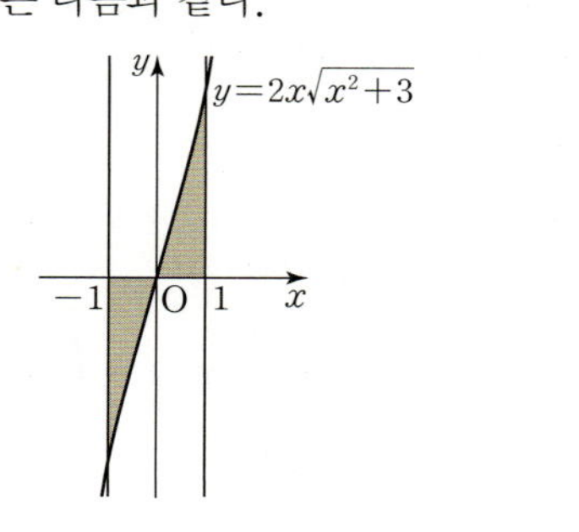

1117

구간 $[0, 1]$에서 $\dfrac{x}{x^2+1}\geq0$이므로

구하는 넓이를 S라 하면 $S=\displaystyle\int_0^1 \dfrac{x}{x^2+1}dx$이다.

$\displaystyle\int_0^1 \dfrac{x}{x^2+1}dx$에서 $x^2+1=t$라 하면 $2x=\dfrac{dt}{dx}$이고

$x=0$일 때 $t=1$, $x=1$일 때 $t=2$이므로

$S=\displaystyle\int_0^1 \dfrac{x}{x^2+1}dx=\dfrac{1}{2}\int_1^2 \dfrac{1}{t}dt$

$=\dfrac{1}{2}\Big[\ln t\Big]_1^2=\dfrac{1}{2}\ln 2$

1118

$y=\ln x$에서 $x=e^y$이므로

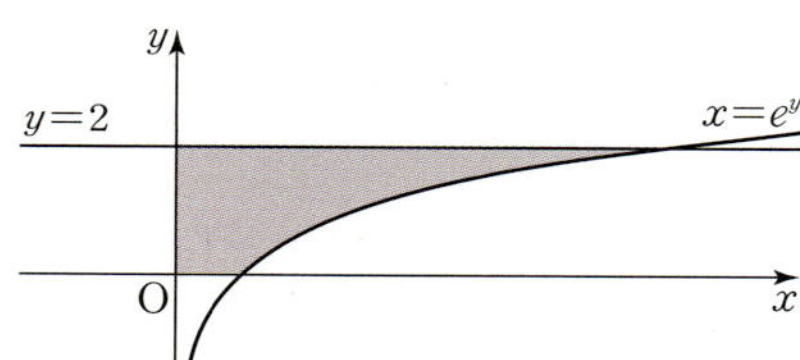

구하는 넓이는 $\displaystyle\int_0^2 e^y dy=\Big[e^y\Big]_0^2=e^2-1$

$\ln x=0$에서 $x=1$이고, $\ln x=2$에서 $x=e^2$

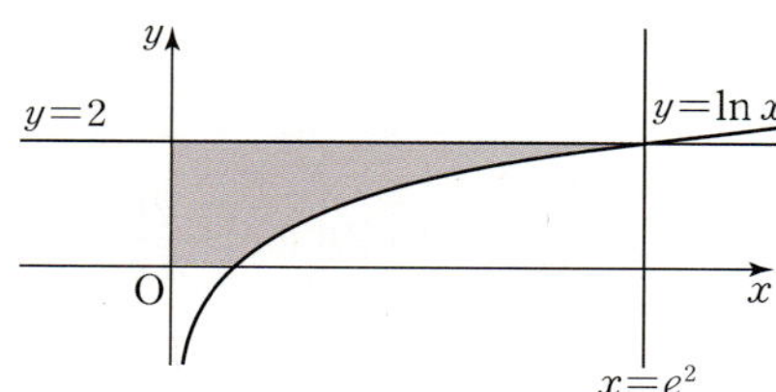

따라서 구하는 도형의 넓이는

$2\times e^2-\displaystyle\int_1^{e^2} \ln x\, dx=2e^2-\left(\Big[x\ln x\Big]_1^{e^2}-\int_1^{e^2} 1\, dx\right)$

$=2e^2-\left(2e^2-\Big[x\Big]_1^{e^2}\right)=e^2-1$

1119

$y=\ln(x+1)$에서 $x=e^y-1$이므로

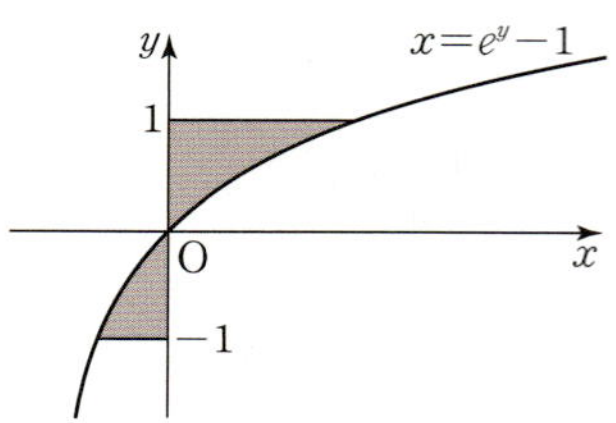

구하는 도형의 넓이는

$\displaystyle\int_{-1}^0 (1-e^y)dy+\int_0^1 (e^y-1)dy=\Big[y-e^y\Big]_{-1}^0+\Big[e^y-y\Big]_0^1$

$=e+\dfrac{1}{e}-2$

1120

$y=\dfrac{1}{x}(x>0)$에서 $x=\dfrac{1}{y}$이므로

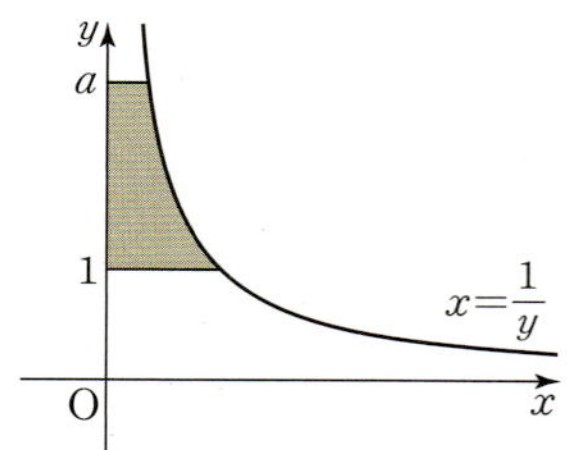

곡선 $y=\dfrac{1}{x}$과 y축 및 두 직선 $y=1$, $y=a(a>1)$로 둘러싸인

도형의 넓이는

$\displaystyle\int_1^a \dfrac{1}{y}dy=\Big[\ln y\Big]_1^a=\ln a=1$ $\therefore a=e$

1121

$y=x\sqrt{x}$에서 $x=y^{\frac{2}{3}}$이므로

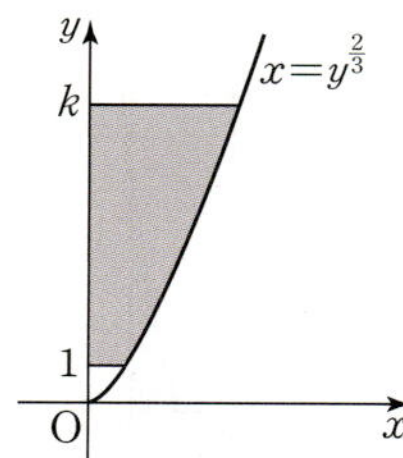

곡선과 y축 및 두 직선 $y=1$, $y=k\,(k>1)$로 둘러싸인 도형의 넓이는

$\displaystyle\int_1^k y^{\frac{2}{3}}dy=\Big[\dfrac{3}{5}y^{\frac{5}{3}}\Big]_1^k=\dfrac{3}{5}k^{\frac{5}{3}}-\dfrac{3}{5}=\dfrac{93}{5}$

$k^{\frac{5}{3}}=32$이므로 $k=8$

1122

곡선 $y=\sqrt{x}$와 직선 $y=x-2$의 교점의 x좌표는 $x-2=\sqrt{x}$에서

$(x-2)^2=x$, $x^2-5x+4=(x-1)(x-4)=0$,

$\therefore x=4\,(\because y\geq0)$

따라서 구하는 도형의 넓이는 다음 그림의 어두운 부분의 넓이와
같다.

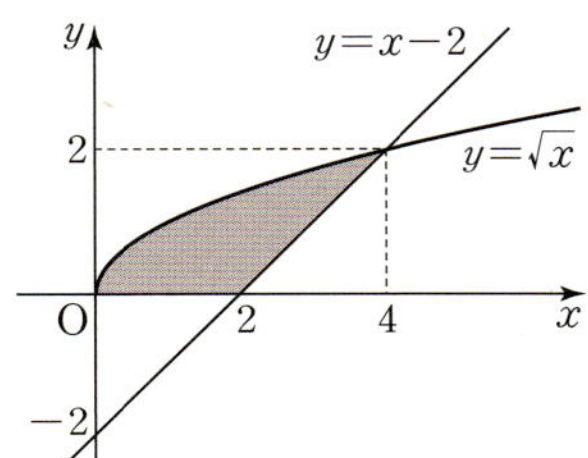

$$\int_0^4 \sqrt{x}\,dx - \frac{1}{2} \times 2 \times 2 = \left[\frac{2}{3}x^{\frac{3}{2}}\right]_0^4 - 2$$
$$= \frac{2}{3} \times 8 - 2$$
$$= \frac{10}{3}$$

1123 답 ②

곡선 $y=a\sqrt{x}$ 와 직선 $y=x$ 의 교점의 x 좌표는
$a\sqrt{x}=x$ 에서 $a^2 x = x^2$, $x(x-a^2)=0$
$\therefore$ $x=0$ 또는 $x=a^2$
따라서 곡선 $y=a\sqrt{x}$ 와 직선 $y=x$ 로 둘러싸인 도형의 넓이는 다음
그림의 어두운 부분의 넓이와 같다.

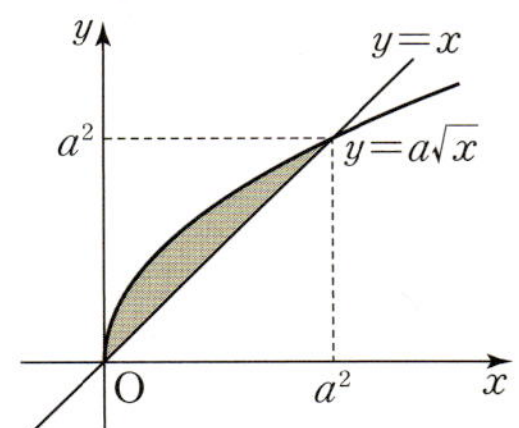

즉, $\displaystyle\int_0^{a^2} a\sqrt{x}\,dx - \frac{1}{2} \times a^2 \times a^2$
$$= \left[a \times \frac{2}{3}x^{\frac{3}{2}}\right]_0^{a^2} - \frac{a^4}{2}$$
$$= \frac{2}{3}a^4 - \frac{a^4}{2}$$
$$= \frac{a^4}{6} = \frac{8}{3}$$
따라서 $a^4 = 16$ 에서 $a=2$ 이다.

1124 답 ③

곡선 $y=\dfrac{1}{x}$ $(x>0)$ 과 직선 $y=4x$ 의 교점의 x 좌표는

$\dfrac{1}{x}=4x$ 에서 $x=\dfrac{1}{2}$ $(\because x>0)$,

곡선 $y=\dfrac{1}{x}$ $(x>0)$ 과 직선 $y=\dfrac{1}{2}x$ 의 교점의 x 좌표는

$\dfrac{1}{x}=\dfrac{1}{2}x$ 에서 $x=\sqrt{2}$ $(\because x>0)$ 이므로

따라서 구하는 도형의 넓이는 다음 그림의 어두운 부분의 넓이와
같다.

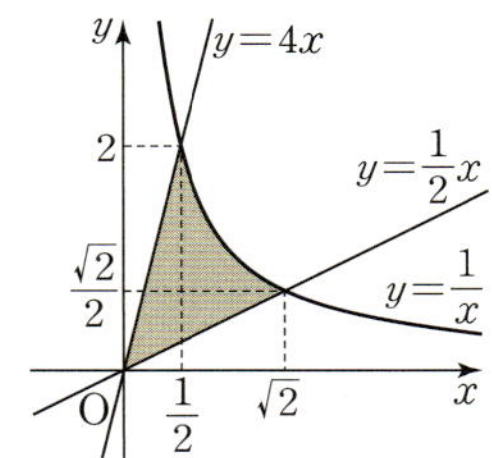

$$\frac{1}{2} \times \frac{1}{2} \times 2 + \int_{\frac{1}{2}}^{\sqrt{2}} \frac{1}{x}\,dx - \frac{1}{2} \times \sqrt{2} \times \frac{\sqrt{2}}{2}$$
$$= \frac{1}{2} + \left[\ln x\right]_{\frac{1}{2}}^{\sqrt{2}} - \frac{1}{2}$$
$$= \ln \sqrt{2} - \ln \frac{1}{2}$$
$$= \frac{3}{2}\ln 2$$

1125 답 ④

두 곡선 $y=e^x$, $y=e^{-x}$ 는 y 축에 대하여 대칭이므로 구하는 넓이는
두 곡선 $y=e^x$, $y=e^{-x}$ 와 직선 $x=1$ 로 둘러싸인 넓이의 2배와 같다.

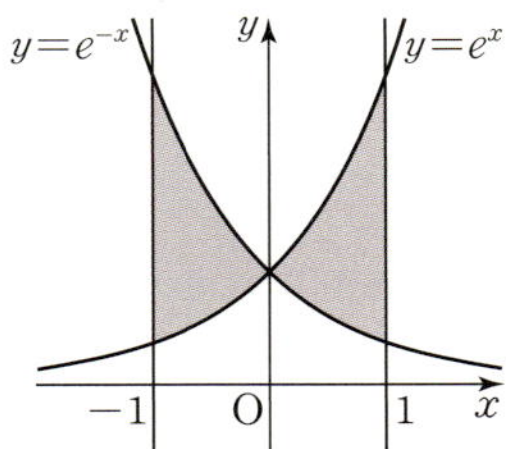

따라서 구하는 도형의 넓이는
$$2\int_0^1 (e^x - e^{-x})\,dx = 2\left[e^x + e^{-x}\right]_0^1$$
$$= 2e + \frac{2}{e} - 4$$

1126 답 ④

두 곡선 $y=e^x-4$, $y=5e^{-x}$ 의 교점의 x 좌표는
$e^x-4=5e^{-x}$, $e^{2x}-4e^x-5=(e^x-5)(e^x+1)=0$ 에서
$e^x=5$ $(\because e^x>0)$, 즉 $x=\ln 5$

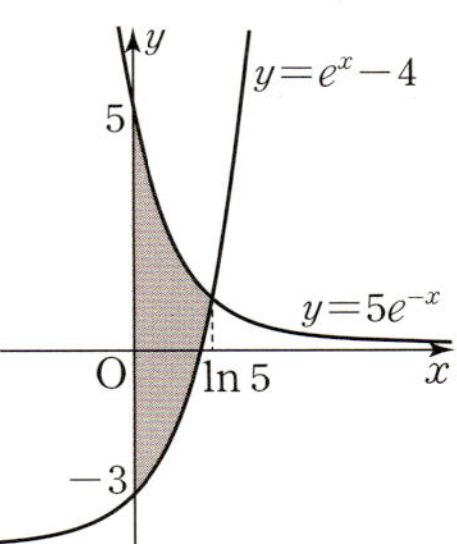

따라서 구하는 도형의 넓이는
$$\int_0^{\ln 5} \{5e^{-x} - (e^x-4)\}\,dx = \int_0^{\ln 5} (5e^{-x} - e^x + 4)\,dx$$
$$= \left[-5e^{-x} - e^x + 4x\right]_0^{\ln 5}$$
$$= 4\ln 5$$

이므로 $p=0$, $q=4$ 이다.
$\therefore$ $p+q=4$

1127   답 ④

닫힌구간 $\left[\dfrac{\pi}{4},\ \dfrac{9}{4}\pi\right]$에서 두 곡선 $y=\sin x$, $y=\cos x$의 교점의

x좌표를 구하면

$\sin x=\cos x$, $\tan x=1$ $\therefore x=\dfrac{\pi}{4}$ 또는 $x=\dfrac{5}{4}\pi$ 또는 $x=\dfrac{9}{4}\pi$

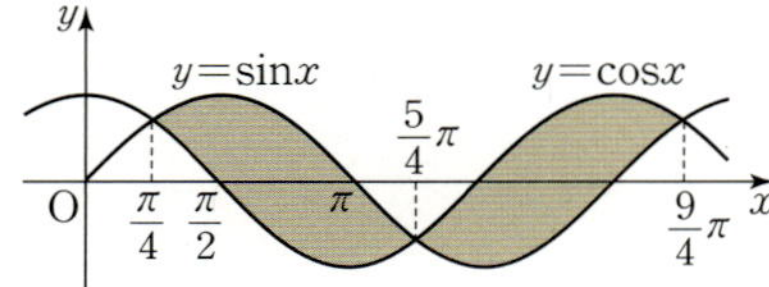

따라서 구하는 도형의 넓이는

$$\int_{\frac{\pi}{4}}^{\frac{9}{4}\pi} |\sin x-\cos x|\, dx$$

$$=\int_{\frac{\pi}{4}}^{\frac{5}{4}\pi} (\sin x-\cos x)\, dx+\int_{\frac{5}{4}\pi}^{\frac{9}{4}\pi} (\cos x-\sin x)\, dx$$

$$=\Big[-\cos x-\sin x\Big]_{\frac{\pi}{4}}^{\frac{5}{4}\pi}+\Big[\sin x+\cos x\Big]_{\frac{5}{4}\pi}^{\frac{9}{4}\pi}=4\sqrt{2}$$

1128   답 ②

닫힌구간 $[0,\ \pi]$에서 두 곡선의 교점의 x좌표를 구하면

$\sin x=1-\cos x$에서 $\sin x+\cos x=1$

$(\sin x+\cos x)^2=1$, $1+2\sin x\cos x=1$, $\sin x\cos x=0$

$\sin x=0$ 또는 $\cos x=0$

$\therefore x=0$ 또는 $x=\dfrac{\pi}{2}$ 또는 $x=\pi$

따라서 구하는 도형의 넓이는 다음 그림의 어두운 부분의 넓이와
같다.

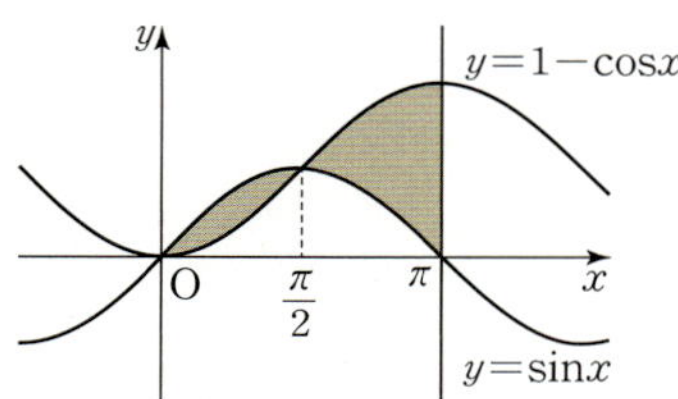

$$\int_0^\pi |\sin x-(1-\cos x)|\, dx$$

$$=\int_0^{\frac{\pi}{2}} (\sin x-1+\cos x)\, dx+\int_{\frac{\pi}{2}}^\pi (1-\cos x-\sin x)\, dx$$

$$=\Big[-\cos x-x+\sin x\Big]_0^{\frac{\pi}{2}}+\Big[x-\sin x+\cos x\Big]_{\frac{\pi}{2}}^\pi$$

$$=\left(-\dfrac{\pi}{2}+2\right)+\dfrac{\pi}{2}=2$$

1129   답 ①

$f(x)=\sqrt{x}$라고 하면 $f'(x)=\dfrac{1}{2\sqrt{x}}$에서

$f'(1)=\dfrac{1}{2}$이다.

즉, 곡선 $f(x)=\sqrt{x}$ 위의 점 $(1,\ 1)$에서의 접선의 방정식은

$y-1=\dfrac{1}{2}(x-1)$, 즉 $y=\dfrac{1}{2}x+\dfrac{1}{2}$이고

그 그래프는 다음과 같다.

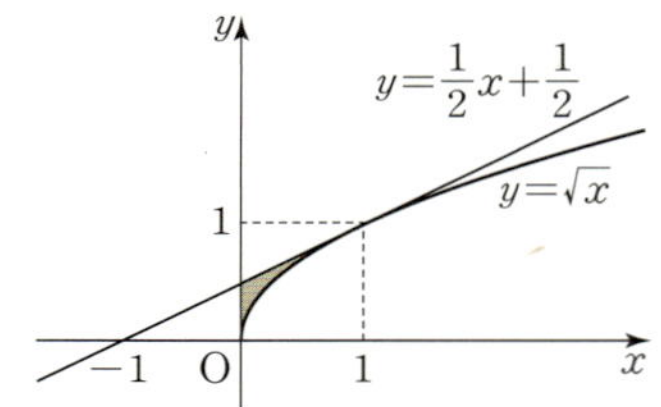

따라서 직선 $y=\dfrac{1}{2}x+\dfrac{1}{2}$과 이 곡선 및 y축으로 둘러싸인

도형의 넓이는

$$\int_0^1 \left(\dfrac{1}{2}x+\dfrac{1}{2}\right)dx-\int_0^1 \sqrt{x}\, dx=\left[\dfrac{1}{4}x^2+\dfrac{1}{2}x\right]_0^1-\left[\dfrac{2}{3}x\sqrt{x}\right]_0^1$$

$$=\dfrac{3}{4}-\dfrac{2}{3}=\dfrac{1}{12}$$

1130   답 ④

$f(x)=3\sqrt{x-6}$이라고 하면

$f'(x)=\dfrac{3}{2\sqrt{x-6}}$에서 $f'(15)=\dfrac{1}{2}$이다.

곡선 $y=3\sqrt{x-6}$ 위의 점 $(15,\ 9)$에서의 접선의 방정식은

$y-9=\dfrac{1}{2}(x-15)$, 즉 $y=\dfrac{1}{2}x+\dfrac{3}{2}$이고 그래프는 다음과 같다.

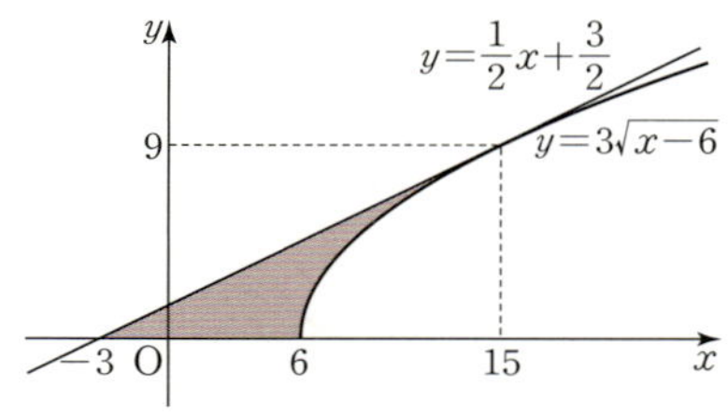

곡선 $f(x)=3\sqrt{x-6}$과 곡선 위의 점 $(15,\ 9)$에서의 접선 및
x축으로 둘러싸인 도형의 넓이는

$$\int_{-3}^{15}\left(\dfrac{1}{2}x+\dfrac{3}{2}\right)dx-\int_6^{15}3\sqrt{x-6}\, dx$$

$$=\dfrac{1}{2}\times 18\times 9-\left[2\sqrt{(x-6)^3}\right]_6^{15}$$ ...... **TIP**

$$=81-2\times 27=27$$

> **TIP**
>
> $\displaystyle\int_{-3}^{15}\left(\dfrac{1}{2}x+\dfrac{3}{2}\right)dx$의 값은 다음과 같이 구할 수 있다.
>
> ❶ $\displaystyle\int_{-3}^{15}\left(\dfrac{1}{2}x+\dfrac{3}{2}\right)dx=\left[\dfrac{1}{4}x^2+\dfrac{3}{2}x\right]_{-3}^{15}=81$
>
> ❷ 밑변의 길이가 18, 높이가
> 9인 직각삼각형의 넓이
> $\dfrac{1}{2}\times 18\times 9=81$
>
> 이 중 간편한 방법으로 계산하자.

1131   답 ③

$f(x)=e^x+1$이라고 하면 $f'(x)=e^x$에서 $f'(1)=e$이다.

곡선 위의 점 $(1,\ e+1)$에서의 접선의 방정식은
$y-(e+1)=e(x-1)$, 즉 $y=ex+1$이고 그래프는 다음과 같다.

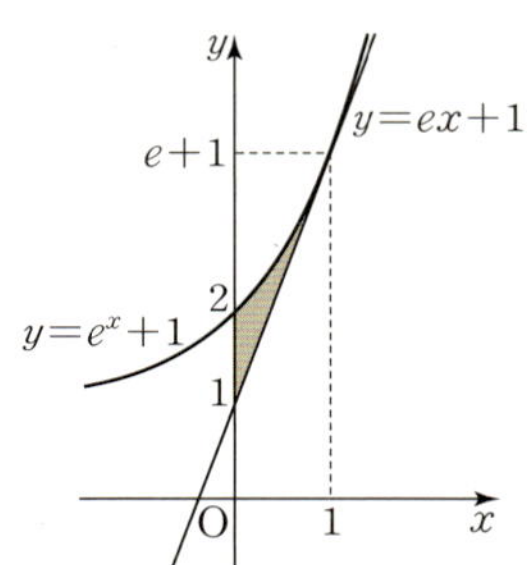

곡선 $y=e^x+1$과 직선 $y=ex+1$ 및 y축으로 둘러싸인
도형의 넓이는
$$\int_0^1 (e^x+1)\,dx-\int_0^1 (ex+1)\,dx$$
$$=\Big[e^x+x\Big]_0^1-\Big[\frac{e}{2}x^2+x\Big]_0^1$$
$$=e-\Big(\frac{e}{2}+1\Big)=\frac{e-2}{2}$$

1132 $\qquad\qquad\qquad\qquad$ 답 ①

$f(x)=\ln x$라고 하면 $f'(x)=\dfrac{1}{x}$에서 $f'(e)=\dfrac{1}{e}$이다.

곡선 $y=\ln x$ 위의 점 $(e,\ 1)$에서의 접선의 방정식은
$y-1=\dfrac{1}{e}(x-e)$, 즉 $y=\dfrac{1}{e}x$이므로 그래프는 다음과 같다.

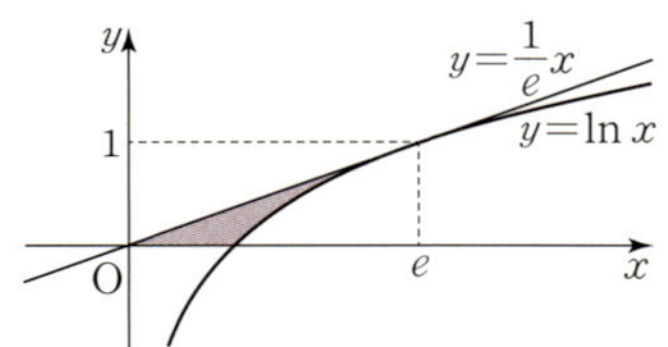

곡선 $y=\ln x$와 직선 $y=\dfrac{1}{e}x$ 및 x축으로 둘러싸인 도형의 넓이는
$$\int_0^e \frac{1}{e}x\,dx-\int_1^e \ln x\,dx=\frac{1}{2}\times e\times 1-\int_1^e \ln x\,dx$$
$$=\frac{e}{2}-\Big(\Big[x\ln x\Big]_1^e-\int_1^e 1\,dx\Big)$$
$$=\frac{e}{2}-\Big(e-\Big[x\Big]_1^e\Big)=\frac{e}{2}-1$$

1133 $\qquad\qquad\qquad\qquad$ 답 ①

$f(x)=e^{2x}$이라고 하면 $f'(x)=2e^{2x}$에서 $f'(a)=2e^{2a}$이다.
곡선 $y=e^{2x}$ 위의 점 $(a,\ e^{2a})$에서의 접선의 방정식은
$y-e^{2a}=2e^{2a}(x-a)$이고, 이 직선이 원점을 지나므로
$0-e^{2a}=2e^{2a}(-a)$, $e^{2a}(2a-1)=0$에서 $a=\dfrac{1}{2}$이다.

따라서 접선의 방정식은 $y-e=2e\Big(x-\dfrac{1}{2}\Big)$, 즉 $y=2ex$이고
그래프는 다음과 같다.

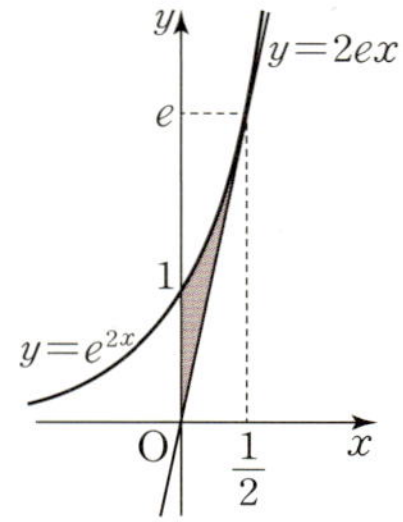

곡선 $y=e^{2x}$과 직선 $y=2ex$ 및 y축으로 둘러싸인 도형의 넓이는
$$\int_0^{\frac{1}{2}} e^{2x}\,dx-\int_0^{\frac{1}{2}} 2ex\,dx=\Big[\frac{1}{2}e^{2x}\Big]_0^{\frac{1}{2}}-\frac{1}{2}\times\frac{1}{2}\times e$$
$$=\Big(\frac{1}{2}e-\frac{1}{2}\Big)-\frac{e}{4}=\frac{e-2}{4}$$

1134 $\qquad\qquad\qquad\qquad$ 답 ①

$f(x)=2\ln (x+1)$이라고 하면 $f'(x)=\dfrac{2}{x+1}$에서 $f'(a)=\dfrac{2}{a+1}$

곡선 $y=2\ln (x+1)$ 위의 점 $(a,\ 2\ln (a+1))$에서의 접선의
방정식은 $y-2\ln (a+1)=\dfrac{2}{a+1}(x-a)$이고, 이 직선이
점 $(-1,\ 0)$을 지나므로
$0-2\ln (a+1)=\dfrac{2}{a+1}(-1-a)$, $\ln (a+1)=1$,
$a+1=e$에서 $a=e-1$이다.

따라서 접선의 방정식은 $y-2=\dfrac{2}{e}(x-e+1)$, 즉 $y=\dfrac{2}{e}(x+1)$이고
그래프는 다음과 같다.

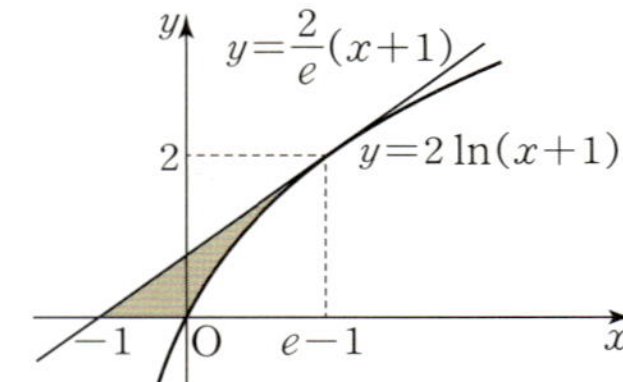

곡선 $y=2\ln (x+1)$과 직선 $y=\dfrac{2}{e}(x+1)$ 및 x축으로

둘러싸인 부분의 넓이는
$$\int_{-1}^{e-1} \frac{2}{e}(x+1)\,dx-\int_0^{e-1} 2\ln (x+1)\,dx$$
$$=\frac{1}{2}\times e\times 2-2\int_1^e \ln x\,dx$$
$$=e-2\Big(\Big[x\ln x\Big]_1^e-\int_1^e 1\,dx\Big)$$
$$=e-2\Big(e-\Big[x\Big]_1^e\Big)=-e+(2e-2)$$
$$=e-2$$

1135 $\qquad\qquad\qquad\qquad$ 답 ④

$\displaystyle\int_0^1 f(x)\,dx=A,\ \int_2^{e+1} g(x)\,dx=B$라 하면

함수 $y=f(x)$와 그 역함수 $y=g(x)$의 그래프는 직선
$y=x$에 대하여 대칭이므로

곡선 $y=f(x)$와 y축 및 직선 $y=e+1$로 둘러싸인 부분의
넓이는 B이다.

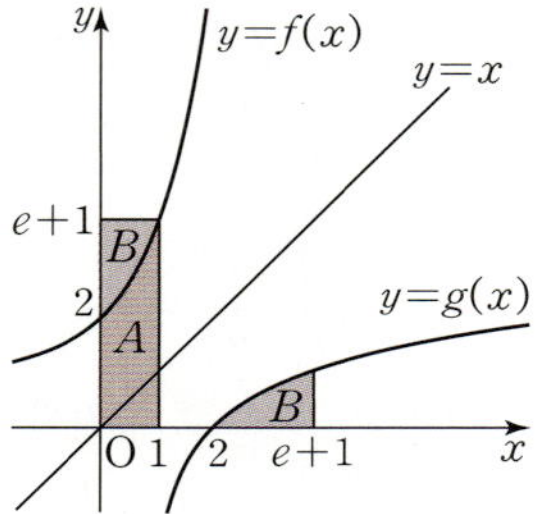

$$\therefore \int_0^1 f(x)\,dx + \int_2^{e+1} g(x)\,dx = A+B = 1\times(e+1) = e+1$$

1136

답 ②

$\displaystyle\int_e^{e^2} f(x)\,dx = A$, $\displaystyle\int_0^1 f^{-1}(y)\,dy = B$라 하면
두 곡선 $y=f(x)$, $y=f^{-1}(x)$는 직선 $y=x$에 대하여
대칭이므로
곡선 $y=f^{-1}(x)$와 y축 및 직선 $y=e^2$으로 둘러싸인
부분의 넓이는 A이다.

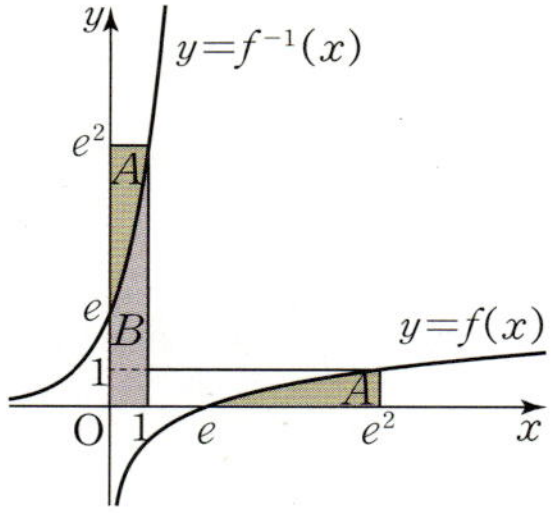

$$\therefore \int_e^{e^2} f(x)\,dx + \int_0^1 f^{-1}(y)\,dy = A+B = 1\times e^2 = e^2$$

1137

답 ③

$\displaystyle\int_{\frac{\pi}{6}}^{\frac{\pi}{4}} f(x)\,dx = A$, $\displaystyle\int_{1+\sqrt{3}}^{4} g(x)\,dx = B$라 하면
함수 $y=f(x)$와 그 역함수 $y=g(x)$의 그래프는 직선
$y=x$에 대하여 대칭이므로
곡선 $y=f(x)$와 y축 및 직선 $y=1+\sqrt{3}$, $y=4$로
둘러싸인 부분의 넓이는 B이다.

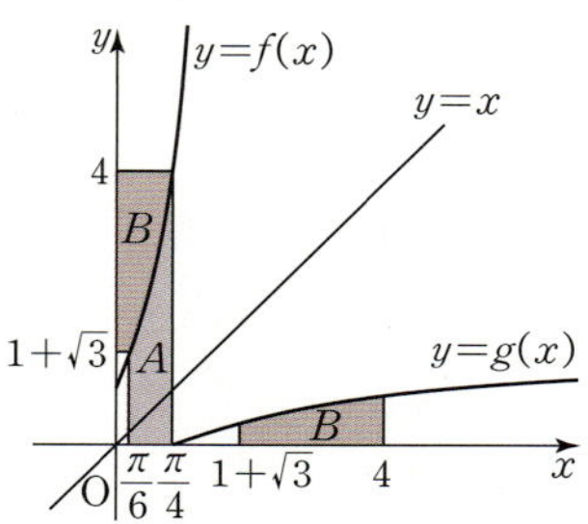

$$\therefore \int_{\frac{\pi}{6}}^{\frac{\pi}{4}} f(x)\,dx + \int_{1+\sqrt{3}}^{4} g(x)\,dx = A+B$$
$$= \frac{\pi}{4}\times 4 - \frac{\pi}{6}\times(1+\sqrt{3})$$
$$= \frac{5-\sqrt{3}}{6}\pi$$

1138

답 ①

함수 $y=f(x)$와 그 역함수 $y=g(x)$의 그래프는 직선
$y=x$에 대하여 대칭이므로 그림에서 A, B 두 부분의 넓이가 같다.

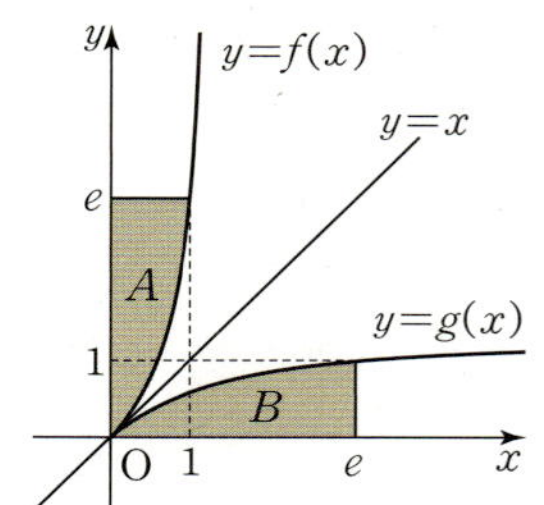

$$\therefore \int_0^e g(x)\,dx = e\times 1 - \int_0^1 f(x)\,dx$$
$$= e - \int_0^1 xe^x\,dx$$
$$= e - \left(\Big[xe^x\Big]_0^1 - \int_0^1 e^x\,dx\right)$$
$$= e - \left(e - \Big[e^x\Big]_0^1\right) = e-1$$

1139

답 ⑤

물의 깊이가 x일 때 수면의 넓이를 $S(x)$라 하면
$S(x)=\sin(2x)$이므로
물의 깊이가 $\dfrac{\pi}{3}$가 될 때까지 물을 채울 때, 채운 물의 부피는

$$\int_0^{\frac{\pi}{3}} S(x)\,dx = \int_0^{\frac{\pi}{3}} \sin(2x)\,dx$$
$$= \left[-\frac{1}{2}\cos(2x)\right]_0^{\frac{\pi}{3}} = \frac{3}{4}(\mathrm{cm}^3)$$

1140

답 ③

물의 높이가 x일 때 수면의 넓이를 $S(x)$라 하면
$S(x)=4x\sqrt{x^2+9}$이므로 물의 높이가 4가 될 때까지 물을 채울 때,
채운 물의 부피는

$$\int_0^4 S(x)\,dx = \int_0^4 4x\sqrt{x^2+9}\,dx$$

이때, $x^2+9=t$라 하면 $2x=\dfrac{dt}{dx}$이고
$x=0$일 때 $t=9$, $x=4$일 때 $t=25$이므로

$$\int_0^4 4x\sqrt{x^2+9}\,dx = 2\int_9^{25}\sqrt{t}\,dt = 2\left[\frac{2}{3}t\sqrt{t}\right]_9^{25} = \frac{392}{3}(\mathrm{cm}^3)$$

1141

답 ③

물의 깊이가 x이고 수면의 넓이를 $S(x)$라 하면
$S(x)=e^{4x}-e^{2x}$이고, 이 그릇에 담긴 물의 부피가
$\dfrac{(e^{12}-1)^2}{4}$일 때, 물의 깊이를 k라 하면

$$\int_0^k S(x)\,dx = \int_0^k (e^{4x}-e^{2x})\,dx$$
$$= \left[\frac{e^{4x}}{4}-\frac{e^{2x}}{2}\right]_0^k = \left(\frac{e^{4k}}{4}-\frac{e^{2k}}{2}\right)-\left(\frac{1}{4}-\frac{1}{2}\right)$$

$$=\frac{(e^{2k}-1)^2}{4}$$

$$\frac{(e^{2k}-1)^2}{4}=\frac{(e^{12}-1)^2}{4}$$ 에서

$$\therefore k=6$$

따라서 물의 깊이는 6 (cm)이다. ...... 참고

참고

$f(x)=\dfrac{(e^{2x}-1)^2}{4}$ 이라 하면 $f'(x)=e^{2x}(e^{2x}-1)$ 이다.

$f'(x)=0$ 에서 $e^{2x}=1$, $x=0$ 이고

$x>0$ 에서 $f'(x)>0$ 이므로

$x>0$ 에서 함수 $f(x)$는 일대일대응이다.

따라서 $f(x)=f(6)$ 에서 $x=6$ 이다.

1142
답 ①

높이가 x일 때 밑면에 평행하게 자른 단면은 한 변의 길이가
$\sqrt{3x^2+5}$ 인 정사각형이므로

단면의 넓이를 $S(x)$라 하면 $S(x)=3x^2+5$

물탱크의 높이가 10 m이므로 물탱크의 부피 V는

$$V=\int_0^{10}(3x^2+5)\,dx=\Big[x^3+5x\Big]_0^{10}=1050\,(\mathrm{m}^3)$$

1143
답 ③

높이가 x일 때 밑면에 평행하게 자른 단면은 한 변의
길이가 $\sqrt{8-x}$ 인 정삼각형이므로

단면의 넓이를 $S(x)$라 하면

$$S(x)=\frac{\sqrt{3}}{4}(8-x)$$

입체도형의 높이가 2이므로 이 입체도형의 부피는

$$\int_0^2 \frac{\sqrt{3}}{4}(8-x)\,dx=\frac{\sqrt{3}}{4}\Big[8x-\frac{1}{2}x^2\Big]_0^2=\frac{7\sqrt{3}}{2}$$

1144
답 풀이 참조

(1) 물의 깊이가 x일 때 수면은 반지름의 길이가
$\sqrt{6+\tan x}$ 인 원이므로 수면의 넓이 $S(x)$는

$$S(x)=\pi(\sqrt{6+\tan x})^2=\pi(6+\tan x)\ \left(0\le x\le \frac{\pi}{3}\right)$$

(2) 물의 깊이가 $\dfrac{\pi}{3}$ 일 때 물컵에 담긴 물의 부피는

$$\int_0^{\frac{\pi}{3}} \pi(6+\tan x)\,dx=\pi\Big[6x-\ln(\cos x)\Big]_0^{\frac{\pi}{3}}$$
$$=2\pi^2+\pi\ln 2$$

채점 요소	배점
(1) 물의 깊이가 x일 때, 수면의 넓이 구하기	40 %
(2) $x=\dfrac{\pi}{3}$ 일 때 물의 부피 구하기	60 %

1145
답 ④

단면인 정사각형의 한 변의 길이가 $\sqrt{x}+1$ 이므로
단면의 넓이를 $S(x)$라 하면

$$S(x)=(\sqrt{x}+1)^2=x+2\sqrt{x}+1$$

따라서 구하는 입체도형의 부피는

$$\int_0^1 S(x)\,dx=\int_0^1(x+2\sqrt{x}+1)\,dx$$
$$=\Big[\frac{1}{2}x^2+\frac{4}{3}x^{\frac{3}{2}}+x\Big]_0^1=\frac{17}{6}$$

1146
답 ②

단면인 정사각형의 한 변의 길이가 $\sqrt{x\sin x}$ 이므로
단면의 넓이를 $S(x)$라 하면 $S(x)=x\sin x$

따라서 구하는 입체도형의 부피는

$$\int_{-\pi}^{\pi} S(x)\,dx=\int_{-\pi}^{\pi} x\sin x\,dx$$
$$=\Big[-x\cos x\Big]_{-\pi}^{\pi}+\int_{-\pi}^{\pi}\cos x\,dx$$
$$=2\pi+\Big[\sin x\Big]_{-\pi}^{\pi}=2\pi$$

1147
답 ④

x축에 수직인 평면으로 자른 단면의 반지름의 길이는
$\sqrt{\sin x}$ 이므로 단면의 넓이를 $S(x)$라 하면

$$S(x)=\frac{\pi\sin x}{2}$$

따라서 구하는 입체도형의 부피는

$$\int_0^{\pi} S(x)\,dx=\frac{\pi}{2}\int_0^{\pi}\sin x\,dx=\frac{\pi}{2}\Big[-\cos x\Big]_0^{\pi}=\pi$$

1148
답 ①

단면인 반원의 반지름의 길이가 $\dfrac{-x^2+4}{2}$ 이므로

단면의 넓이를 $S(x)$라 하면 $S(x)=\dfrac{\pi}{2}\left(\dfrac{-x^2+4}{2}\right)^2$ 이다.

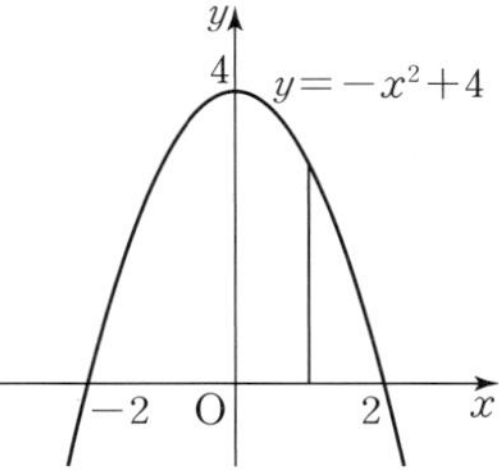

따라서 구하는 입체도형의 부피는

$$\int_{-2}^{2} S(x)\,dx=\frac{\pi}{2}\int_{-2}^{2}\left(\frac{-x^2+4}{2}\right)^2 dx$$
$$=\frac{\pi}{8}\int_{-2}^{2}(x^4-8x^2+16)\,dx$$
$$=\frac{\pi}{4}\Big[\frac{1}{5}x^5-\frac{8}{3}x^3+16x\Big]_0^2=\frac{64\pi}{15}$$

단면인 정삼각형의 한 변의 길이가 $\cos x$이므로

단면의 넓이를 $S(x)$라 하면 $S(x)=\dfrac{\sqrt{3}}{4}\cos^2 x$이다.

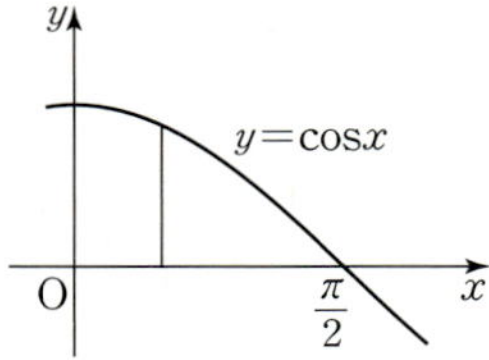

따라서 구하는 입체도형의 부피는

$$\int_0^{\frac{\pi}{2}} S(x)\,dx=\dfrac{\sqrt{3}}{4}\int_0^{\frac{\pi}{2}}\cos^2 x\,dx \qquad \cdots\cdots \text{㉠}$$

이때

$$\int_0^{\frac{\pi}{2}}\cos^2 x\,dx=\Big[\cos x \sin x\Big]_0^{\frac{\pi}{2}}+\int_0^{\frac{\pi}{2}}\sin^2 x\,dx \qquad \cdots\cdots \text{TIP}$$

$$=0+\int_0^{\frac{\pi}{2}}(1-\cos^2 x)\,dx$$

$$=\Big[x\Big]_0^{\frac{\pi}{2}}-\int_0^{\frac{\pi}{2}}\cos^2 x\,dx=\dfrac{\pi}{2}-\int_0^{\frac{\pi}{2}}\cos^2 x\,dx$$

$$\therefore \int_0^{\frac{\pi}{2}}\cos^2 x\,dx=\dfrac{\pi}{4}$$

㉠에서 구하는 값은 $\dfrac{\sqrt{3}}{4}\times\dfrac{\pi}{4}=\dfrac{\sqrt{3}\pi}{16}$이다.

> **TIP**
>
> **1036**번과 마찬가지로 $\displaystyle\int_0^{\frac{\pi}{2}}\cos^2 x\,dx$는 다음과 같이 계산할 수 있다.
>
> $$\int_0^{\frac{\pi}{2}}\cos^2 x\,dx=\int_0^{\frac{\pi}{2}}\dfrac{1+\cos(2x)}{2}\,dx$$
>
> $$=\dfrac{1}{2}\Big[x+\dfrac{1}{2}\sin(2x)\Big]_0^{\frac{\pi}{2}}=\dfrac{\pi}{4}$$

1150 ──────────────────── 답 ⑤

단면인 정사각형의 한 변의 길이가 e^x+e^{-x}이므로
단면의 넓이를 $S(x)$라 하면 $S(x)=(e^x+e^{-x})^2=e^{2x}+2+e^{-2x}$

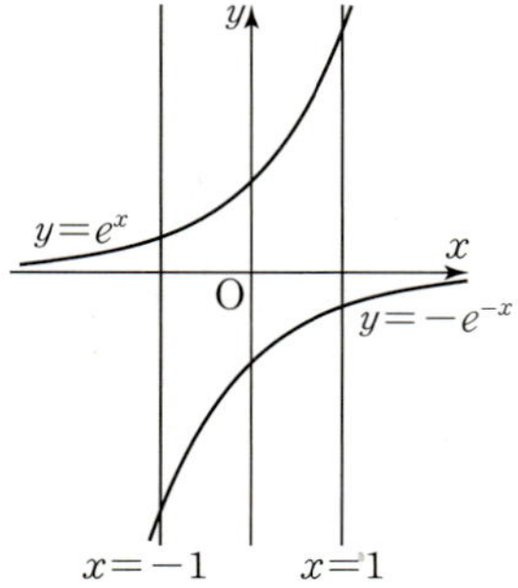

따라서 구하는 입체도형의 부피는

$$\int_{-1}^{1} S(x)\,dx=\int_{-1}^{1}(e^{2x}+2+e^{-2x})\,dx$$

$$=\Big[\dfrac{1}{2}e^{2x}+2x-\dfrac{1}{2}e^{-2x}\Big]_{-1}^{1}$$

$$=e^2-\dfrac{1}{e^2}+4$$

1151 ──────────────────── 답 (1) $\dfrac{8}{\pi}$ (2) $-\dfrac{8}{\pi}$ (3) $\dfrac{24}{\pi}$

(1) 시각 $t=3$에서의 점 P의 위치는

$$0+\int_0^3 v(t)\,dt=\int_0^3 4\sin\dfrac{\pi t}{2}\,dt$$

$$=\Big[-\dfrac{8}{\pi}\cos\dfrac{\pi t}{2}\Big]_0^3=\dfrac{8}{\pi}$$

(2) $t=1$에서 $t=4$까지 점 P의 위치의 변화량은

$$\int_1^4 v(t)\,dt=\int_1^4 4\sin\dfrac{\pi t}{2}\,dt=\Big[-\dfrac{8}{\pi}\cos\dfrac{\pi t}{2}\Big]_1^4=-\dfrac{8}{\pi}$$

(3) 함수 $y=4\sin\dfrac{\pi t}{2}$의 그래프는 다음과 같다.

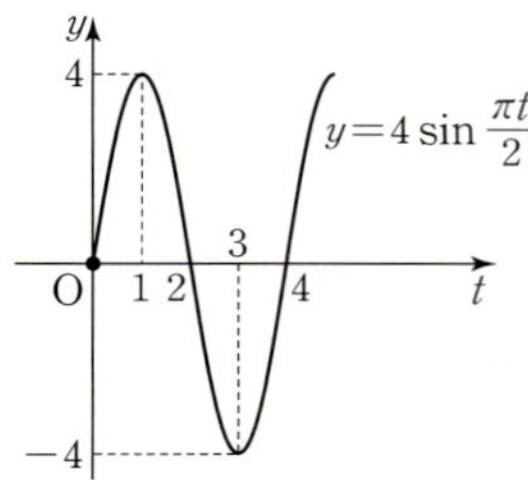

$t=1$에서 $t=4$까지 점 P가 움직인 거리는

$$\int_1^4 |v(t)|\,dt=\int_1^2 4\sin\dfrac{\pi t}{2}\,dt+\int_2^4\Big(-4\sin\dfrac{\pi t}{2}\Big)dt$$

$$=\Big[-\dfrac{8}{\pi}\cos\dfrac{\pi t}{2}\Big]_1^2+\Big[\dfrac{8}{\pi}\cos\dfrac{\pi t}{2}\Big]_2^4=\dfrac{24}{\pi}$$

1152 ──────────────────── 답 ④

$2\cos(\pi t)=0\ (t>0)$에서 $t=\dfrac{1}{2}$, $t=\dfrac{3}{2}$, $\cdots$이므로

$t=\dfrac{3}{2}$일 때 물체의 운동 방향이 두 번째로 바뀐다.

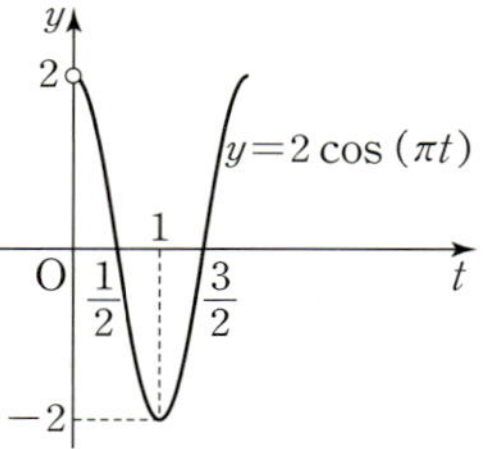

따라서 구하는 거리는

$$\int_0^{\frac{3}{2}}|v(t)|\,dt=\int_0^{\frac{1}{2}}2\cos(\pi t)\,dt+\int_{\frac{1}{2}}^{\frac{3}{2}}\{-2\cos(\pi t)\}\,dt$$

$$=\Big[\dfrac{2}{\pi}\sin(\pi t)\Big]_0^{\frac{1}{2}}+\Big[-\dfrac{2}{\pi}\sin(\pi t)\Big]_{\frac{1}{2}}^{\frac{3}{2}}$$

$$=\Big(\dfrac{2}{\pi}-0\Big)+\Big(\dfrac{2}{\pi}+\dfrac{2}{\pi}\Big)$$

$$=\dfrac{6}{\pi}$$

1153 ──────────────────── 답 ③

점 P의 시각 t에서의 위치 P$(x,\ y)$가

$x=3t-5$, $y=-4t+1$이므로

$\dfrac{dx}{dt}=3$, $\dfrac{dy}{dt}=-4$이다.

따라서 $t=1$에서 $t=2$까지 점 P가 움직인 거리는

$$\int_1^2 \sqrt{\left(\frac{dx}{dt}\right)^2+\left(\frac{dy}{dt}\right)^2}\,dt=\int_1^2\sqrt{3^2+(-4)^2}\,dt=\int_1^2 5\,dt$$
$$=\Big[5t\Big]_1^2=5$$

1154

답 ③

점 P의 시각 t에서의 위치 $\mathrm{P}(x,\,y)$가

$x=2\cos t$, $y=2\sin t$이므로

$\dfrac{dx}{dt}=-2\sin t$, $\dfrac{dy}{dt}=2\cos t$이고

$\left(\dfrac{dx}{dt}\right)^2+\left(\dfrac{dy}{dt}\right)^2=4\sin^2 t+4\cos^2 t=4$이다.

따라서 $t=0$에서 $t=\dfrac{3\pi}{2}$까지 점 P가 움직인 거리는

$$\int_0^{\frac{3\pi}{2}} \sqrt{\left(\frac{dx}{dt}\right)^2+\left(\frac{dy}{dt}\right)^2}\,dt=\int_0^{\frac{3\pi}{2}} 2\,dt$$
$$=\Big[2t\Big]_0^{\frac{3\pi}{2}}$$
$$=3\pi$$

1155

답 ①

점 P의 시각 t에서의 위치 $\mathrm{P}(x,\,y)$가 $x=6t^2$, $y=t^3-12t$이므로

$\dfrac{dx}{dt}=12t$, $\dfrac{dy}{dt}=3t^2-12$이고

$\left(\dfrac{dx}{dt}\right)^2+\left(\dfrac{dy}{dt}\right)^2=144t^2+(9t^4-72t^2+144)=(3t^2+12)^2$이다.

따라서 $t=0$에서 $t=1$까지 점 P가 움직인 거리는

$$\int_0^1 \sqrt{\left(\frac{dx}{dt}\right)^2+\left(\frac{dy}{dt}\right)^2}\,dt=\int_0^1 \sqrt{(3t^2+12)^2}\,dt$$
$$=\int_0^1 (3t^2+12)\,dt$$
$$=\Big[t^3+12t\Big]_0^1$$
$$=13$$

1156

답 ③

점 P의 시각 t에서의 위치 $\mathrm{P}(x,\,y)$가

$x=4\cos^3 t$, $y=4\sin^3 t$이므로

$\dfrac{dx}{dt}=-12\cos^2 t\sin t$, $\dfrac{dy}{dt}=12\sin^2 t\cos t$이고

$\left(\dfrac{dx}{dt}\right)^2+\left(\dfrac{dy}{dt}\right)^2=(-12\cos^2 t\sin t)^2+(12\sin^2 t\cos t)^2$이다.

$t=0$에서 $t=2\pi$까지 점 P가 움직인 거리는

$$\int_0^{2\pi} \sqrt{\left(\frac{dx}{dt}\right)^2+\left(\frac{dy}{dt}\right)^2}\,dt=\int_0^{2\pi}\sqrt{12^2\sin^2 t\cos^2 t}\,dt$$
$$=\int_0^{2\pi} |12\sin t\cos t|\,dt$$

$$=6\int_0^{2\pi} |\sin 2t|\,dt$$
$$=24\int_0^{\frac{\pi}{2}} \sin 2t\,dt$$
$$=24\Big[-\frac{1}{2}\cos 2t\Big]_0^{\frac{\pi}{2}}=24$$

1157

답 ②

점 P의 시각 t에서의 위치 $\mathrm{P}(x,\,y)$가

$x=\ln t$, $y=\dfrac{1}{2}\left(t+\dfrac{1}{t}\right)$이므로

$\dfrac{dx}{dt}=\dfrac{1}{t}$, $\dfrac{dy}{dt}=\dfrac{1}{2}\left(1-\dfrac{1}{t^2}\right)$이고

$\left(\dfrac{dx}{dt}\right)^2+\left(\dfrac{dy}{dt}\right)^2=\dfrac{1}{t^2}+\left(\dfrac{1}{4}-\dfrac{1}{2t^2}+\dfrac{1}{4t^4}\right)=\dfrac{1}{4}\left(1+\dfrac{1}{t^2}\right)^2$이다.

따라서 $t=\dfrac{1}{e}$에서 $t=e$까지 점 P가 움직인 거리는

$$\int_{\frac{1}{e}}^{e} \sqrt{\left(\frac{dx}{dt}\right)^2+\left(\frac{dy}{dt}\right)^2}\,dt=\int_{\frac{1}{e}}^{e}\sqrt{\frac{1}{4}\left(1+\frac{1}{t^2}\right)^2}\,dt$$
$$=\int_{\frac{1}{e}}^{e} \frac{1}{2}\left(1+\frac{1}{t^2}\right)dt$$
$$=\Big[\frac{1}{2}t-\frac{1}{2t}\Big]_{\frac{1}{e}}^{e}=e-\frac{1}{e}$$

1158

답 ④

$x=t^3-3t$, $y=3t^2$에서

$\dfrac{dx}{dt}=3t^2-3$, $\dfrac{dy}{dt}=6t$이므로

$\left(\dfrac{dx}{dt}\right)^2+\left(\dfrac{dy}{dt}\right)^2=(3t^2-3)^2+36t^2=(3t^2+3)^2$

따라서 구하는 길이는

$$\int_0^1 \sqrt{\left(\frac{dx}{dt}\right)^2+\left(\frac{dy}{dt}\right)^2}\,dt=\int_0^1 \sqrt{(3t^2+3)^2}\,dt$$
$$=\int_0^1 (3t^2+3)\,dt$$
$$=\Big[t^3+3t\Big]_0^1=4$$

1159

답 ①

$x=-\cos\theta-\theta\sin\theta$, $y=\sin\theta-\theta\cos\theta$에서

$\dfrac{dx}{d\theta}=\sin\theta-\sin\theta-\theta\cos\theta=-\theta\cos\theta$,

$\dfrac{dy}{d\theta}=\cos\theta-\cos\theta+\theta\sin\theta=\theta\sin\theta$이므로

$\left(\dfrac{dx}{d\theta}\right)^2+\left(\dfrac{dy}{d\theta}\right)^2=\theta^2\cos^2\theta+\theta^2\sin^2\theta=\theta^2$

따라서 구하는 길이는

$$\int_0^{\frac{\pi}{2}} \sqrt{\left(\frac{dx}{d\theta}\right)^2+\left(\frac{dy}{d\theta}\right)^2}\,d\theta=\int_0^{\frac{\pi}{2}} \theta\,d\theta$$
$$=\Big[\frac{1}{2}\theta^2\Big]_0^{\frac{\pi}{2}}=\frac{\pi^2}{8}$$

1160
딥 ③

$x=2\cos^3 t$, $y=2\sin^3 t$에서

$\dfrac{dx}{dt}=-6\cos^2 t\sin t$, $\dfrac{dy}{dt}=6\sin^2 t\cos t$이므로

$\left(\dfrac{dx}{dt}\right)^2+\left(\dfrac{dy}{dt}\right)^2=(36\cos^4 t\sin^2 t)+(36\sin^4 t\cos^2 t)$

$\qquad\qquad\qquad\qquad\quad=36\cos^2 t\sin^2 t(\sin^2 t+\cos^2 t)$

$\qquad\qquad\qquad\qquad\quad=(6\cos t\sin t)^2$

$\qquad\qquad\qquad\qquad\quad=\{3\sin(2t)\}^2$

따라서 구하는 길이는

$\displaystyle\int_0^{\frac{\pi}{2}}\sqrt{\left(\dfrac{dx}{dt}\right)^2+\left(\dfrac{dy}{dt}\right)^2}\,dt=\int_0^{\frac{\pi}{2}}\sqrt{\{3\sin(2t)\}^2}\,dt$

$\qquad\qquad\qquad\qquad\qquad\quad=\displaystyle\int_0^{\frac{\pi}{2}}3\sin(2t)\,dt$

$\qquad\qquad\qquad\qquad\qquad\quad=\left[-\dfrac{3}{2}\cos(2t)\right]_0^{\frac{\pi}{2}}=3$

1161
딥 ⑤

$x=t-\sin t$, $y=1-\cos t$에서

$\dfrac{dx}{dt}=1-\cos t$, $\dfrac{dy}{dt}=\sin t$이므로

$\left(\dfrac{dx}{dt}\right)^2+\left(\dfrac{dy}{dt}\right)^2=(1-\cos t)^2+\sin^2 t$

$\qquad\qquad\qquad\qquad\quad=2(1-\cos t)=4\sin^2\dfrac{t}{2}$ …… **TIP**

따라서 구하는 길이는

$\displaystyle\int_0^{2\pi}\sqrt{\left(\dfrac{dx}{dt}\right)^2+\left(\dfrac{dy}{dt}\right)^2}\,dt=\int_0^{2\pi}\sqrt{4\sin^2\dfrac{t}{2}}\,dt$

$\qquad\qquad\qquad\qquad\qquad\quad=\displaystyle\int_0^{2\pi}2\sin\dfrac{t}{2}\,dt$

$\qquad\qquad\qquad\qquad\qquad\quad=\left[-4\cos\dfrac{t}{2}\right]_0^{2\pi}=8$

TIP

삼각함수의 덧셈정리에 의하여

$\cos t=\cos\left(\dfrac{t}{2}+\dfrac{t}{2}\right)=\cos^2\dfrac{t}{2}-\sin^2\dfrac{t}{2}$

$\qquad=\left(1-\sin^2\dfrac{t}{2}\right)-\sin^2\dfrac{t}{2}=1-2\sin^2\dfrac{t}{2}$

이 내용은 '반각공식'으로 교육과정 이외의 내용이다.
'반각공식'을 이용해야 하는 문제는 수능에 출제되지 않지만,
학교에서 다루었다면 내신 시험에 출제될 수 있으니 익혀두자.

1162
딥 ③

$y=\dfrac{2}{3}x\sqrt{x}$에서 $\dfrac{dy}{dx}=\sqrt{x}$이므로 $1+\left(\dfrac{dy}{dx}\right)^2=1+x$

따라서 구하는 길이는

$\displaystyle\int_0^3\sqrt{1+\left(\dfrac{dy}{dx}\right)^2}\,dx=\int_0^3\sqrt{1+x}\,dx$

$\qquad\qquad\qquad\qquad\quad=\left[\dfrac{2}{3}(x+1)\sqrt{x+1}\right]_0^3=\dfrac{14}{3}$

1163
딥 ④

$y=\dfrac{1}{3}(x^2+2)^{\frac{3}{2}}$에서 $\dfrac{dy}{dx}=x(x^2+2)^{\frac{1}{2}}$이므로

$1+\left(\dfrac{dy}{dx}\right)^2=1+x^2(x^2+2)=x^4+2x^2+1=(x^2+1)^2$

따라서 구하는 길이는

$\displaystyle\int_0^6\sqrt{1+\left(\dfrac{dy}{dx}\right)^2}\,dx=\int_0^6\sqrt{(x^2+1)^2}\,dx$

$\qquad\qquad\qquad\qquad\quad=\displaystyle\int_0^6(x^2+1)\,dx$

$\qquad\qquad\qquad\qquad\quad=\left[\dfrac{1}{3}x^3+x\right]_0^6=78$

1164
딥 ①

$y=\dfrac{1}{4}x^2-\dfrac{1}{2}\ln x$에서 $\dfrac{dy}{dx}=\dfrac{1}{2}\left(x-\dfrac{1}{x}\right)$이므로

$1+\left(\dfrac{dy}{dx}\right)^2=1+\dfrac{1}{4}\left(x-\dfrac{1}{x}\right)^2=\dfrac{1}{4}\left(x+\dfrac{1}{x}\right)^2$

따라서 구하는 길이는

$\displaystyle\int_1^e\sqrt{1+\left(\dfrac{dy}{dx}\right)^2}\,dx=\int_1^e\sqrt{\dfrac{1}{4}\left(x+\dfrac{1}{x}\right)^2}\,dx$

$\qquad\qquad\qquad\qquad\quad=\displaystyle\int_1^e\dfrac{1}{2}\left(x+\dfrac{1}{x}\right)dx$

$\qquad\qquad\qquad\qquad\quad=\left[\dfrac{1}{4}x^2+\dfrac{1}{2}\ln x\right]_1^e$

$\qquad\qquad\qquad\qquad\quad=\dfrac{1}{4}(e^2+1)$

1165
딥 ②

$y=\dfrac{e^x+e^{-x}}{2}$에서 $\dfrac{dy}{dx}=\dfrac{e^x-e^{-x}}{2}$이므로

$1+\left(\dfrac{dy}{dx}\right)^2=1+\left(\dfrac{e^x-e^{-x}}{2}\right)^2=\left(\dfrac{e^x+e^{-x}}{2}\right)^2$

따라서 구하는 길이는

$\displaystyle\int_{-1}^1\sqrt{1+\left(\dfrac{dy}{dx}\right)^2}\,dx=\int_{-1}^1\sqrt{\left(\dfrac{e^x+e^{-x}}{2}\right)^2}\,dx$

$\qquad\qquad\qquad\qquad\qquad=\displaystyle\int_{-1}^1\dfrac{e^x+e^{-x}}{2}\,dx$

$\qquad\qquad\qquad\qquad\qquad=\left[\dfrac{e^x-e^{-x}}{2}\right]_{-1}^1=e-\dfrac{1}{e}$

1166
딥 ②

$y=\ln(1-x^2)$에서 $\dfrac{dy}{dx}=\dfrac{-2x}{1-x^2}$이므로

$1+\left(\dfrac{dy}{dx}\right)^2=1+\left(\dfrac{-2x}{1-x^2}\right)^2=\left(\dfrac{x^2+1}{1-x^2}\right)^2$

따라서 구하는 길이는

$\displaystyle\int_0^{\frac{1}{2}}\sqrt{1+\left(\dfrac{dy}{dx}\right)^2}\,dx=\int_0^{\frac{1}{2}}\sqrt{\left(\dfrac{x^2+1}{1-x^2}\right)^2}\,dx$

$\qquad\qquad\qquad\qquad\qquad=\displaystyle\int_0^{\frac{1}{2}}\dfrac{x^2+1}{1-x^2}\,dx=\int_0^{\frac{1}{2}}\left(-1+\dfrac{2}{1-x^2}\right)dx$

$$=\int_0^{\frac{1}{2}}\left(-1-\frac{1}{x-1}+\frac{1}{x+1}\right)dx$$

$$=\left[-x-\ln|x-1|+\ln|x+1|\right]_0^{\frac{1}{2}}$$

$$=-\frac{1}{2}+\ln 3$$

1167

답 ④

그림과 같이 원뿔의 높이를 n등분하고, 각 분점을 지나고 밑면에 평행한 평면으로 원뿔을 잘랐을 때, 단면의 반지름의 길이는 위에서부터 차례로

$$\frac{r}{n}, \frac{2r}{n}, \cdots, \frac{(n-1)r}{n}$$

이고, 각 원기둥의 높이는 모두 $\boxed{\dfrac{h}{n}}$ 이다.

$(n-1)$개의 원기둥의 부피의 합을 V_n이라 하면

$$V_n=\pi\left(\frac{r}{n}\right)^2\frac{h}{n}+\pi\left(\frac{2r}{n}\right)^2\frac{h}{n}+\cdots+\pi\times\boxed{\left\{\frac{(n-1)r}{n}\right\}^2}\times\frac{h}{n}$$

$$=\frac{\pi r^2 h}{n^3}+\frac{\pi(2r)^2 h}{n^3}+\cdots+\frac{\pi(n-1)^2 r^2 h}{n^3}$$

$$=\frac{\pi r^2 h}{n^3}\{1^2+2^2+\cdots+(n-1)^2\}$$

$$=\frac{\pi r^2 h}{n^3}\boxed{\left\{\frac{n(n-1)(2n-1)}{6}\right\}}$$

$$=\frac{1}{6}\pi r^2 h\left(1-\frac{1}{n}\right)\left(2-\frac{1}{n}\right)$$

따라서 구하는 원뿔의 부피 V는

$$V=\lim_{n\to\infty}V_n=\lim_{n\to\infty}\frac{1}{6}\pi r^2 h\left(1-\frac{1}{n}\right)\left(2-\frac{1}{n}\right)=\frac{1}{3}\pi r^2 h$$

(가) : $\dfrac{h}{n}$, (나) : $\left\{\dfrac{(n-1)r}{n}\right\}^2$, (다) : $\dfrac{n(n-1)(2n-1)}{6}$

1168

답 ④

그림과 같이 원뿔의 높이를 n등분하면 높이가 $\boxed{\dfrac{4}{n}}$ 인 원기둥 $(n-1)$개가 생긴다. 이들 원기둥의 밑면의 반지름의 길이가

$$\frac{4}{n}, \frac{8}{n}, \frac{12}{n}, \cdots, \frac{4(n-1)}{n}$$

이므로

첫 번째 원기둥의 부피는 $\left(\dfrac{4}{n}\right)^2\dfrac{4}{n}\pi$,

두 번째 원기둥의 부피는 $\left(\dfrac{8}{n}\right)^2\dfrac{4}{n}\pi, \cdots$

이므로 k번째 원기둥의 부피는

$$\left(\frac{4k}{n}\right)^2\frac{4}{n}\pi=\boxed{\left(\frac{4}{n}\right)^3}\times k^2\pi \text{이다.}$$

따라서 그림의 원기둥의 부피의 합을 V_n이라 하면

$$V_n=\sum_{k=1}^{n-1}\boxed{\left(\frac{4}{n}\right)^3}\times k^2\pi=\frac{4^3\pi}{n^3}\sum_{k=1}^{n-1}k^2$$

$$=\frac{4^3\pi}{n^3}\times\frac{n(n-1)(2n-1)}{6}$$

$$\therefore V=\lim_{n\to\infty}V_n=\lim_{n\to\infty}\frac{4^3\pi}{6}\left(1-\frac{1}{n}\right)\left(2-\frac{1}{n}\right)=\boxed{\frac{64}{3}\pi}$$

$$f(n)=\frac{4}{n}, \quad g(n)=\left(\frac{4}{n}\right)^3, \quad \alpha=\frac{64}{3}\pi \text{이므로}$$

$$\frac{f(8)\times\alpha}{g(4)}=\frac{\frac{1}{2}\times\frac{64}{3}\pi}{1}=\frac{32}{3}\pi$$

1169

그림과 같이 반구의 높이를 n등분하면

높이가 $\dfrac{r}{n}$인 원기둥 $(n-1)$개가 생긴다.

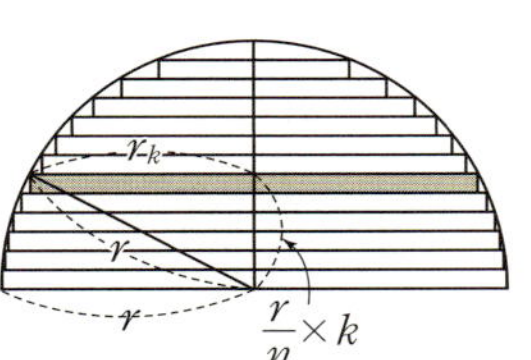

k번째 원기둥의 밑면의 반지름의 길이

$$r_k=\sqrt{r^2-\left(\frac{kr}{n}\right)^2}\text{이므로}$$

k번째 원기둥의 부피는

$$\pi\left\{r^2-\left(\frac{kr}{n}\right)^2\right\}\frac{r}{n}=\frac{r^3\pi}{n}\left\{1-\left(\frac{k}{n}\right)^2\right\}\text{이다.}$$

따라서 $(n-1)$개의 원기둥의 부피의 합을 V_n이라 하면

$$V_n=\frac{r^3\pi}{n}\sum_{k=1}^{n-1}\left\{1-\left(\frac{k}{n}\right)^2\right\}$$

$$=\frac{r^3\pi}{n}\left\{(n-1)-\frac{1}{n^2}\times\frac{n(n-1)(2n-1)}{6}\right\}$$

따라서 반구의 부피를 V라 하면

$$V=\lim_{n\to\infty}V_n=\lim_{n\to\infty}r^3\pi\left\{\left(1-\frac{1}{n}\right)-\frac{1}{6}\left(1-\frac{1}{n}\right)\left(2-\frac{1}{n}\right)\right\}=\frac{2\pi r^3}{3}$$

구하는 부피는 $2V$이므로 $\dfrac{4\pi r^3}{3}$이다.

채점 요소	배점
반구의 높이를 n등분하여 k번째 원기둥의 부피 구하기	30 %
$(n-1)$개의 원기둥 부피의 합 V_n 구하기	40 %
급수의 합을 이용하여 구의 부피 구하기	40 %

1170

답 ④

ㄱ. $\displaystyle\lim_{n\to\infty}\frac{1}{n}\sum_{k=0}^{n-1}f(x_k)=\int_0^1 f(x)\,dx,$

$\displaystyle\lim_{n\to\infty}\frac{1}{n}\sum_{k=1}^{n}f(x_k)=\int_0^1 f(x)\,dx$이므로

$\displaystyle\lim_{n\to\infty}A_n=\lim_{n\to\infty}B_n$이다. (거짓)

ㄴ. $\displaystyle\lim_{n\to\infty}\frac{A_n+B_n}{2}=\frac{1}{2}\left(\lim_{n\to\infty}A_n+\lim_{n\to\infty}B_n\right)$

$$=\frac{1}{2}\left(\int_0^1 x^2\,dx+\int_0^1 x^2\,dx\right)=\int_0^1 x^2\,dx \text{ (참)}$$

ㄷ. $\displaystyle B_n-A_n=\frac{1}{n}\sum_{k=1}^{n}f(x_k)-\frac{1}{n}\sum_{k=0}^{n-1}f(x_k)$

$$=\frac{1}{n}\{f(x_n)-f(x_0)\}$$

$$=\frac{1}{n}\{f(1)-f(0)\}$$

$$=\frac{1}{n}\leq\frac{1}{10}$$

즉, $n\geq10$이므로 $B_n-A_n\leq\frac{1}{10}$을 만족시키는 n의

최솟값은 10이다. (참)

따라서 옳은 것은 ㄴ, ㄷ이다.

1171   ⑤

ㄱ. $f(x)=x^3$, $a=-1$, $b=2$라 하고

$\Delta x=\dfrac{b-a}{n}=\dfrac{3}{n}$, $x_k=a+k\Delta x=-1+\dfrac{3k}{n}$라 하면

정적분과 급수의 합 사이의 관계에 의하여

$$\lim_{n\to\infty}\sum_{k=1}^{n}\left(-1+\frac{3k}{n}\right)^3\frac{2}{n}=\frac{2}{3}\lim_{n\to\infty}\sum_{k=1}^{n}\left(-1+\frac{3k}{n}\right)^3\frac{3}{n}$$
$$=\frac{2}{3}\int_{-1}^{2}x^3\,dx\ (참)$$

ㄴ. ㄱ에서 $\displaystyle\lim_{n\to\infty}\sum_{k=1}^{n}\left(-1+\frac{3k}{n}\right)^3\frac{2}{n}=\frac{2}{3}\int_{-1}^{2}x^3\,dx$

이때, $x=t-4$라 하면 $1=\dfrac{dt}{dx}$이고

$x=-1$일 때 $t=3$, $x=2$일 때 $t=6$이므로

$\dfrac{2}{3}\displaystyle\int_{-1}^{2}x^3\,dx=\dfrac{2}{3}\int_{3}^{6}(t-4)^3\,dt$ (참)

ㄷ. $f(x)=(-1+x)^3$, $a=0$, $b=3$이라 하고

$\Delta x=\dfrac{b-a}{n}=\dfrac{3}{n}$, $x_k=a+k\Delta x=\dfrac{3k}{n}$라 하면

정적분과 급수의 합 사이의 관계에 의하여

$$\lim_{n\to\infty}\sum_{k=1}^{n}\left(-1+\frac{3k}{n}\right)^3\frac{2}{n}=\frac{2}{3}\lim_{n\to\infty}\sum_{k=1}^{n}\left(-1+\frac{3k}{n}\right)^3\frac{3}{n}$$
$$=\frac{2}{3}\int_{0}^{3}(-1+x)^3\,dx\ (거짓)$$

ㄹ. $f(x)=(-1+3x)^3$, $a=0$, $b=1$이라 하고

$\Delta x=\dfrac{b-a}{n}=\dfrac{1}{n}$, $x_k=a+k\Delta x=\dfrac{k}{n}$라 하면

정적분과 급수의 합 사이의 관계에 의하여

$$\lim_{n\to\infty}\sum_{k=1}^{n}\left(-1+\frac{3k}{n}\right)^3\frac{2}{n}=2\lim_{n\to\infty}\sum_{k=1}^{n}\left(-1+\frac{3k}{n}\right)^3\frac{1}{n}$$
$$=2\int_{0}^{1}(-1+3x)^3\,dx\ (참)$$

ㅁ. $f(x)=\left(-1+\dfrac{3}{2}x\right)^3$, $a=0$, $b=2$라 하고

$\Delta x=\dfrac{b-a}{n}=\dfrac{2}{n}$, $x_k=a+k\Delta x=\dfrac{2k}{n}$라 하면

정적분과 급수의 합 사이의 관계에 의하여

$$\lim_{n\to\infty}\sum_{k=1}^{n}\left(-1+\frac{3k}{n}\right)^3\frac{2}{n}=\lim_{n\to\infty}\sum_{k=1}^{n}\left(-1+\frac{3}{2}\times\frac{2k}{n}\right)^3\frac{2}{n}$$
$$=\int_{0}^{2}\left(-1+\frac{3}{2}x\right)^3\,dx\ (참)$$

따라서 옳은 것은 ㄱ, ㄴ, ㄹ, ㅁ이다.

1172   ①

$$\lim_{n\to\infty}\sum_{k=1}^{n}\left\{f\left(1+\frac{2k}{n}\right)+f\left(1-\frac{2k}{n}\right)\right\}\frac{1}{n}$$

$$=\lim_{n\to\infty}\sum_{k=1}^{n}f\left(1+\frac{2k}{n}\right)\frac{1}{n}+\lim_{n\to\infty}\sum_{k=1}^{n}f\left(1-\frac{2k}{n}\right)\frac{1}{n}$$

$$=\frac{1}{2}\left\{\lim_{n\to\infty}\sum_{k=1}^{n}f\left(1+\frac{2k}{n}\right)\frac{2}{n}-\lim_{n\to\infty}\sum_{k=1}^{n}f\left(1+\frac{-2k}{n}\right)\frac{-2}{n}\right\}$$

$$=\frac{1}{2}\left\{\int_{1}^{3}f(x)\,dx-\int_{1}^{-1}f(x)\,dx\right\}$$

$$=\frac{1}{2}\left\{\int_{1}^{3}f(x)\,dx+\int_{-1}^{1}f(x)\,dx\right\}$$

$$=\frac{1}{2}\int_{-1}^{3}f(x)\,dx$$

$$=\frac{1}{2}\int_{-1}^{3}\frac{x}{1+x^2}\,dx$$

이때, $1+x^2=t$라 하면 $2x=\dfrac{dt}{dx}$이고

$x=-1$일 때 $t=2$, $x=3$일 때 $t=10$이므로

$$\frac{1}{2}\int_{-1}^{3}\frac{x}{1+x^2}\,dx=\frac{1}{4}\int_{2}^{10}\frac{1}{t}\,dt=\frac{1}{4}\Big[\ln|t|\Big]_{2}^{10}=\frac{\ln 5}{4}$$

1173   ①

주어진 식의 분모와 분자에 각각 $\dfrac{1}{n^6}$을 곱하여 정리하면

$$\lim_{n\to\infty}\frac{1^5+2^5+\cdots+n^5}{n^2\{2^3+4^3+6^3+\cdots+(2n)^3\}}$$

$$=\lim_{n\to\infty}\frac{\dfrac{1}{n}\sum_{k=1}^{n}\left(\dfrac{k}{n}\right)^5}{\dfrac{1}{n}\sum_{k=1}^{n}\left(\dfrac{2k}{n}\right)^3}=\frac{\displaystyle\lim_{n\to\infty}\sum_{k=1}^{n}\left(\dfrac{k}{n}\right)^5\dfrac{1}{n}}{\dfrac{1}{2}\displaystyle\lim_{n\to\infty}\sum_{k=1}^{n}\left(\dfrac{2k}{n}\right)^3\dfrac{2}{n}}$$

$$=\frac{\displaystyle\int_{0}^{1}x^5\,dx}{\dfrac{1}{2}\displaystyle\int_{0}^{2}x^3\,dx}=\frac{\left[\dfrac{1}{6}x^6\right]_{0}^{1}}{\dfrac{1}{2}\left[\dfrac{1}{4}x^4\right]_{0}^{2}}$$

$$=\frac{\dfrac{1}{6}}{2}=\frac{1}{12}$$

1174   ⑤

주어진 식의 분모와 분자에 각각 $\dfrac{1}{n^7}$을 곱하여 정리하면

$$\lim_{n\to\infty}\frac{(1^2+2^2+3^2+\cdots+n^2)(1^3+2^3+3^3+\cdots+n^3)}{(1+2+3+\cdots+n)(1^4+2^4+3^4+\cdots+n^4)}$$

$$=\lim_{n\to\infty}\frac{\dfrac{1}{n}\sum_{k=1}^{n}\left(\dfrac{k}{n}\right)^2\times\dfrac{1}{n}\sum_{k=1}^{n}\left(\dfrac{k}{n}\right)^3}{\dfrac{1}{n}\sum_{k=1}^{n}\dfrac{k}{n}\times\dfrac{1}{n}\sum_{k=1}^{n}\left(\dfrac{k}{n}\right)^4}$$

$$=\frac{\displaystyle\lim_{n\to\infty}\sum_{k=1}^{n}\left(\dfrac{k}{n}\right)^2\dfrac{1}{n}\times\lim_{n\to\infty}\sum_{k=1}^{n}\left(\dfrac{k}{n}\right)^3\dfrac{1}{n}}{\displaystyle\lim_{n\to\infty}\sum_{k=1}^{n}\dfrac{k}{n}\dfrac{1}{n}\times\lim_{n\to\infty}\sum_{k=1}^{n}\left(\dfrac{k}{n}\right)^4\dfrac{1}{n}}$$

$$=\frac{\displaystyle\int_{0}^{1}x^2\,dx\times\int_{0}^{1}x^3\,dx}{\displaystyle\int_{0}^{1}x\,dx\times\int_{0}^{1}x^4\,dx}=\frac{\left[\dfrac{1}{3}x^3\right]_{0}^{1}\times\left[\dfrac{1}{4}x^4\right]_{0}^{1}}{\left[\dfrac{1}{2}x^2\right]_{0}^{1}\times\left[\dfrac{1}{5}x^5\right]_{0}^{1}}$$

$$=\frac{\dfrac{1}{3}\times\dfrac{1}{4}}{\dfrac{1}{2}\times\dfrac{1}{5}}=\frac{5}{6}$$

$$\lim_{n\to\infty}\frac{(n+1)^3+(n+2)^3+\cdots+(n+n)^3}{(1+2+3+\cdots+n)(1+2+3+\cdots+n)}$$

$$=\lim_{n\to\infty}\frac{\sum\limits_{k=1}^{n}(n+k)^3}{\dfrac{n(n+1)}{2}\times\dfrac{n(n+1)}{2}}$$

$$=\lim_{n\to\infty}\left\{\frac{4n^2}{(n+1)^2}\times\sum_{k=1}^{n}\left(1+\frac{k}{n}\right)^3\frac{1}{n}\right\}$$

$$=\lim_{n\to\infty}\frac{4n^2}{(n+1)^2}\times\lim_{n\to\infty}\sum_{k=1}^{n}\left(1+\frac{k}{n}\right)^3\frac{1}{n}$$

$$=4\times\int_1^2 x^3\,dx=4\times\left[\frac{1}{4}x^4\right]_1^2=15$$

채점 요소	배점
$1+2+3+\cdots+n=\dfrac{n(n+1)}{2}$ 임을 구하기	20%
주어진 식을 정적분과 급수의 합 사이의 관계를 이용하여 나타내기	50%
주어진 극한값 구하기	30%

1176 ······················· 🔒 풀이 참조

$$\lim_{n\to\infty}\left\{\ln(n+2)^{\frac{1}{n}}+\ln(n+4)^{\frac{1}{n}}+\cdots+\ln(n+2n)^{\frac{1}{n}}-\ln n\right\}$$

$$=\lim_{n\to\infty}\left\{\sum_{k=1}^{n}\ln(n+2k)^{\frac{1}{n}}-\ln n^{\frac{1}{n}\times n}\right\}$$

$$=\lim_{n\to\infty}\sum_{k=1}^{n}\ln\left(1+\frac{2k}{n}\right)^{\frac{1}{n}}$$

$$=\frac{1}{2}\lim_{n\to\infty}\sum_{k=1}^{n}\ln\left(1+\frac{2k}{n}\right)\times\frac{2}{n}$$

$$=\frac{1}{2}\int_1^3\ln x\,dx$$

$$=\frac{1}{2}\left(\left[x\ln x\right]_1^3-\int_1^3 1\,dx\right)$$

$$=\frac{1}{2}\left(3\ln 3-\left[x\right]_1^3\right)$$

$$=\frac{3}{2}\ln 3-1$$

채점 요소	배점
주어진 식을 로그의 성질을 이용하여 $\lim\limits_{n\to\infty}\sum\limits_{k=1}^{n}\ln\left(1+\dfrac{2k}{n}\right)^{\frac{1}{n}}$ 으로 변형하기	50 %
정적분을 이용하여 값 구하기	50 %

1177 ······················· 🔒 ③

$$\lim_{n\to\infty}\frac{1}{n^2}\left(\sqrt[n]{e}+2\sqrt[n]{e^3}+3\sqrt[n]{e^5}+\cdots+n\sqrt[n]{e^{2n-1}}\right)$$

$$=\lim_{n\to\infty}\frac{1}{n^2}\sum_{k=1}^{n}ke^{\frac{2k-1}{n}}=\frac{1}{4}\lim_{n\to\infty}\frac{1}{e^{\frac{1}{n}}}\times\lim_{n\to\infty}\sum_{k=1}^{n}\frac{2k}{n}e^{\frac{2k}{n}}\times\frac{2}{n}$$

$$=\frac{1}{4}\int_0^2 xe^x\,dx$$

$$=\frac{1}{4}\left(\left[xe^x\right]_0^2-\int_0^2 e^x\,dx\right)$$

$$=\frac{1}{4}\left(2e^2-\left[e^x\right]_0^2\right)=\frac{1}{4}e^2+\frac{1}{4}$$

1178 ······················· 🔒 ④

$$\frac{k}{n}e^{\frac{k}{n}}-\frac{k}{n}e^{\frac{k-1}{n}}=\frac{k}{n}e^{\frac{k}{n}}\left(1-e^{-\frac{1}{n}}\right)$$

$$=\frac{1}{n}\times\frac{k}{n}e^{\frac{k}{n}}\times\frac{e^{-\frac{1}{n}}-1}{-\frac{1}{n}}$$

이므로

$$\lim_{n\to\infty}\sum_{k=1}^{n}\left(\frac{k}{n}e^{\frac{k}{n}}-\frac{k}{n}e^{\frac{k-1}{n}}\right)$$

$$=\lim_{n\to\infty}\frac{1}{n}\sum_{k=1}^{n}\frac{k}{n}e^{\frac{k}{n}}\times\lim_{n\to\infty}\frac{e^{-\frac{1}{n}}-1}{-\frac{1}{n}}$$

$$=\int_0^1 xe^x\,dx\times 1\left(\because\lim_{x\to 0}\frac{e^x-1}{x}=1\right)$$

$$=\left[xe^x\right]_0^1-\int_0^1 e^x\,dx=e-\left[e^x\right]_0^1=1$$

1179 ······················· 🔒 ②

$$\lim_{n\to\infty}\frac{e^{\frac{1}{n}}+2e^{\frac{2}{n}}+\cdots+(2n-1)e^{\frac{2n-1}{n}}+2ne^2}{n^2}$$

$$=\lim_{n\to\infty}\frac{1}{n^2}\sum_{k=1}^{2n}ke^{\frac{k}{n}}=4\lim_{n\to\infty}\sum_{k=1}^{2n}\frac{k}{2n}e^{\frac{k}{2n}\times 2}\times\frac{1}{2n}$$

$$=4\int_0^1 xe^{2x}\,dx=4\left[\frac{1}{2}xe^{2x}\right]_0^1-2\int_0^1 e^{2x}\,dx$$

$$=2e^2-2\left[\frac{1}{2}e^{2x}\right]_0^1=e^2+1$$

1180 ······················· 🔒 ⑤

$f(x)=\sin x+5\displaystyle\int_0^{\frac{\pi}{2}} f(t)\cos t\,dt$ 에서

$\displaystyle\int_0^{\frac{\pi}{2}} f(t)\cos t\,dt=a$ 라 하면 $f(x)=\sin x+5a$

$\sin t+5a=k$ 라 하면 $\cos t=\dfrac{dk}{dt}$ 이고

$t=0$ 일 때 $k=5a$, $t=\dfrac{\pi}{2}$ 일 때 $k=1+5a$ 이므로

$$\int_0^{\frac{\pi}{2}}(\sin t+5a)\cos t\,dt=\int_{5a}^{1+5a}k\,dk$$

$$=\left[\frac{1}{2}k^2\right]_{5a}^{1+5a}$$

$$=\frac{1}{2}+5a=a$$

$a=-\dfrac{1}{8}$, $f(x)=\sin x-\dfrac{5}{8}$

$$\therefore\ \lim_{n\to\infty}\frac{1}{n}\left\{f\left(\frac{\pi}{2n}\right)+f\left(\frac{2\pi}{2n}\right)+\cdots+f\left(\frac{n\pi}{2n}\right)\right\}$$

$$=\frac{2}{\pi}\lim_{n\to\infty}\sum_{k=1}^{n}f\left(\frac{k\pi}{2n}\right)\frac{\pi}{2n}$$

$$=\frac{2}{\pi}\int_0^{\frac{\pi}{2}}f(x)\,dx=\frac{2}{\pi}\int_0^{\frac{\pi}{2}}\left(\sin x-\frac{5}{8}\right)dx$$

$$=\frac{2}{\pi}\left[-\cos x-\frac{5}{8}x\right]_0^{\frac{\pi}{2}}=-\frac{5}{8}+\frac{2}{\pi}$$

$$\therefore pq=\left(-\frac{5}{8}\right)\times 2=-\frac{5}{4}$$

1181

目 풀이 참조

$S_k=\dfrac{1}{2n}f\left(\dfrac{k}{2n}\right)$이므로

$$\lim_{n\to\infty}\sum_{k=1}^{n}S_k=\lim_{n\to\infty}\sum_{k=1}^{n}f\left(\frac{k}{2n}\right)\frac{1}{2n}$$
$$=\int_0^{\frac{1}{2}}f(x)\,dx=\int_0^{\frac{1}{2}}(e^x-1)\,dx$$
$$=\left[e^x-x\right]_0^{\frac{1}{2}}=\sqrt{e}-\frac{3}{2}$$

$$\lim_{n\to\infty}\sum_{k=1}^{n}S_{2k}=\lim_{n\to\infty}\sum_{k=1}^{n}\frac{1}{2n}f\left(\frac{2k}{2n}\right)=\frac{1}{2}\lim_{n\to\infty}\sum_{k=1}^{n}f\left(\frac{k}{n}\right)\frac{1}{n}$$
$$=\frac{1}{2}\int_0^{1}f(x)\,dx=\frac{1}{2}\int_0^{1}(e^x-1)\,dx$$
$$=\frac{1}{2}\left[e^x-x\right]_0^{1}=\frac{e-2}{2}$$

$$\therefore \lim_{n\to\infty}\sum_{k=1}^{n}S_k+\lim_{n\to\infty}\sum_{k=1}^{n}S_{2k}=\frac{2\sqrt{e}+e-5}{2}$$

채점 요소	배점
$\lim\limits_{n\to\infty}\sum\limits_{k=1}^{n}S_k=\int_0^{\frac{1}{2}}f(x)dx$임을 설명하기	40 %
$\lim\limits_{n\to\infty}\sum\limits_{k=1}^{n}S_{2k}=\dfrac{1}{2}\int_0^{1}f(x)dx$임을 설명하기	40 %
$\lim\limits_{n\to\infty}\sum\limits_{k=1}^{n}S_k+\lim\limits_{n\to\infty}\sum\limits_{k=1}^{n}S_{2k}$의 값 구하기	20 %

1182

目 ④

반원의 중심을 O라 하면 $\angle\mathrm{AOP}_k=\pi\times\dfrac{k}{n}=\dfrac{k\pi}{n}$이다.

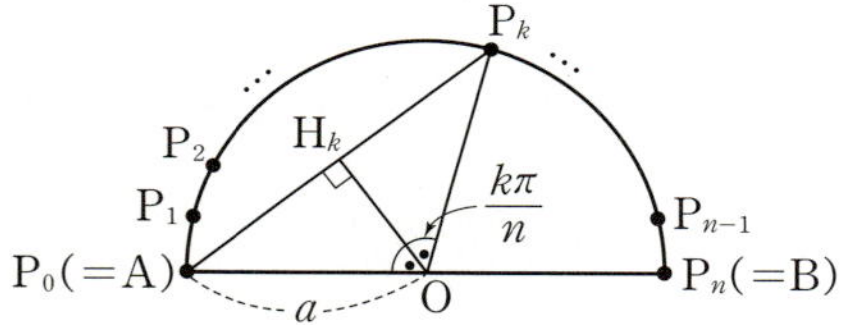

점 O에서 선분 AP_k에 내린 수선의 발을 H_k라 하면

$$\angle\mathrm{AOH}_k=\frac{k\pi}{2n}$$

직각삼각형 $\mathrm{AH}_k\mathrm{O}$에서 $\overline{\mathrm{AH}_k}=a\sin\dfrac{k\pi}{2n}$이므로

$$\overline{\mathrm{AP}_k}=2a\sin\frac{k\pi}{2n}$$

$$\therefore \lim_{n\to\infty}\frac{\overline{\mathrm{AP}_1}+\overline{\mathrm{AP}_2}+\cdots+\overline{\mathrm{AP}_n}}{n}=\lim_{n\to\infty}\frac{1}{n}\sum_{k=1}^{n}2a\sin\frac{k\pi}{2n}$$
$$=\frac{4a}{\pi}\lim_{n\to\infty}\sum_{k=1}^{n}\sin\frac{k\pi}{2n}\times\frac{\pi}{2n}$$
$$=\frac{4a}{\pi}\int_0^{\frac{\pi}{2}}\sin x\,dx$$
$$=\frac{4a}{\pi}\left[-\cos x\right]_0^{\frac{\pi}{2}}=\frac{4a}{\pi}$$

1183

目 ②

반원의 중심을 O라 하면 $\angle\mathrm{AOC}_k=\pi\times\dfrac{k}{n}=\dfrac{k\pi}{n}$이다.

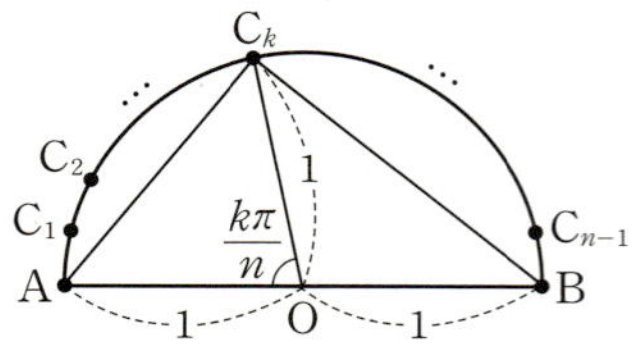

따라서 삼각형 ABC_k의 넓이 S_k는

$$S_k=(\text{삼각형 } \mathrm{AOC}_k\text{의 넓이})+(\text{삼각형 } \mathrm{BOC}_k\text{의 넓이})$$
$$=\frac{1}{2}\times 1\times 1\times\sin\frac{k\pi}{n}+\frac{1}{2}\times 1\times 1\times\sin\left(\pi-\frac{k\pi}{n}\right)$$
$$=\frac{1}{2}\sin\frac{k\pi}{n}+\frac{1}{2}\sin\frac{k\pi}{n}=\sin\frac{k\pi}{n}$$

$$\therefore \lim_{n\to\infty}\frac{1}{n}\sum_{k=1}^{n-1}S_k=\lim_{n\to\infty}\frac{1}{n}\sum_{k=1}^{n}\sin\frac{k\pi}{n}\ (\because \sin\pi=0) \quad\cdots\cdots\ \text{TIP}$$
$$=\frac{1}{\pi}\lim_{n\to\infty}\sum_{k=1}^{n}\sin\frac{k\pi}{n}\times\frac{\pi}{n}$$
$$=\frac{1}{\pi}\int_0^{\pi}\sin x\,dx$$
$$=\frac{1}{\pi}\left[-\cos x\right]_0^{\pi}=\frac{2}{\pi}$$

> **TIP**
>
> $\sin\pi=0$이므로 다음이 성립한다.
> $$\sum_{k=1}^{n}\sin\frac{k\pi}{n}=\sum_{k=1}^{n-1}\sin\frac{k\pi}{n}+\sin\frac{n\pi}{n}$$
> $$=\sum_{k=1}^{n-1}\sin\frac{k\pi}{n}+\sin\pi$$
> $$=\sum_{k=1}^{n-1}\sin\frac{k\pi}{n}$$

1184

目 ④

$\angle\mathrm{AOP}_k=\dfrac{\pi}{2}\times\dfrac{k}{n}=\dfrac{k\pi}{2n}$이므로

직각삼각형 $\mathrm{P}_k\mathrm{Q}_k\mathrm{O}$에서 $\overline{\mathrm{P}_k\mathrm{Q}_k}=\sin\dfrac{k\pi}{2n}$, $\overline{\mathrm{OQ}_k}=\cos\dfrac{k\pi}{2n}$

따라서 삼각형 $\mathrm{P}_k\mathrm{Q}_k\mathrm{O}$의 넓이 S_k는

$$S_k=\frac{1}{2}\sin\frac{k\pi}{2n}\cos\frac{k\pi}{2n}$$

$$\lim_{n\to\infty}\frac{\pi}{n}\sum_{k=1}^{n-1}S_k=\lim_{n\to\infty}\frac{\pi}{n}\sum_{k=1}^{n}\frac{1}{2}\sin\frac{k\pi}{2n}\cos\frac{k\pi}{2n}\ (\because \cos\frac{\pi}{2}=0)$$
$$\quad\cdots\cdots\ \text{TIP}$$
$$=\lim_{n\to\infty}\sum_{k=1}^{n}\sin\frac{k\pi}{2n}\cos\frac{k\pi}{2n}\times\frac{\pi}{2n}$$
$$=\int_0^{\frac{\pi}{2}}\sin x\cos x\,dx$$

이때, $\sin x=t$라 하면 $\cos x=\dfrac{dt}{dx}$이고

$x=0$일 때 $t=0$, $x=\dfrac{\pi}{2}$일 때 $t=1$이므로

$$\int_0^{\frac{\pi}{2}}\sin x\cos x\,dx=\int_0^{1}t\,dt=\left[\frac{1}{2}t^2\right]_0^{1}=\frac{1}{2}$$

$\cos \dfrac{\pi}{2}=0$이므로 다음이 성립한다.

$$\sum_{k=1}^{n} \sin \frac{k\pi}{2n} \cos \frac{k\pi}{2n}$$

$$= \sum_{k=1}^{n-1} \sin \frac{k\pi}{2n} \cos \frac{k\pi}{2n} + \sin \frac{n\pi}{2n} \cos \frac{n\pi}{2n}$$

$$= \sum_{k=1}^{n-1} \sin \frac{k\pi}{2n} \cos \frac{k\pi}{2n} + \sin \frac{\pi}{2} \cos \frac{\pi}{2}$$

$$= \sum_{k=1}^{n-1} \sin \frac{k\pi}{2n} \cos \frac{k\pi}{2n}$$

1185 ······ 답 ①

$A=\displaystyle\int_0^3 f(x)\,dx=6$, $B=-\displaystyle\int_3^4 f(x)\,dx=2$

$\displaystyle\int_0^2 f(2x)\,dx$에서 $2x=t$라 하면

$2=\dfrac{dt}{dx}$이고

$x=0$일 때 $t=0$, $x=2$일 때 $t=4$이므로

$$\int_0^2 f(2x)\,dx = \frac{1}{2}\int_0^4 f(t)\,dt$$

$$= \frac{1}{2}\left\{\int_0^3 f(t)\,dt + \int_3^4 f(t)\,dt\right\}$$

$$= \frac{1}{2}\{A+(-B)\}$$

$$= \frac{1}{2}\{6+(-2)\}=2$$

1186 ······ 답 ⑤

$0\le x\le p$일 때 $f(x)\ge 0$이므로 $\displaystyle\int_0^p f(x)\,dx=\alpha$,

$p\le x\le 2p^2$일 때 $f(x)\le 0$이므로 $\displaystyle\int_p^{2p^2} f(x)\,dx=-\beta$

$\displaystyle\int_0^p x f(2x^2)\,dx$에서 $2x^2=t$라 하면

$4x=\dfrac{dt}{dx}$이고

$x=0$일 때 $t=0$, $x=p$일 때 $t=2p^2$이므로

$$\int_0^p x f(2x^2)\,dx = \int_0^{2p^2} \frac{1}{4}f(t)\,dt$$

$$= \frac{1}{4}\left\{\int_0^p f(t)\,dt + \int_p^{2p^2} f(t)\,dt\right\}$$

$$= \frac{1}{4}\times\{\alpha+(-\beta)\}=\frac{1}{4}(\alpha-\beta)$$

1187 ······ 답 ③

$0\le x\le 1$일 때 $f(x)\ge 0$이므로 $\displaystyle\int_0^1 f(x)\,dx=2$,

$1\le x\le 3$일 때 $f(x)\le 0$이므로 $\displaystyle\int_1^3 f(x)\,dx=-5$

$\sqrt{x}=t$라 하면 $\dfrac{1}{2\sqrt{x}}\,dx=dt$이고

$x=0$일 때 $t=0$, $x=9$일 때 $t=3$이므로

$$\int_0^9 \frac{f(\sqrt{x})}{\sqrt{x}}\,dx = 2\int_0^3 f(t)\,dt$$

$$= 2\left\{\int_0^1 f(t)\,dt + \int_1^3 f(t)\,dt\right\}$$

$$= 2\times(2-5)=-6$$

1188 ······ 답 ①

$y=\dfrac{a-x}{x+2}=-1+\dfrac{a+2}{x+2}$이고 점 $(a,\,0)$을 지나므로 곡선

$y=\dfrac{a-x}{x+2}$는 다음과 같다.

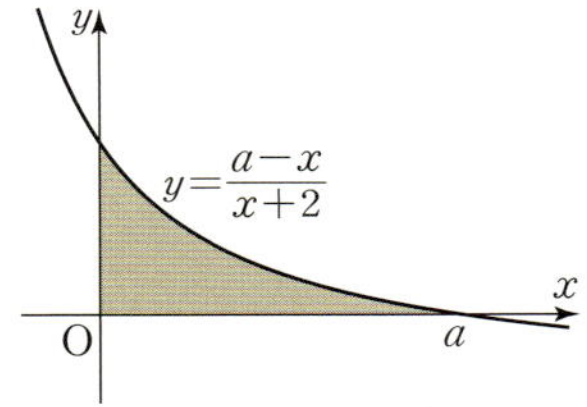

따라서 곡선 $y=\dfrac{a-x}{x+2}$와 x축 및 y축으로 둘러싸인 도형의 넓이는

$$\int_0^a \left(-1+\frac{a+2}{x+2}\right)dx = \Big[-x+(a+2)\ln(x+2)\Big]_0^a$$

$$= -a+(a+2)\ln(a+2)-(a+2)\ln 2=2$$

$(a+2)\{\ln(a+2)-\ln 2-1\}=0$에서

$\ln(a+2)=1+\ln 2=\ln 2e$ ($\because a>0$)

$\therefore a=2e-2$

1189 ······ 답 ④

닫힌구간 $[\pi^2,\,4\pi^2]$에서 $\dfrac{\sin\sqrt{x}}{\sqrt{x}}\le 0$이고

닫힌구간 $[4\pi^2,\,9\pi^2]$에서 $\dfrac{\sin\sqrt{x}}{\sqrt{x}}\ge 0$이므로

구하는 넓이를 S라 하면

$$S=\int_{\pi^2}^{4\pi^2}\left(-\frac{\sin\sqrt{x}}{\sqrt{x}}\right)dx + \int_{4\pi^2}^{9\pi^2}\frac{\sin\sqrt{x}}{\sqrt{x}}\,dx$$이다.

$\sqrt{x}=t$라 하면 $\dfrac{1}{2\sqrt{x}}=\dfrac{dt}{dx}$이고

$x=\pi^2$일 때 $t=\pi$, $x=4\pi^2$일 때 $t=2\pi$, $x=9\pi^2$일 때 $t=3\pi$이므로

$$S=\int_{\pi^2}^{4\pi^2}\left(-\frac{\sin\sqrt{x}}{\sqrt{x}}\right)dx + \int_{4\pi^2}^{9\pi^2}\frac{\sin\sqrt{x}}{\sqrt{x}}\,dx$$

$$= \int_{\pi}^{2\pi}(-2\sin t)\,dt + \int_{2\pi}^{3\pi} 2\sin t\,dt$$

$$= \Big[2\cos t\Big]_{\pi}^{2\pi} + \Big[-2\cos t\Big]_{2\pi}^{3\pi}$$

$$= (2\cos 2\pi-2\cos\pi)+(-2\cos 3\pi+2\cos 2\pi)=8$$

1190

답 ②

함수 $f(x)$가 $x>0$에서 증가하므로 $x>0$에서 $f'(x)\geq 0$이고,
$f(x)>-1$이므로

구간 $[1,\ t]$에서 $\dfrac{f'(x)}{1+f(x)}\geq 0$이다.

곡선 $y=\dfrac{f'(x)}{1+f(x)}$와 x축 및 두 직선 $x=1$, $x=t$ $(t\geq 1)$

로 둘러싸인 도형의 넓이를 S라 하면

$$S=\int_1^t \frac{f'(x)}{1+f(x)}dx$$
$$=\Big[\ln\{1+f(x)\}\Big]_1^t$$
$$=\ln\{1+f(t)\}-\ln\{1+f(1)\}=4\ln t$$

$f(1)=1$이므로
$\ln\{1+f(t)\}=4\ln t+\ln 2=\ln 2t^4$
$1+f(t)=2t^4$에서 $f(t)=2t^4-1$
$\therefore f(\sqrt{3})=18-1=17$

1191

답 ④

곡선 $y=\dfrac{\ln x}{x}$와 x축 및 직선 $x=k$로 둘러싸인 도형의 넓이와 곡선

$y=\dfrac{\ln x}{x}$와 x축 및 두 직선 $x=k$, $x=e^{3\sqrt{2}}$로 둘러싸인 도형의

넓이가 같으므로

$$\int_1^k \frac{\ln x}{x}dx=\int_k^{e^{3\sqrt{2}}} \frac{\ln x}{x}dx$$
$$\int_1^k \frac{\ln x}{x}dx-\int_k^{e^{3\sqrt{2}}} \frac{\ln x}{x}dx=0$$

이때, $\ln x=t$라 하면 $\dfrac{1}{x}=\dfrac{dt}{dx}$이고 $x=1$일 때 $t=0$,

$x=k$일 때 $t=\ln k$, $x=e^{3\sqrt{2}}$일 때 $t=3\sqrt{2}$이므로

$$\int_0^{\ln k} t\,dt-\int_{\ln k}^{3\sqrt{2}} t\,dt=\Big[\frac{t^2}{2}\Big]_0^{\ln k}-\Big[\frac{t^2}{2}\Big]_{\ln k}^{3\sqrt{2}}$$
$$=\frac{(\ln k)^2}{2}-\frac{18}{2}+\frac{(\ln k)^2}{2}$$
$$=(\ln k)^2-9=0$$

따라서 $\ln k=3$ $(\because k>1)$이므로 $k=e^3$이다.

1192

답 ②

곡선 $y=\dfrac{e^x}{\sqrt{1+e^x}}$과 x축 및 두 직선 $x=\ln 3$, $x=\ln 15$로 둘러싸인

도형의 넓이가 직선 $y=\dfrac{1}{\ln a}$과 x축 및 두 직선 $x=\ln 3$,

$x=\ln 15$로 둘러싸인 도형의 넓이의 2배이다. 즉,

$$\int_{\ln 3}^{\ln 15} \frac{e^x}{\sqrt{1+e^x}}dx=2\int_{\ln 3}^{\ln 15} \frac{1}{\ln a}dx \quad \cdots\cdots\ \ominus$$

이때, $1+e^x=t$라 하면 $e^x=\dfrac{dt}{dx}$이고 $x=\ln 3$일 때 $t=4$,

$x=\ln 15$일 때 $t=16$이므로

$$\int_{\ln 3}^{\ln 15} \frac{e^x}{\sqrt{1+e^x}}dx=\int_4^{16} \frac{1}{\sqrt{t}}dt$$
$$=\Big[2\sqrt{t}\Big]_4^{16}$$
$$=2\sqrt{16}-2\sqrt{4}=4$$
$$\int_{\ln 3}^{\ln 15} \frac{1}{\ln a}dx=\frac{1}{\ln a}\Big[x\Big]_{\ln 3}^{\ln 15}=\frac{\ln 15-\ln 3}{\ln a}=\frac{\ln 5}{\ln a}$$

$\ominus$에서 $4=2\times\dfrac{\ln 5}{\ln a}$이므로

$\ln a=\dfrac{\ln 5}{2}=\ln\sqrt{5}$

$\therefore a=\sqrt{5}$

1193

답 ④

곡선 $y=t+\sin\dfrac{\pi x}{2}$는 주기가 $\dfrac{2\pi}{\frac{\pi}{2}}=4$이고

직선 $x=1$에 대하여 대칭이다.

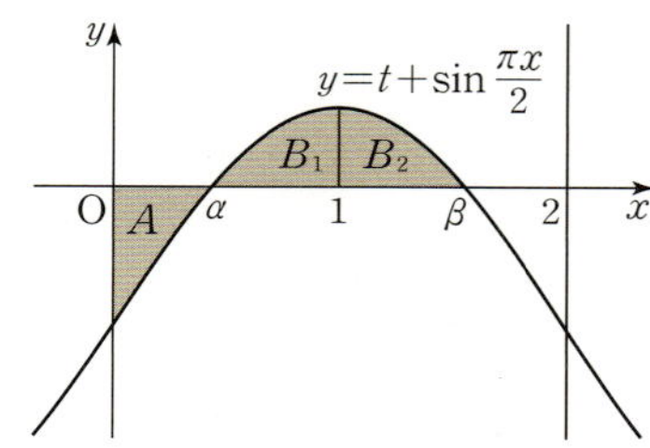

$0\leq x\leq 2$에서 곡선 $y=t+\sin\dfrac{\pi x}{2}$가 x축과 만나는 서로 다른

두 점의 x좌표를 α, $\beta\,(\alpha<\beta)$라 하고

곡선 $y=t+\sin\dfrac{\pi x}{2}$와 x축, 두 직선 $x=\alpha$, $x=1$로 둘러싸인 부분

B_1의 넓이를 S_{B_1}, 곡선 $y=t+\sin\dfrac{\pi x}{2}$와 x축, 두 직선 $x=1$,

$x=\beta$로 둘러싸인 부분 B_2의 넓이를 S_{B_2}라 하자.

곡선 $y=t+\sin\dfrac{\pi x}{2}$가 직선 $x=1$에 대하여 대칭이므로 $S_{B_1}=S_{B_2}$이고,

$S_B=S_{B_1}+S_{B_2}=2S_{B_1}$이고 $S_A:S_B=1:2$이므로 $S_A=S_{B_1}$이다.

따라서 $\displaystyle\int_0^1\Big(t+\sin\dfrac{\pi x}{2}\Big)dx=-S_A+S_{B_1}=0$이다.

$$\int_0^1\Big(t+\sin\frac{\pi x}{2}\Big)dx=\Big[tx-\frac{2}{\pi}\cos\frac{\pi x}{2}\Big]_0^1=t+\frac{2}{\pi}=0$$

$\therefore t=-\dfrac{2}{\pi}$

1194

답 ①

조건 ㈎에서 함수 $y=f(x)$의 그래프는 원점에 대하여 대칭이고
$f(0)=0$이다.

이때, 조건 ㈐에서 $f(-1)=10$이므로 $f(1)=-10$이다.

또한, 조건 ㈏에서 $-1<x<1$에서 함수 $f(x)$가 감소하므로 함수
$y=f(x)$의 그래프는 다음과 같다.

따라서 $\displaystyle\int_{-1}^{0} f(x)\,dx - \int_{0}^{1} f(x)\,dx = 9$ ...... ㉠

한편, $-1 < x < 1$에서 $f'(x) \leq 0$이므로

$-1 < x < 0$일 때 $2xf'(x) \geq 0$, $0 < x < 1$일 때 $2xf'(x) \leq 0$이다.

따라서 구하는 넓이는

$\displaystyle\int_{-1}^{0} 2xf'(x)\,dx - \int_{0}^{1} 2xf'(x)\,dx$이다.

이때, $\displaystyle\int 2xf'(x)\,dx = 2xf(x) - \int 2f(x)\,dx$이므로

$\displaystyle\int_{-1}^{0} 2xf'(x)\,dx - \int_{0}^{1} 2xf'(x)\,dx$

$= \Big[\,2xf(x)\,\Big]_{-1}^{0} - 2\displaystyle\int_{-1}^{0} f(x)\,dx - \Big[\,2xf(x)\,\Big]_{0}^{1} + 2\int_{0}^{1} f(x)\,dx$

$= 2f(-1) - 2f(1) - 2\left\{\displaystyle\int_{-1}^{0} f(x)\,dx - \int_{0}^{1} f(x)\,dx\right\}$

$= 20 + 20 - 18 = 22 \ (\because ㉠)$

1195

곡선 $y = n\cos(2x)$는 주기가 $\dfrac{2\pi}{2} = \pi$이므로 그래프는 다음과 같다.

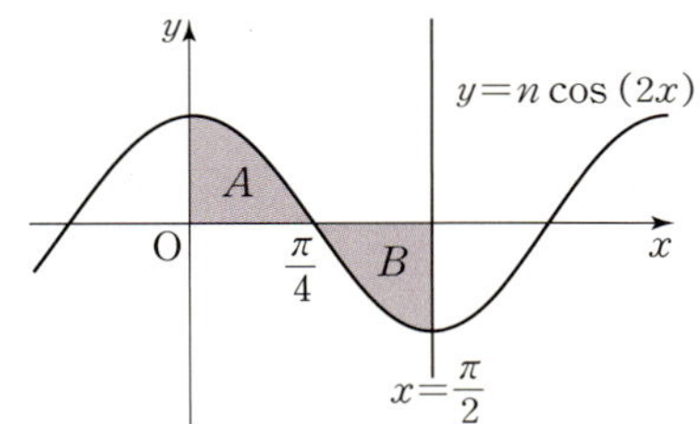

닫힌구간 $\left[0,\ \dfrac{\pi}{4}\right]$에서 곡선 $y = n\cos(2x)$와 x축, y축으로 둘러싸인

도형 A의 넓이를 S_A, 곡선 $y = n\cos(2x)$와 x축, 직선 $x = \dfrac{\pi}{2}$로 둘

러싸인 도형 B의 넓이를 S_B라 하면 $S_n = S_A + S_B$이고,

곡선 $y = n\cos(2x)$가 점 $\left(\dfrac{\pi}{4},\ 0\right)$에 대하여 대칭이므로 $S_A = S_B$이다.

$S_n = 2S_A = 2\displaystyle\int_{0}^{\frac{\pi}{4}} n\cos(2x)\,dx = n\Big[\sin(2x)\Big]_{0}^{\frac{\pi}{4}} = n$

$\therefore \displaystyle\sum_{n=1}^{10} \frac{1}{(n+1)S_n} = \sum_{n=1}^{10} \frac{1}{(n+1)n}$

$= \displaystyle\sum_{n=1}^{10}\left(\frac{1}{n} - \frac{1}{n+1}\right)$

$= \left(1 - \dfrac{1}{2}\right) + \left(\dfrac{1}{2} - \dfrac{1}{3}\right) + \cdots + \left(\dfrac{1}{10} - \dfrac{1}{11}\right)$

$= 1 - \dfrac{1}{11} = \dfrac{10}{11}$

$\therefore p + q = 11 + 10 = 21$

1196

$\displaystyle\int e^{-x}\sin(\pi x)\,dx$

$= -e^{-x}\sin(\pi x) + \displaystyle\int \{e^{-x} \times \pi\cos(\pi x)\}\,dx$

$= -e^{-x}\sin(\pi x) - \pi e^{-x}\cos(\pi x) - \displaystyle\int \{e^{-x} \times \pi^2\sin(\pi x)\}\,dx$

$(\pi^2 + 1)\displaystyle\int e^{-x}\sin(\pi x)\,dx = -e^{-x}\sin(\pi x) - \pi e^{-x}\cos(\pi x)$

$\therefore \displaystyle\int e^{-x}\sin(\pi x)\,dx = -\frac{e^{-x}\{\sin(\pi x) + \pi\cos(\pi x)\}}{\pi^2 + 1}$

(i) n이 홀수일 때,

구간 $[n-1,\ n]$에서 $e^{-x}\sin(\pi x) \geq 0$이므로

$S_n = \displaystyle\int_{n-1}^{n} e^{-x}\sin(\pi x)\,dx$

$= \left[-\dfrac{e^{-x}\{\sin(\pi x) + \pi\cos(\pi x)\}}{\pi^2 + 1} \right]_{n-1}^{n}$

$= -\dfrac{1}{\pi^2 + 1}\{e^{-n}(0 - \pi) - e^{-n+1}(0 + \pi)\}$

$= \dfrac{\pi}{\pi^2 + 1}(e^{-n} + e^{-n+1})$

$= \dfrac{\pi(1+e)}{\pi^2 + 1}e^{-n}$

(ii) n이 짝수일 때,

구간 $[n-1,\ n]$에서 $e^{-x}\sin(\pi x) \leq 0$이므로

$S_n = -\displaystyle\int_{n-1}^{n} e^{-x}\sin(\pi x)\,dx$

$= \left[\dfrac{e^{-x}\{\sin(\pi x) + \pi\cos(\pi x)\}}{\pi^2 + 1} \right]_{n-1}^{n}$

$= \dfrac{1}{\pi^2 + 1}\{e^{-n}(0 + \pi) - e^{-n+1}(0 - \pi)\}$

$= \dfrac{\pi}{\pi^2 + 1}(e^{-n} + e^{-n+1})$

$= \dfrac{\pi(1+e)}{\pi^2 + 1}e^{-n}$

(i), (ii)에서 $S_n = \dfrac{\pi(1+e)}{\pi^2 + 1}e^{-n}$이므로

$\displaystyle\sum_{n=1}^{\infty} S_n = \frac{\pi(1+e)}{\pi^2 + 1}\sum_{n=1}^{\infty} e^{-n}$

$= \dfrac{\pi(1+e)}{\pi^2 + 1} \times \dfrac{e^{-1}}{1 - e^{-1}}$

$= \dfrac{\pi(1+e)}{\pi^2 + 1} \times \dfrac{1}{e - 1}$

$= \dfrac{(e+1)\pi}{(e-1)(\pi^2 + 1)}$

1197

$y = \ln x$에서 $x = e^y$이고, $y = -\ln x$에서 $x = e^{-y}$이다.

그림에서 두 곡선 $y = \ln x$, $y = -\ln x$ 및 직선 $y = 1$로 둘러싸인

도형의 넓이는

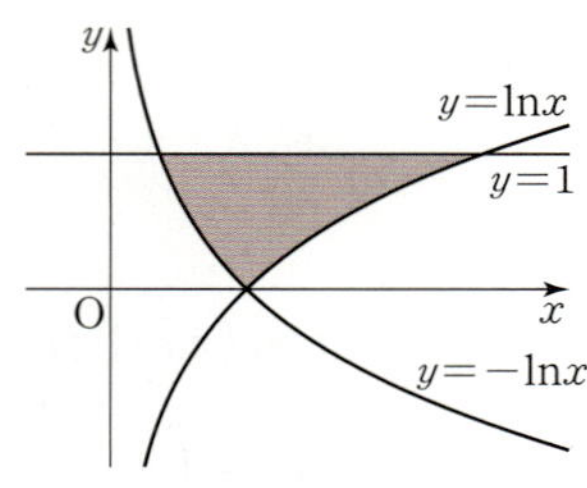

$$\int_0^1 (e^y - e^{-y})\,dy = \left[e^y + e^{-y} \right]_0^1 = e + \frac{1}{e} - 2$$

1198 답 ③

함수 $y = e^x$의 그래프와 x축, y축 및 직선 $x=2$로 둘러싸인 도형의 넓이는

$$\int_0^2 e^x\,dx = \left[e^x \right]_0^2 = e^2 - 1$$

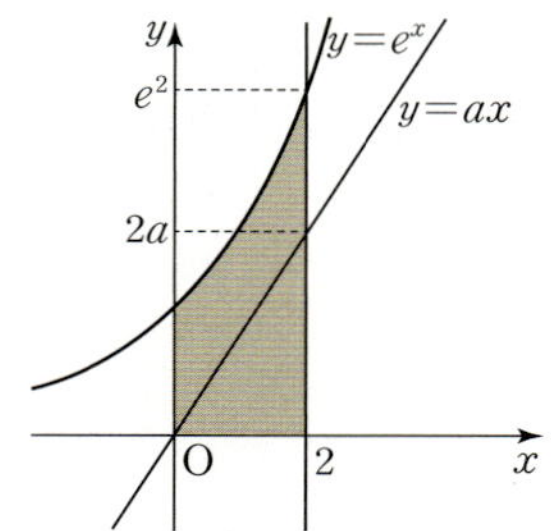

이 넓이가 직선 $y = ax$에 의하여 이등분되므로

$$\frac{1}{2} \times 2 \times 2a = \frac{1}{2}(e^2 - 1)$$

$$\therefore a = \frac{e^2 - 1}{4}$$

1199 답 ④

함수 $y = \ln x$의 그래프와 x축 및 직선 $x = e$로 둘러싸인 도형의 넓이는

$$\int_1^e \ln x\,dx = \left[x \ln x - x \right]_1^e = 1$$

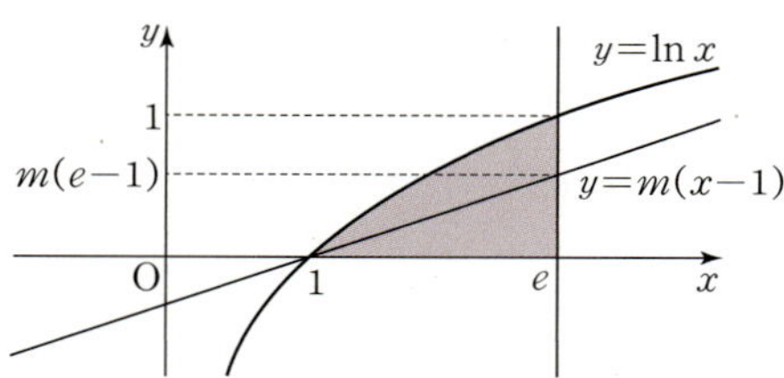

이 넓이가 직선 $y = m(x-1)$에 의하여 이등분되므로

$$\frac{1}{2} \times (e-1) \times m(e-1) = \frac{1}{2}$$

$$m(e-1)^2 = 1$$

$$\therefore m = \frac{1}{(e-1)^2}$$

1200 답 ③

두 곡선 $y = e^{-x}$, $y = -e^{-x}$은 x축에 대하여 대칭이므로 구하고자 하는 넓이는 곡선 $y = e^{-x}$과 x축, y축 및 직선 $x = n$으로 둘러싸인

도형의 넓이의 2배와 같다.

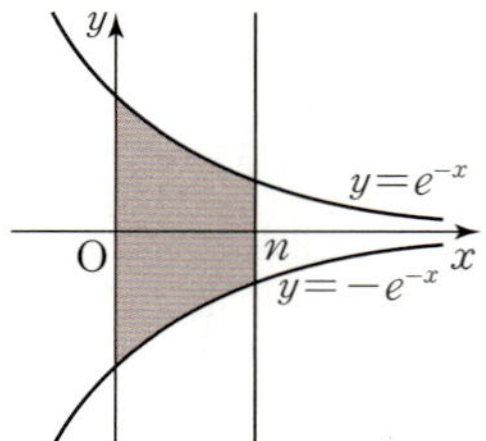

$$S_n = 2\int_0^n e^{-x}\,dx = 2\left[-e^{-x} \right]_0^n = 2(-e^{-n} + 1) = -2e^{-n} + 2$$

$$\therefore \lim_{n \to \infty} S_n = \lim_{n \to \infty} (-2e^{-n} + 2) = 2$$

1201 답 ②

곡선 $y = \dfrac{1}{x}$ $(x > 0)$과 두 직선 OP, OQ로 둘러싸인 도형의 넓이는 다음 그림의 어두운 부분의 넓이와 같다.

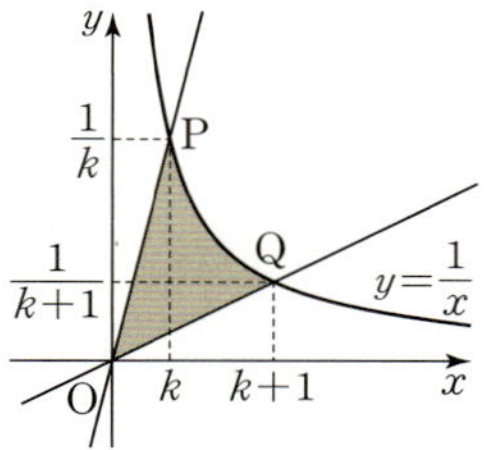

$$S(k) = \frac{1}{2} \times k \times \frac{1}{k} + \int_k^{k+1} \frac{1}{x}\,dx - \frac{1}{2} \times (k+1) \times \frac{1}{k+1}$$

$$= \frac{1}{2} + \left[\ln x \right]_k^{k+1} - \frac{1}{2} = \ln \frac{k+1}{k} = \ln \left(1 + \frac{1}{k} \right)$$

$$\therefore \lim_{k \to \infty} kS(k) = \lim_{k \to \infty} k \ln \left(1 + \frac{1}{k} \right)$$

$$= \lim_{k \to \infty} \ln \left(1 + \frac{1}{k} \right)^k = \ln e = 1$$

1202 답 ③

두 곡선 $y = \dfrac{1}{n} \sin x$, $y = \dfrac{1}{n+1} \sin x$의 그래프는 다음과 같다.

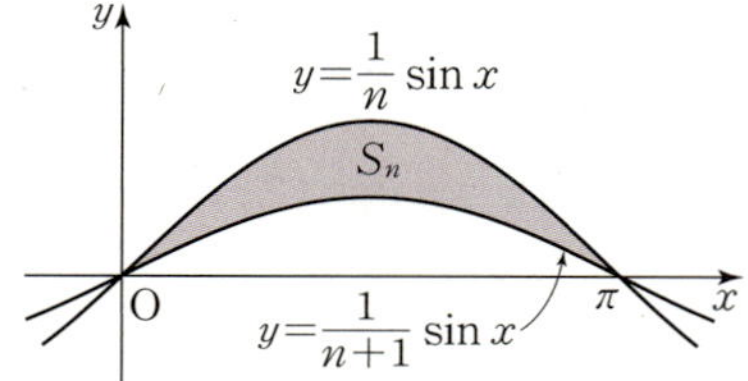

$$S_n = \int_0^\pi \left(\frac{1}{n} \sin x - \frac{1}{n+1} \sin x \right) dx$$

$$= \int_0^\pi \left(\frac{1}{n} - \frac{1}{n+1} \right) \sin x\,dx$$

$$= \left[-\left(\frac{1}{n} - \frac{1}{n+1} \right) \cos x \right]_0^\pi$$

$$= 2\left(\frac{1}{n} - \frac{1}{n+1} \right)$$

$$\therefore \lim_{n \to \infty} \sum_{k=1}^n S_k = \lim_{n \to \infty} \sum_{k=1}^n 2\left(\frac{1}{k} - \frac{1}{k+1} \right)$$

$$= \lim_{n \to \infty} 2\left(1 - \frac{1}{n+1} \right) = 2$$

1203

답 ③

함수 $y=\cos(2^n x)$의 주기는 $\dfrac{2\pi}{2^n}=\dfrac{\pi}{2^{n-1}}$이므로 구간 $\left[0,\ \dfrac{\pi}{2^{n-1}}\right]$

에서 곡선 $y=\cos(2^n x)$의 그래프는 다음과 같다.

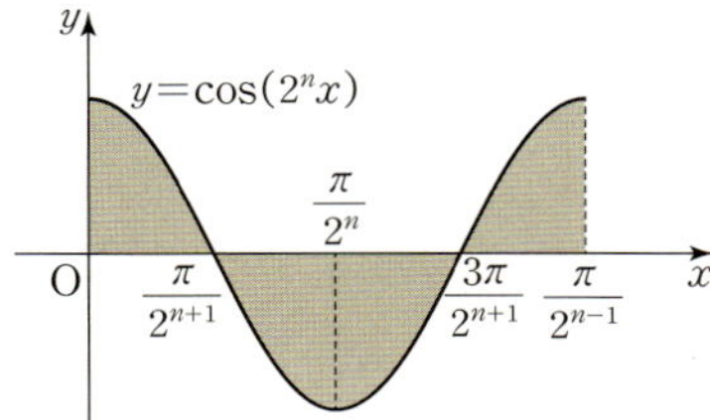

이때, 곡선 $y=\cos(2^n x)$는 점 $\left(\dfrac{\pi}{2^{n+1}},\ 0\right)$, $\left(\dfrac{3\pi}{2^{n+1}},\ 0\right)$에 대하여

대칭이고, 직선 $x=\dfrac{\pi}{2^n}$에 대하여 대칭이다.

$$\therefore\ S_n=\int_0^{\frac{\pi}{2^{n-1}}}|\cos(2^n x)|\,dx$$

$$=4\int_0^{\frac{\pi}{2^{n+1}}}\cos(2^n x)\,dx$$

$$=4\left[\frac{1}{2^n}\sin(2^n x)\right]_0^{\frac{\pi}{2^{n+1}}}=\frac{4}{2^n}$$

따라서 수열 $\{S_n\}$은 첫째항이 2이고 공비가 $\dfrac{1}{2}$인 등비수열이므로

$$\sum_{n=1}^{\infty}S_n=\frac{2}{1-\dfrac{1}{2}}=4$$

1204

답 ③

그림과 같이 두 곡선 $y=e^x$, $y=xe^x$과
직선 $x=2$, x축으로 둘러싸인 도형을 C라 하면

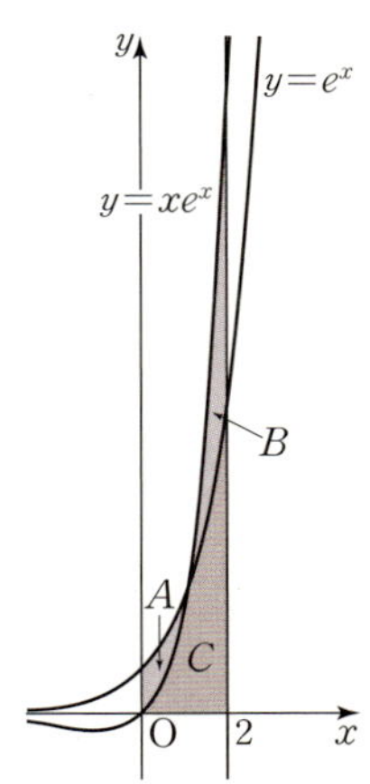

도형 A의 넓이와 도형 C의 넓이의 합은 $\displaystyle\int_0^2 e^x\,dx$이고,

도형 B의 넓이와 도형 C의 넓이의 합은 $\displaystyle\int_0^2 xe^x\,dx$이다.

따라서 $b-a$의 값은 $\displaystyle\int_0^2 xe^x\,dx-\int_0^2 e^x\,dx$와 같으므로

$$b-a=\int_0^2 (xe^x-e^x)\,dx$$

$$=\int_0^2 (x-1)e^x\,dx$$

$$=\left[(x-1)e^x\right]_0^2-\int_0^2 e^x\,dx$$

$$=e^2+1-\left[e^x\right]_0^2=2$$

1205

답 ③

곡선 $y=e^{-2x}$과 직선 $y=\sqrt{e}$의 교점의 좌표는 $\left(-\dfrac{1}{4},\ \sqrt{e}\right)$이므로

도형 A의 넓이를 S_A라고 하면

$$S_A=\int_{-\frac{1}{4}}^{0}(\sqrt{e}-e^{-2x})\,dx=\left[\sqrt{e}\,x+\frac{e^{-2x}}{2}\right]_{-\frac{1}{4}}^{0}=\frac{1}{2}-\frac{\sqrt{e}}{4}$$

도형 B의 넓이를 S_B라고 하면

$$S_B=\int_0^k e^{-2x}\,dx=\left[-\frac{e^{-2x}}{2}\right]_0^k=\frac{1}{2}-\frac{e^{-2k}}{2}$$

이때, $S_A=S_B$이므로 $\dfrac{1}{2}-\dfrac{\sqrt{e}}{4}=\dfrac{1}{2}-\dfrac{e^{-2k}}{2}$

$\dfrac{\sqrt{e}}{4}=\dfrac{e^{-2k}}{2}$이므로 $e^{2k+\frac{1}{2}}=2$이다.

$$\therefore\ e^{4k+1}=(e^{2k+\frac{1}{2}})^2=2^2=4$$

1206

답 풀이 참조

두 곡선 $y=\cos x$, $y=\sin x$의 교점의 x좌표는

$\cos x=\sin x$에서 $x=\dfrac{\pi}{4}\ \left(0\le x\le\dfrac{\pi}{2}\right)$이므로

$$S_1=\int_0^{\frac{\pi}{4}}(\cos x-\sin x)\,dx=\left[\sin x+\cos x\right]_0^{\frac{\pi}{4}}=\sqrt{2}-1$$

$$S_2=\int_0^{\frac{\pi}{4}}\sin x\,dx+\int_{\frac{\pi}{4}}^{\frac{\pi}{2}}\cos x\,dx$$

$$=\left[-\cos x\right]_0^{\frac{\pi}{4}}+\left[\sin x\right]_{\frac{\pi}{4}}^{\frac{\pi}{2}}$$

$$=2-\sqrt{2}$$

$$\therefore\ \frac{S_2}{S_1}=\frac{2-\sqrt{2}}{\sqrt{2}-1}=\sqrt{2}$$

채점 요소	배점
S_1의 값 구하기	40 %
S_2의 값 구하기	40 %
$\dfrac{S_2}{S_1}$의 값 구하기	20 %

1207

답 ④

그림과 같이 $0\le x\le\dfrac{\pi}{2}$에서 두 곡선 $y=k\cos x$,

$y=e^x-1$과 x축으로 둘러싸인 도형의 넓이를 S_3이라 하자.

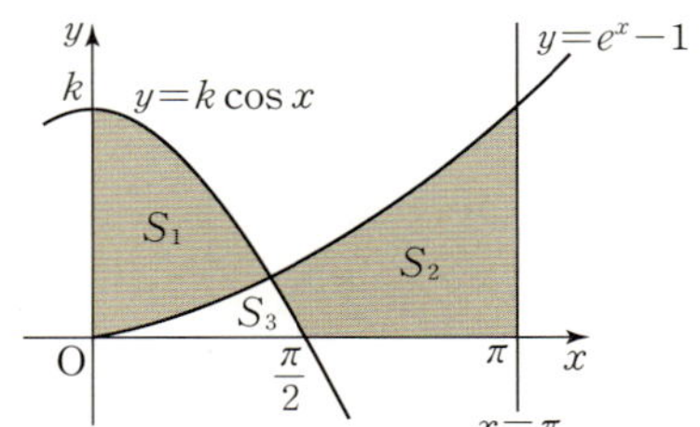

$$\int_0^{\frac{\pi}{2}} k\cos x\,dx = S_1 + S_3,\quad \int_0^{\pi}(e^x-1)\,dx = S_2 + S_3 \text{이고,}$$
$S_1 = S_2$이므로
$$\int_0^{\frac{\pi}{2}} k\cos x\,dx = \int_0^{\pi}(e^x-1)\,dx$$
$$\Big[\,k\sin x\,\Big]_0^{\frac{\pi}{2}} = \Big[\,e^x - x\,\Big]_0^{\pi}$$
$$\therefore k = e^{\pi} - \pi - 1$$

1208 답 ①

두 곡선 $y=\sin x$, $y=a\cos x$의 교점의 x좌표를
$\theta\ \left(0 \le \theta \le \dfrac{\pi}{2}\right)$라 하자.

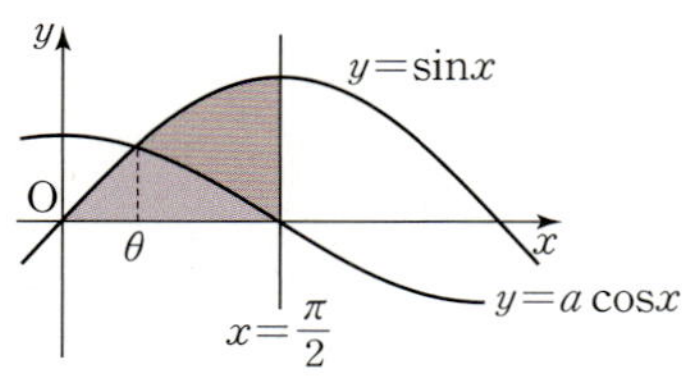

$a\cos\theta = \sin\theta$에서 $\tan\theta = a$이므로

$$\therefore \sin\theta = \frac{a}{\sqrt{a^2+1}},\ \cos\theta = \frac{1}{\sqrt{a^2+1}} \quad\cdots\cdots\ \text{㉠}$$

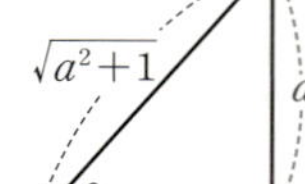

곡선 $y=\sin x$와 x축 및 직선 $x=\dfrac{\pi}{2}$로 둘러싸인

부분의 넓이를 곡선 $y=a\cos x$가 이등분하므로
$$\int_{\theta}^{\frac{\pi}{2}}(\sin x - a\cos x)\,dx = \frac{1}{2}\int_0^{\frac{\pi}{2}}\sin x\,dx$$
$$\Big[-\cos x - a\sin x\Big]_{\theta}^{\frac{\pi}{2}} = \frac{1}{2}\Big[-\cos x\Big]_0^{\frac{\pi}{2}}$$
$$-a + \cos\theta + a\sin\theta = \frac{1}{2}$$

이때, ㉠을 대입하면
$$-a + \frac{1}{\sqrt{a^2+1}} + \frac{a^2}{\sqrt{a^2+1}} = \frac{1}{2}$$
$$\frac{a^2+1}{\sqrt{a^2+1}} = a + \frac{1}{2},\ \sqrt{a^2+1} = a + \frac{1}{2}$$

양변을 제곱하면 $a^2+1 = \left(a+\dfrac{1}{2}\right)^2,\ a^2+1 = a^2 + a + \dfrac{1}{4}$
$$\therefore a = \frac{3}{4}$$

1209 답 ④

두 곡선 $y=\sin x$, $y=k\cos x$의 교점의 x좌표를
$\theta\ \left(0 \le \theta \le \dfrac{\pi}{2}\right)$라 하자.

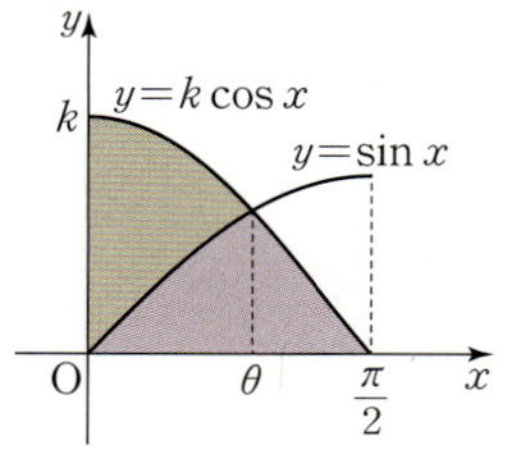

$k\cos\theta = \sin\theta$에서 $\tan\theta = k$이므로

$$\therefore \sin\theta = \frac{k}{\sqrt{k^2+1}},\ \cos\theta = \frac{1}{\sqrt{k^2+1}} \quad\cdots\cdots\ \text{㉠}$$

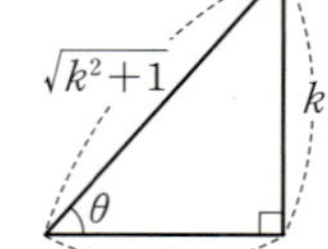

곡선 $y=k\cos x$와 x축, y축으로 둘러싸인 부분의
넓이를 곡선 $y=\sin x$가 이등분하므로
$$\int_0^{\theta}(k\cos x - \sin x)\,dx = \frac{1}{2}\int_0^{\frac{\pi}{2}} k\cos x\,dx$$
$$\Big[k\sin x + \cos x\Big]_0^{\theta} = \frac{1}{2}\Big[k\sin x\Big]_0^{\frac{\pi}{2}}$$
$$k\sin\theta + \cos\theta - 1 = \frac{k}{2}$$

이때, ㉠을 대입하면
$$\frac{k^2}{\sqrt{k^2+1}} + \frac{1}{\sqrt{k^2+1}} = \frac{k}{2} + 1$$
$$\frac{k^2+1}{\sqrt{k^2+1}} = \frac{k}{2}+1,\ \sqrt{k^2+1} = \frac{k}{2}+1$$

양변을 제곱하면 $k^2+1 = \left(\dfrac{k}{2}+1\right)^2,\ \dfrac{3}{4}k^2 - k = 0$
$$\frac{3}{4}k\left(k - \frac{4}{3}\right) = 0 \qquad \therefore k = \frac{4}{3}\ (\because k>0)$$

1210 답 풀이 참조

두 곡선 $y=\sin(2x)$, $y=k\cos x$의 교점의 x좌표를
$\theta\ \left(0 \le \theta \le \dfrac{\pi}{2}\right)$라 하자.

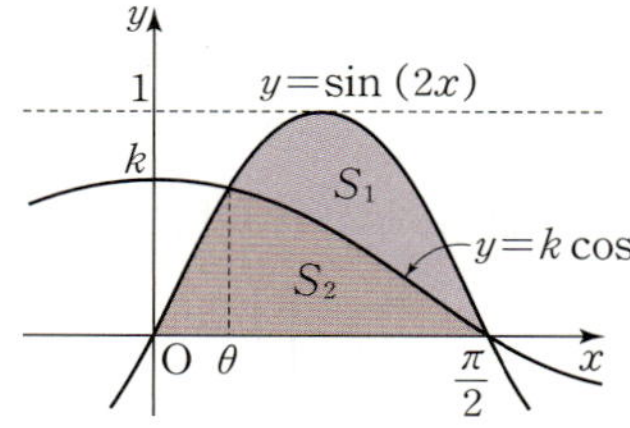

$k\cos\theta = \sin(2\theta)$, $k\cos\theta = 2\sin\theta\cos\theta$에서

$$\sin\theta = \frac{k}{2}\ \left(\because 0 < \theta < \frac{\pi}{2}\right) \quad\cdots\cdots\ \text{㉠}$$

$S_1 : S_2 = 4 : 5$를 만족시키므로
$$\int_{\theta}^{\frac{\pi}{2}}\{\sin(2x) - k\cos x\}\,dx = \frac{4}{9}\int_0^{\frac{\pi}{2}}\sin(2x)\,dx$$
$$\Big[-\frac{1}{2}\cos(2x) - k\sin x\Big]_{\theta}^{\frac{\pi}{2}} = \frac{4}{9}\Big[-\frac{1}{2}\cos(2x)\Big]_0^{\frac{\pi}{2}}$$
$$\frac{1}{2} - k - \left\{-\frac{1}{2}\cos(2\theta) - k\sin\theta\right\} = \frac{4}{9}$$
$$\frac{1}{2} - k + \frac{1}{2}(1 - 2\sin^2\theta) + k\sin\theta = \frac{4}{9} \quad\cdots\cdots\ \text{TIP 1}$$
$$1 - k - \sin^2\theta + k\sin\theta = \frac{4}{9}$$

이때, ㉠을 대입하면
$$1 - k - \frac{k^2}{4} + \frac{k^2}{2} = \frac{4}{9},\ \frac{k^2}{4} - k + \frac{5}{9} = 0$$
$$9k^2 - 36k + 20 = 0,\ (3k-2)(3k-10) = 0$$
$$\therefore k = \frac{2}{3}\ (\because k \le 2) \quad\cdots\cdots\ \text{TIP 2}$$

$$\cos (2\theta)=\cos^2\theta-\sin^2\theta$$
$$=(1-\sin^2\theta)-\sin^2\theta$$
$$=1-2\sin^2\theta$$

$\sin\theta=\dfrac{k}{2}\leq 1$이므로 $k\leq 2$이다.

채점 요소	배점
두 곡선 $y=\sin (2x)$, $y=k\cos x$의 교점의 x좌표를 미지수로 두고 $\sin\theta=\dfrac{k}{2}$임을 구하기	30 %
비례식 $S_1 : S_2=4 : 5$를 만족시키는 k의 값 구하기	70 %

1211   답 ③

$f(x)=e^{nx}$에서 $f'(x)=ne^{nx}$이므로 함수 $y=f(x)$의 그래프 위의 점 $(t, f(t))$에서의 접선의 방정식은
$y-e^{nt}=ne^{nt}(x-t)$이고 이 직선이 원점을 지나므로
$-e^{nt}=ne^{nt}(-t)$, $e^{nt}(nt-1)=0$에서 $t=\dfrac{1}{n}$이다.

따라서 접선의 방정식은 $y=nex$이다.
곡선 $y=e^{nx}$과 직선 $y=nex$ 및 y축으로 둘러싸인 도형의 넓이 S_n은
$$S_n=\int_0^{\frac{1}{n}} (e^{nx}-nex)\,dx$$
$$=\left[\frac{1}{n}e^{nx}-\frac{ne}{2}x^2\right]_0^{\frac{1}{n}}=\frac{1}{n}(e-1)-\frac{e}{2n}=\frac{e-2}{2n}$$
$$\therefore \lim_{n\to\infty}(2n-3)S_n=\lim_{n\to\infty}\frac{(2n-3)(e-2)}{2n}=e-2$$

1212   답 ③

곡선 $y=\ln (ax)$와 직선 $y=bx$가 $x=t$일 때 접한다고 하면
$\ln (at)=bt$이고   …… ㉠
$x=t$에서의 미분계수가 서로 같으므로 $\dfrac{1}{t}=b$에서 $bt=1$이다.

이를 ㉠의 우변에 대입하면 $\ln (at)=1$ $\therefore at=e$

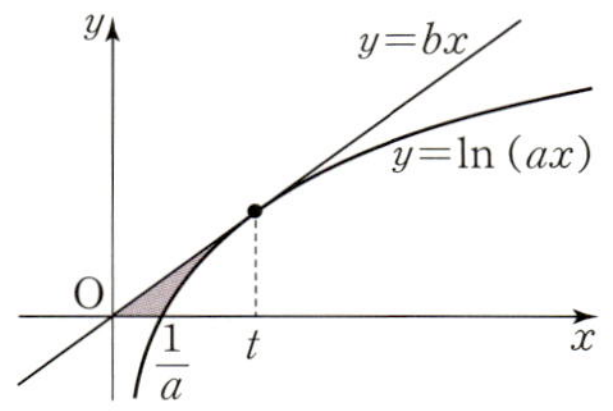

곡선 $y=\ln (ax)$와 직선 $y=bx$ 및 x축으로 둘러싸인
도형의 넓이가 $\dfrac{1}{e}$이므로
$$\int_0^t bx\,dx-\int_{\frac{1}{a}}^t \ln (ax)\,dx$$
$$=\frac{1}{2}\times t\times bt-\left[x\ln (ax)\right]_{\frac{1}{a}}^t+\int_{\frac{1}{a}}^t 1\,dx$$

$$=\frac{1}{2}bt^2-t\ln (at)+\left[x\right]_{\frac{1}{a}}^t=\frac{1}{2}bt^2-t\ln (at)+t-\frac{1}{a}$$
$$=\frac{1}{2}t-t+t-\frac{t}{e}\ (\because at=e,\ bt=1)$$
$$=t\left(\frac{1}{2}-\frac{1}{e}\right)=\frac{e-2}{2e}t$$
즉, $\dfrac{e-2}{2e}t=\dfrac{1}{e}$ $\therefore t=\dfrac{2}{e-2}$
$$\therefore a+b=\frac{e}{t}+\frac{1}{t}=\frac{e+1}{t}=\frac{(e+1)(e-2)}{2}$$

1213   답 ④

$f(x)=\sin\left(\dfrac{\pi}{2}-x\right)=\cos x$이므로 $f'(x)=-\sin x$이다.
곡선 $f(x)=\cos x$ 위의 점 $(t, f(t))$에서의 접선의 방정식은
$y-\cos t=-\sin t\times(x-t)$,
즉 $y=-(\sin t)x+t\sin t+\cos t$이다.

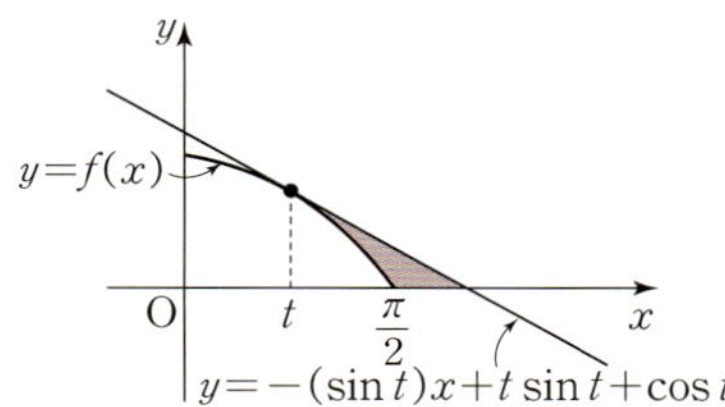

직선 $y=-(\sin t)x+t\sin t+\cos t$의 x절편은
$(\sin t)x=t\sin t+\cos t$, 즉 $x=t+\dfrac{\cos t}{\sin t}$이고,
곡선 $f(x)=\cos x$와 곡선 위의 점 $(t, f(t))$에서의 접선 및 x축으로 둘러싸인 도형의 넓이는
$$\int_t^{t+\frac{\cos t}{\sin t}}\{-(\sin t)x+t\sin t+\cos t\}\,dx-\int_t^{\frac{\pi}{2}}\cos x\,dx$$
$$=\frac{1}{2}\times\frac{\cos t}{\sin t}\times\cos t-\left[\sin x\right]_t^{\frac{\pi}{2}}=\frac{\cos^2 t}{2\sin t}-(1-\sin t)$$
$$=\frac{\cos^2 t}{2\sin t}+\sin t-1$$
즉, $\dfrac{\cos^2 t}{2\sin t}+\sin t-1=\dfrac{3}{2}$, $\dfrac{\cos^2 t}{2\sin t}+\sin t=\dfrac{5}{2}$,
$\cos^2 t+2\sin^2 t=5\sin t$
$\sin^2 t-5\sin t+1=0\ (\because \cos^2 t=1-\sin^2 t)$
이때, $\sin t=a\ (0\leq a\leq 1)$라고 하면 $a^2-5a+1=0$이므로
$a=\dfrac{5-\sqrt{21}}{2}\ (\because 0\leq a\leq 1)$
$$\therefore \sin t=\frac{5-\sqrt{21}}{2}$$

1214   답 풀이 참조

$f(x)=(x-1)e^x$이라고 하면 $f'(x)=e^x+(x-1)e^x=xe^x$이고
$f''(x)=e^x+xe^x=(x+1)e^x$
이때, $f''(x)=0$에서 $x=-1$이고, $x=-1$의 좌우에서
$f''(x)$의 부호가 바뀌므로
곡선 $f(x)=(x-1)e^x$의 변곡점은 $\left(-1, -\dfrac{2}{e}\right)$이다.
따라서 변곡점에서의 접선의 방정식은

$y+\dfrac{2}{e}=-\dfrac{1}{e}(x+1)$, 즉 $y=-\dfrac{1}{e}x-\dfrac{3}{e}$ 이고 그래프는 다음과 같다.

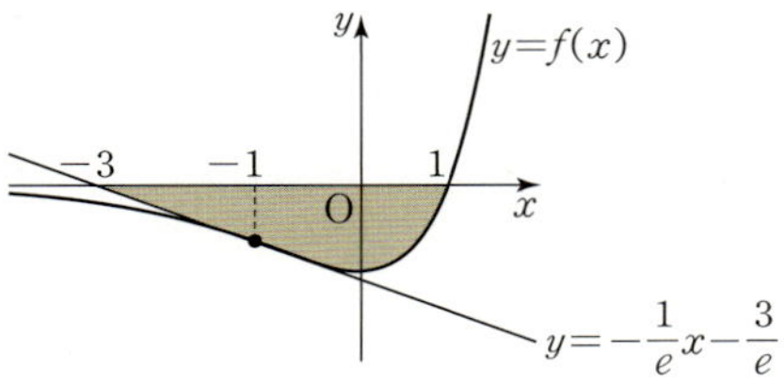

곡선 $y=(x-1)e^x$과 직선 $y=-\dfrac{1}{e}x-\dfrac{3}{e}$ 및 x축으로 둘러싸인

부분의 넓이는

$-\displaystyle\int_{-3}^{-1}\left(-\dfrac{1}{e}x-\dfrac{3}{e}\right)dx-\int_{-1}^{1}(x-1)e^x\,dx$

$=\dfrac{1}{2}\times2\times\dfrac{2}{e}-\left[(x-1)e^x\right]_{-1}^{1}+\displaystyle\int_{-1}^{1}e^x\,dx$

$=\dfrac{2}{e}-\dfrac{2}{e}+\left[e^x\right]_{-1}^{1}=e-\dfrac{1}{e}$

채점 요소	배점
곡선 $y=(x-1)e^x$의 변곡점에서의 접선의 방정식 구하기	40 %
구하는 넓이를 곡선 $y=(x-1)e^x$과 x축으로 둘러싸인 넓이와 직선 $y=-\dfrac{1}{e}x-\dfrac{3}{e}$과 x축으로 둘러싸인 넓이로 나누어 계산하기	60 %

1215   답 ③

$\displaystyle\lim_{n\to\infty}\dfrac{2}{n}\sum_{k=1}^{n}f\left(2+\dfrac{2k}{n}\right)$
$\qquad+\displaystyle\lim_{n\to\infty}\dfrac{6}{n}\sum_{k=1}^{n}g\left(a+\dfrac{6k}{n}\right)$

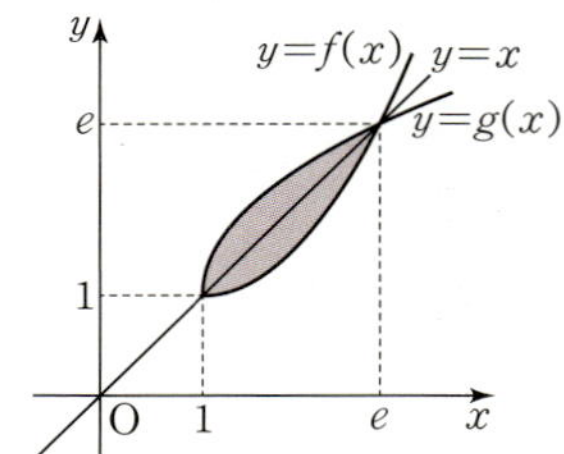

$=\displaystyle\int_{2}^{4}f(x)\,dx+\int_{a}^{a+6}g(x)\,dx$

$=4(a+6)-2a$

$=2a+24=48$

$\therefore a=12$

1216   답 ②

$\displaystyle\lim_{n\to\infty}\dfrac{1}{n}\sum_{k=1}^{n}\left\{f\left(1+\dfrac{8k}{n}\right)+f^{-1}\left(1+\dfrac{8k}{n}\right)\right\}$

$=\dfrac{1}{8}\displaystyle\lim_{n\to\infty}\dfrac{8}{n}\sum_{k=1}^{n}\left\{f\left(1+\dfrac{8k}{n}\right)\right.$
$\qquad\qquad\left.+f^{-1}\left(1+\dfrac{8k}{n}\right)\right\}$

$=\dfrac{1}{8}\left\{\displaystyle\int_{1}^{9}f(x)\,dx+\int_{1}^{9}f^{-1}(x)\,dx\right\}$

$=\dfrac{1}{8}(9\times9-1\times1)$

$=\dfrac{1}{8}(81-1)=10$

1217   답 ④

$f(x)=x\ln x-\ln x+1$에서

$f'(x)=\ln x+1-\dfrac{1}{x}$

$x\geq1$에서 $f'(x)\geq0$이므로

$x\geq1$에서 $f(x)$는 증가하는 함수이다.

즉, 두 곡선 $y=f(x)$, $y=g(x)$의 교점은

곡선 $y=f(x)$와 직선 $y=x$의 교점과 같다.

이때, $x\ln x-\ln x+1=x$에서 $(x-1)(1-\ln x)=0$

$\therefore x=1$ 또는 $x=e$

두 곡선 $y=f(x)$, $y=g(x)$의 교점은 $(1,\,1)$, $(e,\,e)$이다.

두 곡선이 직선 $y=x$에 대하여 대칭이므로 구하는 넓이는

$2\displaystyle\int_{1}^{e}\{x-f(x)\}\,dx$

$=2\displaystyle\int_{1}^{e}(x-x\ln x+\ln x-1)\,dx$

$=2\displaystyle\int_{1}^{e}(x-1)\,dx-2\int_{1}^{e}x\ln x\,dx+2\int_{1}^{e}\ln x\,dx$

$=\left[x^2-2x\right]_{1}^{e}-\left[x^2\ln x\right]_{1}^{e}+\displaystyle\int_{1}^{e}x\,dx+2\left[x\ln x-x\right]_{1}^{e}$

$=e^2-2e+1-e^2+\left[\dfrac{1}{2}x^2\right]_{1}^{e}+2$

$=-2e+3+\dfrac{1}{2}(e^2-1)=\dfrac{1}{2}e^2-2e+\dfrac{5}{2}$

1218   답 ②

함수 $y=f(x)$의 역함수가 존재하려면 모든 실수 x에 대하여

$f'(x)\geq0$ 또는 $f'(x)\leq0$이어야 한다.

$f'(x)=(x^2+2x+a)e^x$이고, 모든 실수 x에 대하여 $e^x\geq0$이므로

$x^2+2x+a\geq0$이어야 한다.

이차방정식 $x^2+2x+a=0$의 판별식을 D라 하면

$\dfrac{D}{4}=1-a\leq0$, 즉 $a\geq1$이므로 $m=1$이다.

$\therefore g(x)=(x^2+1)e^x$

이때, $g(0)=1$, $g(1)=2e$이고 함수 $y=g(x)$와 그 역함수

$y=h(x)$의 그래프는 직선 $y=x$에 대하여 대칭이므로

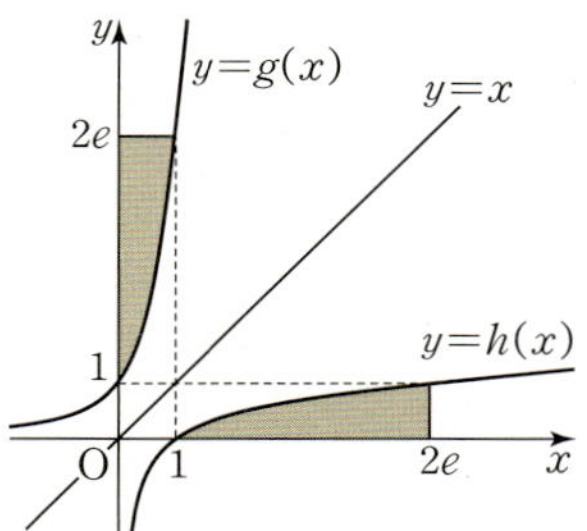

$\displaystyle\int_{1}^{2e}h(x)\,dx$의 값은 함수 $y=g(x)$의 그래프와 y축 및

직선 $y=2e$로 둘러싸인 부분의 넓이와 같다.

따라서
$$\int_1^{2e} h(x)\,dx = 2e - \int_0^1 g(x)\,dx$$
$$= 2e - \int_0^1 (x^2+1)e^x\,dx$$
$$= 2e - \left[(x^2+1)e^x\right]_0^1 + \int_0^1 2xe^x\,dx$$
$$= 1 + \left[2xe^x\right]_0^1 - \int_0^1 2e^x\,dx$$
$$= 1 + 2e - \left[2e^x\right]_0^1$$
$$= 3$$

1219

답 ①

$f(x)=xe^{x-n}$에서 $f'(x)=(x+1)e^{x-n}$
이때, $x\geq0$에서 $f'(x)>0$이므로 $x\geq0$에서 $f(x)$는 증가하는
함수이다. 즉, 두 곡선 $y=f(x)$, $y=g(x)$의 교점은 곡선 $y=f(x)$
와 직선 $y=x$의 교점과 같다.
$xe^{x-n}=x$에서 $x(e^{x-n}-1)=0$
$\therefore x=0$ 또는 $x=n$

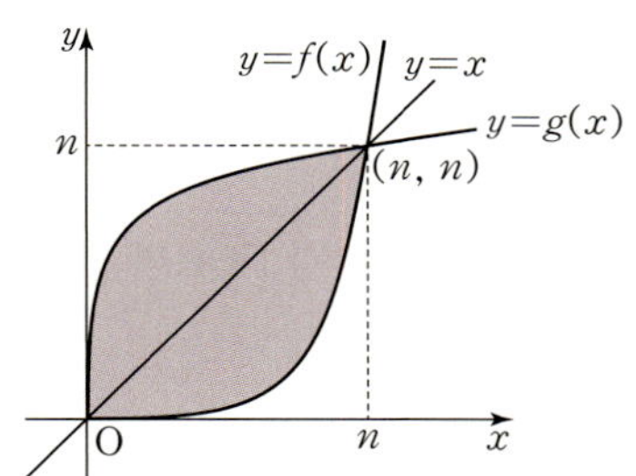

따라서 구하는 넓이는
$$2\int_0^n (x-xe^{x-n})\,dx$$
$$= \int_0^n 2x\,dx - \int_0^n 2xe^{x-n}\,dx$$
$$= \left[x^2\right]_0^n - \left[2xe^{x-n}\right]_0^n + \int_0^n 2e^{x-n}\,dx$$
$$= n^2 - 2n + \left[2e^{x-n}\right]_0^n$$
$$= n^2 - 2n + 2 - 2e^{-n}$$
$$\therefore \lim_{n\to\infty}\frac{S_n}{n^2} = \lim_{n\to\infty}\frac{n^2-2n+2-2e^{-n}}{n^2} = 1$$

1220

답 ②

t초 후 물의 높이가 t이므로 물의 높이가 t일 때 밑면에 평행하게
자른 수면의 넓이를 $S(t)$라 하면
$$V(t)=\int_0^t S(t)\,dt = 2t^2+4t$$
양변을 t에 대하여 미분하면 $S(t)=4t+4$이다.
$t=2$일 때 수면의 넓이 $S(2)=12$이고
밑면에 평행하게 자른 수면은 정사각형 모양이므로
한 변의 길이는 $\sqrt{12}=2\sqrt{3}$이다.

1221

답 ②

그림과 같이 점 C를 원점으로 하고 선분 AB를 y축과 평행하도록
삼각형 ABC를 좌표평면에 놓으면
$A(4,\,2)$, $B(4,\,-2)$, $C(0,\,0)$

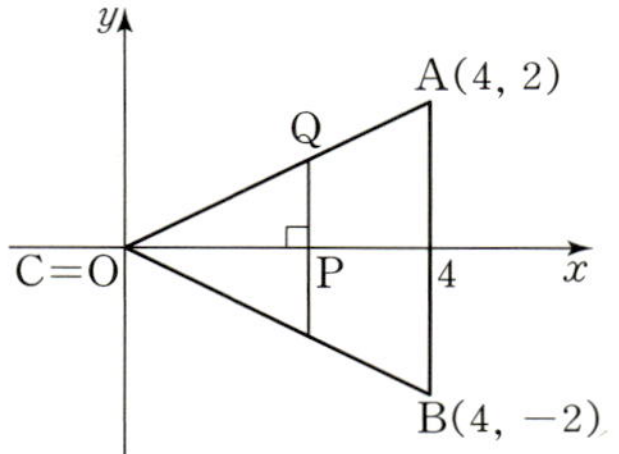

직선 AC의 방정식이 $y=\dfrac{1}{2}x$이므로
점 $P(x,\,0)$ $(0\leq x\leq4)$를 지나고 x축에 수직인 직선이 직선 AC와
만나는 점을 Q라 하면 $Q\left(x,\,\dfrac{1}{2}x\right)$이다.
또한, 이등변삼각형 ABC는 x축에 대하여 대칭이므로
입체도형을 x축에 수직인 평면으로 자른 단면은 반지름의 길이가
$\dfrac{1}{2}x$인 반원이고 단면의 넓이를 $S(x)$라 하면
$$S(x)=\frac{1}{2}\times\left(\frac{1}{2}x\right)^2\pi = \frac{\pi}{8}x^2 \ (0\leq x\leq4)$$
따라서 구하는 입체도형의 부피 V는
$$V=\int_0^4 S(x)\,dx = \int_0^4 \frac{\pi}{8}x^2\,dx$$
$$= \left[\frac{\pi}{24}x^3\right]_0^4 = \frac{8}{3}\pi$$

1222

답 ④

입체도형 전체의 부피는 높이가 a인 지점에서 밑면에
평행하게 입체도형을 자를 때 생기는 도형의 부피의
2배이므로 단면의 넓이를 $S(x)$라 하면
$$\int_0^{12} S(x)\,dx = 2\int_0^a S(x)\,dx$$이다.
$$\int_0^{12} \cos\frac{\pi x}{24}\,dx = 2\int_0^a \cos\frac{\pi x}{24}\,dx$$
$$\left[\frac{24}{\pi}\sin\frac{\pi x}{24}\right]_0^{12} = 2\left[\frac{24}{\pi}\sin\frac{\pi x}{24}\right]_0^a$$
$1=2\sin\dfrac{\pi a}{24}$에서 $\sin\dfrac{\pi a}{24}=\dfrac{1}{2}$이므로 $\dfrac{\pi a}{24}=\dfrac{\pi}{6}$ $(\because 0<a<12)$
$$\therefore a=4$$

1223

답 ②

원뿔의 꼭짓점으로부터 x만큼 떨어진 지점을 지나고 밑면에 평행한
평면으로 입체도형을 자를 때 생기는 단면의 넓이를 $S(x)$라 하면

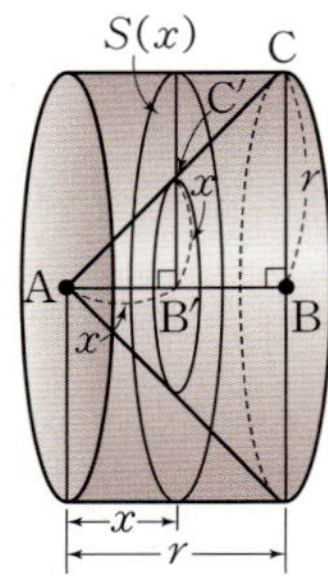

그림에서 두 삼각형 ABC, AB′C′은 서로 닮음이고
$\overline{AB}=\overline{BC}=r$, $\overline{AB'}=x$이므로 $\overline{B'C'}=x$이다.
따라서 $S(x)=\pi r^2-\pi x^2=\boxed{\pi(r^2-x^2)}$
주어진 입체도형의 부피는

$$V=\int_0^{\boxed{r}}S(x)\,dx=\pi\int_0^r(r^2-x^2)\,dx$$
$$=\pi\left[\boxed{r^2x}-\frac{x^3}{3}\right]_0^{\boxed{r}}=\frac{2}{3}\pi r^3$$

이다.
(가) : $\pi(r^2-x^2)$, (나) : r, (다) : r^2x

1224

⑤ 풀이 참조

(1) 단면은 반지름의 길이가 $\sqrt{r^2-x^2}$인 원이므로
$$S(x)=(r^2-x^2)\pi$$
(2) 반구의 부피 V는
$$V=\int_0^r S(x)\,dx=\int_0^r(r^2-x^2)\pi\,dx$$
(3) 구의 부피는 반구의 부피의 2배이므로
$$2V=2\int_0^r(r^2-x^2)\pi\,dx=2\pi\left[r^2x-\frac{x^3}{3}\right]_0^r=\frac{4}{3}\pi r^3$$

채점 요소	배점
$S(x)$를 x, r에 대한 식으로 나타내기	40 %
반구의 부피를 정적분의 기호를 이용하여 나타내기	40 %
정적분을 계산하여 구의 부피 구하기	20 %

1225

⑤ ③

구의 중심으로부터 x만큼 떨어진 평면으로 자른 단면은 반지름의
길이가 $\sqrt{5^2-x^2}$인 원이므로 단면의 넓이를 $S(x)$라 하면
$S(x)=(25-x^2)\pi \ (0\le x\le5)$
이때, 구의 중심에서 4만큼 떨어진 평면으로 자른 두 부분 중
작은 부분의 부피 V는

$$V=\int_4^5 S(x)\,dx=\int_4^5(25-x^2)\pi\,dx$$
$$=\left[\left(25x-\frac{x^3}{3}\right)\pi\right]_4^5=\frac{14}{3}\pi$$

1226

⑤ ③

밑면에 평행하면서 밑면으로부터 $x\ (0\le x\le1)$만큼 떨어진
평면으로 자른 단면에서 반구의 단면인 원의 반지름의 길이가
$\sqrt{1-x^2}$이므로 원에 외접하는 정삼각형의 한 변의 길이는

$2\sqrt{3}\times\sqrt{1-x^2}$이다.

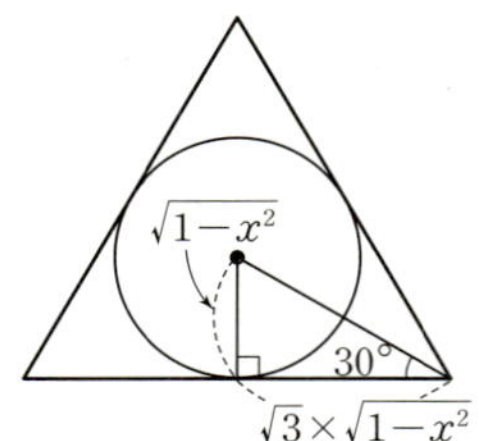

따라서 단면의 넓이를 $S(x)$라 하면
$$S(x)=\frac{\sqrt{3}}{4}(2\sqrt{3}\times\sqrt{1-x^2})^2-(\sqrt{1-x^2})^2\pi$$
$$=3\sqrt{3}(1-x^2)-(1-x^2)\pi$$
$$=(3\sqrt{3}-\pi)(1-x^2)\ (0\le x\le1)$$
구하는 입체도형의 부피 V는
$$V=\int_0^1 S(x)\,dx=(3\sqrt{3}-\pi)\int_0^1(1-x^2)\,dx$$
$$=(3\sqrt{3}-\pi)\left[x-\frac{x^3}{3}\right]_0^1$$
$$=(3\sqrt{3}-\pi)\left(1-\frac{1}{3}\right)=2\sqrt{3}-\frac{2}{3}\pi$$
$$\therefore 6(p+q)=6\left(2+\frac{2}{3}\right)=16$$

1227

⑤ ②

$\overline{PQ}=|-x^2+2x|$이다.
선분 PQ를 한 변으로 하는 정삼각형 PQR의 넓이를 $S(x)$라 하면
$$S(x)=\frac{\sqrt{3}}{4}(-x^2+2x)^2$$
따라서 정삼각형 PQR에 의하여 만들어지는 입체도형의 부피는
$$\int_0^2 S(x)\,dx=\frac{\sqrt{3}}{4}\int_0^2(-x^2+2x)^2\,dx$$
$$=\frac{\sqrt{3}}{4}\int_0^2(x^4-4x^3+4x^2)\,dx$$
$$=\frac{\sqrt{3}}{4}\left[\frac{1}{5}x^5-x^4+\frac{4}{3}x^3\right]_0^2$$
$$=\frac{4\sqrt{3}}{15}$$
$$\therefore p+q=15+4=19$$

1228

⑤ ③

$\overline{PQ}=|\sin x-\cos x|$이다.
선분 PQ를 한 변으로 하는 정삼각형 PQR의 넓이를 $S(x)$라 하면
$$S(x)=\frac{\sqrt{3}}{4}(\sin x-\cos x)^2$$
$$=\frac{\sqrt{3}}{4}(1-2\sin x\cos x)=\frac{\sqrt{3}}{4}\{1-\sin(2x)\}$$
따라서 구하는 입체도형의 부피는
$$\int_0^{\frac{\pi}{4}}S(x)\,dx=\frac{\sqrt{3}}{4}\int_0^{\frac{\pi}{4}}\{1-\sin(2x)\}\,dx$$
$$=\frac{\sqrt{3}}{4}\left[x+\frac{1}{2}\cos(2x)\right]_0^{\frac{\pi}{4}}$$
$$=\frac{\sqrt{3}}{16}(\pi-2)$$

1229

🅐 ④

입체도형을 x축에 수직인 평면으로 자른 단면은 한 변의 길이가 $\sqrt{\sec^2 x + \tan x}$인 정사각형이므로 단면의 넓이를 $S(x)$라 하면

$$S(x) = (\sqrt{\sec^2 x + \tan x}\,)^2 = \sec^2 x + \tan x$$

따라서 구하는 입체도형의 부피는

$$\int_0^{\frac{\pi}{3}} S(x)\,dx = \int_0^{\frac{\pi}{3}} (\sec^2 x + \tan x)\,dx$$

$$= \int_0^{\frac{\pi}{3}} \sec^2 x\,dx + \int_0^{\frac{\pi}{3}} \tan x\,dx$$

$$= \Big[\tan x\Big]_0^{\frac{\pi}{3}} + \int_0^{\frac{\pi}{3}} \frac{\sin x}{\cos x}\,dx$$

$$= \sqrt{3} + \int_0^{\frac{\pi}{3}} \frac{\sin x}{\cos x}\,dx \qquad \cdots\cdots ㉠$$

이때 $\cos x = t$라 하면 $-\sin x\,dx = dt$이고

$x = 0$일 때 $t = 1$, $x = \dfrac{\pi}{3}$일 때 $t = \dfrac{1}{2}$이므로

$$\int_0^{\frac{\pi}{3}} \frac{\sin x}{\cos x}\,dx = -\int_1^{\frac{1}{2}} \frac{1}{t}\,dt$$

$$= \int_{\frac{1}{2}}^{1} \frac{1}{t}\,dt = \Big[\ln|t|\Big]_{\frac{1}{2}}^{1}$$

$$= \ln 1 - \ln \frac{1}{2} = \ln 2$$

이를 ㉠에 대입하면

$$\int_0^{\frac{\pi}{3}} S(x)\,dx = \sqrt{3} + \ln 2$$

1230

🅐 ④

점 P의 좌표가 $(x, 0)$일 때, $Q(x, 4\sin x)$이다.

$\overline{PQ} = 4\sin x$이고, 점 Q와 선분 PR 사이의 거리가 $2\sqrt{2}\sin x$이므로 점 Q를 중심으로 하고 선분 PR에 접하는 사분원의 반지름의 길이는 $2\sqrt{2}\sin x$이다.

따라서 이 입체도형을 x축에 수직인 평면으로 자른 단면의 넓이를 $S(x)$라 하면

$$S(x) = \frac{1}{2} \times (4\sin x)^2 - \frac{1}{4} \times (2\sqrt{2}\sin x)^2 \pi$$

$$= (8 - 2\pi)\sin^2 x \quad (0 \le x \le \pi)$$

따라서 구하는 입체도형의 부피 V는

$$V = \int_0^{\pi} S(x)\,dx = (8 - 2\pi)\int_0^{\pi} \sin^2 x\,dx \qquad \cdots\cdots ㉠$$

이때

$$\int_0^{\pi} \sin^2 x\,dx = \Big[-\sin x\cos x\Big]_0^{\pi} + \int_0^{\pi} \cos^2 x\,dx \quad \cdots\cdots \text{TIP}$$

$$= 0 + \int_0^{\pi} (1 - \sin^2 x)\,dx$$

$$= \Big[x\Big]_0^{\pi} - \int_0^{\pi} \sin^2 x\,dx$$

$$= \pi - \int_0^{\pi} \sin^2 x\,dx$$

$$\therefore \int_0^{\pi} \sin^2 x\,dx = \frac{\pi}{2}$$

㉠에서 구하는 값은 $V = (8 - 2\pi) \times \dfrac{\pi}{2} = 4\pi - \pi^2$

1017번과 마찬가지로 $\displaystyle\int_0^{\pi} \sin^2 x\,dx$는 다음과 같이 계산할 수 있다.

$$\int_0^{\pi} \sin^2 x\,dx = \int_0^{\pi} \frac{1 - \cos(2x)}{2}\,dx$$

$$= \frac{1}{2}\Big[x - \frac{1}{2}\sin(2x)\Big]_0^{\pi} = \frac{\pi}{2}$$

1231

🅐 ①

단면인 직각삼각형의 한 변의 길이가 $\sin x$이고 빗변의 길이가 1이다.

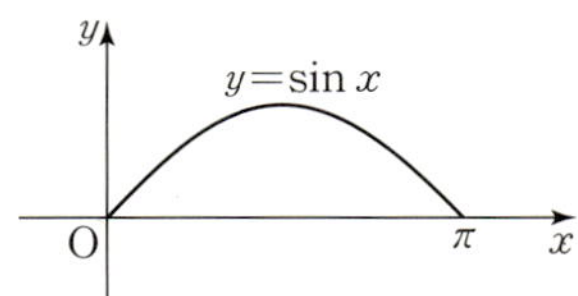

따라서 직각삼각형의 나머지 한 변의 길이는

$$\sqrt{1^2 - \sin^2 x} = |\cos x| \quad (0 \le x \le \pi)$$

직각삼각형의 넓이를 $S(x)$라 하면

$$S(x) = \begin{cases} \dfrac{1}{2}\sin x\cos x & (0 \le x \le \frac{\pi}{2}) \\[2mm] -\dfrac{1}{2}\sin x\cos x & (\frac{\pi}{2} < x \le \pi) \end{cases}$$

$$= \begin{cases} \dfrac{1}{4}\sin(2x) & (0 \le x \le \frac{\pi}{2}) \\[2mm] -\dfrac{1}{4}\sin(2x) & (\frac{\pi}{2} < x \le \pi) \end{cases}$$

따라서 구하는 입체도형의 부피는

$$\int_0^{\pi} S(x)\,dx = \frac{1}{4}\int_0^{\frac{\pi}{2}} \sin(2x)\,dx - \frac{1}{4}\int_{\frac{\pi}{2}}^{\pi} \sin(2x)\,dx$$

$$= \frac{1}{4}\Big[-\frac{1}{2}\cos(2x)\Big]_0^{\frac{\pi}{2}} - \frac{1}{4}\Big[-\frac{1}{2}\cos(2x)\Big]_{\frac{\pi}{2}}^{\pi}$$

$$= \frac{1}{4} + \frac{1}{4} = \frac{1}{2}$$

1232

🅐 ②

점 P의 x좌표를 x라 하면 $\angle POR = 45°$이므로 직각삼각형 OPR에서 $\overline{PR} = \overline{PO} = x$

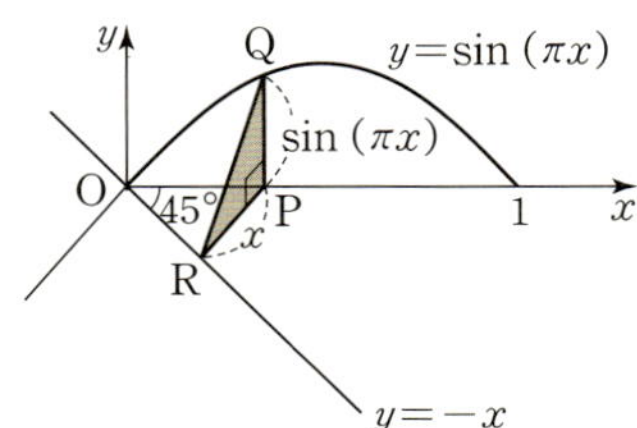

따라서 직각삼각형 PQR의 넓이 $S(x)$는

$$S(x) = \frac{1}{2}x\sin(\pi x)$$이므로

구하는 입체도형의 부피 V는

$$V=\int_0^1 S(x)\,dx=\int_0^1 \frac{1}{2}x\sin(\pi x)\,dx$$

$$=\left[-\frac{1}{2\pi}x\cos(\pi x)\right]_0^1+\int_0^1 \frac{1}{2\pi}\cos(\pi x)\,dx$$

$$=\frac{1}{2\pi}+\frac{1}{2\pi^2}\left[\sin(\pi x)\right]_0^1=\frac{1}{2\pi}$$

1233 ····· 답 ③

그림과 같이 반원을 직선 AB는 x축,
선분 AB의 수직이등분선은 y축이 되도록
좌표평면 위에 놓자.
입체도형을 x축에 수직인 평면으로 자른
단면은 반지름의 길이가

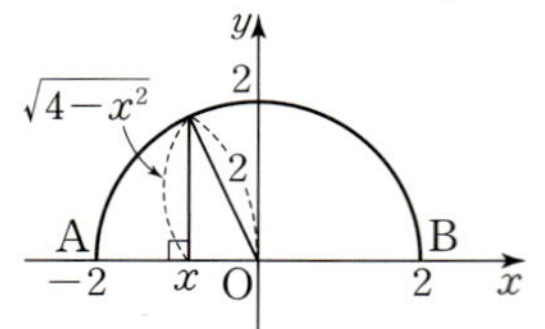

$\dfrac{\sqrt{4-x^2}}{2}$인 반원이므로 단면의 넓이를 S(x)라 하면

$$S(x)=\frac{1}{2}\left(\frac{\sqrt{4-x^2}}{2}\right)^2\pi=\frac{4-x^2}{8}\pi \ (-2\le x\le 2)$$

따라서 구하는 입체도형의 부피 V는

$$V=\int_{-2}^2 S(x)\,dx=\frac{\pi}{8}\int_{-2}^2 (4-x^2)\,dx$$

$$=\frac{\pi}{4}\int_0^2 (4-x^2)\,dx=\frac{\pi}{4}\left[4x-\frac{x^3}{3}\right]_0^2=\frac{4}{3}\pi$$

1234 ····· 답 ⑤

그림과 같이 밑면인 원을 직선 AB는 x축,
선분 AB의 수직이등분선은 y축이 되도록
좌표평면 위에 놓자. 입체도형을 x축에
수직인 평면으로 자른 단면은 한 변의
길이가 $2\sqrt{9-x^2}$인 정삼각형이므로 단면의
넓이를 $S(x)$라 하면

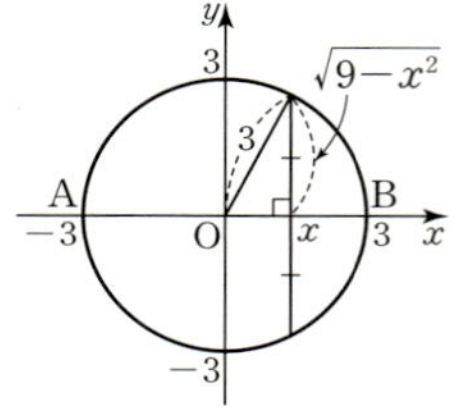

$$S(x)=\frac{\sqrt{3}}{4}(2\sqrt{9-x^2})^2=\sqrt{3}(9-x^2) \ (-3\le x\le 3)$$

따라서 구하는 입체도형의 부피 V는

$$V=\int_{-3}^3 S(x)\,dx=\sqrt{3}\int_{-3}^3 (9-x^2)\,dx$$

$$=2\sqrt{3}\int_0^3 (9-x^2)\,dx=2\sqrt{3}\left[9x-\frac{x^3}{3}\right]_0^3=36\sqrt{3}$$

1235 ····· 답 ③

선분 AB의 중점을 원점 O로 하고, 직선 AB와 직선 OC는 서로
수직이므로 각각 x축, y축이라 하면
A$(-1,\,0)$, B$(1,\,0)$, C$(0,\,\sqrt{3})$

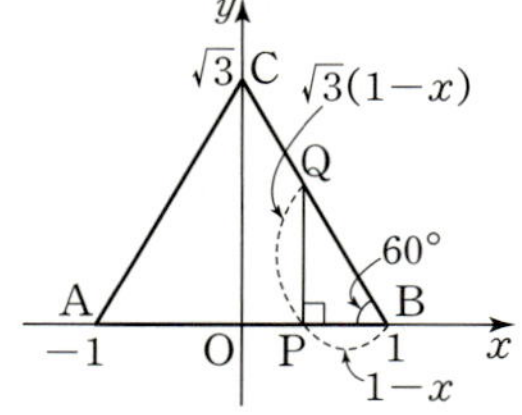

선분 OB 위를 움직이는 점 P$(x,\,0)$ $(0\le x\le 1)$에 대하여
$\overline{\mathrm{PB}}=1-x$이므로
점 P를 지나고 x축에 수직인 직선이 직선 BC와 만나는 점을 Q라
하면 $\overline{\mathrm{PQ}}=\sqrt{3}(1-x)$
따라서 입체도형을 선분 OB에 수직인 평면으로 자른 단면은
반지름의 길이가 $\dfrac{\sqrt{3}(1-x)}{2}$인 반원이므로 단면의 넓이를 $S(x)$라
하면

$$S(x)=\frac{1}{2}\times\left\{\frac{\sqrt{3}(1-x)}{2}\right\}^2\pi=\frac{3\pi}{8}(x-1)^2$$

이때, 입체도형은 y축에 대하여 대칭이므로 구하는 입체도형의 부피
V는

$$V=2\int_0^1 S(x)\,dx$$

$$=\frac{3\pi}{4}\int_0^1 (x-1)^2\,dx$$

$$=\frac{3\pi}{4}\left[\frac{1}{3}(x-1)^3\right]_0^1=\frac{\pi}{4}$$

1236 ····· 답 ③

그림과 같이 반구의 중심을 원점으로 놓고, 수면을 x축과 평행하게
놓으면 수면은 반지름이 선분 AB인 원이다.

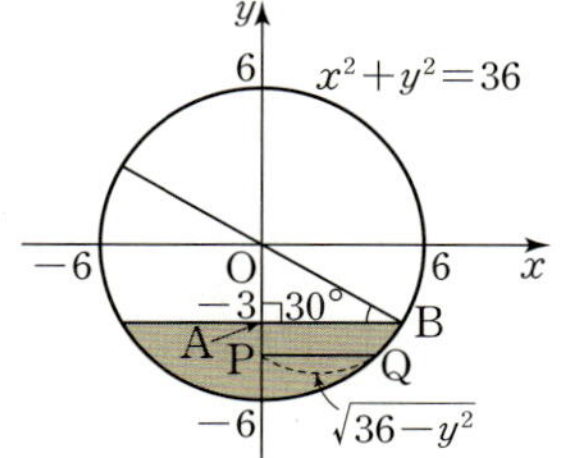

$\angle\mathrm{ABO}=30°$이고, $\overline{\mathrm{OB}}=6$이므로
직각삼각형 OAB에서 $\overline{\mathrm{OA}}=6\sin 30°=3$
점 P$(0,\,y)$ $(-6\le y\le -3)$를 지나고 y축에 수직인 평면으로
입체도형을 자른 단면은 반지름이 선분 PQ인 원이고,
$\overline{\mathrm{PQ}}=\sqrt{36-y^2}$이므로
반지름의 길이가 $\overline{\mathrm{PQ}}$인 원의 넓이를 $S(y)$라 하면
$S(y)=\pi(36-y^2)$
따라서 구하는 물의 부피를 V라 하면

$$V=\int_{-6}^{-3} S(y)\,dy=\int_{-6}^{-3}\pi(36-y^2)\,dy$$

$$=\pi\left[36y-\frac{1}{3}y^3\right]_{-6}^{-3}=45\pi$$

1237 ····· 답 ②

그림과 같이 원기둥의 밑면의 중심을 원점, 원기둥을 자른 평면과
밑면이 만나는 선분을 x축 위에 놓으면
점 P$(x,\,0)$ $(-a\le x\le a)$을 지나고 x축에 수직인 평면으로
입체도형을 자른 단면은 직각삼각형 PQR이다.

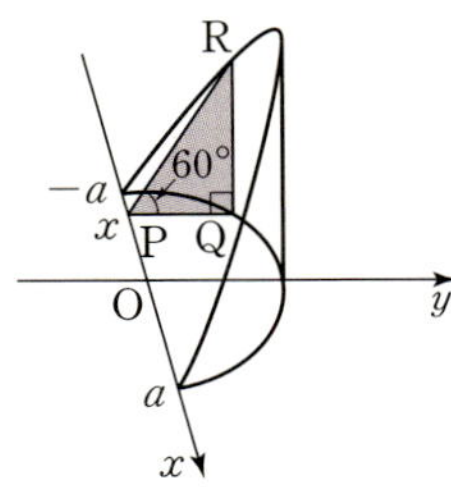

이때, $\overline{OP}=|x|$, $\overline{OQ}=a$이므로 직각삼각형 OPQ에서
$\overline{PQ}=\sqrt{a^2-x^2}$이고,
직각삼각형 PQR에서 $\overline{QR}=\overline{PQ}\tan 60°=\sqrt{3}\times\sqrt{a^2-x^2}$
직각삼각형 PQR의 넓이를 $S(x)$라 하면

$$S(x)=\frac{1}{2}\times\overline{PQ}\times\overline{QR}$$
$$=\frac{1}{2}\times\sqrt{a^2-x^2}\times(\sqrt{3}\times\sqrt{a^2-x^2})$$
$$=\frac{\sqrt{3}}{2}(a^2-x^2)$$

따라서 구하는 입체도형의 부피를 V라 하면

$$V=\int_{-a}^{a}S(x)\,dx=2\int_{0}^{a}\frac{\sqrt{3}}{2}(a^2-x^2)\,dx$$
$$=\sqrt{3}\left[a^2x-\frac{1}{3}x^3\right]_0^a=\frac{2\sqrt{3}}{3}a^3$$

1238   답 ②

그림과 같이 원기둥 모양의 그릇의 밑면의 중심을 원점, 밑면과
수면의 교선을 x축 위에 놓으면
점 $P(x,0)(-3\le x\le 3)$을 지나고 x축에 수직인 평면으로
입체도형을 자른 단면은 직각삼각형 PQR이다.

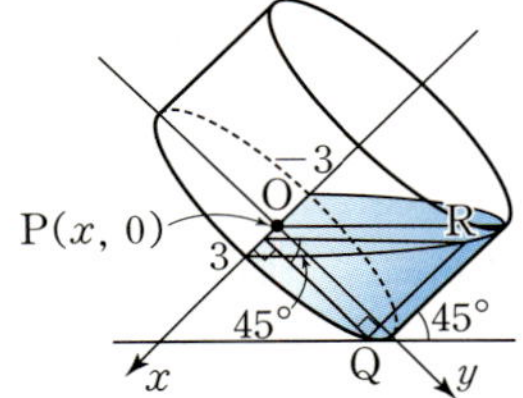

이때, $\overline{OP}=|x|$, $\overline{OQ}=3$이므로 직각삼각형 OPQ에서
$\overline{PQ}=\sqrt{9-x^2}$이고,
직각삼각형 PQR에서 $\overline{QR}=\overline{PQ}\tan 45°=\sqrt{9-x^2}$
직각삼각형 PQR의 넓이를 $S(x)$라 하면
$$S(x)=\frac{1}{2}\times\overline{PQ}\times\overline{QR}=\frac{1}{2}\times\sqrt{9-x^2}\times\sqrt{9-x^2}=\frac{1}{2}(9-x^2)$$
따라서 구하는 입체의 부피를 V라 하면
$$V=\int_{-3}^{3}S(x)\,dx=2\int_{0}^{3}\frac{1}{2}(9-x^2)\,dx$$
$$=\left[9x-\frac{1}{3}x^3\right]_0^3=18$$

1239   답 ⑤

점 $P(x,y)$의 시각 t에서의 위치가
$x=e^{-t}\sin t$, $y=e^{-t}\cos t$이므로
$\dfrac{dx}{dt}=e^{-t}(\cos t-\sin t)$, $\dfrac{dy}{dt}=-e^{-t}(\cos t+\sin t)$이고

$$\left(\frac{dx}{dt}\right)^2+\left(\frac{dy}{dt}\right)^2=e^{-2t}(\cos t-\sin t)^2+e^{-2t}(\cos t+\sin t)^2$$
$$=2e^{-2t}$$

이다. 따라서 $t=0$에서 $t=2$까지 점 P가 움직인 거리는

$$\int_0^2\sqrt{\left(\frac{dx}{dt}\right)^2+\left(\frac{dy}{dt}\right)^2}\,dt=\int_0^2\sqrt{2e^{-2t}}\,dt$$
$$=\int_0^2\sqrt{2}\,e^{-t}\,dt$$
$$=\left[-\sqrt{2}e^{-t}\right]_0^2=\sqrt{2}\left(1-\frac{1}{e^2}\right)$$

1240   답 ④

점 $P(x,y)$의 시각 t에서의 속도가
$\left(\dfrac{dx}{dt},\dfrac{dy}{dt}\right)=\left(\dfrac{2\cos t}{t^2+1},\dfrac{2\sin t}{t^2+1}\right)$이므로
$\left(\dfrac{dx}{dt}\right)^2+\left(\dfrac{dy}{dt}\right)^2=\dfrac{4\cos^2 t}{(t^2+1)^2}+\dfrac{4\sin^2 t}{(t^2+1)^2}=\left(\dfrac{2}{t^2+1}\right)^2$이다.

이때, $t=\tan\theta\ \left(0\le\theta<\dfrac{\pi}{2}\right)$라 하면 $\dfrac{dt}{d\theta}=\sec^2\theta$이고

$t=0$일 때 $\theta=0$, $t=1$일 때 $\theta=\dfrac{\pi}{4}$이므로 $t=0$에서 $t=1$까지 점 P가
움직인 거리는

$$\int_0^1\sqrt{\left(\frac{dx}{dt}\right)^2+\left(\frac{dy}{dt}\right)^2}\,dt=\int_0^1\sqrt{\left(\frac{2}{t^2+1}\right)^2}\,dt=\int_0^1\frac{2}{t^2+1}\,dt$$
$$=\int_0^{\frac{\pi}{4}}\left(\frac{2}{\tan^2\theta+1}\times\sec^2\theta\right)d\theta$$
$$=\int_0^{\frac{\pi}{4}}\left(\frac{2}{\sec^2\theta}\times\sec^2\theta\right)d\theta=\int_0^{\frac{\pi}{4}}2\,d\theta$$
$$=\left[2\theta\right]_0^{\frac{\pi}{4}}=\frac{\pi}{2}$$

1241   답 ②

출발 x초 후 점 P의 위치는
$$0+\int_0^x\sin(\pi t)\,dt=\left[-\frac{1}{\pi}\cos(\pi t)\right]_0^x=-\frac{1}{\pi}\cos(\pi x)+\frac{1}{\pi}$$
출발 x초 후 점 Q의 위치는
$$0+\int_0^x 2\sin(2\pi t)\,dt=\left[-\frac{1}{\pi}\cos(2\pi t)\right]_0^x$$
$$=-\frac{1}{\pi}\cos(2\pi x)+\frac{1}{\pi}$$
두 점 P, Q가 만날 때 위치가 서로 같으므로
$$-\frac{1}{\pi}\cos(\pi x)+\frac{1}{\pi}=-\frac{1}{\pi}\cos(2\pi x)+\frac{1}{\pi}$$에서
$$\cos(\pi x)=\cos(2\pi x),\ \cos(\pi x)=2\cos^2(\pi x)-1$$
$$\{2\cos(\pi x)+1\}\{\cos(\pi x)-1\}=0$$
$$\therefore\cos(\pi x)=-\frac{1}{2}\ 또는\ \cos(\pi x)=1$$

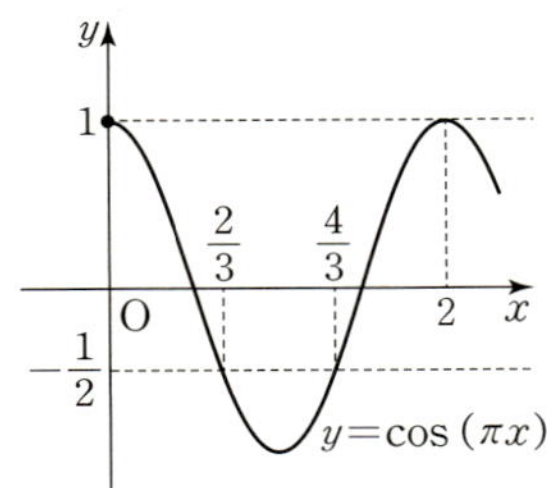

따라서 출발 후 첫 번째로 만날 때까지 걸리는 시간은 $\dfrac{2}{3}$이다.

1242
답 ④

함수 $y=2\sin\left(t-\dfrac{\pi}{6}\right)+1\ (0\le t\le 2\pi)$의 그래프는 다음과 같다.

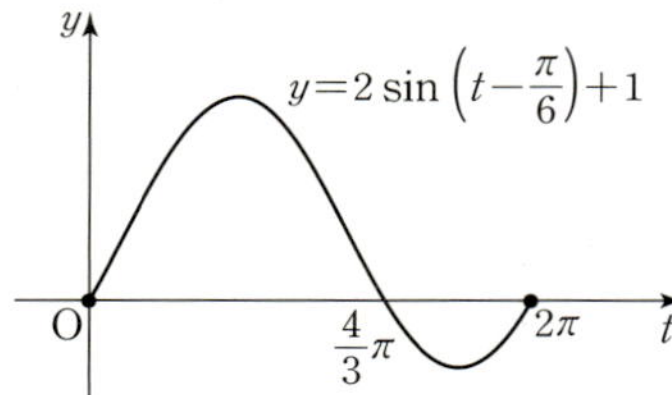

ㄱ. $2\sin\left(t-\dfrac{\pi}{6}\right)+1=0\ (0\le t\le 2\pi)$에서 $t=\dfrac{4}{3}\pi$이므로

점 P는 운동 방향을 1번 바꾼다. (거짓)

ㄴ. ㄱ에 의하여 점 P는 $t=\dfrac{4}{3}\pi$에서 운동 방향을 바꾸고

$\displaystyle\int_0^{\frac{4}{3}\pi}|v(t)|\,dt>\int_{\frac{4}{3}\pi}^{2\pi}|v(t)|\,dt$이므로

점 P는 $t=\dfrac{4}{3}\pi$일 때 원점에서 가장 멀리 떨어져 있다. (참)

ㄷ. $t=2\pi$에서 점 P의 위치는

$0+\displaystyle\int_0^{2\pi}\left\{2\sin\left(t-\dfrac{\pi}{6}\right)+1\right\}dt$

$=\left[-2\cos\left(t-\dfrac{\pi}{6}\right)+t\right]_0^{2\pi}=2\pi$ (참)

따라서 선지 중 옳은 것은 ㄴ, ㄷ이다.

1243
답 ②

출발 x초 후 점 P의 위치는

$0+\displaystyle\int_0^x\{\sin t-\sin(2t)\}dt=\left[-\cos t+\dfrac{1}{2}\cos(2t)\right]_0^x$

$=-\cos x+\dfrac{1}{2}\cos(2x)+\dfrac{1}{2}$

$=\cos^2 x-\cos x$

따라서 $0\le x\le 6$일 때 점 P와 원점 사이의 거리는 $|\cos^2 x-\cos x|$이다.

$u=\cos x$라 하면 $0\le x\le 6$일 때 $-1\le u\le 1$이고,

$|\cos^2 x-\cos x|=|u^2-u|$

$\qquad\qquad\qquad\quad=\left|\left(u-\dfrac{1}{2}\right)^2-\dfrac{1}{4}\right|$

이므로 $u=-1$, 즉 $\cos x=-1$일 때 최댓값 2를 갖는다.

따라서 $x=\pi$일 때 점 P와 원점 사이의 최대 거리는 2이다.

1244
답 64

점 $\mathrm{P}(x,\,y)$의 시각 t에서의 위치가

$x=4(\cos t+\sin t),\ y=\cos(2t)$이므로

$\dfrac{dx}{dt}=4(\cos t-\sin t),\ \dfrac{dy}{dt}=-2\sin(2t)$이고

$\left(\dfrac{dx}{dt}\right)^2+\left(\dfrac{dy}{dt}\right)^2=16(\cos t-\sin t)^2+4\sin^2(2t)$

$\qquad\qquad\qquad\qquad=16(1-2\sin t\cos t)+4\sin^2(2t)$

$\qquad\qquad\qquad\qquad=16\{1-\sin(2t)\}+4\sin^2 2t$

$\qquad\qquad\qquad\qquad=4\{2-\sin(2t)\}^2$

따라서 $t=0$에서 $t=2\pi$까지 점 P가 움직인 거리는

$\displaystyle\int_0^{2\pi}\sqrt{\left(\dfrac{dx}{dt}\right)^2+\left(\dfrac{dy}{dt}\right)^2}\,dt=\int_0^{2\pi}\sqrt{4\{2-\sin(2t)\}^2}\,dt$

$\qquad\qquad\qquad\qquad=\displaystyle\int_0^{2\pi}2\sqrt{\{2-\sin(2t)\}^2}\,dt$

$\qquad\qquad\qquad\qquad=\displaystyle\int_0^{2\pi}2\{2-\sin(2t)\}\,dt$

$\qquad\qquad\qquad\qquad=2\left[2t+\dfrac{1}{2}\cos(2t)\right]_0^{2\pi}$

$\qquad\qquad\qquad\qquad=8\pi$

따라서 $a=8$이므로 $a^2=64$

1245
답 ⑤

점 $\mathrm{P}(x,\,y)$의 시각 t에서의 위치가 $x=\dfrac{t^2}{2}-\ln(2t),\ y=2t$이므로

$\dfrac{dx}{dt}=t-\dfrac{1}{t},\ \dfrac{dy}{dt}=2$이고

$\left(\dfrac{dx}{dt}\right)^2+\left(\dfrac{dy}{dt}\right)^2=\left(t^2-2+\dfrac{1}{t^2}\right)+4=\left(t+\dfrac{1}{t}\right)^2$이다.

따라서 점 P의 속력은

$\sqrt{\left(\dfrac{dx}{dt}\right)^2+\left(\dfrac{dy}{dt}\right)^2}=\sqrt{\left(t+\dfrac{1}{t}\right)^2}=t+\dfrac{1}{t}\ (\because t>0)$

$f(t)=t+\dfrac{1}{t}$이라 하면 $f'(t)=1-\dfrac{1}{t^2}=\dfrac{(t-1)(t+1)}{t^2}$이므로

$f'(t)=0$에서 $t=1\ (\because t>0)$

따라서 $t>0$에서 함수 $f(t)$의 증가와 감소를 표로 나타내면 다음과 같다.

t	(0)	$\cdots$	1	$\cdots$
$f'(t)$		$-$	0	$+$
$f(t)$		$\searrow$	최소	$\nearrow$

$t=1$일 때 점 P의 속력이 최소이므로

$t=1$에서부터 점 P가 2초 동안 움직인 거리는

$\displaystyle\int_1^3\sqrt{\left(\dfrac{dx}{dt}\right)^2+\left(\dfrac{dy}{dt}\right)^2}\,dt=\int_1^3\left(t+\dfrac{1}{t}\right)dt$

$\qquad\qquad\qquad\qquad=\left[\dfrac{1}{2}t^2+\ln t\right]_1^3$

$\qquad\qquad\qquad\qquad=4+\ln 3$

1246
답 ③

점 $\mathrm{P}(x,\,y)$의 시각 t에서의 위치가

$x=3\cos t+\cos(3t),\ y=3\sin t-\sin(3t)$이므로

$\dfrac{dx}{dt}=-3\{\sin t+\sin(3t)\},\ \dfrac{dy}{dt}=3\{\cos t-\cos(3t)\}$이고

$$\left(\frac{dx}{dt}\right)^2+\left(\frac{dy}{dt}\right)^2$$
$$=9\{\sin^2 t+2\sin t\sin(3t)+\sin^2(3t)\}$$
$$\qquad\qquad\qquad +9\{\cos^2 t-2\cos t\cos(3t)+\cos^2(3t)\}$$
$$=18\{\sin t\sin(3t)-\cos t\cos(3t)+1\}$$
$$=18\{1-\cos(4t)\}=36\sin^2(2t)\qquad \cdots\cdots \ \text{TIP}$$

따라서 시각 t에서 점 P의 속력은
$$\sqrt{\left(\frac{dx}{dt}\right)^2+\left(\frac{dy}{dt}\right)^2}=6\sin(2t)\ \left(\because 0\leq t\leq\frac{\pi}{2}\right)$$

$t=\dfrac{\pi}{4}$일 때 속력이 최대이므로 구하는 거리는
$$\int_0^{\frac{\pi}{4}}\sqrt{\left(\frac{dx}{dt}\right)^2+\left(\frac{dy}{dt}\right)^2}\,dt=\int_0^{\frac{\pi}{4}}6\sin(2t)\,dt$$
$$=\left[-3\cos(2t)\right]_0^{\frac{\pi}{4}}=3$$

> **TIP**
> $$\cos(4t)=\cos^2(2t)-\sin^2(2t)$$
> $$=\{1-\sin^2(2t)\}-\sin^2(2t)$$
> $$=1-2\sin^2(2t)$$

1247   답 ⑤

점 P$(x,\,y)$의 시각 t에서의 위치는 P$(3\cos(2t),\,3\sin(2t))$이므로
$$\frac{dx}{dt}=-6\sin(2t),\ \frac{dy}{dt}=6\cos(2t)$$

따라서 점 P가 $t=0$에서 $t=5$까지 움직인 거리는
$$\int_0^5\sqrt{\left(\frac{dx}{dt}\right)^2+\left(\frac{dy}{dt}\right)^2}\,dt=\int_0^5\sqrt{\{-6\sin(2t)\}^2+\{6\cos(2t)\}^2}\,dt$$
$$=\int_0^5\sqrt{6^2\{\sin^2(2t)+\cos^2(2t)\}}\,dt$$
$$=\int_0^5 6\,dt=\left[6t\right]_0^5=30$$

다른 풀이

점 P가 원 $x^2+y^2=9$ 위를 움직이고 초당 2라디안만큼 회전하므로 1초 동안 움직인 거리는 중심각의 크기가 2이고 반지름의 길이가 3인 부채꼴의 호의 길이인 $3\times2=6$과 같다.
따라서 점 P가 $t=0$에서 $t=5$까지 움직인 거리는 $6\times5=30$

1248   답 ②

점 P$(x,\,y)$의 시각 t에서의 위치가
$$x=\sin t-\cos t,\ y=\frac{\cos^2 t}{2}+1$$이므로
$$\frac{dx}{dt}=\cos t+\sin t,\ \frac{dy}{dt}=\frac{-2\cos t\sin t}{2}=-\cos t\sin t$$이므로

$t=\dfrac{\pi}{2}$일 때, 점 P의 좌표는 $(1,\,1)$이고
$$\frac{dx}{dt}=1,\ \frac{dy}{dt}=0$$
이므로 점 P에서의 접선의 기울기는 0이다.
즉, 접선 l의 방정식은 $y=1$이다.
$t=a\left(\dfrac{\pi}{2}<a<2\pi\right)$에서 점 P가 직선 l 위에 있으므로

$\dfrac{\cos^2 a}{2}+1=1$에서 $\cos a=0$ $\therefore a=\dfrac{3}{2}\pi\ \left(\because \dfrac{\pi}{2}<a<2\pi\right)$

따라서 $t=\dfrac{\pi}{2}$에서 $t=\dfrac{3}{2}\pi$까지 점 P가 움직인 거리는
$$\int_{\frac{\pi}{2}}^{\frac{3}{2}\pi}\sqrt{\left(\frac{dx}{dt}\right)^2+\left(\frac{dy}{dt}\right)^2}\,dt$$
$$=\int_{\frac{\pi}{2}}^{\frac{3}{2}\pi}\sqrt{(\cos t+\sin t)^2+(-\cos t\sin t)^2}\,dt$$
$$=\int_{\frac{\pi}{2}}^{\frac{3}{2}\pi}\sqrt{1+2\cos t\sin t+(\cos t\sin t)^2}\,dt$$
$$=\int_{\frac{\pi}{2}}^{\frac{3}{2}\pi}(1+\cos t\sin t)\,dt\qquad \cdots\cdots \ \text{TIP}$$
$$=\int_{\frac{\pi}{2}}^{\frac{3}{2}\pi}\left\{1+\frac{\sin(2t)}{2}\right\}dt$$
$$=\left[t-\frac{\cos(2t)}{4}\right]_{\frac{\pi}{2}}^{\frac{3}{2}\pi}$$
$$=\left(\frac{3}{2}\pi+\frac{1}{4}\right)-\left(\frac{\pi}{2}+\frac{1}{4}\right)=\pi$$

> **TIP**
> $$\sin(2t)=\sin(t+t)$$
> $$=\sin t\cos t+\cos t\sin t$$
> $$=2\sin t\cos t$$
> $$\therefore \sin t\cos t=\frac{\sin(2t)}{2}$$

1249   답 ①

$\dfrac{dy}{dx}=\dfrac{\cos x}{\sin x}=\cot x$이므로
$$1+\left(\frac{dy}{dx}\right)^2=1+\cot^2 x=\csc^2 x$$

따라서 구하는 거리는
$$\int_{\frac{\pi}{3}}^{\frac{\pi}{2}}\sqrt{1+\left(\frac{dy}{dx}\right)^2}\,dx=\int_{\frac{\pi}{3}}^{\frac{\pi}{2}}\sqrt{\csc^2 x}\,dx$$
$$=\int_{\frac{\pi}{3}}^{\frac{\pi}{2}}\csc x\,dx=\int_{\frac{\pi}{3}}^{\frac{\pi}{2}}\frac{1}{\sin x}\,dx$$
$$=\int_{\frac{\pi}{3}}^{\frac{\pi}{2}}\frac{\sin x}{\sin^2 x}\,dx=\int_{\frac{\pi}{3}}^{\frac{\pi}{2}}\frac{\sin x}{1-\cos^2 x}\,dx$$

$\cos x=t$라 하면 $-\sin x=\dfrac{dt}{dx}$이고,

$x=\dfrac{\pi}{3}$일 때 $t=\dfrac{1}{2}$, $x=\dfrac{\pi}{2}$일 때 $t=0$이므로
$$\int_{\frac{\pi}{3}}^{\frac{\pi}{2}}\frac{\sin x}{1-\cos^2 x}\,dx=\int_0^{\frac{1}{2}}\frac{1}{1-t^2}\,dt=\frac{1}{2}\int_0^{\frac{1}{2}}\left(\frac{1}{t+1}-\frac{1}{t-1}\right)dt$$
$$=\frac{1}{2}\left[\ln|t+1|-\ln|t-1|\right]_0^{\frac{1}{2}}$$
$$=\frac{1}{2}\ln 3$$

1250   답 ②

$x=\ln(\sec\theta+\tan\theta)-\sin\theta,\ y=\cos\theta$에서
$$\frac{dx}{d\theta}=\frac{\sec\theta\tan\theta+\sec^2\theta}{\sec\theta+\tan\theta}-\cos\theta=\sec\theta-\cos\theta,$$

$\dfrac{dy}{d\theta}=-\sin\theta$이므로

$$\left(\dfrac{dx}{d\theta}\right)^2+\left(\dfrac{dy}{d\theta}\right)^2=(\sec^2\theta+\cos^2\theta-2)+\sin^2\theta$$
$$=\sec^2\theta-1=\tan^2\theta$$

따라서 구하는 길이는

$$\int_0^{\frac{\pi}{6}}\sqrt{\left(\dfrac{dx}{d\theta}\right)^2+\left(\dfrac{dy}{d\theta}\right)^2}\,d\theta=\int_0^{\frac{\pi}{6}}\tan\theta\,d\theta$$
$$=\Big[-\ln|\cos\theta|\Big]_0^{\frac{\pi}{6}}=\ln 2-\dfrac{1}{2}\ln 3$$

1251

답 ①

점 $(0,\,1)$에서 곡선 $y=f(x)$ 위의 임의의 점 $(x,\,y)$까지의 곡선의 길이가 e^x+y-2이므로

$$\int_0^x\sqrt{1+\left(\dfrac{dy}{dx}\right)^2}\,dx=e^x+y-2$$에서

양변을 x에 대하여 미분하면

$$\sqrt{1+\left(\dfrac{dy}{dx}\right)^2}=e^x+\dfrac{dy}{dx}$$

양변을 제곱하여 정리하면

$$1+\left(\dfrac{dy}{dx}\right)^2=e^{2x}+2e^x\times\left(\dfrac{dy}{dx}\right)+\left(\dfrac{dy}{dx}\right)^2$$

$$\dfrac{dy}{dx}=\dfrac{1-e^{2x}}{2e^x}$$

따라서 $f'(x)=\dfrac{1-e^{2x}}{2e^x}$이므로

$$f'(4)=\dfrac{1-e^8}{2e^4}$$

1252

답 ②

$$\sum_{k=n+1}^{3n}\dfrac{n}{k^2-2nk-15n^2}$$
$$=\sum_{k=n+1}^{3n}\dfrac{n}{(k-5n)(k+3n)}=\dfrac{1}{8}\sum_{k=n+1}^{3n}\left(\dfrac{1}{k-5n}-\dfrac{1}{k+3n}\right)$$
$$=\dfrac{1}{8}\sum_{k=1}^{3n}\left(\dfrac{1}{k-5n}-\dfrac{1}{k+3n}\right)-\dfrac{1}{8}\sum_{k=1}^{n}\left(\dfrac{1}{k-5n}-\dfrac{1}{k+3n}\right)$$
$$=\dfrac{1}{8}\sum_{k=1}^{3n}\dfrac{1}{3n}\left(\dfrac{1}{\dfrac{k}{3n}-\dfrac{5}{3}}-\dfrac{1}{\dfrac{k}{3n}+1}\right)-\dfrac{1}{8}\sum_{k=1}^{n}\dfrac{1}{n}\left(\dfrac{1}{\dfrac{k}{n}-5}-\dfrac{1}{\dfrac{k}{n}+3}\right)$$

이므로

$$\lim_{n\to\infty}\sum_{k=n+1}^{3n}\dfrac{n}{k^2-2nk-15n^2}$$
$$=\dfrac{1}{8}\lim_{n\to\infty}\sum_{k=1}^{3n}\dfrac{1}{3n}\left(\dfrac{1}{\dfrac{k}{3n}-\dfrac{5}{3}}-\dfrac{1}{\dfrac{k}{3n}+1}\right)$$
$$\qquad\qquad-\dfrac{1}{8}\lim_{n\to\infty}\sum_{k=1}^{n}\dfrac{1}{n}\left(\dfrac{1}{\dfrac{k}{n}-5}-\dfrac{1}{\dfrac{k}{n}+3}\right)$$
$$=\dfrac{1}{8}\int_0^1\left(\dfrac{1}{x-\dfrac{5}{3}}-\dfrac{1}{x+1}\right)dx-\dfrac{1}{8}\int_0^1\left(\dfrac{1}{x-5}-\dfrac{1}{x+3}\right)dx$$
$$=\dfrac{1}{8}\Big[\ln\Big|x-\dfrac{5}{3}\Big|-\ln|x+1|\Big]_0^1-\dfrac{1}{8}\Big[\ln|x-5|-\ln|x+3|\Big]_0^1$$
$$=\dfrac{1}{8}\ln\dfrac{1}{5}-\dfrac{1}{8}\ln\dfrac{3}{5}=-\dfrac{1}{8}\ln 3$$

1253

답 ③

곡선 $y=\cos x$와 직선 $y=k\,(0<k<1)$의 교점의 x좌표를 t라 하자.

이때, $f(t)=S_1+S_2\,\left(0<t<\dfrac{\pi}{2}\right)$라 하면

$$f(t)=\int_0^t(\cos x-\cos t)\,dx+\int_t^{\frac{\pi}{2}}(\cos t-\cos x)\,dx$$
$$=\int_0^t\cos x\,dx-\int_0^t\cos t\,dx+\int_t^{\frac{\pi}{2}}\cos t\,dx-\int_t^{\frac{\pi}{2}}\cos x\,dx$$
$$=\int_0^t\cos x\,dx-\int_t^{\frac{\pi}{2}}\cos x\,dx-t\cos t+\left(\dfrac{\pi}{2}-t\right)\cos t$$
$$=\int_0^t\cos x\,dx-\int_t^{\frac{\pi}{2}}\cos x\,dx+\left(\dfrac{\pi}{2}-2t\right)\cos t$$

$$f'(t)=\cos t+\cos t-2\cos t-\left(\dfrac{\pi}{2}-2t\right)\sin t$$
$$=\left(2t-\dfrac{\pi}{2}\right)\sin t$$

$0<t\le\dfrac{\pi}{2}$일 때,

$f'(t)=0$에서 $t=\dfrac{\pi}{4}$

이때, 닫힌구간 $\left[0,\,\dfrac{\pi}{2}\right]$에서 함수 $f(t)$는 $t=\dfrac{\pi}{4}$일 때, 극소이면서 최소이므로 S_1+S_2가 최소가 되도록 하는 k의 값은

$$\therefore k=\cos\dfrac{\pi}{4}=\dfrac{\sqrt{2}}{2}$$

1254

답 ②

곡선 $y=e^x$ 위의 점 $\left(\dfrac{k}{n},\,e^{\frac{k}{n}}\right)$에서의 접선의 방정식은

$$y=e^{\frac{k}{n}}\left(x-\dfrac{k}{n}\right)+e^{\frac{k}{n}}$$이고

이 접선의 x절편은 $\dfrac{k}{n}-1$, y절편은 $e^{\frac{k}{n}}\left(1-\dfrac{k}{n}\right)$이다.

이때, $n\ge k$에서 $1\ge\dfrac{k}{n}$이므로

$$S_{(n,\,k)}=\dfrac{1}{2}\times\left(1-\dfrac{k}{n}\right)\times e^{\frac{k}{n}}\left(1-\dfrac{k}{n}\right)=\dfrac{1}{2}\left(1-\dfrac{k}{n}\right)^2e^{\frac{k}{n}}$$

$$\therefore \lim_{n\to\infty}\dfrac{1}{n}\sum_{k=1}^{n}S_{(n,\,k)}=\dfrac{1}{2}\lim_{n\to\infty}\dfrac{1}{n}\sum_{k=1}^{n}\left(1-\dfrac{k}{n}\right)^2e^{\frac{k}{n}}$$
$$=\dfrac{1}{2}\int_0^1(1-x)^2e^x\,dx$$
$$=\dfrac{1}{2}\Big[(1-x)^2e^x\Big]_0^1+\int_0^1(1-x)e^x\,dx$$
$$=-\dfrac{1}{2}+\Big[(1-x)e^x\Big]_0^1+\int_0^1e^x\,dx$$
$$=e-\dfrac{5}{2}$$

$$\therefore p+q=1+\left(-\dfrac{5}{2}\right)=-\dfrac{3}{2}$$

$S_{(n,\,k)}$는 그림에서 색칠한 부분의 넓이와 같다.

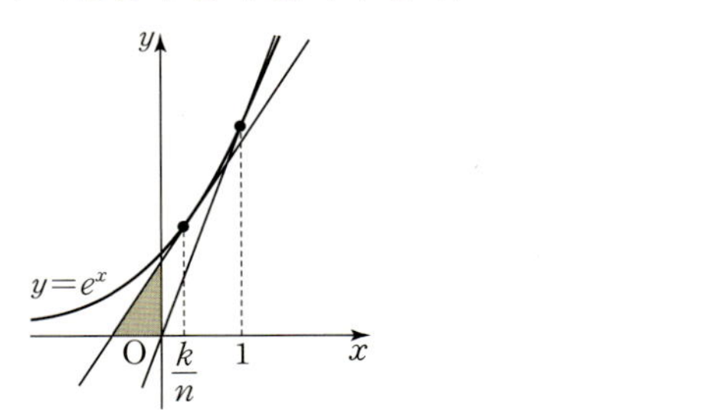

1255

원점 O에 대하여 $\angle \mathrm{AOP}_k = \dfrac{\pi}{2} \times \dfrac{k}{n} = \dfrac{k\pi}{2n}$이므로

점 P_k의 좌표는 $\mathrm{P}_k \left(2\cos \dfrac{k\pi}{2n},\ 2\sin \dfrac{k\pi}{2n} \right)$

이때, 원 $x^2+y^2=4$ 위의 점 P_k에서의 접선의 방정식은

$2x \cos \dfrac{k\pi}{2n} + 2y \sin \dfrac{k\pi}{2n} = 4$이고

이 접선의 x절편은 $\dfrac{2}{\cos \dfrac{k\pi}{2n}}$, y절편은 $\dfrac{2}{\sin \dfrac{k\pi}{2n}}$이므로

$S_k = \dfrac{1}{2} \times \dfrac{2}{\cos \dfrac{k\pi}{2n}} \times \dfrac{2}{\sin \dfrac{k\pi}{2n}} = \dfrac{2}{\cos \dfrac{k\pi}{2n} \sin \dfrac{k\pi}{2n}}$

$\displaystyle \lim_{n \to \infty} \dfrac{1}{n} \sum_{k=1}^{n-1} \dfrac{1}{S_k} = \lim_{n \to \infty} \dfrac{1}{2n} \sum_{k=1}^{n} \sin \dfrac{k\pi}{2n} \cos \dfrac{k\pi}{2n} \ \left(\because \cos \dfrac{\pi}{2} = 0 \right)$

$\qquad = \dfrac{1}{\pi} \lim_{n \to \infty} \dfrac{\pi}{2n} \sum_{k=1}^{n} \sin \dfrac{k\pi}{2n} \cos \dfrac{k\pi}{2n}$

$\qquad = \dfrac{1}{\pi} \int_0^{\frac{\pi}{2}} \sin x \cos x \, dx$

$\qquad = \dfrac{1}{\pi} \int_0^{\frac{\pi}{2}} \dfrac{1}{2} \sin (2x) \, dx$

$\qquad = \dfrac{1}{\pi} \left[-\dfrac{1}{4} \cos (2x) \right]_0^{\frac{\pi}{2}}$

$\qquad = \dfrac{1}{2\pi}$

$\cos \dfrac{\pi}{2} = 0$이므로 다음이 성립한다.

$\displaystyle \sum_{k=1}^{n} \sin \dfrac{k\pi}{2n} \cos \dfrac{k\pi}{2n}$

$\displaystyle = \sum_{k=1}^{n-1} \sin \dfrac{k\pi}{2n} \cos \dfrac{k\pi}{2n} + \sin \dfrac{n\pi}{2n} \cos \dfrac{n\pi}{2n}$

$\displaystyle = \sum_{k=1}^{n-1} \sin \dfrac{k\pi}{2n} \cos \dfrac{k\pi}{2n} + \sin \dfrac{\pi}{2} \cos \dfrac{\pi}{2}$

$\displaystyle = \sum_{k=1}^{n-1} \sin \dfrac{k\pi}{2n} \cos \dfrac{k\pi}{2n}$

1256

$f(x)=x^2$, $x_k = \left(\dfrac{2}{3} \right)^k$ $(k=0,\ 1,\ 2,\ \cdots)$이라 하면

$f(x_k) = \left(\dfrac{2}{3} \right)^{2k}$이므로

구하는 넓이 S는 직사각형의 넓이의 합에서 곡선 $y=x^2$과 x축 및 직선 $x=1$로 둘러싸인 도형의 넓이를 뺀 것과 같다.

$\displaystyle S = \lim_{n \to \infty} \sum_{k=0}^{n-1} f(x_k) \left\{ \left(\dfrac{2}{3} \right)^k - \left(\dfrac{2}{3} \right)^{k+1} \right\} - \int_0^1 x^2 \, dx$

$\displaystyle \quad = \lim_{n \to \infty} \sum_{k=0}^{n-1} \dfrac{1}{3} \left(\dfrac{2}{3} \right)^{3k} - \int_0^1 x^2 \, dx$

$\quad = \dfrac{\dfrac{1}{3}}{1 - \dfrac{8}{27}} - \left[\dfrac{1}{3} x^3 \right]_0^1$

$\quad = \dfrac{9}{19} - \dfrac{1}{3} = \dfrac{8}{57}$

$\therefore p+q = 57+8 = 65$

1257

조건 ㈎에서

$\displaystyle \int_0^1 f'(x) \, dx = f(1) - f(0) = f(1) - 1 = 3$이므로

$f(1)=4$이고 $\displaystyle \int_0^1 f(x) \, dx = \dfrac{3}{2}$이다. $\qquad\qquad \cdots\cdots$ ㉠

$\displaystyle \lim_{n \to \infty} \sum_{k=1}^{n} \dfrac{k}{n^2} f' \left(\dfrac{2k}{n} - 1 \right) = \dfrac{1}{4} \lim_{n \to \infty} \dfrac{2}{n} \sum_{k=1}^{n} \left(\dfrac{2k}{n} - 1 + 1 \right) f' \left(\dfrac{2k}{n} - 1 \right)$

$\displaystyle \qquad = \dfrac{1}{4} \int_{-1}^{1} (x+1) f'(x) \, dx$

$\displaystyle \qquad = \dfrac{1}{4} \int_{-1}^{1} \{ x f'(x) + f'(x) \} \, dx$

$\displaystyle \qquad = \dfrac{1}{4} \int_{-1}^{1} x f'(x) \, dx + \dfrac{1}{4} \int_{-1}^{1} f'(x) \, dx$

이때, 조건 ㈏에서 함수 $y=f'(x)$의 그래프는 원점에 대하여 대칭이고, 함수 $y=xf'(x)$의 그래프는 y축에 대하여 대칭이므로

$\displaystyle \dfrac{1}{4} \int_{-1}^{1} x f'(x) \, dx + \dfrac{1}{4} \int_{-1}^{1} f'(x) \, dx = \dfrac{1}{2} \int_0^1 x f'(x) \, dx + 0$

$\displaystyle \qquad = \dfrac{1}{2} \left[x f(x) \right]_0^1 - \dfrac{1}{2} \int_0^1 f(x) \, dx$

$\displaystyle \qquad = \dfrac{1}{2} f(1) - \dfrac{1}{2} \int_0^1 f(x) \, dx$

$\qquad = 2 - \dfrac{3}{4} = \dfrac{5}{4} \ (\because ㉠)$

1258

$\displaystyle f(x) = 4 \lim_{n \to \infty} \sum_{k=1}^{n} \dfrac{x}{n} e^{\frac{kx}{n}} \cos \dfrac{kx}{n} = 4 \int_0^x e^t \cos t \, dt$

이때, $\displaystyle \int e^t \cos t \, dt = e^t \cos t + \int e^t \sin t \, dt$

$\qquad\qquad = e^t \cos t + \left(e^t \sin t - \int e^t \cos t \, dt \right)$

에서 $\int e^t \cos t\,dt = \dfrac{1}{2}e^t(\cos t + \sin t)$이므로

$$f(x) = 2\Big[e^t(\cos t + \sin t)\Big]_0^x$$
$$= 2e^x(\cos x + \sin x) - 2$$
$$f'(x) = 4e^x \cos x$$

이때, $f'(x)=0$에서 $x=\dfrac{\pi}{2}$ 또는 $x=\dfrac{3}{2}\pi$이므로

$0 \le x \le 2\pi$에서 함수 $f(x)$의 증가와 감소를 표로 나타내면 다음과 같다.

x	0	$\cdots$	$\dfrac{\pi}{2}$	$\cdots$	$\dfrac{3}{2}\pi$	$\cdots$	2π
$f'(x)$		$+$	0	$-$	0	$+$	
$f(x)$	0	$\nearrow$	$2e^{\frac{\pi}{2}}-2$	$\searrow$	$-2e^{\frac{3}{2}\pi}-2$	$\nearrow$	$2e^{2\pi}-2$

따라서 함수 $f(x)$는 $x=2\pi$에서 최댓값 $2e^{2\pi}-2$를 갖고,

$x=\dfrac{3}{2}\pi$에서 최솟값 $-2e^{\frac{3}{2}\pi}-2$를 갖는다.

$$\therefore M-m = 2(e^{\frac{3}{2}\pi}+e^{2\pi})$$

1259
答 26

조건 ㈎에서
$$\lim_{x\to\infty}\frac{f(x)+6}{e^x} = \lim_{x\to-\infty}\frac{(ae^{2x}+be^x+c)+6}{e^x}$$
$$= \lim_{x\to-\infty}\left(ae^x+b+\frac{c+6}{e^x}\right)=1$$

이때 $\lim\limits_{x\to-\infty}(ae^x+b)=b$이므로 함수의 극한에 대한 성질에 의하여

극한 $\lim\limits_{x\to-\infty}\dfrac{c+6}{e^x}$은 수렴해야 한다. $\qquad\cdots\cdots$ ㉠

이때 $\lim\limits_{x\to-\infty}\dfrac{1}{e^x}=\infty$이므로 ㉠을 만족시키기 위해서는

$$c+6=0 \qquad \therefore c=-6$$
$$\lim_{x\to-\infty}\left(ae^x+b+\frac{c+6}{e^x}\right)=\lim_{x\to-\infty}(ae^x+b)=b=1$$
$$\therefore f(x)=ae^{2x}+e^x-6$$

조건 ㈏에서
$$f(\ln 2)=ae^{2\ln 2}+e^{\ln 2}-6=4a+2-6=4a-4=0$$
$$\therefore a=1$$

따라서 $f(x)=e^{2x}+e^x-6$이다.

함수 $f(x)$의 역함수 $g(x)$에 대하여

$g(0)=k_1$이라 하면 $f(k_1)=0$이므로
$$e^{2k_1}+e^{k_1}-6=0,$$
$$(e^{k_1}+3)(e^{k_1}-2)=0$$
$$\therefore e^{k_1}=2\ (\because e^{k_1}>0),\ \ 즉\ k_1=\ln 2$$

$g(14)=k_2$라 하면 $f(k_2)=14$이므로
$$e^{2k_2}+e^{k_2}-6=14,\ \ e^{2k_2}+e^{k_2}-20=0,$$
$$(e^{k_2}+5)(e^{k_2}-4)=0$$
$$\therefore e^{k_2}=4\ (\because e^{k_2}>0),\ \ 즉\ k_2=\ln 4$$

이때 두 함수 $y=f(x)$, $y=g(x)$의 그래프는 직선 $y=x$에 대하여 대칭이므로 $\displaystyle\int_{\ln 2}^{\ln 4} f(x)\,dx$의 값은 함수 $y=g(x)$의 그래프와 y축 및 직선 $y=\ln 4$로 둘러싸인 부분의 넓이와 같다.

따라서 $\displaystyle\int_0^{14} g(x)\,dx$의 값은 가로의 길이가 14, 세로의 길이가 $\ln 4$인 직사각형의 넓이에서 $\displaystyle\int_{\ln 2}^{\ln 4} f(x)\,dx$의 값을 뺀 것과 같다.

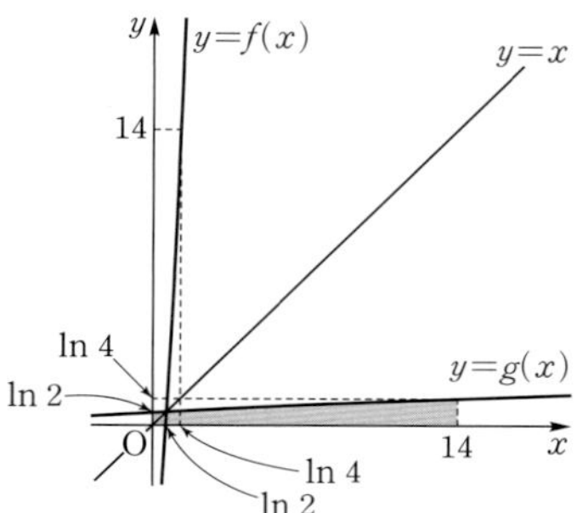

$$\int_0^{14} g(x)\,dx = 14\times\ln 4 - \int_{\ln 2}^{\ln 4} f(x)\,dx$$
$$= 28\ln 2 - \int_{\ln 2}^{\ln 4}(e^{2x}+e^x-6)\,dx$$
$$= 28\ln 2 - \int_{\ln 2}^{\ln 4} e^x(e^x+1)\,dx + \int_{\ln 2}^{\ln 4} 6\,dx$$
$$= 28\ln 2 - \int_{\ln 2}^{\ln 4} e^x(e^x+1)\,dx + \Big[6x\Big]_{\ln 2}^{\ln 4}$$
$$= -\int_{\ln 2}^{\ln 4} e^x(e^x+1)\,dx + 34\ln 2 \qquad\cdots\cdots ㉡$$

$\displaystyle\int_{\ln 2}^{\ln 4} e^x(e^x+1)\,dx$에서 $e^x+1=s$라 하면 $e^x\,dx=ds$이고

$x=\ln 2$일 때 $s=3$, $x=\ln 4$일 때 $s=5$이므로
$$\int_{\ln 2}^{\ln 4} e^x(e^x+1)\,dx = \int_3^5 s\,ds = \Big[\frac{1}{2}s^2\Big]_3^5 = 8$$

㉡에서
$$\int_0^{14} g(x)\,dx = -8 + 34\ln 2$$
$$\therefore p+q = -8+34 = 26$$

1260
答 ②

$f(x)=e^{-x}\cos x$에서 $e^{-x}>0$이므로

$f(x)=0$에서 $x_k = \dfrac{(2k-1)\pi}{2}$

$f'(x) = -e^{-x}\cos x - e^{-x}\sin x = -e^{-x}(\cos x + \sin x)$

이므로 점 $(x_k,\,f(x_k))$에서 곡선 $y=f(x)$에 접하는 직선의 기울기는
$$a_k = -e^{-\frac{(2k-1)\pi}{2}}\sin\frac{(2k-1)\pi}{2}$$
$$\therefore \sum_{n=1}^{\infty} a_n = -e^{-\frac{\pi}{2}}+e^{-\frac{3\pi}{2}}-e^{-\frac{5\pi}{2}}+e^{-\frac{7\pi}{2}}-\cdots$$
$$= \frac{-e^{-\frac{\pi}{2}}}{1+e^{-\pi}} = -\frac{e^{\frac{\pi}{2}}}{e^{\pi}+1}$$

1261
答 ④

$f(x)=e^{-x}$에서 $f'(x)=-e^{-x}$이므로 점 $(n,\,f(n))$에서의 접선 l_n의 방정식은 $y=-e^{-n}(x-n)+e^{-n}$

$$\therefore x_n = n+1$$

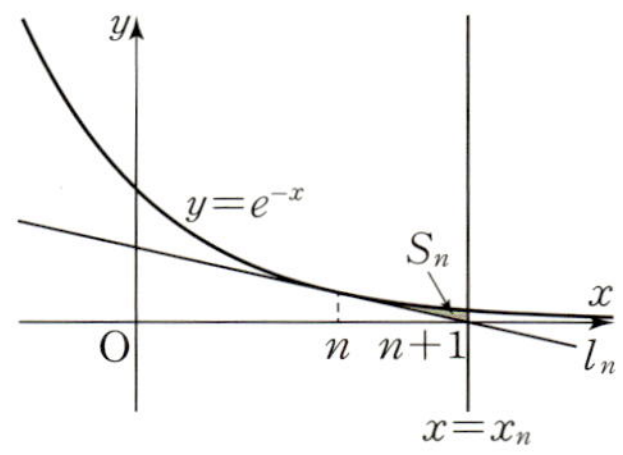

$$S_n=\int_n^{n+1}\left[e^{-x}-\{-e^{-n}(x-n)+e^{-n}\}\right]dx$$

$$=\int_n^{n+1}\{e^{-x}+e^{-n}x-(n+1)e^{-n}\}\,dx$$

$$=\left[-e^{-x}+\frac{e^{-n}}{2}x^2-(n+1)e^{-n}x\right]_n^{n+1}$$

$$=-e^{-(n+1)}+\frac{(n+1)^2}{2}e^{-n}-(n+1)^2e^{-n}$$

$$\qquad\qquad+e^{-n}-\frac{n^2}{2}e^{-n}+n(n+1)e^{-n}$$

$$=\left(\frac{1}{2}-\frac{1}{e}\right)e^{-n}$$

수열 $\{S_n\}$은 첫째항이 $\left(\dfrac{1}{2}-\dfrac{1}{e}\right)\dfrac{1}{e}$이고 공비가 $\dfrac{1}{e}$인 등비수열이므로

$$\sum_{n=1}^{\infty}S_n=\frac{\left(\frac{1}{2}-\frac{1}{e}\right)\frac{1}{e}}{1-\frac{1}{e}}=\frac{e-2}{2e(e-1)}$$

1262

곡선 $y=\ln x-(n-1)$ 위의 점 $(e^n,\,1)$에서의 접선의 방정식은
$y-1=\dfrac{1}{e^n}(x-e^n)$, $y=\dfrac{1}{e^n}x$이므로 그래프는 다음과 같다.

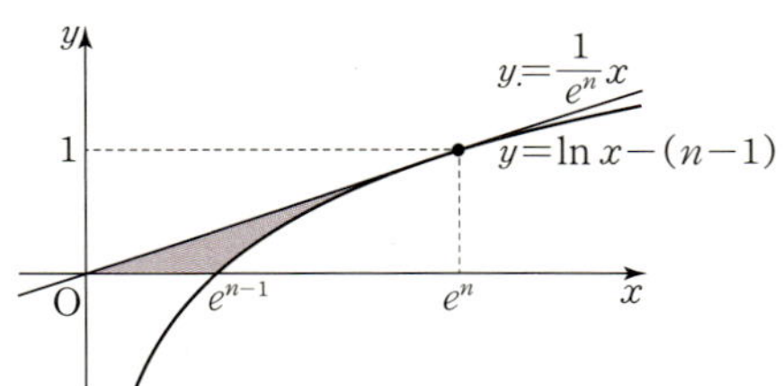

곡선 $y=\ln x-(n-1)$ 위의 점 $(e^n,\,1)$에서의 접선과 이 곡선 및 x축으로 둘러싸인 도형의 넓이 S_n은

$$S_n=\int_0^{e^n}\frac{1}{e^n}x\,dx-\int_{e^{n-1}}^{e^n}\{\ln x-(n-1)\}\,dx$$

$$=\frac{1}{2}\times e^n\times 1-\left[x\ln x-x-(n-1)x\right]_{e^{n-1}}^{e^n}$$

$$=\frac{e^n}{2}-\{ne^n-e^n-(n-1)e^n-(n-1)e^{n-1}+e^{n-1}$$

$$\qquad\qquad\qquad\qquad+(n-1)e^{n-1}\}$$

$$=\frac{e^n}{2}-e^{n-1}=e^n\left(\frac{1}{2}-\frac{1}{e}\right)=\frac{e-2}{2e}\times e^n$$

이므로 $\dfrac{1}{S_n}=\dfrac{2e}{e-2}\times e^{-n}$이다.

$$\therefore \sum_{n=1}^{\infty}\frac{1}{S_n}=\frac{\frac{2}{e-2}}{1-\frac{1}{e}}=\frac{2e}{(e-1)(e-2)}$$

1263

곡선 $y=x\cos x$와 직선 $y=x$가 만나는 점의 x좌표는
$x\cos x=x$, $x(\cos x-1)=0$에서 $x=0$ 또는 $\cos x=1$
작은 수부터 나열하면 $0,\,2\pi,\,4\pi,\,6\pi,\,\cdots$이므로
$x_n=2n\pi$ $(n=0,\,1,\,2,\,\cdots)$이다.
곡선 $y=x\cos x$ $(x\geq 0)$와 직선 $y=x$ 및 두 직선
$x=x_{n-1}$, $x=x_n$으로 둘러싸인 도형의 넓이 S_n은

$$S_n=\int_{2(n-1)\pi}^{2n\pi}(x-x\cos x)\,dx$$

$$=\int_{2(n-1)\pi}^{2n\pi}x\,dx-\int_{2(n-1)\pi}^{2n\pi}x\cos x\,dx$$

$$=\left[\frac{1}{2}x^2\right]_{2(n-1)\pi}^{2n\pi}-\left[x\sin x\right]_{2(n-1)\pi}^{2n\pi}+\int_{2(n-1)\pi}^{2n\pi}\sin x\,dx$$

$$=\frac{1}{2}\{4\pi^2n^2-4\pi^2(n-1)^2\}-0-\left[\cos x\right]_{2(n-1)\pi}^{2n\pi}$$

$$=4\pi^2n-2\pi^2$$

$$\therefore \sum_{n=1}^{20}S_n=\sum_{n=1}^{20}(4\pi^2n-2\pi^2)$$

$$=4\pi^2\times\frac{20\times 21}{2}-2\pi^2\times 20=800\pi^2$$

1264

그림과 같이 입체도형의 밑면의 중심을 원점 O, A$(-4,\,0)$,
B$(4,\,0)$으로 놓고 밑면과 $45°$의 각을 이루는 평면이 이 원기둥의
또다른 밑면과 만나는 선분의 양 끝점을 C, D라 하면 원기둥의
높이가 2이므로 선분 CD를 포함하는 밑면의 중심에서
선분 CD까지의 거리가 2이고
$\overline{CD}=2\sqrt{4^2-2^2}=4\sqrt{3}$

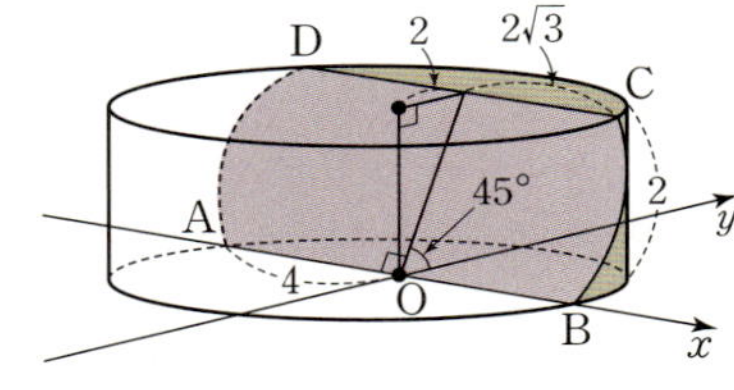

$0\leq x<2\sqrt{3}$일 때, 점 P$(x,\,0)$을 지나고 x축에 수직인 평면으로
입체도형을 자른 단면은
평행한 두 변의 길이가 $\sqrt{4^2-x^2}$, $\sqrt{4^2-x^2}-2$이고 높이가 2인
사다리꼴이므로 넓이 $S(x)$는

$$S(x)=\frac{1}{2}\times 2\times(2\sqrt{16-x^2}-2)=2\sqrt{16-x^2}-2\ (0\leq x<2\sqrt{3})$$

$2\sqrt{3}\leq x\leq 4$일 때, 점 P$(x,\,0)$을 지나고 x축에 수직인 평면으로
입체도형을 자른 단면은 밑변의 길이와 높이가 모두 $\sqrt{4^2-x^2}$인
삼각형이므로 단면의 넓이를 $S(x)$라 하면

$$S(x)=\frac{1}{2}(16-x^2)\ (2\sqrt{3}\leq x\leq 4)$$

이때, 입체도형은 y축에 대하여 대칭이므로 구하는 입체도형의 부피 V는

$$V=2\int_0^4 S(x)\,dx$$
$$=2\int_0^{2\sqrt{3}}(2\sqrt{16-x^2}-2)\,dx+2\int_{2\sqrt{3}}^4\frac{1}{2}(16-x^2)\,dx$$
$$=4\int_0^{2\sqrt{3}}\sqrt{16-x^2}\,dx-8\sqrt{3}+\left[16x-\frac{x^3}{3}\right]_{2\sqrt{3}}^4$$
$$=4\int_0^{2\sqrt{3}}\sqrt{16-x^2}\,dx+\frac{128}{3}-32\sqrt{3}$$

이때, $x=4\sin\theta\ \left(-\dfrac{\pi}{2}\le\theta\le\dfrac{\pi}{2}\right)$라 하면 $\dfrac{dx}{d\theta}=4\cos\theta$이고,

$x=0$일 때 $\theta=0$, $x=2\sqrt{3}$일 때 $\theta=\dfrac{\pi}{3}$이므로

$$\int_0^{2\sqrt{3}}\sqrt{16-x^2}\,dx=\int_0^{\frac{\pi}{3}}16\cos^2\theta\,d\theta \qquad\cdots\cdots\ \bigcirc$$

이때,

$$\int_0^{\frac{\pi}{3}}\cos^2\theta\,d\theta=\left[\cos\theta\sin\theta\right]_0^{\frac{\pi}{3}}+\int_0^{\frac{\pi}{3}}\sin^2\theta\,d\theta \qquad\cdots\cdots\ \text{TIP 1}$$
$$=\frac{\sqrt{3}}{4}+\int_0^{\frac{\pi}{3}}(1-\cos^2\theta)\,d\theta$$
$$=\frac{\sqrt{3}}{4}+\left[\theta\right]_0^{\frac{\pi}{3}}-\int_0^{\frac{\pi}{3}}\cos^2\theta\,d\theta$$
$$=\frac{\sqrt{3}}{4}+\frac{\pi}{3}-\int_0^{\frac{\pi}{3}}\cos^2\theta\,d\theta$$
$$\therefore\ \int_0^{\frac{\pi}{3}}\cos^2\theta\,d\theta=\frac{\sqrt{3}}{8}+\frac{\pi}{6}$$

$\bigcirc$에서 $\displaystyle\int_0^{\frac{\pi}{3}}16\cos^2\theta\,d\theta=16\times\left(\frac{\sqrt{3}}{8}+\frac{\pi}{6}\right)=2\sqrt{3}+\frac{8}{3}\pi$

$$\therefore\ V=4\left(2\sqrt{3}+\frac{8}{3}\pi\right)+\frac{128}{3}-32\sqrt{3}=\frac{32}{3}\pi+\frac{128}{3}-24\sqrt{3}$$

TIP 1

1036번과 마찬가지로 $\displaystyle\int_0^{\frac{\pi}{3}}\cos^2\theta\,d\theta$는 다음과 같이 계산할 수 있다.

$$\int_0^{\frac{\pi}{3}}\cos^2\theta\,d\theta=\int_0^{\frac{\pi}{3}}\frac{1+\cos(2\theta)}{2}\,d\theta$$
$$=\frac{1}{2}\left[\theta+\frac{1}{2}\sin(2\theta)\right]_0^{\frac{\pi}{3}}=\frac{\pi}{6}+\frac{\sqrt{3}}{8}$$

TIP

$\displaystyle\int_0^{2\sqrt{3}}\sqrt{16-x^2}\,dx$는 반원 $x^2+y^2=16\ (y\ge0)$과

x축, y축, 직선 $x=2\sqrt{3}$으로 둘러싸인 부분의 넓이와 같으므로 다음과 같이 구할 수 있다.

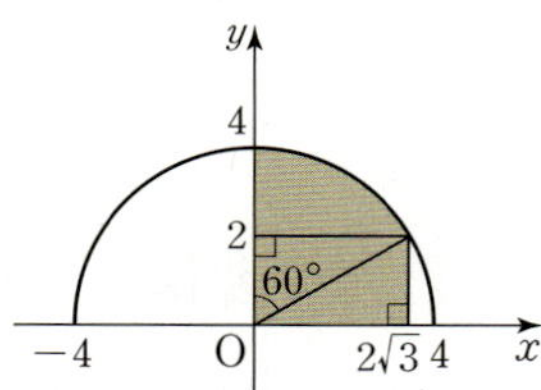

$$\int_0^{2\sqrt{3}}\sqrt{16-x^2}\,dx=\frac{1}{2}\times4^2\times\frac{\pi}{3}+\frac{1}{2}\times2\sqrt{3}\times2$$
$$=\frac{8}{3}\pi+2\sqrt{3}$$

1265   답 ④

입체도형을 직선 AB에 수직인 평면으로 자른 단면은 밑변의 길이가 $2\sqrt{5^2-x^2}$이고 높이가 $|x|$인 이등변삼각형이므로 넓이를 $S(x)$라 하면

$$S(x)=\frac{1}{2}\times2\sqrt{25-x^2}\times|x|=|x|\times\sqrt{25-x^2}\ (-5\le x\le5)$$

따라서 구하는 입체도형의 부피 V는

$$V=\int_{-5}^5 S(x)\,dx=\int_{-5}^5|x|\sqrt{25-x^2}\,dx=2\int_0^5 x\sqrt{25-x^2}\,dx$$

이때, $25-x^2=t$라 하면 $-2x=\dfrac{dt}{dx}$이고

$x=0$일 때 $t=25$, $x=5$일 때 $t=0$이므로

$$V=2\int_{25}^0\left(-\frac{\sqrt{t}}{2}\right)dt=\int_0^{25}\sqrt{t}\,dt=\left[\frac{2}{3}t^{\frac{3}{2}}\right]_0^{25}=\frac{250}{3}$$

1266   답 ②

$\overline{OP}=|x|$라 하면 $\overline{PS}=1-|x|$이므로 삼각형 SQR의 넓이를 $S(x)$라 하면

$$S(x)=\frac{1}{2}\times2\sqrt{1-x^2}\times(1-|x|)$$
$$=(1-|x|)\sqrt{1-x^2}\ (-1\le x\le1)$$

따라서 구하는 입체도형의 부피 V는

$$V=\int_{-1}^1 S(x)\,dx=\int_{-1}^1(1-|x|)\sqrt{1-x^2}\,dx$$
$$=2\int_0^1(1-x)\sqrt{1-x^2}\,dx$$
$$=2\int_0^1\sqrt{1-x^2}\,dx-2\int_0^1 x\sqrt{1-x^2}\,dx$$

이때, $x=\sin\theta\ \left(-\dfrac{\pi}{2}\le\theta\le\dfrac{\pi}{2}\right)$라 하면 $\dfrac{dx}{d\theta}=\cos\theta$이고,

$x=0$일 때 $\theta=0$, $x=1$일 때 $\theta=\dfrac{\pi}{2}$이므로

$$\int_0^1\sqrt{1-x^2}\,dx=\int_0^{\frac{\pi}{2}}\cos^2\theta\,d\theta$$
$$=\left[\cos\theta\sin\theta\right]_0^{\frac{\pi}{2}}+\int_0^{\frac{\pi}{2}}\sin^2\theta\,d\theta \qquad\cdots\cdots\ \text{TIP 1}$$
$$=0+\left[\theta\right]_0^{\frac{\pi}{2}}-\int_0^{\frac{\pi}{2}}\cos^2\theta\,d\theta=\frac{\pi}{2}-\int_0^{\frac{\pi}{2}}\cos^2\theta\,d\theta$$
$$\therefore\ \int_0^1\sqrt{1-x^2}\,dx=\int_0^{\frac{\pi}{2}}\cos^2\theta\,d\theta=\frac{\pi}{4}$$

$\displaystyle\int_0^1 x\sqrt{1-x^2}\,dx$에서 $1-x^2=t$라 하면 $-2x=\dfrac{dt}{dx}$이고

$x=0$일 때 $t=1$, $x=1$일 때 $t=0$이므로

$$\int_0^1 x\sqrt{1-x^2}\,dx=\int_1^0\left(-\frac{\sqrt{t}}{2}\right)dt=\frac{1}{2}\int_0^1\sqrt{t}\,dt$$
$$=\frac{1}{2}\left[\frac{2}{3}t^{\frac{3}{2}}\right]_0^1=\frac{1}{3}$$
$$\therefore\ V=2\times\frac{\pi}{4}-2\times\frac{1}{3}=\frac{\pi}{2}-\frac{2}{3}$$

1036번과 마찬가지로 $\int_0^{\frac{\pi}{2}} \cos^2 \theta \, d\theta$는 다음과 같이

계산할 수 있다.

$$\int_0^{\frac{\pi}{2}} \cos^2 \theta \, d\theta = \int_0^{\frac{\pi}{2}} \frac{1+\cos(2\theta)}{2} d\theta$$
$$= \frac{1}{2}\left[\theta + \frac{1}{2}\sin(2\theta)\right]_0^{\frac{\pi}{2}} = \frac{\pi}{4}$$

TIP

$\int_0^1 \sqrt{1-x^2}\,dx$는 반지름의 길이가 1인 사분원의

넓이와 같으므로 $\int_0^1 \sqrt{1-x^2}\,dx = \frac{\pi}{4}$로 구할 수 있다.

1267 〔답〕⑤

구 A의 중심을 O_A, 구 B의 중심을 O_B라 하고 두 구가 만나서
생기는 원 위의 점을 P라 하면
삼각형 PO_AO_B는 $\overline{PO_A}=2$, $\overline{PO_B}=3$, $\overline{O_AO_B}=3$인 이등변삼각형이다.

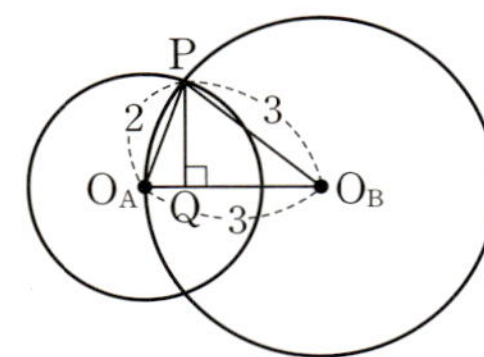

점 P에서 선분 O_AO_B에 내린 수선의 발을 Q라 하고,
$\overline{O_AQ}=t$라 하면
직각삼각형 PQO_A와 PQO_B에서 피타고라스 정리에 의하여
$$\overline{PQ}^2 = 2^2 - t^2 = 3^2 - (3-t)^2$$

$$4 - t^2 = 9 - 9 + 6t - t^2 \qquad \therefore t = \frac{2}{3}$$

즉, $\overline{O_AQ} = \frac{2}{3}$이고 $\overline{O_BQ} = 3 - \frac{2}{3} = \frac{7}{3}$이다.

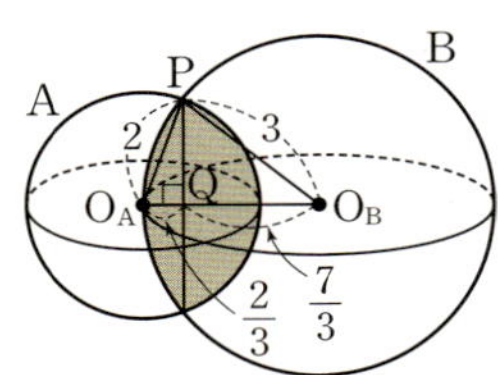

이때, 구 A를 중심 O_A에서 $\frac{2}{3}$만큼 떨어진 평면으로 자른 두 부분 중

작은 부분의 부피를 V_A, 구 B를 중심 O_B에서 $\frac{7}{3}$만큼 떨어진

평면으로 자른 두 부분 중 작은 부분의 부피를 V_B라 하면
구하는 두 구 A, B가 겹쳐지는 부분의 부피는 $V_A + V_B$이다.
구 A의 중심 O_A로부터 x만큼 떨어진 평면으로 자른 단면은 반지름의
길이가 $\sqrt{2^2 - x^2}$인 원이므로 넓이를 $S_A(x)$라 하면
$$S_A(x) = (4 - x^2)\pi \quad (0 \le x \le 2)$$
이때, 부피 V_A는

$$V_A = \int_{\frac{2}{3}}^2 (4 - x^2)\pi \, dx = \left[\left(4x - \frac{x^3}{3}\right)\pi\right]_{\frac{2}{3}}^2$$
$$= \left(8 - \frac{8}{3}\right)\pi - \left(\frac{8}{3} - \frac{8}{81}\right)\pi = \frac{224}{81}\pi$$

구 B의 중심 O_B에서 x만큼 떨어진 평면으로 자른 단면은
반지름의 길이가 $\sqrt{3^2 - x^2}$인 원이므로 넓이를 $S_B(x)$라 하면
$$S_B(x) = (9 - x^2)\pi \quad (0 \le x \le 3)$$
이때, 부피 V_B는
$$V_B = \int_{\frac{7}{3}}^3 (9 - x^2)\pi \, dx = \left[\left(9x - \frac{x^3}{3}\right)\pi\right]_{\frac{7}{3}}^3$$
$$= (27 - 9)\pi - \left(21 - \frac{343}{81}\right)\pi = \frac{100}{81}\pi$$

따라서 구하는 부피는
$$V_A + V_B = \frac{224}{81}\pi + \frac{100}{81}\pi = \frac{324}{81}\pi = 4\pi$$

1268 〔답〕⑤

ㄱ. $x = 2\sin t - 2\sin t \cos^2 t$, $y = 2\cos t - 2\sin^2 t \cos t$에서
$t = \pi$일 때, $x = 0$이고 $y = -2$이므로 점 P의 위치는
$(0, -2)$이다. (참)

ㄴ. $x = 2\sin t(1 - \cos^2 t) = 2\sin^3 t$,
$y = 2\cos t(1 - \sin^2 t) = 2\cos^3 t$이므로
$2\sin^3 t = 2\cos^3 t$일 때, $\sin t = \cos t$에서
$$t = \frac{\pi}{4} \text{ 또는 } t = \frac{5}{4}\pi$$
즉, $t = \frac{\pi}{4}$ 또는 $t = \frac{5}{4}\pi$일 때 점 P가 직선 $y = x$와 만난다. (참)

ㄷ. $x = 2\sin^3 t$에서 $\frac{dx}{dt} = 6\sin^2 t \cos t$, $y = 2\cos^3 t$에서

$\frac{dy}{dt} = -6\sin t \cos^2 t$이므로 점 P의 속력은
$$\sqrt{(6\sin^2 t \cos t)^2 + (-6\sin t \cos^2 t)^2}$$
$$= \sqrt{36\sin^2 t \cos^2 t(\sin^2 t + \cos^2 t)}$$
$$= 6|\sin t \cos t|$$
$6|\sin t \cos t| = 0$을 만족시키는 t의 값 중에서 가장 작은 값은
$t = \frac{\pi}{2}$이므로 $t = \frac{\pi}{2}$일 때 속력이 처음으로 0이 된다.

따라서 점 P가 $t = 0$에서 $t = \frac{\pi}{2}$까지 움직인 거리는

$$\int_0^{\frac{\pi}{2}} 6|\sin t \cos t|\,dt = \int_0^{\frac{\pi}{2}} (6\sin t \cos t)dt$$
$$= \int_0^{\frac{\pi}{2}} \{3\sin(2t)\}dt$$
$$= \left[-\frac{3}{2}\cos(2t)\right]_0^{\frac{\pi}{2}}$$
$$= -\frac{3}{2}(-1-1) = 3 \text{ (참)}$$

따라서 선지 중 옳은 것은 ㄱ, ㄴ, ㄷ이다.

1269 〔답〕⑤

ㄱ. $v_P(t) = \sin t$, $v_Q(t) = 1 - \cos t$에서 $0 < t \le 2\pi$일 때

$\sin t = 1 - \cos t$를 만족시키는 t의 값은 $t = \frac{\pi}{2}$ 또는 $t = 2\pi$이다.

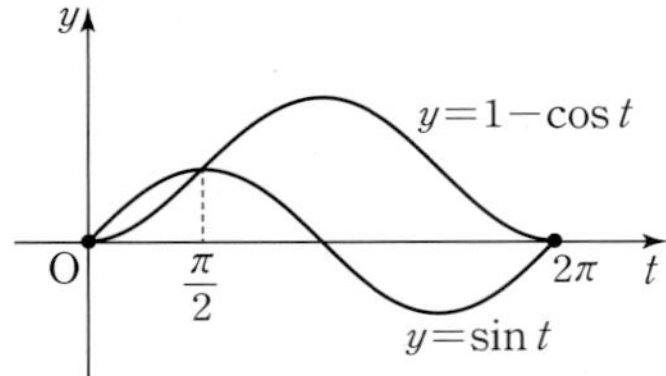

즉, 출발 후 두 점 P, Q의 속도가 같아지는 때는 2번이다. (참)

ㄴ. 점 Q가 $t=0$에서 $t=2\pi$까지 움직인 거리는

$$\int_0^{2\pi} |v_{\mathrm{Q}}(t)|\,dt=\int_0^{2\pi}(1-\cos t)\,dt=\Big[\,t-\sin t\,\Big]_0^{2\pi}=2\pi\ \text{(참)}$$

ㄷ. 시각 $t\,(0\le t\le 2\pi)$에서 두 점 P, Q의 위치를 각각
$x_{\mathrm{P}}(t)$, $y_{\mathrm{P}}(t)$라 하면

$$x_{\mathrm{P}}(t)=0+\int_0^t \sin x\,dx=\Big[-\cos x\Big]_0^t=1-\cos t$$

$$x_{\mathrm{Q}}(t)=0+\int_0^t (1-\cos x)\,dx=\Big[\,x-\sin x\,\Big]_0^t=t-\sin t$$

이므로 시각 t에서 두 점 P, Q 사이의 거리는
$|x_{\mathrm{P}}(t)-x_{\mathrm{Q}}(t)|=|1-\cos t-t+\sin t|$이다.
$f(t)=1-\cos t-t+\sin t$라 하면
$f'(t)=\sin t+\cos t-1$
$f'(t)=0$에서 $\sin t=1-\cos t$이므로 ㄱ에 의하여

$0<t<2\pi$에서 $t=\dfrac{\pi}{2}$이다.

t	0	$\cdots$	$\dfrac{\pi}{2}$	$\cdots$	2π
$f'(t)$		$+$	0	$-$	
$f(t)$	0	$\nearrow$	$2-\dfrac{\pi}{2}$	$\searrow$	-2π

함수 $y=f(t)$, $y=|f(t)|$의 그래프는 다음과 같다.

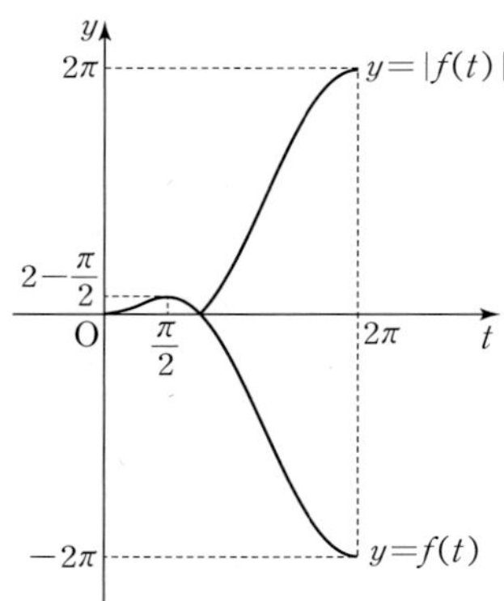

따라서 두 점 P, Q 사이의 거리는 $|f(t)|$이므로
$t=2\pi$에서 최댓값 2π를 갖는다. (참)
그러므로 선지 중 옳은 것은 ㄱ, ㄴ, ㄷ이다.

MEMO

MEMO

유형 + 내신
고쟁이

유형 ＋ 내신

고
쟁이

고득점 쟁취를 이루자!